Demetra George
Das Buch der Asteroiden

Demetra George

Das Buch der Asteroiden

Mythologie, Psychologie, Astrologie und neue Weiblichkeit

unter Mitarbeit von Douglas Bloch

Chiron Verlag

CIP-Titel der Deutschen Bibliothek

George, Demetra
Das Buch der Asteroiden : Mythologie, Psychologie, Astrologie und neue Weiblichkeit / Demetra George. Unter Mitarb. von Douglas Bloch. (Übers.: Reinhardt Stiehle). — Dt. Erstausg. — Mössingen : Chiron Verl., 1991
ISBN 3-925100-12-1

Deutsche Erstausgabe

Übersetzung: Reinhardt Stiehle
Redaktion: Sonja Klug
Satz und Umschlag: Chiron Verlag
Druck: Fuldaer Verlagsanstalt
Gedruckt auf säurefreies Papier

Zu beziehen durch den Buchhandel oder direkt beim:
Chiron Verlag, Postfach 1131, D-7406 Mössingen

ISBN 3-925100-12-1

Inhalt

Der Großen Mutter in ihrer Emanation als Tara

Möge diese Schrift allen Lebewesen Gewinn und mitfühlendes Verständnis bringen

Vorwort

Meine Großmutter nannte mich Demetra, ein Name, der schon seit Generationen in unserer Familie vorkommt, denn meine Vorfahren stammen aus Arkadien in Griechenland, seit alters her einer Gegend mit starker kultischer Verehrung von Demeter.

Im Frühjahr 1973 nahm ich zum ersten Mal an einem astrologischen Kongreß teil und begegnete dort Eleanor Bach, die damals gerade die Ephemeride für die Asteroiden veröffentlicht hatte. Nachdem sie festgestellt hatte, daß ich Demetra heiße (griechisch für Ceres), und daß meine Geburtssonne in Opposition zur Radix–Ceres stand, schenkte sie mir ein Exemplar der Ephemeriden. Wieder nach Oregon heimgekehrt, wo ich meine Forschungen am Rande des großen Stromes astrologischen Denkens weiterverfolgte, wurde ich dazu beflügelt, die Asteroiden in den Geburtsbildern meiner Klienten zu untersuchen. Nach zehn Jahren und tausenden von Horoskopdeutungen entwickelte ich allmählich ein Fingerspitzengefühl für diese magischen Boten, das ich nun an die Leser weitergeben möchte, in der Hoffnung, daß es zu einem besseren Verständnis und Einschätzungsvermögen der göttlichen Wissenschaft beitragen möge.

»Wozu braucht man denn Asteroiden im Horoskop? Genügen nicht schon die zehn Hauptplaneten?« Als Astrologe haben sie sich diese Frage bestimmt auch gestellt, als sie erstmals von Asteroiden in Geburtshoroskopen hörten. Doch die Berücksichtigung dieser Himmelsobjekte erweitert die Interpretation von Horoskopen in der Tat um eine tiefe und reichhaltige Komponente, welche die Astrologie bislang vermissen ließ.

Werden die Asteroiden ins Geburtsbild integriert, so können sie Großes leisten. Zunächst geben sie dem Astrologen wesentliche Information an die Hand, die ihm durch die alleinige Berücksichtigung der traditionellen Planeten nicht zugänglich wäre. Ceres symbolisiert beispielsweise die Funktion der Elternbindung in Familienstrukturen und die Entwicklung von Selbstwertgefühlen als Grundlage für gesunde Beziehungen. Vesta deutet auf ein Bedürfnis nach persönlichem Engagement und unsere Konzentration auf Arbeit oder ein Ideal. Juno veranschaulicht das Verlangen nach intimen Beziehungen und die Fähigkeit, sich auf diese einzulassen. Pallas Athene herrscht über das geistige Talent, unsere Realität zu erschaffen und unsere Ziele zu formulieren und auch zu erlangen.

Abgesehen davon, daß uns die Asteroiden neue astrologische Archetypen zur Verfügung stellen, helfen sie auch, die vorhandenen astrologischen Themen des Kosmogramms zu klären und stärker zur Geltung zu bringen. Es ist nicht ungewöhnlich, daß sich die Asteroiden um die wichtigsten Brennpunkte im Horoskop gruppieren und bedeutende Aspektfiguren ergänzen. Folglich kann der Astroberater durch die Verwendung der Asteroiden dem Klienten eine feiner gegliederte Deutung und auch sachdienlichere Einblicke in dessen Leben vermitteln.

In den folgenden Kapiteln werden wir die Asteroiden ausgiebig darstellen, sodaß sie diese erfolgreich in ihre Horoskopanalysen einbringen können. Wir beginnen jeweils mit einem Blick in die Mythologie der antiken Göttinnen. Davon ausgehend wollen wir ableiten, wie die wesentlichen archetypischen Prinzipien in zeitgemäßen psychologischen Begriffen ausgedrückt werden. Zuguterletzt wird jeder Kleinplanet in Zeichen, Feldern und Aspekten beschrieben werden. Und um die Relevanz dieser Gottheiten näher zu demonstrieren, werden wir die Asteroiden in die Horoskope bekannter Männer und Frauen aufnehmen, damit die Leser sehen können, wie sie sich in realen Lebenssituationen äußern.

Kapitel 1

Die Asteroiden als Auslöser der Transformation

Die Asteroiden und der kulturelle Wandel

Aus historischer Perspektive betrachtet, fällt die Entdeckung, Benennung und Erkenntnis von Himmelskörpern im fernen Weltraum immer mit Sprüngen in der Entwicklung des menschlichen Bewußtseins und den ihnen entsprechenden kulturellen Veränderungen zusammen. Zum Beispiel wurde die Menschheit kurz vor und gleich nach der Entdeckung von Uranus, dem Planeten für Freiheit und Gleichheit, im Jahre 1781 Zeuge der amerikanischen und der Französischen Revolution. Als im Jahre 1846 Neptun, der Planet der Mystik und Illusion, gesichtet wurde, traten idealistische Bewegungen wie der Transzendentalismus und der Spiritualismus in Erscheinung. 1930 wurde Pluto, der Planet der Massenumwälzung, zum ersten Mal beobachtet. Der daraufhin erwachende Sinn für kollektives Wohlergehen und das Heraufdämmern des Atomzeitalters konfrontierte die Menschen direkt mit der Entscheidung zwischen Leben und Tod. Die Enthüllung eines jeden neuen äußeren Himmelskörpers verwies darauf, daß die Menschheit bereit war, das der Mythologie dieses Planeten innewohnende archetypische Prinzip zu aktivieren und zu integrieren. Wie wir noch sehen werden, vollzog sich derselbe Prozeß auch bei der Entdeckung der Asteroiden.

Die Asteroiden, ein Gürtel von vorwiegend zwischen den Umlaufbahnen von Mars und Jupiter liegenden Himmelskörpern, wurden zu Beginn des 19. Jahrhunderts erstmals erkannt. Die zunächst gesichteten Kleinplaneten benannte man nach den großen Göttinnen der Antike: Ceres, Pallas Athene, Juno und Vesta. In mythologischer Hinsicht hatten diese Göttinnen den gleichen Rang inne wie die Gottheiten Jupiter, Neptun und Pluto. Vesta, Ceres und Juno waren die drei Schwestern dieser Götter — allesamt Sprößlinge aus einer Verbindung des Titanen Saturn (Kronos) mit Rhea. Pallas Athene, die Lieblingstochter des neuen Himmelsgottes Jupiter, war von ihm erdacht und entsprang seinem Kopf. Symbolisch verkörpern jene vier Asteroiden die Merkmale des archetypischen weiblichen Prinzips, welches heute immer stärker in das breite Massenbewußtsein eindringt. (Ein Archetyp ist ein universeller Gedanke, ein Prototyp, ein Urmuster, das tief im kollektiven Unbewußten des Menschen eingeprägt ist.)

Bevor die Asteroiden Eingang in die Horoskopinterpretation gefunden haben, waren Mond und Venus traditionell die bislang einzigen astrologischen Entsprechungen für Weiblichkeit: Mutter (Mond) und Geliebte (Venus) repräsentierten die alleinigen, den Frauen gesellschaftlich zugestandenen Rollen. Dies begann sich zu ändern, nachdem im letzten Jahrhundert die ersten vier Asteroiden mit weiblicher Namensgebung erspäht worden waren, denn die Frauenbewegung, angeführt von Susan B. Anthony und Elisabeth Cady Stanton, trachtete danach, die Mitwirkung der Frau am gesellschaftlichen Leben zu erweitern. Diese Bemühungen trugen aber bis Anfang der 70er Jahre kaum Früchte, doch dann veröffentlichte Eleanor Bach die ersten Gestirnstandstabellen für besagte Kleinplaneten. Ganz neue Aspekte der weiblichen Ausdruckskraft traten jetzt in das Bewußtsein der Menschheit. Die Frauen wurden erfüllt von den in sie gesetzten Möglichkeiten weiblicher Kreativität und Intelligenz, welche über die herkömmliche Aufgabe der Gattin und Mutter bei weitem hinausreichen, und folglich übernahmen die Frauen verstärkt Berufslaufbahnen in Politik, Kunst, Bildung,

Sport oder ähnlichen Bereichen. Es war überdies auch die Phase einer Neuentdeckung der Geschichte der Frau und einer Wiederbelebung der Göttin in der weiblichen Spiritualität. Eleanor Bach bemerkte hierzu:

> Frauen sagen sich heutzutage: »Wir sind nicht mehr nur Vehikel der Freude (Venus), oder völlig von unserem Menstruationszyklus durch den Mond beherrschte, emotionale Wetterfahnen. Wie steht es mit unseren natürlichen Talenten, unserer Fruchtbarkeit, unserer Erfindungsgabe, unserer Leistungsfähigkeit, unserer nährenden Sorge für das Leben, unserer Hingabe, unserer Menschlichkeit?[1]

Ceres, Pallas Athene, Juno und Vesta repräsentieren diese neuen Stimmen der schlafenden Weiblichkeit, welche erst vor kurzem belebt wurden und nun Macht, Anerkennung, Gerechtigkeit sowie Gleichheit in unserer Gesellschaft fordern.

Es ist wichtig, darauf hinzuweisen, daß dieses Phänomen nicht ausschließlich auf Frauen beschränkt bleibt. Das Erwachen von völlig neuen Aspekten weiblicher Ausdruckskraft übt auch eine vergleichbar tiefgründige Wirkung auf das Bewußtsein der Männerwelt aus. Da die Frauen ihr traditionelles Rollenverhalten ändern, entwickeln die Männer ebenso allmählich andere Reaktionsweisen auf die gewandelten Frauen. Alte Muster sind nicht mehr länger vertretbar und neue Erwartungshaltungen bzw. ein anderes Rollenverständnis sind erforderlich.

In der Vergangenheit hatten die Männer ihre femininen Qualitäten wie Gefühle, Ernährung oder Sensibilität überwiegend auf die Frauen projiziert. Durch die jüngste Aktivierung der den Asteroiden entsprechenden femininen Energiezentren wurden die Männer aber unter Druck gesetzt und sowohl zur »Aneignung« als auch zur Herausbildung dieser Eigenschaften ermutigt. Infolgedessen hat eine wachsende Zahl von ihnen das stereotype »Macho«-Bild verworfen, ihr intuitives, gefühlvolles Selbst erkannt und zum Ausdruck gebracht. Inzwischen bewegen sich Männer aufgrund ihrer Tätigkeit als Hausmann, Krankenpfleger oder Telephonist ebenso in traditionell weiblichen Territorien. Sie haben außerdem auch ihre Anteilnahme an der

Kindererziehung vergrößert, genauso wie sie sich häufiger an der Schwangerschaftsvorbereitung beteiligen oder bei der Geburt zugegen sind. Diese intensivere Mitwirkung hat die Männer veranlaßt, nach dem Erziehungsrecht zu verlangen, das man ihnen auch zusprach, oder als alleinerziehende Väter die Adoption zu beantragen — beides früher ohne Frage ein Ding der Unmöglichkeit. Das Anwachsen der Homosexualität ist ein weiterer Akt der männlichen Befreiung, in dem das Bekenntnis zur weiblichen Polarität bei vielen Männern an die Oberfläche tritt.

Auf einer über das rein Geschlechtliche hinausragenden Ebene bildet der Aufschwung des Weiblichen die Grundlage für die generelle Bewußtseinserweiterung, die sich auch im menschlichen Gehirn widerspiegelt. Psychologen haben festgestellt, daß die Funktionen des Verstandes auf die linke und die rechte Hemisphäre des Gehirns verteilt sind. Die linke Hälfte organisiert und strukturiert Informationen in einem linearen Bezugsrahmen. Diese rationale, logische Geistesaktivität entspricht der maskulinen oder *yang*-Polarität und war in der analytischen, technologisch ausgerichteten Intelligenz der Neuzeit deutlich vorherrschend. Die rechte Hirnhälfte hat dagegen Zugriff auf Informationen, die auf Erfahrungen ohne kausalen Zusammenhang beruhen, und verarbeitet diese. Sie wurde als der intuitive, künstlerische Teil des Gehirns — die weibliche oder *yin*-Polarität — bezeichnet. Im vergangenen Jahrzehnt wurden wir Zeuge einer Zunahme von Funktionen der rechten Hirnhälfte in den Bereichen von Heilung, Erziehung, Therapie oder holistischer Medizin, aber auch eines wachsenden, psychischen Bewußtseins.

Die Asteroiden und die planetare Transformation

Die Asteroiden entsprechen den weiblichen Archetypen, die in ihren mythologischen Namensschwestern personifiziert sind. Das Weibliche steht im wesentlichen mit der alles durchdringenden Kraft des Universums in Verbindung, die das Leben empfängt, in sich trägt und gebärt. Auf einer umfassenderen Ebene verweist die Entdeckung der Asteroiden auf die Geburtswehen, in denen die Menschheit gegenwärtig steckt, da wir uns dem Wassermannzeitalter nähern.

Wassermann ist das Zeichen des Gruppendenkens und des kosmischen Bewußtseins und wir befinden uns gegenwärtig an einem Wendepunkt. Der augenblickliche Übergang vom Fische– zum Wassermannzeitalter ist eine Epoche intensiver Wandlung, denn während dieser Phase stellt sich die Energie des vorangegangenen Zyklus von 2200 Jahren auf die Dynamik des kommenden um. Zum besseren Verständnis dieses Prozesses kann man sich vorstellen, daß die Stoßkraft, welche unsere geschichtliche Erfahrung prägt, in einer Welle verläuft, die wir als Zeit bezeichnen. In den Spitzenbereichen kommt es zu einem Wechsel von Amplitude und Frequenz der Welle (siehe Abb. 1.1.). Vergleichbar mit den regelmäßigen Wellenrhythmen des Ozeans hat auch die Geschichte ihre Zyklen: So wie bestimmte ozeanische Wellen außerordentlich groß sind, kommt es auch in manchen historischen Abschnitten zu extremen Wogen der Veränderung, sogenannten Quantensprüngen. Die Verlagerung der Anstrengungen wird von der Gesellschaft in einem Zuwachs an Druck, Spannung und einer höheren Umschwungrate erfahren, und zwar so lange, bis genügend Energie erzeugt ist, um den endgültigen Durchbruch zu provozieren.

Dieses Phänomen bewirkt markante Veränderungen in unserer Sozialordnung und ebnet den Weg für neue kulturelle Er-

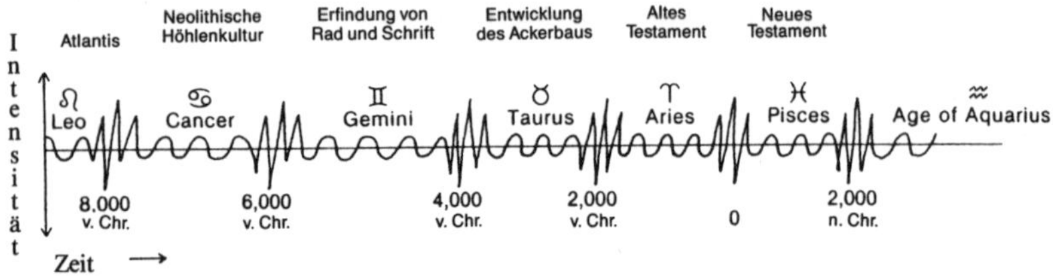

Abbildung 1.1.

fahrungen. Nicht nur Astrologen, auch Philosophen und andere Theoretiker vermuten, daß die Menschheit momentan dabei ist, den entscheidenen bewußtseinsmäßigen Schritt nach vorne zu gehen. Beispielsweise leitet der Computer (von Wassermann gelenkt) eine Wissensexplosion ein, welche direkt auf die menschliche Gehirnkapazität zur Informationsverarbeitung einwirkt. Bis jetzt setzte der Mensch vielleicht 13% seiner Gehirnzellen aktiv ein. Durch den sprunghaften Anstieg an Informationen beginnen manche Menschen, diese in einem Ausmaß zu verarbeiten, welches bei weitem über den bisherigen Möglichkeiten des Gehirns liegt. Sie »erwecken« neue Zentren, die umgekehrt auf der elektrochemischen Ebene neuronale Gedankenstrukturen aufbauen, welche das Gehirnvolumen für psychische Bewußtheit vergrößern. Diese Veränderungen und die Erschließung neuer Gehirnzentren korrespondieren mit dem Eintritt der Asteroiden in das menschliche Bewußtsein.

Wir leben in einer Zeit globaler Transformation. Da wir dem Wassermannzeitalter entgegengehen, erhält die Menscheit als ganze die Chance, in kollektivem Bewußtsein wiedergeboren zu werden. In dieser Epoche können wir Wassermannideale wie Brüderschaft, Freundschaft oder soziales Bewußtsein verwirklichen (oder aber die wassermännische Verwirrung von Anarchie, Chaos und den kopflosen Sprung ins Neue, ohne eine vernünftige Einverleibung des Alten; dies wäre eine exzessive Überbetonung der Individualität, welche jede Beziehung zu anderen leugnet.)

Emotionale, umgestaltende Krisen verändern unsere psychospirituellen Schwingungen, so daß wir unsere individuelle Frequenz auf den inneren Kern einstimmen können, welcher mit der gesamten Schöpfung in Einklang steht. Die Positionen von Ceres, Pallas Athene, Vesta und Juno in unserem Horoskop beschreiben einen persönlichen Weg, durch den wir diesen Wandel hervorrufen können.

Aus genau diesem Anlaß sind heutzutage gute Therapeuten und Berater von so unverzichtbarer Notwendigkeit; wir befinden uns in einer Übergangsphase der Geschichte. Und die Astrologen *brauchen* die Asteroiden, weil die herkömmlichen Planeten die momentan in Erscheinung tretenden Grundfragen nicht erklären oder nicht umfassend genug beschreiben, einfach weil diese Sachverhalte noch zu neu sind. (Es ist richtig, daß einige Menschen dieselben Probleme auch früher schon durchlebt haben, allerdings nicht in einem solch verbreiteten Ausmaß wie heute.) Die entscheidende Feststellung, daß die Frage nach einem Gleichgewicht zwischen männlich und weiblich derzeit für so viele Menschen bedeutsam wird, macht die Transformation sowohl zu einem individuellen als auch zu einem sozialen Faktor.

Die Asteroiden als Vermittler von persönlicher Transformation

Das weibliche Prinzip wird ganz wesentlich vom Mond symbolisiert. So wie die Bewegung des Mondes zyklischer Natur ist, wie seine zu– und abnehmenden Phasen Ebbe und Flut beeinflussen, genauso beziehen sich die grundlegenden Bedeutungen der Asteroiden–Göttinnen auf den Kreislauf des Kommens und Gehens — den Kreislauf der Transformation. Die Asteroiden stehen jedoch nicht nur in Verbindung mit den archetypischen Prinzipien, die gegenwärtig in der Psyche wachgerufen und in sie aufgenommen werden, sondern sie dienen auch als Vermittler in dem individuellen Prozeß der Transformation.

Die Asteroiden sind als Bindeglieder zwischen persönlichem und kollektivem Bewußtsein tätig. Diese Verbindung tritt durch drei symbolische Systeme zutage: den Himmelskreis des Zodiaks, die Planetenstände im Sonnensystem und die Fixsternkonstellationen.

Der ersten Wirkungsweise begegnen wir im Tierkreis. In esoterischer Hinsicht beschreibt der Zyklus der Sternzeichen das

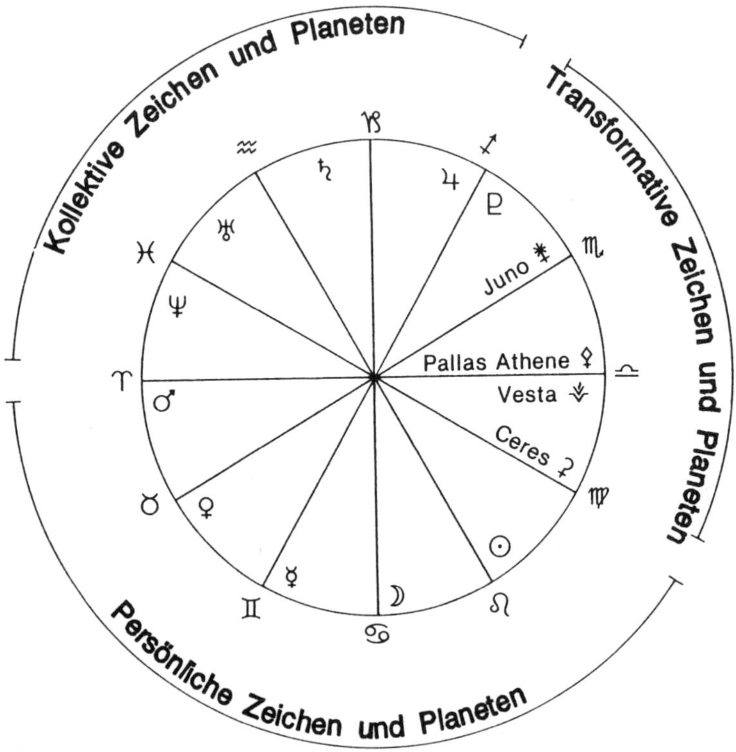

Abbildung 1.2.

Wachstum und die Entwicklung des menschlichen Bewußtseins. Dieser Werdeprozeß beginnt im Widder mit der Geburt des individualisierten Bewußtseins (des »Ichs« als einer besonderen, einmaligen und freien Wesenheit) und endet in den Fischen mit dem intuitiven Bewußtsein, daß das Individuum die Keimzelle eines größeren Ganzen ist. Die dazwischenliegenden Tierkreiszeichen beschreiben die fortschreitenden Entwicklungsstufen vom Widder bis zu den Fischen.

In den ersten fünf personalen Zeichen äußert sich der im Widder keimende Lebensfunke durch den physischen Körper im Stier, den geistigen in den Zwillingen und den emotionalen im Krebs; er findet seine Vollendung in der Kreativität und Schöpferkraft des Löwen. Die letzten vier kollektiven Zeichen Schütze, Steinbock, Wassermann und Fische beschreiben das individuelle Wirken im Rahmen der größeren Gesellschaft. Der Schütze ermöglicht das Erfassen kollektiven Wissens, der Steinbock die Teilnahme an kollektiven Strukturen, der Wassermann den Zugang zu kollektiven Idealen und Visionen, die Fische schließlich das Mitleid und das Einfühlungsvermögen, welches dem Erlebnis der Einheit entspringt.

Die drei Zeichen dazwischen, nämlich Jungfrau, Waage und Skorpion, sind die Übergangszeichen des Umwandlungsprozesses, welche eine Person vom individualisierten Bewußtsein (Widder bis Löwe) in das kollektive Bewußtsein (Schütze bis Fische) hinüberleiten.

In der Jungfrau perfektioniert sich die entfaltende Wesenheit dergestalt, daß sie in das Partnerschaftszeichen Waage als umfassendes und vollendetes Individuum eintreten kann. Im Zeichen Waage wird der Betreffende erstmalig des anderen Bewußtseins gewahr. Kommunikation, die zu einer beständigen Wechselbeziehung führt, ist der Grundstein für die endgültige innere Verwandlung im Skorpion, wo das persönliche Ich–Gefühl abstirbt, das Du durchdringt und sich mit ihm vereint. Das Aufgehen des »Ich« im »Wir« wird zur Pforte ins kollektive Bewußtsein, symbolisiert vom Schützen (siehe Abb. 1.2.). Die Asteroiden Ceres, Pallas Athene, Juno und Vesta wecken starke

Assoziationen mit einer Regentschaft in den Übergangszeichen Jungfrau, Waage und Skorpion. Deswegen können wir voraussetzen, daß sie in diesen Zeichen als aktive Vermittler wirken, die einen Wandel von individuellem zu kollektivem Bewußtsein ermöglichen.

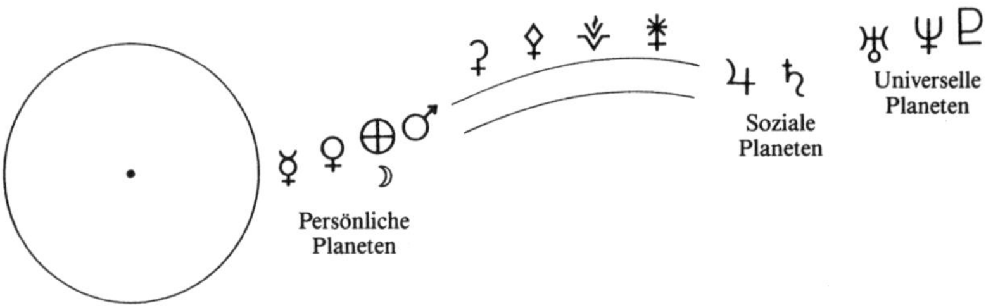

Abbildung 1.3.

Der zweite symbolische Modus menschlicher Entfaltung verläuft durch die Planeten im Solarsystem. Sonne, Merkur, Venus, Mond und Mars sind als persönliche Planeten bekannt, da sie die persönlichen Eigenschaften von Identität, Intellekt, Werten, Gefühlen und inneren Antrieben lenken. Jupiter und Saturn wirken als soziale Planeten und stehen für Ethik und Gesetze, durch welche eine Gesellschaft gesteuert wird. Uranus, Neptun und Pluto sind universelle Planeten oder Botschafter der Galaxie, die durch immense kosmische Kräfte in Schwingung versetzt werden. Die Asteroiden kreisen hauptsächlich auf einem Gürtel zwischen Mars und Jupiter und bilden insofern eine physikalische sowie spirituelle Brücke, welche das Persönliche mit dem Sozialen und Kollektiven verbindet (siehe Abb. 1.3.).

Schließlich läßt sich der evolutionäre Prozeß auch noch an den Konstellationen der Fixsterne ablesen, vor allen Dingen an den zwei Schlangen–Sternbildern Hydra und Serpens, welche sich beidseitig um die mit den Asteroiden verbundenen Sternbilder Jungfrau, Waage und Skorpion gruppieren. Die Schlange, die häufig mit den Göttinnen Ceres, Pallas Athene, Juno und Vesta assoziiert wurde, galt über lange Zeit hinweg als das Ursymbol der weiblichen Transformationskraft.

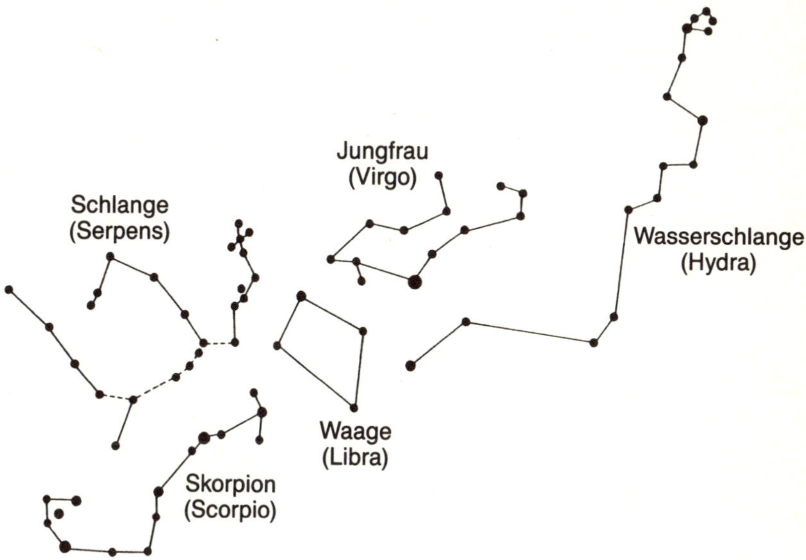

Abbildung 1.4.

Somit markieren die vier Asteroiden zusammen mit ihren analogen Tierkreiszeichen in allen drei Systemen (Zeichen, Planeten, Fixsternen) die Stufen des Wandlungsprozesses vom Persönlichen zum Kollektiven.

Die Aktivierung der weiblichen psychischen Zentren, sei es in Frauen oder in Männern, setzt eine Fülle unbewußter, archetypischer Inhalte frei. Unglücklicherweise bedingt die frühere und geschichtlich geprägte Verdrängung des weiblichen Prinzips die Art und Weise, in der diese Archetypen heute an die Oberfläche gelangen. Nehmen wir als Beispiel einen Lichtstrahl, der durch eine verschmutzte Scheibe gefiltert wird. Wenn wir durch dieses Fenster blicken, dann hindert uns der Schmutz daran, klare Konturen zu sehen. Genauso verhält es sich mit unserem geistigen Bild von der weiblichen Natur. Die ständige Unterdrückung brachte verklemmte Überzeugungen und Einstellungen hervor, durch welche die Kraft des Weiblichen gefiltert wird. Dementsprechend haben wir unsere Erfahrungen interpretiert und unsere Auffassungen des Femininen auf diesen unerkannten und unscharfen Verzerrungen aufgebaut.

Wegen unterschwelliger Konditionierung neigen Mann und Frau heute dazu, diese verworrenen archetypischen Schablonen auszuleben. Die antike Juno ist ein ausgezeichnetes Beispiel hierfür: Man erzählt, daß Juno eine eifersüchtige und nachtragende Gattin gewesen sei. Dies ermutigt Frauen dazu, die Vertreterinnen ihres eigenen Geschlechts als potentielle Bedrohung oder Rivalinnen anzusehen. Außerdem leistete dieser Umstand auch noch der Ansicht Vorschub, daß Männer »ihren« Frauen gegenüber einen Besitz- und Hoheitsanspruch empfinden, was in den Männern wiederum Mißtrauen gegen ihre eigenen Geschlechtsgenossen weckt. Juno (oder Hera, wie sie bei den Griechen hieß,) war die besondere Göttin der Frauen und förderte die gegenseitige Bindung unter ihnen. Welche Ironie, daß gerade dieses Gefühl der Verbundenheit mit dem eigenen Geschlecht in Eifersucht, Konkurrenzdenken und Argwohn verkehrt wurde! (Auf die Gründe hierfür werden wir bei der Betrachtung der Mythologie eingehen.) Die psychische Energie des Archetyps ist nun in einem verzerrten geistigen Bild (einem »falschen Gott«) eingeschlossen. Das Zerschlagen des Götzen kann die wahre innere archetypische Kraft freisetzen. Ein geeignetes Mittel hierzu bietet der Prozeß der persönlichen Transformation — eine dreiphasige Erfahrung, die wir jetzt näher betrachten wollen.

In jedem Wandlungsprozeß muß es eine bestimmende Kraft oder einen Impuls geben, um das vorhandene Beharrungsvermögen zu überwinden und uns auf die nächste Windung der evolutionären Spirale zu treiben. Wie schon in Abbildung 1.1. angedeutet, erhält die planetare Evolution der Weltzeitalter ihren Anstoß durch eine Verdichtung der Wellenschwingung psychischer Energie. Vergleichbar hiermit kommt der Schub bei der persönlichen Transformation durch einen verstärkten emotionalen Druck zustande.

Verwenden wir einmal die Metapher einer Spiralfeder, die wir solange fest nach unten drücken, bis genügend Spannung vorhanden ist, um sie losschnellen zu lassen. Diese *Intensivierung* oder Druckausübung entspricht der ersten Stufe des Transformationsprozesses und wird von Vesta symbolisiert, deren Kraft zur Selbstbeherrschung uns nach innen zieht. Wir erleben Vesta in psychologischer Hinsicht als eine Verdichtung unserer Gefühle. Dies führt häufig zu der Erfahrung, daß man durch Trennung, Verlust, Kummer, Schmerz, Verzweiflung, Versagen, Frustration oder Zurückweisung »auf dem Boden landet«.

Die zweite Ebene des Transformationsprozesses, die Phase der *Auflösung*, wird astrologisch von Pallas Athene verkörpert, welche die Verwendung der Schöpferenergie lenkt. In dieser Periode bricht die von Vesta erzeugte und komprimierte Gefühlskraft erfolgreich durch und erschüttert die begrenzenden Strukturen. Das Ergebnis kann viele Formen annehmen, z.B. in Familie, Beruf, Einstellungen, Lebensstil oder als das Ende einer Beziehung. An diesem Punkt erfährt das Individuum eine geballte Ladung an frei pulsierender Energie, aber noch nichts ist zusammengewachsen. Der oder die Betreffende kann in diesem Zwischenzustand Angst, Panik und Chaos erleben, andererseits kann er oder sie aber auch eine Befreiung und eine Begeisterung über das Formulieren neuer Möglichkeiten, Träume und Visionen empfinden.

Die dritte Teilstrecke im Wandlungsprozeß heißt *Erneuerung* und wird durch den Asteroid Juno repräsentiert, deren Bedürfnis nach Vereinigung uns aus der Isolation zieht. Jetzt können wir unsere entladene Energie verwerten und umstrukturieren, um neue Formen zu schaffen, in denen ausgedehntes Wachstum und kontinuierliche Entfaltung möglich wird. In diesem Abschnitt werden alle Facetten unseres zwischenmenschlichen Lebens — Arbeit, Beziehungen, Gruppenaktivitäten, Schulen usw. — geheilt und erneuert.

Dies führt uns dann zu Ceres, dem größten und zuerst entdeckten Asteroiden. Manche Astronomen nehmen an, daß Ceres der übriggebliebene Kern eines einstigen Planeten sei, der explodierte und den Asteroidengürtel hinterließ. Ceres, die große Mutter, versinnbildlicht die Matrix, aus der heraus die anderen Kleinplaneten wirken. Die Göttin Ceres symbolisiert durch ihre Mythologie und als Göttin der Eleusischen Mysterien den Prozeß von Geburt, Tod und Erneuerung, der uns von allen Asteroiden vor Augen geführt wird. In diesem Sinne bildet Ceres die Grundlage für den Gesamtablauf der Wandlung.

Wenn die Themen der Asteroiden in einem Geburtshoroskop deutlich hervorstechen, dann deuten sie auf eine Persönlichkeit hin, in der die Kraft des transformativen Prinzips wirksam werden kann. Häufig geraten diese Personen in die Rolle eines Vermittlers, durch den alte, verkrustete Strukturen, Einstellungen und Werte in der Gesellschaft zerstört, dann erneuert und schließlich regeneriert werden. Infolgedessen ist das Leben dieser Menschen von Persönlichkeitskrisen gekennzeichnet, die den eingefahrenen Pfad des Massenbewußtseins einer Probe unterziehen.

Das Ausmaß, in dem die von den Asteroiden repräsentierten psychologischen Grundfragen von solch einem Menschen anerkannt und erlebt werden, verweist auf die Ebene, auf welcher er in den Transformationsprozeß eintritt. Das bewußte Erfahren dieses Wandels ist enorm wichtig, denn dadurch wird es dem Betreffenden überhaupt erst ermöglicht, die Jungfrau-Waage-Zwischenphase zu durchschreiten und zu der kollektiven Vision der letzten vier Zeichen zu gelangen. Diese erlauben dem Individuum, die Grenzen seines Bewußtseins zu öffnen und die Wirklichkeit hinter der Illusion des Abgesondertseins wahrzunehmen, um tatsächlich Einzigartigkeit zu finden. Auf diese Weise können sich Individuum und Menschheit Seite an Seite entfalten.

Die Asteroiden–Göttinnen sind deswegen im wahrsten Sinne des Wortes »Vehikel« für die schnell schwingende Geburtsenergie. Sie sind sowohl Vermittler der Transformation als auch symbolische Schlüssel zu unserer Umformung. Sie repräsentieren jene Erfahrungen und Krisen, die zu Veränderungen der Gehirnfunktion führen und das Individuum ganz für eine Einstimmung auf kollektivere oder kosmische Frequenzen öffnen können. Als Teil des Universums entsprechen bestimmte vibrierende und planetare Veränderungen unter den Asteroiden auch dem Wiedererwachen der Weiblichkeit aus einem tiefen Schlummer in unserer Psyche, um einen Gleichfluß in der planetarischen Biosphäre herbeizurufen. Ceres, Pallas Athene, Juno und Vesta mit ihren befruchtenden Eigenschaften sind die »Helfer über die Brücke«, hinüber zur Entstehung eines wassermännischen Gleichheitsideals. Die Asteroiden zeigen uns die archetypischen Bilder, die wir sehen müssen, um den Übergang zwischen persönlichem Ego und kollektivem Verstehen nachvollziehen zu können. Zusammengenommen sind sie die magischen Vermittler, die jeden von uns transformieren. Sie sind der Schlüssel zu unseren Initiationsriten — den Erfahrungen, welche die Türen zu universalem Verständnis aufschließen.

Kapitel 2

Die Asteroiden – Vorboten einer neuen Mythologie

Die Bedeutung der Mythen

Carl G. Jung bezeichnete die Mythen als »große Träume der Menschheit« und als »die Archetypen des kollektiven Unbewußten«. Archetypen sind die grundlegenden und universellen Gedankenformen, die dem menschlichen Bewußtsein zu allen Zeiten zugänglich sind und waren. Die Planeten und Asteroiden werden nach Gottheiten benannt, die mit diesen Urkräften korrespondieren. Um die Wirkungsweise der Asteroiden-Archetypen zu verstehen, müssen wir zunächst die mit ihnen verknüpften Mythen untersuchen.

Die Bedeutung der Mythen kann auf verschiedenen Ebenen interpretiert werden. Einerseits ist der Mythos eine mündliche Übermittlung der Lehren unseres Ursprungs und unserer Geschichte, so wie sie von Generation zu Generation weitergegeben wurden. Vor der Erfindung der Druckerpresse und erst recht noch vor der Entstehung der Schreibkultur waren Mythen und mündliche Überlieferungen die einzige Form, um gesammeltes Wissen festzuhalten. Verfolgt man die Spuren der Entwicklung und Veränderungen eines Mythos, so läßt sich sehr viel über die Antike enthüllen. Unterschiedliche Fassungen ein und desselben Mythos ergeben sich aufgrund von Wachstums- und Veränderungsperioden der entsprechenden Kultur. Obschon sich die Gelehrten in endlosen Debatten darüber verloren haben, welche Version des Mythos die einzig korrekte sei, ist es in Wirklichkeit doch so, daß in der Regel alle Darstellungen wahr sind und keine als alleingültig herausgestellt werden kann.

In der Entwicklung von Mythen, welche die Zeitgeschehnisse der jeweils betroffenen Ära porträtieren, bemerken wir, daß die Nacherzählung des Mythos eine schrittweise Weiterbildung des menschlichen Bewußtseins zu den entsprechenden historischen Zeitpunkten wiedergibt. Die entscheidenden Abwandlungen in den dargelegten Charaktereigenschaften der göttlichen Gestalten verweisen auf signifikante Entwicklungen der menschlichen Ausdrucksmöglichkeiten. So berichtet eine Sage beispielsweise, die Weisheitsgöttin Pallas Athene sei aus dem Kopfchakra ihres Vaters Jupiter geboren worden. Dieser Mythos weist uns darauf hin, daß die Ausdruckskraft des weiblichen Prinzips verlagert wurde, und zwar weg von der Fortpflanzungsfunktion der Fruchtbarkeitsgöttin, deren schöpferische Energie einzig durch die Genitalien kanalisiert wurde, hin zu einem Ausströmen weiblicher Energie aus dem Kopf. Dieser Wechsel personifizierte zugleich das Auftauchen der neuen Fähigkeit der Frau, ihrer schöpferischen Intelligenz und der Geburt von Ideen Gestalt zu verleihen.

Die Verzerrung des Mythos

Da die mythologischen Gottheiten sich, historisch gesehen, aus den Notwendigkeiten der aufeinanderfolgenden politischen oder religiösen Dynastien gestalteten, veränderte sich ihr Erscheinungsbild für die Menschheit entsprechend. Ihre früheren Attribute wurden entweder vergessen oder bewußt unterdrückt, vor allen Dingen dann, wenn diese eine Bedrohung für die Sicherheit der gegenwärtigen Ordnung darstellten. Erfährt eine archetypische Energie in ihrer herkömmlichen evolutionären Entwicklung einen Wandel, so ist dies eine Sache für sich.

Aber es handelt sich um eine völlig andere Situation, wenn die Abänderung durch eine Verzerrung der Zweckdienlichkeit festgelegt wird. Ein Beispiel für eine derartige Verdrehung läßt sich bei dem Übergang vom Stier- zum Widder-Zeitalter erkennen. Zu jener Zeit verschob sich die lunare (der Mond ist im Stier erhöht), matriarchalische Ackerbaukultur in solare (im Widder ist die Sonne erhöht) und patriarchalische Nomadengesellschaften. Die bislang dominierende Erdgöttin räumte zugunsten einer Vorherrschaft des Himmelsgottes das Feld; die Aufgaben und Aktivitäten der Göttinnen verringerten sich generell, nachdem ihre Macht verfiel. Als schließlich ungefähr um 1100 v. Chr. die olympische Mythologie entstand und Jupiter der höchste Gott des Himmels wurde, da verblaßten die Göttinnen zu fahlen Schatten ihrer einstigen Größe. In etlichen Fällen wurde ihre neue Rolle sogar in krassem Gegensatz zu ihrer ursprünglichen Wesensbeschreibung festgelegt. Beispielsweise wurden die jungfräulichen Priesterinnen der alten Sumerer, welche die rituelle Sexualität aus religiöser Hingabe praktizierten, durch die patriarchalische Kultur letztlich zu den römischen Vestalinnen umgeformt, die sich zu Keuschheit als religiöser Übung verpflichteten.

Die genannten Zerrbilder der weiblichen Gottheiten prägten sich unglücklicherweise auch der modernen Psyche ein, und demzufolge wurde die Ausdruckskraft des ursprünglichen Archetyps unterdrückt oder abgewandelt. Diese Pathologie zog Frustration, Unglück und Krankheiten nach sich, die in der Psyche vor allem immer dann auftreten, wenn sie mit weiblichen Wesenszügen in Verbindung stehen. So kann sich Vesta in einer Persönlichkeit möglicherweise als sexuelle Angst, innerer Rückzug oder Vereinsamung äußern. Diese Furchtsamkeit läßt sich schnell erklären, wenn wir festhalten, daß den Tempelpriesterinnen ab einem gewissen historischen Zeitpunkt jede sexuelle Hingabe untersagt wurde und daß sie im Falle der Mißachtung dieses Gebotes bei lebendigem Leib begraben wurden.

Obwohl die verdrängten Auffassungen über das ursprüngliche Wesen der Göttin in tieferen historischen Schichten verborgen und dem Bewußtsein relativ unzugänglich sind, existieren sie im kollektiven Unbewußten weiter.

> Wir erwähnten oben die Tatsache, daß das Unbewußte gewissermaßen zwei Schichten enthält: nämlich die persönliche und die kollektive. Die persönliche Schicht erreicht ihr Ende mit den frühesten Infantilerinnerungen; das kollektive Unbewußte dagegen enthält die Präinfantilzeit, das heißt die Reste des Ahnenlebens. Während die Erinnerungsbilder des persönlichen Unbewußten gewissermaßen ausgefüllte, weil erlebte Bilder sind, sind die Archetypen des kollektiven Unbewußten unausgefüllte, weil nicht vom Individuum persönlich erlebte Formen. Wenn hingegen die Regression der psychischen Energie, selbst über die frühinfantile Zeit hinausgehend, in die Spuren oder Hinterlassenschaften des Ahnenlebens einbricht, dann erwachen mythologische Bilder: die Archetypen.[2]

Dies soll nun aber keineswegs dazu anregen, zu Vergangenem zurückzukehren, denn Regression ist nicht nur unmöglich, sie ist auch nicht gerade wünschenswert. Jedoch kann eine klare Vision vom reinen und urtümlichen Wesen des archetypischen Bildes die seelische Arbeit des gegenwärtigen Transformationsprozesses in dieser brisanten Zeit wieder erwecken.

Die Aufgabe des Mythos im therapeutischen Prozeß

Die Untersuchung der tieferen oder »geheimen« Bedeutung des Mythos erläutert den Ablauf der archetypischen Grundmuster, wenn diese unbewußt das Drama des menschlichen Lebens lenken. Die Mythen veranschaulichen sozusagen das Drehbuch des Lebens, durch welches sich die Menschheit darstellen kann. Sobald Individuen diese Mythen ausleben, bringen sie die unbewußten Energien der Archetypen in ihr Bewußtsein. Jung bezeichnete diesen Vorgang als Individuation; unseren Urahnen war er als »Initiation« bekannt. Darum kann der Einblick in die persönliche Mythologie, der sich aus dem Verständnis der Planetenprinzipien eines Geburtshoroskops gewinnen läßt, dem Geborenen zu einem bewußteren Erleben seines Schicksals verhelfen.

So beschreibt der Mythos von Ceres zum Beispiel den Verlust ihrer Tochter und als Folgeerscheinung auch die Tatsache, daß sie Persephone mit Pluto teilen mußte. Daraus ergibt sich nun konkret, daß Ceres/Pluto–Aspekte in einem Geburtsbild oftmals auf Lebensaufgaben verweisen, bei denen man seine Kinder verliert oder teilen muß. Die Aktivierung dieses Themas durch einen Transit oder eine Progression kann beispielsweise auf eine Zeit hindeuten, in der Entscheidungen über das Sorgerecht fallen. Hieraus ersehen wir also bereits, daß der wesentliche Punkt im Mythos mit den Schlüsselfragen des individuellen Lebens übereinstimmt, welche dem Individuum aktives Handeln oder Beschlußfassungen abverlangen.

Sehr häufig kann ein Mensch jedoch an einer bestimmten Stelle des mythologischen Prozesses erstarren, indem er habituelle Muster wiederholt, die negativ oder unergiebig sind. Jedesmal, wenn eine bewußte Entscheidung vorausging, werden instinktive und unbewußte Schablonen vertieft. Mit den Worten von Alexander Ruperti läßt sich dies auch folgendermaßen formulieren: »Was in der Kindheit noch eine kleine Spur war, wird später zur Furche und schließlich zum Graben.«[3]

Wir können uns zum Beispiel die psychische Entwicklung des Weiblichen in der Funktion als Gattin oder Lebensgefährtin anschauen. In der Initialphase geriet Lilith (ein kleiner weiblicher Asteroid) in eine Beziehung, fand sie nicht zufriedenstellend und ließ sie hinter sich. Auf der Zwischenstufe begegnete Juno einer Partnerschaft, welche für sie ebenfalls unbefriedigend war, an der sie aber dennoch weiterhin teilnahm. Im Stadium der Vollendung erlebte Psyche eine Beziehung und perfektionierte die äußere Form durch den transformativen Prozeß zu einer Vereinigung mit der verwandten Seele. Häufig kommt es gerade im Verlaufe dieses Entwicklungsprozesses während der Lilith–Phase zu einer Blockierung. Hier vermeiden die Betreffenden die Auseinandersetzung mit Beziehungskonflikten, indem sie vor ihnen wegrennen. Dieses ausweichende Verhalten verhindert einen Schritt durch die später nachfolgenden Entwicklungsphasen und eine endgültige Überführung in das Psyche–Stadium.

Somit kann ein Therapeut, Astrologe oder Berater durch die Kenntnis der Mythologie archetypische Fixierungen wahrnehmen und den Weg in Richtung Befreiung zeigen. Verwendet der Therapeut die planetaren Mythen als Richtschnur, dann kann er die Struktur der Blockierungen seines Klienten aufspüren und diesen auf sein natürliches und harmonisches Ende hinführen. Das Geburtshoroskop liefert also gewissermaßen die Diagnose und der Mythos die Behandlungsmethode.

Die Kraft der Göttin lag während der letzten 5000 Jahre in einem tiefen Dornröschenschlaf. Mit der Entdeckung der Asteroiden wurde die Macht der Weiblichkeit endlich wieder reaktiviert und in unserem Bewußtsein freigesetzt. Wenn wir die Asteroiden erforschen bzw. mit ihnen arbeiten und die archetypische Bildersprache wieder restaurieren, dann können sie einen wesentlichen Beitrag dazu leisten, daß die Menschheit das innere Gleichgewicht zwischen männlichem und weiblichem Prinzip in beiden Geschlechtern wiedergewinnt.

Kapitel 3

Das Mandala der Asteroiden-Göttinnen

Im glänzenden und klaren Licht der Sonne

Das Silberlicht des Mondes reflektiert die Basis der lunaren Energie — das undifferenziert Weibliche kurz vor der Offenbarung seiner Fruchtbarkeits- und Wandlungskräfte.

Aus der Mitte entsteigt Venus Aphrodite, Inbegriff des femininen Wesens in seiner deutlichsten Form. Durch ihre Kräfte göttlicher Schönheit und die magnetischen Reize der Liebe erweckt sie die Impulse des Lebens.

In seiner Ausstrahlung nach Norden erscheint das Weibliche in der Gestalt von Ceres. Sie zeigt ihre fürsorgliche Eigenschaft als Mutter im Vermehren und Erhalten der Gattung.

In seiner Ausstrahlung nach Süden erscheint das Weibliche in der Gestalt von Pallas Athene. Sie zeigt ihre schöpferische Eigenschaft als Tochter und bringt geistreiche und kunstvolle Ergebnisse hervor.

In seiner Ausstrahlung nach Osten erscheint das Weibliche in der Gestalt von Vesta. Sie verkörpert die Selbsteinschränkung der weiblichen Wesensart als Jungfrau und Schwester — in sich selbst vollendet und zu keinem Mann gehörig.

In seiner Ausstrahlung nach Westen erscheint das Weibliche in der Gestalt von Juno. Sie repräsentiert die Vereinigung der weiblichen Natur mit dem Männlichen als Gattin und Frau in der Heiligen Ehe.

Bei seinen Erforschungen der menschlichen Psyche stellte C. G. Jung fest, daß es drei grundlegende Symbole gibt, welche das Wesen und das Verhältnis von archetypischen Energien beschreiben. Eines dieser Urbilder ist das *Mandala*, was im Sanskrit soviel wie »Kreis« bedeutet. Der Kreis ist durch zwei Schlüsselmerkmale gekennzeichnet, nämlich Umfang und Mittelpunkt. »Obschon das Zentrum einerseits einen innersten Punkt darstellt, so gehört zu ihm andererseits auch eine Peripherie oder ein Umkreis, der alles in sich enthält, was zum Selbst gehört, nämlich die Gegensatzpaare, welche das Ganze der Persönlichkeit ausmachen«.[4] Das Asteroiden–Mandala (siehe Abb. 3.1.) ist eine optische Darstellung, welche die Grundkomponenten des weiblichen Prinzips integriert. Die hierin abgebildeten Leitsätze manifestieren sich sowohl in Frauen als auch in Männern. Weiblich ist hier *kein* Synonym für Frau oder weibliches Geschlecht, sondern verweist auf die eine Hälfte der menschlichen Polarität — und keine Hälfte, weder die maskuline noch die feminine, existiert ohne die andere. Jede Seite zeigt sich also bei beiden Geschlechtern gleichermaßen. Während das weibliche Prinzip in der Vergangenheit vorwiegend von Frauen bekundet wurde, identifizieren sich inzwischen auch die Männer verstärkt mit ihren weiblichen Persönlichkeitsanteilen, veranlaßt durch den allgemeinen Kräfteausgleich der maskulinen und femininen Energien, der mit dem Auftauchen der Asteroiden angekündigt wurde.

Das Fundament bzw. die Grundlage des weiblichen Prinzips wird von der starken Kraft des Mondes repräsentiert. Im Mittelpunkt wird die Kernsubstanz des weiblichen Wesens in aktiver Form von Venus Aphrodite abgebildet. An der Peripherie beschreiben die Gegensatzpaare Ceres/Pallas Athene und Vesta/Juno die verschiedenen Grundfunktionen der weiblichen Aktivität. Auf diese Weise veranschaulicht das Asteroiden–Mandala den Grundsatz der »Ganzheit«. Jeder Himmelskörper definiert die charakteristischen Beziehungen zwischen dem eigentlichen Selbst in der Mitte und den einzelnen Elementen des Selbst im Umkreis, wodurch er ein einheitliches Bild des weiblichen Bewußtseins erzeugt.

Abb. 3.1. Das Asteroiden–Mandala

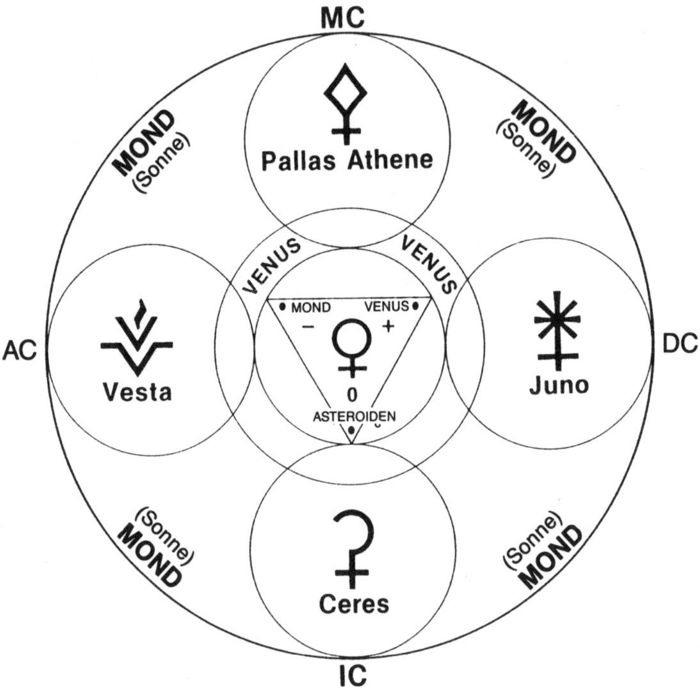

Die Sonne

Im glänzenden und klaren Licht der Sonne.

Die weibliche Ausdruckskraft, so wie sie in dem Mandala vom Mond symbolisiert wird, setzt die Existenz einer von der Sonne repräsentierten männlichen Ausdrucksform voraus. Männlich und weiblich sind entgegengesetzte Manifestationen der gleichen Kraft, die, wenn sie vereinigt werden, dasjenige formen, was die Mystiker als »Einheit« bezeichnet haben. Das Weibliche an und für sich existiert nicht; es handelt sich stattdessen vielmehr um den weiblichen Aspekt der Polarität.

> In der chinesischen Philosophie steht das weibliche Prinzip *Yin* in direktem Gegensatz zum männlichen Prinzip *Yang*. Yang ist die helle, heiße, mächtige schöpferische Energie, während Yin die dunkle, feuchte, schattige und rezeptive Kraft ist, die auch schöpferisch ist, weil sie die geistige Bewegung der Yang–Energie zur Geburt und Darstellung bringt. Es heißt, Yin sei ebenso mächtig, wie Yang, weil es alle seine schöpferischen Bewegungen zur Darstellung brächte.[5]

In dem Mandala dienen Sonne und Mond als symbolträchtige Entsprechungen der undifferenzierten Kraft des Bewußtseins von Gott bzw. Göttin. Die Sonne verströmt ihr Licht und projiziert ihre schöpferische Energie nach außen, während die reflektierende Eigenschaft des Mondes das Licht wieder zu seiner Quelle zurückspiegelt und damit den soli–lunaren Kreislauf vollendet. Dies ermöglicht einen fortschreitenden Zyklus, in dem Sonne und Mond sich ständig gegenseitig beeinflussen und durchdringen.

Der Mond

Das Silberlicht des Mondes reflektiert die Basis der lunaren Energie — das undifferenziert Weibliche kurz vor der Offenbarung seiner Fruchtbarkeits– und Wandlungskräfte.

Der Mond ist das Ursymbol für die in der Antike als Göttin personifizierte weibliche Polarität. Die abnehmenden und zunehmenden Mondphasen versinnbildlichen die zahlreichen Gottheiten, welche die verschiedenen Facetten seines wandelnden Gesichts repräsentieren. Der Mond enthält das Gesamtpotential der weiblichen Ausdruckskraft, und damit sind sämtliche möglichen Darstellungsweisen der Göttin in einer der Manifestation vorausgehenden ätherischen Form verbunden.

Das weibliche Mondprinzip wirkt auch im Bereich der Humanbiologie, denn die Frau wird analog zu den Phasen des Mondes schwanger. Wenn sie kein neues Leben empfangen hat, dann menstruiert sie im Einklang mit den Mondzyklen.

Die periodischen Eigenschaften des Mondes enthüllen zwei Grundprinzipien der weiblichen Kraft. Das erste sich durch die weibliche Polarität offenbarende Grundprinzip ist die Kraft von *Wachstum und Befruchtung* — inneren Einflüssen, welche den Antrieb zur Regenerierung und Selbsterhaltung wiederbeleben. Nach den Glaubensvorstellungen des Altertums war der Mond jene Naturgewalt, die alles neu beginnende Leben befruchtete. Symbolisch fand das rhythmische Auf und Ab der lunaren Zeugungsenergie seinen Niederschlag in den Paarungszeiten der Tiere, der jahreszeitlichen Ernte der Früchte oder eben dem Menstruationszyklus der Frau.

Die zweite durch die weibliche Polarität zutagetretende Grundwahrheit ist die Kraft der *Transformation*. Die weibliche Energie wirkt insofern umgestaltend, als daß sie die Fähigkeit besitzt, eine Sache in eine andere zu verwandeln. Schon seit frühesten Urzeiten wachtten die Frauen über die Mysterien der Ernährungzubereitung, wobei aus Korn Brot gebacken wurde. Und sobald sie diese Kraft in ihrem eigenen Körper verinnerlichen, verwandeln die Frauen ihr Blut zu der Milch, welche nährt und das Leben erhält. Aufgrund dieser furchteinflößenden Transformationskraft wurde die Weiblichkeit verehrt. Von der Schlange, die vergleichbar mit dem zu– und abnehmenden Mond ihre Haut abstreift und sich erneuert, glaubte man, daß sie die Mysterien von Wiedergeburt und Erneuerung verkörpere. Somit wurde die Schlange zu einem Sinnbild für die Gestaltungskräfte der femininen Mondenergie.

In der Folge wurde die Vorstellung von der Mondgöttin verfeinert und in der Symbolik der dreigestaltigen Mondgöttin verehrt. Während der Phase seiner Zunahme zeigte der Mond sich in *Artemis,* welche die heranreifende, jungfräuliche Stärke des

Mädchens verkörperte und über das Frühjahr und den Himmel herrschte. Wenn der Zyklus sich dem Vollmond näherte, wurde der Mond zu *Selene*, die über den Sommer und die Erde regierte. Selene veranschaulicht den mittleren Lebensabschnitt der Frau als Mutter, welche die Eigenschaften der Fruchtbarkeit und Produktivität in sich trägt. In der abnehmenden Phase wird der Mond zu *Hekate*, welche den Lebensabend als Greisin und weise Alte symbolisiert sowie über den Winter und die Unterwelt herrscht. Die alte Frau taucht sodann, nachdem sie den Reifungsprozeß durchlaufen hat, zyklisch erneut als Mädchen wieder auf.

Zusammenfassend kann man sagen: Der im goldenen Sonnenlicht enthaltene große, silberne Kreis des Mondes veranschaulicht das Gesamtpotential der weiblichen Ausdruckskräfte, einschließlich Fruchtbarkeit und Transformation. Seine wechselnden Phasen stellen symbolisch die vielen verschiedenen weiblichen Gottheiten dar, welche einmalige Erscheinungen des sich ständig wandelnden Gesichtes der Großen Göttin sind. Jede Mondgöttin lehrt, wenn sie sich periodisch in ihre abnehmende Dunkelphase zurückzieht, die Mysterien und Initiationen des Überganges zwischen Tod und Wiedergeburt.

Venus

Aus der Mitte entsteigt Venus Aphrodite, Inbegriff des femininen Wesens in seiner deutlichsten Form. Durch ihre Kräfte göttlicher Schönheit und die magnetischen Reize der Liebe erweckt sie die Impulse des Lebens.

Aus dem Zentrum des Elementarbereiches der ursprünglichen Mondenergie erhebt sich Venus Aphrodite, Symbolfigur für die aktive, anziehende und zeugende Kraft der Frauennatur.

Der erste weibliche Ausdruck der unterschiedlichen Entwicklungsmöglichkeiten des lunaren Hintergrundes, fand seinen sinnbildlichen Niederschlag in dem Mythos von Venus Aphrodite. Laut Hesiod, der ältesten Erzählung über die Geburt der Aphrodite, wurde sie aus dem »Meeresschaum« (aphros) geboren, der sich um die abgeschnittenen Genitalien des Uranus bildete, nachdem diese von dem aufrührerischen Kronos ins Meer geworfen worden waren. Der sanfte Atem des Westwindes trug ihre liebenswerte Gestalt in einer Muschel über das Meer, bis sie schließlich an den Gestaden von Zypern landete. Dort wurde sie von den *Horen* empfangen, die aufgrund ihrer periodischen und lebenspendenden Regenfälle im Mythos mit den Jahreszeiten gleichgesetzt wurden. Mit jedem ihrer Schritte sproß junges, frisches Gras unter Aphrodites Füssen. *Eros* (Liebe) und *Himeros* (Sehnsucht) stellten sich ihr, gleich nachdem sie geboren wurde, zur Seite und führten sie gemeinsam mit den *Horen* in den Kreis der unsterblichen Olympier ein. Nach Homer war jeder der Aphrodite erblikkenden Götter von ihrer Schönheit betört, begehrte sie zutiefst und wetteiferte darum, sie sich zur Frau in ständiger Ehe zu nehmen. Tatsächlich gab es viele Sterbliche und Götter, deren Verlangen, sich mit der Göttin zu vereinen, erfüllt wurde. Spätere Sagen vermählen sie zwar mit *Hephaistos*, doch dieser besaß sie niemals wirklich. Die Geschichten, daß sie von den *Grazien* gebadet und mit einem unsterblich machenden Öl gesalbt wurde, erinnern uns daran, daß sie ihre Jungfräulichkeit erneuerte.[6]

Die archetypische weibliche Aphrodite–Energie untergliedert sich ihrerseits wiederum in eine Dreiheit, identifiziert mit den Namen *Aphrodite Pandemos, Aphrodite Ourania* und *Apostrophia*. In seinem ›Symposion‹ trifft Plato eine klare Unterscheidung zwischen der »gemeinen Liebe«, welcher *Aphrodite Pandemos* entspricht, und der idealisierten, spirituellen Liebe einer *Aphrodite Ourania* (wörtlich: der »himmlische Liebe«). *Apostrophia*, die dritte Form, läßt sich als »die sich Abwendende« übersetzen.

Venus als Ausdruck der Schöpferkraft. In der Geschichte von Venus wird das ursprüngliche Potential zur Befruchtung und Transformation, so wie es in den Möglichkeiten des

Mondzyklus angelegt ist, als vitale Schöpferkraft aktiviert. Beziehen wir uns nun wieder auf das Bild des Mandalas, so erhebt sich aus dem Zentrum der lunaren Basis Venus Aphrodite, als Inbegriff des weiblichen Wesens und grundlegende Fortpflanzungskraft, welche sich wegen der weiblichen Polarität als göttliche Schönheit, reizvolles Begehren und Liebe manifestiert.

Venus Aphrodite als Schöpferin ist die Quelle für feminine Ausdruckskraft und stellt als solche das Gefäß dar, welches die Fortpfanzungskraft enthält und aussendet. Dies ist die anziehende Energie, welche die Verwandlung eines schlaffen in einen erigierten Penis verursacht, damit die machtvoll Kraft der Befruchtung im sexuellen Verkehr wirken kann.

Als Göttin der Liebe gestaltet Aphrodite das Leben durch das Erwachen der Sexualität neu. Der Impuls zu lieben wird durch die unwiderstehliche Anziehungskraft ihrer göttlichen Schönheit als faszinierendes Begehren hervorgerufen. Da sie die Urheberin aller Zeugungskraft des Universums ist, nannte Empedokles sie die »Lebensspenderin«[7].

Aphrodite kam ursprünglich aus Asien und wurde als Fruchtbarkeitsgöttin aller Natur– und Lebensformen mit der babylonischen *Ishtar* bzw. der phönizischen *Astarte* in Zusammenhang gebracht. In späteren Zeiten wurde Aphrodite von den Griechen vornehmlich wegen ihrer äußeren Attribute wie Liebe oder erotischen Verlangens geschätzt. Die Funktion der Fruchtbarkeitsgöttin als »Urmutter aller Schöpfung«[8] unterdrückte oder vergaß man. Infolgedessen wurde ihr eigentliches Wesen in der patriarchalen Ausgestaltung gefiltert und zu der Vorstellung verzerrt, daß sie einfach eine verlockende und schöne Frau sei, deren assoziative Verknüpfung mit den zyklischen und naturbedingten Fruchtbarkeits– und Transformationskräften man abstritt.

Venus und die Lektionen der Liebe. Venus Aphrodite kann mit ihrer fesselnen Anziehungskraft entweder eine gewaltige Attraktivität zwischen Personen bewirken, oder sie kann »abweisend« erscheinen und eine starke Zurückweisung wachrütteln. Die Möglichkeit, daß man Liebesgefühle anregt und in anderen erotische Impulse erweckt, aber keine Verantwortung für das übernimmt, was man ausgelöst hat, setzt die *karmischen* Beweggründe für zukünftige »Liebesverweigerungen« in Gang. In der Gestalt der *Apostrophia* bzw. »der sich Abwendenden« führt uns die Schattenseite von Venus Aphrodite in die schmerzlichen Erfahrungen der Zurückweisung und des Liebesentzuges ein. Sie lehrt uns die Bedeutung von Verantwortlichkeit, auf daß wir lernen, feinfühliger auf die emotionalen Auswirkungen zu reagieren, wenn wir bei anderen Zuneigung heraufbeschwören.

Dadurch, daß wir das Leid der Zurückkweisung und des Verlustes erfahren, lernen wir die spirituellen Lektionen der vergänglichen Liebe kennen. In ihrer Rolle als Trauergöttin weint und grämt sich Venus Aphrodite alljährlich um den Tod ihres hübschen, jungen Liebhabers *Adonis*. Durch ihren Schmerz und ihre Leiden erkennt Venus Aphrodite, daß es unmöglich ist, Liebe besitzen zu wollen, denn Liebe und Leidenschaft sind von Natur aus unbeständig. Sie gelangt zwar durchaus zu der Erkenntnis von der Flüchtigkeit der irdischen Liebe, ist aber nichtsdestotrotz in der Lage, jene exstatische Wonne der göttlichen Liebe, die das Leben erzeugt und erneuert, mit erhöhter Intensität zum Ausdruck zu bringen.

Venus Aphrodite symbolisiert also den innersten Kern der weiblichen Natur, nämlich Liebe sowie Begehrtheit, und sie entspricht damit der Anziehungskraft, welche die Sexual- und Zeugungsenergien aktiviert. Venus Aphrodite weilt in der Mitte des Mandalas, »eines Persönlichkeitszentrums, sozusagen einer zentralen Stelle im Inneren der Seele, auf die alles bezogen, durch die alles geordnet ist, und die zugleich eine Energiequelle darstellt.«[9]

Die Asteroiden als die Vervollkommnung des Mandalas

Wenn wir auf das in Abb. 3.1. dargestellte Mandala zurückgreifen, dann sehen wir, daß der äußere Sonne–Mond–Kreis den Bereich der weiblichen Bewußtseinspolarität repräsentiert, während ein viel kleinerer Kreis Venus als Zentrum und aktiven Quellpunkt eben dieses weiblichen Potentials identifiziert. Innerhalb des Mandalas sehen wir ein Dreieck mit den elektrischen Symbolen » + Ladung«, » – Ladung« und »Nulleiter«. Hierdurch soll die aktivierende, kinetische (+) Energie der Venus von der passiven, potentiellen (–) Energie des Mondes unterschieden werden. Die Schaltung des femininen Bewußtseins verwendet die Asteroiden als Nulleiter, durch welche die weibliche Energie fließen und sich somit in eigenständige Aktivitätsmuster aufspalten kann. Die Asteroiden Ceres, Pallas Athene, Vesta und Juno bedienen sich der Sexualenergie von Venus jeweils auf ihre ganz eigene und besondere Weise. Diesbezüglich verkörpern sie verschiedene Funktionen und Aktivitäten des femininen Charakters.

In der Vergangenheit hat man die Beziehungen der Frauen gerne mit ihren weiblichen Aufgabenbereichen verwechselt und damit die weiblichen Tätigkeitsfelder von Männern völlig verleugnet. Überdies haben gewisse stereotype Phantasien über die Beziehungsstruktur von Frauen auch die Ausdrucksmöglichkeiten für deren weibliche Tätigkeiten eingeengt und nur ganz bestimmte Erscheinungsformen gesellschaftlich toleriert. In biologischer Hinsicht sind die Rollen von Mutter, Tochter, Schwester und Gattin die wichtigsten Beziehungen einer Frau und sie basieren auf den Banden von Blut und Sippe. Der weibliche Aktivitätsradius ist jedoch bei weitem vielfältiger, als in den klischeehaften Frauenrollen von Mutter, Tochter, Schwester oder Gemahlin angedeutet. Die femininen Aufgaben enthalten darüberhinaus noch eine ganze Reihe von Tätigkeiten und Leistungen, die dem weiblichen Pol der Energie entspringen (und sich bei beiden Geschlechtern gleichermaßen zeigen).

Das Verhältnis zwischen dem Zentrum und der Peripherie des Mandalas bedingt zwei Achsen. Aus astrologischer Perspektive betrachtet, entspricht die y–Achse dem Meridian, welcher die Himmelsmitte mit dem IC verbindet. Sie beschreibt die äußere und öffentliche Rolle der Persönlichkeit (MC) im Kontrast zur inneren Privatsphäre des Geborenen (IC). Die besser unter dem Begriff »Horizont« bekannte x–Achse verbindet den Aszendenten mit dem Deszendenten und umreißt den Gegensatz zwischen der Identität des Selbst (AC) und dem Verhältnis zu anderen (DC).

Die vier Asteroiden Ceres, Pallas Athene, Vesta und Juno verteilen sich ebenfalls entlang dieser Kardinalpunkte der Nord/Süd– und der Ost/West–Richtung und bringen dadurch ein Mandala der Verwandtschaft und der Vereinheitlichung hervor. Folglich spaltet sich die Grundsubstanz der fruchtbaren und wandelnden Kraft der Großen Göttin (Mond) in ihrer aktiven und zeugenden Energieform (Venus) in vier Funktionen weiblicher Aktivität auf. Ceres am IC benützt die sexuelle Schöpferkraft, um körperliche Lebewesen und die Nahrung für deren Überleben zu erzeugen. Pallas Athene am MC verwendet dieselbe Kraft, zur Hervorbringung geistiger und künstlerischer Formen. Vesta am Aszendenten macht sich die sexuelle Schöpferkraft zunutze, um das Selbst zu erneuern und zu regenerieren, während Juno am Deszendenten schließlich ebendiese Energie verwertet, um andere zu verjüngen und wiederzubeleben.

In seiner Ausstrahlung nach Norden erscheint das Weibliche in der Gestalt von Ceres. Sie zeigt ihre fürsorgliche Eigenschaft als Mutter im Vermehren und Erhalten der Gattung.

Der weibliche Archetypus tritt zuerst am Nadir (IC) als Mutter Ceres in Erscheinung. Als solche geht sie über die sexuelle Anziehungskraft der Venus, welche das Lebenspotential in Gang setzt, hinaus, indem sie die schöpferische Energie für die Zeugung von Körperlichkeit verwendet. Die Mutter nährt des entstehende Leben in sich und bringt schließlich ein Kind zur Welt. Diese Betreuung dauert solange an, bis das Kind unabhängig und eigenständig geworden ist. Auf diese Weise ist die Mutter auch für die Nahrungszubereitung verantwortlich, welche eine Vermehrung der Spezies gewährleistet.

Als Mutter symbolisiert Ceres auch das Prinzip der bedingungslosen Liebe, indem sie neu geborene Lebensformen erhält und ernährt. (In der Mythologie wurde Ceres übrigens sowohl als hingebungsvolle wie auch als zornige Mutter charakterisiert.) Aufgrund ihres Bezuges zu den Mysterien von Eleusis birgt Ceres ferner das geheimnisvolle Rätsel von Geburt, Tod und Erneuerung in sich, welches die Ernährung und Erhaltung von Seele und Geist bestätigt.

Die Ceres entsprechende äußere Farbe ist grün und steht als Sinnbild für die üppige Vegetation auf bestelltem Boden. Ihre innere Farbe ist schwarz–blau, die Farbe der Unterwelt, wo die Samen während der winterlichen Ruhezeit in der Erde ruhen. Die praktischen Veranlagungen der Ceres bringen sie auch mit dem Element Erde in Verbindung.

In der symbolischen Bedeutung des astrologischen Kreises entspricht Ceres der Nord–Position des IC und repräsentiert die Prinzipien von Grundlegung, Familie und Verwurzelung. Astrologisch betrachtet, steht sie für die Fähigkeit zu bedingungsloser Liebe und zum Akzeptieren seiner selbst und der Mitmenschen. Eine Person, die zu extrem an ihren Kindern, Schöpfungen oder Besitztümern hängt, wird im Ceres–Zyklus durch die inneren Wandlungsstufen von Verlust und Wiederkehr geführt. Ceres lehrt uns die Weisheit, daß Teilen und Loslassen zur Wiedervereinigung führen. Wenn man auf die Thematik von Ceres fixiert ist, erlebt man unter Umständen in seinem Leben solange Verzicht und Zurückweisungen, bis man gelernt hat, Habgier in Großzügigkeit umzuwandeln. Ceres bedeutet also die Form der Mond–Energie, die sich auf die

Zeugungsorgane gründet, wo sie sich fruchtbar regeneriert und für die fundamentalsten menschlichen Bedürfnisse sorgt.

In seiner Ausstrahlung nach Süden erscheint das Weibliche in der Gestalt von Pallas Athene. Sie zeigt ihre schöpferische Eigenschaft als Tochter und bringt geistreiche und kunstvolle Ergebnisse hervor.

Ceres gegenüberliegend, an der Süd–Position des Mandalas befindet sich Pallas Athene, die Tochter. Als Göttin der Weisheit entsprang sie dem Haupt ihres Vaters Jupiter und verkörpert die aktive und schöpferische Intelligenz, die neue Gedankenformen in die Welt sendet. Hier wird die reproduktive Energie der Venus nicht über die Genitalien freigesetzt, sondern steigt ähnlich der Kundalini–Schlange in den Kopf, wo kreative Ideen (geistige Kinder) geboren werden. Folglich repräsentiert Pallas Athene das Prinzip der schöpferischen Weisheit.

Mythologisch wird Pallas mit den Eigenschaften der *Medusa* in Berührung gebracht, deren Haupt auf ihren Brustpanzer geprägt war. Das sichtbare Antlitz von Pallas Athene ist jenes des Selbstvertrauens und des Mutes; ihr verborgenes Gesicht trägt jedoch die Angst vor dem Erfolg, welche jede Kreativität zu vereiteln vermag. Ihre Farbe ist gelb, die das Beherrschen des Intellekts darstellt, und ihre geistigen Fähigkeiten verbinden Pallas mit dem Element Luft.

In der astrologischen Symbolik paßt Pallas Athene zur Himmelsmitte, wo deutlich erkennbare und gesellschaftlich relevante Ziele verwirklicht werden. Astrologisch verstanden, repräsentiert Pallas Athene die geistig schöpferische Aktivität und die Fähigkeit, sich seine Wirklichkeit zu schaffen und diese zu kontrollieren. Wird eine Person von Unwissenheit überschattet, dann führt der Zyklus von Pallas Athene den Umwandlungsprozeß von Destruktion und Erneuerung ihrer Lebensstrukturen herbei. Pallas Athene lehrt die Weisheit, daß das geistige Auge die Saat für manifeste Formen in sich birgt. Wenn jemand in seinem Werdegang an Pallas Athene gebunden ist, dann muß er solange die Unfähigkeit zur eigenen Einflußnahme auf das Leben erfahren, bis er gelernt hat, den Schöpfergeist zur Realisierung von Ideen einzusetzen.

Als Ganzes gesehen, beschreibt Pallas Athene jenen Aspekt der Mond–Energie, der durch das geistig tätige Organ (Gehirn, Verstand) begründet wird. Aufgrund ihrer Kenntnisse um die Gesetze der Manifestation verleiht sie der Vorstellung Gestalt.

Die wechselseitige Beziehung zwischen Ceres und Pallas Athene wird von der IC/MC–Polarität widergespiegelt, welche eine Achse der schöpferischen Kraft bildet. Die zeugende und kreative Energie der Venus wird von Ceres durch die Entstehung körperlicher Formen und von Pallas Athene durch den Schöpfungsakt geistiger Formen zum Ausdruck gebracht.

In seiner Ausstrahlung nach Osten erscheint das Weibliche in der Gestalt von Vesta. Sie verkörpert die Selbsteinschränkung der weiblichen Wesensart als Jungfrau und Schwester — in sich selbst vollendet und zu keinem Mann gehörig.

An der östlichen Position des Mandalas liegt Vesta, die Schwester. Ihr jungfräuliches Wesen ist im Sinne der Antike als eint im Sinne der Antike als eine Vollkommenheit in sich selbst definiert. Hier setzt Vesta die Vermehrungskraft der Venus zur Selbsterneuerung ein. Vesta ist das Prinzip der Konzentration und Verpflichtung, welches die Schöpferenergie zur hingebungsvollen Aufopferung für bestimmte Ziele und Bestrebungen benützt.

Vesta leitete in ihrer ursprünglichen Funktion die Jungfrau–Priesterinnen des Tempels und geheime Schwesternbünde, welche die Fruchtbarkeit des Mondes in heiligen Sexualriten wirksam mit menschlichen Lebenserscheinungen in Kontakt brachten. In späteren Zeiten, als die Auffassung der Jungfräulichkeit mit sexueller Keuschheit gleichgesetzt wurde, offenbarte sich Vestas äußere Gestalt durch sexuelle Verweigerung, Enthaltsamkeit und Unfruchtbarkeit. Auf einer okkulten Ebene wurde die Sexualenergie internalisiert, um die innere spirituelle Vereinigung zu erlangen. Vestas äußere Farbe ist kristallklares, die Reinheit repräsentierendes Weiß, welches die Leuchtkraft aufkommen läßt, die wir in ihrem Symbol, der Fackel, sehen können; Aufgrund ihrer ambitionierten Qualitäten steht sie dem Element Feuer nahe und ihr Bildzeichen ist das Symbol des Feuers selbst — der ewigen Flamme.

In der Symbolsprache der Astrologie entspricht Vesta dem Aszendenten, der die Identität und Autonomie des Selbst abbildet. Astrologisch ausgedrückt bedeutet Vesta die Anlage, Energien zu bündeln und die Ganzheit des Selbst zu erfahren. Wird jemand innerlich gespalten, zu stark von anderen abhängig oder verliert er seine persönliche Zielrichtung, dann lenkt ihn der Vesta-Zyklus durch einen Transformationsprozeß hin zu einer Erneuerung der Unberührtheit (des eigentlichen Selbst). Vesta lehrt uns die Weisheit, daß zeitweiliger Rückzug von anderen zum Zwecke der Reinigung und Regeneration des Selbst eine Klarheit von Vision und Bestimmung herbeiführen kann. Wenn jemand im Vesta-Prinzip erstarrt ist, dann kann er so lange Ziellosigkeit, Entfremdung und Erschöpfung der Lebenskraft erfahren, bis er gelernt hat, Verwirrung in Verpflichtung umzuwandeln.

Alles in allem verkörpert Vesta die im Gefäß des Selbst verankerte Mond-Energie, wo diese beim Reinigen und Ausgleichen der persönlichen Schaltkreise förderlich ist und sich einer Mission oder einem Ideal hingibt.

In seiner Ausstrahlung nach Westen erscheint das Weibliche in der Gestalt von Juno. Sie repräsentiert die Vereinigung der weiblichen Natur mit dem Männlichen als Gattin und Frau durch die Heilige Ehe.

Vesta gegenüber steht Juno, die Gattin, in westlicher Position. Als Göttin der Ehe symbolisiert Juno die Vereinigung von Mann und Frau in der verpflichtenden Partnerschaft. Die Zeugungskraft der Venus wird benützt, um Beziehungen zu pflegen und die Vereinigung mit dem anderen zu vollziehen. In okkulter Hinsicht hütet Juno die Geheimnisse der tantrischen Sexualpraxis, die in der vollkommenen Liebesbeziehung einen Pfad zur spirituellen Verwirklichung sieht.

Juno enthält das Prinzip der Verwandtschaft und Bindung mit anderen. In ihrem Sehnen nach Vereinigung werden Junos Geschenke der Intimität und des Teilens oftmals als Eifersucht oder Manipulation erlebt. Dies trifft dann zu, wenn sie sich machtlos fühlt und versucht, ihren verlorenen Einfluß durch versteckte Mittel wiederzugewinnen. Junos äußere Farbe rot beschreibt ihre Leidenschaft und ihr Begierde zu besitzen, während ihre innere Farbe blau–violett ist, welche die Transzendenz der tiefen Vereinigung versinnbildlicht. Ihre emotionalen Eigenschaften setzen sie mit dem Element Wasser in Verbindung, einem Medium das separate Gebilde auflöst und ihre wesentlichen Bestandteile ineinander übergehen läßt.

In der Symbolik des astrologischen Kreises bildet Juno die Analogie zum Deszendenten, der für das Bewußtsein von Mitmenschen und die Kooperation mit ihnen steht. Aus der Sicht der Astrologie manifestiert sich in Juno die Fähigkeit zu einer sinnreichen Verbindung mit und Verantwortung für andere Menschen. Wird jemand seinen Mitmenschen gegenüber eifersüchtig oder unredlich, dann führt ihm der Juno–Zyklus die Transformation im Gewand der Beendigung und Trennung von Partnerschaften vor Augen. Juno lehrt die Weisheit, daß Vergebung und Fairneß zur Vertiefung und Erneuerung der Beziehungen führen. Wenn man dem Juno–Prinzip verhaftet ist, dann erlebt man so lange Isolation, Einsamkeit und oberflächliche Interaktionen, bis man gelernt hat, selbstsüchtiges Begehren in kooperative Vereinigung umzuformen.

Juno symbolisiert demnach die auf Beziehungen basierende Mond–Energie, in welcher die Verknüpfung mit dem Männlichen bestärkt und regeneriert wird. Sie wirkt als ein Bindeglied zum »anderen« und vervollständigt dadurch die bewußte Vereinigung.

Das bipolare Verhältnis von Vesta und Juno, welches in der Aszendent/Deszendent–Achse abgebildet wird, zeichnet den Verlauf der femininen Beziehungsenergie nach. Obwohl Vesta auf das Männliche einwirkt, bleibt sie autonom und wird wieder ganz von sich selber in Anspruch genommen. Dagegen vereinigt sich Juno mit dem männlichen Prinzip. Die symbolische Vereinigung vollendet den Kreis des Mandalas der weiblichen Ausdrucksformen.

Asteroiden–Zentren

Die vier Asteroiden — Ceres als Mutter, Pallas Athene als Tochter, Vesta als Schwester und Juno als Gattin — stellen somit also die ursprünglichen Aktivitäten und Beziehungen von Venus Aphrodite dar, dem Sammelbecken der Zeugungsenergie, welche andererseits wiederum dem Mond, unserer eigentlichen Quelle für Weiblichkeit, entspringt.

Die Aktivierung der Asteroiden–Zentren hatte auf das Bewußtsein von Frauen und Männern gleichermaßen Auswirkungen. In der Vergangenheit wurden die weiblichen Energien stereotyp verstanden, so daß diese gesellschaftlich determinierten und traditionellen Rollen, durch welche das Verhalten von Mann und Frau genau festgelegt wurde, auch die Bandbreite der Ausdrucksmöglichkeiten einschränkten. So repräsentiert Ceres beispielsweise den Mutter–Archetyp in der menschlichen Psyche, der sowohl bei Frauen als auch bei Männern in Erscheinung tritt. (Ebenso gibt es in beiden Geschlechtern die von Saturn symbolisierte Vater–Funktion.) Bis in die sechziger Jahre hinein existierte für die Frauen nur eine einzige »akzeptable« Ausdrucksform der Mutter–Funktion, nämlich als Ganztagesmutter und Ehefrau zuhause zu bleiben, den Haushalt zu versorgen und die emotionalen Bedürfnisse der Familie über die eigenen zu stellen. Dementsprechend gab es auch für die Männer nur einen einzigen annehmbaren Weg zur Verwirklichung des väterlichen Status, nämlich in die Welt hinauszugehen und »erfolgreich« zu werden (sprich: Geld zu verdienen), um materielle Güter und den Abglanz von Erfolg zu ihren Frauen und Kindern zurückzutragen.

In dem Umfang, in dem sich diese menschlichen (männlichen und weiblichen) Grundfunktionen in den Stereotypisierungen der Geschlechterrolle niederschlugen und polarisierten, wurde von den Frauen überwiegend nur Ceres (als Mutter–Archetyp) gelebt und Saturn projiziert. Analog hierzu haben Männer nur Saturn (als Vater–Archetyp) zum Ausdruck gebracht und Ceres projiziert. Auf ganz ähnliche Weise drückten Frauen das in Juno symbolisierte emotionale Engagement und die Fürsorge in der Partnerschaft aus und überließen ihren Männern die von Sonne und Jupiter gekennzeichneten Gesten der Außenwelt.

Bis vor kurzem bezogen sich Ceres und Juno vornehmlich auf Beziehungs– und Gefühlsfragen, während Pallas und Vesta stärker mit der individuellen Bildung verbunden waren. Dies war teilweise deswegen so, weil Ceres und Juno eine andere Person (ein Kind oder einen Partner) benötigen, um ihre Bedeutung auszudrücken, wohingegen Vesta und Pallas dies ohne fremdes Einwirken vermögen. Es hat den Anschein, daß weibliche Kultiviertheit über Mutterschaft und Paarung hinaus mehr durch Vesta und Pallas in Erscheinung getreten ist.

Mit dem Erwachen der Asteroiden–Zentren brechen Frauen aus diesen klischeehaften Eingrenzungen aus und erweitern den Spielraum für weibliche Tatkraft. Die Aktivierung dieser Zentren macht es ferner auch für Männer zusehends schwieriger, ihre femininen Charakterseiten weiterhin zu unterdrücken oder zu projizieren. Diese Energie verlangt ein Loslassen der festgefahrenen inneren Strukturen, was sich an neuen Persönlichkeitswerten für Männer festmachen läßt.

	Ceres	Pallas
Weibliche Aufgabe	Gebären, Erziehen und Versorgen der leiblichen Nachkommenschaft, Ernährung	Erzeugen von geistigen Ideen Geistige Nahrung, Visionen
Rolle	Mutter	Tochter
Stereotyp	– Mutter, die zu Hause kocht, putzt und die Familie versorgt, – leben für und durch die Kinder	– asexuelle Freundschaften – Amazone, maskuline Frau, Karrierefrau – puella: die Drahtzieherin hinter der Kulisse
Alternative Ausdrucksformen bei Mann und Frau	Lehrer und Erzieher, Hebammen und Geburtshelfer, Land- und Gartenbau, Dienstleistungen im Lebensmittelbereich, freiwillige, alleinerziehende Elternschaft	Entwicklung von Talenten, künstlerische Betätigungen, Bildungspotential, politisches und soziales Bewußtsein, Entpolarisierung der männlich/weiblichen Rollenmuster, Integration von Liebe und Kreativität
spirituelle Praktiken	Rituale zur Transformation weiblicher Blutmysterien: Menstruation, Menopause Menarche	kreative Visualisation psychische Entwicklung
Hinweise für Männer zur Aktivierung ihrer Energien	verstärkte Teilhabe an Geburtsvorbereitung, Geburt, Kindererziehung Entwicklung einer aktiven Rolle als Versorger, Entwicklung von Mitgefühl, Akzeptanz und Einfühlungsvermögen	Stärkung der Imaginationskräfte, Integration der Gefühlswerte in den weltlichen Erfolg, Entwicklung eines holistischen Verständnisses in Erziehung, Gesundheit und sonstigen Lebensbereichen

Vesta	Juno
Hingabe an eine Selbsterneuerung und Regeneration, innere Vereinigung mit dem Selbst	Erneuerung und Regeneration der Partnerschaft die äußere Vereinigung mit dem Du
Schwester	Gattin
– alte Jungfer – Workaholic – fanatische/r Priester/Nonne	– Frau, welche die finanzielle Verantwortung und Entscheidungsgewalt in die Hände ihres Mannes legt, – monogame, heterosexuelle Beziehung – Der Ehemann als einzige Quelle der Identität und Erfüllung
Hingabe an eine Idee oder Ideologie, spiritueller Pfad, Anerkennung des Wertes und der tätigen Praxis des vorübergehenden, inneren Rückzuges, Befreiung von sexuellen Hemmungen und Komplexen Arbeit am Selbst	Auflösung der Ich-Illusionen und der Einzelgänger-Einstellung, Befürworter der Frauenrechte in den Bereichen Ökonomie, Politik, Bildung und Sport erweiterte Bandbreite an intimen Beziehungen Homosexualität Überwindung von Eifersucht und Anhänglichkeit in Beziehungen neue Partnerschaftsmodelle
kreative Visualisation psychische Entwicklung	tantrische Sexualpraktiken
Lernen der Erkenntnis, daß die Sexualität ausschließlich einem selber gehört und daß niemand Besitzansprüche erheben kann, Anerkennung des »Innenlebens«	Hausmann die Fähigkeit und der Wille, sich verändernden Frauen und Regeln der Beziehung anzupassen Anerkennung der Gleichheit und Gleichrangigkeit der weiblichen Leistungen
Entwicklung einer neutralen Einstellung und nicht urteilenden Moral, Entwicklung von sexueller Empfindsamkeit, um den Partner zu erfreuen	Entwicklung sexuellen Einfühlungsvermögens

Kapitel 4

Ceres: Die Große Mutter

Von Demeter sing ich,
der heiligen, lockigen Göttin,
Und ihrer Tochter mit schlanken Füßen,
die Aïdoneus mit dem Willen des Zeus,
des schauenden Donnerers, raubte,
Als sie fern von Demeter,
der Göttin der schimmernden Früchte.[10]

Die Mythologie von Ceres

Die römische Göttin Ceres wurde von den Griechen als Demeter verehrt. Ihr Name wurde angeblich von der Frühform *da mater* abgeleitet und scheint »Erdmutter« zu bedeuten. Sie war eine der zwölf großen olympischen Gottheiten und eines der sechs Kinder von Kronos und Rhea. Ceres wurde zusammen mit ihren Geschwistern Vesta, Juno, Neptun und Pluto von ihrem Vater Kronos verschlungen, während ihr Bruder Jupiter verschont blieb, insgeheim aufgezogen wurde und später die Geschwister befreite. Nach seinem Sieg über Kronos und die Titanen wurde Jupiter gemeinsam mit seinen Geschwistern zu der herrschenden Götterfamilie des griechischen Pantheon.

Im Laufe der Jahre verbrachte Ceres immer weniger Zeit auf dem Olymp; sie zog stattdessen das Leben auf Erden unter dem Menschengeschlecht vor, das ihr zwei segensreiche Gaben verdankt: das Getreide und die Eleusischen Mysterien. Als Göttin des Ackerbaus und der Ernte symbolisierte Ceres die bestellte und fruchtbare Erde, welche die Menschheit am Leben erhielt und versorgte. Deshalb wurde sie als die alle ernährende Mutter verehrt; man stellte sie mit einem Ährenkranz gekrönt dar, wobei sie eine Weizengarbe in der einen Hand hielt und eine brennende Fackel in der anderen.

Es war jedoch die aufopfernde und mütterliche Liebe zu ihrer Tochter Persephone, die auch einfach Kore (»das Mädchen«) hieß, welche Ceres die größte Bedeutung in der Religion der Griechen eintrug. Ihre Geschichte — nämlich die Entführung Persephones in die Unterwelt, die Betrübnis und der Schmerz um den Verlust und ihre Suche, um die Tochter wiederzugewinnen — wurde zu einem der wichtigsten Mythen der Antike. Dieses Drama von Verlust und Wiederfinden wurde beinahe 2000 Jahre lang (1600 v. Chr. — 400 n. Chr.) in den Initiationsriten der Eleusischen Mysterien wiederholt.

Die Geschichte von Ceres und Persephone

Vor sehr langer Zeit wanderte Ceres gemeinsam mit ihrer geliebten Tochter Persephone über die Erde. Sie waren so glücklich miteinander, daß sie die Erde mit einem ewigen Herbst beschenkten. In diesem Goldenen Zeitalter kannte die Erde keine Entbehrungen und keinen Winter.

Die Entführung der Persephone

Persephone war so wunderschön wie ihre Mutter und wurde von Göttern und sterblichen Männern gleichermaßen begehrt. Die Liebe zwischen Mutter und Kind war jedoch so stark, daß sie nicht voneinander getrennt werden wollten. Also wurden alle Freier abgewiesen und weggeschickt, ja Ceres hielt die Tochter sogar vor ihnen auf Sizilien versteckt.

Eines Tages, fern des wachenden Auges der Ceres, wanderte Persephone mit den Töchtern des Okeanos in die nysäischen Gefilde. Dort wurde sie von der herrlichen und duftenden Schönheit einer Narzisse, aus deren Wurzel hundert Blüten sprossen, unwiderstehlich angezogen. Als Persephone diese pflückte und den giftigen Duft einatmete, tat sich die Erde vor ihr auf. Ein Abgrund öffnete sich, aus dem Pluto, der Gott der Unterwelt, hervorsprang, der schon seit langer Zeit auf die schöne Persephone lüstern war. Er fuhr in seiner goldenen, von wiehernden Rappen gezogenen Kutsche heran, packte das schreiende Mädchen, riß es mit sich und entführte esin das Reich der Toten, damit esseine Braut und Königin werde. Der Erdschlund schloß sich wieder und hinterließ nicht den geringsten Anhaltspunkt des Vorfalls.

Als Ceres auf die inzwischen wieder ruhige Wiese zurückkehrte, war ihr Kind spurlos verschwunden. Sie eilte über Felder und Hügel und rief den Namen Persephones; ihre Angst wendete sich gar in Verzweiflung und Panik, als sie erkannte, daß niemand über den Verbleib der geliebten Tochter Bescheid wußte. Neun Tage und neun Nächte lang nahm Ceres kein Bad oder Essen zu sich. Stattdessen irrte sie mit zwei lodernden Fakkeln im ganzen Land umher und suchte nach Persephone. Am zehnten Tag begegnete ihr *Hekate*, die Göttin der Wegkreuze, die vorschlug, sie solle zum Sonnengott und Seher *Helios* gehen.

Von Helios hörte Ceres sodann von dem Gewaltakt Plutos, der unter Zustimmung ihres gemeinsamen Bruders Jupiter geschah. Jupiter hatte die Bitten seines Bruders, welcher Persephone gerne in der Rolle der Königin der Unterwelt sehen wollte, erhört, und so versprach er Pluto das Mädchen zur Gattin. Als Ceres diese Kunde vernahm, riß sie ihren Kopfschmuck vom Haupt und hüllte sich in Trauerkleider. Voller Haß auf Jupiter verließ sie die Versammlung der Götter auf dem Olymp und wanderte als alte Frau verkleidet durch das Land, in den Städten der Menschen nach Geborgenheit suchend.

Ceres in Eleusis

Es schien schon eine Ewigkeit vergangen zu sein, als Ceres gebrochenen Herzens und erschöpft in dem Städtchen Eleusis Zuflucht suchte. Sie ließ sich an einem Brunnen zur Rast nieder und traf die vier Töchter des *Königs Keleos*, die sie in den Palast einluden. Die Königin *Metaneira* hieß die Fremde willkommen und nahm sie als Amme für ihren Sohn *Demophon* in ihre Dienste.

Das Kind wurde unter der Obhut von Ceres schnell größer und wuchs heran wie ein Gott, ohne Speise und ohne Trank. Anläßlich ihres Wunsches, den jungen Prinzen unsterblich wie Persephone zu machen, salbte Ceres den Knaben bei Tag mit Ambrosia und hielt ihn jede Nacht über die Feuersglut, um seine Sterblichkeit zu verbrennen. Eines nachts ertappte *Metaneira* die Göttin dabei wie sie ihren Sprößling in die Flammen hielt, und schrie voller Entsetzen. Ceres wurde zornig, weil ihr Versuch, dem Kind die ewige Jugend zu geben, vereitelt worden war. Sie zog *Demophon* aus dem Feuer und schleuderte ihn zu Boden. Dann enthüllte sie ihre wahre, göttliche Identität und befahl, daß man ihr einen Altar und einen Tempel errichten solle, damit sie die Sterblichen in die heiligen Gebräuche einweisen könne und damit jene sie in Andacht verehren sollten.

Die Rückkehr der Persephone

Nun zog sich Ceres in diesen Tempel zurück und beklagte weiterhin den Verlust ihrer geliebten Tochter. In ihrer Wut schickte sie ein schreckliches und verderbliches Jahr über die Menschen: Die Erde weigerte sich, Erträge zu geben, die Samen wollten nicht sprießen, und die Bäume trugen keine Früchte. Das Menschengeschlecht drohte an Hungersnot zu sterben, wenn sie, die Göttin der Fruchtbarkeit, weiterhin ohne ihr Kind leben mußte.

Verzweifelt ersuchten die Menschen Jupiter um Beistand, auf daß er eingreife. Als Jupiter erkannte, daß die Olympier bald keine Opfer und Verehrung mehr empfangen würden, wenn die Menschheit ausstarbunternahm er etwas zur Besänftigung seiner Schwester und schickte *Iris*, um Ceres in den Rat der Götter zurückzurufen. Doch Ceres gab nicht nach. Darauf überbrachten ihr alle Götter versöhnende Geschenke und baten sie um Gnade, doch ohne Erfolg. Sie schwor, erst dann nachzugeben, wenn ihre Tochter befreit sei.

Jupiter gab sich geschlagen und sandte Merkur (Hermes) in den Hades, um Pluto die Freilassung Persephones zu befehlen. Er fand Persephone in ihrer erstarrten Schönheit, die sich in großem Kummer nach ihrer Mutter sehnte und deprimiert Essen und Trinken verweigerte. Pluto war in hinterlistiger Liebenswürdigkeit bereit, Persephone freizugeben, doch reichte er ihr einige süße Granatapfelkerne, die sie annahm. Da die Kerne des Granatapfels das Symbol für den sexuellen Vollzug der Ehe waren, hatte Persephone ihre Verbindung mit Pluto durch diesen Griff unauflösbar gefestigt.

Voller Freude kehrte Persephone zunächst in die Welt des Lichtes zurück und stürzte sich in die Arme ihrer Mutter. Ceres fragte ihre Tochter sofort, ob sie in der Unterwelt Totenspeise zu sich genommen hätte. Als Persephone die Wahrheit enthüllte, da wußte Ceres, daß sie überlistet worden war; ihre Tochter war noch immer die Gefangene Plutos. Abermals weigerte sich Ceres, ihren Fluch aufzuheben.

Um zu verhindern, daß Pluto und Ceres die von ihm geschaffene Welt zerstörten, schickte Jupiter seine Mutter Rhea und befahl, einen Kompromiß zu finden. Sein Erlaß sah vor, daß Persephone für jeden gegessenen Granatapfelkern einen Bruchteil des Jahres als Plutos Frau in der Unterwelt zubringen müsse. Die übrige Zeit könne sie bei ihrer Mutter verbleiben.

Und so kam es, daß Persephone jedes Frühjahr auf die Erde heraufsteigt und ihre Zeit mit der Mutter verbringt. Ceres läßt daraufhin die Erde voller Freude fruchtbar werden: Samen sprießen, Blumen blühen, Pflanzen gedeihen und Früchte füllen die Felder. Es wird Sommer, und die Erde steht noch in voller Blüte, solange bis Persephone im Herbst wieder zu ihrem finsteren Gemahl in die Unterwelt zurückkehren muß. Nach dem Weggang der Tochter legt Ceres ihre Hand über die Felder und macht sie dürr und kahl. Die Erde bleibt den Winter über öde bis zu Persephones Rückkehr im Frühling.

Folglich erblüht und stirbt die Erde wechselweise jedes Jahr, wenn Ceres über die Heimkehr der Tochter frohlockt bzw. sich um ihren Abschied grämt. Auf einer äußeren Ebene beinhaltet die Geschichte von Persephones alljährlichem Verschwinden und Wiedererscheinen eine Allegorie auf die aus dem Winterschlaf erwachenden Frühlingssprossen, anhand derer sich die Bauern den Wechsel der Jahreszeiten erklärten. Auf einer verinnerlichten Stufe verlieh die Neuinszenierung dieses Dramas dem Menschen Zugang zu der archetypischen Thematik von Verlust und Wiederkehr, von Stirb und Werde. In esoterischer Hinsicht offenbarte dieses Ritual, das von den Eingeweihten der Eleusischen Mysterien gelehrt wurde, das große Geheimnis der Transformation — den Zyklus von Geburt, Tod und Erneuerung.

Bevor Ceres Eleusis verließ, brachte sie ihre Dankbarkeit der Stadt gegenüber dadurch zum Ausdruck, daß sie *Triptolemus*, dem ältesten Königssohn, das erste Getreidekorn überreichte. Sie lehrte ihn auch die Kunst des Ackerbaus, damit er sie über die ganze Erde verbreiten sollte. Schließlich unterrichtete sie die Leute von Eleusis in den heiligen Riten und weihte sie in den Mysterienkult ein,

> ...den weder preiszugeben, noch zu hören, noch auszusprechen erlaubt ist: große Ehrfurcht vor den Göttern hindert die Stimme. Selig ist der Mensch auf Erden, der solches gesehen. Wer aber uneingeweiht bleibt und keinen Teil daran hat, der wird auch dereinst, wenn er gestorben, an dem gleichen Segen in der dumpfen Finsternis da unten keinen Anteil haben.[12]

Diese Rituale bilden den Kern der Mysterien von Eleusis, und wurden zu den wichtigsten Initiationsriten der Antike. Sie wandten sich den menschlichen Ängsten und Sorgen um das Sterben zu und ermöglichten es dem Eingeweihten, den Übergang zwischen Tod und Wiedergeburt bereits zu Lebzeiten zu durchschreiten. Die direkte Erfahrung der ewigen Kontinuität des Lebens in seinen sichtbaren und unsichtbaren Formen, findet im Geheimnis des Samenkorns symbolisch seinen Niederschlag. Dies verlieh der Daseinsform der griechischen Existenz eine eigentümliche Sicherheit, denn ein »Leben ohne Angst vor dem Tode, ja Zuversicht vor dem Tode wurde den Eingeweihten in Eleusis gewährleistet.«[13]

Die prähellenistischen Ursprünge der Ceres-Mythologie

Die vorher erzählte Geschichte, übernommen von Homers im 7. Jh. v. Chr. geschriebenem »Hymnus an Demeter«, ist die populärste Informationsquelle hinsichtlich der Mythologie von Ceres. Es gibt jedoch noch weitere zusätzliche Belege, welche Ceres/Demeter als einen universellen Archetypus für die Große Göttin beschreiben. Deren Verbreitung nahm ihren Anfang von einem Kerngebiet im Nahen Osten und Ägypten aus und wanderte über das minoische Kreta nach Griechenland.[14] In den mit diesen Kulturen zusammenhängenden Mythen finden wir ebenfalls als ständig wiederkehrenden Stoff die große Fruchtbarkeits- und Muttergottheit (z.B. die *Inanna* der Sumerer, die semitische *Ishtar* oder die *Isis* in Ägypten), welche das Totenreich betritt, in das Land der Lebenden zurückkehrt und sich mit dem wiedererstandenen Gott der Pflanzenwelt vereinigt.

Als Große Göttin von Kreta hatte Ceres an den alten Fruchtbarkeitsriten Anteil, die geschaffen wurden, um eine gute Ernte sicherzustellen. Zur Herbst-Tagundnachtgleiche liegt sie, die Getreidegöttin, mit ihrem Geliebten *Iasion* in einem dreimal gepflügten Brachfeld, und gemeinsam zeugen sie ein Kind namens *Plutus*, den Gott des Reichtums der Felder. *Plutus* (nicht zu verwechseln mit Pluto) wurde zum Abbild für die reichen und großzügigen Gaben der Erde, wenn sie dergestalt durch die Heilige Ehe geehrt wurde.

Der Archetyp der Ceres bzw. Demeter bekundete sich auch in der ägyptischen *Isis*, in Hesiods *Gaia*, der minoischen *Rhea* oder der buddhistischen *Tara*, deren Herrschaft über die Erde sich ebenfalls bis in die Unterwelt erstreckte. (Sie alle empfingen die Toten und nährten die Lebenden.)

Homers »Hymnus an Demeter« gewann seine Berühmtheit wahrscheinlich dadurch, daß er die Entführung der Persephone schilderte, eine später hinzugefügte Erweiterung der Geschichte, die in früheren Kultformen noch fehlte. Historisch gesehen, spiegelt sich im Raub Persephones der Machtkampf zwischen den patriarchalen Kulturen (Pluto) und den ursprünglichen matriarchalen Kulten (repräsentiert durch Ceres) wider. Das Endergebnis der Geschichte weist deutlich auf einen klaren Sieg für die Verehrer Jupiters hin. Die Große Mutter mußte nicht nur dabeistehen und zusehen, wie ihre Tochter entführt und vergewaltigt wurde, sondern wurde sogar gezwungen, die geliebte Tochter mit dem Gegner zu teilen. Somit mußte sie auf einen Teil ihrer Macht über Geburts- und Sterberituale verzichten, eine Domäne die ihr zuletzt vollständig entrissen wurde.

Ceres ist das Symbol für die alles nährende Mutter, von deren Namen wir unser Wort »Zerealie« (Getreide) ableiten. Als Muttergottheit verkörpert sie einen Mythos, der die Beständigkeit des Lebens abbildet, und als Göttin des Getreides brachte sie den Menschen die Gabe des Ackerbaus und schenkte ihnen das Geheimnis des Samenkorns. Als Göttin der Mysterien schließlich nahm sie, in der Figur Persephones, die Toten zur Wiedergeburt auf.

Im Rahmen dieses archetypischen Schauspiels führten die Eleusischen Mysterien ihre Neulinge durch das Drama von Ceres und Persephone, von inszeniertem Verlust und Wiederkehr. Zunächst wurde die Geschichte nacherzählt; dann wurden die Aspiranten in den Kleinen Mysterien mit der Handlung gleichgesetzt; schließlich erlangten sie in den Großen Mysterien die Vision und Offenbarung, daß sich der dramatische Mythos in ihnen selber vollzog. Diese Riten ereignen sich auch noch gegenwärtig, wie man aus den Berichten von Psychotherapeuten glaubhaft entnehmen kann, die beobachteten, daß die Motive des klassischen Initiationsprozesses immer wieder in den Träumen und Phantasien ihrer Patienten auftauchen. Demzufolge werden die Übergangsriten der Ceres heutzutage auf einer inneren Ebene als Stufen der psychischen Transformation ausgelebt.

Ceres

Das Prinzip der bedingungslosen Liebe

Eigenschaften
Göttin des Ackerbaus und der Eleusischen Riten,
Erdmutter

Zeichen
Die Sichel – Geschenk des Ackerbaus

Symbole
Sichel/Pflug
Ähren
Füllhorn
Mohn — Trost für menschliches Leid
Schwein
Fackel
Kranich

Assoziierte Zeichenherrschaft
Krebs
Stier/Skorpion–Achse
Jungfrau

Polarität
Mitleid/Zorn

Die Astrologie von Ceres

»In die Gestalt der Demeter eintreten, das heißt verfolgt, beraubt, ja geraubt werden, nicht verstehen, sondern zürnen und trauern, dann aber doch zurückerlangen und wiedergeboren werden.«[16] Hinsichtlich der psychologischen Aspekte der Mutterfigur ist Ceres für eine Reihe von psychischen Qualitäten maßgebend, die sich keinem einzelnen Tierkreiszeichen direkt zuordnen lassen. Nach mehreren Jahren intensiver Beobachtungen von Ceres in zahlreichen Horoskopen, kamen wir letzlich zu dem Schluß, daß ihre Eigenschaften am besten durch die Zeichen Krebs, Jungfrau sowie die Stier/Skorpion–Achse beschreibbar sind. Als Mit–Herrscherin des Krebses wendet sie sich den Kernproblemen zu, wie wir Nahrung geben und empfangen, wie wir Selbstwertgefühle entwickeln, in welcher Weise wir uns um andere kümmern und inwiefern wir neurotisch reagieren, wenn diese Bedürfnisse nicht erfüllt werden. Als Teilaspekt der Stier/Skorpion–Polarität regelt Ceres die Lektionen von Sympathie und Abneigung, die Pathologie von Verlust und Zurückweisung, die Aufnahmefähigkeit von Kummer und Sorge sowie das Prinzip des Teilens. In der Jungfrau konzentriert sie ihre Eigenschaften auf die Fragen der Produktivität, des Wachstums, des Selbstvertrauens und der Arbeit. Wir werden diese Prozesse nun im Detail besprechen.

Ceres als Herrscherin des Krebses

Ceres, die universelle Mutter

Ceres symbolisiert als Regentin des Krebses und über den Mutterinstinkt vorwiegend das Bedürfnis nach Ernährung und mitmenschlicher Fürsorge. Dieser Wunsch wird zumeist dadurch erfüllt, daß man Mutter oder Vater wird. Der Ceres–Typ verspürt ein starkes inneres Verlangen, seine Kinder zu versorgen und aufzuziehen. Ceres–Transite sind Zeitschalter für Schwangerschaften oder Geburten, andererseits aber auch für Schwierigkeiten bei der Empfängnis, während des Geburtsvorganges oder des Stillens. In ihrer Rolle als Fürsorgerin kümmert sie sich auf physischer (sie stellt Nahrung und Schutz bereit), emotionaler (sie spendet Liebe und Unterstützung) und spiritueller Ebene (sie bietet Führung und Weisheit) um andere.

Als Entsprechung für die mütterliche Funktion beschreibt Ceres im Horoskop die Merkmale der Mutterschaft, die uns als Kind entgegen wurden und die wir als Eltern wieder weitergeben. Obwohl diese Art der Versorgung normalerweise in den Händen der leiblichen Mutter liegt, kann sie tatsächlich auch von jedem anderen Familienmitglied ausgeübt werden — seien es Vater, Großeltern, Tante, Onkel, Freunde der Familie bzw. Pflege–, Stief– oder Adoptiveltern. Wer auch immer die erste Verantwortung für die Pflege und frühe Entwicklung des Kindes übernimmt, führt den Ceres–Archetyp aus.

In dem Motiv der Fruchtbarkeits– und Ackerbaugöttin personifiziert Ceres die alles umhegende Erdmutter. Die erste Erfahrung von Liebe und Geborgenheit erlebt der Säugling dadurch, daß er von seiner Mutter gestillt wird. Indem das Kind Liebe in Form von Nahrung empfängt, entwickelt es das Gefühl, daß es Nahrung in Anspruch nimmt, die auf der anderen Seite wiederum die Grundlage für seinen Selbstwert ausmachen. Diese frühkindlichen Erlebnisse bilden den Sockel für eine gesunde Selbstakzeptanz und Selbsteinschätzung im Erwachsenenalter. Wenn nun die von Ceres geprägte Mutterliebe ganz fehlt oder vermindert ist, dann wird sich in späteren Lebensjahren wahrscheinlich nur ein mageres Selbstbild und eine geringe Selbstachtung entwickeln können. Es ist an dieser Stelle wichtig, darauf hinzuweisen, daß die kindliche Wahrnehmung und Interpretation der Pflegeerfahrung genauso bedeutsam sind wie das, was sich tatsächlich abspielte.

Idealerweise ist die von der Mutter oder einer Fürsorgeperson gewährte Liebe bedingungslos, d.h. frei von Erwartungen. Sollte dies nicht der Fall sein, dann deutet die astrologische Position der Ceres darauf hin, was das Kind tun muß, um die Aufmerksamkeit der Eltern zu gewinnen und geliebt zu werden. Sollten Liebe und Anerkennung weiterhin unter eingeschränkten Bedingungen erteilt werden, dann empfindet sich der oder die Betreffende als nicht liebenswert. Zum Beispiel wird ein Kind mit Ceres im Widder so erzogen, daß man ihm große Unabhängigkeit gewährt. Eine Entstellung dieses Bedürfnisses kann sich auf zweierlei Weise zeigen. Zum einen kann dem Kind seitens überdominanter Eltern die Autonomie verweigert werden. In diesem Fall wird es die Situation dadurch meistern, daß es seinen inneren Selbstbehauptungstrieb verleugnet. Andererseits kann das Kind aber auch schon zur Autonomie gezwungen werden, noch bevor es überhaupt bereit und reif ist, diese Verantwortung auf sich zu nehmen und entwickelt dadurch Angstgefühle und Selbstzweifel. In beiden Fällen steht die Tatsache, daß die Unabhängigkeitsbestrebungen des Kindes nicht angemessen gefördert werden, der Entwicklung seines Selbstbewußtseins im Wege.

Ceres als Basis für Nächstenliebe

Die Fähigkeit zur Selbstliebe, welche einer positiven Ceres–Mutterliebe und der kindlichen Empfänglichkeit für diese entspringt, erzeugt auch die Eigenschaft, andere zu lieben und sich an deren Vollendung zu erfreuen. Ist die Ceres–Energie entweder verzerrt oder unzureichend, dann kann ein Kind sich selbst ablehnen, anstatt sich zu akzeptieren. Dies bewirkt eine kritische, richterliche Einstellung gegenüber anderen und Vorurteile gegenüber ihren Errungenschaften. Die buddhistische Philosophie lehrt, daß man zur Heilung dieser Geisteshaltung Mitgefühl entwickeln muß — ein Mitgefühl, welches seine

Ursprünge im Erleben von Mütterlichkeit hat. Dieses Glaubenssystem lehrt weiterhin, daß jeder von uns in zahllosen früheren Leben von all denjenigen, die er in der gegenwärtigen Inkarnation trifft, bemuttert wurde oder diese bemuttert hat. Demnach müssen wir durch Liebe und Akzeptieren der anderen immer den unschätzbaren Dienst in Erinnerung behalten und honorieren, den unsere Mutter geleistet hat, indem sie uns zur Welt brachte, ernährte und mit Liebe versorgte.

Aus astrologischer Sicht wird diese Entwicklung von der persönlichen zur universellen Liebe durch die drei Wasserzeichen Krebs, Skorpion und Fische symbolisiert. Der mit dem Zeichen Krebs verknüpften Initialstufe der Liebe entspricht die bedingungslose Mutterliebe, welche eine starkes Selbstwertgefühl aufkommen läßt. Wenn diese Selbstachtung funktioniert, dann wird der Betreffende dazu befähigt, erfolgreich in die wesentlich komplexeren sexuellen und abhängigen Wechselbeziehungen des zweiten Wasserzeichens Skorpion einzutreten. Dieses Vermögen, sich auf einer gleichrangigen Ebene zu vereinigen, setzt das Fundament für die Menschheitsliebe, die im dritten Zeichen Fische entwickelt wird.

Was geschieht nun, wenn dieser Prozeß in irgendeiner Form unterbrochen wird? Ein solcher Vorfall ereignete sich in den dreißiger Jahren, als man dazu überging, Kinder massenweise im Krankenhaus zu gebären. Das Ergebnis war, daß man die Säuglinge von dem ersten Ceres–Eindruck, nämlich von der Mutter gehalten und gepflegt zu werden, loslöste. Nachdem ihnen unter gleißendem Licht »der Hintern versohlt« wurde, legte man sie in sterile Kinderbettchen und gab ihnen mit Zuckerwasser gefüllte Saugflaschen als Nahrung. Dieses Unterbinden einer direkten Erfahrung der Urbindung ist einer der Faktoren, der wesentlich zu den Schwierigkeiten und Frustrationen im Beziehungsleben dieser Generation beitrug.

Doch ist das Individuum, das einen schwachen Ceres–Unterbau empfing, keineswegs zu Einsamkeit und unerfüllten Partnerschaften verdammt. Um die Isolation und Depression zu heilen (zwei typische Ceres–Leiden), sollte man eine Beratung aufsuchen, um Selbstwertgefühl zu erlangen und hiermit den Grundstock für zukünftig erfolgreiche Interaktionen zu legen. Diese Beziehungen müssen nicht zwangsläufig auf heterosexuelle Kontakte beschränkt bleiben. Tatsächlich äußert sich die Ceres–Liebe auf vielfältige Weise, in lesbischen oder homosexuellen Beziehungen genauso wie in Selbsthilfegruppen für Männer und Frauen, in der Erziehung und in platonischen Freundschaften.

Psychologische Ceres–Komplexe

Da Ceres dem gesamten Bereich der Mutter–Erfahrung entspricht, lenkt sie auch die unzähligen psychologischen Probleme, die aus einer frühkindlichen negativen Konditionierung durch die Eltern herrühren. Wir werden hier nun kurz die wichtigsten dieser Komplexe der Reihe nach aufzählen und dem Leser die Richtung für weitere astrologische Forschungen weisen.

Passivitäts–Komplexe. Wenn die dem Kind übermittelte Ceres–Mutterliebe als vorwiegend eingeschränkt und von Bedingungen abhängig erlebt wird, dann wird es entweder so reagieren, daß es den Erwartungen der Eltern gerecht wird oder eben gerade nicht. Im zweiten Fall wird die Erfahrung des wiederholten Versagens eine »Was soll's?«–Haltung hervorrufen. Der Betreffende wird bei schwierigen oder herausfordernden Aufgaben nachdenklich sagen: »Ich weiß, daß ich sowieso nicht erfolgreich sein kann, also warum soll ich mich dann überhaupt abmühen?«. Diese schwarzmalerische Einstellung bewirkt eine Reihe von psychologischen Komplexen, falls sie mit ins Erwachsenenalter hinübergerettet wird: Konkurrenzangst, Unfähigkeit, die Initiative zu ergreifen, sowie anhaltende Gefühle der Machtlosigkeit und Abhängigkeit. Überkompensatorisches Verhalten kann sich auch in dem zwanghaften Bedürfnis nach Überlegenheit äußern, einfach nur um sich gleichwertig fühlen zu können.

Nahrungs–Komplexe. Da Ceres die Fürsorge und Ernährung des menschlichen Organismus lenkt, herrscht sie auch über die gesamte Bandbreite der Nahrungs–Komplexe und Eßstörungen. Es ist von daher gesehen kein Zufall, daß seit der Veröffentlichung der Ceres–Ephemeride im Jahre 1973 den zuvor ignorierten Funktionsstörungen bei der Nahrungsaufnahme zunehmend größere Aufmerksamkeit geschenkt wird.

Aus Ärger über den Raub der Tochter bestrafte Ceres ihre Feinde, indem sie die gesamte Nahrungsproduktion auf der Erde zum Stillstand brachte. Folglich verweisen Spannungsaspekte mit Ceres häufig auf einen Elternteil, der das Kind durch Vorenthalten von Nahrung bestrafte, z.B. indem er das Kind ohne Abendessen zu Bett schickte. Diese gesellschaftlich durchaus akzeptierte Form elterlicher Autorität ist der Ausgangspunkt für viele essensbedingte Krankheiten. Zwei dieser Leiden — nämlich die Anorexie (Appetitlosigkeit, Magersucht) und die Bulemie (Heißhunger, Freßsucht) — werden von den Ärzten und Therapeuten derzeit schon als epidemisch verbreitet angesehen. Die psychologischen Wurzeln derartiger Erkrankungen stehen in eindeutigem Bezug zu Ceres — einem starken Empfinden der eigenen Wertlosigkeit, einem schwachen Selbstbild und dem zwanghaften Bedürfnis, die von den Eltern gesetzten Standards der Perfektion einhalten zu können.

In weniger bösartiger Weise wirken sich diese Komplexe auch auf die Millionen von Frauen aus, für die das besessene Einhalten der Diät regelrecht zu einem Lebensstil geworden ist. Glücklicherweise findet sich in der Psychologie von Ceres auch das Heilmittel für dieses Ungleichgewicht: durch die Entwicklung bedingungsloser Liebe für sich und seine Mitmenschen.

Weitere Eß–Komplexe entstehen, wenn Nahrung als Ersatz für Liebe und Anerkennung benützt wird. Zwei gebräuchliche Befehlsformen, welche hier als Beispiel für diese Strategie dienen sollen, lauten: »Iß — um mich glücklich machen!« und »Erst wird aufgegessen, bevor es Nachtisch gibt.« (quasi als Belohnung für deine Anstrengungen). Diese Art der Konditionierung ermutigt das Kind, seine körperlichen Instinkte, Hungergefühle und Gelüste zu ignorieren und stattdessen auf externe Winke zu reagieren, die in Widerspruch zu den physischen Bedürfnissen stehen oder diese leugnen. Die erwähnte unbewußte Programmierung bildet den Ausgangspunkt für das zwanghafte Überessen, unter dem so viele Mitglieder unserer Gesellschaft heute leiden.

Eine weitere Ceres–Eßstörung entsteht, wenn ein Individuum mit einem schwachen Selbstbild Nahrung zur Abschirmung benützt, um in der äußeren Welt (sexuell oder in anderer Hinsicht) nichts vollbringen zu müssen. Demgemäß wird die Nahrung mißbraucht, um zu rechtfertigen, daß man mit anderen keine Beziehungen eingeht. Deswegen ist Ceres ganz eindeutig ein astrologischer Hinweis für alle Gewichtsprobleme und Störungen des Körperbildes. Ceres–Aspekte mit anderen Planeten und Asteroiden enthüllen zusätzliche Informationen darüber, welche Anteile der Persönlichkeit in diese aufreibenden und oftmals schmerzlichen Zustände verwickelt sind.

Beziehungs–Komplexe. Da die Mutterprägung der Ceres einen derartig starken Eindruck auf die menschliche Psyche hinterläßt, erstreckt sich deren Bedeutung auch auf den Bereich der zwischenmenschlichen Beziehungen. Gespannte Aspekte mit Ceres können auf eine Person hindeuten, die unwillig oder unfähig ist, andere zu betreuen und emotional zu unterstützen. Im Gegenzug wird das eigene Verlangen nach Nahrung oftmals verleugnet.

Steht Ceres im Radix–Horoskop im 7. Feld oder aber im Winkel zu Venus, Mars oder Juno, dann wird die Elternbeziehung zum Modell für das zukünftige Rollenverhalten in erwachsenen Parterschaften. Sollte die erste Liebeserfahrung des Kindes positiv sein, so wird es tragfähige Liebesbeziehungen kennenlernen. Wird die Mutter oder Erziehungsperson von dem Kind jedoch als dominiererend, kontrollierend oder erstickend wahrgenommen, dann wird es Abwehrmechanismen bilden, um die destruktive Macht des Elternteils einzudämmen. Eben jener Widerstand gegen das Aufnehmen von Nahrung wird dann später auf den erwachsenen Partner übertragen.

Beispielsweise können Männer mit problematischen Winkelspannungen zu Ceres im Geburtsbild zunächst von Frauen angezogen werden, die sorgend und trostspendend sind. Wenn sich die Beziehung jedoch weiterentwickelt, dann treten allmählich unbewußte Schablonen früherer Konditionierungen an die Oberfläche, und der Mann wird gegen seine Gefühle der daraus resultierenden Abhängigkeit ankämpfen. Dann erlebt er die mitleidsvolle Mutter–Frau in ihrer dunklen Gestalt als fordernd und kontrollierend. Nahrung ist sehr häufig das Mittel der Frau, um diesen Einfluß zu gewinnen: »Der beste Weg zum Herzen eines Mannes ist der durch seinen Magen.« sagt der Volksmund. Auf ganz ähnliche Weise ziehen Frauen, deren Horoskop eine unausgeglichene Ceres zeigt, eine erzieherische Vaterfigur an. Diese soll ihnen eigentlich nur Rückendeckung und Schutz gewähren, bis sie jedoch entdecken, daß sie ziemlich die Identität von »Papas kleinem Mädchen« annehmen und ähnlich wie Persephone in einer kindlichen Individualität eingefangen sind.

Der Schlüssel, um eine psychologisch gesunde Ceres in unserem Zusammenleben zum Ausdruck zu bringen, liegt ganz klar darin, daß man sich dem Partner gegenüber zwar mütterlich verhält, aber gleichzeitig dessen Unabhängigkeit und Eigenständigkeit unterstützt und akzeptiert. Wenn wir stattdessen erziehen, um Macht und Kontrolle auszuüben oder unsere Absichten für rechtsgültig zu erklären, dann wird die Ceres–Mutterliebe neurotisch und selbstvernichtend.

Eltern–Kind–Komplexe. »Man könnte deshalb sagen, daß jede Mutter ihre Tochter, und jede Tochter ihre Mutter in sich enthalte; jede Frau aber nach rückwärts in die Mutter und nach vorwärts in die Tochter sich erweitere.«[17] Ceres ist ein Indiz für die geheimen unverwirklichten Hoffnungen, Träume, Ängste, und Enttäuschungen, welche von der Mutter auf das Kind übertragen werden. Diese Botschaften werden nicht durch Worte und Taten übermittelt, sondern ganz unterschwellig durch die unbewußte emotionale Bindung, welche Eltern und Nachwuchs zusammenschmiedet.[18] Oftmals fungiert diese Bindung als Kanal, durch welchen die Visionen und Bestrebungen (oder auch Ängste und Unzulänglichkeiten) der Eltern auf das Kind projiziert werden, die es zuletzt sogar als seine eigenen auffaßt. Folglich müßte ein Astrologe, der diesen Komplex bei einem Klienten vom Ceres-Typus antrifft, eine therapeutische Beratung empfehlen, die dem Patienten hilft, sich von seiner symbiotischen Abhängigkeit loszureißen.

Bevor wir unsere Analyse von Ceres als Herrscherin des Krebses abschließen, müssen wir einen ganz wichtigen Punkt ansprechen. Sollte der oder die Leser(in) mit Astrologie vertraut sein, dann mag er bzw. sie sich eventuell fragen, wo denn bei dieser Definition von Ceres eigentlich der Unterschied zum Mond liege. Die Antwort ist relativ einfach: Auf einer bestimmten Ebene existiert ein Zusammenhang zwischen Ceres und Mond, da der Mond den Nährboden darstellt, auf dem Ceres und die anderen Asteroiden gedeihen können. Ceres ist hinsichtlich ihrer Rolle als Mutter jedoch eine viel speziellere Ausdifferenzierung des Mond-Prinzips. Demnach stellt Ceres im Geburtshoroskop zusätzlich Informationen über die mütterlichen Aufgaben zur Verfügung, die sich aus einer Deutung des Mond-Zeichens allein nicht gewinnen ließen.

Ceres als Regentin der Stier/Skorpion-Polarität

Die starke Entsprechung zwischen Ceres und der Stier/Skorpion-Achse läßt sich auf vier verschiedene Weisen beobachten:

1. Der Mond, gewissermaßen ein »Vorfahr« von Ceres, ist im Zeichen Stier erhöht. Ceres war die Göttin des Ackerbaus, welche die Mond-Energie auf der physikalischen Ebene verankerte, um die fruchtbare Erde (Stier) zu erschaffen.

2. Die Eleusischen Mysterien wurden von einem heiligen Priester, dem sogenannten Hierophanten, geleitet. Der Hiero-

phant bezeichnet außerdem auch diejenige Karte im Tarot, welche mit dem astrologischen Zeichen Stier korrespondiert.

3. In der Mythologie war kein geringerer als Pluto, der Herrscher des dem Stier polar gegenüberliegenden Zeichens Skorpion, der Widersacher von Ceres.

4. Buddha wurde geboren, erlangte die Erleuchtung und starb während eines Stier/Skorpion–Vollmondes. Seine Lehren konzentrierten sich auf die Werte irdischer Verhaftung (Stier) sowie Tod, Loslassen und Überwinden(Skorpion). Ceres bringt diese Stier/Skorpion–Thematik ganz ähnlich zur Sprache, da sie gezwungen wurde, ihre Bindung an die Tochter aufzugeben und den Vorsitz über die Riten der Toten zu führen.

Zusammenfassend kann man vorläufig also sagen, daß Ceres als Leitprinzip der Stier/Skorpion–Polarität im Horoskop die psychologischen Erfahrungen von Anhänglichkeit, Trennung und Verlust, Tod und Erneuerung, die Fähigkeit zu Kummer und Sorge beschreibt, aber auch das Bedürfnis zu lernen, wie man teilt. Ihr Mythos enthält ferner die Leitpfosten, um diese Pfade von Sterben und Regeneration zu durchqueren.

Die Lektionen von Bindung und Trennung

Für Menschen, deren Horoskop eine starke Ceres aufweist, kann die Notwendigkeit, ihre Anhänglichkeit an geliebte Menschen oder Gegenstände und wertvoll eingestufte Ideen umzuformen, zu einer sehr wichtigen Lektion ihres Lebens werden. Vielleicht klebten ihre Eltern zu sehr an ihnen oder sie versuchen, ihre eigenen Kinder zu besitzen. Da unser holistisches Universum jedoch immer nach einem Gleichgewicht strebt, setzt eine zu einseitig polarisierte Bindung genau diejenigen Ursachen und Bedingungen in Bewegung, welche die betreffende Person von ihrem Objekt der Begierde trennt. Zwanghafte Liebe bewirkt von daher die Lektion der Nichtbindung. Selbstverständlich war dies auch exakt die Erfahrung von Ceres und Persephone. Ceres' Widerwille, der Tochter die Freiheit zur Selbstbestimmung zu gewähren, und die gleichermaßen starke Verbundenheit Persephones mit der Mutter, zog auf einer unbewußten Ebene den Raub und die Vergewaltigung Persephones an.

Nachdem ihr die Tochter mit Gewalt entrissen worden war, übte Ceres Vergeltung, indem sie das Gedeihen der für die Menschheit Leben spendenden Feldfrüchte zum Stocken brachte. Folglich symbolisiert die dunkle Seite von Ceres die Erfahrung, von der lebenswichtigen Nahrung abgeschnitten zu werden und entsagen zu müssen. Aus diesem Grunde kann es gut sein, daß Trennungen ein ständiges Thema im Leben des Geborenen werden können, wenn Ceres an markanter Stelle im Horoskop steht oder von Pluto aspektiert wird. Beispiele für derartige Entbehrungen wären: der Verlust der Eltern durch Tod, Zurückweisung, Aussetzung oder Krankheit; der Verlust eines Kindes durch Tod, Übertragung der Vormundschaft an den anderen Elternteil oder den Staat, oder aber durch Entführung; Trennungen von Lebenspartnern, von Tieren, der Arbeit oder einer gewohnten Umgebung.

Darüberhinaus steht auch die wachsende Sorge um das Überhandnehmen von Mißbrauch, Inzest und anderen Formen der Belästigungen von Kindern in direktem Bezug zu dem Kidnapping der Persephone und ihrer anschließenden Schändung durch Pluto.

Selbst wenn keine realen Einbußen vorkommen, so kann der Geborene mit einer Ceres/Pluto–Betonung auf einer unbewußten Ebene mit der Angst geplagt werden, von seiner bzw. seinem Geliebten zurückgewiesen, abgeschnitten oder getrennt zu werden. Diese Furcht wird selbstverständlich genau die Situationen magnetisch anziehen, die diese negative Programmierung verstärken. Infolgedessen sollte dieser Typus des Klienten eine tiefenpsychologische Therapie beginnen, um die fest verwurzelten Ängste zu lösen und zu heilen.

Nach dem spurlosen Verschwinden ihres Kindes verfiel Ceres in ein anhaltendes Stadium von Kummer und Sorge. Von daher beschreiben Ceres–Transite häufig jene Zeiträume, in denen wir das Defizit beklagen, das durch den Wegfall einer geliebten Person oder einer Sache, mit der wir uns emotional verbunden fühlen (Arbeit, Partnerschaft, Wohnung, Zigaretten oder Alkohol), entsteht. In ihrem Mythos schritt Ceres durch die einzelnen Stufen des normalen Trauerprozesses: Schock, Depression, Schuld, Ärger und schließlich die Akzeptierung. Somit liefert sie uns eine Metapher für unsere eigenen Verluste und Übergänge.

Der allerwichtigste Zustand, den Ceres erfahren mußte, war die Wut. Zorn versorgt einen mit der nötigen Gewalt, um aus der lähmenden und fesselnden Eigenart der Sorge auszubrechen. Folglich muß der Astrologe, wenn er Ceres-Klienten berät, die sich grämen, diesen eine heilsame Methode anbieten, damit sie ihren Kummer zum Ausdruck bringen können. Urschrei-Therapien, Bioenergetik, Meditation oder sogar intensive körperliche Betätigung kann die blockierten Energien lösen und die Menschen vorantreiben, damit sie bald wieder zu ihren herkömmlichen und produktiven Tätigkeiten zurückkehren können. Dieser Prozeß ist besonders wichtig in einer Gesellschaft, die uns dazu anhält, unseren Schmerz und Zorn zu unterdrücken, wenn wir einen Verlust erleben. Jedoch können genau diese destruktiven Energien, falls sie nicht über normale Kanäle abgeleitet werden, im Extremfall als chronische Depression in Erscheinung treten (ein durchaus gängiges Leiden bei Ceres-Klienten) oder durch solche degenerativen Krankheiten wie Herzversagen oder Krebs.

Ceres ist göttlich in ihrem Leiden und transformiert uns durch ihren Schmerz und Kummer. Diejenigen, welche die Ceres-Initiation durchschreiten, gehen gemildert, gestärkt, verinnerlichter und mitfühlender daraus hervor. Als Regentin über den Jahreszeitenzyklus lehrt uns Ceres auch, daß Schmerzen, ähnlich wie der Winter, nicht von Dauer sind und mit der Zeit vergehen. Oder wie Gott zu Hiob sprach: »Du sollst dein Elend vergessen und es als Wasser betrachten, das dahinfließt«.

Tod und Sterben

Die Verschleppung Persephones in die Unterwelt ist »eine Metapher für den Abstieg, den wir alle auf uns nehmen müssen — ein Absinken in die Dunkelheit und den Schrecken des Unbewußten, wo Verzicht und Tod residieren.«[19] Als Lehrerin der Eleusischen Todesmysterien steuert Ceres unser Verlangen nach einem umfassenden Verständnis des Sterbevorganges und löst somit unsere Ängste vor dem Tod. Ihr astrologischer Eintritt in die menschliche Psyche brachte zugleich ein Wiederaufflammen des Interesses an der Thematik von Tod und Sterben mit sich. Dies läßt sich eindeutig nachweisen anhand der Neuentdeckung der östlichen Reinkarnationslehren, an der verstärkten Verbreitung von Büchern über »das Leben nach dem Tode« und am Entstehen der Sterbekliniken für unheilbar Kranke.

Um sich auf den Todesmoment vorzubereiten, muß man lernen, durch den tagtäglichen Prozeß des Loslassens mit dem »kleinen Tod« umzugehen. Zwar mag dieses Loslassen auf den ersten Blick furchterregend sein, tatsächlich ist es aber ein notwendiger Bestandteil des ewigen Kreislaufs von Leben, Sterben und Erneuerung. In diesem transformativen Werdegang kann nichts Neues geboren werden, bevor nicht etwas Altes abstirbt. Folglich hindern wir uns selber immer an dem Erfahrungsreichtum von Erneuerungen, wenn wir an Personen, Dingen oder Situationen haften, deren Zweck sich überlebt hat. An diesem Punkt tritt unvermeidlich ein Ceres–Transit in Erscheinung, der unser Bedürfnis nach einer Konfrontation mit den Todesängsten anzeigt und uns die Wahrheit des Ceres/Skorpion–Todesgeheimnisses erkennen läßt — nämlich daß Befreiung der Vorläufer für Wiedergeburt ist. Unter angemessener Vorbereitung kann diese Horoskopstellung auch darauf verweisen, daß man eine Arbeit aufnimmt, bei der man die Sterbenden in die andere Welt hinüber begleitet.

Ceres als das Prinzip des Teilens

In der antiken Mythologie wurde Ceres als die große Mutterfigur porträtiert, welche die ausschließliche Kontrolle über Fruchtbarkeit und Wachstum innehatte. Diese Bevorzugung gegenüber einer männlichen Teilnahme erwirkte ein signifikantes Ungleichgewicht. In jenem Licht besehen, kann man in Plutos frevelhafter Entführung und Vergewaltigung der Tochter von Ceres nicht nur einen Schurkenstreich, sondern auch den Katalysator erblicken, der notwendig war, um das Monopol von Ceres über ihr Kind zu brechen. Deswegen war Plutos wesentliche Botschaft in diesem Sinne ein Appell an Ceres, die Nachkommenschaft aus der Verschmelzung von männlichen und weiblichen Energien freizugeben. Dies passierte in der Tat, nachdem Ceres und Pluto übereingekommen waren, Persephone als Frau oder Tochter untereinander aufzuteilen.

Astrologisch gesprochen, werden Menschen mit starken Ceres/Pluto–Aspekten häufig ein Leben lang Lehren hinsichtlich der Zuteilung von Kindern erleben. Diese Menschen werden sich normalerweise inmitten von häßlichen Vormundschaftskämpfen befinden, da jeder Elternteil um die Aufrechterhaltung seines Kontrollanspruches über das Kind streitet, wobei die Ceres–Transite das richtige Timing solcher Ereignisse aufzeichnen. Dabei spielt es allerdings keine große Rolle, in welchem Ausmaß die Partner jenes Kind besitzen wollen, denn die einzig vernünftige Lösung heißt, dem Beispiel von Ceres und Pluto zu folgen, also die Ansprüche auf die Nachkommen zu teilen. Andernfalls wird derjenige Partner, der nicht zu teilen gewillt ist, ohne Zweifel eine der zwei folgenden Situationen auf sich ziehen: Entweder er besitzt die alleinige Verantwortlichkeit über das Kind, es mangelt ihm aber an der nötigen finanziellen und emotionalen Unterstützung, oder aber es bleibt ihm der Zugang zu dem Kind vollkommen verweigert (z.B durch Entzug des Sorgerechts).

Auf ganz ähnliche Weise lehrt uns Ceres, daß wir unsere geistigen Kinder — unsere kreativen Ideen, Schöpfungen und Projekte – teilen (bzw. mitteilen) sollen, anstatt sie eifersüchtig mit uns herumzutragen, in der Hoffnung, daß niemand einen Profit daraus ziehen könne. Exakte Ceres/Pluto-Verbindungen verweisen des weiteren darauf, daß man Autorität aufspalten und delegieren muß.

Auf einer planetarischen Ebene betrachtet, brachte Ceres den Menschen ein Bewußtsein von der Notwendigkeit, daß sie die Nahrung untereinander verteilen müssen. Daraus ergab sich in der jüngsten Vergangenheit, daß wir Zeuge der Gründung des Hungerprojekts und verschiedeneer anderer Bewegungen wurden, die sich bemühen, Lebensmittel von den reicheren auf die ärmeren Nationen umzuschichten.

Ceres und die Erneuerung

Die geheime Lehre der Ceres besagt, daß der Tod die Pforte zur Wiedergeburt ist. Verluste sind notwendig, damit etwas Neues emporsteigen kann. Am Ende des Ceres-Durchganges liegt die Hoffnung auf Erneuerung, Regeneration und das Versprechen einer ewigen Wiederkehr.

Ceres als Herrscherin der Jungfrau

Wachstum und Fruchtbarkeit

In ihrem Ideogramm hält Ceres, die Göttin des Korns, einen Getreidehalm in der Hand und trägt eine Krone aus Ähren. Dieses Bild ist nahezu identisch mit den Vorstellungen über das Tierkreiszeichen Jungfrau, und ebendiese visuelle Übereinstimmung verweist auf eine starke Affinität dieser zwei erdhaften Symbole.

Betrachten wir Ceres als im Krebs herrschend, dann spendet sie uns Nahrung, um Liebe und Anerkennung mitzuteilen. Als Herrscherin in der Jungfrau erhält die von der alles–nährenden Mutter geschenkte Verpflegung ganz real physische Qualitäten, sprich sie baut also die Zellstruktur des Körpers auf, erhält und regeneriert sie. Diese Nahrungsaufnahme fördert das Wachstum und befähigt das Individuum, leistungsfähig zu arbeiten und zu funktionieren (Eigenschaften der Jungfrau). Ceres, die Korngöttin, verlieh der Urmenschheit das Geschick zum Akkerbau. Während der Erntezeit unter dem Zeichen Jungfrau greift Ceres auf die Ressourcen des Erdzeichens Stier zurück, um lebensfördernde und vitale Nahrungsmittel für die Menschheit zu produzieren und zu verteilen. Somit bezeichnet Ceres im Horoskop eine oder alle jene Begabungen, die mit dem Anbau, der Verteilung, der Zubereitung und dem Servieren von Lebensmitteln und Speisen in Beziehung stehen. (Die Geburtsbilder von vielen Bauersleuten, Kellner(innen), Köchen und Köchinnen enthalten eine Ceres–Jungfrau–Betonung).

Die mütterliche Sorge der Ceres stellt das angemessene Funktionieren des Körpers sicher, indem ein persönliches Interesse für die körperliche Gesundheit und das hygienische Wohlbefinden geprägt wird. Ceres bedeutet auch die therapeutische Verwendung von Nahrungsmitteln. Daher wird sich der Ceres/Jungfrau–Typus zu Heilmethoden hingezogen fühlen, die mit Vitaminen, Schonkost und Kräutern praktizieren. Im astromedizinischen Zusammenhang sind Magen–Darmstörungen und Verdauungsbeschwerden die der Ceres entsprechenden Krankheiten (da das Zeichen Krebs mit dem Magen und Jungfrau mit den Gedärmen korrespondiert).

Ceres und Gründlichkeit

Dadurch, daß Ceres den Körper rein physisch ernährt und versorgt, verleiht sie ihm auch die Fähigkeit zur Arbeit. Diese Anlage, gepaart mit dem Verlangen der Jungfrau nach Gründlichkeit und Perfektionismus, ergibt einen Persönlichkeitstypus, der durch ein starkes Gespür für Kompetenz und Selbstvertrauen gekennzeichnet ist. Solche Personen verschreiben sich häufig einem hervorragenden Leistungsstandard oder übertreffen sich selbst, wenn es darum geht, die Einzelheiten einer gewählten Berufung zu meistern.

Wenn ein Mensch dieses Persönlichkeitstyps ein Kind bekommt, dann verwandelt er sich in den Super–Vater oder die Super–Mutter — den starken, hingebungsvollen, tüchtigen und verläßlichen Elternteil. Diese Menschen identifizieren sich mit der Mutter– wie auch mit der Vater–Rolle zugleich, als Ernährer(in) und Versorger(in), und sind in der Lage, alles nur Erdenkliche zu tun, um das Überleben ihres Nachwuchses zu sichern. Somit ergibt sich folgerichtig, daß der Eintritt von Ceres in die astrologische Szene (1973) mit einem zahlenmäßig beträchtlichen Anstieg desjenigen Personenkreises korrelierte, der sich ganz bewußt für die alleinerziehende Elternrolle entschied.

Beispielsweise wählen jetzt bestimmte Frauen die Mutterschaft, ohne in eine Partnerschaft oder Ehe eingebunden zu werden. Sie beschließen, das Kind zu empfangen, ohne den Vater darüber in Kenntnis zu setzen, und ziehen es auch alleine auf. Weiterhin senken die ständig wachsenden Forschungsbereiche der Gen–Technologie und der künstlichen Befruchtung das weibliche Bedürfnis nach einer partnerschaftlichen Beziehung, um ein Kind zu bekommen. Andererseits fühlt sich eine steigende Zahl von Männern in der Lage, allein die Verantwortung für die Erziehung ihrer Sprößlinge zu übernehmen. Dies hat auch einige Männer dazu veranlaßt, bei Trennungen das alleinige Sorgerecht zu verlangen, Kinder zu adoptieren oder als Hausmann zuhause zu bleiben und auf die Kinder aufzupassen, während die Gattin arbeitet (z. B. hatte John Lennon Ceres Quadrat Mond).

Unter astrologischen Gesichtspunkten verweist eine starke Ceres deswegen auf das innere Potential, kompetent und mit Erfolg zum Alleinerziehenden zu werden.

Ceres und Arbeit

Ceres beschreibt in ihrem Jungfrau–Aspekt die Fähigkeit und Kapazität zu arbeiten (Jungfrau lenkt in ihrer soziologischen Entsprechung die Arbeiterklasse). Außerdem symbolisiert Ceres das Interesse für die Arbeiter, für Gewerkschaften, soziale Dienstleistungs–Organisationen und für die im Bruttosozialprodukt widergespiegelte Produktivität. In der Phase ihres heftigen Zornes gebot Ceres allen Erträgen der Erde Einhalt; entsprechend lenkt sie Streiks und andere Formen der Arbeitsniederlegung.

Darum stehen Spannungsaspekte auf Ceres, sei es nun im Radix oder in aktuellen Transitstrukturen, für das Unvermögen, zu arbeiten oder eine Stellung zu halten, für mangelnde Eignung, lange Arbeitslosigkeit oder dafür, daß man Empfänger von Arbeitslosenhilfe ist. Wenn sich dieser Komplex gewissermaßen in sein Gegenteil wendet, dann haben wir einen Horoskopeigner vor uns, der vollkommen von der Arbeit besessen ist. Somit kann sich der Ceres/Jungfrau–Archetypus entweder beim Arbeitssüchtigen oder beim beruflichen Müßiggänger manifestieren, wobei sich die jeweilige Deutung aus anderen Faktoren des Horoskops ergänzt.

Die zyklische Natur von Ceres betont das Verständnis für eine Abwechslung der Phasen von Ruhe und Arbeit — daß es eben eine Zeit der Bebauung und eine Zeit der Brache gibt, damit die Felder sich regenerieren können. Dementsprechend lernt ein Individuum mit einem gesunden Ceres–Potential die Lebensweisheit, Perioden harter Arbeit mit Zeiten der Entspannung zu kombinieren. Auf diese Weise erlangt man ein ausgeglichenes Arbeitsleben und vermeidet die Fallgruben des »Ausgebranntseins« oder des »Ausflippens«.

Okkulte Lehren von Ceres

Der Übergang in das Reich des Todes. Ceres gab den alten Griechen die Riten der Eleusischen Mysterien, welche den Initianden in die Übergangsstufe des Todes einwiesen.Diese waren vom altägyptischen Isis–Kult abgeleitet, bei welchem der Schüler nach einer vorbereitenden Läuterung in ein Einweihungsgrab gelegt wurde und dann in die Welt seines eigenen Astralleibes eintrat, um den inneren Doppelgänger kennenzulernen.

Blut–Mysterien. Ceres als eine Göttin des Todes gibt den Nährboden ab für die Aufnahme der Toten zur Wiedergeburt, deren Zugang die Gebärmutter ist. Somit herrscht Ceres in ihrer Funktion als Mutter, deren Blut das befruchtete Ei und den Fötus mit Nahrung versorgt, über die weiblichen »Blutwandlungsmysterien.«

Das erste dieser Mysterien ist jenes der ersten Menstruation, welche den Entwicklungsstand der Gebärmutter anzeigt und das heranreifende Mädchen zur Empfängnis befähigt. In früheren Zeiten war die erste Blutung eines Mädchens Anlaß für ein großes Freudenfest. Das zweite Mysterium des Blutes ist die Schwangerschaft. Für den Verstand des Naturmenschen bedeutete Schwangerschaft, daß das menstruelle Blut seinen monatlichen Fluß einstellte und stattdessen den Embryo formte und aufbaute. Das dritte und letzte Blut–Mysterium des Weiblichen, die Umwandlung des mütterlichen Blutes in die nahrhafte Muttermilch, bildete die Grundlage für die Urmysterien der Nahrungswandlung.[20]

In den frühesten Darbringungen an die Große Göttin wurde Menstruationsblut geopfert und nicht Menschenblut. Als die esoterischen Lehren verunglimpft wurden, ersetzte man das Menstruationsblut durch Tier– und Menschenopfer. Die tantrischen Geheimlehren glauben noch heute daran, daß das Menstruationsblut und der männliche Samen die wahren Elixiere für die Verjüngung und Erleuchtung sind. Ironischerweise überlebte diese Tradition auch in den Aufnahmeritualen des

Motorradclubs der Hell's Angels: um Mitglied zu werden, muß der Neuankömmling »seine alte Lady essen, während sie ihre Binde trägt«. Sie sind sich allerdings kaum bewußt, daß sie damit in direkter Fortsetzung einer antiken Tradition der Großen Mutter–Göttin huldigen.

Zusammenfassung

Wir haben die Tiefe und Komplexität der Mythologie und Psychologie der Ceres beobachtet. Ihre Bedeutung ist so reichhaltig, daß sie mit zwei Erdzeichen und zwei Wasserzeichen des Tierkreises korrespondiert. In dem folgenden Kapitel mit den genauen Beschreibungen im Horoskop werden wir noch eingehender untersuchen, wie die Große Mutter sich in Zeichen, Häusern und Aspekten ausdrückt.

Psychologische Themen

✳ **Das Prinzip der bedingungslosen Liebe**
Fürsorge und sich um Erziehung kümmern; Selbstbild; Selbstwertgefühl; Selbsteinschätzung; Matrix der Liebe
✳ **Pathologie des Verlusts**
Zurückweisung; Abhängigkeit; Gram; Leiden; Ärger
✳ **Anhänglichkeit und Aversion**
Versuch, die alleinige Kontrolle über Kinder, Besitz oder Kreationen aufrecht zu erhalten
✳ **Das Prinzip des Teilens und Loslassens**
✳ **Themen der Transformation**
Geburt; Tod; Erneuerungs–Zyklen; Tod und Sterben; Arbeit in der Klinik
✳ **Alleinstehende Elternschaft und Verantwortung**
✳ **Wachstum, Fruchtbarkeit, Arbeit und Gründlichkeit**
✳ **Okkulte Themen**
Übergang in das Reich des Todes; Blut–Mysterien

Weiterführende Literatur zu Ceres

Berry Patricia. »The Rape of Demeter/Persephone and Neurosis.« *Spring* (1975).

Bolen, Jean Shinoda. »Demeter: Göttin der Kornfelder, Ernährerin und Mutter.« In: *Göttinnen in jeder Frau.* (Basel: Sphinx, 1986)

Friday, Nancy. *My Mother My Self.* (New York: Dell Publishing Co., 1977).

Hall, Nor. »Mothers and Daughters« in *The Moon and the Virgin.* (New York: Harper and Row, 1980).

Homer. »An Demeter« in *Die Homerischen Götterhymnen* (Leipzig: Dieterich'sche Verlagsbuchhandlung, 1948).

Joseph, Anthony M. »Zodiacal Virgo and the Ceres Complex« *Geocosmic Research Monographs no. 2* (1981).

Jung, Carl G. und Karl Kerényi. *Einführung in das Wesen der Mythologie.* (Amsterdam/ Leipzig: Pantheon Akademische Verlagsanstalt, 1941).

Kerényi, Karl. *Die Mysterien von Eleusis.* (Zürich: Rhein Verlag, 1962).

Mylonas, George. *Eleusis and the Eleusian Mysteries.* (New Jersey: Princeton University Press, 1961).

Schuré, Edouard. *The Mysteries of Ancient Greece: Orpheus/Pluto.* (New York: Rudolph Steiner Publications, 1971).

Spignesi, Angelyn. *Starving Women: A Psychology of Anorexia Nervosa.* (Irving,Texas: Spring Publications, 1983).

Spretnak, Charlene. »Demeter/Persephone« in *Lost Goddesses of Early Greece.* (Berkely: Moon Books, 1978).

Stone, Merlin. »Demeter and Kore« in *Ancient Mirrors of Womanhood Vol. II* (New York: New Sybilline Books, 1979).

Wasson, R. Gordon, Carl A. Ruck und Albert Hofmann. *The Road to Eleusis: Unveiling the Secret of the Mysteries* (New York: Harcourt Brace Jovanovich, 1978).

Woodmann, Marion. *Heilung und Erfüllung durch die Große Mutter: Eine psychologische Studie über den Zwang zur Perfektion und andere Suchtprobleme ungelebter Weiblichkeit.* (Interlaken: Ansata, 1987).

Kapitel 5

Ceres im Horoskop

Die Griechen verehrten Ceres (die Erdmutter) als Göttin des Ackerbaus, die ununterbrochen daran arbeitete, den Menschen auf Erden Speisen und Nahrung zu bringen.

Ceres hing so innig an ihrer Tochter, daß dieses Verhältnis ihre wichtigste zwischenmenschliche Beziehung darstellte. Plutos Entführung der Persephone, um sie zur Königin der Unterwelt zu krönen, Ceres' Gram und Leiden anläßlich des Verlustes und schließlich ihre Suche, um eine Wiedervereinigung mit dem Kind zu erwirken, wuchs sich zu einem der größten Mythen der Antike aus. Dieses Drama wurde mehrere Jahrtausende lang regelmäßig in den Mysterien von Eleusis zelebriert. Die Pathologie des wiederholten Verlustes bei Ceres kommt von der Habgier und der übermäßigen Zuneigung.

In ihrer Mutterbeziehung entspricht Ceres dem Prinzip der bedingungslosen Liebe — der Erhaltung und Pflege neu geschaffener Lebensformen. Sie wirkt als Ur–Gebärmutter und Nabelschnur, welche lebenswichtige Nahrung weiterleitet.

Astrologisch beschreibt Ceres die Methoden, mit denen wir uns auf die Kernfragen von Selbstwertgefühl, Selbsteinschätzung, dem Verhältnis zu unseren Eltern und Kindern, Bindung, Abhängigkeit, Verlust, Trennung, Zurückweisung, Kummer, Teilen, Arbeit und Produktivität einlassen.

Ceres in den Zeichen benennt zwölf Ernährungsweisen. Sie zeigt, wie wir mit unserem Bedarf des Gebens und des Empfangens umgehen und was wir von uns selber und von anderen benötigen, um uns bedingungslos geliebt und akzeptiert zu fühlen.

Ceres in den Feldern legt offen, wo wir am bereitwilligsten dieses Bedürfnis des Gebens und Nehmens erfahren. Sie gibt auch zu erkennen, welche Erfahrungsmuster Selbstliebe und eigene Anerkennung oder Selbstablehnung und kritische Einstellungen fördern.

Ceres–Aspekte zu den Planeten verweisen darauf, wie die Ernährungs– und Mutterfunktion in andere Bereiche der Persönlichkeit integriert werden kann. Harmonische Winkel verweisen auf eine leichte Vermischung, während Spannungswinkel potentielle Konfliktfelder zwischen Versorgungsbedürfnissen und anderen psychischen Erfordernissen des Individuums kennzeichnen. Sobald die unterschiedlichen Bedürfnisse gemeistert und integriert wurden, braucht ein Horoskopeigner mit konfliktträchtigen Winkeln die Anspannung nicht mehr, um das Gleichgewicht zu erlernen.

Astrologische Entsprechungen und Schlüsselbegriffe

Ceres als Mutter ist ein Indikator und Zeitschalter für alle Phasen der zeugenden Sexualität.

Schwangerschaft ✳ Geburt ✳ Fehlgeburt ✳ Schwangerschaftsabbruch ✳ Stillen ✳ Eisprung ✳ Einsetzen von Menstruation und Menopause ✳ gynäkologische Gesundheit von Frauen ✳ Geburtenkontrolle

Ceres als Hinweis auf die verschiedenen elterlichen Beziehungsverhältnisse.

Eltern/Kind ✳ Kind/Eltern ✳ alleinstehende/r Vater oder

Mutter * Großeltern * Pflege–, Stief– oder Adoptiveltern * Amme/Gouvernante

Ceres befaßt sich mit der Kinderpflege und Erziehung.

Mutterschaftsvorsorge * Schwangerschaftsgymnastik * Rechte der Kinder * Rechte der Mütter * Kindergarten * Vorschulerziehung * Kindesmißhandlung

Ceres achtet die Familie.

tiefe familiäre Bande und Wurzeln * ausgedehnte Familienzweige * Kommunen * Familien–Klan * Stämme

Die Begabungen der Ceres zentrieren sich um pflegende und soziale Berufe.

Säuglingspflege * soziale Hilfsdienste * Kinderfürsorge und Erziehung * Hebammen * Sterbekliniken

Als Göttin des Getreides hat Ceres mit Ackerbau und Wachstumszyklen zu tun.

Bestellung der Felder * Landwirtschaft * Gartenbau * Ökologie * Botanik * Jahreszeiten * das Verhältnis zur Natur * Baumschulen * Samen * Ernte

Ceres, die alles ernährende Mutter, verweist auf Berufe der Nahrungsmittelbranche.

Landwirt * Gärtner * Koch * Bäcker * Kellner/in * Restaurants * Genossenschaften * Ernährungsberater * Gesundheit und Heilung durch Ernährung, Diät und Kräuter * Ernährungs–Komplexe: Anorexia, Bulimie, Übergewicht * ernährungsbedingte Störungen der körperlichen Gesundheit

Ceres hat ein Empfinden für Tiere.

Tierhaltung und Zähmung * Tierärzte * Trainer * Zuchttiere

Ceres ist in Arbeit und Erzeugung verwickelt.

Arbeiter * Gewerkschaften * Produzenten * Konsumenten * Handelswaren * Rohstoffe * Bruttosozialprodukt * Streiks * Arbeitslosigkeit * Arbeitsunfähigkeit * Arbeitslosengeld

Ceres symbolisiert das Prinzip der Anpassung und des Überlebens der Spezies.

Ceres in den Zeichen

Die Quellen für die nachfolgend zitierten Geburtsdaten werden jeweils in Klammern angegeben.
(1) Lois Rodden: *The American Book of Charts*
(2) Lois Rodden: *Profiles of Women*
(3) Marc Penfield: *An Astrological Who's Who*

Ceres im Widder. Diese Menschen setzen Fürsorge mit Autonomie und der Übertragung von Unabhängigkeit gleich. Umgekehrt erzieht der Widder–Ceres–Geborene andere dadurch, daß er deren Selbstbestimmung und Autarkiebestreben unterstützt. Um sich wirklich als geliebt zu empfinden, muß dieser Mensch genau dieselben Erfahrungen von den wichtigsten ihm nahestehenden Personen empfangen. Ungleichgewicht und Krankheit können sich einstellen, wenn sich das Kind entweder von der Erziehungsperson bevormundet fühlt oder sich in die Autonomie gedrängt sieht, noch bevor es überhaupt für diese Verantwortung reif ist. Janis Joplin hatte Ceres im Widder und im 1. Feld. Sie setzte für die Jugendkultur ihrer Zeit ein Zeichen der Freiheit (2).

Ceres im Stier. Geborene mit dieser Stellung erhalten ihre Anstöße durch physikalische Substanz, ein Gespür für Stabilität und durch Berührungen. Im Gegenzug können sie anderen helfen, indem sie sich ihrer körperlichen Sicherheit annehmen und für sie in greifbarer Weise sorgen. Selbstwertgefühl und Anerkennung werden aus dem Lernprozeß der materiellen Selbstversorgung abgeleitet. Ungleichgewicht ist das Ergebnis, wenn der Horoskopeigner sich mit der Materie überidentifiziert und aufgrund einer Angst vor materiellem Mangel Besitztümer hamstert. Pearl S. Buck stellt ihre Ceres/Vesta–Konjunktion im Erdzeichen Stier lebendig in ihrem mit dem Pulitzer–Preis ausgezeichneten Roman *Die Gute Erde* dar. Die Geschichte beschreibt das Leben eines chinesischen Bauern, dessen Erdverbundenheit ihm während der Jahre des Elends Kraft verleiht (2).

Ceres in den Zwillingen. Diese Personen nehmen dadurch Kräfte auf, daß sie sich bilden, indem man mit ihnen spricht oder ihnen zuhört. Sie stärken andere geistig durch Wissensvermittlung, und ihre eigene Selbstbestätigung basiert darauf, sich klug oder intellektuell und sachkundig zu empfinden. Das innere Gleichgewicht geht verloren, sobald Gefühle geistiger Unzulänglichkeit dazu führen, daß ihnen hieraus Schwierigkeiten widerfahren, oder wenn sie versuchen, andere intellektuell zu beeindrucken bzw. verbal zu manipulieren. Alan Leo, der Begründer der Theosophischen Loge und Verfasser okkulter wie auch astrologischer Werke, hatte ein Zwillinge–Ceres mit Uranus–Konjunktion im 10. Feld (1).

Ceres im Krebs deutet auf eine Empfänglichkeit für eine starke Mutter–Bindung, aber auch auf das Verlangen, geliebt und versorgt werden. Begegnet der Geborene diesen Bedürfnissen schon in frühen Jahren, dann wird er sich im späteren Leben dadurch auszeichnen, daß er andere emotional und körperlich betreut. Das Selbstbild basiert auf den eigenen Fähigkeiten, Gefühle zu zeigen und Emotionen zu beherrschen. Wird ihm als Kind entweder die Zuwendung entzogen oder wird er mit Liebe und Zuneigung überschüttet, so gerät dieser Geborene aus der Balance, wobei übermäßiges Verlangen oder emotionale Abhängigkeit als psychische Folgeschäden auftreten können.

Ein positives Beispiel für eine Krebs–Ceres finden wir bei Albert Schweitzer, dessen Philosophie von der Heiligkeit allen Lebens ausging. Mit seiner Ceres im 9. Feld betreute er andere als Geistlicher und Missionar (1).

Ceres im Löwen. Menschen mit dieser Konstellation betrachten Selbstausdruck als mit Erziehung identisch. Idealerweise werden die Eltern in dem Kind einen gewissen Stolz, Vertrauen in seine eigenen Talente und eine Wertschätzung der kreativen Bemühungen anderer wachhalten. Solche Horoskopeigner können ihre Mitmenschen dadurch unterstützen, daß sie ihnen helfen, Kreativität zu zeigen, und hiermit hinterlassen sie einen nachhaltigen Eindruck auf die Außenwelt. Das persönliche Selbstverständnis stützt sich auf die Eigenschaft, etwas zu schaffen und mitzuteilen, das den Stolz vergrößert; allerdings kann die Unfähigkeit, dies zu erreichen, innere Zurückweisung und Mangel an Selbstvertrauen bewirken. Der Shakespeare–Darsteller Richard Burton wurde mit einer Ceres/Neptun–Konjunktion im Löwen geboren und fiel durch seine kreative Schauspielerei auf (1).

Ceres in der Jungfrau veranlaßt dazu, Erziehung mit Perfektion oder Dienen gleichzusetzen. Im Idealfall kann die Muttererfahrung den kindlichen Sinn für Kompetenz, Diskriminierung und Selbstdisziplin fördern, wobei letztere auch zur Ausweitung der Fähigkeiten anderer beiträgt. Die Horoskopeigener zeigen ihren Mitmenschen, wie sie durch die richtige Anwendung ihrer Begabungen und Talente vorzügliche Leistungen erbringen können. Selbstwertgefühle entstehen in der Form, daß die Geborenen bestimmte Fertigkeiten oder Techniken beherrschen und diese der Arbeitswelt übermitteln, oder daß sie sich für andere als nützlich einschätzen. Ein gestörtes Gleichgewicht resultiert oftmals daraus, daß die Kinder ständig für ihre Anstrengungen kritisiert werden, ganz einerlei wie gut oder schlecht sie tatsächlich waren. Dies kann schließlich zu einem geradezu besessenen Verlangen nach Perfektion führen, aber auch dazu, an den Unvollkommenheiten anderer herumzunörgeln. Ein Paradebeispiel für eine Jungfrau–Ceres finden wir im Horoskop von Elisabeth Kübler–Ross. Mit der Plazierung im 7. Feld widmet sie ihr Leben dem Dienst am Nächsten, indem sie den körperlich und psychisch Kranken ihren Beistand zukommen läßt (2).

Ceres in der Waage läßt den Horoskopeigner Erziehung und Fürsorge als identisch betrachten. Hier weckt die Mutterbeziehung eine Sensibilität für die Mitmenschen und eine positive Einstellung gegenüber Beziehungen. Erziehung bedeutet, Instruktionen zu erteilen und zu demonstrieren, wie man sich gegenseitig beeinflußt, kooperiert und in egalitären Verbindungen das richtige Verhalten zeigt. Wenn man beweist, daß man in seinen Partnerschaften und in seiner Umgebung Harmonie schaffen kann, so kann dies ganz maßgeblich zur eigenen Selbstbestätigung beitragen. Unausgewogenheit tritt zutage, wenn man dermaßen auf andere fixiert ist, daß der Wunsch nach Anerkennung über den eigenen freien Willen gestellt wird. Paul Cezanne wurde mit einer Waage–Ceres im 12. Feld geboren und verbrachte sein einsames Leben damit, der Welt seine Ideale von Schönheit und Harmonie zu zeigen (1).

Ceres im Skorpion. Diese Geborenen sehen Erziehung im Einklang mit intensiver und tiefer emotionaler Bindung. Idealerweise ist die Mutterbeziehung sehr eng und förderlich für ein Gespür der emotionalen Selbstkontrolle. Erziehung wird durch die emotionale Verpflichtung zu anderen gezeigt und indem man als Katalysator wirkt, der sie umwandelt oder heilt. Die Bejahung des Selbst kann dadurch gewonnen werden, daß man die eigene innere Negativität und den Vertrauensmangel in die heilende Kraft der Liebe transformiert. Unausgeglichenheit zeigt sich, wenn die Gefühle der Isolation als Selbstsucht, Neid, Eifersucht, Ärger und Rache gezeigt werden. Sybil Leek hatte Ceres im 12. Feld im Skorpion mit Trigon zum Pluto und fühlte sich zu den verborgenen Mysterien des Okkultismus hingezogen. Sie schrieb das *Tagebuch einer Hexe.* (2)

Ceres im Schützen. Hier wird Erziehung gleichgesetzt mit der Freiheit zum Forschen und zur Erweiterung des geistigen Horizontes, wobei dies besonders durch die ersten frühkindlichen Erlebnisse ermutigt wird. Man leistet seinen Beitrag, indem man andere darin unterweist, wie sie ihren geistigen und physischen Horizont erweitern können (z.B. als Guru oder spiritueller Lehrer). Darüberhinaus kann der mit Ceres im Schützen Geborene andere dabei unterstützen, eine Philosophie oder ein Glaubenssystem zu entwickeln, das ihrem Leben einen Sinn verleiht. Die Selbstachtung basiert auf der Gabe, die eigene Bestimmung zu erkennen und das Bewußtsein konstant fortzuentwickeln. Ein Versagen in diesem Anspruch kann zu dem Glauben führen, das Leben sei ohne Sinn und Zweck (»eine von einem Idioten erzählte Geschichte bedeutet nichts!« *Hamlet*). Daraus folgen Gefühle der Planlosigkeit und ein Herumwandern ohne jede Zielrichtung. Der große Philanthrop Tom Dooley fühlte sich genötigt, sein Leben der Versorgung von Kranken zu widmen, indem er Krankenhäuser im fernen Laos errichtete. Seine Ceres stand im Schützen und im 1. Feld (1).

Ceres im Steinbock. Erziehung wird mit Leistung gleichgesetzt, und das Kleinkind lernt verantwortlich zu handeln, seine Zeit zu organisieren und Pläne auszuführen, welche zur Verwirklichung von speziellen Zielen führen. Andere zu erziehen heißt, ihnen Eigenverantwortlichkeit beizubringen, gleichzeitig aber auch, ihnen praktische Werkzeuge an die Hand zu geben, mit denen sie in der Außenwelt erfolgreich sein können. Selbstbestätigung wird aus greifbaren Leistungen gezogen, welche der Betreffende aus eigener Kraft erlangt. Unausgewogenheit entsteht dann, wenn diese Person das Gefühl, geliebt zu werden, mit ihrem Auftreten in der Welt auf eine Stufe stellt. Dies führt zu dem Syndrom, daß man äußerliche Errungenschaften dazu benützt, um andere zu beeindrucken, weil man ihre Anerkennung gewinnen möchte. David Ben-Gurion, der Mitbegründer und erste Premierminister Israels, zeigte die Verantwortung für den Dienst an seinem Volk, was sich astrologisch an seiner Ceres im Steinbock festmachen läßt (1).

Ceres im Wassermann. Diese Menschen setzen das fürsorgende Prinzip mit Individualität gleich. Im Idealfall fördert die Muttererfahrung den freien Willen und einen Blick für die Rechte anderer. Man zeigt den Mitmenschen sein Interesse dadurch, daß man sie lehrt, das Selbst mitsamt seinen Exzentritäten zu akzeptieren, auch wenn sie sich dabei auf Abwegen befinden sollten. Eine Selbstbejahung läßt sich verbuchen, wenn man seinen eigenen und einmaligen Pfad verfolgt. Werden dem Kind jedoch keine Grenzen gesetzt oder Richtlinien gegeben, so kann sich ein Ungleichgewicht einstellen, vor allem wenn es dadurch mehr Freiheit in Anspruch nehmen konnte, als es innerlich verkraftete. Dies kann sich später als »Rebellion ohne Ursache« äußern, und zwar bei denjenigen Personen, die innere Kontrolle und Selbstdisziplin brauchen, damit sie mit den aus der Freiheit resultierenden Verantwortungen zurechtkommen. David Bowie, der Mann mit den vielen Gesichtern, wurde mit einer Wassermann–Ceres im 5. Feld geboren. Er hat seine eigenwilligen und einmaligen Einstellungen in seinen künstlerischen Bestrebungen mit Bravour demonstriert (1).

Ceres in den Fischen, bedeutet, daß solche Geborenen Erziehung mit Mitleid gleichsetzen. Sie fühlen sich versorgt, wenn sie gefühlsmäßig mit einer jenseitigen Realität verbunden sind, und sie zeigen ihr Interesse an den Mitmenschen, indem sie deren Leiden lindern — sei es durch Mitgefühl oder dadurch, daß sie in ihnen die Eigenschaften zum Glauben, zur universellen Liebe oder zur Erkenntnis einer transzendenten Wirklichkeit wachrütteln. Die innere Anerkennung beruht auf der Neigung, anderen selbstlos und ohne Erwartung einer Gegenleistung zu dienen. Das seelische Gleichgewicht des Geborenen ist gestört, wenn er als Kind nicht die entsprechende Rückversicherung und den emotionalen Rückhalt empfängt. Allzuhäufig entstehen daraus Gefühle der Hilflosigkeit und der Machtlosigkeit, welche ihrerseits wieder dem Opfer/Märtyrer–Syndrom Vorschub leisten. Der frühere UN–Generalsekretär Dag Hammarskjold erhielt den Friedensnobelpreis für die Einrichtung und Aufrechterhaltung einer Friedenstruppe im Nahen Osten. Er wurde mit Ceres in den Fischen im Trigon zu seinem Skorpion–Mars geboren (1).

Ceres in den Feldern

Ceres im 1. Feld enthält eine Projektion der eigenen Persönlichkeit. Man sieht sich als erziehend, sympathisch und für andere sorgend; ferner kann man sich mit der Rolle als Erzieher oder Ernährer der Kinder identifizieren. Es könnte für diese Horoskopeigner auch notwendig werden, daß sie sich selber versorgen. George Washington, der »Vater seines Landes« wurde mit Ceres in den Zwillingen und im 1. Feld geboren (3).

Ceres im zweiten Feld repräsentiert den inneren Drang, sich um die fundamentalen Grundbedürfnisse zu kümmern — Schutz, Nahrung und Geld für seine Nächsten. Es kann aber auch eine zwanghafte Anhänglichkeit an geliebte Dinge und Menschen vorliegen, was auf der anderen Seite einen Kampf nach Unabhängigkeit bewirkt. Für sich selber zu sorgen, wird gerne damit gleichgesetzt, daß man Sachen einkauft und sich materiell verwöhnt. Patty Hearst hat eine Ceres/Mond-Konjunktion in der Waage und im zweiten Haus. Sie wurde vornehm erzogen, dann aber von der symbionesischen Befreiungsarmee entführt und nahm an Banküberfällen teil (2).

Ceres im dritten Feld deutet darauf hin, daß man sich durch Ideenzufuhr, Lehren und die Preisgabe von Gedanken und Anregungen innerlich stärkt. Man zeigt seine Fürsorge durch das Schaffen von Netzwerken, welche die Freunde und Verwandten miteinander verbinden. Die Ceres im 3. Feld der Anthropologin Margaret Mead spiegelt die in ihren Schriften fixierte Erkennung der Rollenbilder von Frauen, Heranwachsenden und der Familienstruktur (2).

Ceres im vierten Feld kann ein Idealbild der Mutter bedeuten, die Heim und Familie versorgt. Die Elternrolle bildet eine Grundlage für das Geburtshoroskop und das Leben. In einem universellen Sinn kann sich das so äußern, daß man sich als Allerweltsmutter begreift. Steht Ceres zudem noch in der Nähe des IC, dann tritt der Mythos von Ceres besonders deutlich als psychischer Unterbau hervor, was eine emotionale Verknüpfung mit den Fragen des Verlusts und der Zurückgewinnung von geliebten Mitmenschen oder aber den Themen von Zurückweisung oder Anerkennung bedeutet. Prinz Albert hatte eine Schütze–Ceres mit Neptun–Konjunktion im 4. Feld. Königin Victoria, seine Frau, empfing nicht nur neun Kinder von ihm, sondern auch die emotionale Unterstützung, die sie zur Führung des Britischen Imperiums brauchte (1).

Ceres im fünften Feld deutet an, daß man die Fürsorgethematik durch eine starke Verbundenheit zu Kindern und den schönen Künsten erfährt. Man wird durch Spiele oder durch das Wagnis riskanter Situationen bestärkt. Bei Percy Bysshe Shelley stand Ceres im Löwen und im 5. Feld (eine doppelte Dosis). Er verbrachte sein Leben mit dem Schreiben von Liebeslyrik und er verlor seine Kinder durch Tod, bzw. weil ihm das Sorgerecht für seine Kinder abgesprochen wurde (1).

Ceres im sechsten Feld symbolisiert, daß man sich seine Wünsche durch persönlichen Einsatz in den Alltagsaktivitäten und durch ein effizientes Funktionieren der Familie erfüllt. Es gibt einen starken Dienstleistungsfaktor, vor allem in den Bereichen Ernährung und Gesundheit. Berufstätige Eltern oder solche mit einer starken Arbeitsmoral sind durch diese Hausposition ebenfalls angezeigt. Die heilige Bernadette von Lourdes wurde mit einer Skorpion–Ceres im 6. Feld geboren. Sie wurde einer Erscheinung der Mutter Gottes (Ceres) teilhaftig und fand die heilende (Jungfrau) Quelle (Skorpion) von Lourdes (2).

Ceres im siebten Feld verweist auf das Bedürfnis, den/die Lebensgefährten/–in zu versorgen oder von ihm betreut und beschützt zu werden. Ein Elternteil wird oft zum Verhaltensmodell für die eigenen partnerschaftlichen Bedürfnisse. Manchmal kann es auch mit Schwierigkeiten verbunden sein, einer partnerschaftlichen Abhängigkeit zu entrinnen. Bedingungslose Liebe bildet die entscheidende Grundlage für ein gleichrangiges Verhältnis. Jane Fonda, deren Vater einen starken Einfluß auf ihre Erziehung hatte, wurde mit einer Wassermann–Ceres im 7. Feld geboren, und sie schuf eine egalitäre Partnerschaft mit ihrem Ehemann Tom Hayden.

Ceres im achten Feld zeigt, daß man durch intensive Gipfelerlebnisse und durch tiefe Emotionalität Kraft erlangt. Sexualität ist oftmals eine ganz wichtige Komponente, um innere Stärke zu empfangen oder zu geben. Man kann die Fürsorge aber auch dadurch zeigen, daß man den Sterbenden in Kliniken beisteht. Sigmund Freud hatte eine Ceres/Mond–Konjunktion im 8. Feld. Er untersuchte die Kernfragen von Sexualität und Mutterliebe und projizierte seine eigenen Erlebnisse in seine Theorie des Ödipus–Komplexes hinein (1).

Ceres im neunten Haus gibt zu erkennen, daß man sich und andere durch die Jagd nach Wissen, Freiheit, Wahrheit und Reisen innerlich aufrecht erhält. Es kann zur Entwicklung von Philosophien kommen, die sich den Fragen nach den menschlichen Grundbedürfnissen widmen. Diese Plazierung kann auch Philosophien anzeigen, die auf der Verehrung der alles–nährenden Mutter (z.B. der Jungfrau Maria oder anderen Göttinnen) basieren. Anne Morrow Lindberg, Mutter von sechs Kindern, Verfasserin von Schriften über weibliche Gefühle und Pilotin, wurde mit einer Stier–Ceres im 9. Haus geboren (2).

Ceres im zehnten Feld bedeutet, daß man den inneren Drang zur Pflege oder Versorgung anderer im Rahmen seines Berufes oder aufgrund seines sozialen Schicksals auslebt. Berufslaufbahnen und Öffentlichkeitsarbeit in Kinderhilfswerken, im Gesundheitswesen oder in der Lebensmittelbranche kann der sozialen Verantwortung Genugtuung leisten. Diese Hausposition kann darauf hindeuten, daß Liebe nur bedingt geschenkt wird, abhängig vom Verhalten oder den Leistungen des Kindes. Wenn das Kind allerdings darin versagt, die Erwartungen von Eltern und Gesellschaft zu erfüllen, empfindet es sich als zurückgewiesen oder aufgegeben. Somit müssen Menschen mit Ceres im zehnten Feld lernen, sich selbst für das zu lieben, was sie sind, nicht für das, was sie tun. Clara Barton lebte ihre Steinbock–Ceres im 10. Haus gänzlich dadurch aus, daß sie ihr Leben für die mitmenschliche Hilfe aufopferte. Sie gründete das amerikanische Rote Kreuz, wirkte in drei Kriegen als Sanitäterin und leitete später die Wohltätigkeitsarbeit (2).

Ceres im elften Haus versinnbildlicht die Ausweitung des Versorgungstriebes auf das Kollektive, auf größere familiäre Zusammenhänge, Muttergruppen, Kinderhorte und Gemeinschaften. Diese Horoskopstellung kann auch die Geburt humanitärer Ideale und Visionen in die Wege leiten. Die Bemutterung kann sich ebenso über Freundschaften vollziehen. Die Rechtsanwältin Gloria Allred ist politisch aktiv in Sachen Erhaltung und Sicherstellung der Frauenrechte. Sie ist mit Ceres im Schützen und im 11. Feld geboren (2).

Ceres im zwölften Haus zeigt *karmische* Themen im Verantwortungsbereich von Eltern und in der Entwicklung von Mitgefühl und Verständnis für die Leiden der Mitmenschen. Diese Stellung kann auch solche Erfahrungen wie Verlust, Krankheit, Verstoßung und Ablehnung von Eltern oder Kindern symbolisieren. Der Schlüssel zur Linderung des eigenen Kummers liegt darin, die Liebe und Hilfsbereitschaft auf Menschen in Not und Pein auszuweiten. Ceres im zwölften Haus läßt auf Potential zur Unterstützung des gesamten Universums schließen und durch bedingungslose Liebe auf einen Draht zu höheren Wirklichkeiten. Maria Montessori verwirklichte ihre Löwe–Ceres im 12. Feld wunderbar, indem sie Erzieherin von verarmten und sozial benachteiligten Kindern wurde (2).

Ceres–Aspekte zu den Planeten

Ceres/Sonne–Aspekte. Das nährende Prinzip verbindet sich mit Identität und Bestimmung, eine Kombination, die vermuten läßt, daß sich Persönlichkeit und Selbstbild um die Elternrolle konzentrieren werden.

Harmonische Winkelverbindungen bedeuten den Wunsch, andere zu lieben und für sie zu sorgen. Diese Geborenen können sehr stark in familiäre Angelegenheiten hineingezogen werden, aber auch in den Anbau und die Zubereitung von Nahrungsmitteln oder in humanitäre Dienste. In manchen Fällen verweist diese Konfiguration auch auf eine Arbeit mit Sterbenden oder auf die Fähigkeit, in seinen Unternehmungen produktive und fruchtbare Erfolge zu erzielen.

Spannungsgeladene Aspekte verweisen auf Konfliktpotential: Einerseits möchte man den Anforderungen der eigenen Persönlichkeit nachkommen, andererseits aber seine Nächsten versorgen. Dies verlangt entweder die eigene Aufopferung zum Wohle der Familie oder eine Verweigerung der Intimität und Nähe zu den engen Verwandten. Übertriebene Zuneigung kann erdrückende Beziehungen oder Trennung und Verlust hervorrufen. Andere Probleme können in einem schwachen Selbstbild liegen, in der Vereitelung von Nahrungsbedürfnissen oder in wiederkehrenden Themen der Depression und Zurückweisung.

Die Lösung all dieser Herausforderungen liegt in der Entwicklung eines positiven Selbstwertgefühles, so daß man lieben und urteilsfrei Beistand ausbreiten oder empfangen kann; Beratung und Therapie können diesen Prozeß eindeutig erleichtern.

Beispiele: Im Gründungshoroskop der UdSSR, die man auch als »Mutter Rußland« bezeichnet, bildet Ceres eine Konjunktion mit der Sonne im Skorpion. Das Volk mit Lebensmitteln zu versorgen, zählt zu den größten nationalen Herausforderungen, und die Sichel, ein Ceres–Symbol, ist Bestandteil der sowjetischen Nationalflagge.

Yoko Ono mit einer Ceres/Sonne–Konjunktion in den Zeichen Wassermann und Fische, erduldete die Verweigerung ihres ersten Kindes, verlor ihren Ehemann und hat jetzt als alleinstehende Witwe viel von ihrem Erbe aus John Lennons Nachlaß zur Unterstützung armer und hungernder Kinder gespendet (2).

Königin Victoria, die Matriarchin des expandierenden britischen Imperiums und Mutter von neun Kindern, wurde mit Ceres in Konjunktion zu Sonne, Mond und Aszendenten im Zeichen Zwillinge geboren. Man nannte sie auch die Witwe von Windsor, weil sie sehr intensiv um ihren Gemahl trauerte (2).

Napoleon Bonaparte, der Herrscher Frankreichs, hatte seine Löwe–Sonne in Konjunktion mit Ceres. Er eroberte Europa, wurde nach seiner Niederlage in Waterloo verbannt und starb an Krebs (1).

Ceres/Mond–Aspekte. Das nährende Prinzip verbindet sich mit der emotionalen Empfänglichkeit. Ceres und Mond in Verbindung beschreiben einen Persönlichkeitstyp mit der tiefen Sehnsucht, von anderen benötigt zu werden und emotionale Energie mit ihnen auszutauschen. Bei günstigen Winkelbeziehungen wird dieses Verlangen durch selbstloses Geben und durch die Betreuung der Umgebung erfüllt.

Spannungswinkel deuten auf einen Zusammenprall der eigenen Bedürfnisse mit denen der Familie hin. Andere mögliche Probleme, die auftreten könnten, sind Trennungsängste, die Furcht vor Zurückweisung oder Gefühle der Vereinsamung sein.

Diese Verleugnung der emotionalen Erfüllung kann geheilt werden, wenn der Geborene für die Gefühlsfragen seiner Mitmenschen empfänglich wird und danach strebt, eine empfindsame Brücke zu ihnen zu errichten, welche zur gegenseitigen Unterstützung beiträgt.

Beispiele: Königin Elisabeth mit einer Ceres/Mond–Konjunktion widmete sich dem Dienst der »großen imperialen Familie« (2).

Adelle Davis lehrte die Menschen, »richtig zu essen« und »gesunde Kinder zu haben.« Ihre Radix–Ceres stand im Schützen im 12. Feld und in Opposition zu ihrem Zwillings–Mond.

Luther Burbank züchtete nahezu 800 neue Pflanzen; seine Ceres befand sich im Steinbock im Trigon mit dem Mond in der Jungfrau.

Martin Luther King wurde mit einer Ceres/Mond–Konjunktion geboren und er verschrieb sich der Aufgabe, seine Rasse und die Menschheit geistig zu stärken (3).

Ceres/Merkur–Aspekte. Das nährende Prinzip verbindet sich mit der geistigen Ausdruckskraft. Hier haben wir die Menschen vor uns, die mit ihrem Verstand erziehen können und durch geistige Anregung Zuwendung empfangen. Geliebt zu werden, setzen sie gleich damit, verstanden zu werden.

Harmonische Aspekte bedeuten die Befähigung, mit anderen einfühlsam zu kommunizieren und in psychischem Kontakt mit Wesen zu stehen, die über ein anderes Intelligenzniveau verfügen (mit Kindern, geistig Behinderten, Pflanzen, Tieren).

Schwierige Aspekte verweisen auf Probleme bei der Mitteilung von eigenen Versorgungsbedürfnissen, vor allem innerhalb der Familie. Ein gängiges Beispiel finden wir in dem Menschen, der von anderen erwartet, daß sie genau wissen, was ihm fehlt, ohne daß er es ausspricht, und der ärgerlich wird, wenn die anderen nicht von selbst dahinterkommen.

Integration läßt sich erlangen, wenn das Individuum neue kommunikative Eigenschaften entwickelt, durch die es seine Bedürfnisse klar artikulieren kann, und lernt, den Reaktionen der anderen aktiv zuzuhören.

Sri Meher Baba, der stille Guru, hatte eine Ceres/Vesta-Konjunktion in der Jungfrau in Opposition zum Fische-Merkur. Er verbracht 30 Jahre in völligem Schweigen aus spiritueller Hingabe an eine Muttergöttin und machte sich nur mit der Zeichensprache verständlich (1).

Die Jungfrau von Orleans hatte eine Ceres/Merkur-Konjunktion im Steinbock. In ihren Gebeten hörte sie mystische Stimmen, die sie dazu inspirierten, einen Rettungsversuch Frankreichs zu unternehmen (2).

Ceres/Venus-Aspekte. Das nährende Prinzip verbindet sich mit dem Prinzip der Liebe und Sexualität. Die Person mit einem Ceres/Venus-Kontakt kann das Gefühl, attraktiv zu sein bzw. geliebt zu werden, mit unterbewußten Vorstellungen des Selbstwertes verknüpfen.

Günstige Aspekte veranschaulichen die Begabung, andere durch Zärtlichkeit oder Erotik zu stärken. Solche Geborenen haben ein ästhetisches Einschätzungsvermögen, mit Hilfe dessen sie eine harmonische Umgebung schaffen können. Dies sind äußerst ergiebige Winkelkombinationen für sinnliche oder künstlerische Kreativität.

Spannungswinkel verweisen auf ein Konfliktpotential zwischen persönlichen Bedürfnissen nach Intimität und den Anforderungen der Familie. Diese Geborenen können sich auch unerwünscht oder sexuell unattraktiv empfinden; Folgeerscheinungen könnten nicht befriedigende Partnerschaften oder schmerzhafte Zurückweisungen sein. Da Ceres auch für die elterliche Prägung steht, kann es ebenfalls sein, daß man eine negative Elternerfahrung später auf den Partner überträgt.

Der Schlüssel zur Überwindung der eben beschriebenen Differenzen liegt darin, die Eltern/Kind–Bedürfnisse und Rollen den Gleichheits– bzw. Partnerschafts–Erfordernissen anzupassen. Es könnte ferner ganz hilfreich sein, das innere feminine Selbstbild neu zu definieren, um eine unterstützende sexuelle Anziehungskraft zu entwickeln.

Schließlich deuten ungünstige Winkelstrukturen zum Mond wie auch zur Venus oftmals auf Nahrungskomplexe hin. Ist darüberhinaus auch noch Saturn beteiligt, so könnte es möglicherweise zu Abmagerungen (z.B. Anorexia nervosa) kommen; gelangt Jupiter mit ins Spiel, dann könnte es sein, daß der Geborene sich überißt und Nahrung als Ersatz für Liebe betrachtet. In diesen Fällen muß der oder die Betreffende Sicherheit, Liebe und Anerkennung anders als durch Eßverhalten kanalisieren. Eine Therapie kann hilfreich sein, um dies zu beschleunigen.

Prinzessin Caroline von Monaco mit einer Widder–Ceres im Quadrat zur Steinbock–Venus wurde damit konfrontiert, daß ihr persönliches Liebesleben mit den familiären Erwartungen zusammenprallte (2).

Isadora Duncan wurde mit einer Widder–Ceres im 1. Haus geboren. Sie gründete Tanzschulen für Kinder, die ihre individuellen Ausdrucksmöglichkeiten verstärkten (2).

Ceres/Mars–Aspekte. Das nährende Prinzip verbindet sich mit dem männlichen Prinzip der Tatkraft und Behauptung. Ceres/Mars–Kombinationen verknüpfen die Handlungsfähigkeit und die eigene Effektivität mit dem unterbewußten Selbstwertgefühl.

Positive Aspekte kennzeichnen eine produktive Person, deren Energie und innere Antriebe darauf gelenkt werden, anderen zu helfen oder sie zu verteidigen. Häufig übernehmen diese Geborenen auch die Rolle von alleinstehenden Erziehern.

Gespannte Winkelverhältnisse können anzeigen, daß das kindliche Verlangen nach Unabhängigkeit und Autonomie von dominierenden Eltern durchkreuzt wird. Als Erwachsener kann sich der Betreffende ungeeignet, inkompetent oder machtlos fühlen. Sind Saturn oder Pluto mit im Spiel, dann kann der Geborene als Kind harte Disziplin erfahren oder diese Eigenschaften später für seine eigenen Kinder verkörpern. Es kann auch die Tendenz vorliegen, daß man zu besorgt um seine Mitmenschen ist.

Die Auflösung dieser herausfordernden Probleme liegt in einem Abwägen des Eigenwillens mit dem Wunsch, betreut zu werden oder zu versorgen. Es kann ferner von Nutzen sein, das eigene unterbewußte Selbstbild umzugestalten und seine ängstlichen Gedanken durch Vertrauen, Mut und Selbstsicherheit zu ersetzen.

Joan Baez mit Ceres/Mars–Konjunktion im Schützen zieht gegen Ungerechtigkeit zu Felde und protestiert gegen Krieg und Vorurteile (2). Moshe Dayan, General der israelischen Armee, wurde mit Ceres Konjunktion Mars im Widder und im 12. Feld geboren (3). Der Marquis de Sade hatte Ceres und Mars in Konjunktion im Widder (1).

Ceres/Juno–Aspekte. Das nährende Prinzip verbindet sich mit den Beziehungsbedürfnissen. Diese Konstellation kennzeichnet die Überlappung von der bedingungslosen Anerkennung durch Ceres mit einer Juno–Beziehung, die von Bedingungen abhängt. In manchen Fällen kann der Partner zum einzigen Rezipient für die bedingungslose Liebe werden; manchmal dient die Elternaufgabe als Brennpunkt der Beziehung.

Günstige Winkel deuten auf die Fähigkeit, fürsorgende und egalitäre Beziehungsstrukturen zu schaffen, in denen die »Kinder« (seien es leibliche oder geistig–kreative) aus der Verbindung akzeptiert und integriert werden.

Harte Aspekte können auf tendenzielle Unstimmigkeiten mit dem Lebenspartner bezüglich den Prinzipien der Kindererziehung hinweisen. Wenn die Kinder aus einer früheren Ehe stammen, denn wird die Anziehungskraft für Konflikte noch verstärkt. Zusätzlich kann der oder die Betreffende einen Zwiespalt zwischen seinen oder ihren Pflichten als Partner und Lebensgefährte empfinden oder eine generelle Unzufriedenheit mit der ehelichen Rolle, sei es nun als Ehemann, Ehefrau, Mutter oder Vater.

Der Schlüssel zur Integration dieser Gesichtspunkte liegt in der Formulierung neuer Rollenmodelle. Therapeutisch kann man die Auflösung der Konditionierung unbewußter Bilder und sozialer Prägungen, die uns in alten Verantwortungsstrukturen festhalten, beschleunigen. Auf diese Weise kann man der von Ceres/Juno–Aspekten angezeigten Aufgabe gerecht werden, tragende Beziehungen zu schaffen.

Die Autorin Betty Friedan schrieb über die weibliche Unzufriedenheit im Dasein als Frau und Mutter. Sie wurde mit einer Zwillinge–Ceres in Konjunktion zum Deszendenten und in Opposition zur Juno am Schütze–Aszendenten geboren (2).

Ronald Reagan, mit Ceres im Widder und in Opposition zur Waage–Juno geboren, hatte familiäre Schwierigkeiten mit seiner Frau Nancy wegen seiner Kinder aus erster Ehe (1).

Ceres/Vesta–Aspekte. Das nährende Prinzip verbindet sich mit der Hingabe und dem Konzentrationsbedürfnis.

Liegen harmonische Planetenstrukturen vor, so kann dies auf intensive Betreuung der Familie hindeuten, oder man verwirklicht das nährende Verlangen durch Arbeit, Visionssuche oder spirituelle Praxis.

Schwierige Aspekte verweisen auf eine Entfremdung von der Elternrolle, Kinderlosigkeit oder Sterilität. Es können auch Konflikte zwischen den Anforderungen des Familienlebens und dem persönlichen Verlangen nach Einsamkeit oder der Inanspruchnahme durch die Arbeit vorliegen.

Eine Lösung dieser Probleme läßt sich finden, wenn man lernt, die Bedürfnisse des Selbst mit den Verpflichtungen, die man anderen gegenüber hat, ins Gleichgewicht zu bringen. Daß diese Kombination in der Praxis realisierbar ist, wird von vielen Eltern bewiesen, die ein intensives Familienleben mit erfüllten Karrierebestrebungen verbinden.

Mao Tse–Tung wurde mit einer Ceres/Vesta–Konjunktion in der Jungfrau geboren. Er widmete sein Leben der Reformation des chinesischen Landwirtschafts– und Sozialsystems (1).

Prinzessin Diana wurde mit einer Ceres Konjunktion Vesta im Stier geboren, und sie befaßt sich hauptsächlich mit der Erziehung der englischen Thronfolger.

Die Familie von Geraldine Ferraro wurde von politischen Spannungen während der Wahlkampagne um ihre Kandidatur als Vizepräsidentin vereinnahmt. Frau Ferraro, die Ceres in der Jungfrau in Opposition zu Vesta in den Fischen hatte, stellte damit ihre Zuneignung zur Familie und die der Familie zu ihr auf die Probe.

Ceres/Pallas–Aspekte. Das nährende Prinzip verbindet sich mit den geistig–kreativen Bedürfnissen. Diese Kombination zeigt die Möglichkeit, starke kreative Kräfte mit ins Spicl zu bringen.

Das harmonische Zusammenwirken beider Planetenenergien beschreibt ein erfolgreiches Überleiten der Zeugungskraft in geistige und künstlerische Schöpfungen oder politische Aktivitäten. Es kann auch eine positive Identifikation mit der ersten Versorgungsperson vorliegen. In vielen Fällen lassen die Eltern den Kindern ein hohes Bildungsniveau zukommen.

Gespannte Winkelkonstellationen können auf eine Zurückweisung der Mutter und eine Überidentifikation mit dem Vater hindeuten. Psychologisch könnte sich dies als Entfremdung von den weiblichen Ursprüngen äußern, was im Gegenzug die schöpferischen Fähigkeiten blockieren kann. Insbesondere Frauen fühlen sich gezwungen, ihre intellektuelle Entwicklung zurückzuschrauben, um den Belangen oder Erwartungen ihrer Familie entgegenzukommen.

All dieser Probleme kann man sich dadurch entledigen, daß man die Gefühlswerte von Ceres wieder erfolgreich in den intellektuellen Pragmatismus von Pallas einbaut. Diese stärkere holistische Einbindung kann dem Individuum eine neue und tendenziell freiere Ausdrucksmöglichkeit seiner kreativen Fähigkeiten und Wahrnehmungen verleihen.

Earl Warren wurde, wie schon an seiner Ceres/Pallas–Konjunktion im ersten Haus erkennbar, ein liberaler und mitfühlender Richter des Obersten Gerichtshofes (1).

Mary Baker Eddy gründete die Christian Science und verbreitete eine Lehre geistigen Heilens. Ihre Ceres stand in Konjunktion zu Pallas im Skorpion und im elften Haus (2).

Ceres/Jupiter–Aspekte. Das nährende Prinzip verbindet sich mit dem Expansionsdrang und den Bedürfnissen nach Erweiterung. Hier werden sozialer Weitblick und Forschertrieb mit den Werten von Ceres verbunden.

Günstige Aspekte geben den großzügigen Wunsch nach Betreuung zu erkennen, was sich am besten durch Bildung, Philosophie, Religion und Reisen verwirklichen läßt. Oft sind Beteiligung an Großproduktionen oder am Vertrieb von Nahrung und anderen wichtigen Dienstleistungen im Bereich der Lebenshaltung möglich.

Schwierige Winkelspannungen können übertriebene Fürsorglichkeit anzeigen (eine erstickende Elternbeziehung) oder eine Überidentifikation mit der Elternfunktion. Die Unfähigkeit, zu den Forderungen anderer Menschen »nein« zu sagen, kann die eigenen Kraftreserven aufbrauchen oder zu persönlichem, übermäßigen Genuß führen.

Diesem Problemkreis kann man entrinnen, indem man die persönlichen und die transpersonalen Interessen ins Gleichgewicht bringt. Es ist ferner hilfreich, seine pflegerischen Phantasien zu erweitern, um soziale und kulturelle Versorgungsmaßnahmen für andere in die Wege zu leiten (z.B durch die Teilnahme am Welthunger–Projekt).

Edna St. Vincent Millay (Ceres/Jupiter–Konjunktion in den Fischen) war Dichterin und mit ihren Weltreisen und politischen Protestaktionen Sprecherin für den humanen Geist (2).

Emmeline Pankhurst war eine militante Anführerin der Suffragetten, die gegen ihre Einkerkerung mit Hungerstreiks protestierte. Sie wurde mit Schütze–Ceres am MC in Opposition zu einem Zwillinge–Jupiter geboren (2).

Ceres/Saturn–Aspekte. Das nährende Prinzip verbindet sich mit dem Bedürfnis nach Struktur und Gestaltbildung. Diese energetischen Faktoren zusammengenommen, können eine solide und realistische Grundlage für Versorgungsaktivitäten abgeben.

Harmonische Winkel fördern die Stabilität, Langlebigkeit und Tiefe der Kraft gebenden Beziehungen, traditionelle Familienwerte werden gestärkt und wirksame Systeme zur emotionalen Unterstützung geformt.

Reibungsaspekte lassen eine Vereitelung oder Blockierung der Versorgungsfunktion aufgrund vielfältiger Gründe vermuten. Die Eltern können mit Liebe und Wertschätzung zurückhaltend gewesen sein, bestimmte Verhaltensweisen im Tausch gegen ihre Anerkennung gefordert, harte Disziplin verhängt haben oder einfach nicht dagewesen sein. In anderen Fällen können die Eltern zu verantwortungsbewußt aufgetreten sein und dem Kind jede Last abgenommen haben, wodurch es Schwierigkeiten hatte, seine eigenen Stärken zu entdecken. Darüberhinaus kann sich diese Person ihren Kinder oder ihren älter werdenden Eltern zu sehr verpflichtet fühlen.

Der Weg aus diesem Widerspruch liegt darin zu lernen, wie man sein eigener Elternteil ist, indem sich um sein inneres Kind kümmert. Auf diese Weise kann der Saturn/Ceres–Geborene gleichzeitig lernen, sowohl für sich selber wie auch für andere zu sorgen.

Albert Camus betonte in seinen Schriften immer wieder die menschliche Pflicht, jedes soziale Übel zu bekämpfen (Ceres im Schützen und im 3. Feld in Opposition zum Zwillinge–Saturn im 9. Feld) (1).

Fidel Castro, der kommunistische Führer von Kuba, unterdrückte die persönliche Freiheit, aber verbesserte den Bildungsstand, die Wohnsituation und das Gesundheitswesen in seinem Land (Ceres/Saturn–Konjunktion im Schützen) (3).

Ceres/Uranus–Aspekte. Das nährende Prinzip verbindet sich mit Individualität und Intuition, d. h., man kann den Versorgungstrieb in humanitären Aktivitäten verallgemeinern.

Originelle und innovative Methoden der Fürsorge oder Entwicklung von Familienstrukturen sind bei günstigen Konfigurationen angezeigt. Ceres/Uranus–Geborene werden zu Verfechtern der Menschenrechte und unterstützen besonders die individuelle Existenz von Kindern. Diese Planetenverbindung kann eine äußerst entwickelte Intuition hinsichtlich der menschlichen Natur in sich schließen, was es dem Betreffenden leicht macht, mit Menschen unterschiedlicher Rasse und Nationalität in Kontakt zu treten.

Gespannte Kräftekombinationen können auf unzuverlässige und unregelmäßige Pflegeerfahrungen hindeuten, was unter Umständen zu Schwierigkeiten beim Einrichten emotionaler Bindungen führt. Das Kind, welches in einer zerrütteten Familie aufwuchs oder sich gegen die Eltern auflehnt, kann im späteren Leben eine Kluft zwischen persönlicher Freiheit und familiärer Nähe empfinden. Zusätzlich kann diese Planetenverknüpfung auch auf ein Mißtrauen in die eigenen Gedanken und Intuitionen hindeuten.

Läßt sich die eigene Individualität und Vorstellung von Veränderungen mit dem Interesse und den Bedürfnissen der Nächsten in Einklang bringen, so steht eine Lösung dieser Probleme in Aussicht.

Der erste indische Premierminister Jawaharlal Nehru wurde mit Ceres in Konjunktion zu Pallas und Uranus in der Waage geboren und kämpfte Seite an Seite mit Gandhi um die Freiheit Indiens (3).

Helen Keller mit einer Ceres/Uranus–Konjunktion am Jungfrau–MC erneuerte die Unterrichtstechniken für Behinderte (2).

Alice Bailey (2), Helena P. Blavatsky (2) und Alan Leo (1) hatten jeweils eine Ceres/Uranus–Konjunktion. Jeder von ihnen betonte auf seine Weise, wie bedeutsam die Entwicklung von intuitiven Anlagen und Fähigkeiten sei.

Ceres/Neptun–Aspekte. Das nährende Prinzip verbindet sich mit den transzendenten Bedürfnissen, was auf eine Sensibilisierung der nährenden Impulse hindeutet, um Mitgefühl für alle Wesen zu empfinden.

Der Wunsch zu selbstlosem Geben, der auf der Erfahrung bedingungsloser und absoluter Liebe angesichts spiritueller Hingabe basiert, kann ein Kennzeichen von günstigen Aspekten sein. Sie können aber auch mediale Veranlagungen symbolisieren, die als Vermittler und Helfer in der vom Geborenen gewählten Rolle und Berufsaufgabe fungieren. Eine künsterlische und schauspielerische Begabung kann ebenfalls ausgeprägt vorhanden sein.

Bei schwierigen Winkeldistanzen entsteht möglicherweise eine unrealistische Wahrnehmung der nächsten Umgebung und daraus folgend Enttäuschungen und Trugbilder. Die daraus resultierende emotionale Bedürftigkeit kann das Individuum dazu prädisponieren, eine Opferrolle einzunehmen, um Aufmerksamkeit zu ernten. Oder der Geborene sucht als Ausweg die Wirklichkeitsflucht in Form von Drogen, Alkohol oder innerem Rückzug, da er unfähig ist, den Gefühlsschmerz und die Isolation zu ertragen.

Hier heißt es, die innere Quelle des nährenden Prinzips durch die Erfahrung der kosmischen und universellen Einheit zu finden, will man auf eine Beseitigung der problematischen Situation hinarbeiten. Die Bedürfnisse anderer ohne Selbstaufopferung zu unterstützen, stellt eine weitere Möglichkeit für den Ceres/Neptun–Menschen dar, sein Sehnen nach Ganzheit und Einheit zu stillen.

Marilyn Monroe (Ceres/Neptun–Konjunktion im Löwen) brachte der Welt ihre Schönheit dar, aber ihre Unfähigkeit, ein positives Selbstbild zu schaffen, und ihre emotionale Bedürftigkeit führten zu ihrem tragischen Ableben (2).

Der Anthropologe Carlos Castaneda (Ceres/Neptun–Konjunktion im Löwen), Lehrling eines indianischen Yaqui–Zauberers, ermöglichte es der Welt, durch seine Visionen, ihre eingegrenzte physikalische Wirklichkeit zu transzendieren (1).

Ceres/Pluto–Aspekte. Das nährende Prinzip verbindet sich mit den Transformationskräften. Diese Planetenbeziehung verstärkt die archetypische Ceres–Pluto–Thematik von Verlust und Wiederkehr, die uns lehrt, daß man seine Nachkommen nicht an sich binden kann.

Harmonische Winkel bedeuten die Fähigkeit, seine materiellen, geistigen, emotionalen und schöpferischen Früchte zu teilen. Es kann auch ein tiefes Verständnis der menschlichen Psyche und der physischen Welt vorliegen, was den Geborenen befähigt, anderen beim Übergang vom Leben zum Tod behilflich zu sein. Kinder zu bekommen kann das eigene Werteverständnis verändern und eine größere Toleranz anderen Menschen gegenüber hervorrufen.

Spannungswinkel können heftige emotionale Krisen durch Verlust oder Trennung von geliebten Personen andeuten, was unter Umständen Kummer, Sorge und Depressionen zur Folge hat. Wenn der Geborene dazu neigt, von seinen Kreationen Besitz ergreifen zu wollen, könnte es auch zu Machtkämpfen kommen.

Die Bewältigung dieser Prüfungen liegt darin, daß man seine Bindungsmechanismen umgestaltet, indem man aus dem Mythos von Ceres und Pluto die entscheidende Lehre zieht, nämlich daß jedem Tod eine neue Geburt folgt, daß jedes Loslassen eine Wiederkehr oder Erneuerung bringt und daß jeder Verlust durch einen Gewinn ersetzt wird. Somit löscht ein wirkliches Verstehen dieser Grundwahrheit jede Furcht vor dem Verlust des Unterbewußtseins und ersetzt sie durch Vertrauen, Zustimmung und Freude.

Timothy Leary benützte LSD, um Bewußtseinserweiterung und Jenseitsbilder zu erfahren (Ceres/Pluto–Konjunktion im Krebs) (1).

Albert Einstein erkannte die Relativitätstheorie, die alle zuvor existierenden Erklärungsmodelle über Raum und Zeit vollständig transformierte (Ceres/Pluto–Konjunktion im Stier und im 11. Feld) (1).

Kapitel 6

Pallas Athene, die Kriegsgöttin

Pallas Athene will ich besingen, die heilige Göttin,
Augenleuchtende, unerbittliche, weisheitserfüllte,
Reine Jungfrau, der Städte Erretterin, wehrhaft und mutig,
Tritogenia. Er selber gebar sie, Zeus der Berater,
Aus dem heiligen Haupt in vollem Schmuck der Waffen
golden und weithinleuchtend. Die Götter sahen es staunend.[21]

Die Mythologie von Pallas Athene

Pallas Athene, die jungfräuliche Göttin der Weisheit, stand in ihrer Bedeutung für das klassische Griechenland Jupiter, dem König des Himmels am nächsten. Ihr Name wurde außerdem auf die Stadt Athen, das geistige Zentrum der griechischen Zivilisation, übertragen. Als Göttin des Krieges und des Sieges war Pallas, eine meisterhafte Taktikerin und Strategin, im Kampf unschlagbar. Als Schutzpatronin und Hüterin Athens benützte sie ihre Weisheit, um das Volk zu lehren, wie es Streitigkeiten friedlich beilegen und das Gesetz mit pazifistischen Mitteln aufrechterhalten konnte. Immer mitleidsvoll in ihrer Weisheit, war sie eine starke Fürsprecherin für gnädige Gerechtigkeit.

Pallas Athene wurde als eine majestätische Frau dargestellt, in ein enges Tuch gehüllt und mit einem Panzer bekleidet. In den Händen hielt sie Speer und Schild, und auf dem Kopf trug sie einen Helm. Ihr Oberkörper war mit einem Brustharnisch, der *Aigis*, bedeckt. Die Aigis war ein aus heiligem Ziegenleder gefertigter Panzer, der von Schlangen umsäumt und auf dessen Mitte das Gorgonhaupt der Medusa gemalt war. Oftmals wurde sie von einer die Weisheit verkörpernden Eule und einer prophetischen Schlange begleitet.

Man hat Pallas Athene zugeschrieben, daß sie den zivilisierenden Einfluß der Kultur vorantrieb. Ihre Gaben an die Menschheit waren zahlreich: Sie hat die Flöte, die Trompete, die Töpferscheibe, die ersten irdenen Vasen, den Pflug, den Rechen und das Joch erfunden. Als kunstfertige Göttin des Handwerks war sie die Schirmherrin der Bildhauer, Künstler, Kunsthandwerker und Architekten. Sie führte die Menschheit in das Schmiedegewerbe und die Metallgießerei ein, ebenso unterrichtete sie die Künste des Kochens, Stickens, Strickens und Webens. Schließlich lehrte Pallas Athene als Göttin der Gesundheit und des Heilens eine ganze Bandbreite medizinischer Praktiken, bis hin zu dem Geheimnis der Regeneration durch das Blut der *Medusa*.

Mythen von der Geburt Athenes

Homer beschreibt die parthenogenetische Geburt der Pallas Athene aus dem Haupte ihres Vaters Jupiter (Zeus). Gemäß des Dichters und Geschichtsschreibers sprang sie als kriegerische Jungfrau, in einen Panzer gekleidet und mit einem triumphierenden Schlachtruf auf den Lippen, aus der Stirn ihres Vaters Zeus hervor. Dieser Bericht ist in Wirklichkeit jedoch nur die verkürzte Darstellung einer viel älteren Version, die sich um *Metis* rankte. Metis wird dabei als Mutter von Pallas angenommen, was eine Umschreibung des Übergangszustandes vom Matriarchat zum Patriarchat in den Kulturen des Mittelmeerraumes darstellt.

Die wahren Anfänge der Pallas liegen aber in Libyen, wo sie vor ca. 6000 Jahren an den Ufern des Tritonsees geboren wurde. Ihr antiker Name *Tritogenia* bezieht sich auf ihre Abstammung vom Wasser.[22] Nach ihrer Geburt wurde Pallas von drei in Ziegenleder gehüllten Nymphen entdeckt und aufgezogen. Zu jener Zeit war sie als die libysche Dreifältige Göttin Neith bekannt.[23]

Ungefähr um 4000 v. Chr. brachten libysche Flüchtlinge ihre Göttin nach Kreta, wo ihre Verehrung übernommen wurde und sich in der ersten minoischen Epoche auch in Thrakien und Griechenland verbreitete. Von da ab tauchte die Übergangsfassung des Geburtsmythos auf, daß nämlich die Seegöttin *Metis* (die weise Ratgeberin), eine Tochter des Titan *Okeanos*, Pallas hervorgebracht habe. Metis stand Zeus bei, seinen Vater zu besiegen, indem sie Kronos ein Brechmittel eingab, damit er seine verschlungenen Kinder wieder ausspie. Obwohl Metis unzählige Gestalten annahm, um sich der wollüstigen Annäherungen von Zeus zu erwehren, wurde er ihrer schließlich doch habhaft und schwängerte sie. Gaia und Uranus weissagten dem Zeus, wenn Metis eine Tochter bekäme, wäre das Mädchen ihm ebenbürtig, und wenn sie danach aber noch einen Sohn gebären sollte, so wäre dieser mächtiger als Zeus. Um seine Souveränität aufrechtzuerhalten, verschlang er Metis, während sie mit Athene schwanger war. Die rasenden Kopfschmerzen, die Zeus quälten, als er an den Gestaden des Triton entlang wandelte, konnten nur gelindert werden, indem ihm der Schädel mit einem Doppelbeil (einem matriarchalischen Symbol) gespalten wurde. Unter bebender Erde und tosender See sprang Pallas Athene in golden leuchtender Rüstung aus seinem Haupt. Unverzüglich wurde sie die Lieblingstochter von Zeus.

Aus einer soziologischen Perspektive beurteilt, markiert der Mythos von Athenes Geburt die Aufnahme und Adaption des weiblichen Weisheitsprinzips in die Belange der neuen patriarchalen Ordnung.

Die Schlangen–Weisheit der Athene

Im Verlauf ihrer gesamten historischen Entfaltung wird Pallas Athene von der Schlangen–Symbolik begleitet. Ihre Gabe zu prophezeien entspringt ihrem grundlegenden Verhältnis zu den Eigenschaften der Schlange. Geheimlehren sprechen davon, daß die Einnahme einer geringen Dosis bestimmter Schlangengifte hellseherische Visionen bewirke. Aus diesem Grunde wurden Schlangen zum Symbol der Weisheit und zu Schutzgeistern für Orakel.

Um ihre Abstammung von der libyschen Schlangengöttin Neith zu bekräftigen, trägt Pallas Athene den mit Schlangenhaar bewachsenen Kopf der Medusa, Königin eines Amazonenstammes von Athenes Geburtsort in Libyen, in der Mitte ihres Brustpanzers.

Im minoischen Kreta wurde Pallas Athene in der Gestalt der palästinensischen Göttin »Athana« verehrt, der Beschützerin des Palastes und der Stadt, deren Embleme die Schlange und die Eule waren.[24] In späteren Zeiten wurde auf der Akropolis eine riesige Statue der Athene errichtet, die von einer ebenso gewaltigen Schlange gehütet wurde, in welcher man einen Schicksals– und Schutzgeist sah. Die Göttin und die göttliche Schlange wurden dabei als eins betrachtet. Als nun Athen von den Persiern erobert wurde und die Schutzschlange das ihr geopferte Fressen verweigerte, da glaubten die Bewohner, daß die Göttin ihre Stadt im Stich gelassen habe.

Athene war auch als die Mutter des Schlangenknaben *Erichthonius* bekannt, der König von Athen wurde und die Anbetung der Athene einführte. Eine ältere, ebenfalls Athenes Mutterrolle beschwörende Überlieferung hat die Erinnerung daran bewahrt, wie Athene dem Hephaistos einen Sohn gebar.[25] Die Athener erzählten sich die folgende Geschichte, um die göttliche Unberührtheit ihrer Schirmherrin — zugleich ein Symbol für die Unbezwingbarkeit der Stadt — zu verteidigen: Pallas Athene wurde von dem Schmiedegott Hephaistos lüstern attackiert, aber die wehrhafte Göttin verteidigte sich und riß sich von ihrem Bedränger los. Hephaistos verspritzte seinen Samen gegen ihren Schenkel, und sie wischte sich die Flecken mit einer Handvoll Wolle ab, welche sie voller Ekel wegwarf. Das Knäuel fiel in der Nähe von Athen zu Boden und befruchtete Mutter Erde, die das Kind austrug. Da Gaia aber keine Verantwortung für das Kind übernehmen wollte, zog Athene den Neugeborenen heimlich in ihrem Tempel Erechtheion auf. Hier wurde die heilige Schlange der Weisheit von den Priesterinnen mit Gerstenkuchen gefüttert, und Erichthonius, der als eine Schlange mit Menschenkopf dargestellt wurde, sprach die Orakel der Alten Frau aus.[26] Alte Königsfamilien in Athen behaupteten, von Erichthonius abzustammen, und schmückten sich mit goldenen Schlangen als Amulette.

Ein letztes Beispiel für die mit der Schlange verknüpften orakelhaften Gaben der Athene schildert der Mythos von *Teiresias aus Theben.* Eines Tages erblickte dieser Athene unbeabsichtigt beim Bade, die darüber so erbost war, daß sie ihm unverzüglich die Hand über die Augen legte, worauf er erblindete. Trotz der Wehklagen der Mutter von Teiresias konnte Athene ihm sein Augenlicht nicht mehr zurückgeben, sie gab ihm aber die Gabe des inneren Gesichts. Sie nahm die Schlange von ihrer Brust und sprach: »Reinige die Ohren des Teiresias mit deiner Zunge, auf daß er die Sprache der prophetischen Vögel verstehen möge.« Somit wurde Teiresias mit weissagenden Kräften und seherischen Gaben versehen, die er nach seinem Tode mit in die Unterwelt nahm.

Pallas als Kriegsgöttin

Den ungeheuren Respekt, den Pallas Athene auf dem Olymp genoß, schrieb man teilweise ihrer Mannhaftigkeit zu. Als jungfräuliche Göttin wurde sie, selbst noch nicht einmal aus dem Körper einer Frau geboren, durch eine ganze Reihe kriegerischer Attribute beschrieben: »Führerin des Kriegsheeres«, »Anstifterin des Kampfes«, »Antreiberin der Armeen«, »die, welche

Feinde zurückschlägt«. Unbesiegbar in der Schlacht, wurde sie zu einem Symbol für strategische und gut organisierte Kriegsführung. Als Schutzherrin der Helden half Pallas Athene dem Herakles bei seinen Aufgaben und stand dem Odysseus bei seiner Heimreise von Troja bei. Nicht zuletzt ermöglichte sie es dem Perseus, Medusa zu töten, deren Haupt, das anstellen von Haaren Schlangen trug, Pallas Athene als Mahnzeichen auf ihrer Rüstung trägt.

Der Fingerzeig auf Athenes kriegerische Ursprünge läßt sich bei der näheren Untersuchung ihres Vornamens ausmachen. Das Wort *Pallas* kann mit verschiedenem Akzent und in unterschiedlicher Beugung entweder einen maskulinen oder einen femininen Sinn haben. In seiner männlichen Form bedeutet es »kräftiger junger Mann«, im Femininum dagegen »starke Jungfrau«.[27] Athene wurde in einem libyschen Fest alljährlich von Mädchen im bewaffneten Kampf verehrt, um Erinnerungen an die jungfräulichen Priesterinnen von Neith zu wecken, welche jedes Jahr einen Wettstreit um das Amt der Hohepriesterin austrugen. Die Griechen übernahmen die Ziegenfellkittel und die Aigis aus der libyschen Tradition[28] und erzählten die spätere, patriarchale Version der Geschichte wie folgt: Eines Tages, so wird überliefert, befand Athene sich im Wettkampf mit ihrer Ziehschwester Pallas, der Tochter des Flußgottes *Triton.* Als Athene ausholte, hielt Zeus seinen Schild dazwischen und zerstreute dadurch ihre Aufmerksamkeit, so daß sie Pallas ungewollt tötete. Aus Reue und Trauer um ihre Tat stellte Athene den Namen der Pallas vor ihren eigenen und verfertigte ein Bildnis des Mädchens in der Darstellung, wie es die *Aigis* zeigte. Dieses Bild, das auch als *Palladium* bekannt war, hatte magische Qualitäten, welche dem Besitzer Unverletzbarkeit garantierten.

In ihrer ursprünglichen Wesensart waren die kriegerischen Attribute der Athene in ihrer Erscheinung als Pallas verkörpert, einer starken, mädchenhaften Beschützerin der matriarchalen Amazonenstämme ihres libyschen Kultes. Dies ist die wahre Ableitung des Pallas–Präfixes. In der olympischen Version des Mythos tötete Athene ihren eigenen defensiven Charakter und übernahm die gewalttätigen, aggressiven und kriegerischen Eigenschaften der neuen patriarchalen Ordnung. Sie hinterließ in dem *Palladium* jedoch ein Vermächtnis, welches ihren Schutz und ihre Gegenwart bezeugte. Dem römischen Tempel der Vesta wurde übrigens nachgesagt, er sei ein geheimer Verwahrungsort des authentischen *Palladiums*.

Die Trennung der Pallas Athene von ihrem matriarchalen Erbe

Pallas, Athene und Medusa in der Gestalt als Mädchen, Mutter und Greisin waren die dreiteilige Mond–Emanation der libyschen Schlangengöttin Neith. Ursprünglich war Athene identisch mit Pallas und Medusa. Als sie jedoch im Laufe der Zeit stärker in die griechische Kultur eindrang, geriet sie zu einer Symbolfigur für das neue patriarchale System und wurde seitdem so dargestellt, daß sie Beistand zur Vernichtung ihrer matriarchalen Vorgängerinnen leistete.

Die Tötung der Medusa

Unter historischen Gesichtspunkten repräsentiert der klassische Mythos vom Triumph des Perseus über Medusa tatsächliche, geschichtlich nachweisbare Ereignisse während der Herrschaft des überlieferten Königs Perseus, dem Begründer der neuen Dynastie in Mykene (ungefähr 1290 v. Chr.). In jener Epoche bemächtigten sich die patrilinearen Eindringlinge vom griechischen Festland den früheren mondgöttischen Mächten. Die Hellenen überrannten die Altäre der alten Gottheit, rissen den Priesterinnen ihre Gorgonmasken vom Gesicht und nahmen Besitz vom heiligen Pferd.[29] Dieser historische Einschnitt mitsamt seinem sozialen Trauma schlug sich folgendermaßen in der Mythologie nieder.[30]

Medusa, die dritte Gestalt der göttlichen Triade, war Königin der amazonenhaften Gorgonen, die in der Nähe des Triton lebten, also genau dem besagten Ort von Athenes Ursprung. Medusa war berühmt für ihre Lieblichkeit und heiß begehrt von ihren Freiern. Der Meeresgott Poseidon, der den älteren Gott *Hippios*, eine Pferde-Gottheit ablöste, schändete Medusa in Athenes Tempel und zeugte Zwillinge. Athene war empört über diese Freveltat; doch sie bestrafte nicht Poseidon, sondern Medusa, indem sie deren liebsten Besitz, ihre Haare, in zischende Schlangen verwandelte und veranlaßte, daß ein Blick in das Antlitz der Medusa Männer versteinern ließ. Später stand Athene dann Perseus insofern hilfreich zur Seite, als sie ihm ihren blanken Schild auslieh. Diesen benützte er als Spiegel und vermied somit den direkten Blickkontakt mit dem entsetzlichen Angesicht der Medusa. Mittels dieses Schildes und Herakles' magischen Schwertes gelang es Perseus, die Medusa zu enthaupten und Athene den Kopf zu überbringen.

Aus dem Halse der Medusa entsprangen die zwei Kinder des Poseidon: *Chrysaor*, der Held des goldenen Schwertes, und *Pegasus*, das antike Symbol der Dichtung. Als Pegasus, das geflügelte Pferd, davonflog, fielen Blutstropfen vom Halse der Medusa zu Boden und bewirkten, daß Oasen in der Wüste erblühten. Athene besorgte sich ebenfalls etwas Blut der Medusa und verabreichte ihrem Sohn Erichthonius eine Portion. Den Rest gab sie *Asklepios*, dem Gott der Heilkunst, der es zur Heilung der Lebenden und zur Wiedererweckung der Toten verwendete.

Athene und Medusa waren ursprünglich zwei Erscheinungsformen der libyschen Schlangengöttin Neith. Doch, wie wir soeben erfuhren, wurde sie in den olympischen Mythen als Zerstörerin der matriarchalen Wurzeln charakterisiert. Aber Athene stellte nach wie vor das Kennzeichen ihres authentischen Wesens, nämlich das Haupt der Medusa, im Zentrum ihres Panzers zur Schau.

Athenes Wettstreit mit Poseidon

Die folgende Kontroverse erwuchs aus einer Auseinandersetzung zwischen den Ioniern, die über das Meer segelten,und den eingeborenen Athenern, welche die Minoische Göttin verehrten. Laut den alten Regeln konnte diejenige Gottheit über Athen herrschen, welche den Bewohnern das beste Geschenk zuteil werden ließ. Als Reaktion auf diese Herausforderung schleuderte Poseidon seinen Dreizack in den Felsen der Akropolis, und sogleich sprudelte eine Quelle von Seewasser hervor. Einer anderen Überlieferung gemäß soll er das erste Pferd geschaffen haben. Athene pflanzte jedoch den ersten Olivenbaum neben die Quelle (die Olive war aus Libyen eingeführt worden, was den Mythos des libyschen Ursprungs unterstützt). Poseidon forderte sie zum Zweikampf, aber Zeus verlangte, den Streit vor einem Schiedsgericht zu entscheiden. Das göttliche Gremium entschied, daß der Olivenbaum das nützlichere Geschenk sei, denn es spendete Nahrung, Brennmaterial, Schutz und Schatten. Deswegen wurde Athene zur Siegerin erklärt. Tief erzürnt überflutete Poseidon aus Rache die Thriasische Ebene und gab sich nicht eher zufrieden, als bis die Olympier ihn in Athen verehrten. Die Götter gaben nach und besänftigten ihn, indem sie den Frauen Athens die Bürgerschaft und das Stimmrecht entzogen. Außerdem durften die Männer nicht mehr wie bisher den Namen der Mutter tragen. Folglich gewann Pallas Athene die Schlacht, aber verlor den Krieg, da sie sich erdreistet hatte, ihre Überlegenheit auf die Probe zu stellen. Von diesem Zeitpunkt an wurden die Stellung, die Macht und die Rechte der Frau vermindert und schließlich ganz geleugnet.

Der Prozeß des Orest

Die letzte Verleugnung der matriarchalen Züge Athenes findet sich in der Gerichtsverhandlung gegen Orest, als sie die entscheidende Stimme zugunsten seiner Unschuld abgab. Orest war des

Muttermordes angeklagt, denn er hatte seine Mutter Klytämnestra erschlagen, die zuvor seinen Vater Agamemnon umgebracht hatte. Dem antiken Recht zufolge galt die Ermordung einer Person, mit der man nicht blutsverwandt war, nicht als ein Verbrechen. Folglich lag auf Klytämnestra keine Schuld für das pflichtgemäße Töten von Agamemnon, nachdem dieser ihre unschuldige Tochter Iphigenie geopfert hatte. Der Mord an Blutsverwandten war dagegen Tabu, und die Tötung der leiblichen Mutter galt gar als das schlimmste aller Verbrechen.

Aus diesem Grunde wurde Orest von den rachsüchtigen *Erinnyen* (lat. Furien) verfolgt und gehetzt. An den Rand des Wahnsinnes getrieben, suchte er im Heiligtum des Apollo Zuflucht, wo Athene gerade noch rechtzeitig erschien, um eine Gerichtsverhandlung zu veranlassen. Apollo trat als Anwalt des Angeklagten auf, und in seiner berühmten Verteidigungsrede für Orest bestritt er die Heiligkeit der Blutsbande und verkündete das Prinzip, daß der Mann über die Frau herrsche.

> Erzeugerin des Kindes ist die Mutter nicht,
> wie man es glaubt, nur Nährerin des jungen Keims.
> Erzeugen kann allein der Vater: sie bewahrt
> gleichsam ein anvertrautes Pfand und gibt es heil
> dem Eigner wieder, wenn es nicht ein Gott zerstört.[31]

Um seine Behauptung zu beweisen, deutete er auf Athene, welche die Verhandlung leitete und sprach:

> Ich lief're den Beweis dir. Ohne Mutter kann
> ein Vater zeugen: sieh die Tochter hier des Zeus,
> des Himmelsherrn; da steht sie, wie ans Licht sie trat,
> nicht als ein Kindlein, das die Mutterbrust begehrt,
> nicht in des Mutterschoßes Dunkel ausgereift.[32]

Als der Fall zur Abstimmung kam, fiel der Spruch der Richter unentschieden aus. Doch dann gab Athene ganz unerwartet ihre Stimme zugunsten eines Freispruches von Orest ab. Die patriarchalischen Prinzipien höher bewertend als die Bindung an die Mutter, stellte sie fest:

> Nun ist's an mir; die letzte Stimme geb' ich ab,
> und zu Orestes' Gunsten werf' ich meinen Stein.
> Ich habe keine Mutter; mich gebar kein Weib.
> Nur nicht als Gatte, sonst in allem hat der Mann
> mein ganzes Herz: des Vaters bin ich durch und durch.
> Drum hat für mich der Tod des Weibes, die den Mann
> erschlug, den Herrn des Hauses, minderes Gewicht.
> Und auch der Stimmen Gleichheit macht Orestes frei.[33]

Die Erinnyen, wutentbrannt über diese verräterische Verletzung des matriarchalen Gesetzes, drohten damit, die Griechen mit Hunger und Pest zu verfluchen. Doch Athene überredete sie, der neuen Auffassung zuzustimmen und die Überlegenheit der Vaterschaft über die Mutterschaft anzuerkennen. Sie konnte den Ärger der Rachegeister durch ihre Schmeichelei besänftigen, indem sie diesen versprach, daß die Athener sie auch fortan als *Eumeniden* anbeten würden — wohlwollende Göttinnen der Gnade, die ihre fruchtbaren Segnungen der triumphierenden patriarchalischen Ordnung zugute kommen ließen.

Somit war Athene maßgeblich daran beteiligt, den Übergang von der matriarchalen zur patriarchalen Kultur zu beschleunigen, indem sie das Vaterrecht zum Sieger deklarierte. Sie bestritt ganz entschieden ihren femininen Ursprung und zerstörte die früheren Ausprägungen ihres weiblichen Wesens: Pallas und Medusa. Sie wurde damit zur Jungfrau in dem neuen Sinne von Isoliertheit und Keuschheit und verleugnete insofern das Prinzip der Fruchtbarkeitsgöttin. Pallas Athene schreibt man auch den Verlust des Bürgerrechts für Frauen zu. Und schließlich wurde ihre Weisheit fortan in den Dienst des kriegerischen Betätigungsfeldes der Männer gestellt. Dies war die Umformung der Pallas Athene durch die neue patriarchale Gesellschaft.

Pallas Athene

Das Prinzip der kreativen Intelligenz

Eigenschaften
Göttin der Weisheit und Gerechtigkeit
Beschützerin des Staates

Zeichen
Speer der Beschützerin

Symbole
Eule
Schlange
Olivenbaum
Schild und Speer
Spinnrocken
Aigis mit dem Gorgonhaupt

Assoziierte Zeichenherrschaft
Waage
Löwe
Wassermann

Polarität
Mut/Furcht

Die Astrologie von Pallas Athene

Im Prinzip der kreativen Intelligenz verwendet Pallas Athene die sexuellen Reproduktivkräfte der Venus, um geistige Kinder zu erzeugen. Sie ist das Vehikel, durch welches Gedanken Form gewinnen, und sie repräsentiert demzufolge den Funken der Intelligenz, der den schöpferischen Akt entzündet. Astrologisch führt sie im Kern die geistigen Qualitäten des Luftelementes und die schöpferischen Eigenschaften des Feuers zusammen. Aus diesem Grunde herrscht Pallas in den Luftzeichen Waage und Wassermann sowie in dem Feuerzeichen Löwe. Zusammengenommen bilden diese Zeichen ein Aspektmuster, welches Opposition, Trigon und Sextil kombiniert. Diese Winkelkonfiguration stabilisiert die innere Energie des Waage/Wassermann–Trigons, während die Löwe/Wassermann–Opposition einen Brennpunkt zur Freisetzung kreativer Spannung abgibt. Pallas Athenes Wesen liegt folglich in der Wechselwirkung zwischen den kreativen Impulsen des Löwen, den transpersonalen und sozialen Interessen des Wassermanns sowie dem Gleichgewicht bzw. der Bindekraft der Waage.

Die Weisheit von Pallas

Unter soziologischen Gesichtspunkten markiert die Geburt der Pallas aus dem Haupte Jupiters die Aufnahme und Adaption des weiblichen Weisheitsprinzips zum Nutzen des patriarchalen Staatsgebildes. Hinsichtlich der Evolution des Bewußtseins beschreibt dieser Mythos jedoch auch das Wachstum der Weisheit aus dem Instinktiven heraus hin zum Bewußten (das Urwissen der Meeresgöttin Metis wurde durch Jupiter verfestigt, indem er den aktiven Gesichtspunkt einer weiblichen Intelligenz über Pallas erzeugte). Somit verkündete die väterliche Geburt von Pallas Athene, durch welche der Fortpflanzungstrieb auf die Ebene der schöpferischen Intelligenz gehoben wurde, einen historischen Wendepunkt in der Entwicklung der menschlichen Psyche.

Pallas Athene wurde von Webern und Handwerkern angerufen und verleiht in dieser Funktion die Weisheit der inneren Vision, welche die Wahrnehmung ganzer Strukturen ermöglicht. Dieses geistige Bild ist der Same, der in dem schöpferischen Akt Früchte trägt. Folglich symbolisiert Pallas Athene den Prozeß der schöpferischen Visualisation und das Wissen um die Gesetze der Materialisation.

Pallas als Sinnbild der schöpferischen Intelligenz und Kunst

Astrologisch repräsentiert Pallas Athene eine Form von Intelligenz, welche weit über die geistige Synthese der Schütze/Zwillinge–Mentalität hinausreicht. Stattdessen symbolisiert sie schöpferische Intelligenz, den Gedankenblitz (Wassermann), der neue und originelle Formulierungen für bereits existierende Möglichkeiten (Löwe) hervorbringt.

Pallas Athene ist ein Indikator für unsere geistigen Anlagen und unseren Wahrnehmungsstil. Im Horoskop beschreibt sie die Fähigkeiten für Inspirition, Phantasie, Intuition, Wißbegierde, Genie und außergewöhnliche Wahrnehmung. Als Teiresias von Pallas Athene geblendet worden war, nachdem er sie nackt baden gesehen hatte, entschädigte ihn die Göttin mit den wundersamen Kräften der Hellsichtigkeit und der Weissagung.

Angespannte Aspekte können jedoch auf eine ganze Reihe möglicher Wahrnehmungsprobleme verweisen wie Farbenblindheit, Dyslexie, schwache Koordinationsfähigkeit von Hand und Auge, eingeschränktes Hören und Sehen, Lernschwierigkeiten und geistige Entwicklungshemmung. In dem Ausmaß, wie die äußere Realität von inneren Gedanken geformt wird, können Therapien, die derartige Wahrnehmungsfehler zu revidieren versuchen (wie z.B. Visualisationstechniken), einem Menschen mit einer Pallas–Problematik von größtem Nutzen sein.

Schließlich besitzen Pallas–Typen aufgrund ihrer Begabung, Gesamtstrukturen wahrzunehmen, auch die Fähigkeit, Systeme schematisch zu begreifen und aufeinander abzustimmen. Pallas Athene repräsentiert die Weisheit der Strategie, Voraussicht und des Planens, das zu konkreten Leistungen und greifbaren Resultaten führt. Somit können diese Menschen, wenn sie ihren rationalen Verstand, Intellekt und Willen einsetzen, große Erfolge in der geschäftlichen, politischen, akademischen oder wissenschaftlichen Welt erzielen.

Pallas Athenes Weisheitsstrahl der schöpferischen Intelligenz drückte sich vornehmlich in drei Grundbereichen der menschlichen Aktivität aus: Kunst, Heilung und politisches Handeln. Im antiken Griechenland wirkte Pallas ganz stark als die Schutzherrin von Künstlern und Handwerkern. Sie unterrichtete fernerhin die praktischen Künste und Fertigkeiten, die es der Menschheit ermöglichten, eine stärker zivilisierte Kultur zu entwickeln. Ihre Weisheit inspirierte die kunstverständige Vorstellungskraft, und sie befähigte die Künstler dadurch, der Form das Bild und der Kunst die Seele einzuflößen.

Astrologisch bedeutet Pallas Athene jene künstlerische Begabung, die mit Klarblick und mit der Wahrnehmung von Gesamtbildern arbeitet. Besonders deutlich taucht sie in Horoskopen von Personen auf, die sich mit den bildenden Künsten wie Zeichnen, Malen, Graphik, Design, Photographie und Film befassen. Sie ist ebenso die astrologische Entsprechung für alle kunsthandwerklichen Tätigkeiten und die Künste der Frauen wie beispielsweise Töpfern, Sticken, Stricken, Weben etc.

Pallas als Sinnbild der Heilkünste

Eines der vielen Gesichter von Pallas Athene war jenes der *Hygeia,* der Göttin der Wunderheilung. Die Sage berichtet, daß Pallas dem Asklepios (lat. Äskulap) ein Fläschchen mit Blut von der geköpften Medusa gab und ihm beibrachte, wie er damit die Toten zum Leben erwecken und den Lebenden Heilung bringen könne.

Astrologisch bildet Pallas eine Signatur für jene Heilpraktiken, welche Körper und Geist integrieren. Gerade diese »holistischen« Therapieformen haben seit der Aktivierung der Asteroiden–Prinzipien im Jahre 1973 zahlreiche Anhänger gefunden. Insbesondere Pallas lenkt die mentalen Selbstheilungstechniken wie zum Beispiel Visualisation, Meditation, Gedanken–Kontrolle, Hypnose oder Phantasiereisen.

Im Bereich der Psychologie entspricht Pallas jenen Psychotherapien, welche die Gesamtstrukturen der Seele aufeinander abstimmen und im Gleichgewicht halten. Hier wären zu nennen: Gestalttherapie, Transaktionsanalyse, Bioenergetik und Psychodrama.

Bei der Heilung des Körpers handelt Pallas, um die durch den Körper fließenden vitalen Energieströme zu aktivieren, ins Gleichgewicht zu bringen und umzulenken. Sie heilt also durch solche Wissenschaften wie Polarity–Therapie, Akupunktur, Homöopathie, Makrobiotik und Zelltherapie.

Eine auffallende oder gut aspektierte Pallas im Geburtsbild gibt einem die Chance, mit diesen Therapien zu arbeiten, sei es nun als Heiler oder Patient. Gespannte Winkelfiguren können auf die Präsenz von Krankheiten hindeuten, die im Verstand wurzeln. Sie können aber auch die Existenz eines größeren Ungleichgewichtes in den Körperfunktionen kennzeichnen, solange der Betreffende noch nicht gelernt hat, auf allen Ebenen klar zu sehen.

Pallas als Sinnbild der politischen Künste

Die Kriegskönigin Pallas Athene spielte die Rolle der Beschützerin, welche Volk und Staat in Zeiten des Krieges verteidigte. Obwohl Pallas Gewalt und Blutvergießen nicht mochte, verwandelte sie sich dennoch in eine hitzige, mutige und aggressive

Kämpferin, wenn ihr Heimatland angegriffen wurde. Athene trug das Bildnis ihrer toten Schwester und erfüllte es mit magischen Eigenschaften, die dem Besitzer Unverletzbarkeit garantierten.

Bezüglich der Astrologie symbolisiert Pallas eine weibliche Qualität von Heroismus, Tapferkeit, Mut und bewußter Hartnäckigkeit. Im Radix–Horoskop beschreibt sie politische Aktivisten, militante Feministinnen oder Fürsprecher(innen) von unterdrückten Minderheiten. Sie steht weiterhin für die Kampfkünste, vor allen Dingen für solche Techniken der Selbstverteidigung, die den Angriff durch den Einsatz von Gleichgewicht und Körperhaltung abwenden (z. B. Aikido oder T'ai Chi).

Als Beschützerin des Staates weitete Pallas ihre politische Domäne auf die Gesetze und das politische Leben der *Polis* aus. Die richterlichen Fähigkeiten von Pallas sind in ihrer Assoziation mit dem Zeichen Waage begründet, dessen Waagschalen in Streitfragen von Krieg und Frieden oder Zwist und Harmonie den Ausschlag geben. Ähnlich wie die Waage dient Pallas als gerechte Vermittlerin, die aufgrund ihrer Gabe, das Gesamtmuster zu sehen, weise Ratschläge und Diplomatie einsetzt, um zu ihren Entscheidungen zu gelangen. Kritische Winkelverbindungen mit Pallas im Geburtshoroskop können auf Charakterschwäche, einen Mangel an Taktgefühl oder Diplomatie, rohe Aggressivität oder mangelnde Widerstandsfähigkeit hinweisen.

Pallas: eine Frau in der Männerwelt

Pallas Athene, die Göttin der Weisheit und des Mutes, wirkt als der Prototyp für die kreative und intelligente Frau. Ähnlich wie Vesta war auch sie insofern eine jungfräuliche Göttin, als sie sexuell keusch war und keinen Gatten oder Liebhaber hatte. Aber während Vesta ihre Sexualität in religiöser Hingabe und persönlicher Integration sublimierte, kleidete Pallas diese in geistige und künstlerische Werke.

Als diejenige Göttin, die Jupiter (Zeus) am nächsten kam, genoß Pallas in hohem Maße Ansehen und Prestige unter den Olympiern. Sie wurde als Schwester, Kollegin und Gleichberechtigte in einer Männerwelt toleriert und durfte ihre geistige Kompetenz dadurch zum Ausdruck bringen, daß sie den griechischen Staat regierte. Darüber hinaus wurde sie durch ihre Jungfräulichkeit in den Stand versetzt, mit vielen Männern Freundschaften ohne sexuelle Verwicklungen einzugehen. Allerdings bezahlte Pallas diese privilegierte Position mit einem hohen Preis: der Verleugnung ihrer Weiblichkeit und ihres femininen Ursprungs. In ihrem Klagelied rief sie: » ... mich gebar kein Weib. Nur nicht als Gatte, sonst in allem hat der Mann mein ganzes Herz.«[33]

Diese Zurückweisung legt den Urgrund für ihre pathologischen Züge, da die unbewußte männliche Seite einer Frau überhand nimmt und deren Persönlichkeit beherrscht. Es war jedoch exakt dieses Opfer, aufgrund dessen Pallas Zugang zur patriarchalen Welt fand und eine Plattform für harmonische Kommunikation zwischen Männern und Frau abgab. Somit war die antike Stimme des Matriarchats zur Anpassung fähig und wuchs in den sich verändernden Zeiten, anstatt in einer längst verflogenen Vergangenheit dahinzuschwinden. Allerdings gibt es auch Menschen, die in Pallas Athene das Paradebeispiel einer Göttin sehen, die sich an das Patriarchat verkauft hat. Astrologisch könnte dieser Archetyp darauf hinweisen, daß jene Frauen eine männerorientierte Welt unterstützen und verteidigen oder daß sie sich erfolgreichen und mächtigen Männern als rechte Hand anschließen. Überdies kann Pallas anzeigen, daß man sein sexuelles Wesen beiseite läßt (bewußt oder unbewußt), um sich ausgeglichen und in platonischer Liebe mit dem anderen Geschlecht zu verständigen.

Pallas und Androgynität

Dadurch, daß Pallas sowohl ihre männlichen wie auch ihre weiblichen Seiten hervorkehrte, symbolisierte sie die seelische

Entwicklungsrichtung hin zur Androgynität. Ihre Assoziation mit dem Zeichen Waage macht auf ihre Schlüsselrolle in dem Balanceakt der innerlichen Mann/Frau–Polarität aufmerksam. Astrologisch gedeutet, werden Geborene mit einer markanten Pallas in ihren heterosexuellen Beziehungen mehr die Freundschaft als die Leidenschaft suchen. Die Früchte dieser Verhaltensweise sind in der Regel eine Überzahl an Freunden und ein gleichzeitiger Mangel an Liebhabern. In wenigen Ausnahmefällen kann dieselbe Person gleichzeitig als Freund und Liebhaber dienen.

Eine andere Folgeerscheinung der Androgynität ist die Aufweichung des sexuellen Rollenverhaltens. Da Pallas immer nach Gleichgewicht und Ganzheit strebt, erlaubt sie uns, unsere maskulinen und femininen Persönlichkeitsaspekte in einem vereinigten und integrierten Selbst zu vermischen und darzustellen. Aufgrund des Wassermann–Einflusses kann sie uns dazu verhelfen, die einer anderen Person innewohnende Menschlichkeit zu erkennen, anstatt diesen Menschen schlicht gemäß einer sexuellen Stereotype zu beurteilen.

Pallas und das Ungleichgewicht in der geschlechtlichen Identität

Bei der Bewegung hin zur Androgynität schießen die Beteiligten manchmal über das Ziel hinaus, verpassen den Angelpunkt und polarisieren sich an einem Ende des Spektrums. Als Pallas Jupiters *Aigis* anzog, hatte sie sich mit dem Vater überidentifiziert.

> Folglich ist die Manneskraft absorbiert worden und in eine Art maskulinen, energischen Charakterzug der Tochter des Vaters umgewendet worden. Um sich gegen ihn zu verteidigen, wird sie genauso wie er; in seinem Stolz wird er sie dann eher beschützen als sie attackieren ... Aber da sie als Verteidigungstechnik die Strategie benützte, sich mit dem Angreifer zu identifizieren, bleibt ihr kein Mittel, um ihre Weiblichkeit auszuleben.[34]

Deswegen tendieren die Pallas–Frauen astrologisch gesehen dazu, sich extrem mit dem Aspekt der Männlichkeit zu identifizieren und »Animus–besessene« Persönlichkeiten zu entwickeln. In Reinkultur kann sich dieser Typus in der Amazone verwirklichen, einer prähellenistischen Personifizierung von Pallas. In unserer modernen Gesellschaft kann damit eher eine konkurrenzsüchtige, kämpferische und aggressive Frau gemeint sein, welche die Berührung zu ihrer Sanftheit und Empfänglichkeit verloren hat. Leistung, Unerschütterlichkeit, Macht und Erfolg werden zu Zielen der inneren Erfüllung und schalten das emotionale und empfindsame Leben dieser Frau aus.

Im Horoskop einer männlichen Geburt kann eine starke Pallas genau die umgekehrte Situation anzeigen, eine »Anima–besessene« Persönlichkeit. Die Anima ist die unbewußte weibliche Seite des Mannes. Falls diese in extremem Ausmaß dominant sein sollte, kann dies starke Passivität, Abhängigkeit, Launenhaftigkeit oder zögernde Willensdurchsetzung bedeuten. In beiden Fällen kann eine Überidentifikation zu Entfremdung von der eigentlichen Wesensart führen, aber auch zu einem Persönlichkeitsausdruck, der andere abspenstig macht und Intimität mit dem anderen Geschlecht verhindert.

Das schützende Waffenkleid, das Pallas Athene trug, um sich den Zutritt in den maskulinen Herrschaftsbereich zu erleichtern, wird später zu einer Barriere, die den Einstieg in die Gefühlswelt verhindert. Der Abwehrmechanismus des Intellektualisierens und des Rationalisierens vergrößert die Distanz zwischen dem Selbst und den anderen und behindert einen, Gefühle und Schmerzen zu erfahren.

Zusammenfassend können wir sagen, daß Pallas Athene sowohl das Verlangen nach Ausgleich der männlichen und weiblichen Polaritäten in uns repräsentiert, als auch die Schwierigkeiten, die daraus resultieren, falls diese Harmonie nicht erlangt wird.

Pallas und Vater-Komplexe

Während der matriarchalen Epoche hatten Töchter keinen Bezug zu ihren Vätern und kannten ihn in den allermeisten Fällen überhaupt gar nicht. Die Geburt der Pallas Athene aus dem Haupt ihres Vaters Jupiter symbolisierte das Bedürfnis der Frauen, mit der in ihrem Leben vorhandenen paternalen Autorität Verbindung aufzunehmen. Während Ceres die mütterliche Prägung (IC) bezeichnet, verkörpert Pallas den väterlichen Stempel, der uns instruiert, wie wir in der Welt funktionieren sollen (MC). Ähnlich wie Ceres-Menschen an ihre Mütter gebunden sind, so identifiziert sich der Pallas-Typus mit den Vätern. Falls die Vaterbindung nach Pallas-Art in irgendeiner Form beeinträchtigt wird, dann erwachsen daraus eine ganze Reihe von psychologischen Komplexen. Zwei in diesem Zusammenhang nennenswerte Archetypen wären die *puella* (lat. für Mädchen) und die »die gewappnete Amazone«.[35]

Die *puella*, oftmals humorvoll als »Papas kleines Mädel« bezeichnet, ist die gehorsame Tochter, die sich passiv der patriarchalen Macht ihres Vaters unterstellt. Sie rechtfertigt ihr Dasein, indem sie die Billigung ihres Vaters sucht, und sie wetteifert aktiv mit ihrer Mutter um seine Gunst und Aufmerksamkeit. Diese Intensität der Vater/Tochter-Beziehung kann von inzestuösen Untertönen begleitet sein. In ihrer Ehe arbeitet die *puella*-Frau hinter den Kulissen unterstützend am Erfolg ihres Gemahls mit, quasi als unentbehrliche zweite Befehlskraft. Hinter der äußerlichen Unterwürfigkeit verbirgt sich ihre natürliche Stärke und ihr inneres Bedürfnis nach Kampf und Rebellion.

Am anderen Ende des Spektrums finden wir die Amazone, welche die maskuline Macht des Vaters aufsaugen und imitieren möchte. In ihren jungen Jahren kann sie sehr ausgelassen sein und den dummen Zeitvertreib ihrer Geschlechtsgenossinnen verachten. Wiederum blickt sie auf den Vater, um eine Rechtfertigung zu erhalten, aber diesmal eifert sie mit seinem Trieb nach Erfolg, Leistung und Vollendung. Die Außenwelt kann, ganz ähnlich wie der wirkliche Vater, als eine mächtige Bedrohung empfunden werden. Genauso wie die *puella* kennt auch die Amazone eine unterdrückte Seite: das hilflose und abhängige Mädchen. Um ihre verletzlichen Persönlichkeitsanteile zu schützen, weist sie einfach ihre Gefühle und starken Emotionen zurück.

So gesehen, gibt Pallas dem Astrologen einen Hinweis auf Vater–Komplexe bei Frauen wie auch bei Männern. Manchmal spielt die Mutter auch eine untergeordnete Rolle bei der Erziehung des Kindes, oder das Kind lehnt ihren Einfluß ab.

Pallas und die Angst vor dem Erfolg

Zwar wurde Pallas in der Welt der Männer respektiert und bewundert, aber sie erhielt niemals Bestätigung für ihr Frau–Sein. Ihre geistigen und schöpferischen Fähigkeiten wurden wohl hochgelobt, jedoch niemals als feminine Eigenschaften anerkannt. Folglich wurden ihre weiblichen Bedürfnisse nach Liebe, Zärtlichkeit und Nähe abgestritten. Vergleichsweise wird in unserer Kultur dem Gehirn zwar in Redeschlachten applaudiert, aber es wird nicht zum Ball geladen. Frauen wird beigebracht, daß ihr weltlicher Erfolg das Ego eines Mannes bedroht und ein Schlaglicht auf sein eigenes Versagen wirft. So handelt es sich beispielsweise um eine durchaus gängige Einstellung, daß Buchlektüre Frauen zu aufmüpfigen Lebensgefährtinnen mache und man lehrt die Töchter deswegen, sich dumm zu stellen, um auf Männer zu wirken. Laut Umfrage eines bekannten Männermagazins fühlten sich im Jahre 1984 noch die meisten Männer zu einer Frau hingezogen, die »gerade soviel Gehirn hat, um nicht klüger als ich selbst zu sein.« Folglich liegt die bittere Ironie für die Pallas–Frau darin, daß sie, je deutlicher sie ihr schöpferisches Potential »an den Mann bringt«, damit auch um so stärker ihre Gelegenheit schmälert, eine konventionelle Partnerschaft einzugehen.

Die Konsequenzen dieser Propaganda liegen zu offensichtlich auf der Hand: Frauen wurden dazu konditioniert, ihre geistige und schöpferische Ausdruckskraft zu ersticken, um eine Zurückweisung seitens der Männer zu vermeiden. Und da man »nicht besitzt, was man nicht benützt«, beginnen diese Frauen sehr schnell, ihre intellektuellen Talente zu verlieren.

Im Horoskop eines Mannes finden wir eine ganz ähnliche Situation vor. Hier veranschaulicht Pallas einen ausgeprägt intellektuellen oder künstlerischen Charakter, der Zurückweisung befürchtet, weil er nicht männlich bzw. Macho genug ist. Folglich blockieren diese Männer häufig ihre Weichheit und Empfindsamkeit, um den Normen weiblicher Erwartungen gerecht zu werden.

Gewinn und Verlust

Nachdem Pallas im Streit mit Poseidon die Herrschaft über Athen gewonnen hatte, wurde sie für ihren Sieg bestraft. Die Frauen Athens verloren anschließend das Recht zu wählen, Bürger zu sein, und ihren Namen an die Kinder zu vererben. Somit ließe sich ein Themenkreis von Pallas mit den Worten umschreiben: »Die Schlacht ist gewonnen, aber der Krieg verloren.« Basierend auf dieser Erfahrung von Pallas, zögern viele Frauen, mit den Männer in Konkurrenz zu treten, einfach aus der Befürchtung heraus, daß sie, wenn sie ihr Bestes geben und den Sieg davontragen, später bestraft oder fallen gelassen werden. Frauen berichten, daß sie sich eingeschüchtert fühlen, den Wettbewerb aufzunehmen und daß sie lieber stillschweigend dulden möchten, anstatt zu kämpfen.

Diese »Konkurrenz–Phobie« hemmt ein Individuum, seine Begabungen bis zum Maximum auszureizen. Auf gesellschaftlicher Ebene leidet die Gesamtheit, wenn die Hälfte der Bevölkerung ihre Fertigkeiten und Talente verweigert. Daraus folgt, daß Männer und Frauen (aber vor allem Frauen) mit einem starken Pallas–Einfluß den Mut finden müssen, sich für ihre Rechte zu erheben und für ihre Weisheit ohne Furcht vor möglichen Konsequenzen einzutreten. Als anderes Extrem kann die Pallas–Energie auf die Besessenheit hindeuten, um jeden Preis gewinnen zu müssen, rücksichtslos zu konkurrieren oder eine Beziehung zu zerstören, und sei es auch nur, um den eigenen Standpunkt zu beweisen.

Kreativität kontra Liebe

Als eine jungfräuliche Kriegsgöttin riet Pallas Athene anderen oft, sich vor dem Kampfgefecht des sexuellen Verkehrs zu enthalten, um Stärke und Vitalität zu bewahren. Dieser Erlaß symbolisiert die fundamentale Kluft des Pallas–Archetyps zwischen Kreativität und Beziehung bzw. zwischen Kopf und Herz. Astrologisch fühlen sich Menschen mit einer starken Pallas–Betonung zwischen ihren intimen Beziehungen und ihrer Arbeit oder ihren Ambitionen hin- und hergerissen. Häufig opfern sie einen dieser Brennpunkte, um den anderen zu fördern. Beispielsweise kann eine Pallas–Frau der Meinung sein, daß eine innere Berufung ihre familiären Verpflichtungen ersetzt. Was sie hervorbringt, wird dann nicht in erster Linie die leibliche Nachkommenschaft sein, sondern stattdessen die geistigen Kinder, also ihre Ideen und ihre geistige Bildung. In dieser Hinsicht ist der Zuwachs des Pallas–Archetyps in der Gesellschaft des vergangenen Jahrzehnts für die beträchtliche Zunahme sogenannter »Karrierefrauen« verantwortlich. Pallas kann in diesem Zusammenhang jene Schwierigkeiten andeuten, die sich für berufstätige Frauen daraus ergeben, daß sie die übrigen Bereiche ihres Lebens im Gleichgewicht zu halten versuchen. Es könnte darin aber genausogut ein Hinweis auf die Diskriminierung und den Sexismus verborgen liegen, dem sie in der Berufswelt begegnen.

Seelen–Arbeit

Die Leiden und die Entfremdung, die wir heute im Pallas–Archetyp vorfinden, sind in der Annahme verwurzelt, daß sich Weiblichkeit und geistige Kreativität gegenseitig ausschließen.

In einer Welt, in der man Stärke, Mut und intellektuelles Können für maskuline Eigenschaften hält, wird von einer Frau, die besagte Qualitäten zeigt, erwartet, daß sie sich von ihrer Fraulichkeit lossagt. Demzufolge lautet die seeliscche Aufgabe für die Pallas Athene–Frau, ihren verlorenen weiblichen Ursprung wieder zurückzuerobern; »sie nicht als eine Göttin zu sehen, die auf ihre feminine Art verzichtet hat, sondern als eine, die uns lehrt, Mut und Verletzlichkeit, Kreativität und Empfänglichkeit als gleichermaßen feminine Eigenschaften zu erkennen.«[36]

Mitten auf ihrem Brustpanzer trug Pallas das Emblem des Gorgonhauptes, welches der Sage nach Männer zu Stein verwandelte. Freud glaubte, daß der Kopf die furchteinflößenden Genitalien der Großen Mutter und das grauenhafte Entsetzen vor ihrer weiblichen Sexualität symbolisiere. Anläßlich dieser Assoziation haben Männer und Frauen das dunkle, archaische und instinktive weibliche Urwesen gefürchtet und vom Intellekt abgelöst. Jedoch sind die instinktiven Kräfte der Medusa, die intuitive Weisheit von Metis und der Mut und die Tapferkeit von Pallas das eigentliche Erbe von der matriarchalen Abstammungslinie. Jene Quelle weiblicher Macht zu erkennen und in Urteilskraft und geistige Tätigkeiten einzubauen, darin liegt der eigentliche Schlüssel, um die männlichen und weiblichen Qualitäten von Pallas zu verschmelzen. Diese Versöhnung mit der Weiblichkeit wird im Gegenzug die willkürliche Trennung zwischen der Liebesnatur einer Frau und ihrer geistig–spirituellen Schöpferkraft auflösen.

Die okkulten Lehren der Pallas Athene

Die okkulten Lehren von Pallas Athene leiten sich von der schlangenhaarigen Gorgone Medusa her, deren Abbild sie auf der Brust trägt. Der Schlangen–Aspekt der Medusa repräsentierte die Weisheit des Orakels und verlieh die Gabe, die Stimmen der Weissagung zu vernehmen. Das Blut der enthaupteten

Medusa war ein Elixier, das die Toten zum Leben erweckte und die Lebenden verjüngte. Aus diesem Grund lenkt Pallas jene Yoga–Techniken, welche die *Kundalini–Energie* aktivieren; letztere führt die Zellerneuerung herbei, aber auch die Erleuchtung durch die Öffnung des Kronenchakras.

Pallas Athene verkörpert ebenso den magischen Willen, der es uns ermöglicht, unsere Wirklichkeit zu erschaffen und diese zu kontrollieren. Anstatt sich auf Zeremonien oder Rituale zu verlassen, offenbart Pallas durch die Methode der kreativen Visualisation ganz spontan, was vonnöten ist. So gesehen, ist Pallas eher Okkultistin als Mystikerin; oder anders ausgedrückt: eher der dem Seher entgegengesetzte Wissenschaftler, der die Naturgesetze benützt, um Ideen auf physikalischer Ebene handgreiflich zu machen.

Psychologische Themen

✻ Das Prinzip der kreativen Intelligenz

Intelligenz; soziale Gerechtigkeit; künstlerische Begabung; Heilkraft; politische Aktivität; Vertrauen; Mut; Stärke; Tapferkeit

✻ Androgynität

✻ Ungleichgewicht der sexuellen Identität

Ablehnung der Weiblichkeit; Überidentifikation mit Männern; sexuelle Entfremdung; Vater/Tochter–Komplexe; Konflikte zwischen Liebe und Kreativität

✻ Okkulte Themen

Kundalini; Prophetie und Orakel; magischer Wille; kreative Visualisation

Weiterführende Literatur zu Pallas Athene

Aischylos. *Die Versöhnung (Eumeniden).* (Berlin: Weidmannsche Buchhandlung, 1900).

Bolen, Jean Shinoda. »Athene: Die Göttin der Weisheit und der Künste der Frauen, Strategin und Vaterstochter.« in: *Göttinnen in jeder Frau.* (Basel: Sphinx, 1989[2]).

Downing, Christine. »Dear Grey Eyes: A Revaluation of Pallas Athene.« in: *The Goddess: Mythological Images of the Feminine.* (New York: Crossroad 1981).

Hillman, James. »On the Necessity of Abnormal Psychology: Anake and Athene.« in: *Facing the Gods,* hrsg. von James Hillman (Irving, TX: Spring Publications, 1980).

Homer. »An Athene« in *Die Homerischen Hymnen,* verdeutscht von Thassilo von Scheffer (Leipzig: Dieterich'sche Verlagsbuchhandlung, 1948).

Kerényi, Karl. *Athene: Jungfrau und Mutter* (Zürich: Spring Publications, 1978).

Kerényi, Karl. »Metis und Pallas Athene« in: *Die Mythologie der Griechen Bd. I* (München: dtv, 1988[11]).

Leonard, Linda S. *The Wounded Woman* (Colorado: Shambala Press, 1982).

Spretnak, Charlene. »Athena.« in *The Lost Goddesses of Early Greece.* (Berkeley: Moon Books, 1978).

Stein, Murray. »Translator's Afterthoughts.« in: *Athene: Virgin and Mother* von Karl Kerényi (Zürich: Spring Publications, 1978)

Stone, Merlin. »Athena.« in *Ancient Mirrors of Womanhood Vol.II.* (New York: New Sybilline Books, 1979).

Walton, Evangeline. *Die letzte Amazone.* (Stuttgart: Klett–Cotta, 1983).

Kapitel 7

Pallas Athene im Horoskop

Die Griechen verehrten Pallas Athene, die Göttin der Weisheit und Gerechtigkeit, als Patronin der Künste und Beschützerin des Staates. Durch ihre alles umfassende Wahrnehmung erteilte sie den Menschen auf der Erde weise Ratschläge.

Ursprünglich eine libysche Amazonenkönigin, wandelte sie sich in der olympischen Götterwelt zu der aus dem Scheitel geborenen parthenogenetischen Tochter des Himmelsgottes Jupiter. Diese Darstellung ist die Verkürzung einer früheren Fassung des Mythos, derzufolge Jupiter seine erste Gattin, die mit Athene schwangere urtümliche Meeresgöttin Metis verschlang. Auf einer äußeren Schiene kennzeichnet dieser Mythos die Einverleibung und Übernahme des weiblichen Weisheits-Prinzips für die Belange des Staates. Dagegen zeichnet derselbe Mythos auf der inneren Ebene die Evolution des Bewußtseins nach, wobei der zeugungsfähige Sexualtrieb polarisiert wird, um geistige Schöpfer-Impulse freizusetzen. Pallas Athenes krankhafte Angst vor Erfolg entspringt einer kulturell konditionierten Abspaltung der geistigen Kreativität von der Weiblichkeit.

In ihrer Rolle als Tochter symbolisiert Pallas Athene das Prinzip der schöpferischen Intelligenz, die den Gedanken Gestalt verleiht. Durch ihr Wissen um die natürlichen Gesetze der Manifestation, wirkt sie sich in der Fähigkeit zur Verwirklichung und Vollendung von Plänen aus.

Astrologisch erklärt Pallas Athene, wie wir den Kernfragen von Kreativität, Lernen, Kunst, Politik, Heilen, Konkurrenz, Erfolgsangst und Entfremung in Beziehungen die Stirn bieten können.

In den Zeichen beschreibt Pallas Athene die zwölf Wahrnehmungsformen, mit denen der schöpferische Verstand bevorzugt arbeitet.

Pallas Athene in den Häusern sagt uns, wo der geistige Schöpferdrang zum Ausdruck gebracht wird und an welcher Stelle die Furcht vor dem Erfolg diesen Trieb blockieren kann.

Die Aspekte zwischen Pallas Athene und den Planeten legen dar, auf welche Weise dieses geistig-schöpferische Verlangen in andere Bereiche der Persönlichkeit integriert werden kann. Harmonische Winkelverbindungen verweisen auf ein problemloses Verweben von kreativen Bedürfnissen des Betreffenden, während Spannungsaspekte eher auf Konfliktpotential in diesen Bereichen hindeuten. Aber sobald die unterschiedlichen Anforderungen gemeistert und in die Psyche eingegliedert wurden, braucht der mit schwierigen Winkelstrukturen Geborene nicht mehr länger Stressfaktoren, um das Gleichgewicht zu erlernen.

Astrologische Entsprechungen und Schlüsselbegriffe

Pallas als Weisheitsgöttin ist ein Symbol für Intelligenz und Verstand.

Die gesamte Bandbreite der Intelligenz (vom Mongoloiden bis zum Genie) ✱ Probleme erfassen ✱ geistige Retardierung ✱ Wahrnehmungsschwierigkeiten ✱ Dyslexie ✱ Farbenblindheit ✱ Koordination von Hand und Auge ✱ Wahrnehmung zusammenhänger Strukturen, Bilder und Systeme ✱ Problemlösungen ✱ Störungssuche ✱ Begabung ✱ Präzision ✱ Planung ✱ Voraussicht ✱ praktische Anwendbarkeit ✱ Technologie ✱ Koordination

Pallas, die Schutzherrin der Künstler, schätzt die Kunst.

visuelle Künste ✱ Zeichnen ✱ Malen ✱ Graphik ✱ Fotographie ✱ Design ✱ Heimarbeit ✱ Spinnen ✱ Weben

✳ Stricken ✳ Nähen ✳ Töpferei ✳ Schmiedekunst ✳ Metallgießerei ✳ Musikinstrumente

In ihrem Hygeia–Aspekt entspricht Pallas der Heilkunst.
Geist–Heilung ✳ Visualisation ✳ Hypnose ✳ Affirmation ✳ körperliche Heilung durch Gleichgewicht ✳ Polarität ✳ Makrobiotik ✳ Akupunktur ✳ Homöopathie ✳ Zellerneuerung ✳ energetisches Heilen durch Kanalisieren, Reinigung und Polarisation von Strömen ✳ psychologisches Heilen durch Balance und Integration ✳ Psychodrama ✳ Gestalt–Therapie ✳ Transaktionsanalyse

Pallas als Göttin der Gerechtigkeit und Beschützerin des Staates lenkt die politischen Aktivitäten.
Verteidigung der Gerechtigkeit ✳ Gesetz ✳ rechtliche Angelegenheiten ✳ Fürsprecherin des Volkes ✳ Streiterin für Minderheitengruppen ✳ Wale ✳ Alte ✳ Jugendliche ✳ Ethnien ✳ Frieden ✳ Vermittler ✳ Diplomatie ✳ Beratung ✳ ehrlicher Zeuge ✳ Kampfkünste ✳ Kung Fu ✳ T'ai Chi ✳ Aikido ✳ militanter Feminismus

Pallas unterstützt Vortrefflichkeit im Berufsleben.
Karriere–Training ✳ Berufsberatung ✳ Diskriminierung und Sexismus in der Berufswelt

Pallas in den Zeichen

Die Quellen der nachfolgend zitierten Geburtsdaten werden durch die Ziffern in den Klammern belegt.
(1) Lois Rodden: *The American Book of Charts*
(2) Lois Rodden: *Profiles of Women*
(3) Marc Penfield: *An Astrological Who's Who*
(4) Mark Lerners Zeitschrift *Welcome to Planet Earth.*

Pallas Athene im Widder zeigt eine Wahrnehmung, die aktivieren und initiieren möchte. »Sehen« versteht sich im Sinne davon, etwas in Bewegung zu setzen. Durch die starke Verbindung des Widders mit der Lebensenergie bedeutet Pallas Athene beim Heilen das Vorstellungsvermögen, welches die bei Homöopathie oder Akupunktur wirksamen Vitalkräfte aktiviert. Ästhetisch tritt diese Pallas im Pionierbereich der kinetischen Kunst oder aber bei Athleten zutage, die den Körper für kreative Impulse benützen. Pallas Athene ist eine sehr militante Kriegerin, welche die Lebenskraft dazu mobilisiert, für die Glaubensziele des Geborenen zu kämpfen. Ihre Weisheit äußert sich in plötzlichen Einfällen, wie z. B. beim Brainstorming, oder in überraschender Abenteuerlust.

Der Zauberer Harry Houdini (Widder–Pallas) erlangte in den zwanziger Jahren durch seine gefährlichen Vorstellungen Berühmtheit als Entfesslungskünstler (3).

Die Scharfschützin Annie Oakley wurde mit einer Pallas im Widder geboren (1).

Pallas Athene im Stier repräsentiert die Wahrnehmung durch die physischen Sinnesorgane. Man empfängt die Schönheit der Natur ständig durch visuelle, hörbare und taktile Reize. Da der Stier eng mit der Erde und der materiellen Substanz verknüpft ist, kann Pallas Athene durch Naturheilverfahren oder durch Händeauflegen heilsam wirken. Eine im Stier erstarkte Pallas Athene ist in ästhetischer Hinsicht begabt, mit Farbe, Form und Gewebe umzugehen, um durch Kunst, Musik und Landschaftsgärtnerei Schönheit zu erzeugen. Auf politischer Ebene befaßt sich die Stier–Pallas mit der Erhaltung der Erde (durch Ökologie oder Landreform). Die Weisheit der Stier–Pallas entspricht dem gesunden Menschenverstand, wie z. B. den praktischen Anregungen der Volksmedizin.

Die Sinnlichkeit der Schauspielerin Katharine Hepburn wird zum Teil durch ihre Pallas/Mond–Konjunktion im Stier beschrieben (2).

Pallas Athene in den Zwillingen kennzeichnet die Wahrnehmung mittels der geschriebenen und der gesprochenen

Sprache. Man nimmt die Welt in einer Überfülle an Worten auf. Im Heilungsprozeß benützt Pallas Athene die Kraft der Worte durch Affirmationstechniken, neurolinguistisches Programmieren oder Logotherapie. Als Analytikerin versucht sie, mit Worten die unbewußten Gefühle zu entlocken. Im ästhetischen Bereich liegt hier die Stärke eines Autors und Dichters, der mit Worten Bilder schafft, oder eines Erzählers, der die orale Tradition fortführt. Die politische Pallas Athene in den Zwillingen ist eine Kämpferin in Redeschlachten oder Artikeln, wobei die innere Wahrheit in Sprache übersetzt wird. Die Weisheit der Zwillinge–Pallas lautet Wissen, und zwar eines, das dem innersten, persönlichen Geist entspringt. Das Paradoxon kann für das Verständnis eine gewichtige Rolle spielen.

Marc Edmund Jones, ein Pionier der Astrologie, wurde mit einer Zwillinge–Pallas im 7. Feld geboren (1).

Der Komiker Lenny Bruce, der für seine derbe Sozialkritik bekannt war, hatte Pallas im 7. Feld und in den Zwillingen (1).

Pallas Athene im Krebs bedeutet, daß Wahrnehmen vorwiegend durch Emotionen geschieht. Man fühlt seinem eigenen Weg durch die Welt gewissermaßen »auf den Zahn«. Diese Pallas heilt durch die Einrichtung von gesunden Umgebungen, die den biologischen Grundbedürfnissen Befriedigung verschaffen: Wärme, Behaglichkeit, Nahrung, Sicherheit. Die ästhetischen Talente treten in der Kochkunst zutage, in der Gastgeberrolle oder im Arrangement einer gefühlsbetonten Situation. In ihrer politischen Erscheinung verteidigt diese Pallas Athene Heim und Familie, sie ist eine Patriotin und eine Fürsprecherin für Kinder, Alte, Behinderte und Bedürftige. Die Krebs–Pallas vermittelt die Weisheit des Mitgefühls, eines Wissens, das man durch hyperempfindliche, emotionale Antennen gewinnt.

Der Astronaut Neil Armstrong setzte als erster Mensch einen Fuß auf den Mond (Pallas/Jupiter–Konjunktion im Mondzeichen Krebs) (3).

Der Patriot Nathan Hale, der sagte »Ich bedaure, daß ich nur ein Leben habe, das ich meinem Land geben kann«, wurde mit einer Pallas/Ceres–Konjunktion im Krebs geboren (3).

Pallas Athene im Löwen zeigt eine besonders starke kreative Wahrnehmung. Man »sieht« die Welt von dem Standpunkt aus, wie man ihr den Stempel seines eigenen Wunschbildes aufdrücken kann. Pallas heilt hier mit Psychodrama, Kunsttherapie, Spieltherapie, Tanztherapie und Streßverminderung durch Spaß. Menschen mit Pallas im Löwen wirken schöpferisch in Drama oder Schauspielerei, sie machen gerne anderen den Hof und bemühen sich um solare Erfindungen. Diese Geborene haben die Ausstrahlungskraft und die Fähigkeit, als Wortführer bei Rechtsstreitigkeiten ans Licht der Öffentlichkeit zu treten und die Massen durch politische Komödien mitzureißen. Die Weisheit der Löwe–Pallas liegt im schöpferischen Impuls, der neuen Ausdrucksformen zum Leben verhilft.

Die charismatische und mutige Kandidatin auf die Vizepräsidentschaft, Geraldine Ferraro, wurde mit einer Löwe–Pallas in Konjunktion zur Jungfrau–Sonne geboren.

Simon Bolivar, »El libertador« von Südamerika, hatte eine Pallas/Ceres–Konjunktion im Löwen (3).

Pallas Athene in der Jungfrau deutet auf eine analytische Wahrnehmung hin. Man verfügt über die Fähigkeit, die Dinge in ihrer einfachsten Form ohne die sie umgebenden überflüssigen Komplikationen zu sehen. Hier kann Pallas Athene sehr gut durch Hatha–Yoga–Techniken heilen, sie kann den Körper aber auch durch die Ernährung oder durch Übungen harmonisieren. Im ästhetischen Bereich bringt sie eine Vorstellung durch handwerkliches Geschick für praktische Dinge zu greifbarer Gestalt (Computer–Programmierung, Töpferei, Nähen, Holzarbeiten). Sie kämpft für politische Perfektion sowie hohe Qualität und Standards in jedem Bereich. Die Weisheit der Jungfrau–Pallas besteht im Unterscheidungsvermögen, der Trennung der Spreu vom Weizen.

Die Heilerin Ellen Yoakum (Jungfrau–Pallas im 4. Haus) diagnostizierte ihre Patienten, indem sie sie einfach anschaute und heilte sie dann durch Händeauflegen (2).

Pallas Athene in der Waage reflektiert eine Wahrnehmung, die Gegensätze auszusöhnen versucht. Man sieht in Form von räumlichen Relationen und bringt Gleichgewicht, Struktur und Zusammenhänge ins Blickfeld. Diese Pallas Athene heilt mittels Techniken des Energieausgleiches: Polarity–Therapie, Gestalt–Techniken, Makrobiotik, T'ai Chi und Konfliktmanagement. Der Schönheitssinn einer Waage–Pallas ist sehr stark, und sie kann ein harmonisches Design in Graphik, Mode und Innenarchitektur gestalten. Politisch verteidigt sie die Gerechtigkeit und versucht, die Kunst des Friedens auszuführen durch Diplomatie, legale Aktionen oder Vermittlung. Die Weisheit der Waage–Pallas ist das Gleichgewicht, die Fähigkeit, Polaritäten zu harmonisieren und zu integrieren.

Die Fernsehmoderatorin Barbara Walters (Pallas in der Waage und am Aszendenten) war ein bahnbrechendes Vorbild für Frauen in Medienberufen (2).

Pallas Athene im Skorpion verweist auf eine durchdringende Wahrnehmung. Man kann, quasi wie mit einem Röntgenblick, durch, unter und über der Oberfläche der Dinge sehen. Die Qualitäten als Heiler sind bei einer Skorpion–Pallas sind bedeutend, denn sie stößt zum Kern des Problems vor und packt die Schwierigkeiten bei der Wurzel an. Zusätzlich verwendet sie tiefenpsychologische Methoden wie Hypnose, Urschrei oder Reinkarnationstherapie, um Unbewußtes ins Wachbewußtsein zu bringen. Zum Repertoire ihrer Heilverfahren zählen ferner die Sexualtherapie und die Zellverjüngung. In ästhetischer Hinsicht bringt sie ihre Phantasiebilder in der Symbolkunst zum Ausdruck, so zum Beispiel in Mandalas, oder in Sex als Kunstform, wie etwa in tantrischen Praktiken oder im *Kama Sutra*. Politisch ist sie eine furchtlose Kämpferin, welche die Macht der Massen kontrolliert, und eine Begabung für Strategie und Spionage kennt. Die Weisheit der Pallas Athene im Skorpion ist die Einsicht, das Vordringen zum Kern und das Erfassen des Wesentlichen.

Der Chirurg Christiaan Barnard, der die erste Herztransplantation der Geschichte vornahm, hat eine Pallas/Sonne–Konjunktion im Skorpion (3).

Agatha Christie, eine der bedeutendsten Autorinnen von Kriminalgeschichten, wurde mit einer Skorpion–Pallas im 2. Feld geboren. (2).

Pallas Athene im Schützen schließt eine begriffliche Wahrnehmung ein und sieht die Welt in breitangelegten Bildern. Im Heilwesen zeigt sich dies als geistige Heilung, indem man die Kraft einer klaren Vorstellung des vollkommenen und gesunden Körpers benützt, um ihn auf Veränderungen und Besserungen einzuschwingen. Die Verbindung des Schützen mit Religion kann auf den *Schamanen* oder *Guru* hindeuten, der mit spirituellem Wissen heilt. Ästhetisch will man Kunst schaffen, welche die Bedeutung der universellen Prinzipien übermittelt (Tarot) oder einzigartige ethnische und kulturelle Qualitäten hervorhebt. Die politische Schütze–Pallas verteidigt Wahrheit und Rechtschaffenheit und kämpft für Ideologien. Dies kann auch den Weisen oder den Berater des Führers (wie Merlin in der Artus–Sage) andeuten, aber auch religiöse Kämpfer wie Kreuzfahrer oder die *jihad* (heilige Krieger der Moslems). Die Weisheit der Schütze–Pallas ist die Vereinigung, das Vereinen der zusammenhängenden Einzelteile, um ein Ganzes zu formen.

Bertrand Russell, der die Humanität und Gedankenfreiheit verteidigte, wurde mit einer Schütze–Pallas geboren (1).

Der Wahlkampf von Reverend Jesse Jackson (Schütze–Pallas) basierte stark auf religiösen Ideologien (4).

Pallas Athene im Steinbock kennzeichnet strukturierte Wahrnehmung. Man »sieht« durch ein Verständnis der strukturellen, die Form unterstützenden Grundlage. Im Heilwesen bedeutet dies, im Bereich des Skeletts zu heilen, also beispielsweise durch Chiropraktik, Rolfing, Tiefenmassage oder Zahnmedizin. Hinsichtlich ästhetischer Ausdrucksformen ist Pallas Athene im Steinbock sehr stark und repräsentiert die Fähigkeit, exakte Strukturen zu formulieren, in welchen die rohen schöpferischen Energien zusammenwachsen können. Augenblickliche Manifestationen sind oft möglich und können als ein magischer Prozeß angesehen werden. Die Steinbock–Pallas ist überragend in Architektur, technischem Zeichnen und Bildhauerei. Da man das Zeichen Steinbock auch mit dem Thema Zeit assoziiert, steht diese Pallas mit der Kunst der zeitlichen Koordinierung — sprich: zur rechten Zeit am richtigen Platz zu sein — in Verbindung. Pallas Athene im Steinbock verteidigt Recht und Ordnung. Es gibt einen sehr starken Machthunger nach Autorität in sozialen oder politischen Institutionen. Die Weisheit der Steinbock–Pallas basiert auf einem System, welches die Dinge in eine passende Reihenfolge zueinander bringt.

Der berühmte Bildhauer Auguste Rodin, der seine wunderschönen Ideen in körperlicher Gestalt ausdrückte, wurde mit Pallas im Steinbock und im 12. Feld geboren (1).

Pallas Athene im Wassermann repräsentiert einen futuristische Wahrnehmung. Man betrachtet alles hinsichtlich der verschiedenen Möglichkeiten in der Zukunft. Diese Pallas verwendet Schwingungen und heilt mit Farbe, Klang, Kristallen und weißem Licht (als Reflektor der Sonnenstrahlen im Löwen). Im künstlerischen Bereich äußert sie sich durch neuartige Kreationen. Als Erfinderin oder Genie gestaltet sie Science Fiction, Computergraphik, New Wave Musik, Rock–Videos und radikale Kunst. Diese Künstler kämpfen in der vordersten Reihe der Zukunft und interpretieren die Zukunftsklänge für die Massen. Politisch ist die Wassermann–Pallas revolutionär, verteidigt humanitäre Streitfälle und organisiert den Protest der Basis. Die Weisheit einer Pallas im Wassermann heißt Zukunft durch die Schöpfung von Formen zum Wohle der kommenden Generationen.

Die politischen Außenseiter und Menschenrechtskämpfer Abraham Lincoln (1), Earl Warren (1) und Martin Luther King (1) wurden alle mit einer Wassermann–Pallas geboren.

Lois Rodden, Astrologin und Pilotin, wurde mit einer im Wassermann aufsteigenden Pallas geboren (2).

Pallas Athene in den Fischen zeigt eine diffuse Wahrnehmung. Man geht in den Bereichen der dichten Realität auf und erfährt dadurch einen direkten Kontakt mit dem Objekt. Diese Stellung der Pallas ist besonders ausgezeichnet für Geistheilung oder paranormales Heilen. Man kann Erfolge erzielen mit psychologischen Techniken wie zum Beispiel gelenkten Phantasiereisen, Traumdeutung, aber auch durch Meditation, Schutzgeister oder spirituelle Praktiken. In ästhetischer Hinsicht trägt sie die poetischen, inspirativen und illusorischen Qualitäten in die Kunst. Der Geborene hat Talente in den Medien Film und Photographie, die mit Licht und optischen Täuschungen arbeiten oder im Bereich der sphärischen Musik, die Gefühle erweckt. Die Fische–Pallas kann eine Verfechterin des gewaltlosen Widerstandes sein, indem sie die andere Backe hinhält oder den Kampf verweigert. Sie ist auch die erleuchtete Kämpferin (*bodhisattva*) und Märtyrerin. Ihre Weisheit ist das Mitleid: die Erkenntnis des universellen Leidens und des Sehnens nach Glück, das alle Menschen durchdringt.

Walt Disney, der Vater so bekannter Zeichentrickfiguren wie Mickey Maus und Donald Duck, hatte eine Fische–Pallas.

Johann Sebastian Bach (Fische–Pallas in Konjunktion zur Widder–Sonne) ließ tiefe religiöse Empfindungen in seine Kompositionen einfließen (3).

Pallas Athene in den Feldern

Pallas Athene im ersten Feld legt eine starke persönliche Identifikation mit Intelligenz, Macht und/oder Kreativität nahe. Es kann die Neigung vorliegen, androgyne Eigenschaften zu zeigen oder konventionellen männlichen bzw. weiblichen Stereotypen die Stirn zu bieten.

Die Pilotin Amelia Earhart (Pallas mit einer Konjunktion zum Stier–Aszendenten) sagte: »Frauen müssen Dinge versuchen, die Männer schon gemacht haben. Wenn sie darin scheitern, so muß dieser Fehlschlag als Herausforderung der anderen gewertet werden« (2).

Pallas Athene im zweiten Feld deutet auf ein starkes praktisches Gespür und einfallsreiche Begabungen, um Ressourcen zu erschließen. Man kann einen Überfluß an materiellen Besitztümern und Werten durch kreative Visualisation verwirklichen.

Der Dichter Jack Kerouac lebte seinen Protest gegen den Materialismus der bürgerlichen Mittelschicht voller Intensität aus (Pallas in Konjunktion zu den Mondknoten im 2. Feld) (1).

Pallas Athene im dritten Feld ist ein Hinweis auf starke intuitive Fähigkeiten. Man kann mittels Worten und Botschaften kreativ werden, kann Erziehungsmethoden revolutionieren und aktiv für die Umwelt eintreten. Es existieren eine persönliche Intelligenz und ein enormer Wissensdurst.

Mit seiner Pallas/Neptun–Konjunktion in der Jungfrau und im 3. Feld wurde Richard Alpert ganz natürlich zur Erforschung veränderter Bewußtseinszustände hingezogen (1).

Pallas im vierten Feld läßt darauf schließen, daß der Geborene äußerst übersinnlich und empfindsam sein kann. Das Unterbewußtsein ist die Quelle der Weisheit. Man ist begabt, im Heim und in den Ferien Atmosphäre zu schaffen.

Die Schriftstellerin Julia Child hat eine Pallas/Sonne–Konjunktion im vierten Feld (2).

Pallas im fünften Feld zeigt eine Person, die neuen Ideen sehr talentiert zur Geburt zu verhelfen vermag. Es kann zu sexueller Isolation kommen, indem man die Zeugungskraft in kreativen Tätigkeiten sublimiert oder indem man die Leidenschaft für Freundschaften opfert.

Helen Frankenthaler (Pallas im Wassermann und im fünften Feld) gilt als eine der wichtigsten abstrakten Malerinnen der Gegenwart (2).

Pallas Athene im sechsten Feld. Diese Menschen setzen ihre Intelligenz ein, um Systeme zu integrieren oder zu perfektionieren. Die schöpferische Begabung kann in der Arbeit zum Tragen kommen oder durch gewaltige geistige Heilung des Körpers. Auch kann sie sich in der Verfechtung von Arbeiterrechten zeigen.

Edgar Cayce drückte seine Steinbock–Pallas im sechsten Feld durch seinen Dienst am Menschen als Seher und Heiler aus (3).

Pallas Athene im siebten Feld verleiht den Geborenen starke Anlagen zum Vermitteln und Beraten. Die schöpferische

Weisheit kann zur Verbesserung der zwischenmenschlichen Beziehungen benützt werden. Die Schwierigkeit könnte jedoch im intimen und sexuellen Bereich liegen, da manche einen Widerstreit zwischen Partnerschaft und Kreativität sehen. Diese Geborenen kommen oft mit unpersönlichen Beziehungen wesentlich besser zurecht als mit persönlichen.

Shirley MacLaine (Pallas–Merkur im Widder und im 7. Feld) war eine Vorkämpferin und ausgesprochene Fürsprecherin der Frauenrechte (4).

Pallas Athene im achten Feld repräsentiert eine starke übersinnliche und seherische Intelligenz. Diese Menschen haben eine glückliche Hand für Gemeinschaftsunternehmen und Geldangelegenheiten, die Magie der Sexualkraft und im Einsatz des *Kundalini–Yoga* als spirituellen Umwandler. Man kann Einschränkungen und Restriktionen in den herkömmlichen, sexuellen Ausdrucksformen erfahren und stattdessen die Sexualität in das Feld der Kreativität oder Transformation verlagern.

Der spirituelle Lehrer Paramahansa Yogananda (Fische–Pallas im 6. Feld), Begründer der Self–Realization Fellowship, lebte sein ganzes Leben lang zölibatär. (1)

Pallas Athene im neunten Feld verweist darauf, daß die kreativen Gedanken des Individuums als politische, philosophische oder soziale Ideologien an die Oberfläche treten und dort die Bildung revolutionieren können. Dies ist zugleich ein Hinweis auf legalen Aktivismus und starke innere Betroffenheit.

Jefferson Davis, der Streiter für die Verfassungsrechte der Südstaaten während des Bürgerkrieges, wurde mit einer Wassermann–Pallas im neunten Feld geboren (3).

Madalyn Murray O'Hair (Wassermann–Pallas im neunten Haus mit Saturn–Opposition) führte einen Feldzug gegen die institutionalisierte Religion und gewann als Anwältin ihren Prozeß gegen das ungesetzliche Schulgebet (2).

Pallas Athene im zehnten Feld spielt auf ein starkes Schicksal an, um Anerkennung in der Berufswelt zu erreichen. Man kann seine charakterliche Weisheit benützen, um seine berufliche Laufbahn voranzutreiben. Im Horoskop von Frauen kann diese Felder–Stellung die archetypische Situation für höchsten beruflichen Erfolg auf Kosten der Zurückweisung der eigenen Femininität — außer bei Integration der emotionalen Bedürfnisse — verstärken.

Helen Gurley Brown, die Herausgeberin des *Kosmopolitan*, welcher sich für die Emanzipation der Frau einsetzt, hat eine Pallas/Jupiter–Konjunktion im zehnten Feld (2).

Pallas Athene im elften Feld macht die Geborenen für neue soziale Visionen empfänglich. In der Gruppenarbeit kann man neue Konzepte in gesellschaftliche Organisationen einführen. Man verbessert seine kreativen Ideen durch die Teilnahme an bruderschaftlichen oder schwesterlichen Vereinigungen. Es gibt auch einen starken politischen Charakterzug, der unermüdlich für soziale Veränderungen arbeitet, und man gerät leicht in die Rolle des Wortführers.

Bob Dylan, der zahlreiche Protestsongs schrieb, wurde mit einer Schütze–Pallas im elften Haus und in Opposition zur Sonne geboren (1).

Pallas Athene im zwölften Haus verweist darauf, daß die Intelligenz mit dem kollektiven Unbewußten verknüpft ist. Man kann spirituelle Lehren meistern. Diese Stellung deutet ferner auf ein Karma bezüglich des Verstandes, der Intelligenz und des Glaubenssystems hin, so daß man unter Umständen Beschränkungen der geistigen Fähigkeiten erfährt (Retardation, Zusammenbruch). In positiver Hinsicht veranschaulicht es die Widmung des Verstandes zum Wohle anderer oder als spiritueller Dienst.

Angela Davis (2) wurde wegen ihrer politischen Aktivitäten verhaftet. Patty Hearst (2) wurde gekidnappt und kämpfte auf der Seite ihrer Entführer. Beide hatten ihre Pallas im 12. Feld, das traditionell mit Gefängnis assoziiert wird.

Pallas–Aspekte zu den Planeten

Pallas/Sonne–Aspekte. Das geistig–schöpferische Prinzip verbindet sich mit Identität und Lebensenergie. Diese Verknüpfung deutet darauf hin, daß eine Transformation der sexuellen Schöpferenergie in künsterlische und geistige Vollkommenheit ein zentrales Lebensziel darstellt.

Harmonische Aspekte verweisen auf Charakterstärke, Intelligenz und Mut. Diese Individuen sind geneigt, durch künstlerische, politische oder heilende Formen etwas zu erzeugen. Auf Grund einer Entpolarisierung der Geschlechtsrollen von Mann und Frau fühlt sich der Geborene in den verschiedenartigsten Sexualbeziehungen wohl.

Spannungsgeladene Aspekte können Angst vor Vollendung symbolisieren, was andererseits zu Blockaden in geistigen und kreativen Prozessen führen kann. Es können auch Schwierigkeiten in der Vaterbeziehung auftreten. Diese Personen können sich außerdem von ihrer eigenen Sexualität entfremdet fühlen, so daß sie möglicherweise ein Durcheinander in ihren sexuellen Begegnungen erleben, solange sie ihre innere Unordnung noch nicht geklärt haben.

Die Lösung für diese Konflikte liegt darin, die eigenen kreativen Bestrebungen harmonisch in sein grundlegendes Lebensziel zu integrieren.

Beispiele: John Lennon (Pallas/Sonne–Konjunktion in der Waage) vermittelte in seinen Liedern *Give Peace A Chance, Imagine,* oder *Power To The People* eine Vision von Einheit und Frieden in der Welt (1).

Königin Beatrix von Holland wurde mit einer Pallas Konjunktion Sonne im Wassermann und im 11. Feld geboren. Sie ist eine unabhängige und intelligente Frau, die ihr Leben mit der Ausübung ihrer öffentlichen Position als Königin der Niederlande verbrachte (2).

Charles Darwin (Pallas/Sonne–Konjunktion im Wassermann) löste mit seiner Lehre der Evolution durch natürliche Selektion einen Umsturz der biologischen Wissenschaftstheorie aus.

Die Wissenschaftlerin und Schriftstellerin Rachel Carson (Pallas/Sonne–Konjunktion in den Zwillingen) lenkte durch ihr Buch *Der stumme Frühling* die öffentliche Aufmerksamkeit auf die zerstörerischen und verheerenden Folgen des Einsatzes von Pestiziden.

Pallas/Mond–Aspekte. Das geistig–schöpferische Prinzip verbindet sich mit Emotionen und Gefühlen. Die Fusion dieser beiden Gesichtspunkte kann eine klare Wahrnehmung der Gefühlswelt herbeiführen.

Günstige Winkelverbindungen können einen äußerst intuitiven und fruchtbaren Verstand kennzeichnen, aber auch beste Anlagen zu Übersinnlichkeit. Die weiblichen Kräfte und Fähigkeiten werden intensiv empfunden und gezeigt. Die Geborenen können an dem Schutz und der Verteidigung von Minoritäten beteiligt sein.

Schwierige Aspekte können laufend Konflikte zwischen Verstand und Gefühl erzeugen, ein Aufeinanderprallen zwischen emotionalen Bedürfnissen und großen Leistungen. Diese Geborenen können Entfremdung von ihrer Mutter erfahren und demzufolge auch von ihrer eigenen weiblichen Identität. Sonstige Probleme könnten durch ein Gefühl der Abhängigkeit und Machtlosigkeit mangels Bildung und Selbstvertrauen auftreten.

Die Zerstreuung dieser Konflikte liegt in der Anerkennung einer weiblich definierten Intelligenz, welche Herz und Verstand, logisches Denken und Intuition, sowie Wärme und Gefühl vereint.

Beispiele: Simone de Beauvoir wurde mit einer Jungfrau–Pallas im 10. Feld und in Opposition zu ihrem Fische–Mond geboren. Sie war Existentialistin und eine ausgezeichnete Philosophin. Zusammen mit Jean–Paul Sartre führte sie die Avantgarde der Pariser Intellektuellen an (2).

Frédéric Chopin, der für seine romantischen und unvergeßlichen Melodien bekannte Klavierkomponist, wurde mit einer Widder–Pallas in Opposition zum Waage–Mond geboren (3).

Katharina die Große von Rußland (Pallas am Schütze–MC in Opposition zum Mond) förderte Wissenschaft, Literatur, Kunst und die Entwicklung einer nationalen Kultur (2).

Der Wissenschaftler Willy Ley (Pallas/Mond–Konjunktion im Widder) ist ein produktiver Autor über Weltraumfahrt und Raketenforschung (1).

Pallas/Merkur–Aspekte. Das geistig–schöpferische Prinzip verbindet sich mit dem Intellekt, was die von Pallas Athene symbolisierte kreative Intelligenz enorm verstärkt.

Positive Winkelkombinationen veranschaulichen starke intellektuelle und kreative Fähigkeiten. Diese Menschen legen oft Stärken und Talente im Umgang mit Worten oder Kommunikationsmedien an den Tag. Sie können Meditation, Affirmationstechniken, Verhandlungsstrategien und positives Denken geschickt einsetzen.

Ungünstige Planetenstrukturen deuten auf mögliche Blockierungen in der Eignung, logisch zu denken und seine Ideen verbal zum Ausdruck zu bringen. Dieser Aspekt könnte auch auf Lernschwierigkeiten oder auf Fehlfunktionen im Zusammenhang mit Wahrnehmung, Hören oder Verstand hindeuten.

Die Lösung für diese Problemstellungen läßt sich finden, wenn man seine rationalen Fähigkeiten nach den kreativen Impulsen ausrichtet, so daß man seine ursprünglichen Ideen erfolgreich mitteilen kann.

Marie Curie (Pallas Konjunktion Merkur und Schütze–MC) war die einzige Person, die jemals den Nobelpreis sowohl für Chemie als auch für Physik erhielt; wurde jedoch nie zur Akademie der Wissenschaften zugelassen, da sie eine Frau war (2).

Der politische und militärische Führer der nationalchinesischen Republik Taiwan Tschiang Kai–Tschek hatte eine Pallas/Merkur–Konjunktion im Skorpion und im 9. Feld (3).

Pallas/Venus–Aspekte. Das geistig–schöpferische Prinzip verbindet sich mit dem weiblichen Prinzip der Liebe und Empfindsamkeit. Da Venus die Göttin der Schönheit ist, wirft diese Mischung ein Glanzlicht auf die ästhetischen Qualitäten von Pallas Athene.

Günstige Winkelverbindungen deuten an, daß man fähig ist, die sexuelle Energie in künstlerische Bahnen zu überführen. Die feminine, sexuelle Identität kann auch in außenweltliche Leistungen integriert werden. Aufgrund des vorhandenen inneren sexuellen Gleichgewichts kann der Geborene androgyne Neigungen haben und an den verschiedensten sexuellen Interaktionen Wohlgefallen finden. Zudem kann auch ein Wunsch vorliegen, für die Gleichberechtigung der Frau einzutreten.

Spannungsaspekte können Hemmungen im sexuell–schöpferischen Ausdruck bedeuten. Der innere Widerstreit zwischen intimer Beziehung und kreativer Leistung kann dazu führen, daß man das eine zugunsten des anderen opfert. Es können auch Verwirrungen über die Beschaffenheit der weiblichen sexuellen Identität vorliegen.

Eine Aufweichung dieser Konfliktstrukturen läßt sich bewirken, wenn man lernt, nicht nur aktiv in der äußeren Welt zu erzeugen, sondern sich auch zu öffnen und empfänglich zu werden, so daß man die nötige Inspiration an sich zieht. Allgemein gesprochen, heißt dies, seine innerlichen männlichen und weiblichen Energien im Gleichgewicht zu halten.

Dic androgync Oricnticrung und dic künstlcrischc Produktivität des Sängers Elton John bilden sich durch seine Pallas/Venus–Konjunktion im 5. Feld (1) ab.

Yoko Onos Pallas/Venus–Konjunktion im Wassermann und 5. Feld verdeutlicht sowohl ihren Hang zur Avantgarde als auch ihren unkonventionellen Lebens– und Liebesstil (2).

Pallas/Mars–Aspekte. Das geistig–schöpferische Prinzip verbindet sich mit dem männlichen Prinzip des Handelns und der Entschlossenheit, was den Mut und den Aktivismus von Pallas Athene verstärkt.

Harmonische Konfigurationen entsprechen der Fähigkeit, wohlüberlegte Pläne mit strategischer Zuversicht und Sicherheit durchzuführen. Man hat die Gabe, aktiv für die Ideen, denen man zugetan ist, zu kämpfen und als Sieger hervorzugehen. Die maskulinen Energien sind gut entwickelt und werden gelebt.

Gespannte Aspektgefüge können Hemmungen im sexuellen Ausdruck bedeuten und eine Unfähigkeit, die kreativen Vorstellungen tatsächlich in die Realität umzusetzen. Die sexuelle Frustration kann zu Gefühlen der geschlechtlichen Unzulänglichkeit führen, was letzlich durch ein gewalttätige Verhaltensweisen kompensiert wird. Man könnte auch Verwirrungen über seine männliche Identität unterliegen, was entweder zuwenig oder zuviel maskuline Ausdruckskraft mit sich bringt.

Wenn man seine kreativen Gedankenprozesse mit seiner Willens– und Ausführungskraft zur Deckung bringt, so lassen sich die beschriebenen Probleme beseitigen. Gelingt einem der Zugriff auf die innere Stärke und den Mut in angemessener Weise, so läßt sich dieser Vorgang erleichtern.

Der Verbraucherschützer Ralph Nader blieb der Berufung seiner Pallas/Mars–Konjunktion in den Fischen treu (3).

Der charismatische und aggressive Prediger Billy Graham hat ebenfalls eine Pallas/Mars–Konjunktion im Schützen (3).

Pallas/Ceres–Aspekte siehe Seite 101.

Pallas/Vesta–Aspekte. Das bündelnde Prinzip verbindet sich mit dem kreativen Selbstausdruck, was eine energetisch starke Kombination darstellt, um sein visionäres Vermögen zu konzentrieren.

Harmonische Planetenverbindungen zeigen die Tendenz, sich von einem Gedanken inspirieren zu lassen und sich einer Angelegenheit ganz zu widmen. Diese Geborenen sind fähig, Sexualenergie für künstlerische, politische, intellektuelle oder spirituelle Zwecke zu sublimieren. Der Aspekt könnte auch auf die Anlage zur Ausübung der Heilkunst hindeuten.

Gespannte Winkel verweisen auf eine Sperre bei der Äußerung von Intellekt und Kreativität. Darüberhinaus kann eine zu starke Verwicklung mit dem inneren Schöpfungsprozeß zu sozialer und partnerschaftlicher Vereinsamung führen. Manchmal ist auch ein Potential zu politischem Fanatismus vorhanden.

Die Lösung für diese Schwierigkeiten ergibt sich, wenn man die gesammelten Energien der Vesta für die Übermittlung und Realisierung der kreativen Ideen benützt.

Carrie Nation, deren Jungfrau–Vesta in Opposition zu ihrer Fische–Pallas stand, hatte Visionen und fühlte sich für einen Kreuzzug gegen den Alkohol ausersehen (1).

Rudolf Nurejew lebte die Spannung seines Quadrates von Schütze–Vesta und Fische–Pallas in der Weise, daß er aus Rußland flüchtete, um seiner Karriere als Tänzer nachzugehen (3).

Pallas/Juno–Aspekte. Das geistig–schöpferische Prinzip verbindet sich mit dem Wunsch nach Beziehungen. Bei dieser Kombination benützt man Partnerschaften, um den kreativen Werdegang zu verbessern.

Günstige Aspekte bedeuten eine Fähigkeit zur Zusammenarbeit, um kreative Vollkommenheit zu erzeugen. Die inneren männlich–weiblichen Polaritäten können im Gleichgewicht gehalten werden, wodurch man Harmonie und Kooperation in seine äußeren Beziehungen einbringen kann. Diese Geborenen ermutigen und unterstützen oftmals die kreative Entwicklung ihrer Partner.

Spannungswinkel verweisen auf Konfliktpotential zwischen kreativen und partnerschaftlichen Bedürfnissen. Eventuell werden einem Partner Beschränkungen hinsichtlich der Kreativität und der geistigen Vollendung auferlegt. Zusätzlich kann ein Ungleichgewicht der Mann/Frau–Polarität Schwierigkeiten in die zwischenmenschlichen Beziehungen hineintragen (zum Beispiel können frühkindliche Vater–Komplexe auf die Partnerschaften des Erwachsenen gespiegelt werden).

Die Auflösung dieser Probleme kommt, wenn man die Wertschätzung der anderen im eigenen Schöpferprozeß anerkennt und einen Weg findet, ihre Beiträge einzugliedern und dennoch sich selber treu zu bleiben.

Die bewunderswert kreative Beziehung von Mary Shelley mit ihrem Mann Percy wird in ihrer Pallas/Juno–Konjunktion im 4. Feld und in der Jungfrau abgebildet (2).

Der Magier Aleister Crowley, mit einer Pallas/Juno–Konjunktion in der Jungfrau und in Opposition zum Mond in den Fischen geboren, schrieb über die Kraft der schöpferischen Visualisation bei Sexualritualen mit Partnern (1).

Elizabeth Arden (Pallas/Juno–Konjunktion im Steinbock) baute sich ein erfolgreiches Imperium in der Kosmetikbranche auf (2).

Pallas/Jupiter–Aspekte. Das geistig–schöpferische Prinzip verbindet sich mit dem Expansionsdrang. Da Jupiter auch die Suche nach Sinn und Wahrheit bedeutet, betont diese Kombination die Weisheit von Pallas Athene.

Harmonische Winkelstrukturen entsprechen einer außergewöhnlichen Intelligenz, denn diese Geborenen besitzen voraussichtlich einen breiten Verstand mit Weitblick. Deswegen begreifen sie auch die menschlichen Tragweite der enormen sozialen Kernfragen. Sie können sich in philosophischen, juristischen oder Bildungsbereichen engagieren, oder aber sie kämpfen für Gerechtigkeit bzw. verteidigen die Wahrheit.

Spannungswinkel verweisen auf Konfliktmöglichkeiten zwischen der Ambition und der Moral, vor allem wenn der Geborene Leistungsziele übermäßig in die Höhe getrieben hat. Die Wurzeln für dieses Verhalten könnten in den hohen Erwartungen liegen, die der Vater an das Kind gestellt hat. Ferner kann dieser Winkel geistige Blockaden bezeichnen, wenn es um das Verständnis von Konzepten und Ideen geht.

Diese Herausforderungen lassen sich überwinden, wenn man seinen geistig–schöpferischen Kräften einen in sozialer Hinsicht erweiterten Spielraum gibt.

Der Verfasser einer ausführlichen Studie über den Tarot und Begründer des okkulten B.O.T.A. Zentrums in Los Angeles, Paul Foster Case, wurde mit einer Pallas/Jupiter–Konjunktion im Löwen geboren (4).

Sir Winston Churchill war einer der großen Staatsmänner, was sich passend an seiner Widder–Pallas in Opposition zu Jupiter in der Waage ablesen läßt (1).

Die Schauspielerin Vanessa Redgrave behauptet: »Ich wähle meine Rollen sehr sorgfältig, so daß ich bis zum Ende meiner Karriere alle Unterdrückungen unserer Zeitgeschichte durchgespielt habe.« Ihre Pallas/Jupiter–Konjunktion im Steinbock und im 5. Feld veranschaulicht dies (2).

Pallas/Saturn–Aspekte. Das geistig–schöpferische Prinzip verbindet sich mit dem Wunsch nach Verfestigung. Dies kann zu konkreter Verwirklichung jener kreativen Ideen führen, die aus der Fähigkeit entspringen, Selbstdisziplin und Struktur in den kreativen Prozeß einzubringen.

Günstige Planetenverbindungen entsprechen geistiger Konzentrationsfähigkeit. Diese Geborenen können mit sozialer Verantwortung und Kampagnen gegen ungerechte Sozialgesetze konfrontiert werden. Die Attribute von Stärke und Erfolg können ein wichtiger Beitrag zur weiblichen Identität sein.

Harte Aspekte verdeutlichen einen Widerstreit zwischen dem Bedürfnis nach Pragmatismus und der künstlerischen Freiheit, was letzten Endes den ganzen schöpferischen Prozeß bremsen kann. Der Druck der Eltern und hohe Erfolgserwartungen können den Geborenen zu einem Mangel an Selbstvertrauen in die eigenen geistigen Fähigkeiten treiben.

Ein Ausweg aus diesen Problemen ergibt sich, wenn man Saturn benützt, um eine sehr strukturelle und stabile Grundlage zu schaffen, die einem hilft, die geistigen Prozesse in die Tat umzusetzen.

Der revolutionäre Denker Karl Marx bündelte seine idealisierten, politischen Ansichten durch seine Fische–Pallas in Saturn–Konjunktion im 1. Feld (1).

Eva Braun (Pallas/Saturn–Konjunktion im 7. Feld) demonstriert das Opfer der eigenen kreativen Anlagen in den Jahren der Freundschaft, Loyalität und Einsamkeit als Hitlers Geliebte (2).

Pallas/Uranus–Aspekte. Das geistig–schöpferische Prinzip verbindet sich mit Individualiät und Intuition. Diese Menschen können ihre kreativen Impulse allgemeingültig machen und eine visionäre und humanitäre Wahrnehmung erzeugen.

Positive Winkelkonfigurationen beschreiben einen originellen und intuitiven Geist, der vor allem in den Bereichen Wissenschaft und Technik Einfallsreichtum beweist. Eventuell besitzt man auch die Gabe, mit elektrischen Feldern zu heilen. Diese Geborenen können an Sozialreformen, Menschenrechtskämpfen oder revolutionären Aufständen beteiligt sein. Weiterhin könnte dieser Winkel androgyne Neigungen anzeigen und die Eigenschaft, sich mit allen Menschentypen zu befreunden.

Spannungsaspekte deuten auf eine Tendenz zu sprunghaftem Denken und einem überladenen Nervensystem, welches die volle Ausdrücksmöglichkeit der geistigen Aktivität unterbindet. Das Bedürfnis nach Unkonventionalität kann auch zu stark exzentrischen Ideen oder zu exzessivem Verhalten führen.

Gelingt es, die geistig-schöpferischen Impulse auf die höheren Känale von Intuition und transpersonalem Denken auszurichten, so ist ein Lösung dieser inneren Spannungen in Sicht.

Alan Watts (Pallas/Uranus-Konjunktion im Wassermann und im 2. Feld) vertrat viele unkonventionelle Werte und Einstellungen (1).

Die Pilotin Helen Boucher erzielte sieben Hochgeschwindigkeits-Weltrekorde und spezialisierte sich auf die Kunstfliegerei (Pallas im 1. Feld im Trigon zu Uranus im 5. Feld) (2).

Pallas/Neptun-Aspekte. Das geistig-schöpferische Prinzip verbindet sich mit dem transzendenten Verlangen. Diese Geborenen können ihre sensibelsten Wahrnehmungen empfinden und so Zugang zu noch subtileren Dimensionen der Wirklichkeit erlangen.

Günstige Aspektbilder können telepathische Fähigkeiten beschreiben und die Gabe, mit Farbe oder Musik paranormal zu heilen. Besondere Talente zeigen sich in Kunst, Film und Fotografie. Außerdem besitzen diese Menschen ein hohes Maß an Glauben und Spiritualität.

Kritische Winkelspannungen deuten auf eine verworrene Wahrnehmung der Realität hin, verknüpft mit der Unfähigkeit, zwischen wirklich und unwirklich zu unterscheiden. In manchen Fällen kann es zu geistiger Verblendung und zu Halluzinationen kommen. Aufgrund der von Neptun symbolisierten Beeinflußbarkeit können diese Geborenen auch negative psychische Einflüsse anziehen. Sie können aber auch mit einer Zersetzung ihres Glaubenssystems konfrontiert werden oder von Blindgläubigkeit geschlagen sein.

Eine Befreiung aus dieser inneren Kluft läßt sich erreichen, wenn man die geistige Kreativität benützt, um eine holistische und wirklichkeitsnahe Wahrnehmung der feinstofflichen Dimensionen zu entwickeln, wenn diese mit der irdischen Realität in Kontakt treten.

Die heilige Francesca Cabrini, die ihre sexuellen Bedürfnisse zugunsten des Dienstes für Gott sublimierte, hatte eine Pallas Konjunktion Neptun in den Fischen und im 7. Feld (2).

Andere metaphysische Menschen mit Pallas/Neptun–Aspekten waren Alice Bailey (2), Helena P. Blavatsky (2), Richard Alpert (1), Marc Edmund Jones (1) und Nostradamus (3).

Pallas/Pluto–Aspekte. Das geistig–schöpferische Prinzip verbindet sich mit den Transformationskräften, was die Gedankenkraft zur Gestaltung der Realität verstärkt.

Harmonische Aspekte verweisen auf die Verstandeskraft, welche andere beeinflußt und verändert. Es kann auch die Fähigkeit zum Umgang mit regenerativen Heilmethoden vorhanden sein. Zudem sind die innere und äußere Mann/Frau–Identität und Rollenverteilung möglicherweise Gegenstand weitreichender Veränderungen.

Spannungsgeladene Winkelverbindungen bezeichnen tiefe unbewußte Blockaden, wenn es darum geht, seine sexuelle Identität oder kreative Begabung auszuleben. Es können auch enorme geistige Zwangsvorstellungen und Fixierungen vorliegen, die das Denken beherrschen.

Der Ausweg aus diesem konfliktträchtigen Teufelskreis liegt in der Freisetzung der negativen Gesichtspunkte unserer geistigen Ausdruckskraft, die wir durch Glaube, Hoffnung und Optimismus ersetzen sollten (getreu dem Sprichwort »Verwandle dich durch die Erneuerung deines Geistes«).

Alexander Graham Bell (Widder–Pallas in Konjunktion zu Pluto und Uranus erneuerte die Welt durch seine Erfindungen. Er unterrichtete auch taube Kinder in Musik und Sprache (1).

Sigmund Freud, der Erforscher des Unterbewußtseins, wurde mit einer Stier–Pallas in Konjunktion zu Vesta und Pluto im 6. Feld geboren (1).

Kapitel 8

Vesta die ewige Flamme

Histia aber auch, die züchtige Jungfrau, verachtet
Aphrodites Taten. Der listige Kronos erzeugte
Sie zuerst und zuletzt nach Zeus', des donnernden Ratschluß.
Und die heilige Göttin umwarben Poseidon und Phoibos,
Aber sie wollte nicht, und, hart und trotzig sich weigernd,
Schwur sie den mächtigen Eid, der sich auch wirklich erfüllte,
Während sie das Haupt des donnernden Vaters berührte:
Jungfrau wolle sie bleiben, die heilige Göttin, auf immer.
Zeus aber gab ihr an Stelle der Ehe herrliche Ehre:
Mitten im Hause zu thronen und sich von Opfern zu nähren.
So ist sie hochgefeiert in allen Tempeln der Götter,
gilt auch als würdigste Göttin bei allen sterblichen Menschen.[37]

Die Mythologie von Vesta

Vesta, die von den Griechen *Hestia* genannt wurde, wird von der Jungfrau symbolisiert, die im Piktogramm des gleichnamigen Sternbildes erscheint. Die Römer verehrten sie als Göttin des Herdes und Hüterin der heiligen Flamme (ihr Name ist vom Sanskrit–Wortstamm *vas* abgeleitet, der »Leuchten« bedeutet). Vesta zählt zwar nicht zu den größten der Asteroiden, aber sie ist einer der hellsten und deswegen als einziger Kleinplanet mit dem bloßen Auge sichtbar. Dies läßt sich darauf zurückführen, daß Vesta aus einem ungewöhnlichen vulkanischen Oberflächengestein zusammengesetzt ist, welches durch extrem hohe Innentemperaturen entsteht, die eine beträchtliche Menge Sonnenlicht reflektieren.[38] So gesehen, stimmt Vestas Verknüpfung mit dem Feuerelement bestens mit ihren astronomischen Eigenschaften überein.

Als Göttin des Herdfeuers wurde für Vesta in der Mitte eines jeden Hauses und am zentralen öffentlichen Herd jeder Stadt ein Altar errichtet. Sie wurde zum Inbegriff der Hüterin von Heim und Gemeinde, wodurch sie den Zusammenhang von Staat und Familie sicherstellte. Ihre Priesterinnen in Rom, als Vestalinnen bezeichnet, legten ein Keuschheitsgelübde ab, und es war ihre Pflicht, sich um die heilige Feuerstätte zu kümmern.

Da über Vesta kaum ausgefeilte Schilderungen oder Legenden existieren, ist sie die am schwierigsten zu begreifende Göttin der Antike. Folglich wird sie von vielen mythologischen Autoren als fade, langweilig und nicht des Erforschens wert empfunden und übergangen. Dennoch erschließt sich Vestas Bedeutung, wenn wir uns aufmerksam mit ihrer Geschichte befassen — einer Erzählung, die uns durch Griechenland, Rom und prähellenistische Zivilisationen führt.

Die Geschichte von Vesta

In der griechischen Mythologie war Vesta das erstgeborene Kind aus der Verbindung von Kronos (Saturn) und Rhea sowie die letzte, die wiedergeboren wurde, als Zeus (Jupiter) seine Geschwister aus dem Magen Saturns befreite. Später entschied sie sich, Jungfrau zu bleiben, und weigerte sich, sowohl Apollo als auch Poseidon zu heiraten.

Hestia emigrierte von Kreta und kam schon sehr früh nach Griechland. Obwohl von ihr in jener Zeit noch keine Statuen existierten, wurde sie dennoch in allen griechischen Städten verehrt. Jeder Stadtstaat verfügte in seinem Hauptgebäude über einen öffentlichen Herd mit einem heiligen Feuer. Die Flamme symbolisierte die Einheit und den Zusammenhalt von Staat und Familie. Aus diesem Anlaß brachten griechische Siedler, wenn sie in ferne Länder auswanderten, immer eine Flamme mit, um ihr neues Zuhause mit der Heimat zu verbinden. In ähnlicher Weise nahmen neuvermählte Frauen die Glut des mütterlichen Herdes mit in ihr neues Heim.

Da Hestia die älteste der ersten Generation der Olympier war, riefen die Griechen die Tradition ins Leben, daß Zeremonien und neue Unternehmungen mit einer Darbringung an ihrem Alter eröffnet wurden. Darüberhinaus erhielt sie die besten Opfergaben in den Tempeln der anderen Gottheiten, und mit jedem Brandopfer wurde ihre Gegenwart als Göttin des Herdes und der heiligen Flamme dankbar anerkannt.

Hestia verkörperte die Bedeutung der ehrlichen und gewissenhaften Beziehungen; demzufolge wurden auch Eide und soziale Vereinbarungen in ihrem Namen besiegelt. Aufgrund ihrer Gaben der Wärme und des Herdfeuers, der Nahrung und des Schutzes von Fremden kam es dazu, daß sie auch über das heilige Gesetz der Gastfreundschaft wachte, das heißt, ihr Ofen wurde deswegen auch als heilige Schutzstätte angesehen.

Die Vestalinnen

Hestia würde später dann von den Römern übernommen und als Göttin Vesta angebetet. Ihr zu Ehren ließ *Numa Pompilius,* der zweite König von Rom, sogar einen Tempel errichten, und diese heilige Stätte, in deren Zentrum die ewige Flamme Vestas brannte, war dazu bestimmt, die Sicherheit des Römischen Imperiums zu garantieren. Die Verantwortung für das heilige Feuer wurde den Priesterinnen der Vesta übertragen. Zunächst zwei, dann vier und schließlich sechs an der Zahl, wurden diese heiligen Dienerinnen unter den lieblichsten und vortrefflichsten Mädchen Roms ausgewählt. Ab dem sechsten Lebensjahr gestattete man den Vestalinnen den Zutritt zum Tempel, und sie legten für den Zeitraum ihres 30 Jahre währenden Tempeldienstes ein Gelübde der Keuschheit und Enthaltsamkeit ab.

Neben dem Hüten der Feuerstätte gehörte auch die allmorgendliche Reinigung des Altars mit Weihwasser, die Durchführung der täglichen Andachten und Opferungen sowie die Bewachung der heiligen Gegenstände zu den Pflichten der Vestalinnen. Nach dem Ablauf ihrer Amtszeit gewährte man den Priesterinnen die Freiheit: sie durften gehen und heiraten. Angeblich nahmen aber nur wenige dieses Recht in Anspruch.

Der *Pontifex Maximus,* der die Jungfrauen auswählte, hatte absolute Autorität über ihr Leben und verhängte harte Strafen für ihre Vergehen. Da ein Erlöschen des heiligen Feuers als eine Bedrohung für die Staatssicherheit angesehen wurde, ließ man die Vestalinnen für ein solches Fehlverhalten heftig auspeitschen. Überdies wurden diejenigen, die ihr Keuschheitsgelübde nicht einhielten, mit einer grausamen Todesstrafe bemessen. Nach der öffentlichen Geißelung wurde die verurteilte Priesterin gefesselt und in einer Prozession zu einer unterirdischen Krypta getragen. Dort mauerte man sie mit einer Öllampe und etwas Nahrung bei lebendigem Leibe ein und überließ sie einem langsamen und qualvollen Tod.

Vermutlich um ihnen einen Ersatz für die Härten ihres Lebensstils zu gönnen, gewährte man den Vestalinnen in Rom viele Privilegien. Die Priesterinnen waren frei von väterlicher Kontrolle und hatten das Recht, über ihren Besitz nach Belieben zu verfügen. Im Theater wurden ihnen die besten Plätze reserviert; bei feierlichen Umzügen schritt ein *lictor* den heiligen Jungfrauen voran (ein Symbol für ihre souveräne Machtstellung) und die Konsulen und Proctoren verbeugten sich vor ihnen. Wenn eine Vesta–Priesterin einem Verbrecher auf dem Weg zur Hinrichtung begegnete, so lag es in ihrer Macht, ihn zu begnadigen. Testamente und formelle Verträge wurden in ihre Obhut übergeben. Schließlich konnten die Vestalinnen auf eigenen Wunsch auch innerhalb der Stadtgrenzen begraben werden, ein Privileg, das nur wenigen Auserlesenen vorbehalten war.

Vesta–Statuen aus jener Zeit zeigen eine in eine lange Robe gekleidete Frau von majestätischer Schönheit, die in der einen

Hand eine entzündete Fackel hält und in der anderen eine geweihte Kugel. In dieser Pose verkörpert sie die Eigenschaften der Reinheit, Sicherheit und des göttlichen Schutzes.

Feste zu Ehren der Göttin Vesta wurden am 1. März jeden Jahres gefeiert, wenn die Vestalinnen ihr heiliges Feuer feierlich auslöschten und von neuem entzündeten. Am 9. Juni wurde der Tempel Vestas für die Hausmütter der Stadt geöffnet, die selbstgebackene Speisen mitbrachten. Nach einer Woche der Opferungen wurde der Tempel wieder geschlossen, geputzt und gereinigt.

Die vestalischen Jungfrauen betrieben ihren Kult noch bis ins 5. Jahrhundert. Dann verbot der christliche Kaiser Theodosius die Verehrung von Vesta, verjagte die Vestalinnen und löschte die heilige Flamme. Dies war übrigens derselbe Herrscher, der auch den Eleusischen Mysterien ein Ende bereitet hatte.

Die prähellenistischen Ursprünge von Vesta

Die Geschichte von Vesta endet hier vorläufig. Mangels umfassender Darstellungen und Mythen fällt es schwer, Vestas früheste Anfänge zu enträtseln, doch der Fingerzeig zu ihrem Wesen weist in die Mitte: »Der Bezirk der weiblichen Herrschaft symbolisiert sich ebenso im umgebenden Haus wie in dessen Zentrum, der wärmenden Feuerstelle, dem Ort der Nahrungszubereitung, dem ›Herd‹, welcher charakteristischerweise auch der ursprüngliche Altar ist. Im alten Rom hat sich dieses matriarchale Element im Kult der Vesta und in seinem Rundtempel besonders deutlich erhalten.«[39] In Delphi wurde Vesta mit einem Haufen glühender Holzkohlen angebetet, aus dem später der *omphalos* oder Nabelstein entstand, der den Griechen als Zentrum der Welt galt.[40] Verfolgen wir den Weg der Priesterinnen Vestas noch weiter zurück, so kommen wir ihrem Thron näher.

In archaischen Zeiten war die Große Mutter, verehrt in der Gestalt des Mondes, die Hauptgottheit. Die Priesterinnen vollzogen damals zur Förderung der befruchtenden Kraft des Mondes Wasserzeremonien und hüteten das immerwährende Feuer. Die Mondgottheit galt immer als Feuchtigkeitsspender, gleichzeitig war aber auch die Vorstellung weitverbreitet, die Zeugungskraft des Mondes sei tatsächlich Feuer, das durch sein Licht symbolisisiert werde.[41] Ganz abgesehen davon, daß die heilige Flamme den Mondschein repräsentierte, war sie auch ein Sinnbild des Kundalini–Feuers der indischen Yoga–Praxis bzw. der tantrischen Geheimlehren. Die das immerwährende Feuer bewahrenden Frauen wurden als Jungfrauen angesehen, jedoch nicht weil sie sich in sexueller Keuschheit übten, sondern weil sie unverheiratet blieben und zu keinem Mann gehörten. Folglich existierten die Jungfrauen vollkommen und ganz aus sich heraus; sie mußten sich nicht von einem Mann bestimmen oder kontrollieren lassen. Erst viel später wurde das Zölibat zu einer Grundbedingung ihres Dienstes.

Die archaischen Mondpriesterinnen waren sogar oftmals heilige Huren, die sich Fremden hingaben — Männern, die zum Tempel kamen, um die Göttin anzubeten und an einer heiligen Vereinigung teilzunehmen. Die Tempel–Prostituierten benützten ihre Sexualität weder zur Erfüllung der eigenen erotischen Begierden, noch zur Anziehung eines Ehegatten oder um sich zu vermehren; »denn diese Frauen waren dem Dienst der Göttin geweiht, ihr Geschlecht, ihre Reize, ihre Liebe konnten nicht zu ihrer eigenen Befriedigung oder für die gewöhnlichen Zwecke des menschlichen Lebens gebraucht werden.«[42] Überdies wurde jedes Kind, das von einer Vestalin während einer heiligen Vereinigung empfangen wurde, göttlich genannt und erfuhr eine besondere Berücksichtigung in der Thronfolge.

Die Vestalinnen scheinen die königliche Linie vermutlich auf folgende Weise fortgeführt zu haben: Jedes Jahr zur Mittsommernacht wurde das Hochzeitsfest der Eichen–Königin mit dem Eichen–König gefeiert. Hierbei verbanden sich die vestalischen Jungfrauen mit sechs der zwölf Gefolgsmänner des Eichen–Königs. Die Liebesorgie fand im Dunkel einer geweihten Höhle statt, so daß niemand wußte, wer bei wem lag, geschweige denn, wer der Vater eines später geborenen Kindes gewesen sein könnte. Dasselbe Ritual wiederholten sie mit den sechs anderen Gefährten während der Saturnalien zu Mittwinter. Sofern die Eichen–Königin nun selber keinen Sohn hatte, wurde das von einer Vestalin geborene Kind für ein Jahr zum König gewählt.[43]

Die vorangegangene Schilderung erklärt auch die Sage, daß die lateinischen Könige von einer jungfräulichen Mutter geboren wurden und entweder keinen Vater hatten oder der Sohn eines Gottes waren. Tatsache ist, daß viele Könige in der Frühzeit Roms Abkömmlinge von Vestalinnen waren. Der bekannteste dürfte zweifellos Romulus, der Gründer der Stadt, sein, dessen Mutter eine vestalische Jungfrau namens Silvia war. So konzentrierten sich die religiösen und politischen Interessen der Gemeinschaft ganz konsequent auf die Feuerstätte des königlichen Hauses, die von den Prinzessinnnen königlicher Abstammung, nämlich den vestalischen Jungfrauen gehütet wurde.

Im Laufe der Zeit gewann dic patriarchale Kultur jedoch deutlich an Vorsprung, so daß sich die Erhaltung der Thronfolge von den Vestalinnen zu einem Königtum kraft der Ehe verschob, wobei diese Könige ihrerseits nach Methoden suchten, um ihre Stellung zu behaupten. Schrittweise verlängerten sie ihre Regierungszeit von anfänglich einem Jahr auf vier Jahre, von vier auf acht, von acht auf neunzehn Jahre, bis schließlich ein lebenslanges Amt daraus wurde. Um weiterhin zu garantieren, daß die Erbfolge auf der männlichen Seite blieb, heiratete der König nach dem Tod seiner Gemahlin entweder seine eigene Tochter oder die Erbin seiner Frau; oder aber er ließ seinen Sohn mit einer von beiden vermählen. Dieses Phänomen begründet den weitverbreiteten Brauch von Ehen zwischen Bruder und Schwester in jener Epoche.

Als Folge dieser wachsenden Vormachtstellung der patriarchalen Kultur wurden die vestalischen Nymphen der Liebe vermutlich zu den unfruchtbaren alten Jungfern herabgewürdigt. Jener Prozeß setzte ein, als der römische König Tarquinus der Ältere aus wohlüberlegten Gründen den Vestalinnen bei Androhung von Todesstrafe ewige Keuschheit befahl, um zu verhindern, daß sie spätere Anwärter auf den Thron gebären konnten. Schließlich wurde das Vestalinnen–Kloster gegründet, um reiche Erbinnen aufzunehmen und alle Versuche einer Wiederherstellung der matrilinearen Herrschaft zunichte zu machen. Aus genau demselben Grund richtete König David in Jerusalem seinen könglichwen Harem ein, nämlich um die Monarchie als Privileg für seine eigene Familie zu erhalten.[44]

Der Kern der ursprünglichen Vesta–Tradition lag in den sexuellen Riten, mit denen die fruchtbaren Zeugungskräfte der Mondgöttin in Ehren gehalten wurden, da diese für eine Herrschaft unter göttlichem Segen sorgte. Und aus ebendiesem Grunde wurde mit Vesta die idealisierte Mutterschaft verehrt. Mit der Errichtung des Patriarchats wurden die Funktionen von Vesta jedoch in ein obskures Halbdunkel gestellt, und sie wurde zur Göttin der Reinheit und sexuellen Enthaltsamkeit umgestaltet. Aus diesem Blickwinkel wird auch die verborgene Bedeutung der Jungfräulichkeit Vestas in Homers Hymnus durchsichtig. Kraft ihres Alters wurde ihrer Bitte entsprochen, Jungfrau zu bleiben, d. h. nicht durch die eheliche Inbesitzname seitens Poseidon oder Apollo verletzt zu werden. Im Gegenzug leistete sie den Schwur, Jungfrau in einem neuen Sinne zu sein — nämlich ihre heiligen sexualmagischen Bräuche abzulegen, so daß sich der Übergang von der matrilinearen zur patrilinearen Vererbung glatt vollziehen konnte.

Obwohl die Sexualrituale der prähellenistischen vestalischen Jungfrauen zu Zeiten des Römischen Imperiums schon vollständig verloren gegangen waren, wurden diese Riten nichtsdestotrotz auf einer Symbolebene beobachtet. Im Vesta–Tempel gab es in unmittelbarer Nähe der heiligen Feuerstätte einen Schrank, *Penus* genannt. Im Penus befand sich, den Blicken verborgen, eine als *Palladium* bezeichnete phallische Figur, die nach einem Gott *Pales* oder *Pallas* benannt war und mit *Priapus* identisch gewesen zu sein scheint. Das Phallus–Symbol wurde mit der Mondgöttin vereinigt, die man sich sinnbildlich in den brennenden Kohlen des Herdfeuers vorstellte, und daraus entstand die Gottheit *Pabulum.*[45] Diese Verbindung wurde für dermaßen bedeutsam erachtet, daß die sichere Verwahrung der Phallus–Figur als unabdingbar für die Sicherheit und das Fortbestehen des römischen Staates galt.

Die wahre Bedeutung von Vesta

Basierend auf der vorangestellten Mythologie, können wir die tiefere Bedeutung Vestas erkennen, die sich anhand ihres Hauptsymboles, des Herd, offenbart. Das Feuer, das sich in diesem Herd brannte, war von zentraler Bedeutung für das Überleben in archaischen Zeiten und diente als Sammelpunkt für die Gemeinde (das lateinische Wort für Herd lautet *focus,* ›Brennpunkt‹). Da dieses Feuer so lebensnotwendig und gleichzeitig doch so schwierig zu beschaffen und zu unterhalten war, wurde dessen Hüterinnen tief Ehrfurcht entgegengebracht. Ovid stellte fest: »Erkenne also Vesta als nichts anderes denn als die lebendige Flamme« sowie »Vesta und die Erde ist dasselbe, beider Substanz ist das ewige Feuer.«[46] Dieses immerwährende Feuer enthielt auch den Funken der Begattung. Blickt man hinter den Vorhang von Keuschheit und Unfruchtbarkeit, so begegnet man der inneren Natur Vestas: der Sexual– und Zeugungskraft der Großen Göttin. Somit bündeln sich die zentralen Themen Vestas um ihr Feuer und ihre Sexual–Symbolik. Wir werden noch sehen, wie sich diese Aspekte ihren Weg im Horoskop bahnen, wenn wir näher auf die Astropsychologie von Vesta eingehen.

Vesta

Griechisch: Hestia

Das Prinzip der Konzentration und Verpflichtung

Eigenschaften
Göttin des Herdes
Priesterin

Zeichen
Herdfeuer

Symbole
Ewige Flamme
Fackel
Altarfeuer
Esel

Assoziierte Zeichenherrschaft
Jungfrau
Skorpion

Polarität
Hingabe/Fanatismus

Die Astrologie von Vesta

Da Vesta, die Beschützerin der vestalischen Jungfrauen, in dem Piktogramm des Tierkreiszeichens Jungfrau dargestellt ist, betrachten die meisten Astrologen sie als die Regentin desselben. Andererseits liegt auch eine starke Affinität zwischen Vesta und Skorpion vor. Die doppelte Zeichenherrschaft von Vesta wird einleuchtender, sobald wir die astronomische Herkunft dieser Tierkreiszeichen erforscht haben.

In dem ursprünglichen Tierkreis der Babylonier und Assyrer wurde Skorpion durch die Schlange symbolisiert und folgte unmittelbar auf das Zeichen Jungfrau. Was für uns heute das Sternzeichen Waage ist, war Bestandteil der Konstellation Skorpion und wurde als dessen Schere festgelegt. Die Symbole für Jungfrau und Skorpion waren sich ähnlich, enthielten aber subtile Unterschiede. Bei der Jungfrau war das »M« der Materie (Mutter) nach innen gewendet, während es beim Skorpion nach außen gedreht war. Somit manifestierte sich die archaische Große Muttergöttin zugleich als Jungfrau und Gemahlin. Erst mit dem Aufstieg des patriarchalen Weltbildes wurde die Waage, das Zeichen der Ehe, von den griechischen Astronomen zwischen Skorpion und Jungfrau plaziert, und zwar zu einer Zeit, als ihre Gesellschaft eine künstliche Dualität in die weibliche Geschlechtlichkeit hineinprojizierte. Von da ab war eine Frau entweder jungfräulich und keusch vor der Ehe (Jungfrau) oder die sexuelle Partnerin nach der Heirat (Skorpion). Die Bewußtwerdung der Vesta–Energie in jüngster Vergangenheit gab uns ein Heilmittel für diese ungesunde Aufspaltung, indem sie die Skorpion/Jungfrau–Thematik dieses Archetyps deutlich reaktivierte. Die folgenden Betrachtungen können dem Astrologen hoffentlich tiefere Einblicke in das Wesen dieser zwei Schwester–Zeichen übermitteln.

Vesta als Regentin des Skorpions

Vesta und Sexualität. Im vorhergehenden Kapitel zur Mythologie wurden wir Zeuge, wie die römischen Vestalinnen sich im Lauf der Geschichte zum Archetyp der Nonne entwickelt haben — einer Frau also, deren einzige Aufgabe es war, zu arbeiten sowie zu beten und deren Leben gänzlich frei von geschlechtlicher Intimität und persönlichen Beziehungen war. Dieses Bild ist für uns schließlich zur kinderlosen alten Jungfer heruntergekommen. Die einzige Schwierigkeit bei dieser Beschreibung liegt darin, daß sie bei aktuellen Horoskopdeutungen nicht immer zutrifft. Wiederholt begegnete uns eine stark betonte Vesta in Geburtsbildern von sexuell aktiven Männern und Frauen, deren Sexualität sich nicht auf den Rahmen einer herkömmlichen monogamen Beziehungen beschränkt.

Beispielsweise können sich Frauen mit einer starken Vesta–Betonung im Horoskop, egal ob nun verheiratet oder alleinstehend, auf sexuelle Kontakte mit verschiedenen Männern einlassen. Jedoch sind diese sexuellen Vereinigungen alles andere als profan; ganz im Gegenteil, denn die Teilnehmerinnen beschreiben diese Begegnungen als transzendent, spirituell und heilsam. Es ist gerade so, als ob diese Frauen unbewußt die archaischen Sexualrituale der ersten vestalischen Jungfrauen wiedererschaffen würden. In besagten Ritualen benützten die Jungfrauen ihre Geschlechtlichkeit nicht dazu, um einen Gatten zu erobern, sondern um der Mondgöttin zu huldigen und das Leben der Verehrer zu segnen. Unsere moderne Gesellschaft ignoriert jedoch die Reinheit derartiger Motivationen und verdammt eine so gelagerte sexuelle Offenheit als unmoralisch und verrucht. Allzuoft wird diese Mißbilligung verinnerlicht, und unsere heutigen Vestalinnen empfinden Schuld und Scham für Sexualverhalten.

In ähnlicher Weise sind die Männer vom Vesta–Typus in hohem Maße sensibel für die sexuellen Bedürfnisse von Frauen und besitzen das starke Verlangen, sich auch geschlechtlich mit ihnen zu vereinigen. Gleichzeitig aber verursacht ihr »Jungfrau«–Charakter, daß sie ganz auf sich gestellt bleiben wollen und langfristige Verpflichtungen meiden. Infolgedessen werden sie als Gigolos, Herzensbrecher oder Nutznießer etikettiert, bzw. man sagt ihnen nach, daß sie »eben immer nur das eine wollen.«

Folglich deutet eine dominante Vesta auf verschiedene Spielarten von sexuellen Ausdrucksmöglichkeiten, sei es sexuelle Verleugnung, ein Verhältnis außerhalb der Ehe oder im Extremfall Promiskuität und Prostitution. In den beiden letztgenannten Fällen können die Personen, die nach außen gegen die traditionellen Sitten rebellieren und trotzen, ganz tief in ihrem Inneren ein subtiles Scham– und Schuldgefühl für ihr Handeln spüren.

Sexualität als Sünde. Aus den obigen Abschnitten dürfte eindeutig hervorgehen, daß Vesta entweder sexuelle Freizügigkeit oder sexuelle Unterdrückung symbolisieren kann, je nachdem, welchen Pol der Achse der Geborene auslebt. In unserer Kultur ist der zweite Befund bei weitem häufiger anzutreffen, da die weibliche Sexualität unterdrückt wurde, um die partrilineare Vererbung von Grund und Boden zu besiegeln und da hierfür ein fragloser Vaterschaftsnachweis erforderlich war. Wie wir bei der Betrachtung von Vestas Mythologie sehen konnten, wurden im Gefolge eines zunehmenden Machteinfluß des Patriarchats für Frauen starke Tabus hinsichtlich vorehelichen Geschlechtsverkehrs, außerehelichen Beziehungen, unehelichen Kindern oder Abtreibung eingerichtet. Kurz, Sex ohne Heirat (Waage) wurde zu einer unverzeihlichen Sünde deklariert. Dies hat nun als Gegenreaktion eine künstliche Trennung zwischen Spiritualität (Jungfrau) und Sexualität (Skorpion) herbeigeführt, die seit Jahrtausenden im kollektiven Unbewußten überdauerte. Insofern ist es deswegen auch nicht gerade überraschend, daß viele Geborene mit einer hervorstechenden Vesta Schuld, Scham und Selbstverleugnung im Hinblick auf ihre Sexualität erleiden. In der Behandlung dieser Klienten ist es sehr hilfreich, ihnen ein Verständnis für die Entstehung dieser sexuellen Komplexe zu vermitteln und ihnen darzulegen, daß ihre erotischen Begierden im Lichte von Vestas archaischen Ritualen weder sündhaft noch niederträchtig sind. Sexualität ist jedoch eine gewaltige Kraft, die sehr mißbraucht werden kann, wenn es an Verantwortlichkeit fehlt. Somit ist der Vesta–Typus gezwungen, in seinem Sexualverhalten ein Gleichgewicht zu finden, welches die zwei Extreme von Promiskuität einerseits und von Unterdrückung des Geschlechtstriebes andererseits zu vermeiden weiß.

Sexualität als Angst. Das zweite pathologische Erscheinungsbild von Vestas Geschlechtlichkeit ist die gedankliche Verbindung von Sexualität mit Angst. Die Grundursache für diesen Komplex läßt sich wiederum in den grausamen Praktiken finden, die in der Übergangsphase vom Matriarchat zum Patriarchat angewendet wurden. Die heiligen sexuellen Gebräuche der Göttin wurden verunglimpft und untersagt; Männer eigneten sich das Recht zu sexueller Befriedigung an, ohne dabei an das Vergnügen der Frauen zu denken. Wie schon im Abschnitt zur Mythologie detailliert geschildert, wurde jede Vestalin, die ihr zölibatäres Gelübde brach, grausam und lebendig begraben. Diese Urprägung wurde in die Psyche vieler Menschen der Jetzt–Zeit hinübergetragen. Selbst nach der Heirat verspüren viele Personen Ängste vor Sexualität, Zeugungsunfähigkeit und Intimität oder Entfremdung in Beziehungen: alles typische Vesta–Herausforderungen. Obwohl die negativen Konsequenzen der Unterdrückung von Sexualenergie durch Sigmund Freud aufgedeckt wurden, trägt ihre Auswirkung noch immer Frustrationen und Enttäuschungen in das Sexualleben zahlreicher Menschen hinein.

Sexuelle Unterdrückung. Im olympischen Götterhimmel war Vesta das älteste Kind von Saturn, und ihre Affinität zu ihm wird auch durch die Tatsache offensichtlich, daß die beiden in den Erdzeichen Jungfrau bzw. Steinbock herrschen. Vesta und Saturn verkörpern beide gemeinsam die Prinzipien von Beschränkung, Eingrenzung, Konzentration und Verpflichtung. Somit sind die von Vesta veranschaulichten sexuellen

Vorbehalte vergleichbar mit den harten Saturn–Aspekten zu den Geschlechtsplaneten Venus und Mars. Diese Planetenverbindungen können auf eine Blockierung oder Hemmung der sexuellen Reaktion verweisen, welche wiederum häufig den schmerzhaften Erinnerungen entspringen, die Sex mit Tod und Unehre in Verbindung bringen.

Wenn Vesta dagegen Mars oder andere männliche Planeten aspektiert, dann kann sich die sexuelle Blockierung als körperliche oder seelische Impotenz äußern. Die Fähigkeit, zu handeln und effektiv etwas zu erreichen, kann beeinträchtigt sein. Folge ist ein Gefühl des Versagens, und dieses wiederum bedingt das Unvermögen, andere maskuline Aktivitäten auszuführen. Aggression oder Macho–Allüren können zum Vorschein kommen, um das innere Gefühl der Unzulänglichkeit zu kompensieren.

Steht Vesta in Winkeldistanz zu den klassischen weiblichen Planeten oder den Asteroiden (Venus oder Juno), dann kann sich die Frau zur Liebe unfähig fühlen und im Endeffekt wird dies zu körperlicher oder psychischer Frigidität führen. Zur Kompensation ihrer Unzulänglichkeiten nimmt sie möglicherweise eine beschönigende Unabhängigkeit an und behauptet, daß sie keine Männer brauche, während sie sich innerlich nach einer Beziehung sehnt.

Jede der angeführten Blockaden des sexuellen Prinzips führt zu einer Vereitelung intimer und erfüllender Beziehungen im Leben des Individuums. Die Unfähigkeit, andere ann sich selbst teilhaben zu lassen, ist eine der schmerzvollsten Möglichkeiten, die eine angeschlagene Vesta zeigen kann.

Vesta und Projektion. Wenn das restriktive Prinzip Vestas im Horoskop einer Frau mit der männlichen Energie (Sonne oder Mars) in Kontakt steht oder wenn die weiblichen Energiefaktoren (Mond oder Venus) bei einer männlichen Geburt von Vesta aspektiert werden, dann werden die verinnerlichte Furcht und der Vertrauensverlust oft nach außen projiziert. Im Ergebnis kann der potentielle Partner als brutal, tyrannisch, fordernd oder manipulativ angesehen werden. Es ist eine Ironie des

Schicksals, daß diese Art von Paranoia häufig in eine selbsterfüllende Prophezeiung ausartet, weil der Betreffende genau den Partner anzieht, den er am meisten fürchtet. Reaktionen zum Zwecke des Selbstschutzes manifestieren sich oft in Distanz, Kühlheit, Rückzug oder darin, daß man sich zwar körperlich hingibt, aber emotional zurückhält. Diese Einstellungen werden zu einem Mittel, um den Abstand, die Kontrolle und die Macht über den beängstigenden Partner aufrechtzuerhalten. Für diese Menschen wird eine eingehende Therapie notwendig sein, damit sie ihre neurotischen Angst–Strukturen in Liebe und Vertrauen transformieren können.

Vesta und sexuelle Diskriminierung. Da Vesta–Menschen die unterbewußten Erinnerungen an die Sexualität als Erfahrung höchster spiritueller Intensität in sich tragen, setzen sie ihre sexuellen Standards sehr hoch an. Unglücklicherweise bringt diese Einstellung aber auch eine unvermeidbare Enttäuschung bei den meisten Paarungen mit sich, weil solche Menschen sie dann als ordinär, unerfüllend, ja sogar degradierend empfinden. Indem sie stets auf ekstatische Erlebnisse hoffen und Beziehungen nur dann eingehen, wenn diese ihnen eine tiefe Begegnung ermöglichen, ziehen sie es es oft lieber vor, alleine zu bleiben. Das daraus resultierende Unvermögen zu alltäglicher Geschlechtlichkeit bedingt oftmals eine generell nachlassende Aktivität im Sexualleben. Bedauerlicherweise wird ihre Form des sexuellen Idealismus von den Lebensgefährten gar zu oft mißverstanden, welche dem Vesta–Partner folglich häufig vorwerfen, er sei kalt, gefühllos und ohne sexuelles Interesse. Dazu kommt als Ironie des Schicksals, daß viele Vesta–Menschen solche Negativurteile auch noch akzeptieren, da ihnen die Motive für derartige sexuelle Diskriminierungen nicht einsichtig sind. Es liegt gewissermaßen ein bissiges Pathos in dieser Art Vesta–Entfremdung.

Zusammenfassend können wir festhalten, daß Vesta in ihrer urspünglichen und tatsächlichen Bedeutung Sexualität als eine Ausdrucksform spiritueller Hingabe repräsentiert. In der modernen Psyche wurde sie jedoch inhaltlich verzerrt und steht allzuoft für sexuelle Unzulänglichkeit und Abneigung, für Angst vor Nähe und Bindung, für Ehelosigkeit, Kinderlosigkeit und die ganze Bandbreite sonstiger sexueller Schwierigkeiten, die in der Unterdrückung natürlicher Triebe begründet sind.

Vesta als Herrscherin der Jungfrau

Die Entwicklung der Sexualenergie erreicht während ihres Verlaufs durch die einzelnen Tierkreiszeichen beim Übergang von Löwe zu Jungfrau eine kritische Veränderung. Löwe verkörpert das kreative Prinzip der spontanen und instinktiven Sexualkraft durch geistige und leibliche Kinder. Es handelt sich um den Impuls zur eigenen Wiedererzeugung des sich entfaltenden Lebewesens. In der Jungfrau werden die Reproduktivkräfte der Venus dazu aufgewendet, sich spirituell zu wandeln und das Selbst zu regenerieren, auf daß es ein Kanal des Dienens und der Heilung werde.

Dieser Wechsel von Löwe zu Jungfrau vollzieht sich mittels Vesta. Deswegen können Personen mit einem starken Vesta–Einfluß ihre Sexualkraft sublimieren und in eindeutige Konzentrationspunkte, nicht eingeschränkte Verpflichtungen und hingebungsvolle Arbeit transformieren. Auf anderen Ebenen bringt die umgeformte Energie persönliche Integration und Ganzheit. All dies sind ganz eindeutige Charakteristika des Zeichens Jungfrau.

Vesta und Jungfräulichkeit. In ihrer ursprünglichen Form bedeutete Vestas Jungfräulichkeit nicht zugleich auch sexuelle Enthaltsamkeit. Ganz im Gegenteil, Vesta lebte ihre Sexualität ganz freizügig. Jungfrau zu sein, hieß zunächst nur, ganz und gar auf sich selber gestellt zu sein, selbständig, selbstbeherrscht und selbstverwirklicht aufzutreten. Eine Jungfrau war von daher nicht steril, sondern besonders fruchtbar, wie ein Urwald, der noch nicht geplündert oder zerstört wurde.

Um ihre Jungfräulichkeit zu erneuern, badeten die Vestalinnen in heiligen Quellen und zogen sich nach ihren sexuellen Begegnungen zurück, um ihre innere Vollkommenheit zu regenerieren. Deswegen zeigen Transite von oder auf Vesta solche Phasen an, in denen wir uns von der äußeren Welt abwenden sollten, um uns zu reinigen, zu stärken und uns wieder zu integrieren. Diese Zeit der Besinnung folgt meistens einer Periode, in der wir aufgrund zu exzessiver Verwicklungen mit Menschen oder Ereignissen Raubbau an unseren Kraftressourcen getrieben haben. Dies mag vielleicht auch erklären, warum viele Vesta–Transite Trennungen in Partnerschaften ankündigen. In diesem Zeitraum besteht ein starkes Verlangen, die Einsamkeit zu suchen, um seine Jungfräulichkeit zu erneuern und das Selbst für den nächsten Beziehungszyklus aufzubauen. Astrologisch kennzeichnet Vesta die Fähigkeit, selbstbewußt, gesund und fruchtbar zu sein.

Falls Vesta im Grundhoroskop kritisch aspektiert ist, könnte der Geborene unfähig sein, sich zu integrieren, und von seiner Lebensenergie abgeschnitten bleiben. Unfruchtbarkeit oder Sterilität sind die typischen Reaktionen auf diese Verhaltensmuster. Das Individuum kann sich solange entfremdet vorkommen, bis es lernt, sich in gesunder Weise auf sich selbst zu konzentrieren, und die Eigenschaft erlangt, mit einer inneren Stärke für sich alleine zu stehen.

Vesta und die innere Mitte. Die Griechen porträtierten Vesta als *omphalos,* Nabel oder Zentrum der Welt. Wie das Herdfeuer in der Mitte des Hauses, so sorgte auch Vesta für einen Sammelpunkt der Familie. Analog hierzu wirkt Vesta auch als das Mittelpunkt der Psyche, welcher die unterschiedlichen Facetten der Persönlichkeit koordiniert. In der Astrologie symbolisiert Vesta die Geborenen, die in ihrer eigenen Identität »zentriert« sind und somit ihre Aktivitäten selbst bestimmen. Schwierige Aspekte zu den Planeten können für eine Person stehen, die nicht »in der inneren Mitte« ruht, keinen Boden unter den Füßen hat oder noch nicht in der Lage ist, ihren Platz zu finden.[47]

Vesta und der Brennpunkt. Wie wir schon gesehen haben, wurde Vestas Essenz im Herdfeuer abgebildet. Das lateinische Wort für Herd lautet *focus.* Ein Fokus oder Brennpunkt sammelt bzw. bündelt Energie, konzentriert diese an einer einzigen Stelle und bringt dadurch Klarheit und Erleuchtung. Dies läßt sich in direkter Weise auf Vesta übertragen: Menschen mit einer starken Radix–Vesta besitzen die Gabe, ihre Energien scharf auf einen einzigen Konzentrationspunkt einzustellen und ihrer Tätigkeit uneingeschränkte Aufmerksamkeit zu schenken. Ist Vesta aber unharmonisch aspektiert, dann kann der Brennpunkt unscharf und verschwommen werden. Als anderes Extrem könnte die Energie–Bündelung im Mittelpunkt aber auch zu verfestigt sein und eine engstirnige und eingeschränkte Weltsicht auslösen.

Vesta und Verbindlichkeiten. Bei konstruktiver Verwendung der Attribute Vestas kann ein Mensch Selbstbestimmung, Integration, Konzentration und das Ruhen in der eigenen Mitte finden. Aufgrund dieses Prozesses erlangt man die Fähigkeit, sich Zielen oder Ambitionen zu öffnen und zu überantworten. Eine angespannte Vesta könnte deswegen jemanden charakterisieren, der sich fürchtet, Verpflichtungen einzugehen oder diese später nicht einzuhalten vermag.

Vesta und Arbeit. Vesta deutet auch auf die Arbeitsweise und die Methodik eines Geborenen im Hinblick auf den Weg, den er einschlagen muß, um sein *Dharma* zu erfüllen. Dieser Problemkreis läßt den rein persönlichen Bereich weit hinter sich und weitet sich auf die Belange von Gesellschaft und Planet aus. Verbaut man den Individuen die Chance zur Verrichtung dieser Tätigkeit, dann werden sie unzufrieden und frustriert. Somit muß ein Vesta–Typus wirklich »seine eigene Sache« durchführen. Frauen mußten in unserer patriarchalen Gesellschaft die Begegnung mit diesem fundamentalen Bedürfnis für lange Zeit beiseite lassen. Glücklicherweise wird diese Ungerechtigkeit allmählich korrigiert.

Vesta, Entfremdung und Verzicht. Der Vorgang des sich Konzentrierens auf eine bestimmte Angelegenheit bringt es mit sich, daß man sich auf andere Lebensbereiche nicht mit derselben Deutlichkeit einlassen kann. Dies zieht dann wiederum eine gewisse Entfremdung und Abwendung von der Welt nach sich. In astrologischer Sicht verweist Vesta auf die Form einer ernsthaften Weltabgewandtheit, die sich einstellt, wenn das Individuum zu stark von seiner persönlichen Suche in Anspruch genommen wird. Vesta läßt ferner auf die zu erbringenden Opfer schließen, wenn man einem selbstgerichteten Weg folgen will. Ein solcher Verzicht könnte auch das Aufgeben von Familie, Kindern, Beziehungen, Freunden oder des Heimes einschließen. Werden diese Aktivitäten bis ins Extrem betrieben, dann erzeugen sie Märtyrer, die für sich selber alles total verneinen und andere für ihre Aufopferung verantwortlich machen.

Zusammenfassung

Es sind die Eigenschaften der Selbstbestimmung, Konzentration, Vertiefung und inneren Zentrierung, welche die wahre und ursprüngliche Bedeutung des Begriffes Jungfrau umschreiben. Wer sich mit Astrologie schon näher befaßt hat, wird ebendiese Qualitäten in dem gleichnamigen Tierkreiszeichen wiederfinden. Durch das Sextil zwischen Jungfrau und Skorpion ernährt und befruchtet das Wasserelement das Erdelement. Wie schon zu Beginn dieses Kapitels angeführt, wurden Skorpion und Jungfrau aus derselben Wurzel abgeleitet. Folglich zieht sich die fruchtbare Jungfrau in zyklischen Abständen zurück, um sich für die geweihte Verschmelzung vorzubereiten, die den Schöpfungsvorgang heiligt.

Die okkulten Lehren von Vesta

Vesta, die Bewahrerin der Tradition, bewacht und überliefert archaische Zeremonien und Rituale, welche die Schablonen für den Eintritt der magischen Energie ins Irdische bereitstellen. Da die nach außen gerichteten Praktiken ihrer geschlechtlichen Hingebung an das »Du« in Abrede gestellt wurden, kehrte Vesta ihre Sexualkraft nach innen, um das Göttliche durch die innerliche Vereinigung mit dem Selbst zu verwirklichen. (Bildlich fand dies seinen Niederschlag im Symbol für die Zeichen Jungfrau bzw. Skorpion). Die wichtigsten okkulten Lehren Vestas legen dar, wie sich Sexualenergie zum Zwecke der Erleuchtung und Befreiung transformieren läßt. Vesta lenkt das als *kundalini* bekannte innere sexuelle Feuer, das im Rückgrat des Ätherleibes sitzt. Sobald diese mächtige Kraft erweckt und bewußt in höhere Körperregionen bzw. Chakren kanalisiert wird, gewinnt man eine erweiterte übersinnliche Wahrnehmung, ekstatische Wonne und vielleicht auch Erleuchtung bzw. sogenannte »Adeptschaft.« Der Psi–Kreislauf strömt auf den gleichen Bahnen durch den Ätherkörper wie die Sexualenergie. Will man diesem Erkenntnisweg folgen, so ist es deswegen normalerweise angezeigt, sich während der Vorbereitungsphasen jeglichen Sexualverkehrs zu enthalten, um eine Überlastung dieser Energiebahnen zu vermeiden.

Im Tarot korrespondiert Vesta mit der Karte des Eremiten, die ebenfalls mit Jungfrau in Verbindung gebracht und die den asketischen Rückzug symbolisiert. Weiterhin gibt es einen deutlichen Anknüpfungspunkt zwischen dem Eremiten und dem hebräischen Buchstaben Yod, der traditionell als leuchtende Flamme dargestellt wird, und zwar genau jene Flamme, die von den vestalischen Priesterinnen gehegt wurde.

Von der astrologischen Analyse her gesehen, können Individuen deswegen eine Einengung der normalen sexuellen Betätigungsfelder erleben, um sich übersinnlicher und spiritueller Entwicklung zu verpflichten. Wenn gewöhnliche Ventile verfügbar wären, so gäbe es kaum eine Motivation, andere Kanäle für diese gewaltigen und unnachgiebigen Kräfte zu suchen. Stattdessen wird die vestalische Jungfrau der Gegenwart häufig ihr persönliches Vergnügen opfern, um eine tiefere Begegnung mit der eigenen Seele oder der des Partners zu erlangen.

Psychologische Themen

Vesta repräsentiert das Prinzip der Konzentration und Verpflichtung. Sie wirkt als eine autonome Wesenskraft, um Sexualenergien zu transformieren und persönliche Integration herbeizuführen.

* **Das Prinzip der Konzentration und Verpflichtung**
  Widmung und Streben nach einem Pfad oder Ziel; Verzicht und Opfer zugunsten dieses Zieles

* **Sexuelle Themen**
  freizügige Sexualität, Sex außerhalb fester Beziehungen; sexuelle Ängste, Schuldgefühle und Unzulänglichkeiten; Frustration, Entfremdung, Verneinung und Trennung von persönlichen Beziehungen; Angst vor Intimität und Bindung; Vermeidung von Ehe und Kindern

* **Sublimation der Sexualenergien**
  Bhakti Yoga — hingebungsvoll
  Hatha Yoga — physisch
  Gnani Yoga — intellektuell
  Raja Yoga — geistig
  Karma Yoga — Arbeit

* **Das Prinzip der Jungfräulichkeit**
  Eins mit sich selbst sein; unverheiratet, selbständig, selbstbewußt; persönliche Integration, Zentriertheit, Konzentration; Reinigung, innere Stärke, Selbstdisziplin, Askese, freiwillige Unkompliziertheit

* **Okkulte Themen**
  Transformation der Sexualenergie; Regeneration des Selbst; Entwicklung übersinnlicher Kräfte

Weiterführende Literatur zu Vesta

Bolen, Jean Shinoda. »Hestia: Die Göttin des Herdes und des Tempels, die weise Frau und die unverheiratete Frau.« In: *Göttinnen in jeder Frau.* (Basel: Sphinx, 1989[2]).

Bradley, Marion Zimmer. *Der verbotene Turm,* (Rastatt: Moewig 1981).

Demetrakopoulus, Stephanie. »Hestia, Goddess of the Hearth.« in: *Spring* (1979).

Graves, Robert. *Die weiße Göttin.* (Berlin: Medusa Verlag, 1981).

Harding, Esther M. *Frauen–Mysterien: Einst und Jetzt.* (Zürich: Rascher Verlag, 1949).

Homer. »An Hestia« und »An Aphrodite.« In: *Die Homerischen Götterhymnen.* (Leipzig: Dieterich'sche Verlagsbuchhandlung, 1948).

Kirksey, Barbara. »Hestia: Background of psychological Focusing«. In: *Facing the Gods.* Hrsg. von James Hillman. (Irving, TX: Spring Publications Inc., 1980).

Koltuv, Barbara. »Hestia/Vesta.« in: *Quadrant 10* (Winter, 1977).

Luke, Helen M. *Woman: Earth and Spirit.* (New York: Crossroad, 1981).

Meier–Parm, Christian. *Der Planetoid Vesta: Das Prinzip des gastlichen Hauses.* (Stuttgart: Spieth Verlag, 1982).

Samai. »Der Planet Vesta und die neuen Vestalinnen« *Connection Spezial Astrologie IV 89.*

Taeger, Hans–Hinrich. »Vesta und der Planetoidengürtel« in *Astro–Energetik: Die zwölf kosmischen Energien.* (München: Knaur, 1989).

Kapitel 9

Vesta im Horoskop

Die Griechen verehrten die Herdgöttin Vesta als Hüterin der heiligen Flamme sowie als Bewahrerin des Herdfeuers. Sie war ein Schutzsymbol, welches für die Erdenmenschen den Zusammenhalt von Staat und Familie garantierte.

Vesta wurde mit den unverheirateten Tempelpriesterinnen assoziiert, die durch geheiligte sexuelle Zeremonielle die Fruchtbarkeitskräfte des Mondes wirksam mit den Menschen in Kontakt brachten. Bei den Römern entwickelte sie sich jedoch zur Gottheit der vestalischen Jungfrauen, die wegen ihrer sexuellen Enthaltsamkeit verehrt wurden. Vestas krankhaft auftretende Entfremdung in intimen Beziehungen stammt von der Verdrängung der natürlichen Instinkte.

In ihrer Rolle als Schwester repräsentiert Vesta das Prinzip der Konzentration und Verantwortung. Sie wirkt als autonome Eigenidentität, welche die Schöpferkräfte in den persönlichen Schaltkreis der Reinigung und Integration umlenkt.

Astrologisch beschreibt Vesta die Methoden, mit denen wir uns den Kernfragen von persönlicher Integration, Arbeit, Hingabe, Verpflichtung, Opfer, Entfremdung und bestimmten sexuellen Komplexen wie Zurückweisung oder Angst vor Intimität annähern.

Vesta in den Zeichen beschreibt zwölf verschiedene Formen der Konzentration und Verantwortung sowie all das, was wir aus unserem Leben ausschließen müssen, um jenen Zweck zu erreichen. Sie gibt uns ferner Auskunft über die Art und Weise, wie wir mit der Sexualenergie umgehen — sei es durch freies Ausleben, Kompensation oder Unterdrückung.

In den Feldern zeigt Vesta die Themenkreise der persönlichen Widmung und Verpflichtung, aber auch jene Lebensbereiche, in denen wir am ehesten eingeschränkt werden.

Die Aspektverknüpfungen von Vesta zu den Planeten stellen dar, wie das konzentrierende Prinzip in andere Anteile der Persönlichkeit eingegliedert werden kann. Harmonische Winkel verweisen auf eine unproblematische Vermischung der Energien, während gespannte Aspekte auf Konfliktpotential zwischen dem Verlangen nach Selbstzufriedenheit und anderen psychischen Erfordernissen hindeutet. Werden die unterschiedlichen Bedürfnisse gemeistert und günstig auf einander abgestimmt, dann hat der Betreffende seine Streßfaktoren überwunden.

Astrologische Schlüsselbegriffe und Entsprechungen

Vesta herrscht über die persönlichen Integration.

disziplinierte persönliche Routine ✱ Gesundheit ✱ Ernährung ✱ Übungen ✱ Meditation

Vesta ist ein Hinweis auf Sexualität und Komplexe.

Frigidität ✱ Unfruchtbarkeit ✱ Impotenz ✱ Sterilität ✱ Jungfräulichkeit ✱ Keuschheit ✱ Reinheit ✱ Zölibat ✱ Fruchtbarkeit ✱ Promiskuität ✱ Prostitution ✱ Pornographie ✱ sexuelle Diskriminierung

Vesta kennzeichnet hingebungsvolle und religiöse Aktivitäten.

Gebet ✱ Meditation ✱ Andacht ✱ Rückzug ✱ Exerzitien ✱ religiöse Orden ✱ Nonnen, Priester, Heilige ✱ esoterische Orden ✱ religiöse und magische Zeremonielle und Rituale ✱ Einweihung und Initiation ✱ Gelübde ✱

Verpflichtungen ✳ *samaya* ✳ Altäre und Zeremoniengegenstände ✳ Altarkerzen ✳ Herdfeuer

Vesta und geisteswissenchaftliche Interessen.
Schüler ✳ Schriftgelehrter ✳ Lehrer ✳ Professor ✳ *Guru* ✳ Lichtträger ✳ der Bewahrer esoterischer und religiöser Lehren

Vesta verweist auf die Arbeit und den Pfad des Dienens.
Workaholic ✳ Opfer zur Erlangung von Zielen ✳ persönliche Aufopferung für Dienst, Karriere und Rechtsstreitigkeiten ✳ Verwandlung von *Karma* durch *Dharma* ✳ Fanatiker, Enthusiast

Vesta bindet Gruppen mit gleicher Glaubensgrundlage.
Bruderschaften, Schwesterschaften ✳ soziale Verbände und Hilfsdienste ✳ Gastfreundschaft ✳ Geheimgesellschaften und -orden

Vesta repräsentiert das Prinzip des Konservativismus und der Sicherheit.
Alter ✳ Erbe ✳ Tradition ✳ Asyl ✳ Sicherheit ✳ Schutz ✳ Vereinbarungen ✳ Verträge ✳ Glaubwürdigkeit ✳ Schlösser ✳ Schlüssel ✳ Tresor ✳ Zaun

Vesta in den Zeichen

Die Quellen für die in den folgenden Kapiteln zitierten Geburtsdaten werden durch die in Klammern stehenden Zahlen nachgewiesen.
(1) Lois Rodden: *The American Book of Charts*
(2) Lois Rodden: *Profiles of Woman*
(3) Marc Penfield: *An Astrological Who's Who.*

Vesta im Widder. Diese Menschen arbeiten mit einem Höchstmaß an Selbstbeteiligung. Die Motivation erwacht innerhalb des Selbst, und diese Personen verrichten eigenständig oder mit Hilfe eigener Ideen die beste Arbeit. Es liegt ein starker Unabhängigkeitsdrang vor, sich nicht dominieren oder von anderen vereinnahmen zu lassen. Entfremdung tritt auf, wenn man zu selbstzentriert in den Strudel der eigenen Aktivitäten gerät, so daß kein Raum mehr bleibt für die Beteiligung anderer Menschen. Man selbst zu bleiben und die individuelle Identität zu erhalten, ist ein wichtiges sexuelles Bedürfnis. Allerdings kann dieser Individualismus die Aufrechterhaltung laufender Beziehungen unterbinden. Diese Horoskopstellung kann ein Schlüssel zu auffallender persönlicher Bildung sein.

Mary Wells Lawrence (Vesta/Mars–Konjunktion im Widder und im achten Haus) konzentrierte ihre Energien darauf, ihre erfolgreiche Werbeagentur aufzubauen (2).

Vesta im Stier. Geborene mit Stier–Vesta konzentrieren ihre Arbeitsenergie am besten, indem sie sich fest verankern und auf einen unveränderlichen Raum verlassen können. Denn dann können ihre Verrichtungen von Dauer und »fest wie ein Fels« sein, weil sie so die zwangsläufig greifbaren Resultate ihrer Bemühungen erzeugen. Wenn sie in ihrem Vorgehen zu sehr fixiert oder unflexibel werden, kann es sehr leicht zu Entfremdung kommen. Ihre Sexualität basiert auf der organischen Freisetzung von natürlichen Instinkten. Wird die sexuelle Befriedigung als frustrierend erlebt, dann kann die angesammelte Spannung Streß erzeugen und die Empfänglichkeit für die Wünsche des Partners verdrängen. Ein pragmatischer Zugang zu Sinnlichkeit und Behaglichkeit wirft einen hohen Gewinn ab.

Xaviera Hollander (Stier–Vesta im 11. Feld und in Opposition zum Skorpion–Mond) ist die Verfasserin von Büchern wie *Happy Hooked* oder *Lucinda im Reich der Sinne* und erteilt in ihrer regelmäßigen Kolumne Ratschläge zu sexuellen Problemen (2).

Vesta in den Zwillingen. Diese Horoskopeigner konzentrieren ihre Arbeitsfähigkeit durch Worte und Informationsübermittlung. In der Vernetzung und Koordination lassen sich ihre Talente am besten einsetzen. Entfremdung kann auftreten, wenn sie entweder so sehr von ihren Worten gefangen werden, daß die Vermittlung der Bedeutung verlorengeht, oder aber durch übertriebene Intellektualität. Kommunikation und geistiger Austausch sind wichtige Komponenten für ein erfülltes Sexualleben. Allerdings sind diese Geborenen anfällig dafür, Worte und Vernunftgebaren einzusetzen, um eine emotionale Distanz zu anderen aufzubauen. Der Verstand kann ein beruflicher Aktivposten sein, aber man darf nicht zulassen, daß er über das emotionale Erleben dominiert.

Die Astrologin Evangeline Adams (Zwillinge–Vesta am IC) widmete ihr Leben der Ausarbeitung von nahezu 100.000 Horoskopen in typischer Zwillinge–Manier: Im 30 Minuten Takt vermittelte sie ihren Klienten eine Grundidee über die Möglichkeiten der Astrologie (2).

Vesta im Krebs. Menschen mit dieser Vesta–Position bedürfen des Gefühls, daß sie gebraucht werden, um eine bindende Verpflichtung zu aktivieren. Eine mitfühlende Beschäftigung mit ihrer Familie oder abhängigen Personen ermöglicht es ihnen, Energiereserven anzuzapfen. Aufgrund ihrer emotionalen Überempfänglichkeit können sie sich entfremden, denn sie ziehen sich gern zurück, um sich vor der realen oder vermuteten Härte ihrer Mitmenschen zu schützen. Sexuelle Erfüllung bedeutet bei ihnen, geliebt und geschätzt zu werden. Allerdings können übertriebene Gefühlswünsche Unsicherheit oder gar paranoide Tendenzen auslösen, was die Partnerschaft wiederum aufzehren kann. Ein praktischer Zugang zum Mitgefühl kann dagegen zu emotionaler Stabilität führen.

Zelda Fitzgeralds Vesta/Mond–Konjunktion im Krebs veranschaulichte beispielhaft ihre starke Emotionalität und ihre Bindung an die Familie. Darin kann man aber auch ihre emotionale Wankelmütigkeit in späteren Lebensjahren erkennen (2).

Vesta im Löwen. Diese Personen erzielen die besten Arbeitsergebnisse, wenn man ihnen in ihren kreativen Bemühungen die Zügel frei überläßt. Die Fähigkeit, voller Stolz auf die eigene

Arbeit blicken zu können, schärft die ästhetischen Arbeitserträge. Wegen des strahlenden Lichtes, das diese Person verströmt, kann es auch hier zu Entfremdung kommen, denn sie brennt alle in unmittelbarer Nähe aus. Eine Vereinsamung tritt allerdings auch durch zu großen Stolz oder zu arrogantes Benehmen ein. Romantik und Bewunderung inspirieren das sexuelle Verhalten. Allerdings ist die Sexualität auch hier unter Umständen gehemmt, wenn die Zeugungskraft einzig für die persönliche Kreativität sublimiert wird.

Marie Antoinette, die stolze Königin Frankreichs, die sich extravaganten höfischen Vergnügungen hingab, wurde mit einer Löwe–Vesta geboren (3).

Vesta in der Jungfrau. Diese Plazierung verstärkt das konzentrierte Arbeiten. Der Trieb zur Perfektion schürt ein Verlangen nach Konzentration und Vollendung. Die Neigung, arbeitsbesessen zu sein und eine überkritische Haltung einzunehmen, kann den Horoskopeigner von den mitmenschlichen Kontakten abschneiden. Sexualität wird als Dienst zum Wohlergehen des Partners oder aber als Pflicht angesehen. Aufgrund der hochgradigen sexuellen Diskriminierung können diese Menschen ihre natürlichen Reaktionen unterdrücken, indem sie hinter den Unvollkommenheiten der anderen herspionieren. Mit dieser Vesta–Stellung läßt sich vieles produktiv zustande bringen und effektiv zu Ende führen.

Martin Luther, der Reformator und Begründer der protestantischen Kirche, wurde mit einer Jungfrau–Vesta im 1. Feld geboren (1).

Vesta in der Waage. Diese Menschen ziehen es vor, lieber mit anderen zusammen als alleine zu arbeiten. Sie mögen es, andere Menschen in ihre Arbeit einzubeziehen und von deren Beiträgen zu profitieren. Aber die typische Waage–Eigenschaft, sich mit anderen zu vergleichen, kann auf eine starke Wettbewerbsfähigkeit in der Arbeitssituation hinauslaufen. Das Bedürfnis, als gleichrangig angesehen zu werden, und ein gegenseitiges Geben und Nehmen sind die wichtigsten Faktoren im sexuellen Austausch. Da diese Geborenen andererseits akzeptiert und bewundert werden wollen, sind sie leicht anfällig dafür, die eigenen Wünsche und Begierden aufzugeben. Das Erzielen eines sensiblen Gleichgewichts zwischen den persönlichen Vorlieben und den Wünschen seiner Mitmenschen ist lebenswichtig.

Die Designerin Coco Chanel (Waage–Vesta im 9. Feld) widmete ihr Leben dem Entwurf eines weltweit anerkannten Modestils. (2)

Vesta im Skorpion äußert sich auf sehr intensive und eindringliche Weise. Horoskopeigner mit dieser Vesta–Stellung suchen in allen ihren Verpflichtungen die Tiefe und Gründlichkeit. Sexualität wird als ein Gipfelerlebnis aufgefaßt, das man ohne Rücksicht auf alle existierenden sozialen Tabus erlangen muß. Andererseits empfinden diese Geborenen möglicherweise Gefühle von Schuld, Sünde und Schande anläßlich ihrer Liebesaffären, weshalb sie sexuell unterdrückt und gehemmt werden können. Starke Konzentrationsfähigkeit und Hingabe sind vorhanden.

Die Theosophin Anne Besant (Vesta in Skorpion und in Opposition zum Mars) war eine leidenschaftliche Verfechterin der Geburtenkontrolle und wurde von der Sittenpolizei verhaftet, weil sie Informationen zu diesem Thema verbreitete (2).

Vesta im Schützen. Diese Geborenen konzentrieren sich am stärksten, wenn sie für etwas arbeiten, an das sie glauben können. Ein Ideal oder eine gute Sache ist oft ein Auslöser für ihren Arbeitseifer. Wenn sie den Glauben ihrer Mitmenschen nicht berücksichtigen können sie sehr schnell vereinsamen, denn dann verlieren sie sich vollkommen in der Verbreitung und Ausarbeitung ihrer eigenen Phantasien. Ein Abenteuergefühl und die Suche nach Wahrheit stimuliert ihre sexuelle Empfänglichkeit, allerdings kann ein Mangel an Ehrlichkeit und Loyalität die Vertrauensbasis einer Partnerschaft untergraben. Ferner können sie ihre sexuellen Antrieb auch zugunsten ihrer Ideen kompensieren. Eine geglückte Mischung offenbart praktische Idealisten und Mystiker, die einflußreich auf die materielle Welt sind.

Die Visionärin und Autorin Alice Bailey, welche die Arkanschule gründete hatte eine Schütze–Vesta im 5. Feld (2).

Mohandas »Mahatma« Gandhi, der geistige und politische Führer Indiens, wurde mit einer Vesta/Saturn–Konjunktion im Schützen geboren. Er war zwar verheiratet, lebte aber viele Jahre in Keuschheit und versuchte auch, seine Söhne darin zu unterweisen (1).

Vesta im Steinbock zeigt Personen, die am besten in strukturierter und disziplinierter Manier arbeiten. Die Arbeitsanstrengung wird oft durch persönliche Ambitionen oder den Erfolgswunsch angespornt. Die Gabe, Pläne zu erstellen und auszuführen, ermöglicht ein Gelingen bei Verwaltungstätigkeiten. Jedoch kann das strikte Festhalten an Regeln und Gesetzen der Steinbock–Vesta auch eine übertriebene Strenge im individuellen Bereich anzeigen. Pflichtbewußtsein und Ehrgefühl in Beziehungen werden als notwendige Voraussetzungen für sexuelle Erfüllung betrachtet. Diese Geborenen können sich vor Intimität und emotionaler Anteilnahme fürchten, wenn sie beides mit Kritik, Beurteilung oder Verlust von Macht und Kontrolle in Verbindung bringen. Ihre Disziplin ist ausgeprägt, und große Errungenschaften sind möglich. Solche Menschen erwarten den Erfolg, indem sie ihre Pflicht erfüllen.

Walter Mondale wurde mit einer Vesta im Steinbock und im 11. Feld geboren (1).

Vesta im Wassermann. Geborene mit Wassermann–Vesta arbeiten am besten mit humanitären, sozialen oder politischen Motivationen. Das Freiheitsideal für sich und seine Mitmenschen ist alles überragend. Aufgrund der wassermännischen Distanz vom Persönlichen, kann durch ungenügende Besinnung auf seine Nächsten eine Entfremdung in Erscheinung treten. Oftmals kommt es zur Auflehnung gegen Autoritätspersonen. Das Sexualverhalten wird durch das Außergewöhnliche aktiviert, und man kann sich auf einer nicht Besitz ergreifenden und nicht verpflichtenden Basis sexuell mit Freunden abgeben.

Germaine Greer, die Verfasserin des Buches *Die heimliche Kastration* und Befürworterin eines unkonventionellen sexuellen

Lebensstils, hat eine Vesta/Aszendent–Konjunktion im Wassermann (2).

Vesta in den Fischen. Diese Seelen bündeln ihre Arbeitsenergien, indem sie anderen dienen. Wegen des diffusen und zerstreuten Charakters der Fische, kann Vesta in diesem Zeichen auf die Schwierigkeiten verweisen, einen Konzentrationspunkt zu finden oder Verpflichtungen einhalten zu können. Diese Person kann eine Märtyrerrolle spielen, den anderen ein Schuldgefühl aufbürden und sie für die eigenen Leiden verantwortlich machen. Man kann Partner in der intimen Begegnung heilen oder die Sexualität zugunsten der spirituellen Verwirklichung sublimieren. Der Betreffende glaubt vielleicht, daß niemand allein ein Anrecht auf seine Sexualität hat und daß sie jedem zusteht, der ihrer bedarf. Integration schließt hier eine Vermischung von Traum und Wirklichkeit, von Poesie und Praxis ein.

Der Schriftsteller Robert Ranke–Graves, dessen Inspiration sich in seiner Fische–Vesta in Mond–Opposition widerspiegelt, faßte seine Phantasien und Ideale in Büchern wie z.B. *Die Weiße Göttin* zusammen (1).

Vesta in den Feldern

Vesta im ersten Feld zeigt, daß man sich der Erfahrung des eigenen selbst widmet. Dadurch, daß das Erkennen der eigenen Identität oder die Festlegung der persönlichen Ziele so stark im Mittelpunkt steht, kann dieser Mensch unter Umständen dazu neigen, langanhaltende Beziehungen aus seinem Leben fernzuhalten. Zielstrebigkeit und Beharrungsvermögen können zu großen Leistungen führen.

Die heilige Theresia von Avila, welche die mystische Einheit suchte und fand, wurde mit einer Widder–Vesta in Konjunktion zum Aszendenten geboren (2).

Vesta im zweiten Feld repräsentiert die Hinwendung zu wirksamen Quellen, um für sich und seine Nächsten zu sorgen. Man kann Beschränkungen hinsichtlich Geld, Behaglichkeit und Sinnlichkeit erfahren, so daß Druck entsteht, um die Fähigkeit zur Äußerung zu lernen.

Katharina die Große (Vesta/Mars–Konjunktion im Stier und im 2. Feld) gewann neue Provinzen für Rußland und füllte den Staatshaushalt wieder auf (2).

Vesta im dritten Feld zeigt einen Hang zur Erweiterung des persönlichen Verständnisses und zur Ausdehnung von Information in andere Kreise. Man kann Beschränkungen im Kommunikationsbereich erfahren, da man gezwungen wird, sich auf die Klärung der eigenen Ideen zu konzentrieren. Darüberhinaus unterliegt dieser Geborene unter Umständen einem Minderwertigkeitskomplex in Sachen Intellekt und Kommunikation, wenn die Kritikfähigkeit selbstzentriert ist. Kopfarbeit spielt bei dieser Vesta–Position eine entscheidende Rolle.

Der Schriftsteller Hermann Hesse wurde mit einer Vesta im 3. Feld und in Konjunktion zum Fische–Mond geboren (1).

Vesta im vierten Feld veranschaulicht, wie man sich um Heim und Familie sorgt. In jungen Jahren ergeben sich oft zusätzliche Verantwortung und Arbeit, die sich später als Pflicht und Verbindlichkeit in der Familie fortsetzen. Diese Person kann Entzug und Beschneidung der persönlichen Freiheit aufgrund familiärer Verpflichtungen erleben. Eine gründliche Auseinandersetzung mit den häuslichen Bedürfnissen ist empfehlenswert.

Die Schauspielerin Eleonora Duse (Schütze–Vesta im 4. Feld) wurde in eine Schauspieler–Familie hineingeboren, die ihr ganzes Leben auf der Bühne verbrachte (2).

Vesta im fünften Feld läßt vermuten, daß man sich für die persönlichen Ausdrucksmittel, Kinder oder künstlerische Formen stark macht. Daraus resultiert häufig eine Entfremdung von Romantik und Freude oder eine schöpferische Sperre. Sexuelle Gehemmtheit entsteht durch zu starke Sublimation der Liebesenergie in Angelegenheiten des fünften Feldes; auch kann eine zu sorgfältige Konzentration auf eigene Mängel die

Spontaneität sabotieren. Diese Felderstellung deutet womöglich auf einen kreativen Beruf oder eine Position im Rampenlicht hin.

Die Tennisspielerin Billy Jean King benützte ihre Konjunktion von Vesta und Mars in den Zwillingen und im fünften Feld, um ihre athletische Energie zu bündeln (2).

Vesta im sechsten Feld offenbart ein engagiertes Arbeiten und wirkungsvolles Funktionieren. Da Vesta eine starke Verbindung zum Zeichen Jungfrau aufweist, ist ihre Stellung in diesem Feld besonders signifikant. Gesundheitliche Unpäßlichkeiten werden einen oft zwangsläufig mit Selbstheilung und der richtigen Körperversorgung durch Ernährung, Übungen oder positives Denken in Kontakt bringen. Perfektionismus kann, solange er nicht übertrieben wird, sehr hilfreich sein.

Elizabeth Taylor hat sich trotz ihrer sechs Ehen und trotz ihrer gesundheitlichen Probleme ganz auf ihre filmische Arbeit konzentriert. Ihr Horoskop enthält eine Fische–Vesta im 6. Feld (2).

Vesta im siebten Feld deutet daraufhin, daß man seine Arbeitsenergie auf die Partnerschaften verwendet. Da Vesta jedoch nach Unabhängigkeit trachtet, können Konflikte entflammen, wenn Kompromisse und kooperative Anstrengungen erforderlich sind. Häufig fixiert sich die Person auf die erste Beziehung.

Pat Nixon (Löwe–Vesta im 7. Feld) blieb trotz der politischen Karrieresprünge ihres Mannes eine hingebungsvolle und loyale Gattin (2).

Vesta im achten Feld. Diese Geborenen fühlen sich zu okkulten und übersinnlichen Bereichen hingezogen oder zu eindringlichen Interaktionen mit anderen. Es könnte ihnen auch schwerfallen, jemanden zu finden, der ihrer sexuellen Intensität gerecht wird, und so erleiden sie hier womöglich Einbußen. Komplikationen mit anderen über gemeinsame geteilte Ressourcen wie Geld oder Sexualität zwingen dazu, persönliche Wünsche loszulassen und das Teilen von Besitz zu erlernen.

Vincent van Gogh wurde von der Liebe und der Religion enttäuscht. Seine künstlerischen Anstrengungen und die zahlreichen persönlichen Umschwünge werden durch seine Vesta im 8. Feld abgebildet, die von Venus und Saturn quadriert wurde (1).

Vesta im neunten Feld symbolisiert die intensive Suche nach Wahrheit und die Übermittlung von Weisheit. Eine zu extreme Fixierung auf das eigene Glaubenssystem kann jedoch religiösen oder politischen Fanatismus nach sich ziehen. Beschränkungen können in Erscheinung treten, die eine breite Bewegungsfreiheit der Phantasietätigkeit in Frage stellen. Man ist fähig, Idealbilder von der materiellen Welt zu entwerfen.

Der religiöse Visionär William Blake wurde mit einer Wassermann–Vesta im 9. Feld geboren (1).

Vesta im zehnten Feld verweist auf eine inbrünstige Hingabe an Beruf und gesellschaftliche Stellung. Steht Vesta nahe des MC, so könnte dies eine spirituelle Bestimmung anzeigen. Man wird nur begrenzt einen erfüllenden beruflichen Weg finden, wenn die Kritikfähigkeit zu stark entwickelt ist. Ungeheure Disziplin, Gründlichkeit und der Wille, hart zu arbeiten, sind potentielle Eigenschaften.

Papst Johannes Paul I. wurde mit einer Vesta/Merkur–Konjunktion im Skorpion und im 10. Feld geboren (1).

Vesta im elften Feld läßt eine Hinwendung zu Gruppenprozessen anklingen. Die Arbeit in Kollektiven erfüllt das Bedürfnis, an einem größeren Ganzen teilzuhaben. Man kann in Freundschaften oder Gruppen Einschränkungen erfahren, auf daß man die Wichtigkeit seiner Mitmenschen im eigenen Leben kennenzulernen vermag. Es existiert ein Bedürfnis, seine Hoffnungen und Wünsche festzulegen und zu definieren, damit man sich einem Ideal widmen kann.

Die Sozialarbeiterin Jane Addams wurde mit einer Krebs–Vesta im 11. Feld und in Oppositon zu Mars geboren. Sie richtete »Nachbarschaftshäuser« für Immigranten ein und leistete entscheidende Beiträge zur Reform von Kinderarbeit, Volksgesundheit und Sozialversicherung (3).

Vesta im zwölften Feld läßt selbstloses Dienen und die Verfolgung spiritueller Werte durchblicken. Ein starkes unbewußtes Verlangen nach Isolation und Rückzug sowie eine tiefe Gläubigkeit sind vorhanden. Die religiöse Verfolgung in einem früheren Leben, die Furcht vor öffentlicher Bloßstellung oder begangenen Fehlern können den Geborenen an der Erforschung seines spirituellen Wesens hindern. Zusätzlich können tief verwurzelte sexuelle Ängste und Hemmungen vorhanden sein, die sich durch ein Ausgleichen von Furcht und Glauben bewältigen lassen.

Die Spiritualistin Helena Blavatsky wurde mit einer Vesta im Krebs und im mystischen 12. Feld geboren (2).

Vesta–Aspekte zu den Planeten

Vesta/Sonne–Aspekte. Das bündelnde Prinzip verbindet sich mit Identität und Bestimmung. Diese Kombination zeigt, daß die Arbeit, die persönliche Inanspruchnahme und das Pflichtgefühl zu einem elementaren Bestandteil des Lebenszieles werden.

Harmonische Winkelverbindungen beschreiben eine Person, die mit sich selbst im Einklang steht, und belegt ein Höchstmaß an persönlicher Integration. Man hat Ideale und trägt Verantwortungen mit Würde. Diese Menschen können ihre individuell festgelegten sexuellen Werte ausleben und vermeiden besitzergreifende Beziehungen.

Spannungsaspekte verweisen auf eventuelle Schwierigkeiten zwischen den Arbeitsinteressen und dem persönlichen Lebensziel, was zu der Unfähigkeit führen kann, eine erfüllende Berufslaufbahn einzuschlagen. Andere Probleme könnten Frustrationen und sexuelle Zurückweisungen sein oder Furcht vor Intimität und Bindung. Eine generelle Verwirrung und Ziellosigkeit über die eigene Richtung kann Angst und Streß erzeugen; zu starke Fixierung auf sich selbst ist womöglich der Grund für Vereinsamung.

Die Befreiung von all diesen Problemen liegt in der Entwicklung eines zweckvollen inneren Sammelpunktes, auf den man die persönlichen Energien ausrichtet, um mit dieser Vision in Einklang zu kommen.

Isadora Duncan widmete ihr Leben dem Beruf und bot sexuellen Tabus die Stirn (Stier–Vesta in Konjunktion zur Zwillinge–Sonne) (2).

Anne Frank, deren Tagebuch Millionen Menschen geistige Erbauung brachte, wurde mit einer Stier–Vesta in Konjunktion mit Sonne und Merkur geboren (2).

Carl G. Jung, der in seiner Analytischen Psychologie die Integration und den Begriff des Selbsts hervorhob, hatte Vesta in Konjunktion zu seiner Löwe–Sonne (3).

Der englische Romancier Charles Dickens konzentrierte seine außergewöhnliche geistige Energie durch Verfassen von überaus fruchtbaren Schriften zum Thema der humanitären Bedingungen. Er wurde mit Vesta/Sonne–Konjunktion im Wassermann und am IC geboren (3).

Der Atomwissenschaftler Enrico Fermi (Vesta/Sonne–Konjunktion in der Waage und im 6. Feld) entdeckte die Kernspaltung und erfand den Atomreaktor (1).

Vesta/Mond–Aspekte. Das bündelnde Prinzip verbindet sich mit Emotionen und Gefühlen. Dies bedeutet, daß die Gefühlswelt zum eigentlichen Bereich der persönlichen Integration werden könnte.

Günstige Aspektgefüge deuten sowohl körperlich als auch geistig auf ein fruchtbares Wesen hin. Eventuell widmet man sich ganz der Familie oder hat den starken Wunsch, für andere zu sorgen. Diese Geborenen können mitfühlendes Verständnis und emotionale Kontakte entfalten, um auf die unterschiedlichsten sexuellen Situationen zu reagieren. Ferner können sie eine freie und offene Einstellung zur Sexualität haben.

Kritische Winkel bedeuten eine Entfremdung von den eigenen emotionalen Bedürfnissen bedeuten; dies kann z. B. auf Angst vor Nähe oder familiärer Bindung hinweisen. Möglicherweise kommt es auch zu Problemen beim Vollzug der Sexualität oder hinsichtlich der Fruchtbarkeit. Häufig unterliegen diese Menschen einer sehr starken emotionalen Innenschau.

Wie lassen sich diese Herausforderungen beseitigen? Indem man die gesellschaftlich aufgepfropfte Sexualmoral zu verstehen lernt und sich von Konditionierungen befreit. Um blokkierte Energien — seien sie nun sexueller oder emotionaler Natur — freizusetzen, kann eine Therapie sehr hilfreich sein, damit ein offener Selbstausdruck möglich wird. Die Befreiung von unnötigen Urteilen kann helfen, das Verlangen nach emotionaler Nähe mit der Zwangsvorstellung von Pflichtversäumnissen ins Gleichgewicht zu bringen.

Charles Baudelaire (Vesta/Mond–Konjunktion im Krebs im Quadrat zur Widder–Sonne) brachte seine sexuellen Qualen in seinen Gedichten zum Ausdruck und starb an Syphilis (1).

Maria Montessori (Vesta am MC in Opposition zum Skorpion–Mond im 4. Feld) widmete ihr Leben der Wiedereingliederung von unterprivilegierten Kindern (2).

Schwester Florence Nightingale, die Frau mit der Laterne, wurde mit einer Stier–Vesta in Konjunktion zu Sonne und Mond, aber auch in Opposition zur Skorpion–Juno geboren. Sie gab ihre Ehe auf, um sich ganz ihrem Dienst an den verwundeten Soldaten auf der Insel Krim zu widmen, und brachte weltweit Reformen von Hospitalverwaltung und Krankenpflege in Bewegung (3).

Die Schriftstellerin Virginia Woolf (Stier–Vesta in Konjunktion zu Mond und Saturn) konzentrierte ihre Empfindsamkeit auf genaue psychologische Charakterbeschreibungen. Sie litt an wiederholten geistigen Zusammenbrüchen (1).

Vesta/Merkur–Aspekte. Das bündelnde Prinzip verbindet sich mit dem der geistigen Ausdruckskraft. Bei dieser Planetenstruktur spielt die Konzentration von Gedanken und Kommunikationsprozessen eine gewichtige Rolle.

Harmonische Winkel können einen hochentwickelten Verstand anzeigen, der sich sehr gut konzentrieren und seine Gedanken lenken kann. Womöglich liegt ein übermächtiger Trieb vor, seine Ideen mitzuteilen oder sich für die Übermittlung von Lehrmeinungen einzusetzen. Diese Geborenen können in Forschung und Medien glänzen.

Gespannte Aspekte können auf Kommunikationshindernisse hinweisen: entweder ist man zu penibel im Umgang mit Sprache oder im Gegenteil vage und oberflächlich. Es können auch exzessive geistige Selbstbeobachtungen, extravagante Einfälle oder Konzentrationsschwächen in Lernsituationen vorliegen. Manche Geborene müssen sich mit Sexualproblemen mangels Verständigung mit ihrem Partner auseinandersetzen.

Eine Beseitigung dieser Problembereiche ergibt sich, wenn man seine persönlichen Ziele und Gedanken klärt und überflüssigen geistigen Ballast abwirft. Sobald man seine mentalen Prozesse geschärft und fokusiert hat, läßt sich eine klare Verständigung erreichen.

Der Physiker Werner Heisenberg, berühmt für seine Forschungen in der theoretischen Atomphysik, konzentrierte seine starken geistigen Fähigkeiten durch seine Vesta/Merkur–Konjunktion im Skorpion (1).

Prinzessin Margaret von England hat eine Konjunktion von Merkur und Vesta in der Jungfrau und im 6. Feld (3).

Vesta/Venus–Aspekte. Das bündelnde Prinzip verbindet sich mit dem weiblichen der Liebe und Sexualität. Die Kombination dieser Wirkkräfte kann eine selbstbestimmte und unabhängige Einstellung hinsichtlich intimer Beziehungen bedeuten.

Harmonische Aspekte entsprechen der Fähigkeit, seine Weiblichkeit in die eigene Identität zu integrieren. Es kann ebenso eine Verehrung der sexuellen Ausdruckskraft und ein einfühlsames Verständnis der weiblichen Psyche vorhanden sein. Diese Geborenen entscheiden sich möglicherweise auch dafür, ihren sexuellen Ausdruck in künstlerischer Form oder in einem spirituellen Weg zu sublimieren.

Gespannte Winkel zwischen Vesta und Venus verweisen auf einen Zusammenprall der Erfordernisse von Arbeit und Partnerschaft, was häufig zu einer Abkapselung führt. Dies kann sich auch auf andere Weise manifestieren: als psychische oder physische Frigidität, als Angst und Entzug von Intimität, als eine puritanische Sexualmoral oder das Gegenteil davon, nämlich Promiskuität.

Alle diese Herausforderungen lassen sich überwinden, wenn es gelingt, die Unabhängigkeitsbestrebungen und Arbeitsenergien in den Kontext der engsten Beziehungen einzugliedern. Dieser Vorgang wird erleichtert, wenn man einen individuell festgelegten Moralkodex entwickelt.

Anaïs Nin, deren Venus in Konjunktion zur Fische–Vesta steht, war in der Lage, ihre Weiblichkeit mit ihrer Unabhängigkeit in Einklang zu bringen, und sie schrieb gründliche und psychologisch scharfsinnige Romane über die weibliche Wesensart (2).

Der englische Maler und Dichter Dante Gabriel Rossetti verwirklichte seine Vesta/Venus–Konjunktion im Krebs durch seine unbeschreiblich schönen Porträts und Gedichte über Frauen (1).

Vesta/Mars–Aspekte. Das bündelnde Prinzip verbindet sich mit dem männlichen Prinzip des Handelns und der Entschlossenheit. Dies verstärkt die Fähigkeit, seine Energie zu sammeln und willentlich zu lenken.

Positive Aspektverbindungen zeigen, daß man Autonomie und Selbstbestimmungsrecht in die intimen Beziehungen einbringen kann, ferner aber auch das Talent, sich sexuell darstellen zu können. Diese Geborenen können ihre Sexualenergie sublimieren und ganz in den Kampf für eine bestimmte Sache, z. B. für einen spirituellen Kreuzzug, einsetzen.

Spannungsreiche Winkelkonfigurationen veranschaulichen eine eingeschränkte Ausdrucksfähigkeit der männlichen Energien, was entweder zu psychischer oder körperlicher Impotenz oder zur Abneigung gegen intime Beziehungen führen kann. Initiativen zu ergreifen und diese bis zum Ende verbindlich durchzuführen, kann ebenfalls schwerfallen. Manche Geborenen versuchen ihr Gefühl der männlichen Unzulänglichkeit zu kompensieren, indem sie in ihrem geschlechtlichen Verhalten überaus aggressiv werden.

Energie, Trieb und Wille auf eine Linie mit einer klar erkannten Richtung und Zielsetzung zu bringen, darin liegt die Lösung für diese Probleme.

Der Franziskanerpater Junipero Serra (Vesta/Mars–Konjunktion im Steinbock) wurde als Prediger bekannt und unternahm trotz seines lahmen Beines lange Fußreisen (3).

Harriet Beecher Stowe (Vesta/Mars–Konjunktion im Skorpion) wurde berühmt für ihren Roman *Onkel Tom's Hütte,* der sich gegen die Sklaverei richtete (1).

Der Schwergewichtsboxer Rocky Marciano wurde mit Vesta in Konjunktion zum Mars im Wassermann geboren (1).

Vesta/Ceres–Aspekte siehe Seite 100.

Vesta/Pallas–Aspekte siehe Seite 151.

Vesta/Juno–Aspekte. Das bündelnde Prinzip vereinigt sich mit dem Wunsch nach Beziehungen, was auf einen evolutionären Lebensweg schließen läßt, der mit der Autonomie des Selbst beginnt und damit endet, daß man sich mit anderen verbindet.

Günstige Aspekte deuten auf die Fähigkeit, mit anderen eine ernsthafte Bindung einzugehen. Diese Geborenen geben sich der Läuterung und Vervollkommnug ihrer Partnerschaften hin, was häufig die Form von sexuell erfüllten und spirituellen Beziehungen annehmen kann.

Problematische Winkelgefüge können einen Widerspruch zwischen den persönlichen Bedürfnissen und den Erfordernissen der Partnerschaft symbolisieren. Geborenen mit einer Winkelspannung zwischen Vesta und Juno können abspenstig auf Beziehungen reagieren oder sich innerhalb derselben einer Isolation ausgesetzt sehen. Im anderen Fall können sie sich für ihren Partner opfern oder zwanghaft an ihm hängen. Sexuelle Beherrschung bzw. Kontrolle können ebenfalls einen Teil der Wechselbeziehung ausmachen.

Wird die Rolle des autonomen Individuums fest in die verpflichtende Partnerschaft integriert, so werden sich diese Probleme überwunden lassen.

Die Komödiantin Lucille Ball (Vesta/Aszendent–Konjunktion im Quadrat zur Waage–Juno im 4. Feld) verbrachte den größten Teil ihres Lebens damit, ihre Karriere als Schauspielerin mit ihrem Ehemann Desi Arnez zu teilen.

Prinz Albert, der Gemahl von Königin Viktoria, der eine Vesta/Juno–Konjunktion im Krebs und im 10. Feld hatte, veranschaulichte beispielhaft die Liebe zu seiner Frau (1).

Vesta/Jupiter–Aspekte. Das bündelnde Prinzip verbindet sich mit dem Expansionsdrang. Dies könnte auf eine Ausdehnung und eine soziale Vision im Rahmen der eigenen Verpflichtungen hindeuten.

Harmonische Aspektstrukturen können darauf verweisen, daß man sich für Streben nach Wahrheit und Wissen einsetzt. Die Horoskopeigner besitzen die Gabe, die Details aus breit angelegten Untersuchungen herauszufiltern und mittels Synthese zu verbinden. Die Sexualkraft von Vesta kann in den Bereich der Politik, in eine Lehrtätigkeit oder in religiöse Verehrung verlagert werden.

Ungünstige Winkelspannungen lassen ein Konfliktpotential vermuten zwischen der persönlichen Lebensphilosophie und dem, was dem größeren Ganzen zum Vorteil gereicht. Diese Personen verfallen (ähnlich wie religiöse Fundamentalisten) leicht dem Glauben, daß ihre Philosophie die einzig gültige Wahrheit enthalte. Manchmal geschieht es auch, daß der Betreffende dazu neigt, sich zuviele Verpflichtungen aufzubürden, so daß er im Endeffekt nicht in der Lage ist, seine Versprechungen zu halten. Sonstige Schwierigkeiten wären eine Überbetonung der Geschlechtlichkeit oder übersteigerte Sexualängste.

Eine Befreiung von all diesen Schwierigkeiten läßt sich erwirken, wenn man seinen inneren Aufmerksamkeitsbereich ausdehnt, soziale oder kulturelle Formen miteinschließt oder aber, wenn man Glaube, Hoffnung und Optimismus in seine Phantasien einfließen läßt.

Elisabeth I. von England, bekannt als ›jüngfräuliche Königin‹, brachte ihre Zwillinge–Vesta in Oppostion zum Jupiter passend zum Ausdruck. Sie blieb unverheiratet, nahm sich viele Liebhaber, setzte Englands koloniale Expansion in Gang und versuchte, die religösen Konflikte ihres Landes zu lösen (3).

Leonard Bernstein (Vesta/Jupiter–Konjunktion im Krebs) hatte ein Talent zu komponieren und konnte Symphonien, Musicals, Film–, Ballet– und Kammermusik emotional dirigieren (1).

Vesta/Saturn–Aspekte. Das bündelnde Prinzip vereinigt sich mit dem Wunsch nach Struktur und Verfestigung, was auf sehr intensive und konzentrierte Energien hinweist.

Günstige Aspekte entsprechen einer Person mit Selbstdisziplin, Ernsthaftigkeit und der Fähigkeit, sich Ziele und Ambitionen durch harte Arbeit zu verwirklichen. Sind diese Bestrebungen erst einmal realisiert, so werden sie mit einem soliden und uneinnehmbaren Fundament verankert. Man kann sich auch seinen Pflichten und Obliegenheiten widmen.

Gespannte Winkel beschreiben Konflikte zwischen den persönlichen Bedürfnissen und den Verpflichtungen anderen gegenüber. Das Resultat kann auf zweierlei Weise in Erscheinung treten: entweder man umgeht Verpflichtungen, oder man leidet unter der Last einer zu großen Verantwortung. Diese Geborenen setzen für sich und andere hohe Standards der Perfektion fest. Sonstige Probleme könnten sein: Arbeitssucht, extremer Ehrgeiz und sexuelle Ängste.

Gelingt ein ausgewogener Zugang zur Verwirklichung der eigenen Verantwortung, so daß auch persönliche Freude und Erfüllung erfahren werden können, dann lassen sich diese Schwierigkeiten beheben.

Paul Gauguin, dessen Vesta/Saturn–Konjunktion in Opposition zu seiner Jungfrau–Ceres stand, verließ Frau und fünf Kinder, um seinem künstlerischen Ruf nach Polynesien zu folgen (1).

Der Philosoph Friedrich Nietzsche (Vesta/Saturn–Konjunktion im zweiten Haus und im Wassermann) glaubte, daß die Zeit gekommen sei, um die traditionellen Werte und ihre Ursprünge einer kritischen Prüfung zu unterziehen (1).

Vesta/Uranus–Aspekte. Das bündelnde Prinzip verbindet sich mit Individualität und Intuition. Die Geborenen mit einer Kombination dieser Wirkkräfte haben die Chance, ursprüngliche und universelle Impulse in ihre persönliche Eignung einzubringen.

Harmonische Aspekte deuten auf einen Verstand hin, der sich auf innovative und intuitive Ideen konzentrieren kann. Folglich können diese Personen mit dem Betreiben von wissenschaftlichen oder okkulten Studien beschäftigt sein. Zudem besitzen sie auch die Fähigkeit, sich neuen politischen, spirituellen oder revolutionären Einsichten zuzuwenden. Manchmal befürworten diese Geborenen sexuelle Freizügigkeit und unterbinden besitzergreifendes Verhalten in Beziehungen.

Schwierige Aspekte deuten auf ein Spannungspotential zwischen dem Wunsch zur Konzentration einerseits und dem Begehren nach Erneuerung und Veränderung andererseits. Dies könnte zu einem Aufbegehren gegen Pflichten oder zu unstetem Verhalten führen, das langandauernde Verpflichtungen untergräbt. In politischer Hinsicht manifestieren sich diese Winkeldistanzen unter Umständen auch in der Figur des »Rebellen ohne trifftigen Grund«. Manchmal legen diese Geborenen auch ein vom traditionellen Moralkodex abweichendes Sexualverhalten an den Tag.

Die Auflösung dieser Probleme ergibt sich, wenn man sich auf bestimmte Innovationen und Reformen festlegt, die konstruktive und wirksame Veränderungen in die alte Ordnung hineintragen oder funktionierende Strukturen in die neue Ordnung einbringen.

Der Wissenschaftler George Washington Carver (Uranus/Vesta–Konjunktion in den Zwillingen) revolutionierte die Landwirtschaft durch seine Erforschung der Agrarchemie (3).

Leonardo da Vinci (Vesta in Opposition zu Uranus) war eines der vielseitigsten Genies der Geschichte. (3)

Charles de Gaulle wurde mit einer Skorpion–Vesta in Konjunktion zu Uranus in der Waage geboren. Er führte die französiche Widerstandsbewegung während der deutschen Besatzung und wurde später Frankreichs Staatspräsident (3).

Vesta/Neptun–Aspekte. Das bündelnde Prinzip verbindet sich mit dem transzendenten Verlangen. Diese Kräftekombination verstärkt eine Ergebenheit an spirituelle und künstlerische Ideale.

Harmonische Winkelabstände können ein tiefes Mitgefühl bedeuten. Es kann zu einer langfristigen Festlegung auf einen spirituellen Weg oder zu einer intensiven Zuneigung für die schönen Künste kommen. Manche Geborenen benützen die sexuelle Beziehung auch, um Neptuns mystische Vereinigung zu erfahren.

Gespannte Winkelstrukturen können auf eine Auflösungstendenz der Konzentration und auf Verwirrungen über die eigenen Verpflichtungen hinweisen. Es kann ferner eine Fehlwahrnehmung der Wirklichkeit vorliegen, was gegebenenfalls zu unangemessener Selbstverleugnung und Selbstaufopferung führt. Weitere Probleme könnten sein: Enttäuschungen in der Sexualität, ernüchterte Spiritualität sowie Wirklichkeitsflucht.

Die Lösung dieser schwierigen Aufgabenstellungen wird möglich, wenn man Vestas Konzentrationskräfte benützt, um effektiv mit der substantiellen Wirklichkeit und anderen Dimensionen umzugehen.

Der spanische Künstler Francisco Goya bezog sich auf seine Vesta/Neptun–Opposition, als er in seinen Zeichnungen die Suche nach einer tieferen Realität in den menschlichen Gefühlen und im Unbewußten wiedergab (3).

Der Surrealist Salvador Dali nahm ebenfalls seine Vesta/Neptun–Konjunktion in Anspruch, um seine »handgemalten Traumfotos« zu produzieren, die oft starke sexuelle Anklänge haben (3).

Die Astrologien Doris Chase Doane (Steinbock–Vesta im 1. Feld und in Opposition zum Krebs–Neptun im 7. Feld) arbeitete mit ihrem Mann zusammen als Geistliche und Lehrerin (2).

Vesta/Pluto–Aspekte. Das bündelnde Prinzip verbindet sich mit den Transformationskräften, was darauf hindeutet, daß man sich persönlich für die Umgestaltung der Gesellschaft verantwortlich fühlt.

Günstige Winkelverbindungen beschreiben eine Person, die große Energievolumen sammeln und lenken kann, um verborgene und unbekannte Bereiche durchdringen. Möglicherweise ist die Fähigkeit gegeben, Sexualität in regenerative, heilende oder erleuchtende Kräfte umzuwandeln. Positive Winkelverbindungen von Vesta und Pluto können auch bedeuten, daß man seine persönliche Macht in den Dienst spiritueller oder sozialer Ideale stellt.

Spannungsaspekte zeigen einen inneren Widerstreit an, ob man seine Macht für persönliche oder transpersonale Zwecke einsetzten soll. Dies kann letzlich dazu führen, daß man entweder seine Machtbedürfnisse blockiert oder sie in großem Umfang destruktiv freisetzt. Sexuelle Zwanghaftigkeit, übertriebene Todesangst und überbetonte Egozentrik können ebenfalls in Erscheinung treten und vielleicht fühlt man sich gesellschaftlich auch stark isoliert.

Die Lösung für diese Herausforderungen besteht darin, seine Macht auf konstruktive soziale Veränderungen und Transformationen zu lenken.

Die Anarchistin Emma Goldman verwirklichte ihre Skorpion–Vesta in Opposition zu Pluto durch ihre revolutionären Tätigkeiten und ihre öffentliche Befürwortung von freier Liebe, Geburtenkontrolle und Atheismus (1).

Adolf Hitler wurde mit einer Vesta im Halbquadrat zu Pluto geboren (3).

Kapitel 10

Juno: Die göttliche Gemahlin

Here besing ich,
die Tochter der Rheia,
auf goldenem Throne,
Sie, die Königin ja unsterblich in ragender Hoheit,
Zeus' Gemahlin und Schwester,
des grollend donnernden Gottes,
Herrlich ist sie,
die weit im Olympos die Seligen alle
mit Scheu verehren
zugleich mit dem blitzerfreuten Kronion.[48]

Die Mythologie von Juno

Juno, die Göttin der Ehe, war neben Venus Aphrodite die einzige offiziell verheiratete Frau auf dem Olymp. Aber während Venus ihr Eheversprechen total mißachtete, wurde Juno als Gattin von Zeus/Jupiter angesichts ihrer Loyalität und Treue verehrt. Bei den Griechen hieß sie Hera, was wohl vom Wortstamm *he era* abgeleitet wurde und »die Erde« bedeutet, sich aber auch als »Herrin« übersetzen läßt. Die Dichter schildern sie als schöne und majestätische Frau, deren Haare mit einem Diadem gefaßt waren und die am Hinterhaupt einen langen Schleier trug. Hera wurde von einem Pfau begleitet und war oft von einem Regenbogen umgeben. In ihrer linken Hand hielt sie einen Granatapfel (der sie als frühere Todesgöttin identifiziert) und in der rechten ein Zepter, auf dem ein Kuckuck saß.

Gemäß den alten Römern besaß jeder Mann eine ihm innewohnende und *genius* genannte Schöpferkraft. Ganz ähnlich hatte jede Frau ihre individuelle *juno*, die Kraft der Empfänglichkeit und Gebärens. Die Tugenden dieser *juno* entwickelten sich mit der Zeit zur späteren Göttin, der Gebieterin über Geburt und Mutterschaft. In der Gestalt der *Juno Lucretia* wurde sie zum weiblichen Prinzip des Himmelslichts, und als *Juno Lucina* personifizierte sie die Geburtsgöttin, welche die Kinder zum Licht führt.

Junos Hauptaufgabe war jedoch ihre Schirmherrschaft über die verheiratete Frau, und in dieser Funktion führt sie den Vorsitz über alle Riten und Vereinbarungen der rechtmäßigen Ehe. Juni, der sechste Monat des Jahres, war ihr geweiht, und noch heute suchen viele Frauen ihren Segensspruch als »Juni–Bräute«. Die Göttin Juno herrschte ferner über die weibliche Fruchtbarkeit und benützte den Menstruationszyklus, um das regelmäßige Verstreichen der Zeit zu versinnbildlichen. Demgemäß wurde sie von den römischen Frauen an den *Calenden*, dem ersten Tag des lunaren Monats, verehrt.

Die Geschichte von Zeus und Hera

In der griechischen Göttersage wurde Hera unmittelbar nach ihrer Geburt zusammen mit ihren Geschwistern vom Vater Kronos verschlungen. Nachdem sie aus der Gefangenschaft im Magen ihres Vaters wieder auftauchte, wurde sie von *Okeanos* und *Tethys* erzogen, während die Götter mit den Titanen kämpften. In der Zwischenzeit fand Zeus Gefallen an seiner Schwester. Eines Tages erspähte er Hera, die allein und von den Göttern getrennt in den Wäldern bei Argos spazierenging. Also verwandelte er sich in einen Kuckuck, der den Griechen als ein Vorbote der Fruchtbarkeit galt, denn sein Rufen kündigte den für die Ernteerträge unersetzlichen Regen an. Dann sandte Zeus ein furchtbares Gewitter und ließ sich zitternd und frierend auf Heras Schoß nieder. Die Göttin erbarmte sich des zerzausten Vogels; um das durchnäßte Geschöpf zu wärmen, hielt sie es an ihre Brust und wärmete es mit ihrem Umhang. Unverzüglich nahm Zeus seine wahre Gestalt wieder an und versuchte, Hera zu überwältigen. Um der Schande zu entgehen, mußte er Hera versprechen, sie zur Gattin zu nehmen.

Eine andere Legende berichtet, daß die Vermählung insgeheim auf der Insel Samos stattfand und daß die Hochzeitsnacht 300 Jahre gedauert habe. Die Geheimhaltung erklärt sich möglicherweise aus der Tatsache, daß seine Mutter Rhea ihm die Anweisung gegeben hatte, nicht zu heiraten. Vielleicht soll mit den erwähnten 300 Jahren auch angedeutet werden, daß es so lange dauerte, »bis die Hellenen dem Volke Heras Monogamie aufgezwungen hatten.«[49]

Nachdem Zeus und Hera vermählt waren, brachte er sie mit auf den Olymp und und teilte mit ihr den Thron, den er durch die Unterwerfung der Titanen gewonnen hatte. Alle Götter kamen zu den Hochzeitsfeierlichkeiten und schenkten reiche Gaben. Gaia (Mutter Erde) überreichte der Braut einen Baum mit goldenen Äpfeln. Alle Unsterblichen beteiligten sich an der Hochzeitsprozession, wobei die *Fatae* den Brauthymnus sangen. Somit initiierte die erzwungene Ehe des göttlichen Herrscherpaares eine Vermischung der ihnen entsprechenden Kulturen.

Die göttliche Braut und ihr Bräutigam tauschten anfänglich noch viel Liebe und Zärtlichkeit miteinander aus. Homer berichtet in der *Illias* über ihre Liebe auf dem Berg Ida. Zeus, der Hera mit seinen früheren Liebhaberinnen verglich, pries sie folgendermaßen: »Komm, wir wollen in Lieb' uns vereinigen, sanft gelagert! Denn so sehr hat keine der Göttinnen oder der Weiber je mein Herz im Busen mit mächtiger Glut mich bewältigt ... als ich anjetzt dir glühe, durchbebt von süßem Verlangen.«[50] Doch das gegenseitige Verlangen verflüchtigte sich schnell, denn nach dieser Hochzeitsnacht kehrte Zeus alsbald wieder zu seiner vorehelichen Lebensweise der Promiskuität zurück.

Die Schicksalsprüfungen von Zeus und Hera

In der restlichen Zeit ihrer Ehe lebten Zeus und Hera in einem beständigen Spannungszustand und ewigen Streit. Zeus holte sich zwar Heras Ratschläge ein, aber er traute ihr nie völlig. Gemäß einiger Schilderungen soll Zeus seine Gemahlin gestraft haben, indem er wutentbrannt einen Donnerkeil nach ihr schleuderte. Aus Vergeltung arbeitete Hera heimlich daran, Zeus zu Fall zu bringen und listig zu erniedrigen. Als sie seine Untreue und Überheblichkeiten nicht mehr ertragen konnte, rächte sie sich mit Hilfe von Athene und Apollo, indem sie Zeus mit einem Lederriemen fest an sein Bett ankettete, so daß die anderen Götter ihn verlachten und verhöhnten. Nachdem er von dem hundertarmigen *Briareus* befreit worden war, bestrafte er Hera als Anführerin der Verschwörung. Er hängte sie mit goldenen Fesseln um die Armgelenke an den Himmel und knüpfte einen schweren Amboß an jedes ihrer Fußgelenke.

Durch ihre monogame Ehe wurden Hera die heiligen Sexualbräuche zur Verehrung der Großen Göttin vorenthalten, und sie war in einen Keuschheitsgürtel eingeschlossen. Ihre Treue zu war beispielhaft, während Zeus sich andauernd in Liebesaffären mit Göttinnen oder auch sterblichen Frauen einließ. Heras tiefster Schmerz und Zorn erwachte, als sie tatenlos beobachten mußte, wie Zeus und seine Verehrer den Kult der Göttin zerstörten. Zu Gehorsam und Unterwerfung gezwungen, blieb Hera als Vergeltungsreaktion nur, sich an seinen Konkubinen bzw. deren Kindern zu rächen. Zu denjenigen Frauen, die ins Kreuzfeuer von Zeus und Hera gerieten und die Hera deswegen verfolgte, zählten *Leto*, *Io*, *Kallisto*, *Lamia* und *Alkmene*. Hera arrangierte jeweils deren Tod oder verhängte einen schreckliche Fluch über sie.

Hera, die idealisierte Ehefrau

Trotz ihrer stürmischen Ehe wurde Hera als das ideale Vorbild für die Ehefrau verehrt, die ihre ganze Erfüllung in der Partnerschaft sucht. In der klassischen Mythologie galt ihre Fähigkeit, Zeus trotz seiner Untreue und Demütigungen ergeben zu bleiben, als ihre größte Tugend. Diejenigen, die sie zu entehren versuchten, wie *Ephialtes, Ixion* oder etwa der Gigant *Porphyrion,* wurden von ihr zurückgewiesen und anschließend von Zeus streng bestraft. Um ihren guten Ruf der Tugendhaftigkeit nicht zu riskieren, weigerte sich Hera wiederholt, das Bett des Gatten zu schänden. »Die Form der Ehe, die sie als unsere Ehegöttin schützte, war die Monogamie oder — von der Frau aus gesehen — die Ergänzung ihrer Selbst durch einen einzigen Mann, wobei auch die Gattin die einzige bleiben sollte.«[51] Ironischerweise war die legitime Verbindung der männlichen und weiblichen Polaritäten nicht besonders reich an Nachkommenschaft. Lediglich vier Sprößlinge werden dem göttlichen Herrscherpaar zugeordnet: *Ares,* der Kriegsgott; *Hephaistos,* der Schmiedegott; *Eileithyia,* die Göttin der Geburt, und *Hebe,* die Blume der Jugend — und es existiert daneben eine ganze Reihe von Überlieferungen, nach denen keiner dieser mutmaßlichen Abkömmlinge der Vereinigung von Zeus und Hera entsprang. Zwischendurch zeugte Zeus allerdings bei seinen Übergriffen auf Heras Priesterinnen und Verehrerinnen unzählige griechische Helden.

Hera und ihre Kinder

Um sich ihren Kinderwunsch zu erfüllen und dennoch ihre Standhaftigkeit zu bewahren, gebar Hera mehrere parthenogene Nachkommen. Als Vergeltungsmaßnahme auf die Geburt Athenes aus dem Haupte des Zeus, bat sie die im Tartarus eingesperrten Titanen inständig um Unterstützung, damit sie einen dem Herrscher des Olymp an Stärke ebenbürtigen Sohn gebären könne. Nach einem Jahr des Rückzugs in Einsamkeit gebar Hera ohne Gatten den *Typhaon von Delphi,* einen Drachen mit hundert brennenden Schlangenköpfen, dessen einer Arm bis an den Sonnenaufgang und dessen anderer bis an den Sonnenuntergang reichte.[52] Später empfing sie *Ares*, den Gott des Kampfes und Streites, nachdem ihr von der Göttin *Flora* eine Blume überreicht worden war, deren Berührung selbst das sterilste Wesen fruchtbar machte. Zeus verachtete Ares, weil dieser sich an Gewalt und Zerstörung ergötzte. Schließlich gebar Hera Hephaistos, den begabten Handwerker und Gott der Schmiede. Gezeugt im Zorn, kam er lahm und verkrüppelt zur Welt, und Hera war von dem Anblick ihres entstellten Kindes dermaßen entsetzt, daß sie es vom Olymp ins Meer hinabstieß, um ihre Mutterschaft zu verschleiern. (Einer früheren Tradition nach kam es folgendermaßen zu der Mißbildung: »zu früh erfolgte seine Geburt, da sie in jene dreihundert Jahre fiel, in denen Zeus nur heimlich mit Hera verkehrte. Die Mißgeburt war die Frucht dieser Frühzeit, und die Empfängnis ohne Mann nur eine Ausrede dafür,«[53] um seine Gebrechen zu kaschieren.) Diese Abgestumpftheit fiel auf sie zurück, denn Hephaistos setzte seine Mutter auf einen goldenen Thron, in den er eine mechanische Falle eingebaut hatte. Als sie sich niederließ, war sie gefangen, und keiner der Götter (außer Hephaistos selbst) konnte ihr helfen.

Die sexuellen Spannungen, welche die unfruchtbare Ehe von Zeus und Hera überschatteten, sind ein Symbol für den Kampf zwischen den Gebräuchen matrilinearer bzw. patrilinearer Herkunft. Zeus verweigerte Hera durch die Vorenthaltung seiner Geschlechtlichkeit sowohl die sexuelle und emotionale Erfüllung als auch die Erfahrung des Kindergebärens, denn ein göttlicher Stammhalter hätte seinen Souveränitätsanspruch gefährdet angesichts der Tradition, die Nachfolge mütterlicherseits zu übertragen. Hera dagegen weigerte sich, Zeus einen legitimen Erben zur Fortführung seines Namens zu gebären — de facto der eigentliche Grund für ihre Einehe — und widersetzte sich somit der Teilnahme an der patrilinearen Vererbung. Heras Ehe blieb jedoch der Kern des Kultes und wurde schließlich nur dadurch vollzogen, daß sie Herakles bzw. Herkules akzeptierte.

Herakles, dessen Name wörtlich »Heras Ruhm« bedeutet,

könnte ursprünglich Heras göttlicher Gefährte und Beschützer gegen Perseus gewesen sein, bevor man sie kultisch dem Zeus zuordnete. Erst in späteren Zeiten tauchte Perseus als der mächtige Sohn des Zeus aus seinem Verhältnis mit der schönen Sterblichen *Alkmene* auf. Eine Überlieferung berichtet, daß Hera, nachdem sie erkannt hatte, zu welchem Ruhm Herakles einst gelangen werde, ihm das Geburtsrecht als Herrscher des Adelshauses von Perseus wegnehmen wollte. Dies führte zu einer lebenslangen, bitteren Feindschaft zwischen beiden. Ferner wird erzählt, daß Hera mit einem Trick dazu gebracht wurde, Herakles im Schlaf zu säugen, um ihm die Unsterblichkeit zu verleihen. Als sie aber wider Erwarten aufwachte, stieß sie ihn von sich, und die göttliche Muttermilch ergoß sich über den Himmel, so daß die Milchstraße entstand. Wieder andere Sagen sprechen dagegen von einer tiefschürfenden Transformation, die sich in Hera vollzog, nachdem sie von Zeus überredet worden war, Herakles in einer Wiedergeburtszeremonie zu adoptieren. In dem Ritus legte sich Hera ins Bett, drückte den stämmigen Helden an ihren Busen, schob ihn durch ihre Kleider und ließ ihn als Imitation des Geburtsvorganges zu Boden fallen (ein Adoptionsritual, das noch heute bei vielen Naturvölkern praktiziert wird).[54] Nachdem nun Herakles als göttlicher Sohn adoptiert worden war, wurde er von Hera unter den olympischen Göttern willkommen geheißen und mit ihrer Tochter *Hebe* verheiratet — der »Blume der Jugend«, die gleichzeitig auch ein mädchenhafter Aspekt von Hera selber war. Aufgrund der Tatsache, daß sie Herakles akzeptierte, söhnte sich Hera wieder mit Zeus aus. Ab 600 v. Chr. begannen sie, gemeinsam einen Altar zu teilen, der für die früheren weiblichen Gottheiten versperrt war.

Heras Einsamkeit

Die heilige Ehe von Zeus und Hera wurde zum Prototyp der ehelichen Verbindung unter Menschen. Die Mythen des Verlassens und Zurückkehrens wurden als ein wesentlicher Gesichtspunkt in ihre Beziehung aufgenommen. »Über das Alleinsein der Hera, über ihre Trennung von den übrigen Göttern und vom Gatten, gab es besondere Erzählungen ... Hera kehrte von ihren Wanderungen, die sie in die tiefste Dunkelheit führten, immer wieder zum Gatten zurück.«[55] Einer Legende zufolge hat sie Zeus verlassen, weil er sie mit seiner Untreue zutiefst gedemütigt und beschämt hatte, und zog sich auf die Insel Euboia zurück, auf der sie als kleines Mädchen gelebt hatte. Da es Zeus in keinster Weise gelang, sie zu einer Rückkehr zu bewegen, ließ er das Gerücht verbreiten, er werde eine ortsansässige Prinzessin heiraten. Er ließ eine hölzerne Frauenstatue anfertigen und fuhr diese am Hochzeitstag in einem Karren und mit mit Tüchern verschleiert zum Berg Kithairon. Als Hera dies hörte und sah, wurde sie so wütend, daß sie die Frauen von Plataia um sich scharte und mit ihnen gemeinsam die Statue umstieß. In diesem Augenblick erkannte sie aber die List ihres Gatten und versöhnte sich unter großem Gelächter mit ihm.

Die griechische Mythologie stellt immer wieder Heras Bedürfnis nach einem zeitweiligen Rückzug in die Einsamkeit heraus. Auf Argos unterzog sie sich alljährlich einem Bad in der Quelle von Kanathos, um ihre Jungfräulichkeit zu erneuern und sich auf ihre Wiedervereinigung mit Zeus vorzubereiten. In diesem Zeremoniell spiegelt sich in gewisser Weise auch der Jahreszeitenzyklus wider.

Dies war also die Geschichte von Hera, der antiken großen Gottheit, welche die Frauenschaft in die Heiratsriten einführte und dennoch niemals die Erfüllung fand, die sie bei ihrem Gemahl suchte.

Die prähellenistischen Ursprünge von Juno

In der Frühzeit wurde Hera auf vielfältige Weise von den unbefangenen Kulten der Göttin verehrt. Erste Skulpturen zeigen Hera als schöne, ausgeglichene und lebensprühende Frau. Ein orphischer Hymnus besingt sie: »Auf denn, selige Göttin, Allkönigin, reich an Namen, mit schönem, freudigem Antlitz, erscheine uns gnädig.«[56] Während des Zeitalters des Stiers wurde Hera als die kuhäugige Himmelskönigin verehrt, die über alle Lebensabschnitte der weiblichen Existenz von der Kindheit bis zum hohen Alter die Aufsicht innehatte. Als Verkörperung der Dreifachen Mondgöttin symbolisierte Hera die drei universellen Lebensstufen der Frau. *Hera Parthenia*, das Mädchen des zunehmenden Mondes und sprießenden Frühlings; *Hera Telia*, die erfüllte Braut des Vollmondes und des fruchtbaren Sommers; *Hera Chera*, die alleinstehende Witwe des abnehmenden Mondes und des trostlosen Winters. »Ihre Anbeter vergaßen niemals ganz, daß es nicht drei Göttinnen gab, sondern nur eine.«[57]

Heras Geburtsort war angeblich die Insel Samos, wo sie von den Jahreszeiten aufgezogen wurde. In der Gestalt der prähellenistischen Großen Göttin herrschte sie unangefochten in vielen religiösen Zentren: in Argos, Samos und Euboia, aber auch in Mykene. Symbole blieben auch in Kreta und an der Westküste Anatoliens erhalten, und ihr Tempel in Olympia ist älter als derjenige von Zeus.

Zu Ehren Heras wurden Wettrennen von Frauen veranstaltet, *Heraea* genannt, deren Anfänge sich bereits vor die olympischen Wettspiele datieren lassen. Die drei Gewinnerinnen, eine stellvertretend für jeden Lebensabschnitt, empfingen eine Krone aus Ölzweigen als Zeichen des Friedens und der Fruchtbarkeit sowie den Anteil an einer der Hera geweihten Kuh. Beim Verzehr ihres Anteils an der heiligen Kuh wurden sie eins mit den Göttern. Zu einem späteren Zeitpunkt wurde die erwählte Jungfrau der *Heraea* gemeinsam mit dem Sieger des olympischen Wagenrennens zum himmlischen Brautpaar der antiken heiligen Vermählung erkoren, die zur Sommersonnenwende stattfand.[58]

Anfänglich herrschte Hera allein und hatte keinen Lebensgefährten. Aber die von Norden einfallenden achaischen Stämme schwächten weiterhin die matriarchale Tradition. Besonders die

Hera–Kulte wurden zu einem Hindernis, das es zu beseitigen hieß, und somit erklärten die Invasoren Hera zur göttlichen Partnerin ihres eigenen Göttervaters Zeus. »Heras erzwungene Heirat mit Zeus symbolisiert die Eroberung Kretas und des mykenischen, d.h. kretisierten Griechenlands und den Sturz ihrer Herrschaft in beiden Ländern.«[59] Die im Mythos dargestellten in der Folgezeit auftretenden Zwistigkeiten des göttlichen Paares beschreiben buchstäblich den Rassenkonflikt zwischen den achaischen Zeus–Verehrern und den Anbetern Heras von Argos. Und während Homer Hera als eifersüchtiges und zankendes Weib charakterisiert hat, war sie in Wahrheit das Abbild einer aufrührerischen Prinzessin, die von einem fremden Eroberer bezwungen, aber niemals ganz unterworfen wurde.[60]

Juno

Das Prinzip der Verwandtschaft

Eigenschaften
Göttin der Ehe
Beherrscherin des Himmels
Dreifache Mondgöttin

Zeichen
Zepter der Königswürde

Symbole
Diadem (Krone) und Schleier
Zepter
Pfau / Kuckuck
Kuh (heiliges Kalb)
Regenbogen (Atmosphäre und Wind)

Assoziierte Zeichenherrschaft
Waage
Skorpion

Polaritäten
Intimität / Manipulation

Die Astrologie von Juno

Als der Punkt des Mandalas, an welchem sich das feminine mit dem maskulinen Prinzip verbindet, symbolisiert Juno den Grundsatz der Vereinigung. Mittels der verpflichtenden Partnerschaft strebt sie danach, eine perfekte und harmonisch ausgeglichene Verbindung mit dem anderen zu verwirklichen. Juno zeigt aus diesem Grunde starke Anklänge einer Regentschaft in den Zeichen Waage und Skorpion, den Zeichen für Ehe und Vollendung.

Der Semisextil–Aspekt zwischen Waage und Skorpion verknüpft die zwei Zeichen, ergibt aber auch Reibung, wenn versucht wird, die beiden unterschiedlichen Energiefelder zu vereinigen. Ähnlich erfuhr Juno die größten Frustrationen in ihrer Unfähigkeit, das Gesamtpotential ihrer Ehe mit Jupiter zu aktualisieren.

Junos psychologische Funktion läßt sich sehr viel besser verstehen, wenn man sie im Kontrast zu Vesta betrachtet. Beide Göttinnen benützen die Sexualenergie der Venus, jedoch zu völlig verschiedenen Zwecken. Vesta wird nach ihren sexuellen Begegnungen wieder von ihrer eigenen Identität in Anspruch genommen; sie ist die vollkommene Jungfrau. Dagegen verwendet Juno ihre Sexualität, um die persönliche Identität durch die feste Partnerschaft zu transzendieren. Sie repräsentiert insofern das Aufblühen des Mädchens zum vollendeten und reifen weiblichen Wesen. Sie entspricht dem Übergang von der in sich selbst ruhenden Jungfrau zur »*Hera Telia*«, dem vollendeten Zustand der Braut und Gemahlin.

Juno symbolisiert das Sehnen nach der gelungenen mystischen Vereinigung, die emotional, sexuell und psychisch befriedigend ist. Einige historische Darstellungen lassen die Vermutung zu, daß Juno durch ihre Heirat Zeus unterworfen wurde, während andere wiederum darauf hinweisen, daß sie ihre Macht freiwillig abgetreten habe, um die tiefe Erfüllung der Ehe (*gamos*) zu erfahren. Jupiter wurde all ihren Erwartungen und

Idealen nicht gerecht. Stattdessen akzeptierte er ihre Macht und Souveränität, fesselte sie in Monogamie, untersagte ihre religiösen Praktiken, half den Kult der Großen Göttin zu zerstören, protzte mit seiner Treulosigkeit und zeugte seine Kinder ohne sie. »Zeus ist für Hera nicht mehr länger Teleios, der *Überbringer der Vollkommenheit*, sondern ihr Ateleios, der *Vereitler der Erfüllung.*«[61] Junos eigentliches Leiden liegt in der Verweigerung einer tiefen Vereinigung in der Ehe. Als natürliche Reaktion auf diese Verschmähung zeigt sie Eifersucht, was nichts anderes darstellt als ein verzerrtes Bild des gesunden Hera–Archetyps, der in die moderne Seele hinübergerettet wurde.

Astrologisch beschreibt Juno insofern das Verlangen nach einer zutiefst verbindenden und gerechten Partnerschaft, aber auch die ganze Bandbreite der neurotischen Komplexe, die entstehen, wenn ebendiese Vereinigung nicht zustandekommt.

Juno als das Abbild der zwischenmenschlichen Beziehung

Im Horoskop repräsentiert Juno die emotionalen und psychischen Bedürfnisse, die uns nach der ehelichen Verbindung suchen lassen. Die anderen weiblichen Funktionen wie Fruchtbarkeit, Sexualität, Kindergebären und Erziehung spielen für Juno insgesamt eine viel unbedeutendere Rolle als ihr Sehnen nach Verschmelzung mit dem Partner. Deswegen fühlen sich Geborene beiderlei Geschlechts mit einer starken Juno im Geburtsbild zur verpflichtenden Partnerschaft hingezogen. Sie verbringen ihr Leben dauernd mit Lektionen aus dem Bereich des siebten Feldes, d. h., sie lernen, Kooperation, Kompromißfähigkeit, Verständnis und Harmonie mit anderen Menschen zu entwickeln.

Juno symbolisiert das Bild des Lebenspartners (bzw. die Qualitäten, die wir auf ihn projizieren), aber unter Berücksichtigung anderer Faktoren kann dieser Asteroid auch jede sonstige Form einer engen Zweierbeziehung widerspiegeln (Lehrer/Schüler,

Therapeut/Klient, Geschäftspartner, gute Freunde). Hierzu kommt noch, daß in bezug auf das »wichtige Gegenüber« nicht notwendigerweise ein legal verheiratetes Paar gemeint sein muß, wie wir es im Mythos noch angetroffen haben. In der heutigen Zeit hat sich die Sexualmoral stark gewandelt, und jede Form von Zusammenleben kommt als Juno–Beziehung in Frage.

Beim Transit beschreibt Juno sowohl den Zeitrahmen für den Beginn der Beziehung als auch die Abschnitte der Krisen oder Trennung. Sie dirigiert die Rituale des Werbens, der Verlobung, Heirat, Hochzeitsjubiläen, ebenso wie auch die Scheidung. In der Partnerschaftsastrologie gibt Juno in erster Linie Auskunft über Verträglichkeit und *karmische* Verbindungen. Folglich vereinfacht Juno als Signifikator für Partnerschaften den Horoskopvergleich und ermöglicht wesentliche Informationen, die sich mit den traditionellen Partnerschaftsfaktoren (Venus, Mars, Sonne, Mond und den Zeichen an der Spitze des fünften, siebten und achten Feldes) nicht ermitteln lassen.

Astrologen können durchaus Analogien zwischen den Beschreibungen von Juno und den traditionellen Definitionen von Mond und Venus erkennen. Diese Übereinstimungen entstehen dadurch, daß der Mond die Basis aller weiblichen Energie ist und die Venus der aktive sexuelle Ausdruck des Mondprinzips ist, aus dem sich Juno erhebt. Juno stellt jedoch die spezielle unterschiedliche Ausprägung der Venus/Mond–Wirkung dar, wie sie sich in der Rolle als Frau und Lebensgefährtin verdeutlicht.

Die Pathologie der Partnerbeziehungen

Werden die partnerschaftlichen Bedürfnisse von Juno nicht befriedigt, so macht ihre Position im Horoskop die mannigfaltigen Komplexe deutlich, die aus diesem unterdrückten Verlangen erwachsen. Diese pathologischen Befunde werden normalerweise mit dem Zeichen Skorpion assoziiert; hierzu rechnet man Eifersucht, Besitzergreifung, Untreue, Unterjochung, Manipulation, emotionale und sexuelle Machtspiele, Projektion, Treuebruch und Abhängigkeit. Wir wollen diese Verhaltensweisen jetzt im Detail betrachten.

Untreue

Die Wurzel für die eine Partnerschaft aushöhlende Eifersucht liegt in der Streitfrage der sexuellen Treue. In unserer gegenwärtigen Gesellschaft wird Treue mit Monogamie gleichgesetzt und die Loyalität durch sexuelle Grenzen festgelegt, wobei dieses Vorstellungsmuster durch die Ehe von Juno und Jupiter etabliert wurde, in der Juno einen Treueschwur ablegte.

Eheliche Treue kann durchaus ein wertvolles Instrument sein, um die Sicherheit in einer festen Beziehung zu gewährleisten. Wenn diese Treue jedoch mit Gewalt oder unter Druck aufrechterhalten wird oder wenn eine Doppelmoral existiert, dann beginnen Gefühle der Ungerechtigkeit, der Täuschung und des Mißtrauens die Fundamente der Partnerschaft abzutragen.

Die gängigste Reaktion auf eine Verletzung der sexuellen Treue ist Zorn. Selbstverständlich müßte diese Wut an sich auf den treulosen Partner gerichtet werden, doch wesentlich öfters entlädt sie sich an den Mittäter(inne)n. Juno verübte ihre Rache beispielsweise an Jupiters Konkubinen und deren Kindern. Zwangsläufig ergab sich, daß sie die argwöhnische Frau verkörperte, welche, ihrer femininen Wurzeln enthoben, weibliche Rivalität, oder aber auch Konkurrenz, Verleumdung und Bosheit anderen Frauen gegenüber zeigt. Analog dazu repräsentierte Jupiter den Typus Mann, der seine Frau als persönliches Besitztum betrachtet, das eifersüchtig vor jedem potentiellen und unbefugten Mann geschützt werden muß.

Astrologisch veranschaulicht Juno somit den Wert der sexuellen Treue, aber auch die Strukturen der Unterdrückung oder Gewaltanwendung, aufgrund deren man die Treue beibehält.

Ferner repräsentiert Juno die Demütigung, die Scham, den Zorn und die Rachsucht, die ausbricht, wenn der gekränkte Partner letztendlich Vergeltung sucht.

Opfer für die Beziehung

Ein ganz wichtiger Gesichtspunkt der monogamen Vereinbarung ist die darin stillschweigend enthaltene Botschaft, daß eine Person für all das geliebt wird, was sie zugunsten der Ehe geopfert hat. Aufgrund dieser Annahme, daß Liebe Opfer erfordere, wurden unzählige Frauen gezwungen, ihre Karriere, Bildungschancen, Kinderwünsche, Nähe zu ihre Familie, ihren religiösen Glauben, ihre politischen Einstellungen oder materiellen Vermögensanlagen aufzugeben — nur um die Liebe zu ihrem Gemahl zu demonstrieren.

Wenn nun ein Individuum zugunsten des Partners auf sehr vieles verzichtet, dann erwartet es selbstverständlich eine Art Gegenleistung, meistens in Form von Liebe, Dankbarkeit oder Verehrung. Kommt dieser wechselseitige Austausch nicht zustande, dann gedeihen Junos Blumen der Enttäuschung, des Unmutes und der Bitterkeit. Zusätzlich wird der Juno–Partner ständig noch eifersüchtiger auf alles, was die Aufmerksamkeit des anderen anzieht, seien es nun Freunde, potentielle Liebhaber(innen), Beruf, Familie oder Hobbies.

In der Astrologie ist Juno aus diesem Grunde ein ganz deutlicher Hinweis auf Eifersucht und Vorurteile, die immer dann auftauchen, wenn einer der Partner nicht die gebührende Aufmerksamkeit für die von ihm erbrachten Opfer erfährt. Diese Unzufriedenheit kann eine stille Verbitterung nach sich ziehen oder aggressive »Wie du mir so ich dir«–Reaktionen.

Die Ängste in den Beziehungen

Die Angst vor Abhängigkeit. Eine der stärksten Formen der Furcht von Juno–Geborenen ist die Angst vor Abhängigkeit.

Ähnlich wie Juno ihre Kindheit im Magen ihres Vaters (Kronos) verbrachte, so wurden Frauen in der patriarchalen Kultur darauf konditioniert, beim Mann wichtige Unterstützung oder Schutz zu suchen. Deswegen glauben viele Frauen, sie könnten nicht für sich selber sorgen, wenn ihr Ehemann sie verließe.

In gleicher Manier fürchten sich Männer, die darauf konditioniert sind, exklusiv von ihrer Mutter oder ihrer Frau versorgt zu werden, vor dem emotionalen Entzug, der durch den Weggang ihrer Gattin entstehen könnte. Wenn sie mit dieser inneren Unsicherheit leben, dann reagieren sie in der Weise, daß sie übermäßige Besitzansprüche stellen, um sich vor dem befürchteten Verlust ihrer Stütze zu schützen.

So betrachtet, ist Juno bei Mann und Frau ein astrologisches Kennzeichen für die Verlustängste und die klammernde, besitzergreifende Lebenseinstellung, die aus ebendieser Bedrängnis erwächst.

Die Angst vor Treuebruch. Viele Geborene mit einer einflußreichen Juno leben diesen Archetyp dergestalt aus, daß sie von der Angst aufgezehrt werden, ihr Partner könnte unaufrichtig sein, so wie Jupiter. In manchen Beispielen basieren ihre Beklemmungen auf soliden Beweisen. Inanderen Fällen wird eine Person jedoch ihr eigenes unterdrücktes Verlangen nach sexueller oder geistiger Freiheit auf den Lebenspartner projizieren. Dadurch, daß solche Menschen ihren Phantasien nachgehen und sich ihren Partner in fremden Armen vorstellen, visualisieren sie ihre Ängste geradezu in ihre Existenz hinein. Die Intensität und Wut ihrer Eifersucht steht in direktem Bezug zur Unterdrückung ihrer eigenen Freiheitsbedürfnisse.

Astrologisch ist Juno somit ein Indikator für die Angst vor Treuebruch, die aus der realen oder eingebildeten Unehrlichkeit und Treulosigkeit des Partners entsteht.

Die Angst vor Sexualität. Anders als Pallas Athene, die ihre Weiblichkeit verborgen hielt und dadurch das Vertrauen der Männerwelt gewann, bewahrte und zeigte Juno ihre femininen Qualitäten. Dies löste bei den Griechen schreckliche Ängste aus, denn in der Tradition der Großen Göttin wurden die männlichen Jahreskönige als Liebhaber geopfert. Daraus abgeleitet, brachten Männer in ihrem kollektiven Unbewußten weiterhin die Erinnerungen an innigen Sex assoziativ mit dem Verlust des Lebens in Verbindung. In ihrem Unterbewußtsein manifestierten sich diese gespeicherten Gedanken in der Befürchtung, von den sexuellen Kräften der Frau verzehrt und verschlungen zu werden. Um sich gegen diese Gefahr zu verteidigen, haben viele Männer in unserer modernen Gesellschaft eine »Macho«–Haltung angenommen — d.h., sie vergnügen sich mit einer Vielzahl und einem Überschwang an seichten sexuellen Abenteuern, um den möglichen Konsequenzen einer tiefen körperlichen Vereinigung vorsichtshalber aus dem Weg zu gehen.

Juno zeigt dem Astrologen also die Spannungen und Ängste hinsichtlich einer Vertiefung des emotionalen und sexuellen Kontakts in Beziehungen.

Die Macht in den Partnerschaften

Auf ihrer Suche nach der idealen Waage–Partnerschaft trachten Juno–Menschen danach, ein ausgeglichenes, gerechtes und auf Gegenseitigkeit beruhendes Verhältnis zu schaffen. Was sie jedoch recht häufig erleben, sind die Unausgewogenheiten ungerechter Partnerschaften. Juno–Themen verweisen auf Machtkämpfe, Enttäuschungen und Konflikte aufgrund des Versuchs, die Ideale mit der Wirklichkeit in Einklang zu bringen.

Das Abtreten der Macht. Juno übergab ihre Macht an Zeus und wurde wütend oder suchte die Vergeltung, als er sie selber damit unterdrückte. Ganz ähnlich begeben sich viele Frauen in die Hände ihrer Ehemänner, kämpfen anschließend gegen ihre Gefühle der Machtlosigkeit oder fügen sich ihrem Gefangenenstatus.

Juno und Jupiter setzten auch verschiedene sadomasochistische Strafen ein. So fesselte Juno ihrem Mann mit einem Lederriemen an sein Bett und verhöhnte ihn; er seinerseits rächte sich anschließend, indem er ihr schwergewichtige Ambosse an die

Knöcheln band und sie mit den Handgelenken am Firmament aufhängte. Mann und Frau setzen materielle und psychische Mittel ein, um sich gegenseitig zu quälen und zu foltern. Astrologisch gibt Juno die Unterjochung und die Rache zu verstehen, die aus der Preisgabe persönlicher Macht folgen und kann einen Geborenen dazu prädisponieren, an Machtkämpfen zur Selbstverteidigung teilzunehmen.

Subtile Manipulation. Wenn dem Juno–Geborenen ein offener Zugang zur Macht versagt wird, dann kann der oder die Betreffende eventuell sehr schnell versuchen, durch subtile Manipulationen insgeheim die Kontrolle über das partnerschaftliche Leben zu gewinnen. Zu derartigen Taktiken zählt beispielsweise die Vorenthaltung von Nahrung oder Sex; man schiebt Schuldgefühle, Kinder, die Familie oder Schmeicheleien vor; oder man versucht, die Pläne seines Partners zu vereiteln, ihn zu täuschen oder zu überlisten. In der Geschichte mußten vor allen Dingen Frauen immer wieder auf solche Methoden zurückgreifen, und deswegen wurden Juno–Frauen auch als hinterlistig, Komplotte schmiedend, manipulativ und unehrlich abgestempelt. Sobald die Juno–Person aber das Ungleichgewicht der Kräfte in ihrer Beziehung zur Sprache bringt, sind diese Strategien nicht mehr die einzigen Mittel zur Kontrolle.

Kinder als Machtwerkzeuge. Da Jupiter seine Kinder ganz ohne seine Frau zeugte, übte Juno in gleicher Weise Vergeltung und verfolgte seine Sprößlinge. Juno–Geborene sind deshalb dafür anfällig, Kinder als Schachfiguren in ihre Machtkämpfen hineinzuziehen. Dies könnte bedeuten, daß Kinder aufgrund einer Heirat abgelehnt werden, daß man sie benützt, um Macht über den Partner auszuüben, oder daß man seine Aggressionen an Kindern des Partners aus früherer Ehe ausläßt. Ähnlich wie Junos Söhne Ares und Hephaistos als Symbol für die Frustrationen der Mutter standen, können Juno–Menschen die Bedürfnisse ihrer unterdrückten Identität mittels ihrer Kinder zum Ausdruck bringen. Und als Patronin der rechtmäßigen Heirat bezeichnet Juno die Rechte der ehelichen Nachkommen und die gesellschaftliche Ächtung der illegitimen Kinder.

Projektion und Unterdrückung. Indem sie ihre Macht auf den Lebensgefährten projizieren, übernehmen die Juno-Personen die Identität des Partners als ihre eigene. Dies bedeutet, sie tendieren dazu, den eigenen Erfolg, gesellschaftlichen Wert oder Status durch den Partner zu definieren und zu bemessen, also z.B., indem man einen Doktor heiratet oder die Tochter des Vorgesetzten heiratet.

Wenn ein Individuum sein Machtverlangen und den Wunsch nach Gleichstellung in der Beziehung unterdrückt, dann wird es sich entweder in Stumpfsinn und Apathie zurückziehen oder in Ressentiments und Bitterkeit schwelen. Ersteres führt zu lebendigem Tod, letzteres zu psychosomatischen Krankheiten und Märtyrertum.

Juno und die Machtlosen. Als Entsprechung des Machtverlustes in Beziehungen wirkt Juno auch als universelles Symbol für die machtlosen Schichten — mißbrauchte Frauen und Kinder, für Opfer sexueller Verführung, Vergewaltigung und Inzest, für Minderheiten oder Behinderte. Und da sie niemals zögerte, gegen Ungerechtigkeit zu kämpfen, lenkt Juno diejenigen, die für die Rechte der Unterprivilegierten im politischen, ökonomischen, juristischen und pädagogischen Bereich einstehen.

Zusammenfassend können wir festhalten, daß Juno sowohl das Bedürfnis nach Partnerschaft symbolisiert als auch die Weigerung, Ungleichheiten und Ungerechtigkeiten zu akzeptieren, die aus einem Mangel an Kommunikation zwischen den Partnern resultieren. Die Waffen, mit denen sie ihre Schlacht schlägt, sind Wut, Rache, Intrigen und Scharfsinn. Im Kern bedeutet Juno »die Stärke, weder so tun als ob die Erfüllung das kleinere Geschenk sei, noch die Sehnsucht zu verleugnen.«[62]

Juno und die Fähigkeit zu sinnerfüllten Beziehungen

Wir haben soeben gesehen, daß das Leiden Junos die Möglichkeit in sich birgt, sogar in die bestgemeinte Beziehung Unzufriedenheit und Konflikte zu tragen. Es gibt jedoch auch noch eine andere Seite ihres Wesens, welche Weiterentwicklung, Erfüllung und Intimität in denselben Persönlichkeitsbereich integriert. Solche Beziehungen basieren auf den Prinzipien von Einfühlungsvermögen, gegenseitigem Vertrauen, Gleichheit und einem Kräftegleichgewicht. Es ist exakt dieses Wunschbild, das im Gegensatz zu den Neurosen der Juno–Jupiter–Ehe als Vorbild zur Bildung von harmonischen und freudigen Umgangsformen in Partnerschaften Modell stehen kann.

Pflichtgefühl

Wie bereits im Kapitel zur Mythologie geschildert, beschreibt Juno einen universellen, dreiteiligen Beziehungszyklus, welcher den natürlichen Rhythmus der Vereinigung und Loslösung vom Gemahl beschreibt. Zusätzlich zu den wichtigsten Lebensabschnitten einer Frau beziehen sich die drei Aspekte Junos als *Parthenia* (Mädchen), *Teleia* (Braut) und *Chera* (Witwe) auf einen natürlichen Prozeß im Rahmen ihres ehelichen Status. Juno stellte in zyklischen Abständen ihre Jungfräulichkeit durch das Baden in einer heiligen Quelle wieder her. Im Sommer wurde die Ehe dann symbolisch vollzogen, und der rituelle Kreislauf gipfelt in einem Streit mit anschließender Trennung von Jupiter. Daraufhin hält Hera sich versteckt[63], wobei in der Trennung aber auch das Versprechen zur Rückkehr und Versöhnung liegt.

Die psychische Entwicklung des Weiblichen als Gattin und Ehefrau kann durch die fortschreitenden Stufen der Göttinnen Lilith, Juno und Psyche sinnbildlich dargestellt werden. Lilith ließ sich zwar auf die Ehe mit Adam ein, sie zog es aber vor zu gehen, als Konflikte entstanden, und wählte lieber die Einsamkeit und Isolation, als sich zu unterwerfen. Juno ging eine Beziehung ein und fand einerseits nie wahres Glück oder Erfüllung darin, bewies aber andererseits ihre Bereitschaft, zurückzukehren und die Kontroverse zu bereinigen. Diese Hingabe legte den Grundstein für Psyche, die seelische Vereinigung mit ihrem Liebhaber Eros zu verwirklichen.

Juno ist deswegen die astrologische Entsprechung für Verpflichtung, Standhaftigkeit, Loyalität, Hingabe sowie die Bereitschaft, an einer Beziehung auch nach der Trennung festzuhalten.

Steigerung

Da Juno für ihre Schönheit und ihre eheliche Treue bekannt war, kann man in ihr auch einen Hinweis auf die unzähligen Einfälle sehen, mit denen die Qualität einer Beziehung gesteigert werden kann. Nach Art des Zeichens Waage verwendete sie die Ästhetik von Venus, um sich und ihr Heim für den Partner schön zu gestalten. Somit herrscht Juno über weibliche (und männliche) Schönheit und Zierde, über Kleidung, Schmuck, Düfte, Make-Up, also all die Dinge, mit denen man den Partner anregt und erfreut. Das Talent zur Steigerung der Sinne dehnt sich auf den häuslichen Bereich aus, wo Juno ihren Sinn für Stil und Dekoration einsetzt, um einen harmonischen Lebensraum zu schaffen. Darüberhinaus ist Juno durch ihre Kenntnisse im Bereich der Gastfreundschaft eine charmante Gastgeberin. Jemand mit einer starken Juno im Geburtshoroskop hat folglich die Fähigkeiten, eine Beziehung zu verbessern und vorteilhaft zur Geltung zu bringen, indem er Schönheit, Harmonie und Freude in die Verbindung einbringt.

Juno als Sinnbild für die weiblichen Zyklen

Juno ist die generelle Herrscherin über die weibliche Entwicklung und verkörpert die Vorbereitung, den Höhepunkt und schließlich die Loslösung aus dem Ehestand.

Im ersten Stadium lernen die Mädchen, wie sie Männer anziehen und im Gegensatz zu ihren Müttern gute Ehefrauen sein können. Juno ist eine Uhr für die Menstruation, eine Erfahrung, welche die Reife zum Geschlechtsverkehr und folglich auch zur Ehe anzeigt.

Auf der zweiten Stufe wird Juno zur Braut, Frau, Matriarchin und emotionalen Stütze für die Ziele ihres Ehepartners, (und im Idealfall unterstützt er auch ihre Ziele). Hier trägt sie die Aufgaben von Heim, Gemeinschaft und Kernfamilie.

In der letzten Phase als Witwe kennzeichnet Juno Verlust und Trennung sowie die Notwendigkeit der Frau, den Sinn für das eigene Selbst wiederzugewinnen. Falls die Juno–Frau vorwiegend durch ihren Gatten gelebt hat, wird sie jetzt damit konfrontiert, die eigene Identität und innere Bestimmung zu suchen.

Die okkulten Lehren von Juno

In okkulter Hinsicht legt Juno die spirituelle Verwendung der Zeugungskraft innerhalb der ehelichen Verpflichtung nahe. Das Bett im Zentrum von Junos Tempel symbolisiert die rituelle Ausführung des sexuellen Vollzug der Ehe. Juno hütet die Geheimlehren der tantrischen Sexualpraktiken und den Zustand der Vollkommenheit, den man auf diesem Pfad erreichen kann.

Sex als Glückseligkeit. Wenn zwei Individuen ihre jeweiligen Schwingungen in gegenseitigem Orgasmus verschmelzen, dann bringen sie sich in Einklang mit dem kosmischen Rhythmus des Ganzen und betreten das Reich der »universellen Kraft.« Selbst wenn dieser Zustand nur einen kurzen Moment lang dauern sollte, so gewinnen die Partner dadurch eine wirkliche Erfahrung der ekstatischen Glückseligkeit, der kosmischen Vereinigung und der persönlichen Transzendenz.

Sex als Magie. Der Sexualakt birgt die notwendigen Kräfte zur Zeugung von Leben. Folglich kann man diese schöpferische Energie im Augenblick der sexuellen Vereinigung auf visualisierte Bilder richten, die sich später in materieller Gestalt in der Wirklichkeit manifestieren werden. Dies ist die eigentliche

Bedeutung von Magie, nämlich unsichtbare Ideen zu einer sichtbaren Manifestation zu bringen.

Sex als Verjüngung. Die im Orgasmus freigesetzte Sexualenergie läßt sich auch zum Zwecke des Heilens verwenden. Durch eine Repolarisation der Zellen kann man die Vitalkraft aktivieren, das System reinigen und die Lebensenergie regenerieren. Dieser Vorgang ist mit dem Wiederaufladen einer Batterie vergleichbar.

Ehe als alchimistische Union. In okkulten Begriffen ist die Ehe ein Pfad der Transzendenz, der die Isoliertheit des Egos in ein größeres Ganzes verwandelt. Die Hochzeitszeremonie ist ein heiliges Ritual, welches die getrennten Selbstheiten zu einer dritten Wesenheit verschmelzt; und wie viele chemische Reaktionen ist auch dieser Prozeß nicht umkehrbar. Junos spirituelles Geschenk ermöglicht es jedem der Partner, die eheliche Vereinigung als ein Vehikel zu benützen, um in die alles Leben durchdringende Einheit der Göttlichen Liebe einzutreten.

Psychologische Themen

✳ Das Prinzip der Verbundenheit

Beziehung als Selbstausdruck ✳ Freiheit und Gleichheit ✳ Intimität und Teilen ✳ gegenseitiges Vertrauen und Verständnis ✳ Schaffen neuer Beziehungsformen

✳ Pathologie in Beziehungen

Untreue ✳ Eifersucht ✳ Unterjochung ✳ Treuebruch ✳ emotionale Bindung und Besitzansprüche ✳ emotionale und sexuelle Machtspiele ✳ Projektion und Reflektion ✳ Abtreten von Macht ✳ Versuch , die Macht wiederzugewinnen ✳ Identifikation durch den Partner oder die Kinder ✳ Unzufriedenheit der Frau ✳ subtile Manipulation ✳ weibliche List

✳ Okkulte Themen

Tantrische Sexualität ✳ Seelenpartner ✳ Ehe als alchimistische Vereinigung ✳ spirituelle Beziehungen

✳ Themen der Transformation

Trennung und Rückkehr

Weiterführende Literatur zu Juno

Bolen, Jean Shinoda. »Hera: Die Göttin der Ehe; Die Frau die Bindungen eingeht, die Ehefrau.« In: *Göttinnen in jeder Frau: Psychologie einer neuen Weiblichkeit.* (Basel: Sphinx, 1989²).

Downing, Christine. »Coming to Terms with Hera.« In: *The Goddess: Mythological Images of the Feminine.* (New York: Crossroad, 1981).

Kerényi, Karl. »Zeus und Hera« und »Hera, Ares und Hephaistos.« In: *Die Mythologie der Griechen Bd.1* (München: dtv, 1988¹¹).

Kerényi, Karl. *Zeus und Hera: Urbild des Vaters, des Gatten und der Frau.* (Leiden: F.J. Brill, 1972).

Spretnak, Charlene. »Hera.« In: *The Lost Goddesses of Early Greece.* (Berkeley: Moon Books, 1978).

Stein, Murray. »Hera: Bound and Unbound.« *Spring* (1977).

Stone, Merlin. »Hera.« In: *Ancient Mirrors of Womanhood Vol. II* (New York: New Sibylline Books, 1979).

Zabriski, Philip. »Goddesses in Our Midst.« *Quadrant* (Fall 1974).

Kapitel 11

Juno im Horoskop

Juno, die Göttin de Ehe, wurde von den Griechen wegen ihrer Schöbnheit und Treue verehrt. Als idealisierte Frau demonstrierte sie beispielhaft die Pflichten und Einstellungen eines geeigneten Lebenspartners innerhalb der Institution Ehe.

Ursprünglich war sie als dreigestaltige Mondgöttin und Königin des Himmels bekannt, lenkte sie die weibliche Sexualität. Sie durchschritt die drei wichtigsten Lebensabschnitte der Frau — Mädchen, Mutter und Witwe — die den Phasen von zunehmendem Neumond, Vollmond und abnehmendem, dunklen Mond entsprechen. Nachdem sie Jupiter, den neuen Herrscher des Himmels, geehelicht hatte, wurde sie zur olympischen Göttin Juno, welche die Frauen in die Riten der Ehe einweihte. Junos krankhafte Eifersucht und Unzufriedenheit rührte von ihrer unglücklichen Ehe her.

In ihrer Rolle als Frau symbolisiert Juno das Prinzip der Verwandtschaft. Sie repräsentiert unsere Fähigkeit, sinnvolle Beziehungen einzugehen sowie den Grad des Bewußtseins und der Sensibilität, den wir einem anderen Menschen entgegenbringen.

Astrologisch beschreibt Juno die Art und Weise, wie wir den Lebensfragen von Verträglichkeit, Empfänglichkeit, gegenseitigem Teilen, Vertrauen, Eifersucht, Besitzansprüchen und Machtkämpfen begegnen.

Juno in den Zeichen veranschaulicht zwölf Formen, sich zu verbinden und mit intimen Bedürfnissen umzugehen. Werden letztere nicht erfüllt, dann kennzeichnet Juno auch die daraus folgenden neurotischen Interaktionen, die wir erleben.

In den Feldern zeigt uns Juno, wo wir unser Sehnen nach zwischenmenschlichen Beziehungen am deutlichsten erfahren und in welchem Lebensbereich wir unsere wichtigsten partnerschaftlichen Lektionen erhalten.

Die Juno–Aspekte demonstrieren, wie die verwandtschaftlichen Funktionen in andere Persönlichkeitsbereiche integriert werden können. Harmonische Winkel verweisen auf einen angenehme Verminschung, während Spannungswinkel mögliche Konfliktfelder zwischen dem inneren Drang, sich zu binden, und sonstigen psychischen Erfordernissen des Individuums andeuten.

Die Zeichen– und Felderstellung Junos verdeutlicht außerdem auch jene Qualitäten und Eigenschaften, die wir in unserem idealen Lebenspartner suchen. Gelingt es dem Individuum mit schwierigen Aspekten, die unterschiedlichen Bedürfnisse zu meistern und zu integrieren, dann läßt sich die Spannung zugunsten inneren Gleichgewichts bewältigen.

Astrologische Entsprechungen und Schlüsselbegriffe

Juno ist ein Indikator für alle gleichrangigen Beziehungen.

Ehe ✳ Geschäft ✳ Freundschaft ✳ Partner ✳ Gatte ✳ Gleichberechtigung und Freiheit ✳ Machtgleichgewicht ✳ Verträglichkeit ✳ Ehe– und Partnerschaftsberatung

Juno herrscht über eheliche Rituale und Institutionen.

Keuschheit und weibliche Tugend ✳ Umwerben ✳ Verlobung ✳ Heirat ✳ Trennung ✳ Scheidung ✳ standesamtliche Trauung ✳ eheähnliche Beziehung ✳ Hochzeiten und Hochzeitsjubiläen ✳ Niederkunft ✳ rechtmäßige und uneheliche Kinder

Juno als Entsprechung für das soziale Ritual.

Gastgeber/in * Gastfreundschaft * Unterhaltung * Charme * Etikette * Protokoll

Juno steigert die weibliche Schönheit.
Schmuck * Kleidung * Make–Up * Parfüm * Dekor

Juno repräsentiert das kreative Talent der Künste.
Künste der Frauen * darstellende Künste * Drama * Bildprojektion * Masken * Gesang

Juno setzt sich für die Rechte der Frauen ein.
Gleichbehandlung * die Matriarchin * Frauengruppen

Juno ist ein Symbol für die Machtlosen.
Frauen * mißhandelte Frauen * mißbrauchte Kinder * Opfer * Minderheiten * Behinderte * sexuelle Gewaltverbrechen * Verführung * Vergewaltigung * Inzest

Juno steht mit der Atmosphäre in Verbindung.
Wetter * Klima * Meteorologie * Stürme * Qualität der Umwelt * saubere und reine Luft

Juno in den Zeichen

Die Quellen für die nachfolgend zitierten Geburtsdaten werden durch die Zahlen in Klammern belegt.
(1) Lois Rodden: *The American Book of Charts*
(2) Lois Rodden: *Profiles of Women*
(3) Marc Penfield: *An Astrological Who's Who.*

Juno im Widder. Diese Menschen brauchen Unabhängigkeit und Freiheit in ihren Beziehungen. Temperamentsausbrüche und Wutanfälle sind die erlösenden Mechanismen für die frustrierten Bestrebungen nach Autonomie. Die Unterdrückung der Identität verhilft Krankheiten wie z. B. Migräne (einem typischen Leiden vieler Hausfrauen) zum Entstehen. Man kann sich möglicherweise zu einer dominanten und anmaßenden Person hingezogen fühlen, wenn man seine Machtansprüche auf den Partner projiziert.

Anita Bryant, deren lautstarke Opposition gegen die Rechte der Schwulen heftige Kontroversen hervorrief, wurde mit einer Juno/Saturn–Konjunktion im Widder geboren. Später nahm sie ihre Thesen öffentlich zurück und sagte, daß alles die Idee ihres Mannes gewesen sei (2).

Juno im Stier. Geborene mit dieser Horoskopstellung brauchen Stabilität und einen soliden Untergrund in ihren Beziehungen. Der Partner muß zuverlässig und vertrauenswürdig sein sowie das Gefühl vermitteln, daß er tatsächlich »da« ist. Nörgeleien und Beschwerden über Geld sowie ein krankhaftes Verlangen nach greifbaren Vermögenswerten können aus Angst vor Abhängigkeit, finanzieller Verarmung oder körperlicher Unsicherheit resultieren. Die Betreffenden werden diese Charakterzüge entweder selber erfahren oder Partner anziehen, die diese Unzufriedenheit äußern.

Wallis Simpson, die Herzogin von Windsor, wurde mit einer Stier–Juno im zweiten Feld und in Saturn–Opposition geboren. Sie war als Königin nicht akzeptabel, führte mit ihrem Mann das luxuriöse Leben der High–Society und reiste mit ihm in das selbstgewählte Exil (2).

Juno in den Zwillingen verweist auf das Verlangen nach Gedankenaustausch und verbaler Stimulanz in Beziehungen. Die Fähigkeit, alltägliche Pläne zu diskutieren und die verschiedensten gemeinsamen Aktivitäten zu teilen, sind ganz wesentliche Bestandteile der Partnerschaft. Ein Mangel an täglicher Kommunikation kann zu nervöser Spannung, zu ständigen Monologen oder zu innerer Aufregung über eingebildete Dialoge führen. Es kann der Wunsch nach mehr als bloß einem Lebensgefährten vorhanden sein, aber auch eine Begabung, mit solchen vielfältigen Verhältnissen umzugehen.

Jean Paul Sartre (Zwillinge–Juno im achten Feld) suchte die intensive intellektuelle Gemeinschaft mit seiner Partnerin Simone de Beauvoir (2).

Juno im Krebs kennzeichnet Horoskopeigner, die emotionale Nähe und Betreuung in ihrer Beziehung wünschen. Das Teilen der Mahlzeit als Ritual und eine Betonung des häuslichen Lebens sind Schwerpunkte. Launenhaftigkeit, Zurückweisung, Anhänglichkeit und Abhängigkeit entstehen, wenn die oben genannten emotionalen Bedürfnisse nicht gesichert sind.

Raquel Welch (Juno–Konjunktion Venus und Vesta im Krebs im 5. Feld) übertrug ihre sinnliche Schönheit als warme, fürsorgende und begehrenswerte Partnerin auf ihre schauspielerische Laufbahn (2).

Juno im Löwen. Menschen mit der Geburts–Juno in diesem Zeichen brauchen Bewunderung und Aufregung in ihrer Partnerschaft. Die romantischen Bräuche aus der Zeit des Hofmachens müssen in der Ehe fortgeführt werden, und man muß auf den Partner stolz sein können. Als selbstverständlich hingenommen oder zurückgewiesen und ignoriert zu werden, kann ein egozentrisches und selbstsüchtiges Verhalten erzeugen, so daß man zu ungewöhnlichen Mitteln greift, um Aufmerksamkeit zu erlangen.

Die Ballerina Margot Fonteyn (Juno/Neptun–Konjunktion im Löwen) pflegte eine künstlerisch fruchtbare Partnerschaft mit Rudolf Nureijew (2).

Juno in der Jungfrau zeigt eine Person, die in der Partnerschaft Perfektion erreichen möchte. Die Bereitschaft des Partners, sich aktiv an der Analyse der alltäglichen Aufgaben zu beteiligen und seine Verhaltensmuster täglich danach auszurichten, trägt zu dem Gefühl bei, daß es sich um eine Arbeitsbeziehung handelt. Diese Geborenen werden überkritisch, zwanghaft und nörglerisch, wenn ihr Partner nicht gewillt ist, sich entsprechend anzupassen.

Die Schauspielerin Zsa Zsa Gabor wurde mit einer Aszendent/Juno–Konjunktion in der Jungfrau geboren. Sie ging sechs Ehen ein und schrieb Bücher wie *Werde Deinen Mann los.*

Juno in der Waage. Die Geborenen mit der Radix–Juno in der Waage müssen sich gleichberechtigt fühlen und brauchen ein gerechtes Geben und Nehmen in ihrer Partnerschaft. Zum Fällen von Entscheidungen wünschen sie den Rat ihres Partners sowie dessen Anerkennung und Beifall für ihre Ideen. Wenn solche Horoskopeigner der Gleichberechtigung nicht begegnen, dann werden sie unkooperativ, ausgesprochen konkurrierend oder können sogar direkt ein Gefecht anzetteln.

Die Schauspielerin Cher (Juno/Jupiter–Konjunktion in der Waage und in vierten Feld) strebte erfolglos danach, mit ihren Ehemännern gleichrangige Beziehungen zu unterhalten (2).

Juno im Skorpion. Diese Menschen ersehnen die emotionale und sexuelle Intensität sowie eine intime Bindung an den Partner. Es kann die Neigung vorliegen, den Partner kontrollieren zu wollen oder dessen ausschließliche Aufmerksamkeit zu erwarten. Eifersucht, Manipulation und Hoheitsansprüche oder sexuelle Zurückweisung sind Reaktionen auf die Nichterfüllung dieser Bedürfnisse.

Die Sinnlichkeits–Therapeutin Sylvia Kars verwirklichte ihre Juno/Venus–Konjunktion im Skorpion und im neunten Feld, indem sie neue Methoden zur sexuellen Rehabilitierung lehrte, vortrug und zeigte (2).

Juno im Schützen kennzeichnet Personen, die eine intellektuelle Anregung von ihrem Partner brauchen. Konsens über ein Glaubenssystem und eine gegenseitig geteilte Zukunftsvorstellung sind ebenso notwendig. Das rigide Beharren auf den eigenen Glaubensinhalten, religiöser Fanatismus und aufgeblasene Erwartungen an die Zukunft können entstehen, wenn die vereinigende Vision verweigert wird.

Sirimavo Bandaranaike (Schütze–Juno im dritten Feld) trat die Nachfolge ihres ermordeten Ehemannes an und wurde somit die erste Premierministerin von Ceylon (2).

Juno im Steinbock. Diese Menschen suchen in ihren Partnerschaften die Tiefe und die Zusicherung einer langanhaltenden Bindung. Darum benötigen sie die Sicherheit von traditionellen und rechtlich anerkannten Beziehungen. Möglicherweise versuchen sie, ihre Partner zu kontrollieren, oder sie fordern deren Gehorsam. Wird ihr Verlangen nach Respekt und Beständigkeit gefährdet, so ziehen sie sich gerne emotional zurück.

Die Heirat des Dichters Robert Browning und seine Hingabe an eine ältere und invalide Frau zählt zu den bekanntesten Romanzen. Er wurde mit Juno in Konjunktion zum Saturn und im Steinbock geboren (3).

Juno im Wassermann. Personen mit Juno in diesem Zeichen brauchen die individuelle Freiheit und sie müssen ein Leben außerhalb der Beziehung führen. Ferner müssen sie mit neuen Beziehungsformen experimentieren können, wie z. B. offenen Ehen oder vertauschten Partnerrollen. Wird der Wassermann–Juno ihre Freiheit verweigert, so kann sich der Betreffende unverbindlich, unzuverlässig oder unberechenbar verhalten.

Gertrude Steins Wassermann–Juno in Sonne–Konjunktion spiegelt ihre Auswahl an intellektuellen, künstlerischen und ausgefallenen Freundschaften wider (2).

Juno in den Fischen führt dazu, daß die Geborenen ihre höchsten Ideale in der Partnerschaft verwirklichen möchten. Glaube, Bindung und Ehrerbietung für oder von dem Partner geben Sinn und Wert. Enttäuschung, Abweisung, Martyrium, Flucht in Hirngespinste und Selbstbetrug sind die Symptome, wenn idealisierte Erwartungen nicht eintreten.

Viele der Gedichte und Stücke von William Butler Yeats wurden von seiner verklärten Liebe zu der schönen irischen Nationalistin Maud Gonne inspiriert. Er wurde mit einer Fische–Juno im ersten Feld geboren (1).

Juno in den Feldern

Juno im ersten Feld setzt die persönliche Identität in Übereinstimmung mit der Partnerfunktion. Die Beziehung ist ein Mittel des Selbstausdrucks, und diese Personen können sich sehr viel selbstsicherer fühlen, wenn sie die Unterstützung eines Partners genießen. Sie müssen die Lektion lernen, wie man Beziehungen initiiert, wie man auf andere zugeht und wie man mit ihnen zurechtkommt. Die allerwichtigsten partnerschaftlichen Wechselwirkungen werden dort auftreten, wo man sich anderen präsentiert.

Die Botschafterin und Diplomatin Clare Boothe Luce wurde mit einer im Schützen aufgehenden Juno geboren (2).

Juno im zweiten Feld bedeutet, daß man auf die materielle und finanzielle Sicherheit Wert legt, die sich von der Beziehung herleiten läßt. Wechselseitig für die Bedürfnisse des anderen zu sorgen, ist ein wichtiger Faktor für die gegenseitige Verträglichkeit. Die für diese Person wichtigsten partnerschaftlichen Lehren erscheinen im Bereich von Anhänglichkeit und persönlichem Besitz.

Elvis Presleys Anschaffung seines luxuriösen Hauses Graceland und seine Großzügigkeit gegenüber seiner Lebensgefährtin lassen sich mit seiner Wassermann–Juno in Konjunktion zum nördlichen Mondknoten und im zweiten Feld beschreiben (1).

Juno im dritten Feld läßt vermuten, daß intellektuelle und verbale Kommunikation ein wesentlicher Faktor zur Verwirklichung der partnerschaftlichen Bedürfnisse ist. Der Partner dient oft als Katalysator für das Verständnis des eigenen Selbst. Die entscheidenden Wechselwirkungen entspringen der alltäglichen Kommunikation und der Zusammenarbeit mit anderen.

Sally Struthers (Juno/Mond–Konjunktion im Schützen und im dritten Feld) hat zahlreichen Veranstaltungen zugunsten der christlichen Kinder–Stiftung in den Medien abgehalten (2).

Juno im vierten Feld repräsentiert das Verlangen nach einer gesicherten Beziehung als Grundlage für alle übrigen Aktivitäten. Hierbei kann es sich auch um die idealisierte Vorstellung eines »Partners als Ernährer(in)« handeln, als jemand der für Heim, Haushalt und Behaglichkeit sorgt. Die wichtigsten partnerschaftlichen Lektionen begegnen einem in der Privatsphäre oder in der Familie.

Margaret Trudeau (Widder–Juno im vierten Feld) war nicht

in der Lage, die Belastung der Etikette und die Pflichten einer Politikerfrau zu ertragen (2).

Juno im fünften Feld deutet darauf hin, daß die Partnerschaft zur Inspiration und zur Förderung der persönlichen Kreativität benützt werden kann. Oft tragen auch Kinder zur kreativen Verwirklichung bei, so daß sich die Partnerschaft häufig ganz auf die Elternaufgabe konzentrieren kann. Die wichtigsten partnerschaftlichen Aufgaben erreichen einen durch Kinder, Geliebte oder kreative Unternehmungen.

James Dean (Fische–Juno im fünften Feld und in Opposition zu Neptun) wurde als Filmidol für seine Darstellung der desillusionierten Jugend berühmt (1).

Juno im sechsten Feld. Diese Menschen wollen effizient und konstruktiv mit ihrem Partner arbeiten. Sie suchen womöglich das Gefühl, daß ein Großteil der Beziehung darin besteht, die alltäglichen Kleinigkeiten des Lebens in Ordnung zu halten. Die wichtigsten Wechselbeziehungen finden sich bei Mitarbeitern und Angestellten oder im Bereich des Gesundheitswesens.

Indira Gandhi (Wassermann–Juno im sechsten Feld) arbeitete mit ihrem Ehemann gemeinsam an politischen Zielen und sie wurden zusammen von den Briten verhaftet (2).

Juno im siebten Feld. Diese Geborenen legen den größten Wert auf eheliche, geschäftliche oder sonstige nahe Beziehungen. Das Bedürfnis nach Zusammenarbeit und nach Bildung von lebenslänglichen und elementaren Beziehungen wird zum wichtigsten Brennpunkt während ihres ganzen Lebens. Die wichtigsten Lehren über Partnerschaften ziehen sie aus gleichberechtigten Begegnungen mit anderen.

Edward Kennedy (Krebs–Juno im siebten Feld und in Opposition zu Ceres) empfand starke Pflichtgefühle bezüglich seiner Ehe und seiner Familie. Exakt diese Bindung trug 1984 teilweise zu seiner Entscheidung bei, sich nicht als Präsidentschaftskandidat nominieren zu lassen (2).

Juno im achten Feld. Menschen mit dieser Stellung wachsen mit der Intensität von emotionalen Gipfelerlebnissen in ihren Beziehungen. Oft treiben sich die beiden Partner gegenseitig durch permanente Veränderungen und Transformationen an. Die wichtigsten partnerschaftlichen Aufgaben betreffen die gemeinsamen Finanzen und Besitztümer, ferner aber auch die Themenkreise von Vertrauen, Macht und Sexualität.

Die Kolumnistin Hedda Hopper (Waage–Juno im achten Feld) enthüllte das Privatleben, die Liebschaften und die Höhe der Gagen von Hollywood–Stars (2).

Juno im neunten Feld. Die Betreffenden suchen in ihren Beziehungen Sinn und Wahrheit, und sie erwarten gegenseitigen Respekt für die jeweilige Verstandeskraft. Recht häufig heiraten sie ihre Lehrer oder verlieben sich in ihre Visionen. Die wichtigsten partnerschaftlichen Wechselbeziehungen spielen sich im Reich der Gedanken und philosophischen Konzepte oder durch ausländische Kontakte ab.

Shirley Temple Black wurde mit einer Jungfrau–Juno im neunten Haus geboren. Sie war schon als Kind Schauspielerin, später dann Botschafterin und UNO–Delegierte (2).

Juno im zehnten Feld kann eine Person bezeichnen, die mit ihrer Berufslaufbahn »verheiratet« ist. Außerdem steht unter Umständen die eigene Partnerschaft im Blick der Öffentlichkeit oder ist ein zum Nacheifern anregendes Musterbeispiel für andere (z. B. bei Politikerfrauen). Partnerschaft kann ein Weg zur Erlangung von Sozialstatus sein und die wichtigsten Lektionen kommen aus dem beruflichen Umfeld.

Die Schauspielerin und Sängerin Judy Garland (Widder–Juno im 10. Feld) war mit ihrem Beruf verheiratet. Mit 13 Jahren war sie bereits ein Topstar und drehte in den folgenden 27 Jahren 34 Filme (2).

Juno im elften Feld. Diese Menschen brauchen Freundschaften und die Anerkennung durch den Partner. Die eigene »Beziehungseinheit« muß sich auf Freunde und Gruppenverbände ausweiten lassen (z. B. Großfamilien, soziale und politische Aktivitäten, Gruppenehen). Juno im elften Haus verkörpert eine visionäre Dimension, welche alle alten Beziehungsformen revolutioniert. Die wichtigsten Lehren tauchen im Zusammenhang mit Freunden und Gefährten auf.

Angela Davis (Wassermann–Juno im elften Feld) ist bekannt für ihre Teilnahme an vielen Aktivitäten von radikalen Gruppierungen (2).

Juno im zwölften Feld ist signifikant für den *karmischen* Gesichtspunkt von Beziehungen. Oftmals üben die Partner, zu denen man sich hingezogen fühlt, schicksalhafte Ausstrahlung auf einen aus. Es gibt möglicherweise keinen erkennbaren Grund für die Vereinigung, aber unterhalb der Oberfläche liegt eine Gefühlskraft, die sich nicht verleugnen läßt. Die sichtbare Partnerschaft stellt lediglich die Spitze des Eisberges dar, deren Vorläufer in längst vergangenen Leben liegen. Allerdings sind es genau diese unbewußten Aspekte, welche die partnerschaftliche Wechselwirkung beherrschen. Manchmal kann der Partner auch behindert oder krank sein, so daß man ihm selbstlos dienen oder gesundheitliche Besserung bringen muß. In anderen Fällen kann der Partner ein Opfer sein, und man muß lernen, ihn zu befreien oder ihn sich auf eigene Weise entwickeln zu lassen. Mit Juno im 12. Feld erfährt man möglicherweise den Verlust, die Verweigerung oder den Tod des Partners. Auf spiritueller Ebene ist die Beziehung mit dem Wunsch gekoppelt, in der Unendlichkeit aufzugehen. Wenn Träume, Mystizismus, Ideale und Sehnsüchte geteilt werden, so kann diese Plazierung von Juno auf eine ekstatische Verbindung hindeuten.

Edith Piaf (Skorpion–Juno im zwölften Feld) wurde im Bordell ihrer Großmutter geboren und erlebte viele persönliche Beziehungstragödien einschließlich Tod und Verlassen werden (2).

Juno–Aspekte zu den Planeten

Juno/Sonne–Aspekte. Das verwandtschaftliche Prinzip verbindet sich mit Identität und Lebensziel. Diese Kombination deutet darauf hin, daß der harmonische Umgang mit den anderen ein wichtiges Lebensthema wird.

Harmonische Aspekte veranschaulichen eine Sensibilität für die Mitmenschen sowie eine Gabe, Harmonie und Intimität in einer Partnerschaft zu entwickeln. Da solche Menschen in der Partnerschaft die Grundlage für ein erfülltes Leben sehen, fühlen sie sich verpflichtet, die Beziehung zu perfektionieren und die Individualität ihres Partners zu fördern.

Spannungswinkel verweisen auf ein Konfliktpotential zwischen dem Bedürfnis nach Individualität und den Ansprüchen der Verwandtschaft. Dies könnte entweder zu einem Ersticken der persönlichen Ausdruckskraft oder zu einer Lähmung beim Eingehen von Beziehungen führen. Sollte letzteres der Fall sein, so wird der Wunsch nach einer sinnreichen Beziehung eine lebenslange Herausforderung bleiben. Eifersucht, Mißtrauen oder Machtkämpfe sind einige der Hindernisse, die man überwinden muß, um eine harmonische Partnerschaft zu erreichen.

Juno/Sonne–Geborene fühlen sich oftmals zu solaren und fesselnden Menschen hingezogen. Wird die Projektion übertrieben, so kann der Partner egozentrisch, hochtrabend oder kindisch sein.

Eine Lösung für diese Probleme findet sich, wenn man in seinen Beziehungen Strukturen schafft, die Gleichheit, Aufrichtigkeit und gegenseitige Unterstützung ermöglichen.

Elizabeth Barrett Browning (Jungfrau–Juno im 12. Feld in Opposition zur Fische–Sonne) war eine kränkliche alte Jungfer, bevor sie im Alter von 40 Jahren ihre große Liebe fand (2).

Gloria Steinems Quadrat der Steinbock–Juno zur Sonne im Widder paßt gut zu ihrer Antwort auf die Frage, warum sie nie geheiratet habe: »Ich paare mich nicht gut in Gefangenschaft« (2).

Der Wunsch der Transsexuellen Christine Jorgensen, eine Frau zu werden, erklärt sich teilweise durch ihre Fische–Juno im Quadrat zur Zwillings–Sonne (3).

Juno/Mond–Aspekte. Das verwandtschaftliche Prinzip verbindet sich mit emotionaler Verantwortlichkeit, d.h., die Verwirklichung der emotionalen Bedürfnisse ist damit verknüpft, bedeutungsvolle Beziehungen einzugehen.

Günstige Winkelverbindungen lassen Sensibilität und Mitgefühl für andere durchblicken. Diese Menschen haben die Gabe, ihre Partner zu betreuen, zu unterstützen und zu verstehen. Dies ist eine besonders günstige Kombinationen planetarer Wirkkräfte für Berater und darstellende Künstler, welche die Gefühle ihrer Mimenschen nachempfinden können und darauf antworten.

Gespannte Aspekte verweisen auf einen Widerstreit zwischen den eigenen emotionalen Bedürfnissen und denen des Partners. Es kann die Tendenz vorliegen, unbewußte Sehnsüchte auf den anderen zu projizieren oder zu einer Widerspiegelung der Wünsche seines Gegenübers zu werden. Gefühle der Unsicherheit in einem der beiden Beteiligten rufen womöglich tyrannische Liebe, Eifersucht oder Abhängigkeit hervorrufen. Außerdem kann solch ein Mensch emotionale Ausbrüche wie Geschrei oder cholerische Wutanfälle benützen, um den Lebensgefährten zu manipulieren oder zu kontrollieren.

Juno/Mond–Menschen fühlen sich oft zu sympathischen und gefühlvollen (lunaren) Personen hingezogen. Wird die Projektion übersteigert, so kann der Partner als launisch, abhängig oder erstickend empfunden werden.

Soraya (Löwe–Juno im 10. Feld in Mond–Opposition) wurde vom Schah von Persien geschieden, weil sie ihrer lunaren Rolle des Kindergebärens nicht nachkommen konnte (2).

Hans Christian Andersen (Juno/Mond–Konjunktion im Stier und in Opposition zum Neptun im Skorpion) idealisierte Partnerschaften in seinen Märchen, wurde in Wirklichkeit aber verschmäht und blieb sein ganzes Leben lang alleine (3).

Sehnsucht und gleichzeitige Entfremdung von bedeutungsvollen menschlichen Beziehungen führten letzten Endes zum Nervenzusammenbruch und Selbstmord der Schriftstellerin Sylvia Plath, abgebildet in ihrer Juno/Mond–Konjunktion in der Waage und im 7. Feld (2).

Juno/Merkur–Aspekte. Das verwandtschaftliche Prinzip verbindet sich mit der geistigen Ausdruckskraft, wodurch die Bedeutung der geistigen und verbalen Kommunikation in Partnerschaften verstärkt wird.

Harmonische Aspektkombinationen verweisen auf die Fähigkeit, dem Partner wichtige Ideen, Anliegen und Empfindungen deutlich machen zu können. Solche Klarheit im alltäglichen Umgang trägt zu Anteilnahme und Vertrautheit bei. Folglich handelt es sich hier um eine hervorragende Planetenverknüpfung für Menschen in Medienberufen oder für Lehrer, Berater, Verkäufer usw.

Ungünstige Winkelverhältnisse deuten auf eventuelle Verständigungsprobleme zwischen den beteiligten Partnern, was sich in häufigen Wortgefechten, Disputen oder geistigen Spielen äußern kann. Geborene mit diesem Aspekt können in ihren täglichen Interaktionen auf kommunikative Schwierigkeiten stoßen, und manche versuchen, ihre Mitmenschen verbal zu manipulieren oder zu verunglimpfen.

Menschen mit einer Merkur/Juno–Betonung fühlen sich oft zu vergeistigten oder intellektuellen (also merkurischen) Charaktertypen hingezogen. Wird die Projektion überzogen, so kann sich der Partner als rationalisierend, voreingenommen oder kühl entpuppen.

Diese Herausforderungen lassen sich in der Weise lösen, daß man zuzuhören lernt, ohne den Standpunkt des anderen zu beurteilen. Nur dann kann man klar und unbefangen seine eigene Reaktion zeigen und somit an einer sinntragenden Kommunikation teilhaben.

Victoria Woodhull (Schütze–Juno im Quadrat zum Jungfrau–Merkur) war die erste Frau, die für das Präsidentenamt der USA kandidierte. Zusammen mit ihrer Schwester richtete sie ein Maklergeschäft ein und publizierte eine feministische Zeitschrift (1).

Die frühere First Lady Eleanor Roosevelt verlieh ihrer Merkur/Juno–Konjunktion (10. Feld, Waage) durch ihre diplomatischen Fähigkeiten Ausdruck, indem sie die Zivilrechte und andere Freiheitsrechte in der Welt propagierte (3).

Dr. Marjorie Weinzweig (Juno/Merkur–Konjunktion im Wassermann und im 12. Feld) hat eine philosophische Abhandlung über die Befreiung der Frau verfaßt (2).

Juno/Venus–Aspekte. Das verwandtschaftliche Prinzip verbindet sich mit dem weiblichen der Liebe und Empfindsamkeit; diese Kombination verstärkt die romantischen und ästhetischen Dimensionen der Partnerschaft.

Harmonische Winkelabstände entsprechen der Gabe, Liebe und den Sinn für Schönheit in seine partnerschaftlichen Beziehungen einfließen zu lassen. Diese Geborenen können sich für ihren Partner schön und sexuell begehrenswert machen, und sie sehen darin ein Mittel zur Schaffung erfüllender Beziehungen. Außerdem können sie auch an künstlerischen Partnerschaften Anteil haben.

Ein innerer Widerstreit zwischen Liebe und Beziehung ist der Ausdruck von gespannten Aspekten. Solche Horoskopeigner werden im Zusammenleben mit Menschen, die sie lieben, häufig in Schwierigkeiten verwickelt. Sie können die sexuellen und romantischen Gesichtspunkte in ihren Verhältnissen frustrierend empfinden oder versuchen vergeblich, ihren weiblichen Persönlichkeitsanteilen durch eine Partnerschaft Wert zu verleihen. Weitere Probleme sind möglicherweise Eifersucht, Angst vor Treuebruch oder Rivalität.

Die Juno/Venus–Persönlichkeit kann sich zu künstlerischen und sinnlichen (venusischen) Menschen hingezogen fühlen. Bei einer übertriebenen Projektion erscheint der Partner als selbstgefällig, zügellos oder oberflächlich.

Ein Ausweg aus diesem Problemkreis eröffnet sich, wenn man lernt, eine innere Dankbarkeit für seine Schönheit zu entwickeln und ein Selbstwertgefühl zu gewinnen, das nicht von den Ansichten anderer abhängig ist.

Clark Gable (Widder–Juno im Quadrat zur Steinbock–Venus) brachte sich als romantisches Ideal in seinen Filmen zur Darstellung (1).

Adrienne Hirt (Juno/Venus–Konjunktion im Steinbock und im 1. Feld mit Vesta–Opposition) ist eine professionelle Sex–Therapeutin (2).

Juno/Mars–Aspekte. Das verwandschaftliche Prinzip verbindet sich mit dem maskulinen Prinzip des Handelns und der

Entschlossenheit. Dadurch werden die Herausforderungen von Zusammenarbeit gegen Wettbewerb in Partnerschaften stärker betont.

Harmonische Aspekte verketten Energie, Dynamik und Produktivität mit der Beziehung. Intensive Leidenschaft und sexuelle Finesse können zur Erfüllung in der Partnerschaft beitragen. Ferner wollen diese Geborenen ihre engsten Partner schützen und verteidigen.

Weniger günstige Winkel bedeuten Spannungen zwischen dem Selbstbehauptungswillen und den kooperativen Antrieben, was zum Problem von Beherrschung und Unterjochung in der Beziehung führen kann. Diese Horoskopeigner tendieren gerne dazu, Zorn, Aggression oder Gefühllosigkeit in ihre Beziehungen hineinzutragen und auszuleben. Manchmal wird auch versucht, die Männlichkeit durch sexuelle Handlungen unter Beweis zu stellen.

Geborene mit einer Juno/Mars–Betonung können sich zu willensstarken, anmaßenden und energievollen (marsischen) Charakteren hingezogen fühlen. Wird die Projektion überbeansprucht, dann empfindet man den Partner als gewalttätig, selbstzentriert oder beleidigend.

Gelingt es, den konkurrierenden, ichorientierten Willen des Mars mit Junos Wunsch nach kooperativer Vereinigung in Einklang zu bringen, so steht eine Auflösung dieser Schwierigkeiten in Aussicht.

Der Bodybuilder Charles Atlas, den man als »den Mann mit dem bestentwickelten Körperbau« tituliert, wurde mit einer Juno/Mars–Konjunktion in der Waage geboren (1).

Mary Stuart stand im Mittelpunkt von Komplotten, Intrigen und aggressiver Gewalt in ihrer Intimsphäre und wetteiferte ihr ganzes Leben lang mit Königin Elizabeth I. um den englischen Thron. Sie wurde mit einer Juno/Mars–Konjunktion im Wassermann geboren (3).

Juno/Ceres–Aspekte siehe Seite 99.
Juno/Pallas–Aspekte siehe Seite 152.
Juno/Vesta–Aspekte siehe Seite 197.

Juno/Jupiter–Aspekte. Das verwandtschaftliche Prinzip geht eine Verbindung mit dem Expansionsdrang ein. Diese Kombination betont den mythischen Prozeß, den Juno und Jupiter als idealisiertes Paar symbolisieren.

Günstige Winkel beschreiben eine Suche nach Wahrheit und Sinn in und durch Beziehungen. Oftmals werden diese Geborenen den Wunsch nach einer »vollkommenen Begegnung« auf geistiger, emotionaler, sexueller und spiritueller Ebene verspüren. Sie können sich auch dazu entscheiden, mit einem Partner für den Fortschritt eines gemeinsamen philosophischen, erzieherischen oder religiösen Glaubenssystems zu arbeiten.

Spannungswinkel zeigen einen Zusammenprall von Ideal und Wirklichkeit in den Beziehungen an. Diese Menschen erleben in ihren intimen Verhältnissen genau wie Juno Frustration, Unmut oder Verzweiflung und streben demzufolge danach, Ungerechtigkeiten auszugleichen. Möglicherweise wird die Bedeutung der zwischenmenschlichen Beziehung überschätzt.

Der Juno/Jupiter–Geborene fühlt sich zu philosophischen und abenteuerlustigen Menschen hingezogen. Wird die Projektion jedoch überbetont, dann kann der Partner arrogant, selbstgerecht und extravagant erscheinen.

Die Lösung für diese Schwierigkeiten liegt in der Entwicklung eines gegenseitig annehmbaren Moralkodexes, welcher ein Gleichgewicht innerhalb einer Beziehung zuläßt. Zugunsten der Gesundheit des Planeten sollte dieses Gleichgewicht auf alle Kontakte zwischen Menschen ausgeweitet werden.

Grace Kelly (Schütze–Juno in Opposition zu Jupiter in den Zwillingen) erlebte durch ihre Heirat mit dem Prinzen von Monaco eine Expansion ihres Lebensstil (2).

Persönlichkeiten mit einem starken Jupiter/Juno–Einfluß: Königin Elizabeth II. (Juno/Jupiter–Konjunktion im Wassermann und im 1. Feld), Katharina die Große (Steinbock–Juno in Opposition zum Krebs–Jupiter), Soraya von Iran (Jupiter/Juno–Konjunktion im Löwen), Eva Braun (Juno/Jupiter in Konjunktion im Schützen) sowie Pat Nixon (Juno/Jupiter in Konjunktion im Schützen) (alle Daten Quelle 2).

Präsident George Washington (Juno/Jupiter–Konjunktion in der Waage) (3), Präsident Thomas Jefferson (Fische–Juno in Jupiter–Opposition) (3), Präsident Abraham Lincoln (Jupiter Konjunktion Juno in den Fischen) (1).

Juno/Saturn–Aspekte. Das verwandtschaftliche Prinzip ist mit dem Wunsch nach Verfestigung verbunden, eine Kräftekombination, die eine solide und realistische Annäherung an Partnerschaften kennzeichnet.

Harmonische Winkelabstände repräsentieren Loyalität, Beständigkeit und Pflichtbewußtsein in den Partnerschaften. Diese Geborenen können arbeiten, um für sich oder ihre Mitmenschen Strukturen von bleibendem Wert zu schaffen. Sie haben auch die Fähigkeit zur Zusammenarbeit in Geschäftspartnerschaften und in finanziellen Angelegenheiten.

Spannungswinkel bedeuten, daß die eigenen einschränkenden Glaubensideale, persönlichen Unsicherheiten oder Bindungsängste zu Hindernissen bei der Gestaltung sinnreicher Beziehungen werden können. Die Horoskopeigner können bei einem Partner aufgrund von Pflichtgefühl, sozialem Druck oder um der materiellen Sicherheit willen bleiben, was dann aber im Gegenzug zu Gefühlen der Unterdrückung, Frustation oder Abhängigkeit führen kann. Manchmal kommt es auch vor, daß die Angst vor Nähe und Intimität das Eingehen längerer Beziehungen verhindert.

Der Juno/Saturn–Typus fühlt sich womöglich zu ernsten, älteren, verantwortungsbewußten und elterlichen Personen hingezogen, die ihm Sicherheit versprechen; oder aber sie gewinnen Menschen für sich, die erwarten, daß sie exakt diese Rolle erfüllen. Wird eine solche Projektion übertrieben, so kann der Partner autoritär und kalt sein oder ausschließlich in der Eltern– oder Kindesrolle funktionieren.

Die Befreiung von diesen Problemen liegt in realistischen Schritten, um eine sichere Beziehungslage zur Entwicklung beider Partner zu schaffen. Es kann auch erforderlich sein, die einschränkenden Partnerschaftsideale zu überdenken und über

Bord zu werfen, um sich von vergangenen Ängsten und Unsicherheiten zu befreien.

Emily Dickinsons Fische–Juno (am IC und in Opposition zum Jungfrau–Saturn am MC) beschreibt ihre unerfüllte Liebe zu einem verheirateten Priester. Folglich lebte sie alleine mit ihrem herrschsüchtigen Vater, was eine unglückliche Manifestation ihrer Saturn–Thematik darstellt (2).

George Sand (Fische–Juno im 1. Feld in Opposition zum Jungfrau–Saturn) weigerte sich, eine restriktive Ehe zu tolerieren. Sie verließ ihren Gemahl und ihre zwei Kinder und lebte ein unkonventionelles Leben, um ihrer schriftstellerischen Leidenschaft zu frönen (2).

Juno/Uranus–Aspekte. Das verwandtschaftliche Prinzip verbindet sich mit Individualität und Intuition. Diese Kombination zeigt, daß man potentiell dazu in der Lage ist, traditionelle Beziehungsmodelle zu revolutionieren, indem man den Drang nach Partnerschaftlichkeit auf alle zwischenmenschlichen Verhältnisse verallgemeinert.

Harmonische Aspekte können symbolisieren, daß man neue Visionen und Maßstäbe in partnerschaftliche Rollen und Aufgaben einzubringen fähig ist. Diese Menschen vermögen es, Veränderungen und Aufregungen herbeizuführen und in ihren Interaktionen zur individuellen Freiheit zu ermutigen. Ihre Partnerschaften können als innovativ, ungewöhnlich oder radikal angesehen werden.

Gespannte Winkel bedeuten einen Widerspruch zwischen dem inneren Wunsch nach Freiheit und den Anforderungen der Beziehung. Angst vor Beengung und Einschränkung kann zu sprunghaften und unzuverlässigen Bindungen und damit zu häufigen Trennungen führen. Diese Geborenen können sich unbehaglich fühlen, wenn sie die traditionellen Erwartungen an die Geschlechterrollen erfüllen, und sie haben insofern eine schwierige Zeit, um sich an die sozialen Normen einer Beziehung anzupassen.

Menschen mit einer Juno/Uranus–Betonung können sich zu unkonventionellen, originellen oder rebellischen Charaktertypen hingezogen fühlen. Wird die Projektion allerdings übertrieben, dann kann der Partner sprunghaft, verantwortungslos oder einfach völlig sonderbar erscheinen.

Die Problematik dieser Planentenverbindung läßt sich bewältigen, wenn man seine Individualität und Unabhängigkeit in eine feste Beziehung integriert. Dies ist dann der Fall, wenn jeder Partner den Freiheitsdrang des anderen anerkennt und unterstützt, aber gleichzeitig auch das Band der Liebe aufrechterhält.

Marianne Alireza war die erste amerikanische Frau, die in einen Harem einheiratete und dort ihre Kinder aufzog. Plötzlich und ohne Vorwarnung trennte sich ihr Mann von ihr, und sie erhielt später das Sorgerecht für ihre Kinder, was für moslemisches Recht beispiellos sein dürfte. Dieser ungewöhnlichen Tatsache entspricht ihre Juno/Uranus–Konjunktion in den Fischen im Trigon zur Skorpion–Ceres (2).

Der Herzog von Windsor (Juno/Uranus–Konjunktion im Skorpion) verzichtete auf den englischen Thron, um die Frau zu heiraten, die er liebte: Wallis Simpson (1).

Juno/Neptun–Aspekte. Das verwandtschaftliche Prinzip geht eine Verbindung mit dem transzendenten Verlangen ein. Diese Kräftekombination kann Sensibilität und Idealismus in Partnerschaften versinnbildlichen.

Günstige Winkelverknüpfungen deuten auf telepathische Fähigkeiten, Einfühlungsvermögen und Mitgefühl in Beziehungen hin. Diese Geborenen können hohe Ideale auf ihre Partnerschaften übertragen und infolgedessen eine mystische oder spirituelle Vereinigung herbeisehnen oder die Beziehung in den Dienst einer sozialen Sache stellen. Vielleicht arbeiten sie auch einträchtig mit anderen an künstlerischen Zielen oder lassen Phantasie und Imagination in ihre engeren Verhältnisse einfließen.

Spannungswinkel verweisen auf Diskrepanzen zwischen den idealen Ansprüchen an die Beziehung und deren Umsetzung in die Wirklichkeit. Unrealistische Wahrnehmungen und Erwartungen können zu Desillusionierung und Enttäuschung führen, außerdem kann es zu Selbstbetrug und unangemessener Selbstaufopferung kommen.

Juno/Neptun–Geborene ziehen gerne mystische, poetische oder künstlerische Charaktere an, allerdings kann der Partner bei einer übertriebenen Projektion betrügerisch, hinterlistig oder chronisch krank sein.

Die Aufgabe bei dieser planetaren Problemstellung lautet, das Unendliche in seiner spirituellen Gemeinschaft anstatt in einem anderen Menschen zu suchen.

F. Scott Fitzgeralds Frau Zelda kann ganz sicherlich als Neptun–Typus beschrieben werden, angefangen bei ihrer künstlerischen Imaginationskraft bis hin zu ihrer tragischen Schizophrenie, welche sie sogar zum Aufenthalt in Sanatorien zwang. Fitzgeralds Anziehung zu seiner Frau wird durch seine Neptun/Juno–Konjunktion im Luftzeichen Zwillinge im 5. Haus der Liebe und Kreativität veranschaulicht (1).

Maria Moore (Konjunktion von Löwe–Neptun und Jungfrau–Juno) war mit einem Anästhesisten verheiratet. Unter Drogen erlebte sie transzendente Bewußtseinszustände, und man munkelt, daß ihr mysteriöser Tod damit in Zusammenhang stehe (2).

Juno/Pluto–Aspekte. Das verwandtschaftliche Prinzip ist mit den Transformationskräften kombiniert, was eine persönliche und soziale Umgestaltung der Einstellungen und Rollenbilder von Beziehungen symbolisiert.

Harmonische Aspekte können darauf hindeuten, daß man durch die Partnerschaft eine tiefgreifende persönliche Transformation erfährt. Diese Geborenen sind fähig, die emotionale und sexuelle Intensität ihrer Interaktionen zur Heilung, Stärkung und persönlichen Regeneration einzusetzen. Sie können auch einen gewaltigen Einfluß auf ihrer Mitmenschen ausüben oder die partnerschaftlichen Energien für plutonische Aktivitäten wie Gipfelerlebnisse, Forschung oder Heilung einsetzen.

Spannungswinkel zeigen Widersprüche zwischen persönlicher Macht und partnerschaftlichen Bedürfnissen. Geborenen mit kritischen Juno/Pluto–Aspekten können in heftige Machtkämpfe mit ihrem Partner geraten, was entweder zu dessen Beherrschung oder aber Zerstörung führt. Tiefsitzende

Vorurteile halten noch lange nach Beendigung der Beziehung an. Ferner können sexuelle Schwierigkeiten, starke Eifersucht und ausgeprägte Anhänglichkeit auftreten.

Juno/Pluto–Geborene fühlen sich zu leidenschaftlichen, verschwiegenen, machtvollen oder okkulten Charaktertypen hingezogen. Bei übersteigerter Projektion kann der Partner diktatorisch, gewalttätig oder destruktiv auftreten.

Der Lösungsweg aus diesem Spannungsfeld liegt in einer Umwandlung von persönlicher Macht in gegenseitiges Vertrauen und Verschmelzen. Sich und dem Partner verzeihen zu lernen, wird die höchst nötige Heilung erbringen.

Debbie Reynolds (Juno/Pluto–Konjunktion im Krebs und im 10. Feld) hat sich durch ihre Ehen einer Reihe von Prüfungen unterzogen; ihr erster Mann Eddie Fisher verließ sie wegen einer anderen Frau und von ihrem zweiten Mann erbte sie riesige Schulden (2).

Kapitel 12

Die kleinen Asteroiden

Die Asteroiden als Oktav–Umwandler

In der Musiktheorie wird die Oktave definiert als zwei Noten mit identischer harmonischer Struktur, aber unterschiedlicher Tonhöhe. Wenn ein bestimmter Grundton mit einer gewissen Anzahl an Schwingungen pro Sekunde erklingt, dann ertönt der oktavierte Oberton mit genau doppelt so vielen Schwingungen (beide Töne stehen also in einem Verhältnis von 1:2).

Versteht man die Astrologie als systematische Untersuchung der Musik der Sphären, dann enthält sie analog dazu ebenfalls eine Version des Prinzips der Oktave. Die Planetenpaare Merkur/Uranus, Venus/Neptun sowie Mars/Pluto weisen vergleichbare Energiemuster auf, bringen diese aber auf unterschiedlichen Frequenzen zum Ausdruck. Die Planeten der unteren Oktave — Merkur, Venus und Mars — repräsentieren die das persönliche Bewußtsein und Wachstum lenkenden Kräfte. Die Planeten der oberen Oktave dagegen — Uranus, Neptun und Pluto — kennzeichnen eine schnellere und feiner getönte Vibration und symbolisieren kosmische Energien, welche sich auf die gesamte Menschheit auswirken. Ihre Hauptbedeutung liegt in der Beschleunigung des Evolutionsprozesses unseres Sonnensystems.

Die Asteroiden, die vorwiegend den Raum zwischen Mars und Jupiter besetzen, formen ein Verbindung zwischen den Planeten der oberen und der unteren Oktave (siehe Abb. 12.1).

Abbildung 12.1. Die Asteroiden als Brücke zwischen oberer und unterer Oktave

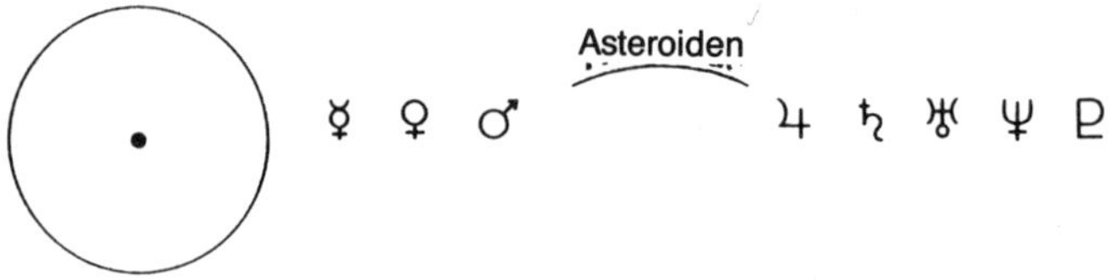

Abbildung 12.2. Das umfassende Asteroiden–Mandala

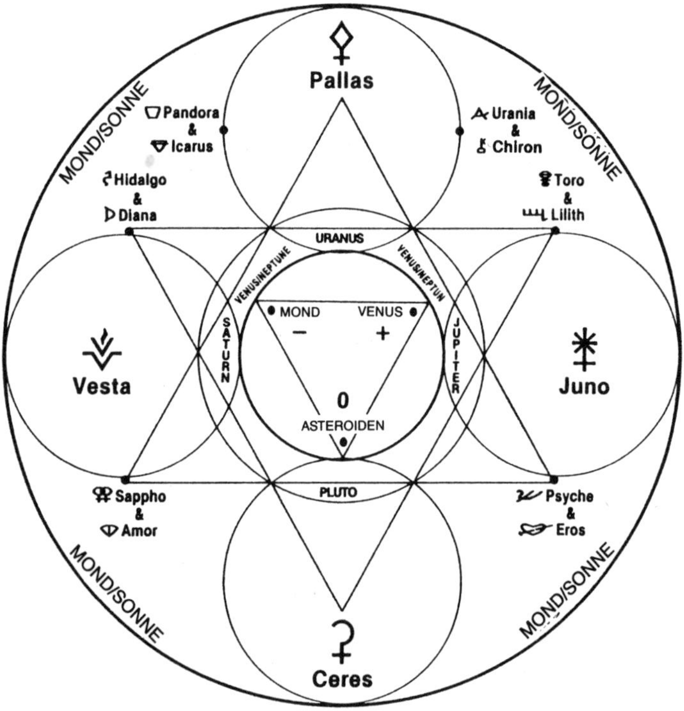

Tabelle 12.1. Oktav-Umwandler

Untere Oktave	Umwandler	Obere Oktave	Prinzip
Merkur	Icarus Pandora, Urania	Uranus	Weisheit
Venus	Psyche, Sappho, Amor	Neptun	Liebe
Mars	Eros, Lilith, Toro	Pluto	Macht
Mars	Diana, Hidalgo	Jupiter	Schutz
Saturn	Chiron	äußerere Planeten	Wissen

Tabelle 12.2. Schlüsselbegriffe

Symbol	Asteroid:	Schlüsselthema
	Psyche:	Empfindsames Reagieren auf andere Personen
	Eros:	Vitalität und Leidenschaft
	Lilith:	Konstruktive Freisetzung unterdrückter Ängste und Lösung von Konflikten
	Toro:	Gebrauch und Kontrolle von Macht
	Sappho:	romantisches und künstlerisches Feingefühl
	Amor:	Mitleid und spirituelle oder platonische Liebe
	Pandora:	Neugierde, die Veränderungen initiiert
	Icarus:	Befreiung und Risikofreude
	Diana:	Überleben und Selbstschutz
	Hidalgo:	Selbstbehauptung zur Verteidigung der Prinzipien
	Urania:	Inspiriertes Wissen
⚷	Chiron:	holistisches Verstehen

Die Asteroiden sind symbolische Umwandler zwischen diesen zwei energetischen Systemen und deuten auf die jeweiligen Techniken hin, mit denen die Schwingungen der unteren Oktave zu den Entsprechungen der oberen Oktave erhoben werden können. Welcher Asteroid als Verbindungsglied zwischen der oberen und der unteren Oktave steht, läßt sich aus Tabelle 12.1. (Seite 251) entnehmen. Die derzeitige Aufnahme der Asteroiden in die Astrologie veranschaulicht die wachsende Zahl der Menschen, die massenweise auf die kollektive Thematik des planetaren Bewußtseins reagieren.

Auf den folgenden Seiten werden wir uns näher mit den kleineren Asteroiden befassen, indem wir sie als bipolare Entsprechungen anordnen. Wie aus den Überschriften ersichtlich, besteht jedes Asteroidenpaar aus einem männlichen und einem weiblichen Himmelskörper, und jeder von ihnen repräsentiert jeweils einen Pol der Achse.

Die Liebenden: Psyche und Eros

Psyche

Der Asteroid Psyche repräsentiert das Prinzip der seelischen Einstellung auf und Bindung an einen anderen Menschen. Psyche wurde als eine schöne Sterbliche geboren und häufig als ein Schmetterlingsmädchen porträtiert. Auf ihrer Suche nach der Wiedervereinigung mit ihrem Liebhaber Eros meisterte sie die unlösbaren Prüfungen, die ihr von der wutentbrannten Aphrodite auferlegt worden waren, heldenhaft. Durch jede dieser Unternehmungen sensibilisierte Psyche ihre inneren telepathischen Kanäle, und sie versinnbildlicht die Reise der Seele von der Sterblichkeit zur Göttlichkeit. Psyche hat ihre irdische Erscheinung erfolgreich in ein vergöttlichtes Wesen transformiert, so daß sie die himmlische Braut von Eros, dem Gott der Liebe, werden konnte. Aus ihrer Verbindung gingen die Kinder *Glückseligkeit, Freude* und *Ekstase* hervor, und ihre Liebe symbolisiert die Seelenverwandtschaft.

Psyche steht für den vollendeten Zustand auf dem Entwicklungsweg des weiblichen Geschlechts zur Gattin, denn sie perfektionierte die Beziehungsgefüge von Lilith und Juno. Astrologisch ist Psyche die höhere Oktave von Venus und bringt eine Verfeinerung der persönlichen Liebe sowie der gegenseitigen psychischen Anpassung. Folgt man dem Pfad Psyches, so eröffnet das bewußte Erleben der Partnerschaft ein Tor zu spiritueller Erleuchtung.

Im Rahmen der Horoskopdeutung veranschaulicht eine starke Psyche Sensibilität für das Denken und Fühlen anderer Menschen (ihr Zeichen ist der griechische Buchstabe *psi*). Dieses verstärkte Bewußtsein kann auch eine Sehnsucht nach mystischen Verbindungen hervorrufen. Kritische Plazierungen von Psyche verweisen dagegen auf ein Fehlen jeglichen Empfindungsvermögens, auf blockiertes psychisches Bewußtsein oder die Unfähigkeit, persönliche Beziehungen einzugehen. Da Psyche–Geborene ein starkes Verlangen nach tiefer, intuitiver Kommunikation verspüren, mögen sie es oftmals ablehnen, sich auf oberflächliche oder kurzfristige Beziehungen einzulassen. Deshalb mögen sie zwar von vielen Mitmenschen bewundert werden, bleiben aber dennoch im wesentlichen allein.

Analysiert man Psyche im Rahmen der Elemente, so zeigt sie in Luftzeichen geistige Telepathie; in einem Wasserzeichen deutet sie auf Einfühlungsvermögen; ein Feuerzeichen läßt die Fähigkeit zur Steuerung und Kontrolle psychischer Energien vermuten; in einem Erdzeichen bringt sie Materialisationen zuwege.

Winkel mit Psyche verbinden den aspektierten Planeten mit einem erhöhten Bewußtsein. Beispielsweise kennzeichnet Psyche–Uranus Präkognition; Psyche–Chiron bedeutet die Fähigkeit zu spirituellem Heilen; Psyche–Ceres kann Begabungen im Umgang mit Kindern oder Pflanzen widerspiegeln.

In der Partnerschaftsastrologie beschreiben Psyche–Aspekte Berührungspunkte des intuitiven Wissens und Verständnisses oder aber einen vollkommenen Mangel derselben. Psyche–Eros Kontakte deuten auf die Möglichkeit einer seelenverwandten Vereinigung hin.

Eros

Eros, der Gott der geschlechtlichen Liebe, repräsentiert das Prinzip der leidenschaftlichen Begierde. Im Mythos war er eine urtümliche, phallische Gottheit, die am Beginn der Zeit aus dem *Chaos* (der Leere) geboren wurde. Als Personifizierung der männlichen Zeugungskraft stand er im Dienste der maskulinen Fortpflanzung, welche die Schöpfung mit Leben erfüllt. Genau deswegen tritt er in der olympischen Götterwelt später auch als Sohn von Venus und Mars in Erscheinung.

Für den Astrologen wirkt Eros als die höhere Oktave des Mars. Eros konnte den unbewußten, instinktiven Sexualtrieb durch seine Romanze mit Psyche in sinnliche Liebe transformieren und weiterentwickeln. Im antiken Griechenland wurde Eros ein Patron der homosexuellen Liebe, womit er ein Indikator für bestimmte sexuelle Vorlieben sein kann. Abgesehen von der Sexualität, läßt sich Eros–Leidenschaft auch in all dem erfahren, was Faszination auslöst, an– oder aufregt. Ferner ist er das starke Gefühl, das einen dazu motiviert, Wünsche und Phantasien in die Wirklichkeit umzusetzen.

Bei der Interpretation des Geburtsbildes ist Eros ein eindeutiger Hinweis auf die Leidenschaftlichkeit, auf sexuelle Anziehung und Neigungen sowie auf die Lebenskraft. Die Eros–Persönlichkeit ist durch das Bedürfnis gekennzeichnet, ständig den Reiz des Verliebens und Verliebtseins zu erneuern. Deswegen sind Eros–Transite häufig ein Signal für sexuelle Aktivitäten.

Aufreibende Horoskopstellungen von Eros können eventuell Schwierigkeiten mit der sexuellen Potenz, frustrierte Leidenschaft, eine Erschöpfung der Vitalkraft, körperlichen Raubbau oder zwanghafte und besessene Einstellungen zur Liebe beschreiben, und zwar solange, bis das Individuum die Leidenschaft positiv kanalisiert. Winkelbeziehungen verweisen darauf, daß der Geborene von dem aspektierten Planeten angeregt wird. Zum Beispiel wird man bei Ceres–Eros gerne essen; Eros–Urania liebt Astrologie und Musik; Eros–Saturn ist von der Arbeit fasziniert usw. Beim Partnervergleich bedeuten gegenseitige Eros–Aspekte die sexuelle Verträglichkeit und den Austausch oder die Erwiderung von Leidenschaft.

Die Krieger: Lilith und Toro

Lilith

Lilith, dargestellt als die Göttin der Nacht, welche die wilden Tiere zähmt, repräsentiert somit das Prinzip der unterdrückten Wut und der Konfliktlösung. Ursprünglich war Lilith eine Magd der sumerischen Großen Göttin *Inanna,* welche die Männer von den Äckern holte und für die heiligen Sexualrituale zum Tempel in Erech brachte. Gemäß der hebräischen Tradition war Lilith die erste Frau von Adam und bedeutet in dieser Umschreibung die erste Stufe der Weiblichkeit als Gattin. In dieser Begegnung geriet sie in Konflikt mit Adam, der über sie verfügen wollte, und dies trotz Liliths Überzeugung, daß »beide gleich sind, da wir von derselben Erde kommen.« Zu guter letzt verließ sie Adam und zog seiner Beherrschung und Unterjochung die Einsamkeit und das Exil vor. Zur Strafe für ihre Zurückweisung des Gatten wurde Lilith dann als die Inkarnation des weiblichen Bösen angesehen, als eine finstere Dämonin, die schwangere Frauen bedrohte, Kinder tötete und Männer vernichtete. In ihrem Bild manifestierten sich die schlimmsten sexuellen Bedenken und Potenzängste der Männer.

Gemeinsam mit Toro nimmt Lilith in der Astrologie eine Vermittlerrolle in der Oktavstaffelung zwischen Mars und Pluto ein und bringt die Problematik von persönlicher Sexualkraft und unterdrückter Wut zur Sprache. In zwischenmenschlichen

Beziehungen erstrecken sich ihre Reaktionen von totalem Rückzug über zankende und sexuelle Manipulation bis hin zu Verhandlungsbereitschaft und Kompromißfähigkeit. Aufgrund des ursprünglichen Grolls wegen ihrer Zurückweisung trägt Lilith eine enorme Menge angestauter Wut in sich. Sobald dieser verdrängte Zorn aktiviert wird, bricht er sehr leicht als sexuelle Herrschsucht oder Gewalttätigkeit durch. In positiver Hinsicht lehrt uns Lilith die Kunst der Konsensfindung, durch welche die transformative Mars/Pluto–Energie zur Verfestigung anstatt zur Vernichtung von Partnerschaften eingesetzt werden kann.

Eine starke Radix–Lilith zeigt Entschlossenheit. Sie entfaltet die Eigenschaften der persönlichen Unabhängigkeit und die Weigerung, sich anderen zu unterstellen oder seinen Glauben bloßzustellen. Steht Lilith ungünstig, so deutet dies auf eine Wahrnehmung des Weiblichen als böse (z.B. als Vamp), auf Notzucht und sexuellen Mißbrauch (vor allem bei Winkeln mit Saturn oder Toro) oder aber auf die Unfähigkeit, eine Verständigung zu erreichen, bevor Machtfragen entschieden sind.

Lilith im Winkelverhältnis zu anderen Himmelskörpern demonstriert, wie der aspektierte Planet mit Konfliktlösungen umgeht. Lilith–Ceres konzentriert sich zum Beispiel auf die Beseitigung von familiären Schwierigkeiten; Lilith–Jupiter wird sich mehr mit Glaubensfragen befassen; Lilith–Venus richtet das Hauptaugenmerk deutlicher auf Sex und Liebe usw.

Partnerschaftlich stehen Lilith–Kontakte für die Notwendigkeit der betreffenden Menschen, sowohl Vermittlungsbereitschaft zu lernen, als auch Problemkreise von sexueller Angst, Zurückweisung, Wut und Argwohn zu bewältigen.

Toro

Toro, im Spanischen das Wort für Stier, repräsentiert das Prinzip der ungezügelten Stärke und Macht. Von der Steinzeit bis in unsere Gegenwart galt der Bulle allen als die höchste Verkörperung von Macht und Fruchtbarkeit. Frühe paläolithische Höhlenzeichnungen dokumentieren den Glauben der Menschheit an die besondere Magie, die vom Stier ausströmt. Tiefe Verehrung einer Stiergottheit ergriff die Sumerer, die Hethiter, die Kanaaniter, die Hebräer und gehört in Indien noch heute zum Alltag. Die Stierspiele der Kreter und die geheimen religiösen Riten der Kulte um Dionysos oder Mithras versuchten, das *manna*, ein Konzentrat der Potenz des Stieres, zum Wohle der Menschheit zu gewinnen.

In der Astrologie symbolisiert Toro eine Zwischenstufe der Oktaven Mars und Pluto, die das rohe, instinktive Begehren des Mars in die kontrollierte, konzentrierte und durchdringende Kraft des Pluto verwandelt. Toro beschreibt ferner, wie wir dem Ansturm von gewaltsamen oder negativen Einflüssen entgegenwirken können, die uns entweder von innen oder von außen begegnen.

Wenn die Toro–Energie unbewußt ausgelebt wird, so kann sie sich als brutale Gewalt oder skrupellose Aggression äußern. Wird dieses Energiepotential unterdrückt oder projiziert, dann kann man das passive Opfer einer Attacke von außen werden. Zu den etwas glücklicheren Umsetzungen Toros zählt das Beherrschen einer Kampfsportart, welche die Aggression abzulenken und umzukehren sucht, der Einsatz gewaltlosen Widerstandes sowie die Gabe, potentiell schadensträchtige Kräfte in schützende umzuwandeln. Zu wissen, wie man seinen Feind als Verbündeten gewinnt, ist in der Tat eine sehr starke Macht, vor allem wenn der »Feind« im eigenen Inneren sitzt! Somit lautet Toros Geheimlehre, die in jedem von uns ruhende innere Kraft des Stieres zu zähmen und auf konstruktive Ziele zu richten.

Nimmt Toro eine herausragende Position im Grundhoroskop ein, so deutet dies darauf hin, daß die richtige Kanalisierung der eigenen inneren Stärke eine lebenslange Thematik sein wird. Handhabt der Toro–Geborene diese Energie korrekt, dann entfaltet er Schlagkraft, Macht und ungewöhnliche Vitalität. Kritische Horoskopstellungen könnten ein Signal für gewaltsame und destruktive Ausbrüche sein, solange sich die innere

Kraftquelle noch nicht für das Gute eingespannen läßt. Wenn diese Energie allerdings projiziert wird, dann erfährt die Person Furcht, Paranoia und Schikanen.

Toro–Aspekte deuten eine Intensivierung der Ausprägung des jeweiligen Planeten an. Merkur–Toro kann wortgewaltige Kommunikation repräsentieren, Toro–Mond emotionale Macht und Toro–Neptun spirituelle Kraft usw. Beim Partnervergleich deckt Toro auf, wo Machtkämpfe und Konfrontationen am leichtesten entstehen können.

Die Einfühlsamen: Sappho und Amor

Sappho

Die griechische Dichterin Sappho verkörpert das Prinzip des romantischen und künstlerischen Feingefühls. Sappho war im 6. Jh. v. Chr. auf der Insel Lesbos zuhause und leitete dort eine Schule der schönen Künste für junge Frauen. Am bekanntesten wurde sie durch ihre Liebeslieder und Gedichte. Es gilt heute als bewiesen, daß die Schule von Sappho ein Mysterientempel für Aphrodite war, in dem die sexuellen Lehren der antiken Göttin nach 1500 Jahren der Unterdrückung kurzzeitig wieder aufflammen konnten.

Sapphos Liebespoesie beschwört intime, persönliche Gefühle der Sehnsucht, Trostlosigkeit, Eifersucht und der Ekstase. Sie spricht dabei ganz unterschiedliche Liebesformen an: monogame und polygame, eheliche und nichteheliche, heterosexuelle und lesbische sowie Mutterliebe. Ihre Vision stützt sich darauf, daß das Einfühlungsvermögen und die Anziehungskraft zwischen Menschen in gewisser Weise alles ist, was wir mit auf den Weg bekamen.[64] Bezogen auf ihre Rolle als zehnte Muse, hat Sappho die Agonie und Ekstase des Verliebtseins genüßlich und detailliert erforscht. Sie schreibt: »Abermals zerrt und windet sich die Liebe, die Lockerung der Glieder, die bittersüße, unwiderstehliche, schmeichlerische Sache an mir, wie ein Baum im Wind«.[65]

Astrologisch verbindet Sappho die Oktaven von Venus und Neptun. Sie verfeinert die Venus–Schwingungen und sensibilisiert die Geborenen für ihre sexuellen Gefühle. Unter Anerkennung der Tatsache, daß die ganze Menschheit dasselbe Grundbedürfnis nach Liebe verspürt, lehrte Sappho die Notwendigkeit, sowohl Männer als auch Frauen zu lieben und die heilende Kraft der Liebe in Ehren zu halten, in welcher Form sie sich auch präsentieren möge. (Diese Lehren entzündeten heftige Kontroversen aufgrund Sapphos angeblicher lesbischer Neigungen.)

Bei der Deutung des Horoskops entspricht Sappho der Sinnlichkeit, den emotionalen Extremen im Liebesleben, den dichterischen Fähigkeiten und einer weiblichen Kunsterziehung. Eine Sappho–Persönlichkeit ist durch ein Höchstmaß an ästhetischer Kultiviertheit und romantischer Sensibilität charakterisiert. Zwar kann Sappho ein Indiz für sexuelle Präferenzen sein, doch wesentlich öfters gibt sie eine Reaktionsfähigkeit und Nähe zum eigenen Geschlecht zu verstehen, was sich durchaus auch in der sexuellen Aktivität niederschlägt, aber nicht zwangsläufig muß. Spannungsgeladene Positionen von Sappho deuten auf Schwierigkeiten beim Verstehen oder Zeigen von Liebe und Sexualität, weil der Geborene intime Bedürfnisse mit anderen Charakterseiten in Einklang bringen will. Beim Partnervergleich veranschaulichen Sappho–Winkel sinnlich–sexuelle Anziehung oder Abneigung, und folglich spielen Transite von Sappho am Beginn einer Partnerschft oft eine entscheidende Rolle.

Amor

Amor, der römische Liebesgott, repräsentiert das Prinzip des Mitgefühls und der Liebenswürdigkeit. Er wird häufig mit Cupido, dem schelmischen Witzbold der Liebesspiele, oder Eros, dem Gott der geschlechtlichen Leidenschaft, durcheinandergebracht. Strengenommen verdeutlicht Amor jedoch seine ganz eigene Liebesqualität, und zwar den Zustand der Liebe im Gegensatz zu dem Prozeß des »Sich-Verliebens.«

In astrologischer Hinsicht wirkt Amor ähnlich wie Sappho als Vermittler bei der Weiterentwicklung der persönlichen Liebe von Venus hin zur transpersonalen Liebe Neptuns. Amor bringt eine Liebenswürdigkeit zum Ausdruck, die ganz ohne Vorurteil oder Erwartung einer Gegenleistung gewährt wird. Er lehrt uns, all das zu entwickeln, was an Liebesfähigkeit in uns steckt, alles Negative loszulassen und sich am Glück der anderen zu erfreuen. Esoterisch ist Amor in den Fischen erhöht, wo seine Liebe, die reine Motivation, das Mitgefühl und das selbstlose Dienen ihre höchste Erfüllung finden.

Bei der Analyse des Geburtsbildes kennzeichnet ein betonter Amor eine Persönlichkeit, die sich durch Freundlichkeit, Wohlwollen und Selbstlosigkeit auszeichnet. Kritische Aspekte legen Schwierigkeiten beim Zeigen seiner empfindsamen und mitfühlenden Seite offen oder deuten auf Probleme, Mitleid mit anderen seelischen Bedürfnissen zu kombinieren. Amor-Aspekte offenbaren eine beständige Liebe und eine Anteilnahme an den Aktivitäten der beteiligten Planeten. Amor-Jupiter bedeutet das Erlernen der Liebe; Amor-Venus zeigt die Liebe zur Schönheit; Amor-Toro steht für den erleuchteten Krieger.

Amor verdeutlicht beim Partnervergleich, daß eine liebende, fürsorgende Verbindung und eine tiefe Zuneigung zwischen den Betroffenen vorliegen kann. Eros/Amor-Aspekte zwischen den Partnern symbolisieren oftmals die Umwandlung des erotischen Begehrens in platonische Liebe und Freundschaft.

Die Befreier: Pandora und Icarus

Pandora

Pandora, die erste sterbliche Frau, steht für das Prinzip der Neugierde, welche Veränderung in Gang setzt. In ihrer früheren Gestalt war sie die allbegabte *Anesidora*, die aus der Erde wuchs und Gaben für Mensch und Tier brachte. In der späteren Mythologie wurde Pandora von Hephaistos aus Lehm modelliert, und Athene hauchte ihr Leben ein, womit die erste Frau vollendet war. Laut Hesiod wurde sie von Zeus zu Prometheus gesandt, weil er diesen dafür bestrafen wollte, daß er der Menschheit das Feuer geschenkt hatte. Die Götter hatten Pandora eine Büchse mitgegeben, die alle Sorgen und Schmerzen, Streit und Leid enthielt, welche die Menschheit jemals plagen sollten. Sie öffnete die Büchse, so daß alles Übel in die Welt kam, und verschloß das Gefäß wieder, bevor das einzig Gute darin, der Geist der Hoffnung, entweichen konnte. Auf diese Weise wurde Pandora ähnlich wie die biblische Eva zu einer Personifikation des bösen Weibes.

Astrologisch vermittelt Pandora zwischen Merkur und dessen obersonniger Oktave Uranus. Durch ihre Neugierde handelt Pandora als Agentin des Wandels, denn sie lädt das Unerwartete ein und eröffnet neue Chancen. Sie erwächst aus der Erde und bringt dadurch ans Licht, was früher verborgen war. Pandora kann einen Prozeß der tiefen inneren Reinigung und Heilung bedeuten. Sie ist eine Art Zwillinge/Skorpion–Gemisch und erhebt den rationalen Merkur–Intellekt zu der intuitiven und revolutionären Uranus–Schwingung.

Im Radix–Horoskop zeigt sie eine gewisse Neigung zu Innovation, unerwarteten Entdeckungen und Kontroversen. Die Pandora–Persönlichkeit zeichnet sich durch ein neugieriges, ruheloses und widerspenstiges Wesen aus. Kritische Horoskopstellungen veranschaulichen einen unerwünschten Störenfried oder das genaue Gegenteil hiervon, nämlich die Person, die jedem Wechsel trotzt oder alles Unerfreuliche wegschiebt. Das Konfliktpotential kann integriert werden, indem man sich zu kreativen Veränderungen ermutigt.

Pandoras Winkelstrukturen verbinden Neugierde und Wandel mit den beteiligten Planeten. Zum Beispiel hat die Autorin eine Pandora/Urania–Konjunktion im Geburtsbild. Sie befaßte sich intensiv mit den Asteroiden und provozierte insofern das herkömmliche Denken der Astrologie, als damit eine ganze Reihe neuer Archetypen freigesetzt wurde.

In der Synastrie bezeichnen Pandora–Aspekte zwischen den Partnern jene Lebensbereiche, wo wir andere wachrütteln und sie durch unterschiedliche Veränderungen hindurchführen.

Icarus

Icarus, der geflügelte Knabe, der zu nah an die Sonne flog, repräsentiert das Prinzip der Befreiung und der Risikofreude. Er war mit seinem Vater, dem Erfinder *Daidalos*, im kretischen Labyrinth des *Minotaurus* eingesperrt. Da alle anderen Fluchtmethoden zwecklos waren, beschloß Daidalos, der Insel mit selbstkonstruierten Vogelschwingen zu entfliehen. Icarus wurde angesichts des Sprungs ins Ungewisse zunächst von großer Angst geplagt, doch er überwand seine Furcht und schwang sich davon. Schnell nahm seine Freude am Fliegen und an der Freiheit überhand, und er vergaß die Warnungen seines Vaters, auf einem mittleren Kurs zu bleiben. Als er sich zu nahe an die Sonne heranwagte, schmolz das Wachs seiner Flügel, und er stürzte Hals über Kopf ins Meer.

Ebenso wie Pandora ist Icarus ein Bindeglied für die Oktavierung von Merkur und Uranus. Da sich Icarus von allen Planeten am weitesten an die Sonne heranbewegt, repräsentiert er den wohl direktesten, aber zugleich auch gefährlichsten Pfad zur Befreiung. Icarus lehrt uns, die Selbstdisziplin und Aufmerksamkeit während des freien Fluges aufrechtzuerhalten, um Extreme und damit den Absturz zu verhindern. Das Icarus–Symbol der nach oben gleitenden Schwingen ist das beliebte Emblem vieler Motorrad–Enthusiasten: Hier wird bei Höchstgeschwindigkeit ein Freiheitsgefühl empfunden, und es ist zugleich größte Konzentration erforderlich, um Unfälle zu vermeiden. Auch bei der Meditation, einer anderen Methode zur Erlangung der Freiheit, werden dieselben Mittel zum Zwecke der geistige Disziplin eingesetzt.

Auf der körperlichen Ebene symbolisiert Icarus die Gelegenheit, sich aus beschränkenden und restriktiven Situationen zu befreien. Auf psychischer Ebene kann Icarus ein Individuum erkennen lassen, das zur Freiheit aus sozialer Anpassung und Konformität gelangt. Auf spiritueller Ebene veranschaulicht Icarus die Befreiung des Geistes aus dem *samsara* — sprich aus der Verhaftung an der irdischen Realität.

Icarus zeigt im Horoskop einen Hang zu Freiheit, Risiko (vor allem durch Flugsport, Motorradfahren, Autorennen oder Skirennen) und Meditation an. Die Icarus-Persönlichkeit rebelliert gegen Einschränkungen, versucht permanent ihre Grenzen zu überschreiten und strebt mit unterschiedlicher Begabung und graduell verschiedenem Erfolg nach Freiheit. Problematische Icarus-Stellungen können Leichtsinn, Extremismus, Übertreibung und Angst vor dem Fliegen oder Skepsis allem Unbekannten gegenüber anzeigen, und zwar solange bis die risikofreudige Seite mit anderen inneren Bedürfnissen vermischt ist.

Icarus-Winkel bringen den bestrahlten Planeten mit einem Freiheitsdrang in Verbindung (Icarus-Merkur will Redefreiheit; Icarus mit Mars oder Venus sucht sexuelle Freiheit; Icarus im Aspekt mit Jupiter tendiert nach religiöser Freiheit etc.). Beim Partnervergleich zeigen Icarus-Aspekte, wie wir dazu neigen, die Individualität des anderen zu unterstützen oder zu unterdrücken.

Die Beschützer: Diana und Hidalgo

Diana

Diana, die Göttin der Wildnis, symbolisiert das Prinzip des Überlebens und des Selbstschutzes. Bei den alten Griechen war sie unter dem Namen »Artemis« bekannt und nahm viele Gestalten an. Als jungfräuliche Neumond–Göttin streifte sie mit einer Schar ihr ergebener Nymphen in den abgelegenen Wäldern und Bergen umher. Sie wählte bewußt ihre Jungfräulichkeit und bestrafte diejenigen erbarmungslos, die diesen Zustand beenden wollten. Als Beschützerin der wilden Tiere hütete sie alle jungen Lebensformen von Mensch oder Tier und aufgrund ihres hitzigen, kriegerischen Wesens wurde sie von den Amazonen verehrt. Aber wahrscheinlich war sie in ihrer ursprünglichen Erscheinung keine Jungfrau, denn in ihrer Gestalt als vielbrüstige Artemis von Ephesos wurde sie zum Symbol für Zeugung und Nachkommenschaft. Die spätere olympische Mythologie formte sie zur Jagdgöttin um, zu der mit Bogen und Köcher bewaffneten Zwillingsschwester des Sonnengottes Apollo. Ihr silberner Bogen galt als Symbol des Neumondes.

Astrologisch betrachtet, versinnbildlicht Diana die erste Stufe nämlich die Jungfrau, und verdeutlicht insofern die Unverletzlichkeit der unberührten Mädchen. Folglich schützte Diana deren Jungfräulichkeit und geleitete sie sicher in die Pubertät. Diana repräsentiert Vitalität, Stärken und Ambitionen der jungen Frau. Dieses Entwicklungsstadium korrespondiert mit dem zunehmenden Viertelmond.

Ferner bezeichnet Diana die Weisheit, welche einem instinktiven Verständnis der Natur und ihrer Gesetze entspringt. Als Göttin der ungezähmten Natur verbrachte Diana einen Großteil ihrer Zeit in Einsamkeit. Hier konnte das reifende und keimende Mädchen, umhüllt von Ruhe und Dunkelheit, aus der Hülse der weisen alten Frau, dem Neumond Hekate, herauswachsen.

Eine starke Radix–Diana bedeutet eine innere Einstimmung auf die natürlichen Gesetze im Gegensatz zu der auf die menschlichen, gleichzeitig aber auch auf den Instinkt, diese nötigenfalls zu schützen. Die Diana–Persönlichkeit ist privat, mit sich selbst identifiziert, streng, unabhängig und mit dem persönlichen Überleben befaßt. Unharmonische Stellungen können zu dem Wunsch nach ewiger Jugend führen oder aber zu Angst vor Intimität und Nähe.

Diana–Winkel stehen für eine Schutztendenz in den Bereichen des jeweils aspektierten Planeten. So schützt Ceres–Diana beispielsweise Kinder, Eros–Diana sexuelle Begegnungen, Diana–Neptun den Glauben etc. Beim Partnervergleich deutet Diana auf Geschwisterbeziehungen hin.

Hidalgo

Hidalgo, ein mexikanischer Priester und Revolutionär, verkörpert das Prinzip der Selbstbehauptung und des Kämpfens für seine Rechte. Miguel Hidalgo y Costilla, der Vater der mexikanischen Unabhängigkeit, wurde 1753 als Sohn einer spanischen Oberschichtsfamilie geboren. Als katholischer Priester arbeitete er für die Verbesserung der ökonomischen Lage seiner verarmten indianischen Kirchengemeinde und wurde Mitglied einer geheimen revolutionären Zelle, welche die Indianer von der spanischen Kolonialherrschaft befreien wollte. Um dieses Ziel anzusteuern, führte er eine Armee von Tausenden Eingeborenen in eine Revolte gegen die Spanier. Nach mehreren mutigen Schlachten wurde Hidalgo gefangengenommen, vor Gericht gestellt, exkommuniziert und am 31. Juli 1811 als Rebell erschossen. Nach seiner Hinrichtung verbreitete sich sehr schnell sein Ruf als Held, Märtyrer und Heiliger. Der mexikanische Nationalfeiertag am 16. September war der Tag, an dem Hidalgo die Unabhängigkeit proklamierte.

So wie Diana steht auch der Asteroid Hidalgo als Vermittler zwischen Mars und Jupiter. Hidalgo symbolisiert den Mut, aus Überzeugung (Jupiter) zu handeln (Mars). Er benützt die Formen der politischen Beteiligung, des Protests und einer radikalen Bewegung, um die Autorität der etablierten Religion oder Politik herauszufordern. Da Hidalgo Ungerechtigkeiten korrigieren möchte, gilt er als Beschützer der Schwachen und Unterdrückten. Die lateinamerikanische Befreiungstheologie ist ein lebendiger Ausdruck der Hidalgo–Thematik.

Ein herausragender Hidalgo im Natal kann ein Zeichen sein

für Verwicklungen in politische Fragen, für eine Affinität zu Spanisch sprechenden Ländern (vor allen Dingen in Lateinamerika) oder für den Wunsch, Minderheiten zu verteidigen. Die Persönlichkeit ist durch ein dogmatisches, willensstarkes, schroffes und auflehnendes Wesen charakterisiert. Ein schwierig plazierter Hidalgo kann auf Autoritätskonflikte, Verwegenheit, fanatisches Festklammern an der eigenen Vision, auf Trotz und eventuell sogar auf eine Verhaftung hindeuten.

Hidalgo im Aspekt zeigt, wie sich die Schutzthematik mit der betreffenden Planetenenergie vermischt. So kann jemand mit Hidalgo–Ceres sein Leben dem Schutz mißhandelter Kinder widmen, Hidalgo–Venus beschützt die Liebenden, und Hidalgo–Merkur verteidigt seine Ideen. Beim Partnervergleich verweist Hidalgo auf potentielle Bereiche des Schutzes oder der Herrschaft zwischen Menschen.

Die Hüter des Wissens: Urania und Chiron

Urania

Urania, die »Himmlische«, repräsentiert das Prinzip des inspirierten Wissens. Mythologisch zählte sie zu den neun Musen, deren Aufgabe es war, als Quellen der göttlichen Inspiration in ihren Wissenssphären zu dienen. Urania verfügte über die Wissensgebiete von Astrologie, Astronomie, Musik und Zahlen. Sie wurde mit der Harmonie der Sphären in Verbindung gebracht und gebar den großen Musiker Linos, den Erfinder von Melodie und Rhythmus. Die Symbole von Urania sind der Himmelsglobus und der Kompaß, also die Instrumente, mit denen sie das Firmament vermißt.

Im Tarot steht die Karte »der Stern« für Isis–Urania, welche die Eingebung des Geistes durch Meditation kristallisiert und Klarheit in die Arbeit hineinbringt. Astrologisch verkörpert Urania das Prinzip des kosmischen Wissens. Sie ist eine tiefgründige Denkerin, die ihre Inspiration heranzieht, um geistige Schätze aufzudecken. Auf ihrer Suche nach himmlischer Wahrheit benützt Urania ihren Scharfsinn, um sowohl den Mikrokosmos als auch den Makrokosmos zu untersuchen.

Eine herausragend und günstig gestellte Radix–Urania gibt eine Neigung zu Astrologie, Astronomie, Musik (mehr zu Theorie und Komposition als zur Aufführung), zu reiner Erkenntnis, Mathematik, Messungen und Numerologie zu erkennen. Der Urania–Persönlichkeitstypus ist introspektiv, denkerisch veranlagt und ernst. Steht Urania in kritischer Position, so könnten Lernschwierigkeiten oder ein versperrter Zugang zu Intuition und Einsicht die Folge sein.

Winkelbeziehungen zu anderen Planeten vermischen das inspirative Verständnis Uranias mit dem entsprechenden Aktivitätspotential. So bedeutet Urania–Venus inspirierte Liebe; Urania–Neptun kann inspirierte Musik und Dichtung beinhalten; Uranus–Urania läßt auf inspirierte Genialität und revolutionäre Ideen schließen.

Auf partnerschaftlicher Ebene sind Urania–Verbindungen eine Metapher für Menschen, die eine gemeinsame Quelle der Inspiration miteinander teilen können (vor allem Musik, Astrologie oder jedes andere abstrakte Symbolsystem).

Chiron

Chiron wurde erst 1977 von dem Astronomen Charles Kowal entdeckt und er ist *kein* Asteroid, sondern ein zwischen den Bahnen von Saturn und Uranus kreisender Himmelskörper. Manche Astronomen glauben, daß Chiron von außerhalb unseres Sonnensystems eingefangen wurde und dieses eventuell auch wieder verläßt. Vergleichbar hiermit kam die mythologische Figur Chiron aus einem anderen Reich und verließ die Menschenwelt, nachdem er seine Lehren mitgeteilt hatte. Somit ist Chiron eine Brücke zwischen unserem Sonnensystem und der Galaxie, zwischen Vergangenheit und Zukunft, zwischen Bekanntem (Saturn) und Unbekanntem (Uranus).

Chiron der Kentaur repräsentiert des Prinzip eines holistischen Verständnisses. Seine Umlaufbahn von 49 Jahren symbolisiert die Zahlen der höheren Weisheit (7x7), aber auch die Zahl der Tage im Bardo–Zwischenreich des Ägyptischen und Tibetanischen Totenbuchs. Halb Pferd halb Mensch, entstieg Chiron dem Reich der elementaren Naturgeister und trat in menschliches Gebiet, wo er Erzieher vieler griechischer Helden wurde. Zu seinen Schülern zählten *Achilles, Jason,* und *Asklepios,* der Gott des Heilens.

Eines Tages wurde Chiron verletzt, als ihn ein vergifteter Pfeil am Knie traf, aber trotz seiner Heilkünste konnte er die bösartige Wunde nicht behandeln. Um sich von seinem Schmerz zu befreien, verzichtete er auf seine Unsterblichkeit und zu guter Letzt verwandelte Zeus ihn in die Konstellation des Sternbildes Schütze, um ihn für seine Dienste an der Menschheit zu ehren.

Astrologisch ist Chiron ein Hüter des Wissens, der höhere Lehren entweder als äußerer Lehrer (Saturn) oder innerer Lehrer bzw. geistiger Führer (Uranus) übermittelt. Als Verkörperung des Archetyps vom »verwundeten Heiler« stellt er heraus, wie wichtig es ist, in sich zu gehen, um eine Antwort oder Heilung zu finden und diese dann mit anderen zu teilen. In seinen zwei vordringlichsten Themenbereichen, nämlich der Bildung und Medizin, vereinigt Chiron Körper und Geist, Instinkt und Intellekt. Gegenwärtig sehen wir seine Lehren wieder in den Ansätzen einer holistischen Medizin und Erziehung zum Vorschein kommen.

Im Horoskop steht Chiron unter anderem für die Fähigkeiten des Erziehers oder Heilers, der die etablierten Sichtweisen in Frage stellt. Die Chiron–Persönlichkeit kann weise sein, ist dabei aber in der praktischen Realität verwurzelt. Eine unharmonische Geburtsstellung könnte auf eingeschränkte Verständnisfähigkeit, Vertrauen in Obrigkeit und Dogmen, Selbstzweifel oder spirituelle Unrast hindeuten.

Aspektstrukturen setzen ein intuitives, höheres Wissen mit den planetaren Aktivitäten in Verbindung; so bezeichnet Chiron–Jupiter einen erleuchteten spirituellen Lehrer oder politischen Führer; Chiron–Mars beschreibt den Arzt und Chirurgen; Chiron–Juno kann den spirituellen Ratgeber oder Partner bedeuten. In der Partnerschaftsastrologie lassen Chiron–Aspekte einen heilenden und erzieherischen Austausch zwischen den Betroffenen erwarten.

Zusammenfassung

Wie wir gesehen haben, sind die »kleineren Asteroiden« keineswegs nur zweitrangig. Ihr Symbolgehalt und interpretatorischer Wert für die Astrologie nehmen die gleiche Bedeutung ein wie Ceres, Pallas, Juno und Vesta. Nur durch zukünftige Forschungen und Untersuchungen werden diese Archetypen ihren rechtmäßigen Platz in der astrologischen Deutung einnehmen.

Weiterführende Literatur zu den Asteroiden

alle mit ** gegekennzeichneten Titel sind über den Chiron Verlag beziehbar

Addey, John M. »Urania: The Astrologer's Asteroid.« In:*Ephemeris of Urania 1900 – 2000.* (New York: CAO Times, 1981).**

Apuleius. *Der goldene Esel.* (München: C. Fischer, 1965).

Bolen, Jean Shinoda. »Artemis: Göttin der Jagd und des Mondes, Rivalin und Schwester.« In: *Göttinnen in jeder Frau* (Basel: Sphinx, 1989²).

Brindel, June R. *Ariadne.* (New York: St. Martin's Press, 1980).

Conrad, Jack Randolph. *The Horn and the Sword: The History of the Bull as a Symbol of Power and Fertility.* (New York: E.P. Dutton and Co., 1981).

Dobyns, Zipporah. *Expanding Astrology's Universe.* (San Diego: ACS, 1983).

Downing, Christine. »Artemis: The Goddess Who Comes from Afar.« In: *The Goddess: Mythological Images of the Feminine.* (New York: Crossroad Publishing Co., 1981).

Ekrutt, Joachim W. *Die kleinen Planeten: Planetoiden und ihre Entdeckungsgeschichte.* (Stuttgart: Kosmos, 1977).

Franz, Marie–Luise von. *Die Erlösung des Weiblichen im Manne: Der goldene Esel von Apuleius in tiefenpsychologischer Sicht.* (Frankfurt: Insel, 1980).

Frederick, Paul. *The Meaning of Aphrodite.* (Chicago: University Press, 1978),

Graves, Robert. *Die Weiße Göttin: Sprache des Mythos.* (Berlin: Medusa, 1981)

Graves, Robert und Raphael Patai. *Hebrew Myths: The Book of Genesis.* (New York: McGraw–Hill, 1966).

George, Demetra and D. Bloch. *Astrology for Yourself.* (Berkeley: Wingbow Press, 1987)

Gregory, Eve S. *Chiron Ephemeride 1900–2000.* (Mössingen; Chiron Verlag 1989).**

Hall, Nor. *The Moon and the Virgin.* (New York: Harper and Row, 1980).

Hallett, Judith P. »Sappho and Her Social Context: Sense and Sensuality.« *Signs* (Spring 1979, p. 447–469).

Hill, Maurice. *The Poems of Sappho.* (New York: Philosophical Library, 1954).

Johnson, Robert A. *She: Understanding Feminine Psychology.* (NY: Harper & Row, 1977).

Kerényi, Karl. »A Mythological Image of Girlhood: Artemis«. In: *Facing the Gods.* Hrsg. von James Hillman. (Irving, Tx: Spring Publications, 1980).

Lantero, Erminie. *The Continuing Discovery of Chiron.* (York, Maine: S. Weiser, 1983).

Lehman, J. Lee. »Amor Introduction« In: *Amor Ephemeris 1900–2000.* (New York CAO Times, 1981).**

–, »Eros Introduction.« In: *Ephemeris of Eros 1900–2000.* (New York: CAO, 1980).**

–, »Introduction to Diana« In: *Ephemeris of Diana 1900–2000.* (National Council for Geocosmic Research, 1981).

–, »Introduction to the Asteroid Hidalgo.« In: *Ephemeris of Hidalgo 1990–2000.* (New York: CAO Times, 1980).**

–, »Introduction to the Asteroid Sappho.« In: *Ephermeris of Sappho 1990–2000.* (New York: CAO Times, 1980).**

–, »Lilith Introduction«. In: *Ephemeris of Lilith 1900–2000* (New York: CAO Times, 1980).**

–, »Pandora Introduction.« In: *Ephemeris of Pandora 1900––2000.* (New York: CAO Times, 1980).**

–, »Psyche Introduction.« In: *Ephemeris of Psyche 1900–2000* (New York: CAO Times, 1980).**

–, *The Ultimate Asteroid Book.* (West Chester, PA: Whitford Press, 1988).

Lewis, C. S. *Till We Have Faces: A Myth Retold.* (New York: Harcourt, Brace and World, 1956).

MacDonald, George. *Phantasies and Lilith.* (Michigan: Wm.B. Eerdmans Publ. Co., 1975).

Morrison, Al H. »Commentary: Eros and our Culture.« In: *Ephemeris of Eros 1900–2000.* (New York: CAO Times, 1980).**

–, »Commentary on the Asteroid Hidalgo«. In: *Ephemeris of Hidalgo 1990–2000.* (New York: CAO Times, 1980).**

–, »Commentary on Icarus.« In: *Ephemeris of Icarus 1900–2000.* (New York: CAO Times, 1980).**

–, »Perspective on the Asteroid Sappho.« In: *Ephermeris of Sappho 1990–2000.* (New York: CAO Times, 1980).**

—, »Psyche and our Culture.« In: *Ephemeris of Psyche 1900–2000* (New York: CAO Times, 1980).**

—, and Zane B. Stein. »Toro.« In: *Ephemeris of Toro 1900–2000.* (New York: CAO Times, 1981).**

—, »Zeittafel des astrologischen Interesses an Chiron.« In: *Chiron Ephemeride 1900–2000.* (Mössingen: Chiron Verlag, 1989).**

—, »A Chiron Cycle: Manifested in Self–Perception.« *The Mountain Astrologer* (April –Mai 1990).

Neumann, Erich. *Amor und Psyche: Eine tiefenpsychologische Deutung mit dem Text des Märchens von Apuleius.* (Olten: Walter Verlag, 1988[6]).

Negus, Kenneth. »Chiron.« In: *Chiron Ephemeride 1900–2000.* (Mössingen: Chiron Verlag, 1989).**

Panofsky, Dora und Edwin. *Pandora's Box.* (Princeton, NJ: University Press, 1962).

Rivlin, Lily. »Lilith.« *Ms. vol.6.* (December 1972).

Robinsohn, David M. *Sappho and Her Influence.* New York: Michael Jones Co., 1925).

Stein, Zane B. *Chiron.* (Mössingen: Chiron Verlag, 1988[2]).**

—, *Wendepunkt Chiron.* (Mössingen: Chiron Verlag, 1991[2]).**

—, »Thoughts about Hidalgo«. In: *Ephemeris of Hidalgo 1990–2000.* (New York: CAO Times, 1980).**

—, »Icarus.« In: *Ephemeris of Icarus 1900–2000.* (New York: CAO Times, 1980).**

Tenzin Gyatso, The Fourteenth Dalai Lama. *Kindness, Clarity and Insight.* (New York: Snow Lions Publications, 1984).

Thompson, William Irving. *The Time Falling Bodies Take To Light.* (New York: St. Martin's Press).

Weigall, Arthur. *Sappho of Lesbos.* (New York: Frederick A. Stokes Co., 1932).

Weinberg, Judy. »Lilith Sources.« *Lilith* vol. 1, no. 1 (Juni 1976).

Zuckoff, Avina Cantor. » The Lilith Question.« *Lilith* vol. 1, no. 1 (Juni 1976).

Kapitel 13

Ein astronomisches Porträt der Asteroiden

Tausende sogenannte Asteroiden kreisen um die Sonne, und zwar überwiegend auf einem Gürtel zwischen den Himmelsbahnen von Mars und Jupiter. Die Kleinplaneten variieren in Größe, Aussehen, Zusammensetzung sowie in ihren Umlaufbahnen, und es wird angenommen, daß sie einen Fingerzeig auf die Formation und Evolution unseres Solarsystems enthalten. Es sind etwa 100.000 an der Zahl, aber ihre Gesamtmasse ist zusammengenommen dennoch geringer als die unseres Mondes. Da sie so winzig sind, ist es selbst mit einem guten Teleskop schwierig, die Kleinplaneten zu beobachten. Das Fehlen einer Sichtbarkeit legte auch den Begriff Asteroid nahe, was soviel bedeutet wie »sternengleich.« Nachfolgend werden wir uns mit den astronomischen Daten auseinandersetzen, die sich seit der ersten Entdeckung dieser rätselhaften Wanderer im Jahre 1801 angesammelt haben.

Die Entdeckung der Asteroiden

Bereits 1596 wies Johannes Kepler darauf hin, daß zwischen Mars und Jupiter eine Planeteneinheit existieren müsse. 150 Jahre später publizierte Titius von Wittenburg ein empirisches Gesetz der mittleren Planetenabstände, welches für die damals bekannten sechs Planeten geometrische Entfernungen von der Sonne vorschlug. Die einzige Ausnahme in der Abfolge bildete ein übergroßer Bereich zwischen Mars und Jupiter, der für einen weiteren Planeten ausgereicht hätte. Im Jahre 1772 veröffentlichte Johann Bode, ein Zeitgenosse von Titius, die Weiterentwicklung der Regel, und so wurde diese als Titius–Bodesche Reihe bekannt.

Die meisten Astronomen jener Zeit mißachteten die Regel von Titius–Bode zunächst als unnütze Spekulation. Doch dann sichtete William Herschel 1781 einen neuen Planeten jenseits der Saturnbahn, und zwar genau mit dem Sonnenabstand, den die Titius–Bodesche Reihe vorhergesagt hatte. Der Baron von Zach griff die Idee im Jahre 1800 auf und spekulierte über einen weiteren unentdeckten Planeten, weshalb er anregte, den Himmel in 24 Teilbereiche zu gliedern und jedes Segment von einem Beobachter absuchen zu lassen. Schon drei Monate später, am 1. Januar 1801 kontrollierte der Astronom und Pfarrer Guiseppe Piazzi einige ältere Sternkarten, wobei er ein Objekt im Sternzeichen Stier bemerkte, das auf seiner Karte nicht verzeichnet war. Es befand sich genau in der Position zwischen

Tabelle 13.1.: Die Titius–Bodesche Reihe

Planet	Bodesche Regel	Berechneter mittlerer Abstand in AU	Beobachteter Abstand in AU
Merkur	0,4 + 0	0,4	0,39
Venus	0,4 + 0,3	0,7	0,72
Erde	0,4 + 0,6	1,0	1,0
Mars	0,4 + 1,2	1,6	1,52
Asteroiden	0,4 + 2,4	2,8	2,1 – 3,5
Jupiter	0,4 + 4,8	5,2	5,2
Saturn	0,4 + 9,6	10,0	9,54
Uranus	0,4 + 19,2	19,6	19,8
Neptun	0,4 + 38,4	38,8	30,1
Pluto	0,4 + 76,8	77,2	39,5

Mars und Jupiter, wo laut der Titius-Bodeschen Regel ein Planet zu erwarten war. Piazzi taufte sein Objekt Ceres, nach der Schutzgöttin Siziliens.

Am 11. Februar erkrankte Piazzi und mußte seine weiteren Beobachtungen vorläufig einstellen. Als er schließlich wieder ans Teleskop zurückkehren konnte, war Ceres im leuchtenden Nachthimmel verschwunden. Doch der damals gerade 24jährige Mathematiker Karl Friedrich Gauss löste das Problem, indem er eine ganz neue Methode entwickelte, um aus wenigen bekannten Positionen die Umlaufbahn eines Himmelskörpers zu bestimmen. Für den Jahreswechsel 1801/02 berechnete er die Himmelsstellung von Ceres voraus, und tatsächlich konnten Baron von Zach und Dr. Wilhelm Olbers Ceres an der vermuteten Stelle wiederfinden. Die Begeisterung war groß!

Verglichen mit anderen Planeten, war Ceres jedoch nur sehr klein und besaß eine ungewöhnlich geneigte und elliptische Bahn, so daß man die Frage erhob, ob sie überhaupt ein echter Planet sei. Doch dann geschah etwas, was niemand für möglich gehalten hätte. Am 28. März 1802 entdeckte Olbers gleich noch einen weiteren kosmischen Kleinkörper, den er Pallas nannte. Olbers spekulierte, daß es sich bei Ceres und Pallas um Trümmer eines explodierten Planeten handle und er sagte auch voraus, daß noch sehr viel mehr Teile auf ähnlich sonderbaren Bahnen gefunden werden könnten. Schon 18 Monate später wurde seine Vorhersage bestätigt, als Karl Harding am 1. September 1804 das Himmelsobjekt Juno im Tierkreiszeichen Widder sichtete. Schließlich sollte Olbers am 29. März 1807 die Entdeckung eines vierten Kleinplaneten im Zeichen Jungfrau gelingen, den er Vesta taufte.

Die Umlaufbahnen dieser »neuen Planeten« kam ungefähr dem Abstand von 2.8 AU (Astronomischen Einheiten) nahe, welcher von der Titius-Bodeschen Regel vorausberechnet worden war. Olbers suchte noch weitere 10 Jahre erfolglos nach Planetoiden und stellte seine Bemühungen schließlich ein. Erst am 8. Dezember 1845 glückte Karl Ludwig Hencke nach 20jähriger Himmelsbeobachtung erneut eine Entdeckung

(Astraea). Von nun an setzte eine regelrechte Asteroidenjagd ein, und 1890 waren schon 300 weitere gefunden worden, davon allein 121 von dem Österreicher Johann Palisa. Nach der Einführung der Himmelsphotographie durch Max Wolf ließen sich neue Asteroiden sogar noch schneller lokalisieren.

Wenn ein Asteroid gesichtet wird, identifiziert man ihn mit einer vorläufigen Nummer, welche die Jahreszahl der Entdekkung und danach zwei Buchstaben enthält, welche den Zeitraum innerhalb des Jahres und die Reihenfolge der Beobachtung festlegen. Sobald die Umlaufbahn bestimmt und überprüft worden sind, und falls es sich tatsächlich um einen Asteroiden handelt, wird er in den offiziellen Katalog aufgenommen. Der Entdecker erhält dann das Privileg, dem Objekt einen Namen zu verleihen. Es gilt hierbei die Gepflogenheit, daß Asteroiden mit regulären Bahnen weibliche Namen gegeben werden, während Asteroiden auf ungewöhnlichen oder unregelmäßigen Bahnen männlichen Namen erhalten. Bis heute wurden mehr als 2000 Asteroiden numeriert, benannt und katalogisiert, aber es kam auch zu Skurrilitäten. So meldeten einige japanische Astronomen im Dezember 1943 eine Neuentdeckung, die sich später als mit Ceres identisch entpuppte, ausgerechnet mit dem am längsten bekannten Asteroiden! Es passierte ebenso, daß Asteroiden verlorengingen, wie etwa Scylla. Sie wurde fünfmal beobachtet und registriert, und es war niemandem aufgefallen, daß es sich immer um dasselbe Objekt gehandelt hatte. Erst nach 155 Jahren stellte man die Identität durch einen Vergleich der Berechnungen fest.

Physikalische Charakteristika

Größe und Aussehen. Die meisten Asteroiden haben einen Durchmesser von nur wenigen Kilometern. Ceres als der größte Kleinplanet mißt 1025 km, Pallas hat einen Durchmesser von 583 km, bei Vesta sind es 555 km und bei Juno nur 250 km. Die größten Asteroiden, also jene mit über 150 km Durchmesser, sind kugelförmig, da ihre eigene Gravitationskraft sie solcherart abrundet. Die kleineren Asteroiden sind dagegen von unregelmäßiger, zackiger oder klumpiger Gestalt, was vermuten läßt, daß sie die übriggebliebenen Fragmente gewaltiger Zusammenstöße sind.

Zusammensetzung und Helligkeit. Die Asteroiden unterscheiden sich hinsichtlich Umfang und Zusammensetzung sowohl von den Hauptplaneten als auch untereinander ganz enorm. Die Analyse mit dem Spektroskop zeigt, daß die größeren Asteroiden aus dunklen Kohlenwasserstoffen zusammengesetzt sind und wenig Licht reflektieren. Die kleineren reflektieren stärker, da sie mehr eisenhaltige Metalle bzw. Silikate enthalten. Zu den Ausnahmen gehören Vesta mit einer Oberfläche aus vulkanischem Basalt, welche ihre stärkere Helligkeit bedingt, sowie die eisen- und nickelhaltige Rottönung von Psyche. Die Albedowerte (Prozentsatz des reflektierten Lichts) schwanken von extrem niedrigen Zahlen (2,8% bei Hektor) bis zu 26,4% bei Vesta, wobei die Mehrzahl der Asteroiden in den Bereich von 7–18% fällt.

Vor kurzem wurde noch eine weitere faszinierende Korrelation zwischen der Oberflächenschicht eines Asteroiden und seiner Entfernung zur Sonne entdeckt. Der näher bei Mars liegende innere Hauptgürtel besteht überwiegend aus den helleren silikathaltigen Objekten, den S-Asteroiden. Insbesondere in den äußeren Bereichen des Hauptgürtels befinden sich jene 80% aller Asteroiden, die einen höheren Kohlenstoffanteil (C-Asteroiden) enthalten. Daneben gibt es noch M-Asteroiden, die ganz aus Metall zu bestehen scheinen. Eine mutmaßliche Erklärung für diesen Zusammenhang ist, daß die unterschiedlichen Schmelzpunkte aufgrund der variierenden Sonnenabstände diese Teilung der Asteroiden bewirkte.[66]

Orbitale Grundstrukturen von Asteroidengruppen. Die Asteroiden werden anhand ihrer Umlaufbahn in drei verschiedene Gruppen klassifiziert: den Hauptgürtel, die Trojaner sowie die Apollo-Amor-Gruppe.

1) Der Hauptgürtel besteht aus 95% aller derzeit bekannten Asteroiden. Sie kreisen auf leicht elliptischen Bahnen mit Umlaufzeiten zwischen zwei und sechs Jahren. Die einzelnen Objekte sind unregelmäßig über die ganze Breite des Gürtels hinweg verteilt, und es gibt sogar bestimmte Zonen, die asteroidenfrei sind. Man fand vier solche leeren Ringzonen, die auch Kommensurabilitäts-Lücken genannt werden. Daniel Kirkwood berechnete bereits 1866, daß jene Asteroiden, die in solchen Lücken kreisten, eine Umlaufzeit um die Sonne hätten, die in einem einfachen ganzzahligen Verhältnis zur Rotationszeit Jupiters stünden. Dadurch erschien auch die Annahme plausibel, daß Jupiter den Bahnverlauf der Asteroiden nach seinem Willen bestimmt und die Zusammenballung vieler kleiner Asteroiden zu einem größeren Himmelskörper verhindert.

2) Die Apollo- und die Amor-Gruppe haben jeweils eine stärker exzentrische und schiefer geneigte Umlaufbahn. Die Amor-Objekte kreuzen zwar den Orbit von Mars, reichen

Abb. 13.1. Kreisbahnen der Asteroiden

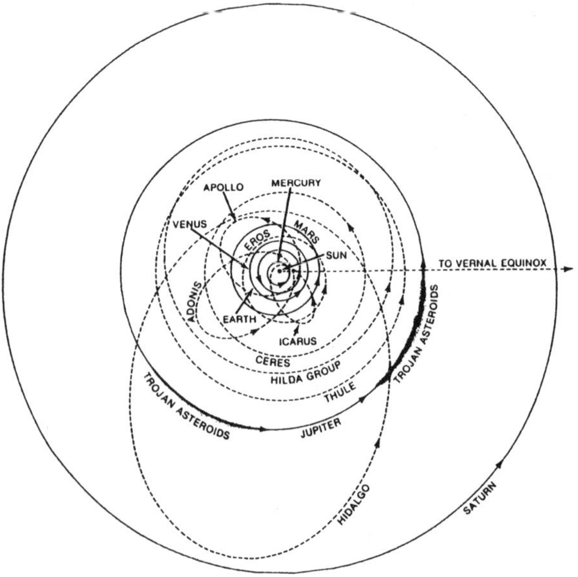

aber nicht an die Erdumlaufbahn heran. Der Winzling Eros (Durchmesser 20–30 km) nähert sich alle paar Jahre der Erde und wird vorübergehend zum hellsten Kleinplaneten des nächtlichen Himmels. Die Apollo–Gruppe überquert dagegen die Erdbahn nicht. Apollo wurde 1932 gesichtet und nach dem Sonnengott benannt, weil er dichter als jeder andere bislang bekannte Himmelskörper an die Sonne heranreichte. Doch schon wenige Jahre später wurde Icarus entdeckt. Ähnlich wie der sagenumwobene Held, der in die Sonne flog, kreist dieser Asteroid bis zu einem Punkt, der sogar innerhalb der Merkurbahn liegt. Erwähnenswert ist außerdem, daß Toro (1685), ebenfalls ein Mitglied der Apollo–Gruppe, wie ein Pingpong–Ball zwischen der Erd– und Venusbahn hin– und herschnellt.

3) Noch eine weitere enge Korrelation zwischen Jupiter und den Asteroiden zeigte sich. Der Asteroid Achilles (588) läuft ziemlich genau in der Jupiterbahn — und zwar dem Jupiter um etwa 60° voraus — und bildet mit Jupiter und Sonne ein gleichseitiges Dreieck. Etwas später wurde Patroklus (618) entdeckt, der Jupiter um 60° hinterherlief und in der Folgezeit wurden weitere Kleinplaneten gefunden, die sich um Achilles und Patroclus scharten; da beide zufällig nach den Helden von Homers Illias benannt worden waren, setzt man diesen Brauch fort, und so nannte man die entsprechenden Asteroiden Trojaner. 60° vor Jupiter marschieren die Krieger der griechischen Seite, 60° dahinter die trojanischen Kontrahenten; allerdings laufen Hektor und Patroklus jeweils im falschen Lager mit.

1920 wurde der von den Trojanern gehaltene Rekord der größten Sonnenentfernung eines Asteroiden durch die Entdekkung Hidalgos (944) gebrochen, der völlig aus dem Rahmen fällt und dessen Aphel sogar hinter der Saturnbahn liegt. Er benötigt 14 Jahre (2x7) für eine Revolutionsperiode und ist damit numerologisch mit den Kreisbahnen des Saturn (4x7 Jahre), Chiron (7x7 Jahre) und Uranus (12x7 Jahre) verwoben.

Eine letzte Kleinplanetengruppe mit sich gleichenden Bahnelementen wurde 1920 von dem Japaner Hirayama Seiji beobachtet. Er legte fest, daß 25% der Asteroiden in zehn sogenannten »Hirayama–Familien« eingeteilt werden konnten. Man vermutete, daß es sich bei diesen Gruppierungen um Überreste aus einem Zusammenstoß zweier größerer Asteroiden handeln könnte. Manche dieser Familien sind kompakt, während andere dispers sind, was den Verdacht nahelegt, daß die Kollisionen zu ganz unterschiedlichen Zeitpunkten in der Geschichte des Sonnensystems stattgefunden haben müssen.

Tab. 13.2 Daten ausgewählter Asteroiden

Nr.	Name	Entdekkungsjahr	Durchmesser km	Rotationszeit h	Exzentrizität	Bahnneigung zur Erdbahn Grad	Siderische Umlauf Jahre
1	Ceres	1801	965	9,07	0,079	10,6	4,60
2	Pallas	1802	538	10,67	0,235	34,8	4,61
3	Juno	1804	236	7,21	0,256	13,0	4,36
4	Vesta	1807	503	5,34	0,088	7,1	3,63
5	Astraea	1845	100	16,80	0,190	5,3	4,14
6	Hebe	1847	150	7,74	0,203	14,8	3,78
7	Iris	1847	150	7,13	0,230	5,5	3,68
8	Flora	1847	100	13,6	0,157	5,9	3,26
9	Metis	1848	100	5,06	0,123	5,6	3,69
10	Hygeia	1849	150	18	0,099	3,8	5,59
16	Psyche	1852	249	4,30	0,135	3,1	5,00
30	Urania	1854	-	13,66	0,127	2,1	3,64
44	Nysa	1857	100	6,41	0,149	3,7	3,77
433	Eros	1898	20-30	5,27	0,223	10,8	1,75
624	Hector	1907	-	6,92	0,028	18,3	11,65
944	Hidalgo	1920	-	-	0,655	42,6	13,94
1221	Amor	1932	3	-	0,437	11,9	2,66
1566	Icarus	1949	1,4	2,27	0,827	23,0	1,12
1685	Toro	1948	4	-	0,436	9	1,59
1862	Apollo	1932	2	-	0,558	6	1,78
2062	Aten	1976	1	-	0,181	19	0,94
2063	Bacchus	1977	1	-	0,349	9	1,12

Die Entstehung der Asteroiden

Die Entstehung und Entwicklung der zahllosen Asteroiden ist eine Thematik, die etliche interessante Theorien aufsprießen ließ. Der Asteroiden–Pionier und Entdecker von Pallas und Vesta, Wilhelm Olbers, schlug als erster vor, die Asteroiden als Überbleibsel der Explosion eines Mutterplaneten auf einer Bahn zwischen Mars und Jupiter zu betrachten. Eine andere Theorie hält es für wahrscheinlicher, daß es sich bei den Asteroiden um Material handelt, das sich aufgrund von Jupiters Gravitatiosstörungen noch nicht zu einem größeren Planeten kondensiert hat. Für die zweite Hypothese spricht die Tatsache, daß die Asteroiden sich in zwei Gürtelhälften aufgliedern. Bei einer großen Explosion hätten sich die Bruchstücke wohl nie so ausgeglichen formiert.

Die derzeit vorherrschende Hypothese besagt, eine Nebelwolke am Beginn der Entwicklungsgeschichte des Sonnensystems habe eine ursprüngliche Familie von 15–50 kleinen Planeten mit 100 – 200 Km Durchmesser gebildet. Aus den heißen Gasen rund um die Sonne formten sich allmählich kühlere Gesteinsbrocken, die immer größer wurden und sich zu den Planeten zusammenballten. Nach dieser Phase der inneren Aktivität konnten sie nur noch durch Zusammenstöße modifiziert werden. Sie zerbrachen, und unter dem Einfluß von Planetenstörungen entwickelten sie ihre Bahnen. Die metallischen Asteroiden dürften dabei aus den Kernen größerer Objekte entstanden sein, in deren Innerem sich die Materialien bereits gespalten hatten. Vesta wäre somit der einzige Planetoid, der völlig intakt blieb.

Kürzlich wurde die Theorie des detonierten Planeten wiederbelebt. und man vermutete die Vernichtung eines gigantischen Himmelskörpers. Die meisten Trümmer seien durch die Kollision mit Jupiter und anderen Planeten zerstört worden, lediglich die Stücke zwischen Mars und Jupiter blieben erhalten und ergäben den gegenwärtigen Asteroidengürtel.

Diese Hypothese versucht ferner die Herkunft von Kometen zu erklären, indem sie behauptet, daß die bei dem Aufprall freigesetzte Energie manche Bruckstücke Trillionen von Kilometern weit ins All geschleudert habe. Die Gravität der Sonne könnte sie dann wieder ins Solarsystem gezogen und dabei die weiträumigen Umlaufbahnen dieser rätselhaften kosmischen Kuriere geschaffen haben. Nachdem die Gravitationsgesetze auf Kometen angewandt wurden, fand man heraus, daß alle Kometen von einem gemeinsamen Punkt zwischen Mars und Jupiter ca. vier Millionen Jahre vor unserer Zeit stammen könnten.[67]

Es kommt auch häufig zu Zusammenstößen mit unserem Planeten, denn die Asteroiden sind mit der wichtigste Ausgangspunkt für die 500 Meteoriten, die jährlich auf die Erde fallen. Durch die Reibung in der Atmosphäre erhitzt, werden sie zu leuchtenden Feuerbällen, den sogenannten »Sternschnuppen«. Die mineralogische und chemische Untersuchung dieser kosmischen »Eindringlinge« erbringt reichhaltige Informationen über die Asteroiden.

Gelegentlich zerschellt ein immenser Brocken, der etliche tausend Tonnen wiegt, und setzt die Energie von mehreren Wasserstoffbomben frei. So ein Asteroid soll in Urzeiten mit der Erde kollidiert sein, und dieser Meteoriteneinschlag soll Abermillionen Staubteilchen in die Stratosphäre freigesetzt sowie die Sonne für mehrere Jahre verdunkelt haben. Zu den Auswirkungen der Katastrophe gehörte die Vernichtung von Land- und Meerespflanzen, die Unterbrechung von Nahrungsketten und das anschließend nicht zu verhindernde Aussterben bestimmter Lebensformen.[68]

Das Rätsel der Asteroiden — »Was sind diese winzigen Himmelskörper und wo kommen sie her?« — bleibt nach wie vor eines der größten astronomischen Geheimnisse. Die Entwirrung des Knotens, um eine Antwort auf diese und ähnliche Fragestellungen zu erlangen, verspricht uns ein größeres Verständnis über die Geburt unseres Sonnensystems.

Kapitel 14

Nachwort

Die Asteroiden oder Kleinplaneten sind keineswegs geringfügig hinsichtlich ihrer astrologischen Aussagekraft. Überwiegend zwischen den Umlaufbahnen von Mars und Jupiter lokalisiert, schlagen sie die Brücke von den persönlichen zu den kollektiven Planeten. Sie symbolisieren die Mittel, durch die ein Geborener die Schwingungen der Planeten der unteren Oktave, welche die individuellen Persönlichkeitsanteile verdeutlicht, mit den Energien der ihnen entsprechenden höheren Oktave in Verbindung setzt und anhebt. Auf diese Weise können die Individuen auf höherfrequente kosmische Kräfte reagieren.

Das Auftauchen der Asteroiden deckt sich ferner mit dem Erwachen neuer Bewußtseinszentren. Die ersten vier gesichteten Kleinplaneten wurden nach großen antiken Gottheiten benannt und repräsentieren eine Wiederentdeckung und erneute Stärkung des weiblichen Prinzips in der kollektiven Psyche. Da sich die Schwingungsrate des femininen Pols im Energiefeld der substantiellen Welt verdichtet hat, wirkt sich ein neues Rollenverständnis und eine neue Aufgabenverteilung der Geschlechter auf Mann, Frau und Gesellschaft in gleicher Weise aus.

In dem Maße wie die unterbewußten Bilder über die Weiblichkeit unterdrückt oder durch kulturelle Bedingungen verzerrt wurden, hat sich die in diesen Entstellungen enthaltene Energie auf zerstörerische sinnlose Weise manifestiert. Die Erfahrung der eigenen weiblichen Qualitäten und die Art, wie diese von anderen wahrgenommen werden, hat bei beiden Geschlechtern zu erheblichen Mißverständnissen und Leiden geführt. Da diese Zentren gegenwärtig aktiviert werden, ergießt sich ihr giftiger Gehalt in das Bewußtsein der Individuen, wo er Verwirrung und Chaos in ihrem Leben verursacht. Der Wandlungsprozeß erleichtert nun die Reinigung dieser Blockierungen, so daß sich die regenerierten und erhellten inneren Bilder auf gesunde und harmonische Weise zeigen können.

Traditionell galt Pluto als die Entsprechung für den Transformationsprozeß. Auf feinstofflicher Ebene war der weibliche Aspekt dieses Vorgangs in den ab– und zunehmenden Mondphasen enthalten. Nun wurden die Asteroiden mit in die Betrachtung aufgenommen, und somit haben sich Reichweite und Kraft der weiblichen Seite dieses metamorphischen Prinzips ausgedehnt. Außerdem symbolisieren sowohl die männlichen als auch die weiblichen Asteroiden (die kleineren eingeschlossen) die jetzt vorhandenen Chancen und Methoden zur Verwandlung, Regeneration und Entwicklung des Individuums.

In der Evolution des menschlichen Bewußtseins erscheint die Bedeutung der Asteroiden auf verschiedenen Stufen. Auf der physiologischen Ebene korrespondieren sie mit der Aktivierung neuer Gehirnzellen und Nervenzentren, was zu »Quantensprüngen« des Wachstumsprozesses führt. Auf der psychologischen Ebene manifestieren sich die Asteroiden als Erscheinung früheren Potentials oder schlummernder (manchmal aber auch verzerrter oder unterdrückter) Gesichtspunkte der Persönlichkeit. Der Großteil dieser Betätigung wird denjenigen psychischen Funktionen gewidmet, welche die in der Mythologie dieser Gottheiten verkörperten Archetypen symbolisieren. Auf der spirituellen Ebene schließlich entsprechen die Asteroiden den katalytischen Kräften, welche die Individuen transformieren und sie dazu befähigen, die wesensmäßige Verbindung und Einheit aller Lebensformen wahrzunehmen.

Die im Symbolismus der Asteroiden enthaltenen Kernpunkte deuten auf die verwandelnden Pfade zwischen persönlichem und universellem Bewußtsein. Wenn Männer und Frauen sich überwinden — d.h. die alten Bilder und Einstellungen bereinigen, welche die Begegnung der Geschlechter beherrschen — dann können sie die widerstreitenden Polaritäten erneut ins

Gleichgewicht bringen und integrieren. Die Illusion der Dualität bringt eine künstliche Trennung zwischen Objekt und Subjekt, Ich und Du oder männlich und weiblich hervor. Eine Reaktion auf die in der Symbolik der Asteroiden enthaltenen Möglichkeiten kann den Menschen zu einem ganzheitlicheren Bewußtsein aller empfindungsfähigen Wesen führen.

Nehmen wir diese neuen Ideen und wenden wir sie an, indem wir die Asteroiden in unser eigenes Horoskopbild einbeziehen. Während dieses Prozesses sollte man zu der Erkenntnis gelangen, daß sich die Asteroiden ähnlich wie die anderen astrologischen Archetypen auf ganz unterschiedlichen Ebenen manifestieren. Folglich sind die Deutungsbeispiele in diesem Buch lediglich Anregungen, und im täglichen Leben ergeben sich höchstwahrscheinlich noch zahlreiche andere Variationen. Nichtsdestoweniger kann man durch ein Verweben der genannten Schlüsselbegriffe zu den Asteroiden mit dem bereits vorhandenen astrologischen Grundwissen sein astrologisches Verständnis und Deutungsvermögen verfeinern und vertiefen.

Danksagung

Von den zahlreichen Menschen, die mir bei der Erarbeitung dieses Buches hilfreich zur Seite standen, geht mein allerherzlichster Dank an meinen Herausgeber und Mitautor Douglas Bloch, dessen Aufopferungsbereitschaft und Sachkenntnis dieses Buch erst zur Realität werden ließen. Weitere nennenswerte Mitarbeiter sind Polly Mitchell, Beth–Hedva, Maritha Pottenger und Tom Bol Guta, der das Mandala Konzept beisteuerte. Mein Dank für die finanzielle Unterstützung geht an Carolyn Cavalier und Sam Mills.

Der herrliche Blick auf die Küste Oregons hat mich bei der Konzeption und beim Schreiben dieses Buches ständig inspiriert.

Dharma Dan bekam eine Vision.

Seelische Unterstützung erhielt ich von meinen Eltern John und Jean Canner, meinen Kindern Daniel und Reina Frankfort, Jim Frankfort und Michelle Frankfort, Charlie Tabasco, Susan Swift, Robert Rubin, Joan Cypress, Aaron Greenberg, Signe Haynes, Bill Bisignano, Christiane Carruth, Dennis Cionroy, Yeshe Nyingpo und dem Newport Shanga, Papa John und A.B.A.T.E.

Meine Wertschätzung möchte ich Christa Bax für die wohlwollende Überlassung ihrer Wohnung und Dennis Riordin für die Benützung seines Computers entgegenbringen.

Mein Dank geht ferner an die Astrologen, vor allem an Eleanor Bach, weil sie mich auf die Reise brachte. Meine Kolleginnen Judy Franzen, Tsering Everest, Stash, Diana Stone, Yana Breeze, Mary Works und Babette Cabral gaben mir Rückhalt und ermutigten mich. Meine astrologischen Lehrer und Lehrerinnen Dane Rudhyar, Alan Oken, Virginia Dayan, Joanne Wickenburg und Zipporah Dobyns ließen mir ihrer Inspiration zuteil werden.

Unzählige produktive Stunden verbrachte ich im Archiv zur Erforschung des Archetypischen Symbolismus am C. G. Jung Institute in San Francisco.

Schließlich möchte ich noch meinem spirituellen Lehrer Lama Chagdud Tulku Rinpoche danken.

Demetra George
9. November 1984
Waldport, Oregon

In erster Linie möchte ich Richard, meinem astrologischen Lehrer, danken, der mich vor 13 Jahren mit der Astrologie vertraut machte.

Außerdem bin ich Demetra zu großem Dank verpflictet, die Bloch, mich um meine Mitarbeit an dieser Pionierarbeit bat.

Schließlich geht mein besonderer Dank an meine Frau Joan für ihre Hingabe und Unterstützung, die ich während der Arbeit an das diesem Buch geheiratet habe.

Douglas Bloch
Portland, Oregon

Anmerkungen

1 Eleanor Bach: »Preface«. In: Zipporah Dobyns et al. *The Asteroid Ephemeris 1883–1999.* (Los Angeles: TIA Publications 1977) p. 3

2 C. G. Jung *Gesammelte Werke Bd. 7,1* (Olten: Walter Verlag) p. 83

3 Alexander Ruperti *Kosmische Zyklen – Planetarische Muster des Wachstums* (Hamburg: Hier und Jetzt, 1990) p. 22

4 C. G. Jung »Über Mandalasymbolik« in: *GW 9,i* (Olten: Walter) p. 377

5 Esther Harding *Frauen–Mysterien – Einst und Jetzt.* (Zürich: Rascher Verlag, 1949) p. 95

6 Mehr zu dieser Vorstellung der Jungfräulichkeit findet sich in Ester Hardings Buch *Frauen–Mysterien,* vor allem in dem Kapitel »Die Jungfrau– Göttin«.

7 Christine Downing *The Goddess: Mythological Images of the Feminine* (New York: Crossroad Publishing Co., 1981) p. 190

8 E. O. James *The Cult of the Mother Goddess — An Archeological and Documentary Study.* (New York: Frederick A. Praeger Inc., 1959) p. 147

9 C. G. Jung »Über Mandalasymbolik« *GW 9,i* (Olten: Walter Verlag) p. 377

10 Homer »An Demeter« in: *Die Homerischen Götterhymnen,* verdeutscht von Thassilo von Scheffer, (Leipzig: Dieterich'sche Verlagsbuchhandlung, 1948) p. 50

11 Jane E. Harrison *The Religion of Ancient Greece* (London: Archibald Constable and Co., 1905) p.51

12 Karl Kerényi *Die Mythologie der Griechen, Bd. 1 Die Götter– und Menschheitsgeschichten* (München: dtv, 1988[11]) p. 190

13 Karl Kernéyi *Die Mysterien von Eleusis* (Zürich: Rhein–Verlag, 1962) p.31

14 Joseph Campbell *The Masks of the Gods: Occidental Mythology* (New York: Penguin, 1981) p.50

15 Nor Hall *The Moon and The Virgin* (New York: Harper and Row, 1980) p.23

16 Karl Kerényi. »Kore.« In Jung/Kerényi *Einführung in das Wesen der Mythologie* (Amsterdam/Leipzig: Pantheon Akademische Verlagsanstalt, 1941) p. 175

17 Carl G. Jung, »Zum Psychologischen Aspekt der Korefigur« in: *GW 9,i* (Olten: Walter) p. 205

18 Nancy Friday *My Mother My Self* (New York: Dell Publishing Co., 1977)

19 Anthony M. Joseph »Zodiacal Virgo and the Ceres Complex« in: *Geocosmic Research Monographs* (No. 2, 1981) p.17

20 Erich Neumann *Die Grosse Mutter: Der Archetyp des Großen Weiblichen* (Zürich, Rhein Verlag, 1956) p.44ff.

21 Homer »An Athene« in: *Die Homerischen Götterhymnen* p.79

22 H. J. Rose *A Handbook of Greek Mythology* (New York: E. P. Dutton & Co., 1959) p.108

23 Robert Ranke-Graves *Die Weiße Göttin: Sprache des Mythos* (Berlin: Medusa Verlag, 1981) p.272

24 Joseph Campbell *The Masks of the Gods* p. 149

25 Karl Kernéyi *Die Mythologie der Griechen* p.98

26 Robert Ranke-Graves Griechische Mythologie: Quellen und Deutung. (Reinbek: Rowohlt Taschenbuch, 1960) p.87

27 Karl Kerényi *Die Mythologie der Griechen Bd. 1*, p.97

28 Robert Ranke-Graves *Griechische Mythologie* p. 36

29 Robert Ranke-Graves *Griechische Mythologie*, p. 16

30 Joseph Campell *The Masks of God*, p. 152

31 Aischylos *Die Versöhnung (Eumeniden)* (Berlin: Weidmannsche Buchhandlung 1900) p.76

32 Aischylos p.76

33 Aischylos p.79

34 Murray Stein »Translator's Afterthoughts« in: *Athene* von Karl Kerényi (Spring Publications, 1978), p. 77

35 Linda S. Leonhard *The Wounded Woman* (Colorado: Shambala Press, 1982)

36 Christine Downing *The Goddess: Mythological Images of the Feminine* (New York: The Crossroad Publishing Co., 1981) p. 103

37 Homer »An Aphrodite« in: *Die Homerischen Götterhymnen*, p. 40f.

38 William K. Hartman, »Vesta, a World of its Own« in: *Astronomy*, vol.77, no. 2 (Februar 1983)

39 Erich Neumann, *Die Grosse Mutter: Der Archetyp des großen Weiblichen*, (Zürich: Rhein Verlag, 1956) p. 270

40 Barbara Koltuv »Hestia/Vesta« in: *Quadrant 10* (Winter 1977) p. 57

41 Esther Harding *Frauen–Mysterien* besonders das Kapitel »Priester und Priesterinnen des Mondes« p.168 ff

42 Esther Harding *Frauen–Mysterien* p. 180

43 Robert Ranke–Graves *Die Weiße Göttin*, p. 427

44 Robert Ranke–Graves *Griechische Mythologie*, p. 18

45 Esther Harding *Frauen–Mysterien* p. 180

46 Ovid (Publius Ovidius Naso). *Die Fasten* Hrsg. von Franz Bömer (Heidelberg: Carl Winter Universitätsverlag, 1957) p. 271f.

47 Barbara Kirksey »Hestia: A Background of Psychological Focusing,« in: James Hillman (Ed.) *Facing the Gods* (Texas: Spring Publications, 1980) p.105

48 Homer »An Hera« in: *Die Homerischen Götterhymnen* p.71

49 Robert Ranke–Graves *Griechische Mythologie* p. 43

50 Homer. *Ilias*. (Basel: Birkhäuser Verlag, 1946) p. 237

51 Karl Kerényi *Die Mythologie der Griechen Bd. 1*, p. 126

52 Karl Kerényi *Die Mythologie der Griechen Bd. 1* p.121

53 Karl Kerényi *Die Mythologie der Griechen Bd. 1* p. 124

54 Sir James George Frazer. *Der Goldene Zweig: Das Geheimnis von Glauben und Sitten der Völker*. (Leipzig: C. L. Hirschfeld Verlag, 1928) p. 21.

55 Karl Kerényi *Die Mythologie der Griechen Bd 1* p.79

56 Orpheus *Altgriechische Mysteriengesänge*. (Jena: Eugen Diederichs, 1928) p.26

57 Robert Ranke–Graves *Griechische Mythologie* p.13

58 Jane E. Harrison *Epilegomena to the Study of Greek Religion and Themis* (New York: University Books, 1966) p.226

59 Robert Ranke–Graves *Griechische Mythologie* p.42

60 Jane E. Harrison *Mythology* (Massachusetts: Marshall Jones Company, 1924) p.95

61 Murray Stein »Hera, Bound and Unbound« in: *Spring* (1977) p.111

62 Christine Downing *The Goddess: Mythological Images of the Feminine* (New York: The Crossroad Publishing, 1981) p. 95

63 Stein »Hera: Bound and Unbound« in: *Spring* (1977) p. 108

64 Maurice Hill *The Poems of Sappho* (New York: Philosophical Library, 1954) p.37

65 Paul Frederick *The Meaning of Aphrodite* (Chicago: University Press, 1978) p. 128

66 Dr. David Morrison. »Asteroids.« in: *Astronomy* Vol.4 no.6 (Juni 1976) p. 15

67 Thomas van Flanderen »Exploding Planets.« *Science Digest* (April 1982).

68 Richard A. Kerr »Asteroid Theory of Extinctions Strengthened« in: *Science* vol. 210. no. 4469 (October 31, 1980)

Anhang

1. Ceres in Horoskopen

1.1 Aspekte

Ceres/Sonne–Aspekte.

Neil Armstrong (Konjunktion im Löwen), **Clara Barton** (Konjunktion im Steinbock), **Helena P. Blavatsky** (Ceres und Uranus Opposition Löwe–Sonne), **Napoleon Bonaparte** (Löwe–Ceres in Konjunktion zu Sonne und Pallas), **Richard Burton** (Löwe–Ceres Quadrat Skorpion–Sonne), **Kit Carson** (Stier–Ceres Trigon Steinbock–Sonne), **Charlie Chaplin** (Krebs–Ceres Quadrat Widder–Sonne), **Zipporah Dobyns** (Konjunktion in der Jungfrau), **Werner Erhard** (Konjunktion in der Jungfrau), **F. Scott Fitzgerald** (Fische–Ceres Opposition Waage–Sonne), **Indira Gandhi** (Konjunktion im Skorpion), **André Gide** (Stier–Ceres Opposition Skorpion–Sonne), **Ken Kesey** (Konjunktion in der Jungfrau), **Rudolf Nurejew** (Widder–Ceres Konjunktion Fische–Sonne), **Prinzessin Margaret** (Konjunktion im Löwen), **Yoko Ono** (Fische–Ceres Konjunktion Wassermann–Sonne), **Fritz Perls** (Krebs–Ceres Konjunktion Sonne und Vesta), **Pierre–Auguste Rodin** (Konjunktion in den Fischen), **Dante Gabriel Rosetti** (Konjunktion im Stier), **Percey B. Shelley** (Löwe–Ceres Konjunktion Sonne und Uranus), **Sally Struthers** (Stier–Ceres Quadrat Löwe–Sonne), **Noel Tyl** (Ceres und Sonne Opposition Krebs–Vesta), **Vincent van Gogh** (Steinbock–Ceres Quadrat Widder–Sonne), **Königin Victoria** (Zwillinge–Ceres Konjunktion Sonne, Mond und Azendent) **Virginia Woolf** (Konjunktion im Wassermann).

Ceres/Mond–Aspekte

Hans Christian Andersen (Konjunktion Stier), **Johann Sebastian Bach** (Widder–Ceres Opposition Waage–Mond), **Lucille Ball** (Krebs–Ceres Opposition Steinbock–Mond), **Clara Barton** (Konjunktion Stier), **Ludwig van Beethoven** (Schütze–Ceres Konjunktion Mond, Pallas, Sonne und Merkur), **Luther Burbank** (Steinbock–Ceres Trigon Jungfrau–Mond), **Heilige Franziska Cabrini** (Widder–Ceres Opposition Waage Mond), **Buffalo Bill Cody** (Konjunktion in den Fischen), **Colette** (Konjunktion Wassermann), **Aleister Crowley** (Jungfrau–Ceres Opposition Fische–Mond), **Leonardo da Vinci** (Löwe–Ceres Opposition Mond und Jupiter), **Adelle Davis** (Schütze–Ceres Opposition Mond und Pluto), **Charles Dickens** (Konjunktion im Schützen), **Königin Elizabeth II.** (Konjunktion im Löwen), **Jane Fonda** (Wassermann–Ceres Opposition Löwe–Mond), **Sigmund Freud** (Konjunktion in den Zwillingen), **Françoise Gauquelin** (Stier–Ceres Opposition Skorpion–Mond), **Kahil Gibran** (Fische–Ceres Quadrat Schütze–Mond), **Patty Hearst** (Konjunktion in der Waage), **Alfred Hitchcock** (Skorpion–Ceres Konjunktion Mond und Jupiter), **Michael Jackson** (Jungfrau–Ceres in Opposition zu Mond in den Fischen), **Martin Luther King** (Konjunktion in den Fischen), **John F. Kennedy** (Konjunktion in der Jungfrau), **Linda Ronstadt** (Konjunktion im Wassermann), **Gloria Steinem** (Stier–Ceres Quadrat Löwe–Mond).

Ceres/Merkur-Aspekte

John Lennon (Konjunktion im Skorpion), **Emily Dickenson** (Schütze-Ceres Konjunktion Merkur und Sonne), **Zelda Fitzgerald** (Wassermann-Ceres Opposition Löwe-Merkur), **Adolf Eichmann** (Konjunktion im Widder), **George Gershwin** (Konjunktion in der Jungfrau), **Johanna von Orleans** (Konjunktion im Steinbock), **Rudolf Nurejew** (Widder-Ceres Konjunktion Merkur, Venus und Saturn), **Sri Meher Baba** (Ceres und Vesta in Opposition zum Fische-Merkur), **Dr. Joyce Brothers** (Fische-Ceres Trigon Skorpion-Merkur), **Vanessa Redgrave** (Konjunktion im Steinbock), **Bette Midler** (Schütze-Ceres Konjunktion Merkur und Vesta), **Sylvia Kars** (Widder-Ceres Opposition Waage-Merkur), **Xaviera Hollander** (Stier-Ceres in Konjunktion zu Merkur und Uranus in den Zwillingen), **Geraldine Ferraro** (Jungfrau-Ceres Konjunktion Merkur und Neptun)

Ceres/Venus-Aspekte

Maria Montessori (Konjunktion im Löwen), **Isadora Duncan** (Konjunktion im Widder), **Christiaan Barnard** (Konjunktion im Schützen), **Barbara Streisand** (Konjunktion in den Fischen), **Sirimavo Bandaranaike** (Konjunktion in den Zwillingen), **Ellen Yoakum** (Konjunktion in der Jungfrau), **Julia Child** (Konjunktion in der Jungfrau), **Victoria Woodhull** (Konjunktion in der Jungfrau), **Carrie Nation** (Stier-Ceres Opposition Skorpion-Venus), **Taylor Caldwell** (Wassermann-Ceres Opposition Krebs-Venus), **Sylvia Porter** (Skorpion-Ceres Opposition Stier-Venus), **Prinzessin Caroline** (Widder-Ceres im Quadrat zur Steinbock-Venus), **Marlon Brando** (Fische-Ceres Sextil Stier-Venus),

Ceres/Mars-Aspekte

Joan Baez (Konjunktion im Schützen), **Florence Nightingale** (Konjunktion im Löwen), **Barbara Walters** (Konjunktion im Skorpion), **Elton John** (Konjunktion in den Fischen), **Moshe Dayan** (Konjunktion im Widder), **Marquis de Sade** (Konjunktion im Widder), **Orson Wells** (Konjunktion im Widder), **Jane Fonda** (Wassermann-Ceres Konjunktion Fische-Mars), **Anwar Sadat** (Steinbock-Ceres Konjunktion Wassermann-Mars), **Hugh Hefner** (Löwe-Ceres Opposition Wassermann-Mars), **Cher** (Wasssermann-Ceres Opposition Mars und Pluto), **Rudolf Valentino** (Steinbock-Ceres Opposition Krebs-Mars), **Dag Hammerskjold** (Fische-Ceres Trigon Skorpion-Mars), **Aleister Crowley** (Jungfrau-Ceres Trigon Steinbock-Mars), **Sir Winston Churchill** (Krebs-Ceres Quadrat Waage-Mars).

Ceres/Pallas-Aspekte

Simon Bolivar (Konjunktion im Löwen), **Charles Dickens** (Konjunktion im Schützen), **Mary Baker Eddy** (Konjunktion im Skorpion), **Robert Browning** (Konjunktion im Schützen), **Nathan Hale** (Konjunktion im Krebs), **Friedrich Nietzsche** (Konjunktion im Schützen), **Victoria Woodhull** (Konjunktion in der Jungfrau), **Harriet Beecher Stowe** (Konjunktion in der Jungfrau), **Daniel Boone** (Konjunktion im Skorpion), **Earl Warren** (Wassermann–Ceres Konjunktion Pallas und Juno), **Heilige Theresia von Avila** (Stier–Ceres Konjunktion Pallas und Merkur), **William Blake** (Steinbock–Ceres Konjunktion Pallas und Venus), **Paul Cezanne** (Waage–Ceres Konjunktion Pallas und Jupiter), **Isaac Newton** (Wassermann–Ceres Konjunktion Pallas und Juno), **Florence Nightingale** (Löwe–Ceres Konjunktion Pallas und Mars), **Mary Shelley** (Jungfrau–Ceres Konjunktion Pallas, Merkur und Juno), **Mary Stuart** (Ceres/Pallas–Konjunktion im Stier in Opposition zum Skorpion–Uranus), **Mark Twain** (Ceres/Pallas–Konjunktion im Steinbock Opposition Krebs–Jupiter)

Ceres/Vesta–Aspekte

Pearl S. Buck (Konjunktion im Stier), **Paramahansa Yogananda** (Konjunktion im Stier), **Francisco Franco** (Konjunktion im Stier), **Prinzessin Diana** (Konjunktion im Stier), **Henry Winkler** (Konjunktion im Schützen), **Mao Tse Tung** (Konjunktion in der Jungfrau), **Charles Atlas** (Konjunktion in der Jungfrau), **Sri Meher Baba** (Konjunktion in der Jungfrau), **Herzog von Windsor** (Ceres/Vesta–Konjunktion in der Jungfrau Trigon Venus), **Walter Mondale** (Ceres/Vesta–Konjunktion im Steinbock Opposition Pluto), **Geraldine Ferraro** (Jungfrau–Ceres Opposition Fische–Vesta), **Karl Marx** (Widder–Ceres in Opposition zur Waage–Vesta), **Paul Gauguin** (Jungfrau–Ceres Opposition Saturn und Vesta), **Henry David Thoreau** (Ceres im Steinbock Opposition Vesta), **Emma Goldmann** (Stier–Ceres Konjunktion Jupiter und Pluto Opposition Vesta), **John Calvin** (Fische–Ceres Opposition Vesta und Juno), **Shirley MacLaine** (Stier–Ceres Trigon Vesta)

Ceres/Juno–Aspekte

D. H. Lawrence (Konjunktion im Skorpion), **Jefferson Davis** (Konjunktion im Wassermann), **Coco Chanel** (Konjunktion in den Zwillingen), **Helen Keller** (Konjunktion in der Jungfrau), **Edna Faber** (Konjunktion in der Waage), **Earl Warren** (Konjunktion im Wassermann), **Henry Miller** (Konjunktion in den Fischen), **Charles de Gaulle** (Konjunktion im Schützen), **Agathe Christie** (Ceres/Juno–Konjunktion im Schützen Opposition Neptun und Pluto), **Königin Victoria** (Zwillinge–Ceres Quadrat Jungfrau–Juno), **Marianne Alireza** (Skorpion–Ceres Trigon Juno und Uranus in den Fischen), **Ronald Reagan** (Widder–Ceres Opposition Juno), **Frank Sinatra** (Stier–Ceres Opposition Juno), **Betty Friedan** (Zwillinge–Ceres Opposition Juno), **Elizabeth Taylor** (Steinbock–Ceres Opposition Juno und Pluto im Krebs), **Grace Kelley** (Zwillinge–Ceres Opposition Juno), **Edith Piaf** (Stier–Ceres Opposition Juno), **Shirley Temple Black** (Fische–Ceres Opposition Juno), **Louisa May Alcott** (Stier–Ceres Opposition Juno), **Richard Alpert (Baba Ram Das)** (Waage–Ceres Opposition Juno), **Elisabeth Kübler–Ross** (Jungfrau–Ceres Opposition Juno), **Anne Frank** (Stier–Ceres Opposition Juno), **Edward Kennedy** (Steinbock–Ceres Opposition Juno)

Ceres/Jupiter–Aspekte

Katharine Hepburn (Konjunktion im Krebs), **Edna St.Vincent Millay** (Konjunktion in den Fischen), **Henry Miller** (Konjunktion in den Fischen), **Ernest Hemingway** (Konjunktion im Skorpion), **Jacqueline Kennedy Onassis** (Konjunktion in den Zwillingen), **Al Capone** (Konjunktion im Skorpion), **Grace Kelly** (Ceres/Jupiter–Konjunktion Opposition Schütze–Juno), **Rachel Carson** (Krebs–Ceres Konjunktion Jupiter und Neptun), **Emma Goldman** (Stier–Ceres Konjunktion Jupiter und Pluto), **Sri Meher Baba** (Jungfrau–Ceres Trigon Stier–Jupiter), **Mao Tse–Tung** (Ceres und Vesta in der Jungfrau Trigon Stier–Jupiter), **Elizabeth Barrett Browning** (Ceres im Krebs Opposition Jupiter), **Emmeline Pankhurst** (Schütze–Ceres Opposition Jupiter), **Galileo** (Steinbock–Ceres Opposition Jupiter und Saturn), **Billy Graham** (Steinbock–Ceres Opposition Jupiter), **Leonardo da Vinci** (Löwe–Ceres Opposition Fische–Jupiter), **Babe Ruth** (Schütze–Ceres Opposition Jupiter), **Rudolph Valentino** (Steinbock–Ceres Opposition Jupiter und Mars), **Immanuel Velikowsky** (Steinbock–Ceres Opposition Jupiter und Merkur), **Eleonora Duse** (Schütze–Ceres Opposition Jupiter), **Jesse Jackson** (Steinbock–Ceres Opposition Jupiter), **Alan Ginsberg** (Löwe–Ceres Opposition Jupiter), **Ellen Yoakum** (Jungfrau–Ceres Opposition Jupiter)

Ceres/Saturn–Aspekte

Dr. Tom Dooley (Konjunktion im Schützen), **Fidel Castro** (Konjunktion im Schützen), **Angela Davis** (Konjunktion in den Zwillingen), **Albert Camus** (Schütze–Ceres Opposition Saturn), **Doris Chase Doane** (Schütze–Ceres Opposition Saturn), **David Ben–Gurion** (Steinbock–Ceres Opposition Saturn), **George Bush** (Widder–Ceres Opposition Saturn und Mond), **Carl G. Jung** (Löwe–Ceres Opposition Saturn), **Helen Boucher** (Waage–Ceres Opposition Saturn), **Joan Crawford** (Löwe–Ceres Opposition Saturn und Mond), **Clare Boothe Luce** (Löwe–Ceres Opposition Saturn), **Prinz Albert** (Ceres und Neptun im Schützen Quadrat zum Fische–Saturn), **Jefferson Davis** (Wassermann–Ceres Quadrat Saturn im Skorpion)

Ceres/Uranus–Aspekte

Alice Bailey (Konjunktion in der Jungfrau), **Alan Leo** (Konjunktion in den Zwillingen), **Helena P. Blavatsky** (Wassermann–Ceres Konjunktion Uranus und Jupiter), **Jane Addams** (Konjunktion in den Zwillingen), **Annie Oakley** (Konjunktion in den Zwillingen), **Jawharlal Nehru** (Waage–Ceres Konjunktion Uranus und Pallas), **Germaine Greer** (Stier–Ceres Konjunktion Uranus und Mond), **Tennesse Williams** (Wassermann–Ceres Konjunktion Uranus und Jupiter), **Robert J. Oppenheimer** (Ceres/Uranus–Kojunktion im Schützen Opposition Pluto), **Helen Keller** (Konjunktion in der Jungfrau), **Mick Jagger** (Konjunktion in den Zwillingen), **Rollo May** (Konjunktion im Steinbock), **Ralph Nader** (Konjunktion im Widder), **James Dean** (Waage–Ceres Opposition Uranus), **Frederic Chopin** (Stier–Ceres Opposition Uranus), **Marie Antoinette** (Jungfrau–Ceres Opposition Uranus), **George Sand**

(Widder–Ceres Opposition Uranus), **Kahlil Gibran** (Fische–Ceres Opposition Uranus), **George Washington** (Zwillinge–Ceres Opposition Uranus)

Ceres/Neptun–Aspekte

Marilyn Monroe (Konjunktion im Löwen), **Eva Braun** (Konjunktion im Krebs), **Prinz Albert** (Konjunktion im Schützen), **Richard Burton** (Konjunktion im Löwen), **Rachel Carson** (Konjunktion im Krebs), **Ingrid Bergman** (Konjunktion im Löwen), **Charles Dickens** (Konjunktion im Schützen), **Christine Jorgensen** (Konjunktion im Löwen), **Alan Ginsberg** (Konjunktion im Löwen), **Nancy Reagan** (Konjunktion im Löwen), **Pat Nixon** (Konjunktion im Krebs), **Ringo Starr** (Konjunktion in der Jungfrau), **Carlos Castaneda** (Konjunktion im Löwen), **Janis Joplin** (Widder–Ceres Opposition Neptun), **Annie Besant** (Löwe–Ceres Opposition Neptun), **Katharina die Große** (Schütze–Ceres Opposition Neptun), **Paul McCartney** (Fische–Ceres Opposition Neptun), **Henry Kissinger** (Wassermann–Ceres Opposition Neptun)

Ceres/Pluto–Aspekte

Timothy Leary (Konjunktion im Krebs), **Albert Einstein** (Konjunktion im Stier), **Abraham Lincoln** (Konjunktion in den Fischen), **Karl Marx** (Widder–Ceres Konjunktion Fische–Pluto), **Brigitte Bardot** (Konjunktion im Krebs), **Charles Darwin** (Konjunktion in den Fischen), **Prinz Charles** (Konjunktion im Löwen), **Willie Ley** (Konjunktion in den den Zwillingen), **Billy Joel** (Konjunktion im Löwen), **Dr. Marjorie Weinzweig** (Konjunktion im Krebs), **Amelia Earhart** (Zwillinge–Ceres Konjunktion Pluto, Mond und Venus), **Elvis Presley** (Ceres/Pluto–Konjunktion im Krebs Opposition Venus), **Marianne Alireza** (Skorpion–Ceres Trigon Krebs–Pluto), **Soraya von Iran** (Steinbock–Ceres Opposition Pluto), **Muhammad Ali (Cassius Clay)** (Wassermann–Ceres Opposition Pluto), **Salvador Dali** (Schütze–Ceres Opposition Pluto), **Pearl Bailey** (Steinbock–Ceres Opposition Pluto), **Sylvia Plath** (Steinbock–Ceres Opposition Pluto), **Vanessa Redgrave** (Steinbock–Ceres Opposition Pluto), **Uri Geller** (Wassermann–Ceres Opposition Pluto)

1.2 Ceres in den Feldern

1. Feld

George Washington, Königin Victoria (AC), Janis Joplin, James Dean, Prinzessin Caroline, Isadora Duncan (AC), Robert Browning, Reinhardt Stiehle (AC), Gertrude Stein, Sylvia Porter (AC), Heilige Theresia von Avila, George Sand, Marylin Monroe, Anita Bryant, Bob Dylan, Lois Rodden, Karl Marx, Enrico Fermi (AC), Dr. Tom Dooley, Abraham Lincoln, Earl Warren, Barbara Walters, Friedrich Nietzsche, Carol Burnett (AC), Auguste Rodin (AC), Prince Charles, Pierre Auguste Renoir

2. Feld

Amelia Earhart, Angela Davis, Alice Bailey, Patty Hearst, Alexander Graham Bell, Paul Gauguin, Hermann Hesse, F. Scott Fitzgerald, Alan Watts, Linda Ronstadt, John Dillinger, Sylvia Kars, Helen Boucher, Sissy Spacek, Emily Dickenson, Joyce Carol Oates

3. Feld

Margaret Mead, Indira Gandhi (IC), Jack Kerouac, Albert Camus, Bertrand Russel, Jimi Hendrix, Mark Twain, Ernest Hemingway, Agathe Christie, Diane von Fürstenberg, Adrienne Hirt, Shirley Temple Black

4. Feld

Germaine Greer, Mary Shelley, Debbie Reynolds, Soraya von Iran, Elizabeth Taylor, Richard Alpert (Baba Ram Das), Prinz Albert, Charles Baudelaire (IC), Uri Geller, Jean Paul Satre, Marlon Brando, Ellen Yoakum, Julia Child, Leonard Bernstein, Königin Margaret II. von Dänemark, Hans Christian Andersen, Eleonora Duse, William Butler Yeats, Neil Armstrong (IC)

5. Feld

Zipporah Dobyns, Percey B. Shelley, Warren Beatty, David Bowie, Louis Pasteur, Yoko Ono, Vivien Kellems, Judy Garland, Vanessa Redgrave, Colette

6. Feld

Gloria Steinem (DC), Prinzessin Margaret, Annie Besant, Heilige Bernadett von Lourdes, Ringo Starr, Vincent van Gogh, Edgar Cayce, Zsa Zsa Gabor, Kahlil Gibran, Billy Jean King, Helen Frankenthaler, Pat Nixon, Dr. Marjorie Weinzweig, Minette Lenier, Edith Piaf, Coco Chanel

7. Feld

Betty Friedan (DC), Brigitte Bardot, Elisabeth Kübler–Ross, Mary Wells Lawrence, Raquel Welch, Jane Fonda, Zelda Fitzgerald (DC), Pierre Teilhard de Chardin, William Blake, Alice Cooper, Königin Elizabeth II., Jack Nicholson, Hedda Hopper, Herzog von Windsor, Hugh Hefner, Noel Tyl

8. Feld

Marlene Dietrich, Heilige Francesa Cabrini, Pearl S. Buck, Sally Struthers, Louisa May Alcott, Grace Kelly, Katharine Hepburn, Joan Baez, Shirley MacLaine, Helena P. Blavatsky, Sigmund Freud, Elvis Presley, Elton John, Walt Disney, André Gide, Margaret Trudeau, Lenny Bruce, Michel Gauquelin. Adlai Stevenson, Cher, Ronald D. Laing, Robert Redford

9. Feld

Anne Morrow Lindbergh, Eva Braun, Clare Boothe Luce, Katharina die Große, Albert Schweitzer, Papst Johannes Paul I., Cheiro, Henry Kissinger, Francisco Franco, Farrah Fawcett, Marc Edmund Jones, George Gershwin, Jefferson Davis, Paramahansa Yogananda, Pearl Bailey, Joan Crawford (MC), Emmeline Pankhurst (MC), Sirimavo Bandaranaike, Bette Midler, Eleanor Roosevelt

10. Feld

Elizabeth Barret Browning, Helen Keller (MC), Simone de Beauvoir, Marie Curie, Clara Barton, Alan Leo, Bobby Fischer, Mary Todd Lincoln, Judy Collins, Sir Winston Churchill, Napoleon Bonaparte, Madalyn Murray O'Hair, Doris Chase Doane, Marianne Alireza, Farah Diba Pahlavi (MC), Michael Jackson, Jean Houston, Henry Winkler, Taylor Caldwell, Jane Addams

11. Feld

Anais Nin, Edna St. Vincent Millay, Albert Einstein, Walter Mondale, Henry Miller, Florence Nightingale, Anne Frank, Edna Ferber, Gloria Allred, Mary Baker Eddy, Charles De Gaulle, Thomas Jefferson, Helen Gurley Brown, Evangeline Adams, Mick Jagger, Elizabeth Arden, Sylvia Plath, Ira Progoff, Rolla May, Orson Wells

12. Feld

Xaviera Hollander, Maria Montessori, Adelle Davis, Königin Beatrix, Martin Luther, Paul Cezanne, Edward Kennedy (AC), Adolf Eichmann, Sybil Leek (AC), Christine Jorgensen, Lucille Ball, Barbara Streisand, Françoise Gauquelin

1.3 Ceres in den Zeichen

Widder

Margaret Mead, Janis Joplin, Prinzessin Caroline von Monaco, Isadora Duncan, Heilige Francesca Cabrini, Gertrude Stein, Marlene Dietrich, Karl Marx, Bobby Fischer,

George Bush, Werner Heisenberg, Walt Disney, Adolf Eichmann. Johann Sebastian Bach, Marquis de Sade, Mary Todd Lincoln, Rudolf Nurejew, Ronald Reagan, Orson Wells, Georga Sand, Frederico Fellini, Moshe Dayan, Sylvia Kars, Ralph Nader

Stier

Gloria Steinem, Xaviera Hollander, Anne Morrow Lindbergh, Pearl S. Buck, Sally Struthers, Edith Piaf, Germaine Greer, Heilige Theresia von Avila, Louisa May Alcott, Anne Frank, Enrico Fermi, Alexander Graham Bell, Albert Einstein, Alice Cooper, Francisco Franco, Joyce Carol Oates, Hans Christian Andersen, Kit Carson, Frederic Chopin, André Gide, Harry Houdini, Mary Stuart, Carrie Nation, Dante Gabriel Rossetti, Shirley MacLaine, Frank Sinatra, Emma Goldman, Prinzessin Diana, Farah Diba Pahlavi, Françoise Gauquelin, Paramahansa Yogananda

Zwillinge

Amelia Earhart, Grace Kelly, Angela Davis, Betty Friedan, Königin Victoria, Coco Chanel, Sigmund Freud, Alan Leo, William Butler Yeats, Jane Addams, Queen Elizabeth I., Mohandas Gandhi, Francisco Goya, Annie Oakley, George Washington, Willie Ley, Mick Jagger, Jean Houston, Jacqueline Kennedy Onassis, Judy Collins, Sirimavo Bandaranaike

Krebs

Katharine Hepburn, Eva Braun, Elizabeth Barret Browning, Marc Edmund Jones, Elvis Presley, Albert Schweitzer, Rachel Carson, Charles Chaplin, Lucille Ball, Brigitte Bardot, Sir Winston Churchill, Nathan Hale, Maxfield Parrish, Junipero Serra, Adolf Hitler, Pat Nixon, Fritz Perls, Dr. Marjorie Weinzweig, Margaret Trudeau, Timothy Leary, Billy Jean King

Löwe

Clare Boothe Luce, Marilyn Monroe, Prinzessin Margaret von England, Anais Nin, Maria Montessori, Annie Besant, Martin Luther, Percey B. Shelley, Lenny Bruce, Prinz Charles von England, Richard Burton, Neil Armstrong, Ingrid Bergmann, Hugh Hefner, Simon Bolivar, Leonardo da Vinci, Queen Elizabeth II., Jesse James, Carl G. Jung, Napoleon Bonaparte, Florence Nightingale, Christine Jorgensen, Alan Ginsberg, Nancy Reagan, Billy Joel, Joan Crawford, Ira Progoff, Carlos Castaneda

Jungfrau

Anita Bryant, Elisabeth Kübler-Ross, Zipporah Dobyns, Alice Bailey, Helen Keller, Mary Shelley, Königin Margaret II. von Dänemark, Ringo Starr, Paul Gauguin, John

Dillinger, Mao Tse–Tung, George Gershwin, Aleister Crowley, Marie Antoinette, Charles Atlas, Victoria Woodhull, Sri Meher Baba, Werner Erhard, Michael Jackson, Harriet Beecher Stowe, John F. Kennedy, Julia Child, Ellen Yoakum, Eleanor Roosevelt, Geraldine Ferraro

Waage

Raquel Welch, Simone de Beauvoir, Patty Hearst, Helen Boucher, Richard Alpert (Baba Ram Das), Papst Johannes Paul I., Paul Cezanne, Cheiro, Edne Ferber, Andy Warhol, Minette Lenier, Judy Garland, Hedda Hopper, Jawaharlal Nehru

Skorpion

Indira Gandhi, Sybil Leek, Heilige Bernardette von Lourdes, Marianne Alireza, Jack Kerouac, John Lennon, Al Capone, D. H. Lawrence, Ernest Hemingway, Alfred Hitchcock, Mary Baker Eddy, Barbara Walters, Helen Gurley Brown, Sylvia Porter, Sissy Spacek, Robert Redford, Benjamin Franklin

Schütze

Doris Chase Doane, Joan Baez, Adelle Davis, Katharina die Große, Marie Curie, Emily Dickenson, Albert Camus, Dr. Tom Dooley, Prinz Albert von England, Charles Beaudelaire, Pierre Teilhard de Chardin, Christiaan Barnard, Leonard Bernstein, Salvador Dali, Gloria Allred, Charles de Gaulle, Ludwig van Beethoven, Ronald D. Laing, Robert Browning, Charles Dickens, Friedrich Nietzsche, Nostradamus, Pablo Picasso, Fidel Castro, Babe Ruth, Robert Graves, Robert J. Oppenheimer, Eleonaora Duse, Henry Winkler, Bette Midler, Emmeline Pankhurst, Agathe Christie

Steinbock

Debbie Reynolds, Soraya von Iran, Elizabeth Taylor, Clara Barton, Pearl Bailey, Bob Dylan, Walter Mondale, William Blake, Galileo Galilei, Auguste Rodin, Bertrand Russel, Vincent van Gogh, Edward Kennedy, Auguste Rodin, Bertrand Russel, Vincent van Gogh, Billy Graham, Luther Burbank, Thomas Jefferson, Johanna von Orleans, Henry David Thoreau, Mark Twain, Rudolph Valentino, Immanuel Velikowsky, Jesse Jackson, Anwar Sadat, Paul Simon, Noel Tyl, Adlai Stevenson, Vanessa Redgrave, Sylvia Plath, Evangeline Adams

Wassermann

Zelda Fitzgerald, Jane Fonda, Helena P. Blavatsky, Taylor Caldwell, Warren Beatty, David Bowie, Uri Geller, Earl Warren, Louis Armstron, Hermann Hesse, Muhammad Ali (Cassius Clay), Edgar Cayce, Jefferson Davis, Isaac Newton, Virginia Woolf, Shelley Winters, Tennesse Williams, Colette, Jack Nicholson, Elizabeth Arden, Cher, Linda Ronstadt, Maria Callas, Henry Kissinger

Fische

Lois Rodden, Yoko Ono, Edna St.Vincent Millay, Königin Beatrix, Farrah Fawcett, Marlon Brando, F. Scott Fitzgerald, Jimi Hendrix, Elton John, Henry Miller, Jean–Paul Satre, Alan Watts, Abraham Lincoln, Louis Pasteur, Zsa Zsa Gabor, Clark Gable, Dag Hamerskjold, Martin Luther King, Kahil Gibran, Howard Hughes, John Calvin, Buffalo Bill Cody, Charles Darwin, Edgar Alan Poe, Pierre–Auguste Renoir, Barbara Streisand, Vivien Kellems, Michel Gauquelin, Shirley Temple Black, Madalyn Murray O'Hair, Mary Wells Lawrence, Marcia Moore, Margot Fonteyn, Helen Frankenthaler, Carol Burnett

2. Pallas

2.1. Aspekte

Pallas/Sonne–Aspekte

John Lennon (Konjunktion in der Waage), **Bob Dylan** (Schütze–Pallas Opposition Sonne), **Clara Barton** (Steinbock–Ceres Konjunktion Sonne und Uranus), **Amelia Earhart** (Stier–Pallas Quadrat Löwe–Sonne), **Emily Dickinson** (Schütze–Pallas Konjunktion Sonne und Venus), **Rachel Carson** (Pallas/Sonne Konjunktion in den Zwillingen Opposition Mond), **Clark Gable** (Wassermann–Pallas Konjunktion Sonne und Merkur), **Mao Tse–tung** (Jungfrau–Pallas Trigon Steinbock–Sonne), **Walt Disney** (Fische–Pallas Quadrat Schütze–Sonne), **Hans Christian Andersen** (Widder–Pallas in Konjunktion zu Sonne und Vesta), **Johann Sebastian Bach** (Fische–Pallas Konjunktion Widder–Sonne), **Abraham Lincoln** (Konjunktion im Wassermann), **George Harrison** (Konjunktion in den Fischen), **Buffalo Bill Cody** (Konjunktion in den Fischen), **Bobby Fischer** (Konjunktion in den Fischen), **Paul McCartney** (Wassermann–Pallas Trigon Zwillinge–Sonne), **Königin Beatrix** (Konjunktion im Wassermann), **Farrah Fawcett** (Konjunktion im Wassermann), **Immanuel Velikovsky** (Schütze–Pallas Opposition Sonne), **Nancy Reagan** (Krebs–Pallas Konjunktion Sonne, Merkur und Mars), **Mary Baker Eddy** (Skorpion–Pallas Trigon Krebs–Sonne), **Carl G. Jung** (Löwe–Pallas Konjunktion Sonne, Juno und Vesta), **Napoleon Bonaparte** (Löwe–Pallas Konjunktion Sonne und Ceres), **Julia Child** (Konjunktion im Löwe), **Patty Hearst** (Löwe–Pallas Opposition Fische–Sonne), **Timothy Leary** (Widder–Pallas Opposition Sonne), **Colette** (Konjunktion im Wassermann), **Geraldine Ferraro** (Löwe–Pallas Konjunktion Jungfrau–Sonne), **Henry David Thoreau** (Steinbock–Pallas in Opposition zur Sonne), **Charles Darwin** (Konjunktion im Wassermann), **Emma Goldman** (Widder–Pallas im Quadrat zur Krebs–Sonne), **Leonard Bernstein** (Schütze–Pallas Quadrat Sonne und Aszendent in der Jungfrau), **Ira Progoff** (Konjunktion im Löwen), **Christiaan Barnard** (Konjunktion im Skorpion)

Pallas/Mond–Aspekte

Alan Leo (Konjunktion im Widder), **Albert Schweitzer** (Konjunktion im Widder), **Willie Ley** (Konjunktion im Widder), **Pinzessin Margaret** (Konjunktion im Krebs), **Grace Kelly** (Konjunktion in den Fische), **Paul Gauguin** (Konjunktion in der Jungfrau), **Jean Paul Sartre** (Konjunktion im Wassermann), **Katharine Hepburn** (Konjunktion im Stier), **Adrienne Hirt** (Konjunktion in den Fischen), **Cher** (Konjunktion im Steinbock), **Friederich Nietzsche** (Konjunktion im Schützen), **D. H. Lawrence** (Waage–Pallas Konjunktion Mond und Venus), **Maxfield Parrish** (Krebs–Pallas

Konjunktion Mond und Mars), Charles Dickens (Schütze–Pallas Konjunktion Mond, Ceres und Neptun), **Katharina die Große** (Schütze–Pallas Opposition Mond und Venus), **Martin Luther** (Waage–Pallas Opposition Mond), **Simone de Beauvoir** (Jungfrau–Pallas Opposition Mond und Mars), **Al Capone** (Waage–Pallas Opposition Mond), **Frederic Chopin** (Widder–Pallas Opposition Mond), **Herzog von Windsor** (Jungfrau–Pallas Opposition Mond), **Helen Boucher** (Jungfrau–Pallas Opposition Mond), **Billy Jean King** (Widder–Pallas Opposition Mond und Neptun), **Adolf Hitler** (Krebs–Pallas Opposition Mond), **Ellen Yoakum** (Jungfrau–Pallas Quadrat Schütze–Mond)

Pallas/Merkur–Aspekte

Albert Camus (Konjunktion im Schützen), **Heilige Teresa von Avila** (Stier–Pallas Konjunktion Merkur und Ceres), **Königin Victoria** (Konjunktion im Stier), **Marie Curie** (Konjunktion im Schützen), **Chiang Kai-Tchsek** (Skorpion–Pallas Konjunktion Merkur und Sonne), **Ludwig van Beethoven** (Konjunktion im Schütze), **Shirley MacLaine** (Konjunktion im Widder), **Michael Jackson** (Konjunktion im Löwe), **Sirimavo Bandaranaike** (Stier–Pallas Konjunktion Widder–Merkur), **Walter Mondale** (Konjunktion im Steinbock), **Mary Shelley** (Jungfrau–Pallas Konjunktion Merkur, Ceres und Juno), **Clare Boothe Luce** (Krebs–Pallas Quadrat Widder–Merkur), **Carlos Castaneda** (Zwilling–Pallas Opposition Merkur)

Pallas/Venus–Aspekte

Elton John (Konjunktion im Wassermann), **Ken Kesey** (Konjunktion in der Jungfrau), **Eleanor Roosevelt** (Konjunktion in der Jungfrau), **Percy B. Shelley** (Konjunktion im Löwen), **Charles de Gaulle** (Konjunktion im Schützen), **John Dillinger** (Konjunktion im Löwen), **Alice Cooper** (Konjunktion in den Fische), **Bette Midler** (Konjunktion im Skorpion), **Virginia Woolf** (Konjunktion im Steinbock), **Yoko Ono** (Wassermann–Pallas in Konjunktion zu Venus und Saturn), **Hermann Hesse** (Steinbock–Pallas Opposition Venus), **Sri Meher Baba** (Löwe–Pallas Opposition Venus), **Rudolph Valentino** (Schütze–Pallas in Opposition zur Venus), **Zelda Fitzgerald** (Steinbock–Pallas Opposition Venus, Vesta und Mond), **Doris Chase Doane** (Skorpion–Pallas Opposition Venus), **Louis Armstrong** (Steinbock–Pallas Opposition Venus), **Ernest Hemingway** (Waage–Pallas Quadrat Krebs–Venus)

Pallas/Mars–Aspekte

Xaviera Hollander (Konjunktion im Widder), **Fransisco Franco** (Konjunktion in den Fischen), **Andy Warhol** (Konjunktion in der Waage), **Emmeline Pankhurst** (Konjunktion im Skorpion), **Billy Graham** (Schütze–Pallas Konjunktion Mars und Mond), **Ralph Nader** (Fische–Pallas Konjunktion Mars und Merkur), **Lucille Ball** (Stier–Pallas Konjunktion Mars und Saturn), **Maria Montessori** (Krebs–Pallas Konjunktion Mars und Uranus), **Salvador Dali** (Skorpion–Pallas Opposition Mars), **No-**

stradamus (Pallas/Neptun Konjunktion im Steinbock Opposition Mars, Jupiter und Saturn), **Carol Burnett** (Fische–Pallas Opposition Mars), **Adrienne Hirt** (Fische–Pallas Opposition Mars), **Annie Besant** (Löwe–Pallas Quadrat Stier–Mars), **Sally Struthers** (Fische–Pallas Quadrat Zwillinge–Mars)

Pallas/Vesta–Aspekte

Jimi Hendrix (Konjunktion im Wassermann), **Henry Miller** (Konjunktion im Wassermann), **Louis Pasteur** (Konjunktion im Wassermann), **Hugh Hefner** (Konjunktion im Krebs), **Elisabeth I. von England** (Konjunktion in den Zwillingen), **Gertrude Stein** (Konjunktion in den Fischen), **Eleonora Duse** (Konjunktion im Schützen), **Pierre–Auguste Renoir** (Konjunktion im Wassermann), **Benjamin Franklin** (Konjunktion im Schützen), **Königin Elisabeth II.** (Krebs–Pallas Konjunktion Vesta und Pluto), **Sigmund Freud** (Stier–Pallas in Konjunktion zu Vesta und Pluto), **R. D. Laing** (Schütze–Pallas in Konjunktion zu Vesta und Saturn), **Fidel Castro** (Pallas/Vesta–Konjunktion im Skorpion Quadrat Löwe–Sonne), **Elizabeth Barrett Browning** (Pallas/Vesta–Konjunktion in den Zwillingen Opposition Neptun), **Gloria Steinem** (Fische–Pallas Opposition Vesta), **Alexander Graham Bell** (Widder–Pallas Opposition Vesta), **Adelle Davis** (Schütze–Pallas Opposition Vesta), **Brigitte Bardot** (Stier–Pallas Opposition Vesta), **Alfred Hitchcock** (Waage–Pallas Opposition Vesta), **Carrie Nation** (Fische–Pallas Opposition Vesta), **Vanessa Redgrave** (Pallas, Jupiter und Merkur Konjunktion im Steinbock Opposition Vesta), **Sylvia Kars** (Wassermann–Pallas Opposition Vesta), **James Dean** (Jungfrau–Pallas Quadrat Schütze–Vesta), **George Gershwin** (Jungfrau–Pallas Quadrat Schütze–Vesta), **Rudolf Nureijew** (Fische–Pallas im Quadrat zur Schütze–Vesta), **Frederico Fellini** (Fische–Pallas Quadrat Schütze–Vesta)

Pallas/Juno–Aspekte

Kahlil Gibram (Konjunktion im Wassermann), **Jefferson Davis** (Konjunktion im Wassermann), **Junipero Serra** (Konjunktion im Löwe), **Prinzessin Diana** (Konjunktion in den Fischen), **Elizabeth Arden** (Konjunktion im Steinbock), **Aleister Crowley** (Pallas/Juno–Konjunktion in der Jungfrau Opposition Mond), **Howard Hughes** (Löwe–Pallas Opposition Juno), **Luther Burbank** (Schütze–Pallas Opposition Juno), **Richard Burton** (Zwillinge–Pallas Opposition Juno), **Shirley MacLaine** (Widder–Pallas Quadrat Steinbock–Juno)

Pallas/Jupiter–Aspekte

Jane Fonda (Konjunktion im Wassermann), **Sybil Leek** (Konjunktion in der Waage), **Paul Foster** (Konjunktion im Löwen), **Paul Cezanne** (Konjunktion in der Waage), **Warren Beatty** (Konjunktion im Steinbock), **Reinhardt Stiehle** (Stier–Pallas Opposition Jupiter), **Neil Armstrong** (Konjunktion im Krebs), **Moshe Dayan** (Konjunktion in den Fische), **Frank Sinatra** (Konjunktion in den Fische), **Orson Wells** (Konjunktion in den Fischen), **Edith Piaf** (Konjunktion in den Fischen), **Helen Gurley Brown** (Konjunktion in der Waage), **Louisa May Alcott** (Konjunktion in den Fischen), **Jack Kerouac** (Konjunktion in der Waage), **Vincent van Gogh** (Schütze–Pallas Opposition Jupiter), **Sir Winston Churchill** (Pallas/Neptun–Konjunktion im Widder Opposition Jupiter), **Francisco Goya** (Zwillinge–Pallas Opposition Jupiter), **Anwar Sadat** (Steinbock–Pallas Opposition Jupiter)

Pallas/Saturn–Aspekte

Eva Braun (Konjunktion im Stier), **Karl Marx** (Konjunktion in den Fischen), **Mary Todd Lincoln** (Konjunktion in den Fischen), **Adlai Stevenson** (Konjunktion im Steinbock), **Albert Einstein** (Konjunktion im Widder), **Adolf Eichmann** (Konjunktion in den Fischen), **Judy Garland** (Jungfrau–Pallas Konjunktion Waage–Saturn), **Marianne Alireza** (Pallas/Saturn–Konjunktion in der Waage Opposition Sonne und Mond), **Madalyn Murray O'Hair** (Wassermann–Pallas Opposition Saturn), **John Calvin** (Fische–Pallas Opposition Saturn), **Werner Erhard** (Jungfrau–Pallas Opposition Saturn), **Gloria Allred** (Skorpion–Pallas Opposition Saturn), **David Bowie** (Wassermann–Pallas Opposition Saturn)

Pallas/Uranus–Aspekte

Anne Frank (Konjunktion im Widder), **Elvis Presley** (Konjunktion im Widder), **Alan Watts** (Konjunktion im Wassermann), **Jawaharlal Nehru** (Konjunktion in der Waage), **George Bush** (Konjunktion in den Fischen), **Johanna von Orleans** (Konjunktion im Wassermann), **Francoise Gauquelin** (Konjunktion im Widder), **Jacqueline Kennedy Onassis** (Konjunktion im Widder), **Margot Fonteyn** (Pallas/Uranus–Konjunktion im Wassermann in Opposition zu Saturn), **Mary Stuart** (Pallas/Ceres–Konjunktion im Stier Opposition Uranus), **Barbara Walters** (Waage–Pallas Opposition Uranus), **John F. Kennedy** (Löwe–Pallas Opposition Uranus), **Joan Baez** (Skorpion–Pallas Opposition Uranus), **Andre Gide** (Fische–Pallas Trigon Krebs–Uranus), **Pablo Picasso** (Schütze–Pallas Quadrat Jungfrau–Uranus), **Dante Gabriel Rossetti** (Widder–Pallas Quadrat Steinbock–Uranus)

Pallas/Neptun–Aspekte

Richard Alpert (Konjunktion in der Jungfrau), **Marc Edmund Jones** (Konjunktion in den Zwillingen), **Helena P. Blavatsky** (Konjunktion im Steinbock), **Zipporah Dobyns** (Konjunktion im Löwen), **Anais Nin** (Konjunktion im Krebs), **Fritz Perls** (Konjunktion in den Zwillingen), **Minette Lenier** (Konjunktion in der Waage), **Elisabeth Kübler–Ross** (Konjunktion im Löwen), **Raquel Welch** (Konjunktion in der Jungfrau), **Heilige Francesca Cabrini** (Pallas/Neptun–Konjunktion in den Fischen Opposition Mars), **Paul Gauguin** (Jungfrau–Pallas Opposition Neptun), **Thomas Jefferson** (Steinbock–Pallas in Opposition zum Neptun), **Tennessee Williams** (Steinbock–Pallas Opposition Neptun), **Rollo May** (Steinbock–Pallas Opposition Neptun), **Germaine Greer** (Fische–Pallas Opposition Neptun), **Cheiro** (Waage–Pallas Opposition Neptun), **Alice Bailey** (Löwe–Pallas Quadrat Stier–Neptun), **Bertrand Russell** (Schütze–Pallas Trigon Widder–Neptun), **Ronald Reagan** (Fische–Pallas Trigon Krebs–Neptun)

Pallas/Pluto–Aspekte

Edgar Cayce (Steinbock–Pallas Trigon Stier–Pluto), **Babe Ruth** (Steinbock–Pallas Opposition Pluto), **Robert Graves** (Steinbock–Pallas Opposition Pluto), **William Butler Yeats** (Konjunktion im Stier), **Sigmund Freud** (Konjunktion im Stier)

2.2. Pallas in den Feldern

1. Feld

Prinzessin Caroline (AC), Alice Bailey, Barbara Walters (AC), George Sand, Emily Dickenson, Lois Rodden (AC), Magaret Mead, Alexander Graham Bell, Paul Gauguin, Hermann Hesse, F. Scott Fitzgerald, Earl Warren, Abraham Lincoln (AC), Karl Marx, Amelia Earhart (AC), John Dillinger, Sylvia Kars, Robert Browning, Linda Ronstadt, Helen Boucher, Königin Margarte II. von Dänemark, Gertrude Stein, Heilige Theresia von Avila, Friedrich Nietzsche, Auguste Rodin, Joyce Carol Oates

2. Feld

Germaine Greer, William Butler Yeats, Jack Kerouac, Martin Luther, Bertrand Russell, Jimi Hendrix, Alan Watts, Ernest Hemingway, Billy Jean King, Sissy Spacek, Agatha Christie, Adrienne Hirt, Dr. Marjorie Weinzweig, Neil Armstrong

3. Feld

Indira Gandhi, Soraya Von Iran, Elisabeth Taylor, Debbie Reynolds (IC), Richard Alpert, Albert Camus, Prinz Albert (IC), Charles Baudelaire (IC), Uri Geller, Marlon Brando, Coco Chanel, Shirley Tempel Black, Diane von Fürstenberg, Hans Christian Andersen, Mark Twain

4. Feld

Betty Friedan, Julia Child, Mary Shelley, David Bowie, Jean-Paul Satre (IC), Zipporah Dobyns, Colette, Eleonora Duse, Pat Nixon, Vivien Kellems, Ellen Yoakum, Judy Garland, Leonard Bernstein, Edith Piaf, Warren Beatty, Louis Pasteur

5. Feld

Prinzessin Margaret, Annie Besant, Gloria Steinem, Grace Kelly, Percy B. Shelley, Zsa Zsa Gabor, Helen Frankenthaler, Vanessa Redgrave, Minette Lenier, Brigitte Bardot, Yoko Ono, Elvis Presley

6. Feld

Elisabeth Kübler–Ross, Heilige Bernadette von Lourdes, Zelda Fitzgerald, Jane Fonda, Sally Struthers, Louisa May Alcott (DC), Sigmund Freud, Ringo Starr, Pierre Teilhard de Chardin, Vincent van Gogh, Edgar Cayce, Marlene Dietrich (DC), Alice Cooper, Fransisco Franco, Noel Tyl, Michel Gauquelin, Walt Disney, Mary Wells Lawrence, Königin Elisabeth II, Andre Gide, Hugh Hefner (DC)

7. Feld

Anne Morrow Lindbergh, Robert Redford, Pearl Buck (DC), Jack Nicholson (DC), Katharina Hepburn, Eva Braun, Raquel Welch, Joan Baez, Helena P. Blavatsky, Heilige Francesca Cabrini, Albert Schweizer, Marc Edmund Jones, William Blake, Elton John, Lenny Bruce (DC), Herzog von Windsor, Shirley MacLaine, Margaret Trudeau (DC), Cher, Hedda Hopper, Farah Diba Pahlavi

8. Feld

Clare Boothe Luce, Frederic Chopin, Pearl Bailey, Farrah Fawcett, Henry Kissinger, Paramahansa Yogananda, Adlai Stevenson, Joan Crawford, Bette Midler, Sirimavo Bandaranaike, Emmeline Pankhurst, Sir Winston Churchill, R. D. Laing

9. Feld

Marianne Alireza, Elisabeth Barrett Browning, Anais Nin, Taylor Caldwell, Helen Keller, Doris Chase Doane, Alan Leo, Henry Winkler, Johannes Paul I., Michael Jackson, Cheiro, Jane Addams, George Gershwin, Madalyn Murray O'Hair, Bobby Fischer, Mary Todd Lincoln, Jefferson Davis, Judy Collins, Gloria Allred, Jean Houston, Chiang Kai–Tshek, Eleonor Roosevelt

10. Feld

Katharina die Große (MC), Marie Curie (MC), Simone de Beauvoir, Clara Barton, Edna St. Vincent Millay, Albert Einstein, Walter Mondale, Sylvia Plath, Charles de Gaulle, Helen Gurley Brown, Anne Frank (MC), Xaviera Hollander, Mick Jagger, Orson Wells

11. Feld

Anita Bryant, Sybil Leek, Adelle Davis, Bob Dylan, Henry Miller, Enrico Fermi, Lucille Ball, Prinz Charles, Florence Nightingale, Edna Ferber, Mary Baker Eddy, Christine Jorgensen, Barbara Streisand, Elisabeth Arden, Evangeline Adams, Königin Beatrix, Adolf Eichmann, Françoise Gauquelin

12. Feld

Angela Davis, Königin Victoria, Marilyn Monroe, Patty Hearst, Isadora Duncan, Paul Cezanne, Dr. Tom Dooley (AS), George Washington, James Dean, Thomas Jefferson, Auguste Rodin (AS), Carol Burnett, Sylvia Porter, Maria Montessori, Edward Kennedy

2.3. Pallas in den Zeichen

Widder

Xaviera Hollander, Anne Morrow Lindberg, Pearl Buck, Angela Davis, Betty Friedan, Coco Chanel, Anne Frank, Françoise Gauquelin, Jane Addams, Hans Christian Andersen, Frederic Chopin, Sir Winston Churchill, Marquis de Sade, Harry Houdini, Annie Oakley, Dante Gabriel Rossetti, Shirley MacLaine, Timothy Leary, Willie Ley, Emma Goldman, Billy Jean King, Jacqueline Kennedy Onassis, Elvis Presley, Alexander Graham Bell, Albert Einstein, Alan Leo, Albert Schweitzer, Mick Jagger,

Stier

Kathrin Hepburn, Amelia Earhart, Eva Braun, Heilige Teresa von Avila, Königin Victoria, Jean Houston, Sigmund Freud, William Butler Yeats, Lucille Ball, Brigitte Bardot, Mary Stuart Königin von Schottland, Judy Collins, Dr. Majorie Weinzweig, Sirimavo Bandaranaike

Zwillinge

Elisabeth Barrett Browning, Marc Edmund Jones, Lenny Bruce, Prinz Charles, Richard Burton, Rachel Carson, Charles Chaplin, Königin Elisabeth I, Francisco Goya, George Washington, Carlos Castaneda, Fritz Perls, Pat Nixon, Margaret Trudeau

Krebs

Anita Bryant, Clara Boothe Luce, Prinzessin Margaret, Anais Nin, Maria Montessori, Königin Margarethe II, Joan Crawford, Nancy Reagen, Neil Armstrong, Ingrid Bergman, Hugh Hefner, Nathan Hale, Maxfield Parrish, Adolf Hitler, Billy Joel, Königin Elisabeth II.

Löwe

Marilyn Monroe, Elisabeth Kübler–Ross, Julia Child, Zipporah Dobyns, Patty Hearst, Alice Bailey, Helen Keller, Annie Besant, Percy B. Shelley, John Dillinger, Simon Bolivar, Jesse James, Carl G. Jung, Napoleon Bonaparte, Florence Nightingale, Junipero Serra, Sri Meher Baba, Michael Jackson, John F. Kennedy, Christine Jorgensen, Ira Progoff, Charles Atlas, Alan Ginsberg, Geraldine Ferraro

Jungfrau

Raquel Welch, Simone de Beauvoir, Mary Shelley, Helen Boucher, Richard Alpert, Johannes Paul I, Ringo Starr, Paul Gauguin, James Dean, Ellen Yoakum, Mao Tse Tung, George Gershwin, Aleister Crowley, Eleonor Roosevelt, Marie Antoinette, Victoria Woodhull, Judy Garland, Herzog von Windsor, Werner Erhard, Harriet Beecher Stowe, Hedda Hopper

Waage

Sybil Leek, Marianne Alireza, Jack Kerouac, John Lennon, Paul Cezanne, Cheiro, Martin Luther, Edna Ferber, Al Capone, Ernest Hemingway, Alfred Hitchcock, Andy Warhol, Barbara Walters, Minette Lenier, Sylvia Porter, Robert Redford, D. H. Lawrence, Jawaharlal Nehru

Skorpion

Doris Chase Doane, Indira Gandhi, Joan Baez, Heilige Bernadette von Lourdes, Dr. Tom Dooley, Christian Barnard, Chiang Kai–Tshek, Salvador Dali, Gloria Allred, Mary Baker Eddy, Fidel Castro, Henry Winkler, Emmeline Pankhurst, Bette Midler, Agatha Christie, Sissy Spacek

Schütze

Soraya von Iran, Adelle Davis, Elisabeth Taylor, Katharina die Große, Marie Curie, Pearl Bailey, Eleonora Duse, Albert Camus, Bob Dylan, Prinz Albert, Charles Baudelaire, Bertrand Russell, Pierre Teilhard de Chardin, Vincent van Gogh, Paul Simon, Noel Tyl, Leonard Bernstein, Charles de Gaulle, Billy Graham, Ludwig van Beethoven, Robert Browning, Luther Burbank, Leonardo da Vinci, Charles Dickens, Friedrich Nietzsche, Pablo Picasso, R. D. Laing, Babe Ruth, Rudolph Valentino, Robert Graves, Immanuel Velikovsky, Robert J. Oppenheimer, Jesse Jackson, Benjamin Franklin, Edward Kennedy

Steinbock

Debbie Reynolds, Zelda Fitzgerald, Clara Barton, Helena P. Blavatsky, Taylor Caldwell, Aldai Stevenson, Warren Beatty, Uri Geller, Walter Mondale, William Blake, Hermann Hesse, Auguste Rodin, Henry Kissinger, Louis Armstrong, Muhammad Ali, Edgar Cacey, Thomas Jefferson, Nostradamus, Henry David Thoreau, Mark Twain, Virginia Woolf, Rollo May, Shelley Winters, Tennessee Williams, Diane von Fürstenberg, Evangeline Adams, Cher, Linda Ronstadt, Vanessa Redgrave, Elisabeth Arden, Sylvia Plath, Maria Callas, David Ben–Gurion, Anwar Sadat, Daniel Boone

Wassermann

Madalyn Murray O'Hair, Lois Rodden, Jane Fonda, Janis Joplin, Yoko Ono, Königin Beatrix, Farah Fawcett, Colette, David Bowie, F. Scott Fitzgerald, Jimi Hendrix, Elton John, Henry Miller, Jean–Paul Satre, Earl Warren, Alan Watts, Galileo Galilei, Abraham Lincoln, Louis Pasteur, Martin Luther King, Marcia Moore, Margot Fonteyn, Sylvia Kars, Shirley Tempel Black, Madalyn Murrey O'Hair, Helen Frankenthaler, Charles Darwin, Barbara Streisand, Zsa Zsa Gabor, Mary Wells Lawrence, Michel Gauquelin, Clark Gable, Dag Hammarskjold, Howard Hughes, Paul McCartney, Edgar Allan Poe, Auguste Rodin, Johanna von Orleans, Jefferson Davis, Kahlil Gibran, Isaac Newton, Dr. Joyce Brothers

Fische

Gloria Steinem, Sally Struthers, Grace Kelly, Margaret Mead, Prinzessin Caroline, Germaine Greer, Edna St. Vincent Millay, Isadora Duncan, Heilige Francesca Cabrini, Louisa May Alcott, Gertrude Stein, Marlene Dietrich, Joyce Carol Oates, Farah Diba Pahlavi, Edith Piaf, Prinzessin Diana, Marlon Brando, Enrico Fermi, Karl Marx, Federico Fellini, Ronald Reagan, Orson Wells, Ralph Nader, George Sand, Paramahansa Yogananda, Frank Sinatra, Alice Cooper, Bobby Fischer, Francisco Franco, Rudolf Nureijew, Georg Bush, Werner Heisenberg, Moshe Dayan, Walt Disney, Adolf Eichmann, Johann Sebastian Bach, John Calvin, Kit Carson, Buffalo Bill Cody, Mohandas Gandhi, Andre Gide, Mary Todd Lincoln, Carrie Nation, Vivien Kellems, Adrienne Hirt, Carol Burnett, Herzogin von Windsor

3. Vesta

3.1. Aspekte

Vesta/Sonne-Aspekte

Isadora Duncan (Stier-Vesta Konjunktion Pluto und Zwillinge-Sonne), **Anne Frank** (Zwillinge-Vesta Konjunktion Sonne und Merkur), **Prinzessin Caroline** (Konjunktion im Wassermann), **Joan Crawford** (Konjunktion im Widder), **Enrico Fermi** (Waage-Vesta in Konjunktion zu Sonne und Merkur), **Al Capone** (Wassermann-Vesta Konjunktion Steinbock-Sonne), **Howard Hughes** (Konjunktion im Steinbock), **Charles Dickens** (Konjunktion im Wassermann), **Harry Houdini** (Konjunktion im Widder), **Carl G. Jung** (Konjunktion im Löwen), **Mary Stuart** (Konjunktion im Schützen), **Florence Nightingale** (Stier-Vesta Konjunktion Sonne und Mond), **Pierre-Auguste Renoir** (Wassermann-Vesta Konjunktion Fische-Sonne), **Margaret Trudeau** (Konjunktion in der Jungfrau), **Agatha Christie** (Konjunktion in der Jungfrau), **Maria Callas** (Schütze-Vesta Konjunktion Sonne und Jupiter), **Fritz Perls** (Krebs-Vesta Konjunktion Sonne und Ceres), **Germaine Greer** (Konjunktion im Wassermann), **Katharine Hepburn** (Konjunktion im Stier), **Charles Baudelaire** (Vesta/Mond-Konjunktion im Krebs Quadrat Widder-Sonne), **Werner Erhard** (Vesta/Neptun-Konjunktion in den Fischen Opposition Jungfrau-Sonne), **Marc Edmund Jones** (Widder-Vesta Opposition Sonne), **Sir Winston Churchill** (Zwillinge-Vesta Opposition Sonne), **Noel Tyl** (Krebs-Vesta Opposition Sonne, Jupiter und Ceres), **Clark Gable** (Löwe-Vesta Opposition Sonne), **Yoko Ono** (Stier-Vesta Quadrat Wassermann-Sonne), **Richard Alpert** (Steinbock-Vesta im Quadrat zur Widder-Sonne), **D. H. Lawrence** (Zwillinge-Vesta Quadrat Jungfrau-Sonne), **Ernest Hemingway** (Widder-Vesta Quadrat Krebs-Sonne), **Madalyn Murray O'Hair** (Krebs-Vesta Quadrat Sonne und Mars im Widder), **Uri Geller** (Fische-Vesta Quadrat Schütze-Sonne), **F. Scott Fitzgerald** (Krebs-Vesta Quadrat Waage-Sonne), **Warren Beatty** (Krebs-Vesta Quadrat Widder-Sonne), **Albert Schweizer** (Vesta/Pluto-Konjunktion im Stier Trigon Steinbock-Sonne), **Frederic Chopin** (Krebs-Vesta Trigon Fische-Sonne)

Vesta/Mond-Aspekte

Elton John (Konjunktion im Stier), **Zelda Fitzgerald** (Krebs-Vesta Konjunktion Mond und Venus), **Jawaharlal Nehru** (Konjunktion im Löwen), **Robert Browning** (Konjunktion im Widder), **Isaac Newton** (Konjunktion im Krebs), **Sirimavo Bandaranaike** (Konjunktion in der Waage), **Diane von Fürstenberg** (Konjunktion im Widder), **Virginia Woolf** (Stier-Vesta Konjunktion Mond, Saturn und Neptun), **Annie Oakley** (Konjunktion im Krebs), **Helena P. Blavatsky** (Vesta/Juno-Konjunktion im Krebs Quadrat Waage-Mond), **Hermann Hesse** (Fische-Vesta Konjunktion

Mond und Saturn), Mary Todd Lincoln (Vesta/Merkur–Konjunktion im Steinbock Opposition Krebs–Mond), **Andre Gide** (Steinbock–Vesta Opposition Mond), **Xaviera Hollander** (Stier–Vesta Opposition Mond), **Rudolf Steiner** (Krebs–Vesta Quadrat Waage–Mond), **Henry Miller** (Wassermann–Vesta Quadrat Skorpion–Mond), **Maria Montessori** (Stier–Vesta Opposition Mond), **Helen Gurley Brown** (Stier–Vesta Opposition Mond), **Christine Jorgensen** (Krebs–Vesta Opposition Mond), **Robert Graves** (Fische–Vesta Opposition Mond), **Clara Barton** (Skorpion–Vesta Sextil Steinbock–Mond)

Vesta/Merkur–Aspekte

Papst Johannes Paul I. (Konjunktion im Skorpion), **Percy B. Shelley** (Konjunktion in der Jungfrau), **Werner Heisenberg** (Konjunktion im Skorpion), **Walt Disney** (Konjunktion im Skorpion), **Johann Sebastian Bach** (Konjunktion in den Fischen), **Marquis de Sade** (Konjunktion im Stier), **Mary Baker Eddy** (Löwe–Vesta Konjunktion Merkur und Venus), **Prinzessin Margaret** (Konjunktion in der Jungfrau), **Bette Midler** (Konjunktion im Schützen), **Judy Garland** (Konjunktion im Krebs), **Hedda Hopper** (Konjunktion im Stier), **Elisabeth Kübler–Ross** (Konjunktion im Löwen), **Thomas Jefferson** (Konjunktion in den Fischen), **Mary Todd Lincoln** (Konjunktion im Steinbock), **Amelia Earhart** (Konjunktion im Löwen), **Nathan Hale** (Konjunktion in den Zwillingen), **Clare Boothe Luce** (Vesta/Merkur–Konjunktion im Widder Opposition Mond), **Paul Cezanne** (Krebs–Vesta Opposition Steinbock–Merkur)

Vesta/Venus–Aspekte

Anais Nin (Konjunktion in den Fischen), **Abraham Lincoln** (Konjunktion im Widder), **Charles Chaplin** (Stier–Vesta Konjunktion Venus und Mars), **Tennessee Williams** (Widder–Vesta Konjunktion Venus und Sonne), **Taylor Caldwell** (Konjunktion im Krebs), **Judy Collins** (Konjunktion im Widder), **Heilige Francesca Cabrini** (Konjunktion im Löwen), **Charles Darwin** (Vesta/Venus–Konjunktion im Widder Trigon Schütze–Neptun), **Dante Gabriel Rossetti** (Vesta Konjunktion Venus und Saturn im Krebs Opposition Steinbock–Mars), **Richard Burton** (Krebs–Vesta Opposition Venus), **Adrienne Hirt** (Krebs–Vesta Opposition Venus), **Pat Nixon** (Löwe–Vesta Opposition Venus und Mond), **Chiang Kai–Tshek** (Zwillinge–Vesta Opposition Venus), **Alan Watts** (Zwillinge–Vesta Opposition Venus), **Aldous Huxley** (Waage–Vesta Quadrat Krebs–Venus), **Shirley MacLaine** (Jungfrau–Vesta Opposition Venus), **Vincent van Gogh** (Wassermann–Vesta Quadrat Stier–Venus), **Kahlil Gibran** (Jungfrau–Vesta Quadrat Schütze–Venus), **Ludwig van Beethoven** (Waage–Vesta Quadrat Steinbock–Venus)

Vesta/Mars–Aspekte

Katharina die Große (Konjunktion im Stier), **Shirley Tempel Black** (Konjunktion in den Fischen), **Angela Davis** (Zwillinge–Vesta Konjunktion Mars und Uranus), **Juni-**

pero Serra (Konjunktion im Steinbock), **Adolf Hitler** (Konjunktion im Stier), **Harriet Beecher Stowe** (Konjunktion im Skorpion), **Billy Jean King** (Konjunktion in den Zwillingen), **Lois Rodden** (Widder–Vesta Konjunktion Mars und Uranus), **Jesse James** (Skorpion–Vesta Opposition Mars), **Jane Addams** (Krebs–Vesta Opposition Mars), **Answar Sadat** (Löwe–Vesta Opposition Mars), **M. C. Escher** (Skorpion–Vesta Opposition Mars), **William Blake** (Wassermann Vesta Opposition Mars), **Frederic Chopin** (Krebs–Vesta Quadrat Widder–Mars)

Vesta/Juno–Aspekte

Bob Dylan (Konjunktion im Löwen), **John Lennon** (Konjunktion im Löwen), **Prinz Albert** (Konjunktion im Krebs), **Billy Graham** (Konjunktion im Löwen), **John Calvin** (Konjunktion in der Jungfrau), **Colette** (Konjunktion im Schützen), **Gloria Allred** (Konjunktion in der Jungfrau), **Barbara Walters** (Vesta/Saturn–Konjunktion im Steinbock Opposition Krebs–Juno), **Ellen Yoakum** (Stier–Vesta Opposition Juno), **Adolf Eichmann** (Wassermann–Vesta Opposition Juno), **Alan Leo** (Krebs–Vesta Opposition Juno), **William Butler Yeats** (Jungfrau–Vesta Opposition Juno), **Florence Nightingale** (Stier–Vesta Opposition Juno), **Cheiro** (Fische–Vesta Opposition Juno und Mond), **Helen Keller** (Schütze–Vesta Quadrat Jungfrau–Juno), **Lucille Ball** (Krebs–Vesta Quadrat Waage–Juno)

Vesta/Jupiter–Aspekte

Leonard Bernstein (Konjunktion im Krebs), **Jefferson Davis** (Fische–Vesta Konjunktion Jupiter und Pluto), **Sissy Spacek** (Konjunktion im Wassermann), **Jean Houston** (Widder–Vesta Konjunktion Fische–Jupiter), **Ingrid Bergman** (Skorpion–Vesta Opposition Jupiter), **Muhammad Ali** (Schütze–Vesta Opposition Jupiter), **Noël Tyl** (Krebs–Vesta Opposition Jupiter, Sonne und Ceres), **Chiang Kai–Tshek** (Zwillinge–Vesta Quadrat Jungfrau–Jupiter), **Anne Morrow Lindbergh** (Fische–Vesta Quadrat Zwillinge–Jupiter)

Vesta/Saturn–Aspekte

Ken Kesey (Konjunktion in den Fischen), **Paul Gauguin** (Konjunktion in den Fischen), **Georg Gershwin** (Konjunktion im Schützen), **Mohandas Gandhi** (Konjunktion im Schützen), **Friederich Nietzsche** (Konjunktion im Wassermann), **Reinhardt Stiehle** (Widder–Vesta Trigon Schütze–Saturn), **Pablo Picasso** (Konjunktion im Stier), **Virginia Woolf** (Stier–Vesta Konjunktion Saturn und Mond), **Ronald Reagan** (Konjunktion im Stier), **Shelley Winters** (Konjunktion in der Waage), **Billy Jean King** (Vesta/Saturn–Konjunktion in den Fischen Opposition Mars), **Willie Ley** (Zwillinge–Vesta Konjunktion Saturn und Mars), **Janis Joplin** (Fische–Vesta Quadrat Zwillinge–Saturn)

Vesta/Uranus–Aspekte

Marie Curie (Konjunktion im Krebs), **Betty Friedan** (Konjunktion in den Fischen), **Anita Bryant** (Konjunktion im Stier), **Charles de Gaulle** (Konjunktion in der Waage), **Nostradamus** (Konjunktion in den Fischen), **Mick Jagger** (Konjunktion in den Zwillingen), **Königin Margarethe II.** (Konjunktion im Stier), **Michel Gauquelin** (Konjunktion im Widder), **Elizabeth Arden** (Konjunktion in der Waage), **Mary Wells Lawrence** (Widder–Vesta Konjunktion Uranus und Mars), **Sally Struthers** (Konjunktion in den Zwillingen), **Heilige Theresa von Avila** (Konjunktion im Widder), **Christiaan Barnard** (Jungfrau–Vesta Opposition Uranus), **Leonardo da Vinci** (Steinbock–Vesta Opposition Uranus), **Eleonora Duse** (Schütze–Vesta Opposition Uranus), **Vivien Kellems** (Stier–Vesta in Opposition zum Uranus), **Fransisco Franco** (Stier–Vesta Opposition Uranus), **Paramahansa Yogananda** (Stier–Vesta Opposition Uranus), **Hans Hinrich Taeger** (Jungfrau–Vesta Quadrat Zwillinge–Uranus), **Martin Luther** (Jungfrau–Vesta Quadrat Schütze–Uranus), **Jean–Paul Satre** (Waage–Vesta Quadrat Steinbock–Uranus), **Richard Alpert** (Steinbock–Vesta Quadrat Widder–Uranus)

Vesta/Neptun–Aspekte

Simone de Beauvoir (Konjunktion im Krebs), **Louis Armstrong** (Konjunktion in den Zwillingen), **Salvador Dali** (Zwillinge–Vesta Konjunktion Krebs–Neptun), **Lucille Ball** (Konjunktion im Krebs), **Maxfield Parrish** (Konjunktion im Widder), **Werner Erhard** (Vesta/Neptun–Konjunktion in den Fischen Opposition Sonne), **Francisco Goya** (Steinbock–Vesta Opposition Neptun), **Farrah Fawcett** (Widder –Vesta Opposition Neptun), **Doris Chase Doane** (Stier–Vesta Opposition Neptun), **Lewis Carroll** (Krebs–Vesta Opposition Neptun), **Bobby Fischer** (Widder–Vesta Opposition Neptun), **Linda Ronstadt** (Widder–Vesta Opposition Neptun)

Vesta/Pluto–Aspekte

Mary Shelley (Konjunktion im Wassermann), **Königin Mary Shelley** (Konjunktion im Wassermann), **Königin Victoria** (Fische–Vesta Konjunktion Pluto und Saturn), **Isadora Duncan** (Konjunktion im Stier), **Emily Dickenson** (Konjunktion im Widder), **Moshe Dayan** (Konjunktion im Krebs), **Luther Burbank** (Widder–Vesta Konjunktion Pluto und Uranus), **Christine Jorgensen** (Konjunktion im Krebs), **Orson Wells** (Konjunktion im Krebs), **Robert J. Oppenheimer** (Konjunktion in den Zwillingen), **Emma Goldman** (Konjunktion im Stier), **Daniel Boone** (Konjunktion in der Waage), **Bertrand Russell** (Löwe–Vesta Quadrat Stier–Pluto), **Simon Bolivar** (Stier –Vesta Quadrat Wassermann–Pluto), **Martin Luther King** (Widder–Vesta Quadrat Krebs–Pluto), **Thomas Jefferson** (Fische–Vesta Trigon Skorpion–Pluto), **Barbara Streisand** (Wassermann–Vesta Opposition Pluto)

3.2. Vesta in den Feldern

1. Feld

Heilige Teresa von Avila (AS), Angela Davis, Heilige Francesca Cabrini (AS), Helen Keller, Doris Chase Doane, Germaine Greer (AS), Gertrude Stein, Noel Tyl, Janis Joplin, Abraham Lincoln, Martin Luther, Elvis Presley, Pearl Bailey, Alfred Hitchcock, Lois Rodden, Francoise Gauquelin, Orson Wells, Pierre–Auguste Renoir.

2. Feld

Katharina die Große, Isadora Duncan, Louisa May Alcott, Betty Friedan, Jimi Hendrix, Cheiro, Friederich Nietzsche, Thomas Jefferson, Walt Disney, Sirimavo Bandaranaike, Marlon Brando, Madalyn Murray O'Hair, Edward Kennedy, Hedda Hopper.

3. Feld

Hermann Hesse, Robert Browning, James Dean, Marlene Dietrich, Colette, Barbara Walters, Sylvia Plath, Sylvia Porter, Linda Ronstadt, Carol Burnett, Herzogin von Windsor, Robert Redford (IC), Eleanor Roosevelt.

4. Feld

Ringo Starr, Louis Pasteur, André Gide, Taylor Caldwell (IC), Charles Dickens (IC), Eleonora Duse, Henry Kissinger, Farah Diba Pahlavi, Clare Boothe Luce, Jane Fonda (IC), Evangeline Adams (IC), Prinz Charles.

5. Feld

Adelle Davis, Raquel Welch, Amelia Earhart, Joan Baez, Alice BaAley, Marc Edmund Jones, Albert Camus, Uri Geller, Billy Jean King, Joan Crawford, Helen Gurley Brown, Diane von Fürstenberg, Julia Child, Sissy Spaceck, Marianne Alireza, Marie Curie, Emily Dickenson, F. Scott Fitzgerald, Neil Armstrong, Chiang Kai–Tshek.

6. Feld

Elisabeth Kübler–Ross, Prinzessin Margaret, Anais Nin, Elisabeth Taylor, David Bowie, Sigmund Freud, Alan Watts, Percy B. Shelley, Enrico Fermi, Richard Alpert, Hugh Hefner, Edgar Cayce, Minette Lenier, Königin Elisabeth I.

7. Feld

Debbie Reynolds (DS), Soraya von Iran, Sybil Leek, Heilige Bernadette von Lourd, William Butler Yeats, Alexander Graham Bell, Karl Marx, Anne Morrow Lindbergh, Edna Ferber, Lenny Bruce, Jean Houston, Adrienne Hirt, Elisabeth Arden, Sylvia Kars, Pat Nixon, Vivien Kellems, Gloria Allred, Helen Frankenthaler, Herzog von Windsor, Königin Beatrix, Katharina Hepburn.

8. Feld

Patty Hearst, Pearl Buck, Yoko Ono, Simone de Beauvoir, Clara Barton, Annie Besant, Indira Gandhi, Albert Schweitzer, Paul Cezanne, Bob Dylan, Vincent van Gogh, Paul Gauguin, Francisco Franco, Michael Jackson, Emmeline Pankhurst, Judy Collins, Mary Wells Lawrence, Ernest Hemingway, Ira Progoff, R. D. Laing, Mary Baker Eddy, Charles de Gaulle.

9. Feld

Sally Struthers, Elisabeth Barrett Browning, Jack Kerouac, Bertrand Russell (MC), William Blake, Bobby Fischer, Zsa Zsa Gabor, Sir Winston Churchill, Michel Gauquelin, Paramahansa Yogananda, Florence Nightingale, Bette Midler, Coco Chanel, Cher.

10. Feld

Grace Kelly (MC), Farrah Fawcett, Eva Braun, Margaret Mead, Mary Shelley (MC), Edna St. Vincent Millay, anita Bryant, Warren Beatty, Prinz Albert, Papst Johannes Paul I, Henry Winkler, Elton John (MC), John Dillinger, Alice Cooper (MC), Jefferson Davis, George Washington, Maria Montessori (MC), Adolf Eichmann, Rollo May (MC).

11. Feld

Xaviera Hollander, Zelda Fitzgerald, Gloria Steinem, Königin Victoria, Pierre Teilhard de Chardin, Charles Baudelaire, Alan Leo, Jean-Paul Sartre, Walter Mondale, Henry Miller, Christine Jorgensen, Jane Addams, Helen Boucher, George Sand, Barbara Streisand, Dr. Marjorie Weinzweig, Vanessa Redgrave, Brigitte Bardot, Königin Margarethe II von Denemark, Leonard Berstein, Mick Jagger, Mark Twain.

12. Feld

Marilyn Monroe, Helena P. Blavatsky, Zipporah Dobyns, Prinzessin Caroline, Albert Einstein (AS), Dr, Tom Dooley, Earl Warren, Auguste Rodin, Lucille Ball, Shirley MacLaine, Jack Nicholson, Adlai Stevenson, Ellen Yoakum, Judy Garland, Agatha Christie.

3.3 Vesta in den Zeichen

Widder

Debbei Reynolds, Lois Rodden, Patty Hearst, Heilige Teresa von Avila, Emily Dikkenson, Adlai Stevenson, David Bowie, Marc Edmund Jones, Abraham Lincoln, Pierre Teilhard de Chardin, Michel Gauquelin, Bobby Fischer, Martin Luther King, Ernest Hemingway, Alfred Hitchcock, Hans Christian Andersen, Robert Browning, Luther Burbank, Charles Darwin, Harry Houdini, Maxfield Parrish, Tennessee Williams, Jean Houston, Dr. Joyce Brothers, Joan Crawford, Diane von Fürstenberg, Mary Wells Lawrence, Judy Collins, Linda Ronstadt, Helen Frankenthaler, Clare Boothe Luce.

Stier

Königin Margarethe II. von Dänemark, Anita Bryant, Katharina Hepburn, Xaviera Hollander, Soraya von Iran, Pearl Buck, Pearl Bailey, Zipporah Dobyns, Yoko Ono, Sybil Leek, Katharina die Große, Isadora Duncan, Maria Montessori, Elton John, Jack Kerouac, Sigmund Freud, Albert Schweitzer, Ira Progoff, Nancy Reagan, Ronald Reagan, Paramahansa Yogananda, John Dillinger, Francisco Franco, Rachel Carson, Charles Chaplin, Simon Bolivar, Marquis de Sade, Florence Nightingale, Pablo Picasso, Virginia Woolf, Herzogin von Windsor, Adolf Hitler, Helen Gurley Brown, Vivien Kellems, Ellen Yoakum, Hedda Hopper.

Zwillinge

Sally Struthers, Angela Davis, Adelle Davis, Elisabeth Barrett Browning, Marianne Alireza, Anne Frank, Mick Jagger, Alan Watts, Edna Ferber, Zsa Zsa Gabor, D. H. Lawrence, Louis Armstrong, Chiang Kai-shek, Salvador Dali, Francoise Gauquelin, Sir Winston Churchill, Buffalo Bill Cody, Königin Elisabeth I, Nathan Hale, Napoleon Bonaparte, Robert Redford, Robert J. Oppenheimer, Billy Jean King, Sylvia Plath, Evangeline Adams, Carlos Castaneda, Carol Burnett.

Krebs

Marylin Monroe, Zelda Fitzgerald, Raquel Welch, Simone de Beauvoir, Helena P. Blavatsky, Marie Curie, Helen Boucher, Taylor Cadwell, Michael Jackson, Warren Beatty, F. Scott Fitzgerald, Ringo Starr, Prinz Albert, Charles Baudelaire, Paul Cezanne, Albert Einstein, Alan Leo, Fritz Perls, Lenny Bruce, Alice Cooper, Jack Nicholson, Richard Burton, Lucille Ball, Leonard Bernstein, Moshe Dayan, Hugh Hefner, Jane Addams, Kit Carson, Frederic Chopin, Isaac Newton, Annie Oakley, Dante Gabriel Rossetti, Henry David Thoreau, Königin Elisabeth II, Victoria Woodhull, Christine Jorgensen, Orson Wells, Adrienne Hirt, Vanessa Redgrave, Madalyn Murray O'Hair, Judy Garland, Noel Tyl, Alan Ginsberg, Jacqueline Kennedy Onassis.

Löwe

Elisabeth Kübler-Ross, Amelia Earhart, Grace Kelly, Joan Baez, Eva Braun, Heilige Francesca Cabrini, Bob Dylan, John Lennon, Bertrand Russell, Anwar Sadat, Clark Gable, Billy Graham, Mary Baker Eddy, Kaiserin Josephine, Carl G. Jung, Marie Antoinette, Sylvia Kars, Pat Nixon, Margot Fonteyn, Jawaharlal Nehru.

Jungfrau

Gloria Steinem, Prinzessin Margaret, Martin Luther, Percy B. Shelley, William Butler Yeats, Henry Kissinger, Mao Tse-tung, Neil Armstrong, Christiaan Barnard, Kahlil Gibran, John Calvin, Aleister Crowley, Carrie Nation, Mark Twain, Gloria Allred, Shirley MacLaine, Agatha Christie, Charles Atlas, Herzog von Windsor, Sri Meher Baba, Margaret Trudeau, David Ben-Gurion.

Waage

Julia Child, Coco Chanel, Edith Piaf, Enrico Fermi, Jean-Paul Sartre, Alexander Graham Bell, Karl Marx, Prinz Charles, Dag Hammarskjold, Ludwig van Beethoven, Frank Sinatra, Shelley Winters, Paul Simon, Elisabeth Arden, Sirimavo Bandaranaike, Minette Lenier, Galileo Galilei, Daniel Boone, Ralph Nader, Jesse Jackson.

Skorpion

Margaret Mead, Jane Fonda, Clara Barton, Annie Besant, Louisa May Alcott, Königin Beatrix, Joyce Carol Oates, Dr. Tom Dooley, Johannes Paul I, Werner Heisenberg, Brigitte Bardot, Ingrid Bergmann, Charles de Gaulle, Walt Disney, Jesse James, Emma Goldmann, Harriet Beecher Stowe, Fidel Castro.

Schütze

Alice Bailey, Helen Keller, Heilige Bernadette von Lourdes, Marlene Dietrich, Farah Diba Pahlavi, Colette, Eleonora Duse, Federico Fellini, James Dean, Muhammad Ali, George Gershwin, Mohandas Gandhi, Johanna von Orleans, Mary Stuart, Rudolf Nureijew, Billy Joel, Henry Winkler, Bette Midler, Maria Callas, Rollo May, R. D. Laing, Benjamin Franklin.

Steinbock

Doris Chase Doane, George Sand, Richard Alpert, Walter Mondale, Elvis Presley, Earl Warren, Auguste Rodin, Jaqueline Kennedy Onassis, Howard Hughes, Leonardo da Vinci, Andre Gide, Francisco Goya, Mary Todd Lincoln, Junipero Serra, Babe Ruth, Andy Warhol, Barbara Walters, Dr. Marjorie Weinzweig, Timothy Leary.

Wassermann

Prinzessin Caroline, Germaine Greer, Mary Shelley, Marlon Brando, Albert Camus, Jimi Hendrix, Henry Miller, William Blake, Louis Pasteur, Vincent van Gogh, Al Capone, Adolf Eichmann, Edgar Cayce, Charles Dickens, Friederich Nietzsche, Pierre Auguste Renoir, George Washington, Barbara Streisand, Rudolph Valentino, Eleonor Roosevelt, Paul MacCartney, Sylvia Porter, Sissy Spacek.

Fische

Anne Morrow Lindbergh, Indira Gandhi, Janis Joplin, Betty Friedan, Anais Nin, Edna St. Vincent Millay, Elisabeth Taylor, Gertrude Stein, Königin Victoria, Uri Geller, Cheiro, Paul Gauguin, Hermann Hesse, George Bush, Johann Sebastian Bach, Jefferson Davis, Thomas Jefferson, Nostradamus, Edgar Allan Poe, Robert Graves, Werner Erhard, Immanuel Velikovsky, Willie Ley, John F. Kennedy, Shirley Temple Black, Edward Kennedy, Geraldine Ferraro, Cher.

4. Juno

4.1. Aspekte

Juno/Sonne–Aspekte

Marie Curie (Konjunktion im Skorpion), **Carrie Nation** (Konjunktion im Schützen), **Shelley Winters** (Konjunktion im Löwen), **Marilyn Monroe** (Fische–Juno Quadrat Zwillinge–Sonne), **Pearl Bailey** (Konjunktion im Widder), **Michael Jackson** (Konjunktion in der Jungfrau), **Paul Simon** (Konjunktion in der Waage), **Dr. Jocey Brothers** (Konjunktion in der Waage), **Eleonora Duse** (Konjunktion in der Waage) **Carlos Castaneda** (Konjunktion im Steinbock), **Robert Redford** (Konjunktion im Löwen), **Paul Cezanne** (Juno/Venus–Konjunktion im Wassermann im Quadrat zur Steinbock–Sonne), **Alice Cooper** (Juno/Sonne–Konjunktion im Wassermann Opposition Pluto), **Annie Besant** (Steinbock–Juno Quadrat Waage–Sonne), **Anais Nin** (Schütze–Juno Quadrat Fische–Sonne), **Gloria Steinem** (Steinbock–Juno Quadrat Widder–Sonne), **Isadora Duncan** (Fische–Juno Quadrat Zwillinge–Sonne), **Christine Jorgensen** (Fische–Juno Quadrat Zwillinge–Sonne), **Elton John** (Steinbock–Juno Quadrat Widder–Sonne), **Christiaan Barnard** (Stier Juno Opposition Sonne),

Juno/Mond–Aspekte

Angela Davis (Konjunktion im Wassermann), **Pablo Picasso** (Konjunktion im Schützen), **Sylvia Plath** (Konjunktion in der Waage), **Vivien Kellems** (Konjunktion im Stier), **Sally Struthers** (Konjunktion im Schützen), **Heilige Francesca Cabrini** (Konjunktion in der Waage), **Emma Goldman** (Konjunktion im Wassermann), **Alan Ginsberg** (Konjunktion in Fische), **Hans Christian Andersen** (Juno/Mond–Konjunktion im Stier Opposition Neptun), **Jack Nicholson** (Juno/Mond–Konjunktion in der Jungfrau Opposition Saturn), **Janis Joplin** (Steinbock–Juno Opposition Mond), **Annie Besant** (Steinbock–Juno Opposition Mond), **Louis Armstrong** (Widder–Juno Opposition Mond), **John Dillinger** (Skorpion–Juno Opposition Mond), **Immanuel Velikovsky** (Steinbock–Juno Opposition Mond und Mars), **Babe Ruth** (Steinbock–Juno Opposition Mond), **Helen Keller** (Jungfrau–Juno Opposition Mond), **Charles Baudelaire** (Steinbock–Juno Opposition Mond)

Juno/Merkur–Aspekte

Mary Shelley (Konjunktion in der Jungfrau), **Germaine Greer** (Konjunktion im Steinbock), **Michel Gauquelin** (Konjunktion im Skorpion), **Uri Geller** (Konjunktion im Schützen), **Jawaharlal Nehru** (Konjunktion im Skorpion), **Eleonora Roosevelt** (Waage–Juno Konjunktion Merkur und Uranus), **Dr. Marjorie Weinzweig** (Wassermann–Juno Konjunktion Merkur und Venus), **Helen Gurley Brown** (Wassermann–Juno Konjunktion Merkur und Sonne), **Timothy Leary** (Skorpion–Juno Konjunktion Merkur und Venus), **Katharine Hepburn** (Skorpion–Juno Opposition Merkur), **Nathan Hale** (Schütze–Juno Opposition Merkur), **Victoria Woodhull** (Schütze–Juno Quadrat Jungfrau–Merkur)

Juno/Venus–Aspekte

Edna St. Vincent Millay (Konjunktion im Widder), **Ringo Starr** (Konjunktion in den Zwillingen), **Karl Marx** (Konjunktion im Stier), **Adrienne Hirt** (Konjunktion im Steinbock), **Sylvia Kars** (Konjunktion im Skorpion), **Clara Barton** (Konjunktion im Wassermann), **Jimi Hendrix** (Juno/Venus–Konjunktion im Schützen Opposition Saturn), **Edgar Allan Poe** (Fische–Juno Konjunktion Venus und Pluto), **Elvis Presley** (Wassermann–Juno Konjunktion Steinbock–Venus), **Mary Baker Eddy** (Wassermann–Juno Opposition Venus), **Francoise Gauquelin** (Skorpion–Juno Opposition Venus und Ceres), **Pierre Teilhard de Chardin** (Skorpion–Juno Opposition Venus), **Rachel Carson** (Skorpion–Juno in Opposition zur Venus), **Clark Gable** (Widder–Juno Quadrat Steinbock–Venus), **Francisco Goya** (Schütze–Juno Trigon Venus und Sonne im Widder)

Juno/Mars–Aspekte

Alexander Graham Bell (Konjunktion im Steinbock), **Johann Sebastian Bach** (Konjunktion im Schützen), **Adlai Stevenson** (Konjunktion im Wasseramann), **Daniel Boone** (Konjunktion im Wassermann), **Auguste Rodin** (Juno/Mars–Konjunktion in der Jungfrau Opposition Uranus), **Sissy Spacek** (Waage–Juno Konjunktion Jungfrau–Mars), **Louis Pasteur** (Löwe–Juno Opposition Mars), **Kit Carson** (Krebs–Juno Opposition Mars), **Buffalo Bill Cody** (Skorpion–Juno Opposition Mars), **Napoleon Bonaparte** (Fische–Juno Opposition Mars), **Hedda Hopper** (Waage–Juno Opposition Mars), **Johanna von Orleans** (Fische–Juno Opposition Mars), **Howard Hughes** (Löwe–Juno Opposition Mars)

Juno/Jupiter–Aspekte

Eva Braun (Konjunktion im Schützen), **Soraya von Iran** (Konjunktion im Löwen), **Martin Luther** (Konjunktion in der Waage), **Abraham Lincoln** (Konjunktion in den Fischen), **Hugh Hefner** (Konjunktion im Wassermann), **Charles Darwin** (Konjunktion in den Fischen), **Maxfield Parrish** (Konjunktion in den Zwillingen), **Mark Twain** (Konjunktion im Krebs), **Julia Child** (Konjunktion im Schützen), **George Washington** (Konjunktion in der Waage), **Bette Midler** (Konjunktion in der Waage), **Cher** (Konjunktion in der Waage), **Linda Ronstadt** (Konjunktion in der Waage), **Pat Nixon** (Konjunktion im Schützen), **Königin Elisabeth II.** (Juno/Jupiter–Konjunktion im Wassermann Opposition Neptun), **Henry Miller** (Konjunktion in den Fischen), **Grace Kelly** (Schütze–Juno Opposition Jupiter), **Katharina die Große** (Steinbock–Juno Opposition Jupiter), **Jesse James** (Steinbock–Juno Opposition Jupiter), **Thomas Jefferson** (Fische–Juno Opposition Jupiter), **Carrie Nation** (Schütze –Juno Opposition Jupiter), **Xaviera Hollander** (Steinbock–Juno Opposition Jupiter), **Angela Davis** (Wassermann–Juno Opposition Jupiter)

Juno/Saturn–Aspekte

Heilige Teresa von Avila (Konjunktion im Schützen), **Salvador Dali** (Konjunktion im Wassermann), **Alfred Hitchcock** (Konjunktion im Schützen), **Charles Dickens** (Schütze–Juno Konjunktion Steinbock–Saturn), **Königin Margarethe II.** (Konjunktion im Stier), **Robert J. Oppenheimer** (Konjunktion im Wassermann), **Al Capone** (Juno/Saturn–Konjunktion im Schützen Opposition Pluto), **Ernest Hemingway** (Juno/Saturn–Konjunktion im Schützen Opposition Pluto), **Emily Dickenson** (Fische–Juno Opposition Saturn), **Jimi Hendrix** (Schütze–Juno Opposition Saturn), **Muhammad Ali** (Skorpion–Juno Opposition Saturn), **Mary Todd Lincoln** (Jungfrau–Juno Opposition Saturn), **Herzogin von Windsor** (Stier–Juno Opposition Saturn), **George Sand** (Fische–Juno Opposition Saturn), **Heilige Francesca Cabrini** (Waage–Juno Opposition Saturn), **George Washington** (Waage–Juno Opposition Saturn), **Simone de Beauvoir** (Schütze–Juno Quadrat Fische–Saturn), **Yoko Ono** (Skorpion–Juno Quadrat Wassermann–Saturn)

Juno/Uranus–Aspekte

Marianne Alireza (Konjunktion in den Fischen), **Simon Bolivar** (Konjunktion im Krebs), **Carl G. Jung** (Konjunktion im Löwen), **Herzog von Windsor** (Konjunktion im Skorpion), **Werner Erhard** (Konjunktion im Stier), **Helen Boucher** (Konjunktion im Steinbock), **Dr. Tom Dooley** (Konjunktion in den Fischen), **Mao Tse–tung** (Konjunktion im Skorpion), **Sri Meher Baba** (Juno/Uranus–Konjunktion im Skorpion Opposition Jupiter), **Königin Elisabeth I.** (Steinbock–Juno Opposition Uranus), **Mohandas Gandhi** (Steinbock–Juno Opposition Uranus), **Carol Burnett** (Waage–Juno Opposition Uranus), **Gertrude Stein** (Wassermann–Juno Opposition Uranus), **William Blake** (Jungfrau–Juno Opposition Uranus), **Amelia Earhart** (Löwe–Juno Quadrat Skorpion–Uranus), **Debbie Reynolds** (Krebs–Juno Quadrat Widder–Uranus), **Elisabeth Taylor** (Juno/Pluto–Konjunktion im Krebs im Quadrat zu Uranus und Venus im Widder), **Zelda Fitzgerald** (Widder–Juno Trigon Schütze–Uranus)

Juno/Neptun–Aspekte

Ludwig van Beethoven (Konjunktion in der Jungfrau), **Henry Winkler** (Konjunktion in der Waage), **Margot Fonteyn** (Konjunktion im Löwen), **Lois Rodden** (Jungfrau–Juno Konjunktion Löwe–Neptun), **Marcia Moore** (Jungfrau–Juno Konjunktion

Waage–Neptun), **R. D. Laing** (Konjunktion im Löwen), **Billy Graham** (Konjunktion im Löwen), **Indira Gandhi** (Wassermann–Juno Opposition Neptun), **Bertrand Russell** (Waage–Juno Opposition Neptun), **Helena P. Blavatsky** (Krebs–Juno Opposition Neptun), **James Dean** (Fische–Juno Opposition Neptun), **Margaret Trudeau** (Widder–Juno Opposition Neptun und Merkur), **Benjamin Franklin** (Waage–Juno Opposition Neptun), **Alice Bailey** (Jungfrau–Juno Trigon Stier –Neptun), **Pearl Bailey** (Widder–Juno Trigon Neptun und Saturn im Löwen), **Colette** (Schütze–Juno Trigon Widder–Neptun), **George Sand** (Fische–Juno Trigon Skorpion–Neptun), **Gloria Steinem** (Steinbock–Juno Trigon Jungfrau–Neptun), **Janis Joplin** (Steinbock–Juno Quadrat Waage–Neptun)

Juno/Pluto–Aspekte

Debbie Reynolds (Konjunktion im Krebs), **Paul Gauguin** (Widder–Juno Konjunktion Pluto und Uranus), **Leonard Bernstein** (Konjunktion im Krebs), **Patty Hearst** (Konjunktion im Löwen), **Katharina die Große** (Steinbock–Juno im Quadrat zum Waage–Pluto), **Edward Kennedy** (Konjunktion im Krebs), **Fidel Castro** (Konjunktion im Krebs), **Francisco Goya** (Konjunktion im Schützen), **Henry Kissinger** (Konjunktion im Krebs), **Nathan Hale** (Konjunktion in den Zwillingen), **Dag Hammarskjold** (Konjunktion in den Zwillingen), **Simone de Beauvoir** (Schütze–Juno Opposition Pluto), **Pearl Bailey** (Widder–Juno Quadrat Krebs–Pluto), **Marilyn Monroe** (Fische–Juno Trigon Krebs–Pluto), **Pat Nixon** (Schütze–Juno Opposition Pluto), **Paramahansa Yogananda** (Jungfrau–Juno Quadrat Pluto und Neptun in den Zwillingen)

4.2. Juno in den Feldern

1. Feld

Clare Boothe Luce, Simone de Beauvoir, Betty Friedan (AS), Adelle Davis, Elisabeth Kübler–Ross, Brigitte Bardot, Warren Beatty (AS), Johannes Paul I (AS), Abraham Lincoln, Henry Kissinger, William Butler Yeats, Paramahansa Yogananda, Walt Disney, Robert Browning, Thomas Jefferson, Marlene Dietrich, George Sand, Billy Jean King (AS), Doris Chase Doane, Joan Crawford, Adrienne Hirt, Diane Von Fürstenberg, Sissy Spacek (AS), Mary Wells Lawrence, Königin Elisabeth II, Rollo May, Earl Warren.

2. Feld

Alice Bailey, Yoko Ono, Louisa May Alcott, Grace Kelly, Eva Braun, Gloria Steinem, Uri Geller, Elvis Presley, Marianne Alireza, Hugh Hefner, Mary Baker Eddy, Charles Darwin, Eleonora Duse, Helen Gurley Brown, Madalyn Murray O'Hair, Helen Frankenthaler, Herzogin von Windsor, Martin Luther.

3. Feld

Heilige Francesca Cabrini, Sally Struthers, Anais Nin, Karl Marx, William Blake (IC), Martin Luther, David Bowie, Paul Cezanne, Sigmund Freud, Ringo Starr (IC), Florence Nightingale, Colette, Jack Nicholson, Vanessa Redgrave, Sirimavo Bandaranaike, Emily Dickenson (IC), Agatha Christie.

4. Feld

Mary Shelley, Jane Fonda, Sybil Leek (IC), Shirley MacLaine, Cher, Dr. Tom Dooley, Farah Diva Pahlavi, Noel Tyl, Michel Gauquelin (IC), Lucille Ball, John Dillinger, Ernest Hemingway, Edgar Cayce, Alice Cooper, Andre Gide, Minette Lenier, Margaret Trudeau, Anne Frank, Adolf Eichmann, Ira Progoff (IC), Orson Wells, Sylvia Porter.

5. Feld

James Dean, Raquel Welch, Amelia Earhart, Joan Baez, Königin Victoria, F. Scott Fitzgerald, Percy B. Shelley, Enrico Fermi, Elton John, Charles Baudelaire, Alan Leo, Helen Boucher, Hans Christian Andersen, Jane Addams, George Washington.

6. Feld

Indira Gandhi, Pierre Teilhard de Chardin, Jack Kerouac, Albert Camus, Christine Jorgensen, Francoise Gauquelin, Jean Houston, Mick Jagger, Ellen Yoakum, Farrah Fawcett, Coco Chanel, Bobby Fischer, R. D. Laing, Robert Redford.

7. Feld

Lois Rodden, Albert Schweitzer, Walter Mondale, Vincent van Gogh (DS), Julia Child, Pierre-Auguste Renoir, Edward Kennedy, Bette Midler, Sylvia Plath, Vivien Kellems (DS), Judy Collins, Gloria Allred, Emmeline Pankhurst, Carol Burnett.

8. Feld

Margaret Mead, Marie Curie, Zipporah Dobyns, Heilige Theresa von Avila, Xaviera Hollander, Jean-Paul Sartre, Cheiro, Auguste Rodin, Herzog von Windsor, Henry Winkler, Evangeline Adams, Hedda Hopper, Barbara Streisand, Königin Beatrix, Marilyn Monroe, Sir Winston Churchill, Bob Dylan.

9. Feld

Anita Bryant, Zelda Fitzgerald, Pearl Buck, Paul Gauguin, Louis Pasteur, Alan Watts, Prinz Charles, Barbara Walters, Adlai Stevenson, Sylvia Kars, Shirley Temple Black, Friedrich Nietzsche, Mark Twain, Joyce Carol Oates, Neil Armstrong, Jefferson Davis.

10. Feld

Debbie Reynolds, Elisabeth Taylor, Soraya von Iran, Helen Keller, Katharina die Große, Annie Besant, Heilige Bernadette von Lourdes, Richard Alpert, Prinz Albert, Marc Edmund Jones, Marlon Brando, Chiang Kai-Tshek (MC), Eleanor Roosevelt, Michael Jackson, Judy Garland, Linda Ronstadt.

11. Feld

Edna St. Vincent Millay, Maria Montessori, Prinzessin Margaret, Angela Davis, Albert Einstein, Alexander Graham Bell, Edna Ferber, Charles de Gaulle, Elisabeth Arden, Pat Nixon, Janis Joplin, Königin Margarethe II, Leonard Bernstein.

12. Feld

Helena P. Blavatsky (AS), Anne Morrow Lindbergh, Patty Hearst, Elisabeth Barrett Browning, Germaine Greer, Prinzessin Caroline, Clara Barton, Gertrude Stein, Isadora Duncan, Bertrand Russell, Hermann Hesse, Edith Piaf, Henry Miller, Francisco Franco, Zsa Zsa Gabor (AS), Lenny Bruce, Pearl Bailey, Dr. Marjorie Weinzweig, Taylor Caldwell, Katharine Hepburn (AS).

4.3. Juno in den Zeichen

Widder

Anita Bryant, Zelda Fitzgerald, Edna St. Vincent Millay, Pearl Bailey, Taylor Caldwell, Richard Alpert, Albert Einstein, Paul Gauguin, Prinz Charles, Clark Gable, Louis Armstrong, Judy Garland, Margaret Trudeau.

Stier

Königin Margarethe II, Karl Marx, Christiaan Barnard, Hans Christian Andersen, Herzogin von Windsor, Tennessee Williams, Werner Erhard, Vivien Kellems, Sir Winston Churchill, Albert Schweitzer, Geraldine Ferraro.

Zwillinge

Pearl Buck, Coco Chanel, F. Scott Fitzgerald, Jean-Paul Sartre, Ringo Starr, Dag Hammarskjold, Luther Burbank, Maxfield Parrish, Andy Warhol, Billy Joel.

Krebs

Debbie Reynolds, Raquel Welch, Elisabeth Taylor, Helena P. Blavatsky, Maria Montessori, Prinz Albert, Louis Pasteur, Barbara Walters, Leonard Bernstein, Simon Bolivar, Leonardo da Vinci, Henry Kissinger, Mark Twain, Fidel Castro, Edward Kennedy.

Löwe

Anne Morrow Lindbergh, Soraya von Iran, Amelia Earhart, Patty Hearst, Bob Dylan, John Lennon, Percy B. Shelley, Adolf Eichmann, Billy Graham, Howard Hughes, Kit Carson, Frederic Chopin, Marquis de Sade, Carl G. Jung, Friedrich Nietzsche, Junipero Serra, Shelley Winters, Anwar Sadat, Madalyn Murray O'Hair, Minette Lenier, Margot Fonteyn, R. D. Laing, Robert Redford.

Jungfrau

Lois Rodden, Marcia Moore, Margaret Mead, Joan Baez, Alice Bailey, Helen Keller, Mary Shelley, Elisabeth Barrett Browning, Königin Victoria, Marlene Dietrich, Paramahansa Yogananda, Enrico Fermi, Marc Edmund Jones, Walter Mondale, Alan Watts, William Blake, Cheiro, Auguste Rodin, Francisco Franco, Zsa Zsa Gabor, Charles Chaplin, Werner Heisenberg, Moshe Dayan, Walt Disney, John Calvin, Aleister Crowley, Mary Todd Lincoln, Dante Gabriel Rossetti, Orson Wells, Michael Jackson, Adolf Hitler, Jack Nicholson, Fritz Perl, Ludwig van Beethoven, Shirley Temple Black, Gloria Allred, Emmeline Pankhurst, Mary Wells Lawrence.

Waage

Heilige Francesca Cabrini, Warren Beatty, Marlon Brando, Martin Luther, Bertrand Russell, Dr. Joyce Brothers, Edna Ferber, Ronald Reagan, George Bush, Lucille Ball, Kaiserin Josephine, Pierre-Auguste Renoir, George Washington, Henry Winkler, Willie Ley, Charles Atlas, Eleonora Duse, Harriet Beecher Stowe, Jesse Jackson, Paul Simon, Noel Tyl, Vanessa Redgrave, Bette Midler, Sylvia Plath, Cher, Linda Ronstadt, Hedda Hopper, Maria Callas, Sissy Spacek, Carol Burnett, Benjamin Franklin, Eleanor Roosevelt.

Skorpion

Katharina Hepburn, Jane Fonda, Yoko Ono, Marie Curie, Louisa May Alcott, Anne Frank, Edith Piaf, Françoise Gauquelin, Jaqueline Kennedy Onassis, Michel Gauquelin, Martin Luther King, Pierre Teilhard de Chardin, Mick Jagger, John Dillinger, Paul McCartney, Rachel Carson, D. H. Lawrence, Mao Tse–tung, Ingrid Bergman, Muhammad Ali, George Gershwin, Buffalo Bill Cody, Florence Nightingale, Sri Meher Baba, Frank Sinatra, Barbara Streisand, Herzog von Windsor, Federico Fellini, Sylvia Kars, Evangeline Adams, Ellen Yoakum, Chiang Kai–Tshek, Helen Frankenthaler, Timothy Leary, Jawaharlal Nehru, Dr. Joyce Brothers.

Schütze

Clare Boothe Luce, Sally Struthers, Julia Child, Zipporah Dobyns, Grace Kelly, Simone de Beauvoir, Betty Friedan, Anais Nin, Heilige Teresa von Avila, Königin Beatrix von Holland, Farah Diva Pahlavi, David Bowie, Uri Geller, Jimi Hendrix, Papst Johannes Paul I., Hermann Hesse, Lenny Bruce, Richard Burton, Al Capone, Brigitte Bardot, Charles de Gaulle, Ernest Hemingway, Alfred Hitchcock, Johann Sebastian Bach, Farrah Fawcett, Edgar Cayce, Charles Dickens, Francisco Goya, Nathan Hale, Maria Antoinette, Carrie Nation, Pablo Picasso, Victoria Woodhull, Rudolf Nureijew, Joan Crawford, Sirimavo Bandaranaike, Diane von Fürstenberg, Pat Nixon, Eva Braun, Agatha Christie, Ralph Nader, Joyce Carol Oates, David Ben–Gurion, Dr. Marjorie Weinzweig, Ira Progoff, Colette.

Steinbock

Gloria Steinem, Xaviera Hollander, Janis Joplin, Germaine Greer, Adelle Davis, Katharina die Große, Annie Besant, Helen Boucher, Prinzessin Margaret, Elton John, Charles Baudelaire, Alexander Graham Bell, Alan Leo, Vincent van Gogh, Bobby Fischer, Neil Armstrong, Robert Browning, Königin Elisabeth I, Mohandas Gandhi, Jesse James, Annie Oakley, Virginia Woolf, Shirley MacLaine, Babe Ruth, Rudolph Valentino, Robert Graves, Immanuel Velikowsky, Billy Jean King, Elisabeth Arden, Mick Jagger, Carlos Castaneda, Jane Addams.

Wassermann

Indira Gandhi, Prinzessin Caroline, Angela Davis, Sybil Leek, Clara Barton, Gertrude Stein, Elvis Presley, Earl Warren, Paul Cezanne, Sigmund Freud, Alice Cooper, Salvador Dali, Kahlil Gibran, Hugh Hefner, Jefferson Davis, Mary Baker Eddy, André Gide, Doris Chase Doane, Mary Stuart, Isaac Newton, Königin Elisabeth II, Robert J. Oppenheimer, Emma Goldman, Jean Houston, John F. Kennedy, Adlai Stevenson, Dr. Marjorie Weinzweig, Helen Gurley Brown, Galileo Galilei, Judy Collins.

Fische

Marilyn Monroe, Elisabeth Kübler–Ross, Isadora Duncan, Emily Dickenson, Heilige Bernadette von Lourdes, Marianne Alireza, George Sand, Albert Camus, Dr. Tom Dooley, Jack Kerouac, Henry Miller, Abraham Lincoln, William Butler Yeats, James Dean, Charles Darwin, Harry Houdini, Thomas Jefferson, Napoleon Bonaparte, Nostradamus, Edgar Allan Poe, Henry David Thoreau, Christine Jorgensen, Prinzessin Diana, Alan Ginsberg, Rollo May, Sylvia Porter, Johanna von Orleans.

Ephemeriden 1931 — 2002

Diese Ephemeriden wurden auf 0:00 Uhr ET (Ephemeridenzeit) berechnet. Angabe der Länge in 10–Tages–Abständen, Angabe der Deklinationen in 20–Tages–Abständen. Ceres, Pallas, Juno und Vesta Seite 330–353. Psyche, Eros, Lilith und Toro Seite 354–377. Sappho, Amor, Pandora und Icarus Seite 378–401. Diana, Hidalgo, Urania und Chiron Seite 402–425.

Eine exakte *Chiron Ephemeride 1900 — 2000* mit täglichen Angaben für Länge und Breite sowie Deklinationen in 10–tägigen Intervallen wurde von Eve S. Gregory herausgegeben (ISBN 3–925100–09–1, Chiron Verlag Mössingen).

Ephemeriden der Asteroiden America, Amor, Apollo, Atlantis, Bacchus, Eros, Hidalgo, Icarus, Lilith, Pandora, Psyche, Sappho, Toro und Urania für die Zeiträume 1890–2000 wurden von Al Morrison, New York veröffentlicht (zu beziehen durch den Chiron Verlag, Mössingen).

1931	Ceres 1	Pallas 2	Juno 3	Vesta 4
JAN 1	09♎40.5	18♍25.9	20♒11.6	01♐12.9
11	11 57.7	19 00.0	24 37.9	06 18.0
21	13 44.3	18R34.1	29 13.7	11 18.1
31	14 55.5	17 06.5	03♓58.0	16 11.9
FEB 10	15 27.2	14 43.6	08 49.5	20 57.8
20	15R16.1	11 40.2	13 47.7	25 34.2
MAR 2	14 22.0	08 21.2	18 51.8	29 59.0
12	12 49.3	05 14.0	24 01.1	04♑10.3
22	10 47.4	02 41.6	29 15.1	08 05.1
APR 1	08 31.1	00 58.5	04♈33.2	11 40.2
11	06 18.1	00 08.9	09 54.8	14 52.0
21	04 24.4	00D10.2	15 19.9	17 36.1
MAY 1	03 02.9	00 57.5	20 47.6	19 47.4
11	02 20.1	02 23.8	26 17.5	21 20.6
21	02D18.0	04 22.6	01♉49.3	22 10.2
31	02 55.0	06 48.0	07 22.5	22R12.3
JUN 10	04 07.3	09 35.3	12 56.4	21 25.8
20	05 50.8	12 40.7	18 30.3	19 53.8
30	08 01.0	16 01.1	24 03.3	17 47.3
JUL 10	10 33.6	19 33.5	29 35.1	15 23.6
20	13 25.5	23 16.4	05♊04.2	13 03.6
30	16 33.3	27 07.9	10 29.3	11 07.7
AUG 9	19 54.4	01♎06.5	15 49.0	09 50.2
19	23 26.8	05 11.2	21 02.0	09 18.5
29	27 08.6	09 21.1	26 05.8	09D34.5
SEP 8	00♏58.1	13 35.2	00♋58.0	10 35.1
18	04 54.2	17 52.9	05 35.7	12 15.7
28	08 55.4	22 13.3	09 55.6	14 30.6
OCT 8	13 00.9	26 35.8	13 53.4	17 14.8
18	17 09.8	00♏59.8	17 23.8	20 23.7
28	21 21.1	05 24.5	20 21.2	23 53.1
NOV 7	25 33.9	09 49.2	22 39.3	27 39.2
17	29 47.5	14 13.2	24 10.6	01♒39.6
27	04♐00.9	18 35.5	24 49.3	05 51.7
DEC 7	08 13.5	22 55.4	24R31.6	10 13.3
17	12 24.3	27 11.7	23 18.4	14 42.7
27	16 32.4	01♐23.2	21 20.1	19 18.3
JAN 6	20♐36.8	05♐28.8	18♋54.7	23♒58.8
JAN 1	06N42.4	20S24.7	12S14.4	15S50.7
21	06 27.6	19 10.5	10 14.1	17 36.4
FEB 10	07 12.8	14 46.7	07 41.0	18 40.8
MAR 2	08 50.6	07 11.7	04 43.1	19 07.5
22	10 46.0	01N27.7	01 29.8	19 05.8
APR 11	12 02.0	08 30.9	01N48.5	18 50.5
MAY 1	11 56.5	12 58.1	05 00.9	18 41.6
21	10 28.7	15 09.1	07 55.7	19 02.5
JUN 10	08 01.6	15 40.8	10 21.3	20 11.5
30	04 58.4	15 04.6	12 06.5	22 04.1
JUL 20	01 35.3	13 43.7	13 02.4	24 03.6
AUG 9	01S56.6	11 55.5	13 02.8	25 32.9
29	05 29.3	09 53.6	12 07.1	26 23.8
SEP 18	08 55.7	07 50.0	10 20.1	26 40.9
OCT 8	12 09.8	05 55.2	07 53.3	26 25.4
28	15 05.8	04 19.0	05 05.7	25 34.6
NOV 17	17 38.6	03 10.5	02 25.9	24 06.4

1932	Ceres 1	Pallas 2	Juno 3	Vesta 4
JAN 1	18♐35.1	03♐26.8	20R09.3	21♒38.0
11	22 37.3	07 28.9	17♋39.3	26 20.6
21	26 34.1	11 22.5	15 18.8	01♓06.4
31	00♑24.4	15 06.1	13 29.6	05 54.3
FEB 10	04 07.0	18 37.4	12 25.0	10 43.8
20	07 40.1	21 54.0	12D10.2	15 33.8
MAR 1	11 02.3	24 53.0	12 42.7	20 23.5
11	14 11.6	27 31.2	13 57.7	25 12.5
21	17 05.6	29 44.4	15 49.2	00♈00.0
31	19 42.1	01♑28.7	18 10.4	04 45.5
APR 10	21 58.2	02 38.8	20 55.7	09 28.4
20	23 50.5	03 09.9	24 00.3	14 08.0
30	25 16.0	02R58.2	27 20.1	18 43.9
MAY 10	26 11.0	02 00.7	00♌52.1	23 15.5
20	26 32.3	00 18.7	04 33.5	27 42.0
30	26R18.0	27♐58.6	08 22.1	02♉02.7
JUN 9	25 27.5	25 12.6	12 16.5	06 16.9
19	24 03.6	22 18.1	16 15.1	10 23.3
29	22 12.8	19 34.0	20 16.6	14 21.1
JUL 9	20 05.1	17 16.4	24 20.4	18 08.8
19	17 54.0	15 36.6	28 25.5	21 44.7
29	15 52.9	14 39.1	02♍31.2	25 06.8
AUG 8	14 13.7	14D24.3	06 37.0	28 12.6
18	13 05.0	14 49.2	10 42.2	00♊59.2
28	12 31.0	15 49.1	14 46.3	03 23.2
SEP 7	12D32.9	17 19.7	18 48.8	05 20.3
17	13 09.2	19 16.0	22 48.9	06 46.0
27	14 17.1	21 33.9	26 46.1	07 35.5
OCT 7	15 53.3	24 10.0	00♎39.8	07R43.9
17	17 54.3	27 00.9	04 28.9	07 08.6
27	20 16.5	00♑04.1	08 12.8	05 49.5
NOV 6	22 57.1	03 17.3	11 50.3	03 51.2
16	25 53.4	06 38.5	15 20.1	01 25.5
26	29 02.7	10 06.1	18 41.0	28♉48.6
DEC 6	02♒23.3	13 38.5	21 51.1	26 19.8
16	05 53.0	17 14.2	24 48.5	24 16.7
26	09 30.3	20 52.0	27 31.2	22 51.3
JAN 5	13♒13.8	24♑30.9	29♎56.4	22♉09.9
JAN 1	21S39.6	02N58.8	00N39.1	18S38.1
21	22 39.1	04 09.8	02 51.8	15 25.5
FEB 10	23 13.1	06 11.2	06 08.2	11 54.5
MAR 1	23 28.3	09 00.7	09 22.8	08 13.4
21	23 34.8	12 30.9	11 56.9	04 30.1
APR 10	23 45.1	16 26.0	13 37.6	00 52.4
30	24 13.7	20 18.0	14 24.2	02N32.5
MAY 20	25 13.3	23 25.1	14 20.9	05 38.4
JUN 9	26 47.9	25 01.0	13 34.2	08 19.9
29	28 41.9	24 37.5	12 11.3	10 32.4
JUL 19	30 21.0	22 24.2	10 19.8	12 12.9
AUG 8	31 17.1	19 00.2	08 07.4	13 19.9
28	31 29.6	15 09.5	05 41.5	13 53.8
SEP 17	31 12.6	11 25.0	03 09.5	13 57.3
OCT 7	30 35.8	08 06.9	00 38.5	13 36.1
27	29 41.5	05 26.1	01S44.0	12 59.3
NOV 16	28 28.1	03 27.6	03 50.5	12 21.8

1933	Ceres 1	Pallas 2	Juno 3	Vesta 4
JAN 1	11♒43.7	23♑03.4	29♎00.6	22R21.0
11	15 30.2	26 42.2	01♏14.0	22D06.5
21	19 20.6	00♒20.2	03 05.2	22♉35.0
31	23 14.1	03 56.4	04 30.8	23 42.6
FEB 10	27 09.4	07 29.5	05 27.3	25 24.5
20	01♓05.4	10 58.5	05 51.7	27 35.4
MAR 2	05 01.5	14 22.3	05R41.2	00♊10.8
12	08 56.5	17 39.6	04 55.2	03 06.7
22	12 49.6	20 49.1	03 35.2	06 19.5
APR 1	16 39.9	23 49.5	01 46.1	09 46.5
11	20 26.3	26 38.9	29♎36.8	13 25.1
21	24 08.0	29 15.7	27 18.8	17 13.4
MAY 1	27 43.9	01♓37.8	25 05.0	21 09.7
11	01♈12.5	03 42.7	23 07.7	25 12.7
21	04 32.8	05 27.9	21 35.7	29 21.3
31	07 43.1	06 50.2	20 34.6	03♋34.5
JUN 10	10 41.4	07 46.5	20 06.6	07 51.5
20	13 25.8	08 13.6	20D11.0	12 11.6
30	15 53.7	08R08.2	20 45.9	16 34.3
JUL 10	18 02.2	07 28.5	21 48.2	20 58.9
20	19 48.1	06 14.2	23 14.6	25 25.0
30	21 07.6	04 27.5	25 02.1	29 52.1
AUG 9	21 57.1	02 14.8	27 07.8	04♌19.8
19	22 13.1	29♒45.5	29 29.0	08 47.5
29	21R52.8	27 12.2	02♏03.5	13 14.6
SEP 8	20 56.0	24 48.4	04 49.2	17 40.6
18	19 25.3	22 45.5	07 44.5	22 04.8
28	17 27.4	21 12.2	10 47.8	26 26.4
OCT 8	15 14.0	20 13.0	13 57.7	00♍44.3
18	12 59.0	19 49.1	17 12.9	04 57.6
28	10 57.5	19D59.6	20 32.5	09 04.8
NOV 7	09 22.1	20 41.7	23 55.0	13 04.3
17	08 20.8	21 52.0	27 19.6	16 54.1
27	07 57.9	23 27.3	00♐45.2	20 31.8
DEC 7	08D13.4	25 24.1	04 10.6	23 54.6
17	09 05.1	27 39.3	07 34.9	26 59.1
27	10 29.6	00♓10.2	10 56.8	29 40.9
JAN 6	12♈22.8	02♓54.4	14♐15.0	01♎55.4
JAN 1	24S20.1	01N39.7	06S59.3	12N42.9
21	22 00.6	01 59.1	07 18.2	13 59.5
FEB 10	19 26.8	02 52.2	06 48.3	15 43.5
MAR 2	16 44.3	04 13.0	05 26.1	17 38.7
22	13 59.3	05 54.3	03 17.7	19 31.1
APR 11	11 18.4	07 48.0	00 47.2	21 09.3
MAY 1	08 48.4	09 45.0	01N24.5	22 24.5
21	06 36.5	11 33.6	02 41.2	23 10.1
JUN 10	04 50.2	12 59.1	02 52.2	23 22.2
30	03 37.1	13 41.2	02 07.2	22 59.2
JUL 20	03 04.8	13 15.1	00 42.7	22 01.9
AUG 9	03 19.5	11 20.5	01S06.1	20 33.2
29	04 21.4	08 00.8	03 07.2	18 37.9
SEP 18	05 57.2	03 54.9	05 11.2	16 22.8
OCT 8	07 32.5	00S02.5	07 10.2	13 56.0
28	08 22.2	03 12.9	08 57.6	11 27.6
NOV 17	07 59.8	05 22.1	10 27.5	09 09.1

1934		1	2	3	4
JAN	1	11♈22.9	01♓30.8	12♐36.4	00♎51.8
	11	13 28.9	04 20.7	15 52.3	02 50.8
	21	15 57.8	07 20.9	19 02.6	04 14.0
	31	18 46.0	10 29.6	22 05.5	04 55.7
FEB	10	21 50.4	13 45.1	24 59.5	04 R51.4
	20	25 08.4	17 06.3	27 42.6	03 58.7
MAR	2	28 37.8	20 31.9	00♑12.5	02 20.6
	12	02♉16.4	24 01.0	02 26.9	00 06.5
	22	06 02.7	27 32.5	04 22.8	27♍33.2
APR	1	09 55.2	01♈05.7	05 57.4	25 02.8
	11	13 52.7	04 39.6	07 07.3	22 55.6
	21	17 54.3	08 13.7	07 49.0	21 27.5
MAY	1	21 58.7	11 46.8	07 R59.6	20 47.1
	11	26 05.4	15 18.6	07 36.9	20 D55.8
	21	00♊13.6	18 48.0	06 40.0	21 51.3
	31	04 22.5	22 14.0	05 11.3	23 28.8
JUN	10	08 31.5	25 35.7	03 15.9	25 42.3
	20	12 40.1	28 51.7	01 03.1	28 26.9
	30	16 47.4	02♉00.7	28♐45.1	01♎37.6
JUL	10	20 52.9	05 00.8	26 34.6	05 10.3
	20	24 55.7	07 49.5	24 43.9	09 01.6
	30	28 54.9	10 24.5	23 21.9	13 08.6
AUG	9	02♋49.8	12 42.1	22 33.5	17 28.9
	19	06 39.0	14 37.9	22 D20.8	22 00.7
	29	10 21.2	16 06.9	22 43.2	26 42.1
SEP	8	13 55.0	17 03.4	23 38.2	01♏31.9
	18	17 18.2	17 R20.2	25 02.9	06 29.0
	28	20 28.6	16 51.3	26 54.1	11 32.2
OCT	8	23 23.4	15 32.1	29 08.4	16 40.6
	18	25 59.1	13 22.8	01♑43.1	21 53.6
	28	28 12.2	10 31.9	04 35.5	27 10.1
NOV	7	29 57.9	07 16.6	07 43.3	02♐29.6
	17	01♌11.5	04 02.7	11 04.4	07 51.5
	27	01 48.4	01 17.2	14 37.2	13 14.8
DEC	7	01 R44.5	29♈20.4	18 20.0	18 39.2
	17	00 58.0	28 24.0	22 11.5	24 03.9
	27	29♋31.5	28 D30.2	26 10.4	29 28.1
JAN	6	27♋32.2	29♈35.3	00♒15.8	04♑51.4

JAN	1	03 S 27.4	06 S 49.6	12 S 22.1	05 N 49.6
	21	00 29.6	06 19.5	12 27.5	05 49.7
FEB	10	02 N 42.9	05 21.2	12 04.0	07 05.1
MAR	2	06 00.4	04 04.5	11 13.7	09 27.9
	22	09 14.6	02 38.8	10 00.7	12 07.7
APR	11	12 18.8	01 13.3	08 32.4	13 47.1
MAY	1	15 07.1	00 N 02.4	06 59.6	13 43.9
	21	17 34.5	00 58.4	05 38.2	12 08.5
JUN	10	19 37.2	01 23.9	04 48.3	09 28.5
	30	21 12.5	01 06.6	04 47.0	06 06.5
JUL	20	22 19.8	00 S 07.3	05 37.7	02 18.7
AUG	9	23 00.7	02 32.8	07 06.9	01 S 42.7
	29	23 19.6	06 23.0	08 54.2	05 47.2
SEP	18	23 24.1	11 39.9	10 41.2	09 44.6
OCT	8	23 25.8	17 55.8	12 14.8	13 24.5
	28	23 40.4	23 55.9	13 25.7	16 37.0
NOV	17	24 26.4	27 58.6	14 07.3	19 12.3
DEC	7	25 59.0	29 04.6	14 15.4	21 02.5
	27	28 N 15.5	27 S 30.6	13 S 48.2	22 S 02.3

1935		1	2	3	4
JAN	1	28 R35.2	28♈55.7	28♑12.4	02♑09.9
	11	26♋24.2	00♉28.1	02♒20.6	07 32.4
	21	24 02.7	02 49.7	06 33.7	12 52.8
	31	21 48.7	05 52.8	10 50.9	18 10.3
FEB	10	19 58.8	09 31.4	15 11.5	23 24.4
	20	18 45.3	13 39.5	19 34.7	28 34.0
MAR	2	18 13.9	18 11.9	23 59.7	03♒38.6
	12	18 D25.7	23 04.7	28 26.0	08 37.1
	22	19 18.2	28 13.8	02♓52.9	13 28.3
APR	1	20 47.2	03♊36.2	07 19.8	18 11.5
	11	22 48.0	09 09.1	11 46.1	22 45.2
	21	25 15.8	14 49.7	16 10.8	27 07.7
MAY	1	28 06.3	20 35.9	20 33.5	01♓17.8
	11	01♌16.1	26 26.0	24 53.3	05 12.9
	21	04 41.8	02♋17.9	29 09.1	08 50.8
	31	08 20.8	08 10.3	03♈19.8	12 08.7
JUN	10	12 11.1	14 01.9	07 24.0	15 02.7
	20	16 10.6	19 51.4	11 20.1	17 29.1
	30	20 17.8	25 38.1	15 06.0	19 23.0
JUL	10	24 31.6	01♌21.4	18 38.9	20 39.3
	20	28 50.7	07 00.3	21 55.9	21 13.4
	30	03♍14.3	12 34.7	24 53.5	21 R01.5
AUG	9	07 41.4	18 04.2	27 26.1	20 02.5
	19	12 11.3	23 28.3	29 28.6	18 20.8
	29	16 43.3	28 46.9	00♉54.8	16 06.2
SEP	8	21 16.7	03♍59.7	01 38.7	13 35.5
	18	25 50.8	09 06.4	01 R35.1	11 09.0
	28	00♎25.0	14 06.8	00 41.8	09 05.4
OCT	8	04 58.6	19 00.4	29♈03.8	07 39.1
	18	09 30.7	23 46.6	26 55.2	06 57.3
	28	14 00.7	28 25.1	24 35.9	07 D01.4
NOV	7	18 27.5	02♎54.8	22 31.4	07 49.3
	17	22 50.2	07 14.7	21 03.8	09 16.3
	27	27 07.8	11 23.6	20 26.9	11 17.0
DEC	7	01♏18.9	15 19.8	20 D46.6	13 46.6
	17	05 21.9	19 01.3	22 01.2	16 40.1
	27	09 15.5	22 25.8	24 05.1	19 53.5
JAN	6	12♏57.3	25♎29.8	26♈51.7	23♓23.4

JAN	1	28 N 52.8	26 S 48.6	13 S 35.9	22 S 09.1
	21	31 08.6	23 12.7	12 25.1	22 04.7
FEB	10	32 27.8	18 53.1	10 42.8	21 13.3
MAR	2	32 41.5	14 21.3	08 33.9	19 43.4
	22	32 08.9	09 58.6	06 04.8	17 46.3
APR	11	31 05.3	06 00.8	03 22.9	15 35.3
MAY	1	29 35.5	02 40.6	00 37.0	13 25.1
	21	27 39.4	00 06.9	02 N 03.2	11 31.8
JUN	10	25 17.0	01 N 35.2	04 26.7	10 12.4
	30	22 29.8	02 25.2	06 20.5	09 45.6
JUL	20	19 21.1	02 26.9	07 28.8	10 28.3
AUG	9	15 55.5	01 47.7	07 33.1	12 25.2
	29	12 18.7	00 37.6	06 13.2	15 07.8
SEP	18	08 37.1	00 S 51.9	03 16.0	17 28.5
OCT	8	04 57.3	02 28.3	00 S 59.7	18 26.7
	28	01 26.3	03 58.3	05 13.1	17 52.2
NOV	17	01 S 48.8	05 07.2	07 38.8	16 06.4
DEC	7	04 41.7	05 39.3	07 37.0	13 32.2
	27	07 S 06.7	05 S 16.6	05 S 37.5	10 S 26.0

1936		1	2	3	4
JAN	1	11♏08.0	24♎00.6	25♈23.5	21♓36.6
	11	14 43.3	26 53.2	28 28.9	25 13.5
	21	18 03.6	29 20.1	02♉06.6	29 02.6
	31	21 06.1	01♏16.3	06 10.8	03♈01.6
FEB	10	23 47.6	02 36.5	10 35.8	07 08.4
	20	26 04.7	03 15.2	15 17.4	11 21.6
MAR	1	27 53.2	03 R07.2	20 12.3	15 39.7
	11	29 09.2	02 09.5	25 17.2	20 01.4
	21	29 49.0	00 22.6	00♊29.0	24 25.8
	31	29 R49.2	27♎53.3	05 46.2	28 52.1
APR	10	29 09.4	24 56.4	11 06.8	03♉19.3
	20	27 51.7	21 51.6	16 29.3	07 46.8
	30	26 02.6	19 00.6	21 52.5	12 14.1
MAY	10	23 53.9	16 42.0	27 15.1	16 40.4
	20	21 39.9	15 06.9	02♋36.7	21 05.3
	30	19 36.2	14 19.8	07 56.6	25 28.3
JUN	9	17 56.1	14 D19.4	13 13.7	29 48.7
	19	16 48.3	15 01.6	18 27.9	04♊06.0
	29	16 17.4	16 21.4	23 38.9	08 19.6
JUL	9	16 D24.1	18 13.0	28 46.1	12 28.6
	19	17 06.0	20 31.4	03♌49.1	16 32.4
	29	18 20.1	23 12.5	08 47.8	20 29.8
AUG	8	20 02.5	26 12.2	13 41.7	24 19.8
	18	22 09.3	29 27.6	18 30.6	28 01.1
	28	24 37.3	02♏56.2	23 13.9	01♋31.7
SEP	7	27 22.9	06 35.5	27 51.2	04 49.7
	17	00♐23.8	10 23.9	02♍22.1	07 52.7
	27	03 37.5	14 19.8	06 45.8	10 37.4
OCT	7	07 02.0	18 21.6	11 01.4	13 00.4
	17	10 35.5	22 28.4	15 08.0	14 57.5
	27	14 16.7	26 38.9	19 04.4	16 23.6
NOV	6	18 03.9	00♐51.9	22 49.2	17 13.9
	16	21 56.2	05 06.7	26 20.5	17 R23.6
	26	25 52.4	09 22.1	29 36.3	16 49.1
DEC	6	29 51.4	13 37.2	02♎34.2	15 30.6
	16	03♑52.3	17 51.1	05 11.3	13 32.3
	26	07 54.1	22 02.5	07 24.1	11 05.7
JAN	5	11♑55.7	26♐10.6	09♎09.1	08♋27.6

JAN	1	07 S 38.0	05 S 00.1	04 S 55.0	09 S 35.8
	21	09 22.3	03 01.6	01 34.3	06 05.4
FEB	10	10 32.4	00 N 34.1	02 N 09.9	02 25.7
MAR	1	11 09.9	05 52.1	05 51.1	01 N 15.2
	21	11 19.8	12 21.0	09 10.0	04 50.1
APR	10	11 10.9	18 36.0	11 52.0	08 12.3
	30	10 56.4	22 55.5	13 47.7	11 16.0
MAY	20	10 54.1	24 36.1	14 52.2	13 56.1
JUN	9	11 20.7	24 04.1	15 05.0	16 08.5
	29	12 23.3	22 08.0	14 29.5	17 50.6
JUL	19	13 57.6	19 27.6	13 12.0	19 01.6
AUG	8	15 53.0	16 28.6	11 20.8	19 42.6
	28	17 58.0	13 28.2	09 04.8	19 57.6
SEP	17	20 02.0	10 38.1	06 33.7	19 53.6
OCT	7	21 55.9	08 07.5	03 57.3	19 41.2
	27	23 32.2	06 03.9	01 25.4	19 34.8
NOV	16	24 44.7	04 33.7	00 S 51.4	19 50.4
DEC	6	25 29.5	03 41.9	02 41.6	20 38.8
	26	25 S 44.8	03 N 31.5	03 S 52.4	21 N 53.6

1937		Ceres 1	Pallas 2	Juno 3	Vesta 4
JAN	1	10♑19.1	24♐31.8	08♎30.7	09R31.0
	11	14 20.4	28 37.4	09 57.1	06♋55.3
	21	18 20.1	02♑37.6	10 49.2	04 38.9
	31	22 17.2	06 31.3	11R03.8	02 56.8
FEB	10	26 10.9	10 17.1	10 38.6	01 57.3
	20	00♒00.0	13 53.3	09 33.5	01D43.5
MAR	2	03 43.4	17 18.2	07 52.8	02 13.5
	12	07 19.9	20 29.8	05 44.5	03 23.2
	22	10 48.1	23 25.8	03 21.0	05 07.9
APR	1	14 06.4	26 03.5	00 57.4	07 22.2
	11	17 13.3	28 20.0	28♍47.9	10 01.8
	21	20 06.7	00♒11.6	27 04.2	13 02.6
MAY	1	22 44.2	01 34.6	25 53.3	16 21.1
	11	25 03.5	02 25.2	25 18.0	19 54.6
	21	27 01.3	02R39.1	25D18.1	23 40.9
	31	28 34.7	02 13.8	25 50.9	27 37.9
JUN	10	29 40.1	01 07.8	26 52.9	01♌44.1
	20	00♓14.1	29♑23.1	28 20.6	05 58.3
	30	00R14.1	27 06.5	00♎10.1	10 19.2
JUL	10	29♒38.6	24 28.7	02 18.2	14 46.2
	20	28 28.6	21 44.6	04 42.1	19 18.5
	30	26 48.5	19 10.2	07 19.2	23 55.2
AUG	9	24 46.5	16 58.8	10 07.4	28 36.1
	19	22 34.7	15 20.3	13 05.0	03♍20.4
	29	20 26.6	14 19.3	16 10.1	08 07.7
SEP	8	18 35.3	13 56.5	19 21.6	12 57.7
	18	17 11.4	14D10.1	22 38.2	17 49.7
	28	16 21.0	14 56.5	25 58.7	22 43.3
OCT	8	16D06.9	16 11.8	29 22.1	27 38.0
	18	16 28.8	17 52.0	02♏47.5	02♎33.2
	28	17 24.1	19 53.3	06 13.8	07 28.3
NOV	7	18 49.8	22 12.4	09 40.0	12 22.5
	17	20 42.4	24 46.5	13 05.2	17 15.0
	27	22 58.0	27 32.7	16 28.2	22 05.0
DEC	7	25 33.5	00♒29.1	19 47.9	26 51.2
	17	28 25.9	03 33.6	23 02.9	01♏32.3
	27	01♓32.4	06 44.5	26 12.0	06 07.1
JAN	6	04♓50.9	10♒00.2	29♏13.6	10♏33.7
JAN	1	25S43.7	03N36.7	04S03.8	22N17.5
	21	25 22.6	04 21.7	04 02.3	23 29.5
FEB	10	24 38.3	05 47.6	02 51.0	24 23.1
MAR	2	23 37.7	07 50.4	00 30.8	25 01.1
	22	22 29.9	10 23.6	02N29.0	25 24.7
APR	11	21 25.6	13 17.5	05 13.7	25 29.5
MAY	1	20 37.1	16 17.4	06 57.7	25 09.2
	21	20 18.1	19 01.2	07 29.5	24 18.5
JUN	10	20 42.1	20 57.6	07 00.0	22 54.9
	30	21 58.3	21 31.0	05 45.8	20 58.4
JUL	20	24 01.9	20 18.4	04 01.3	18 30.9
AUG	9	26 22.6	17 28.8	01 58.0	15 36.8
	29	28 10.4	13 41.3	00S15.2	12 21.4
SEP	18	28 48.8	09 42.6	02 30.7	08 51.2
OCT	8	28 16.4	06 06.8	04 41.7	05 13.6
	28	26 51.1	03 12.1	06 41.9	01 36.8
NOV	17	24 49.5	01 05.2	08 25.5	01S50.8
DEC	7	[illegible]	[illegible]	[illegible]	[illegible]

1938		Ceres 1	Pallas 2	Juno 3	Vesta 4
JAN	1	03♓10.3	08♒21.8	27♏43.9	08♏21.6
	11	06 34.0	11 39.5	00♐41.0	12 43.2
	21	10 06.6	14 59.8	03 27.9	16 53.4
	31	13 46.5	18 21.8	06 02.6	20 49.8
FEB	10	17 32.2	21 44.1	08 22.5	24 28.9
	20	21 22.4	25 05.7	10 25.2	27 47.0
MAR	2	25 15.9	28 25.5	12 07.8	00♐39.9
	12	29 11.8	01♓42.5	13 27.0	03 02.5
	22	03♈09.0	04 55.3	14 19.7	04 49.3
APR	1	07 06.6	08 03.2	14 42.9	05 54.4
	11	11 03.8	11 04.6	14R34.0	06R12.5
	21	14 59.8	13 58.2	13 52.0	05 41.8
MAY	1	18 53.8	16 42.7	12 37.7	04 23.2
	11	22 44.9	19 16.2	10 55.1	02 25.3
	21	26 32.2	21 36.9	08 51.5	00 04.2
	31	00♉14.8	23 42.4	06 37.2	27♏40.6
JUN	10	03 51.6	25 30.2	04 24.3	25 36.4
	20	07 21.4	26 57.3	02 24.8	24 08.7
	30	10 42.9	28 00.5	00 48.0	23 26.8
JUL	10	13 54.3	28 36.2	29♏40.9	23D34.0
	20	16 53.8	28R41.1	29 06.3	24 27.9
	30	19 39.0	28 12.3	29D04.8	26 04.2
AUG	9	22 07.1	27 08.3	29 35.0	28 17.4
	19	24 15.2	25 30.2	00♐34.3	01♐01.6
	29	25 59.5	23 22.3	01 59.7	04 12.1
SEP	8	27 15.9	20 53.2	03 48.4	07 44.9
	18	28 00.5	18 15.3	05 57.3	11 35.9
	28	28R09.4	15 42.4	08 23.8	15 42.2
OCT	8	27 40.2	13 28.3	11 05.6	20 01.5
	18	26 32.9	11 43.3	14 00.5	24 31.5
	28	24 51.2	10 33.8	17 06.9	29 10.5
NOV	7	22 44.2	10 02.6	20 22.9	03♑56.8
	17	20 25.3	10D08.9	23 47.2	08 49.2
	27	18 10.3	10 50.4	27 18.6	13 46.8
DEC	7	16 14.9	12 03.8	00♑55.6	18 48.2
	17	14 50.8	13 45.3	04 37.3	23 52.4
	27	14 05.0	15 51.5	08 22.7	28 59.0
JAN	6	14D00.0	18♓19.1	12♑10.6	04♒06.8
JAN	1	18S49.9	00S49.7	10S51.6	08S18.6
	21	15 43.9	00 35.3	11 09.1	10 17.8
FEB	10	12 28.4	00N10.4	10 54.5	11 36.9
MAR	2	09 08.6	01 19.8	10 08.2	12 15.1
	22	05 49.7	02 45.0	08 53.2	12 16.5
APR	11	02 36.8	04 17.7	07 16.7	11 51.3
MAY	1	00N24.9	05 48.8	05 32.7	11 17.6
	21	03 10.6	07 08.2	04 03.4	11 00.8
JUN	10	05 36.0	08 03.9	03 13.3	11 26.0
	30	07 37.3	08 20.7	03 16.5	12 42.8
JUL	20	09 11.6	07 39.7	04 09.2	14 40.8
AUG	9	10 16.9	05 41.4	05 35.9	17 00.7
	29	10 53.2	02 17.5	07 19.9	19 22.9
SEP	18	11 02.2	02S07.3	09 07.1	21 31.0
OCT	8	10 49.4	06 32.4	10 46.8	23 11.1
	28	10 25.2	09 58.6	12 10.6	24 12.6
NOV	17	10 07.7	12 02.3	13 12.0	24 28.3
DEC	7	[illegible]	[illegible]	[illegible]	[illegible]

1939		Ceres 1	Pallas 2	Juno 3	Vesta 4
JAN	1	13R57.4	17♓02.8	10♑16.4	01♒32.8
	11	14D12.4	19 39.9	14 05.2	06 41.0
	21	15♉05.2	22 34.2	17 55.3	11 49.5
	31	16 32.4	25 43.5	21 45.5	16 57.5
FEB	10	18 29.3	29 05.6	25 35.0	22 04.3
	20	20 51.7	02♈39.0	29 22.7	27 09.5
MAR	2	23 36.0	06 22.3	03♒07.6	02♓12.3
	12	26 38.3	10 14.2	06 48.5	07 12.1
	22	29 56.0	14 14.0	10 24.4	12 08.4
APR	1	03♊26.6	18 20.7	13 53.7	17 00.4
	11	07 07.8	22 33.7	17 15.0	21 47.5
	21	10 57.9	26 52.6	20 26.5	26 29.1
MAY	1	14 55.5	01♉16.9	23 26.0	01♈04.3
	11	18 59.1	05 46.1	26 11.2	05 32.2
	21	23 07.9	10 20.2	28 39.2	09 51.9
	31	27 21.0	14 58.8	00♓46.4	14 02.1
JUN	10	01♋37.3	19 41.6	02 29.2	18 01.6
	20	05 56.4	24 28.5	03 42.9	21 48.6
	30	10 17.4	29 19.0	04 23.2	25 20.9
JUL	10	14 39.9	04♊12.9	04R26.1	28 36.4
	20	19 03.3	09 09.7	03 48.4	01♉32.1
	30	23 26.9	14 08.5	02 30.4	04 04.3
AUG	9	27 50.0	19 08.8	00 37.0	06 09.2
	19	02♌12.3	24 09.5	28♒18.3	07 42.0
	29	06 32.8	29 08.9	25 50.3	08 37.8
SEP	8	10 50.6	04♋05.2	23 31.3	08R52.4
	18	15 05.1	08 56.1	21 38.2	08 22.2
	28	19 14.8	13 38.4	20 24.4	07 07.3
OCT	8	23 18.7	18 08.3	19 55.9	05 12.8
	18	27 15.1	22 20.3	20D14.4	02 49.2
	28	01♍02.0	26 08.3	21 18.4	00 13.8
NOV	7	04 37.6	29 25.2	23 03.5	27♈45.6
	17	07 58.9	02♌00.7	25 25.4	25 42.5
	27	11 02.9	03 44.2	28 19.4	24 17.4
DEC	7	13 46.0	04 25.4	01♓41.0	23 36.2
	17	16 03.8	03R55.2	05 26.8	23D39.7
	27	17 51.5	02 12.1	09 33.3	24 25.5
JAN	6	19♍04.4	29♋27.5	13♓57.5	25♈48.7
JAN	1	11N30.0	12S26.5	13S46.6	22S06.7
	21	13 10.5	11 21.4	13 12.0	19 53.5
FEB	10	15 15.9	09 49.6	12 08.2	17 07.9
MAR	2	17 32.6	08 02.8	10 38.7	13 59.7
	22	19 48.0	06 11.5	08 49.0	10 39.3
APR	11	21 51.7	04 25.3	06 46.4	07 16.7
MAY	1	23 35.0	02 53.7	04 40.0	04 01.3
	21	24 51.3	01 46.2	02 41.5	01 02.1
JUN	10	25 35.9	01 12.1	01 06.4	01N32.6
	30	25 46.3	01 20.1	00 15.2	03 35.3
JUL	20	25 22.8	02 18.1	00 32.9	04 58.5
AUG	9	24 28.1	04 12.1	02 18.8	05 35.6
	29	23 07.3	07 04.5	05 21.3	05 21.7
SEP	18	21 28.0	10 52.7	08 45.9	04 17.6
OCT	8	19 40.0	15 27.4	11 29.6	02 38.4
	28	17 55.4	20 30.3	13 01.1	01 02.6
NOV	17	16 28.5	25 29.4	13 17.0	00 18.4
DEC	7	15 36.0	29 32.6	12 25.1	00 48.9

		1	2	3	4
JAN	1	18♍32.6	00R56.2	11♓43.3	25♈02.7
	11	19 26.1	27♋49.9	16 15.6	26 42.8
	21	19R37.9	24 27.5	21 02.6	28 52.9
	31	19 05.9	21 26.7	26 01.9	01♉27.9
FEB	10	17 51.4	19 16.0	01♈12.2	04 23.9
	20	16 01.2	18 10.0	06 31.8	07 37.2
MAR	1	13 48.3	18D08.4	11 59.5	11 04.5
	11	11 29.6	19 04.6	17 34.2	14 43.5
	21	09 23.8	20 49.2	23 14.8	18 32.1
	31	07 46.2	23 12.2	29 00.1	22 28.3
APR	10	06 46.4	26 04.9	04♉49.4	26 30.8
	20	06D29.1	29 21.2	10 41.9	00♊38.4
	30	06 53.5	02♌55.4	16 36.4	04 49.8
MAY	10	07 56.5	06 43.5	22 32.4	09 04.4
	20	09 33.7	10 42.2	28 28.9	13 21.3
	30	11 40.3	14 49.0	04♊25.1	17 39.7
JUN	9	14 11.8	19 02.4	10 20.4	21 59.4
	19	17 04.3	23 20.9	16 13.8	26 19.4
	29	20 14.1	27 42.9	22 04.4	00♋39.5
JUL	9	23 38.6	02♍08.1	27 51.9	04 59.1
	19	27 15.3	06 35.8	03♋35.0	09 17.6
	29	01♎01.9	11 05.2	09 13.1	13 34.5
AUG	8	04 57.1	15 36.1	14 45.3	17 49.2
	18	08 59.2	20 08.0	20 10.5	22 00.9
	28	13 06.9	24 40.6	25 28.0	26 08.9
SEP	7	17 19.4	29 13.8	00♌36.5	00♌12.2
	17	21 35.6	03♎46.9	05 34.5	04 09.5
	27	25 54.5	08 19.7	10 20.9	07 59.7
OCT	7	00♏15.7	12 51.9	14 53.8	11 40.8
	17	04 38.0	17 22.9	19 11.0	15 10.8
	27	09 00.8	21 52.3	23 10.3	18 27.4
NOV	6	13 23.5	26 19.4	26 48.7	21 27.4
	16	17 45.1	00♏43.5	00♍02.7	24 07.2
	26	22 04.9	05 03.9	02 48.4	26 22.6
DEC	6	26 22.0	09 19.4	05 00.7	28 08.5
	16	00♐35.4	13 28.8	06 35.0	29 19.5
	26	04 44.2	17 31.0	07 26.4	29 50.4
JAN	5	08♐47.2	21♏24.3	07R30.5	29R36.3
JAN	1	15N45.2	31S23.7	10S00.8	02N56.2
	21	17 07.7	28 51.6	07 16.1	05 23.5
FEB	10	19 28.1	22 46.0	04 00.9	08 10.5
MAR	1	21 59.2	14 44.0	00 28.5	11 02.9
	21	23 30.9	06 45.9	03N07.5	13 49.7
APR	10	23 24.0	00 09.2	06 33.0	16 21.8
	30	21 49.3	04N39.9	09 34.7	18 32.1
MAY	20	19 15.9	07 45.1	12 00.4	20 14.8
JUN	9	16 06.1	09 21.5	13 40.2	21 25.9
	29	12 34.0	09 47.3	14 28.0	22 03.4
JUL	19	08 48.1	09 19.9	14 22.3	22 07.2
AUG	8	04 55.4	08 15.2	13 26.0	21 39.5
	28	01 01.8	06 47.2	11 46.6	20 44.8
SEP	17	02S47.0	05 08.9	09 34.6	19 30.2
OCT	7	06 25.4	03 32.4	07 03.0	18 05.2
	27	09 47.6	02 09.3	04 26.6	16 42.3
NOV	16	12 48.6	01 11.0	02 02.7	15 37.8
DEC	6	15 24.0	00 48.3	00 11.9	15 11.3
	26	17S30.9	01N11.4	00S40.6	15N44.0

1941		1	2	3	4
JAN	1	07♐10.7	19♏52.2	07♍34.7	29R47.5
	11	11 09.6	23 39.0	07R09.5	29♌05.6
	21	15 00.6	27 13.7	05 56.8	27 38.3
	31	18 42.2	00♐33.7	04 02.3	25 31.8
FEB	10	22 12.6	03 35.8	01 39.0	23 00.0
	20	25 29.9	06 16.8	29♌04.4	20 22.2
MAR	2	28 31.9	08 32.3	26 37.8	17 58.8
	12	01♑16.0	10 17.5	24 36.6	16 07.8
	22	03 39.3	11 27.5	23 11.8	14 59.9
APR	1	05 38.4	11 56.5	22 28.3	14D39.6
	11	07 09.9	11R40.0	22D26.2	15 06.2
	21	08 10.4	10 35.7	23 02.2	16 15.5
MAY	1	08 36.4	08 44.7	24 11.9	18 02.6
	11	08R25.6	06 14.9	25 50.4	20 22.3
	21	07 37.8	03 20.7	27 52.8	23 09.5
	31	06 15.4	00 21.4	00♍15.3	26 20.2
JUN	10	04 25.1	27♏37.7	02 54.4	29 50.7
	20	02 17.4	25 26.0	05 46.8	03♍37.8
	30	00 05.5	23 56.4	08 50.2	07 39.3
JUL	10	28♐03.7	23 13.0	12 02.7	11 53.1
	20	26 24.1	23D14.0	15 22.5	16 17.3
	30	25 14.9	23 55.9	18 48.1	20 50.9
AUG	9	24 41.0	25 13.4	22 18.4	25 32.5
	19	24D42.8	27 01.1	25 52.1	00♎21.1
	29	25 19.1	29 14.4	29 28.7	05 16.0
SEP	8	26 27.1	01♐49.1	03♎06.8	10 16.3
	18	28 03.1	04 41.2	06 46.0	15 21.4
	28	00♑03.7	07 48.0	10 25.3	20 30.7
OCT	8	02 25.6	11 06.7	14 03.8	25 43.5
	18	05 05.6	14 35.1	17 40.9	00♏59.2
	28	08 01.2	18 11.4	21 15.6	06 17.5
NOV	7	11 09.9	21 53.8	24 46.8	11 37.5
	17	14 29.6	25 40.9	28 13.6	16 58.7
	27	17 58.6	29 31.6	01♏34.7	22 20.5
DEC	7	21 35.2	03♑24.3	04 48.7	27 42.2
	17	25 18.0	07 18.1	07 54.1	03♐03.1
	27	29 05.7	11 12.0	10 49.0	08 22.4
JAN	6	02♒57.1	15♑04.6	13♏31.5	13♐39.1
JAN	1	18S03.2	01N28.6	00S40.9	16N07.8
	21	19 32.0	03 03.7	00N20.8	18 12.2
FEB	10	20 34.8	05 40.1	02 55.4	20 55.5
MAR	2	21 17.7	09 16.7	06 18.1	23 09.4
	22	21 50.3	13 42.4	09 19.0	24 05.4
APR	11	22 24.8	18 29.7	11 16.4	23 43.3
MAY	1	23 13.1	22 50.1	12 04.7	22 21.7
	21	24 21.6	25 43.7	11 54.4	20 15.2
JUN	10	25 42.5	26 28.8	10 58.1	17 32.4
	30	26 55.1	25 07.8	09 27.3	14 19.5
JUL	20	27 44.3	22 18.4	07 31.2	10 42.4
AUG	9	28 13.9	18 45.3	05 18.0	06 47.4
	29	28 34.1	15 03.1	02 55.0	02 41.4
SEP	18	28 48.6	11 34.0	00 29.0	01S27.8
OCT	8	28 54.4	08 31.4	01S53.6	05 31.8
	28	28 45.9	06 03.5	04 06.2	09 21.8
NOV	17	28 17.5	04 15.0	06 02.5	12 48.4
DEC	7	27 26.0	03 08.5	07 36.3	15 43.0
	27	26S10.2	02N44.0	08S41.7	17S58.2

1942		1	2	3	4
JAN	1	01♒01.0	13♑08.5	12♏11.9	11♐01.1
	11	04 53.8	17 00.2	14 47.4	16 16.4
	21	08 48.7	20 49.4	17 06.8	21 28.0
	31	12 44.6	24 34.7	19 07.4	26 34.6
FEB	10	16 40.6	28 15.2	20 46.3	01♑35.3
	20	20 35.7	01♒49.7	22 00.1	06 28.9
MAR	2	24 29.0	05 16.8	22 45.6	11 13.7
	12	28 19.4	08 35.2	23R00.0	15 48.3
	22	02♓06.2	11 43.4	22 41.0	20 10.6
APR	1	05 48.1	14 39.6	21 48.2	24 18.4
	11	09 24.1	17 22.0	20 23.8	28 09.3
	21	12 53.0	19 48.2	18 32.7	01♒39.9
MAY	1	16 13.4	21 55.6	16 23.9	04 46.5
	11	19 23.7	23 41.5	14 08.6	07 25.0
	21	22 22.2	25 02.6	11 58.8	09 30.3
	31	25 06.7	25 55.4	10 06.1	10 57.0
JUN	10	27 35.0	26 16.8	08 38.7	11 40.4
	20	29 44.0	26R03.6	07 41.7	11R36.1
	30	01♈30.8	25 14.3	07 17.1	10 43.5
JUL	10	02 51.9	23 49.5	07D24.3	09 06.9
	20	03 43.5	21 52.6	08 01.5	06 56.7
	30	04 02.5	19 31.5	09 06.0	04 30.8
AUG	9	03R46.3	16 57.3	10 34.4	02 09.7
	19	02 54.0	14 23.5	12 24.0	00 13.3
	29	01 28.1	12 03.7	14 31.9	28♑55.7
SEP	8	29♓34.8	10 08.6	16 55.6	28 23.5
	18	27 24.2	08 45.4	19 33.0	28D38.3
	28	25 10.2	07 57.6	22 22.0	29 37.5
OCT	8	23 06.8	07D45.0	25 20.8	01♒15.8
	18	21 26.8	08 05.9	28 28.1	03 28.1
	28	20 19.1	08 57.2	01♐42.3	06 09.2
NOV	7	19 47.9	10 15.2	05 02.3	09 14.4
	17	19D54.6	11 56.6	08 26.9	12 39.9
	27	20 37.3	13 57.8	11 54.8	16 21.8
DEC	7	21 52.7	16 16.0	15 25.2	20 17.4
	17	23 37.3	18 48.5	18 56.8	24 24.4
	27	25 47.2	21 32.8	22 28.6	28 40.6
JAN	6	28♓18.6	24♒26.9	25♐59.7	03♓04.0
JAN	1	25S47.6	02N44.3	08S52.9	18S25.1
	21	24 04.1	03 10.0	09 15.3	19 44.7
FEB	10	22 03.2	04 11.6	08 58.7	20 19.6
MAR	2	19 50.8	05 43.7	08 00.9	20 15.0
	22	17 33.9	07 39.5	06 24.7	19 40.9
APR	11	15 20.5	09 50.9	04 21.6	18 52.0
MAY	1	13 18.9	12 07.7	02 16.9	18 07.5
	21	11 38.4	14 16.5	00 44.4	17 50.3
JUN	10	10 28.7	15 58.3	00 08.1	18 24.7
	30	09 59.9	16 47.8	00 30.2	20 05.2
JUL	20	10 21.3	16 16.8	01 38.0	22 34.6
AUG	9	11 35.9	14 09.1	03 15.0	24 56.3
	29	13 31.9	10 40.5	05 06.9	26 18.5
SEP	18	15 32.8	06 36.8	07 02.3	26 33.6
OCT	8	16 48.4	02 46.7	08 52.3	25 54.9
	28	16 47.1	00S19.4	10 29.5	24 33.6
NOV	17	15 31.5	02 30.6	11 47.8	22 34.9
DEC	7	13 20.8	03 47.8	12 42.4	20 03.1
	27	10S34.0	04S16.9	13S09.9	17S02.8

1943	Ceres 1	Pallas 2	Juno 3	Vesta 4
JAN 1	27♓00.4	22♒58.7	24♐14.3	00♓51.4
11	29 41.4	25 57.1	27 44.5	05 18.1
21	02♈39.2	29 02.7	01♑12.0	09 49.9
31	05 50.9	02♓13.8	04 35.7	14 25.6
FEB 10	09 14.5	05 29.4	07 54.3	19 04.2
20	12 47.8	08 47.9	11 06.1	23 44.7
MAR 2	16 28.9	12 08.4	14 09.8	28 26.1
12	20 16.6	15 29.9	17 03.3	03♈08.0
22	24 09.3	18 51.2	19 44.5	07 49.4
APR 1	28 06.0	22 11.5	22 11.3	12 29.8
11	02♉05.7	25 29.8	24 20.7	17 08.6
21	06 07.4	28 45.1	26 09.6	21 45.2
MAY 1	10 10.4	01♈56.4	27 34.9	26 19.0
11	14 13.9	05 02.5	28 32.6	00♉49.5
21	18 17.2	08 02.1	28 59.2	05 16.1
31	22 19.6	10 53.9	28R51.9	09 38.1
JUN 10	26 20.4	13 36.1	28 08.4	13 55.0
20	00♊18.7	16 06.6	26 50.0	18 05.6
30	04 13.9	18 23.3	25 00.5	22 09.4
JUL 10	08 05.1	20 22.9	22 48.4	26 05.0
20	11 51.1	22 02.4	20 26.5	29 51.1
30	15 31.0	23 17.8	18 08.8	03♊26.2
AUG 9	19 03.1	24 04.5	16 09.5	06 48.3
19	22 25.9	24R17.9	14 39.8	09 54.9
29	25 37.5	23 53.7	13 46.2	12 43.5
SEP 8	28 35.3	22 48.6	13D31.9	15 10.3
18	01♋16.6	21 02.7	13 56.3	17 11.5
28	03 38.1	18 40.1	14 57.0	18 42.6
OCT 8	05 35.6	15 51.4	16 30.9	19 38.4
18	07 05.1	12 53.0	18 34.2	19R54.5
28	08 01.8	10 03.5	21 03.2	19 27.4
NOV 7	08 21.2	07 40.9	23 55.0	18 16.0
17	08R00.4	05 58.7	27 06.4	16 24.5
27	06 58.6	05 03.4	00♒35.1	14 02.5
DEC 7	05 19.3	04D57.1	04 18.8	11 25.9
17	03 12.1	05 37.4	08 15.5	08 53.7
27	00 50.9	07 00.2	12 23.7	06 43.8
JAN 6	28♊33.6	09♈01.0	16♒42.1	05♊09.9
JAN 1	09S48.4	04S17.6	13S12.3	16S14.0
21	06 35.0	03 57.9	13 03.6	12 46.7
FEB 10	03 10.8	03 09.0	12 26.7	09 06.0
MAR 2	00N17.0	01 59.6	11 24.4	05 19.3
22	03 42.0	00 38.7	10 01.6	01 34.1
APR 11	06 58.6	00N44.8	08 25.6	02N02.5
MAY 1	10 01.6	02 01.5	06 46.9	05 24.2
21	12 46.6	03 01.6	05 19.6	08 25.4
JUN 10	15 09.9	03 33.7	04 22.3	11 01.3
30	17 09.2	03 24.7	04 15.5	13 08.3
JUL 20	18 43.4	02 18.5	05 10.3	14 44.4
AUG 9	19 53.7	00S02.2	06 56.3	15 49.3
29	20 43.8	03 51.2	09 05.3	16 25.1
SEP 18	21 20.8	09 01.5	11 08.9	16 36.7
OCT 8	21 55.4	14 41.5	12 48.3	16 31.8
28	22 41.0	19 21.1	13 53.2	16 19.8
NOV 17	23 49.1	21 53.3	14 18.3	16 10.2

1944	Ceres 1	Pallas 2	Juno 3	Vesta 4
JAN 1	29R40.6	07♈56.2	14♒31.8	05R51.8
11	27♊31.8	10 14.1	18 54.7	04♊39.0
21	25 50.5	13 02.8	23 25.9	04 10.7
31	24 47.0	16 18.4	28 04.5	04D26.3
FEB 10	24D26.0	19 57.6	02♓49.7	05 22.6
20	24 47.2	23 57.1	07 40.5	06 54.5
MAR 1	25 47.9	28 14.8	12 36.5	08 57.1
11	27 23.8	02♉48.3	17 36.7	11 25.7
21	29 30.0	07 36.2	22 41.1	14 16.0
31	02♋02.2	12 36.8	27 49.0	17 24.4
APR 10	04 56.4	17 48.7	02♈59.7	20 48.0
20	08 08.9	23 10.6	08 13.1	24 24.1
30	11 36.8	28 41.8	13 28.8	28 10.8
MAY 10	15 17.7	04♊20.6	18 46.2	02♋06.3
20	19 09.3	10 06.2	24 04.9	06 09.1
30	23 10.1	15 57.4	29 24.3	10 18.3
JUN 9	27 18.4	21 53.0	04♉44.2	14 32.7
19	01♌33.0	27 51.9	10 03.7	18 51.6
29	05 53.1	03♋52.8	15 21.8	23 14.3
JUL 9	10 17.5	09 54.4	20 37.6	27 40.1
19	14 45.6	15 55.6	25 50.6	02♌08.6
29	19 16.5	21 55.2	00♊58.7	06 39.3
AUG 8	23 49.6	27 51.7	06 00.2	11 11.5
18	28 24.4	03♌44.1	10 53.1	15 45.0
28	03♍00.1	09 31.4	15 35.3	20 19.3
SEP 7	07 36.1	15 12.1	20 03.3	24 53.6
17	12 11.8	20 45.5	24 13.3	29 27.7
27	16 46.4	26 10.1	28 00.2	04♍00.7
OCT 7	21 19.1	01♍24.9	01♋19.4	08 31.9
17	25 49.2	06 28.7	04 04.1	13 00.6
27	00♎15.5	11 19.8	06 06.5	17 25.6
NOV 6	04 37.0	15 56.6	07 19.9	21 45.6
16	08 52.5	20 17.3	07R38.4	25 59.5
26	13 00.4	24 19.4	06 59.5	00♎05.2
DEC 6	16 58.9	28 00.0	05 28.8	04 00.8
16	20 46.2	01♎15.6	03 19.9	07 43.8
26	24 19.7	04 01.9	00 55.5	11 11.0
JAN 5	27♎36.8	06♎14.1	28♊42.8	14♎19.1
JAN 1	27N08.8	20S33.3	12S41.3	16N38.8
21	28 08.2	18 09.8	10 53.9	17 30.9
FEB 10	28 45.1	15 18.0	08 33.4	18 45.9
MAR 1	29 11.0	12 14.9	05 47.1	20 12.5
21	29 28.3	09 13.4	02 43.3	21 37.3
APR 10	29 31.1	06 24.8	00N28.5	22 48.6
30	29 11.9	03 59.1	03 38.1	23 37.0
MAY 20	28 24.4	02 05.3	06 34.6	23 55.7
JUN 9	27 05.5	00 50.7	09 06.3	23 40.8
29	25 14.8	00 19.7	11 01.9	22 51.0
JUL 19	22 54.9	00 33.5	12 10.6	21 27.2
AUG 8	20 10.4	01 29.5	12 24.1	19 32.6
28	17 07.2	03 01.2	11 37.9	17 12.3
SEP 17	13 52.6	04 59.0	09 53.6	14 32.6
OCT 7	10 34.4	07 11.1	07 20.3	11 41.4
27	07 21.0	09 23.6	04 18.1	08 47.6
NOV 16	04 21.2	11 20.3	01 23.3	06 01.4
DEC 6	[illegible]	[illegible]	[illegible]	03 34.4

1945	Ceres 1	Pallas 2	Juno 3	Vesta 4
JAN 1	26♎20.1	05♎25.6	29R32.9	13♎06.4
11	29 26.0	07 14.6	27♊38.2	16 00.9
21	02♏10.0	08 19.8	26 26.7	18 28.7
31	04 28.4	08R35.6	26D06.0	20 24.7
FEB 10	06 16.9	07 57.6	26 36.0	21 43.2
20	07 30.9	06 24.8	27 52.6	22 18.0
MAR 2	08 06.5	04 03.0	29 49.1	22R05.3
12	08R00.7	01 05.4	02♋17.8	21 03.9
22	07 12.7	27♍52.9	05 13.0	19 18.0
APR 1	05 46.3	24 50.2	08 29.2	17 00.0
11	03 49.8	22 18.1	12 01.8	14 28.2
21	01 36.3	20 30.1	15 47.2	12 05.0
MAY 1	29♎22.5	19 32.1	19 42.3	10 10.7
11	27 24.2	19D23.1	23 44.9	08 58.8
21	25 54.2	19 59.3	27 53.3	08D35.9
31	25 00.4	21 14.5	02♌05.6	09 02.3
JUN 10	24D45.4	23 02.7	06 20.7	10 14.1
20	25 08.9	25 19.0	10 37.9	12 06.5
30	26 07.7	27 58.5	14 56.0	14 33.7
JUL 10	27 37.8	00♎57.1	19 14.5	17 30.1
20	29 35.3	04 12.0	23 32.7	20 51.5
30	01♏56.0	07 40.2	27 50.1	24 33.7
AUG 9	04 36.5	11 19.7	02♍06.4	28 33.4
19	07 33.8	15 08.8	06 20.9	02♏48.0
29	10 45.0	19 05.7	10 33.0	07 14.9
SEP 8	14 08.1	23 09.4	14 42.6	11 52.5
18	17 41.3	27 18.8	18 48.8	16 39.2
28	21 22.5	01♏32.5	22 51.1	21 33.3
OCT 8	25 10.8	05 50.0	26 48.8	26 34.1
18	29 04.7	10 10.3	00♎41.0	01♐40.3
28	03♐03.1	14 32.4	04 26.9	06 51.0
NOV 7	07 05.0	18 55.8	08 05.2	12 05.5
17	11 09.5	23 19.3	11 34.6	17 22.9
27	15 15.5	27 42.2	14 53.7	22 42.4
DEC 7	19 22.4	02♐03.6	18 00.6	28 03.6
17	23 29.1	06 22.4	20 53.1	03♑25.4
27	27 34.8	10 37.6	23 28.9	08 47.4
JAN 6	01♑38.5	14♐48.0	25♎45.2	14♑09.0
JAN 1	00S52.9	12S53.0	00N05.5	01N13.0
21	02 07.3	11 05.9	02 41.8	00 20.2
FEB 10	02 35.8	06 55.7	06 04.8	00 30.2
MAR 2	02 17.8	00 11.5	09 19.2	01 49.1
22	01 22.5	07N47.8	11 55.7	03 59.9
APR 11	00 15.0	14 31.3	13 42.6	06 08.3
MAY 1	00N25.6	18 30.9	14 37.4	07 05.4
21	00 07.7	19 59.7	14 42.6	06 22.2
JUN 10	01S12.9	19 44.0	14 03.1	04 15.4
30	03 21.4	18 22.9	12 45.6	01 13.5
JUL 20	05 59.5	16 23.0	10 57.7	02S19.7
AUG 9	08 52.6	14 02.8	08 47.1	06 07.4
29	11 49.5	11 35.8	06 21.5	09 55.7
SEP 18	14 41.4	09 12.9	03 48.6	13 32.8
OCT 8	17 20.6	07 03.7	01 16.1	16 47.1
28	19 40.9	05 17.1	01S08.2	19 28.2
NOV 17	21 36.8	04 00.9	03 16.4	21 26.9
DEC 7	23 04.5	03 21.7	05 00.3	22 36.2

JAN 1	29♐36.9	12♐43.5	24♎39.7	11♑28.3
11	03♑39.4	16 51.0	26 44.9	16 49.4
21	07 38.3	20 51.6	28 25.7	22 08.9
31	11 32.8	24 44.0	29 38.7	27 26.2
FEB 10	15 21.8	28 26.2	00♏20.1	02♒40.8
20	19 03.8	01♑56.2	00R27.2	07 51.7
MAR 2	22 37.9	05 11.9	29♎58.2	12 58.5
12	26 02.2	08 10.5	28 53.2	18 00.2
22	29 15.1	10 48.8	27 15.9	22 56.0
APR 1	02♒14.7	13 03.6	25 13.4	27 45.2
11	04 58.7	14 50.4	22 56.4	02♓26.6
21	07 24.7	16 05.0	20 38.2	06 59.1
MAY 1	09 29.7	16 42.9	18 31.4	11 21.6
11	11 10.5	16R39.8	16 47.0	15 32.4
21	12 23.8	15 53.3	15 32.1	19 29.5
31	13 06.2	14 23.4	14 50.0	23 11.1
JUN 10	13R14.7	12 14.7	14D41.4	26 34.3
20	12 47.8	09 37.7	15 04.4	29 36.1
30	11 45.8	06 47.2	15 56.1	02♈12.8
JUL 10	10 12.2	04 01.0	17 13.6	04 19.9
20	08 14.9	01 35.7	18 53.3	05 52.9
30	06 04.6	29♐43.0	20 52.3	06 46.7
AUG 9	03 54.8	28 30.0	23 07.8	06R56.7
19	01 59.1	27 58.1	25 37.3	06 20.7
29	00 28.0	28D05.4	28 18.7	04 59.2
SEP 8	29♑29.2	28 48.6	01♏10.2	02 59.1
18	29 05.9	00♑02.9	04 10.1	00 33.5
28	29D18.1	01 43.9	07 17.1	28♓00.2
OCT 8	00♒04.4	03 47.7	10 29.9	25 39.8
18	01 21.4	06 10.4	13 47.1	23 49.1
28	03 05.7	08 49.0	17 07.8	22 39.1
NOV 7	05 14.0	11 40.6	20 30.8	22D14.5
17	07 42.7	14 42.7	23 55.1	22 35.0
27	10 28.9	17 53.6	27 19.8	23 37.0
DEC 7	13 30.0	21 11.2	00♐43.5	25 15.7
17	16 43.5	24 34.0	04 05.3	27 25.6
27	20 07.6	28 00.7	07 24.0	00♈02.1
JAN 6	23♒40.2	01♒29.8	10♐38.1	03♈00.6
JAN 1	24S11.8	03N32.6	06S22.4	22S48.8
21	24 33.1	04 32.6	06 39.1	22 01.7
FEB 10	24 29.7	06 18.3	06 03.4	20 30.2
MAR 2	24 08.8	08 46.6	04 31.4	18 23.9
22	23 39.9	11 50.6	02 11.8	15 54.4
APR 11	23 15.2	15 17.9	00N25.5	13 14.2
MAY 1	23 08.6	18 47.9	02 35.4	10 36.3
21	23 34.8	21 48.5	03 44.5	08 13.8
JUN 10	24 45.3	23 39.1	03 47.1	06 20.4
30	26 39.3	23 43.8	02 55.6	05 10.7
JUL 20	28 52.6	21 55.2	01 26.7	04 59.4
AUG 9	30 41.1	18 41.4	00S25.3	05 57.6
29	31 31.0	14 47.9	02 29.0	08 01.3
SEP 18	31 21.4	10 54.8	04 35.4	10 32.7
OCT 8	30 28.4	07 27.6	06 37.2	12 24.9
28	29 05.7	04 39.9	08 27.5	12 49.1
NOV 17	27 19.6	02 37.0	10 00.8	11 45.2
DEC 7	25 12.6	01 19.9	11 11.9	09 36.7
27	22S46.6	00N46.6	11S57.1	06S46.7

JAN 1	21♒52.9	29♑45.0	09♐01.7	01♈28.8
11	25 29.3	03♒14.8	12 13.0	04 36.9
21	29 11.8	06 45.3	15 17.7	08 01.3
31	02♓59.4	10 15.4	18 13.9	11 39.3
FEB 10	06 50.6	13 43.8	21 00.0	15 28.3
20	10 44.4	17 09.6	23 33.7	19 26.2
MAR 2	14 39.8	20 31.7	25 52.8	23 31.3
12	18 35.7	23 48.8	27 54.5	27 41.9
22	22 31.4	26 59.8	29 36.0	01♉56.9
APR 1	26 25.9	00♓03.5	00♑54.0	06 15.3
11	00♈18.3	02 58.3	01 45.3	10 35.8
21	04 07.9	05 42.8	02 06.7	14 58.0
MAY 1	07 53.6	08 15.1	01R55.6	19 21.1
11	11 34.5	10 33.1	01 10.9	23 44.3
21	15 09.5	12 34.6	29♐53.6	28 07.2
31	18 37.3	14 16.8	28 07.8	02♊29.2
JUN 10	21 56.5	15 36.8	26 01.3	06 49.7
20	25 05.7	16 31.4	23 44.7	11 08.3
30	28 02.8	16 57.1	21 31.0	15 24.2
JUL 10	00♉45.7	16R51.1	19 32.3	19 37.0
20	03 11.7	16 11.2	17 58.4	23 45.9
30	05 17.6	14 56.7	16 56.1	27 50.1
AUG 9	07 00.3	13 10.1	16 28.1	01♋48.6
19	08 15.8	10 57.1	16D34.7	05 40.4
29	09 00.0	08 27.4	17 14.3	09 24.0
SEP 8	09R09.7	05 53.5	18 24.0	12 57.8
18	08 42.3	03 28.6	20 00.9	16 19.9
28	07 37.6	01 24.8	22 01.8	19 27.7
OCT 8	05 59.4	29♒50.7	24 23.5	22 18.4
18	03 55.5	28 51.2	27 03.6	24 48.4
28	01 38.7	28 27.8	29 59.6	26 53.4
NOV 7	29♈24.3	28D39.4	03♑09.3	28 29.0
17	27 26.9	29 23.2	06 31.0	29 29.7
27	25 58.9	00♓36.3	10 03.0	29 50.4
DEC 7	25 07.5	02 14.8	13 43.9	29R27.6
17	24D55.5	04 15.5	17 32.5	28 19.6
27	25 22.6	06 35.4	21 27.4	26 30.0
JAN 6	26♈25.5	09♓11.6	25♑27.7	24♋08.6
JAN 1	22S07.5	00N44.6	12S03.9	05S59.8
21	19 21.7	01 00.1	12 13.1	02 40.4
FEB 10	16 24.6	01 48.3	11 53.0	00N49.2
MAR 2	13 21.1	03 02.6	11 05.3	04 19.9
22	10 16.7	04 35.3	09 53.9	07 43.7
APR 11	07 17.2	06 18.5	08 26.0	10 53.7
MAY 1	04 28.4	08 03.1	06 52.6	13 43.8
21	01 56.0	09 38.5	05 30.5	16 08.8
JUN 10	00N14.2	10 51.5	04 40.4	18 04.9
30	01 56.9	11 24.8	04 38.9	19 29.7
JUL 20	03 06.9	10 56.6	05 27.9	20 22.6
AUG 9	03 39.5	09 05.9	06 54.0	20 45.3
29	03 32.3	05 49.4	08 38.1	20 41.9
SEP 18	02 47.9	01 39.1	10 23.5	20 19.9
OCT 8	01 40.0	02S27.4	11 57.5	19 50.0
28	00 38.2	05 43.6	13 11.2	19 26.9
NOV 17	00 18.5	07 52.0	13 58.0	19 28.7
DEC 7	01 00.6	08 55.5	14 13.4	20 12.4
27	02N39.7	09S05.0	13S55.1	21N42.2

JAN 1	25♈49.8	07♓51.6	23♑26.9	25R22.4
11	27 09.3	10 35.1	27 29.6	22♋50.5
21	28 59.0	13 31.5	01♒36.4	20 12.3
31	01♉14.5	16 38.8	05 46.2	17 47.7
FEB 10	03 52.0	19 55.4	09 58.3	15 53.2
20	06 48.2	23 19.8	14 12.0	14 40.1
MAR 1	09 59.9	26 50.8	18 26.5	14 12.8
11	13 24.7	00♈27.4	22 41.1	14D30.6
21	17 00.3	04 08.5	26 55.0	15 30.3
31	20 44.8	07 53.3	01♓07.3	17 06.8
APR 10	24 36.8	11 41.3	05 17.5	19 15.0
20	28 35.0	15 31.7	09 24.5	21 50.3
30	02♊38.0	19 23.9	13 27.2	24 48.2
MAY 10	06 45.1	23 17.4	17 24.6	28 05.2
20	10 55.3	27 11.7	21 15.3	01♌38.6
30	15 07.9	01♉06.1	24 57.7	05 25.5
JUN 9	19 22.3	05 00.2	28 29.7	09 24.2
19	23 37.7	08 53.0	01♈48.8	13 33.1
29	27 53.6	12 44.0	04 52.6	17 50.5
JUL 9	02♋09.4	16 32.1	07 37.1	22 15.5
19	06 24.4	20 15.9	09 57.9	26 47.2
29	10 38.0	23 54.1	11 50.1	01♍24.7
AUG 8	14 49.5	27 24.9	13 08.5	06 07.4
18	18 58.0	00♊45.3	13 46.8	10 54.7
28	23 02.5	03 52.5	13R40.5	15 45.8
SEP 7	27 02.0	06 42.1	12 47.0	20 40.6
17	00♌55.1	09 09.0	11 10.7	25 38.4
27	04 40.3	11 06.7	09 01.5	00♎38.7
OCT 7	08 15.6	12 26.6	06 37.3	05 41.2
17	11 38.7	12 59.9	04 21.6	10 45.0
27	14 47.0	12R38.4	02 36.5	15 49.8
NOV 6	17 37.1	11 15.1	01 37.2	20 55.1
16	20 05.0	08 52.4	01D32.0	25 59.8
26	22 06.7	05 44.6	02 21.2	01♏03.4
DEC 6	23 36.9	02 20.3	04 01.5	06 05.2
16	24 30.8	29♉15.4	06 27.3	11 03.8
26	24R44.0	27 00.8	09 31.9	15 58.3
JAN 5	24♌13.6	25♉54.8	13♈09.4	20♏47.4
JAN 1	03N11.5	09S00.4	13S45.2	22N09.5
21	05 38.7	08 19.5	12 44.9	23 58.8
FEB 10	08 26.5	07 10.9	11 13.7	25 20.3
MAR 1	11 22.2	05 45.2	09 16.1	26 02.4
21	14 15.4	04 12.1	06 58.1	26 11.8
APR 10	16 57.7	02 41.2	04 27.0	25 53.4
30	19 22.0	01 22.0	01 51.4	25 06.1
MAY 20	21 22.5	00 24.2	00N39.1	23 47.7
JUN 9	22 54.6	00N01.8	02 52.6	21 56.7
29	23 55.9	00S15.0	04 34.7	19 34.2
JUL 19	24 25.6	01 26.3	05 26.8	16 42.6
AUG 8	24 25.6	03 43.6	05 06.0	13 26.7
28	24 00.6	07 16.4	03 08.5	09 51.9
SEP 17	23 18.0	12 07.4	00S30.2	06 05.0
OCT 7	22 28.6	18 03.3	04 58.8	02 13.4
27	21 46.7	24 21.4	08 33.4	01S34.8
NOV 16	21 30.1	29 42.1	10 01.7	05 11.1
DEC 6	21 58.8	32 31.1	09 24.0	08 26.9
26	23N29.2	31S57.2	07S13.6	11S14.3

1949		Ceres 1	Pallas 2	Juno 3	Vesta 4
JAN	1	24R31.0	26R12.4	11♈38.8	18♏52.5
	11	23♌34.7	25D50.8	15 33.2	23 37.6
	21	21 59.1	26♉40.0	19 51.9	28 15.0
	31	19 53.5	28 31.5	24 30.6	02♐42.5
FEB	10	17 33.5	01♊15.3	29 25.8	06 57.9
	20	15 17.8	04 40.9	04♉33.6	10 58.9
MAR	2	13 23.6	08 39.4	09 51.8	14 42.4
	12	12 04.4	13 03.6	15 18.2	18 04.3
	22	11 27.0	17 46.8	20 50.5	21 00.7
APR	1	11D32.8	22 44.2	26 26.7	23 26.6
	11	12 20.0	27 51.8	02♊05.7	25 16.5
	21	13 44.4	03♋06.2	07 46.0	26 24.9
MAY	1	15 41.1	08 25.0	13 26.7	26 46.5
	11	18 05.4	13 46.0	19 06.5	26R18.8
	21	20 52.9	19 07.7	24 44.6	25 03.7
	31	23 59.8	24 29.1	00♋20.6	23 08.7
JUN	10	27 23.0	29 49.3	05 53.8	20 49.5
	20	00♍59.5	05♌07.2	11 23.3	18 26.8
	30	04 47.3	10 22.8	16 48.9	16 21.8
JUL	10	08 44.5	15 35.7	22 10.2	14 52.1
	20	12 49.4	20 45.7	27 26.8	14 07.4
	30	17 00.7	25 52.5	02♌38.3	14D10.7
AUG	9	21 17.4	00♍56.2	07 44.2	15 00.9
	19	25 38.2	05 56.6	12 44.1	16 33.1
	29	00♎02.6	10 53.9	17 37.8	18 42.1
SEP	8	04 29.5	15 47.6	22 24.3	21 22.4
	18	08 58.2	20 37.8	27 03.3	24 28.7
	28	13 28.1	25 24.4	01♍33.9	27 57.3
OCT	8	17 58.5	00♎06.9	05 55.2	01♑44.3
	18	22 28.6	04 45.0	10 06.0	05 46.4
	28	26 57.7	09 18.3	14 04.9	10 01.2
NOV	7	01♏25.0	13 45.9	17 50.3	14 26.7
	17	05 49.7	18 07.4	21 20.4	19 00.8
	27	10 10.9	22 21.5	24 32.4	23 42.1
DEC	7	14 27.4	26 26.9	27 23.7	28 29.1
	17	18 38.3	00♏22.4	29 51.0	03♒20.7
	27	22 42.2	04 06.0	01♎50.5	08 16.0
JAN	6	26♏37.6	07♏35.2	03♎18.0	13♒13.6
JAN	1	24N08.9	31S09.6	06S21.7	11S57.9
	21	26 49.6	26 58.3	03 01.4	13 59.2
FEB	10	29 26.8	21 20.6	00N42.2	15 21.7
MAR	2	30 53.5	15 17.8	04 27.3	16 07.5
	22	30 47.0	09 31.7	07 56.0	16 24.1
APR	11	29 27.9	04 28.8	10 53.4	16 24.6
MAY	1	27 21.4	00 25.1	13 08.0	16 27.0
	21	24 42.3	02N32.2	14 32.6	16 49.1
JUN	10	21 38.1	04 23.0	15 04.5	17 38.4
	30	18 14.1	05 12.8	14 45.3	18 49.7
JUL	20	14 34.9	05 10.7	13 40.3	20 14.6
AUG	9	10 45.4	04 28.1	11 57.4	21 46.2
	29	06 51.1	03 17.3	09 46.1	23 14.6
SEP	18	02 57.9	01 50.9	07 16.6	24 27.4
OCT	8	00S48.5	00 21.6	04 39.4	25 12.5
	28	04 22.0	00S57.9	02 05.8	25 20.4
NOV	17	07 36.6	01 54.2	00S12.5	24 45.5

1950		Ceres 1	Pallas 2	Juno 3	Vesta 4
JAN	1	24♏41.0	05♏52.5	02♎38.5	10♒44.6
	11	28 31.7	09 13.7	03 48.6	15 43.1
	21	02♐11.4	12 16.5	04 20.8	20 43.1
	31	05 38.1	14 57.1	04R12.0	25 43.6
FEB	10	08 49.5	17 11.6	03 21.7	00♓43.8
	20	11 43.0	18 54.7	01 51.8	05 43.2
MAR	2	14 15.3	20 01.0	29♍49.7	10 41.1
	12	16 23.5	20 25.4	27 27.4	15 36.8
	22	18 03.5	20R02.8	24 59.7	20 29.9
APR	1	19 11.6	18 50.8	22 42.6	25 19.6
	11	19 44.5	16 52.0	20 49.2	00♈05.4
	21	19R39.4	14 14.8	19 28.2	04 46.7
MAY	1	18 55.6	11 15.2	18 43.8	09 22.8
	11	17 35.9	08 13.8	18D36.0	13 52.9
	21	15 46.5	05 31.6	19 02.5	18 16.4
	31	13 38.5	03 25.2	20 00.0	22 32.1
JUN	10	11 25.7	02 03.6	21 24.3	26 39.1
	20	09 22.5	01 29.5	23 11.6	00♉36.0
	30	07 42.0	01D41.1	25 18.5	04 21.2
JUL	10	06 32.5	02 33.6	27 41.6	07 52.9
	20	05 58.6	04 01.8	00♎18.6	11 08.8
	30	06D01.4	06 00.3	03 07.1	14 06.0
AUG	9	06 38.8	08 24.1	06 05.0	16 41.4
	19	07 48.1	11 09.2	09 10.9	18 50.9
	29	09 25.7	14 11.9	12 23.3	20 30.2
SEP	8	11 27.6	17 29.1	15 40.8	21 34.6
	18	13 50.9	20 58.4	19 02.5	21 59.0
	28	16 32.2	24 37.6	22 27.2	21R40.0
OCT	8	19 28.9	28 24.9	25 53.9	20 36.5
	18	22 38.7	02♐18.8	29 21.8	18 51.4
	28	25 59.4	06 17.7	02♏49.8	16 34.0
NOV	7	29 29.4	10 20.5	06 17.1	13 59.4
	17	03♑07.1	14 26.1	09 42.6	11 26.3
	27	06 51.0	18 33.2	13 05.0	09 13.6
DEC	7	10 39.9	22 40.8	16 23.4	07 35.2
	17	14 32.7	26 48.2	19 36.3	06 39.4
	27	18 28.2	00♑53.9	22 42.2	06D28.5
JAN	6	22♑25.5	04♑57.2	25♏39.7	07♉00.4
JAN	1	13S21.6	01S24.8	03S17.5	20S49.0
	21	15 07.4	00N29.2	03 07.4	18 04.2
FEB	10	16 24.8	03 41.1	01 40.6	14 53.7
MAR	2	17 18.4	08 12.3	00N57.1	11 26.9
	22	17 55.8	13 43.9	04 05.8	07 52.9
APR	11	18 26.5	19 24.3	06 45.5	04 20.8
MAY	1	18 58.8	23 54.5	08 17.1	00 58.6
	21	19 35.2	26 09.8	08 36.9	02N06.0
JUN	10	20 13.1	26 00.8	07 58.8	04 46.3
	30	20 52.5	24 04.7	06 38.9	06 56.5
JUL	20	21 39.7	21 08.5	04 50.5	08 31.5
AUG	9	22 38.3	17 47.6	02 44.0	09 27.4
	29	23 45.6	14 25.2	00 28.0	09 41.8
SEP	18	24 53.7	11 16.3	01S50.3	09 15.1
OCT	8	25 54.2	08 30.8	04 04.2	08 13.8
	28	26 38.9	06 16.2	06 07.5	06 57.0
NOV	17	27 01.5	04 37.7	07 54.3	05 59.9

1951		Ceres 1	Pallas 2	Juno 3	Vesta 4
JAN	1	20♑26.7	02♑55.9	24♏12.1	06D39.4
	11	24 24.5	06 57.6	27 04.7	07♉31.3
	21	28 22.5	10 55.0	29 45.7	08 59.9
	31	02♒19.7	14 47.2	02♐13.1	10 59.6
FEB	10	06 15.4	18 32.9	04 24.4	13 25.7
	20	10 08.4	22 10.6	06 16.8	16 14.1
MAR	2	13 57.8	25 39.1	07 47.3	19 20.5
	12	17 42.5	28 56.5	08 52.6	22 42.2
	22	21 21.4	02♒01.0	09 29.6	26 16.4
APR	1	24 53.3	04 50.5	09R35.7	00♊00.7
	11	28 16.9	07 22.5	09 08.8	03 53.5
	21	01♓30.4	09 34.1	08 09.0	07 53.2
MAY	1	04 32.4	11 22.3	06 38.8	11 58.5
	11	07 20.6	12 43.5	04 43.8	16 08.4
	21	09 52.7	13 33.9	02 33.3	20 21.9
	31	12 06.2	13R50.2	00 18.6	24 38.2
JUN	10	13 58.0	13 29.1	28♏11.7	28 57.0
	20	15 24.6	12 29.5	26 23.7	03♋17.2
	30	16 22.8	10 52.9	25 02.1	07 38.6
JUL	10	16 49.0	08 44.2	24 11.7	12 00.7
	20	16R40.7	06 13.3	23D54.2	16 22.7
	30	15 56.8	03 33.3	24 08.7	20 44.4
AUG	9	14 38.8	00 58.8	24 53.2	25 05.2
	19	12 52.1	28♑43.6	26 05.0	29 24.4
	29	10 45.8	26 57.6	27 40.8	03♌41.4
SEP	8	08 32.6	25 46.8	29 38.0	07 55.5
	18	06 26.7	25 12.9	01♐53.7	12 05.5
	28	04 40.7	25D14.8	04 25.4	16 10.7
OCT	8	03 24.4	25 49.7	07 11.0	20 09.5
	18	02 43.5	26 54.1	10 08.4	24 00.4
	28	02D39.4	28 23.9	13 16.1	27 41.5
NOV	7	03 11.3	00♒15.9	16 32.5	01♍10.5
	17	04 16.6	02 26.4	19 56.2	04 24.5
	27	05 51.6	04 52.5	23 25.9	07 20.3
DEC	7	07 52.7	07 31.7	27 00.6	09 53.5
	17	10 16.2	10 21.7	00♑39.0	11 59.6
	27	12 58.7	13 20.3	04 20.2	13 33.3
JAN	6	15♓57.6	16♒26.1	08♑03.2	14♍28.7
JAN	1	26S15.6	03N24.8	10S27.2	07N16.8
	21	25 12.8	03 59.7	10 46.8	09 12.6
FEB	10	23 49.4	05 13.0	10 33.2	11 33.1
MAR	2	22 11.6	07 00.2	09 46.2	14 02.0
	22	20 27.6	09 14.7	08 28.6	16 26.5
APR	11	18 46.7	11 48.0	06 47.8	18 36.5
MAY	1	17 19.1	14 27.9	04 59.6	20 24.0
	21	16 16.4	16 57.5	03 28.2	21 42.9
JUN	10	15 50.7	18 51.9	02 39.3	22 29.3
	30	16 13.5	19 39.5	02 45.1	22 41.2
JUL	20	17 31.4	18 51.8	03 39.8	22 18.9
AUG	9	19 35.7	16 23.5	05 07.6	21 24.8
	29	21 51.7	12 43.9	06 52.3	20 03.7
SEP	18	23 27.9	08 41.4	08 40.7	18 22.3
OCT	8	23 48.6	04 57.6	10 22.3	16 29.6
	28	22 53.9	01 56.0	11 49.1	14 37.0
NOV	17	21 02.8	00S14.9	12 54.7	12 58.6

		1	2	3	4
JAN	1	14♓26.3	14♒52.5	06♑11.6	14♍06.2
	11	17 32.2	18 01.1	09 55.0	14 40.5
	21	20 50.3	21 14.3	13 38.7	14 R29.5
	31	24 18.8	24 31.0	17 21.7	13 30.9
FEB	10	27 55.8	27 49.7	21 02.9	11 48.0
	20	01♈39.4	01♓09.3	24 41.1	09 30.3
MAR	1	05 28.6	04 28.9	28 15.3	06 54.3
	11	09 22.0	07 47.2	01♒44.0	04 21.3
	21	13 18.4	11 03.2	05 06.0	02 11.7
	31	17 17.0	14 16.0	08 19.7	00 40.5
APR	10	21 16.8	17 24.3	11 23.0	29♌56.4
	20	25 16.9	20 27.1	14 14.1	00 D00.6
	30	29 16.8	23 23.1	16 50.3	00♍50.9
MAY	10	03♉15.4	26 10.6	19 08.8	02 22.7
	20	07 12.2	28 48.3	21 06.2	04 30.3
	30	11 06.3	01♈14.1	22 38.7	07 08.6
JUN	9	14 56.7	03 25.8	23 42.1	10 13.0
	19	18 42.7	05 21.0	24 12.4	13 39.1
	29	22 23.3	06 56.5	24 R05.6	17 24.0
JUL	9	25 57.0	08 08.9	23 19.7	21 24.5
	19	29 22.7	08 54.8	21 55.8	25 38.5
	29	02♊38.5	09 09.9	19 58.5	00♎04.1
AUG	8	05 42.6	08 R51.0	17 38.8	04 39.6
	18	08 32.6	07 55.6	15 11.5	09 23.7
	28	11 05.7	06 23.4	12 54.0	14 15.5
SEP	7	13 18.6	04 18.0	11 02.3	19 13.7
	17	15 07.7	01 47.0	09 47.3	24 17.7
	27	16 28.5	29♓02.9	09 15.6	29 26.6
OCT	7	17 16.9	26 21.2	09 D28.9	04♏39.7
	17	17 R28.8	23 56.9	10 25.0	09 56.4
	27	17 01.4	22 02.6	12 00.6	15 16.1
NOV	6	15 54.7	20 46.4	14 11.3	20 38.0
	16	14 12.6	20 11.5	16 53.0	26 01.6
	26	12 04.3	20 D17.8	20 01.8	01♐26.4
DEC	6	09 44.2	21 02.7	23 33.8	06 51.4
	16	07 28.5	22 22.6	27 26.1	12 16.2
	26	05 33.5	24 13.6	01♓36.3	17 40.1
JAN	5	04♊11.4	26♓31.9	06♓01.9	23♐02.3
JAN	1	14 S 52.0	02 S 11.3	13 S 43.0	11 N42.8
	21	11 36.6	01 56.6	13 15.9	12 58.0
FEB	10	08 11.9	01 11.4	12 20.0	15 24.6
MAR	1	04 43.8	00 03.8	10 58.8	18 15.1
	21	01 17.5	01 N 17.9	09 17.6	20 13.1
APR	10	02 N 01.5	02 45.0	07 23.7	20 36.2
	30	05 08.6	04 08.4	05 26.4	19 32.8
MAY	20	07 59.2	05 18.2	03 38.2	17 26.4
JUN	9	10 29.6	06 02.8	02 15.8	14 35.3
	29	12 37.1	06 08.2	01 40.6	11 11.4
JUL	19	14 19.9	05 17.0	02 16.0	07 23.8
AUG	8	15 38.3	03 10.4	04 11.7	03 20.6
	28	16 34.5	00 S 23.1	07 03.7	00 S50.0
SEP	17	17 13.4	05 06.7	09 59.6	04 59.4
OCT	7	17 42.3	10 00.2	12 15.4	08 58.5
	27	18 09.2	13 49.3	13 31.9	12 37.9
NOV	16	18 39.3	15 57.8	13 46.4	15 47.9
DEC	6	19 12.9	16 32.6	13 02.6	18 19.8
	26	19 N 51.6	15 S 57.1	11 S 26.7	20 S06.8

		1	2	3	4
JAN	1	04 R 39.7	25♓33.6	04♓14.0	20♐53.7
	11	03♊40.8	28 06.3	08 47.8	26 14.4
	21	03 D 23.2	01♈01.0	13 34.2	01♑32.3
	31	03 46.7	04 14.7	18 31.6	06 46.3
FEB	10	04 48.2	07 45.0	23 38.7	11 55.6
	20	06 23.8	11 30.1	28 54.4	16 59.2
MAR	2	08 28.8	15 28.1	04♈17.5	21 55.8
	12	10 58.9	19 38.0	09 47.3	26 44.5
	22	13 50.3	23 58.5	15 22.9	01♒23.8
APR	1	16 59.6	28 28.7	21 03.4	05 51.9
	11	20 23.7	03♉07.8	26 48.2	10 07.1
	21	24 00.4	07 55.6	02♉36.6	14 07.2
MAY	1	27 47.6	12 51.1	08 27.9	17 49.4
	11	01♋43.5	17 54.0	14 21.3	21 10.8
	21	05 46.8	23 04.1	20 16.1	24 07.5
	31	09 56.3	28 20.8	26 11.6	26 35.2
JUN	10	14 10.8	03♊43.8	02♊07.2	28 29.3
	20	18 29.7	09 12.5	08 01.9	29 44.2
	30	22 51.9	14 46.3	13 54.8	00♓15.3
JUL	10	27 16.9	20 24.8	19 45.3	29 R59.2
	20	01♌44.1	26 06.9	25 32.3	28♒55.4
	30	06 12.7	01♋51.6	01♋14.8	27 09.7
AUG	9	10 42.3	07 38.0	06 51.7	24 53.4
	19	15 12.2	13 24.6	12 21.8	22 24.3
	29	19 41.8	19 09.7	17 43.8	20 03.6
SEP	8	24 10.4	24 51.7	22 56.4	18 09.5
	18	28 37.2	00♌28.2	27 57.6	16 55.1
	28	03♍01.3	05 57.2	02♌45.6	16 26.5
OCT	8	07 22.0	11 16.2	07 18.4	16 D44.0
	18	11 37.8	16 21.6	11 33.0	17 44.8
	28	15 47.6	21 10.2	15 26.4	19 24.0
NOV	7	19 49.8	25 38.4	18 54.8	21 35.9
	17	23 42.4	29 41.1	21 53.7	24 15.9
	27	27 23.5	03♍12.9	24 18.3	27 19.2
DEC	7	00♎50.3	06 07.4	26 03.0	00♓41.9
	17	03 59.9	08 17.3	27 02.0	04 20.6
	27	06 48.7	09 35.1	27 R 11.3	08 12.3
JAN	6	09♎12.8	09 R 52.8	26♌28.9	12♓14.7
JAN	1	20 N 05.4	15 S 36.2	10 S 48.9	20 S29.5
	21	21 01.9	14 02.0	08 17.3	21 13.3
FEB	10	22 15.1	12 01.8	05 14.2	21 10.2
MAR	2	23 38.2	09 48.6	01 50.7	20 27.0
	22	25 00.3	07 33.4	01 N 41.0	19 14.3
APR	11	26 10.1	05 26.4	05 08.0	17 46.6
MAY	1	26 58.0	03 37.1	08 17.2	16 21.0
	21	27 17.1	02 14.6	10 56.1	15 17.5
JUN	10	27 03.0	01 27.1	12 53.5	14 58.4
	30	26 14.4	01 21.5	14 01.0	15 45.2
JUL	20	24 52.7	02 02.5	14 14.3	17 45.8
AUG	9	23 01.6	03 31.5	13 33.9	20 31.7
	29	20 47.1	05 45.7	12 05.7	22 55.1
SEP	18	18 16.6	08 38.6	09 59.5	23 59.9
OCT	8	15 39.1	11 59.1	07 28.9	23 41.1
	28	13 04.8	15 32.8	04 50.4	22 18.4
NOV	17	10 44.9	19 00.5	02 24.1	20 09.5
DEC	7	08 51.8	21 55.2	00 35.1	17 25.7
	27	07 N 38.5	23 S 37.2	00 S 05.6	14 S15.2

1954		1	2	3	4
JAN	1	08♎04.1	09♍51.9	26 R 56.5	10♓12.3
	11	10 14.0	09 R 37.3	25♌48.9	14 19.4
	21	11 52.1	08 17.6	23 56.7	18 34.2
	31	12 53.9	05 57.9	21 32.8	22 55.0
FEB	10	13 14.9	02 53.8	18 56.6	27 20.8
	20	12 R 52.8	29♌32.0	16 29.8	01♈50.1
MAR	2	11 48.3	26 21.8	14 30.2	06 21.9
	12	10 06.7	23 48.1	13 09.4	10 55.4
	22	07 59.4	22 06.3	12 32.8	15 29.7
APR	1	05 42.2	21 20.4	12 D 39.2	20 04.1
	11	03 32.5	21 D 27.4	13 25.2	24 38.0
	21	01 46.5	22 21.0	14 45.4	29 10.7
MAY	1	00 34.8	23 53.9	16 34.6	03♉41.7
	11	00 03.1	25 59.4	18 48.0	08 10.5
	21	00 D 12.2	28 31.3	21 21.0	12 36.5
	31	00 59.5	01♍24.4	24 10.0	16 59.0
JUN	10	02 21.4	04 35.2	27 12.2	21 17.6
	20	04 13.3	08 00.3	00♍24.9	25 31.4
	30	06 30.7	11 37.0	03 46.1	29 39.9
JUL	10	09 09.9	15 23.4	07 14.1	03♊41.8
	20	12 07.3	19 17.8	10 47.5	07 36.3
	30	15 19.9	23 19.1	14 25.1	11 22.1
AUG	9	18 45.4	27 26.1	18 06.0	14 57.5
	19	22 21.5	01♎37.7	21 49.0	18 20.6
	29	26 06.5	05 53.4	25 33.6	21 29.4
SEP	8	29 59.0	10 12.5	29 18.9	24 20.8
	18	03♏57.6	14 34.1	03♎04.1	26 51.6
	28	08 01.2	18 57.8	06 48.6	28 57.9
OCT	8	12 08.8	23 23.0	10 31.5	00♋35.0
	18	16 19.5	27 48.9	14 12.1	01 38.3
	28	20 32.4	02♏15.2	17 49.5	02 02.6
NOV	7	24 46.6	06 40.9	21 22.6	01 R44.2
	17	29 01.4	11 05.3	24 50.3	00 41.5
	27	03♐16.0	15 27.8	28 11.5	28♊57.2
DEC	7	07 29.5	19 47.2	01♏24.6	26 39.8
	17	11 40.9	24 02.5	04 28.0	24 04.4
	27	15 49.6	28 12.6	07 19.9	21 29.3
JAN	6	19♐54.3	02♐16.0	09♏58.0	19♊13.7
JAN	1	07 N 27.9	23 S 44.8	00 S 01.4	13 S24.2
	21	07 21.8	22 29.2	01 N 22.1	09 50.6
FEB	10	08 16.9	17 41.4	04 17.3	06 06.7
MAR	2	10 02.9	09 41.5	07 43.2	02 19.9
	22	12 00.6	00 55.9	10 33.7	01 N22.7
APR	11	13 11.0	06 N 08.7	12 19.5	04 54.5
MAY	1	12 55.7	10 45.4	13 00.5	08 09.5
	21	11 18.6	13 12.4	12 46.6	11 02.5
JUN	10	08 44.8	14 02.1	11 48.9	13 29.3
	30	05 36.8	13 42.6	10 17.2	15 26.7
JUL	20	02 09.9	12 36.0	08 20.1	16 53.4
AUG	9	01 S 25.2	10 59.4	06 05.4	17 50.1
	29	05 00.6	09 06.9	03 40.4	18 20.0
SEP	18	08 29.7	07 10.6	01 11.9	18 29.4
OCT	8	11 46.4	05 21.5	01 S 13.5	18 27.8
	28	14 44.9	03 49.8	03 29.2	18 27.3
NOV	17	17 20.2	02 45.3	05 28.5	18 39.1
DEC	7	19 28.2	02 16.9	07 05.0	19 06.9
	27	21 S 06.6	02 N 32.1	08 S 12.3	19 N45.2

1955	Ceres 1	Pallas 2	Juno 3	Vesta 4
JAN 1	17♐52.5	00♐15.3	08♏40.9	20R18.0
11	21 54.9	04 14.8	11 11.2	18♊18.0
21	25 51.8	08 05.2	13 24.1	16 56.8
31	29 42.0	11 44.6	15 16.5	16 20.0
FEB 10	03♑24.0	15 10.6	16 45.3	16D27.9
20	06 56.5	18 20.7	17 47.3	17 17.2
MAR 2	10 17.5	21 11.5	18 19.0	18 43.5
12	13 25.2	23 39.4	18R18.0	20 41.7
22	16 17.5	25 40.3	17 42.9	23 06.9
APR 1	18 51.5	27 09.3	16 34.2	25 54.8
11	21 04.5	28 01.3	14 55.6	29 01.7
21	22 53.4	28R11.7	12 54.0	02♋24.5
MAY 1	24 14.4	27 36.4	10 39.7	06 00.8
11	25 04.4	26 15.0	08 25.1	09 48.1
21	25R20.2	24 10.7	06 21.9	13 45.0
31	24 59.8	21 33.3	04 40.3	17 50.0
JUN 10	24 03.6	18 38.8	03 27.2	22 01.7
20	22 34.6	15 45.9	02 45.9	26 19.3
30	20 39.9	13 13.5	02D37.0	00♌42.1
JUL 10	18 30.8	11 15.4	02 59.2	05 09.1
20	16 20.2	09 59.0	03 49.9	09 39.9
30	14 22.2	09 26.7	05 06.2	14 13.9
AUG 9	12 47.9	09D36.3	06 44.8	18 50.6
19	11 45.0	10 23.6	08 43.0	23 29.6
29	11 17.5	11 44.1	10 58.1	28 10.3
SEP 8	11D25.8	13 32.5	13 27.6	02♍52.3
18	12 07.9	15 44.5	16 09.6	07 35.3
28	13 21.3	18 16.3	19 02.2	12 18.5
OCT 8	15 02.2	21 04.3	22 03.6	17 01.3
18	17 07.2	24 05.8	25 12.5	21 43.1
28	19 33.1	27 18.3	28 27.7	26 23.0
NOV 7	22 16.8	00♑39.7	01♐47.8	01♎00.2
17	25 15.6	04 08.1	05 11.7	05 33.6
27	28 27.2	07 42.1	08 38.4	10 01.6
DEC 7	01♒49.5	11 20.0	12 06.7	14 23.1
17	05 20.8	15 00.8	15 35.7	18 36.1
27	08 59.5	18 43.1	19 04.0	22 38.3
JAN 6	12♒43.9	22♑25.7	22♐30.8	26♎27.1

1955	Ceres 1	Pallas 2	Juno 3	Vesta 4
JAN 1	21S26.5	02N43.5	08S23.9	19N55.8
21	22 28.3	04 01.1	08 46.4	20 42.3
FEB 10	23 04.6	06 11.3	08 27.8	21 37.2
MAR 2	23 22.2	09 12.2	07 25.3	22 37.2
22	23 31.0	12 55.6	05 41.9	23 33.3
APR 11	23 43.9	17 03.4	03 31.6	24 14.9
MAY 1	24 15.3	21 03.7	01 23.3	24 33.1
21	25 17.5	24 10.1	00N07.2	24 21.4
JUN 10	26 53.6	25 35.0	00 38.1	23 36.0
30	28 46.4	24 56.2	00 10.6	22 16.2
JUL 20	30 21.3	22 31.2	01S01.1	20 23.5
AUG 9	31 13.0	19 02.4	02 40.9	18 01.4
29	31 23.6	15 12.1	04 34.9	15 15.2
SEP 18	31 06.9	11 30.7	06 32.3	12 11.2
OCT 8	30 31.8	08 16.2	08 24.6	08 57.1
28	29 39.6	05 38.5	10 04.6	05 41.2
NOV 17	28 28.3	03 42.5	11 26.4	02 32.6

1956	Ceres 1	Pallas 2	Juno 3	Vesta 4
JAN 1	10♒51.0	20♑34.4	20♐47.7	24♎34.5
11	14 37.9	24 16.8	24 13.2	28 15.6
21	18 28.9	27 58.1	27 35.2	01♏38.6
31	22 22.5	01♒36.9	00♑52.4	04 39.2
FEB 10	26 18.0	05 12.4	04 03.5	07 12.8
20	00♓14.3	08 43.4	07 06.7	09 13.9
MAR 1	04 10.4	12 08.6	10 00.2	10 37.0
11	08 05.4	15 26.9	12 42.2	11 16.2
21	11 58.4	18 37.0	15 10.2	11R06.9
31	15 48.5	21 37.3	17 21.6	10 08.8
APR 10	19 34.7	24 26.2	19 13.6	08 26.3
20	23 16.1	27 01.7	20 42.8	06 11.1
30	26 51.3	29 21.7	21 45.8	03 42.8
MAY 10	00♈19.5	01♓23.8	22 19.1	01 23.0
20	03 39.0	03 05.1	22R19.4	29♎32.2
30	06 48.4	04 22.6	21 44.9	28 24.2
JUN 9	09 45.8	05 13.1	20 35.4	28D04.8
19	12 28.8	05 33.0	18 54.2	28 34.6
29	14 55.3	05R19.8	16 48.6	29 49.7
JUL 9	17 02.2	04 31.7	14 29.3	01♏44.8
19	18 46.1	03 08.8	12 10.0	04 14.6
29	20 03.5	01 14.8	10 04.7	07 13.3
AUG 8	20 50.7	28♒56.5	08 24.8	10 36.4
18	21R04.1	26 24.6	07 18.4	14 20.2
28	20 41.4	23 52.3	06 49.2	18 21.1
SEP 7	19 42.2	21 32.4	06D57.8	22 36.4
17	18 09.4	19 36.2	07 42.7	27 03.9
27	16 10.5	18 11.0	09 00.7	01♐41.5
OCT 7	13 56.5	17 20.4	10 48.4	06 27.8
17	11 42.2	17D05.2	13 02.6	11 21.4
27	09 42.2	17 23.6	15 39.7	16 20.8
NOV 6	08 08.5	18 12.7	18 36.9	21 25.4
16	07 09.6	19 29.1	21 51.7	26 34.0
26	06D48.7	21 09.3	25 21.7	01♑45.6
DEC 6	07 06.1	23 10.1	29 05.2	06 59.7
16	07 59.5	25 28.4	03♒00.2	12 15.5
26	09 25.3	28 01.6	07 05.4	17 32.0
JAN 5	11♈19.4	00♓47.3	11♒19.6	22♑48.9

1956	Ceres 1	Pallas 2	Juno 3	Vesta 4
JAN 1	24S30.9	01N59.2	13S00.4	03S12.3
21	22 13.7	02 18.9	12 56.5	04 46.9
FEB 10	19 42.0	03 13.0	12 24.5	05 32.2
MAR 1	17 01.3	04 35.6	11 26.8	05 22.3
21	14 17.7	06 19.6	10 08.4	04 19.0
APR 10	11 38.0	08 17.1	08 36.4	02 42.6
30	09 09.2	10 18.6	07 01.3	01 19.4
MAY 20	06 58.5	12 12.5	05 37.6	01 02.6
JUN 9	05 13.4	13 43.2	04 44.3	02 11.5
29	04 01.8	14 29.4	04 40.3	04 28.9
JUL 19	03 31.3	14 05.6	05 33.8	07 27.8
AUG 8	03 48.2	12 11.5	07 12.8	10 45.5
28	04 52.7	08 52.0	09 12.0	14 04.2
SEP 17	06 30.8	04 47.0	11 07.6	17 09.4
OCT 7	08 07.0	00 50.2	12 43.3	19 48.6
27	08 56.1	02S20.9	13 49.2	21 50.8
NOV 16	08 32.4	04 32.8	14 19.4	23 07.6

1957	Ceres 1	Pallas 2	Juno 3	Vesta 4
JAN 1	10♈30.6	29♒39.6	09♒36.9	20♑42.2
11	12 40.0	02♓31.9	13 56.0	25 58.8
21	15 11.5	05 33.4	18 22.2	01♒14.5
31	18 01.8	08 42.6	22 54.8	06 28.9
FEB 10	21 08.0	11 58.0	27 32.8	11 41.1
20	24 27.2	15 18.3	02♓15.6	16 50.3
MAR 2	27 57.4	18 42.5	07 02.8	21 56.3
12	01♉36.7	22 09.3	11 53.4	26 58.2
22	05 23.3	25 37.9	16 47.0	01♓55.2
APR 1	09 15.9	29 07.5	21 43.5	06 46.7
11	13 13.4	02♈37.1	26 42.1	11 31.8
21	17 14.5	06 05.9	01♈42.3	16 09.7
MAY 1	21 18.5	09 33.1	06 43.9	20 39.4
11	25 24.6	12 57.9	11 46.5	24 59.5
21	29 31.9	16 19.2	16 49.4	29 08.8
31	03♊39.9	19 36.0	21 52.1	03♈05.8
JUN 10	07 47.7	22 47.0	26 53.7	06 48.1
20	11 54.9	25 50.8	01♉54.1	10 13.7
30	16 00.8	28 45.8	06 51.9	13 19.6
JUL 10	20 04.5	01♉29.6	11 45.7	16 02.4
20	24 05.3	03 59.8	16 34.3	18 18.1
30	28 02.5	06 13.2	21 16.5	20 02.3
AUG 9	01♋54.9	08 05.8	25 49.3	21 09.7
19	05 41.3	09 33.2	00♊10.1	21 36.1
29	09 20.5	10 29.5	04 15.4	21R17.6
SEP 8	12 50.5	10 49.2	08 01.5	20 13.4
18	16 09.6	10R26.4	11 22.9	18 27.6
28	19 15.2	09 16.3	14 13.1	16 09.7
OCT 8	22 04.3	07 18.7	16 24.9	13 36.2
18	24 33.9	04 39.6	17 52.0	11 06.5
28	26 39.5	01 32.7	18 26.5	08 58.9
NOV 7	28 16.7	28♈20.2	18R05.0	07 27.9
17	29 20.9	25 26.5	16 50.4	06 40.5
27	29 47.2	23 12.9	14 53.9	06D38.4
DEC 7	29R32.3	21 53.0	12 37.6	07 19.5
17	28 35.4	21D31.3	10 28.1	08 39.2
27	26 59.4	22 06.9	08 49.8	10 32.5
JAN 6	24♋53.9	23♈35.1	07♊58.7	12♈54.4

1957	Ceres 1	Pallas 2	Juno 3	Vesta 4
JAN 1	03S49.8	06S09.0	13S00.6	22S49.8
21	00 50.5	05 41.3	11 23.7	21 21.2
FEB 10	02N23.0	04 45.4	09 14.4	19 12.9
MAR 2	05 41.0	03 30.8	06 38.8	16 35.2
22	08 55.6	02 06.8	03 44.7	13 39.2
APR 11	12 00.4	00 42.6	00 40.6	10 36.5
MAY 1	14 49.3	00N32.3	02N23.7	07 38.3
21	17 17.5	01 27.9	05 18.1	04 55.6
JUN 10	19 21.2	01 53.3	07 51.1	02 39.3
30	20 58.0	01 35.9	09 51.1	01 00.3
JUL 20	22 07.2	00 21.2	11 06.0	00 09.9
AUG 9	22 50.5	02S06.6	11 25.1	00 18.2
29	23 12.2	06 00.8	10 39.8	01 29.9
SEP 18	23 20.1	11 21.5	08 47.5	03 32.0
OCT 8	23 26.0	17 33.9	05 54.5	05 40.3
28	23 45.3	23 14.0	02 25.4	06 54.5
NOV 17	24 36.4	26 44.7	00S46.0	06 42.3
DEC 7	26 13.1	27 26.5	02 23.3	05 12.8

		1	2	3	4
JAN	1	25R59.5	22♈44.8	08R17.7	11♈40.2
	11	23♋44.5	24 36.8	07D53.3	14 14.4
	21	21 22.9	27 11.6	08♊23.0	17 10.3
	31	19 13.2	00♉23.5	09 43.3	20 24.3
FEB	10	17 31.3	04 06.6	11 46.7	23 52.9
	20	16 27.3	08 16.4	14 25.6	27 33.5
MAR	2	16D06.2	12 48.9	17 34.0	01♉24.0
	12	16 27.8	17 40.2	21 05.4	05 22.3
	22	17 29.1	22 47.7	24 54.5	09 27.0
APR	1	19 05.9	28 08.5	28 57.3	13 36.7
	11	21 13.3	03♊40.1	03♋10.6	17 50.3
	21	23 46.6	09 20.5	07 31.9	22 06.8
MAY	1	26 42.0	15 07.5	11 58.8	26 25.4
	11	29 55.5	20 59.4	16 29.4	00♊45.3
	21	03♌24.5	26 54.5	21 02.8	05 06.1
	31	07 06.3	02♋51.2	25 37.8	09 27.0
JUN	10	10 58.7	08 48.1	00♌13.3	13 47.5
	20	15 00.2	14 44.1	04 48.7	18 07.2
	30	19 09.1	20 38.0	09 23.5	22 25.4
JUL	10	23 24.3	26 28.8	13 57.0	26 41.5
	20	27 44.7	02♌15.9	18 29.0	00♋55.2
	30	02♍09.3	07 58.5	22 58.8	05 05.5
AUG	9	06 37.2	13 36.0	27 26.1	09 11.8
	19	11 08.0	19 08.1	01♍50.8	13 13.2
	29	15 40.6	24 34.2	06 12.1	17 08.4
SEP	8	20 14.5	29 53.9	10 29.7	20 56.3
	18	24 49.2	05♍06.9	14 43.1	24 35.3
	28	29 23.7	10 12.7	18 51.7	28 03.2
OCT	8	03♎57.5	15 10.8	22 54.7	01♌18.1
	18	08 29.9	20 00.6	26 51.3	04 16.9
	28	12 59.8	24 41.3	00♎40.5	06 56.2
NOV	7	17 26.6	29 12.0	04 21.2	09 12.0
	17	21 49.1	03♎31.6	07 52.0	10 59.6
	27	26 06.1	07 38.3	11 11.1	12 13.6
DEC	7	00♏16.5	11 30.7	14 16.7	12 49.1
	17	04 18.6	15 06.2	17 06.5	12R41.2
	27	08 10.7	18 22.0	19 37.8	11 47.6
JAN	6	11♏50.9	21♎14.9	21♎47.7	10♌10.3

JAN	1	29N05.9	25S09.4	01S07.7	02S08.0
	21	31 13.7	21 50.7	01N49.0	00N52.9
FEB	10	32 23.8	17 55.7	05 21.3	04 07.1
MAR	2	32 33.4	13 49.9	08 43.7	07 23.5
	22	32 01.9	09 51.4	11 31.2	10 32.8
APR	11	31 02.3	06 14.3	13 31.9	13 27.5
MAY	1	29 37.4	03 09.9	14 41.1	16 01.1
	21	27 46.2	00 47.4	14 59.5	18 08.4
JUN	10	25 28.4	00N47.5	14 30.9	19 45.4
	30	22 45.2	01 33.1	13 21.6	20 49.9
JUL	20	19 39.8	01 31.8	11 38.9	21 21.7
AUG	9	16 16.9	00 49.8	09 31.1	21 22.7
	29	12 42.3	00S23.7	07 06.2	20 57.4
SEP	18	09 02.4	01 57.6	04 32.5	20 13.0
OCT	8	05 23.9	03 39.5	01 58.0	19 20.1
	28	01 53.9	05 15.9	00S29.0	18 32.9
NOV	17	01S20.4	06 31.9	02 39.9	18 09.3
DEC	7	04 12.5	07 10.6	04 25.9	18 29.7
	27	06S36.3	06S52.5	05S37.3	19N49.3

1959		1	2	3	4
JAN	1	10♏02.4	19♎51.5	20♎45.6	11R04.2
	11	13 35.8	22 31.4	22 43.6	09♌07.3
	21	16 53.6	24 41.6	24 14.8	06 40.9
	31	19 53.0	26 17.4	25 15.9	04 02.4
FEB	10	22 30.7	27 12.7	25 43.3	01 31.8
	20	24 42.9	27R22.3	25R34.3	29♋27.9
MAR	2	26 25.9	26 42.2	24 48.2	28 03.6
	12	27 35.3	25 11.3	23 26.5	27 25.0
	22	28 07.3	22 54.1	21 34.7	27D33.0
APR	1	27R59.6	20 03.2	19 22.1	28 24.5
	11	27 11.5	16 56.8	17 01.1	29 54.7
	21	25 46.3	13 57.8	14 45.6	01♌58.6
MAY	1	23 52.0	11 25.8	12 47.9	04 31.1
	11	21 40.5	09 34.9	11 17.2	07 27.8
	21	19 27.4	08 31.9	10 18.8	10 45.0
	31	17 28.0	08D16.8	09 54.4	14 19.4
JUN	10	15 54.4	08 46.1	10D03.0	18 08.5
	20	14 55.0	09 54.9	10 42.3	22 10.3
	30	14 33.1	11 37.3	11 48.8	26 22.7
JUL	10	14D48.4	13 48.4	13 19.3	00♍44.6
	20	15 38.6	16 23.3	15 10.6	05 14.6
	30	17 00.1	19 18.1	17 19.4	09 51.8
AUG	9	18 49.2	22 29.7	19 43.4	14 35.3
	19	21 01.9	25 55.2	22 20.2	19 24.4
	29	23 34.8	29 32.2	25 07.7	24 18.4
SEP	8	26 24.9	03♏19.0	28 04.4	29 16.9
	18	29 29.6	07 13.9	01♏08.5	04♎19.1
	28	02♐46.6	11 15.4	04 18.9	09 24.5
OCT	8	06 14.0	15 22.3	07 34.3	14 32.9
	18	09 50.0	19 33.5	10 53.5	19 43.4
	28	13 33.2	23 47.9	14 15.5	24 55.6
NOV	7	17 22.4	28 04.6	17 39.3	00♏08.9
	17	21 16.3	02♐22.5	21 03.7	05 22.7
	27	25 13.8	06 40.8	24 27.8	10 36.3
DEC	7	29 14.0	10 58.5	27 50.5	15 48.9
	17	03♑15.8	15 14.5	01♐10.5	20 59.7
	27	07 18.2	19 27.8	04 26.6	26 07.9
JAN	6	11♑20.6	23♐37.5	07♐37.6	01♐12.3

JAN	1	07S07.3	06S36.6	05S48.5	20N18.2
	21	08 50.0	04 36.1	06 02.6	22 34.2
FEB	10	09 57.7	00 49.1	05 20.4	24 39.6
MAR	2	10 31.9	04N50.7	03 38.2	25 51.2
	22	10 37.4	11 43.8	01 07.8	26 04.6
APR	11	10 23.7	18 08.1	01N34.8	25 32.1
MAY	1	10 05.6	22 18.7	03 41.4	24 22.0
	21	10 02.8	23 47.5	04 42.5	22 37.3
JUN	10	10 32.6	23 11.7	04 37.1	20 19.8
	30	11 40.8	21 19.4	03 39.6	17 31.9
JUL	20	13 21.2	18 46.4	02 06.5	14 17.3
AUG	9	15 22.3	15 55.9	00 11.6	10 41.2
	29	17 32.3	13 03.3	01S54.6	06 49.7
SEP	18	19 40.7	10 19.8	04 03.5	02 49.7
OCT	8	21 38.5	07 54.6	06 07.7	01S11.1
	28	23 18.2	05 55.6	08 00.7	05 04.2
NOV	17	24 33.9	04 29.2	09 36.9	08 40.9
DEC	7	25 21.7	03 40.8	10 51.1	11 52.7
	27	25S39.7	03N34.0	11S39.3	14S31.8

1960		1	2	3	4
JAN	1	09♑19.5	21♐33.2	06♐02.9	28♏40.7
	11	13 21.3	25 40.6	09 10.6	03♐42.8
	21	17 21.4	29 42.3	12 10.8	08 39.3
	31	21 19.1	03♑37.4	15 01.7	13 29.1
FEB	10	25 13.0	07 23.9	17 41.3	18 10.4
	20	29 02.3	11 00.5	20 07.4	22 41.4
MAR	1	02♒45.9	14 25.4	22 17.5	27 00.0
	11	06 22.4	17 36.2	24 08.8	01♑03.6
	21	09 50.4	20 30.6	25 38.3	04 49.5
	31	13 08.7	23 05.8	26 42.6	08 14.1
APR	10	16 15.1	25 18.5	27 18.6	11 13.0
	20	19 07.9	27 05.2	27R23.6	13 41.9
	30	21 44.8	28 21.6	26 55.5	15 35.3
MAY	10	24 03.0	29 03.8	25 54.1	16 47.6
	20	25 59.8	29R08.0	24 22.2	17 14.3
	30	27 31.8	28 31.3	22 25.4	16R51.8
JUN	9	28 35.4	27 13.2	20 13.2	15 41.7
	19	29 07.7	25 17.4	17 57.4	13 50.9
	29	29R05.5	22 51.3	15 50.3	11 33.3
JUL	9	28 27.8	20 08.2	14 03.3	09 09.2
	19	27 15.9	17 23.8	12 44.3	06 59.7
	29	25 34.1	14 53.7	11 57.9	05 22.5
AUG	8	23 31.2	12 51.2	11D45.9	04 29.1
	18	21 19.2	11 24.2	12 07.0	04D22.8
	28	19 11.7	10 35.9	12 59.5	05 02.9
SEP	7	17 22.0	10D26.1	14 20.2	06 25.8
	17	15 59.9	10 52.0	16 05.9	08 25.6
	27	15 11.6	11 49.8	18 13.8	10 57.3
OCT	7	14D59.8	13 15.4	20 40.9	13 55.8
	17	15 23.6	15 04.6	23 24.8	17 16.5
	27	16 20.9	17 13.9	26 23.3	20 56.2
NOV	6	17 48.3	19 40.1	29 34.3	24 51.2
	16	19 42.1	22 20.2	02♑56.2	28 58.9
	26	21 59.0	25 11.9	06 27.4	03♒17.4
DEC	6	24 35.5	28 12.9	10 06.6	07 44.5
	16	27 28.6	01♒21.3	13 52.5	12 18.6
	26	00♓36.0	04 35.7	17 44.1	16 58.4
JAN	5	03♓55.0	07♒54.4	21♑40.3	21♒42.5

JAN	1	25S39.7	03N39.0	11S47.0	15S05.8
	21	25 22.4	04 26.3	11 59.1	16 56.4
FEB	10	24 41.6	05 55.6	11 41.3	18 06.4
MAR	1	23 44.2	08 03.2	10 55.1	18 39.2
	21	22 39.0	10 42.5	09 44.3	18 43.7
APR	10	21 37.1	13 43.6	08 15.6	18 34.6
	30	20 50.9	16 50.9	06 40.8	18 31.8
MAY	20	20 34.0	19 40.4	05 17.4	18 58.2
JUN	9	21 00.1	21 39.0	04 26.9	20 09.1
	29	22 18.3	22 10.1	04 25.5	21 55.5
JUL	19	24 23.1	20 52.5	05 14.1	23 42.8
AUG	8	26 43.6	17 58.6	06 38.9	25 04.5
	28	28 29.7	14 09.6	08 21.6	25 57.1
SEP	17	29 06.1	10 11.1	10 06.4	26 22.4
OCT	7	28 32.6	06 35.8	11 41.4	26 17.5
	27	27 07.4	03 41.0	12 57.7	25 37.7
NOV	16	25 06.8	01 33.4	13 48.6	24 19.6
DEC	6	22 40.5	00 13.3	14 09.6	22 23.1
	26	19S54.2	00S22.0	13S58.1	19S51.5

1961	Ceres 1	Pallas 2	Juno 3	Vesta 4
JAN 1	02♓34.1	06♒34.5	20♑05.3	19♒48.4
11	05 59.2	09 55.1	24 03.7	24 34.6
21	09 33.0	13 17.9	28 05.3	29 23.6
31	13 13.8	16 41.8	02♒09.1	04♓14.3
FEB 10	17 00.2	20 05.4	06 14.2	09 05.9
20	20 51.0	23 27.9	10 19.9	13 57.8
MAR 2	24 44.9	26 48.0	14 25.2	18 49.2
12	28 40.9	00♓04.7	18 29.5	23 39.3
22	02♈38.2	03 17.0	22 31.8	28 27.8
APR 1	06 35.7	06 23.4	26 31.1	03♈13.8
11	10 32.6	09 22.9	00♓26.5	07 57.0
21	14 28.3	12 14.0	04 16.9	12 36.7
MAY 1	18 21.6	14 55.0	08 00.9	17 12.2
11	22 12.0	17 24.4	11 37.0	21 43.0
21	25 58.4	19 39.9	15 03.3	26 08.5
31	29 39.8	21 39.2	18 17.9	00♉27.6
JUN 10	03♉15.3	23 19.7	21 18.1	04 39.7
20	06 43.6	24 38.2	24 00.6	08 43.7
30	10 03.1	25 31.4	26 21.6	12 38.2
JUL 10	13 12.3	25 56.1	28 17.2	16 21.9
20	16 09.2	25 R 48.7	29 41.8	19 52.9
30	18 51.2	25 07.2	00♈30.2	23 08.9
AUG 9	21 15.8	23 50.8	00 R 37.6	26 07.5
19	23 19.6	22 01.7	00 01.0	28 45.4
29	24 59.0	19 46.0	28♓40.8	00♊58.7
SEP 8	26 10.0	17 13.4	26 42.9	02 43.4
18	26 48.3	14 36.8	24 20.9	03 54.3
28	26 R 50.6	12 10.4	21 55.4	04 27.0
OCT 8	26 14.7	10 06.2	19 46.6	04 R 17.2
18	25 00.9	08 33.4	18 13.3	03 22.9
28	23 14.3	07 36.9	17 27.8	01 46.4
NOV 7	21 04.3	07 D 17.8	17 D 34.5	29♉34.8
17	18 45.0	07 35.1	18 33.0	27 02.0
27	16 32.6	08 25.9	20 19.2	24 26.6
DEC 7	14 41.7	09 46.6	22 47.3	22 07.0
17	13 23.8	11 34.1	25 52.2	20 19.0
27	12 44.8	13 44.5	29 28.1	19 12.3
JAN 6	12 D 46.2	16♓14.8	03♈30.3	18 D 50.0

JAN 1	19 S 01.2	00 S 24.6	13 S 48.3	18 S 59.9
21	15 55.8	00 09.4	12 54.5	15 51.4
FEB 10	12 41.1	00 N 37.1	11 30.6	12 23.5
MAR 2	09 22.0	01 47.8	09 41.0	08 44.5
22	06 03.8	03 14.8	07 31.4	05 02.9
APR 11	02 51.7	04 49.7	05 09.2	01 26.5
MAY 1	00 N 09.0	06 23.5	02 43.0	01 N 57.4
21	02 53.8	07 46.1	00 23.1	05 02.5
JUN 10	05 18.0	08 45.1	01 N 37.9	07 42.9
30	07 17.8	09 04.9	03 03.5	09 54.2
JUL 20	08 50.3	08 26.0	03 32.5	11 32.9
AUG 9	09 53.4	06 28.5	02 39.1	12 37.1
29	10 26.8	03 05.7	00 04.2	13 06.9
SEP 18	10 32.3	01 S 15.4	03 S 54.6	13 04.5
OCT 8	10 15.6	05 34.3	07 58.7	12 35.4
28	09 47.9	08 55.8	10 39.9	11 49.7
NOV 17	09 28.9	10 58.9	11 25.6	11 06.0

1962	Ceres 1	Pallas 2	Juno 3	Vesta 4
JAN 1	12 D 40.4	14♓57.3	01♈26.2	18 R 55.5
11	13♉01.7	17 36.6	05 40.0	18 D 55.5
21	14 00.3	20 31.8	10 14.1	19♉37.6
31	15 32.3	23 40.8	15 04.9	20 57.0
FEB 10	17 33.3	27 01.7	20 10.1	22 49.1
20	19 59.3	00♈33.0	25 26.8	25 08.8
MAR 2	22 46.2	04 13.2	00♉52.8	27 51.4
12	25 51.0	08 01.3	06 26.3	00♊53.4
22	29 10.5	11 56.4	12 05.7	04 11.3
APR 1	02♊42.4	15 57.6	17 49.5	07 42.3
11	06 24.7	20 04.4	23 36.2	11 24.3
21	10 15.6	24 16.1	29 24.6	15 15.4
MAY 1	14 13.6	28 32.5	05♊13.7	19 13.9
11	18 17.7	02♉53.0	11 02.8	23 18.7
21	22 26.6	07 17.4	16 50.5	27 28.6
31	26 39.5	11 45.5	22 36.3	01♋42.7
JUN 10	00♋55.8	16 16.8	28 19.7	06 00.4
20	05 14.4	20 51.0	03♋59.8	10 20.7
30	09 35.0	25 28.0	09 36.0	14 43.4
JUL 10	13 56.9	00♊07.3	15 07.9	19 07.7
20	18 19.4	04 48.1	20 34.9	23 33.2
30	22 42.1	09 30.0	25 56.6	27 59.5
AUG 9	27 04.3	14 11.9	01♌12.4	02♌26.0
19	01♌25.3	18 52.7	06 21.7	06 52.1
29	05 44.4	23 30.7	11 24.2	11 17.5
SEP 8	10 00.6	28 03.6	16 19.0	15 41.4
18	14 13.1	02♋28.9	21 05.2	20 02.9
28	18 20.8	06 43.2	25 42.1	24 21.5
OCT 8	22 22.2	10 41.1	00♍08.6	28 36.0
18	26 15.7	14 16.9	04 23.3	02♍45.1
28	29 59.6	17 23.3	08 24.7	06 47.5
NOV 7	03♍31.3	19 50.8	12 10.7	10 41.4
17	06 48.2	21 28.4	15 39.1	14 24.6
27	09 47.1	22 04.6	18 47.3	17 54.6
DEC 7	12 24.1	21 R 30.5	21 31.8	21 08.3
17	14 34.9	19 44.9	23 48.8	24 02.0
27	16 14.7	16 58.4	25 34.5	26 31.4
JAN 6	17♍18.2	13♋39.6	26♍44.1	28♍30.9

JAN 1	10 N 57.3	11 S 32.5	07 S 36.3	11 N 34.4
21	12 41.7	10 33.5	04 24.2	12 58.9
FEB 10	14 50.6	09 07.8	00 46.8	14 50.6
MAR 2	17 10.3	07 26.8	02 N 57.4	16 53.4
22	19 28.5	05 40.8	06 31.9	18 53.0
APR 11	21 34.9	03 59.4	09 41.4	20 38.2
MAY 1	23 20.9	02 32.2	12 13.4	22 00.4
21	24 40.0	01 28.6	13 58.7	22 53.3
JUN 10	25 27.6	00 58.2	14 51.9	23 12.8
30	25 41.3	01 10.5	14 52.5	22 57.2
JUL 20	25 21.3	02 14.1	14 03.9	22 07.2
AUG 9	24 30.2	04 16.4	12 33.3	20 45.6
29	23 13.2	07 21.1	10 29.9	18 57.3
SEP 18	21 38.1	11 27.3	08 04.3	16 48.9
OCT 8	19 54.5	16 25.4	05 28.1	14 28.9
28	18 14.8	21 53.3	02 53.4	12 07.4
NOV 17	16 53.8	27 10.8	00 33.3	09 56.6
DEC 7	[illegible]	[illegible]	[illegible]	08 11.1

1963	Ceres 1	Pallas 2	Juno 3	Vesta 4
JAN 1	16♍51.3	15 R 20.6	26♍14.1	27♍35.2
11	17 35.0	12♋00.4	27 04.2	29 17.9
21	17 R 36.6	09 06.0	27 R 12.7	00♎22.9
31	16 54.1	07 06.5	26 37.3	00 44.1
FEB 10	15 30.3	06 15.7	25 19.7	00 R 18.0
20	13 33.4	06 D 32.1	23 25.6	29♍04.2
MAR 2	11 17.2	07 47.7	21 05.7	27 08.1
12	08 59.9	09 52.3	18 35.7	24 42.9
22	06 59.3	12 35.2	16 12.4	22 07.5
APR 1	05 29.7	15 47.9	14 10.6	19 43.7
11	04 39.8	19 22.8	12 40.9	17 51.2
21	04 D 32.4	23 14.8	11 48.3	16 42.0
MAY 1	05 06.3	27 19.8	11 D 34.0	16 D 21.6
11	06 18.0	01♌34.3	11 55.9	16 50.0
21	08 02.6	05 55.6	12 50.0	18 02.8
31	10 15.8	10 22.3	14 12.6	19 55.2
JUN 10	12 52.9	14 52.8	15 59.2	22 21.5
20	15 50.0	19 26.1	18 06.2	25 16.5
30	19 04.0	24 01.2	20 30.3	28 35.9
JUL 10	22 31.9	28 37.7	23 08.6	02♎15.7
20	26 11.4	03♍15.1	25 58.6	06 12.7
30	00♎00.8	07 53.2	28 58.6	10 24.6
AUG 9	03 58.0	12 31.3	02♎06.5	14 48.8
19	08 02.0	17 09.5	05 21.1	19 23.7
29	12 11.4	21 47.5	08 41.0	24 08.0
SEP 8	16 25.3	26 25.0	12 05.1	29 00.0
18	20 42.6	01♎01.7	15 32.3	03♏58.9
28	25 02.7	05 37.3	19 01.8	09 03.7
OCT 8	29 24.6	10 11.6	22 32.4	14 13.4
18	03♏47.7	14 44.2	26 03.6	19 27.4
28	08 11.1	19 14.3	29 34.1	24 44.9
NOV 7	12 34.1	23 41.5	03♏03.1	00♐05.0
17	16 56.0	28 05.1	06 29.7	05 27.5
27	21 15.9	02♏24.3	09 52.5	10 51.4
DEC 7	25 32.9	06 37.8	13 10.4	16 16.0
17	29 46.1	10 44.6	16 22.1	21 40.9
27	03♐54.5	14 43.2	19 26.0	27 05.3
JAN 6	07♐56.8	18♏31.8	22♏20.3	02♑28.4

JAN 1	16 N 28.5	32 S 24.1	02 S 27.5	07 N 00.6
21	18 00.1	29 12.0	02 06.0	07 16.0
FEB 10	20 26.8	22 54.0	00 21.1	08 48.4
MAR 2	22 56.7	15 11.2	02 N 33.9	11 23.3
22	24 19.8	07 41.7	05 47.4	14 01.0
APR 11	24 03.2	01 24.8	08 18.0	15 25.8
MAY 1	22 22.1	03 N 17.0	09 35.9	15 07.3
21	19 45.4	06 23.8	09 44.5	13 22.2
JUN 10	16 34.1	08 06.5	08 58.7	10 37.2
30	13 01.2	08 40.2	07 33.6	07 13.1
JUL 20	09 14.9	08 20.4	05 41.6	03 24.0
AUG 9	05 21.8	07 22.1	03 32.0	00 S 38.9
29	01 27.6	05 59.3	01 13.1	04 45.6
SEP 18	02 S 22.0	04 25.0	01 S 08.1	08 46.3
OCT 8	06 01.2	02 51.5	03 25.1	12 31.1
28	09 24.5	01 30.6	05 31.7	15 49.9
NOV 17	12 26.7	00 34.2	07 21.8	18 33.1
DEC 7	15 03.4	00 13.7	08 49.8	20 32.5

	1	2	3	4
JAN 1	05♐56.4	16♏38.9	20♏54.4	29♐47.0
11	09 55.3	20 21.8	23 43.3	05♑09.4
21	13 46.1	23 51.5	26 19.6	10 29.5
31	17 27.3	27 05.3	28 41.0	15 46.6
FEB 10	20 57.3	00♐00.1	00♐44.9	21 00.0
20	24 13.9	02 31.9	02 28.4	26 08.9
MAR 1	27 14.9	04 36.3	03 48.2	01♒12.2
11	29 57.8	06 08.6	04 41.3	06 09.2
21	02♑19.4	07 03.0	05 04.4	10 58.7
31	04 16.6	07 R 14.4	04 R 55.3	15 39.4
APR 10	05 45.9	06 38.7	04 13.0	20 10.1
20	06 43.4	05 14.5	02 58.3	24 29.2
30	07 06.2	03 05.9	01 15.6	28 34.6
MAY 10	06 R 52.0	00 23.2	29♏12.0	02♓24.4
20	06 00.6	27♏23.3	26 58.0	05 55.7
30	04 35.2	24 27.3	24 45.8	09 05.3
JUN 9	02 42.6	21 54.5	22 46.7	11 49.6
19	00 33.7	19 59.3	21 10.5	14 03.9
29	28♐22.3	18 49.2	20 03.4	15 43.7
JUL 9	26 22.2	18 D 25.1	19 28.4	16 43.9
19	24 45.3	18 44.9	19 D 25.9	16 R 59.5
29	23 39.8	19 43.6	19 54.4	16 28.3
AUG 8	23 09.5	21 15.9	20 51.4	15 11.0
18	23 D 15.2	23 16.7	22 13.9	13 14.1
28	23 55.2	25 41.3	23 58.9	10 51.1
SEP 7	25 06.2	28 25.6	26 03.6	08 20.1
17	26 45.2	01♐26.5	28 25.4	06 01.7
27	28 48.4	04 40.7	01♐01.9	04 13.5
OCT 7	01♑12.4	08 06.0	03 51.0	03 06.2
17	03 54.4	11 40.4	06 51.1	02 D 45.0
27	06 51.5	15 21.9	10 00.4	03 09.1
NOV 6	10 01.6	19 09.2	13 17.5	04 15.0
16	13 22.7	23 00.7	16 41.1	05 58.1
26	16 52.7	26 55.2	20 10.0	08 12.7
DEC 6	20 30.2	00♑51.5	23 43.0	10 53.9
16	24 13.9	04 48.7	27 19.2	13 57.6
26	28 02.2	08 45.4	00♑57.3	17 19.5
JAN 5	01♒54.2	12♑40.8	04♑36.5	20♓56.6
JAN 1	17 S 39.1	00 N 55.2	10 S 01.2	21 S 51.9
21	19 10.8	02 33.2	10 22.5	21 58.1
FEB 10	20 16.2	05 15.5	10 09.2	21 17.1
MAR 1	21 01.4	09 01.5	09 20.7	19 57.0
21	21 35.6	13 39.6	07 59.5	18 08.8
APR 10	22 10.9	18 38.9	06 13.7	16 06.3
30	22 59.0	23 05.6	04 20.9	14 04.5
MAY 20	24 06.0	25 56.6	02 47.9	12 20.2
JUN 9	25 24.0	26 33.6	02 01.0	11 11.5
29	26 33.3	25 05.7	02 10.3	10 58.2
JUL 19	27 20.8	22 14.1	03 08.0	11 56.8
AUG 8	27 51.3	18 42.9	04 37.9	14 07.9
28	28 14.4	15 04.3	06 24.4	16 54.2
SEP 17	28 32.9	11 38.8	08 14.6	19 04.0
OCT 7	28 43.3	08 39.1	09 58.5	19 45.3
27	28 39.4	06 13.0	11 28.3	18 57.8
NOV 16	28 15.7	04 25.6	12 37.8	17 04.6
DEC 6	27 28.5	03 19.6	13 22.1	14 26.8
26	26 S 16.8	02 N 55.6	13 S 38.0	11 S 18.6

1965	1	2	3	4
JAN 1	00♒21.1	11♑06.9	03♑08.7	19♓28.1
11	04 14.7	15 01.0	06 48.0	23 13.0
21	08 10.2	18 51.9	10 26.6	27 08.7
31	12 06.5	22 38.8	14 03.4	01♈13.3
FEB 10	16 02.8	26 20.3	17 37.4	05 25.1
20	19 58.0	29 55.3	21 07.3	09 42.3
MAR 2	23 51.2	03♒22.6	24 31.8	14 03.8
12	27 41.5	06 40.6	27 49.5	18 28.5
22	01♓27.7	09 47.6	00♒58.6	22 55.4
APR 1	05 09.1	12 42.1	03 57.6	27 23.6
11	08 44.3	15 21.7	06 44.1	01♉52.5
21	12 12.1	17 44.2	09 15.7	06 21.3
MAY 1	15 31.2	19 47.0	11 29.7	10 49.5
11	18 39.8	21 26.9	13 22.7	15 16.4
21	21 36.3	22 40.6	14 51.0	19 41.6
31	24 18.4	23 24.8	15 50.8	24 04.5
JUN 10	26 43.7	23 R 35.8	16 17.9	28 24.5
20	28 49.3	23 11.4	16 R 09.2	02♊41.0
30	00♈32.1	22 10.2	15 22.7	06 53.4
JUL 10	01 48.4	20 33.8	13 59.0	11 00.9
20	02 34.8	18 27.2	12 03.5	15 02.5
30	02 R 48.0	15 59.4	09 45.9	18 57.3
AUG 9	02 25.6	13 23.0	07 20.3	22 44.0
19	01 27.5	10 51.8	05 03.0	26 21.1
29	29♓56.4	08 38.6	03 08.7	29 46.7
SEP 8	27 59.4	06 53.5	01 49.2	02♋58.6
18	25 47.4	05 42.1	01 10.3	05 54.2
28	23 34.2	05 06.5	01 D 13.9	08 30.1
OCT 8	21 34.1	05 D 05.9	01 59.0	10 42.4
18	19 59.2	05 37.9	03 22.4	12 26.9
28	18 57.3	06 39.0	05 20.0	13 38.4
NOV 7	18 32.8	08 05.8	07 47.9	14 11.9
17	18 D 45.6	09 54.5	10 42.2	14 R 03.3
27	19 34.0	12 02.1	13 59.6	13 10.0
DEC 7	20 54.7	14 25.6	17 37.2	11 33.8
17	22 43.7	17 02.4	21 32.0	09 22.3
27	24 57.3	19 50.2	25 42.2	06 48.6
JAN 6	27♓32.1	22♒47.2	00♓06.0	04♋11.6
JAN 1	25 S 50.7	02 N 56.5	13 S 37.0	10 S 17.8
21	24 09.7	03 25.0	13 14.5	06 45.3
FEB 10	22 11.1	04 29.7	12 23.7	03 03.9
MAR 2	20 00.8	06 05.5	11 07.9	00 N 38.7
22	17 46.1	08 05.7	09 32.6	04 15.3
APR 11	15 34.9	10 22.0	07 45.2	07 39.3
MAY 1	13 35.9	12 43.8	05 55.5	10 44.9
21	11 58.3	14 56.9	04 16.7	13 27.0
JUN 10	10 52.2	16 41.3	03 06.3	15 41.6
30	10 27.9	17 30.0	02 46.1	17 26.1
JUL 20	10 54.5	16 54.3	03 35.7	18 39.5
AUG 9	12 14.5	14 40.6	05 35.1	19 23.1
29	14 13.8	11 08.5	08 13.7	19 40.9
SEP 18	16 14.1	07 04.9	10 46.9	19 39.9
OCT 8	17 24.9	03 16.9	12 43.4	19 30.7
28	17 17.6	00 12.8	13 50.0	19 27.6
NOV 17	15 56.9	01 S 57.4	14 03.5	19 45.7
DEC 7	13 42.9	03 14.5	13 25.3	20 33.3
27	10 S 54.1	03 S 44.2	11 S 59.4	21 N 41.6

1966	1	2	3	4
JAN 1	26♓12.3	21♒17.7	27♒52.6	05 R 29.3
11	28 56.2	24 18.5	02♓22.3	02♋58.1
21	01♈56.4	27 25.8	07 03.1	00 51.2
31	05 10.4	00♓38.2	11 53.7	29♊21.8
FEB 10	08 35.7	03 54.3	16 53.0	28 36.8
20	12 10.3	07 12.9	22 00.0	28 D 36.7
MAR 2	15 52.7	10 33.0	27 13.9	29 19.5
12	19 41.2	13 53.3	02♈33.8	00♋40.3
22	23 34.6	17 13.1	07 59.2	02 34.2
APR 1	27 31.8	20 31.3	13 29.5	04 56.4
11	01♉31.8	23 46.8	19 03.8	07 42.3
21	05 33.7	26 58.8	24 41.8	10 48.1
MAY 1	09 36.7	00♈05.9	00♉22.9	14 10.8
11	13 40.0	03 07.1	06 06.6	17 47.5
21	17 43.1	06 01.0	11 52.2	21 36.1
31	21 45.0	08 46.0	17 39.1	25 34.9
JUN 10	25 45.1	11 20.2	23 26.6	29 42.3
20	29 42.7	13 41.6	29 14.3	03♌57.2
30	03♊36.9	15 47.4	05♊01.0	08 18.5
JUL 10	07 26.8	17 34.8	10 45.8	12 45.4
20	11 11.4	19 00.2	16 28.1	17 17.2
30	14 49.5	19 59.3	22 06.5	21 53.3
AUG 9	18 19.5	20 28.1	27 39.8	26 33.1
19	21 39.9	20 R 21.9	03♋06.6	01♍16.1
29	24 48.5	19 37.3	08 25.2	06 01.9
SEP 8	27 42.9	18 12.7	13 34.0	10 49.9
18	00♋20.2	16 09.9	18 30.7	15 39.9
28	02 36.9	13 36.0	23 12.5	20 31.1
OCT 8	04 29.1	10 44.0	27 36.8	25 23.0
18	05 52.2	07 50.6	01♌40.0	00♎15.3
28	06 41.7	05 14.1	05 17.7	05 07.0
NOV 7	06 R 53.4	03 09.6	08 25.4	09 57.5
17	06 24.5	01 47.1	10 57.0	14 46.0
27	05 15.1	01 11.1	12 46.6	19 31.2
DEC 7	03 29.8	01 D 21.2	13 48.5	24 12.3
17	01 18.6	02 14.8	13 R 57.5	28 47.7
27	28♊57.1	03 47.7	13 11.8	03♏15.8
JAN 6	26♊42.5	05♈55.2	11♌36.0	07♏34.9
JAN 1	10 S 08.1	03 S 45.1	11 S 31.0	21 N 59.2
21	06 53.5	03 26.2	09 13.7	23 03.2
FEB 10	03 28.5	02 37.9	06 24.2	23 54.3
MAR 2	00 00.2	01 29.0	03 12.1	24 35.2
22	03 N 25.2	00 08.1	00 N 11.8	25 04.7
APR 11	06 42.1	01 N 15.8	03 36.0	25 16.9
MAY 1	09 45.5	02 33.5	06 48.3	25 04.4
21	12 30.9	03 35.0	09 36.5	24 21.8
JUN 10	14 54.7	04 08.9	11 48.9	23 06.0
30	16 54.4	04 01.7	13 15.6	21 17.0
JUL 20	18 29.2	02 57.3	13 49.8	18 56.7
AUG 9	19 40.2	00 37.6	13 29.0	16 09.2
29	20 31.2	03 S 10.4	12 16.2	12 59.8
SEP 18	21 09.2	08 16.7	10 19.6	09 35.0
OCT 8	21 44.8	13 45.2	07 52.3	06 02.2
28	22 31.1	18 08.1	05 12.0	02 29.5
NOV 17	23 38.8	20 28.5	02 42.3	00 S 54.5
DEC 7	25 05.9	20 49.6	00 54.2	04 00.7
27	26 N 31.3	19 S 43.7	00 N 25.7	06 S 40.4

1967		Ceres 1	Pallas 2	Juno 3	Vesta 4
JAN	1	27 R 47.9	04 ♈ 47.4	12 R 29.6	05 ♏ 26.6
	11	25 ♊ 43.1	07 10.6	10 ♌ 32.5	09 40.4
	21	24 08.2	10 02.2	08 05.7	13 41.3
	31	23 12.4	13 18.4	05 31.6	17 26.6
FEB	10	22 D 59.0	16 56.2	03 11.7	20 53.3
	20	23 27.5	20 53.1	01 25.2	23 56.6
MAR	2	24 34.7	25 06.7	00 22.6	26 32.0
	12	26 16.0	29 35.2	00 D 06.4	28 34.2
	22	28 27.0	04 ♉ 17.4	00 34.4	29 57.4
APR	1	01 ♋ 03.1	09 11.6	01 42.0	00 ♐ 36.2
	11	04 00.3	14 16.8	03 23.3	00 R 26.3
	21	07 15.5	19 32.1	05 32.7	29 ♏ 27.1
MAY	1	10 45.4	24 56.4	08 04.7	27 44.6
	11	14 27.8	00 ♊ 28.9	10 55.1	25 30.5
	21	18 20.7	06 08.6	14 00.7	23 04.5
	31	22 22.3	11 54.5	17 18.0	20 49.0
JUN	10	26 31.3	17 45.9	20 44.8	19 02.9
	20	00 ♌ 46.4	23 41.4	24 19.2	18 00.0
	30	05 06.6	29 39.9	27 59.4	17 D 45.6
JUL	10	09 31.1	05 ♋ 40.4	01 ♍ 44.3	18 19.5
	20	13 59.1	11 41.7	05 32.7	19 38.0
	30	18 29.7	17 42.3	09 23.5	21 35.9
AUG	9	23 02.5	23 41.0	13 16.1	24 07.5
	19	27 36.7	29 36.3	17 09.7	27 07.7
	29	02 ♍ 11.7	05 ♌ 27.1	21 03.4	00 ♐ 31.6
SEP	8	06 47.0	11 12.1	24 56.9	04 15.5
	18	11 21.7	16 49.6	28 49.3	08 16.3
	28	15 55.3	22 18.3	02 ♎ 40.0	12 31.0
OCT	8	20 26.9	27 37.1	06 28.2	16 57.3
	18	24 55.5	02 ♍ 43.9	10 13.2	21 33.5
	28	29 20.3	07 37.1	13 54.0	26 17.8
NOV	7	03 ♎ 40.0	12 14.8	17 29.7	01 ♑ 09.0
	17	07 53.3	16 34.5	20 59.1	06 05.7
	27	11 58.8	20 33.6	24 20.9	11 06.8
DEC	7	15 54.7	24 08.4	27 33.6	16 11.6
	17	19 38.6	27 14.9	00 ♏ 35.3	21 19.0
	27	23 08.4	29 48.5	03 24.2	26 28.1
JAN	6	26 ♎ 21.1	01 ♎ 43.3	05 ♏ 57.9	01 ♒ 38.4
JAN	1	26 N 49.4	19 S 17.7	00 N 35.2	07 S 15.2
	21	27 45.4	17 06.9	02 23.4	09 11.0
FEB	10	28 22.7	14 29.0	05 33.3	10 25.4
MAR	2	28 51.7	11 39.5	08 54.9	10 56.5
	22	29 13.0	08 50.7	11 34.0	10 47.5
APR	11	29 20.3	06 13.6	13 12.2	10 08.6
MAY	1	29 05.4	03 58.0	13 51.0	09 20.5
	21	28 22.1	02 12.7	13 38.2	08 55.5
JUN	10	27 07.1	01 05.2	12 42.3	09 23.4
	30	25 20.3	00 40.8	11 12.1	10 51.0
JUL	20	23 03.9	01 01.1	09 15.5	13 02.9
AUG	9	20 22.7	02 04.3	07 00.4	15 36.9
	29	17 22.7	03 44.7	04 33.9	18 13.3
SEP	18	14 11.0	05 53.2	02 03.0	20 35.5
OCT	8	10 55.7	08 17.9	00 S 25.5	22 29.8
	28	07 45.3	10 44.7	02 44.5	23 45.5
NOV	17	04 48.6	12 57.3	04 47.3	24 15.1

1968		Ceres 1	Pallas 2	Juno 3	Vesta 4
JAN	1	24 ♎ 47.1	00 ♎ 51.2	04 ♏ 43.2	29 ♑ 03.2
	11	27 50.0	02 24.2	07 08.2	04 ♒ 13.7
	21	00 ♏ 30.8	03 09.3	09 14.1	09 24.2
	31	02 45.4	03 R 00.8	10 57.6	14 34.1
FEB	10	04 29.4	01 55.4	12 15.3	19 42.6
	20	05 38.4	29 ♍ 55.8	13 04.1	24 49.1
MAR	1	06 08.4	27 11.5	13 20.8	29 53.2
	11	05 R 56.5	24 00.8	13 R 03.1	04 ♓ 54.0
	21	05 02.9	20 48.5	12 10.7	09 50.9
	31	03 31.5	17 58.2	10 45.7	14 43.5
APR	10	01 31.5	15 48.2	08 53.4	19 30.8
	20	29 ♎ 16.9	14 27.4	06 43.0	24 12.3
	30	27 04.1	13 57.2	04 25.9	28 47.0
MAY	10	25 09.2	14 D 15.0	02 15.1	03 ♈ 14.1
	20	23 44.2	15 14.8	00 21.9	07 32.5
	30	22 55.9	16 50.3	28 ♎ 54.5	11 41.0
JUN	9	22 D 47.1	18 56.1	27 58.2	15 37.8
	19	23 16.2	21 26.9	27 34.7	19 21.5
	29	24 20.1	24 18.5	27 D 43.0	22 49.9
JUL	9	25 55.0	27 27.4	28 21.4	26 00.0
	19	27 56.5	00 ♎ 50.5	29 26.6	28 49.2
	29	00 ♏ 20.8	04 25.7	00 ♏ 55.6	01 ♉ 13.5
AUG	8	03 04.4	08 11.2	02 45.4	03 08.5
	18	06 04.2	12 05.0	04 53.1	04 29.8
	28	09 17.8	16 06.0	07 16.1	05 12.3
SEP	7	12 43.0	20 13.0	09 52.4	05 R 11.7
	17	16 17.7	24 25.0	12 39.8	04 26.1
	27	20 00.6	28 41.2	15 36.8	02 56.5
OCT	7	23 50.1	03 ♏ 00.5	18 41.7	00 50.3
	17	27 45.1	07 22.3	21 53.2	28 ♈ 20.7
	27	01 ♐ 44.6	11 45.8	25 10.1	25 45.7
NOV	6	05 47.3	16 10.1	28 31.2	23 25.1
	16	09 52.5	20 34.4	01 ♐ 55.3	21 34.9
	26	13 59.4	24 57.9	05 21.6	20 25.5
DEC	6	18 06.7	29 19.6	08 48.7	20 D 01.3
	16	22 13.9	03 ♐ 38.6	12 15.7	20 21.1
	26	26 20.0	07 53.8	15 41.4	21 21.6
JAN	5	00 ♑ 24.0	12 ♐ 03.8	19 ♐ 04.7	22 ♈ 58.1
JAN	1	00 S 12.1	15 S 06.5	07 S 47.9	22 S 21.1
	21	01 23.5	13 32.2	08 10.1	20 17.4
FEB	10	01 47.7	09 23.0	07 48.2	17 39.5
MAR	1	01 24.3	02 25.9	06 39.1	14 37.4
	21	00 23.0	05 N 49.9	04 46.4	11 21.6
APR	10	00 N 48.8	12 44.5	02 27.4	08 02.5
	30	01 29.8	16 54.7	00 16.0	04 49.8
MAY	20	01 08.9	18 37.0	01 N 10.8	01 53.0
JUN	9	00 S 16.2	18 36.0	01 34.7	00 N 39.2
	29	02 29.2	17 28.8	01 00.3	02 38.5
JUL	19	05 11.5	15 41.0	00 S 16.7	03 56.8
AUG	8	08 08.6	13 30.5	02 00.3	04 26.6
	28	11 09.3	11 11.0	03 57.4	04 02.6
SEP	17	14 05.0	08 53.7	05 57.8	02 46.6
OCT	7	16 48.4	06 48.6	07 53.1	00 57.9
	27	19 12.9	05 04.7	09 36.5	00 S 38.7
NOV	16	21 13.4	03 50.3	11 02.0	01 14.4

1969		Ceres 1	Pallas 2	Juno 3	Vesta 4
JAN	1	28 ♐ 46.7	10 ♐ 24.5	17 ♐ 43.8	22 ♈ 15.5
	11	02 ♑ 49.0	14 30.9	21 05.0	24 10.9
	21	06 47.8	18 30.1	24 21.8	26 33.8
	31	10 41.8	22 20.3	27 32.6	29 20.0
FEB	10	14 30.0	25 59.8	00 ♑ 36.0	02 ♉ 25.2
	20	18 11.2	29 26.5	03 30.2	05 46.2
MAR	2	21 43.9	02 ♑ 37.7	06 13.1	09 20.3
	12	25 06.6	05 30.8	08 42.7	13 04.8
	22	28 17.6	08 02.4	10 56.4	16 57.9
APR	1	01 ♒ 14.7	10 08.5	12 51.2	20 58.1
	11	03 55.9	11 45.0	14 24.2	25 03.8
	21	06 18.3	12 47.2	15 31.9	29 14.0
MAY	1	08 19.1	13 10.4	16 10.8	03 ♊ 27.6
	11	09 55.1	12 R 51.0	16 R 17.9	07 43.8
	21	11 02.7	11 47.0	15 50.9	12 02.1
	31	11 38.6	10 00.1	14 49.4	16 21.5
JUN	10	11 R 40.3	07 37.6	13 16.0	20 41.6
	20	11 06.3	04 51.6	11 16.3	25 02.0
	30	09 57.5	01 59.4	09 00.6	29 21.9
JUL	10	08 18.6	29 ♐ 18.9	06 41.5	03 ♋ 40.9
	20	06 17.5	27 05.3	04 32.3	07 58.6
	30	04 06.3	25 28.8	02 45.4	12 14.3
AUG	9	01 58.5	24 33.5	01 29.1	16 27.3
	19	00 07.0	24 D 19.5	00 48.2	20 36.9
	29	28 ♑ 42.3	24 43.9	00 D 44.2	24 42.2
SEP	8	27 50.6	25 42.4	01 15.7	28 42.2
	18	27 D 34.7	27 10.5	02 20.5	02 ♌ 35.6
	28	27 54.3	29 03.8	03 55.2	06 20.8
OCT	8	28 47.1	01 ♑ 18.0	05 56.4	09 56.2
	18	00 ♒ 10.2	03 50.0	08 20.9	13 19.4
	28	01 59.9	06 36.5	11 05.8	16 27.6
NOV	7	04 12.6	09 35.0	14 08.3	19 17.8
	17	06 45.3	12 43.3	17 26.4	21 45.9
	27	09 34.9	15 59.4	20 57.9	23 47.2
DEC	7	12 38.8	19 21.6	24 41.0	25 16.9
	17	15 54.9	22 48.5	28 34.5	26 09.2
	27	19 21.0	26 18.4	02 ♒ 36.7	26 R 19.2
JAN	6	22 ♒ 55.3	29 ♑ 50.4	06 ♒ 46.6	25 ♌ 43.4
JAN	1	24 S 00.9	03 N 27.4	12 S 46.3	01 N 55.2
	21	24 25.4	04 32.1	12 45.5	04 31.7
FEB	10	24 25.3	06 23.8	12 16.5	07 25.9
MAR	2	24 07.7	08 59.4	11 21.6	10 24.2
	22	23 42.3	12 11.7	10 05.6	13 15.9
APR	11	23 21.4	15 47.4	08 35.9	15 52.5
MAY	1	23 19.1	19 23.7	07 03.2	18 07.0
	21	23 50.0	22 25.7	05 42.8	19 53.8
JUN	10	25 05.0	24 10.7	04 53.7	21 09.2
	30	27 01.8	24 04.7	04 53.8	21 51.0
JUL	20	29 13.7	22 05.9	05 48.1	21 59.3
AUG	9	30 56.4	18 46.8	07 23.0	21 36.3
	29	31 40.0	14 52.9	09 15.7	20 46.7
SEP	18	31 26.6	11 02.1	11 05.7	19 37.6
OCT	8	30 32.8	07 38.1	12 38.4	18 19.0
	28	29 11.0	04 53.3	13 44.6	17 03.9
NOV	17	27 26.5	02 52.7	14 18.2	16 09.0
DEC	7	25 21.3	01 37.4	14 15.5	15 54.7

1970	1	2	3	4
JAN 1	21♒07.2	28♑04.2	04♒40.7	26 R07.1
11	24 45.2	01♒36.8	08 54.1	25♌08.0
21	28 29.1	05 09.5	13 13.7	23 25.2
31	02♓17.7	08 41.2	17 38.6	21 07.8
FEB 10	06 09.8	12 11.0	22 08.0	18 31.2
20	10 04.3	15 37.6	26 41.2	15 56.1
MAR 2	14 00.2	19 00.0	01♓17.5	13 42.4
12	17 56.5	22 17.1	05 56.6	12 05.2
22	21 52.4	25 27.6	10 37.6	11 13.4
APR 1	25 46.9	28 30.1	15 20.0	11 D09.0
11	29 39.2	01♓23.3	20 03.6	11 49.9
21	03♈28.4	04 05.3	24 47.6	13 12.0
MAY 1	07 13.5	06 34.5	29 31.5	15 09.7
11	10 53.6	08 48.6	04♈14.7	17 38.0
21	14 27.5	10 45.1	08 56.7	20 32.3
31	17 54.1	12 21.4	13 36.8	23 48.4
JUN 10	21 11.8	13 34.3	18 13.9	27 23.2
20	24 19.0	14 20.5	22 46.7	01♍13.7
30	27 13.8	14 37.0	27 14.6	05 17.5
JUL 10	29 53.8	14 R20.6	01♉35.6	09 33.1
20	02♉16.3	13 29.9	05 47.4	13 58.6
30	04 18.4	12 05.1	09 47.8	18 32.8
AUG 9	05 56.3	10 09.5	13 33.7	23 14.7
19	07 06.3	07 50.4	17 01.3	28 03.3
29	07 44.6	05 18.2	20 05.5	02♎57.7
SEP 8	07 R47.5	02 45.9	22 40.1	07 57.5
18	07 13.3	00 26.8	24 39.6	13 01.7
28	06 02.3	28♒31.6	25 56.6	18 09.9
OCT 8	04 18.7	27 07.9	26 23.9	23 21.5
18	02 11.7	26 19.4	25 R58.5	28 35.9
28	29♈54.4	26 D06.5	24 42.9	03♏52.5
NOV 7	27 42.0	26 27.7	22 47.7	09 11.0
17	25 49.4	27 20.0	20 33.7	14 30.3
27	24 27.5	28 40.0	18 26.5	19 50.1
DEC 7	23 43.1	00♓24.4	16 50.7	25 09.7
17	23 D38.3	02 29.8	16 03.8	00♐28.2
27	24 11.7	04 53.1	16 D12.4	05 45.0
JAN 6	25♈20.6	07♓31.8	17♉16.1	10♐59.0
JAN 1	22 S 18.2	01 N 04.0	13 S 19.5	17 N04.4
21	19 33.9	01 21.0	11 54.3	19 15.6
FEB 10	16 38.1	02 10.9	09 57.3	21 55.1
MAR 2	13 35.9	03 27.2	07 33.9	23 56.0
22	10 32.6	05 02.5	04 51.1	24 40.1
APR 11	07 34.3	06 48.7	01 57.1	24 12.8
MAY 1	04 46.9	08 36.6	00 N 59.2	22 51.6
21	02 16.1	10 15.6	03 47.9	20 48.4
JUN 10	00 07.7	11 31.9	06 18.2	18 10.1
30	01 N 32.5	12 07.4	08 18.0	15 02.0
JUL 20	02 39.3	11 39.5	09 34.0	11 29.2
AUG 9	03 08.0	09 47.3	09 52.4	07 37.9
29	02 56.1	06 29.4	09 00.1	03 34.8
SEP 18	02 06.7	02 20.2	06 48.0	00 S32.7
OCT 8	00 55.2	01 S 43.3	03 21.4	04 36.4
28	00 S 06.6	04 57.1	00 S 40.7	08 27.4
NOV 17	00 22.6	07 05.1	03 53.2	11 56.7
DEC 7	00 N 24.5	08 10.3	04 51.8	14 55.7
27	02 N 08.3	08 S 22.6	03 S 26.2	17 S16.8

1971	1	2	3	4
JAN 1	24♈42.0	06♓10.7	16♉37.6	08♐22.4
11	26 07.1	08 56.2	18 06.9	13 34.7
21	28 01.4	11 53.7	20 21.5	18 43.0
31	00♉20.8	15 01.5	23 14.7	23 46.2
FEB 10	03 01.7	18 17.7	26 39.6	28 42.8
20	06 00.5	21 41.1	00♊29.0	03♑31.6
MAR 2	09 14.4	25 10.5	04 37.6	08 11.3
12	12 40.9	28 44.7	09 01.5	12 39.6
22	16 17.8	02♈22.8	13 36.8	16 54.8
APR 1	20 03.5	06 04.1	18 20.6	20 54.2
11	23 56.2	09 47.7	23 10.2	24 35.0
21	27 54.8	13 33.1	28 03.9	27 53.8
MAY 1	01♊58.2	17 19.6	03♋00.4	00♒46.3
11	06 05.3	21 06.5	07 58.1	03 07.9
21	10 15.4	24 53.3	12 55.9	04 53.7
31	14 27.7	28 39.3	17 53.4	05 57.9
JUN 10	18 41.5	02♉23.6	22 49.7	06 R16.1
20	22 56.3	06 05.6	27 44.2	05 46.0
30	27 11.4	09 44.2	02♌36.6	04 28.6
JUL 10	01♋26.1	13 18.1	07 26.3	02 32.4
20	05 39.9	16 46.0	12 13.2	00 11.8
30	09 52.1	20 05.8	16 56.9	27♑46.5
AUG 9	14 01.8	23 15.3	21 36.8	25 37.7
19	18 08.4	26 11.4	26 12.9	24 02.0
29	22 10.7	28 50.0	00♍44.8	23 10.0
SEP 8	26 07.6	01♊06.5	05 11.8	23 D05.2
18	29 57.9	02 54.9	09 33.5	23 45.8
28	03♌39.7	04 07.5	13 49.4	25 08.3
OCT 8	07 11.0	04 36.1	17 58.6	27 07.4
18	10 29.6	04 R12.8	22 00.4	29 37.5
28	13 32.6	02 51.7	25 53.6	02♒33.7
NOV 7	16 16.5	00 33.7	29 36.9	05 51.9
17	18 37.5	27♉30.1	03♎09.0	09 28.3
27	20 30.8	24 05.5	06 27.8	13 19.8
DEC 7	21 51.7	20 53.7	09 31.3	17 23.5
17	22 35.3	18 24.7	12 17.1	21 37.5
27	22 R37.1	16 59.3	14 42.1	25 59.8
JAN 6	21♌55.7	16 D45.0	16♎43.2	00♓28.7
JAN 1	02 N 41.2	08 S 18.7	02 S 47.7	17 S45.5
21	05 12.0	07 41.0	00 N 25.7	19 12.8
FEB 10	08 02.6	06 35.6	04 06.1	19 56.4
MAR 2	11 00.4	05 12.8	07 38.4	20 01.2
22	13 55.5	03 42.4	10 40.7	19 36.8
APR 11	16 39.6	02 13.7	13 00.0	18 58.2
MAY 1	19 05.6	00 56.4	14 29.3	18 24.8
21	21 07.9	00 00.1	15 06.9	18 20.2
JUN 10	22 42.2	00 N 24.4	14 54.8	19 07.8
30	23 45.9	00 05.9	13 58.5	20 57.4
JUL 20	24 18.3	01 S 08.0	12 25.1	23 23.4
AUG 9	24 21.5	03 30.0	10 22.8	25 29.2
29	24 00.1	07 10.9	08 00.5	26 36.8
SEP 18	23 21.6	12 13.3	05 26.8	26 47.0
OCT 8	22 37.1	18 20.7	02 50.7	26 11.4
28	22 01.0	24 40.9	00 21.1	24 56.6
NOV 17	21 51.3	29 43.2	01 S 52.7	23 05.2
DEC 7	22 28.1	31 57.1	03 40.7	20 39.8
27	24 N 06.7	30 S 54.3	04 S 52.2	17 S44.6

1972	Ceres 1	Pallas 2	Juno 3	Vesta 4
JAN 1	22 R21.8	16 R43.3	15♎45.9	28♒13.5
11	21♌19.1	17 D03.8	17 33.6	02♓45.1
21	19 37.9	18♉29.4	18 51.7	07 21.3
31	17 29.0	20 51.2	19 36.6	12 01.0
FEB 10	15 08.4	23 59.2	19 R45.2	16 43.0
20	12 54.5	27 44.9	19 15.3	21 26.6
MAR 1	11 04.7	02♊00.7	18 07.6	26 10.9
11	09 50.9	06 39.6	16 26.0	00♈55.1
21	09 19.3	11 36.7	14 18.5	05 38.7
31	09 D31.2	16 47.3	11 57.3	10 20.9
APR 10	10 23.6	22 07.4	09 36.3	15 01.2
20	11 52.6	27 34.5	07 29.1	19 39.2
30	13 53.3	03♋05.7	05 47.0	24 14.0
MAY 10	16 20.8	08 38.9	04 36.4	28 45.2
20	19 11.0	14 12.8	04 00.4	03♉12.3
30	22 20.2	19 46.0	03 D58.9	07 34.3
JUN 9	25 45.1	25 17.4	04 29.3	11 50.9
19	29 23.3	00♌46.4	05 28.6	16 01.0
29	03♍12.3	06 12.4	06 53.3	20 03.5
JUL 9	07 10.5	11 35.0	08 39.7	23 57.5
19	11 16.3	16 54.2	10 44.9	27 41.4
29	15 28.3	22 09.4	13 05.9	01♊13.5
AUG 8	19 45.5	27 20.8	15 40.3	04 31.9
18	24 06.9	02♍28.2	18 26.0	07 33.8
28	28 31.6	07 31.6	21 21.2	10 16.4
SEP 7	02♎58.8	12 30.8	24 24.3	12 36.1
17	07 27.9	17 25.8	27 34.0	14 28.5
27	11 57.9	22 16.2	00♏48.8	15 49.1
OCT 7	16 28.5	27 02.0	04 07.8	16 32.9
17	20 58.7	01♎42.6	07 30.0	16 R35.4
27	25 27.7	06 17.5	10 54.0	15 54.0
NOV 6	29 55.0	10 46.2	14 19.1	14 29.1
16	04♏19.6	15 07.8	17 44.2	12 26.3
26	08 40.5	19 21.1	21 08.2	09 57.9
DEC 6	12 56.8	23 25.1	24 30.1	07 20.7
16	17 07.3	27 17.9	27 48.5	04 54.1
26	21 10.6	00♏57.8	01♐02.2	02 55.2
JAN 5	25♏05.4	04♏22.2	04♐09.9	01♊35.0
JAN 1	24 N 41.0	30 S 11.9	05 S 03.0	16 S56.8
21	27 23.1	26 07.8	05 12.4	13 33.0
FEB 10	29 56.6	20 52.8	04 20.2	09 54.4
MAR 1	31 17.2	15 17.5	02 23.3	06 08.7
21	31 07.2	09 56.1	00 N 20.5	02 23.4
APR 10	29 48.2	05 11.4	03 07.2	01 N14.0
30	27 44.2	01 18.2	05 07.3	04 37.1
MAY 20	25 08.6	01 N 35.2	05 57.1	07 40.1
JUN 9	22 08.1	03 26.6	05 41.4	10 18.0
29	18 47.4	04 19.3	04 36.4	12 26.9
JUL 19	15 10.9	04 20.8	02 58.0	14 04.7
AUG 8	11 23.6	03 41.4	00 58.9	15 10.7
28	07 30.8	02 32.6	01 S 10.7	15 46.7
SEP 17	03 38.3	01 06.9	03 22.8	15 57.1
OCT 7	00 S 07.9	00 S 23.0	05 30.2	15 48.8
27	03 41.8	01 44.2	07 26.7	15 31.1
NOV 16	06 57.5	02 43.0	09 06.4	15 14.0
DEC 6	09 49.7	03 05.2	10 24.2	15 08.4
26	12 S 14.2	02 S 35.8	11 S 15.9	15 N26.6

1973	Ceres 1	Pallas 2	Juno 3	Vesta 4
JAN 1	23♏32.6	03♏02.4	02♐55.6	02R01.9
11	27 21.4	06 16.2	05 58.9	01♊08.1
21	00♐58.7	09 09.5	08 53.3	00D59.3
31	04 22.7	11 38.6	11 37.2	01 33.0
FEB 10	07 30.7	13 38.8	14 08.2	02 45.3
20	10 20.0	15 04.8	16 24.0	04 31.3
MAR 2	12 47.6	15 51.3	18 22.1	06 45.7
12	14 49.9	15R52.7	19 59.2	09 24.2
22	16 23.1	15 05.5	21 12.4	12 22.8
APR 1	17 23.5	13 29.1	21 58.3	15 38.0
11	17 47.6	11 08.7	22 14.0	19 07.2
21	17R33.4	08 17.2	21R57.2	22 47.9
MAY 1	16 40.7	05 13.2	21 07.2	26 38.3
11	15 12.9	02 18.3	19 45.3	00♋36.8
21	13 17.8	29♎52.1	17 56.6	04 42.0
31	11 07.1	28 07.2	15 48.8	08 52.8
JUN 10	08 55.3	27 09.7	13 33.2	13 08.6
20	06 56.8	26D59.4	11 22.2	17 28.2
30	05 23.3	27 32.5	09 27.2	21 51.3
JUL 10	04 22.8	28 44.4	07 57.5	26 17.1
20	03 58.5	00♏29.2	06 58.8	00♌45.1
30	04D10.4	02 41.8	06 33.5	05 14.9
AUG 9	04 56.7	05 17.8	06D41.8	09 46.1
19	06 13.9	08 13.1	07 21.5	14 17.9
29	07 58.3	11 24.5	08 30.2	18 50.2
SEP 8	10 06.5	14 49.4	10 04.7	23 22.3
18	12 34.9	18 25.1	12 02.0	27 53.4
28	15 20.8	22 10.1	14 19.2	02♍23.1
OCT 8	18 21.5	26 02.5	16 53.9	06 50.4
18	21 34.6	00♐00.7	19 43.4	11 14.5
28	24 58.3	04 03.6	22 46.0	15 34.3
NOV 7	28 30.8	08 10.0	25 59.9	19 48.2
17	02♑10.6	12 18.7	29 23.2	23 54.8
27	05 56.4	16 28.6	02♑54.9	27 52.4
DEC 7	09 46.9	20 38.9	06 33.5	01♎38.2
17	13 41.0	24 48.3	10 17.7	05 09.6
27	17 37.6	28 56.1	14 06.8	08 23.5
JAN 6	21♑35.7	03♑01.0	17♑59.5	11♎15.6
JAN 1	12S51.8	02S14.6	11S25.8	15N38.1
21	14 37.6	00 15.7	11 39.3	16 37.0
FEB 10	15 54.7	03N06.0	11 22.1	18 00.4
MAR 2	16 47.5	07 52.2	10 35.4	19 35.1
22	17 23.4	13 40.7	09 22.7	21 07.3
APR 11	17 51.7	19 31.2	07 51.1	22 25.3
MAY 1	18 20.2	23 57.4	06 13.3	23 19.9
21	18 52.1	25 58.8	04 48.5	23 44.6
JUN 10	19 26.5	25 37.8	03 59.6	23 35.5
30	20 05.9	23 37.0	04 01.6	22 51.3
JUL 20	20 56.6	20 42.0	04 53.0	21 33.1
AUG 9	22 00.8	17 25.6	06 19.0	19 44.2
29	23 14.0	14 08.6	08 02.1	17 29.6
SEP 18	24 28.0	11 04.9	09 47.4	14 55.8
OCT 8	25 33.9	08 24.0	11 23.5	12 10.8
28	26 23.5	06 13.1	12 42.0	09 23.8
NOV 17	26 50.8	04 38.0	13 36.2	06 45.6
DEC 7	26 51.6	03 42.4	14 01.7	04 28.0

1974	Ceres 1	Pallas 2	Juno 3	Vesta 4
JAN 1	19♑36.5	00♑59.0	16♑02.7	09♎52.5
11	23 35.0	05 02.1	19 56.9	12 32.1
21	27 33.5	09 00.7	23 53.3	14 42.7
31	01♒31.2	12 53.7	27 51.1	16 18.4
FEB 10	05 27.0	16 39.8	01♒49.4	17 13.9
20	09 19.9	20 17.6	05 47.2	17R23.9
MAR 2	13 09.1	23 45.4	09 43.7	16 45.0
12	16 53.2	27 01.6	13 37.9	15 19.1
22	20 31.4	00♒04.4	17 28.9	13 14.1
APR 1	24 02.2	02 51.1	21 15.4	10 45.4
11	27 24.3	05 19.4	24 56.3	08 14.4
21	00♓36.2	07 26.4	28 30.2	06 02.1
MAY 1	03 35.9	09 08.4	01♓55.5	04 26.5
11	06 21.4	10 22.0	05 10.2	03 37.4
21	08 50.5	11 03.4	08 12.2	03D37.7
31	11 00.1	11R08.9	10 58.5	04 25.8
JUN 10	12 47.3	10 36.2	13 26.3	05 57.0
20	14 08.8	09 24.5	15 31.6	08 05.6
30	15 00.9	07 36.2	17 09.8	10 46.5
JUL 10	15 20.5	05 18.3	18 16.3	13 54.4
20	15R05.3	02 41.6	18 46.4	17 24.9
30	14 14.3	00 00.6	18R35.5	21 14.8
AUG 9	12 50.3	27♑30.3	17 42.1	25 20.8
19	10 58.9	25 23.2	16 07.6	29 40.4
29	08 50.3	23 48.3	14 00.5	04♏11.7
SEP 8	06 37.8	22 50.0	11 35.0	08 52.8
18	04 35.0	22 28.8	09 09.7	13 42.3
28	02 54.5	22D42.9	07 04.8	18 39.2
OCT 8	01 45.1	23 29.0	05 36.7	23 41.9
18	01 11.4	24 43.2	04 54.8	28 49.9
28	01D14.7	26 22.0	05D03.1	04♐02.3
NOV 7	01 53.4	28 21.4	06 00.2	09 18.0
17	03 04.7	00♒38.5	07 42.5	14 36.6
27	04 45.0	03 10.2	10 05.2	19 57.2
DEC 7	06 50.5	05 54.1	13 02.7	25 19.1
17	09 17.8	08 48.1	16 30.2	00♑41.8
27	12 03.5	11 50.1	20 23.7	06 04.4
JAN 6	15♓04.8	14♒58.5	24♓39.0	11♑26.4
JAN 1	26S13.8	03N31.6	13S49.4	02N26.3
21	25 14.6	04 09.7	13 03.8	01 47.3
FEB 10	23 54.5	05 26.9	11 48.5	02 15.2
MAR 2	22 19.8	07 18.5	10 07.6	03 53.6
22	20 38.9	09 38.2	08 06.7	06 17.8
APR 11	19 01.3	12 17.0	05 53.3	08 24.0
MAY 1	17 37.4	15 02.2	03 35.9	09 06.0
21	16 39.0	17 35.6	01 25.6	08 06.9
JUN 10	16 18.4	19 30.6	00N23.9	05 49.0
30	16 47.3	20 14.5	01 34.3	02 40.4
JUL 20	18 11.1	19 19.6	01 41.9	00S57.8
AUG 9	20 19.1	16 44.4	00 21.3	04 49.9
29	22 34.2	13 01.6	02S35.6	08 43.3
SEP 18	24 04.4	08 59.5	06 28.5	12 26.6
OCT 8	24 17.8	05 17.9	09 56.2	15 48.8
28	23 17.6	02 18.4	11 58.7	18 39.4
NOV 17	21 23.4	00 08.9	12 24.2	20 49.2
DEC 7	18 52.8	01S10.6	11 25.7	22 10.8

1975	Ceres 1	Pallas 2	Juno 3	Vesta 4
JAN 1	13♓32.4	13♒23.6	22♓28.8	08♑45.5
11	16 40.5	16 34.6	26 53.9	14 07.0
21	20 00.6	19 49.8	01♈36.4	19 26.9
31	23 30.5	23 07.8	06 33.5	24 44.3
FEB 10	27 08.4	26 27.4	11 43.1	29 58.9
20	00♈53.0	29 47.5	17 03.3	05♒09.7
MAR 2	04 42.6	03♓07.0	22 32.2	10 16.0
12	08 36.2	06 24.8	28 08.4	15 17.1
22	12 32.7	09 40.0	03♉50.4	20 12.1
APR 1	16 31.0	12 51.2	09 37.0	24 59.8
11	20 30.3	15 57.6	15 27.0	29 39.6
21	24 29.9	18 57.8	21 19.5	04♓09.8
MAY 1	28 28.8	21 50.4	27 13.0	08 29.3
11	02♉26.4	24 34.1	03♊07.2	12 36.3
21	06 21.8	27 07.0	09 00.9	16 28.8
31	10 14.3	29 27.2	14 53.2	20 04.5
JUN 10	14 03.0	01♈32.3	20 43.5	23 20.5
20	17 46.8	03 19.6	26 31.1	26 13.3
30	21 24.8	04 46.2	02♋15.2	28 39.2
JUL 10	24 55.8	05 48.4	07 55.3	00♈33.3
20	28 18.1	06 22.6	13 30.6	01 50.7
30	01♊30.2	06R25.2	19 00.4	02 26.7
AUG 9	04 30.0	05 53.0	24 24.5	02R17.4
19	07 14.8	04 44.4	29 41.6	01 21.4
29	09 42.1	03 00.8	04♌51.2	29♓42.2
SEP 8	11 48.4	00 46.6	09 52.7	27 29.2
18	13 29.6	28♓11.4	14 44.9	24 58.3
28	14 41.8	25 28.7	19 26.7	22 29.3
OCT 8	15 20.5	22 53.3	23 56.8	20 21.0
18	15R21.9	20 39.8	28 13.5	18 48.6
28	14 44.1	18 58.5	02♍15.2	18 00.1
NOV 7	13 27.6	17 55.6	05 59.5	17D57.3
17	11 37.8	17 33.5	09 23.5	18 38.4
27	09 25.3	17D50.7	12 24.2	19 59.0
DEC 7	07 04.6	18 44.5	14 57.7	21 53.8
17	04 52.8	20 11.4	16 59.7	24 18.0
27	03 05.0	22 07.2	18 25.7	27 06.4
JAN 6	01♊51.7	24♓28.6	19♍11.1	00♈15.1
JAN 1	15S10.9	01S46.2	08S42.4	22S39.5
21	11 55.7	01 31.4	05 40.9	22 04.9
FEB 10	08 31.5	00 45.9	02 11.9	20 45.1
MAR 2	05 04.0	00N22.2	01N28.7	18 49.2
22	01 38.4	01 44.8	05 05.5	16 28.7
APR 11	01N40.0	03 13.1	08 23.8	13 56.4
MAY 1	04 46.2	04 38.1	11 10.2	11 25.9
21	07 36.1	05 49.9	13 13.9	09 11.1
JUN 10	10 05.7	06 36.8	14 27.6	07 26.6
30	12 12.3	06 44.4	14 48.2	06 28.1
JUL 20	13 54.3	05 55.1	14 17.2	06 31.4
AUG 9	15 11.6	03 49.8	13 00.3	07 46.8
29	16 06.3	00 18.2	11 06.2	10 04.9
SEP 18	16 43.2	04S20.5	08 45.7	12 38.5
OCT 8	17 09.1	09 05.1	06 11.1	14 17.7
28	17 31.6	12 45.6	03 35.7	14 23.9
NOV 17	17 55.8	14 50.8	01 14.3	13 05.6
DEC 7	18 24.0	15 27.9	00S36.3	10 47.6

		1	2	3	4
JAN	1	02 R 23.5	23♓14.9	18♍53.8	28♓38.4
	11	01♊30.2	25 47.7	19 17.3	01♈55.9
	21	01 D 18.2	28 41.0	18 R 55.7	05 28.5
	31	01 46.7	01♈52.3	17 48.8	09 13.4
FEB	10	02 52.8	05 19.4	16 01.5	13 08.4
	20	04 32.1	09 00.1	13 44.6	17 11.4
MAR	1	06 40.1	12 53.1	11 13.2	21 20.8
	11	09 12.7	16 57.1	08 45.2	25 35.3
	21	12 06.0	21 11.0	06 37.4	29 53.5
	31	15 16.6	25 33.8	05 01.4	04♉14.6
APR	10	18 42.0	00♉05.0	04 03.9	08 37.7
	20	22 19.4	04 44.0	03 D 46.0	13 01.8
	30	26 07.0	09 30.3	04 05.6	17 26.5
MAY	10	00♋03.3	14 23.5	04 59.3	21 51.0
	20	04 06.7	19 23.1	06 22.4	26 14.8
	30	08 16.1	24 29.2	08 10.4	00♊37.4
JUN	9	12 30.5	29 41.2	10 19.5	04 58.1
	19	16 49.0	04♊58.6	12 46.1	09 16.5
	29	21 10.9	10 21.2	15 27.2	13 32.1
JUL	9	25 35.4	15 48.4	18 20.4	17 44.0
	19	00♌01.9	21 19.6	21 23.3	21 51.6
	29	04 30.0	26 53.8	24 34.4	25 54.2
AUG	8	08 58.9	02♋30.0	27 52.1	29 50.4
	18	13 27.9	08 07.2	01♎15.0	03♋39.4
	28	17 56.7	13 43.8	04 42.2	07 19.6
SEP	7	22 24.3	19 17.6	08 12.5	10 49.1
	17	26 50.1	24 46.9	11 45.0	14 06.0
	27	01♍13.2	00♌09.2	15 18.8	17 07.6
OCT	7	05 32.5	05 21.4	18 53.2	19 50.8
	17	09 46.9	10 20.1	22 27.0	22 11.9
	27	13 55.1	15 01.0	25 59.7	24 06.5
NOV	6	17 55.4	19 19.7	29 30.0	25 29.6
	16	21 46.0	23 10.7	02♏57.0	26 16.3
	26	25 24.7	26 26.7	06 19.6	26 R 21.5
DEC	6	28 48.6	29 00.2	09 36.4	25 42.3
	16	01♎54.8	00♍43.3	12 46.1	24 19.0
	26	04 39.6	01 26.8	15 47.0	22 16.6
JAN	5	06♎58.7	01 R 03.9	18♏37.1	19♋47.6
JAN	1	19 N 12.4	14 S 43.1	01 S 39.9	07 S 03.0
	21	20 11.3	13 18.3	01 04.2	03 39.3
FEB	10	21 29.1	11 27.1	01 N 00.8	00 05.8
MAR	1	22 57.8	09 22.2	04 10.7	03 N 28.5
	21	24 26.0	07 14.4	07 23.3	06 56.0
APR	10	25 42.5	05 13.7	09 41.2	10 09.9
	30	26 37.7	03 29.8	10 45.9	13 04.1
MAY	20	27 04.3	02 11.6	10 45.1	15 33.5
JUN	9	26 58.1	01 27.8	09 53.9	17 34.3
	29	26 17.3	01 25.7	08 25.7	19 03.9
JUL	19	25 03.1	02 11.0	06 31.4	20 01.8
AUG	8	23 19.1	03 46.0	04 19.9	20 29.6
	28	21 11.1	06 09.5	01 58.9	20 31.4
SEP	17	18 46.4	09 15.9	00 S 24.7	20 14.7
OCT	7	16 14.2	12 54.9	02 44.4	19 50.1
	27	13 44.5	16 51.7	04 53.9	19 32.3
NOV	16	11 29.1	20 45.4	06 47.0	19 39.2
DEC	6	09 40.7	24 05.7	08 18.0	20 26.3
	26	08 N 32.8	26 S 05.8	09 S 21.5	21 N 54.0

1977		1	2	3	4
JAN	1	06♎06.4	01 R 21.2	17♏30.5	20 R 49.4
	11	08 08.1	00♍17.4	20 13.3	18♋12.4
	21	09 36.6	28♌08.6	22 42.1	15 37.8
	31	10 27.2	25 09.8	24 54.1	13 24.9
FEB	10	10 R 36.2	21 47.5	26 46.8	11 47.9
	20	10 01.7	18 33.0	28 16.9	10 54.4
MAR	2	08 45.5	15 54.6	29 21.2	10 D 47.0
	12	06 55.0	14 08.8	29 56.6	11 23.2
	22	04 42.7	13 21.0	00 R 00.3	12 38.8
APR	1	02 25.7	13 D 28.7	29♏30.6	14 28.9
	11	00 21.7	14 24.6	28 28.0	16 48.3
	21	28♍44.9	16 00.8	26 54.9	19 32.6
MAY	1	27 45.4	18 10.4	24 57.9	22 38.0
	11	27 D 26.7	20 46.6	22 46.4	26 00.8
	21	27 48.5	23 44.2	20 31.8	29 38.7
	31	28 47.9	26 59.1	18 26.5	03♌29.2
JUN	10	00♎20.4	00♍27.9	16 40.9	07 30.4
	20	02 21.8	04 08.2	15 22.3	11 41.0
	30	04 47.7	07 57.7	14 35.1	15 59.6
JUL	10	07 34.1	11 54.8	14 D 20.4	20 25.2
	20	10 37.8	15 58.3	14 37.2	24 57.0
	30	13 56.1	20 07.2	15 23.5	29 34.2
AUG	9	17 26.3	24 20.4	16 36.1	04♍16.0
	19	21 06.8	28 37.3	18 12.1	09 02.2
	29	24 55.7	02♎57.3	20 08.8	13 52.0
SEP	8	28 51.5	07 19.7	22 23.0	18 45.0
	18	02♏53.1	11 44.2	24 52.8	23 40.7
	28	06 59.4	16 09.9	27 35.7	28 38.7
OCT	8	11 09.4	20 36.6	00♐29.9	03♎38.3
	18	15 22.3	25 03.7	03 33.9	08 39.2
	28	19 37.1	29 30.3	06 45.9	13 40.7
NOV	7	23 53.0	03♏56.0	10 04.8	18 42.2
	17	28 09.3	08 20.1	13 29.2	23 42.9
	27	02♐25.1	12 41.6	16 58.0	28 41.9
DEC	7	06 39.6	16 59.6	20 30.1	03♏38.4
	17	10 52.1	21 13.0	24 04.6	08 31.5
	27	15 01.3	25 20.5	27 40.1	13 19.6
JAN	6	19♐06.5	29♏20.8	01♑15.7	18♏01.4
JAN	1	08 N 22.4	26 S 16.3	09 S 34.4	22 N 24.9
	21	08 26.4	24 48.0	09 55.3	24 03.1
FEB	10	09 32.7	19 34.0	09 39.7	25 13.0
MAR	2	11 27.6	11 21.9	08 46.7	25 50.2
	22	13 26.8	02 43.5	07 18.8	26 01.2
APR	11	14 29.2	04 N 14.6	05 25.5	25 47.6
MAY	1	14 02.0	08 55.2	03 27.8	25 06.5
	21	12 14.7	11 33.2	01 55.6	23 54.6
JUN	10	09 33.3	12 36.2	01 14.4	22 10.3
	30	06 19.7	12 29.7	01 30.8	19 54.1
JUL	20	02 48.7	11 34.5	02 34.0	17 08.8
AUG	9	00 S 49.9	10 07.4	04 07.7	13 58.7
	29	04 28.6	08 22.5	05 56.7	10 29.3
SEP	18	08 00.8	06 32.2	07 49.0	06 47.3
OCT	8	11 20.4	04 47.7	09 35.0	03 00.0
	28	14 21.8	03 19.8	11 07.4	00 S 44.4
NOV	17	16 59.8	02 18.5	12 19.8	04 17.6
DEC	7	19 10.6	01 53.4	13 07.5	07 30.9
	27	20 S 51.7	02 N 12.6	13 S 27.4	10 S 16.3

1978		1	2	3	4
JAN	1	17♐04.4	27♏21.6	29♐27.9	15♏41.4
	11	21 07.2	01♐17.7	03♑03.3	20 19.5
	21	25 04.1	05 03.7	06 37.2	24 48.9
	31	28 54.0	08 37.8	10 08.4	29 07.4
FEB	10	02♑35.6	11 57.5	13 35.8	03♐12.6
	20	06 07.2	14 59.6	16 58.0	07 01.2
MAR	2	09 27.0	17 40.9	20 13.5	10 30.4
	12	12 33.1	19 57.5	23 21.0	13 35.9
	22	15 23.1	21 44.4	26 18.3	16 12.6
APR	1	17 54.4	22 57.1	29 03.5	18 15.5
	11	20 04.1	23 30.0	01♒34.3	19 38.9
	21	21 48.7	23 R 18.7	03 47.7	20 17.3
MAY	1	23 05.0	22 20.8	05 40.9	20 R 07.2
	11	23 49.3	20 36.9	07 10.1	19 07.7
	21	23 R 58.9	18 13.7	08 11.7	17 25.1
	31	23 32.2	15 24.5	08 41.9	15 12.2
JUN	10	22 29.5	12 27.2	08 R 37.2	12 47.8
	20	20 55.1	09 42.0	07 55.7	10 34.4
	30	18 56.9	07 25.4	06 38.1	08 50.8
JUL	10	16 46.2	05 48.3	04 48.1	07 49.7
	20	14 37.1	04 55.7	02 34.8	07 D 37.0
	30	12 42.6	04 D 46.7	00 11.1	08 12.1
AUG	9	11 13.7	05 18.3	27♑52.1	09 30.9
	19	10 17.5	06 25.6	25 52.8	11 28.8
	29	09 56.7	08 03.5	24 24.5	13 59.8
SEP	8	10 D 11.6	10 07.4	23 34.2	16 59.1
	18	11 00.1	12 32.9	23 D 25.1	20 21.7
	28	12 18.8	15 16.2	23 56.0	24 03.9
OCT	8	14 04.7	18 14.5	25 04.7	28 02.6
	18	16 14.0	21 25.0	26 47.5	02♑15.1
	28	18 43.3	24 45.3	29 00.5	06 38.6
NOV	7	21 30.1	28 13.7	01♒40.2	11 11.8
	17	24 31.5	01♑48.3	04 42.9	15 52.8
	27	27 45.2	05 27.6	08 05.8	20 40.1
DEC	7	01♒09.3	09 10.5	11 46.4	25 32.5
	17	04 42.0	12 55.5	15 42.3	00♒29.0
	27	08 21.7	16 41.5	19 51.6	05 28.5
JAN	6	12♒07.1	20♑27.5	24♒12.8	10♒30.3
JAN	1	21 S 12.3	02 N 25.1	13 S 27.8	10 S 52.5
	21	22 16.6	03 48.5	13 11.2	12 54.2
FEB	10	22 55.4	06 06.7	12 26.4	14 17.3
MAR	2	23 15.4	09 18.0	11 16.6	15 03.1
	22	23 26.9	13 13.4	09 47.0	15 18.0
APR	11	23 42.5	17 32.6	08 05.1	15 14.4
MAY	1	24 16.8	21 39.2	06 21.1	15 09.3
	21	25 21.7	24 42.6	04 48.5	15 20.2
JUN	10	26 59.0	25 55.7	03 45.6	15 58.0
	30	28 49.8	25 02.8	03 33.6	17 04.5
JUL	20	30 19.8	22 28.5	04 28.1	18 35.4
AUG	9	31 07.1	18 57.0	06 23.2	20 20.6
	29	31 15.8	15 08.6	08 47.8	22 05.9
SEP	18	30 59.9	11 30.8	11 05.2	23 36.4
OCT	8	30 26.9	08 20.2	12 51.5	24 39.0
	28	29 37.2	05 45.9	13 55.4	25 03.6
NOV	17	28 28.4	03 52.8	14 12.9	24 44.0
DEC	7	26 58.5	02 42.6	13 43.6	23 38.3
	27	25 S 07.2	02 N 14.9	12 S 29.3	21 S 48.6

Ceres, Pallas, Juno, Vesta

1979		Ceres 1	Pallas 2	Juno 3	Vesta 4
JAN	1	10♒13.8	18♑34.6	22♒00.8	07♒59.2
	11	14 01.4	22 20.1	26 27.4	13 01.6
	21	17 52.8	26 03.9	01♓03.7	18 04.9
	31	21 46.8	29 44.9	05 48.8	23 08.5
FEB	10	25 42.4	03♒22.1	10 41.4	28 11.7
	20	29 38.5	06 54.2	15 40.9	03♓13.5
MAR	2	03♓34.4	10 20.3	20 46.6	08 13.7
	12	07 28.9	13 38.8	25 57.7	13 11.5
	22	11 21.2	16 48.4	01♈13.4	18 06.3
APR	1	15 10.4	19 47.7	06 33.6	22 57.6
	11	18 55.5	22 34.7	11 57.7	27 44.6
	21	22 35.5	25 07.7	17 25.0	02♈26.8
MAY	1	26 09.2	27 24.2	22 55.1	07 03.6
	11	29 35.4	29 21.6	28 27.6	11 34.0
	21	02♈52.7	00♓57.2	04♉02.2	15 57.2
	31	05 59.5	02 07.7	09 38.2	20 12.4
JUN	10	08 53.7	02 49.6	15 14.7	24 18.1
	20	11 33.3	02R59.9	20 51.4	28 13.2
	30	13 55.6	02 36.0	26 27.7	01♉55.9
JUL	10	15 57.7	01 36.6	02♊02.3	05 24.0
	20	17 36.2	00 03.1	07 34.4	08 35.4
	30	18 47.4	27♒59.9	13 02.7	11 26.9
AUG	9	19 27.7	25 35.6	18 25.9	13 55.0
	19	19R33.9	23 01.8	23 42.4	15 55.8
	29	19 03.6	20 31.7	28 49.9	17 24.4
SEP	8	17 57.3	18 18.5	03♋46.3	18 16.1
	18	16 18.8	16 31.7	08 29.3	18R26.4
	28	14 15.9	15 17.6	12 54.9	17 52.2
OCT	8	12 01.0	14 38.8	16 59.4	16 33.8
	18	09 48.5	14D34.9	20 38.3	14 36.3
	28	07 52.7	15 03.6	23 46.0	12 10.9
NOV	7	06 25.4	16 02.0	26 16.3	09 34.8
	17	05 33.3	17 26.3	28 02.5	07 07.2
	27	05D19.5	19 13.3	28 57.6	05 05.5
DEC	7	05 43.6	21 19.6	28R57.6	03 42.1
	17	06 42.7	23 42.4	28 01.6	03 02.6
	27	08 13.6	26 19.2	26 16.1	03D07.9
JAN	6	10♈12.0	29♒07.6	23♋56.6	03♉54.9
JAN	1	24S36.2	02N14.4	12S04.1	21S15.0
	21	22 21.1	02 36.3	10 00.0	18 38.8
FEB	10	19 51.4	03 33.0	07 23.3	15 34.7
MAR	2	17 12.5	04 58.6	04 22.4	12 12.4
	22	14 31.0	06 46.2	01 07.0	08 41.5
APR	11	11 53.4	08 47.8	02N12.4	05 11.2
MAY	1	09 27.0	10 53.7	05 24.6	01 50.2
	21	07 19.0	12 51.8	08 17.9	01N13.7
JUN	10	05 37.3	14 25.6	10 40.5	03 53.3
	30	04 29.8	15 12.8	12 21.8	06 02.3
JUL	20	04 04.3	14 46.7	13 12.9	07 34.9
AUG	9	04 27.0	12 48.0	13 08.7	08 26.7
	29	05 37.2	09 25.1	12 09.3	08 34.6
SEP	18	07 18.9	05 20.1	10 20.3	07 58.6
OCT	8	08 54.6	01 25.5	07 53.8	06 46.6
	28	09 39.2	01S43.8	05 08.4	05 22.6
NOV	17	09 09.8	03 55.0	02 31.9	04 26.4

1980		Ceres 1	Pallas 2	Juno 3	Vesta 4
JAN	1	09♈09.6	27♒42.1	25R09.4	03♉26.5
	11	11 20.3	00♓35.5	22♋40.7	04 32.6
	21	13 52.9	03 37.8	20 12.6	06 13.4
	31	16 44.0	06 47.2	18 09.0	08 23.8
FEB	10	19 50.5	10 02.2	16 45.8	10 58.9
	20	23 10.0	13 21.7	16 10.0	13 54.6
MAR	1	26 40.3	16 44.5	16D22.9	17 07.5
	11	00♉19.4	20 09.5	17 20.2	20 34.4
	21	04 05.8	23 35.8	18 55.8	24 12.9
	31	07 58.0	27 02.5	21 03.2	28 00.8
APR	10	11 54.8	00♈28.6	23 36.5	01♊56.5
	20	15 55.4	03 53.3	26 31.0	05 58.5
	30	19 58.7	07 15.7	29 42.3	10 05.6
MAY	10	24 03.8	10 34.9	03♌06.6	14 16.8
	20	28 10.3	13 49.8	06 41.4	18 31.4
	30	02♊17.1	16 59.2	10 24.4	22 48.3
JUN	9	06 23.7	20 01.8	14 13.8	27 07.1
	19	10 29.7	22 56.0	18 07.9	01♋27.4
	29	14 34.0	25 39.8	22 05.7	05 48.3
JUL	9	18 36.1	28 10.9	26 06.0	10 09.4
	19	22 35.2	00♉26.4	00♍08.2	14 30.4
	29	26 30.3	02 23.0	04 11.3	18 50.5
AUG	8	00♋20.5	03 56.6	08 14.7	23 09.4
	18	04 04.5	05 02.2	12 17.9	27 26.3
	28	07 40.8	05 34.5	16 20.2	01♌40.5
SEP	7	11 07.9	05R28.2	20 21.1	05 51.3
	17	14 23.5	04 38.2	24 20.0	09 57.6
	27	17 25.1	03 02.8	28 16.2	13 58.1
OCT	7	20 09.9	00 44.3	02♎09.1	17 51.7
	17	22 34.2	27♈52.5	05 57.8	21 36.6
	27	24 34.0	24 44.7	09 41.3	25 10.5
NOV	6	26 04.7	21 42.6	13 18.8	28 31.2
	16	27 01.4	19 08.1	16 48.9	01♍35.4
	26	27 19.8	17 18.2	20 10.3	04 19.6
DEC	6	26R56.8	16 21.1	23 21.3	06 39.6
	16	25 51.8	16D19.3	26 20.1	08 30.0
	26	24 09.6	17 10.1	29 04.5	09 45.6
JAN	5	21♋59.9	18♈48.4	01♏32.0	10♍21.1
JAN	1	04S27.4	05S33.8	00N43.5	06N04.5
	21	01 27.5	05 09.5	02 52.8	08 09.5
FEB	10	01N46.5	04 16.5	06 09.2	10 37.9
MAR	1	05 05.2	03 04.0	09 24.8	13 13.7
	21	08 20.8	01 41.4	11 58.5	15 44.7
APR	10	11 26.9	00 17.7	13 37.1	18 00.8
	30	14 17.6	00N57.6	14 20.6	19 54.6
MAY	20	16 48.2	01 54.6	14 14.0	21 20.0
JUN	9	18 54.8	02 22.3	13 24.1	22 13.1
	29	20 35.1	02 07.8	11 58.6	22 31.9
JUL	19	21 48.1	00 56.5	10 05.2	22 16.6
AUG	8	22 35.6	01S28.0	07 51.5	21 29.7
	28	23 01.7	05 19.7	05 24.9	20 15.9
SEP	17	23 14.1	10 37.2	02 52.7	18 42.0
OCT	7	23 24.4	16 41.4	00 22.1	16 57.2
	27	23 47.9	22 05.0	01S59.7	15 13.2
NOV	16	24 42.5	25 17.7	04 05.4	13 44.5

1981		Ceres 1	Pallas 2	Juno 3	Vesta 4
JAN	1	22R54.2	18♈03.7	00♏35.2	10♍12.1
	11	20♋35.2	20 07.9	02 51.2	10R20.8
	21	18 15.2	22 50.5	04 45.5	09 42.9
	31	16 11.8	26 06.0	06 15.0	08 18.8
FEB	10	14 39.4	29 50.1	07 16.1	06 14.6
	20	13 47.1	03♉58.6	07 45.4	03 44.4
MAR	2	13D37.7	08 28.0	07R40.6	01 07.0
	12	14 10.6	13 15.5	07 00.3	28♌43.5
	22	15 22.2	18 18.4	05 45.6	26 52.5
APR	1	17 07.8	23 34.5	04 01.0	25 44.7
	11	19 22.8	29 01.9	01 54.4	25D25.0
	21	22 02.7	04♊38.4	29♎37.3	25 52.8
MAY	1	25 03.3	10 22.5	27 22.2	27 03.8
	11	28 21.6	16 12.6	25 21.5	28 53.2
	21	01♌54.5	22 06.8	23 45.1	01♍15.6
	31	05 39.6	28 03.9	22 38.6	04 05.8
JUN	10	09 35.0	04♋02.5	22 05.0	07 19.7
	20	13 39.0	10 01.2	22D04.1	10 53.7
	30	17 50.1	15 58.8	22 33.9	14 44.5
JUL	10	22 07.3	21 54.3	23 31.6	18 49.9
	20	26 29.3	27 46.6	24 54.1	23 07.6
	30	00♍55.5	03♌35.0	26 38.1	27 36.0
AUG	9	05 24.9	09 18.6	28 40.8	02♎13.7
	19	09 56.8	14 56.7	00♏59.5	06 59.4
	29	14 30.7	20 28.8	03 31.8	11 52.1
SEP	8	19 05.7	25 54.3	06 15.8	16 51.1
	18	23 41.1	01♍12.4	09 09.5	21 55.3
	28	28 16.5	06 22.8	12 11.5	27 04.2
OCT	8	02♎51.0	11 24.7	15 20.4	02♏17.2
	18	07 23.8	16 17.2	18 34.8	07 33.5
	28	11 54.3	20 59.6	21 53.7	12 52.5
NOV	7	16 21.3	25 30.6	25 15.9	18 13.8
	17	20 43.7	29 48.9	28 40.3	23 36.4
	27	25 00.7	03♎52.8	02♐05.8	29 00.1
DEC	7	29 10.6	07 40.1	05 31.5	04♐24.0
	17	03♏11.9	11 08.3	08 56.0	09 47.3
	27	07 03.0	14 14.1	12 18.5	15 09.6
JAN	6	10♏41.6	16♎53.5	15♐37.5	20♐30.0
JAN	1	29N16.8	23S37.8	07S12.2	13N01.6
	21	31 14.7	20 35.2	07 31.1	14 36.1
FEB	10	32 15.3	17 00.8	07 02.2	17 14.0
MAR	2	32 21.6	13 16.5	05 42.4	19 57.1
	22	31 52.4	09 38.0	03 37.0	21 33.8
APR	11	30 57.9	06 18.2	01 09.0	21 37.8
MAY	1	29 38.9	03 27.9	01N02.1	20 24.3
	21	27 53.6	01 16.1	02 20.0	18 14.7
JUN	10	25 40.9	00N11.2	02 32.6	15 24.1
	30	23 02.1	00 51.3	01 48.8	12 02.2
JUL	20	20 00.4	00 45.6	00 25.2	08 17.0
AUG	9	16 40.3	00S00.7	01S22.8	04 15.8
	29	13 07.8	01 19.2	03 23.2	00 06.5
SEP	18	09 29.4	02 59.3	05 26.2	04S02.7
OCT	8	05 52.0	04 48.7	07 24.1	08 03.0
	28	02 22.8	06 33.6	09 10.0	11 45.0
NOV	17	00S50.9	07 58.9	10 38.2	14 59.4

1982		1	2	3	4
JAN	1	08♏54.0	15♎37.4	13♐58.5	17♐50.1
	11	12 25.5	18 02.0	17 15.3	23 09.2
	21	15 41.0	19 53.4	20 26.6	28 25.1
	31	18 37.3	21 05.6	23 31.0	03♑37.0
FEB	10	21 11.0	21 33.0	26 26.6	08 43.8
	20	23 18.6	21R11.2	29 11.7	13 44.6
MAR	2	24 55.6	19 57.4	01♑44.1	18 38.1
	12	25 58.1	17 54.7	04 01.3	23 22.9
	22	26 22.5	15 12.3	06 00.7	27 57.6
APR	1	26R06.3	12 07.4	07 39.1	02♒20.4
	11	25 10.0	09 02.4	08 53.4	06 29.1
	21	23 37.6	06 18.9	09 40.2	10 21.3
MAY	1	21 38.0	04 12.8	09 56.3	13 54.1
	11	19 24.7	02 53.7	09R39.2	17 03.9
	21	17 13.2	02 23.2	08 48.2	19 46.9
	31	15 18.6	02D38.9	07 24.3	21 58.0
JUN	10	13 52.5	03 35.7	05 32.8	23 32.3
	20	13 01.7	05 07.9	03 22.1	24 24.8
	30	12D48.9	07 10.6	01 03.8	24R30.7
JUL	10	13 13.2	09 38.5	28♐51.2	23 48.8
	20	14 11.6	12 27.3	26 56.4	22 21.2
	30	15 40.7	15 34.0	25 29.0	20 16.9
AUG	9	17 36.3	18 55.4	24 35.1	17 52.0
	19	19 54.7	22 29.1	24D16.6	15 26.1
	29	22 32.7	26 13.3	24 33.5	13 19.5
SEP	8	25 27.2	00♏05.9	25 23.7	11 48.2
	18	28 35.6	04 05.9	26 44.1	11 00.9
	28	01♐56.0	08 11.9	28 31.6	11D00.7
OCT	8	05 26.2	12 22.5	00♑43.0	11 45.1
	18	09 04.7	16 37.0	03 15.1	13 10.1
	28	12 50.1	20 54.3	06 05.4	15 10.8
NOV	7	16 41.1	25 13.4	09 11.5	17 41.5
	17	20 36.6	29 33.5	12 31.3	20 37.2
	27	24 35.4	03♐53.6	16 03.2	23 54.2
DEC	7	28 36.7	08 12.8	19 45.2	27 28.6
	17	02♑39.4	12 30.1	23 36.2	01♓17.4
	27	06 42.6	16 44.4	27 35.1	05 17.9
JAN	6	10♑45.4	20♐54.6	01♒40.4	09♓27.9

JAN	1	06S36.0	08S21.7	12S28.5	19S53.6
	21	08 17.0	06 22.3	12 32.2	20 49.1
FEB	10	09 22.3	02 26.5	12 07.1	20 58.5
MAR	2	09 53.0	03N33.3	11 15.7	20 27.7
	22	09 54.0	10 46.9	10 02.3	19 27.3
APR	11	09 35.5	17 15.9	08 34.1	18 11.8
MAY	1	09 14.0	21 17.6	07 02.1	16 59.0
	21	09 11.3	22 39.6	05 42.0	16 09.9
JUN	10	09 45.0	22 05.3	04 53.4	16 07.9
	30	10 59.2	20 20.6	04 53.4	17 13.6
JUL	20	12 45.8	17 57.4	05 45.3	19 29.0
AUG	9	14 52.6	15 16.5	07 15.5	22 14.3
	29	17 07.5	12 32.5	09 03.2	24 20.0
SEP	18	19 20.2	09 56.2	10 50.0	25 04.9
OCT	8	21 21.8	07 36.9	12 22.5	24 34.7
	28	23 04.9	05 42.5	13 31.6	23 08.5
NOV	17	24 23.7	04 20.1	14 10.9	20 59.9
DEC	7	25 14.3	03 35.4	14 16.3	18 17.7
	27	25S35.1	03N32.5	13S46.1	15S08.5

1983		1	2	3	4
JAN	1	08♑44.1	18♐50.1	29♑37.0	07♓21.9
	11	12 46.4	22 57.8	03♒45.3	11 35.9
	21	16 46.8	26 59.7	07 58.8	15 57.1
	31	20 44.4	00♑54.1	12 16.5	20 23.5
FEB	10	24 38.3	04 39.8	16 37.9	24 54.0
	20	28 27.3	08 14.7	21 02.0	29 27.6
MAR	2	02♒10.2	11 37.0	25 28.2	04♈03.2
	12	05 46.0	14 44.5	29 55.9	08 40.0
	22	09 13.0	17 34.3	04♓24.5	13 17.3
APR	1	12 29.7	20 03.4	08 53.2	17 54.2
	11	15 34.6	22 08.5	13 21.6	22 30.3
	21	18 25.2	23 45.5	17 49.0	27 05.0
MAY	1	20 59.5	24 50.2	22 14.6	01♉37.5
	11	23 14.8	25 18.6	26 37.6	06 07.5
	21	25 07.8	25R06.6	00♈57.1	10 34.4
	31	26 35.5	24 12.6	05 12.1	14 57.4
JUN	10	27 34.4	22 37.4	09 21.4	19 16.1
	20	28 01.1	20 26.0	13 23.1	23 29.7
	30	27R53.2	17 49.4	17 15.4	27 37.3
JUL	10	27 09.8	15 02.0	20 56.2	01♊38.2
	20	25 52.4	12 20.7	24 22.3	05 30.9
	30	24 06.6	10 00.8	27 30.0	09 14.2
AUG	9	22 01.3	08 13.1	00♉14.9	12 46.6
	19	19 49.1	07 03.8	02 31.6	16 05.8
	29	17 43.8	06 34.2	04 14.5	19 09.5
SEP	8	15 57.9	06D42.4	05 16.6	21 54.8
	18	14 41.1	07 25.2	05R31.7	24 18.1
	28	13 58.8	08 38.1	04 57.7	26 15.3
OCT	8	13D52.7	10 17.0	03 36.3	27 41.8
	18	14 22.1	12 18.2	01 37.1	28 32.5
	28	15 24.4	14 37.8	29♈19.5	28R43.0
NOV	7	16 56.1	17 12.9	27 08.0	28 09.8
	17	18 53.8	20 00.8	25 27.0	26 52.6
	27	21 13.8	22 59.2	24 33.5	24 56.2
DEC	7	23 52.9	26 06.0	24D35.4	22 30.9
	17	26 48.3	29 19.6	25 33.4	19 53.5
	27	29 57.3	02♒38.2	27 22.9	17 23.2
JAN	6	03♓17.8	06♒00.5	29♈57.3	15♊17.4

JAN	1	25S35.7	03N38.6	13S33.0	14S17.8
	21	25 20.9	04 30.5	12 19.3	10 44.8
FEB	10	24 42.5	06 05.4	10 34.2	07 00.7
MAR	2	23 47.5	08 20.0	08 22.7	03 12.9
	22	22 44.9	11 07.4	05 51.3	00N31.4
APR	11	21 45.8	14 17.0	03 07.7	04 05.5
MAY	1	21 02.8	17 31.6	00 20.5	07 23.1
	21	20 49.9	20 25.1	02N20.7	10 19.1
JUN	10	21 20.4	22 21.4	04 44.9	12 48.9
	30	22 43.1	22 43.7	06 39.2	14 49.5
JUL	20	24 50.7	21 15.0	07 48.6	16 19.3
AUG	9	27 10.0	18 13.3	07 55.3	17 18.8
	29	28 51.1	14 21.9	06 40.3	17 50.9
SEP	18	29 21.6	10 25.0	03 50.6	18 01.7
OCT	8	28 44.1	06 52.6	00S18.3	18 00.2
	28	27 17.2	04 00.6	04 33.1	17 58.0
NOV	17	25 16.2	01 55.0	07 07.8	18 05.1
DEC	7	22 50.4	00 36.4	07 13.1	18 25.5
	27	20S04.9	00N02.2	05S16.0	18N57.0

1984		1	2	3	4
JAN	1	01♓36.2	04♒19.0	28♈34.9	16R16.3
	11	05 01.7	07 42.7	01♉29.2	14♊28.1
	21	08 35.6	11 08.0	04 58.0	13 21.5
	31	12 16.5	14 34.0	08 53.9	12D59.5
FEB	10	16 03.0	17 59.5	13 12.6	13 21.3
	20	19 53.6	21 23.2	17 49.0	14 23.2
MAR	1	23 47.3	24 44.2	22 39.2	16 00.1
	11	27 43.2	28 01.5	27 39.5	18 07.3
	21	01♈40.0	01♓13.6	02♊47.6	20 39.8
	31	05 37.1	04 19.7	08 01.4	23 33.6
APR	10	09 33.6	07 18.2	13 19.0	26 45.4
	20	13 28.6	10 07.7	18 38.2	00♋11.9
	30	17 21.3	12 46.7	23 58.4	03 50.9
MAY	10	21 10.9	15 13.2	29 18.7	07 40.4
	20	24 56.4	17 25.2	04♋37.8	11 38.7
	30	28 36.9	19 20.1	09 54.9	15 44.5
JUN	9	02♉11.2	20 55.2	15 09.8	19 56.7
	19	05 38.0	22 07.4	20 21.8	24 14.2
	29	08 56.1	22 53.5	25 30.7	28 36.4
JUL	9	12 03.5	23 09.8	00♌35.8	03♌02.6
	19	14 58.4	22R53.7	05 37.0	07 32.2
	29	17 38.3	22 03.1	10 34.0	12 04.6
AUG	8	20 00.2	20 38.1	15 26.5	16 39.5
	18	22 01.2	18 42.1	20 13.8	21 16.1
	28	23 37.4	16 21.7	24 56.0	25 54.4
SEP	7	24 44.7	13 47.9	29 32.3	00♍33.5
	17	25 19.2	11 13.9	04♍02.3	05 13.1
	27	25R17.4	08 53.1	08 25.4	09 52.7
OCT	7	24 37.3	06 57.0	12 40.6	14 31.4
	17	23 20.1	05 33.4	16 47.1	19 08.6
	27	21 30.7	04 45.9	20 43.9	23 43.4
NOV	6	19 19.3	04D35.5	24 29.1	28 14.9
	16	17 00.3	05 00.1	28 01.5	02♎41.8
	26	14 49.3	05 56.8	01♎18.9	07 02.8
DEC	6	13 01.3	07 22.4	04 18.9	11 15.9
	16	11 46.8	09 13.0	06 58.7	15 19.5
	26	11 11.2	11 25.6	09 15.1	19 11.0
JAN	5	11D16.1	13♓57.0	11♎04.3	22♎47.3

JAN	1	19S21.0	00N00.1	04S33.5	19N06.5
	21	16 17.1	00 14.6	01 11.9	19 52.6
FEB	10	13 03.7	01 01.0	02N32.8	20 51.9
MAR	1	09 45.7	02 12.4	06 13.5	21 58.8
	21	06 28.4	03 40.9	09 30.1	23 02.7
APR	10	03 16.9	05 18.4	12 08.5	23 52.5
	30	00 16.6	06 55.7	13 59.4	24 19.0
MAY	20	02N27.7	08 22.8	14 58.5	24 15.7
JUN	9	04 51.5	09 27.1	15 05.9	23 38.9
	29	06 50.9	09 52.6	14 25.6	22 27.6
JUL	19	08 22.7	09 19.2	13 04.0	20 43.2
AUG	8	09 24.7	07 26.7	11 09.6	18 29.2
	28	09 56.3	04 08.4	08 51.5	15 50.7
SEP	17	09 59.0	00S07.9	06 19.1	12 54.2
OCT	7	09 38.4	04 23.0	03 42.1	09 47.0
	27	09 06.8	07 44.1	01 10.2	06 38.0
NOV	16	08 45.2	09 50.8	01S06.2	03 36.3
DEC	6	08 56.9	10 47.2	02 56.0	00 52.4
	26	09N54.0	10S46.9	04S06.9	01S22.9

1985		Ceres 1	Pallas 2	Juno 3	Vesta 4
JAN	1	11D09.3	12♓54.4	10♎24.1	21♎22.8
	11	11♉37.6	15 35.7	11 55.4	24 48.5
	21	12 42.4	18 31.9	12 53.4	27 53.5
	31	14 19.8	21 40.9	13 14.3	00♏33.0
FEB	10	16 25.3	25 00.7	12R56.1	02 41.9
	20	18 54.8	28 29.9	11 58.2	04 14.4
MAR	2	21 44.8	02♈07.3	10 23.6	05 04.7
	12	24 51.8	05 51.6	08 19.8	05R08.3
	22	28 13.1	09 42.1	05 58.5	04 22.6
APR	1	01♊46.5	13 37.9	03 34.0	02 50.2
	11	05 29.8	17 38.4	01 21.2	00 41.7
	21	09 21.4	21 43.0	29♍31.9	28♎13.6
MAY	1	13 20.0	25 51.3	28 14.4	25 47.9
	11	17 24.1	00♉02.7	27 32.2	23 46.1
	21	21 33.1	04 17.1	27D25.1	22 23.4
	31	25 45.9	08 33.9	27 51.5	21 48.8
JUN	10	00♋01.7	12 52.8	28 47.7	22D03.8
	20	04 19.9	17 13.5	00♎10.1	23 05.4
	30	08 39.8	21 35.3	01 55.1	24 48.9
JUL	10	13 00.8	25 58.0	03 59.4	27 08.5
	20	17 22.5	00♊20.6	06 19.9	29 58.8
	30	21 44.0	04 42.1	08 54.2	03♏15.2
AUG	9	26 04.8	09 01.7	11 39.9	06 53.0
	19	00♌24.4	13 17.8	14 35.3	10 49.1
	29	04 41.8	17 28.1	17 38.8	15 00.7
SEP	8	08 56.1	21 30.1	20 48.7	19 25.0
	18	13 06.5	25 20.5	24 04.1	24 00.2
	28	17 11.7	28 54.7	27 23.6	28 44.6
OCT	8	21 10.3	02♋07.0	00♏46.2	03♐36.8
	18	25 00.6	04 49.7	04 11.0	08 35.6
	28	28 40.5	06 54.0	07 36.9	13 39.8
NOV	7	02♍07.9	08 09.6	11 02.9	18 48.4
	17	05 19.8	08R25.0	14 28.1	24 00.8
	27	08 12.5	07 32.1	17 51.2	29 16.0
DEC	7	10 42.6	05 31.4	21 11.3	04♑33.1
	17	12 45.2	02 35.9	24 27.0	09 51.7
	27	14 15.3	29♊16.2	27 36.9	15 10.8
JAN	6	15♍08.3	26♊11.2	00♐39.6	20♑29.9
JAN	1	10N19.7	10S37.8	04S18.5	01S56.1
	21	12 08.2	09 44.2	04 18.5	03 17.3
FEB	10	14 20.9	08 24.1	03 10.2	03 45.1
MAR	2	16 43.9	06 48.3	00 53.8	03 12.8
	22	19 05.1	05 07.0	02N03.6	01 45.4
APR	11	21 14.5	03 29.9	04 49.0	00N07.6
MAY	1	23 03.7	02 06.5	06 35.6	01 28.3
	21	24 26.2	01 06.3	07 09.7	01 26.2
JUN	10	25 17.5	00 39.2	06 41.5	00S04.5
	30	25 35.2	00 55.1	05 27.9	02 39.6
JUL	20	25 19.5	02 03.8	03 43.8	05 52.2
AUG	9	24 32.9	04 13.6	01 40.7	09 21.3
	29	23 20.7	07 30.5	00S32.2	12 50.7
SEP	18	21 50.4	11 54.1	02 47.0	16 06.7
OCT	8	20 12.2	17 14.4	04 57.0	18 57.2
	28	18 38.5	23 04.0	06 56.0	21 11.4
NOV	17	17 24.2	28 30.8	08 38.2	22 40.5

1986		Ceres 1	Pallas 2	Juno 3	Vesta 4
JAN	1	14♍46.8	27R39.5	29♏09.2	17♑50.4
	11	15 19.4	24♊55.4	02♐07.7	23 09.3
	21	15R08.9	23 12.4	04 56.2	28 27.1
	31	14 14.8	22D41.1	07 32.7	03♒43.2
FEB	10	12 40.9	23 18.8	09 55.1	08 57.1
	20	10 36.9	24 56.9	12 00.5	14 08.0
MAR	2	08 18.6	27 23.5	13 46.3	19 15.1
	12	06 03.8	00♋28.5	15 09.5	24 18.0
	22	04 10.3	04 03.1	16 06.5	29 15.7
APR	1	02 51.0	07 59.5	16 34.5	04♓07.6
	11	02 12.4	12 12.0	16R30.8	08 52.9
	21	02D16.8	16 36.8	15 54.0	13 30.3
MAY	1	03 01.8	21 10.0	14 44.7	17 59.1
	11	04 23.3	25 49.3	13 06.2	22 17.8
	21	06 16.9	00♌32.5	11 05.3	26 24.9
	31	08 37.5	05 18.3	08 52.0	00♈18.7
JUN	10	11 21.2	10 05.9	06 38.0	03 57.1
	20	14 24.1	14 54.2	04 35.5	07 17.3
	30	17 42.8	19 42.4	02 54.6	10 16.4
JUL	10	21 15.0	24 30.5	01 42.3	12 50.8
	20	24 58.3	29 18.2	01 02.5	14 56.0
	30	28 50.7	04♍04.9	00D55.8	16 27.6
AUG	9	02♎50.9	08 50.7	01 21.1	17 20.2
	19	06 57.4	13 35.3	02 16.2	17R29.7
	29	11 09.0	18 18.6	03 37.8	16 53.5
SEP	8	15 25.0	23 00.6	05 23.1	15 32.1
	18	19 44.1	27 40.8	07 29.2	13 32.0
	28	24 05.7	02♎19.0	09 53.3	11 06.1
OCT	8	28 29.1	06 55.1	12 33.1	08 31.9
	18	02♏53.4	11 28.5	15 26.4	06 09.8
	28	07 17.9	15 58.7	18 31.3	04 16.6
NOV	7	11 41.9	20 25.2	21 46.3	03 03.5
	17	16 04.5	24 47.2	25 09.8	02 35.8
	27	20 25.0	29 03.8	28 40.4	02D52.9
DEC	7	24 42.5	03♏13.9	02♑17.1	03 51.4
	17	28 55.9	07 16.1	05 58.6	05 26.8
	27	03♐04.3	11 09.0	09 43.8	07 33.5
JAN	6	07♐06.4	14♏50.6	13♑31.9	10♈06.8
JAN	1	17N19.7	32S31.2	11S00.9	22S52.7
	21	19 01.7	28 45.2	11 17.1	21 36.6
FEB	10	21 34.5	22 30.9	11 01.7	19 39.0
MAR	2	24 01.5	15 20.3	10 15.1	17 10.1
	22	25 14.0	08 27.5	09 00.7	14 21.1
APR	11	24 46.5	02 37.1	07 25.8	11 24.0
MAY	1	22 58.4	01N51.7	05 43.9	08 30.7
	21	20 18.0	04 56.2	04 16.4	05 52.7
JUN	10	17 05.1	06 42.7	03 27.3	03 41.7
	30	13 31.2	07 22.7	03 30.8	02 09.8
JUL	20	09 44.2	07 09.8	04 23.4	01 29.1
AUG	9	05 50.2	06 17.8	05 49.8	01 50.5
	29	01 55.0	05 00.0	07 33.2	03 17.2
SEP	18	01S55.7	03 29.4	09 19.5	05 30.6
OCT	8	05 36.2	01 58.4	10 57.8	07 38.5
	28	09 01.0	00 39.2	12 19.7	08 40.2
NOV	17	12 04.8	00S15.9	13 19.0	08 12.6

1987		Ceres 1	Pallas 2	Juno 3	Vesta 4
JAN	1	05♐06.2	13♏01.4	11♑37.6	08♈47.1
	11	09 04.7	16 36.4	15 26.7	11 32.0
	21	12 54.9	19 56.5	19 17.1	14 36.8
	31	16 35.3	22 58.9	23 08.1	17 58.2
FEB	10	20 03.9	25 39.7	26 58.3	21 33.3
	20	23 18.7	27 55.0	00♒47.0	25 19.3
MAR	2	26 17.6	29 39.8	04 33.3	29 14.3
	12	28 57.6	00♐48.6	08 15.8	03♉16.5
	22	01♑15.8	01 16.4	11 53.4	07 24.3
APR	1	03 08.8	00R58.1	15 25.0	11 36.6
	11	04 32.9	29♏51.2	18 48.9	15 52.3
	21	05 24.8	27 57.7	22 03.4	20 10.5
MAY	1	05R41.1	25 25.1	25 06.5	24 30.4
	11	05 20.0	22 28.6	27 55.9	28 51.3
	21	04 22.0	19 28.4	00♓28.8	03♊12.5
	31	02 50.7	16 44.8	02 41.9	07 33.7
JUN	10	00 53.9	14 35.1	04 31.1	11 54.0
	20	28♐43.3	13 08.8	05 52.6	16 13.1
	30	26 32.8	12 29.2	06 41.5	20 30.5
JUL	10	24 36.4	12D35.1	06R53.5	24 45.5
	20	23 05.3	13 21.8	06 25.4	28 57.4
	30	22 06.5	14 44.2	05 16.4	03♋05.7
AUG	9	21 43.7	16 37.2	03 30.2	07 09.5
	19	21D56.5	18 55.5	01 15.8	11 07.7
	29	22 43.1	21 35.3	28♒47.8	14 59.3
SEP	8	24 00.5	24 32.8	26 25.2	18 42.7
	18	25 44.8	27 44.7	24 25.5	22 16.5
	28	27 52.6	01♐08.9	23 02.5	25 38.5
OCT	8	00♑20.8	04 42.9	22 24.6	28 45.9
	18	03 06.3	08 24.8	22D34.3	01♌36.2
	28	06 06.5	12 13.2	23 30.3	04 05.4
NOV	7	09 19.3	16 06.4	25 08.9	06 09.3
	17	12 42.4	20 03.3	27 25.1	07 43.1
	27	16 14.5	24 02.7	00♓14.8	08 41.3
DEC	7	19 53.6	28 03.4	03 33.4	08R59.1
	17	23 38.5	02♑04.3	07 16.6	08 32.7
	27	27 28.1	06 04.6	11 21.4	07 20.7
JAN	6	01♒21.0	10♑02.9	15♓44.8	05♌27.6
JAN	1	17S20.8	00N10.7	13S47.9	03S14.6
	21	18 54.2	01 55.2	13 10.9	00 07.3
FEB	10	20 01.1	04 48.0	12 04.6	03N12.1
MAR	2	20 47.7	08 49.1	10 32.9	06 33.0
	22	21 23.3	13 44.9	08 41.4	09 46.8
APR	11	21 59.7	18 58.3	06 37.2	12 46.0
MAY	1	22 48.5	23 27.0	04 29.6	15 24.3
	21	23 54.8	26 05.5	02 29.9	17 36.5
JUN	10	25 10.2	26 24.1	00 53.5	19 18.9
	30	26 16.0	24 42.9	00 00.8	20 29.4
JUL	20	27 01.5	21 47.3	00 16.6	21 07.5
AUG	9	27 32.5	18 18.9	02 00.6	21 14.9
	29	27 58.1	14 46.3	05 04.0	20 56.0
SEP	18	28 20.0	11 27.4	08 33.0	20 18.4
OCT	8	28 33.9	08 33.5	11 21.7	19 32.6
	28	28 33.3	06 12.4	12 55.5	18 53.1
NOV	17	28 12.6	04 29.0	13 10.8	18 38.0

		1	2	3	4
JAN	1	29♑24.2	08♑04.1	13♓31.0	06R28.8
	11	03♒18.4	12 01.1	18 02.6	04♌18.6
	21	07 14.4	15 54.8	22 49.3	01 45.0
	31	11 11.2	19 44.0	27 48.9	29♋07.2
FEB	10	15 07.8	23 27.5	02♈59.5	26 45.0
	20	19 03.3	27 04.1	08 20.0	24 54.8
MAR	1	22 56.7	00♒32.4	13 48.8	23 47.3
	11	26 47.0	03 50.8	19 24.6	23D26.0
	21	00♓33.4	06 57.9	25 06.4	23 50.0
	31	04 14.6	09 51.4	00♉53.2	24 55.9
APR	10	07 49.6	12 29.4	06 43.9	26 38.1
	20	11 17.2	14 49.4	12 37.8	28 51.9
	30	14 35.8	16 48.3	18 33.6	01♌32.4
MAY	10	17 43.9	18 23.2	24 30.8	04 35.4
	20	20 39.7	19 30.5	00♊28.6	07 57.5
	30	23 20.9	20 06.6	06 25.9	11 35.8
JUN	9	25 45.1	20R08.4	12 22.1	15 27.7
	19	27 49.4	19 33.4	18 16.3	19 31.4
	29	29 30.5	18 21.3	24 07.8	23 45.3
JUL	9	00♈45.1	16 34.5	29 55.8	28 07.8
	19	01 29.5	14 19.3	05♋39.5	02♍38.2
	29	01R40.4	11 46.4	11 17.9	07 15.2
AUG	8	01 15.8	09 09.1	16 50.5	11 58.2
	18	00 15.5	06 41.4	22 16.3	16 46.6
	28	28♓42.6	04 35.9	27 34.2	21 39.5
SEP	7	26 44.4	03 00.9	02♌43.2	26 36.6
	17	24 32.0	02 01.0	07 42.1	01♎37.3
	27	22 19.4	01 37.4	12 29.5	06 41.1
OCT	7	20 20.6	01D48.2	17 03.9	11 47.4
	17	18 47.4	02 30.8	21 23.1	16 55.9
	27	17 47.9	03 41.4	25 24.8	22 05.9
NOV	6	17 25.4	05 16.4	29 06.6	27 16.7
	16	17D40.4	07 12.4	02♍24.9	02♏27.9
	26	18 30.6	09 26.2	05 15.8	07 38.6
DEC	6	19 52.7	11 54.8	07 35.1	12 48.1
	16	21 43.1	14 36.1	09 17.6	17 55.6
	26	23 57.9	17 27.5	10 18.7	22 59.9
JAN	5	26♓33.3	20♒27.3	10R33.8	28♏00.2

JAN	1	25S57.6	03N06.9	09S47.8	21N01.9
	21	24 19.6	03 37.0	06 59.6	23 12.4
FEB	10	22 23.6	04 44.1	03 41.5	25 04.0
MAR	1	20 15.6	06 23.4	00 06.9	26 03.9
	21	18 02.7	08 28.3	03N30.0	26 13.4
APR	10	15 53.1	10 50.3	06 55.2	25 43.5
	30	13 55.6	13 18.7	09 55.0	24 39.2
MAY	20	12 19.4	15 38.3	12 17.3	23 02.0
JUN	9	11 14.9	17 27.7	13 52.7	20 52.2
	29	10 52.5	18 18.3	14 35.3	18 11.8
JUL	19	11 21.2	17 41.2	14 24.3	15 04.1
AUG	8	12 43.3	15 24.6	13 23.3	11 34.1
	28	14 44.3	11 50.9	11 39.9	07 47.5
SEP	17	16 44.7	07 47.7	09 25.2	03 51.3
OCT	7	17 54.1	04 00.6	06 52.0	00S06.9
	27	17 45.0	00 56.4	04 15.1	03 59.0
NOV	16	16 23.2	01S15.2	01 51.1	07 36.3
DEC	6	14 08.7	02 34.6	00 00.2	10 50.2
	26	11S19.7	03S06.8	00S53.8	13S33.0

		1	2	3	4
JAN	1	25♓28.8	19♒14.5	10♍33.5	26♏00.7
	11	28 15.2	22 18.6	10R19.6	00♐58.0
	21	01♈17.6	25 28.4	09 17.9	05 48.9
	31	04 33.0	28 42.5	07 33.2	10 32.2
FEB	10	07 59.6	01♓59.7	05 15.7	15 06.1
	20	11 35.3	05 18.8	02 42.2	19 28.4
MAR	2	15 18.2	08 38.6	00 12.0	23 36.9
	12	19 07.3	11 58.3	28♌02.7	27 28.4
	22	23 01.0	15 16.6	26 27.2	00♑59.9
APR	1	26 58.2	18 32.6	25 31.8	04 07.4
	11	00♉58.2	21 45.3	25D17.8	06 46.1
	21	04 59.8	24 53.6	25 43.1	08 50.7
MAY	1	09 02.3	27 56.3	26 42.8	10 16.1
	11	13 05.2	00♈52.2	28 12.6	10 56.6
	21	17 07.3	03 39.6	00♍07.7	10R48.7
	31	21 08.3	06 17.0	02 23.7	09 52.0
JUN	10	25 07.4	08 42.4	04 57.1	08 11.4
	20	29 03.6	10 53.2	07 44.8	05 59.8
	30	02♊56.4	12 47.0	10 44.2	03 35.8
JUL	10	06 44.5	14 20.4	13 53.2	01 20.8
	20	10 27.1	15 29.7	17 09.9	29♐34.4
	30	14 02.8	16 10.9	20 32.9	28 29.2
AUG	9	17 30.1	16R19.7	24 00.9	28D11.4
	19	20 47.3	15 52.5	27 32.8	28 41.3
	29	23 52.3	14 46.9	01♎07.6	29 54.6
SEP	8	26 42.5	13 03.0	04 44.5	01♑46.8
	18	29 14.8	10 45.6	08 22.5	04 12.5
	28	01♋25.8	08 04.2	12 00.9	07 06.2
OCT	8	03 11.3	05 13.3	15 38.9	10 23.5
	18	04 27.0	02 30.2	19 15.4	14 00.5
	28	05 08.2	00 10.5	22 49.9	17 53.7
NOV	7	05R10.9	28♓26.6	26 21.2	22 00.8
	17	04 33.0	27 25.4	29 48.2	26 18.8
	27	03 15.3	27D08.7	03♏09.8	00♒46.0
DEC	7	01 23.5	27 35.3	06 24.6	05 21.0
	17	29♊09.0	28 41.8	09 31.0	10 02.0
	27	26 47.5	00♈23.9	12 27.5	14 47.7
JAN	6	24♊36.6	02♈37.6	15♏11.9	19♒37.2

JAN	1	10S24.4	03S08.3	00S54.9	14S14.8
	21	07 09.2	02 50.1	00N02.8	16 08.8
FEB	10	03 43.9	02 02.3	02 33.6	17 23.0
MAR	2	00 15.5	00 53.4	05 56.1	18 00.6
	22	03N10.0	00N27.9	09 00.4	18 10.5
APR	11	06 26.9	01 52.9	11 01.0	18 07.2
MAY	1	09 30.2	03 12.2	11 50.6	18 10.8
	21	12 15.6	04 15.9	11 39.9	18 42.5
JUN	10	14 39.6	04 52.6	10 42.7	19 53.3
	30	16 39.6	04 48.5	09 10.7	21 30.0
JUL	20	18 14.9	03 46.8	07 13.5	23 04.3
AUG	9	19 26.5	01 29.5	04 59.6	24 21.7
	29	20 18.3	02S15.7	02 36.3	25 20.4
SEP	18	20 57.2	07 15.2	00 10.4	25 57.0
OCT	8	21 33.8	12 29.5	02S11.6	26 04.8
	28	22 20.7	16 35.1	04 23.4	25 36.8
NOV	17	23 27.5	18 45.6	06 18.6	24 29.0
DEC	7	24 50.8	19 08.1	07 51.1	22 40.9
	27	26N10.1	18S12.0	08S55.4	20S15.7

1990		1	2	3	4
JAN	1	25R39.7	01♈27.1	13♏51.4	17♒12.1
	11	23♊40.3	03 54.9	16 28.8	22 03.0
	21	22 12.9	06 48.3	18 50.9	26 56.1
	31	21 25.3	10 04.1	20 54.7	01♓50.6
FEB	10	21D20.5	13 39.6	22 37.2	06 45.6
	20	21 56.7	17 32.2	23 55.5	11 40.4
MAR	2	23 10.6	21 40.2	24 46.0	16 34.5
	12	24 57.9	26 02.0	25 05.8	21 27.0
	22	27 13.5	00♉36.2	24R52.7	26 17.5
APR	1	29 53.5	05 21.8	24 05.8	01♈05.3
	11	02♋54.0	10 17.6	22 46.7	05 49.9
	21	06 11.4	15 23.0	21 00.0	10 30.7
MAY	1	09 43.3	20 37.4	18 53.5	15 07.1
	11	13 27.2	25 59.7	16 38.5	19 38.3
	21	17 21.1	01♊29.4	14 27.0	24 03.3
	31	21 23.5	07 05.9	12 30.5	28 22.7
JUN	10	25 32.9	12 48.3	10 58.1	02♉33.9
	20	29 48.3	18 35.8	09 55.3	06 36.5
	30	04♌08.6	24 27.4	09 24.7	10 29.1
JUL	10	08 32.9	00♋22.1	09D26.4	14 10.0
	20	13 00.6	06 18.9	09 58.2	17 37.6
	30	17 30.9	12 16.4	10 57.9	20 49.1
AUG	9	22 03.1	18 13.1	12 22.3	23 42.0
	19	26 36.6	24 07.9	14 08.2	26 13.0
	29	01♍10.9	29 59.3	16 13.1	28 17.8
SEP	8	05 45.2	05♌45.5	18 34.2	29 52.2
	18	10 18.9	11 24.9	21 09.3	00♊51.3
	28	14 51.3	16 55.7	23 56.5	01 10.3
OCT	8	19 21.5	22 16.1	26 53.8	00R45.9
	18	23 48.7	27 24.1	29 59.8	29♉37.2
	28	28 11.8	02♍17.2	03♐13.1	27 47.7
NOV	7	02♎29.5	06 52.8	06 32.3	25 27.5
	17	06 40.7	11 08.4	09 56.3	22 51.8
	27	10 43.6	14 59.8	13 24.0	20 19.6
DEC	7	14 36.3	18 23.0	16 54.2	18 09.5
	17	18 16.8	21 13.1	20 26.0	16 34.6
	27	21 42.5	23 24.0	23 58.2	15 42.8
JAN	6	24♎50.3	24♍49.4	27♐29.7	15D35.7

JAN	1	26N26.7	17S49.0	09S06.4	19S34.2
	21	27 19.0	15 52.4	09 28.1	16 31.3
FEB	10	27 56.9	13 29.4	09 11.5	13 07.2
MAR	2	28 29.3	10 54.6	08 15.0	09 30.5
	22	28 55.2	08 19.7	06 41.1	05 50.1
APR	11	29 07.4	05 55.1	04 41.0	02 14.0
MAY	1	28 57.5	03 50.6	02 38.6	01N10.3
	21	28 19.2	02 15.2	01 06.8	04 15.9
JUN	10	27 09.1	01 16.4	00 29.7	06 57.0
	30	25 26.8	00 59.9	00 50.7	09 08.6
JUL	20	23 14.9	01 28.6	01 57.5	10 46.9
AUG	9	20 37.8	02 41.6	03 33.6	11 49.7
	29	17 41.6	04 34.1	05 24.5	12 16.4
SEP	18	14 33.5	06 57.7	07 18.7	12 08.7
OCT	8	11 21.6	09 40.8	09 07.2	11 31.9
	28	08 14.4	12 29.4	10 42.6	10 37.6
NOV	17	05 21.1	15 06.2	11 58.9	09 48.6
DEC	7	02 51.1	17 09.3	12 51.2	09 33.5
	27	00N53.4	18S08.7	13S16.3	10N09.6

1991	Ceres 1	Pallas 2	Juno 3	Vesta 4
JAN 1	23♎18.8	24♍12.8	25♐44.1	15R33.8
11	26 16.5	25 13.0	29 14.9	15D48.3
21	28 51.0	25R17.9	02♑43.3	16♉43.5
31	00♏58.2	24 23.9	06 08.2	18 14.7
FEB 10	02 33.9	22 32.3	09 28.1	20 16.4
20	03 33.1	19 51.7	12 41.8	22 44.2
MAR 2	03 52.4	16 41.2	15 47.5	25 33.8
12	03R29.6	13 25.3	18 43.5	28 41.2
22	02 25.3	10 29.7	21 27.8	02♊03.6
APR 1	00 45.1	08 14.4	23 58.0	05 38.3
11	28♎39.6	06 49.2	26 11.5	09 23.2
21	26 23.5	06 16.0	28 05.3	13 16.5
MAY 1	24 14.1	06D31.6	29 35.9	17 16.7
11	22 26.3	07 30.2	00♒40.0	21 22.6
21	21 11.0	09 05.5	01 13.5	25 33.3
31	20 33.9	11 11.2	01R13.4	29 47.7
JUN 10	20D36.0	13 41.9	00 37.6	04♋05.3
20	21 15.7	16 33.6	29♑26.0	08 25.3
30	22 29.4	19 42.5	27 42.1	12 47.1
JUL 10	24 12.7	23 05.5	25 33.6	17 10.4
20	26 21.7	26 40.5	23 12.1	21 34.6
30	28 52.5	00♎25.4	20 52.1	25 59.0
AUG 9	01♏41.7	04 18.7	18 47.9	00♌23.4
19	04 46.5	08 19.1	17 11.4	04 47.1
29	08 04.3	12 25.4	16 10.6	09 09.5
SEP 8	11 33.1	16 36.7	15 48.7	13 30.1
18	15 11.2	20 52.2	16D06.0	17 47.8
28	18 56.9	25 10.9	17 00.7	22 01.9
OCT 8	22 48.9	29 32.2	18 29.1	26 11.4
18	26 46.2	03♏55.5	20 28.0	00♍14.8
28	00♐47.5	08 19.8	22 53.5	04 10.5
NOV 7	04 51.9	12 44.5	25 42.3	07 56.8
17	08 58.6	17 08.8	28 51.7	11 31.1
27	13 06.6	21 31.9	02♒18.7	14 50.8
DEC 7	17 15.1	25 52.8	06 01.1	17 52.5
17	21 23.1	00♐10.4	09 57.3	20 32.0
27	25 29.8	04 23.7	14 05.3	22 44.9
JAN 6	29♐34.4	08♐31.5	18♒23.7	24♍25.5
JAN 1	00N30.0	18S08.8	13S18.0	10N26.5
21	00S35.4	16 45.5	13 07.1	11 59.1
FEB 10	00 52.3	12 28.3	12 28.0	13 58.7
MAR 2	00 20.4	05 08.5	11 23.9	16 08.6
22	00N48.7	03N21.7	09 59.7	18 15.0
APR 11	02 03.8	10 19.2	08 22.9	20 06.9
MAY 1	02 41.5	14 36.1	06 43.8	21 36.0
21	02 12.8	16 32.7	05 16.5	22 35.9
JUN 10	00 39.2	16 49.5	04 19.5	23 02.8
30	01S41.2	15 59.7	04 13.2	22 54.8
JUL 20	04 29.5	14 27.4	05 09.1	22 12.5
AUG 9	07 31.5	12 30.0	06 57.3	20 58.7
29	10 36.6	10 21.2	09 08.8	19 18.3
SEP 18	13 36.2	08 12.5	11 14.0	17 17.8
OCT 8	16 23.3	06 14.1	12 53.4	15 05.9
28	18 51.4	04 35.7	13 56.8	12 53.1
NOV 17	20 55.3	03 25.8	14 19.3	10 52.0

1992	Ceres 1	Pallas 2	Juno 3	Vesta 4
JAN 1	27♐32.4	06♐28.4	16♒13.3	23♍39.6
11	01♑35.5	10 32.9	20 36.5	25 01.9
21	05 34.8	14 29.4	25 08.3	25 43.4
31	09 29.3	18 16.6	29 47.8	25R39.8
FEB 10	13 17.9	21 52.1	04♓34.2	24 47.9
20	16 59.3	25 13.9	09 26.4	23 10.7
MAR 1	20 32.1	28 19.2	14 23.9	20 57.1
11	23 54.7	01♑04.7	19 26.4	18 23.1
21	27 05.4	03 27.0	24 32.9	15 50.3
31	00♒02.1	05 22.0	29 43.0	13 39.2
APR 10	02 42.4	06 44.8	04♈56.5	12 05.9
20	05 03.7	07 30.7	10 12.9	11 19.6
30	07 03.1	07R35.3	15 31.8	11D22.2
MAY 10	08 37.2	06 55.2	20 52.6	12 11.5
20	09 42.6	05 30.1	26 14.9	13 43.0
30	10 16.1	03 24.1	01♉38.5	15 50.9
JUN 9	10R14.8	00 46.9	07 02.6	18 30.3
19	09 37.9	27♐54.3	12 26.4	21 36.0
29	08 26.4	25 04.5	17 49.3	25 03.9
JUL 9	06 45.0	22 35.1	23 10.7	28 50.9
19	04 42.6	20 39.3	28 29.0	02♎53.7
29	02 31.1	19 24.1	03♊43.0	07 10.1
AUG 8	00 24.3	18 51.5	08 51.0	11 38.3
18	28♑35.1	18D59.6	13 51.4	16 16.4
28	27 13.2	19 44.4	18 41.7	21 03.1
SEP 7	26 24.9	21 01.5	23 18.4	25 57.4
17	26D12.6	22 46.0	27 38.4	00♏58.0
27	26 35.4	24 53.7	01♋37.9	06 04.2
OCT 7	27 31.5	27 20.8	05 10.8	11 15.3
17	28 57.4	00♑03.8	08 11.5	16 30.3
27	00♒49.4	03 00.2	10 32.9	21 48.7
NOV 6	03 04.4	06 07.4	12 07.9	27 09.8
16	05 38.9	09 23.3	12 49.9	02♐32.9
26	08 30.1	12 46.2	12R34.6	07 57.4
DEC 6	11 35.5	16 14.5	11 23.5	13 22.6
16	14 52.7	19 46.6	09 27.2	18 47.9
26	18 19.8	23 21.4	07 04.9	24 12.6
JAN 5	21♒55.1	26♑57.6	04♋42.7	29♐36.1
JAN 1	23S48.4	03N11.3	12S34.1	08N25.9
21	24 17.5	04 19.9	10 42.8	09 00.0
FEB 10	24 21.6	06 17.4	08 18.7	10 51.5
MAR 1	24 07.8	09 01.1	05 29.2	13 36.6
21	23 45.8	12 23.9	02 22.7	16 06.7
APR 10	23 27.9	16 11.0	00N50.9	17 12.4
30	23 28.3	19 56.9	04 01.4	16 37.4
MAY 20	24 01.6	23 02.8	06 57.5	14 43.2
JUN 9	25 18.6	24 43.7	09 27.9	11 54.7
29	27 16.0	24 28.4	11 20.8	08 29.5
JUL 19	29 26.6	22 21.2	12 26.2	04 40.0
AUG 8	31 06.2	18 58.8	12 36.1	00 36.3
28	31 47.0	15 06.3	11 47.3	03S32.2
SEP 17	31 32.6	11 18.8	10 02.1	07 36.3
OCT 7	30 39.6	07 57.8	07 30.7	11 26.3
27	29 19.7	05 15.0	04 33.0	14 52.2
NOV 16	27 37.5	03 15.5	01 43.0	17 44.4

1993	Ceres 1	Pallas 2	Juno 3	Vesta 4
JAN 1	20♒28.1	25♑31.0	05R37.8	27♐26.9
11	24 07.5	29 07.4	03♋28.0	02♑49.1
21	27 52.6	02♒43.4	01 53.6	08 09.0
31	01♓42.2	06 17.9	01 07.5	13 25.7
FEB 10	05 35.1	09 49.7	01D13.1	18 38.3
20	09 30.1	13 17.9	02 07.0	23 46.0
MAR 2	13 26.4	16 41.2	03 42.9	28 47.8
12	17 22.8	19 58.5	05 54.3	03♒42.7
22	21 18.7	23 08.5	08 34.6	08 29.6
APR 1	25 13.1	26 09.8	11 38.2	13 07.1
11	29 04.9	29 00.8	14 59.8	17 33.6
21	02♈53.6	01♓39.9	18 35.6	21 47.6
MAY 1	06 38.0	04 04.9	22 22.8	25 46.7
11	10 17.0	06 13.6	26 18.4	29 28.5
21	13 49.7	08 03.6	00♌20.4	02♓50.1
31	17 14.7	09 31.6	04 27.3	05 47.7
JUN 10	20 30.5	10 34.8	08 37.7	08 17.5
20	23 35.5	11 09.8	12 50.5	10 14.5
30	26 27.5	11R13.3	17 04.8	11 33.5
JUL 10	29 04.4	10 43.1	21 19.8	12 10.0
20	01♉23.3	09 38.2	25 35.1	12R00.0
30	03 20.9	08 00.0	29 49.9	11 02.6
AUG 9	04 53.8	05 53.8	04♍03.7	09 22.0
19	05 58.2	03 27.9	08 16.1	07 08.4
29	06 30.0	00 54.3	12 26.5	04 38.9
SEP 8	06R26.2	28♒26.5	16 34.5	02 13.9
18	05 45.2	26 16.5	20 39.4	00 12.1
28	04 27.8	24 34.1	24 40.7	28♒48.0
OCT 8	02 39.5	23 25.0	28 37.6	28 08.9
18	00 29.7	22 51.3	02♎29.5	28D15.9
28	28♈12.3	22D52.6	06 15.1	29 06.8
NOV 7	26 02.7	23 26.4	09 53.6	00♓36.7
17	24 14.8	24 29.7	13 23.7	02 40.5
27	22 59.3	25 59.1	16 43.7	05 13.2
DEC 7	22 21.6	27 51.1	19 52.0	08 09.7
17	22D23.2	00♓02.5	22 46.6	11 26.2
27	23 02.9	02 30.5	25 24.8	14 59.3
JAN 6	24♈16.9	05♓12.5	27♎44.3	18♓45.7
JAN 1	22S26.9	01N27.1	00N20.7	21S31.4
21	19 43.9	01 46.2	02 54.3	21 47.8
FEB 10	16 49.2	02 38.7	06 17.6	21 17.0
MAR 2	13 48.1	03 58.1	09 31.8	20 06.6
22	10 46.0	05 37.1	12 06.0	18 28.1
APR 11	07 49.0	07 27.8	13 48.9	16 35.2
MAY 1	05 02.9	09 20.8	14 38.8	14 43.7
21	02 33.8	11 05.1	14 38.9	13 11.4
JUN 10	00 27.4	12 26.2	13 54.7	12 18.0
30	01N10.3	13 04.7	12 33.3	12 24.1
JUL 20	02 14.0	12 37.0	10 42.3	13 44.7
AUG 9	02 38.7	10 42.3	08 29.5	16 12.8
29	02 22.1	07 22.2	06 02.6	18 58.2
SEP 18	01 28.1	03 14.4	03 29.1	20 47.9
OCT 8	00 13.7	00S45.4	00 56.7	21 05.2
28	00S47.8	03 56.4	01S27.1	20 00.7
NOV 17	01 00.3	06 04.4	03 34.5	17 57.9

JAN	1	23♈35.8	03♓49.9	26♎37.1	16♓51.0
	11	25 05.7	06 38.2	28 46.0	20 43.2
	21	27 04.1	09 37.5	00♏31.2	24 45.4
	31	29 26.9	12 45.8	01 49.3	28 55.5
FEB	10	02♉10.4	16 01.8	02 36.9	03♈11.9
	20	05 11.4	19 24.0	02R50.7	07 33.3
MAR	2	08 26.9	22 51.2	02 28.8	11 58.3
	12	11 54.5	26 22.5	01 31.0	16 26.0
	22	15 32.4	29 56.9	29♎59.9	20 55.6
APR	1	19 18.5	03♈33.4	28 02.0	25 25.9
	11	23 11.4	07 11.5	25 47.3	29 56.6
	21	27 10.1	10 50.3	23 28.4	04♉26.9
MAY	1	01♊13.2	14 29.1	21 18.6	08 56.1
	11	05 19.9	18 07.2	19 28.8	13 23.9
	21	09 29.4	21 43.9	18 07.4	17 49.5
	31	13 40.9	25 18.3	17 18.3	22 12.5
JUN	10	17 53.8	28 49.5	17D02.4	26 32.3
	20	22 07.4	02♉16.4	17 18.8	00♊48.2
	30	26 21.0	05 37.8	18 04.6	04 59.5
JUL	10	00♋34.3	08 52.2	19 16.6	09 05.6
	20	04 46.3	11 57.4	20 51.7	13 05.3
	30	08 56.5	14 51.2	22 46.6	16 57.6
AUG	9	13 04.2	17 30.6	24 58.6	20 41.2
	19	17 08.2	19 51.7	27 25.2	24 14.5
	29	21 07.7	21 49.8	00♏04.1	27 35.5
SEP	8	25 01.5	23 19.3	02 53.5	00♋41.8
	18	28 48.0	24 13.3	05 51.8	03 30.6
	28	02♌25.7	24R24.8	08 57.3	05 58.4
OCT	8	05 52.4	23 46.5	12 08.9	08 01.3
	18	09 05.5	22 14.5	15 25.4	09 34.3
	28	12 02.3	19 51.2	18 45.4	10 32.9
NOV	7	14 39.0	16 47.4	22 08.2	10 51.9
	17	16 51.5	13 26.0	25 32.4	10R27.6
	27	18 35.3	10 16.4	28 57.1	09 19.0
DEC	7	19 45.3	07 45.9	02♐21.3	07 29.4
	17	20 16.7	06 13.9	05 43.7	05 08.3
	27	20R06.1	05D47.5	09 03.2	02 31.5
JAN	6	19♌12.2	06♉26.0	12♐18.5	29♊57.8
JAN	1	02N13.1	07S24.3	06S39.0	11S11.8
	21	04 46.7	06 50.5	06 56.2	07 37.6
FEB	10	07 39.3	05 49.0	06 22.3	03 54.5
MAR	2	10 38.7	04 29.7	04 53.8	00 09.9
	22	13 35.2	03 02.1	02 38.2	03N29.0
APR	11	16 20.6	01 35.7	00 03.4	06 55.6
MAY	1	18 48.1	00 20.0	02N06.7	10 04.2
	21	20 52.3	00N35.2	03 17.9	12 49.5
JUN	10	22 28.7	00 59.0	03 22.7	15 07.7
	30	23 35.0	00 39.7	02 32.8	16 55.8
JUL	20	24 10.6	00S36.0	01 05.0	18 13.1
AUG	9	24 17.4	03 02.1	00S46.1	19 00.5
	29	24 00.1	06 50.5	02 48.9	19 22.0
SEP	18	23 26.5	12 03.6	04 54.4	19 24.5
OCT	8	22 47.6	18 18.5	06 54.8	19 18.4
	28	22 18.2	24 29.3	08 43.6	19 17.4
NOV	17	22 16.4	28 56.2	10 15.0	19 35.6
DEC	7	23 02.2	30 25.1	11 24.1	20 19.3
	27	24N49.1	28S57.2	12S07.1	21N19.2

JAN	1	19R44.5	05D58.9	10♐41.5	01R13.0
	11	18♌30.0	07♉08.0	13 54.1	28♊48.2
	21	16 39.7	09 12.3	17 00.4	26 53.0
	31	14 25.6	12 03.3	19 58.7	25 37.9
FEB	10	12 04.7	15 33.7	22 47.2	25 07.8
	20	09 55.9	19 36.2	25 23.7	25D22.3
MAR	2	08 14.7	24 05.0	27 46.3	26 17.7
	12	07 11.9	28 55.1	29 52.0	27 49.6
	22	06D52.1	04♊01.9	01♑38.1	29 52.8
APR	1	07 14.9	09 21.8	03 01.5	02♋22.4
	11	08 17.6	14 51.6	03 58.7	05 14.5
	21	09 55.5	20 28.5	04 26.7	08 25.2
MAY	1	12 03.7	26 10.1	04R22.8	11 51.6
	11	14 37.7	01♋54.6	03 45.2	15 31.3
	21	17 33.3	07 40.0	02 34.6	19 22.1
	31	20 47.0	13 25.2	00 54.3	23 22.4
JUN	10	24 15.8	19 09.0	28♐51.1	27 30.9
	20	27 57.1	24 50.1	26 35.8	01♌46.2
	30	01♍48.9	00♌28.2	24 20.3	06 07.6
JUL	10	05 49.5	06 02.7	22 17.5	10 34.3
	20	09 57.2	11 33.0	20 37.9	15 05.4
	30	14 11.0	16 58.9	19 28.7	19 40.6
AUG	9	18 29.7	22 20.2	18 53.7	24 19.2
	19	22 52.3	27 36.6	18D53.5	29 00.7
	29	27 18.1	02♍48.2	19 26.8	03♍44.8
SEP	8	01♎46.3	07 54.5	20 31.1	08 30.8
	18	06 16.1	12 55.4	22 03.2	13 18.4
	28	10 47.0	17 50.9	23 59.9	18 07.1
OCT	8	15 18.1	22 40.3	26 18.3	22 56.1
	18	19 48.7	27 23.4	28 55.5	27 45.2
	28	24 18.1	01♎59.6	01♑49.1	02♎33.4
NOV	7	28 45.5	06 28.1	04 57.0	07 20.0
	17	03♏10.1	10 48.1	08 17.2	12 04.0
	27	07 30.9	14 58.2	11 48.1	16 44.5
DEC	7	11 46.7	18 56.9	15 28.2	21 19.9
	17	15 56.6	22 42.7	19 16.1	25 49.1
	27	19 59.1	26 13.1	23 10.9	00♏10.1
JAN	6	23♏52.5	29♎25.2	27♑11.3	04♏20.9
JAN	1	25N25.1	28S13.6	12S13.5	21N34.5
	21	28 08.8	24 22.5	12 20.8	22 31.1
FEB	10	30 34.6	19 39.5	11 59.1	23 20.8
MAR	2	31 43.3	14 42.6	11 10.4	24 05.6
	22	31 25.0	09 57.4	09 58.8	24 41.8
APR	11	30 03.7	05 41.9	08 31.5	25 01.8
MAY	1	28 01.0	02 09.5	06 59.7	24 57.8
	21	25 28.1	00N31.3	05 39.6	24 23.7
JUN	10	22 30.7	02 16.4	04 51.3	23 16.6
	30	19 12.8	03 06.9	04 51.2	21 35.9
JUL	20	15 38.6	03 08.2	05 41.3	19 23.5
AUG	9	11 53.0	02 28.8	07 08.1	16 43.4
	29	08 01.5	01 19.5	08 52.3	13 40.7
SEP	18	04 09.7	00S07.8	10 36.9	10 22.0
OCT	8	00 23.8	01 40.6	12 09.5	06 54.6
	28	03S10.2	03 05.7	13 20.9	03 26.6
NOV	17	06 26.1	04 08.9	14 04.8	00 06.8
DEC	7	09 18.7	04 35.0	14 16.9	02S55.6
	27	11S43.8	04S07.5	13S55.1	05S31.5

JAN	1	21♏57.0	27♎51.6	25♑10.4	02♏16.9
	11	25 45.4	00♏53.5	29 13.2	06 21.8
	21	29 22.2	03 32.0	03♒20.3	10 12.7
	31	02♐45.2	05 42.7	07 30.8	13 46.0
FEB	10	05 51.9	07 20.6	11 43.7	16 58.3
	20	08 39.6	08 20.3	15 58.5	19 45.2
MAR	1	11 04.9	08R36.0	20 14.4	22 01.0
	11	13 04.4	08 03.7	24 30.4	23 40.4
	21	14 34.3	06 41.6	28 46.2	24 37.6
	31	15 30.6	04 32.9	03♓00.9	24R47.6
APR	10	15 50.2	01 48.5	07 13.5	24 08.4
	20	15R31.0	28♎45.3	11 23.4	22 41.9
	30	14 33.3	25 45.1	15 29.6	20 38.0
MAY	10	13 01.3	23 08.4	19 31.0	18 13.9
	20	11 03.0	21 10.1	23 26.3	15 50.5
	30	08 51.2	19 58.4	27 13.8	13 49.8
JUN	9	06 40.5	19D34.4	00♈52.0	12 27.7
	19	04 44.9	19 55.3	04 18.7	11 52.6
	29	03 16.1	20 56.6	07 30.8	12D07.1
JUL	9	02 21.1	22 32.5	10 25.2	13 08.2
	19	02D02.6	24 37.8	12 57.7	14 51.0
	29	02 20.4	27 07.8	15 03.8	17 10.0
AUG	8	03 12.1	29 58.3	16 37.9	19 59.6
	18	04 34.2	03♏06.1	17 33.7	23 15.2
	28	06 23.3	06 28.1	17R46.1	26 52.4
SEP	7	08 35.3	10 01.9	17 12.3	00♐47.5
	17	11 07.3	13 45.7	15 52.2	04 57.8
	27	13 56.3	17 37.6	13 53.9	09 21.0
OCT	7	16 59.5	21 36.0	11 33.5	13 54.6
	17	20 15.1	25 39.7	09 12.9	18 37.2
	27	23 40.9	29 47.5	07 15.6	23 27.2
NOV	6	27 15.2	03♐58.3	05 59.8	28 23.4
	16	00♑56.7	08 11.1	05D36.2	03♑24.6
	26	04 43.9	12 24.8	06 08.3	08 29.8
DEC	6	08 35.6	16 38.4	07 33.1	13 38.2
	16	12 30.9	20 51.0	09 45.6	18 49.0
	26	16 28.4	25 01.5	12 39.3	24 01.2
JAN	5	20♑27.4	29♐08.9	16♈07.4	29♑14.1
JAN	1	12S15.4	03S50.2	13S44.3	06S05.3
	21	14 02.9	01 51.0	12 40.5	07 56.3
FEB	10	15 21.3	01N39.1	11 06.0	09 04.1
MAR	1	16 14.5	06 43.4	09 05.4	09 25.9
	21	16 49.6	12 55.5	06 44.9	09 03.5
APR	10	17 15.6	19 01.3	04 11.8	08 08.2
	30	17 40.5	23 25.0	01 34.6	07 06.1
MAY	20	18 08.2	25 14.1	00N57.0	06 37.5
JUN	9	18 39.7	24 45.4	03 11.4	07 14.0
	29	19 19.4	22 46.3	04 54.7	08 56.0
JUL	19	20 13.3	19 59.3	05 49.2	11 23.1
AUG	8	21 22.5	16 52.9	05 33.1	14 11.8
	28	22 41.4	13 45.7	03 43.3	17 02.3
SEP	17	24 01.2	10 50.1	00 12.9	19 38.3
OCT	7	25 12.7	08 15.4	04S14.5	21 46.7
	27	26 08.0	06 09.0	07 57.3	23 16.4
NOV	16	26 40.6	04 36.9	09 34.8	23 59.7
DEC	6	26 46.7	03 43.6	09 01.1	23 52.4
	26	26S24.6	03N31.9	06S50.5	22S54.7

Ceres, Pallas, Juno, Vesta

1997	Ceres 1	Pallas 2	Juno 3	Vesta 4
JAN 1	18♑51.7	27♐30.3	14♈40.4	27♑08.8
11	22 51.0	01♑35.4	18 26.6	02♒22.0
21	26 50.2	05 35.4	22 38.9	07 34.8
31	00♒48.2	09 29.2	27 12.2	12 46.5
FEB 10	04 44.2	13 15.5	02♉02.3	17 56.7
20	08 37.1	16 52.8	07 06.3	23 04.6
MAR 2	12 25.9	20 19.3	12 21.0	28 09.6
12	16 09.7	23 33.2	17 44.3	03♓11.2
22	19 47.0	26 32.3	23 13.4	08 08.5
APR 1	23 16.8	29 14.2	28 46.8	13 01.0
11	26 37.5	01♒35.9	04♊23.2	17 48.0
21	29 47.5	03 34.2	10 01.2	22 28.6
MAY 1	02♓45.1	05 05.5	15 39.1	27 02.0
11	05 28.0	06 05.9	21 16.5	01♈27.3
21	07 53.7	06 31.4	26 52.4	05 43.1
31	09 59.5	06R19.1	02♋26.1	09 48.2
JUN 10	11 42.3	05 26.6	07 56.8	13 41.1
20	12 58.4	03 55.1	13 24.1	17 19.4
30	13 44.8	01 49.3	18 47.7	20 41.3
JUL 10	13R57.9	29♑18.2	24 07.2	23 43.6
20	13 35.8	26 35.8	29 21.8	26 22.9
30	12 38.5	23 57.1	04♌31.4	28 35.5
AUG 9	11 08.6	21 36.8	09 35.8	00♉16.6
19	09 13.1	19 46.0	14 34.5	01 21.4
29	07 02.8	18 30.9	19 26.7	01 45.4
SEP 8	04 51.0	17 53.7	24 12.4	01R24.7
18	02 51.7	17D53.5	28 50.6	00 18.8
28	01 16.4	18 27.2	03♍20.8	28♈31.7
OCT 8	00 13.2	19 31.1	07 41.8	26 12.7
18	29♒46.4	21 01.2	11 52.7	23 38.5
28	29D56.1	22 53.7	15 52.4	21 08.0
NOV 7	00♓40.8	25 05.3	19 38.9	18 59.8
17	01 57.5	27 32.7	23 10.4	17 27.7
27	03 42.2	00♒13.4	26 24.7	16 39.0
DEC 7	05 51.7	03 05.0	29 19.0	16D35.6
17	08 22.1	06 05.4	01♎50.1	17 15.1
27	11 10.4	09 12.8	03 54.4	18 33.0
JAN 6	14♓13.9	12♒25.8	05♎27.7	20♈24.5
JAN 1	26S12.7	03N36.7	05S58.3	22S28.1
21	25 16.5	04 19.8	02 36.2	20 32.0
FEB 10	23 59.2	05 42.9	01N08.4	18 00.3
MAR 2	22 27.3	07 41.8	04 53.3	15 03.3
22	20 49.2	10 10.0	08 20.0	11 51.7
APR 11	19 14.6	12 58.0	11 13.8	08 36.2
MAY 1	17 54.1	15 52.0	13 23.5	05 27.1
21	16 59.8	18 31.4	14 42.6	02 34.1
JUN 10	16 44.1	20 27.0	15 08.8	00 06.4
30	17 18.5	21 04.1	14 44.4	01N47.0
JUL 20	18 47.8	19 57.5	13 34.9	02 57.2
AUG 9	20 58.9	17 12.3	11 48.4	03 16.2
29	23 12.4	13 25.5	09 34.6	02 38.6
SEP 18	24 36.7	09 24.8	07 03.6	01 08.3
OCT 8	24 43.4	05 46.6	04 25.8	00S48.4
28	23 38.6	02 50.3	01 52.3	02 20.5
NOV 17	[illegible]	[illegible]	00S25.7	02 42.2

1998	Ceres 1	Pallas 2	Juno 3	Vesta 4
JAN 1	12♓40.4	10♒48.7	04♎45.1	19♈24.9
11	15 50.5	14 03.8	06 01.5	21 31.2
21	19 11.9	17 22.2	06 41.0	24 03.3
31	22 43.0	20 42.7	06R40.4	26 57.1
FEB 10	26 21.8	24 04.0	05 58.1	00♉08.9
20	00♈06.8	27 25.1	04 36.2	03 35.2
MAR 2	03 56.8	00♓44.9	02 40.2	07 13.7
12	07 50.4	04 02.3	00 21.3	11 01.9
22	11 46.7	07 16.2	27♍53.9	14 58.1
APR 1	15 44.8	10 25.5	25 33.6	19 00.7
11	19 43.6	13 29.0	23 34.6	23 08.4
21	23 42.5	16 25.4	22 06.4	27 20.1
MAY 1	27 40.6	19 13.4	21 13.8	01♊34.9
11	01♉37.1	21 51.0	20D58.1	05 52.0
21	05 31.2	24 16.8	21 17.1	10 10.6
31	09 22.3	26 28.4	22 07.8	14 30.2
JUN 10	13 09.2	28 23.3	23 26.2	18 50.1
20	16 51.2	29 58.8	25 08.3	23 10.0
30	20 27.0	01♈11.5	27 10.7	27 29.2
JUL 10	23 55.2	01 58.0	29 30.2	01♋47.2
20	27 14.6	02 14.8	02♎03.9	06 03.4
30	00♊23.3	01R58.5	04 49.6	10 17.3
AUG 9	03 18.9	01 07.1	07 45.4	14 28.2
19	05 59.3	29♓40.4	10 49.3	18 35.2
29	08 21.1	27 41.3	14 00.1	22 37.5
SEP 8	10 21.0	25 17.2	17 16.4	26 33.8
18	11 55.2	22 39.2	20 37.1	00♌23.0
28	12 59.2	20 01.4	24 01.0	04 03.3
OCT 8	13 28.9	17 38.4	27 27.3	07 32.7
18	13R21.0	15 41.7	00♏54.9	10 49.1
28	12 33.5	14 19.7	04 22.9	13 49.2
NOV 7	11 08.5	13 36.4	07 50.2	16 29.7
17	09 12.4	13D31.7	11 16.0	18 46.6
27	06 56.4	14 04.0	14 39.1	20 34.8
DEC 7	04 36.6	15 10.0	17 58.3	21 49.2
17	02 29.0	16 45.9	21 12.3	22 24.5
27	00 48.3	18 48.3	24 19.8	22R15.8
JAN 6	29♉44.1	21♓13.5	27♏18.9	21♌21.1
JAN 1	15S28.8	01S10.5	03S30.9	00N50.3
21	12 14.2	00 55.3	03 22.7	03 33.7
FEB 10	08 50.7	00 09.3	01 59.6	06 33.5
MAR 2	05 23.9	00N59.9	00N34.1	09 36.7
22	01 59.2	02 24.1	03 41.4	12 33.2
APR 11	01N18.4	03 54.8	06 22.8	15 14.6
MAY 1	04 23.9	05 23.1	07 57.3	17 34.3
21	07 12.9	06 38.7	08 19.0	19 26.7
JUN 10	09 41.8	07 29.9	07 41.6	20 48.0
30	11 47.6	07 41.8	06 21.7	21 36.0
JUL 20	13 28.6	06 56.1	04 33.0	21 50.9
AUG 9	14 44.7	04 53.5	02 26.4	21 34.7
29	15 37.9	01 25.3	00 10.4	20 52.0
SEP 18	16 12.6	03S05.7	02S07.5	19 50.1
OCT 8	16 35.2	07 37.8	04 20.7	18 39.0
28	16 53.1	11 08.0	06 23.0	17 32.1
NOV 17	17 11.9	13 10.6	08 08.5	16 46.7

1999	Ceres 1	Pallas 2	Juno 3	Vesta 4
JAN 1	00R11.3	19♓58.3	25♏50.5	21R54.2
11	29♉27.2	22 33.7	28 44.9	20♌36.9
21	29D24.3	25 27.6	01♐28.3	18 38.5
31	00♊01.5	28 37.7	03 58.5	16 11.2
FEB 10	01 15.1	02♈01.6	06 13.1	13 32.8
20	03 00.9	05 37.8	08 09.4	11 03.4
MAR 2	05 14.6	09 24.8	09 44.3	09 02.1
12	07 51.8	13 21.2	10 54.8	07 41.4
22	10 49.0	17 26.4	11 37.6	07 07.1
APR 1	14 02.9	21 39.2	11R49.8	07D19.9
11	17 30.7	25 59.1	11 29.4	08 16.3
21	21 10.3	00♉25.7	10 35.9	09 51.5
MAY 1	24 59.8	04 58.3	09 11.3	12 00.5
11	28 57.4	09 36.7	07 20.6	14 37.9
21	03♋02.0	14 20.7	05 12.2	17 39.6
31	07 12.3	19 09.8	02 57.4	21 01.9
JUN 10	11 27.4	24 03.9	00 48.2	24 41.3
20	15 46.4	29 02.7	28♏55.7	28 35.6
30	20 08.6	04♊05.7	27 28.7	02♍42.5
JUL 10	24 33.4	09 12.8	26 32.2	07 00.2
20	29 00.1	14 23.4	26 08.4	11 27.5
30	03♌28.1	19 36.5	26D17.0	16 02.9
AUG 9	07 56.8	24 51.5	26 56.1	20 45.6
19	12 25.7	00♋07.5	28 03.1	25 34.7
29	16 53.9	05 22.6	29 34.9	00♎29.4
SEP 8	21 21.1	10 35.2	01♐28.5	05 29.1
18	25 46.2	15 42.8	03 41.2	10 33.1
28	00♍08.3	20 43.0	06 10.3	15 40.9
OCT 8	04 26.6	25 32.2	08 53.8	20 52.0
18	08 39.7	00♌05.5	11 49.6	26 05.8
28	12 46.2	04 18.0	14 55.8	01♏21.6
NOV 7	16 44.7	08 03.6	18 11.1	06 39.0
17	20 32.9	11 14.0	21 34.0	11 57.4
27	24 08.5	13 40.0	25 03.2	17 16.0
DEC 7	27 29.0	15 11.8	28 37.4	22 34.1
17	00♎30.9	15R39.6	02♑15.8	27 51.2
27	03 10.5	14 56.7	05 57.1	03♐06.2
JAN 6	05♎23.6	13♌03.2	09♑40.4	08♐18.4
JAN 1	18N24.2	13S19.3	10S38.1	18N06.5
21	19 26.9	12 05.8	10 56.6	20 22.7
FEB 10	20 50.0	10 26.2	10 42.3	22 55.1
MAR 2	22 24.4	08 32.3	09 55.5	24 40.9
22	23 58.2	06 34.9	08 39.1	25 13.2
APR 11	25 20.1	04 43.8	07 00.6	24 41.9
MAY 1	26 20.5	03 08.4	05 15.0	23 22.1
21	26 52.5	01 58.0	03 45.7	21 23.2
JUN 10	26 51.5	01 21.6	02 57.6	18 50.1
30	26 15.8	01 27.3	03 03.4	15 47.1
JUL 20	25 06.5	02 21.8	03 57.7	12 19.0
AUG 9	23 27.1	04 09.5	05 25.0	08 31.5
29	21 23.4	06 51.2	07 09.1	04 31.0
SEP 18	19 02.9	10 23.0	08 56.3	00 25.0
OCT 8	16 34.5	14 35.2	10 36.4	03S38.5
28	14 09.0	19 11.4	12 01.2	07 30.8
NOV 17	11 57.9	23 45.3	13 04.5	11 03.2

JAN	1	04♎20.7	14R08.3	07♑48.6	05♐42.7
	11	06 18.6	11♌43.4	11 32.5	10 53.1
	21	07 42.6	08 33.2	15 16.8	15 58.9
	31	08 28.3	05 10.2	19 00.6	20 59.3
FEB	10	08R31.6	02 08.7	22 42.9	25 52.8
	20	07 51.3	29♋56.1	26 22.5	00♑37.8
MAR	1	06 30.0	28 44.0	29 58.3	05 12.9
	11	04 35.3	28D33.3	03♒29.1	09 36.1
	21	02 21.2	29 18.1	06 53.4	13 44.8
	31	00 04.9	00♌49.3	10 09.8	17 36.5
APR	10	28♍03.8	02 58.0	13 16.5	21 08.0
	20	26 32.3	05 36.6	16 11.4	24 15.4
	30	25 38.8	08 38.7	18 52.3	26 54.6
MAY	10	25D26.6	11 59.6	21 16.1	29 00.0
	20	25 54.9	15 35.0	23 19.7	00♒26.6
	30	27 00.2	19 21.6	24 59.6	01 09.4
JUN	9	28 38.3	23 17.7	26 11.3	01R04.1
	19	00♎44.6	27 21.0	26 50.8	00 10.4
	29	03 14.7	01♍30.1	26R54.2	28♑32.6
JUL	9	06 05.0	05 44.0	26 18.6	26 22.0
	19	09 12.2	10 01.8	25 04.1	23 57.1
	29	12 33.3	14 22.7	23 14.5	21 38.4
AUG	8	16 06.4	18 46.3	20 59.0	19 45.5
	18	19 49.2	23 11.7	18 32.1	18 32.3
	28	23 40.1	27 38.9	16 10.6	18D05.2
SEP	7	27 37.9	02♎07.4	14 11.0	18 25.3
	17	01♏41.3	06 36.5	12 46.6	19 29.5
	27	05 49.1	11 06.1	12 04.5	21 12.5
OCT	7	10 00.6	15 35.7	12D07.6	23 29.5
	17	14 14.6	20 04.7	12 54.4	26 15.1
	27	18 30.6	24 32.6	14 21.8	29 24.5
NOV	6	22 47.6	28 58.8	16 25.8	02♒53.9
	16	27 04.8	03♏22.5	19 01.9	06 39.9
	26	01♐21.5	07 43.0	22 05.8	10 39.5
DEC	6	05 36.8	11 59.2	25 34.1	14 50.4
	16	09 49.8	16 09.9	29 23.6	19 10.4
	26	13 59.6	20 14.0	03♓31.3	23 37.9
JAN	5	18♐05.2	24♏09.8	07♓55.1	28♒11.5

JAN	1	09N06.0	29S42.1	13S46.5	17S04.2
	21	09 15.3	27 42.2	13 16.6	18 39.0
FEB	10	10 27.7	21 56.9	12 18.2	19 31.0
MAR	1	12 27.9	13 48.9	10 54.7	19 44.4
	21	14 28.5	05 34.7	09 11.6	19 28.9
APR	10	15 27.8	01N11.2	07 16.3	18 59.4
	30	14 55.2	05 58.9	05 18.1	18 35.8
MAY	20	13 03.0	08 55.9	03 29.2	18 41.9
JUN	9	10 17.9	10 21.8	02 05.9	19 39.9
	29	07 01.5	10 37.3	01 29.5	21 34.4
JUL	19	03 27.9	10 01.0	02 03.4	23 53.4
AUG	8	00S13.1	08 49.3	03 58.7	25 44.3
	28	03 54.2	07 16.2	06 53.2	26 42.0
SEP	17	07 29.0	05 34.5	09 53.8	26 51.4
OCT	7	10 51.4	03 55.9	12 12.8	26 21.0
	27	13 55.7	02 31.7	13 29.9	25 13.3
NOV	16	16 36.9	01 32.9	13 42.6	23 29.1
DEC	6	18 51.0	01 09.9	12 55.6	21 10.0
	26	20S35.4	01N32.0	11S16.0	18S20.0

		1	2	3	4
JAN	1	16♐27.6	22♏36.6	06♓07.8	26♒21.4
	11	20 30.1	26 26.6	10 40.2	00♓57.9
	21	24 26.7	00♐05.2	15 25.5	05 38.1
	31	28 16.1	03 30.0	20 22.3	10 21.3
FEB	10	01♑56.7	06 38.2	25 29.0	15 06.3
	20	05 27.1	09 26.7	00♈44.3	19 52.5
MAR	2	08 45.4	11 51.2	06 07.7	24 38.9
	12	11 49.4	13 47.4	11 37.6	29 24.9
	22	14 37.0	15 10.2	17 13.5	04♈09.8
APR	1	17 05.3	15 54.2	22 54.5	08 53.2
	11	19 11.3	15R54.4	28 39.8	13 34.2
	21	20 51.9	15 07.6	04♉28.7	18 12.5
MAY	1	22 03.2	13 33.2	10 20.6	22 47.5
	11	22 42.0	11 17.0	16 14.3	27 18.4
	21	22R45.7	08 30.4	22 09.7	01♉44.8
	31	22 12.7	05 31.4	28 05.8	06 05.9
JUN	10	21 04.4	02 40.7	04♊01.7	10 20.8
	20	19 25.2	00 16.2	09 56.7	14 28.9
	30	17 23.8	28♏30.8	15 50.0	18 28.9
JUL	10	15 12.5	27 30.2	21 40.7	22 19.6
	20	13 04.8	27D14.7	27 28.0	25 59.5
	30	11 14.0	27 41.5	03♋10.6	29 26.6
AUG	9	09 50.4	28 45.5	08 47.7	02♊38.8
	19	08 59.9	00♐21.6	14 18.2	05 33.5
	29	08D45.3	02 24.9	19 40.7	08 07.1
SEP	8	09 06.1	04 50.8	24 53.8	10 16.1
	18	09 59.8	07 35.4	29 56.0	11 56.0
	28	11 23.4	10 35.7	04♌45.4	13 01.7
OCT	8	13 13.2	13 48.7	09 19.8	13 28.8
	18	15 25.9	17 12.2	13 36.9	13R13.3
	28	17 58.3	20 44.2	17 33.3	12 13.3
NOV	7	20 47.4	24 22.8	21 05.7	10 31.8
	17	23 50.7	28 06.6	24 10.1	08 16.6
	27	27 06.1	01♑54.3	26 41.2	05 42.2
DEC	7	00♒31.4	05 44.4	28 33.9	03 07.4
	17	04 05.1	09 36.1	29 42.8	00 50.6
	27	07 45.5	13 28.0	00R03.0	29♉06.9
JAN	6	11♒31.3	17♑19.0	29♌32.2	28♉05.0

JAN	1	21S00.8	01N48.8	10S37.1	17S23.8
	21	22 07.0	03 21.1	08 02.0	14 02.4
FEB	10	22 47.5	05 52.4	04 56.0	10 25.4
MAR	2	23 09.4	09 21.3	01 30.6	06 40.7
	22	23 22.9	13 37.4	02N01.9	02 56.2
APR	11	23 40.8	18 15.6	05 28.5	00N41.0
MAY	1	24 17.5	22 31.6	08 36.1	04 04.1
	21	25 24.5	25 28.3	11 12.1	07 07.0
JUN	10	27 02.2	26 21.5	13 05.7	09 44.8
	30	28 50.6	25 07.9	14 08.8	11 53.6
JUL	20	30 16.0	22 21.6	14 17.6	13 30.9
AUG	9	30 59.3	18 47.7	13 33.3	14 35.8
	29	31 06.8	15 02.9	12 02.0	15 10.0
SEP	18	30 52.0	11 30.8	09 53.9	15 17.3
OCT	8	30 21.1	08 25.8	07 22.6	15 04.3
	28	29 33.9	05 56.2	04 44.4	14 40.1
NOV	17	28 27.7	04 06.8	02 18.9	14 15.9
DEC	7	27 00.3	02 59.7	00 30.5	14 06.3
	27	25S11.3	02N35.0	00S11.2	14N26.4

2002		1	2	3	4
JAN	1	09♒37.8	15♑23.7	29R54.0	28R30.4
	11	13 25.8	19 14.0	28♌57.8	27♉50.8
	21	17 17.4	23 01.9	27 14.7	27D55.6
	31	21 11.4	26 46.4	24 57.1	28 42.0
FEB	10	25 06.8	00♒26.4	22 22.4	00♊05.3
	20	29 02.6	04 00.7	19 51.4	02 00.6
MAR	2	02♓57.8	07 28.0	17 43.5	04 23.0
	12	06 51.6	10 47.1	16 12.1	07 07.9
	22	10 43.1	13 56.4	15 23.6	10 11.8
APR	1	14 31.1	16 54.2	15D18.6	13 31.4
	11	18 15.0	19 38.9	15 53.7	17 04.0
	21	21 53.5	22 08.0	17 04.6	20 47.5
MAY	1	25 25.4	24 19.2	18 45.8	24 40.1
	11	28 49.6	26 09.8	20 52.0	28 40.1
	21	02♈04.5	27 36.6	23 19.0	02♋46.5
	31	05 08.5	28 36.2	26 03.0	06 58.2
JUN	10	07 59.6	29 05.4	29 00.8	11 14.2
	20	10 35.5	29R01.0	02♍09.9	15 34.0
	30	12 53.6	28 21.1	05 28.0	19 56.7
JUL	10	14 50.9	27 05.3	08 53.3	24 21.9
	20	16 23.7	25 16.5	12 24.6	28 49.1
	30	17 28.7	23 01.3	16 00.3	03♌17.7
AUG	9	18 02.2	20 29.9	19 39.5	07 47.3
	19	18R00.8	17 55.2	23 21.4	12 17.5
	29	17 23.3	15 31.1	27 04.9	16 47.5
SEP	8	16 10.2	13 28.9	00♎49.4	21 17.1
	18	14 26.0	11 57.2	04 34.0	25 45.5
	28	12 19.9	11 00.0	08 18.1	00♍11.8
OCT	8	10 04.3	10 38.3	12 00.9	04 35.4
	18	07 54.2	10D50.7	15 41.5	08 55.2
	28	06 03.4	11 34.3	19 19.1	13 09.9
NOV	7	04 42.2	12 45.6	22 52.7	17 18.3
	17	03 57.3	14 21.3	26 21.2	21 18.3
	27	03D50.7	16 17.8	29 43.4	25 08.2
DEC	7	04 21.3	18 32.1	02♏57.8	28 45.3
	17	05 26.5	21 01.4	06 02.9	02♎06.5
	27	07 02.4	23 43.2	08 56.8	05 08.2
JAN	6	09♈05.1	26♒35.6	11♏37.4	07♎46.1

JAN	1	24S40.9	02N35.2	00S07.6	14N37.1
	21	22 27.9	03 00.4	01N12.7	15 41.6
FEB	10	20 00.3	04 01.0	04 05.9	17 12.0
MAR	2	17 23.7	05 31.4	07 33.5	18 54.0
	22	14 44.2	07 24.8	10 26.8	20 33.4
APR	11	12 09.0	09 32.9	12 13.8	21 58.6
MAY	1	09 45.1	11 45.9	12 54.4	23 00.6
	21	07 40.1	13 50.8	12 39.0	23 32.8
JUN	10	06 01.8	15 29.4	11 39.3	23 31.4
	30	04 58.6	16 17.5	10 05.6	22 54.9
JUL	20	04 38.3	15 47.3	08 06.9	21 44.3
AUG	9	05 06.8	13 41.5	05 51.1	20 02.8
	29	06 22.7	10 13.3	03 25.3	17 55.3
SEP	18	08 07.9	06 08.0	00 56.5	15 28.5
OCT	8	09 42.6	02 15.9	01S28.7	12 50.4
	28	10 22.3	00S51.1	03 43.9	10 10.4
NOV	17	09 47.1	03 01.7	05 42.4	07 39.6
DEC	7	08 06.0	04 17.2	07 18.0	05 30.6
	27	05S38.5	04S44.0	08S24.4	03N58.1

Psyche, Eros, Lilith, Toro

1931		Psyche 16	Eros 433	Lilith 1181	Toro 1685
JAN	1	02 R 09.1	27 ♌ 32.8	10 R 24.9	29 ♑ 03.8
	11	01 ♊ 32.4	02 ♍ 35.6	09 ♊ 32.6	08 ♒ 32.2
	21	01 D 35.9	06 17.4	09 D 29.1	18 44.7
	31	02 18.1	08 24.6	10 13.7	29 43.3
FEB	10	03 34.9	08 59.0	11 41.5	11 ♓ 27.8
	20	05 21.9	08 R 20.1	13 46.5	23 54.1
MAR	2	07 34.8	07 15.4	16 22.8	06 ♈ 52.8
	12	10 09.0	06 D 34.0	19 24.5	20 10.4
	22	13 01.0	06 46.6	22 46.9	03 ♉ 31.9
APR	1	16 07.7	08 07.1	26 26.0	16 41.6
	11	19 26.0	10 29.4	00 ♋ 18.1	29 25.5
	21	22 54.0	13 42.0	04 20.7	11 ♊ 33.5
MAY	1	26 29.6	17 34.2	08 31.5	22 58.7
	11	00 ♋ 11.1	21 54.6	12 48.5	03 ♋ 38.3
	21	03 57.3	26 35.3	17 10.3	13 33.2
	31	07 46.9	01 ♎ 31.0	21 35.7	22 46.3
JUN	10	11 39.0	06 36.5	26 03.4	01 ♌ 21.7
	20	15 32.7	11 49.1	00 ♌ 32.8	09 24.3
	30	19 27.2	17 07.0	05 03.1	16 58.5
JUL	10	23 21.6	22 27.9	09 33.4	24 08.3
	20	27 15.4	27 51.5	14 03.6	00 ♍ 57.8
	30	01 ♌ 07.8	03 ♏ 17.0	18 32.7	07 30.0
AUG	9	04 58.0	08 43.5	23 00.4	13 47.4
	19	08 45.5	14 11.5	27 26.2	19 52.7
	29	12 29.1	19 40.5	01 ♍ 49.6	25 47.6
SEP	8	16 08.2	25 10.4	06 09.9	01 ♎ 33.6
	18	19 41.6	00 ♐ 41.6	10 26.6	07 12.4
	28	23 08.0	06 14.0	14 38.8	12 44.6
OCT	8	26 26.1	11 47.6	18 46.0	18 11.5
	18	29 34.2	17 22.8	22 47.1	23 33.7
	28	02 ♍ 30.4	22 59.5	26 40.9	28 51.8
NOV	7	05 12.5	28 38.0	00 ♎ 26.3	04 ♏ 06.2
	17	07 37.8	04 ♑ 18.5	04 01.8	09 17.4
	27	09 43.3	10 00.8	07 25.4	14 25.4
DEC	7	11 25.9	15 45.4	10 35.3	19 30.6
	17	12 41.9	21 32.3	13 29.0	24 33.0
	27	13 27.9	27 21.6	16 03.5	29 32.5
JAN	6	13 R 40.9	03 ♒ 13.6	18 ♎ 15.8	04 ♐ 29.3
JAN	1	16 N 19.9	27 N 03.9	21 N 42.5	16 S 54.3
	21	16 44.7	07 26.9	20 38.9	11 04.3
FEB	10	17 38.1	13 S 30.0	20 18.7	03 00.7
MAR	2	18 46.3	24 31.7	20 25.1	06 N 11.3
	22	19 54.8	26 20.1	20 36.3	14 18.4
APR	11	20 51.9	24 29.9	20 34.8	19 08.4
MAY	1	21 29.2	22 13.3	20 08.8	20 02.0
	21	21 41.0	20 44.7	19 12.2	17 57.7
JUN	10	21 24.9	20 19.7	17 43.1	14 16.4
	30	20 40.6	20 47.7	15 42.9	09 52.7
JUL	20	19 30.0	21 50.3	13 15.3	05 14.3
AUG	9	17 56.8	23 08.2	10 25.3	00 34.6
	29	16 05.9	24 23.5	07 18.5	03 S 59.8
SEP	18	14 03.7	25 21.0	04 00.9	08 24.1
OCT	8	11 57.7	25 47.9	00 38.9	12 34.2
	28	09 56.8	25 34.1	02 S 41.2	16 25.7
NOV	17	[illegible]	[illegible]	[illegible]	19 53.6

1932		Psyche 16	Eros 433	Lilith 1181	Toro 1685
JAN	1	13 ♍ 38.7	00 ♒ 17.3	17 ♎ 12.6	02 ♐ 01.2
	11	13 R 34.4	06 10.7	19 12.5	06 56.6
	21	12 55.0	12 07.0	20 44.6	11 48.8
	31	11 42.3	18 06.4	21 45.4	16 37.9
FEB	10	10 01.2	24 09.3	22 11.1	21 23.7
	20	08 00.6	00 ♓ 16.0	21 R 59.4	26 05.7
MAR	1	05 52.6	06 26.8	21 09.7	00 ♑ 43.8
	11	03 49.7	12 42.3	19 44.4	05 17.7
	21	02 04.1	19 02.9	17 50.0	09 46.8
	31	00 44.4	25 29.1	15 37.2	14 11.0
APR	10	29 ♌ 55.7	02 ♈ 01.8	13 19.2	18 29.5
	20	29 D 40.1	08 41.5	11 10.4	22 41.6
	30	29 56.5	15 29.0	09 22.8	26 47.2
MAY	10	00 ♍ 42.6	22 25.2	08 04.7	00 ♒ 45.2
	20	01 55.4	29 30.7	07 20.8	04 35.1
	30	03 31.5	06 ♉ 46.6	07 D 11.5	08 17.3
JUN	9	05 27.7	14 13.6	07 35.5	11 52.0
	19	07 41.2	21 52.2	08 29.8	15 22.8
	29	10 09.1	29 43.1	09 50.8	18 59.0
JUL	9	12 49.5	07 ♊ 46.7	11 35.2	23 01.8
	19	15 40.3	16 02.9	13 39.7	28 36.6
	29	18 39.8	24 31.6	16 01.1	09 ♓ 39.4
AUG	8	21 46.5	03 ♋ 12.4	18 37.2	18 ♈ 58.0
	18	24 59.2	12 03.9	21 25.5	06 ♋ 03.1
	28	28 16.7	21 05.1	24 24.1	28 14.8
SEP	7	01 ♎ 38.0	00 ♌ 14.2	27 31.5	06 ♌ 54.1
	17	05 01.9	09 29.2	00 ♏ 46.1	12 57.4
	27	08 27.7	18 48.0	04 06.6	18 47.9
OCT	7	11 54.4	28 08.2	07 32.1	25 03.0
	17	15 20.9	07 ♍ 27.2	11 01.2	01 ♍ 45.1
	27	18 46.4	16 42.9	14 33.0	08 43.1
NOV	6	22 09.7	25 52.7	18 06.6	15 40.5
	16	25 29.6	04 ♎ 54.2	21 40.9	22 23.9
	26	28 44.9	13 45.5	25 15.0	28 44.2
DEC	6	01 ♏ 54.2	22 24.4	28 47.9	04 ♎ 34.0
	16	04 55.7	00 ♏ 48.9	02 ♐ 18.3	09 48.1
	26	07 47.8	08 57.9	05 45.2	14 21.6
JAN	5	10 ♏ 28.3	16 ♏ 49.5	09 ♐ 07.4	18 ♎ 07.6
JAN	1	06 N 14.7	19 S 06.9	11 S 56.6	25 S 47.6
	21	06 43.7	15 22.6	13 49.2	27 22.8
FEB	10	08 03.9	10 55.9	14 56.3	28 14.4
MAR	1	09 51.1	05 53.4	15 04.3	28 20.8
	21	11 26.6	00 22.5	14 05.5	27 41.5
APR	10	12 21.5	05 N 28.3	12 14.1	26 16.4
	30	12 27.5	11 28.2	10 11.5	24 02.6
MAY	20	11 49.6	17 22.3	08 40.6	20 48.7
JUN	9	10 35.8	22 48.7	08 02.2	15 58.0
	29	08 53.5	27 14.9	08 15.9	07 35.6
JUL	19	06 49.3	29 57.7	09 12.1	11 N 16.5
AUG	8	04 28.9	30 11.1	10 39.3	63 09.8
	28	01 57.6	27 26.2	12 27.0	62 39.0
SEP	17	00 S 39.3	21 48.5	14 26.0	38 46.3
OCT	7	03 16.6	13 57.3	16 28.4	23 39.0
	27	05 49.0	04 49.2	18 26.9	11 33.8
NOV	16	08 11.0	04 S 38.0	20 15.3	01 25.4

1933		Psyche 16	Eros 433	Lilith 1181	Toro 1685
JAN	1	09 ♏ 25.6	13 ♏ 43.1	07 ♐ 47.2	16 ♎ 43.4
	11	11 58.1	21 23.5	11 05.7	19 57.3
	21	14 15.2	28 44.8	14 17.2	22 10.6
	31	16 14.2	05 ♐ 45.6	17 20.0	23 11.0
FEB	10	17 52.0	12 24.2	20 12.1	22 R 45.7
	20	19 05.5	18 39.6	22 51.6	20 44.1
MAR	2	19 51.5	24 29.7	25 15.9	17 03.7
	12	20 07.3	29 51.8	27 22.6	12 02.9
	22	19 R 51.1	04 ♑ 43.5	29 08.6	06 23.6
APR	1	19 02.6	09 00.0	00 ♑ 30.8	01 00.5
	11	17 44.2	12 36.1	01 25.7	26 ♍ 40.2
	21	16 01.4	15 25.3	01 50.5	23 43.9
MAY	1	14 02.5	17 18.5	01 R 42.4	22 12.6
	11	11 59.0	18 06.2	01 00.5	21 D 56.4
	21	10 02.4	17 R 39.3	29 ♐ 45.8	22 40.9
	31	08 23.2	15 51.4	28 02.7	24 14.2
JUN	10	07 09.6	12 47.4	25 59.2	26 25.8
	20	06 26.2	08 46.8	23 46.3	29 07.4
	30	06 D 14.7	04 25.1	21 36.8	02 ♎ 13.2
JUL	10	06 34.9	00 25.2	19 43.1	05 38.5
	20	07 24.6	27 ♐ 19.7	18 14.8	09 19.8
	30	08 41.2	25 25.7	17 18.3	13 14.9
AUG	9	10 22.0	24 D 45.6	16 56.4	17 21.6
	19	12 23.7	25 11.9	17 D 09.1	21 38.8
	29	14 44.1	26 35.2	17 54.7	26 05.5
SEP	8	17 20.4	28 45.7	19 10.5	00 ♏ 41.0
	18	20 10.6	01 ♑ 34.6	20 53.1	05 24.9
	28	23 12.9	04 55.3	22 59.6	10 17.2
OCT	8	26 25.5	08 42.3	25 26.9	15 17.5
	18	29 46.9	12 51.2	28 12.3	20 26.4
	28	03 ♐ 15.8	17 19.3	01 ♑ 13.6	25 44.0
NOV	7	06 51.0	22 03.8	04 28.5	01 ♐ 10.8
	17	10 31.3	27 02.8	07 55.3	06 47.4
	27	14 15.8	02 ♒ 15.2	11 32.3	12 34.8
DEC	7	18 03.3	07 39.7	15 18.2	18 33.9
	17	21 53.0	13 15.6	19 11.6	24 46.3
	27	25 43.8	19 02.4	23 11.4	01 ♑ 13.4
JAN	6	29 ♐ 34.6	24 ♒ 59.6	27 ♑ 16.6	07 ♑ 57.2
JAN	1	12 S 30.5	23 S 23.1	23 S 20.4	16 S 00.7
	21	13 43.1	29 03.4	24 06.5	21 23.8
FEB	10	14 25.8	32 58.0	24 31.6	25 07.4
MAR	2	14 35.9	35 16.4	24 38.4	25 58.4
	22	14 12.0	36 22.2	24 31.7	22 41.5
APR	11	13 16.3	36 47.3	24 16.8	16 58.6
MAY	1	12 00.4	37 04.3	23 57.7	12 08.5
	21	10 47.6	37 29.2	23 34.4	09 26.7
JUN	10	10 03.9	37 26.6	23 02.8	08 37.5
	30	10 03.1	35 27.7	22 22.3	09 09.2
JUL	20	10 43.9	31 35.4	21 42.8	10 35.6
AUG	9	11 56.8	27 47.2	21 17.0	12 37.3
	29	13 30.0	25 00.3	21 08.9	14 59.0
SEP	18	15 12.6	22 59.4	21 12.7	17 27.9
OCT	8	16 54.9	21 13.5	21 18.2	19 51.8
	28	18 28.7	19 17.1	21 14.9	21 57.7
NOV	17	19 46.5	16 53.2	20 53.6	23 31.6
DEC	7	[illegible]	12 51.7	20 07.7	24 17.5

JAN	1	27♐39.2	21♒59.8	25♑13.4	04♑33.1
	11	01♑29.7	28 02.1	29 20.9	11 26.2
	21	05 18.9	04♓14.9	03♒32.4	18 40.0
	31	09 05.4	10 37.9	07 46.9	26 17.4
FEB	10	12 48.4	17 11.1	12 03.7	04♒21.9
	20	16 26.4	23 55.0	16 22.1	12 57.6
MAR	2	19 58.0	00♈49.5	20 41.2	22 08.1
	12	23 21.9	07 55.0	25 00.3	01♓57.5
	22	26 36.2	15 11.9	29 18.7	12 28.4
APR	1	29 39.0	22 40.3	03♓35.4	23 41.6
	11	02♒28.2	00♉20.4	07 49.9	05♈35.4
	21	05 01.0	08 12.4	12 01.1	18 03.8
MAY	1	07 14.6	16 16.1	16 07.8	00♉56.4
	11	09 05.7	24 31.4	20 09.2	13 59.5
	21	10 30.7	02♊58.0	24 03.7	26 57.5
	31	11 25.9	11 34.7	27 49.6	09♊35.3
JUN	10	11 48.0	20 21.1	01♈25.3	21 41.7
	20	11 R 34.5	29 15.7	04 48.1	03♋09.9
	30	10 45.3	08♋17.1	07 55.3	13 57.1
JUL	10	09 23.0	17 23.7	10 43.5	24 03.6
	20	07 34.6	26 33.7	13 08.5	03♌31.7
	30	05 31.4	05♌45.2	15 05.8	12 24.3
AUG	9	03 27.1	14 56.4	16 30.1	20 45.3
	19	01 36.4	24 05.3	17 15.8	28 38.1
	29	00 11.7	03♍09.9	17 R 18.8	06♍06.0
SEP	8	29♑20.9	12 08.7	16 37.0	13 12.2
	18	29 D 08.5	21 00.1	15 12.6	19 59.3
	28	29 34.9	29 42.6	13 15.0	26 29.4
OCT	8	00♒38.0	08♎15.4	10 59.7	02♎44.7
	18	02 14.8	16 37.4	08 47.3	08 46.7
	28	04 21.5	24 47.8	06 58.4	14 36.3
NOV	7	06 54.1	02♏46.6	05 48.3	20 14.9
	17	09 49.5	10 33.3	05 D 26.2	25 42.9
	27	13 04.2	18 07.9	05 54.1	01♏00.6
DEC	7	16 35.4	25 30.6	07 09.5	06 08.5
	17	20 20.7	02♐41.3	09 07.9	11 06.1
	27	24 17.9	09 40.2	11 43.2	15 53.2
JAN	6	28♒25.1	16♐27.8	14♈50.0	20♏29.1
JAN	1	21 S 16.4	09 S 06.0	18 S 29.6	23 S 40.0
	21	21 12.5	04 31.8	16 37.1	21 30.7
FEB	10	20 42.2	00 N 37.2	14 15.9	17 32.2
MAR	2	19 49.6	06 11.2	11 29.3	11 29.4
	22	18 41.0	11 55.5	08 22.2	03 21.9
APR	11	17 25.2	17 28.1	05 00.3	06 N 13.7
MAY	1	16 13.5	22 17.6	01 29.7	15 34.8
	21	15 19.0	25 43.1	02 N 02.7	22 03.2
JUN	10	14 56.1	27 00.2	05 29.6	23 49.3
	30	15 15.6	25 37.6	08 42.4	21 23.7
JUL	20	16 15.6	21 34.3	11 30.9	16 33.1
AUG	9	17 34.8	15 21.5	13 40.3	10 45.1
	29	18 43.7	07 48.4	14 50.1	04 47.1
SEP	18	19 23.4	00 S 15.0	14 37.0	00 S 59.2
OCT	8	19 28.2	08 05.7	12 57.1	06 24.3
	28	18 57.2	15 10.6	10 35.8	11 23.7
NOV	17	17 50.3	21 05.4	08 45.6	15 54.3
DEC	7	16 08.1	25 33.1	08 08.9	19 53.7
	27	13 S 52.8	28 S 24.7	08 N 47.6	23 S 19.9

JAN	1	26♒20.3	13♐05.4	13♈13.0	18♏12.6
	11	00♓32.0	19 47.3	16 33.6	22 42.5
	21	04 51.1	26 17.9	20 18.1	26 59.4
	31	09 16.5	02♑37.4	24 22.1	01♐01.8
FEB	10	13 47.0	08 45.9	28 42.4	04 47.4
	20	18 21.3	14 43.2	03♉15.7	08 13.3
MAR	2	22 58.4	20 29.4	07 59.5	11 15.9
	12	27 37.7	26 04.2	12 51.9	13 50.0
	22	02♈18.0	01♒26.9	17 50.7	15 49.6
APR	1	06 58.7	06 37.1	22 54.6	17 06.9
	11	11 39.0	11 33.8	28 02.3	17 R 32.1
	21	16 18.2	16 15.5	03♊12.5	16 54.8
MAY	1	20 55.6	20 40.8	08 24.4	15 05.6
	11	25 30.5	24 47.1	13 37.3	11 59.6
	21	00♉02.0	28 31.2	18 50.1	07 45.0
	31	04 29.4	01♓49.4	24 02.5	02 46.1
JUN	10	08 51.9	04 35.8	29 13.8	27♏43.0
	20	13 08.3	06 43.7	04♋23.5	23 18.7
	30	17 17.7	08 04.8	09 31.0	20 02.7
JUL	10	21 18.6	08 R 28.6	14 36.1	18 08.1
	20	25 09.4	07 45.8	19 38.0	17 D 33.7
	30	28 48.5	05 49.2	24 36.4	18 11.1
AUG	9	02♊13.5	02 40.7	29 30.7	19 51.3
	19	05 21.9	28♒38.2	04♌20.3	22 24.8
	29	08 10.7	24 15.1	09 04.7	25 44.6
SEP	8	10 36.1	20 14.4	13 43.1	29 45.7
	18	12 34.2	17 12.1	18 14.4	04♐24.4
	28	14 00.5	15 27.0	22 37.9	09 38.8
OCT	8	14 50.6	15 D 03.4	26 52.0	15 28.6
	18	15 R 01.0	15 55.0	00♍55.5	21 53.7
	28	14 29.6	17 51.8	04 46.6	28 55.8
NOV	7	13 18.1	20 44.4	08 23.1	06♑36.8
	17	11 33.2	24 23.6	11 42.5	14 58.4
	27	09 26.3	28 42.5	14 42.0	24 02.7
DEC	7	07 13.5	03♓36.0	17 17.7	03♒52.4
	17	05 12.1	08 59.3	19 26.1	14 31.3
	27	03 36.3	14 49.5	21 02.6	26 11.6
JAN	6	02♊36.2	21♓04.3	22♍02.8	09♓16.8
JAN	1	13 S 14.2	28 S 52.3	09 N 07.1	24 S 06.1
	21	10 23.3	29 43.8	10 55.0	26 49.8
FEB	10	07 10.9	29 09.2	13 14.1	29 00.9
MAR	2	03 44.1	27 23.6	15 44.6	30 43.6
	22	00 10.7	24 44.8	18 09.0	32 03.5
APR	11	03 N 21.5	21 29.9	20 12.4	33 02.5
MAY	1	06 44.8	17 54.1	21 42.9	33 22.5
	21	09 52.1	14 11.2	22 31.8	32 02.7
JUN	10	12 37.2	10 33.4	22 34.5	28 12.8
	30	14 54.6	07 14.3	21 50.3	23 27.1
JUL	20	16 40.6	04 32.0	20 21.9	20 00.2
AUG	9	17 53.6	02 50.7	18 15.0	18 19.8
	29	18 34.0	02 26.2	15 37.1	17 52.6
SEP	18	18 45.2	02 51.6	12 36.9	17 56.8
OCT	8	18 32.4	03 11.7	09 23.7	17 52.9
	28	18 02.4	02 49.3	06 07.5	17 02.8
NOV	17	17 22.6	01 29.5	02 58.9	14 50.7
DEC	7	16 45.1	00 N 50.8	00 09.8	10 59.2
	27	16 N 27.7	04 N 08.0	02 S 05.4	05 S 51.3

1936		16	433	1181	1685
JAN	1	03 R 01.4	17♓54.0	21♍37.5	02♓31.7
	11	02♊21.2	24 20.1	22 18.0	16 31.5
	21	02 D 21.1	01♈07.8	22 R 17.0	02♈43.6
	31	03 00.0	08 16.0	21 32.9	21 07.8
FEB	10	04 14.1	15 43.2	20 08.4	10♉27.6
	20	05 58.8	23 28.1	18 10.7	28 36.4
MAR	1	08 09.6	01♉30.0	15 51.9	14♊09.9
	11	10 42.3	09 47.1	13 28.5	26 58.3
	21	13 32.9	18 18.2	11 16.6	07♋32.2
	31	16 38.4	27 01.9	09 30.0	16 29.2
APR	10	19 55.8	05♊56.0	08 17.9	24 17.8
	20	23 22.9	14 58.6	07 43.6	01♌18.8
	30	26 57.8	24 08.1	07 D 47.4	07 46.6
MAY	10	00♋38.8	03♋21.7	08 26.5	13 50.6
	20	04 24.4	12 37.3	09 36.8	19 37.1
	30	08 13.7	21 53.1	11 14.4	25 11.3
JUN	9	12 05.4	01♌06.2	13 15.1	00♍35.9
	19	15 58.8	10 14.9	15 35.1	05 53.4
	29	19 53.0	19 17.2	18 11.6	11 05.8
JUL	9	23 47.2	28 11.1	21 01.5	16 14.1
	19	27 40.8	06♍55.5	24 02.7	21 19.6
	29	01♌33.1	15 29.1	27 13.4	26 23.1
AUG	8	05 23.2	23 51.0	00♎31.7	01♎25.2
	18	09 10.6	02♎01.0	03 56.3	06 26.6
	28	12 54.3	09 59.0	07 26.1	11 27.9
SEP	7	16 33.5	17 44.9	10 59.8	16 29.4
	17	20 07.1	25 19.5	14 36.7	21 31.5
	27	23 33.8	02♏43.1	18 15.7	26 34.7
OCT	7	26 52.3	09 56.2	21 55.8	01♏39.2
	17	00♍01.0	16 59.8	25 36.4	06 45.5
	27	02 57.9	23 54.5	29 16.6	11 53.8
NOV	6	05 40.9	00♐40.9	02♏55.2	17 04.4
	16	08 07.4	07 19.8	06 31.5	22 17.7
	26	10 14.3	13 51.9	10 04.3	27 34.1
DEC	6	11 58.6	20 17.5	13 32.5	02♐54.0
	16	13 16.7	26 37.4	16 54.8	08 17.9
	26	14 05.0	02♑51.9	20 09.7	13 46.4
JAN	5	14♍20.6	09♑01.4	23♏15.5	19♐20.1
JAN	1	16 N 28.4	05 N 05.1	02 S 31.9	04 S 27.5
	21	16 52.2	09 17.9	03 40.3	01 N 23.9
FEB	10	17 44.5	13 52.6	03 37.1	06 38.5
MAR	1	18 51.3	18 18.1	02 23.3	08 55.6
	21	19 58.5	21 52.3	00 31.8	09 05.9
APR	10	20 54.3	23 48.0	01 N 08.1	08 20.2
	30	21 30.2	23 27.4	02 03.7	06 55.5
MAY	20	21 40.7	20 40.0	02 06.9	04 56.9
JUN	9	21 23.2	15 47.9	01 22.7	02 29.1
	29	20 37.6	09 33.3	00 00.1	00 S 21.9
JUL	19	19 25.9	02 41.1	01 S 52.2	03 30.2
AUG	8	17 51.7	04 S 11.6	04 06.1	06 49.5
	28	15 59.9	10 37.3	06 34.6	10 13.8
SEP	17	13 56.9	16 16.5	09 10.9	13 36.6
OCT	7	11 50.1	20 55.6	11 49.1	16 51.2
	27	09 48.2	24 24.5	14 23.3	19 50.1
NOV	16	08 01.7	26 36.6	16 48.3	22 24.6
DEC	6	06 42.4	27 29.2	18 59.4	24 25.6
	26	06 N 03.6	27 S 03.7	20 S 52.6	25 S 42.8

1937	Psyche 16	Eros 433	Lilith 1181	Toro 1685
JAN 1	14♍18.4	06♑34.2	22♏02.3	17♐05.9
11	14R13.4	12 41.0	25 01.9	22 43.3
21	13 33.1	18 43.4	27 49.3	28 27.6
31	12 19.8	24 41.6	00♐22.3	04♑20.0
FEB 10	10 38.2	00♒36.1	02 38.3	10 22.3
20	08 37.3	06 27.0	04 34.5	16 36.5
MAR 2	06 29.2	12 14.5	06 07.7	23 05.1
12	04 26.5	17 59.0	07 14.8	29 51.7
22	02 41.1	23 40.6	07 52.4	07♒00.0
APR 1	01 21.8	29 19.4	07R57.9	14 35.1
11	00 33.4	04♓55.9	07 29.7	22 42.9
21	00D18.0	10 30.0	06 28.0	01♓29.8
MAY 1	00 34.7	16 02.1	04 56.1	11 02.7
11	01 20.9	21 32.4	03 00.4	21 27.7
21	02 33.7	27 00.9	00 50.7	02♈47.7
31	04 09.8	02♈27.8	28♏39.3	15 00.6
JUN 10	06 05.9	07 53.3	26 38.2	27 57.6
20	08 19.3	13 17.1	24 58.1	11♉22.1
30	10 47.2	18 39.4	23 46.4	24 55.1
JUL 10	13 27.4	24 00.1	23 06.8	08♊18.7
20	16 18.0	29 18.4	23D00.6	21 19.1
30	19 17.3	04♉34.1	23 26.5	03♋47.6
AUG 9	22 23.8	09 46.2	24 22.1	15 38.4
19	25 36.4	14 53.1	25 44.5	26 47.8
29	28 53.6	19 53.3	27 30.6	07♌14.6
SEP 8	02♎14.7	24 43.9	29 37.4	17 00.1
18	05 38.5	29 20.7	02♐02.4	26 06.3
28	09 04.0	03♊39.2	04 42.8	04♍36.5
OCT 8	12 30.4	07 31.0	07 36.8	12 34.3
18	15 56.7	10 46.5	10 42.4	20 02.6
28	19 21.9	13 13.9	13 57.9	27 04.2
NOV 7	22 44.9	14 37.1	17 22.0	03♎41.4
17	26 04.5	14R44.3	20 53.1	09 55.7
27	29 19.5	13 33.6	24 30.2	15 48.5
DEC 7	02♏28.4	11 22.6	28 12.2	21 20.2
17	05 29.4	09 01.7	01♑57.9	26 30.5
27	08 21.1	07 30.7	05 46.4	01♏19.0
JAN 6	11♏01.1	07D35.5	09♑36.8	05♏44.1
JAN 1	06N01.7	26S41.7	21S22.6	25S55.9
21	06 31.5	24 44.5	22 48.9	26 00.4
FEB 10	07 52.4	21 47.7	23 53.4	24 56.1
MAR 2	09 40.0	18 02.1	24 36.0	22 31.0
22	11 15.6	13 37.8	24 56.6	18 30.3
APR 11	12 10.2	08 43.6	24 52.3	12 35.7
MAY 1	12 15.8	03 26.3	24 17.6	04 29.2
21	11 37.3	02N09.2	23 11.0	05N45.0
JUN 10	10 23.0	07 59.6	21 47.1	16 45.2
30	08 40.3	14 03.5	20 33.4	25 16.0
JUL 20	06 35.7	20 20.9	19 51.0	28 03.4
AUG 9	04 15.1	26 53.6	19 44.3	24 57.0
29	01 43.9	33 44.3	20 06.1	18 24.0
SEP 18	00S52.9	40 55.4	20 44.8	10 46.7
OCT 8	03 29.8	48 22.3	21 28.6	03 18.4
28	06 01.5	55 36.2	22 07.1	03S33.9
NOV 17	[illegible]	[illegible]	[illegible]	09 42.6

1938	Psyche 16	Eros 433	Lilith 1181	Toro 1685
JAN 1	09♏42.7	07D19.0	07♑41.4	03♏34.6
11	12 16.0	08♊21.9	11 32.3	07 47.2
21	14 34.1	11 19.8	15 23.5	11 32.5
31	16 34.4	15 56.9	19 14.3	14 46.9
FEB 10	18 13.6	21 55.6	23 03.4	17 24.7
20	19 28.8	28 53.9	26 49.9	19 19.7
MAR 2	20 16.8	06♋31.7	00♒32.8	20 23.5
12	20 34.7	14 34.8	04 10.8	20R26.5
22	20R20.7	22 48.9	07 42.6	19 20.2
APR 1	19 34.3	01♌03.8	11 06.9	16 58.7
11	18 17.8	09 13.8	14 21.7	13 25.4
21	16 36.3	17 13.3	17 25.3	08 58.6
MAY 1	14 38.3	24 59.7	20 15.5	04 10.2
11	12 34.6	02♍33.0	22 49.3	29♎39.9
21	10 37.1	09 52.3	25 04.0	26 00.4
31	08 56.3	16 58.3	26 55.9	23 29.0
JUN 10	07 40.8	23 52.6	28 21.0	22 09.8
20	06 55.2	00♎35.7	29 15.2	21D56.9
30	06D41.5	07 09.0	29 34.4	22 41.5
JUL 10	06 59.6	13 34.0	29R15.6	24 14.7
20	07 47.4	19 51.3	28 18.3	26 27.8
30	09 02.3	26 02.3	26 44.7	29 14.5
AUG 9	10 41.6	02♏08.1	24 42.9	02♏29.7
19	12 42.1	08 09.1	22 25.7	06 09.3
29	15 01.4	14 06.5	20 09.1	10 10.8
SEP 8	17 36.9	20 01.0	18 10.2	14 32.0
18	20 26.4	25 52.9	16 42.5	19 11.6
28	23 28.1	01♐43.1	15 54.6	24 09.1
OCT 8	26 40.3	07 32.0	15D50.7	29 24.3
18	00♐01.3	13 20.0	16 30.1	04♐57.3
28	03 30.1	19 07.7	17 50.0	10 49.2
NOV 7	07 05.2	24 55.3	19 46.6	17 01.0
17	10 45.5	00♑43.0	22 15.3	23 34.4
27	14 30.1	06 31.4	25 12.0	00♑31.8
DEC 7	18 17.9	12 20.6	28 32.9	07 55.7
17	22 07.8	18 10.6	02♓14.4	15 49.4
27	25 59.0	24 02.1	06 13.7	24 17.0
JAN 6	29♐50.3	29♑55.0	10♓28.2	03♒22.1
JAN 1	12S35.5	49N52.4	22S05.2	20S52.4
21	13 48.3	33 42.1	21 10.2	24 43.5
FEB 10	14 31.6	17 54.7	19 48.8	27 56.7
MAR 2	14 42.5	06 43.2	18 04.1	30 28.4
22	14 19.7	00S10.9	16 01.1	31 55.7
APR 11	13 25.3	04 30.9	13 46.3	31 20.0
MAY 1	12 10.2	07 39.3	11 27.7	27 52.3
21	10 57.4	10 23.4	09 15.3	22 53.7
JUN 10	10 12.8	13 04.3	07 21.2	18 50.8
30	10 10.7	15 46.9	06 00.2	16 41.2
JUL 20	10 50.3	18 27.3	05 27.9	16 10.0
AUG 9	12 02.1	20 57.1	05 51.8	16 46.1
29	13 34.4	23 06.6	06 58.2	18 01.8
SEP 18	15 16.2	24 46.0	08 12.5	19 33.9
OCT 8	16 58.0	25 45.8	09 01.3	21 01.2
28	18 31.1	25 58.3	09 06.9	22 01.9
NOV 17	19 48.3	25 18.1	08 24.2	22 11.7

1939	Psyche 16	Eros 433	Lilith 1181	Toro 1685
JAN 1	27♐54.7	26♑58.4	08♓19.2	28♑44.6
11	01♑45.8	02♒52.0	12 40.3	08♒10.0
21	05 35.6	08 47.5	17 13.4	18 19.2
31	09 23.0	14 45.1	21 56.9	29 14.4
FEB 10	13 06.8	20 45.0	26 48.8	10♓55.5
20	16 45.9	26 47.7	01♈48.1	23 18.8
MAR 2	20 18.8	02♓53.4	06 53.6	06♈15.3
12	23 44.0	09 02.5	12 04.1	19 31.8
22	27 00.0	15 15.8	17 18.7	02♉53.0
APR 1	00♒04.7	21 33.6	22 36.6	16 03.5
11	02 55.9	27 56.5	27 56.9	28 49.0
21	05 31.2	04♈25.5	03♉19.0	10♊59.3
MAY 1	07 47.5	11 01.0	08 42.3	22 27.3
11	09 41.7	17 44.0	14 05.9	03♋09.8
21	11 10.2	24 35.5	19 29.5	13 07.7
31	12 09.2	01♉36.1	24 52.3	22 23.8
JUN 10	12 35.4	08 47.0	00♊13.7	01♌01.8
20	12R26.2	16 09.1	05 33.3	09 06.8
30	11 40.9	23 42.9	10 50.1	16 43.2
JUL 10	10 22.1	01♊29.4	16 03.7	23 54.9
20	08 36.0	09 29.1	21 13.2	00♍46.1
30	06 33.7	17 42.1	26 17.7	07 19.7
AUG 9	04 28.9	26 08.4	01♋16.4	13 38.4
19	02 36.0	04♋47.6	06 08.1	19 44.8
29	01 08.2	13 38.5	10 51.3	25 40.6
SEP 8	00 13.9	22 40.1	15 24.7	01♎27.4
18	29D57.7	01♌50.5	19 46.4	07 06.7
28	00♒20.6	11 07.4	23 53.9	12 39.6
OCT 8	01 20.6	20 28.7	27 45.0	18 06.9
18	02 54.7	29 51.7	01♌16.1	23 29.5
28	04 59.3	09♍13.5	04 23.4	28 47.8
NOV 7	07 30.2	18 31.7	07 02.8	04♏02.4
17	10 24.2	27 43.6	09 08.8	09 13.7
27	13 37.9	06♎46.2	10 36.1	14 21.7
DEC 7	17 08.3	15 37.6	11 19.7	19 26.8
17	20 53.2	24 15.2	11R15.4	24 29.1
27	24 50.1	02♏36.6	10 22.7	29 28.4
JAN 6	28♒57.2	10♏40.3	08♌46.0	04♐24.8
JAN 1	21S16.8	20S27.1	04S01.4	17S01.0
21	21 12.1	16 54.3	01 03.3	11 14.1
FEB 10	20 41.0	12 37.5	02N21.1	03 13.1
MAR 2	19 47.3	07 43.6	06 01.8	05N59.1
22	18 37.4	02 19.7	09 47.9	14 10.6
APR 11	17 20.1	03N26.2	13 28.3	19 07.4
MAY 1	16 06.6	09 25.1	16 51.4	20 06.5
21	15 10.1	15 25.1	19 46.5	18 04.8
JUN 10	14 45.0	21 08.7	22 03.6	14 23.7
30	15 02.6	26 09.8	23 35.1	09 59.1
JUL 20	16 01.9	29 50.1	24 16.4	05 19.6
AUG 9	17 22.3	31 22.3	24 07.1	00 38.7
29	18 33.4	30 03.9	23 11.3	03S56.7
SEP 18	19 15.0	25 39.6	21 37.1	08 21.7
OCT 8	19 20.8	18 32.7	19 36.6	12 32.4
28	18 50.0	09 34.6	17 24.8	16 24.4
NOV 17	17 42.9	00S14.0	15 19.5	19 52.7
[illegible]	[illegible]	[illegible]	[illegible]	22 52.0

1940		16	433	1181	1685
JAN	1	26♒52.5	06♏40.8	09 R 39.4	01♐56.9
	11	01♓04.0	14 34.8	07♌44.2	06 51.9
	21	05 23.4	22 07.7	05 24.0	11 43.6
	31	09 49.0	29 17.9	02 58.4	16 32.0
FEB	10	14 19.8	06♐03.6	00 47.2	21 17.0
	20	18 54.5	12 22.0	29♋07.0	25 58.0
MAR	1	23 32.2	18 11.0	28 07.5	00♑35.0
	11	28 12.0	23 26.9	27 D 51.9	05 07.4
	21	02♈53.0	28 05.0	28 19.0	09 34.7
	31	07 34.3	02♑00.2	29 24.5	13 56.6
APR	10	12 15.4	05 04.9	01♌03.2	18 12.2
	20	16 55.5	07 09.8	03 10.1	22 20.8
	30	21 33.7	08 05.3	05 40.1	26 21.7
MAY	10	26 09.5	07 R 40.7	08 29.2	00♒13.8
	20	00♉42.0	05 50.8	11 34.0	03 55.8
	30	05 10.5	02 41.5	14 51.4	07 27.4
JUN	9	09 34.2	28♐34.5	18 19.0	10 47.4
	19	13 51.9	24 09.9	21 54.9	13 56.9
	29	18 02.6	20 11.8	25 37.3	17 01.2
JUL	9	22 05.1	17 12.7	29 25.1	20 12.2
	19	25 57.7	15 28.5	03♍16.8	24 11.7
	29	29 38.8	14 D 58.3	07 11.6	01♓34.8
AUG	8	03♊06.2	15 34.0	11 08.7	01♈05.2
	18	06 17.2	17 05.3	15 07.2	11♋51.1
	28	09 09.1	19 21.7	19 06.4	02♌49.7
SEP	7	11 38.2	22 14.8	23 05.7	09 48.3
	17	13 40.4	25 38.0	27 04.2	14 49.2
	27	15 11.7	29 25.5	01♎01.4	19 58.7
OCT	7	16 07.2	03♑33.7	04 56.5	25 46.7
	17	16 R 23.4	07 59.3	08 48.6	02♍10.9
	27	15 58.2	12 39.7	12 37.0	08 57.6
NOV	6	14 52.2	17 33.6	16 20.5	15 48.3
	16	13 11.5	22 39.4	19 58.0	22 27.7
	26	11 06.8	27 55.8	23 28.2	28 45.6
DEC	6	08 53.6	03♒22.6	26 49.7	04♎34.0
	16	06 49.3	08 58.8	00♏00.6	09 46.8
	26	05 08.7	14 44.0	02 59.1	14 19.2
JAN	5	04♊02.5	20♒38.4	05♏42.8	18♎03.9
JAN	1	13 S 05.0	20 S 42.3	12 N 40.8	25 S 47.3
	21	10 13.2	27 38.5	12 48.5	27 22.9
FEB	10	06 59.9	32 50.5	13 25.0	28 15.1
MAR	1	03 32.3	36 24.3	14 02.3	28 22.4
	21	00 N 01.7	38 42.3	14 21.7	27 44.6
APR	10	03 34.3	40 17.3	14 14.2	26 21.7
	30	06 57.7	41 37.3	13 36.0	24 11.6
MAY	20	10 04.9	42 31.1	12 26.6	21 03.7
JUN	9	12 49.6	41 29.2	10 47.4	16 23.4
	29	15 06.3	37 28.3	08 41.7	08 22.1
JUL	19	16 51.6	32 29.1	06 13.6	09 N 35.1
AUG	8	18 03.8	28 37.1	03 28.0	59 39.4
	28	18 43.6	26 04.7	00 29.9	64 11.3
SEP	17	18 54.5	24 18.2	02 S 35.4	39 29.4
OCT	7	18 42.3	22 44.1	05 42.6	24 02.2
	27	18 13.9	20 57.5	08 46.4	11 47.0
NOV	16	17 36.6	18 42.2	11 41.3	01 32.6
DEC	6	17 01.2	15 48.8	14 22.4	07 S 01.0
	26	16 N 44.0	12 S 13.4	16 S 44.8	14 S 08.0

1941		16	433	1181	1685
JAN	1	04 R 24.4	18♒15.6	04♏39.3	16♎40.2
	11	03♊41.7	24 15.2	07 12.8	19 52.5
	21	03 D 39.2	00♓23.5	09 27.3	22 03.7
	31	04 15.6	06 40.7	11 19.5	23 01.4
FEB	10	05 27.3	13 07.0	12 46.0	22 R 32.2
	20	07 09.8	19 42.4	13 43.6	20 26.2
MAR	2	09 18.6	26 27.5	14 08.8	16 41.0
	12	11 49.4	03♈22.5	13 R 59.3	11 36.1
	22	14 38.3	10 27.7	13 14.6	05 54.9
APR	1	17 42.1	17 43.8	11 56.1	00 32.4
	11	20 58.1	25 10.8	10 09.2	26♍14.7
	21	24 23.7	02♉49.2	08 02.9	23 22.0
MAY	1	27 57.3	10 39.2	05 48.8	21 54.3
	11	01♋37.0	18 40.8	03 40.1	21 D 41.3
	21	05 21.4	26 53.9	01 48.6	22 28.7
	31	09 09.5	05♊18.3	00 23.0	24 04.2
JUN	10	13 00.1	13 53.2	29♎29.0	26 17.6
	20	16 52.3	22 37.8	29 08.1	29 00.6
	30	20 45.5	01♋31.1	29 D 20.0	02♎07.6
JUL	10	24 38.7	10 31.5	00♏02.5	05 33.8
	20	28 31.3	19 37.6	01 12.4	09 15.9
	30	02♌22.6	28 47.7	02 46.7	13 11.5
AUG	9	06 11.8	07♌59.6	04 42.2	17 18.7
	19	09 58.2	17 11.7	06 55.9	21 36.2
	29	13 41.0	26 21.9	09 25.5	26 03.1
SEP	8	17 19.2	05♍28.2	12 08.6	00♏38.8
	18	20 51.9	14 29.0	15 03.1	05 22.7
	28	24 17.7	23 22.7	18 07.5	10 14.9
OCT	8	27 35.2	02♎07.4	21 20.1	15 15.2
	18	00♍43.0	10 42.4	24 39.6	20 23.9
	28	03 38.9	19 06.5	28 04.9	25 41.2
NOV	7	06 20.9	27 18.8	01♐34.6	01♐07.6
	17	08 46.3	05♏19.0	05 07.8	06 43.7
	27	10 52.2	13 06.7	08 43.6	12 30.6
DEC	7	12 35.4	20 41.5	12 20.7	18 29.0
	17	13 52.4	28 03.7	15 58.3	24 40.5
	27	14 39.5	05♐13.1	19 35.2	01♑06.6
JAN	6	14 R 54.0	12♐09.7	23♐10.5	07♑49.3
JAN	1	16 N 44.6	11 S 00.5	17 S 23.1	16 S 00.9
	21	17 08.1	06 31.5	19 14.2	21 25.5
FEB	10	17 58.6	01 26.7	20 35.5	25 09.1
MAR	2	19 03.1	04 N 05.5	21 20.5	25 56.8
	22	20 07.4	09 52.6	21 20.1	22 34.5
APR	11	21 00.1	15 36.4	20 27.0	16 49.6
MAY	1	21 32.7	20 50.4	18 48.7	12 01.1
	21	21 40.0	24 58.1	16 56.3	09 21.4
JUN	10	21 19.6	27 15.4	15 28.2	08 34.0
	30	20 31.4	27 02.5	14 45.8	09 06.9
JUL	20	19 17.4	24 03.0	14 50.4	10 34.1
AUG	9	17 41.3	18 34.4	15 32.8	12 36.4
	29	15 48.2	11 20.1	16 41.0	14 58.5
SEP	18	13 44.3	03 12.6	18 03.7	17 27.6
OCT	8	11 37.1	05 S 00.1	19 30.8	19 51.6
	28	09 35.2	12 39.1	20 53.7	21 57.6
NOV	17	07 49.0	19 14.7	22 04.8	23 31.7
DEC	7	06 30.4	24 26.0	22 58.5	24 18.0
	27	05 N 52.5	28 S 00.6	23 S 30.4	23 S 58.8

1942		16	433	1181	1685
JAN	1	14♍51.0	08♐43.0	21♐23.1	04♑25.7
	11	14 R 48.4	15 33.4	24 57.1	11 17.6
	21	14 10.7	22 11.3	28 27.8	18 29.9
	31	12 59.7	28 36.5	01♑53.6	26 05.5
FEB	10	11 20.1	04♑49.2	05 13.5	04♒08.0
	20	09 20.5	10 49.2	08 25.9	12 41.4
MAR	2	07 12.5	16 36.2	11 28.9	21 49.3
	12	05 09.0	22 09.8	14 20.9	01♓35.3
	22	03 21.7	27 29.3	16 59.5	12 03.3
APR	1	02 00.0	02♒33.6	19 22.3	23 14.0
	11	01 09.0	07 21.8	21 26.5	05♈04.9
	21	00 50.6	11 51.7	23 09.0	17 31.0
MAY	1	01 D 04.5	16 01.0	24 26.1	00♉22.1
	11	01 48.0	19 46.7	25 14.7	13 24.8
	21	02 58.5	23 04.3	25 31.1	26 23.5
	31	04 32.5	25 48.4	25 R 13.0	09♊03.0
JUN	10	06 26.7	27 52.4	24 19.8	21 11.8
	20	08 38.4	29 07.2	22 53.3	02♋42.9
	30	11 04.9	29 R 23.6	20 59.5	13 33.0
JUL	10	13 43.8	28 32.4	18 48.3	23 42.3
	20	16 33.4	26 27.5	16 32.6	03♌13.1
	30	19 31.8	23 13.8	14 26.8	12 08.2
AUG	9	22 37.5	19 10.0	12 43.1	20 31.3
	19	25 49.3	14 50.3	11 30.9	28 26.0
	29	29 06.0	10 56.4	10 55.4	05♍55.6
SEP	8	02♎26.6	08 00.1	10 D 57.8	13 03.2
	18	05 50.0	06 18.9	11 37.1	19 51.6
	28	09 15.3	05 D 55.6	12 50.8	26 22.8
OCT	8	12 41.6	06 43.1	14 35.3	02♎39.1
	18	16 07.8	08 32.8	16 47.2	08 41.8
	28	19 33.0	11 14.8	19 23.1	14 32.1
NOV	7	22 56.1	14 40.7	22 19.8	20 11.3
	17	26 16.0	18 44.1	25 34.8	25 39.7
	27	29 31.2	23 19.5	29 05.6	00♏57.9
DEC	7	02♏40.5	28 22.8	02♒50.1	06 06.0
	17	05 42.3	03♓51.3	06 46.6	11 03.9
	27	08 34.6	09 42.2	10 53.4	15 51.1
JAN	6	11♏15.6	15♓54.0	15♒09.1	20♏27.1
JAN	1	05 N 50.8	28 S 38.6	23 S 34.7	23 S 41.5
	21	06 18.7	30 08.8	23 36.9	21 33.5
FEB	10	07 38.2	30 07.9	23 15.9	17 37.1
MAR	2	09 25.7	28 51.4	22 35.0	11 37.1
	22	11 02.5	26 38.5	21 39.8	03 32.4
APR	11	11 59.1	23 48.5	20 37.9	06 N 01.8
MAY	1	12 06.6	20 39.7	19 38.5	15 24.9
	21	11 29.6	17 28.5	18 51.1	21 59.4
JUN	10	10 16.4	14 31.0	18 22.9	23 52.1
	30	08 34.5	12 03.5	18 14.6	21 30.3
JUL	20	06 30.6	10 20.9	18 18.8	16 40.3
AUG	9	04 10.5	09 27.0	18 26.5	10 51.4
	29	01 39.6	09 05.0	18 33.0	04 52.1
SEP	18	00 S 56.9	08 48.1	18 34.8	00 S 55.5
OCT	8	03 33.6	08 14.3	18 26.0	06 21.7
	28	06 05.2	07 06.5	17 58.8	11 21.9
NOV	17	08 26.5	05 13.3	17 06.2	15 53.2
DEC	7	10 32.1	02 29.1	15 43.1	19 53.0
	27	12 S 17.1	01 N 05.8	13 S 47.1	23 S 19.6

1943	Psyche 16	Eros 433	Lilith 1181	Toro 1685
JAN 1	09♏56.6	12♓45.6	13♒00.2	18♏10.5
11	12 31.1	19 07.4	17 20.0	22 40.5
21	14 50.4	25 48.3	21 47.0	26 57.3
31	16 52.1	02♈47.1	26 20.1	00♐59.6
FEB 10	18 33.0	10 03.4	00♓58.6	04 44.9
20	19 50.1	17 36.2	05 41.4	08 10.4
MAR 2	20 40.2	25 24.7	10 27.9	11 12.4
12	21 00.4	03♉28.5	15 17.4	13 45.9
22	20 R 48.7	11 46.2	20 09.2	15 44.5
APR 1	20 04.7	20 16.8	25 02.7	17 00.7
11	18 50.2	28 59.2	29 57.4	17 R 24.5
21	17 10.2	07♊51.5	04♈52.5	16 45.5
MAY 1	15 13.0	16 52.1	09 47.7	14 54.5
11	13 09.2	25 59.3	14 42.1	11 46.8
21	11 10.9	05♋10.7	19 35.1	07 30.9
31	09 28.7	14 24.4	24 26.1	02 31.9
JUN 10	08 11.1	23 38.5	29 14.1	27♏29.7
20	07 23.4	02♌50.5	03♉58.1	23 07.1
30	07 D 07.7	11 58.6	08 37.1	19 53.3
JUL 10	07 23.7	21 01.1	13 09.5	18 00.7
20	08 09.9	29 55.9	17 33.8	17 D 28.1
30	09 23.4	08♍41.7	21 48.2	18 07.0
AUG 9	11 01.4	17 17.6	25 49.9	19 48.1
19	13 01.1	25 42.5	29 36.2	22 22.4
29	15 19.6	03♎56.0	03♊03.6	25 42.6
SEP 8	17 54.6	11 57.8	06 07.5	29 44.0
18	20 43.8	19 48.0	08 43.2	04♐22.7
28	23 45.3	27 26.7	10 44.8	09 36.9
OCT 8	26 57.5	04♏54.6	12 06.1	15 26.4
18	00♐18.7	12 11.9	12 41.6	21 51.2
28	03 47.7	19 19.4	12 R 27.6	28 52.7
NOV 7	07 23.2	26 17.6	11 24.3	06♑33.1
17	11 04.0	03♐07.1	09 39.5	14 54.2
27	14 49.2	09 48.7	07 27.9	23 58.2
DEC 7	18 37.7	16 22.8	05 10.9	03♒47.7
17	22 28.5	22 49.8	03 11.5	14 26.5
27	26 20.6	29 10.4	01 47.6	26 05.6
JAN 6	00♑13.1	05♑25.0	01♊10.2	09♓07.2
JAN 1	12 S 39.7	02 N 06.8	13 S 12.9	24 S 05.9
21	13 53.0	06 34.9	10 36.6	26 49.8
FEB 10	14 36.9	11 28.5	07 31.5	29 01.3
MAR 2	14 48.7	16 22.7	04 02.7	30 44.2
22	14 27.1	20 41.7	00 16.6	32 04.4
APR 11	13 33.9	23 40.5	03 N 39.7	33 03.6
MAY 1	12 19.8	24 34.8	07 38.6	33 23.2
21	11 07.0	22 58.6	11 32.1	32 01.9
JUN 10	10 21.5	18 58.4	15 12.3	28 10.9
30	10 18.3	13 09.4	18 31.3	23 26.0
JUL 20	10 56.7	06 18.1	21 21.8	20 00.7
AUG 9	12 07.6	00 S 52.0	23 38.2	18 21.5
29	13 39.2	07 46.9	25 16.9	17 55.3
SEP 18	15 20.6	14 01.7	26 16.9	18 00.2
OCT 8	17 01.9	19 18.8	26 38.2	17 57.1
28	18 34.6	23 25.5	26 17.7	17 07.8
NOV 17	19 51.3	26 13.3	25 07.8	14 56.6

1944	Psyche 16	Eros 433	Lilith 1181	Toro 1685
JAN 1	28♐16.9	02♑18.5	01 R 22.7	02♓24.3
11	02♑09.1	08 30.0	01 D 10.2	16 18.3
21	06 00.1	14 36.0	01♊46.5	02♈18.8
31	09 49.0	20 36.8	03 07.7	20 26.6
FEB 10	13 34.4	26 32.5	05 08.2	09♉32.3
20	17 15.2	02♒23.5	07 41.4	27 35.8
MAR 1	20 50.1	08 09.9	10 41.9	13♊12.7
11	24 17.6	13 51.8	14 04.5	26 08.8
21	27 36.1	19 29.5	17 44.6	06♋50.9
31	00♒43.5	25 03.1	21 39.0	15 55.0
APR 10	03 37.8	00♓32.4	25 44.5	23 49.8
20	06 16.7	05 57.9	29 58.7	00♌55.6
30	08 37.0	11 19.2	04♋19.8	07 27.4
MAY 10	10 35.6	16 36.2	08 46.0	13 34.6
20	12 09.1	21 49.0	13 15.9	19 23.8
30	13 13.6	26 57.1	17 48.7	25 00.0
JUN 9	13 45.6	01♈59.9	22 23.1	00♍26.4
19	13 R 42.4	06 57.1	26 58.6	05 45.3
29	13 02.9	11 47.2	01♌34.4	10 58.9
JUL 9	11 49.1	16 29.1	06 09.9	16 08.3
19	10 06.8	21 01.1	10 44.6	21 14.6
29	08 06.0	25 19.9	15 18.0	26 18.8
AUG 8	06 00.7	29 22.2	19 49.6	01♎21.5
18	04 05.4	03♉03.1	24 18.8	06 23.5
28	02 33.4	06 15.0	28 45.3	11 25.2
SEP 7	01 34.3	08 49.2	03♍08.2	16 26.9
17	01 D 12.9	10 33.2	07 27.2	21 29.4
27	01 30.9	11 11.5	11 41.4	26 32.8
OCT 7	02 26.5	10 R 29.8	15 49.9	01♏37.4
17	03 56.7	08 17.6	19 51.9	06 43.8
27	05 58.0	04 43.6	23 46.1	11 52.1
NOV 6	08 26.2	00 26.8	27 31.2	17 02.7
16	11 17.9	26♈27.8	01♎05.7	22 15.9
26	14 29.9	23 48.4	04 27.6	27 32.2
DEC 6	17 58.9	23 D 01.8	07 34.6	02♐51.9
16	21 42.5	24 11.9	10 24.4	08 15.6
26	25 38.6	27 08.8	12 53.7	13 43.7
JAN 5	29♒45.0	01♉34.6	14♎59.3	19♐17.0
JAN 1	21 S 17.9	27 S 28.9	21 N 01.0	04 S 28.7
21	21 12.1	25 57.3	20 06.8	01 N 28.3
FEB 10	20 39.5	23 21.8	20 01.3	06 48.6
MAR 1	19 44.2	19 54.1	20 22.8	09 09.7
21	18 32.4	15 45.5	20 48.3	09 19.1
APR 10	17 12.9	11 05.7	20 59.8	08 30.7
30	15 56.7	06 02.4	20 45.5	07 03.5
MAY 20	14 57.2	00 41.0	19 59.0	05 02.8
JUN 9	14 28.9	04 N 55.3	18 38.3	02 33.5
29	14 43.8	10 45.6	16 44.8	00 S 18.7
JUL 19	15 42.1	16 51.6	14 21.9	03 27.9
AUG 8	17 04.1	23 17.0	11 34.9	06 47.9
28	18 18.3	30 06.0	08 29.7	10 12.7
SEP 17	19 02.6	37 09.5	05 12.6	13 35.9
OCT 7	19 09.8	43 24.8	01 50.1	16 50.8
27	18 39.3	46 06.4	01 S 31.2	19 49.8
NOV 16	17 31.6	43 14.7	04 44.1	22 24.5
DEC 6	15 47.7	37 28.4	07 41.4	24 25.7

1945	Psyche 16	Eros 433	Lilith 1181	Toro 1685
JAN 1	28♒05.3	29♈38.7	14♎12.1	17♐03.0
11	02♓17.0	04♉49.7	16 01.8	22 40.0
21	06 36.6	11 05.8	17 21.6	28 23.8
31	11 02.5	18 14.5	18 07.9	04♑15.5
FEB 10	15 33.3	26 04.6	18 R 17.6	10 17.1
20	20 08.3	04♊28.7	17 48.5	16 30.5
MAR 2	24 46.0	13 18.3	16 41.7	22 58.1
12	29 25.9	22 25.6	15 01.3	29 43.5
22	04♈06.9	01♋44.5	12 56.0	06♒50.5
APR 1	08 48.2	11 07.9	10 38.3	14 24.0
11	13 29.2	20 29.4	08 22.5	22 30.0
21	18 09.2	29 44.5	06 22.4	01♓15.0
MAY 1	22 47.2	08♌48.3	04 48.6	10 45.9
11	27 22.9	17 37.7	03 47.3	21 09.0
21	01♉55.2	26 11.3	03 21.2	02♈27.3
31	06 23.5	04♍27.8	03 D 29.8	14 39.0
JUN 10	10 46.9	12 27.2	04 10.3	27 35.5
20	15 04.4	20 10.5	05 19.6	11♉00.5
30	19 14.9	27 38.3	06 54.0	24 34.4
JUL 10	23 17.2	04♎51.9	08 50.0	07♊59.5
20	27 09.7	11 53.1	11 04.6	21 01.5
30	00♊50.6	18 42.9	13 34.8	03♋31.6
AUG 9	04 18.0	25 22.9	16 18.3	15 24.2
19	07 29.1	01♏54.4	19 13.0	26 35.3
29	10 21.1	08 18.4	22 17.1	07♌03.9
SEP 8	12 50.5	14 36.1	25 29.1	16 51.1
18	14 53.3	20 48.7	28 47.6	25 58.8
28	16 25.2	26 56.7	02♏11.3	04♍30.4
OCT 8	17 21.8	03♐01.1	05 39.2	12 29.3
18	17 R 39.1	09 02.6	09 10.4	19 58.6
28	17 15.1	15 01.6	12 43.6	27 01.0
NOV 7	16 10.5	20 59.0	16 18.1	03♎39.0
17	14 30.6	26 54.9	19 52.8	09 53.9
27	12 26.6	02♑49.9	23 26.7	15 47.1
DEC 7	10 13.3	08 44.3	26 58.9	21 19.1
17	08 08.1	14 38.4	00♐28.0	26 29.7
27	06 26.1	20 32.5	03 53.1	01♏18.4
JAN 6	05♊17.8	26♑27.0	07♐12.7	05♏43.7
JAN 1	12 S 43.3	30 N 42.9	10 S 55.1	25 S 56.3
21	09 49.3	26 38.2	12 43.1	26 01.2
FEB 10	06 34.3	22 41.7	13 41.3	24 57.7
MAR 2	03 05.7	18 17.7	13 36.0	22 33.6
22	00 N 28.6	13 24.2	12 23.0	18 34.3
APR 11	04 00.7	08 18.1	10 24.4	12 41.7
MAY 1	07 22.9	03 14.3	08 25.9	04 37.2
21	10 28.4	01 S 39.7	07 07.1	05 N 36.0
JUN 10	13 10.6	06 20.6	06 42.6	16 37.9
30	15 24.7	10 45.1	07 08.7	25 13.7
JUL 20	17 07.1	14 48.8	08 15.1	28 06.5
AUG 9	18 16.4	18 26.0	09 50.6	25 02.8
29	18 53.8	21 30.1	11 45.3	18 29.9
SEP 18	19 03.1	23 53.9	13 50.3	10 51.4
OCT 8	18 50.3	25 30.1	15 58.1	03 21.7
28	18 22.6	26 12.6	18 01.7	03 S 31.8
NOV 17	17 47.4	25 57.0	19 55.1	09 41.4
DEC 7	17 14.5	24 41.7	21 33.3	15 06.4

1946	16	433	1181	1685
JAN 1	05R47.3	23♑29.7	05♐33.7	03♏34.1
11	04♊58.3	29 24.4	08 50.0	07 46.8
21	04D49.7	05♒19.6	11 58.6	11 32.0
31	05 19.9	11 15.9	14 57.8	14 46.3
FEB 10	06 26.0	17 13.5	17 45.6	17 23.9
20	08 03.6	23 12.6	20 19.8	19 18.4
MAR 2	10 07.9	29 13.6	22 38.1	20 21.8
12	12 34.8	05♓17.1	24 37.5	20R24.0
22	15 20.4	11 23.3	26 15.1	19 16.8
APR 1	18 21.2	17 32.9	27 27.7	16 54.4
11	21 34.7	23 46.5	28 11.9	13 20.2
21	24 58.1	00♈04.5	28R24.8	08 52.8
MAY 1	28 29.6	06 28.1	28 04.5	04 04.4
11	02♋07.6	12 57.9	27 10.3	29♎34.4
21	05 50.5	19 34.6	25 44.8	25 55.7
31	09 37.2	26 19.4	23 53.5	23 25.2
JUN 10	13 26.6	03♉13.2	21 45.4	22 06.8
20	17 17.8	10 17.0	19 32.8	21D54.7
30	21 10.0	17 32.1	17 27.8	22 39.9
JUL 10	25 02.4	24 59.0	15 42.3	24 13.5
20	28 54.3	02♊38.9	14 24.7	26 27.0
30	02♌45.0	10 32.7	13 39.8	29 13.9
AUG 9	06 33.7	18 40.4	13D29.5	02♏29.3
19	10 19.7	27 02.5	13 53.0	06 08.9
29	14 02.3	05♋38.8	14 48.1	10 10.3
SEP 8	17 40.4	14 28.2	16 12.1	14 31.4
18	21 12.9	23 29.5	18 01.5	19 10.8
28	24 38.9	02♌41.2	20 13.4	24 08.0
OCT 8	27 56.7	12 00.3	22 45.0	29 22.9
18	01♍04.8	21 24.7	25 33.6	04♐55.5
28	04 01.4	00♍51.3	28 37.0	10 46.8
NOV 7	06 44.2	10 16.6	01♑53.4	16 58.0
17	09 10.7	19 37.9	05 20.7	23 30.6
27	11 18.0	28 52.0	08 57.7	00♑27.0
DEC 7	13 02.7	07♎55.4	12 42.9	07 49.9
17	14 21.7	16 45.7	16 35.1	15 42.3
27	15 11.2	25 19.8	20 33.2	24 08.4
JAN 6	15♍28.2	03♏34.7	24♑36.1	03♒11.8
JAN 1	16N59.2	21S46.4	23S08.9	20S52.4
21	17 20.7	18 26.7	24 01.4	24 43.8
FEB 10	18 08.6	14 21.1	24 33.1	27 57.2
MAR 2	19 10.5	09 36.9	24 46.4	30 28.8
22	20 12.6	04 21.2	24 45.6	31 55.8
APR 11	21 03.2	01N18.4	24 35.3	31 19.3
MAY 1	21 34.0	07 14.1	24 18.2	27 50.6
21	21 39.8	13 16.6	23 52.6	22 51.8
JUN 10	21 18.1	19 12.7	23 14.5	18 49.5
30	20 28.8	24 42.3	22 26.6	16 40.6
JUL 20	19 13.9	29 14.4	21 42.8	16 09.9
AUG 9	17 37.1	32 05.3	21 16.5	16 46.3
29	15 43.4	32 24.9	21 10.5	18 02.2
SEP 18	13 38.9	29 36.5	21 18.0	19 34.4
OCT 8	11 31.1	23 39.3	21 28.2	21 01.8
28	09 28.5	15 11.0	21 30.4	22 02.7
NOV 17	07 41.3	05 11.6	21 15.5	22 12.9
DEC 7	06 21.5	05S14.9	20 36.7	21 04.8
27	05N41.8	15S11.8	19S29.7	18S08.7

1947	16	433	1181	1685
JAN 1	15♍23.9	29♎29.8	22♑34.1	28♑35.2
11	15R23.9	07♏34.3	26 39.0	07♒58.9
21	14 49.0	15 16.1	00♒47.5	18 06.0
31	13 40.5	22 31.8	04 58.5	28 59.2
FEB 10	12 03.0	29 18.7	09 11.3	10♓38.3
20	10 04.7	05♐33.5	13 25.1	22 59.9
MAR 2	07 56.9	11 11.4	17 39.1	05♈55.2
12	05 52.8	16 07.7	21 52.4	19 11.1
22	04 03.9	20 15.7	26 04.4	02♉32.4
APR 1	02 39.9	23 26.4	00♓14.0	15 43.6
11	01 46.3	25 30.2	04 20.5	28 30.3
21	01 25.2	26 15.4	08 22.8	10♊42.2
MAY 1	01D36.4	25R31.7	12 19.6	22 12.1
11	02 17.6	23 17.0	16 09.8	02♋56.6
21	03 25.8	19 42.3	19 51.8	12 56.4
31	04 57.9	15 20.0	23 23.5	22 14.3
JUN 10	06 50.5	10 57.4	26 42.9	00♌54.1
20	09 00.7	07 18.2	29 47.3	09 00.6
30	11 26.0	04 50.2	02♈33.2	16 38.2
JUL 10	14 03.9	03 40.8	04 57.0	23 51.1
20	16 52.6	03D43.9	06 54.3	00♍43.2
30	19 50.3	04 49.5	08 19.7	07 17.7
AUG 9	22 55.5	06 45.5	09 08.5	13 37.1
19	26 06.9	09 22.1	09R16.0	19 44.1
29	29 23.3	12 31.5	08 39.6	25 40.4
SEP 8	02♎43.6	16 07.0	07 21.2	01♎27.6
18	06 07.0	20 03.9	05 27.7	07 07.4
28	09 32.3	24 18.8	03 13.6	12 40.5
OCT 8	12 58.6	28 48.5	00 58.2	18 08.1
18	16 25.0	03♑31.3	29♓01.3	23 30.9
28	19 50.5	08 25.5	27 40.2	28 49.4
NOV 7	23 14.0	13 29.7	27 04.6	04♏04.1
17	26 34.4	18 43.3	27D18.3	09 15.5
27	29 50.2	24 05.4	28 20.2	14 23.6
DEC 7	03♏00.3	29 35.6	00♈05.8	19 28.7
17	06 03.1	05♒13.5	02 29.9	24 31.0
27	08 56.5	10 59.0	05 27.0	29 30.3
JAN 6	11♏38.7	16♒51.7	08♈51.8	04♐26.6
JAN 1	05N39.7	17S31.0	19S08.3	17S04.6
21	06 05.6	25 52.9	17 24.1	11 19.4
FEB 10	07 23.6	32 35.8	15 11.3	03 19.9
MAR 2	09 10.9	37 41.6	12 33.4	05N52.4
22	10 49.0	41 30.1	09 34.9	14 06.4
APR 11	11 47.5	44 28.5	06 21.7	19 06.9
MAY 1	11 56.8	46 37.9	02 59.9	20 08.8
21	11 21.2	46 37.6	00N23.4	18 08.1
JUN 10	10 08.9	42 44.9	03 40.4	14 26.8
30	08 27.6	36 44.3	06 41.8	10 01.5
JUL 20	06 24.1	31 41.9	09 15.5	05 21.1
AUG 9	04 04.3	28 27.7	11 04.2	00 39.5
29	01 33.5	26 30.6	11 45.4	03S56.4
SEP 18	01S02.9	25 10.0	11 00.7	08 21.9
OCT 8	03 39.6	23 54.1	09 03.4	12 32.9
28	06 11.3	22 20.9	06 53.0	16 25.1
NOV 17	08 32.7	20 16.1	05 32.3	19 53.4
DEC 7	10 38.5	17 31.4	05 26.7	22 52.7
27	12S23.9	14S03.5	06N30.8	25S17.7

1948	16	433	1181	1685
JAN 1	10♏19.1	13♒54.4	07♈06.3	01♐58.8
11	12 54.9	19 50.9	10 43.2	06 53.7
21	15 15.9	25 54.9	14 41.4	11 45.3
31	17 19.5	02♓06.2	18 57.0	16 33.5
FEB 10	19 02.6	08 25.3	23 26.9	21 18.2
20	20 22.1	14 52.4	28 08.7	25 59.0
MAR 1	21 14.9	21 27.7	02♉59.8	00♑35.5
11	21 38.1	28 11.8	07 58.4	05 07.4
21	21R29.3	05♈05.1	13 03.2	09 34.1
31	20 48.3	12 08.0	18 12.3	13 55.1
APR 10	19 36.5	19 21.1	23 24.9	18 09.9
20	17 58.5	26 44.9	28 39.8	22 17.2
30	16 02.5	04♉19.6	03♊56.1	26 16.4
MAY 10	13 58.8	12 05.9	09 13.2	00♒06.4
20	11 59.5	20 03.6	14 30.2	03 45.5
30	10 15.6	28 13.0	19 46.4	07 13.2
JUN 9	08 55.6	06♊33.8	25 01.6	10 27.8
19	08 05.4	15 05.5	00♋14.9	13 29.4
29	07 47.0	23 47.3	05 26.0	16 21.5
JUL 9	08D00.5	02♋38.4	10 34.4	19 12.9
19	08 44.4	11 37.3	15 39.5	22 35.5
29	09 56.0	20 42.4	20 40.8	28 31.1
AUG 8	11 32.3	29 52.4	25 37.9	22♓07.2
18	13 30.7	09♌05.0	00♌30.0	14♋44.1
28	15 48.1	18 18.3	05 16.4	04♌55.7
SEP 7	18 22.2	27 30.6	09 56.4	11 07.3
17	21 10.8	06♍39.5	14 28.9	15 40.6
27	24 11.8	15 43.3	18 52.8	20 31.9
OCT 7	27 23.7	24 40.3	23 06.9	26 07.8
17	00♐44.8	03♎28.6	27 09.4	02♍24.0
27	04 13.7	12 07.1	00♍58.5	09 05.5
NOV 6	07 49.3	20 34.7	04 31.8	15 53.3
16	11 30.4	28 50.0	07 46.4	22 30.9
26	15 15.9	06♏52.8	10 39.4	28 47.9
DEC 6	19 04.9	14 42.4	13 06.7	04♎35.8
16	22 56.2	22 18.4	15 04.1	09 48.4
26	26 48.9	29 40.6	16 27.4	14 20.4
JAN 5	00♑42.2	06♐49.1	17♍11.6	18♎04.8
JAN 1	12S46.5	13S04.8	06N55.9	25S48.0
21	14 00.3	08 44.4	09 03.1	27 23.4
FEB 10	14 45.0	03 46.8	11 39.4	28 15.6
MAR 1	14 57.9	01N40.6	14 26.8	28 22.8
21	14 37.7	07 27.5	17 08.8	27 45.2
APR 10	13 46.3	13 18.7	19 31.0	26 22.8
30	12 33.4	18 53.0	21 21.3	24 13.6
MAY 20	11 20.8	23 39.4	22 30.4	21 07.5
JUN 9	10 34.4	26 57.1	22 52.6	16 30.9
29	10 29.8	28 01.9	22 26.2	08 38.0
JUL 19	11 06.8	26 22.6	21 13.3	08N53.7
AUG 8	12 16.4	21 58.4	19 19.0	57 35.8
28	13 47.0	15 21.5	16 51.0	64 49.8
SEP 17	15 27.5	07 22.3	13 58.1	39 51.5
OCT 7	17 08.0	01S06.5	10 50.3	24 14.1
27	18 39.7	09 19.3	07 38.3	11 53.5
NOV 16	19 55.4	16 40.1	04 33.6	01 35.7
DEC 6	20 49.1	22 42.7	01 49.3	07S00.2
26	21S16.8	27S09.9	00S18.8	14S08.9

1949	Psyche 16	Eros 433	Lilith 1181	Toro 1685
JAN 1	29♐08.9	03♐59.4	16♍58.9	16♎41.3
11	03♑01.9	10 59.4	17 18.0	19 53.2
21	06 53.7	17 45.4	16R53.7	22 03.6
31	10 43.3	24 17.5	15 46.4	23 00.3
FEB 10	14 29.5	00♑35.1	14 01.3	22R29.8
20	18 11.2	06 38.1	11 49.1	20 21.9
MAR 2	21 47.0	12 26.3	09 24.7	16 34.9
12	25 15.3	17 58.5	07 05.6	11 28.2
22	28 34.7	23 14.2	05 07.4	05 46.3
APR 1	01♒43.3	28 12.1	03 41.1	00 24.0
11	04 38.7	02♒49.9	02 53.0	26♍07.2
21	07 18.6	07 05.7	02D43.7	23 16.1
MAY 1	09 40.3	10 55.9	03 11.5	21 49.9
11	11 40.2	14 16.3	04 12.8	21D38.2
21	13 15.2	17 01.6	05 43.0	22 26.7
31	14 21.4	19 04.5	07 38.0	24 03.1
JUN 10	14 55.0	20 16.5	09 53.9	26 17.4
20	14R53.7	20R28.6	12 27.2	29 01.1
30	14 15.9	19 31.4	15 15.0	02♎08.5
JUL 10	13 03.6	17 21.0	18 14.9	05 35.2
20	11 22.5	14 03.2	21 24.7	09 17.6
30	09 22.4	09 58.0	24 42.7	13 13.5
AUG 9	07 17.1	05 41.3	28 07.4	17 21.0
19	05 21.4	01 52.1	01♎37.5	21 38.6
29	03 48.5	29♑00.8	05 12.0	26 05.6
SEP 8	02 48.2	27 23.4	08 49.8	00♏41.4
18	02 25.6	27D00.4	12 30.0	05 25.4
28	02D42.2	27 45.7	16 11.7	10 17.6
OCT 8	03 36.6	29 30.3	19 54.1	15 17.9
18	05 05.7	02♒04.4	23 36.4	20 26.5
28	07 05.8	05 20.3	27 17.6	25 43.8
NOV 7	09 33.2	09 11.5	00♏56.8	01♐10.1
17	12 24.0	13 32.5	04 33.0	06 46.1
27	15 35.1	18 19.9	08 05.3	12 32.8
DEC 7	19 03.4	23 30.3	11 32.2	18 31.0
17	22 46.2	29 01.5	14 52.5	24 42.2
27	26 41.5	04♓52.1	18 04.6	01♑08.1
JAN 6	00♓47.1	11♓00.5	21♏06.8	07♑50.4
JAN 1	21S19.6	28S10.1	00S47.5	16S02.2
21	21 10.9	30 24.4	01 41.1	21 27.7
FEB 10	20 35.5	31 02.7	01 21.1	25 11.5
MAR 2	19 37.3	30 20.5	00N03.0	25 58.1
22	18 23.0	28 38.2	01 50.6	22 33.5
APR 11	17 01.2	26 18.1	03 15.4	16 47.5
MAY 1	15 43.1	23 41.5	03 53.0	11 59.3
21	14 42.2	21 08.6	03 40.2	09 20.5
JUN 10	14 13.1	18 58.3	02 43.4	08 33.7
30	14 27.8	17 24.8	01 10.8	09 07.1
JUL 20	15 26.9	16 26.2	00S49.4	10 34.7
AUG 9	16 50.6	15 36.1	03 09.9	12 37.2
29	18 06.5	14 36.1	05 44.0	14 59.4
SEP 18	18 51.5	13 30.9	08 25.3	17 28.6
OCT 8	18 58.3	12 16.9	11 08.2	19 52.5
28	18 26.5	10 39.5	13 46.9	21 58.5
NOV 17	17 17.0	08 25.5	16 16.1	23 32.4
DEC 7	15 31.2	05 26.9	18 31.3	24 18.5

1950	Psyche 16	Eros 433	Lilith 1181	Toro 1685
JAN 1	28♒43.1	07♓54.2	19♏37.0	04♑27.1
11	02♓53.2	14 11.1	22 33.6	11 18.5
21	07 11.2	20 44.9	25 17.2	18 30.4
31	11 35.6	27 34.7	27 45.4	26 05.5
FEB 10	16 05.1	04♈40.0	29 55.7	04♒07.4
20	20 38.7	12 00.7	01♐45.0	12 40.1
MAR 2	25 15.2	19 36.3	03 10.0	21 47.4
12	29 53.8	27 26.1	04 07.7	01♓33.0
22	04♈33.6	05♉29.9	04 34.7	12 00.0
APR 1	09 13.8	13 46.8	04R28.7	23 09.3
11	13 53.6	22 15.9	03 48.9	04♈59.3
21	18 32.4	00♊56.3	02 36.1	17 24.6
MAY 1	23 09.4	09 46.4	00 54.8	00♉15.3
11	27 43.9	18 44.7	28♏52.9	13 17.7
21	02♉15.3	27 49.6	26 41.0	26 16.5
31	06 42.5	06♋59.1	24 31.8	08♊56.4
JUN 10	11 04.8	16 11.2	22 37.0	21 05.9
20	15 21.4	25 24.1	21 06.0	02♋37.8
30	19 31.0	04♌35.5	20 05.1	13 28.8
JUL 10	23 32.4	13 43.5	19 37.0	23 39.0
20	27 24.2	22 46.5	19D41.8	03♌10.6
30	01♊04.4	01♍42.6	20 18.0	12 06.4
AUG 9	04 31.2	10 30.4	21 22.6	20 30.2
19	07 41.9	19 08.8	22 52.9	28 25.6
29	10 33.6	27 36.7	24 45.6	05♍55.8
SEP 8	13 03.1	05♎53.5	26 57.9	13 03.9
18	15 06.2	13 59.1	29 27.3	19 52.7
28	16 38.6	21 53.1	02♐11.3	26 24.4
OCT 8	17 36.1	29 35.8	05 07.9	02♎40.9
18	17 54.6	07♏07.6	08 15.5	08 44.0
28	17R31.9	14 28.5	11 32.3	14 34.6
NOV 7	16 28.9	21 39.3	14 56.9	20 13.9
17	14 50.4	28 40.5	18 28.2	25 42.6
27	12 47.2	05♐32.5	22 04.9	01♏00.9
DEC 7	10 34.2	12 15.8	25 45.9	06 09.2
17	08 28.1	18 51.2	29 30.3	11 07.2
27	06 44.7	25 18.7	03♑16.8	15 54.5
JAN 6	05♊34.5	01♑39.0	07♑04.8	20♏30.5
JAN 1	12S32.7	00S38.7	20S54.7	23S41.9
21	09 38.7	03N57.9	22 25.8	21 34.0
FEB 10	06 24.0	09 02.9	23 34.5	17 37.8
MAR 2	02 55.9	14 16.4	24 20.1	11 38.2
22	00N37.6	19 08.5	24 41.2	03 34.2
APR 11	04 08.8	22 59.0	24 33.6	05N59.6
MAY 1	07 30.0	25 02.0	23 51.4	15 23.2
21	10 34.3	24 40.1	22 36.0	21 59.1
JUN 10	13 15.4	21 43.1	21 06.8	23 53.4
30	15 28.4	16 33.6	19 53.5	21 32.1
JUL 20	17 10.0	09 55.9	19 15.5	16 42.0
AUG 9	18 18.7	02 37.4	19 14.6	10 52.5
29	18 55.8	04S41.4	19 42.6	04 52.5
SEP 18	19 05.0	11 29.5	20 27.3	00S55.6
OCT 8	18 52.4	17 24.6	21 17.4	06 22.3
28	18 25.2	22 10.7	22 02.5	11 22.8
NOV 17	17 50.5	25 36.8	22 34.2	15 54.3
DEC 7	17 17.9	27 36.8	22 45.8	19 54.2

1951	Psyche 16	Eros 433	Lilith 1181	Toro 1685
JAN 1	06R05.0	28♐29.7	05♑10.7	18♏13.9
11	05♊13.8	04♑46.6	08 59.0	22 44.0
21	05D02.7	10 56.6	12 47.1	27 00.8
31	05 30.7	17 00.1	16 34.1	01♐03.0
FEB 10	06 34.5	22 57.5	20 19.0	04 48.4
20	08 10.0	28 48.7	24 00.5	08 13.8
MAR 2	10 12.5	04♒34.1	27 37.7	11 15.7
12	12 37.7	10 13.7	01♒09.3	13 49.0
22	15 21.8	15 47.5	04 33.7	15 47.4
APR 1	18 21.3	21 15.5	07 49.5	17 03.3
11	21 33.6	26 37.8	10 54.7	17R26.7
21	24 56.1	01♓53.8	13 47.2	16 47.3
MAY 1	28 26.7	07 03.7	16 24.6	14 55.9
11	02♋03.9	12 06.7	18 44.0	11 47.7
21	05 46.1	17 02.2	20 41.9	07 31.5
31	09 32.2	21 49.6	22 15.0	02 32.5
JUN 10	13 21.1	26 27.4	23 18.8	27♏30.4
20	17 11.8	00♈53.9	23 49.6	23 08.3
30	21 03.6	05 07.2	23R44.0	19 55.0
JUL 10	24 55.7	09 03.7	23 00.1	18 02.8
20	28 47.3	12 39.4	21 39.4	17D30.7
30	02♌37.7	15 49.0	19 47.4	18 09.8
AUG 9	06 26.4	18 24.3	17 34.4	19 51.1
19	10 12.3	20 15.8	15 15.7	22 25.5
29	13 54.7	21 11.2	13 07.3	25 45.7
SEP 8	17 32.8	20R55.9	11 24.1	29 46.9
18	21 05.4	19 18.4	10 17.2	04♐25.6
28	24 31.4	16 15.5	09 51.8	09 39.6
OCT 8	27 49.4	12 04.0	10D09.5	15 28.8
18	00♍57.7	07 28.7	11 08.6	21 53.3
28	03 54.6	03 26.4	12 45.3	28 54.5
NOV 7	06 37.8	00 45.8	14 55.8	06♑34.6
17	09 04.6	29D50.4	17 35.8	14 55.4
27	11 12.5	00♈39.2	20 41.4	23 59.0
DEC 7	12 57.8	03 02.3	24 09.1	03♒48.2
17	14 17.4	06 45.0	27 55.8	14 26.7
27	15 07.7	11 33.4	01♓58.8	26 04.9
JAN 6	15♍25.5	17♈17.5	06♓16.0	09♓05.0
JAN 1	17N02.2	28S05.7	22S25.7	24S07.0
21	17 22.8	26 59.2	21 39.5	26 50.8
FEB 10	18 09.8	24 44.5	20 27.4	29 02.0
MAR 2	19 10.9	21 34.4	18 52.5	30 44.8
22	20 12.5	17 41.4	16 59.8	32 04.8
APR 11	21 03.0	13 16.3	14 56.1	33 03.8
MAY 1	21 33.8	08 28.0	12 49.7	33 23.3
21	21 39.9	03 22.6	10 51.1	32 01.7
JUN 10	21 18.5	01N56.0	09 12.7	28 10.6
30	20 29.7	07 26.1	08 09.2	23 26.1
JUL 20	19 15.2	13 07.9	07 53.4	20 01.4
AUG 9	17 38.8	19 01.1	08 26.5	18 22.7
29	15 45.5	24 52.7	09 29.0	17 56.6
SEP 18	13 41.2	29 43.7	10 29.3	18 01.7
OCT 8	11 33.5	31 23.5	11 02.4	17 58.7
28	09 30.9	28 54.6	10 56.0	17 09.5
NOV 17	07 43.6	24 57.3	10 05.9	14 58.4
DEC 7	06 23.3	22 11.1	08 32.1	11 06.6

1952	16	433	1181	1685
JAN 1	15♍20.9	14♈19.1	04♓05.8	02♓23.0
11	15R21.6	20 27.4	08 29.2	16 15.0
21	14 47.6	27 17.7	13 03.7	02♈12.0
31	13 39.8	04♉44.1	17 47.9	20 16.0
FEB 10	12 02.9	12 41.3	22 40.3	09♉19.5
20	10 05.1	21 03.7	27 39.5	27 23.6
MAR 1	07 57.5	29 47.6	02♈44.7	13♊02.8
11	05 53.2	08♊48.6	07 54.7	26 01.9
21	04 04.1	18 01.9	13 08.6	06♋46.7
31	02 39.6	27 24.0	18 25.8	15 53.0
APR 10	01 45.5	06♋50.6	23 45.5	23 49.5
20	01 24.1	16 17.0	29 06.9	00♌56.6
30	01D34.8	25 39.7	04♉29.5	07 29.3
MAY 10	02 15.8	04♌55.0	09 52.5	13 37.3
20	03 23.8	13 59.5	15 15.5	19 27.1
30	04 55.8	22 51.3	20 37.9	25 03.8
JUN 9	06 48.4	01♍28.6	25 58.8	00♍30.6
19	08 58.7	09 50.3	01♊17.8	05 49.8
29	11 24.1	17 56.7	06 34.2	11 03.6
JUL 9	14 02.2	25 47.8	11 47.2	16 13.2
19	16 51.1	03♎24.2	16 55.9	21 19.6
29	19 49.0	10 47.2	21 59.5	26 24.0
AUG 8	22 54.5	17 57.8	26 56.8	01♎26.9
18	26 06.2	24 57.0	01♋46.7	06 28.9
28	29 23.0	01♏46.4	06 27.5	11 30.6
SEP 7	02♎43.7	08 26.9	10 57.6	16 32.5
17	06 07.4	14 59.6	15 15.0	21 34.9
27	09 33.2	21 25.8	19 17.0	26 38.4
OCT 7	13 00.0	27 46.2	23 00.6	01♏43.0
17	16 27.0	04♐01.6	26 22.4	06 49.3
27	19 53.1	10 12.9	29 17.8	11 57.7
NOV 6	23 17.1	16 20.6	01♌42.0	17 08.2
16	26 38.2	22 25.4	03 29.8	22 21.4
26	29 54.9	28 27.9	04 35.1	27 37.7
DEC 6	03♏05.7	04♑28.3	04R53.5	02♐57.3
16	06 09.3	10 27.1	04 22.5	08 20.9
26	09 03.7	16 24.8	03 03.8	13 48.9
JAN 5	11♏47.0	22♑21.4	01♌06.4	19♐22.1
JAN 1	05N40.9	21N08.7	05S37.7	04S29.6
21	06 06.2	21 31.3	02 39.0	01N28.1
FEB 10	07 23.8	21 57.2	00N46.7	06 49.1
MAR 1	09 10.9	21 29.2	04 30.1	09 11.1
21	10 49.2	19 30.0	08 21.2	09 20.1
APR 10	11 48.1	15 54.6	12 09.5	08 30.9
30	11 57.7	11 05.9	15 43.7	07 03.1
MAY 20	11 22.3	05 36.2	18 53.2	05 01.8
JUN 9	10 10.0	00S05.7	21 27.7	02 32.1
29	08 28.7	05 38.9	23 19.0	00S20.4
JUL 19	06 25.1	10 49.7	24 21.4	03 29.7
AUG 8	04 05.0	15 28.2	24 33.3	06 49.9
28	01 34.0	19 26.5	23 57.5	10 14.7
SEP 17	01S02.7	22 37.6	22 41.8	13 37.9
OCT 7	03 39.8	24 55.0	20 57.8	16 52.6
27	06 11.9	26 13.0	19 01.1	19 51.4
NOV 16	08 33.7	26 27.7	17 10.1	22 25.8
DEC 6	10 40.0	25 38.1	15 44.3	24 26.5
26	12S25.9	23S46.2	14N58.9	25S43.5

1953	16	433	1181	1685
JAN 1	10♏43.1	19♑58.8	01R57.2	17♐08.2
11	13 18.7	25 55.0	29♋43.2	22 45.0
21	15 39.3	01♒50.9	27 17.2	28 28.6
31	17 42.3	07 46.5	25 00.6	04♑20.2
FEB 10	19 24.8	13 42.2	23 11.4	10 21.5
20	20 43.5	19 38.4	22 01.6	16 34.5
MAR 2	21 35.2	25 35.4	21D36.5	23 01.8
12	21 57.2	01♓33.5	21 55.4	29 46.8
22	21R47.1	07 33.3	22 54.7	06♒53.3
APR 1	21 04.7	13 35.1	24 29.3	14 26.1
11	19 51.7	19 39.6	26 33.5	22 31.5
21	18 12.7	25 47.3	29 02.5	01♓15.7
MAY 1	16 16.1	01♈58.9	01♌51.7	10 45.6
11	14 12.5	08 15.2	04 57.2	21 07.8
21	12 13.7	14 37.1	08 16.2	02♈25.2
31	10 30.9	21 05.3	11 45.9	14 36.2
JUN 10	09 12.4	27 41.0	15 24.1	27 32.3
20	08 23.7	04♉25.2	19 09.4	10♉57.3
30	08D07.2	11 18.9	23 00.0	24 31.5
JUL 10	08 22.4	18 23.5	26 54.7	07♊57.0
20	09 07.9	25 40.0	00♍52.8	20 59.7
30	10 21.0	03♊09.5	04 53.1	03♋30.5
AUG 9	11 58.8	10 53.3	08 54.9	15 23.8
19	13 58.3	18 51.9	12 57.6	26 35.8
29	16 16.9	27 05.8	17 00.3	07♌05.2
SEP 8	18 52.0	05♋35.6	21 02.5	16 53.1
18	21 41.5	14 20.1	25 03.6	26 01.6
28	24 43.3	23 18.7	29 02.7	04♍33.8
OCT 8	27 55.8	02♌29.6	02♎59.3	12 33.3
18	01♐17.5	11 49.9	06 52.3	20 03.1
28	04 47.0	21 16.9	10 41.0	27 06.0
NOV 7	08 23.0	00♍47.1	14 24.2	03♎44.3
17	12 04.5	10 16.1	18 00.9	09 59.6
27	15 50.3	19 40.3	21 29.5	15 53.1
DEC 7	19 39.5	28 55.8	24 48.6	21 25.5
17	23 31.0	07♎58.2	27 56.2	26 36.4
27	27 23.8	16 44.0	00♏50.4	01♏25.3
JAN 6	01♑17.1	25♎09.4	03♏28.7	05♏50.9
JAN 1	12S52.9	23S01.2	14N53.8	25S56.5
21	14 05.9	19 56.0	14 59.0	26 01.0
FEB 10	14 49.6	16 02.7	15 21.5	24 57.1
MAR 2	15 01.6	11 29.0	15 42.0	22 32.7
22	14 40.7	06 22.6	15 47.8	18 33.4
APR 11	13 48.8	00 50.7	15 30.8	12 41.1
MAY 1	12 36.0	04N59.8	14 46.2	04 37.2
21	11 24.3	11 01.4	13 32.1	05N35.4
JUN 10	10 39.3	17 04.4	11 49.2	16 37.3
30	10 36.0	22 54.8	09 40.3	25 14.1
JUL 20	11 14.1	28 09.8	07 09.2	28 07.8
AUG 9	12 24.4	32 14.0	04 20.7	25 04.1
29	13 55.3	34 18.4	01 19.8	18 30.4
SEP 18	15 35.5	33 30.6	01S48.4	10 50.8
OCT 8	17 15.2	29 19.5	04 58.4	03 20.3
28	18 45.9	21 55.7	08 04.8	03S33.7
NOV 17	20 00.1	12 07.0	11 02.2	09 43.7
DEC 7	20 52.1	00 59.8	13 45.4	15 08.8
27	21S17.8	10S17.6	16S09.3	19S50.8

1954	16	433	1181	1685
JAN 1	29♐20.5	20♎59.5	02♏11.7	03♏41.2
11	03♑13.6	29 12.9	04 40.9	07 54.2
21	07 05.5	06♏59.6	06 49.9	11 39.7
31	10 55.2	14 15.8	08 35.5	14 54.3
FEB 10	14 41.6	20 56.1	09 54.1	17 32.3
20	18 23.4	26 54.9	10 42.4	19 27.3
MAR 2	21 59.5	02♐05.8	10R57.3	20 31.1
12	25 28.2	06 19.2	10 36.7	20R33.9
22	28 48.0	09 25.1	09 40.7	19 27.2
APR 1	01♒57.1	11 11.3	08 12.2	17 05.5
11	04 53.1	11R24.2	06 17.4	13 31.7
21	07 33.8	09 57.2	04 06.7	09 04.5
MAY 1	09 56.4	06 55.2	01 52.5	04 16.1
11	11 57.5	02 44.6	29♎47.7	29♎45.7
21	13 33.7	28♏15.1	28 03.7	26 06.5
31	14 41.4	24 17.7	26 47.9	23 35.4
JUN 10	15 16.7	21 29.4	26 04.8	22 16.4
20	15R17.2	20 03.5	25D55.1	22D04.0
30	14 41.4	19D55.1	26 17.5	22 48.8
JUL 10	13 30.7	20 53.6	27 09.5	24 22.1
20	11 50.9	22 46.0	28 28.0	26 35.4
30	09 51.6	25 20.6	00♏09.6	29 22.1
AUG 9	07 46.1	28 29.0	02 11.5	02♏37.3
19	05 49.6	02♐03.8	04 30.6	06 16.9
29	04 14.9	05 59.6	07 04.6	10 18.1
SEP 8	03 12.5	10 12.8	09 51.4	14 39.2
18	02 47.6	14 40.2	12 48.8	19 18.5
28	03D01.6	19 19.5	15 55.5	24 15.7
OCT 8	03 53.7	24 09.3	19 09.9	29 30.5
18	05 20.7	29 08.1	22 30.7	05♐03.0
28	07 18.8	04♑15.0	25 56.7	10 54.3
NOV 7	09 44.4	09 29.4	29 26.8	17 05.4
17	12 33.5	14 50.6	02♐59.9	23 38.0
27	15 43.1	20 18.3	06 35.1	00♑34.4
DEC 7	19 10.0	25 52.3	10 11.4	07 57.2
17	22 51.7	01♒32.3	13 47.5	15 49.5
27	26 45.8	07 18.3	17 22.7	24 15.4
JAN 6	00♓50.4	13♒10.2	20♐55.7	03♒18.7
JAN 1	21S19.8	13S01.5	16S41.7	20S54.8
21	21 10.5	23 13.9	18 34.2	24 46.1
FEB 10	20 34.5	31 57.6	19 55.3	27 59.3
MAR 2	19 35.8	39 05.4	20 37.2	30 30.9
22	18 20.9	44 46.4	20 29.9	31 58.2
APR 11	16 58.5	48 54.2	19 27.5	31 22.4
MAY 1	15 39.8	50 05.6	17 41.8	27 54.3
21	14 38.0	46 24.1	15 48.5	22 55.5
JUN 10	14 07.9	39 36.7	14 25.2	18 52.8
30	14 21.6	33 35.7	13 50.1	16 43.5
JUL 20	15 20.1	29 44.0	14 02.2	16 12.4
AUG 9	16 44.0	27 36.1	14 51.4	16 48.5
29	18 00.8	26 26.9	16 05.6	18 04.0
SEP 18	18 46.9	25 39.4	17 34.0	19 35.8
OCT 8	18 54.6	24 47.0	19 06.6	21 02.8
28	18 23.5	23 31.1	20 35.1	22 03.1
NOV 17	17 14.5	21 39.6	21 52.3	22 12.6
DEC 7	15 29.3	19 05.8	22 52.4	21 03.7
27	13S10.8	15S47.3	23S31.3	18S07.0

1955		Psyche 16	Eros 433	Lilith 1181	Toro 1685
JAN	1	28♒46.9	10♒13.5	19♐09.6	28♑42.2
	11	02♓56.1	16 08.4	22 41.1	08♒05.7
	21	07 13.1	22 09.2	26 08.7	18 12.5
	31	11 36.7	28 16.4	29 31.0	29 05.5
FEB	10	16 05.5	04♓29.9	02♑46.7	10♓44.3
	20	20 38.3	10 50.2	05 54.1	23 05.4
MAR	2	25 14.3	17 17.6	08 51.5	06♈00.4
	12	29 52.2	23 52.5	11 36.7	19 15.9
	22	04♈31.4	00♈35.4	14 07.7	02♉36.9
APR	1	09 11.1	07 27.0	16 21.6	15 47.8
	11	13 50.5	14 27.7	18 15.5	28 34.5
	21	18 28.8	21 38.2	19 46.3	10♊46.3
MAY	1	23 05.5	28 59.1	20 50.4	22 16.3
	11	27 39.5	06♉30.7	21 24.4	03♋01.0
	21	02♉10.5	14 13.7	21R25.4	13 00.9
	31	06 37.5	22 08.3	20 51.5	22 19.1
JUN	10	10 59.6	00♊14.6	19 43.3	00♌59.1
	20	15 15.9	08 32.6	18 04.3	09 05.7
	30	19 25.4	17 01.8	16 01.9	16 43.6
JUL	10	23 26.6	25 41.6	13 47.6	23 56.7
	20	27 18.3	04♋31.3	11 34.7	00♍49.0
	30	00♊58.5	13 29.2	09 36.9	07 23.6
AUG	9	04 25.3	22 34.1	08 05.3	13 43.2
	19	07 36.2	01♌44.4	07 07.0	19 50.2
	29	10 28.1	10 57.8	06 45.8	25 46.7
SEP	8	12 57.8	20 12.5	07D01.8	01♎34.0
	18	15 01.3	29 26.7	07 53.3	07 13.9
	28	16 34.2	08♍37.9	09 17.3	12 47.2
OCT	8	17 32.2	17 44.1	11 10.4	18 14.8
	18	17 51.5	26 43.8	13 29.1	23 37.6
	28	17R29.5	05♎34.8	16 10.3	28 56.2
NOV	7	16 27.2	14 15.7	19 11.1	04♏11.0
	17	14 49.3	22 45.4	22 28.8	09 22.5
	27	12 46.4	01♏02.3	26 01.5	14 30.7
DEC	7	10 33.6	09 05.9	29 46.9	19 35.9
	17	08 27.3	16 55.4	03♒43.6	24 38.3
	27	06 43.4	24 30.3	07 49.9	29 37.7
JAN	6	05♊32.7	01♐50.1	12♒04.6	04♐34.1
JAN	1	12S31.4	14S50.7	23S37.5	17S02.7
	21	09 38.0	10 38.2	23 47.2	11 17.1
FEB	10	06 23.9	05 47.4	23 34.1	03 17.5
MAR	2	02 56.3	00 25.2	23 01.6	05N54.5
	22	00N36.8	05N19.3	22 15.2	14 07.9
APR	11	04 07.6	11 13.7	21 22.3	19 07.7
MAY	1	07 28.5	17 00.4	20 31.8	20 08.9
	21	10 32.7	22 13.4	19 52.2	18 07.5
JUN	10	13 13.8	26 17.0	19 28.8	14 25.6
	30	15 27.0	28 27.0	19 19.6	09 59.7
JUL	20	17 08.7	28 02.9	19 17.3	05 19.0
AUG	9	18 17.7	24 47.5	19 16.7	00 37.2
	29	18 55.1	18 57.8	19 17.0	03S58.9
SEP	18	19 04.5	11 18.2	19 15.9	08 24.4
OCT	8	18 52.2	02 43.1	19 07.0	12 35.3
	28	18 25.0	05S56.4	18 42.0	16 27.2
NOV	17	17 50.3	13 57.8	17 53.3	19 55.3

1956		Psyche 16	Eros 433	Lilith 1181	Toro 1685
JAN	1	06R03.4	28♏12.1	09♒56.3	02♐06.2
	11	05♊11.7	05♐24.4	14 14.7	07 01.2
	21	04D59.9	12 21.2	18 40.0	11 53.0
	31	05 27.3	19 02.1	23 10.9	16 41.4
FEB	10	06 30.6	25 27.1	27 46.7	21 26.3
	20	08 05.6	01♑35.4	02♓26.5	26 07.3
MAR	1	10 07.8	07 26.2	07 09.6	00♑44.0
	11	12 32.7	12 59.1	11 55.5	05 16.4
	21	15 16.7	18 12.2	16 43.3	09 43.5
	31	18 16.2	23 04.0	21 32.4	14 05.0
APR	10	21 28.3	27 32.3	26 22.4	18 20.3
	20	24 50.8	01♒33.4	01♈12.6	22 28.4
	30	28 21.5	05 03.4	06 02.3	26 28.6
MAY	10	01♋58.7	07 57.0	10 51.0	00♒19.9
	20	05 41.1	10 06.7	15 37.8	04 00.7
	30	09 27.3	11 24.6	20 21.9	07 30.5
JUN	9	13 16.3	11R41.2	25 02.6	10 48.3
	19	17 07.3	10 47.5	29 38.5	13 54.2
	29	20 59.3	08 40.1	04♉08.5	16 52.9
JUL	9	24 51.6	05 24.1	08 31.0	19 55.1
	19	28 43.5	01 20.3	12 44.1	23 36.6
	29	02♌34.2	27♑04.0	16 45.6	00♓16.1
AUG	8	06 23.2	23 13.8	20 32.8	26 39.4
	18	10 09.5	20 20.7	24 02.0	12♋50.5
	28	13 52.2	18 39.4	27 09.5	03♌51.6
SEP	7	17 30.8	18D11.2	29 50.2	10 32.3
	17	21 03.8	18 50.2	01♊58.6	15 21.4
	27	24 30.3	20 26.7	03 28.8	20 22.1
OCT	7	27 48.9	22 51.5	04 14.7	26 04.4
	17	00♍57.8	25 56.9	04R12.0	02♍24.8
	27	03 55.3	29 36.0	03 20.2	09 08.9
NOV	6	06 39.3	03♒43.9	01 44.4	15 58.4
	16	09 07.0	08 16.7	29♉38.1	22 37.2
	26	11 15.7	13 11.0	27 21.7	28 54.9
DEC	6	13 02.2	18 24.8	25 17.6	04♎43.5
	16	14 22.8	23 56.5	23 46.2	09 56.6
	26	15 14.4	29 44.4	22 59.8	14 29.2
JAN	5	15♍33.6	05♓48.0	23D03.1	18♎14.5
JAN	1	17N01.4	27S11.2	14S12.4	25S48.8
	21	17 21.7	30 20.2	11 42.1	27 23.7
FEB	10	18 08.6	31 48.3	08 42.7	28 15.1
MAR	1	19 09.8	31 49.9	05 19.0	28 21.7
	21	20 11.5	30 46.5	01 36.9	27 43.1
APR	10	21 02.2	29 03.3	02N16.8	26 19.7
	30	21 33.3	27 05.4	06 14.8	24 09.3
MAY	20	21 39.7	25 16.6	10 09.7	21 01.6
JUN	9	21 18.6	23 56.2	13 53.7	16 22.6
	29	20 30.0	23 06.9	17 19.3	08 25.4
JUL	19	19 15.7	22 16.4	20 19.2	09N16.9
AUG	8	17 39.4	20 46.5	22 47.4	58 30.2
	28	15 45.9	18 55.9	24 39.0	64 37.3
SEP	17	13 41.6	17 13.7	25 50.4	39 40.8
OCT	7	11 33.5	15 35.2	26 16.3	24 06.4
	27	09 30.5	13 42.2	25 46.4	11 47.6
NOV	16	07 42.6	11 18.6	24 13.1	01 30.9

1957		Psyche 16	Eros 433	Lilith 1181	Toro 1685
JAN	1	15♍30.0	03♓20.7	22D55.7	16♎50.6
	11	15R28.6	09 33.3	23♉28.8	20 03.3
	21	14 52.4	16 00.3	24 47.9	22 14.7
	31	13 42.7	22 41.7	26 47.3	23 12.9
FEB	10	12 04.2	29 37.1	29 21.1	22R44.0
	20	10 05.4	06♈46.2	02♊23.0	20 38.0
MAR	2	07 57.7	14 09.1	05 47.8	16 53.1
	12	05 54.1	21 45.7	09 31.3	11 47.8
	22	04 06.5	29 35.4	13 29.4	06 06.4
APR	1	02 43.9	07♉38.3	17 39.2	00 43.6
	11	01 52.1	15 53.7	21 58.3	26♍25.4
	21	01 32.9	24 20.7	26 24.4	23 32.7
MAY	1	01D45.9	02♊58.8	00♋55.8	22 04.8
	11	02 28.9	11 46.5	05 31.4	21D51.7
	21	03 38.8	20 42.4	10 09.6	22 39.2
	31	05 12.3	29 45.1	14 49.8	24 14.6
JUN	10	07 06.4	08♋52.8	19 31.0	26 28.1
	20	09 17.9	18 03.4	24 12.5	29 11.3
	30	11 44.3	27 15.3	28 53.8	02♎18.2
JUL	10	14 23.4	06♌26.3	03♌34.2	05 44.5
	20	17 13.0	15 34.5	08 13.3	09 26.6
	30	20 11.7	24 38.2	12 50.7	13 22.2
AUG	9	23 17.8	03♍35.6	17 25.8	17 29.5
	19	26 29.9	12 25.1	21 58.0	21 46.9
	29	29 47.1	21 05.9	26 27.1	26 13.8
SEP	8	03♎08.2	29 36.5	00♍52.2	00♏49.5
	18	06 32.1	07♎56.4	05 12.8	05 33.4
	28	09 58.1	16 05.3	09 28.2	10 25.5
OCT	8	13 25.0	24 02.8	13 37.3	15 25.8
	18	16 52.0	01♏48.8	17 39.3	20 34.4
	28	20 18.0	09 23.7	21 32.8	25 51.6
NOV	7	23 41.9	16 47.6	25 16.4	01♐17.9
	17	27 02.7	24 00.9	28 48.5	06 53.9
	27	00♏19.1	01♐04.2	02♎07.0	12 40.7
DEC	7	03 29.4	07 57.7	05 09.4	18 38.9
	17	06 32.4	14 42.0	07 53.1	24 50.2
	27	09 26.1	21 17.4	10 14.8	01♑16.2
JAN	6	12♏08.5	27♐44.3	12♎11.0	07♑58.6
JAN	1	05N37.9	03S10.9	19N47.1	16S05.2
	21	06 05.1	01N29.4	19 13.4	21 30.4
FEB	10	07 24.1	06 40.2	19 29.0	25 14.6
MAR	2	09 11.6	12 05.4	20 08.9	26 02.7
	22	10 49.0	17 20.6	20 49.8	22 40.3
APR	11	11 46.3	21 50.9	21 14.3	16 54.6
MAY	1	11 54.2	24 52.7	21 10.9	12 05.5
	21	11 17.3	25 42.6	20 33.3	09 25.5
JUN	10	10 03.7	23 55.2	19 19.5	08 37.9
	30	08 21.4	19 37.9	17 31.0	09 10.7
JUL	20	06 16.9	13 26.9	15 11.6	10 37.9
AUG	9	03 56.2	06 10.9	12 26.7	12 39.9
	29	01 24.8	01S24.2	09 22.5	15 01.8
SEP	18	01S12.0	08 41.3	06 05.5	17 30.5
OCT	8	03 49.0	15 12.9	02 42.7	19 54.0
	28	06 20.7	20 38.7	00S38.9	21 59.4
NOV	17	08 41.9	24 44.8	03 52.0	23 32.7
DEC	7	10 47.3	27 22.7	06 48.8	24 18.1

1958	16	433	1181	1685
JAN 1	10♏48.8	24♐31.9	11♎16.3	04♑35.2
11	13 24.7	00♑54.7	12 58.3	11 26.8
21	15 45.9	07 09.6	14 09.0	18 38.8
31	17 49.4	13 16.6	14 44.4	26 14.2
FEB 10	19 32.4	19 16.1	14R41.9	04♒16.3
20	20 51.9	25 08.4	14 00.2	12 49.4
MAR 2	21 44.4	00♒53.2	12 41.1	21 57.0
12	22 07.4	06 30.7	10 50.6	01♓43.1
22	21R58.5	12 01.0	08 38.8	12 10.7
APR 1	21 17.1	17 23.7	06 19.3	23 20.6
11	20 05.1	22 38.6	04 07.0	05♈11.2
21	18 27.0	27 45.3	02 14.7	17 37.2
MAY 1	16 31.0	02♓43.1	00 52.0	00♉28.4
11	14 27.6	07 31.2	00 03.7	13 31.2
21	12 28.6	12 08.4	29D50.8	26 30.3
31	10 45.1	16 33.0	00♎12.1	09♊10.3
JUN 10	09 25.7	20 43.0	01 04.5	21 19.6
20	08 35.7	24 35.4	02 24.4	02♋51.3
30	08 17.8	28 06.1	04 08.2	13 42.0
JUL 10	08D31.7	01♈10.3	06 12.4	23 51.8
20	09 15.8	03 40.7	08 34.0	03♌23.1
30	10 27.6	05 28.5	11 10.4	12 18.6
AUG 9	12 04.0	06 23.0	13 59.0	20 42.1
19	14 02.2	06R11.1	16 58.2	28 37.1
29	16 19.6	04 42.2	20 06.1	06♍07.0
SEP 8	18 53.5	01 52.3	23 21.2	13 14.9
18	21 41.8	27♓53.0	26 42.3	20 03.5
28	24 42.5	23 19.7	00♏08.2	26 35.0
OCT 8	27 53.8	19 02.4	03 37.8	02♎51.3
18	01♐14.4	15 47.9	07 10.2	08 54.3
28	04 42.8	14 04.7	10 44.3	14 44.8
NOV 7	08 17.7	13D57.8	14 19.2	20 24.0
17	11 58.1	15 20.8	17 54.1	25 52.7
27	15 42.7	18 01.8	21 27.7	01♏11.0
DEC 7	19 30.7	21 48.0	24 59.1	06 19.2
17	23 21.1	26 29.6	28 27.1	11 17.3
27	27 12.7	01♈57.9	01♐50.5	16 04.7
JAN 6	01♑04.6	08♈06.0	05♐08.0	20♏40.9

1958	16	433	1181	1685
JAN 1	12S54.6	28S33.5	09S53.2	23S40.4
21	14 07.7	27 55.1	11 37.9	21 31.6
FEB 10	14 51.7	26 03.9	12 29.6	17 34.6
MAR 2	15 04.1	23 13.5	12 14.6	11 34.2
22	14 43.8	19 37.9	10 52.1	03 29.6
APR 11	13 52.6	15 29.4	08 50.1	06N04.3
MAY 1	12 40.3	10 58.2	06 56.5	15 27.1
21	11 28.7	06 11.8	05 47.1	22 00.8
JUN 10	10 43.2	01 15.7	05 32.5	23 52.2
30	10 39.1	03N46.4	06 07.4	21 28.8
JUL 20	11 16.3	08 50.5	07 20.9	16 37.5
AUG 9	12 25.7	13 45.2	09 02.4	10 47.5
29	13 55.8	17 51.3	11 02.3	04 47.6
SEP 18	15 35.3	19 41.6	13 12.2	01S00.3
OCT 8	17 14.5	18 21.6	15 24.6	06 26.6
28	18 44.8	15 36.3	17 32.9	11 26.6
NOV 17	19 58.9	13 42.1	19 31.2	15 57.6
DEC 7	20 51.0	13 26.2	21 14.5	19 56.9
27	21S17.1	14N39.7	22S39.1	23S22.8

1959	16	433	1181	1685
JAN 1	29♐08.6	04♈57.3	03♐30.1	18♏24.2
11	03♑00.5	11 23.5	06 44.1	22 54.4
21	06 51.1	18 22.4	09 49.7	27 11.5
31	10 39.4	25 49.7	12 45.2	01♐14.0
FEB 10	14 24.4	03♉42.1	15 28.7	04 59.7
20	18 04.7	11 56.8	17 57.7	08 25.6
MAR 2	21 39.2	20 30.1	20 09.8	11 28.1
12	25 06.3	29 19.5	22 02.1	14 02.2
22	28 24.3	08♊22.1	23 31.3	16 01.6
APR 1	01♒31.4	17 34.4	24 34.5	17 18.6
11	04 25.5	26 53.7	25 08.2	17R43.6
21	07 04.0	06♋16.9	25R09.8	17 05.8
MAY 1	09 24.2	15 40.2	24 37.9	15 16.3
11	11 22.9	25 01.1	23 32.8	12 10.0
21	12 56.4	04♌16.4	21 57.8	07 55.1
31	14 01.3	13 23.2	20 00.1	02 56.5
JUN 10	14 33.9	22 19.6	17 49.3	27♏53.8
20	14R31.4	01♍03.8	15 38.2	23 30.0
30	13 53.0	09 34.3	13 38.9	20 14.7
JUL 10	12 40.1	17 50.9	12 01.8	18 20.3
20	10 58.6	25 53.4	10 54.5	17D46.3
30	08 58.5	03♎41.8	10 20.5	18 23.9
AUG 9	06 53.0	11 17.2	10D20.6	20 03.9
19	04 57.2	18 40.1	10 53.8	22 37.4
29	03 23.9	25 51.3	11 57.2	25 56.7
SEP 8	02 22.8	02♏52.3	13 28.0	29 57.3
18	01 59.4	09 43.7	15 23.2	04♐35.6
28	02D14.7	16 26.7	17 39.5	09 49.2
OCT 8	03 07.7	23 02.4	20 14.5	15 38.1
18	04 35.5	29 31.4	23 05.6	22 02.5
28	06 34.0	05♐54.7	26 10.6	29 03.4
NOV 7	08 59.8	12 13.0	29 27.7	06♑43.3
17	11 49.1	18 26.9	02♑55.3	15 03.8
27	14 58.5	24 37.0	06 31.7	24 07.1
DEC 7	18 25.3	00♑44.0	10 15.9	03♒55.8
17	22 06.7	06 48.0	14 06.5	14 33.8
27	26 00.5	12 49.5	18 02.4	26 11.6
JAN 6	00♓04.8	18♑49.1	22♑02.7	09♓11.9

1959	16	433	1181	1685
JAN 1	21S19.3	15N08.9	22S57.0	24S08.9
21	21 10.8	17 31.5	23 55.3	26 51.9
FEB 10	20 35.8	20 01.0	24 32.8	29 02.4
MAR 2	19 38.3	21 46.0	24 51.7	30 44.3
22	18 24.8	21 57.5	24 56.0	32 03.5
APR 11	17 04.1	20 07.6	24 49.2	33 02.1
MAY 1	15 47.1	16 20.9	24 32.7	33 21.8
21	14 47.1	11 08.1	24 03.6	32 02.0
JUN 10	14 18.6	05 08.5	23 18.7	28 13.0
30	14 33.4	01S03.4	22 24.2	23 28.7
JUL 20	15 32.1	07 02.2	21 37.4	20 02.9
AUG 9	16 54.8	12 30.6	21 11.6	18 23.0
29	18 10.0	17 16.8	21 08.3	17 56.0
SEP 18	18 54.9	21 12.0	21 19.6	18 00.2
OCT 8	19 02.4	24 08.8	21 34.4	17 56.3
28	18 31.9	26 01.3	21 42.0	17 06.2
NOV 17	17 24.2	26 45.8	21 33.3	14 54.5
DEC 7	15 40.6	26 21.1	21 01.4	11 02.7
27	13S23.7	24S50.0	20S02.0	05S52.5

1960	16	433	1181	1685
JAN 1	28♒01.5	15♑49.6	20♑02.1	02♓29.6
11	02♓10.3	21 48.1	24 04.2	16 22.6
21	06 27.0	27 45.0	28 09.2	02♈22.8
31	10 50.2	03♒40.8	02♒16.4	20 31.9
FEB 10	15 18.7	09 35.4	06 24.9	09♉41.2
20	19 51.2	15 29.2	10 33.7	27 49.0
MAR 1	24 26.9	21 22.8	14 42.2	13♊28.8
11	29 04.7	27 16.2	18 49.4	26 26.6
21	03♈43.7	03♓09.9	22 54.4	07♋09.6
31	08 23.3	09 04.4	26 56.5	16 13.7
APR 10	13 02.6	15 00.1	00♓54.5	24 08.5
20	17 40.8	20 57.5	04 47.2	01♌14.1
30	22 17.5	26 57.2	08 33.5	07 45.4
MAY 10	26 51.7	02♈59.8	12 11.6	13 52.4
20	01♉22.7	09 06.1	15 40.0	19 41.3
30	05 49.9	15 17.0	18 56.5	25 17.2
JUN 9	10 12.1	21 32.9	21 58.2	00♍43.4
19	14 28.6	27 55.4	24 42.6	06 02.1
29	18 38.3	04♉25.1	27 05.7	11 15.4
JUL 9	22 39.7	11 03.2	29 03.2	16 24.7
19	26 31.5	17 51.2	00♈30.7	21 30.8
29	00♊11.9	24 50.1	01 22.9	26 34.9
AUG 8	03 38.7	02♊01.2	01R35.4	01♎37.6
18	06 49.5	09 26.1	01 05.6	06 39.3
28	09 41.3	17 05.9	29♓53.5	11 41.0
SEP 7	12 10.6	25 01.4	28 05.6	16 42.7
17	14 13.5	03♋13.9	25 53.7	21 45.0
27	15 45.6	11 43.2	23 35.7	26 48.4
OCT 7	16 42.4	20 28.8	21 31.7	01♏53.1
17	17 00.4	29 30.0	19 58.6	06 59.4
27	16R36.8	08♌43.8	19 08.5	12 07.8
NOV 6	15 32.8	18 07.2	19D06.6	17 18.4
16	13 53.7	27 36.4	19 52.6	22 31.7
26	11 49.9	07♍05.5	21 23.4	27 48.1
DEC 6	09 37.1	16 29.3	23 34.0	03♐07.8
16	07 31.9	25 42.4	26 19.0	08 31.6
26	05 49.8	04♎37.8	29 33.5	13 59.9
JAN 5	04♊41.7	13♎09.7	03♈12.7	19♐33.4

1960	16	433	1181	1685
JAN 1	12S44.8	24S17.4	19S42.6	04S27.9
21	09 52.9	21 31.1	18 06.6	01N26.3
FEB 10	06 39.9	17 53.6	16 02.4	06 43.3
MAR 1	03 13.2	13 33.5	13 33.3	09 02.6
21	00N19.6	08 38.9	10 43.9	09 11.5
APR 10	03 50.6	03 17.1	07 39.9	08 23.2
30	07 12.2	02N25.3	04 27.8	06 56.2
MAY 20	10 17.4	08 22.3	01 14.9	04 55.7
JUN 9	13 00.1	14 27.1	01N50.5	02 26.5
29	15 15.0	20 30.9	04 38.0	00S25.4
JUL 19	16 58.6	26 19.5	06 53.6	03 34.4
AUG 8	18 09.3	31 29.6	08 18.2	06 54.1
28	18 48.2	35 23.6	08 29.6	10 18.5
SEP 17	18 58.6	37 07.9	07 18.8	13 41.1
OCT 7	18 46.4	35 45.2	05 16.5	16 55.4
27	18 18.6	30 41.9	03 25.7	19 53.5
NOV 16	17 42.5	22 07.8	02 34.2	22 27.2
DEC 6	17 08.2	10 51.2	02 55.0	24 27.2
26	16N51.4	01S57.9	04N19.7	25S43.2

1961		Psyche 16	Eros 433	Lilith 1181	Toro 1685
JAN	1	05R04.4	09♎48.0	01♈42.4	17♐19.3
	11	04♊19.5	18 03.2	05 34.3	22 56.4
	21	04D14.7	25 44.1	09 45.0	28 40.5
	31	04 49.0	02♏43.1	14 11.0	04♑32.5
FEB	10	05 58.7	08 52.5	18 49.7	10 34.4
	20	07 39.6	14 00.7	23 38.9	16 48.1
MAR	2	09 47.0	17 55.3	28 36.6	23 16.1
	12	12 16.5	20 22.7	03♉41.0	00♒01.8
	22	15 04.4	21 06.8	08 50.9	07 09.3
APR	1	18 07.5	19R59.4	14 04.9	14 43.2
	11	21 22.8	17 08.0	19 21.8	22 49.7
	21	24 48.2	13 04.2	24 41.0	01♓35.2
MAY	1	28 21.4	08 45.8	00♊01.3	11 06.4
	11	02♋00.9	05 09.2	05 22.2	21 29.6
	21	05 45.4	02 49.5	10 43.0	02♈48.0
	31	09 33.5	01D56.6	16 02.9	14 59.3
JUN	10	13 24.3	02 21.5	21 21.5	27 55.3
	20	17 16.8	03 50.8	26 38.4	11♉19.6
	30	21 10.3	06 11.2	01♋52.7	24 52.7
JUL	10	25 03.9	09 10.0	07 04.2	08♊17.0
	20	28 57.1	12 39.1	12 12.4	21 18.6
	30	02♌48.9	16 31.5	17 16.4	03♋48.3
AUG	9	06 38.8	20 41.7	22 16.0	15 40.5
	19	10 26.0	25 06.6	27 10.2	26 51.5
	29	14 09.6	29 43.3	01♌58.3	07♌19.8
SEP	8	17 48.8	04♐29.5	06 39.6	17 06.8
	18	21 22.4	09 24.1	11 12.7	26 14.5
	28	24 49.3	14 25.9	15 36.5	04♍46.0
OCT	8	28 08.2	19 33.8	19 49.6	12 45.0
	18	01♍17.4	24 47.7	23 50.1	20 14.3
	28	04 14.8	00♑06.8	27 35.7	27 16.8
NOV	7	06 58.6	05 30.8	01♍04.1	03♎54.9
	17	09 25.9	10 59.7	04 11.9	10 10.1
	27	11 34.0	16 33.1	06 55.7	16 03.5
DEC	7	13 19.6	22 11.0	09 11.5	21 35.9
	17	14 39.1	27 53.6	10 54.3	26 46.9
	27	15 29.2	03♒40.4	11 59.8	01♏36.0
JAN	6	15♍46.8	09♒32.0	12♍23.7	06♏01.9
JAN	1	16N52.0	05S54.7	04N55.3	25S55.9
	21	17 14.7	18 48.3	07 19.9	25 59.2
FEB	10	18 04.3	30 31.8	10 11.3	24 53.9
MAR	2	19 07.6	40 23.3	13 13.3	22 28.0
	22	20 10.8	47 29.8	16 10.6	18 27.0
APR	11	21 02.3	49 52.6	18 49.2	12 32.8
MAY	1	21 33.7	46 04.1	20 56.9	04 27.3
	21	21 39.8	39 01.3	22 23.8	05N45.5
JUN	10	21 18.1	32 51.9	23 03.5	16 45.1
	30	20 28.6	28 58.7	22 53.3	25 16.9
JUL	20	19 13.2	27 00.0	21 54.5	28 05.3
AUG	9	17 35.8	26 12.2	20 11.8	24 58.3
	29	15 41.3	25 57.8	17 52.8	18 23.7
SEP	18	13 36.0	25 48.4	15 06.7	10 44.4
OCT	8	11 27.4	25 23.5	12 04.2	03 14.5
	28	09 24.1	24 28.4	08 56.6	03S38.8
NOV	17	07 36.2	22 53.2	05 56.6	09 48.1
DEC	7	[illegible]	[illegible]	[illegible]	15 12.6

1962		Psyche 16	Eros 433	Lilith 1181	Toro 1685
JAN	1	15♍42.2	06♒35.6	12♍17.2	03♏52.0
	11	15R42.6	12 29.5	12R19.0	08 05.4
	21	15 07.9	18 28.1	11 36.0	11 51.4
	31	13 59.6	24 31.6	10 11.0	15 06.7
FEB	10	12 21.9	00♓40.4	08 11.3	17 45.7
	20	10 23.6	06 54.7	05 50.6	19 41.7
MAR	2	08 15.9	13 14.9	03 26.0	20 46.9
	12	06 11.7	19 41.6	01 14.6	20R51.5
	22	04 23.1	26 15.0	29♌31.1	19 46.7
APR	1	02 59.4	02♈56.0	28 23.9	17 27.1
	11	02 06.2	09 45.1	27 56.4	13 55.3
	21	01 45.8	16 42.9	28D08.1	09 29.1
MAY	1	01D57.6	23 50.1	28 55.5	04 40.8
	11	02 39.5	01♉07.6	00♍14.7	00 09.4
	21	03 48.6	08 35.6	02 01.0	26♎28.5
	31	05 21.4	16 15.1	04 10.0	23 55.5
JUN	10	07 14.8	24 06.3	06 38.3	22 34.5
	20	09 25.8	02♊09.3	09 22.4	22D20.3
	30	11 51.8	10 24.5	12 19.6	23 03.7
JUL	10	14 30.5	18 51.3	15 27.8	24 35.8
	20	17 19.9	27 29.2	18 44.8	26 48.3
	30	20 18.2	06♋17.6	22 09.1	29 34.3
AUG	9	23 24.1	15 15.0	25 39.4	02♏49.0
	19	26 36.1	24 19.9	29 14.4	06 28.2
	29	29 53.1	03♌30.8	02♎53.1	10 29.2
SEP	8	03♎14.1	12 45.5	06 34.6	14 50.1
	18	06 37.9	22 01.9	10 17.9	19 29.4
	28	10 03.7	01♍18.2	14 02.3	24 26.5
OCT	8	13 30.6	10 31.8	17 47.0	29 41.4
	18	16 57.5	19 40.7	21 31.0	05♐14.2
	28	20 23.5	28 43.0	25 13.6	11 05.7
NOV	7	23 47.5	07♎36.4	28 53.8	17 17.3
	17	27 08.3	16 19.4	02♏30.5	23 50.3
	27	00♏24.7	24 50.6	06 02.7	00♑47.3
DEC	7	03 35.3	03♏08.3	09 29.2	08 10.9
	17	06 38.4	11 11.6	12 48.5	16 04.2
	27	09 32.4	18 59.8	15 59.1	24 31.2
JAN	6	12♏15.1	26♏31.8	18♏59.1	03♒35.9
JAN	1	05N33.7	16S30.8	00N58.8	20S57.7
	21	05 59.8	12 27.4	00 16.1	24 48.5
FEB	10	07 18.1	07 44.6	00 46.9	28 01.3
MAR	2	09 05.6	02 28.8	02 14.5	30 32.7
	22	10 43.9	03N11.7	03 54.6	32 00.7
APR	11	11 42.2	09 06.5	05 05.3	31 27.1
MAY	1	11 50.9	15 00.8	05 28.5	28 01.4
	21	11 14.5	20 33.8	05 04.0	23 03.0
JUN	10	10 01.3	25 14.9	03 58.0	18 59.0
	30	08 19.2	28 23.1	02 18.2	16 48.2
JUL	20	06 14.8	29 13.7	00 12.1	16 15.9
AUG	9	03 54.2	27 14.7	02S13.4	16 51.1
	29	01 22.9	22 25.7	04 52.1	18 05.9
SEP	18	01S13.9	15 19.8	07 37.8	19 36.9
OCT	8	03 50.8	06 49.5	10 24.9	21 03.1
	28	06 22.5	02S09.7	13 07.7	22 02.4
NOV	17	08 43.6	10 48.9	15 41.3	22 10.8
DEC	7	10 49.1	18 29.2	18 00.8	21 00.5

1963		Psyche 16	Eros 433	Lilith 1181	Toro 1685
JAN	1	10♏55.3	22♏47.9	17♏30.6	28♑58.6
	11	13 31.6	00♐11.6	20 24.5	08♒23.6
	21	15 53.2	07 18.5	23 04.8	18 32.0
	31	17 57.4	14 07.8	25 28.9	29 26.7
FEB	10	19 41.1	20 38.8	27 34.0	11♓07.3
	20	21 01.5	26 51.0	29 17.2	23 30.0
MAR	2	21 55.0	02♑43.1	00♐35.0	06♈26.2
	12	22 19.0	08 13.7	01 24.3	19 42.6
	22	22R11.4	13 21.3	01 42.1	03♉03.9
APR	1	21 31.2	18 03.1	01R26.2	16 14.8
	11	20 20.2	22 16.0	00 36.2	29 01.0
	21	18 43.1	25 55.9	29♏14.4	11♊11.9
MAY	1	16 47.4	28 56.7	27 25.7	22 40.7
	11	14 44.1	01♒11.6	25 19.5	03♋24.2
	21	12 44.6	02 32.2	23 07.1	13 22.8
	31	11 00.1	02R48.4	21 00.8	22 39.6
JUN	10	09 39.6	01 52.5	19 12.3	01♌18.3
	20	08 48.2	29♑40.7	17 49.7	09 23.8
	30	08 28.8	26 19.8	16 58.4	17 00.6
JUL	10	08D41.3	22 13.3	16 40.1	24 12.8
	20	09 24.0	17 56.7	16D54.2	01♍04.2
	30	10 34.5	14 09.6	17 38.8	07 38.1
AUG	9	12 09.8	11 21.6	18 50.9	13 57.1
	19	14 07.0	09 45.2	20 27.4	20 03.6
	29	16 23.4	09D21.2	22 25.5	25 59.6
SEP	8	18 56.5	10 02.3	24 42.1	01♎46.6
	18	21 44.0	11 38.9	27 14.8	07 26.0
	28	24 44.1	14 02.2	00♐01.5	12 59.1
OCT	8	27 54.8	17 03.9	03 00.1	18 26.5
	18	01♐14.8	20 37.6	06 08.9	23 49.2
	28	04 42.8	24 38.5	09 26.4	29 07.7
NOV	7	08 17.2	29 02.4	12 51.2	04♏22.4
	17	11 57.2	03♒46.4	16 22.2	09 33.8
	27	15 41.5	08 48.6	19 58.1	14 42.1
DEC	7	19 29.2	14 06.7	23 37.8	19 47.3
	17	23 19.2	19 39.9	27 20.4	24 49.8
	27	27 10.6	25 27.1	01♑04.9	29 49.4
JAN	6	01♑02.4	01♓27.6	04♑50.1	04♐46.1
JAN	1	12S56.5	26S00.5	20S29.5	16S57.3
	21	14 09.8	30 04.7	22 04.5	11 09.7
FEB	10	14 54.1	32 24.7	23 16.4	03 08.6
MAR	2	15 07.0	33 13.2	24 04.0	06N03.1
	22	14 47.3	32 53.1	24 24.8	14 13.6
APR	11	13 56.7	31 52.5	24 13.4	19 08.8
MAY	1	12 44.9	30 40.5	23 24.1	20 05.7
	21	11 33.2	29 43.0	22 01.2	18 01.8
JUN	10	10 47.2	29 12.2	20 28.5	14 18.9
	30	10 42.2	28 41.3	19 16.6	09 53.0
JUL	20	11 18.5	27 08.3	18 42.8	05 12.7
AUG	9	12 27.2	24 33.6	18 47.3	00 31.3
	29	13 56.6	22 02.8	19 20.4	04S04.2
SEP	18	15 35.7	20 00.5	20 10.3	08 29.1
OCT	8	17 14.6	18 10.6	21 05.6	12 39.4
	28	18 44.8	16 10.4	21 56.3	16 30.8
NOV	17	19 58.8	13 42.4	22 34.0	19 58.1
DEC	7	20 50.9	10 36.4	22 52.2	22 56.3

1964	16	433	1181	1685
JAN 1	29♐06.5	28♒25.7	02♑57.5	02♐18.1
11	02♑58.2	04♓32.7	06 42.8	07 13.3
21	06 48.7	10 52.5	10 27.6	12 05.5
31	10 36.9	17 24.8	14 10.6	16 54.3
FEB 10	14 21.9	24 09.6	17 51.0	21 39.7
20	18 02.3	01♈07.0	21 27.4	26 21.4
MAR 1	21 36.7	08 16.8	24 58.7	00♑58.9
11	25 04.0	15 39.2	28 23.6	05 32.2
21	28 22.2	23 14.4	01♒40.4	10 00.6
31	01♒29.5	01♉02.1	04 47.4	14 23.5
APR 10	04 24.0	09 02.2	07 42.8	18 40.7
20	07 02.9	17 14.5	10 24.0	22 51.1
30	09 23.6	25 38.2	12 48.5	26 54.2
MAY 10	11 22.9	04♊12.8	14 53.2	00♒49.4
20	12 57.2	12 57.4	16 34.5	04 35.2
30	14 02.9	21 50.3	17 48.8	08 11.7
JUN 9	14 36.5	00♋50.5	18 32.1	11 39.0
19	14R35.0	09 56.3	18R40.6	14 58.3
29	13 57.6	19 05.6	18 12.1	18 16.8
JUL 9	12 45.6	28 16.8	17 06.5	21 51.3
19	11 04.7	07♌28.0	15 27.0	26 30.8
29	09 05.0	16 36.9	13 22.1	05♓23.1
AUG 8	06 59.4	25 42.2	11 04.3	08♈47.1
18	05 02.9	04♍41.8	08 49.2	08♋15.2
28	03 28.8	13 34.2	06 52.4	00♌47.0
SEP 7	02 26.7	22 18.2	05 26.0	08 43.4
17	02 02.1	00♎52.7	04 38.4	14 16.0
27	02D16.5	09 16.6	04D32.6	19 43.9
OCT 7	03 08.4	17 29.6	05 08.0	25 44.3
17	04 35.3	25 31.2	06 22.5	02♍16.7
27	06 33.2	03♏21.2	08 11.9	09 08.5
NOV 6	08 58.4	10 59.8	10 32.4	16 03.0
16	11 47.3	18 27.1	13 20.2	22 45.2
26	14 56.4	25 43.2	16 31.3	29 05.1
DEC 6	18 22.9	02♐48.8	20 02.9	04♎55.6
16	22 04.2	09 43.8	23 52.1	10 10.4
26	25 57.9	16 28.8	27 56.3	14 44.7
JAN 5	00♓02.2	23♐04.2	02♓13.7	18♎32.1

1964	16	433	1181	1685
JAN 1	21S19.4	05S44.7	22S41.1	25S49.8
21	21 11.0	01 06.2	22 02.9	27 23.6
FEB 10	20 36.2	04N05.1	20 59.3	28 13.8
MAR 1	19 38.8	09 36.2	19 33.5	28 18.9
21	18 25.4	15 07.5	17 50.6	27 38.6
APR 10	17 04.6	20 10.1	15 57.5	26 12.9
30	15 47.4	24 05.0	14 03.0	23 59.4
MAY 20	14 47.0	26 07.3	12 17.7	20 47.2
JUN 9	14 17.9	25 39.9	10 54.3	16 01.0
29	14 32.1	22 31.9	10 06.3	07 50.7
JUL 19	15 30.3	17 05.9	10 02.9	10N23.4
AUG 8	16 53.0	10 07.0	10 39.7	60 51.5
28	18 08.6	02 24.8	11 34.9	63 52.5
SEP 17	18 54.1	05S17.2	12 22.0	39 12.6
OCT 7	19 02.1	12 25.1	12 42.8	23 48.1
27	18 32.1	18 33.8	12 28.3	11 34.5
NOV 16	17 24.7	23 25.3	11 34.4	01 20.9
DEC 6	15 41.3	26 48.0	10 00.0	07S11.9
26	13S24.7	28S37.2	07S46.5	14S18.1

1965	16	433	1181	1685
JAN 1	28♒23.3	20♐27.2	00♓29.3	17♎07.3
11	02♓33.1	26 56.8	04 53.7	20 22.5
21	06 50.7	03♑17.1	09 28.3	22 36.9
31	11 14.7	09 28.5	14 11.8	23 39.0
FEB 10	15 43.9	15 31.0	19 03.1	23R15.0
20	20 17.0	21 24.5	24 00.7	21 14.6
MAR 2	24 53.3	27 09.5	29 03.9	17 35.5
12	29 31.6	02♒45.5	04♈11.7	12 34.6
22	04♈11.2	08 12.3	09 23.2	06 54.7
APR 1	08 51.2	13 29.9	14 37.9	01 30.4
11	13 31.0	18 37.5	19 55.1	27♍08.2
21	18 09.7	23 34.4	25 13.8	24 10.7
MAY 1	22 46.8	28 19.7	00♉33.8	22 38.2
11	27 21.4	02♓51.8	05 54.3	22D21.0
21	01♉52.8	07 09.1	11 14.7	23 05.2
31	06 20.3	11 09.0	16 34.5	24 37.9
JUN 10	10 42.9	14 47.9	21 52.9	26 49.3
20	14 59.7	18 01.9	27 09.4	29 30.7
30	19 09.6	20 44.9	02♊23.2	02♎36.3
JUL 10	23 11.2	22 49.1	07 33.5	06 01.5
20	27 03.2	24 05.7	12 39.2	09 42.8
30	00♊43.7	24R23.4	17 39.6	13 37.7
AUG 9	04 10.5	23 30.9	22 33.2	17 44.4
19	07 21.2	21 21.7	27 18.6	22 01.5
29	10 12.8	17 58.1	01♋54.3	26 28.1
SEP 8	12 41.7	13 42.2	06 18.0	01♏03.5
18	14 44.1	09 14.0	10 27.4	05 47.3
28	16 15.5	05 19.7	14 19.7	10 39.4
OCT 8	17 11.4	02 36.7	17 51.0	15 39.7
18	17R28.3	01 21.1	20 57.4	20 48.3
28	17 03.6	01D33.2	23 34.0	26 05.7
NOV 7	15 58.4	03 05.2	25 35.1	01♐32.3
17	14 18.3	05 44.9	26 55.2	07 08.6
27	12 14.0	09 22.3	27 28.6	12 55.7
DEC 7	10 01.0	13 48.6	27R12.2	18 54.5
17	07 56.5	18 56.1	26 06.6	25 06.4
27	06 15.3	24 39.8	24 18.2	01♑33.1
JAN 6	05♊08.6	00♈55.5	22♋01.7	08♑16.4

1965	16	433	1181	1685
JAN 1	12S37.8	28S51.9	06S59.4	16S10.9
21	09 44.7	28 44.3	04 01.2	21 35.3
FEB 10	06 30.7	27 19.0	00 36.0	25 20.6
MAR 2	03 03.2	24 50.4	03N08.1	26 13.4
22	00N30.0	21 34.0	07 01.9	22 57.0
APR 11	04 01.2	17 43.9	10 55.2	17 12.5
MAY 1	07 22.6	13 31.9	14 37.7	12 20.4
21	10 27.3	09 07.5	17 58.8	09 37.0
JUN 10	13 09.2	04 38.4	20 48.5	08 46.8
30	15 23.0	00 11.7	22 57.8	09 17.9
JUL 20	17 05.3	04N01.9	24 20.5	10 43.9
AUG 9	18 14.6	07 38.9	24 53.7	12 45.0
29	18 52.1	09 47.6	24 39.1	15 06.0
SEP 18	19 01.4	09 37.5	23 43.7	17 34.0
OCT 8	18 48.6	07 55.8	22 18.8	19 56.6
28	18 20.7	06 30.6	20 40.1	22 01.1
NOV 17	17 45.3	06 19.8	19 06.0	23 33.3
DEC 7	17 12.2	07 32.1	17 54.2	24 17.3
27	16N56.7	09N56.8	17N14.5	23S55.5

1966	16	433	1181	1685
JAN 1	05R37.2	27♓43.9	23R12.3	04♑52.5
11	04♊49.8	04♈14.1	20♋49.0	11 45.0
21	04D42.5	11 11.0	18 28.2	18 58.1
31	05 14.4	18 32.7	16 30.3	26 34.6
FEB 10	06 22.2	26 16.2	15 10.2	04♒38.2
20	08 01.2	04♉19.7	14 34.5	13 12.7
MAR 2	10 07.1	12 41.3	14D44.7	22 22.0
12	12 35.5	21 18.3	15 37.5	02♓09.8
22	15 22.4	00♊08.8	17 07.6	12 39.2
APR 1	18 24.7	09 10.5	19 09.5	23 51.0
11	21 39.4	18 20.5	21 37.8	05♈43.1
21	25 04.2	27 36.5	24 27.7	18 10.3
MAY 1	28 37.1	06♋56.0	27 35.2	01♉02.1
11	02♋16.2	16 16.0	00♌56.8	14 04.9
21	06 00.4	25 34.1	04 29.7	27 03.1
31	09 48.4	04♌47.8	08 11.8	09♊41.8
JUN 10	13 39.0	13 54.3	12 01.0	21 49.4
20	17 31.4	22 52.0	15 55.9	03♋19.1
30	21 24.8	01♍39.2	19 55.2	14 08.0
JUL 10	25 18.3	10 14.2	23 57.7	24 16.0
20	29 11.4	18 36.6	28 02.8	03♌45.6
30	03♌03.3	26 46.0	02♍09.4	12 39.8
AUG 9	06 53.2	04♎42.1	06 16.8	21 01.9
19	10 40.5	12 25.6	10 24.6	28 55.9
29	14 24.2	19 56.9	14 31.9	06♍24.9
SEP 8	18 03.5	27 16.6	18 38.1	13 31.9
18	21 37.4	04♏25.9	22 42.7	20 19.8
28	25 04.5	11 25.4	26 45.0	26 50.8
OCT 8	28 23.7	18 15.9	00♎44.1	03♎06.7
18	01♍33.3	24 58.6	04 39.4	09 09.2
28	04 31.3	01♐34.2	08 29.7	14 59.5
NOV 7	07 15.8	08 03.3	12 14.2	20 38.5
17	09 44.0	14 26.8	15 51.6	26 07.1
27	11 53.0	20 45.1	19 20.3	01♏25.3
DEC 7	13 39.8	26 58.9	22 38.9	06 33.7
17	15 00.8	03♑08.8	25 45.4	11 31.9
27	15 52.5	09 15.0	28 37.6	16 19.5
JAN 6	16♍11.9	15♑17.9	01♏13.0	20♏56.1

1966	16	433	1181	1685
JAN 1	16N57.3	10N42.1	17N09.3	23S37.5
21	17 19.4	14 07.7	17 01.9	21 26.5
FEB 10	18 08.1	17 46.2	17 05.9	17 27.0
MAR 2	19 10.6	20 54.3	17 10.9	11 24.0
22	20 13.1	22 42.8	17 06.9	03 17.3
APR 11	21 03.8	22 30.1	16 44.4	06N17.1
MAY 1	21 34.5	20 00.9	15 56.8	15 37.3
21	21 39.9	15 32.2	14 40.8	22 05.0
JUN 10	21 17.5	09 42.7	12 56.4	23 50.1
30	20 27.2	03 14.6	10 45.7	21 22.5
JUL 20	19 11.3	03S16.7	08 12.6	16 29.5
AUG 9	17 33.2	09 25.8	05 21.7	10 39.4
29	15 38.2	14 55.3	02 17.9	04 39.8
SEP 18	13 32.4	19 32.8	00S53.3	01S07.5
OCT 8	11 23.2	23 09.2	04 06.6	06 33.0
28	09 19.3	25 37.6	07 16.4	11 32.4
NOV 17	07 30.7	26 53.5	10 17.3	16 02.6
DEC 7	06 09.4	26 55.8	13 03.7	20 01.1
27	05N28.4	25S47.0	15S30.3	23S26.1

1967	Psyche 16	Eros 433	Lilith 1181	Toro 1685
JAN 1	16♍06.4	12♑16.8	29♎57.5	18♏39.2
11	16R08.7	18 18.3	02♏23.5	23 09.9
21	15 35.9	24 17.1	04 28.1	27 27.5
31	14 29.5	00♒13.4	06 08.1	01♐30.7
FEB 10	12 53.4	06 07.6	07 20.0	05 17.4
20	10 55.9	12 00.0	08 00.2	08 44.4
MAR 2	08 48.5	17 50.7	08R06.0	11 48.4
12	06 43.6	23 40.3	07 35.8	14 24.4
22	04 53.7	29 28.9	06 30.1	16 26.0
APR 1	03 28.2	05♓16.8	04 53.1	17 45.8
11	02 32.8	11 04.6	02 52.1	18 14.1
21	02 10.1	16 52.5	00 38.3	17R40.3
MAY 1	02D19.8	22 41.1	28♎25.0	15 55.0
11	02 59.6	28 30.9	26 24.7	12 52.8
21	04 06.7	04♈22.3	24 47.9	08 40.7
31	05 37.8	10 15.9	23 41.4	03 43.0
JUN 10	07 29.6	16 12.6	23 08.1	28♏38.5
20	09 39.3	22 12.7	23D08.3	24 10.8
30	12 04.0	28 17.4	23 40.0	20 50.8
JUL 10	14 41.5	04♉27.4	24 40.4	18 51.6
20	17 29.9	10 43.3	26 06.4	18D13.5
30	20 27.3	17 06.7	27 54.5	18 47.9
AUG 9	23 32.3	23 38.4	00♏01.9	20 25.3
19	26 43.6	00♊19.4	02 25.8	22 56.9
29	29 59.9	07 11.5	05 03.6	26 15.0
SEP 8	03♎20.2	14 15.6	07 53.6	00♐14.7
18	06 43.5	21 32.8	10 53.7	04 52.5
28	10 08.7	29 05.0	14 02.4	10 05.9
OCT 8	13 35.2	06♋52.4	17 18.3	15 54.8
18	17 01.6	14 55.6	20 40.2	22 19.4
28	20 27.2	23 15.0	24 06.8	29 20.7
NOV 7	23 50.9	01♌48.4	27 37.2	07♑00.8
17	27 11.4	10 33.1	01♐10.1	15 21.6
27	00♏27.6	19 25.5	04 44.7	24 24.7
DEC 7	03 38.0	28 17.7	08 20.1	04♒12.9
17	06 41.0	07♍01.3	11 54.9	14 50.3
27	09 34.9	15 26.7	15 28.3	26 28.7
JAN 6	12♏17.7	23♍19.6	18♐59.2	09♓33.3
JAN 1	05N25.8	25S19.4	16S03.2	24S11.9
21	05 50.4	22 50.7	17 57.4	26 54.0
FEB 10	07 07.6	19 27.8	19 18.3	29 03.4
MAR 2	08 55.1	15 20.1	19 57.0	30 44.1
22	10 34.4	10 36.4	19 43.2	32 02.1
APR 11	11 34.2	05 24.5	18 32.4	33 00.0
MAY 1	11 44.4	00N09.1	16 41.0	33 20.7
21	11 09.2	05 59.4	14 47.7	32 04.8
JUN 10	09 57.0	12 01.4	13 29.4	28 19.7
30	08 15.5	18 10.0	13 01.1	23 34.7
JUL 20	06 11.8	24 18.3	13 19.8	20 05.8
AUG 9	03 51.7	30 14.7	14 14.7	18 23.1
29	01 20.9	35 38.6	15 34.2	17 53.9
SEP 18	01S15.5	39 54.7	17 07.4	17 56.1
OCT 8	03 52.0	42 08.7	18 44.7	17 50.1
28	06 23.4	41 15.1	20 18.0	16 57.6
NOV 17	08 44.4	36 22.5	21 40.3	14 43.6
DEC 7	[illegible]	[illegible]	[illegible]	[illegible]

1968	Psyche 16	Eros 433	Lilith 1181	Toro 1685
JAN 1	10♏57.9	19♍28.2	17♐14.1	02♓48.1
11	13 34.2	26 59.7	20 43.2	16 48.6
21	15 56.0	03♎38.0	24 07.9	03♈04.7
31	18 00.5	09 04.9	27 26.8	21 36.6
FEB 10	19 44.6	13 01.1	00♑38.4	11♉06.8
20	21 05.4	15 10.8	03 41.0	29 23.2
MAR 1	21 59.7	15R21.6	06 32.9	14♊58.8
11	22 24.4	13 41.5	09 11.8	27 46.7
21	22R17.5	10 48.8	11 35.3	08♋18.7
31	21 38.2	07 40.2	13 40.8	17 12.8
APR 10	20 28.0	05 15.4	15 25.1	24 59.2
20	18 51.5	04 07.2	16 45.0	01♌58.2
30	16 56.2	04D20.0	17 37.0	08 24.0
MAY 10	14 52.8	05 46.1	17 57.7	14 26.6
20	12 53.0	08 10.0	17R45.0	20 12.0
30	11 07.7	11 17.8	16 57.5	25 45.0
JUN 9	09 46.1	14 59.2	15 36.9	01♍08.8
19	08 53.8	19 04.8	13 48.3	06 25.6
29	08 33.1	23 28.5	11 40.3	11 37.3
JUL 9	08D44.6	28 06.3	09 25.3	16 45.3
19	09 26.2	02♏54.1	07 16.8	21 50.3
29	10 35.7	07 50.1	05 27.3	26 53.5
AUG 8	12 10.2	12 52.5	04 06.7	01♎55.4
18	14 06.6	17 59.9	03 20.6	06 56.6
28	16 22.4	23 11.7	03D11.2	11 57.7
SEP 7	18 55.0	28 27.3	03 38.2	16 59.1
17	21 42.1	03♐46.1	04 39.1	22 01.1
27	24 41.8	09 08.1	06 10.8	27 04.3
OCT 7	27 52.3	14 33.1	08 10.1	02♏08.8
17	01♐12.0	20 00.8	10 33.5	07 15.0
27	04 39.8	25 31.4	13 18.1	12 23.4
NOV 6	08 14.2	01♑04.8	16 21.1	17 34.1
16	11 54.1	06 40.9	19 40.1	22 47.6
26	15 38.6	12 20.1	23 13.1	28 04.2
DEC 6	19 26.3	18 02.1	26 58.1	03♐24.3
16	23 16.5	23 47.1	00♒53.6	08 48.5
26	27 08.3	29 35.4	04 58.3	14 17.4
JAN 5	01♑00.3	05♒26.8	09♒10.8	19♐51.6
JAN 1	12S57.0	09N47.8	23S38.2	04S23.2
21	14 10.4	07S31.9	23 54.3	01N22.1
FEB 10	14 54.9	24 39.3	23 48.1	06 29.2
MAR 1	15 08.1	36 44.3	23 22.9	08 41.0
21	14 48.8	40 17.8	22 44.0	08 50.3
APR 10	13 58.6	37 03.4	21 58.8	08 05.2
30	12 47.1	31 46.1	21 15.8	06 41.4
MAY 20	11 35.3	27 26.2	20 42.2	04 43.3
JUN 9	10 48.7	24 51.6	20 21.3	02 16.1
29	10 43.0	23 49.2	20 09.6	00S34.4
JUL 19	11 18.7	23 49.3	20 00.8	03 42.2
AUG 8	12 26.8	24 22.8	19 53.5	07 01.0
28	13 56.0	25 05.6	19 49.5	10 24.5
SEP 17	15 34.9	25 38.3	19 47.1	13 46.4
OCT 7	17 13.8	25 45.6	19 39.2	16 59.9
27	18 44.1	25 15.9	19 17.3	19 57.2
NOV 16	19 58.3	24 01.5	18 33.0	22 29.9
DEC 6	[illegible]	[illegible]	[illegible]	[illegible]

1969	Psyche 16	Eros 433	Lilith 1181	Toro 1685
JAN 1	29♐27.5	03♒05.8	07♒29.0	17♐37.2
11	03♑19.4	08 59.3	11 45.6	23 15.0
21	07 10.2	14 56.4	16 08.5	29 00.0
31	10 58.7	20 57.3	20 36.5	04♑53.1
FEB 10	14 43.8	27 02.1	25 08.9	10 56.1
20	18 24.4	03♓11.5	29 45.0	17 11.3
MAR 2	21 59.1	09 25.5	04♓23.9	23 41.1
12	25 26.4	15 44.8	09 04.9	00♒28.9
22	28 44.7	22 09.9	13 47.7	07 38.7
APR 1	01♒52.0	28 41.3	18 31.3	15 15.4
11	04 46.4	05♈19.6	23 15.2	23 25.0
21	07 25.2	12 05.8	27 58.9	02♓14.0
MAY 1	09 45.6	19 00.3	02♈41.6	11 48.8
11	11 44.5	26 04.0	07 22.6	22 15.7
21	13 18.3	03♉17.8	12 01.3	03♈37.4
31	14 23.2	10 42.1	16 36.4	15 51.2
JUN 10	14 55.9	18 17.9	21 07.2	28 48.2
20	14R53.3	26 05.7	25 32.3	12♉12.4
30	14 14.5	04♊05.6	29 50.2	25 44.3
JUL 10	13 01.4	12 18.0	03♉59.2	09♊06.6
20	11 19.5	20 42.7	07 57.0	22 06.0
30	09 19.1	29 19.0	11 40.9	04♋33.2
AUG 9	07 13.6	08♋06.4	15 07.8	16 22.7
19	05 17.7	17 03.6	18 13.5	27 31.0
29	03 45.0	26 08.9	20 53.3	07♌56.5
SEP 8	02 44.7	05♌20.8	23 02.2	17 40.8
18	02 22.2	14 37.2	24 33.6	26 46.0
28	02D39.0	23 55.5	25 21.9	05♍15.3
OCT 8	03 33.4	03♍14.0	25R22.9	13 12.3
18	05 02.6	12 30.0	24 34.7	20 40.1
28	07 02.9	21 41.1	23 02.8	27 41.2
NOV 7	09 30.2	00♎45.5	20 59.1	04♎18.2
17	12 21.3	09 40.7	18 43.3	10 32.5
27	15 32.5	18 24.8	16 38.6	16 25.2
DEC 7	19 00.8	26 56.2	15 04.9	21 57.2
17	22 44.0	05♏13.1	14 15.8	27 08.1
27	26 39.6	13 14.2	14D17.0	01♏57.2
JAN 6	00♓45.5	20♏58.6	15♉07.5	06♏23.4
JAN 1	21S19.6	18S03.7	14S59.4	25S55.5
21	21 10.0	14 10.2	12 34.5	25 56.9
FEB 10	20 34.0	09 35.8	09 40.6	24 49.3
MAR 2	19 35.5	04 27.0	06 22.1	22 20.4
22	18 21.0	01N08.4	02 44.7	18 15.8
APR 11	16 59.5	07 01.3	01N05.1	12 17.4
MAY 1	15 41.9	12 59.8	05 00.5	04 07.8
21	14 41.5	18 46.6	08 54.3	06N06.9
JUN 10	14 13.0	23 56.7	12 39.1	17 02.6
30	14 28.3	27 54.1	16 07.7	25 23.6
JUL 20	15 27.8	29 53.9	19 12.9	27 59.3
AUG 9	16 51.4	29 14.3	21 47.9	24 44.1
29	18 07.1	25 36.6	23 46.2	18 07.0
SEP 18	18 52.0	19 18.6	25 00.2	10 28.6
OCT 8	18 58.8	11 06.2	25 17.9	03 00.7
28	18 26.9	01 56.6	24 23.6	03S50.4
NOV 17	17 17.4	07S15.5	22 20.3	09 57.8
DEC 7	15 31.7	15 44.0	19 59.1	15 20.5

1970		16	433	1181	1685
JAN	1	28♒41.3	17♏08.6	14♉36.3	04♏13.3
	11	02♓51.9	24 44.1	15 50.0	08 27.1
	21	07 10.4	02♐01.0	17 46.0	12 13.9
	31	11 35.3	08 58.5	20 17.8	15 30.2
FEB	10	16 05.5	15 35.6	23 19.4	18 10.8
	20	20 39.8	21 50.8	26 45.5	20 09.0
MAR	2	25 17.2	27 43.0	00♊31.2	21 16.9
	12	29 56.7	03♑10.0	04 32.7	21 R24.9
	22	04♈37.5	08 09.1	08 46.9	20 24.1
APR	1	09 18.8	12 37.3	13 10.8	18 08.8
	11	13 59.9	16 29.8	17 42.4	14 40.8
	21	18 40.0	19 40.7	22 19.8	10 17.2
MAY	1	23 18.4	22 03.2	27 01.6	05 29.3
	11	27 54.5	23 27.8	01♋46.5	00 56.0
	21	02♉27.3	23 R44.9	06 33.4	27♎11.6
	31	06 56.3	22 46.6	11 21.4	24 34.5
JUN	10	11 20.6	20 29.3	16 10.0	23 09.4
	20	15 39.0	17 02.5	20 58.4	22 D51.7
	30	19 50.7	12 51.4	25 45.9	23 32.1
JUL	10	23 54.3	08 33.9	00♌32.3	25 01.7
	20	27 48.4	04 50.8	05 16.9	27 12.3
	30	01♊31.2	02 09.2	09 59.3	29 56.8
AUG	9	05 00.7	00 40.5	14 39.1	03♏10.4
	19	08 14.3	00 D23.8	19 15.7	06 48.9
	29	11 09.2	01 10.3	23 48.6	10 49.2
SEP	8	13 42.0	02 50.8	28 17.3	15 09.8
	18	15 48.6	05 15.8	02♍41.0	19 49.0
	28	17 25.0	08 17.2	06 59.0	24 46.2
OCT	8	18 26.4	11 49.1	11 10.4	00♐01.3
	18	18 49.0	15 46.4	15 14.0	05 34.5
	28	18 R30.4	20 05.0	19 08.8	11 26.7
NOV	7	17 30.6	24 42.5	22 53.0	17 39.1
	17	15 54.8	29 36.3	26 24.8	24 13.3
	27	13 53.0	04♒44.8	29 42.3	01♑11.6
DEC	7	11 39.8	10 07.0	02♎42.8	08 36.9
	17	09 32.8	15 41.6	05 23.5	16 32.3
	27	07 47.3	21 28.1	07 41.0	25 01.6
JAN	6	06♊34.7	27♒26.2	09♎31.6	04♒09.2
JAN	1	12 S 33.1	24 S 27.4	18 N 12.1	21 S 03.7
	21	09 38.8	29 32.1	18 02.8	24 53.1
FEB	10	06 23.7	32 50.4	18 41.4	28 04.7
MAR	2	02 55.1	34 33.5	19 41.6	30 35.7
	22	00 N 39.2	35 04.9	20 40.5	32 05.0
APR	11	04 11.1	34 55.4	21 21.1	31 35.6
MAY	1	07 33.1	34 37.4	21 31.8	28 15.0
	21	10 38.1	34 34.2	21 06.2	23 17.5
JUN	10	13 19.9	34 34.5	20 02.1	19 11.0
	30	15 33.4	33 28.0	18 20.8	16 57.2
JUL	20	17 15.1	30 29.5	16 06.5	16 22.6
AUG	9	18 23.7	26 58.9	13 24.6	16 56.0
	29	19 00.5	24 10.4	10 21.8	18 09.3
SEP	18	19 09.4	22 04.5	07 05.0	19 39.1
OCT	8	18 56.7	20 14.0	03 41.4	21 03.8
	28	18 30.1	18 13.9	00 18.5	22 01.5
NOV	17	17 56.9	15 46.6	02 S 56.0	22 07.8
DEC	7	17 26.0	12 42.1	05 53.8	20 54.7
	27	17 N 11.1	08 S 56.0	08 S 25.4	17 S 52.7

1971		16	433	1181	1685
JAN	1	07 R 06.3	24♒25.7	08♎39.9	29♑30.4
	11	06♊12.9	00♓29.4	10 15.5	08♒58.4
	21	05 D 59.4	06 44.0	11 18.3	19 10.2
	31	06 25.3	13 09.7	11 44.4	00♓08.5
FEB	10	07 27.7	19 46.5	11 R 31.3	11 52.7
	20	09 01.9	26 34.3	10 38.7	24 18.7
MAR	2	11 03.6	03♈33.7	09 09.2	07♈17.5
	12	13 28.4	10 44.5	07 10.4	20 35.6
	22	16 12.2	18 07.1	04 53.9	03♉57.5
APR	1	19 11.7	25 41.7	02 34.1	17 08.1
	11	22 24.1	03♉28.2	00 26.0	29 53.3
	21	25 46.7	11 26.7	28♍41.8	12♊02.4
MAY	1	29 17.8	19 37.2	27 29.4	23 28.9
	11	02♋55.3	27 58.9	26 52.7	04♋09.7
	21	06 38.0	06♊31.4	26 D 51.7	14 05.5
	31	10 24.7	15 14.0	27 24.2	23 19.5
JUN	10	14 14.1	24 05.2	28 27.0	01♌55.7
	20	18 05.5	03♋03.9	29 56.1	09 58.6
	30	21 57.9	12 08.6	01♎48.1	17 33.3
JUL	10	25 50.7	21 17.2	03 59.5	24 43.5
	20	29 43.0	00♌28.2	06 27.3	01♍33.2
	30	03♌34.3	09 39.6	09 09.0	08 05.6
AUG	9	07 23.6	18 49.3	12 02.4	14 23.2
	19	11 10.4	27 55.7	15 05.5	20 28.6
	29	14 53.8	06♍57.0	18 16.8	26 23.6
SEP	8	18 32.9	15 51.3	21 34.8	02♎09.7
	18	22 06.7	24 37.5	24 58.3	07 48.5
	28	25 33.9	03♎14.4	28 26.2	13 21.0
OCT	8	28 53.2	11 40.7	01♏57.4	18 47.9
	18	02♍03.2	19 56.2	05 31.1	24 10.2
	28	05 01.9	28 00.1	09 06.2	29 28.5
NOV	7	07 47.0	05♏52.2	12 41.6	04♏43.1
	17	10 16.3	13 32.5	16 16.7	09 54.4
	27	12 26.8	21 01.1	19 50.3	15 02.8
DEC	7	14 15.2	28 17.9	23 21.3	20 08.2
	17	15 38.4	05♐23.4	26 48.6	25 11.0
	27	16 32.4	12 17.8	00♐10.9	00♐11.0
JAN	6	16♍54.6	19♐01.2	03♐26.8	05♐08.2
JAN	1	17 N 11.5	07 S 53.0	08 S 57.9	16 S 46.9
	21	17 32.1	03 16.5	10 40.1	10 55.3
FEB	10	18 18.6	01 N 53.8	11 26.1	02 51.1
MAR	2	19 18.6	07 27.3	11 02.6	06 N 20.1
	22	20 18.7	13 07.7	09 32.5	14 24.8
APR	11	21 07.2	18 30.9	07 28.7	19 10.8
MAY	1	21 35.7	23 02.8	05 40.2	19 59.4
	21	21 39.2	26 00.6	04 39.3	17 50.7
JUN	10	21 15.0	26 41.4	04 33.4	14 06.0
	30	20 23.3	24 40.3	05 15.6	09 40.1
JUL	20	19 06.0	20 04.9	06 35.3	05 00.5
AUG	9	17 26.9	13 32.2	08 22.0	00 20.2
	29	15 31.0	05 52.4	10 26.3	04 S 14.2
SEP	18	13 24.4	02 S 06.1	12 40.3	08 38.0
OCT	8	11 14.5	09 43.5	14 56.7	12 47.1
	28	09 09.8	16 29.5	17 09.0	16 37.3
NOV	17	07 20.3	22 01.9	19 11.4	20 03.4
DEC	7	05 57.6	26 05.8	20 59.0	23 00.2
	27	05 N 14.8	28 S 33.9	22 S 28.0	25 S 22.3

1972		16	433	1181	1685
JAN	1	16♍47.7	15♐40.8	01♐49.8	02♐39.9
	11	16 R 52.8	22 18.9	05 01.9	07 35.7
	21	16 23.1	28 46.6	08 05.4	12 28.7
	31	15 19.4	05♑03.7	10 58.1	17 18.5
FEB	10	13 45.8	11 10.6	13 38.2	22 05.1
	20	11 49.8	17 07.3	16 03.1	26 48.3
MAR	1	09 42.8	22 53.5	18 10.3	01♑27.6
	11	07 37.3	28 29.3	19 57.0	06 03.0
	21	05 45.5	03♒54.3	21 19.7	10 34.0
	31	04 17.4	09 07.7	22 15.3	15 00.2
APR	10	03 19.0	14 09.1	22 40.9	19 21.5
	20	02 53.0	18 57.3	22 R 33.8	23 37.1
	30	02 D 59.6	23 30.7	21 53.0	27 46.7
MAY	10	03 36.4	27 47.6	20 39.7	01♒50.3
	20	04 40.8	01♓45.2	18 58.0	05 47.3
	30	06 09.5	05 20.1	16 55.9	09 38.7
JUN	9	07 59.2	08 28.0	14 44.1	13 26.8
	19	10 07.0	11 02.6	12 34.9	17 15.7
	29	12 30.1	12 56.5	10 40.7	21 18.5
JUL	9	15 06.3	14 00.6	09 10.7	26 04.8
	19	17 53.5	14 R 03.9	08 11.6	02♓54.1
	29	20 49.9	12 57.4	07 46.1	16 30.3
AUG	8	23 54.0	10 35.6	07 D 54.2	28♈02.0
	18	27 04.5	07 04.5	08 34.6	02♋21.3
	28	00♎20.2	02 48.6	09 44.5	25 22.2
SEP	7	03 40.0	28♒26.4	11 20.7	05♌15.5
	17	07 02.9	24 41.6	13 20.3	12 06.1
	27	10 27.8	22 06.1	15 40.2	18 26.1
OCT	7	13 54.0	20 52.8	18 17.8	25 01.7
	17	17 20.5	21 D 02.0	21 11.0	01♍57.6
	27	20 46.0	22 24.9	24 17.4	09 04.3
NOV	6	24 09.8	24 51.0	27 35.3	16 08.3
	16	27 30.6	28 10.9	01♑03.2	22 56.5
	26	00♏47.1	02♓16.0	04 39.4	29 20.4
DEC	6	03 58.0	06 59.7	08 23.0	05♎13.9
	16	07 01.7	12 17.3	12 12.6	10 31.4
	26	09 56.4	18 04.4	16 07.1	15 08.4
JAN	5	12♏40.3	24♓18.2	20♑05.6	18♎59.1
JAN	1	05 N 11.7	28 S 55.8	22 S 47.0	25 S 51.8
	21	05 34.2	29 25.9	23 50.0	27 23.7
FEB	10	06 49.6	28 32.5	24 32.1	28 11.7
MAR	1	08 36.7	26 30.7	24 55.5	28 13.9
	21	10 17.4	23 37.3	25 03.5	27 30.1
APR	10	11 19.5	20 08.7	24 59.1	25 59.7
	30	11 31.8	16 18.8	24 42.5	23 39.7
MAY	20	10 58.4	12 19.5	24 09.9	20 17.8
JUN	9	09 47.3	08 21.6	23 19.2	15 15.6
	29	08 06.8	04 36.2	22 20.0	06 35.7
JUL	19	06 03.7	01 19.4	21 31.4	12 N 46.8
AUG	8	03 44.1	01 N 01.1	21 06.6	64 04.6
	28	01 13.7	01 50.1	21 05.7	61 29.3
SEP	17	01 S 22.4	01 13.6	21 20.2	38 10.7
OCT	7	03 58.6	00 19.8	21 38.8	23 11.5
	27	06 29.8	00 07.9	21 50.7	11 09.7
NOV	16	08 50.7	01 00.6	21 46.8	01 03.3
DEC	6	10 56.0	03 01.1	21 20.2	07 S 24.5
	26	12 S 40.9	06 N 03.2	20 S 26.6	14 S 27.2

1973		Psyche 16	Eros 433	Lilith 1181	Toro 1685
JAN	1	11♏36.2	21♓45.6	18♑29.7	17♎32.9
	11	14 12.4	28 14.5	22 30.2	20 51.9
	21	16 33.8	05♈06.5	26 33.1	23 11.0
	31	18 38.0	12 19.9	00♒37.6	24 19.4
FEB	10	20 21.8	19 53.5	04 42.9	24R03.4
	20	21 42.2	27 45.5	08 48.1	22 12.2
MAR	2	22 36.1	05♉54.5	12 52.3	18 42.8
	12	23 00.3	14 19.1	16 54.7	13 49.7
	22	22R52.9	22 57.4	20 54.2	08 13.2
APR	1	22 13.2	01♊47.5	24 50.0	02 47.1
	11	21 02.4	10 47.8	28 40.8	28♍18.9
	21	19 25.5	19 55.6	02♓25.4	25 13.7
MAY	1	17 30.0	29 08.9	06 02.4	23 33.6
	11	15 26.4	08♋25.6	09 30.1	23D09.5
	21	13 26.8	17 42.8	12 46.3	23 48.1
	31	11 41.8	26 58.4	15 48.9	25 16.2
JUN	10	10 20.6	06♌10.4	18 34.7	27 23.9
	20	09 28.9	15 16.2	21 00.5	00♎02.4
	30	09 08.9	24 14.1	23 02.5	03 05.6
JUL	10	09D20.9	03♍02.5	24 35.8	06 29.0
	20	10 03.3	11 40.0	25 36.0	10 08.8
	30	11 13.4	20 05.8	25 58.4	14 02.5
AUG	9	12 48.6	28 19.5	25R39.4	18 08.3
	19	14 45.7	06♎20.6	24 38.9	22 24.7
	29	17 02.1	14 09.5	23 00.3	26 50.7
SEP	8	19 35.3	21 46.6	20 53.9	01♏25.9
	18	22 23.0	29 12.2	18 35.5	06 09.5
	28	25 23.3	06♏27.2	16 23.9	11 01.5
OCT	8	28 34.5	13 32.5	14 37.6	16 01.9
	18	01♐54.9	20 28.5	13 30.1	21 10.8
	28	05 23.3	27 16.2	13D08.4	26 28.6
NOV	7	08 58.5	03♐56.4	13 34.6	01♐55.7
	17	12 39.0	10 29.5	14 46.3	07 32.7
	27	16 24.1	16 56.5	16 39.1	13 20.7
DEC	7	20 12.7	23 17.7	19 08.4	19 20.6
	17	24 03.6	29 33.7	22 08.6	25 33.7
	27	27 56.1	05♑45.1	25 35.2	02♑02.0
JAN	6	01♑49.0	11♑52.0	29♓24.3	08♑47.1
JAN	1	13S07.8	07N08.0	20S04.9	16S19.1
	21	14 20.1	11 09.0	18 33.7	21 41.8
FEB	10	15 03.6	15 28.0	16 34.8	25 28.4
MAR	2	15 16.1	19 29.7	14 11.4	26 28.4
	22	14 56.4	22 28.9	11 28.2	23 22.5
APR	11	14 06.4	23 38.7	08 31.0	17 40.9
MAY	1	12 55.5	22 28.2	05 26.6	12 44.4
	21	11 44.5	18 57.6	02 22.6	09 55.6
JUN	10	10 58.9	13 37.1	00N32.1	09 01.3
	30	10 54.0	07 10.7	03 05.9	09 29.5
JUL	20	11 30.1	00 20.8	05 03.3	10 53.3
AUG	9	12 38.4	06S19.4	06 04.2	12 52.8
	29	14 07.2	12 26.1	05 49.6	15 12.4
SEP	18	15 45.5	17 42.8	04 21.8	17 39.2
OCT	8	17 23.4	21 57.6	02 23.5	20 00.5
	28	18 52.1	25 01.9	00 53.6	22 03.5
NOV	17	20 04.5	26 50.2	00 26.5	23 33.8

1974		Psyche 16	Eros 433	Lilith 1181	Toro 1685
JAN	1	29♐52.6	08♑49.1	27♓27.2	05♑22.3
	11	03♑45.3	14 53.9	01♈26.0	12 16.8
	21	07 37.1	20 55.0	05 41.8	19 32.2
	31	11 26.8	26 52.6	10 12.0	27 11.5
FEB	10	15 13.2	02♒46.9	14 54.0	05♒18.1
	20	18 55.3	08 38.3	19 45.7	13 56.2
MAR	2	22 31.7	14 27.0	24 45.5	23 09.5
	12	26 00.9	20 13.1	29 51.6	03♓01.6
	22	29 21.4	25 57.2	05♉02.9	13 35.5
APR	1	02♒31.3	01♓39.3	10 18.3	24 51.7
	11	05 28.4	07 19.6	15 36.4	06♈47.9
	21	08 10.5	12 58.7	20 56.7	19 18.2
MAY	1	10 34.5	18 36.6	26 18.2	02♉12.1
	11	12 37.5	24 13.6	01♊40.1	15 15.1
	21	14 16.0	29 50.4	07 02.0	28 12.0
	31	15 26.0	05♈26.8	12 23.2	10♊47.8
JUN	10	16 04.2	11 03.4	17 43.0	22 51.6
	20	16R07.5	16 40.5	23 01.0	04♋17.0
	30	15 34.3	22 18.2	28 16.6	15 01.5
JUL	10	14 26.2	27 57.0	03♋29.2	25 05.4
	20	12 48.2	03♉37.1	08 38.4	04♌31.1
	30	10 49.6	09 18.3	13 43.5	13 21.7
AUG	9	08 44.1	15 01.2	18 43.8	21 40.8
	19	06 46.0	20 45.6	23 38.7	29 32.0
	29	05 09.4	26 30.8	28 27.2	06♍58.6
SEP	8	04 04.5	02♊17.1	03♌08.4	14 03.6
	18	03 36.9	08 03.4	07 41.1	20 49.8
	28	03D48.7	13 47.9	12 03.9	27 19.3
OCT	8	04 38.7	19 29.8	16 15.2	03♎33.9
	18	06 04.0	25 05.4	20 13.1	09 35.4
	28	08 01.0	00♋30.5	23 55.0	15 24.9
NOV	7	10 25.7	05 40.8	27 18.3	21 03.2
	17	13 14.5	10 27.3	00♍19.6	26 31.3
	27	16 24.0	14 40.4	02 54.8	01♏49.3
DEC	7	19 51.0	18 10.3	04 59.8	06 57.4
	17	23 33.1	20 43.5	06 29.4	11 55.7
	27	27 27.9	22 16.1	07 19.1	16 43.6
JAN	6	01♓33.2	22♋55.9	07R25.1	21♏20.5
JAN	1	21S20.3	26S13.2	03N19.8	23S32.0
	21	21 09.3	24 03.2	05 53.4	21 17.1
FEB	10	20 31.7	20 55.7	08 53.4	17 12.7
MAR	2	19 31.5	17 01.0	12 04.7	11 04.5
	22	18 15.1	12 29.0	15 12.9	02 53.1
APR	11	16 51.4	07 27.8	18 04.5	06N42.8
MAY	1	15 31.2	02 04.1	20 27.1	15 57.6
	21	14 27.9	03N37.2	22 10.7	22 12.8
JUN	10	13 56.2	09 32.4	23 07.7	23 44.3
	30	14 08.7	15 39.1	23 14.7	21 08.5
JUL	20	15 06.8	21 55.5	22 31.7	16 12.7
AUG	9	16 31.7	28 19.5	21 03.0	10 22.7
	29	17 50.4	34 47.6	18 55.7	04 24.6
SEP	18	18 38.2	41 12.1	16 19.0	01S20.9
OCT	8	18 46.6	47 16.1	13 24.1	06 44.6
	28	18 15.2	52 27.8	10 22.8	11 42.2
NOV	17	17 05.4	55 54.5	07 28.9	16 10.7

1975		Psyche 16	Eros 433	Lilith 1181	Toro 1685
JAN	1	29♒29.4	22♋41.8	07♍27.7	19♏03.4
	11	03♓39.4	23 01.7	07R11.0	23 34.6
	21	07 57.6	23 09.8	06 09.2	27 53.0
	31	12 22.3	23 49.2	04 27.4	01♐57.2
FEB	10	16 52.5	25 25.4	02 15.9	05 45.2
	20	21 26.8	28 11.9	29♌50.7	09 14.0
MAR	2	26 04.2	02♌04.4	27 30.1	12 20.0
	12	00♈43.9	06 46.8	25 30.6	14 58.8
	22	05 25.0	12 07.3	24 04.3	17 03.9
APR	1	10 06.5	17 52.9	23 17.6	18 28.0
	11	14 47.8	23 52.5	23D11.2	19 01.6
	21	19 28.2	00♍00.8	23 43.3	18R33.9
MAY	1	24 07.0	06 12.5	24 49.7	16 55.3
	11	28 43.4	12 23.8	26 25.6	13 59.8
	21	03♉16.7	18 34.1	28 26.8	09 52.5
	31	07 46.1	24 41.4	00♍49.1	04 56.3
JUN	10	12 10.9	00♎45.2	03 28.7	29♏49.2
	20	16 30.0	06 45.9	06 22.9	25 15.3
	30	20 42.4	12 42.9	09 28.9	21 47.6
JUL	10	24 46.9	18 36.5	12 44.7	19 40.8
	20	28 42.0	24 27.5	16 08.6	18 55.8
	30	02♊26.1	00♏15.7	19 38.9	19D24.8
AUG	9	05 57.1	06 01.7	23 14.4	20 57.9
	19	09 12.6	11 46.1	26 54.2	23 26.4
	29	12 09.9	17 28.8	00♎36.9	26 42.3
SEP	8	14 45.6	23 10.7	04 22.1	00♐40.4
	18	16 55.6	28 51.9	08 08.6	05 17.2
	28	18 36.1	04♐32.7	11 55.7	10 30.2
OCT	8	19 42.3	10 13.7	15 42.7	16 18.9
	18	20 10.2	15 55.0	19 28.8	22 43.8
	28	19R57.3	21 36.8	23 12.9	29 45.3
NOV	7	19 03.1	27 19.5	26 54.3	07♑25.7
	17	17 31.8	03♑03.3	00♏31.8	15 46.5
	27	15 32.9	08 48.3	04 04.5	24 48.7
DEC	7	13 20.2	14 35.0	07 31.0	04♒35.2
	17	11 11.0	20 23.3	10 49.7	15 10.8
	27	09 21.2	26 13.3	13 59.2	26 49.6
JAN	6	08♊02.6	02♒05.6	16♏57.6	10♓01.6
JAN	1	12S18.9	47N56.9	02N49.8	24S16.3
	21	09 23.7	28 15.7	02 18.7	26 56.6
FEB	10	06 07.8	04 59.8	02 58.6	29 04.0
MAR	2	02 38.6	07S50.9	04 25.9	30 42.7
	22	00N55.9	12 46.9	05 55.3	31 58.7
APR	11	04 27.8	14 25.5	06 51.1	32 55.1
MAY	1	07 49.3	15 06.9	07 00.6	33 17.0
	21	10 53.5	15 52.3	06 25.3	32 07.1
JUN	10	13 34.1	17 02.6	05 11.1	28 28.2
	30	15 46.2	18 37.4	03 24.8	23 42.5
JUL	20	17 26.4	20 26.7	01 13.4	20 08.8
AUG	9	18 33.6	22 17.4	01S16.9	18 21.5
	29	19 09.2	23 56.5	03 59.9	17 48.6
SEP	18	19 17.4	25 11.3	06 49.9	17 47.5
OCT	8	19 04.9	25 51.0	09 41.1	17 38.2
	28	18 39.4	25 46.9	12 28.2	16 42.2
NOV	17	18 08.4	24 52.6	15 06.0	14 25.0

JAN	1	08R37.4	29♑09.2	15♏29.9	03♓11.4
	11	07♊37.5	05♒02.6	18 21.9	17 25.6
	21	07D17.4	10 58.2	20 59.5	04♈12.4
	31	07 36.7	16 56.6	23 20.2	23 29.4
FEB	10	08 32.8	22 57.9	25 20.8	13♉39.7
	20	10 01.6	29 02.3	26 58.6	02♊11.2
MAR	1	11 58.2	05♓10.5	28 10.0	17 38.4
	11	14 18.6	11 22.8	28 51.8	00♋07.3
	21	16 58.5	17 39.5	29R01.2	10 19.3
	31	19 54.6	24 01.5	28 36.6	18 55.6
APR	10	23 04.0	00♈29.2	27 37.7	26 27.2
	20	26 23.9	07 03.4	26 08.0	03♌14.2
	30	29 52.5	13 44.9	24 13.5	09 30.4
MAY	10	03♋28.0	20 34.4	22 04.2	15 25.2
	20	07 08.8	27 32.8	19 52.1	21 04.4
	30	10 53.7	04♉41.1	17 49.5	26 32.1
JUN	9	14 41.6	12 00.0	16 07.4	01♍51.8
	19	18 31.5	19 30.2	14 53.2	07 05.1
	29	22 22.6	27 12.7	14 10.9	12 13.9
JUL	9	26 14.2	05♊07.7	14D01.8	17 19.5
	19	00♌05.5	13 15.7	14 24.7	22 22.5
	29	03 55.8	21 36.7	15 17.1	27 23.9
AUG	8	07 44.3	00♋10.2	16 36.3	02♎24.5
	18	11 30.3	08 55.6	18 18.9	07 24.5
	28	15 13.1	17 52.0	20 22.0	12 24.6
SEP	7	18 51.7	26 57.3	22 43.1	17 25.3
	17	22 25.0	06♌10.1	25 19.4	22 26.7
	27	25 51.9	15 28.2	28 08.9	27 29.4
OCT	7	29 11.1	24 48.9	01♐09.9	02♏33.7
	17	02♍21.0	04♍10.1	04 20.4	07 39.7
	27	05 19.9	13 29.2	07 39.2	12 48.1
NOV	6	08 05.4	22 43.3	11 04.9	17 58.9
	16	10 35.2	01♎50.3	14 36.1	23 12.6
	26	12 46.5	10 47.9	18 12.0	28 29.7
DEC	6	14 36.0	19 33.3	21 51.4	03♐50.3
	16	16 00.5	28 05.0	25 33.1	09 15.2
	26	16 56.3	06♏20.9	29 16.4	14 45.0
JAN	5	17♍20.3	14♏19.1	03♑00.1	20♐20.3
JAN	1	17N25.8	19S38.2	20S03.7	04S19.2
	21	17 44.7	15 57.7	21 42.5	01N07.3
FEB	10	18 28.5	11 34.5	22 57.5	05 56.0
MAR	1	19 25.9	06 35.3	23 46.8	07 57.2
	21	20 23.4	01 07.5	24 06.8	08 09.9
APR	10	21 09.6	04N40.9	23 51.3	07 31.8
	30	21 36.3	10 39.9	22 55.1	06 14.2
MAY	20	21 38.2	16 36.0	21 25.8	04 21.1
JUN	9	21 12.7	22 09.5	19 50.7	01 57.6
	29	20 20.0	26 50.8	18 41.0	00S50.1
JUL	19	19 02.1	29 59.1	18 11.8	03 55.5
AUG	8	17 22.5	30 47.4	18 21.3	07 12.4
	28	15 26.2	28 40.2	18 59.5	10 34.3
SEP	17	13 19.4	23 33.6	19 54.3	13 54.7
OCT	7	11 09.3	16 00.3	20 54.5	17 06.7
	27	09 04.2	06 54.6	21 50.1	20 02.5
NOV	16	07 14.2	02S44.0	22 33.0	22 33.5
DEC	6	05 50.7	12 01.8	22 56.8	24 30.2
	26	05N06.6	20S16.3	22S57.1	25S42.5

[illegible]		16	433	1181	1685
JAN	1	17♍14.7	11♏10.0	01♑30.7	18♐05.4
	11	17R18.5	18 57.0	05 14.1	23 44.5
	21	16 47.5	26 24.1	08 56.6	29 30.9
	31	15 42.6	03♐29.5	12 36.7	05♑25.7
FEB	10	14 08.3	10 11.7	16 13.4	11 30.8
	20	12 11.9	16 29.1	19 45.7	17 48.5
MAR	2	10 04.8	22 19.1	23 12.0	24 21.0
	12	07 59.7	27 39.2	26 31.1	01♒12.1
	22	06 08.6	02♑25.7	29 41.2	08 25.7
APR	1	04 41.3	06 33.6	02♒40.3	16 06.8
	11	03 43.9	09 57.1	05 26.6	24 21.1
	21	03 18.8	12 28.1	07 57.4	03♓15.4
MAY	1	03D26.2	13 57.1	10 09.7	12 55.8
	11	04 03.7	14R14.6	12 00.6	23 27.9
	21	05 08.7	13 11.4	13 26.3	04♈54.1
	31	06 37.9	10 46.0	14 22.8	17 10.9
JUN	10	08 28.0	07 10.4	14 46.7	00♉08.9
	20	10 36.1	02 52.6	14R34.8	13 32.0
	30	12 59.5	28♐35.3	13 45.8	27 01.2
JUL	10	15 35.9	24 58.5	12 21.7	10♊20.0
	20	18 23.3	22 27.4	10 27.9	23 15.6
	30	21 19.9	21 11.6	08 15.1	05♋38.8
AUG	9	24 24.1	21D06.5	05 57.4	17 23.9
	19	27 34.8	22 03.4	03 50.0	28 27.6
	29	00♎50.6	23 52.1	02 07.2	08♌48.7
SEP	8	04 10.4	26 22.7	00 58.6	18 28.7
	18	07 33.5	29 27.9	00 29.8	27 30.1
	28	10 58.6	03♑01.4	00D42.3	05♍56.0
OCT	8	14 24.8	06 58.3	01 34.2	13 50.1
	18	17 51.4	11 15.1	03 02.5	21 15.5
	28	21 17.0	15 49.0	05 03.6	28 14.6
NOV	7	24 40.8	20 37.7	07 33.1	04♎49.9
	17	28 01.7	25 39.9	10 27.8	11 03.1
	27	01♏18.2	00♒54.1	13 44.2	16 54.9
DEC	7	04 29.1	06 19.4	17 19.2	22 26.2
	17	07 32.8	11 55.4	21 10.5	27 37.0
	27	10 27.4	17 41.3	25 15.9	02♏26.2
JAN	6	13♏11.1	23♒36.9	29♒33.2	06♏52.9
JAN	1	05N02.9	22S27.5	22S52.2	25S53.9
	21	05 26.5	28 38.8	22 19.1	25 52.2
FEB	10	06 42.8	33 03.7	21 21.1	24 40.7
MAR	2	08 30.2	35 50.9	20 01.5	22 07.1
	22	10 10.5	37 24.0	18 25.6	17 56.8
APR	11	11 11.8	38 16.1	16 40.7	11 52.0
MAY	1	11 23.4	38 59.5	14 55.7	03 36.4
	21	10 49.2	39 41.1	13 21.6	06N40.4
JUN	10	09 37.4	39 22.2	12 11.0	17 28.8
	30	07 56.3	36 33.3	11 35.8	25 32.4
JUL	20	05 52.8	32 07.1	11 41.6	27 48.9
AUG	9	03 32.9	28 13.7	12 19.4	24 22.3
	29	01 02.3	25 31.0	13 07.1	17 42.4
SEP	18	01S33.8	23 34.5	13 43.2	10 05.8
OCT	8	04 09.8	21 51.7	13 54.3	02 41.2
	28	06 40.7	19 57.3	13 33.2	04S06.7
NOV	17	09 01.0	17 34.8	12 35.8	10 11.0
DEC	7	11 05.6	14 34.8	11 00.2	15 31.2
	27	12S49.7	10S53.3	08S47.2	20S08.6

1978		16	433	1181	1685
JAN	1	11♏50.8	20♒37.8	27♒23.1	04♏42.5
	11	14 28.2	26 38.3	01♓46.0	08 57.1
	21	16 51.1	02♓48.4	06 18.6	12 45.1
	31	18 56.8	09 07.9	10 59.5	16 03.2
FEB	10	20 42.6	15 37.3	15 47.7	18 46.4
	20	22 05.0	22 16.5	20 42.0	20 47.8
MAR	2	23 01.2	29 05.8	25 41.4	21 59.9
	12	23 27.9	06♈05.6	00♈45.3	22R13.3
	22	23R23.1	13 16.3	05 52.7	21 18.7
APR	1	22 45.9	20 37.9	11 03.0	19 10.0
	11	21 37.5	28 11.1	16 15.6	15 48.3
	21	20 02.3	05♉55.9	21 29.8	11 28.6
MAY	1	18 07.9	13 52.4	26 45.0	06 41.6
	11	16 04.5	22 00.6	02♉00.8	02 05.5
	21	14 04.1	00♊20.1	07 16.3	28♎15.7
	31	12 17.8	08 50.5	12 31.0	25 32.3
JUN	10	10 54.7	17 31.1	17 44.4	24 00.8
	20	10 00.8	26 20.6	22 55.6	23D37.5
	30	09 38.7	05♋18.0	28 04.0	24 13.3
JUL	10	09D48.6	14 21.8	03♊08.6	25 39.2
	20	10 29.2	23 30.1	08 08.4	27 46.9
	30	11 37.8	02♌41.1	13 02.3	00♏29.2
AUG	9	13 11.7	11 53.2	17 49.0	03 41.1
	19	15 07.9	21 04.1	22 26.7	07 18.5
	29	17 23.5	00♍12.0	26 53.6	11 18.1
SEP	8	19 56.2	09 15.2	01♋07.4	15 38.3
	18	22 43.6	18 11.8	05 05.2	20 17.6
	28	25 43.6	27 00.4	08 43.8	25 15.1
OCT	8	28 54.7	05♎39.8	11 59.0	00♐30.9
	18	02♐15.3	14 08.6	14 46.0	06 05.1
	28	05 43.8	22 26.3	16 59.7	11 58.5
NOV	7	09 19.3	00♏32.3	18 33.8	18 12.7
	17	13 00.3	08 26.0	19 22.9	24 49.0
	27	16 45.8	16 07.4	19R22.7	01♑49.9
DEC	7	20 35.0	23 36.5	18 32.0	09 18.4
	17	24 26.7	00♐53.2	16 56.1	17 17.5
	27	28 19.9	07 57.7	14 46.9	25 51.3
JAN	6	02♑13.8	14♐50.1	12♋23.3	05♒03.9
JAN	1	13S12.0	09S51.4	08S08.4	21S11.6
	21	14 24.8	05 19.1	05 13.3	24 59.1
FEB	10	15 09.0	00 12.0	01 50.9	28 09.1
MAR	2	15 22.3	05N20.8	01N51.4	30 39.6
	22	15 03.8	11 05.9	05 45.0	32 11.0
APR	11	14 15.2	16 43.1	09 40.5	31 48.1
MAY	1	13 05.3	21 43.4	13 28.0	28 35.4
	21	11 54.5	25 28.0	16 57.8	23 39.6
JUN	10	11 08.2	27 12.3	19 59.9	19 29.2
	30	11 02.2	26 20.9	22 25.6	17 10.6
JUL	20	11 37.2	22 45.3	24 07.9	16 32.1
AUG	9	12 44.5	16 50.6	25 03.2	17 02.6
	29	14 12.6	09 23.7	25 12.1	18 13.7
SEP	18	15 50.3	01 16.3	24 40.3	19 41.4
OCT	8	17 27.6	06S46.3	23 38.3	21 04.0
	28	18 55.7	14 07.7	22 21.1	21 59.1
NOV	17	20 07.4	20 21.3	21 05.3	22 02.0
DEC	7	20 56.6	25 08.2	20 04.4	20 44.4
	27	21S19.5	28S17.7	19N21.9	17S36.6

1979		Psyche 16	Eros 433	Lilith 1181	Toro 1685
JAN	1	00♑16.9	11♐25.4	13R35.5	00♒22.5
	11	04 10.6	18 11.8	11♋13.3	09 56.0
	21	08 03.4	24 46.3	09 09.5	20 13.7
	31	11 54.4	01♑09.1	07 40.5	01♓18.2
FEB	10	15 42.2	07 20.1	06 56.2	13 08.5
	20	19 25.7	13 19.2	06D58.5	25 39.6
MAR	2	23 03.8	19 06.5	07 45.0	08♈42.1
	12	26 34.9	24 41.3	09 11.2	22 02.3
	22	29 57.5	00♒03.2	11 10.9	05♉24.5
APR	1	03♒09.8	05 11.6	13 38.6	18 33.7
	11	06 09.6	10 05.1	16 29.4	01♊16.1
	21	08 54.6	14 42.5	19 38.7	13 21.2
MAY	1	11 22.2	19 01.6	23 03.0	24 42.8
	11	13 29.0	22 59.7	26 39.4	05♋18.4
	21	15 11.8	26 33.5	00♌25.3	15 08.8
	31	16 26.8	29 38.0	04 18.8	24 17.6
JUN	10	17 10.1	02♓07.3	08 18.3	02♌49.1
	20	17R19.0	03 54.1	12 22.3	10 47.7
	30	16 51.4	04 48.7	16 29.8	18 18.6
JUL	10	15 48.3	04R41.5	20 39.8	25 25.5
	20	14 14.3	03 24.0	24 51.4	02♍12.2
	30	12 17.9	00 52.3	29 04.1	08 42.1
AUG	9	10 12.5	27♒16.2	03♍17.0	14 57.6
	19	08 12.7	23 00.5	07 29.6	21 01.1
	29	06 32.4	18 44.1	11 41.4	26 54.5
SEP	8	05 22.8	15 08.0	15 51.7	02♎39.3
	18	04 50.1	12 39.4	19 59.8	08 17.0
	28	04D56.7	11 29.9	24 05.1	13 48.5
OCT	8	05 42.0	11D38.2	28 06.9	19 14.7
	18	07 03.0	12 55.5	02♎04.3	24 36.5
	28	08 56.2	15 12.5	05 56.4	29 54.4
NOV	7	11 17.7	18 19.7	09 42.0	05♏08.7
	17	14 03.7	22 09.1	13 19.9	10 20.0
	27	17 10.8	26 34.8	16 48.7	15 28.5
DEC	7	20 35.9	01♓31.7	20 06.5	20 34.1
	17	24 16.2	06 56.2	23 11.5	25 37.3
	27	28 09.5	12 45.7	26 01.3	00♐37.9
JAN	6	02♓13.6	18♓57.9	28♎33.2	05♐35.9

1979		Psyche 16	Eros 433	Lilith 1181	Toro 1685
JAN	1	21S20.9	28S49.5	19N13.7	16S29.2
	21	21 08.6	29 56.2	18 48.4	10 30.7
FEB	10	20 29.6	29 34.3	18 34.7	02 21.7
MAR	2	19 27.7	27 59.3	18 28.6	06N47.7
	22	18 09.4	25 29.8	18 19.5	14 42.0
APR	11	16 43.4	22 23.9	17 55.5	19 12.8
MAY	1	15 20.8	18 58.3	17 08.0	19 48.7
	21	14 14.7	15 27.7	15 52.7	17 33.3
JUN	10	13 39.9	12 06.1	14 08.8	13 46.9
	30	13 49.5	09 08.5	11 58.0	09 21.8
JUL	20	14 46.2	06 52.9	09 24.2	04 43.8
AUG	9	16 12.0	05 37.1	06 31.7	00 05.4
	29	17 33.6	05 21.0	03 25.8	04S27.0
SEP	18	18 24.2	05 31.4	00 11.8	08 49.1
OCT	8	18 34.4	05 27.3	03S04.6	12 56.6
	28	18 03.8	04 43.3	06 17.8	16 45.1
NOV	17	[illegible]	03 07.2	09 22.1	20 09.6

1980		Psyche 16	Eros 433	Lilith 1181	Toro 1685
JAN	1	00♓10.3	15♓49.1	27♎19.6	03♐07.2
	11	04 19.1	22 11.9	29 41.5	08 04.0
	21	08 36.2	28 55.2	01♏40.9	12 58.1
	31	13 00.1	05♈57.8	03 14.2	17 49.4
FEB	10	17 29.3	13 18.5	04 18.0	22 37.8
	20	22 02.9	20 56.6	04 48.8	27 23.3
MAR	1	26 39.7	28 51.1	04R44.0	02♑05.3
	11	01♈18.7	07♉00.8	04 02.8	06 44.1
	21	05 59.2	15 24.7	02 46.3	11 19.2
	31	10 40.2	24 01.3	01 00.1	15 50.5
APR	10	15 21.0	02♊49.1	28♎53.2	20 18.1
	20	20 01.0	11 46.4	26 37.4	24 41.8
	30	24 39.3	20 51.3	24 26.6	29 01.5
MAY	10	29 15.4	00♋01.5	22 32.9	03♒18.3
	20	03♉48.5	09 15.4	21 05.6	07 32.8
	30	08 17.7	18 30.3	20 10.5	11 47.5
JUN	9	12 42.3	27 44.2	19 49.1	16 08.0
	19	17 01.4	06♌55.3	20D00.8	20 43.4
	29	21 13.8	16 01.1	20 43.5	25 55.7
JUL	9	25 18.4	24 59.9	21 53.8	02♓34.1
	19	29 13.9	03♍50.3	23 28.5	12 40.6
	29	02♊58.4	12 30.8	25 24.4	02♈21.0
AUG	8	06 30.3	21 00.4	27 38.3	14♉29.0
	18	09 46.8	29 18.7	00♏07.8	28♊30.5
	28	12 45.3	07♎25.0	02 50.6	19♋50.1
SEP	7	15 22.7	15 19.4	05 44.6	01♌13.7
	17	17 35.0	23 02.3	08 48.2	09 26.9
	27	19 18.0	00♏33.8	11 59.8	16 49.1
OCT	7	20 27.5	07 54.6	15 18.0	24 09.0
	17	20 59.0	15 05.4	18 41.7	01♍35.3
	27	20R49.9	22 06.6	22 09.6	09 01.6
NOV	6	19 59.6	28 59.1	25 40.9	16 17.9
	16	18 31.5	05♐43.5	29 14.4	23 13.8
	26	16 34.8	12 20.3	02♐49.1	29 42.5
DEC	6	14 22.9	18 50.2	06 24.0	05♎39.6
	16	12 12.4	25 13.8	09 58.2	11 00.4
	26	10 20.0	01♑31.4	13 30.4	15 40.9
JAN	5	08♊57.6	07♑43.5	16♐59.7	19♎36.0

1980		Psyche 16	Eros 433	Lilith 1181	Toro 1685
JAN	1	12S06.8	03N49.5	15S14.8	25S53.6
	21	09 11.3	08 09.4	17 10.3	27 23.1
FEB	10	05 55.3	12 52.9	18 30.2	28 08.1
MAR	1	02 26.2	17 31.9	19 04.6	28 06.7
	21	01N08.0	21 27.3	18 42.7	27 18.0
APR	10	04 39.2	23 52.8	17 22.4	25 41.0
	30	08 00.0	24 06.7	15 25.5	23 11.4
MAY	20	11 03.3	21 50.8	13 34.1	19 34.7
JUN	9	13 42.9	17 20.3	12 22.7	14 07.9
	29	15 53.9	11 14.4	12 02.9	04 41.3
JUL	19	17 33.2	04 19.5	12 29.6	16N16.2
AUG	8	18 39.5	02S43.8	13 31.6	63 45.5
	28	19 14.4	09 24.8	14 57.3	56 49.9
SEP	17	19 22.3	15 21.4	16 36.1	36 26.6
OCT	7	19 09.9	20 18.0	18 18.8	22 13.2
	27	18 45.1	24 03.5	19 57.5	10 31.2
NOV	16	18 15.4	26 30.4	21 25.3	00 36.9

1981		Psyche 16	Eros 433	Lilith 1181	Toro 1685
JAN	1	09R26.3	05♑15.3	15♐36.4	18♎07.9
	11	08♊26.0	11 24.3	19 03.3	21 32.1
	21	08D05.4	17 28.3	22 24.9	23 57.9
	31	08 24.1	23 27.6	25 40.2	25 15.3
FEB	10	09 19.5	29 22.6	28 47.4	25R10.9
	20	10 47.6	05♒13.4	01♑44.7	23 33.6
MAR	2	12 43.5	11 00.4	04 30.3	20 19.1
	12	15 03.0	16 43.7	07 01.8	15 38.5
	22	17 42.3	22 23.3	09 16.6	10 08.2
APR	1	20 37.6	27 59.7	11 12.0	04 40.4
	11	23 46.2	03♓32.8	12 44.7	00 03.6
	21	27 05.6	09 02.8	13 51.4	26♍46.9
MAY	1	00♋33.4	14 29.9	14 28.8	24 54.8
	11	04 08.3	19 54.0	14R33.8	24D20.0
	21	07 48.4	25 15.1	14 04.7	24 49.5
	31	11 32.7	00♈33.4	13 01.6	26 10.3
JUN	10	15 20.0	05 48.4	11 27.4	28 12.0
	20	19 09.3	10 59.9	09 29.0	00♎45.9
	30	22 59.9	16 07.7	07 16.7	03 45.2
JUL	10	26 51.0	21 10.6	05 03.4	07 05.5
	20	00♌41.8	26 07.8	03 02.6	10 42.9
	30	04 31.6	00♉58.1	01 25.0	14 34.6
AUG	9	08 19.7	05 38.8	00 18.9	18 39.0
	19	12 05.2	10 07.5	29♐48.3	22 54.2
	29	15 47.5	14 20.2	29D53.8	27 19.3
SEP	8	19 25.6	18 10.5	00♑34.3	01♏53.8
	18	22 58.4	21 31.6	01 47.0	06 37.1
	28	26 24.9	24 12.8	03 28.6	11 28.9
OCT	8	29 43.5	25 59.9	05 36.0	16 29.4
	18	02♍52.8	26 38.5	08 05.9	21 38.6
	28	05 51.0	25R52.9	10 55.3	26 56.8
NOV	7	08 35.9	23 38.5	14 02.0	02♐24.7
	17	11 04.9	20 16.0	17 23.4	08 02.6
	27	13 15.4	16 33.2	20 57.7	13 51.8
DEC	7	15 03.9	13 38.6	24 43.3	19 53.2
	17	16 27.4	12D24.7	28 38.5	26 08.2
	27	17 22.1	13 10.8	02♒42.1	02♑38.5
JAN	6	17♍44.8	15♉54.7	06♒52.9	09♑26.3

1981		Psyche 16	Eros 433	Lilith 1181	Toro 1685
JAN	1	17N34.7	27S01.2	23S38.5	16S29.2
	21	17 53.8	25 11.8	23 59.9	21 48.7
FEB	10	18 37.0	22 21.4	23 59.5	25 36.5
MAR	2	19 33.0	18 41.2	23 40.5	26 46.9
	22	20 28.7	14 22.0	23 08.3	23 57.3
APR	11	21 12.9	09 32.9	22 30.2	18 21.6
MAY	1	21 37.4	04 20.9	21 53.9	13 19.3
	21	21 37.1	01N08.8	21 25.5	10 22.3
JUN	10	21 09.6	06 53.3	21 05.9	09 21.5
	30	20 15.0	12 51.4	20 50.3	09 45.1
JUL	20	18 55.4	19 04.2	20 34.8	11 05.7
AUG	9	17 14.5	25 35.5	20 21.9	13 02.7
	29	15 17.2	32 30.4	20 15.3	15 20.4
SEP	18	13 09.6	39 51.7	20 12.6	17 45.4
OCT	8	10 59.1	47 21.9	20 06.0	20 05.0
	28	08 54.0	53 32.2	19 46.4	22 06.0
NOV	17	07 04.2	55 03.6	19 05.6	23 34.1

JAN	1	17♍37.6	14♉18.9	04♒46.7	06♑00.1
	11	17R43.5	17 55.9	09 00.6	12 57.4
	21	17 14.8	23 03.2	13 20.2	20 16.0
	31	16 12.1	29 24.4	17 44.6	27 59.2
FEB	10	14 39.5	06♊43.7	22 12.9	06♒10.2
	20	12 44.4	14 45.4	26 44.2	14 53.2
MAR	2	10 37.6	23 19.0	01♓18.1	24 12.2
	12	08 32.1	02♋13.0	05 53.6	04♓10.4
	22	06 39.9	11 16.8	10 30.3	14 50.7
APR	1	05 10.8	20 23.0	15 07.4	26 13.3
	11	04 11.4	29 24.3	19 44.2	08♈15.4
	21	03 44.2	08♌14.6	24 20.2	20 50.4
MAY	1	03D49.5	16 51.4	28 54.6	03♉47.1
	11	04 25.2	25 12.1	03♈26.5	16 50.7
	21	05 28.5	03♍15.5	07 55.2	29 45.7
	31	06 56.2	11 02.5	12 19.6	12♊17.7
JUN	10	08 45.1	18 33.5	16 38.4	24 16.2
	20	10 52.1	25 49.4	20 50.3	05♋35.8
	30	13 14.7	02♎52.2	24 53.5	16 14.3
JUL	10	15 50.3	09 42.9	28 45.8	26 12.4
	20	18 37.1	16 23.0	02♉25.0	05♌32.7
	30	21 33.3	22 54.1	05 47.4	14 18.5
AUG	9	24 37.2	29 17.2	08 49.7	22 33.1
	19	27 47.6	05♏33.5	11 27.3	00♍20.5
	29	01♎03.3	11 44.3	13 34.6	07 43.8
SEP	8	04 23.1	17 50.2	15 06.2	14 45.8
	18	07 46.1	23 52.3	15 56.3	21 29.5
	28	11 11.4	29 51.3	15R59.8	27 56.8
OCT	8	14 37.8	05♐47.6	15 15.8	04♎09.6
	18	18 04.5	11 42.2	13 47.6	10 09.6
	28	21 30.6	17 35.4	11 46.5	15 57.9
NOV	7	24 54.8	23 27.5	09 31.5	21 35.2
	17	28 16.2	29 19.2	07 24.2	27 02.6
	27	01♏33.4	05♑10.7	05 46.0	02♏20.1
DEC	7	04 45.1	11 02.2	04 51.1	07 28.0
	17	07 49.7	16 54.1	04D45.9	12 26.3
	27	10 45.4	22 46.7	05 30.9	17 14.4
JAN	6	13♏30.2	28♑40.1	07♉01.9	21♏51.8
JAN	1	04N55.0	39N33.1	15S48.8	23S24.4
	21	05 16.9	30 28.3	13 30.9	21 04.4
FEB	10	06 31.8	21 49.2	10 44.2	16 53.8
MAR	2	08 18.9	14 07.1	07 32.7	10 38.5
	22	10 00.1	07 40.9	04 01.9	02 20.9
APR	11	11 03.0	02 23.8	00 17.8	07N16.8
MAY	1	11 16.1	02S05.7	03N32.9	16 24.2
	21	10 42.9	06 08.4	07 23.3	22 22.0
JUN	10	09 32.0	09 56.1	11 06.5	23 35.3
	30	07 51.3	13 32.0	14 35.3	20 48.7
JUL	20	05 48.1	16 53.8	17 42.3	15 49.4
AUG	9	03 28.4	19 55.8	20 19.8	10 00.0
	29	00 57.8	22 30.2	22 18.9	04 04.1
SEP	18	01S38.2	24 28.7	23 27.0	01S38.7
OCT	8	04 14.4	25 43.5	23 25.5	06 59.9
	28	06 45.4	26 07.7	22 00.3	11 55.1
NOV	17	09 05.9	25 36.5	19 36.3	16 21.2
DEC	7	11 10.7	24 08.2	17 23.5	20 15.9
	27	12S55.1	21S43.9	16N16.7	23S37.0

1983		16	433	1181	1685
JAN	1	12♏09.3	25♑43.3	06♉11.0	19♏34.5
	11	14 48.0	01♒37.3	08 02.8	24 06.3
	21	17 12.4	07 32.6	10 32.1	28 25.8
	31	19 19.8	13 29.4	13 32.5	02♐31.4
FEB	10	21 07.5	19 28.0	16 58.4	06 21.3
	20	22 32.2	25 28.8	20 45.4	09 52.5
MAR	2	23 30.8	01♓32.0	24 49.1	13 01.7
	12	24 00.3	07 38.2	29 06.1	15 44.4
	22	23R58.2	13 47.9	03♊33.9	17 54.5
APR	1	23 23.7	20 01.4	08 10.0	19 24.7
	11	22 17.9	26 19.6	12 52.4	20 05.9
	21	20 44.7	02♈43.1	17 39.7	19R47.1
MAY	1	18 51.6	09 12.5	22 30.4	18 18.4
	11	16 48.7	15 48.8	27 23.5	15 32.8
	21	14 47.6	22 32.9	02♋18.1	11 33.1
	31	13 00.1	29 25.5	07 13.3	06 39.9
JUN	10	11 35.0	06♉27.9	12 08.4	01 29.7
	20	10 38.8	13 40.9	17 03.0	26♏47.3
	30	10 14.3	21 05.3	21 56.4	23 08.4
JUL	10	10D22.0	28 42.2	26 48.1	20 50.1
	20	11 00.5	06♊32.1	01♌37.8	19 54.9
	30	12 07.3	14 35.6	06 24.9	20D15.7
AUG	9	13 39.5	22 53.0	11 09.0	21 42.3
	19	15 34.3	01♋23.9	15 49.7	24 06.0
	29	17 48.8	10 07.8	20 26.1	27 18.4
SEP	8	20 20.4	19 03.8	24 58.1	01♐14.0
	18	23 07.1	28 10.0	29 24.6	05 49.3
	28	26 06.5	07♌24.6	03♍44.8	11 01.4
OCT	8	29 17.1	16 45.3	07 58.0	16 49.8
	18	02♐37.3	26 09.2	12 02.8	23 14.6
	28	06 05.5	05♍33.7	15 58.0	00♑16.3
NOV	7	09 40.7	14 56.0	19 41.9	07 56.4
	17	13 21.6	24 12.8	23 12.5	16 16.3
	27	17 07.1	03♎21.6	26 27.7	25 16.4
DEC	7	20 56.3	12 19.8	29 24.8	04♒59.1
	17	24 48.0	21 04.2	02♎00.4	15 30.9
	27	28 41.3	29 32.9	04 11.2	27 09.6
JAN	6	02♑35.3	07♏43.4	05♎53.3	10♓33.4
JAN	1	13S17.5	20S59.5	16N11.8	24S21.9
	21	14 30.8	17 31.2	16 32.2	26 59.9
FEB	10	15 15.6	13 18.5	17 36.8	29 04.7
MAR	2	15 29.9	08 28.3	18 59.9	30 40.6
	22	15 12.7	03 07.9	20 19.8	31 53.8
APR	11	14 25.6	02N35.1	21 19.8	32 48.2
MAY	1	13 17.0	08 32.3	21 48.4	33 11.4
	21	12 06.6	14 32.9	21 38.8	32 09.5
JUN	10	11 19.6	20 21.7	20 48.3	28 40.0
	30	11 12.4	25 35.4	19 18.2	23 53.6
JUL	20	11 46.1	29 39.3	17 12.2	20 12.7
AUG	9	12 52.3	31 47.2	14 36.2	18 18.6
	29	14 19.4	31 12.4	11 37.0	17 40.4
SEP	18	15 56.2	27 29.8	08 22.1	17 34.7
OCT	8	17 32.6	20 51.7	04 59.1	17 20.8
	28	18 59.9	12 04.3	01 35.9	16 19.8
NOV	17	20 10.6	02 08.4	01S39.1	13 58.7
DEC	7	20 58.9	07S55.3	04 37.0	10 09.6
	27	21S20.8	17S14.9	07S07.1	05S30.1

1984		16	433	1181	1685
JAN	1	00♑38.3	03♏40.6	05♎06.1	03♓35.2
	11	04 32.3	11 40.9	06 32.2	18 11.6
	21	08 25.3	19 19.4	07 23.3	05♈49.2
	31	12 16.5	26 34.3	07R36.1	26 19.4
FEB	10	16 04.7	03♐22.5	07 08.4	17♉28.7
	20	19 48.6	09 41.7	06 01.1	06♊14.9
MAR	1	23 27.2	15 28.7	04 18.6	21 22.4
	11	26 58.8	20 38.9	02 10.3	03♋19.9
	21	00♒22.0	25 07.4	29♍49.9	13 01.5
	31	03 35.1	28 47.7	27 32.4	21 11.9
APR	10	06 35.9	01♑30.6	25 32.3	28 22.6
	20	09 22.0	03 06.5	24 00.7	04♌53.1
	30	11 50.9	03R24.6	23 03.5	10 56.1
MAY	10	13 59.3	02 15.8	22 43.0	16 40.3
	20	15 44.0	29♐40.6	22D58.0	22 11.0
	30	17 01.2	25 53.6	23 45.3	27 31.8
JUN	9	17 47.0	21 29.1	25 01.7	02♍45.8
	19	17R58.6	17 13.5	26 43.0	07 54.5
	29	17 34.0	13 46.3	28 45.6	12 59.4
JUL	9	16 33.6	11 31.2	01♎06.4	18 01.8
	19	15 01.9	10 32.8	03 42.3	23 02.2
	29	13 07.2	10D44.6	06 31.0	28 01.4
AUG	8	11 02.0	11 56.6	09 30.6	03♎00.1
	18	09 01.3	13 57.4	12 39.0	07 58.6
	28	07 18.9	16 37.7	15 54.8	12 57.5
SEP	7	06 06.3	19 50.2	19 16.8	17 57.2
	17	05 30.2	23 28.5	22 43.6	22 57.8
	27	05D33.0	27 28.3	26 14.4	28 00.0
OCT	7	06 14.6	01♑46.2	29 48.0	03♏03.9
	17	07 32.0	06 19.2	03♏23.5	08 09.8
	27	09 21.8	11 05.6	07 00.1	13 18.2
NOV	6	11 40.3	16 04.0	10 36.6	18 29.3
	16	14 23.4	21 12.8	14 12.3	23 43.4
	26	17 27.8	26 31.5	17 46.1	29 01.0
DEC	6	20 50.4	01♒59.3	21 16.8	04♐22.5
	16	24 28.4	07 35.7	24 43.4	09 48.5
	26	28 19.4	13 20.6	28 04.6	15 19.6
JAN	5	02♓21.5	19♒13.7	01♐18.8	20♐56.5
JAN	1	21S21.8	19S23.2	07S39.0	04S18.1
	21	21 08.5	26 57.4	09 16.2	00N38.4
FEB	10	20 28.4	32 48.6	09 53.3	05 01.0
MAR	1	19 25.4	37 00.8	09 18.2	06 53.1
	21	18 06.1	39 55.9	07 39.3	07 14.3
APR	10	16 39.1	42 06.4	05 35.9	06 47.4
	30	15 15.4	43 53.2	03 56.5	05 38.9
MAY	20	14 08.1	44 40.4	03 08.0	03 52.6
JUN	9	13 31.9	42 37.1	03 13.7	01 34.3
	29	13 40.1	37 35.5	04 05.7	01S09.5
JUL	19	14 35.7	32 24.1	05 33.5	04 12.0
AUG	8	16 01.8	28 43.0	07 26.9	07 26.5
	28	17 24.7	26 22.8	09 37.1	10 46.3
SEP	17	18 17.0	24 45.4	11 56.5	14 04.9
OCT	7	18 28.5	23 17.1	14 18.1	17 15.1
	27	17 58.9	21 34.5	16 35.6	20 09.0
NOV	16	16 49.8	19 22.2	18 43.2	22 38.0
DEC	6	15 03.8	16 31.3	20 36.3	24 32.3
	26	12S44.2	12S58.3	22S10.9	25S41.7

1985	Psyche 16	Eros 433	Lilith 1181	Toro 1685
JAN 1	00♓43.5	16♒51.5	00♐02.0	18♐41.0
11	04 51.2	22 49.3	03 11.3	24 21.8
21	09 07.1	28 55.3	06 11.1	00♑10.4
31	13 29.7	05♓09.6	08 59.2	06 07.8
FEB 10	17 57.7	11 32.1	11 33.6	12 15.9
20	22 29.9	18 03.3	13 51.9	18 37.0
MAR 2	27 05.2	24 43.5	15 51.1	25 13.8
12	01♈42.7	01♈32.9	17 28.3	02♒09.5
22	06 21.7	08 32.2	18 40.2	09 28.8
APR 1	11 01.2	15 41.7	19 23.5	17 16.1
11	15 40.4	23 01.6	19R35.6	25 37.6
21	20 18.7	00♉32.8	19 14.3	04♓39.5
MAY 1	24 55.4	08 15.3	18 19.3	14 27.9
11	29 29.7	16 09.2	16 53.4	25 07.5
21	04♉01.0	24 14.8	15 01.9	06♈40.1
31	08 28.4	02♊31.9	12 54.2	19 01.2
JUN 10	12 51.0	10 59.9	10 42.0	02♉00.5
20	17 08.2	19 38.4	08 37.7	15 22.1
30	21 18.5	28 26.3	06 52.6	28 47.7
JUL 10	25 20.9	07♋22.4	05 34.9	12♊01.6
20	29 14.1	16 25.4	04 49.3	24 51.6
30	02♊56.1	25 33.5	04D37.5	07♋08.6
AUG 9	06 25.1	04♌44.9	04 58.8	18 47.1
19	09 38.6	13 57.8	05 50.8	29 44.1
29	12 33.8	23 10.1	07 11.1	09♌58.6
SEP 8	15 07.3	02♍19.8	08 56.0	19 32.3
18	17 15.4	11 25.2	11 02.9	28 28.1
28	18 53.7	20 24.2	13 29.0	06♍49.2
OCT 8	19 58.0	29 15.4	16 11.5	14 39.1
18	20 24.0	07♎57.4	19 08.5	22 00.9
28	20R09.2	16 28.7	22 17.8	28 57.1
NOV 7	19 13.6	24 48.6	25 37.8	05♎30.0
17	17 41.3	02♏56.5	29 07.0	11 41.3
27	15 41.8	10 51.5	02♑44.0	17 31.8
DEC 7	13 29.4	18 33.6	06 27.6	23 02.2
17	11 20.6	26 02.5	10 16.7	28 12.4
27	09 31.6	03♐18.0	14 10.2	03♏01.7
JAN 6	08♊14.1	10♐20.3	18♑07.0	07♏28.9
JAN 1	11S56.5	11S46.1	22S35.3	25S52.0
21	09 00.9	07 19.6	23 42.8	25 46.4
FEB 10	05 45.2	02 17.1	24 29.5	24 29.9
MAR 2	02 16.9	03N13.3	24 57.1	21 49.9
22	01N16.1	09 00.2	25 08.5	17 31.8
APR 11	04 46.0	14 46.8	25 05.5	11 17.8
MAY 1	08 05.3	20 09.1	24 46.7	02 53.7
21	11 07.0	24 33.0	24 07.7	07N25.9
JUN 10	13 45.0	27 15.6	23 08.8	18 03.9
30	15 54.5	27 35.0	22 04.6	25 43.3
JUL 20	17 32.5	25 07.8	21 16.1	27 34.0
AUG 9	18 37.7	20 03.8	20 54.8	23 52.4
29	19 11.8	13 02.0	20 58.6	17 09.5
SEP 18	19 19.1	04 54.6	21 18.1	09 36.0
OCT 8	19 06.2	03S27.8	21 41.7	02 16.1
28	18 40.8	11 23.2	21 58.6	04S27.3
NOV 17	18 10.2	18 19.0	21 59.9	10 27.7

1986	Psyche 16	Eros 433	Lilith 1181	Toro 1685
JAN 1	08R48.4	06♐50.8	16♑08.2	05♏18.1
11	07♊49.4	13 46.6	20 06.5	09 33.6
21	07D30.1	20 29.0	24 06.9	13 23.0
31	07 50.1	26 58.0	28 08.3	16 43.2
FEB 10	08 46.7	03♑13.9	02♒10.2	19 29.3
20	10 15.8	09 16.0	06 11.4	21 34.7
MAR 2	12 12.7	15 04.2	10 11.0	22 52.0
12	14 33.1	20 38.1	14 08.3	23R11.9
22	17 13.2	25 56.6	18 02.1	22 24.9
APR 1	20 09.3	00♒58.9	21 51.4	20 24.6
11	23 18.5	05 43.4	25 34.9	17 10.7
21	26 38.6	10 07.9	29 11.2	12 56.5
MAY 1	00♋07.1	14 09.9	02♓38.7	08 11.0
11	03 42.5	17 45.7	05 55.7	03 31.9
21	07 23.3	20 50.4	08 59.6	29♎35.7
31	11 08.2	23 18.2	11 48.1	26 44.3
JUN 10	14 56.1	25 01.2	14 17.9	25 04.8
20	18 46.1	25 50.3	16 25.1	24D34.3
30	22 37.2	25R36.4	18 05.9	25 04.1
JUL 10	26 28.9	24 11.1	19 15.5	26 25.2
20	00♌20.3	21 33.0	19 49.2	28 29.1
30	04 10.7	17 53.4	19R43.5	01♏08.6
AUG 9	07 59.4	13 38.1	18 56.4	04 18.3
19	11 45.6	09 26.6	17 30.2	07 54.2
29	15 28.4	05 56.6	15 32.3	11 52.9
SEP 8	19 07.2	03 33.2	13 15.9	16 12.6
18	22 40.6	02 26.7	10 59.2	20 51.9
28	26 07.7	02D33.9	09 00.4	25 49.7
OCT 8	29 27.1	03 47.1	07 34.8	01♐06.3
18	02♍37.0	05 56.8	06 52.4	06 41.8
28	05 35.9	08 53.8	06D56.6	12 37.0
NOV 7	08 21.4	12 30.7	07 47.0	18 53.4
17	10 51.1	16 41.6	09 20.3	25 32.5
27	13 02.3	21 21.6	11 31.4	02♑36.8
DEC 7	14 51.6	26 27.4	14 15.7	10 09.5
17	16 15.7	01♓56.2	17 28.4	18 13.6
27	17 11.1	07 45.9	21 05.1	26 53.2
JAN 6	17♍34.5	13♓55.2	25♓02.3	06♒12.7
JAN 1	17N29.1	28S29.9	20S34.7	21S21.2
21	17 48.2	30 18.3	19 11.2	25 06.2
FEB 10	18 31.9	30 32.8	17 20.3	28 14.2
MAR 2	19 28.9	29 29.2	15 05.0	30 43.9
22	20 25.8	27 27.6	12 30.1	32 17.4
APR 11	21 11.3	24 48.8	09 41.5	32 02.3
MAY 1	21 37.2	21 52.2	06 46.3	28 59.6
21	21 38.2	18 56.2	03 52.3	24 06.4
JUN 10	21 11.9	16 18.0	01 09.4	19 51.3
30	20 18.4	14 14.2	01N09.9	17 26.7
JUL 20	18 59.7	12 54.4	02 49.0	16 43.5
AUG 9	17 19.4	12 09.2	03 27.9	17 10.4
29	15 22.5	11 35.1	02 52.7	18 18.8
SEP 18	13 15.1	10 57.2	01 17.3	19 44.1
OCT 8	11 04.5	10 04.0	00S29.9	21 04.1
28	08 59.2	08 41.2	01 38.4	21 56.1
NOV 17	07 09.2	06 37.2	01 44.9	21 54.9

1987	Psyche 16	Eros 433	Lilith 1181	Toro 1685
JAN 1	17♍27.0	10♓48.2	23♓01.3	01♒27.8
11	17R33.4	17 06.8	27 07.5	11 08.5
21	17 05.2	23 43.2	01♈29.2	21 34.3
31	16 03.0	00♈36.7	06 04.2	02♓47.2
FEB 10	14 30.5	07 46.8	10 50.2	14 45.7
20	12 35.6	15 12.7	15 45.2	27 24.0
MAR 2	10 28.9	22 54.1	20 47.7	10♈31.8
12	08 23.2	00♉50.3	25 56.4	23 55.2
22	06 31.0	09 00.3	01♉09.8	07♉18.3
APR 1	05 01.9	17 23.5	06 27.0	20 26.2
11	04 02.6	25 58.9	11 47.0	03♊05.4
21	03 35.6	04♊44.7	17 08.9	15 05.5
MAY 1	03D41.1	13 39.8	22 32.0	26 20.9
11	04 17.2	22 42.4	27 55.5	06♋49.7
21	05 20.9	01♋50.3	03♊18.9	16 33.2
31	06 49.0	11 02.0	08 41.5	25 35.2
JUN 10	08 38.4	20 15.3	14 02.8	04♌00.4
20	10 45.8	29 27.9	19 22.1	11 53.3
30	13 08.9	08♌38.1	24 39.1	19 19.0
JUL 10	15 45.1	17 43.8	29 53.0	26 21.4
20	18 32.3	26 43.1	05♋03.2	03♍04.1
30	21 29.0	05♍34.7	10 09.3	09 30.6
AUG 9	24 33.5	14 17.2	15 10.3	15 43.2
19	27 44.4	22 49.3	20 05.5	21 44.0
29	01♎00.6	01♎10.7	24 54.2	27 35.3
SEP 8	04 20.9	09 20.6	29 34.9	03♎18.3
18	07 44.4	17 18.9	04♌06.7	08 54.4
28	11 10.2	25 05.9	08 27.9	14 24.6
OCT 8	14 37.2	02♏41.6	12 36.6	19 49.8
18	18 04.5	10 06.4	16 31.0	25 10.8
28	21 31.1	17 21.0	20 08.2	00♏28.1
NOV 7	24 55.9	24 25.7	23 25.0	05 42.0
17	28 17.9	01♐21.3	26 18.1	10 53.1
27	01♏35.8	08 08.4	28 43.0	16 01.6
DEC 7	04 48.0	14 47.2	00♍34.9	21 07.6
17	07 53.3	21 18.6	01 49.2	26 11.2
27	10 49.8	27 42.9	02 20.8	01♐12.6
JAN 6	13♏35.4	04♑00.4	02R06.8	06♐11.5
JAN 1	04N59.0	00N56.5	01N38.2	16S07.0
21	05 20.6	05 28.7	04 20.7	09 59.8
FEB 10	06 35.4	10 27.7	07 29.0	01 44.6
MAR 2	08 22.4	15 30.9	10 49.4	07N22.3
22	10 03.7	20 05.5	14 08.4	15 02.8
APR 11	11 06.6	23 28.9	17 12.9	19 13.9
MAY 1	11 19.6	24 55.3	19 50.4	19 33.6
21	10 46.2	23 53.0	21 50.6	17 09.8
JUN 10	09 34.9	20 20.4	23 05.3	13 21.4
30	07 54.0	14 47.2	23 29.8	08 57.4
JUL 20	05 50.4	07 59.4	23 03.6	04 21.7
AUG 9	03 30.2	00 42.7	21 49.7	00S14.1
29	00 59.3	06S25.3	19 55.1	04 44.1
SEP 18	01S37.2	12 57.0	17 29.0	09 03.8
OCT 8	04 13.8	18 32.3	14 42.8	13 09.1
28	06 45.3	22 57.0	11 49.2	16 55.5
NOV 17	09 06.2	26 01.3	09 02.9	20 17.9

JAN	1	12♏14.1	00♑52.5	02R19.6	03♐42.3
	11	14 53.6	07 06.8	01♍42.6	08 40.2
	21	17 19.0	13 15.1	00 21.4	13 35.8
	31	19 27.4	19 17.4	28♌23.7	18 28.8
FEB	10	21 16.2	25 14.1	26 03.2	23 19.4
	20	22 42.1	01♒05.5	23 37.5	28 07.6
MAR	1	23 41.9	06 51.6	21 25.2	02♑52.9
	11	24 12.8	12 32.6	19 41.5	07 35.7
	21	24R12.2	18 08.7	18 35.2	12 15.9
	31	23 39.0	23 39.8	18 10.4	16 53.3
APR	10	22 34.6	29 06.0	18D25.8	21 28.5
	20	21 02.4	04♓27.3	19 18.0	26 01.7
	30	19 09.9	09 43.4	20 42.8	00♒33.6
MAY	10	17 07.2	14 54.1	22 34.9	05 06.1
	20	15 05.8	19 59.2	24 50.2	09 41.2
	30	13 17.5	24 57.8	27 24.8	14 23.6
JUN	9	11 51.4	29 49.4	00♍15.1	19 22.2
	19	10 53.9	04♈32.8	03 18.5	24 51.9
	29	10 28.2	09 06.2	06 32.6	01♓24.6
JUL	9	10D34.7	13 28.0	09 55.4	10 07.9
	19	11 11.9	17 34.9	13 25.4	23 33.0
	29	12 17.7	21 23.0	17 01.0	17♈09.4
AUG	8	13 48.9	24 47.2	20 41.2	24♉04.8
	18	15 42.8	27 39.6	24 25.0	26♊46.6
	28	17 56.6	29 50.9	28 11.3	16♋02.8
SEP	7	20 27.5	01♉09.0	01♎59.4	28 07.7
	17	23 13.4	01R18.2	05 48.6	07♌20.7
	27	26 12.4	00 05.3	09 37.8	15 34.3
OCT	7	29 22.4	27♈23.9	13 26.5	23 33.1
	17	02♐42.1	23 26.2	17 13.9	01♍26.7
	27	06 09.9	18 55.4	20 59.0	09 10.7
NOV	6	09 44.6	14 50.9	24 40.9	16 37.9
	16	13 25.1	12 07.7	28 18.6	23 40.7
	26	17 10.2	11D14.5	01♏50.8	00♎13.9
DEC	6	20 58.9	12 11.8	05 16.3	06 14.4
	16	24 50.3	14 49.4	08 33.7	11 38.5
	26	28 43.3	18 51.7	11 41.1	16 22.7
JAN	5	02♑37.0	24♈03.1	14♏36.8	20♎22.6

JAN	1	13S18.8	27S46.3	04N45.9	25S56.3
	21	14 32.4	26 24.0	04 26.7	27 22.7
FEB	10	15 17.7	23 56.0	05 13.7	28 03.8
MAR	1	15 32.5	20 34.5	06 37.1	27 57.6
	21	15 16.0	16 31.6	07 53.4	27 02.7
APR	10	14 29.5	11 57.6	08 34.0	25 17.3
	30	13 21.4	07 00.4	08 31.0	22 35.7
MAY	20	12 11.2	01 45.7	07 46.2	18 40.6
JUN	9	11 23.9	03N42.7	06 24.9	12 43.5
	29	11 16.0	09 24.0	04 33.2	02 22.3
JUL	19	11 49.0	15 19.7	02 17.3	19N51.4
AUG	8	12 54.6	21 32.2	00S16.9	59 01.8
	28	14 21.2	28 00.0	03 03.7	51 49.2
SEP	17	15 57.5	34 14.1	05 57.3	34 30.4
OCT	7	17 33.5	38 26.9	08 52.3	21 06.6
	27	19 00.5	38 02.8	11 43.2	09 45.9
NOV	16	20 11.0	33 46.0	14 25.1	00 04.8
DEC	6	20 59.1	29 13.6	16 52.9	08S04.9
	26	21S20.9	26N13.5	19S02.7	14S54.4

JAN	1	01♑03.5	21♈51.0	13♏28.1	18♎52.4
	11	04 57.1	27 38.4	16 15.6	22 22.3
	21	08 49.7	04♉17.6	18 47.5	24 55.8
	31	12 40.3	11 38.6	21 01.3	26 23.3
FEB	10	16 27.9	19 35.0	22 53.8	26R32.1
	20	20 11.1	28 00.6	24 21.8	25 10.7
MAR	2	23 48.7	06♊48.8	25 22.0	22 13.5
	12	27 19.5	15 54.8	25 51.2	17 48.2
	22	00♒41.5	25 13.3	25R46.9	12 26.4
APR	1	03 53.3	04♋38.4	25 08.1	06 57.8
	11	06 52.7	14 05.7	23 55.8	02 12.1
	21	09 37.1	23 30.1	22 14.6	28♍41.9
MAY	1	12 04.1	02♌46.9	20 12.4	26 35.7
	11	14 10.4	11 53.0	18 00.1	25 47.8
	21	15 52.6	20 45.6	15 50.4	26D06.4
	31	17 07.1	29 22.5	13 55.1	27 18.2
JUN	10	17 50.0	07♍43.3	12 23.8	29 12.6
	20	17R58.4	15 47.7	11 22.8	01♎40.7
	30	17 30.7	23 35.9	10 54.5	04 35.4
JUL	10	16 27.4	01♎09.3	10D59.1	07 52.0
	20	14 53.3	08 28.7	11 34.8	11 26.5
	30	12 57.3	15 35.2	12 38.7	15 15.9
AUG	9	10 51.8	22 30.6	14 07.9	19 18.4
	19	08 52.1	29 15.9	15 59.3	23 32.3
	29	07 11.7	05♏52.3	18 09.9	27 56.4
SEP	8	06 01.6	12 21.3	20 37.2	02♏30.2
	18	05 28.4	18 43.6	23 18.8	07 13.1
	28	05D34.1	25 00.3	26 12.6	12 04.8
OCT	8	06 18.3	01♐12.4	29 17.0	17 05.5
	18	07 38.2	07 20.5	02♐30.3	22 15.0
	28	09 30.1	13 25.3	05 51.1	27 34.0
NOV	7	11 50.3	19 27.6	09 18.2	03♐02.9
	17	14 34.8	25 27.7	12 50.4	08 42.1
	27	17 40.4	01♑26.1	16 26.6	14 32.9
DEC	7	21 04.0	07 23.3	20 05.8	20 36.3
	17	24 42.7	13 19.5	23 46.9	26 53.7
	27	28 34.3	19 15.2	27 29.0	03♑26.9
JAN	6	02♓36.8	25♑10.6	01♑11.1	10♑18.1

JAN	1	21S21.9	25N37.0	19S37.6	16S43.2
	21	21 07.1	24 08.5	21 18.9	21 58.8
FEB	10	20 25.8	22 41.8	22 35.3	25 47.9
MAR	2	19 21.9	20 24.3	23 24.1	27 09.7
	22	18 02.1	16 53.7	23 40.4	24 39.5
APR	11	16 35.1	12 20.5	23 16.9	19 11.8
MAY	1	15 11.8	07 10.3	22 10.2	14 02.8
	21	14 05.7	01 47.5	20 33.1	10 55.9
JUN	10	13 31.2	03S30.7	18 57.4	09 47.1
	30	13 41.4	08 32.8	17 53.2	10 05.1
JUL	20	14 38.8	13 10.7	17 32.1	11 21.6
AUG	9	16 05.3	17 17.2	17 49.6	13 15.6
	29	17 27.3	20 45.7	18 35.0	15 30.9
SEP	18	18 18.1	23 29.5	19 36.2	17 53.7
OCT	8	18 28.0	25 22.0	20 42.2	20 11.1
	28	17 57.0	26 17.5	21 43.3	22 09.6
NOV	17	16 46.6	26 12.2	22 31.7	23 34.6
DEC	7	14 59.5	25 05.1	23 01.1	24 09.6
	27	12S39.1	22S58.2	23S07.3	23S36.1

JAN	1	00♓34.3	22♑12.9	29♐20.1	06♑50.1
	11	04 41.6	28 08.2	03♑01.7	13 51.1
	21	08 56.9	04♒03.6	06 41.7	21 14.0
	31	13 19.1	09 59.5	10 19.0	29 02.1
FEB	10	17 46.7	15 56.0	13 52.4	07♒18.8
	20	22 18.5	21 53.5	17 20.6	16 08.1
MAR	2	26 53.5	27 52.5	20 42.4	25 34.1
	12	01♈30.8	03♓53.1	23 55.9	05♓39.9
	22	06 09.5	09 56.0	26 59.7	16 27.9
APR	1	10 48.8	16 01.7	29 51.7	27 58.1
	11	15 27.8	22 10.5	02♒29.5	10♈06.7
	21	20 06.0	28 23.4	04 50.6	22 46.6
MAY	1	24 42.6	04♈40.9	06 51.8	05♉45.7
	11	29 16.8	11 03.7	08 29.9	18 48.7
	21	03♉48.0	17 32.9	09 41.2	01♊40.0
	31	08 15.4	24 09.3	10 21.7	14 06.3
JUN	10	12 38.0	00♉53.8	10R28.3	25 57.8
	20	16 55.1	07 47.8	09 58.9	07♋09.6
	30	21 05.6	14 52.1	08 53.0	17 40.6
JUL	10	25 08.1	22 07.8	07 14.5	27 31.5
	20	29 01.3	29 36.1	05 11.0	06♌45.2
	30	02♊43.5	07♊17.8	02 54.4	15 25.1
AUG	9	06 12.6	15 13.7	00 40.0	23 34.5
	19	09 26.4	23 24.6	28♑42.0	01♍17.3
	29	12 21.8	01♋50.1	27 12.8	08 36.6
SEP	8	14 55.6	10 30.1	26 20.3	15 35.2
	18	17 04.0	19 23.9	26D07.6	22 15.9
	28	18 42.6	28 29.7	26 35.1	28 40.8
OCT	8	19 47.2	07♌45.4	27 40.3	04♎51.5
	18	20 13.6	17 08.7	29 19.8	10 49.7
	28	19R59.1	26 36.1	01♒29.9	16 36.6
NOV	7	19 03.9	06♍04.4	04 06.8	22 12.9
	17	17 31.9	15 30.4	07 06.9	27 39.4
	27	15 32.5	24 50.1	10 27.3	02♏56.4
DEC	7	13 20.2	04♎00.4	14 05.2	08 04.1
	17	11 11.4	12 58.0	17 58.2	13 02.4
	27	09 22.3	21 39.0	22 04.4	17 50.9
JAN	6	08♊04.8	00♏00.8	26♒21.9	22♏29.0

JAN	1	11S59.3	22S17.6	23S04.9	23S14.7
	21	09 04.3	19 03.0	22 39.4	20 47.9
FEB	10	05 49.1	15 01.8	21 49.3	16 29.0
MAR	2	02 21.1	10 21.6	20 38.0	10 04.6
	22	01N11.7	05 09.8	19 10.8	01 39.4
APR	11	04 41.6	00N26.3	17 35.2	07N59.7
MAY	1	08 01.0	06 19.5	16 00.2	16 56.3
	21	11 02.9	12 21.0	14 37.0	22 32.0
JUN	10	13 41.3	18 19.8	13 37.7	23 23.6
	30	15 51.5	23 58.5	13 12.2	20 24.9
JUL	20	17 30.0	28 50.4	13 22.4	15 22.1
AUG	9	18 35.8	32 15.3	13 56.7	09 33.6
	29	19 10.4	33 23.0	14 35.0	03 40.2
SEP	18	19 18.0	31 28.5	15 01.1	01S59.5
OCT	8	19 05.3	26 16.7	15 05.0	07 17.7
	28	18 39.8	18 13.9	14 40.1	12 10.1
NOV	17	18 09.0	08 15.4	13 41.8	16 33.6
DEC	7	17 40.6	02S32.3	12 07.3	20 25.7
	27	17N26.7	13S07.1	09S56.6	23S44.3

1991	Psyche 16	Eros 433	Lilith 1181	Toro 1685
JAN 1	08 R 39.1	25♎52.5	24♒11.8	20♏11.3
11	07♊40.1	04♏03.5	28 34.4	24 43.9
21	07 D 20.7	11 50.1	03♓06.2	29 04.7
31	07 40.8	19 08.7	07 45.9	03♐12.0
FEB 10	08 37.5	25 56.3	12 32.3	07 04.2
20	10 06.7	02♐07.8	17 24.5	10 38.4
MAR 2	12 03.9	07 38.2	22 21.6	13 51.2
12	14 24.5	12 21.4	27 22.7	16 38.6
22	17 04.8	16 08.5	02♈27.3	18 54.5
APR 1	20 01.2	18 49.6	07 34.5	20 31.9
11	23 10.8	20 13.3	12 43.7	21 22.1
21	26 31.2	20 R 07.3	17 54.5	21 R 14.0
MAY 1	00♋00.1	18 25.8	23 06.1	19 57.1
11	03 35.8	15 15.2	28 17.9	17 23.5
21	07 17.1	11 01.7	03♉29.6	13 33.5
31	11 02.3	06 32.8	08 40.1	08 44.7
JUN 10	14 50.6	02 36.8	13 49.1	03 31.6
20	18 41.0	29♏47.9	18 55.8	28♏39.4
30	22 32.6	28 19.4	23 59.2	24 47.1
JUL 10	26 24.7	28 D 06.9	28 58.6	22 14.6
20	00♌16.5	29 00.4	03♊52.7	21 06.8
30	04 07.3	00♐47.6	08 40.2	21 D 17.4
AUG 9	07 56.4	03 17.4	13 19.8	22 36.0
19	11 43.1	06 21.5	17 49.5	24 53.7
29	15 26.4	09 52.8	22 07.1	28 01.9
SEP 8	19 05.6	13 45.8	26 10.2	01♐54.5
18	22 39.7	17 57.0	29 55.3	06 27.9
28	26 07.2	22 23.2	03♋18.7	11 38.9
OCT 8	29 27.2	27 02.1	06 16.0	17 26.7
18	02♍37.8	01♑52.2	08 41.6	23 51.2
28	05 37.3	06 52.1	10 30.0	00♑52.5
NOV 7	08 23.7	12 00.8	11 35.1	08 31.5
17	10 54.2	17 17.7	11 R 51.8	16 48.8
27	13 06.2	22 42.1	11 18.0	25 43.9
DEC 7	14 56.6	28 13.6	09 56.3	05♒19.0
17	16 21.7	03♒52.2	07 56.5	15 43.2
27	17 18.3	09 37.4	05 36.4	27 20.4
JAN 6	17♍43.0	15♒29.4	03♋17.4	11♓03.0

JAN 1	17 N 27.1	15 S 37.5	09 S 18.5	24 S 28.5
21	17 46.1	24 49.0	06 26.2	27 03.8
FEB 10	18 30.0	32 24.5	03 06.3	29 05.7
MAR 2	19 27.3	38 22.8	00 N 34.5	30 38.3
22	20 24.6	43 01.2	04 28.0	31 48.1
APR 11	21 10.5	46 38.1	08 25.5	32 39.9
MAY 1	21 36.8	48 46.2	12 17.7	33 04.2
21	21 38.2	47 28.7	15 55.1	32 11.2
JUN 10	21 12.2	42 03.4	19 08.0	28 53.0
30	20 18.9	35 42.6	21 48.0	24 06.3
JUL 20	19 00.3	31 02.6	23 47.7	20 16.9
AUG 9	17 20.0	28 14.1	25 02.9	18 14.1
29	15 22.9	26 35.9	25 33.2	17 29.1
SEP 18	13 15.3	25 27.8	25 23.3	17 17.4
OCT 8	11 04.4	24 20.3	24 42.7	16 57.3
28	08 58.7	22 52.8	23 44.8	15 49.7
NOV 17	07 08.1	20 52.2	22 43.2	13 23.8

1992	Psyche 16	Eros 433	Lilith 1181	Toro 1685
JAN 1	17♍34.8	12♒32.5	04 R 25.3	03♓51.6
11	17 R 42.6	18 27.9	02♋15.2	19 04.8
21	17 15.7	24 29.8	00 36.5	08♈09.1
31	16 14.6	00♓38.6	29♊40.8	00♉39.9
FEB 10	14 43.1	06 54.6	29 D 32.3	23 10.6
20	12 48.8	13 17.8	00♋10.1	11♊59.7
MAR 1	10 42.5	19 48.7	01 29.1	26 25.0
11	08 36.6	26 27.9	03 24.1	07♋32.0
21	06 43.8	03♈15.5	05 49.0	16 29.3
31	05 13.9	10 12.2	08 38.3	24 04.0
APR 10	04 13.5	17 18.7	11 47.7	00♌46.7
20	03 45.6	24 35.3	15 13.1	06 55.5
30	03 D 50.0	02♉02.6	18 51.3	12 41.3
MAY 10	04 25.2	09 41.0	22 39.9	18 12.0
20	05 28.1	17 30.8	26 36.4	23 31.9
30	06 55.4	25 32.3	00♌39.3	28 44.0
JUN 9	08 44.2	03♊45.4	04 47.1	03♍50.8
19	10 51.1	12 09.7	08 58.5	08 53.7
29	13 13.6	20 44.9	13 12.5	13 53.8
JUL 9	15 49.4	29 30.1	17 28.5	18 52.2
19	18 36.3	08♋24.0	21 45.4	23 49.2
29	21 32.5	17 25.6	26 02.8	28 45.7
AUG 8	24 36.6	26 33.0	00♍20.1	03♎42.1
18	27 47.2	05♌44.4	04 36.5	08 38.8
28	01♎03.1	14 58.2	08 51.6	13 36.1
SEP 7	04 23.2	24 12.0	13 04.8	18 34.6
17	07 46.4	03♍23.8	17 15.4	23 34.3
27	11 11.8	12 32.0	21 22.9	28 35.8
OCT 7	14 38.5	21 34.2	25 26.3	03♏39.3
17	18 05.5	00♎28.8	29 24.9	08 44.9
27	21 31.8	09 14.3	03♎17.7	13 53.3
NOV 6	24 56.4	17 49.2	07 03.6	19 04.6
16	28 18.0	26 12.3	10 41.1	24 19.1
26	01♏35.6	04♏22.9	14 08.8	29 37.4
DEC 6	04 47.6	12 20.1	17 24.8	04♐59.9
16	07 52.6	20 03.4	20 27.1	10 27.0
26	10 48.8	27 32.7	23 13.2	15 59.6
JAN 5	13♏34.2	04♐47.3	25♎40.2	21♐38.3

JAN 1	04 N 56.0	13 S 48.1	20 N 40.1	04 S 25.2
21	05 16.7	09 30.5	19 57.3	00 16.7
FEB 10	06 30.7	04 35.7	19 32.4	03 N 33.8
MAR 1	08 17.6	00 N 49.3	19 22.4	05 25.3
21	09 59.3	06 34.7	19 13.6	06 03.3
APR 10	11 03.0	12 27.0	18 52.1	05 52.4
30	11 16.7	18 06.5	18 07.9	04 56.0
MAY 20	10 43.9	23 04.9	16 55.7	03 18.4
JUN 9	09 33.1	26 43.8	15 14.3	01 06.4
29	07 52.5	28 18.9	13 05.3	01 S 32.6
JUL 19	05 49.2	27 14.2	10 32.2	04 31.4
AUG 8	03 29.3	23 20.9	07 39.7	07 42.9
28	00 58.6	17 04.2	04 32.9	11 00.2
SEP 17	01 S 37.7	09 12.0	01 17.4	14 16.5
OCT 7	04 14.1	00 38.0	02 S 01.1	17 24.6
27	06 45.3	07 S 49.1	05 16.7	20 16.3
NOV 16	09 06.0	15 30.0	08 23.6	22 42.9
DEC 6	[illegible]	[illegible]	[illegible]	[illegible]

1993	Psyche 16	Eros 433	Lilith 1181	Toro 1685
JAN 1	12♏29.5	01♐55.2	24♎43.9	19♐22.0
11	15 07.4	09 01.1	26 58.1	25 04.9
21	17 31.0	15 52.5	28 48.1	00♑55.9
31	19 37.5	22 28.8	00♏10.2	06 56.3
FEB 10	21 23.9	28 49.9	01 00.9	13 07.8
20	22 47.4	04♑55.6	01 R 17.0	19 33.0
MAR 2	23 44.4	10 45.1	00 56.3	26 14.6
12	24 12.2	16 17.7	29♎59.1	03♒15.9
22	24 R 08.6	21 32.5	28 28.3	10 41.6
APR 1	23 32.4	26 27.6	26 30.8	18 36.4
11	22 25.1	01♒01.1	24 17.7	27 06.1
21	20 50.9	05 10.4	22 02.1	06♓17.1
MAY 1	18 57.0	08 51.4	19 57.4	16 14.8
11	16 54.0	11 59.7	18 15.0	27 03.3
21	14 53.4	14 29.0	17 02.2	08♈43.4
31	13 06.6	16 11.3	16 23.1	21 09.7
JUN 10	11 42.7	16 58.1	16 D 18.0	04♉10.9
20	10 47.6	16 R 39.8	16 45.2	17 31.4
30	10 24.4	15 09.0	17 42.0	00♊53.5
JUL 10	10 D 33.1	12 26.1	19 04.9	14 02.2
20	11 12.4	08 42.8	20 50.5	26 46.0
30	12 19.8	04 27.6	22 55.9	08♋56.0
AUG 9	13 52.5	00 19.6	25 18.0	20 26.8
19	15 47.5	26♑54.3	27 54.5	01♌15.7
29	18 02.1	24 36.1	00♏43.2	11 22.4
SEP 8	20 33.6	23 32.4	03 42.1	20 48.7
18	23 19.9	23 D 40.0	06 49.8	29 38.0
28	26 19.0	24 51.2	10 04.7	07♍53.3
OCT 8	29 29.0	26 56.0	13 25.5	15 38.2
18	02♐48.6	29 45.7	16 51.3	22 55.8
28	06 16.1	03♒13.5	20 20.7	29 48.4
NOV 7	09 50.4	07 13.0	23 52.8	06♎18.4
17	13 30.4	11 39.9	27 26.7	12 27.4
27	17 14.9	16 30.9	01♐01.3	18 16.0
DEC 7	21 02.8	21 42.9	04 35.5	23 45.2
17	24 53.4	27 14.3	08 08.4	28 54.8
27	28 45.3	03♓03.6	11 38.8	03♏43.8
JAN 6	02♑37.8	09♓09.5	15♐05.5	08♏11.4

JAN 1	13 S 22.5	27 S 53.0	14 S 27.5	25 S 49.5
21	14 34.8	30 28.5	16 21.5	25 39.2
FEB 10	15 18.6	31 25.2	17 36.9	24 16.9
MAR 2	15 31.9	30 58.7	18 02.5	21 29.7
22	15 13.9	29 30.4	17 27.6	17 02.4
APR 11	14 26.2	27 23.9	15 55.0	10 38.1
MAY 1	13 17.5	25 02.4	13 53.6	02 04.4
21	12 07.8	22 47.7	12 07.8	08 N 17.8
JUN 10	11 21.8	20 59.4	11 07.5	18 43.1
30	11 15.5	19 48.1	10 59.5	25 54.1
JUL 20	11 49.7	18 59.0	11 36.7	27 14.7
AUG 9	12 56.1	17 56.4	12 47.5	23 16.1
29	14 22.9	16 34.8	14 20.5	16 30.0
SEP 18	15 59.2	15 11.8	16 05.6	09 00.3
OCT 8	17 34.8	13 44.6	17 54.0	01 46.0
28	19 01.3	11 57.9	19 38.1	04 S 51.9
NOV 17	20 11.1	09 37.5	21 11.1	10 47.4
DEC 7	20 58.7	06 34.6	22 27.8	16 00.0

1994	16	433	1181	1685
JAN 1	00♑41.6	06♓04.5	13♐22.7	06♏00.4
11	04 34.0	12 18.5	16 47.2	10 16.5
21	08 25.5	18 48.2	20 06.0	14 07.5
31	12 14.8	25 33.0	23 17.6	17 29.8
FEB 10	16 01.1	02♈32.7	26 20.6	20 19.2
20	19 43.1	09 47.0	29 12.8	22 28.9
MAR 2	23 19.3	17 15.5	01♑52.3	23 51.9
12	26 48.6	24 58.0	04 16.9	24R19.1
22	00♒09.2	02♉54.3	06 23.5	23 40.8
APR 1	03 19.3	11 03.6	08 09.5	21 50.0
11	06 16.9	19 25.4	09 31.5	18 45.4
21	08 59.4	27 58.8	10 26.1	14 38.0
MAY 1	11 24.3	06♊42.4	10 50.3	09 54.9
11	13 28.5	15 35.3	10R41.4	05 13.0
21	15 08.1	24 35.7	09 58.1	01 09.6
31	16 20.0	03♋41.7	08 42.1	28♎09.1
JUN 10	17 00.1	12 51.7	06 57.4	26 20.2
20	17R05.6	22 03.7	04 52.4	25 41.2
30	16 35.0	01♌15.5	02 38.8	26D03.9
JUL 10	15 29.2	10 25.5	00 29.2	27 19.1
20	13 53.0	19 31.6	28♐36.5	29 18.6
30	11 55.8	28 31.8	27 10.4	01♏54.6
AUG 9	09 50.1	07♍25.0	26 17.1	05 01.7
19	07 51.0	16 09.6	25D59.5	08 35.8
29	06 12.1	24 44.4	26 17.2	12 33.3
SEP 8	05 04.0	03♎08.7	27 08.4	16 52.4
18	04 32.9	11 22.0	28 30.4	21 31.6
28	04D41.0	19 23.9	00♑19.5	26 29.8
OCT 8	05 27.1	27 14.4	02 32.8	01♐47.3
18	06 48.9	04♏53.7	05 07.3	07 24.2
28	08 42.4	12 21.9	08 00.1	13 21.3
NOV 7	11 04.0	19 39.6	11 09.0	19 40.1
17	13 49.9	26 47.1	14 31.7	26 22.5
27	16 56.5	03♐44.9	18 06.5	03♑30.7
DEC 7	20 21.1	10 33.7	21 51.7	11 08.1
17	24 00.8	17 13.6	25 46.0	19 17.9
27	27 53.3	23 45.2	29 47.9	28 04.2
JAN 6	01♓56.6	00♑09.1	03♒56.6	07♒31.3
JAN 1	21S21.0	01S43.2	23S34.9	21S32.2
21	21 07.6	02N55.2	24 03.6	25 14.1
FEB 10	20 27.7	08 02.8	24 10.6	28 19.6
MAR 2	19 25.4	13 21.6	23 59.2	30 48.0
22	18 07.3	18 24.5	23 34.7	32 23.7
APR 11	16 42.0	22 33.8	23 04.0	32 17.1
MAY 1	15 20.5	25 04.5	22 34.0	29 26.2
21	14 16.1	25 15.9	22 09.0	24 37.0
JUN 10	13 43.2	22 50.2	21 48.0	20 17.0
30	13 54.7	18 03.0	21 26.2	17 45.4
JUL 20	14 52.5	11 35.1	21 03.1	16 56.4
AUG 9	16 18.2	04 15.2	20 45.1	17 19.2
29	17 38.5	03S13.3	20 36.6	18 24.3
SEP 18	18 27.9	10 16.5	20 34.8	19 46.6
OCT 8	18 37.3	16 29.3	20 31.1	21 03.5
28	18 06.5	21 33.9	20 15.8	21 51.9
NOV 17	16 56.9	25 17.7	19 40.5	21 45.8
DEC 7	15 10.7	27 33.8	18 38.8	20 16.2
27	12S51.1	28S21.1	17S07.1	16S52.6

1995	16	433	1181	1685
JAN 1	29♒53.7	26♐58.2	01♒51.5	02♒42.4
11	04♓01.8	03♑18.2	06 03.0	12 31.4
21	08 18.0	09 30.8	10 19.7	23 06.1
31	12 41.0	15 36.4	14 40.6	04♓28.2
FEB 10	17 09.4	21 35.0	19 04.9	16 35.5
20	21 42.1	27 26.9	23 31.9	29 21.1
MAR 2	26 18.1	03♒12.4	28 00.8	12♈34.3
12	00♈56.3	08 51.2	02♓30.9	26 00.8
22	05 35.9	14 23.5	07 01.5	09♉24.6
APR 1	10 16.2	19 49.4	11 32.1	22 30.9
11	14 56.4	25 08.3	16 01.8	05♊06.2
21	19 35.6	00♓20.2	20 29.9	17 00.6
MAY 1	24 13.4	05 24.8	24 55.8	28 09.0
11	28 48.9	10 21.0	29 18.3	08♋30.1
21	03♉21.3	15 08.3	03♈36.6	18 05.8
31	07 50.0	19 45.6	07 49.5	27 00.4
JUN 10	12 14.1	24 10.8	11 55.5	05♌18.6
20	16 32.5	28 22.1	15 53.0	13 05.3
30	20 44.5	02♈16.4	19 40.1	20 25.3
JUL 10	24 48.4	05 49.5	23 14.0	27 22.9
20	28 43.2	08 56.5	26 32.0	04♍01.3
30	02♊27.0	11 29.7	29 30.4	10 24.0
AUG 9	05 57.7	13 19.8	02♉04.6	16 33.3
19	09 13.1	14 15.8	04 10.0	22 31.4
29	12 10.3	14R03.7	05 40.7	28 20.3
SEP 8	14 45.8	12 31.9	06 31.0	04♎01.3
18	16 56.0	09 37.2	06R36.6	09 35.6
28	18 36.5	05 32.4	05 55.0	15 04.5
OCT 8	19 42.7	00 56.7	04 29.7	20 28.6
18	20 10.9	26♓43.7	02 31.0	25 48.7
28	19R57.9	23 41.4	00 16.0	01♏05.3
NOV 7	19 03.8	22 17.1	28♈06.9	06 18.9
17	17 32.7	22D33.5	26 24.3	11 29.8
27	15 33.7	24 22.1	25 23.3	16 38.4
DEC 7	13 21.4	27 30.2	25D12.0	21 44.7
17	11 12.4	01♈44.3	25 50.8	26 48.8
27	09 22.9	06 54.1	27 16.5	01♐51.1
JAN 6	08♊05.0	12♈51.0	29♈23.9	06♐51.2
JAN 1	12S11.5	28S19.6	16S39.3	15S40.7
21	09 17.0	27 23.9	14 29.1	09 24.1
FEB 10	06 02.0	25 17.9	11 50.1	01 03.1
MAR 2	02 33.8	22 15.0	08 46.2	07N59.5
22	00N59.7	18 28.5	05 22.5	15 23.5
APR 11	04 30.5	14 10.0	01 44.9	19 12.5
MAY 1	07 51.1	09 28.6	02N00.2	19 14.7
21	10 54.5	04 31.4	05 46.2	16 42.6
JUN 10	13 34.6	00N37.3	09 26.1	12 52.4
30	15 46.2	05 55.1	12 52.6	08 29.9
JUL 20	17 26.1	11 20.4	15 57.9	03 57.1
AUG 9	18 33.1	16 48.5	18 32.7	00S35.8
29	19 08.6	21 54.9	20 24.6	05 02.9
SEP 18	19 16.8	25 20.4	21 15.6	09 19.9
OCT 8	19 04.2	25 14.6	20 43.9	13 22.8
28	18 38.7	22 13.5	18 47.7	17 06.7
NOV 17	18 07.7	19 10.4	16 17.7	20 26.5
DEC 7	17 39.2	17 42.5	14 28.0	23 16.6
27	17N25.3	17N54.7	13N55.0	25S31.2

1996	16	433	1181	1685
JAN 1	08R39.4	09♈47.2	28♈15.4	04♐21.4
11	07♊40.2	16 04.6	00♉41.2	09 20.5
21	07D20.6	22 59.0	03 39.4	14 17.8
31	07 40.8	00♉25.7	07 04.5	19 12.9
FEB 10	08 37.8	08 19.8	10 51.6	24 06.1
20	10 07.3	16 37.6	14 56.5	28 57.4
MAR 1	12 05.0	25 15.8	19 15.9	03♑46.6
11	14 26.3	04♊10.4	23 46.6	08 34.0
21	17 07.2	13 18.0	28 26.4	13 20.0
31	20 04.4	22 35.6	03♊13.3	18 04.4
APR 10	23 14.6	01♋58.8	08 05.5	22 48.4
20	26 35.7	11 24.5	13 01.6	27 32.7
30	00♋05.3	20 49.1	18 00.6	02♒18.5
MAY 10	03 41.8	00♌08.8	23 01.2	07 08.9
20	07 23.6	09 20.8	28 02.8	12 07.6
30	11 09.6	18 22.4	03♋04.6	17 21.3
JUN 9	14 58.5	27 11.3	08 05.9	23 02.6
19	18 49.6	05♍46.3	13 06.2	29 32.4
29	22 41.8	14 06.8	18 05.1	07♓31.1
JUL 9	26 34.4	22 12.1	23 01.9	18 18.8
19	00♌26.9	00♎03.0	27 56.4	04♈25.7
29	04 18.3	07 39.9	02♌47.9	29 10.9
AUG 8	08 08.0	15 03.6	07 36.0	00♊11.7
18	11 55.3	22 15.4	12 20.4	26 11.6
28	15 39.3	29 16.3	17 00.2	13♋39.7
SEP 7	19 19.1	06♏07.2	21 34.9	25 57.2
17	22 53.9	12 49.6	26 03.9	05♌50.5
27	26 22.2	19 24.4	00♍26.1	14 43.9
OCT 7	29 42.9	25 52.4	04 40.6	23 14.2
17	02♍54.4	02♐14.7	08 46.1	01♍30.1
27	05 54.9	08 31.9	12 41.1	09 28.4
NOV 6	08 42.3	14 44.8	16 24.0	17 04.2
16	11 14.1	20 54.2	19 52.7	24 12.2
26	13 27.5	27 00.4	23 04.6	00♎48.7
DEC 6	15 19.5	03♑03.9	25 57.0	06 51.8
16	16 46.4	09 05.3	28 26.4	12 18.7
26	17 44.9	15 04.8	00♎29.0	17 06.1
JAN 5	18♍11.8	21♑02.7	02♎00.9	21♎10.3
JAN 1	17N25.7	18N09.9	13N58.5	25S58.6
21	17 45.0	19 38.4	14 49.2	27 21.4
FEB 10	18 29.2	21 11.8	16 19.8	27 58.3
MAR 1	19 26.8	21 54.5	18 05.8	27 46.6
21	20 24.4	21 01.3	19 47.0	26 44.6
APR 10	21 10.5	18 15.1	21 07.3	24 49.5
30	21 36.7	13 50.7	21 55.0	21 54.1
MAY 20	21 37.9	08 22.3	22 02.8	17 37.7
JUN 9	21 11.5	02 25.5	21 27.6	11 06.0
29	20 17.7	03S31.2	20 10.1	00N12.9
JUL 19	18 58.4	09 08.1	18 14.0	23 00.0
AUG 8	17 17.4	14 12.0	15 45.3	53 18.6
28	15 19.7	18 33.5	12 51.0	47 11.8
SEP 17	13 11.4	22 04.9	09 39.0	32 31.9
OCT 7	10 59.7	24 39.5	06 17.5	19 56.7
27	08 53.1	26 11.8	02 55.0	08 58.1
NOV 16	07 01.4	26 38.2	00S19.6	00S28.7
DEC 6	05 36.2	25 58.0	03 16.4	08 28.1
26	04N50.3	24S13.7	05S44.0	15S10.1

1997		Psyche 16	Eros 433	Lilith 1181	Toro 1685
JAN	1	18♍05.1	18♑39.7	01♎28.1	19♎38.2
	11	18R11.7	24 37.0	02 39.4	23 13.6
	21	17 43.4	00♒33.2	03 13.1	25 54.4
	31	16 41.2	06 28.6	03R06.6	27 31.8
FEB	10	15 08.7	12 23.7	02 18.8	27R53.7
	20	13 13.6	18 18.7	00 52.3	26 48.3
MAR	2	11 06.9	24 13.8	28♍54.6	24 08.9
	12	09 01.1	00♓09.6	26 37.1	20 00.1
	22	07 08.8	06 06.2	24 15.4	14 48.7
APR	1	05 39.7	12 04.3	22 05.0	09 21.2
	11	04 40.1	18 04.4	20 18.9	04 27.5
	21	04 13.1	24 06.9	19 05.8	00 43.9
MAY	1	04D18.4	00♈12.6	18 29.4	28♍23.1
	11	04 54.2	06 22.1	18D29.6	27 21.3
	21	05 57.8	12 36.2	19 04.5	27D28.1
	31	07 25.7	18 55.8	20 10.0	28 30.1
JUN	10	09 14.8	25 21.8	21 42.4	00♎16.6
	20	11 22.1	01♉55.2	23 37.9	02 38.3
	30	13 44.9	08 37.2	25 52.8	05 28.0
JUL	10	16 20.8	15 29.0	28 24.2	08 40.5
	20	19 07.8	22 31.6	01♎09.4	12 11.8
	30	22 04.1	29 46.6	04 05.9	15 58.6
AUG	9	25 08.2	07♊15.0	07 12.2	19 59.1
	19	28 18.8	14 57.8	10 26.5	24 11.4
	29	01♎34.5	22 56.2	13 47.2	28 34.4
SEP	8	04 54.5	01♋10.7	17 13.4	03♏07.5
	18	08 17.6	09 41.2	20 43.7	07 49.9
	28	11 42.9	18 27.7	24 17.2	12 41.5
OCT	8	15 09.4	27 28.6	27 53.1	17 42.4
	18	18 36.1	06♌41.8	01♏30.3	22 52.5
	28	22 02.1	16 05.1	05 07.9	28 12.2
NOV	7	25 26.4	25 34.3	08 45.1	03♐42.1
	17	28 47.6	05♍05.2	12 20.8	09 22.9
	27	02♏04.7	14 33.9	15 54.0	15 15.5
DEC	7	05 16.3	23 55.0	19 23.7	21 21.2
	17	08 20.7	03♎03.9	22 48.5	27 41.3
	27	11 16.2	11 56.4	26 07.2	04♑17.7
JAN	6	14♏00.9	20♎26.8	29♏18.2	11♑12.7
JAN	1	04N46.0	23S30.6	06S20.6	16S57.0
	21	05 07.8	20 31.2	07 48.5	22 08.5
FEB	10	06 22.9	16 42.8	08 11.5	25 58.1
MAR	2	08 10.3	12 13.6	07 20.5	27 30.8
	22	09 51.9	07 11.4	05 32.3	25 20.9
APR	11	10 54.9	01 43.5	03 32.9	20 03.5
MAY	1	11 07.8	04N03.4	02 06.9	14 48.6
	21	10 34.2	10 02.6	01 34.3	11 31.4
JUN	10	09 22.6	16 06.0	01 54.2	10 14.1
	30	07 41.4	22 01.8	02 57.8	10 25.8
JUL	20	05 37.6	27 31.7	04 34.7	11 37.9
AUG	9	03 17.6	32 05.9	06 35.5	13 28.6
	29	00 46.8	34 59.5	08 52.0	15 41.1
SEP	18	01S49.3	35 18.0	11 16.8	18 01.6
OCT	8	04 25.2	32 16.3	13 43.3	20 16.5
	28	06 55.8	25 45.6	16 05.4	22 12.5
NOV	17	09 15.7	16 19.2	18 17.6	23 34.3
DEC	7	11 19.7	04 58.5	20 15.2	24 05.2

1998		Psyche 16	Eros 433	Lilith 1181	Toro 1685
JAN	1	12♏40.1	16♎14.7	27♏43.7	07♑42.8
	11	15 18.5	24 32.2	00♐50.2	14 47.9
	21	17 42.7	02♏21.1	03 46.5	22 15.7
	31	19 50.1	09 35.3	06 30.4	00♒09.4
FEB	10	21 37.5	16 08.2	08 59.6	08 32.7
	20	23 02.0	21 53.3	11 11.6	17 29.4
MAR	2	24 00.5	26 40.8	13 03.5	27 03.5
	12	24 29.7	00♐19.3	14 32.1	07♓18.2
	22	24R27.7	02 36.7	15 34.3	18 15.2
APR	1	23 53.2	03 18.2	16 06.7	29 54.1
	11	22 47.4	02R14.5	16R06.9	12♈10.4
	21	21 14.4	29♏29.4	15 33.5	24 55.6
MAY	1	19 21.3	25 27.3	14 27.0	07♉57.2
	11	17 18.4	20 59.1	12 51.0	20 59.3
	21	15 17.4	17 00.4	10 52.7	03♊46.4
	31	13 29.4	14 10.4	08 41.9	16 06.1
JUN	10	12 04.1	12 45.0	06 31.3	27 49.5
	20	11 07.3	12D39.3	04 32.8	08♋52.7
	30	10 42.2	13 41.6	02 56.5	19 15.2
JUL	10	10D49.2	15 38.6	01 49.6	28 58.0
	20	11 26.8	18 17.9	01 15.5	08♌04.3
	30	12 32.8	21 30.5	01D14.8	16 37.5
AUG	9	14 04.1	25 09.2	01 46.4	24 41.1
	19	15 57.9	29 08.2	02 47.6	02♍18.6
	29	18 11.5	03♐23.9	04 15.5	09 33.5
SEP	8	20 42.2	07 53.1	06 07.0	16 28.2
	18	23 27.7	12 33.4	08 19.1	23 05.6
	28	26 26.2	17 23.4	10 49.2	29 27.6
OCT	8	29 35.7	22 21.8	13 35.0	05♎35.9
	18	02♐54.7	27 27.6	16 34.1	11 32.1
	28	06 21.9	02♑40.2	19 44.9	17 17.3
NOV	7	09 56.0	07 58.9	23 05.7	22 52.3
	17	13 35.7	13 23.5	26 34.9	28 17.8
	27	17 20.1	18 53.7	00♑11.5	03♏34.2
DEC	7	21 07.9	24 29.3	03 54.0	08 41.5
	17	24 58.4	00♒10.1	07 41.5	13 39.7
	27	28 50.5	05 56.2	11 32.9	18 28.5
JAN	6	02♑43.2	11♒47.5	15♑27.2	23♏07.3
JAN	1	13S25.5	10S03.6	22S15.9	23S03.4
	21	14 37.9	21 26.7	23 29.1	20 29.3
FEB	10	15 22.0	31 28.3	24 21.3	16 01.4
MAR	2	15 35.9	39 51.3	24 53.8	09 27.2
	22	15 18.6	46 27.4	25 08.8	00 53.8
APR	11	14 31.8	50 29.7	25 06.7	08N46.1
MAY	1	13 23.9	49 50.3	24 44.7	17 29.6
	21	12 14.2	44 03.5	23 58.4	22 40.2
JUN	10	11 27.6	36 59.3	22 51.4	23 08.5
	30	11 20.3	31 44.0	21 42.9	19 57.3
JUL	20	11 53.5	28 40.1	20 54.8	14 51.3
AUG	9	12 59.0	27 06.7	20 36.9	09 04.3
	29	14 25.1	26 20.6	20 45.5	03 14.3
SEP	18	16 00.8	25 48.5	21 10.3	02S21.8
OCT	8	17 36.0	25 06.6	21 39.7	07 36.5
	28	19 02.1	23 58.1	22 03.0	12 25.6
NOV	17	20 11.7	22 12.2	22 11.3	16 46.2
DEC	7	20 59.1	19 42.8	21 57.9	20 35.5

1999		Psyche 16	Eros 433	Lilith 1181	Toro 1685
JAN	1	00♑46.8	08♒51.2	13♑29.8	20♏49.2
	11	04 39.4	14 45.2	17 25.2	25 22.6
	21	08 31.2	20 44.6	21 22.2	29 44.7
	31	12 20.9	26 49.6	25 19.8	03♐53.7
FEB	10	16 07.5	03♓00.4	29 17.1	07 48.1
	20	19 50.0	09 17.4	03♒13.3	11 25.3
MAR	2	23 26.9	15 40.8	07 07.2	14 41.9
	12	26 56.9	22 11.1	10 58.0	17 34.0
	22	00♒18.4	28 49.0	14 44.5	19 56.1
APR	1	03 29.4	05♈34.9	18 25.5	21 41.0
	11	06 28.2	12 29.3	21 59.7	22 40.5
	21	09 12.1	19 33.1	25 25.6	22R43.6
MAY	1	11 38.5	26 46.6	28 41.1	21 39.4
	11	13 44.4	04♉10.7	01♓44.4	19 19.0
	21	15 26.2	11 45.8	04 32.9	15 40.3
	31	16 40.1	19 32.3	07 03.4	10 57.4
JUN	10	17 22.8	27 30.5	09 12.8	05 42.6
	20	17R30.8	05♊40.7	10 56.9	00 40.7
	30	17 02.8	14 02.3	12 11.4	26♏33.8
JUL	10	15 59.4	22 35.3	12 51.9	23 45.8
	20	14 24.9	01♋18.8	12R54.2	22 23.6
	30	12 28.7	10 11.5	12 16.3	22D22.3
AUG	9	10 23.1	19 12.5	10 59.2	23 31.6
	19	08 22.9	28 20.0	09 08.2	25 42.1
	29	06 42.4	07♌32.0	06 55.1	28 45.1
SEP	8	05 32.1	16 46.9	04 36.0	02♐33.9
	18	04 58.6	26 02.4	02 28.9	07 04.5
	28	05D04.4	05♍16.2	00 50.3	12 13.6
OCT	8	05 48.4	14 26.7	29♒51.1	17 59.8
	18	07 08.4	23 31.5	29D37.2	24 22.9
	28	09 00.5	02♎28.6	00♓09.3	01♑22.3
NOV	7	11 20.7	11 16.5	01 24.5	08 57.9
	17	14 05.7	19 53.5	03 19.2	17 09.3
	27	17 11.7	28 18.1	05 48.4	25 54.8
DEC	7	20 35.7	06♏29.5	08 47.3	05♒16.3
	17	24 15.2	14 26.7	12 11.9	15 25.6
	27	28 07.5	22 08.8	15 58.2	26 55.7
JAN	6	02♓10.8	29♏35.6	20♓02.9	10♓59.5
JAN	1	21S21.1	15S32.3	21S04.3	24S34.7
	21	21 07.4	11 23.2	19 49.8	27 07.0
FEB	10	20 27.2	06 35.7	18 08.2	29 05.7
MAR	2	19 24.5	01 16.3	16 02.7	30 34.8
	22	18 05.8	04N26.2	13 37.9	31 40.8
APR	11	16 39.8	10 20.3	11 00.1	32 29.4
MAY	1	15 17.4	16 10.1	08 16.4	32 53.9
	21	14 11.7	21 32.0	05 35.4	32 09.3
JUN	10	13 37.4	25 52.9	03 07.7	29 03.8
	30	13 47.4	28 30.2	01 06.9	24 17.9
JUL	20	14 44.3	28 41.1	00N09.5	20 19.4
AUG	9	16 10.2	26 00.8	00 23.7	18 07.3
	29	17 31.8	20 38.2	00S29.9	17 14.7
SEP	18	18 22.6	13 12.6	02 05.7	16 56.6
OCT	8	18 33.0	04 37.8	03 35.4	16 29.9
	28	18 02.7	04S12.8	04 20.7	15 15.7
NOV	17	16 53.3	12 33.5	04 07.3	12 46.0
DEC	7	15 07.0	19 48.4	02 56.2	09 11.2

2000		16	433	1181	1685
JAN	1	00♓07.9	25♏54.1	17♓58.4	03♓31.9
	11	04 16.0	03♐13.0	22 11.4	19 33.7
	21	08 32.4	10 15.5	26 38.8	10♈47.8
	31	12 55.6	17 01.4	01♈18.3	06♉17.0
FEB	10	17 24.4	23 30.4	06 08.1	00♊21.2
	20	21 57.6	29 41.4	11 06.3	18 48.6
MAR	1	26 33.9	05♑34.1	16 11.6	02♋08.7
	11	01♈12.8	11 07.1	21 22.7	12 11.0
	21	05 53.0	16 18.9	26 38.5	20 15.9
	31	10 34.0	21 07.6	01♉57.8	27 10.2
APR	10	15 14.9	25 30.4	07 20.0	03♌21.8
	20	19 54.9	29 23.4	12 44.0	09 06.7
	30	24 33.5	02♒42.3	18 09.2	14 34.0
MAY	10	29 09.9	05 20.5	23 35.1	19 49.9
	20	03♉43.3	07 10.5	29 00.7	24 58.1
	30	08 13.0	08 03.5	04♊25.6	00♍00.8
JUN	9	12 38.2	07 R 49.6	09 49.2	05 00.0
	19	16 57.8	06 22.4	15 10.9	09 56.6
	29	21 11.1	03 41.5	20 30.1	14 51.5
JUL	9	25 16.6	29♑59.2	25 46.4	19 45.5
	19	29 12.9	25 44.5	00♋58.8	24 39.0
	29	02♊58.5	21 35.7	06 06.8	29 32.5
AUG	8	06 31.3	18 09.3	11 09.7	04♎26.4
	18	09 48.9	15 49.0	16 06.4	09 21.1
	28	12 48.7	14 41.8	20 56.1	14 16.7
SEP	7	15 27.2	14 D 45.2	25 37.5	19 13.9
	17	17 40.7	15 50.7	00♌09.1	24 12.5
	27	19 25.2	17 48.5	04 29.5	29 13.2
OCT	7	20 35.7	20 30.3	08 36.4	04♏16.2
	17	21 08.5	23 48.5	12 27.5	09 21.6
	27	21 R 00.5	27 37.2	16 00.1	14 30.0
NOV	6	20 11.0	01♒52.2	19 10.4	19 41.5
	16	18 43.8	06 29.6	21 54.7	24 56.5
	26	16 47.3	11 26.8	24 08.3	00♐15.5
DEC	6	14 35.5	16 42.1	25 45.9	05 39.0
	16	12 25.3	22 13.6	26 42.8	11 07.4
	26	10 32.7	28 00.3	26 R 54.7	16 41.5
JAN	5	09♊10.6	04♓01.7	26♌19.2	22♐22.3

JAN	1	12 S 07.4	26 S 42.8	00 S 17.6	04 S 53.2
	21	09 12.5	30 16.5	02 N 32.6	02 01.3
FEB	10	05 57.0	32 06.8	05 48.5	01 N 22.2
MAR	1	02 28.3	32 27.7	09 18.0	03 35.2
	21	01 N 05.7	31 41.6	12 48.3	04 40.7
APR	10	04 37.0	30 15.3	16 06.6	04 50.4
	30	07 57.9	28 35.8	19 00.7	04 08.4
MAY	20	11 01.5	27 08.5	21 19.7	02 41.0
JUN	9	13 41.6	26 10.8	22 54.7	00 36.3
	29	15 53.0	25 35.1	23 39.7	01 S 57.4
JUL	19	17 32.6	24 33.4	23 32.9	04 52.0
AUG	8	18 39.2	22 36.8	22 36.4	08 00.2
	28	19 14.3	20 26.3	20 56.6	11 14.7
SEP	17	19 22.2	18 32.7	18 42.6	14 28.7
OCT	7	19 09.7	16 47.0	16 06.2	17 34.4
	27	18 44.9	14 49.0	13 20.9	20 23.8
NOV	16	18 15.5	12 22.2	10 42.5	22 47.7
DEC	6	17 48.6	09 16.5	08 29.0	24 36.3
	26	17 N 35.4	05 S 28.2	07 N 00.7	25 S 38.5

2001		16	433	1181	1685
JAN	1	09 R 39.1	01♓35.4	26 R 39.0	20♐05.1
	11	08♊39.3	07 45.1	25♌36.1	25 50.2
	21	08 D 18.9	14 08.3	23 51.9	01♑43.8
	31	08 38.3	20 45.1	21 38.0	07 47.3
FEB	10	09 34.6	27 35.0	19 11.6	14 02.5
	20	11 03.4	04♈38.0	16 52.0	20 32.0
MAR	2	13 00.3	11 54.3	14 56.2	27 18.5
	12	15 20.9	19 23.7	13 36.4	04♒25.7
	22	18 01.2	27 06.0	12 57.9	11 58.0
APR	1	20 57.7	05♉01.3	13 D 01.3	20 00.4
	11	24 07.3	13 09.0	13 43.8	28 38.3
	21	27 27.7	21 28.7	15 00.6	07♓58.2
MAY	1	00♋56.8	29 59.8	16 47.1	18 05.0
	11	04 32.7	08♊41.1	18 58.3	29 01.9
	21	08 13.9	17 31.5	21 30.1	10♈48.8
	31	11 59.3	26 29.8	24 19.0	23 19.3
JUN	10	15 47.6	05♋34.1	27 21.7	06♉21.7
	20	19 38.0	14 42.7	00♍35.7	19 40.4
	30	23 29.7	23 53.8	03 59.2	02♊58.7
JUL	10	27 21.7	03♌05.3	07 30.1	16 01.9
	20	01♌13.5	12 15.5	11 07.0	28 39.1
	30	05 04.4	21 22.4	14 48.8	10♋41.8
AUG	9	08 53.4	00♍24.0	18 34.3	22 04.5
	19	12 40.1	09 19.1	22 22.6	02♌45.2
	29	16 23.4	18 06.0	26 12.9	12 44.0
SEP	8	20 02.6	26 43.5	00♎04.3	22 03.0
	18	23 36.6	05♎10.9	03 56.2	00♍45.8
	28	27 04.2	13 27.5	07 47.8	08 55.6
OCT	8	00♍24.1	21 32.6	11 38.2	16 35.6
	18	03 34.9	29 26.4	15 26.7	23 49.1
	28	06 34.5	07♏08.8	19 12.5	00♎38.4
NOV	7	09 21.0	14 39.9	22 54.5	07 05.6
	17	11 51.9	22 00.1	26 31.8	13 12.4
	27	14 04.3	29 09.6	00♏03.0	18 59.6
DEC	7	15 55.1	06♐08.9	03 26.8	24 27.6
	17	17 21.0	12 58.4	06 41.7	29 36.7
	27	18 18.2	19 38.4	09 45.8	04♏25.8
JAN	6	18♍43.9	26♐09.2	12♏37.2	08♏53.9

JAN	1	17 N 36.0	04 S 11.5	06 N 46.0	25 S 46.4
	21	17 55.7	00 N 28.9	06 40.5	25 31.2
FEB	10	18 39.3	05 40.5	07 33.0	24 02.8
MAR	2	19 35.5	11 08.5	08 48.4	21 07.8
	22	20 31.1	16 30.8	09 48.1	16 31.2
APR	11	21 14.7	21 15.4	10 12.0	09 56.2
MAY	1	21 38.3	24 40.6	09 55.2	01 13.5
	21	21 36.7	26 01.9	08 59.9	09 N 09.9
JUN	10	21 07.7	24 48.0	07 30.7	19 20.8
	30	20 11.5	20 58.3	05 32.7	26 02.7
JUL	20	18 50.1	15 03.6	03 11.5	26 54.1
AUG	9	17 07.4	07 51.5	00 32.8	22 39.9
	29	15 08.4	00 10.2	02 S 18.0	15 51.5
SEP	18	12 59.2	07 S 20.1	05 15.3	08 25.7
OCT	8	10 47.1	14 08.9	08 13.8	01 16.8
	28	08 40.4	19 53.7	11 08.0	05 S 15.8
NOV	17	06 49.1	24 18.7	13 52.9	11 06.7
DEC	7	05 24.6	27 14.3	16 23.7	16 15.2
	27	04 N 39.6	28 S 37.4	18 S 36.0	20 S 42.6

2002		16	433	1181	1685
JAN	1	18♍35.2	22♐54.9	11♏13.3	06♏42.5
	11	18 R 44.1	29 21.4	13 57.4	10 59.6
	21	18 18.2	05♑39.3	16 25.2	14 52.2
	31	17 18.2	11 48.8	18 33.6	18 17.0
FEB	10	15 47.7	17 50.1	20 19.9	21 09.8
	20	13 53.9	23 43.4	21 40.4	23 24.3
MAR	2	11 47.6	29 28.5	22 31.9	24 53.2
	12	09 41.4	05♒05.7	22 51.5	25 28.0
	22	07 47.5	10 34.8	22 R 36.8	24 R 58.8
APR	1	06 16.4	15 55.3	21 47.4	23 18.2
	11	05 14.2	21 07.2	20 25.5	20 23.6
	21	04 44.4	26 09.6	18 36.4	16 23.8
MAY	1	04 D 47.1	01♓01.8	16 29.5	11 43.8
	11	05 20.3	05 43.0	14 16.3	06 59.5
	21	06 21.6	10 11.3	12 09.5	02 48.9
	31	07 47.4	14 24.9	10 20.6	29♎38.8
JUN	10	09 34.5	18 21.3	08 58.0	27 39.8
	20	11 40.2	21 56.4	08 06.9	26 51.6
	30	14 01.5	25 06.1	07 D 48.9	27 D 06.6
JUL	10	16 36.0	27 43.8	08 03.1	28 15.6
	20	19 21.9	29 41.2	08 47.7	00♏10.1
	30	22 17.2	00♈48.7	09 59.6	02 42.4
AUG	9	25 20.4	00 R 54.3	11 35.6	05 46.8
	19	28 30.2	29♓46.5	13 32.8	09 18.9
	29	01♎45.2	27 19.9	15 48.2	13 15.3
SEP	8	05 04.6	23 40.1	18 19.3	17 33.8
	18	08 27.2	19 14.5	21 04.1	22 13.0
	28	11 52.0	14 48.4	24 00.3	27 11.8
OCT	8	15 18.1	11 08.8	27 06.5	02♐30.3
	18	18 44.6	08 50.1	00♐21.1	08 08.9
	28	22 10.4	08 D 03.9	03 42.6	14 08.2
NOV	7	25 34.5	08 46.8	07 10.0	20 29.9
	17	28 55.7	10 49.3	10 42.0	27 16.0
	27	02♏12.9	13 58.9	14 17.6	04♑28.7
DEC	7	05 24.6	18 05.0	17 55.8	12 11.4
	17	08 29.2	22 59.5	21 35.4	20 27.7
	27	11 25.1	28 34.8	25 15.6	29 21.4
JAN	6	14♏10.4	04♈45.8	28♐55.3	08♒57.2

JAN	1	04 N 36.0	28 S 44.0	19 S 05.8	21 S 43.2
	21	04 56.0	28 17.9	20 50.1	25 22.0
FEB	10	06 09.6	26 36.6	22 08.6	28 25.1
MAR	2	07 56.7	23 54.4	22 57.3	30 52.2
	22	09 39.3	20 26.0	23 10.5	32 30.0
APR	11	10 44.2	16 24.7	22 40.4	32 32.0
MAY	1	10 58.9	12 01.4	21 25.0	29 53.7
	21	10 26.9	07 24.3	19 42.3	25 09.2
JUN	10	09 16.5	02 39.9	18 06.7	20 44.2
	30	07 36.1	02 N 06.5	17 07.0	18 05.2
JUL	20	05 33.1	06 48.2	16 51.8	17 10.0
AUG	9	03 13.6	11 08.0	17 15.4	17 28.3
	29	00 43.3	14 17.9	18 06.6	18 29.8
SEP	18	01 S 52.4	15 00.4	19 13.3	19 49.1
OCT	8	04 28.1	13 15.3	20 24.7	21 02.8
	28	06 58.4	11 03.8	21 31.7	21 47.2
NOV	17	09 18.2	10 01.6	22 26.2	21 36.0
DEC	7	11 22.2	10 31.9	23 02.3	19 59.3
	27	13 S 05.9	12 N 23.4	23 S 15.7	16 S 26.5

1931	SAPPHO 80	AMOR 1221	PANDORA 55	ICARUS 1566
JAN 1	21♑52.5	29♓33.2	29♐40.3	25♑51.4
11	27 43.6	01♈50.1	03♑50.7	00♒23.0
21	03♒40.0	04 26.8	08 00.8	05 04.5
31	09 40.8	07 19.9	12 09.5	09 57.2
FEB 10	15 45.4	10 26.9	16 16.0	15 03.3
20	21 53.2	13 45.5	20 19.2	20 26.0
MAR 2	28 03.3	17 14.0	24 17.8	26 09.3
12	04♓15.0	20 50.7	28 10.6	02♓19.0
22	10 27.6	24 34.5	01♒56.2	09 03.6
APR 1	16 40.4	28 24.3	05 33.0	16 34.9
11	22 52.5	02♉19.1	08 59.1	25 10.0
21	29 03.2	06 18.5	12 12.3	05♈13.7
MAY 1	05♈11.6	10 21.8	15 09.9	17 21.5
11	11 16.9	14 28.5	17 49.3	02♉25.0
21	17 18.2	18 38.3	20 06.6	21 48.4
31	23 14.3	22 50.9	21 58.1	17♊13.6
JUN 10	29 04.6	27 06.0	23 19.5	06♋11.6
20	04♉47.7	01♊23.7	24 06.5	26 41.3
30	10 22.3	05 43.5	24R15.3	26♌26.0
JUL 10	15 47.2	10 05.5	23 44.3	28♍07.4
20	21 00.7	14 29.6	22 34.1	20♎25.1
30	26 00.7	18 55.6	20 50.8	04♏23.3
AUG 9	00♊45.0	23 23.6	18 45.5	13 51.1
19	05 10.9	27 53.4	16 33.5	20 59.9
29	09 14.9	02♋24.7	14 32.6	26 53.5
SEP 8	12 53.1	06 57.6	12 57.6	02♐04.1
18	16 00.4	11 31.6	11 59.6	06 49.6
28	18 30.9	16 06.4	11D44.2	11 20.0
OCT 8	20 18.5	20 41.8	12 11.8	15 41.1
18	21 16.1	25 17.0	13 20.4	19 57.1
28	21R18.5	29 51.2	15 06.2	24 10.1
NOV 7	20 23.5	04♌24.0	17 24.5	28 21.9
17	18 34.9	08 53.5	20 11.0	02♑33.7
27	16 06.5	13 18.9	23 21.6	06 46.1
DEC 7	13 19.7	17 38.5	26 52.3	10 59.9
17	10 40.4	21 49.8	00♓40.4	15 15.7
27	08 32.4	25 51.6	04 42.8	19 33.6
JAN 6	07♊10.2	29♌42.1	08♓57.1	23♑54.3
JAN 1	15S59.6	05S34.4	28S39.3	30S25.2
21	13 45.0	03 36.8	28 34.9	28 38.8
FEB 10	10 40.2	01 16.6	28 02.3	26 15.2
MAR 2	06 53.6	01N15.5	27 06.0	23 05.3
22	02 36.8	03 50.8	25 53.1	18 50.1
APR 11	01N56.3	06 21.7	24 33.3	12 46.6
MAY 1	06 31.1	08 41.4	23 18.5	03 16.6
21	10 52.4	10 43.4	22 22.3	13N12.2
JUN 10	14 45.7	12 21.6	21 59.1	32 18.0
30	17 58.0	13 30.4	22 19.2	22 54.0
JUL 20	20 18.7	14 04.3	23 18.4	06S25.4
AUG 9	21 41.1	13 58.1	24 26.3	18 57.6
29	22 03.1	13 07.6	24 55.9	24 21.5
SEP 18	21 27.8	11 29.3	24 21.8	27 20.6
OCT 8	20 02.1	09 01.2	22 51.8	29 10.4
28	17 56.8	05 42.7	20 41.8	30 15.0
NOV 17	15 29.2	01 36.1	18 00.7	30 42.8
DEC 7	13 12.9	03S10.7	14 52.3	30 37.4

1932	Sappho 80	Amor 1221	Pandora 55	Icarus 1566
JAN 1	07R45.0	27♌48.4	06♓48.6	21♑43.6
11	06♊48.6	01♍32.4	11 08.2	26 06.0
21	06D44.5	05 04.4	15 36.9	00♒31.9
31	07 29.0	08 29.3	20 12.8	05 02.0
FEB 10	08 55.9	11 55.4	24 54.8	09 37.5
20	10 58.8	15 45.5	29 41.4	14 19.4
MAR 1	13 30.9	20 39.1	04♈31.5	19 09.4
11	16 26.8	27 33.3	09 24.2	24 09.9
21	19 41.9	07♎47.4	14 18.6	29 23.7
31	23 12.0	22 04.0	19 13.7	04♓55.2
APR 10	26 54.2	08♏30.9	24 09.1	10 50.4
20	00♋46.0	23 00.7	29 03.8	17 17.4
30	04 45.2	02♐54.6	03♉57.4	24 28.6
MAY 10	08 50.3	08 24.2	08 49.2	02♈41.2
20	12 59.8	10 59.3	13 38.5	12 19.5
30	17 12.5	12 01.0	18 24.7	23 57.0
JUN 9	21 27.8	12 29.0	23 07.4	08♉12.7
19	25 44.7	13 04.4	27 45.5	25 37.7
29	00♌02.5	14 04.7	02♊18.5	16♊22.5
JUL 9	04 20.8	15 36.3	06 45.6	11♋57.0
19	08 39.0	17 39.7	11 05.5	11♌48.2
29	12 56.5	20 10.0	15 17.2	06♍47.1
AUG 8	17 12.9	23 03.2	19 19.4	28 58.5
18	21 27.7	26 15.4	23 10.1	17♎08.7
28	25 40.4	29 42.3	26 47.8	01♏15.8
SEP 7	29 50.4	03♑21.3	00♋09.7	12 17.9
17	03♍57.0	07 10.1	03 13.0	21 13.1
27	07 59.4	11 06.3	05 54.6	28 43.8
OCT 7	11 56.9	15 08.8	08 10.2	05♐18.0
17	15 48.3	19 16.2	09 55.5	11 13.5
27	19 32.4	23 27.3	11 06.1	16 42.0
NOV 6	23 07.8	27 41.8	11 37.2	21 51.8
16	26 32.6	01♒58.5	11R25.8	26 47.7
26	29 44.9	06 16.8	10 31.2	01♑33.8
DEC 6	02♎42.1	10 36.4	08 57.0	06 12.6
16	05 21.3	14 56.6	06 52.6	10 45.9
26	07 39.2	19 16.9	04 32.2	15 15.3
JAN 5	09♎31.6	23♒37.0	02♋13.5	19♑41.7
JAN 1	11N42.2	09S34.5	10S22.6	29S46.7
21	11 49.1	14 00.5	06 24.4	28 33.2
FEB 10	12 43.3	15 41.7	02 12.4	26 52.1
MAR 1	13 55.8	09 18.3	02N06.6	24 44.5
21	15 04.1	16N23.2	06 25.5	22 08.7
APR 10	15 53.1	36 53.3	10 36.6	18 57.8
30	16 13.7	37 53.9	14 33.1	14 51.7
MAY 20	16 01.3	33 09.4	18 08.4	09 01.1
JUN 9	15 14.6	24 57.5	21 17.2	00N17.7
29	13 54.8	14 48.3	23 55.6	14 33.5
JUL 19	12 04.8	05 03.6	26 02.1	22 56.7
AUG 8	09 49.1	02S46.6	27 38.1	05 23.0
28	07 12.8	08 26.7	28 48.6	10S36.7
SEP 17	04 21.6	12 12.7	29 42.6	19 24.9
OCT 7	01 21.7	14 25.1	30 32.7	24 13.9
27	01S40.1	15 21.5	31 31.7	26 58.3
NOV 16	04 36.3	15 15.9	32 46.0	28 27.1
DEC 6	07 18.5	14 20.3	34 02.0	29 02.6

1933	Sappho 80	Amor 1221	Pandora 55	Icarus 1566
JAN 1	08♎50.0	21♒53.0	03R07.6	17♑55.5
11	10 25.1	26 12.6	00♋58.5	22 20.5
21	11 28.1	00♓31.1	29♊16.4	26 43.7
31	11 54.1	04 48.2	28 11.0	01♒06.0
FEB 10	11R39.8	09 03.3	27 46.4	05 27.7
20	10 43.6	13 16.0	28D02.0	09 49.6
MAR 2	09 07.0	17 25.9	28 54.7	14 12.4
12	06 56.9	21 32.6	00♋20.3	18 36.9
22	04 25.3	25 35.6	02 13.8	23 04.2
APR 1	01 47.8	29 34.4	04 30.9	27 35.9
11	29♍22.0	03♈28.3	07 07.6	02♓13.8
21	27 22.0	07 17.0	10 00.2	07 01.0
MAY 1	25 57.7	10 59.7	13 06.2	12 01.3
11	25 13.8	14 35.6	16 22.8	17 20.4
21	25D10.3	18 03.8	19 48.0	23 07.5
31	25 45.0	21 23.3	23 20.3	29 35.9
JUN 10	26 54.2	24 32.7	26 58.0	07♈06.9
20	28 33.3	27 30.5	00♌40.0	16 15.7
30	00♎38.6	00♉14.7	04 25.3	27 56.5
JUL 10	03 06.3	02 42.9	08 12.8	13♉23.9
20	05 53.1	04 52.5	12 01.8	03♊31.8
30	08 56.5	06 39.8	15 51.7	26 53.5
AUG 9	12 14.1	08 00.9	19 41.4	19♋38.4
19	15 44.0	08 51.5	23 30.5	11♌10.2
29	19 24.8	09R06.2	27 18.1	09♍55.5
SEP 8	23 15.0	08 40.8	01♍03.4	04♎44.9
18	27 13.5	07 32.0	04 45.8	23 15.4
28	01♏19.5	05 39.3	08 24.1	07♏33.4
OCT 8	05 31.9	03 07.5	11 57.2	18 55.3
18	09 50.2	00 07.4	15 24.2	28 16.4
28	14 13.7	26♈55.6	18 43.3	06♐14.6
NOV 7	18 41.6	23 52.3	21 53.1	13 14.7
17	23 13.5	21 15.3	24 51.7	19 33.5
27	27 48.7	19 18.1	27 36.8	25 22.3
DEC 7	02♐26.7	18 07.3	00♎05.8	00♑48.5
17	07 06.9	17D43.9	02 15.9	05 57.7
27	11 48.8	18 05.6	04 03.6	10 53.6
JAN 6	16♐31.5	19♈07.8	05♎25.6	15♑38.7
JAN 1	10S11.0	12S10.4	34N44.8	28S48.2
21	11 37.0	09 58.3	34 12.6	28 00.4
FEB 10	12 02.7	07 28.1	33 09.9	26 47.9
MAR 2	11 10.3	04 48.0	32 04.1	25 16.7
22	09 00.0	02 05.6	31 02.9	23 32.9
APR 11	06 10.2	00N32.2	30 01.3	21 41.6
MAY 1	03 41.4	02 58.8	28 51.4	19 46.6
21	02 13.4	05 07.9	27 26.9	17 47.5
JUN 10	01 53.1	06 53.2	25 44.2	15 31.1
30	02 30.9	08 08.2	23 42.7	11 59.8
JUL 20	03 53.0	08 45.4	21 23.6	04 19.7
AUG 9	05 46.8	08 36.3	18 49.8	08N37.1
29	08 00.9	07 31.7	16 05.4	12 02.9
SEP 18	10 25.2	05 25.9	13 15.3	05S12.4
OCT 8	12 50.5	02 29.2	10 25.1	16 12.1
28	15 07.4	00S36.5	07 41.3	22 09.6
NOV 17	17 06.8	02 48.8	05 10.9	25 21.3
DEC 7	18 40.0	03 31.8	03 02.2	26 56.1

1934	80	1221	55	1566
JAN 1	14♐10.1	18♈32.0	04♎48.0	13♑17.4
11	18 53.1	19 52.5	05 55.9	17 57.9
21	23 36.3	21 46.2	06 32.5	22 30.6
31	28 18.6	24 08.4	06 R 35.2	26 56.4
FEB 10	02♑59.5	26 54.8	06 02.5	01♒16.2
20	07 38.0	00♉02.4	04 54.9	05 30.8
MAR 2	12 13.1	03 28.1	03 16.8	09 40.3
12	16 43.8	07 09.7	01 16.1	13 45.4
22	21 08.7	11 05.5	29♍04.0	17 46.2
APR 1	25 26.1	15 14.1	26 53.9	21 42.6
11	29 34.4	19 34.5	24 58.2	25 35.0
21	03♒31.0	24 06.1	23 27.0	29 23.4
MAY 1	07 13.0	28 48.2	22 26.9	03♓07.7
11	10 37.2	03♊40.8	22 00.2	06 48.3
21	13 39.0	08 44.1	22 D 07.0	10 25.1
31	16 13.3	13 58.0	22 45.3	13 58.3
JUN 10	18 14.2	19 23.2	23 51.8	17 29.0
20	19 34.8	25 00.2	25 23.6	20 58.1
30	20 09.1	00♋49.7	27 17.3	24 29.0
JUL 10	19 R 52.4	06 52.9	29 29.6	28 08.7
20	18 44.5	13 10.7	01♎58.3	02♈13.6
30	16 53.6	19 44.5	04 40.7	07 32.9
AUG 9	14 36.3	26 35.7	07 34.9	17 18.2
19	12 17.3	03♌45.5	10 39.2	25♉18.7
29	10 22.8	11 15.5	13 51.9	25♌20.9
SEP 8	09 12.6	19 07.0	17 11.9	14♍04.2
18	08 D 58.4	27 20.9	20 37.9	19 34.1
28	09 42.7	05♍57.8	24 08.8	23 11.1
OCT 8	11 21.4	14 57.7	27 43.6	05♎30.7
18	13 48.9	24 19.4	01♏21.5	28 29.5
28	16 57.6	04♎00.9	05 01.4	14♏56.8
NOV 7	20 40.6	13 59.0	08 42.4	27 17.1
17	24 51.9	24 08.9	12 23.7	07♐09.9
27	29 26.1	04♏25.2	16 04.0	15 27.2
DEC 7	04♓18.7	14 41.7	19 42.6	22 40.0
17	09 26.3	24 51.7	23 18.1	29 07.0
27	14 45.3	04♐49.0	26 49.3	05♑00.2
JAN 6	20♓13.3	14♐28.5	00♐15.0	10♑27.8

1934	80	1221	55	1566
JAN 1	19 S 47.8	02 S 31.6	01 N 05.1	27 S 28.4
21	19 55.8	00 41.1	00 17.6	27 08.0
FEB 10	19 18.8	01 N 41.4	00 18.3	26 20.2
MAR 2	17 56.5	04 20.2	01 04.7	25 16.0
22	15 51.7	07 02.9	02 16.4	24 05.9
APR 11	13 10.0	09 38.9	03 19.1	23 01.6
MAY 1	10 00.1	11 59.0	03 43.8	22 17.2
21	06 34.8	13 53.6	03 20.6	22 12.4
JUN 10	03 12.7	15 13.1	02 13.3	23 18.5
30	00 23.8	15 47.3	00 30.6	26 32.5
JUL 20	01 N 09.5	15 26.2	01 S 39.1	33 48.9
AUG 9	00 48.2	14 00.3	04 08.4	47 59.6
29	01 S 17.7	11 22.4	06 50.9	50 22.8
SEP 18	03 58.9	07 30.9	09 40.8	19 22.3
OCT 8	06 06.0	02 34.3	12 32.5	00 N 23.0
28	07 04.4	03 S 02.8	15 21.0	12 S 32.5
NOV 17	06 46.7	08 36.4	18 01.4	20 01.6
DEC 7	05 18.8	13 09.4	20 29.4	23 39.9
27	02 S 53.8	15 S 53.6	22 S 41.9	25 S 17.0

1935	80	1221	55	1566
JAN 1	17♓28.3	09♐41.3	28♏32.9	07♑46.7
11	23 00.1	19 10.0	01♐55.1	13 03.7
21	28 37.7	28 14.7	05 09.1	18 02.3
31	04♈19.3	06♑53.3	08 13.2	22 45.8
FEB 10	10 03.7	15 04.4	11 05.2	27 16.4
20	15 49.4	22 47.4	13 42.6	01♒35.3
MAR 2	21 35.6	00♒02.8	16 02.8	05 43.4
12	27 21.3	06 50.9	18 02.5	09 41.1
22	03♉05.7	13 12.0	19 38.3	13 28.3
APR 1	08 48.2	19 07.0	20 46.9	17 04.7
11	14 28.4	24 35.8	21 24.3	20 29.4
21	20 05.6	29 38.3	21 R 27.8	23 40.9
MAY 1	25 39.6	04♓13.9	20 55.7	26 37.5
11	01♊10.2	08 21.3	19 48.5	29 16.0
21	06 36.7	11 58.6	18 10.5	01♓32.4
31	11 59.1	15 03.3	16 09.8	03 20.8
JUN 10	17 17.2	17 31.6	13 58.1	04 32.2
20	22 30.6	19 19.2	11 49.6	04 R 54.3
30	27 39.1	20 21.3	09 57.4	04 08.3
JUL 10	02♋42.5	20 R 32.5	08 32.5	01 46.3
20	07 40.1	19 48.9	07 41.8	27♒11.4
30	12 31.9	18 09.6	07 D 27.9	19 41.3
AUG 9	17 17.2	15 38.8	07 51.0	09 00.0
19	21 55.3	12 29.4	08 48.9	26♑11.8
29	26 25.6	09 00.7	10 18.3	13 43.6
SEP 8	00♌47.0	05 36.6	12 16.0	03 42.6
18	04 58.4	02 39.3	14 38.3	26♐35.7
28	08 58.5	00 23.6	17 22.2	21 44.5
OCT 8	12 45.2	28♒57.0	20 25.0	18 11.3
18	16 16.6	28 19.7	23 43.8	14 48.3
28	19 30.0	28 D 28.0	27 16.8	10 02.4
NOV 7	22 22.0	29 16.7	01♑02.0	01 13.2
17	24 49.1	00♓39.5	04 57.7	17♏33.0
27	26 46.7	02 31.0	09 02.6	24 D 52.4
DEC 7	28 09.8	04 46.4	13 15.2	08♐05.4
17	28 53.7	07 21.3	17 34.4	18 20.0
27	28 R 53.7	10 12.3	21 59.3	26 41.1
JAN 6	28♌07.3	13♓16.6	26♑28.6	03♑48.7

1935	80	1221	55	1566
JAN 1	02 S 10.5	16 S 14.8	23 S 12.4	25 S 29.0
21	01 N 02.5	16 22.3	25 03.4	25 43.4
FEB 10	04 34.4	14 47.4	26 38.4	25 21.0
MAR 2	08 08.4	12 05.4	28 00.7	24 39.5
22	11 29.8	08 49.6	29 15.5	23 54.3
APR 11	14 25.6	05 25.8	30 27.0	23 21.4
MAY 1	16 45.8	02 13.7	31 32.9	23 20.9
21	18 23.1	00 N 30.2	32 18.8	24 21.2
JUN 10	19 13.2	02 29.3	32 24.5	27 06.4
30	19 15.4	03 22.9	31 48.0	32 47.7
JUL 20	18 31.6	02 46.4	30 54.7	42 54.6
AUG 9	17 06.6	00 22.3	30 12.1	56 37.7
29	15 07.2	03 S 26.1	29 50.5	64 00.3
SEP 18	12 41.5	07 21.1	29 44.5	59 06.2
OCT 8	09 59.1	10 09.5	29 42.8	51 33.4
28	07 10.8	11 30.9	29 32.8	42 37.7
NOV 17	04 30.0	11 37.8	29 03.7	18 07.2
DEC 7	02 13.3	10 48.2	28 07.5	17 21.6
27	00 N 42.6	09 S 17.2	26 S 39.5	21 S 30.9

1936	80	1221	55	1566
JAN 1	28 R 36.3	11♓43.0	24♑13.5	00♑22.4
11	27♌26.9	14 52.8	28 44.7	07 02.5
21	25 34.9	18 12.2	03♒19.2	12 59.7
31	23 09.7	21 39.5	07 56.2	18 24.5
FEB 10	20 27.5	25 12.9	12 34.6	23 23.4
20	17 47.1	28 51.0	17 13.8	28 00.9
MAR 1	15 26.8	02♈32.9	21 53.0	02♒19.3
11	13 40.5	06 17.4	26 31.3	06 20.1
21	12 35.3	10 03.7	01♓08.2	10 03.9
31	12 D 13.4	13 51.0	05 42.7	13 30.1
APR 10	12 32.5	17 38.4	10 13.8	16 37.6
20	13 28.5	21 25.5	14 40.8	19 24.3
30	14 56.6	25 11.6	19 02.6	21 46.7
MAY 10	16 52.0	28 55.9	23 17.8	23 40.1
20	19 10.2	02♉37.9	27 25.4	24 58.1
30	21 47.7	06 16.9	01♈23.5	25 31.1
JUN 9	24 41.0	09 52.1	05 10.3	25 R 07.0
19	27 47.7	13 22.6	08 43.6	23 29.9
29	01♍05.5	16 47.3	12 00.6	20 21.6
JUL 9	04 32.5	20 05.0	14 58.2	15 27.2
19	08 07.3	23 14.3	17 32.6	08 45.5
29	11 48.7	26 13.1	19 39.3	00 45.8
AUG 8	15 35.5	28 59.3	21 13.8	22♑30.9
18	19 26.8	01♊29.8	22 11.0	15 10.8
28	23 21.9	03 41.1	22 R 26.5	09 31.8
SEP 7	27 19.9	05 28.7	21 58.4	05 44.9
17	01♎20.2	06 47.4	20 47.8	03 39.6
27	05 22.1	07 30.7	19 01.5	02 58.7
OCT 7	09 24.9	07 R 32.0	16 52.9	03 D 24.7
17	13 28.0	06 44.6	14 39.3	04 44.0
27	17 30.7	05 04.2	12 40.4	06 46.1
NOV 6	21 32.0	02 32.1	11 12.0	09 22.4
16	25 31.2	29♉16.9	10 24.3	12 26.2
26	29 27.2	25 38.3	10 D 21.7	15 49.2
DEC 6	03♏18.9	22 02.8	11 03.3	19 13.9
16	07 05.1	18 57.1	12 25.5	21 46.3
26	10 44.2	16 41.8	14 23.7	18 R 56.3
JAN 5	14♏14.5	15♉27.2	16♈52.3	02♑24.9

1936	80	1221	55	1566
JAN 1	00 N 30.1	08 S 49.4	26 S 12.3	22 S 05.9
21	00 30.0	06 42.9	24 03.6	23 21.2
FEB 10	01 50.0	04 18.7	21 25.0	23 33.7
MAR 1	03 58.0	01 44.9	18 21.8	23 16.7
21	06 03.0	00 N 51.1	15 00.5	22 53.8
APR 10	07 30.8	03 22.9	11 28.4	22 46.4
30	08 10.2	05 44.3	07 53.2	23 19.4
MAY 20	08 02.3	07 49.5	04 22.7	25 06.1
JUN 9	07 12.2	09 33.2	01 04.4	28 53.1
29	05 46.3	10 50.1	01 N 54.0	35 27.6
JUL 19	03 50.7	11 34.9	04 25.1	44 11.3
AUG 8	01 31.8	11 42.5	06 20.6	50 27.4
28	01 S 04.5	11 07.7	07 32.4	50 27.3
SEP 17	03 51.9	09 46.0	07 55.0	47 23.0
OCT 7	06 44.2	07 35.1	07 34.7	44 16.7
27	09 35.0	04 42.8	07 01.5	41 38.6
NOV 16	12 17.8	01 42.8	06 56.6	39 03.1
DEC 6	14 45.9	00 S 20.8	07 42.8	35 36.9
26	16 S 53.0	00 S 36.7	09 N 19.7	27 S 40.5

1937		Sappho 80	Amor 1221	Pandora 55	Icarus 1566
JAN	1	12♏51.5	15R49.5	15♈49.6	08R06.9
	11	16 15.7	15♉12.4	18 34.2	03D04.1
	21	19 27.5	15D36.0	21 41.9	09♑12.8
	31	22 24.6	16 54.7	25 08.5	15 26.1
FEB	10	25 03.8	19 01.9	28 50.5	21 03.6
	20	27 21.3	21 51.7	02♉45.2	26 07.0
MAR	2	29 13.2	25 18.5	06 49.9	00♒40.8
	12	00♐34.9	29 17.8	11 02.5	04 48.3
	22	01 21.4	03♊46.9	15 21.5	08 30.8
APR	1	01R28.3	08 42.7	19 45.2	11 48.4
	11	00 52.3	14 04.0	24 12.3	14 39.7
	21	29♏33.0	19 49.7	28 42.0	17 01.6
MAY	1	27 35.0	25 59.2	03♊13.1	18 49.5
	11	25 08.2	02♋32.4	07 44.9	19 56.8
	21	22 28.6	09 29.5	12 16.7	20R13.7
	31	19 55.4	16 50.5	16 47.8	19 28.4
JUN	10	17 46.1	24 36.0	21 17.7	17 26.2
	20	16 14.5	02♌45.9	25 45.8	13 52.4
	30	15 27.6	11 19.8	00♋11.4	08 40.3
JUL	10	15D27.1	20 17.2	04 34.0	01 59.9
	20	16 11.6	29 36.2	08 53.0	24♑29.9
	30	17 36.8	09♍14.2	13 07.6	17 09.8
AUG	9	19 38.5	19 07.9	17 17.3	10 54.0
	19	22 12.1	29 12.6	21 20.9	06 13.2
	29	25 13.4	09♎22.4	25 17.5	03 10.8
SEP	8	28 38.9	19 31.4	29 06.0	01 36.4
	18	02♐25.7	29 33.4	02♌44.7	01D15.4
	28	06 31.0	09♏22.2	06 12.2	01 53.2
OCT	8	10 52.8	18 53.6	09 26.3	03 18.8
	18	15 29.4	28 03.8	12 24.6	05 23.6
	28	20 19.1	06♐50.7	15 04.3	08 01.1
NOV	7	25 20.8	15 13.8	17 22.1	11 07.4
	17	00♑33.3	23 13.2	19 14.1	14 39.9
	27	05 55.4	00♑49.7	20 36.5	18 37.3
DEC	7	11 26.5	08 05.0	21 25.0	23 00.0
	17	17 05.5	15 00.4	21R36.1	27 49.8
	27	22 51.6	21 37.4	21 07.9	03♒10.3
JAN	6	28♑44.2	27♑57.7	20♌00.6	09♒08.0

JAN	1	17S26.1	00S20.0	09N57.0	21S08.5
	21	18 57.1	01N31.2	12 21.6	18 32.7
FEB	10	19 54.7	04 18.2	15 06.4	19 56.6
MAR	2	20 14.4	07 30.4	17 58.1	20 22.4
	22	19 51.7	10 45.1	20 44.7	20 30.9
APR	11	18 41.9	13 43.3	23 16.0	20 54.6
MAY	1	16 44.5	16 06.0	25 23.5	22 06.3
	21	14 18.5	17 31.8	27 00.6	24 46.6
JUN	10	12 09.5	17 37.6	28 03.2	29 41.7
	30	10 59.4	16 02.7	28 30.0	36 55.2
JUL	20	10 57.4	12 37.5	28 22.2	43 38.8
AUG	9	11 48.3	07 33.7	27 44.2	45 41.0
	29	13 10.1	01 28.7	26 42.6	44 03.3
SEP	18	14 41.9	04S41.4	25 26.7	41 46.0
OCT	8	16 05.6	09 59.9	24 07.7	39 50.1
	28	17 05.2	13 49.2	22 58.7	38 11.3
NOV	17	17 27.3	15 56.6	22 14.6	36 30.0
DEC	7	17 01.8	16 29.5	22 09.2	34 23.2
	27	[illegible]	[illegible]	[illegible]	[illegible]

1938		Sappho 80	Amor 1221	Pandora 55	Icarus 1566
JAN	1	25♑47.1	24♑49.6	20R38.9	06♒04.0
	11	01♒42.6	01♒01.9	19♌13.5	12 23.5
	21	07 43.2	06 59.2	17 18.0	19 34.7
	31	13 48.3	12 42.7	15 03.5	27 43.5
FEB	10	19 57.1	18 13.1	12 45.0	04♓23.8
	20	26 08.7	23 31.1	10 37.8	19R03.9
MAR	2	02♓22.6	28 37.3	08 54.6	11♒34.9
	12	08 37.8	03♓32.0	07 44.0	11D36.7
	22	14 53.6	08 15.1	07 10.1	13 20.4
APR	1	21 09.3	12 46.8	07D12.6	15 23.0
	11	27 24.0	17 06.9	07 49.6	17 14.9
	21	03♈36.9	21 14.8	08 57.3	18 40.6
MAY	1	09 47.3	25 10.1	10 31.8	19 27.9
	11	15 54.3	28 51.7	12 29.3	19R22.9
	21	21 57.1	02♈18.5	14 46.0	18 10.4
	31	27 54.9	05 29.0	17 19.0	15 32.0
JUN	10	03♉46.5	08 21.1	20 05.6	11 10.0
	20	09 31.2	10 52.5	23 03.4	04 57.8
	30	15 07.9	13 00.2	26 10.7	27♑12.9
JUL	10	20 35.1	14 40.3	29 25.6	18 49.2
	20	25 51.6	15 49.2	02♍46.8	10 58.6
	30	00♊55.8	16 22.1	06 13.2	04 36.6
AUG	9	05 45.5	16R14.7	09 43.6	00 05.0
	19	10 18.5	15 23.9	13 17.1	27♐17.9
	29	14 31.9	13 48.5	16 52.8	25 58.3
SEP	8	18 22.0	11 31.9	20 29.8	25D49.0
	18	21 44.9	08 43.1	24 07.4	26 34.1
	28	24 35.2	05 36.5	27 44.6	28 02.3
OCT	8	26 47.0	02 30.9	01♎20.6	00♑05.1
	18	28 14.0	29♓44.4	04 54.5	02 35.8
	28	28 49.6	27 31.2	08 25.2	05 30.1
NOV	7	28R29.4	26 00.0	11 51.4	08 45.0
	17	27 13.5	25 13.2	15 12.0	12 18.0
	27	25 08.0	25D09.5	18 25.6	16 08.3
DEC	7	22 29.5	25 45.4	21 30.2	20 15.2
	17	19 41.0	26 55.9	24 24.0	24 39.0
	27	17 07.7	28 36.3	27 04.9	29 21.0
JAN	6	15♊10.6	00♈42.1	29♎30.1	04♒23.1

JAN	1	15S14.2	15S24.4	23N06.5	30S21.2
	21	12 47.1	13 31.4	24 25.5	24 40.1
FEB	10	09 31.3	11 03.8	25 31.5	12 20.1
MAR	2	05 36.4	08 16.4	25 49.6	10 45.9
	22	01 15.1	05 21.8	25 15.5	13 42.8
APR	11	03N18.3	02 30.1	24 03.4	15 38.0
MAY	1	07 48.6	00N09.4	22 25.4	18 05.3
	21	12 00.8	02 28.3	20 27.4	22 14.7
JUN	10	15 40.8	04 17.7	18 11.8	29 00.1
	30	18 36.3	05 27.6	15 40.5	37 05.6
JUL	20	20 38.2	05 45.4	12 55.5	41 33.3
AUG	9	21 41.4	04 57.3	09 59.3	41 09.9
	29	21 45.9	02 53.2	06 55.3	39 22.3
SEP	18	20 56.9	00S15.5	03 47.1	37 51.9
OCT	8	19 23.8	03 38.9	00 38.9	36 45.6
	28	17 19.9	06 10.9	02S24.9	35 48.8
NOV	17	15 03.3	07 18.4	05 19.7	34 45.6
DEC	7	13 01.2	07 07.3	08 00.6	33 21.8
	27	[illegible]	[illegible]	[illegible]	[illegible]

1939		Sappho 80	Amor 1221	Pandora 55	Icarus 1566
JAN	1	16R03.6	29♓36.3	28♎19.6	01♒49.3
	11	14♊29.6	01♈53.3	00♏36.1	07 02.6
	21	13 46.0	04 29.9	02 32.6	12 41.9
	31	13D53.3	07 23.0	04 05.7	18 53.4
FEB	10	14 46.9	10 29.9	05 12.1	25 46.7
	20	16 20.5	13 48.5	05 48.4	03♓37.0
MAR	2	18 27.8	17 16.9	05R51.6	12 48.0
	12	21 02.5	20 53.4	05 20.4	23 59.4
	22	23 59.3	24 37.1	04 15.3	08♈12.2
APR	1	27 14.1	28 26.8	02 39.9	18R48.9
	11	00♋43.0	02♉21.5	00 42.0	05 36.9
	21	04 23.3	06 20.7	28♎31.9	23♓28.4
MAY	1	08 12.6	10 23.7	26 22.6	15 02.0
	11	12 08.9	14 30.2	24 26.6	07 54.4
	21	16 10.9	18 39.8	22 53.9	00 08.1
	31	20 17.1	22 52.1	21 51.5	20♒13.4
JUN	10	24 26.4	27 06.9	21 22.6	07 29.2
	20	28 38.2	01♊24.2	21D27.3	22♑56.4
	30	02♌51.6	05 43.6	22 04.2	09 22.0
JUL	10	07 05.8	10 05.2	23 10.3	29♐01.0
	20	11 20.6	14 28.9	24 42.7	22 13.5
	30	15 35.2	18 54.4	26 38.2	18 19.0
AUG	9	19 49.1	23 21.7	28 53.6	16 28.5
	19	24 01.9	27 50.9	01♏26.5	16D05.2
	29	28 13.0	02♋21.4	04 14.4	16 44.4
SEP	8	02♍21.8	06 53.4	07 15.3	18 08.5
	18	06 27.7	11 26.5	10 27.4	20 06.7
	28	10 29.9	16 00.2	13 49.2	22 31.2
OCT	8	14 27.7	20 34.4	17 19.2	25 16.5
	18	18 20.0	25 08.1	20 56.4	28 19.1
	28	22 05.5	29 40.6	24 39.4	01♑36.3
NOV	7	25 43.0	04♌11.2	28 27.4	05 06.0
	17	29 10.9	08 38.3	02♐19.4	08 47.2
	27	02♎27.0	13 00.5	06 14.3	12 38.9
DEC	7	05 29.2	17 16.4	10 11.3	16 40.7
	17	08 14.6	21 23.0	14 09.6	20 52.6
	27	10 39.9	25 18.6	18 08.0	25 14.8
JAN	6	12♎41.6	29♌01.4	22♐05.7	29♑47.9

JAN	1	11N39.3	05S33.1	10S55.2	30S47.4
	21	11 45.7	03 35.5	12 47.9	27 42.5
FEB	10	12 36.8	01 15.4	14 11.2	23 08.2
MAR	2	13 45.1	01N16.6	14 59.5	15 45.4
	22	14 48.5	03 51.7	15 06.8	01 08.6
APR	11	15 32.3	06 22.4	14 32.5	11N38.6
MAY	1	15 47.7	08 41.8	13 31.4	01 10.6
	21	15 30.3	10 43.6	12 34.1	10S01.9
JUN	10	14 39.1	12 21.6	12 08.9	24 50.0
	30	13 15.4	13 30.1	12 27.0	35 45.6
JUL	20	11 22.5	14 03.7	13 25.9	36 44.8
AUG	9	09 04.6	13 57.4	14 56.6	35 24.0
	29	06 26.8	13 06.8	16 49.1	34 30.6
SEP	18	03 34.8	11 28.5	18 53.9	34 06.5
OCT	8	00 34.6	09 00.4	21 02.0	33 54.3
	28	02S27.1	05 42.1	23 05.7	33 39.2
NOV	17	05 23.1	01 35.7	24 57.5	33 10.4
DEC	7	08 05.3	03S10.8	26 31.5	32 19.7
	27	[illegible]	[illegible]	[illegible]	[illegible]

1940		Sappho 80	Amor 1221	Pandora 55	Icarus 1566
JAN	1	11♎44.0	27♌11.8	20♐07.0	27♑29.9
	11	13 32.3	00♍47.1	24 04.1	02♒09.0
	21	14 50.4	04 07.6	27 58.7	07 01.1
	31	15 33.9	07 17.7	01♑50.0	12 08.2
FEB	10	15R38.8	10 25.3	05 36.6	17 33.7
	20	15 02.0	13 52.0	09 17.2	23 21.7
MAR	1	13 44.0	18 17.8	12 50.3	29 38.7
	11	11 48.5	24 41.3	16 14.2	06♓33.6
	21	09 25.2	04♎28.3	19 26.7	14 19.5
	31	06 48.6	18 41.2	22 25.9	23 15.4
APR	10	04 15.2	05♏44.9	25 08.9	03♈50.5
	20	02 01.5	21 11.5	27 32.7	16 49.3
	30	00 19.7	01♐51.0	29 34.0	03♉26.3
MAY	10	29♍16.5	07 48.7	01♒08.7	25 38.3
	20	28D54.5	10 40.1	02 12.9	10♊46.5
	30	29 12.1	11 52.8	02 42.9	19 18.8
JUN	9	00♎06.1	12 27.8	02R35.4	05♋37.5
	19	01 32.5	13 07.9	01 49.5	21♌30.5
	29	03 26.9	14 11.5	00 27.7	15♎02.1
JUL	9	05 45.7	15 45.0	28♑36.2	05♏35.6
	19	08 25.4	17 49.6	26 27.2	15 03.1
	29	11 23.0	20 20.8	24 15.6	21 04.4
AUG	8	14 36.1	23 14.3	22 17.2	25 46.8
	18	18 02.8	26 26.8	20 46.2	29 55.2
	28	21 41.0	29 53.8	19 51.5	03♐47.9
SEP	7	25 29.7	03♑32.7	19D37.5	07 34.3
	17	29 27.4	07 21.4	20 05.0	11 18.8
	27	03♏33.2	11 17.5	21 11.4	15 03.7
OCT	7	07 46.3	15 19.8	22 53.3	18 50.7
	17	12 05.8	19 27.1	25 06.7	22 40.5
	27	16 31.0	23 38.2	27 47.2	26 33.3
NOV	6	21 01.3	27 52.4	00♒51.3	00♑29.7
	16	25 36.1	02♒09.0	04 15.7	04 29.8
	26	00♐14.9	06 27.2	07 57.1	08 33.7
DEC	6	04 57.2	10 46.7	11 53.4	12 41.7
	16	09 42.2	15 06.7	16 02.0	16 53.9
	26	14 29.5	19 26.9	20 21.1	21 10.6
JAN	5	19♐18.6	23♒46.8	24♒49.3	25♑32.4
JAN	1	10S53.8	09S33.7	27S57.2	30S35.9
	21	12 25.8	13 57.8	28 37.9	28 32.9
FEB	10	13 02.1	15 33.7	28 54.8	25 45.0
MAR	1	12 24.3	08 58.8	28 52.5	21 56.2
	21	10 26.9	17N25.9	28 38.5	16 31.4
APR	10	07 39.4	38 23.7	28 23.4	08 09.5
	30	05 01.3	38 49.5	28 20.1	06N37.7
MAY	20	03 19.5	33 41.8	28 41.6	30 30.8
JUN	9	02 46.9	25 16.4	29 35.3	41 02.3
	29	03 15.5	14 58.7	30 51.6	00S14.8
JUL	19	04 31.1	05 08.9	31 56.3	20 15.6
AUG	8	06 20.0	02S44.2	32 10.3	25 23.5
	28	08 30.3	08 25.6	31 25.8	27 57.9
SEP	17	10 51.2	12 12.0	30 02.5	29 36.6
OCT	7	13 12.8	14 24.4	28 17.2	30 41.9
	27	15 25.4	15 20.5	26 13.8	31 19.1
NOV	16	17 19.7	15 14.5	23 49.3	31 28.6
DEC	6	18 46.6	14 18.5	21 00.3	31 09.5
	26	19S37.9	12S43.0	17S45.4	30S21.0

1941		Sappho 80	Amor 1221	Pandora 55	Icarus 1566
JAN	1	17♐22.8	22♒02.9	23♒01.0	23♑47.1
	11	22 12.6	26 22.4	27 33.7	28 11.9
	21	27 03.2	00♓40.8	02♓12.9	02♒42.7
	31	01♑54.0	04 57.8	06 57.5	07 20.4
FEB	10	06 44.1	09 12.8	11 46.3	12 06.2
	20	11 33.0	13 25.5	16 38.3	17 01.9
MAR	2	16 19.9	17 35.4	21 32.8	22 10.0
	12	21 03.6	21 42.0	26 28.9	27 33.8
	22	25 43.2	25 44.9	01♈25.6	03♓17.9
APR	1	00♒17.3	29 43.7	06 22.5	09 28.8
	11	04 44.3	03♈37.7	11 18.8	16 15.5
	21	09 02.6	07 26.4	16 13.8	23 51.2
MAY	1	13 09.7	11 09.2	21 06.9	02♈34.2
	11	17 02.6	14 45.1	25 57.4	12 50.2
	21	20 38.1	18 13.4	00♉44.6	25 13.9
	31	23 51.6	21 33.0	05 27.9	10♉26.7
JUN	10	26 37.9	24 42.5	10 06.2	29 11.7
	20	28 51.1	27 40.5	14 38.8	23♊00.2
	30	00♓23.9	00♉24.9	19 04.7	21♋38.8
JUL	10	01 10.0	02 53.3	23 22.5	15♌57.6
	20	01R04.4	05 03.2	27 30.8	10♍44.4
	30	00 06.0	06 51.0	01♊28.0	03♎17.9
AUG	9	28♒22.5	08 12.5	05 11.9	20 56.6
	19	26 10.2	09 03.6	08 40.3	04♏04.7
	29	23 53.7	09R18.9	11 49.9	14 06.8
SEP	8	22 00.1	08 54.2	14 37.3	22 10.5
	18	20 50.0	07 46.1	16 58.6	28 58.9
	28	20D35.4	05 53.9	18 48.9	04♐59.0
OCT	8	21 19.3	03 22.6	20 03.5	10 27.1
	18	22 57.5	00 22.7	20 37.8	15 33.5
	28	25 24.1	27♈10.9	20R28.0	20 25.4
NOV	7	28 31.5	24 07.2	19 34.0	25 06.9
	17	02♓12.4	21 29.5	17 59.4	29 41.4
	27	06 20.9	19 31.5	15 54.2	04♑11.2
DEC	7	10 51.6	18 19.9	13 34.3	08 37.6
	17	15 39.7	17D55.7	11 18.2	13 01.9
	27	20 41.9	18 16.8	09 23.5	17 25.1
JAN	6	25♓54.8	19♈18.5	08♊03.6	21♑47.7
JAN	1	19S45.3	12S08.1	16S42.0	30S00.7
	21	19 41.2	09 55.8	12 56.2	28 33.6
FEB	10	18 50.6	07 25.5	08 51.6	26 36.3
MAR	2	17 13.5	04 45.3	04 34.2	24 06.4
	22	14 53.0	02 02.9	00 10.9	20 57.5
APR	11	11 55.1	00N34.8	04N11.4	16 52.5
MAY	1	08 28.6	03 01.3	08 25.9	11 11.0
	21	04 45.6	05 10.3	12 26.0	02 24.5
JUN	10	01 03.3	06 55.5	16 06.5	11N44.2
	30	02N12.2	08 10.4	19 23.0	27 17.6
JUL	20	04 20.8	08 47.6	22 13.1	14 14.3
AUG	9	04 34.7	08 38.5	24 37.2	06S10.0
	29	02 38.6	07 34.1	26 38.8	17 29.2
SEP	18	00S27.7	05 28.7	28 24.4	23 17.9
OCT	8	03 12.8	02 32.3	30 01.3	26 35.1
	28	04 42.9	00S33.3	31 30.7	28 29.3
NOV	17	04 46.1	02 45.9	32 36.9	29 27.9
DEC	7	03 31.9	03 29.3	32 51.6	29 43.5
	27	01S17.1	02S49.5	32N11.4	29S23.0

1942		Sappho 80	Amor 1221	Pandora 55	Icarus 1566
JAN	1	23♓17.2	18♈42.9	08R38.7	19♑36.5
	11	28 34.5	20 02.9	07♊38.8	23 59.0
	21	03♈59.0	21 56.2	07D21.6	28 22.2
	31	09 28.7	24 18.1	07 46.6	02♒46.2
FEB	10	15 01.9	27 04.3	08 50.0	07 12.0
	20	20 37.4	00♉11.7	10 27.1	11 40.3
MAR	2	26 14.0	03 37.4	12 33.1	16 12.0
	12	01♉50.5	07 18.9	15 03.0	20 48.6
	22	07 26.5	11 14.8	17 52.6	25 31.7
APR	1	13 01.0	15 23.5	20 58.6	00♓23.5
	11	18 33.5	19 43.9	24 17.5	05 27.4
	21	24 03.7	24 15.7	27 47.0	10 48.0
MAY	1	29 31.0	28 58.0	01♋25.0	16 31.6
	11	04♊55.1	03♊50.9	05 09.7	22 47.9
	21	10 15.8	08 54.5	08 59.6	29 51.0
	31	15 32.7	14 08.7	12 53.5	08♈01.9
JUN	10	20 45.7	19 34.2	16 50.2	17 52.6
	20	25 54.4	25 11.7	20 49.0	00♉07.2
	30	00♋58.6	01♋01.7	24 49.0	15 35.1
JUL	10	05 57.9	07 05.4	28 49.3	04♊37.2
	20	10 52.2	13 23.9	02♌49.6	26 11.2
	30	15 40.9	19 58.3	06 48.8	18♋54.5
AUG	9	20 23.6	26 50.1	10 46.6	17♌21.0
	19	24 59.7	04♌00.7	14 42.1	15♍14.6
	29	29 28.4	11 31.5	18 34.6	06♎50.7
SEP	8	03♌49.0	19 23.7	22 23.3	23 53.0
	18	08 00.3	27 38.5	26 07.3	07♏16.4
	28	12 00.9	06♍16.1	29 45.5	17 59.8
OCT	8	15 49.3	15 16.7	03♍16.8	26 52.2
	18	19 23.3	24 39.1	06 39.6	04♐28.4
	28	22 40.6	04♎21.0	09 52.3	11 11.3
NOV	7	25 38.2	14 19.4	12 53.1	17 16.7
	17	28 12.4	24 29.5	15 39.5	22 55.0
	27	00♍19.3	04♏45.7	18 08.8	28 13.3
DEC	7	01 54.1	15 01.9	20 18.3	03♑16.5
	17	02 51.7	25 11.4	22 04.2	08 08.4
	27	03R07.7	05♐08.0	23 23.1	12 51.2
JAN	6	02♍38.7	14♐46.6	24♍11.3	17♑26.9
JAN	1	00S36.1	02S29.3	31N56.6	29S12.9
	21	02N27.3	00 39.0	30 58.7	28 14.5
FEB	10	05 48.6	01N43.5	30 20.3	26 50.9
MAR	2	09 10.7	04 22.2	30 03.5	25 06.4
	22	12 18.7	07 04.8	29 57.5	23 04.3
APR	11	15 00.3	09 40.7	29 48.9	20 46.2
MAY	1	17 05.8	12 00.6	29 27.0	18 08.7
	21	18 28.7	13 54.9	28 44.8	14 56.6
JUN	10	19 05.4	15 14.0	27 38.7	10 24.2
	30	18 55.6	15 47.7	26 08.1	02 38.4
JUL	20	18 01.7	15 25.8	24 15.1	09N55.6
AUG	9	16 28.6	13 59.0	22 03.2	18 42.2
	29	14 23.0	11 20.2	19 37.6	01 54.0
SEP	18	11 52.8	07 27.8	17 04.3	12S11.6
OCT	8	09 07.1	02 30.4	14 30.2	20 04.9
	28	06 16.4	03S07.0	12 03.4	24 24.9
NOV	17	03 33.0	08 40.0	09 52.8	26 46.0
DEC	7	01 12.8	13 11.9	08 08.3	27 52.4
	27	00S23.4	15S54.6	07N01.0	28S06.7

1943		Sappho 80	Amor 1221	Pandora 55	Icarus 1566
JAN	1	02 R 59.0	09 ♐ 59.8	23 ♍ 51.2	15 ♑ 09.8
	11	02 ♍ 06.8	19 27.7	24 22.7	19 42.6
	21	00 30.6	28 31.6	24 R 18.8	24 10.0
	31	28 ♌ 17.5	07 ♑ 09.2	23 38.6	28 33.0
FEB	10	25 40.5	15 19.4	22 23.1	02 ♒ 52.4
	20	22 57.9	23 01.7	20 37.9	07 08.5
MAR	2	20 28.3	00 ♒ 16.3	18 31.9	11 22.0
	12	18 27.2	07 03.7	16 17.4	15 33.4
	22	17 04.8	13 24.4	14 08.4	19 42.9
APR	1	16 24.8	19 18.9	12 17.1	23 51.3
	11	16 D 26.6	24 47.4	10 53.0	27 59.4
	21	17 07.1	29 49.6	10 01.6	02 ♓ 07.7
MAY	1	18 21.2	04 ♓ 25.1	09 D 44.3	06 18.1
	11	20 04.7	08 32.5	10 00.5	10 32.0
	21	22 12.7	12 09.9	10 47.7	14 52.4
	31	24 41.4	15 14.9	12 02.3	19 23.9
JUN	10	27 27.4	17 43.6	13 41.2	24 13.6
	20	00 ♍ 27.9	19 31.8	15 40.9	29 33.9
	30	03 40.4	20 34.7	17 58.3	05 ♈ 48.2
JUL	10	07 03.2	20 R 46.8	20 31.0	13 40.7
	20	10 34.4	20 04.3	23 16.5	24 46.4
	30	14 12.8	18 26.2	26 12.9	12 ♉ 29.9
AUG	9	17 57.3	15 56.5	29 18.6	11 ♊ 42.1
	19	21 46.9	12 47.8	02 ♎ 31.9	16 ♋ 42.2
	29	25 40.6	09 19.5	05 51.8	11 ♌ 43.4
SEP	8	29 37.8	05 55.2	09 17.0	27 20.6
	18	03 ♎ 37.7	02 57.2	12 46.4	13 ♍ 14.4
	28	07 39.7	00 40.5	16 19.2	09 ♎ 35.0
OCT	8	11 43.0	29 ♒ 12.7	19 54.5	29 29.1
	18	15 47.0	28 34.4	23 31.1	14 ♏ 06.8
	28	19 51.1	28 D 41.6	27 08.4	25 33.0
NOV	7	23 54.3	29 29.3	00 ♏ 45.4	04 ♐ 55.3
	17	27 55.9	00 ♓ 51.4	04 20.8	12 54.0
	27	01 ♏ 54.9	02 42.2	07 53.9	19 55.0
DEC	7	05 50.3	04 57.0	11 23.3	26 14.4
	17	09 40.8	07 31.5	14 47.7	02 ♑ 03.0
	27	13 25.2	10 22.0	18 05.7	07 28.4
JAN	6	17 ♏ 01.7	13 ♓ 25.9	21 ♏ 15.5	12 ♑ 35.6
JAN	1	00 S 37.8	16 S 15.4	06 N 51.1	28 S 03.9
	21	00 45.9	16 21.8	06 43.2	27 32.1
FEB	10	00 N 28.6	14 46.1	07 24.3	26 34.6
MAR	2	02 38.6	12 03.8	08 37.1	25 20.3
	22	04 52.2	08 47.9	09 46.7	23 57.9
APR	11	06 29.5	05 24.3	10 19.8	22 36.8
MAY	1	07 16.4	02 12.5	10 03.6	21 27.9
	21	07 13.4	00 N 31.3	09 02.2	20 44.9
JUN	10	06 26.4	02 30.3	07 24.4	20 46.4
	30	05 02.4	03 24.1	05 18.5	21 58.1
JUL	20	03 08.1	02 48.1	02 51.3	24 32.8
AUG	9	00 50.2	00 24.8	00 08.3	24 18.9
	29	01 S 45.0	03 S 23.1	02 S 45.4	08 30.5
SEP	18	04 31.2	07 18.2	05 45.1	06 N 40.5
OCT	8	07 21.9	10 07.0	08 46.1	07 S 06.7
	28	10 10.5	11 28.8	11 43.9	17 18.7
NOV	17	12 50.6	11 35.8	14 34.0	22 33.2
DEC	7	15 15.5	10 46.3	17 12.7	25 10.1

1944		Sappho 80	Amor 1221	Pandora 55	Icarus 1566
JAN	1	15 ♏ 14.6	11 ♓ 52.5	19 ♏ 41.7	10 ♑ 04.1
	11	18 46.5	15 02.0	22 46.8	15 03.4
	21	22 07.7	18 21.2	25 40.8	19 49.4
	31	25 15.7	21 48.2	28 21.5	24 24.2
FEB	10	28 07.7	25 21.4	00 ♐ 46.2	28 49.1
	20	00 ♐ 40.7	28 59.5	02 52.1	03 ♒ 05.1
MAR	1	02 50.4	02 ♈ 41.3	04 35.8	07 12.8
	11	04 32.7	06 25.7	05 53.9	11 12.4
	21	05 42.9	10 11.9	06 43.0	15 04.1
	31	06 15.7	13 59.1	06 59.6	18 47.5
APR	10	06 R 07.1	17 46.6	06 R 41.8	22 22.0
	20	05 14.8	21 33.7	05 49.0	25 47.0
	30	03 39.6	25 19.8	04 23.7	29 01.0
MAY	10	01 28.6	29 04.2	02 32.1	02 ♓ 02.0
	20	28 ♏ 54.3	02 ♉ 46.3	00 24.2	04 47.7
	30	26 14.6	06 25.5	28 ♏ 12.6	07 13.8
JUN	9	23 49.4	10 00.8	26 11.0	09 14.6
	19	21 55.0	13 31.5	24 30.9	10 41.5
	29	20 42.7	16 56.5	23 21.0	11 20.1
JUL	9	20 D 17.5	20 14.5	22 45.7	10 R 48.2
	19	20 39.2	23 24.1	22 D 46.2	08 26.6
	29	21 45.2	26 23.4	23 21.6	03 06.3
AUG	8	23 31.0	29 09.9	24 29.1	22 ♒ 54.4
	18	25 51.7	01 ♊ 41.1	26 05.4	05 44.4
	28	28 43.2	03 53.0	28 07.4	13 ♑ 11.6
SEP	7	02 ♐ 01.3	05 41.5	00 ♐ 31.9	22 ♐ 36.3
	17	05 42.6	07 01.1	03 15.9	07 52.0
	27	09 44.3	07 45.4	06 16.9	27 ♏ 13.0
OCT	7	14 04.0	07 R 47.9	09 32.6	17 50.0
	17	18 39.5	07 01.8	13 01.2	07 42.1
	27	23 29.4	05 22.6	16 40.9	27 ♎ 48.5
NOV	6	28 31.9	02 51.4	20 30.2	05 D 41.9
	16	03 ♑ 46.0	29 ♉ 36.8	24 27.8	22 ♏ 44.1
	26	09 10.4	25 58.0	28 32.5	05 ♐ 16.7
DEC	6	14 44.0	22 21.8	02 ♑ 43.2	15 06.1
	16	20 25.9	19 14.8	06 59.0	23 16.0
	26	26 15.4	16 58.0	11 18.8	00 ♑ 19.7
JAN	5	02 ♒ 11.2	15 ♉ 42.0	15 ♑ 41.8	06 ♑ 36.9
JAN	1	17 S 45.3	08 S 47.4	20 S 10.1	26 S 23.2
	21	19 13.3	06 41.0	22 13.4	26 22.2
FEB	10	20 08.1	04 16.8	24 00.0	25 49.1
MAR	1	20 26.2	01 43.0	25 31.6	24 58.4
	21	20 04.4	00 N 53.0	26 49.0	24 03.4
APR	10	18 59.9	03 24.7	27 49.5	23 18.4
	30	17 12.1	05 46.0	28 22.9	23 01.2
MAY	20	14 54.0	07 51.2	28 16.4	23 37.0
JUN	9	12 43.6	09 34.7	27 32.9	25 46.8
	29	11 24.9	10 51.4	26 39.0	30 42.3
JUL	19	11 13.6	11 36.1	26 04.1	40 31.1
AUG	8	11 57.4	11 43.6	26 00.5	57 51.7
	28	13 13.8	11 08.8	26 24.8	77 05.6
SEP	17	14 40.8	09 47.1	27 06.3	65 37.6
OCT	7	15 59.1	07 36.3	27 52.5	45 03.9
	27	16 52.2	04 44.2	28 31.5	15 32.7
NOV	16	17 06.4	01 44.1	28 52.9	13 59.3
DEC	6	16 31.7	00 S 19.8	28 48.8	20 26.8

1945		Sappho 80	Amor 1221	Pandora 55	Icarus 1566
JAN	1	29 ♑ 48.2	16 R 04.9	13 ♑ 56.3	04 ♑ 10.7
	11	05 ♒ 47.5	15 ♉ 26.4	18 20.8	10 06.3
	21	11 52.2	15 D 48.9	22 47.2	15 32.6
	31	18 01.0	17 06.9	27 14.6	20 35.6
FEB	10	24 13.5	19 13.5	01 ♒ 42.1	25 19.5
	20	00 ♓ 28.6	22 03.0	06 09.0	29 46.6
MAR	2	06 45.5	25 29.6	10 34.3	03 ♒ 58.4
	12	13 03.6	29 29.1	14 57.2	07 56.0
	22	19 21.9	03 ♊ 58.3	19 16.8	11 39.2
APR	1	25 39.6	08 54.6	23 31.8	15 07.6
	11	01 ♈ 56.1	14 16.4	27 41.4	18 20.2
	21	08 10.4	20 02.8	01 ♓ 44.1	21 14.8
MAY	1	14 21.8	26 13.1	05 38.3	23 48.6
	11	20 29.7	02 ♋ 47.3	09 22.5	25 57.6
	21	26 33.2	09 45.6	12 54.4	27 35.5
	31	02 ♉ 31.3	17 08.0	16 11.6	28 34.4
JUN	10	08 23.6	24 54.9	19 11.3	28 R 43.0
	20	14 08.8	03 ♌ 06.5	21 49.8	27 45.2
	30	19 46.2	11 42.2	24 03.4	25 21.6
JUL	10	25 14.7	20 41.4	25 47.6	21 09.7
	20	00 ♊ 33.0	00 ♍ 02.3	26 57.3	14 53.6
	30	05 39.7	09 42.2	27 28.6	06 42.8
AUG	9	10 33.2	19 37.6	27 R 17.9	27 ♑ 29.3
	19	15 11.3	29 43.8	26 24.9	18 39.1
	29	19 31.7	09 ♎ 54.8	24 54.0	11 25.3
SEP	8	23 31.3	20 04.6	22 54.7	06 16.8
	18	27 06.2	00 ♏ 07.0	20 42.8	03 07.9
	28	00 ♋ 12.2	09 55.8	18 36.9	01 36.6
OCT	8	02 43.9	19 26.6	16 54.1	01 D 20.4
	18	04 35.1	28 35.9	15 47.8	01 59.4
	28	05 39.8	07 ♐ 21.7	15 D 24.8	03 15.3
NOV	7	05 R 51.9	15 43.5	15 46.7	04 49.1
	17	05 08.4	23 41.6	16 51.5	06 10.1
	27	03 31.6	01 ♑ 16.7	18 34.9	06 R 04.1
DEC	7	01 10.9	08 30.6	20 52.0	00 21.2
	17	28 ♊ 25.0	15 24.7	23 38.0	14 ♐ 38.5
	27	25 38.2	22 00.4	26 48.1	20 D 39.5
JAN	6	23 ♊ 13.9	28 ♑ 19.5	00 ♈ 18.4	29 ♐ 24.4
JAN	1	14 S 25.0	00 S 19.5	27 S 56.9	23 S 46.2
	21	11 45.8	01 N 31.7	26 39.3	24 28.9
FEB	10	08 19.8	04 19.1	24 50.8	24 23.6
MAR	2	04 17.8	07 31.7	22 36.3	23 55.1
	22	00 N 06.7	10 46.7	20 02.5	23 22.8
APR	11	04 38.7	13 45.2	17 17.5	23 05.9
MAY	1	09 02.9	16 08.0	14 30.4	23 27.3
	21	13 04.6	17 33.5	11 51.0	24 58.7
JUN	10	16 30.0	17 38.3	09 30.0	28 26.7
	30	19 08.0	16 01.9	07 39.0	34 50.4
JUL	20	20 50.8	12 34.6	06 29.5	44 19.2
AUG	9	21 35.1	07 28.6	06 09.6	52 53.0
	29	21 22.6	01 22.1	06 35.1	54 13.8
SEP	18	20 20.0	04 S 48.2	07 18.0	50 40.9
OCT	8	18 38.4	10 05.6	07 34.7	46 45.9
	28	16 32.5	13 52.9	06 56.8	43 25.1
NOV	17	14 21.6	15 58.2	05 22.0	39 52.1
DEC	7	12 30.4	16 29.3	03 00.0	31 30.4

1946		80	1221	55	1566
JAN	1	24 R 22.0	25 ♑ 12.0	28 ♓ 30.9	25 ♐ 11.0
	11	22 ♊ 16.2	01 ♒ 23.2	02 ♈ 10.1	03 ♑ 17.9
	21	20 56.5	07 19.5	06 04.3	10 14.4
	31	20 26.9	13 02.0	10 10.8	16 19.0
FEB	10	20 D 46.4	18 31.7	14 27.5	21 44.7
	20	21 49.8	23 49.0	18 52.1	26 39.3
MAR	2	23 30.5	28 54.5	23 23.1	01 ♒ 08.3
	12	25 42.5	03 ♓ 48.6	27 59.1	05 14.0
	22	28 20.1	08 31.3	02 ♉ 38.6	08 57.7
APR	1	01 ♋ 18.2	13 02.7	07 20.7	12 19.6
	11	04 33.0	17 22.5	12 04.5	15 18.1
	21	08 01.1	21 30.3	16 49.0	17 50.6
MAY	1	11 39.8	25 25.5	21 33.7	19 53.5
	11	15 27.1	29 07.1	26 17.7	21 20.3
	21	19 21.0	02 ♈ 34.0	01 ♊ 00.4	22 03.3
	31	23 20.1	05 44.7	05 41.4	21 R 51.6
JUN	10	27 23.5	08 37.1	10 20.0	20 31.0
	20	01 ♌ 29.8	11 08.9	14 55.6	17 46.5
	30	05 38.4	13 17.2	19 27.7	13 24.9
JUL	10	09 48.7	14 58.2	23 55.5	07 24.7
	20	13 59.8	16 08.0	28 18.4	00 09.6
	30	18 11.4	16 42.1	02 ♋ 35.7	22 ♑ 30.1
AUG	9	22 22.8	16 R 36.0	06 46.2	15 29.1
	19	26 33.4	15 46.7	10 49.0	09 52.7
	29	00 ♍ 42.8	14 12.7	14 42.8	05 57.3
SEP	8	04 50.4	11 57.3	18 25.9	03 39.1
	18	08 55.5	09 09.4	21 56.6	02 43.4
	28	12 57.4	06 03.2	25 12.8	02 D 55.2
OCT	8	16 55.4	02 57.3	28 11.6	04 01.8
	18	20 48.3	00 10.0	00 ♌ 50.1	05 52.7
	28	24 35.2	27 ♓ 55.5	03 04.7	08 21.0
NOV	7	28 14.7	26 22.8	04 51.2	11 21.7
	17	01 ♎ 45.3	25 34.6	06 05.5	14 51.4
	27	05 05.1	25 D 29.5	06 43.3	18 49.3
DEC	7	08 11.7	26 04.3	06 R 41.0	23 15.3
	17	11 02.9	27 13.7	05 57.8	28 10.9
	27	13 35.4	28 53.3	04 35.2	03 ♒ 38.7
JAN	6	15 ♎ 45.6	00 ♈ 58.5	02 ♌ 40.3	09 ♒ 37.0
JAN	1	11 N 19.6	15 S 22.6	00 N 46.6	18 S 40.7
	21	11 29.6	13 28.8	04 14.5	20 59.8
FEB	10	12 20.9	11 00.7	07 55.3	21 45.7
MAR	2	13 27.6	08 13.2	11 39.4	21 48.8
	22	14 28.0	05 18.5	15 17.6	21 41.8
APR	11	15 08.0	02 26.9	18 41.3	21 51.0
MAY	1	15 19.2	00 N 12.5	21 42.7	22 45.3
	21	14 57.7	02 31.3	24 15.3	25 02.1
JUN	10	14 02.8	04 20.8	26 14.2	29 27.6
	30	12 36.0	05 30.8	27 36.9	36 26.0
JUL	20	10 40.6	05 49.0	28 23.7	44 01.3
AUG	9	08 20.8	05 01.6	28 37.7	47 30.8
	29	05 41.9	02 58.5	28 25.5	46 17.5
SEP	18	02 49.3	00 S 09.4	27 56.9	43 42.1
OCT	8	00 S 10.9	03 32.9	27 24.4	41 22.1
	28	03 12.3	06 05.6	27 03.3	39 22.7
NOV	17	06 07.9	07 13.9	27 09.2	37 22.6
DEC	7	08 49.9	07 03.3	27 52.5	34 52.3
	27	11 S 09.2	05 S 53.7	29 N 06.9	31 S 05.2

1947		80	1221	55	1566
JAN	1	14 ♎ 43.5	29 ♓ 53.0	03 R 41.1	06 ♒ 34.6
	11	16 41.2	02 ♈ 09.4	01 ♌ 34.3	12 40.6
	21	18 10.6	04 45.5	29 ♋ 14.3	17 05.9
	31	19 07.0	07 38.3	26 57.5	03 R 12.1
FEB	10	19 26.3	10 45.0	24 59.5	26 D 28.1
	20	19 R 05.0	14 03.4	23 31.5	28 ♑ 49.6
MAR	2	18 01.8	17 31.7	22 40.1	02 ♒ 26.5
	12	16 19.5	21 08.3	22 D 27.4	06 05.5
	22	14 05.1	24 52.0	22 51.4	09 29.0
APR	1	11 31.4	28 41.8	23 49.3	12 29.9
	11	08 55.0	02 ♉ 36.6	25 16.5	15 03.6
	21	06 32.3	06 36.1	27 08.9	17 05.2
MAY	1	04 37.6	10 39.5	29 22.7	18 27.7
	11	03 20.0	14 46.2	01 ♌ 54.1	19 02.4
	21	02 42.9	18 56.2	04 40.3	18 R 37.7
	31	02 D 46.7	23 09.0	07 38.8	16 58.4
JUN	10	03 28.4	27 24.4	10 47.2	13 49.1
	20	04 44.1	01 ♊ 42.3	14 03.8	08 57.9
	30	06 29.9	06 02.5	17 27.1	02 28.1
JUL	10	08 41.5	10 24.9	20 55.7	24 ♑ 51.5
	20	11 15.4	14 49.5	24 28.6	17 05.6
	30	14 08.7	19 16.1	28 04.8	10 13.3
AUG	9	17 18.5	23 44.6	01 ♍ 43.2	04 53.9
	19	20 42.7	28 15.2	05 23.2	01 16.8
	29	24 19.6	02 ♋ 47.3	09 03.9	29 ♐ 13.4
SEP	8	28 07.5	07 21.1	12 44.5	28 27.8
	18	02 ♏ 05.3	11 56.3	16 24.2	28 D 44.6
	28	06 11.8	16 32.5	20 02.2	29 51.3
OCT	8	10 26.1	21 09.5	23 37.4	01 ♑ 37.7
	18	14 47.4	25 46.8	27 09.0	03 56.7
	28	19 15.0	00 ♌ 23.5	00 ♎ 35.8	06 43.1
NOV	7	23 48.2	04 59.2	03 56.4	09 53.1
	17	28 26.5	09 32.6	07 09.3	13 24.7
	27	03 ♐ 09.2	14 02.6	10 12.9	17 16.4
DEC	7	07 55.9	18 28.2	13 05.1	21 27.7
	17	12 46.1	22 47.6	15 43.7	25 59.8
	27	17 39.2	26 59.3	18 06.0	00 ♒ 54.1
JAN	6	22 ♐ 34.6	01 ♍ 03.3	20 ♎ 09.2	06 ♒ 14.1
JAN	1	11 S 39.2	05 S 29.4	29 N 27.0	29 S 46.0
	21	13 14.1	03 31.9	30 32.0	20 49.0
FEB	10	13 56.4	01 11.8	30 46.9	14 34.6
MAR	2	13 28.4	01 N 20.3	30 09.3	16 32.1
	22	11 41.4	03 55.4	28 58.8	17 30.4
APR	11	08 57.5	06 26.1	27 30.2	18 28.1
MAY	1	06 13.8	08 45.4	25 48.1	20 12.1
	21	04 22.1	10 47.0	23 52.1	23 32.7
JUN	10	03 40.3	12 24.7	21 41.0	29 18.6
	30	04 02.0	13 32.9	19 14.8	36 57.7
JUL	20	05 12.7	14 06.0	16 34.7	42 30.8
AUG	9	06 57.9	13 59.1	13 43.1	43 04.0
	29	09 05.1	13 07.8	10 43.2	41 15.3
SEP	18	11 22.7	11 28.8	07 39.0	39 24.3
OCT	8	13 40.3	08 59.9	04 34.8	37 57.9
	28	15 48.0	05 40.6	01 35.7	36 44.3
NOV	17	17 35.9	01 33.3	01 S 13.0	35 26.4
DEC	7	18 54.5	03 S 14.5	03 45.5	33 47.3
	27	19 S 35.8	08 S 24.4	05 S 55.7	31 S 28.9

1948		80	1221	55	1566
JAN	1	20 ♐ 06.6	29 ♌ 02.4	19 ♎ 10.2	03 ♒ 30.6
	11	25 03.0	03 ♍ 02.1	21 02.6	09 05.3
	21	00 ♑ 01.0	06 54.6	22 30.6	15 14.9
	31	04 59.9	10 46.9	23 31.0	22 09.5
FEB	10	09 59.4	14 50.2	24 00.4	00 ♓ 05.9
	20	14 58.5	19 28.8	23 R 56.0	09 30.6
MAR	1	19 56.6	25 26.8	23 17.0	20 59.4
	11	24 53.1	03 ♎ 43.9	22 04.4	00 R 55.7
	21	29 46.8	15 31.5	20 22.7	15 ♓ 52.8
	31	04 ♒ 36.9	01 ♏ 02.8	18 20.5	05 19.8
APR	10	09 22.1	17 35.4	16 09.0	00 58.9
	20	14 00.8	01 ♐ 05.6	14 01.2	28 ♒ 47.2
	30	18 31.3	09 49.5	12 09.4	27 01.0
MAY	10	22 51.3	14 19.9	10 42.6	24 45.4
	20	26 57.9	16 01.9	09 47.1	21 18.8
	30	00 ♓ 47.9	16 16.1	09 25.0	16 06.4
JUN	9	04 17.0	16 00.2	09 D 36.0	08 42.8
	19	07 19.6	15 56.8	10 18.4	29 ♑ 15.5
	29	09 50.2	16 25.6	11 28.8	18 49.0
JUL	9	11 41.4	17 31.7	13 04.4	09 03.7
	19	12 46.0	19 15.2	15 01.9	01 18.8
	29	12 R 58.8	21 30.4	17 18.3	25 ♐ 56.9
AUG	8	12 17.0	24 11.7	19 51.1	22 42.5
	18	10 46.1	27 14.8	22 38.1	21 09.7
	28	08 41.2	00 ♑ 34.6	25 37.2	20 D 53.2
SEP	7	06 25.2	04 07.8	28 46.7	21 34.3
	17	04 26.3	07 52.1	02 ♏ 05.2	22 59.4
	27	03 07.2	11 44.6	05 31.2	24 58.1
OCT	7	02 D 41.5	15 44.1	09 03.7	27 23.8
	17	03 14.1	19 49.1	12 41.5	00 ♑ 11.5
	27	04 41.6	23 58.2	16 23.7	03 17.5
NOV	6	06 57.9	28 10.9	20 09.3	06 39.6
	16	09 55.9	02 ♒ 26.2	23 57.4	10 15.8
	26	13 27.7	06 43.3	27 46.9	14 05.1
DEC	6	17 27.3	11 01.9	01 ♐ 37.2	18 07.1
	16	21 49.1	15 21.3	05 26.9	22 21.6
	26	26 28.2	19 40.8	09 15.3	26 49.1
JAN	5	01 ♈ 21.3	24 ♒ 00.2	13 ♐ 01.2	01 ♒ 30.7
JAN	1	19 S 39.5	09 S 41.2	06 S 24.0	30 S 45.6
	21	19 25.3	14 14.0	07 57.1	27 00.4
FEB	10	18 23.3	16 11.0	08 52.6	20 59.2
MAR	1	16 33.5	10 15.9	09 04.4	09 23.2
	21	13 59.5	14 N 35.3	08 31.8	02 N 38.3
APR	10	10 47.5	34 10.9	07 28.8	05 S 28.9
	30	07 06.4	36 01.3	06 25.2	11 01.9
MAY	20	03 07.8	32 09.8	05 51.6	17 39.2
JUN	9	00 N 52.7	24 33.9	06 02.7	27 12.5
	29	04 32.8	14 41.5	06 58.0	36 33.6
JUL	19	07 18.5	05 01.5	08 29.4	39 18.4
AUG	8	08 22.5	02 S 48.1	10 27.8	38 03.9
	28	07 05.0	08 27.8	12 44.4	36 37.3
SEP	17	03 52.0	12 13.1	15 11.1	35 41.5
OCT	7	00 23.9	14 24.6	17 40.8	35 05.3
	27	01 S 53.0	15 20.0	20 06.8	34 32.4
NOV	16	02 31.9	15 13.4	22 23.1	33 49.5
DEC	6	01 42.2	14 16.9	24 24.4	32 46.1
	26	00 N 15.1	12 S 41.1	26 S 06.8	31 S 13.3

1949		Sappho 80	Amor 1221	Pandora 55	Icarus 1566
JAN	1	29♓22.6	22♒16.5	11♐31.3	29♑36.3
	11	04♈22.4	26 35.6	15 15.0	04♒27.0
	21	09 31.1	00♓53.6	18 54.3	09 34.9
	31	14 46.6	05 10.3	22 27.9	15 03.4
FEB	10	20 07.1	09 25.1	25 53.9	20 57.3
	20	25 30.6	13 37.6	29 10.8	27 23.3
MAR	2	00♉56.2	17 47.4	02♑16.6	04♓32.1
	12	06 22.8	21 53.9	05 08.9	12 38.7
	22	11 49.2	25 56.8	07 45.2	22 06.5
APR	1	17 15.0	29 55.6	10 02.4	03♈33.3
	11	22 39.4	03♈49.7	11 57.2	18 02.6
	21	28 01.9	07 38.5	13 26.0	07♉12.4
MAY	1	03♊22.1	11 21.4	14 24.7	18R06.4
	11	08 39.5	14 57.5	14 49.7	14 02.6
	21	13 53.9	18 26.0	14R38.6	06 18.5
	31	19 05.1	21 46.0	13 50.2	21♈26.7
JUN	10	24 12.7	24 55.8	12 26.9	00♓00.3
	20	29 16.4	27 54.2	10 35.4	26♐02.2
	30	04♋16.1	00♉39.2	08 26.3	09 57.2
JUL	10	09 11.4	03 08.2	06 14.3	05 11.8
	20	14 02.0	05 18.8	04 14.4	03 57.1
	30	18 47.5	07 07.4	02 39.5	04D19.9
AUG	9	23 27.5	08 30.0	01 39.2	05 38.9
	19	28 01.3	09 22.1	01D17.6	07 34.0
	29	02♌28.5	09R38.8	01 35.8	09 55.0
SEP	8	06 48.0	09 15.4	02 32.0	12 35.8
	18	10 58.9	08 08.6	04 02.7	15 31.8
	28	15 00.0	06 17.8	06 04.5	18 40.5
OCT	8	18 49.6	03 47.4	08 33.4	21 59.9
	18	22 26.0	00 48.0	11 25.8	25 28.4
	28	25 46.8	27♈36.1	14 38.7	29 05.2
NOV	7	28 49.2	24 31.6	18 09.0	02♑49.5
	17	01♍30.2	21 52.9	21 54.4	06 40.8
	27	03 45.5	19 53.5	25 52.9	10 38.8
DEC	7	05 30.8	18 40.5	00♒02.4	14 43.3
	17	06 41.4	18 15.1	04 21.3	18 54.2
	27	07 12.3	18D35.1	08 48.4	23 12.1
JAN	6	06R59.8	19♈36.0	13♒22.2	27♑37.2
JAN	1	00N59.9	12S06.1	26S33.5	30S38.4
	21	03 51.1	09 53.5	27 48.8	28 13.1
FEB	10	07 00.0	07 23.0	28 44.4	24 50.8
MAR	2	10 09.0	04 42.7	29 25.0	20 01.6
	22	13 03.0	02 00.1	29 58.2	12 36.6
APR	11	15 30.2	00N37.7	30 34.3	00N35.7
MAY	1	17 21.3	03 04.2	31 23.5	24 50.7
	21	18 30.3	05 13.2	32 30.5	28 27.5
JUN	10	18 54.2	06 58.4	33 44.1	05 23.5
	30	18 33.2	08 13.4	34 33.8	28S23.8
JUL	20	17 30.0	08 50.7	34 32.1	29 41.2
AUG	9	15 49.5	08 41.8	33 44.2	30 19.5
	29	13 38.3	07 37.9	32 36.3	30 59.7
SEP	18	11 04.0	05 33.1	31 24.8	31 37.6
OCT	8	08 15.5	02 37.1	30 10.1	32 06.2
	28	05 22.4	00S28.5	28 44.3	32 19.0
NOV	17	02 36.8	02 41.7	26 58.7	32 10.8
DEC	7	[illegible]	[illegible]	24 46.8	31 37.4

1950		Sappho 80	Amor 1221	Pandora 55	Icarus 1566
JAN	1	07R11.6	19♈00.8	11♒04.5	25♑23.7
	11	06♍36.5	20 20.1	15 41.2	29 52.6
	21	05 16.6	22 12.8	20 23.0	04♒30.0
	31	03 16.7	24 34.4	25 08.8	09 17.0
FEB	10	00 47.8	27 20.4	29 57.7	14 15.5
	20	28♌05.9	00♉27.7	04♓49.0	19 28.2
MAR	2	25 29.7	03 53.4	09 41.7	24 58.2
	12	23 16.4	07 35.1	14 35.1	00♓50.6
	22	21 37.9	11 31.2	19 28.6	07 12.3
APR	1	20 40.6	15 40.2	24 21.3	14 12.7
	11	20D25.4	20 01.1	29 12.6	22 05.6
	21	20 49.9	24 33.3	04♈01.9	01♈10.9
MAY	1	21 50.2	29 16.3	08 48.3	11 56.3
	11	23 21.4	04♊09.9	13 31.1	25 00.8
	21	25 19.0	09 14.2	18 09.4	11♉17.5
	31	27 39.0	14 29.4	22 42.2	02♊13.8
JUN	10	00♍17.5	19 55.9	27 08.6	28 57.2
	20	03 11.8	25 34.4	01♉27.3	19♋57.6
	30	06 19.2	01♋25.7	05 36.6	13♌52.3
JUL	10	09 37.6	07 30.7	09 35.1	12♍19.8
	20	13 05.4	13 50.8	13 20.5	07♎28.7
	30	16 41.1	20 26.8	16 50.3	25 12.2
AUG	9	20 23.3	27 20.5	20 01.6	07♏21.8
	19	24 11.3	04♌33.1	22 50.8	16 17.1
	29	28 04.0	12 05.9	25 13.7	23 21.9
SEP	8	02♎00.6	20 00.4	27 05.7	29 21.8
	18	06 00.5	28 17.4	28 21.6	04♐42.6
	28	10 02.7	06♍57.3	28 56.9	09 38.8
OCT	8	14 06.9	16 00.0	28R48.1	14 19.4
	18	18 12.2	25 24.4	27 54.4	18 50.1
	28	22 17.9	05♎07.9	26 20.3	23 14.5
NOV	7	26 23.4	15 07.5	24 16.2	27 35.0
	17	00♏27.8	25 18.4	21 57.9	01♑53.5
	27	04 30.2	05♏34.7	19 45.2	06 10.9
DEC	7	08 29.6	15 50.3	17 55.7	10 28.3
	17	12 25.0	25 58.8	16 42.4	14 46.4
	27	16 14.9	05♐53.8	16 12.3	19 05.6
JAN	6	19♏58.1	15♐30.4	16D25.9	23♑26.5
JAN	1	01S44.6	02S26.1	21S20.9	30S15.5
	21	02 01.2	00 35.7	18 04.4	28 35.0
FEB	10	00 53.9	01N46.9	14 23.9	26 20.0
MAR	2	01N16.4	04 25.7	10 24.9	23 24.2
	22	03 37.7	07 08.4	06 14.2	19 33.7
APR	11	05 24.9	09 44.3	01 58.9	14 16.5
MAY	1	06 19.9	12 04.0	02N14.3	06 20.0
	21	06 22.5	13 57.9	06 19.0	06N45.4
JUN	10	05 39.0	15 16.3	10 09.2	27 38.6
	30	04 17.1	15 49.0	13 40.3	26 16.9
JUL	20	02 24.2	15 25.7	16 49.1	00 48.0
AUG	9	00 07.3	13 57.0	19 34.1	15S21.8
	29	02S26.9	11 15.9	21 55.4	22 27.8
SEP	18	05 11.8	07 21.0	23 53.5	26 13.0
OCT	8	08 00.8	02 21.6	25 24.2	28 26.5
	28	10 47.3	03S16.8	26 13.3	29 44.4
NOV	17	13 24.6	08 49.2	26 06.5	30 20.3
DEC	7	15 45.7	13 18.5	25 19.9	30 20.3

1951		Sappho 80	Amor 1221	Pandora 55	Icarus 1566
JAN	1	18♏07.5	10♐44.7	16D13.7	21♑15.8
	11	21 46.6	20 10.5	16♉48.6	25 37.9
	21	25 16.1	29 12.0	18 03.0	00♒02.5
	31	28 33.9	07♑47.3	19 51.5	04 30.2
FEB	10	01♐37.5	15 55.2	22 09.2	09 02.1
	20	04 23.7	23 35.3	24 51.3	13 38.9
MAR	2	06 49.2	00♒47.9	27 53.2	18 22.3
	12	08 49.7	07 33.6	01♊11.4	23 14.1
	22	10 20.5	13 52.7	04 42.9	28 16.7
APR	1	11 16.8	19 46.0	08 24.7	03♓33.8
	11	11R33.5	25 13.5	12 15.1	09 10.2
	21	11 07.0	00♓14.9	16 12.0	15 12.8
MAY	1	09 56.2	04 49.9	20 13.9	21 51.7
	11	08 04.2	08 57.2	24 19.8	29 21.1
	21	05 40.8	12 34.6	28 28.2	08♈01.7
	31	03 01.7	15 40.1	02♋38.5	18 23.2
JUN	10	00 26.3	18 09.7	06 49.8	01♉03.9
	20	28♏14.3	19 59.1	11 01.3	16 42.5
	30	26 39.8	21 03.8	15 12.4	05♊35.0
JUL	10	25 51.5	21R18.1	19 22.6	27 23.3
	20	25D51.9	20 38.2	23 31.1	24♋15.9
	30	26 39.0	19 03.0	27 37.2	23♌51.5
AUG	9	28 09.3	16 35.9	01♌40.6	18♍03.1
	19	00♐17.8	13 29.2	05 40.2	08♎25.4
	29	02 59.7	10 01.8	09 35.4	24 39.0
SEP	8	06 10.9	06 37.0	13 25.3	07♏20.8
	18	09 47.4	03 37.5	17 08.7	17 28.8
	28	13 45.9	01 18.5	20 44.5	25 51.7
OCT	8	18 04.0	29♒48.0	24 11.3	03♐03.8
	18	22 39.1	29 07.0	27 27.1	09 27.1
	28	27 29.3	29D11.8	00♍30.2	15 16.5
NOV	7	02♑33.2	29 57.3	03 18.1	20 42.0
	17	07 49.0	01♓17.4	05 48.0	25 50.0
	27	13 15.6	03 06.6	07 56.8	00♑45.2
DEC	7	18 51.9	05 20.1	09 40.7	05 31.1
	17	24 36.7	07 53.4	10 56.2	10 09.7
	27	00♒28.9	10 43.0	11 39.3	14 42.8
JAN	6	06♒27.8	13♓46.1	11R46.8	19♑11.8
JAN	1	18S09.9	16S17.7	24N32.1	29S34.8
	21	19 32.6	16 21.1	24 35.0	28 25.4
FEB	10	20 21.8	14 43.6	25 13.1	26 49.5
MAR	2	20 34.7	12 00.6	26 11.9	24 49.3
	22	20 09.6	08 44.6	27 15.5	22 25.0
APR	11	19 05.6	05 21.3	28 10.3	19 32.9
MAY	1	17 23.4	02 09.8	28 46.0	15 59.6
	21	15 12.9	00N33.7	28 55.8	11 09.1
JUN	10	13 05.3	02 32.8	28 36.1	03 36.7
	30	11 43.2	03 27.2	27 46.6	08N34.6
JUL	20	11 26.5	02 52.5	26 29.2	22 12.5
AUG	9	12 05.6	00 31.3	24 48.2	10 22.3
	29	13 17.7	03S15.2	22 49.8	07S05.0
SEP	18	14 39.8	07 10.5	20 41.1	17 27.5
OCT	8	15 51.6	10 00.5	18 30.6	23 06.0
	28	16 36.1	11 23.3	16 28.3	26 15.7
NOV	17	16 39.6	11 30.9	14 45.2	27 58.2
DEC	7	15 52.6	10 41.6	13 33.6	28 41.7

[illegible]		[illegible]	[illegible]	[illegible]	[illegible]
JAN	1	03♒27.6	12♓13.1	11♍47.7	16♑57.8
	11	09 29.4	15 21.9	11R36.6	21 25.0
	21	15 36.2	18 40.5	10 48.1	25 49.3
	31	21 47.3	22 07.0	09 24.2	00♒11.5
FEB	10	28 01.7	25 39.9	07 31.6	04 32.1
	20	04♓18.5	29 17.7	05 20.6	08 51.7
MAR	1	10 37.0	02♈59.3	03 04.5	13 11.1
	11	16 56.2	06 43.6	00 58.0	17 30.6
	21	23 15.3	10 29.7	29♌12.9	21 51.5
	31	29 33.7	14 17.0	27 57.8	26 14.6
APR	10	05♈50.3	18 04.5	27 17.2	00♓41.5
	20	12 04.6	21 51.7	27D11.5	05 14.3
	30	18 15.8	25 38.0	27 39.2	09 55.9
MAY	10	24 23.1	29 22.6	28 37.3	14 50.3
	20	00♉26.0	03♉05.0	00♍02.1	20 04.4
	30	06 23.7	06 44.5	01 50.1	25 47.7
JUN	9	12 15.3	10 20.2	03 57.8	02♈16.0
	19	18 00.2	13 51.4	06 22.3	09 56.0
	29	23 37.6	17 16.9	09 01.1	19 32.3
JUL	9	29 06.5	20 35.6	11 51.8	02♉19.3
	19	04♊25.9	23 45.9	14 52.5	20 00.7
	29	09 34.5	26 46.1	18 01.7	13♊19.8
AUG	8	14 30.9	29 33.7	21 17.9	08♋44.1
	18	19 13.5	02♊06.0	24 39.8	00♌54.5
	28	23 39.9	04 19.4	28 06.5	20 56.3
SEP	7	27 47.7	06 09.5	01♎36.7	19♍04.2
	17	01♋33.8	07 31.2	05 09.8	12♎37.0
	27	04 54.1	08 17.8	08 44.8	29 57.5
OCT	7	07 44.1	08R22.9	12 20.6	13♏20.0
	17	09 58.4	07 39.8	15 56.6	24 02.8
	27	11 30.6	06 03.5	19 31.7	02♐57.4
NOV	6	12 14.9	03 35.0	23 04.9	10 37.4
	16	12R06.5	00 22.2	26 35.2	17 25.1
	26	11 03.1	26♉44.0	00♏01.4	23 35.1
DEC	6	09 09.7	23 06.9	03 21.9	29 17.3
	16	06 38.3	19 57.9	06 35.4	04♑38.5
	26	03 49.0	17 38.3	09 40.2	09 43.4
JAN	5	01♋06.4	16♉19.4	12♏34.1	14♑35.4
JAN	1	13S36.7	08S42.9	13N06.2	28S35.0
	21	10 48.5	06 36.4	13 40.5	27 52.3
FEB	10	07 15.5	04 12.1	14 52.4	26 44.7
MAR	1	03 09.5	01 38.3	16 07.3	25 19.0
	21	01N15.5	00N57.7	16 47.4	23 42.3
APR	10	05 44.2	03 29.4	16 36.9	22 01.3
	30	10 01.4	05 50.6	15 40.2	20 22.5
MAY	20	13 52.3	07 55.6	14 07.6	18 50.9
JUN	9	17 04.3	09 39.0	12 07.4	17 26.4
	29	19 27.2	10 55.5	09 45.6	15 44.2
JUL	19	20 54.3	11 40.0	07 06.7	11 37.6
AUG	8	21 23.6	11 47.4	04 14.7	00 27.0
	28	20 57.9	11 12.8	01 13.7	11N51.5
SEP	17	19 45.0	09 51.5	01S52.3	00S21.6
OCT	7	17 56.3	07 41.6	04 59.1	13 33.9
	27	15 47.3	04 50.6	08 02.5	20 43.5
NOV	16	13 37.5	01 51.3	10 58.1	24 30.8
DEC	6	11 50.9	00S12.9	13 41.9	26 24.2
	26	10N52.0	00S30.0	16S10.6	27S06.5

1953		80	1221	55	1566
JAN	1	02R09.2	16R43.4	11♏26.0	12♑40.0
	11	29♊41.2	16♉02.1	14 12.4	17 25.3
	21	27 51.2	16D22.0	16 44.4	22 01.3
	31	26 49.0	17 37.8	18 59.0	26 29.2
FEB	10	26D36.3	19 42.7	20 53.4	00♒49.9
	20	27 10.1	22 30.7	22 24.0	05 04.3
MAR	2	28 25.0	25 56.3	23 27.5	09 12.6
	12	00♋14.4	29 54.9	24 00.5	13 15.4
	22	02 32.7	04♊23.4	24R00.0	17 12.6
APR	1	05 14.4	09 19.2	23 25.0	21 04.1
	11	08 15.1	14 40.5	22 16.2	24 50.1
	21	11 31.2	20 26.5	20 37.6	28 30.0
MAY	1	14 59.6	26 36.5	18 37.4	02♓03.4
	11	18 37.8	03♋10.2	16 26.6	05 30.0
	21	22 24.0	10 08.2	14 18.2	08 48.4
	31	26 16.5	17 30.2	12 25.2	11 57.5
JUN	10	00♌13.8	25 16.6	10 57.2	14 55.7
	20	04 15.2	03♌27.6	10 00.9	17 39.9
	30	08 19.4	12 02.7	09 39.4	20 06.1
JUL	10	12 25.8	21 01.1	09D52.2	22 07.7
	20	16 33.7	00♍21.2	10 38.0	23 31.3
	30	20 42.5	10 00.3	11 53.6	23R49.9
AUG	9	24 51.5	19 54.7	13 35.8	21 37.9
	19	29 00.4	29 59.9	15 41.6	08 28.5
	29	03♍08.3	10♎10.0	18 07.9	17♏42.5
SEP	8	07 15.0	20 18.9	20 51.9	17♎03.1
	18	11 19.6	00♏20.4	23 51.5	10 26.7
	28	15 21.3	10 08.4	27 04.5	06 35.6
OCT	8	19 19.7	19 38.5	00♐29.0	05D04.4
	18	23 13.6	28 47.4	04 03.8	17 21.8
	28	27 02.0	07♐32.7	07 47.0	08♏03.3
NOV	7	00♎43.6	15 54.2	11 37.8	22 49.0
	17	04 17.0	23 52.0	15 35.0	04♐05.0
	27	07 40.4	01♑27.1	19 37.4	13 14.5
DEC	7	10 51.8	08 40.9	23 44.2	21 01.8
	17	13 48.6	15 35.0	27 54.4	27 52.5
	27	16 28.0	22 10.8	02♑07.1	04♑02.6
JAN	6	18♎46.8	28♑29.9	06♑21.5	09♑42.4
JAN	1	10N45.9	00S13.5	16S51.8	27S09.2
	21	11 01.7	01N37.4	18 57.0	26 53.0
FEB	10	11 56.2	04 24.6	20 42.3	26 08.7
MAR	2	13 03.6	07 37.0	22 06.1	25 08.0
	22	14 03.0	10 51.7	23 05.0	24 02.4
APR	11	14 40.7	13 49.5	23 31.4	23 04.5
MAY	1	14 48.8	16 11.2	23 17.6	22 29.7
	21	14 24.1	17 35.2	22 29.0	22 40.1
JUN	10	13 26.1	17 38.3	21 32.4	24 11.1
	30	11 56.7	16 00.0	20 58.2	28 08.4
JUL	20	09 59.1	12 31.3	21 01.1	36 47.4
AUG	9	07 37.8	07 24.5	21 39.9	54 36.9
	29	04 57.9	01 17.8	22 45.5	72 37.4
SEP	18	02 04.8	04S52.1	24 06.2	40 14.6
OCT	8	00S55.5	10 08.9	25 30.7	08 37.0
	28	03 56.7	13 55.5	26 48.6	09 40.5
NOV	17	06 51.8	16 00.0	27 50.8	18 37.5
DEC	7	09 33.5	16 30.3	28 29.9	22 52.6
	27	11S53.0	15S43.9	28S40.9	24S45.9

1954		80	1221	55	1566
JAN	1	17♎40.3	25♑22.3	04♑14.1	06♑55.8
	11	19 47.2	01♒33.7	08 29.0	12 23.1
	21	21 27.3	07 30.1	12 44.2	17 29.1
	31	22 36.5	13 12.8	16 58.8	22 18.0
FEB	10	23 09.9	18 42.7	21 12.0	26 52.1
	20	23R04.0	24 00.2	25 22.6	01♒13.0
MAR	2	22 16.5	29 06.0	29 29.7	05 22.0
	12	20 48.0	04♓00.4	03♒32.2	09 19.3
	22	18 44.4	08 43.3	07 28.8	13 04.9
APR	1	16 16.2	13 15.0	11 18.1	16 38.5
	11	13 38.6	17 35.2	14 58.4	19 59.0
	21	11 09.1	21 43.3	18 27.9	23 04.8
MAY	1	09 02.7	25 38.9	21 44.5	25 53.9
	11	07 30.7	29 21.0	24 45.4	28 22.5
	21	06 39.0	02♈48.4	27 27.7	00♓26.1
	31	06D28.3	05 59.6	29 48.0	01 58.1
JUN	10	06 57.3	08 52.7	01♓41.9	02 48.4
	20	08 02.1	11 25.3	03 05.4	02R43.5
	30	09 38.5	13 34.4	03 54.1	01 23.4
JUL	10	11 42.7	15 16.3	04R03.9	28♒20.8
	20	14 10.8	16 27.2	03 33.2	23 04.5
	30	16 59.3	17 02.6	02 23.0	15 09.7
AUG	9	20 05.8	16R57.8	00 39.1	04 52.1
	19	23 27.7	16 09.8	28♒33.6	23♑36.8
	29	27 03.1	14 37.2	26 21.9	13 24.1
SEP	8	00♏50.4	12 22.9	24 21.9	05 33.3
	18	04 48.2	09 35.8	22 49.4	00 12.5
	28	08 55.3	06 29.9	21 54.5	26♐51.9
OCT	8	13 11.0	03 23.6	21D42.9	24 52.8
	18	17 34.1	00 35.5	22 14.9	23 32.9
	28	22 04.2	28♓20.0	23 27.9	22 01.8
NOV	7	26 40.4	26 46.1	25 18.0	18 51.2
	17	01♐22.1	25 56.7	27 40.4	10 42.3
	27	06 08.9	25D50.5	00♓30.5	26♏12.8
DEC	7	11 00.2	26 24.3	03 44.3	04D17.4
	17	15 55.5	27 33.0	07 17.9	15♐48.5
	27	20 54.3	29 12.0	11 08.1	25 00.8
JAN	6	25♐56.0	01♈16.7	15♓12.3	02♑40.4
JAN	1	12S23.3	15S22.6	28S38.8	25S00.4
	21	14 00.5	13 28.2	28 11.5	25 21.6
FEB	10	14 48.2	10 59.6	27 14.9	25 03.3
MAR	2	14 29.6	08 11.6	25 53.6	24 25.0
	22	12 53.2	05 16.5	24 14.5	23 43.3
APR	11	10 14.7	02 24.6	22 26.9	23 15.1
MAY	1	07 27.0	00N15.1	20 41.8	23 21.5
	21	05 25.7	02 34.1	19 12.0	24 31.8
JUN	10	04 34.4	04 23.7	18 11.1	27 31.3
	30	04 48.8	05 33.8	17 52.0	33 28.5
JUL	20	05 54.3	05 52.4	18 20.1	43 28.6
AUG	9	07 35.8	05 05.5	19 20.7	55 23.3
	29	09 39.5	03 03.2	20 12.5	60 02.9
SEP	18	11 53.5	00S04.2	20 13.0	55 49.5
OCT	8	14 06.9	03 27.7	19 10.7	50 09.4
	28	16 09.1	06 00.9	17 17.0	44 40.0
NOV	17	17 49.9	07 09.7	14 44.2	33 23.7
DEC	7	18 59.7	06 59.4	11 40.2	15 51.1
	27	19S30.2	05S49.8	08S10.1	20S30.6

1955	Sappho 80	Amor 1221	Pandora 55	Icarus 1566
JAN 1	23♐24.8	00♈11.4	13♓08.6	28♐59.9
11	28 27.8	02 27.4	17 18.8	06♑05.6
21	03♑33.1	05 03.1	21 39.3	12 19.7
31	08 40.1	07 55.7	26 08.4	17 56.0
FEB 10	13 48.2	11 02.2	00♈44.3	23 02.6
20	18 57.0	14 20.5	05 25.7	27 45.2
MAR 2	24 05.7	17 48.8	10 11.3	02♒06.7
12	29 13.7	21 25.4	15 00.0	06 08.9
22	04♒20.4	25 09.2	19 50.8	09 52.7
APR 1	09 24.7	28 59.1	24 43.0	13 17.5
11	14 25.5	02♉54.1	29 35.6	16 22.1
21	19 21.9	06 53.7	04♉28.0	19 04.5
MAY 1	24 12.1	10 57.3	09 19.6	21 20.7
11	28 54.4	15 04.4	14 09.7	23 05.9
21	03♓26.6	19 14.7	18 57.7	24 13.1
31	07 45.8	23 27.8	23 43.1	24 R32.2
JUN 10	11 48.6	27 43.6	28 25.1	23 50.5
20	15 30.9	02♊01.9	03♊03.2	21 52.3
30	18 47.0	06 22.6	07 36.7	18 20.4
JUL 10	21 31.3	10 45.5	12 04.7	13 04.1
20	23 36.5	15 10.8	16 26.5	06 09.6
30	24 55.0	19 38.0	20 40.8	28♑14.9
AUG 9	25 20.9	24 07.4	24 46.5	20 24.6
19	24 R50.8	28 38.8	28 42.2	13 40.9
29	23 28.5	03♋12.0	02♋26.1	08 39.6
SEP 8	21 28.2	07 46.9	05 56.0	05 25.1
18	19 12.2	12 23.6	09 09.6	03 45.3
28	17 08.6	17 01.4	12 03.7	03 D24.0
OCT 8	15 41.9	21 40.2	14 35.0	04 05.3
18	15 D06.8	26 19.8	16 39.3	05 37.1
28	15 29.3	00♌59.2	18 12.2	07 50.5
NOV 7	16 47.0	05 38.1	19 09.3	10 38.5
17	18 53.5	10 15.7	19 R26.2	13 56.8
27	21 41.9	14 50.7	19 00.6	17 41.6
DEC 7	25 04.4	19 22.7	17 53.1	21 47.6
17	28 54.5	23 50.2	16 08.6	26 02.3
27	03♈06.8	28 12.3	13 57.9	29 32.2
JAN 6	07♈36.4	02♍29.9	11♋36.5	26 R38.4
JAN 1	19 S 30.9	05 S 25.5	07 S 14.1	21 S 12.1
21	19 03.8	03 27.9	03 19.3	22 43.6
FEB 10	17 47.4	01 07.6	00 N 48.1	23 03.7
MAR 2	15 42.5	01 N 24.5	05 00.7	22 51.3
22	12 53.0	03 59.6	09 10.9	22 32.3
APR 11	09 25.9	06 30.2	13 11.0	22 29.4
MAY 1	05 30.3	08 49.4	16 53.8	23 08.6
21	01 17.9	10 50.6	20 12.9	25 04.3
JUN 10	02 N 56.7	12 28.0	23 03.0	29 03.0
30	06 54.0	13 35.7	25 20.5	35 45.7
JUL 20	10 05.6	14 08.2	27 04.3	44 09.3
AUG 9	11 50.4	14 00.6	28 16.4	49 27.6
29	11 20.5	13 08.7	29 02.4	48 58.4
SEP 18	08 26.1	11 29.0	29 31.7	46 04.0
OCT 8	04 28.3	08 59.5	29 57.2	43 14.2
28	01 21.9	05 39.9	30 33.9	40 49.4
NOV 17	00 01.1	01 32.4	31 32.7	38 26.1

1956	Sappho 80	Amor 1221	Pandora 55	Icarus 1566
JAN 1	05♈19.7	00♍21.7	12 R 47.5	29 R50.4
11	09 56.5	04 37.0	10♋27.1	16♑41.8
21	14 45.5	08 49.8	08 21.6	10 D45.0
31	19 43.5	13 08.6	06 44.9	15 37.3
FEB 10	24 48.2	17 47.0	05 45.0	21 02.0
20	29 58.1	23 10.1	05 D 25.5	26 04.1
MAR 1	05♉11.1	00♎03.8	05 45.2	00♒38.8
11	10 26.3	09 26.3	06 40.7	04 47.3
21	15 42.6	22 13.0	08 08.0	08 30.1
31	20 58.9	08♏04.5	10 02.3	11 47.1
APR 10	26 14.6	23 59.6	12 19.1	14 37.1
20	01♊29.3	06♐26.1	14 55.0	16 56.4
30	06 42.1	14 17.1	17 46.3	18 40.5
MAY 10	11 52.9	18 10.3	20 50.3	19 42.3
20	17 01.2	19 21.0	24 04.9	19 R51.6
30	22 06.7	19 05.9	27 27.7	18 56.4
JUN 9	27 09.2	18 R 22.2	00♌57.4	16 41.6
19	02♋08.3	17 D 52.9	04 32.6	12 52.9
29	07 03.8	18 00.0	08 11.9	07 25.3
JUL 9	11 55.4	18 48.6	11 54.5	00 32.9
19	16 42.8	20 18.2	15 39.4	22♑58.5
29	21 25.5	22 22.9	19 25.6	15 43.3
AUG 8	26 03.4	24 56.1	23 12.7	09 38.9
18	00♌35.6	27 52.9	26 59.6	05 11.7
28	05 01.6	01♑07.9	00♍45.8	02 22.1
SEP 7	09 20.8	04 37.3	04 30.5	00 58.2
17	13 32.1	08 18.6	08 12.7	00 D45.1
27	17 34.3	12 08.9	11 51.7	01 28.7
OCT 7	21 26.2	16 06.4	15 26.4	02 58.2
17	25 05.9	20 09.9	18 55.7	05 05.2
27	28 31.4	24 17.8	22 18.3	07 43.5
NOV 6	01♍40.3	28 29.4	25 32.7	10 49.3
16	04 29.2	02♒43.9	28 37.0	14 19.8
26	06 54.9	07 00.4	01♎29.4	18 13.6
DEC 6	08 53.1	11 18.4	04 07.4	22 31.0
16	10 19.0	15 37.4	06 28.2	27 13.2
26	11 08.2	19 56.6	08 29.1	02♒23.0
JAN 5	11 R 15.8	24♒15.7	10♎06.4	08♒05.9
JAN 1	02 N 31.0	09 S 43.2	34 N 04.1	27 S 41.4
21	05 05.1	14 19.7	34 04.4	16 58.1
FEB 10	07 59.1	16 27.3	33 15.9	18 42.4
MAR 1	10 54.2	10 54.8	32 06.6	19 25.6
21	13 34.9	12 N 42.1	30 53.4	19 43.9
APR 10	15 49.0	31 33.6	29 37.5	20 14.1
30	17 27.9	34 17.2	28 13.5	21 31.6
MAY 20	18 25.5	31 12.1	26 36.2	24 18.7
JUN 9	18 39.5	24 07.3	24 42.4	29 22.3
29	18 10.0	14 30.6	22 31.3	36 40.2
JUL 19	17 00.0	04 56.3	20 04.1	43 10.3
AUG 8	15 14.2	02 S 51.5	17 23.2	44 53.6
28	12 59.2	08 30.3	14 32.6	43 14.3
SEP 17	10 22.1	12 14.7	11 36.7	41 04.4
OCT 7	07 31.4	14 25.3	08 40.6	39 16.7
27	04 36.4	15 19.9	05 50.4	37 45.0
NOV 16	01 48.0	15 12.6	03 12.4	36 10.9
DEC 6	00 S 40.0	14 15.4	00 53.8	34 13.7

1957	Sappho 80	Amor 1221	Pandora 55	Icarus 1566
JAN 1	11♍18.0	22♒32.1	09♎30.5	05♒44.4
11	10 R 59.2	26 50.9	10 52.0	11 50.7
21	09 55.8	01♓08.8	11 44.4	18 45.0
31	08 10.6	05 25.3	12 04.3	26 43.3
FEB 10	05 51.6	09 40.1	11 R 49.5	05♓58.1
20	03 13.5	13 52.5	10 59.5	12 R45.2
MAR 2	00 33.6	18 02.3	09 36.6	25♒59.7
12	28♌10.0	22 09.0	07 46.6	18 42.7
22	26 17.0	26 11.9	05 39.3	17 D48.3
APR 1	25 02.7	00♈10.8	03 26.9	18 35.7
11	24 30.5	04 05.1	01 22.7	19 42.9
21	24 D 38.9	07 54.1	29♍38.1	20 36.7
MAY 1	25 24.6	11 37.2	28 21.2	20 R56.7
11	26 43.1	15 13.7	27 36.9	20 24.3
21	28 29.8	18 42.5	27 D 26.3	18 40.9
31	00♍40.3	22 02.8	27 48.1	15 25.1
JUN 10	03 11.2	25 13.2	28 40.2	10 18.1
20	05 58.8	28 12.1	29 59.0	03 17.0
30	09 00.7	00♉57.7	01♎41.5	24♑49.7
JUL 10	12 14.8	03 27.5	03 44.5	16 02.9
20	15 38.8	05 38.9	06 05.1	08 13.5
30	19 11.6	07 28.5	08 40.8	02 09.6
AUG 9	22 51.7	08 52.2	11 29.6	28♐02.8
19	26 37.9	09 45.6	14 29.3	25 39.9
29	00♎29.5	10 03.8	17 38.5	24 41.2
SEP 8	04 25.5	09 R 42.0	20 55.8	24 D48.7
18	08 25.1	08 37.0	24 19.7	25 47.1
28	12 27.8	06 47.7	27 49.4	27 25.5
OCT 8	16 32.7	04 18.6	01♏23.6	29 36.0
18	20 39.2	01 20.0	05 01.3	02♑12.4
28	24 46.8	28♈08.1	08 41.9	05 10.7
NOV 7	28 54.4	25 03.0	12 24.1	08 28.0
17	03♏01.6	22 23.1	16 07.1	12 02.2
27	07 07.4	20 22.1	19 50.0	15 52.4
DEC 7	11 10.7	19 07.6	23 31.6	19 57.8
17	15 10.8	18 40.7	27 11.0	24 18.6
27	19 06.4	18 D 59.2	00♐47.0	28 55.9
JAN 6	22♏55.9	19♈58.9	04♐18.1	03♒51.1
JAN 1	02 S 51.5	12 S 03.9	01 S 24.0	30 S 24.4
21	03 16.7	09 50.9	02 26.7	25 27.8
FEB 10	02 17.8	07 19.9	02 43.5	16 03.8
MAR 2	00 09.4	04 39.4	02 13.2	05 24.8
22	02 N 18.5	01 56.7	01 08.6	10 44.4
APR 11	04 15.9	00 N 41.2	00 00.1	13 35.3
MAY 1	05 19.9	03 07.7	00 N 39.6	16 36.0
21	05 28.9	05 16.7	00 33.7	21 18.7
JUN 10	04 49.6	07 02.0	00 S 18.2	28 43.8
30	03 30.4	08 16.9	01 48.5	37 06.5
JUL 20	01 39.3	08 54.3	03 48.4	41 01.3
AUG 9	00 S 36.1	08 45.8	06 09.8	40 16.7
29	03 08.9	07 42.4	08 45.4	38 32.9
SEP 18	05 52.2	05 38.5	11 29.1	37 12.2
OCT 8	08 39.3	02 43.4	14 14.8	36 14.4
28	11 23.2	00 S 21.9	16 57.0	35 24.0
NOV 17	13 57.1	02 35.4	19 30.6	34 26.0
DEC 7	16 14.1	03 20.1	21 51.1	33 07.4

[illegible]		80	1221	55	1566
JAN	1	21♏01.9	19♈24.2	02♐33.3	01♒21.1
	11	24 48.0	20 42.5	06 01.5	06 26.3
	21	28 25.8	22 34.3	09 22.8	11 54.4
	31	01♐53.1	24 55.1	12 35.2	17 50.3
FEB	10	05 07.8	27 40.5	15 37.0	24 21.7
	20	08 07.2	00♉47.3	18 26.0	01♓40.3
MAR	2	10 47.8	04 12.6	20 59.4	10 03.9
	12	13 06.0	07 54.0	23 14.6	20 01.2
	22	14 57.4	11 49.9	25 08.2	02♈21.2
APR	1	16 16.9	15 58.8	26 36.6	18 16.0
	11	16 59.7	20 19.5	27 36.4	27 R06.3
	21	17 R00.9	24 51.6	28 03.8	15 11.8
MAY	1	16 17.3	29 34.6	27 R56.2	02 53.3
	11	14 49.7	04♊28.0	27 12.7	22♓00.0
	21	12 43.5	09 32.3	25 54.7	10 33.5
	31	10 11.4	14 47.4	24 07.8	26♒16.5
JUN	10	07 31.7	20 13.9	22 01.8	08 12.6
	20	05 04.5	25 52.4	19 49.2	19♑03.1
	30	03 08.6	01♋43.6	17 44.8	03 33.8
JUL	10	01 55.8	07 48.5	16 01.4	23♐25.7
	20	01 D31.9	14 08.4	14 48.6	17 35.3
	30	01 57.5	20 44.3	14 12.0	14 39.4
AUG	9	03 09.2	27 37.6	14 D13.2	13 37.3
	19	05 02.6	04♌50.0	14 51.3	13 D51.5
	29	07 33.0	12 22.5	16 03.7	14 59.1
SEP	8	10 35.1	20 16.5	17 46.8	16 45.0
	18	14 05.1	28 33.0	19 57.2	18 59.8
	28	17 59.3	07♍12.3	22 31.5	21 37.1
OCT	8	22 14.4	16 14.3	25 26.4	24 32.2
	18	26 48.0	25 38.1	28 39.3	27 42.3
	28	01♑37.9	05♎20.9	02♑07.9	01♑05.1
NOV	7	06 42.1	15 19.8	05 49.8	04 38.9
	17	11 59.1	25 30.1	09 43.5	08 22.9
	27	17 27.2	05♏45.8	13 47.2	12 16.2
DEC	7	23 05.2	16 01.0	17 59.5	16 18.5
	17	28 52.1	26 09.1	22 19.2	20 29.8
	27	04♒46.5	06♐03.9	26 45.1	24 50.1
JAN	6	10♒47.3	15♐40.4	01♒16.2	29♑20.3
JAN	1	18 S 31.8	02 S 21.0	24 S 23.6	30 S 42.1
	21	19 48.3	00 30.9	26 05.5	27 50.5
FEB	10	20 30.7	01 N 51.6	27 30.8	23 42.4
MAR	2	20 36.9	04 30.2	28 43.6	17 21.3
	22	20 06.4	07 12.6	29 50.1	06 08.0
APR	11	19 00.0	09 48.1	30 57.0	16 N27.4
MAY	1	17 20.2	12 07.3	32 06.3	11 10.6
	21	15 16.0	14 00.5	33 07.9	02 S36.2
JUN	10	13 12.8	15 18.1	33 38.6	22 36.1
	30	11 49.4	15 49.8	33 22.3	34 57.9
JUL	20	11 28.9	15 25.5	32 32.8	35 11.5
AUG	9	12 04.4	13 55.9	31 39.6	34 04.8
	29	13 13.1	11 13.9	30 59.8	33 32.8
SEP	18	14 30.9	07 18.6	30 33.0	33 24.7
OCT	8	15 36.7	02 19.0	30 09.5	33 23.2
	28	16 12.9	03 S 19.3	29 37.2	33 15.4
NOV	17	16 06.2	08 51.2	28 45.5	32 51.8
DEC	7	15 07.6	13 19.9	27 26.6	32 05.5
	27	13 S 13.8	15 S 58.6	25 S 36.4	30 S51.1

1959		80	1221	55	1566
JAN	1	07♒46.1	10♐54.7	29♑00.0	27♑03.9
	11	13 49.9	20 20.4	03♒33.4	01♒39.3
	21	19 58.6	29 22.0	08 10.4	06 26.2
	31	26 11.2	07♑57.4	12 50.3	11 26.2
FEB	10	02♓27.0	16 05.5	17 32.4	16 42.2
	20	08 44.8	23 45.8	22 15.6	22 17.7
MAR	2	15 03.8	00♒58.7	26 59.3	28 17.9
	12	21 23.2	07 44.8	01♓42.9	04♓50.4
	22	27 42.2	14 04.3	06 25.4	12 05.4
APR	1	03♈59.8	19 58.0	11 06.2	20 18.2
	11	10 15.6	25 26.0	15 44.4	29 51.4
	21	16 28.7	00♓28.0	20 19.2	11♈17.8
MAY	1	22 38.3	05 03.6	24 49.7	25 27.8
	11	28 44.0	09 11.6	29 14.8	13♉46.1
	21	04♉45.0	12 50.0	03♈33.3	07♊45.5
	31	10 40.7	15 56.4	07 44.0	23 30.8
JUN	10	16 30.5	18 27.2	11 45.2	08♋38.4
	20	22 13.6	20 17.9	15 34.9	06♌21.4
	30	27 49.4	21 24.2	19 11.1	18♍22.3
JUL	10	03♊17.2	21 R40.3	22 30.9	18♎50.0
	20	08 35.8	21 02.2	25 31.0	04♏46.8
	30	13 44.3	19 28.9	28 07.8	14 15.9
AUG	9	18 41.5	17 03.5	00♉16.8	20 58.9
	19	23 25.7	13 57.8	01 53.1	26 23.4
	29	27 55.2	10 30.8	02 51.9	01♐07.1
SEP	8	02♋07.7	07 05.7	03 R08.5	05 29.4
	18	06 00.2	04 05.0	02 40.9	09 40.1
	28	09 29.6	01 44.6	01 30.4	13 44.5
OCT	8	12 31.5	00 12.4	29♈43.5	17 46.3
	18	15 01.0	29♒29.8	27 33.9	21 47.3
	28	16 52.6	29 D33.2	25 19.4	25 48.9
NOV	7	17 59.9	00♓17.4	23 19.2	29 52.0
	17	18 R17.6	01 36.6	21 49.8	03♑57.1
	27	17 42.1	03 25.0	21 01.2	08 04.6
DEC	7	16 13.9	05 37.8	20 D57.6	12 15.1
	17	14 00.9	08 10.6	21 38.3	16 28.7
	27	11 18.7	10 59.8	22 59.3	20 45.8
JAN	6	08♋29.4	14♓02.6	24♈55.9	25♑06.9
JAN	1	12 S 37.0	16 S 18.3	25 S 03.8	30 S27.6
	21	09 38.6	16 21.3	22 33.8	28 31.2
FEB	10	05 58.4	14 43.3	19 35.3	25 53.9
MAR	2	01 48.7	11 59.8	16 13.7	22 23.4
	22	02 N 35.6	08 43.6	12 35.3	17 33.1
APR	11	06 59.2	05 20.0	08 47.4	10 23.1
MAY	1	11 06.8	02 08.3	04 57.2	01 N28.1
	21	14 44.6	00 N 35.4	01 11.9	23 54.9
JUN	10	17 40.7	02 34.7	02 N 21.8	36 07.6
	30	19 45.8	03 29.5	05 37.4	13 33.7
JUL	20	20 54.9	02 55.6	08 29.1	14 S38.5
AUG	9	21 07.4	00 35.3	10 51.1	22 50.0
	29	20 27.0	03 S 10.7	12 37.0	26 31.7
SEP	18	19 02.3	07 06.6	13 39.1	28 42.3
OCT	8	17 05.1	09 57.3	13 51.1	30 05.0
	28	14 51.1	11 20.5	13 22.9	30 52.5
NOV	17	12 39.9	11 28.3	12 50.8	31 08.6
DEC	7	10 55.5	10 38.9	12 54.2	30 54.1
	27	10 N 01.8	09 S 07.7	13 N 48.1	30 S09.5

1960		80	1221	55	1566
JAN	1	09 R53.4	12♓29.7	23♈53.5	22♑55.8
	11	07♋09.5	15 38.3	26 06.0	27 19.0
	21	04 52.3	18 56.7	28 46.1	01♒47.0
	31	03 16.1	22 23.1	01♉49.3	06 20.7
FEB	10	02 28.4	25 55.9	05 11.6	11 01.0
	20	02 D28.8	29 33.7	08 49.1	15 49.4
MAR	1	03 13.4	03♈15.3	12 39.2	20 48.1
	11	04 36.8	06 59.7	16 39.3	25 59.7
	21	06 32.5	10 45.9	20 47.2	01♓27.9
	31	08 55.0	14 33.4	25 01.3	07 18.1
APR	10	11 39.6	18 21.1	29 20.1	13 37.5
	20	14 41.8	22 08.6	03♊42.2	20 36.7
	30	17 58.5	25 55.2	08 06.8	28 30.6
MAY	10	21 26.8	29 40.2	12 32.9	07♈40.2
	20	25 04.4	03♉23.0	16 59.5	18 34.9
	30	28 49.5	07 03.0	21 26.2	01♉52.0
JUN	9	02♌40.7	10 39.2	25 52.2	18 09.7
	19	06 36.5	14 11.1	00♋16.9	08♊00.6
	29	10 36.2	17 37.4	04 39.7	03♋00.1
JUL	9	14 38.7	20 56.9	09 00.1	02♌13.3
	19	18 43.2	24 08.3	13 17.4	27 05.8
	29	22 49.3	27 09.7	17 31.1	20♍46.6
AUG	8	26 56.2	29 58.6	21 40.4	10♎57.6
	18	01♍03.2	02♊32.6	25 44.4	26 35.1
	28	05 10.1	04 48.0	29 42.4	08♏30.4
SEP	7	09 15.9	06 40.3	03♌33.0	17 53.9
	17	13 20.3	08 04.6	07 15.3	25 38.3
	27	17 22.4	08 54.3	10 47.6	02♐18.3
OCT	7	21 21.6	09 R02.7	14 08.0	08 15.4
	17	25 16.9	08 23.3	17 14.5	13 43.4
	27	29 07.4	06 50.7	20 04.6	18 51.4
NOV	6	02♎51.9	04 25.1	22 35.2	23 45.3
	16	06 29.0	01 14.3	24 43.2	28 29.2
	26	09 57.1	27♉36.2	26 24.4	03♑06.1
DEC	6	13 14.1	23 57.5	27 35.0	07 37.8
	16	16 18.1	20 45.4	28 11.1	12 06.0
	26	19 06.2	18 22.0	28 R09.4	16 31.7
JAN	5	21♎35.2	16♉59.2	27♌28.8	20♑55.8
JAN	1	09 N 57.9	08 S 39.8	14 N 09.0	29 S53.8
	21	10 17.9	06 33.0	15 55.8	28 32.5
FEB	10	11 16.9	04 08.6	18 08.1	26 42.5
MAR	1	12 27.7	01 34.6	20 30.9	24 23.2
	21	13 29.0	01 N 01.5	22 50.7	21 30.7
APR	10	14 07.3	03 33.2	24 56.2	17 53.3
	30	14 15.3	05 54.4	26 38.1	13 02.1
MAY	20	13 49.9	07 59.3	27 50.1	05 49.9
JUN	9	12 51.1	09 42.5	28 28.1	05 N45.2
	29	11 21.0	10 58.9	28 31.1	22 16.8
JUL	19	09 23.0	11 43.3	28 00.8	19 25.8
AUG	8	07 01.4	11 50.6	27 01.7	00 S47.1
	28	04 21.5	11 16.0	25 40.4	14 31.0
SEP	17	01 28.6	09 55.0	24 05.6	21 39.0
OCT	7	01 S 31.4	07 45.6	22 27.7	25 35.5
	27	04 32.2	04 55.2	20 58.8	27 50.8
NOV	16	07 27.1	01 55.7	19 52.6	29 02.0
DEC	6	10 08.9	00 S 09.7	19 23.1	29 25.6
	26	12 S 29.6	00 S 28.0	19 N 40.8	29 S11.0

1961		Sappho 80	Amor 1221	Pandora 55	Icarus 1566
JAN	1	20♎38.1	17R24.7	27R49.7	19♑10.3
	11	22 54.1	16♉39.9	26♌46.3	23 33.8
	21	24 45.1	16D56.9	25 08.2	27 56.8
	31	26 06.6	18 10.5	23 04.3	02♒19.8
FEB	10	26 54.4	20 13.9	20 47.2	06 43.5
	20	27R04.1	23 01.0	18 31.8	11 08.7
MAR	2	26 32.7	26 26.2	16 32.7	15 36.1
	12	25 19.9	00♊24.8	15 00.8	20 06.8
	22	23 28.8	04 53.7	14 02.8	24 42.4
APR	1	21 08.4	09 50.3	13 41.3	29 24.5
	11	18 32.5	15 12.8	13D55.2	04♓16.1
	21	15 57.6	21 00.2	14 41.8	09 20.7
MAY	1	13 40.9	27 11.9	15 57.6	14 43.4
	11	11 54.9	03♋47.7	17 38.4	20 32.3
	21	10 47.6	10 47.8	19 40.9	26 58.7
	31	10 22.0	18 12.3	22 01.5	04♈20.2
JUN	10	10D36.9	26 01.3	24 37.4	13 04.4
	20	11 29.5	04♌15.1	27 26.1	23 52.1
	30	12 55.8	12 53.0	00♍25.4	07♉39.3
JUL	10	14 51.4	21 54.1	03 33.5	25 18.0
	20	17 12.7	01♍16.9	06 49.0	16♊28.9
	30	19 56.0	10 58.2	10 10.5	08♋56.0
AUG	9	22 58.3	20 54.5	13 36.8	01♌35.9
	19	26 17.3	01♎01.0	17 07.0	01♍03.3
	29	29 50.7	11 11.7	20 40.0	26 52.9
SEP	8	03♏36.8	21 20.3	24 15.0	16♎35.2
	18	07 34.3	01♏20.8	27 51.2	01♏55.6
	28	11 41.8	11 07.1	01♎27.6	14 02.7
OCT	8	15 58.4	20 34.8	05 03.5	23 54.1
	18	20 23.1	29 40.8	08 37.9	02♐12.2
	28	24 55.2	08♐23.1	12 09.6	09 25.4
NOV	7	29 34.0	16 41.4	15 37.8	15 53.0
	17	04♐18.9	24 36.1	19 01.2	21 48.0
	27	09 09.3	02♑08.2	22 18.2	27 18.8
DEC	7	14 04.7	09 19.2	25 27.4	02♑31.6
	17	19 04.7	16 10.8	28 27.0	07 30.6
	27	24 08.5	22 44.2	01♏14.8	12 18.8
JAN	6	29♐16.0	29♑01.3	03♏48.6	16♑58.4
JAN	1	13S06.3	00S11.7	19N55.4	29S00.2
	21	14 45.1	01N39.2	21 06.8	28 05.3
FEB	10	15 37.3	04 27.2	22 23.7	26 45.6
MAR	2	15 27.2	07 40.5	23 05.1	25 06.4
	22	14 01.9	10 55.9	22 53.5	23 12.1
APR	11	11 30.8	13 54.2	21 56.4	21 06.1
MAY	1	08 40.8	16 15.6	20 26.6	18 48.5
	21	06 30.3	17 38.5	18 32.5	16 11.6
JUN	10	05 29.1	17 39.2	16 18.5	12 45.5
	30	05 35.6	15 57.4	13 47.7	06 59.7
JUL	20	06 35.4	12 24.4	11 02.6	03N43.9
AUG	9	08 12.4	07 13.9	08 06.2	15 59.4
	29	10 12.3	01 05.2	05 02.0	06 18.3
SEP	18	12 22.3	05S04.2	01 53.6	09S28.4
OCT	8	14 31.0	10 18.2	01S14.8	18 35.8
	28	16 27.2	14 01.0	04 19.0	23 33.2
NOV	17	18 00.5	16 01.9	07 14.6	26 13.1

1962		Sappho 80	Amor 1221	Pandora 55	Icarus 1566
JAN	1	26♐41.8	25♑54.7	02♏33.6	14♑39.5
	11	01♑50.9	02♒04.1	04 59.3	19 15.5
	21	07 02.7	07 58.9	07 06.6	23 45.0
	31	12 16.8	13 40.0	08 52.7	28 09.0
FEB	10	17 32.8	19 08.5	10 13.8	02♒28.4
	20	22 50.0	24 24.9	11 06.6	06 43.6
MAR	2	28 08.0	29 29.7	11 28.1	10 55.2
	12	03♒26.1	04♓23.2	11R15.6	15 03.5
	22	08 43.6	09 05.5	10 28.6	19 08.8
APR	1	13 59.9	13 36.6	09 09.2	23 11.7
	11	19 14.0	17 56.4	07 22.3	27 12.4
	21	24 24.7	22 04.2	05 17.4	01♓11.4
MAY	1	29 31.1	25 59.6	03 06.2	05 09.6
	11	04♓31.3	29 41.6	01 01.4	09 07.9
	21	09 23.6	03♈09.1	29♎15.1	13 07.7
	31	14 05.9	06 20.6	27 55.8	17 11.8
JUN	10	18 35.0	09 14.1	27 08.7	21 24.0
	20	22 47.5	11 47.2	26D55.7	25 51.5
	30	26 39.4	13 57.1	27 16.0	00♈47.9
JUL	10	00♈05.0	15 40.1	28 07.4	06 39.5
	20	02 58.3	16 52.3	29 27.1	14 27.4
	30	05 12.3	17 29.2	01♏11.6	26 49.7
AUG	9	06 39.0	17R26.3	03 18.1	21♉13.3
	19	07 12.2	16 40.2	05 43.5	06♋21.1
	29	06R48.3	15 09.7	08 25.4	12♌59.4
SEP	8	05 30.1	12 57.2	11 21.7	00♍14.6
	18	03 31.1	10 11.4	14 30.2	10 27.7
	28	01 13.2	07 06.0	17 49.4	26 08.0
OCT	8	29♓04.7	03 59.4	21 17.9	20♎50.8
	18	27 30.9	01 10.1	24 54.1	08♏30.3
	28	26 47.5	28♓52.8	28 37.0	21 41.0
NOV	7	27D01.1	27 16.8	02♐25.7	02♐08.8
	17	28 09.7	26 25.4	06 18.9	10 51.0
	27	00♈07.1	26D17.3	10 15.8	18 21.8
DEC	7	02 46.5	26 49.3	14 15.5	25 02.5
	17	05 59.9	27 56.5	18 17.0	01♑06.6
	27	09 40.9	29 34.1	22 19.5	06 43.3
JAN	6	13♈44.1	01♈37.8	26♐21.9	11♑58.9
JAN	1	19S18.1	15S19.5	12S55.3	27S47.9
	21	18 38.1	13 24.2	14 53.4	27 19.7
FEB	10	17 07.7	10 55.1	16 25.6	26 25.3
MAR	2	14 48.4	08 07.0	17 27.1	25 14.5
	22	11 44.8	05 11.9	17 51.7	23 56.9
APR	11	08 04.5	02 20.2	17 34.7	22 42.8
MAY	1	03 57.1	00N19.3	16 43.0	21 44.7
	21	00N25.6	02 38.1	15 41.9	21 19.3
JUN	10	04 49.4	04 27.7	15 02.9	21 51.4
	30	08 56.5	05 38.0	15 03.9	24 02.9
JUL	20	12 23.2	05 57.0	15 46.2	29 01.7
AUG	9	14 36.3	05 11.1	17 02.2	35 51.7
	29	14 51.3	03 10.0	18 41.7	24 32.0
SEP	18	12 36.2	00 03.7	20 34.2	01 24.2
OCT	8	08 33.5	03S19.7	22 30.3	03 31.3
	28	04 44.2	05 53.9	24 21.2	15 31.2
NOV	17	02 36.9	07 03.9	25 59.4	21 35.8
DEC	7	[illegible]	06 54.4	27 18.2	24 35.2

1963		Sappho 80	Amor 1221	Pandora 55	Icarus 1566
JAN	1	11♈40.1	00♈33.0	24♐20.8	09♑23.5
	11	15 52.5	02 48.0	28 22.8	14 30.0
	21	20 20.0	05 23.0	02♑23.4	19 21.2
	31	24 59.5	08 15.0	06 21.6	23 59.7
FEB	10	29 48.2	11 21.0	10 16.0	28 26.8
	20	04♉43.5	14 38.9	14 05.6	02♒43.9
MAR	2	09 43.8	18 07.0	17 49.0	06 51.7
	12	14 47.5	21 43.5	21 24.6	10 50.3
	22	19 53.3	25 27.1	24 50.8	14 39.9
APR	1	25 00.3	29 17.1	28 05.5	18 20.1
	11	00♊07.4	03♉12.2	01♒06.4	21 50.1
	21	05 14.2	07 12.0	03 50.9	25 09.0
MAY	1	10 20.0	11 15.9	06 15.7	28 15.0
	11	15 24.2	15 23.3	08 17.3	01♓05.8
	21	20 26.5	19 33.9	09 52.0	03 38.2
	31	25 26.6	23 47.6	10 55.2	05 47.0
JUN	10	00♋24.0	28 04.0	11 23.4	07 25.2
	20	05 18.5	02♊23.0	11R13.4	08 22.2
	30	10 10.0	06 44.5	10 24.3	08R21.0
JUL	10	14 57.9	11 08.4	08 59.1	06 56.0
	20	19 42.0	15 34.7	07 05.2	03 26.6
	30	24 22.0	20 03.3	04 54.8	26♒51.9
AUG	9	28 57.4	24 34.2	02 44.4	16 05.6
	19	03♌27.7	29 07.4	00 49.7	01 01.1
	29	07 52.4	03♋42.6	29♑24.5	14♑21.3
SEP	8	12 10.6	08 20.0	28 37.6	00 04.1
	18	16 21.7	12 59.6	28D32.5	19♐34.6
	28	20 24.3	17 40.8	29 09.4	11 54.8
OCT	8	24 17.2	22 23.8	00♒25.4	05 20.7
	18	27 59.0	27 08.4	02 16.6	27♏58.0
	28	01♍27.4	01♌54.0	04 38.9	17 42.8
NOV	7	04 40.3	06 40.5	07 27.9	06 21.8
	17	07 34.9	11 27.5	10 39.9	16D41.7
	27	10 07.6	16 14.4	14 11.7	01♐28.3
DEC	7	12 14.7	21 01.6	18 00.0	12 36.5
	17	13 51.6	25 48.8	22 02.4	21 33.0
	27	14 53.6	00♍36.5	26 16.8	29 06.5
JAN	6	15♍16.2	05♍27.9	00♓41.1	05♑43.6
JAN	1	04N02.4	05S21.0	28S22.5	26S00.9
	21	06 19.2	03 23.7	28 44.2	26 04.8
FEB	10	08 58.3	01 03.5	28 40.5	25 35.0
MAR	2	11 39.4	01N28.5	28 15.8	24 47.3
	22	14 06.4	04 03.5	27 37.5	23 55.7
APR	11	16 07.2	06 34.0	26 56.0	23 15.5
MAY	1	17 33.2	08 52.9	26 24.2	23 05.3
	21	18 18.8	10 53.9	26 15.9	23 51.8
JUN	10	18 21.9	12 30.9	26 43.0	26 17.6
	30	17 43.0	13 38.1	27 45.9	31 35.0
JUL	20	16 25.2	14 10.0	29 01.4	41 37.4
AUG	9	14 33.4	14 01.7	29 45.6	57 29.0
	29	12 13.6	13 08.8	29 28.6	70 07.1
SEP	18	09 33.3	11 28.0	28 16.9	63 27.0
OCT	8	06 40.1	08 57.2	26 29.6	50 58.3
	28	03 43.2	05 35.7	24 17.0	31 46.2
NOV	17	00 52.9	01 25.7	21 40.6	11 59.4
DEC	7	01S37.9	03S26.1	18 39.2	19 16.5

1964		80	1221	55	1566
JAN	1	15♍10.1	03♍01.6	28♒27.8	02♑30.9
	11	15R11.5	07 56.1	02♓56.5	08 46.3
	21	14 28.8	13 01.4	07 32.8	14 26.7
	31	13 02.8	18 30.5	12 15.2	19 39.8
FEB	10	10 58.9	24 44.0	17 02.5	24 31.0
	20	08 28.4	02♎13.9	21 53.8	29 03.3
MAR	1	05 47.7	11 50.2	26 47.9	03♒18.7
	11	03 14.7	24 22.0	01♈44.1	07 18.4
	21	01 05.6	09♏49.4	06 41.5	11 02.7
	31	29♌31.9	26 22.5	11 39.2	14 30.9
APR	10	28 38.8	10♐49.2	16 36.8	17 42.2
	20	28D27.2	21 09.1	21 33.5	20 34.4
	30	28 54.6	27 20.7	26 28.5	23 04.4
MAY	10	29 56.8	00♑04.4	01♉21.5	25 08.2
	20	01♍29.6	00R11.9	06 11.6	26 39.2
	30	03 28.3	28♐45.4	10 58.1	27 29.2
JUN	9	05 49.0	26 41.6	15 40.5	27R26.6
	19	08 28.3	24 49.7	20 17.8	26 15.4
	29	11 23.3	23 41.6	24 49.1	23 37.0
JUL	9	14 31.4	23D26.7	29 13.5	19 11.8
	19	17 50.9	24 04.9	03♊29.6	12 49.4
	29	21 19.8	25 29.5	07 36.0	04 47.3
AUG	8	24 56.8	27 31.3	11 31.2	26♑01.2
	18	28 40.8	00♑03.6	15 12.9	17 50.7
	28	02♎30.6	02 59.6	18 38.7	11 17.3
SEP	7	06 25.5	06 13.9	21 45.8	06 42.6
	17	10 24.7	09 43.1	24 30.4	03 59.8
	27	14 27.3	13 23.7	26 48.7	02 49.3
OCT	7	18 32.8	17 13.2	28 36.0	02D51.5
	17	22 40.5	21 10.2	29 47.5	03 49.9
	27	26 49.5	25 12.7	00♋18.7	05 30.3
NOV	6	00♏59.5	29 19.8	00R06.3	07 41.0
	16	05 09.5	03♒30.5	29♊09.6	10 07.8
	26	09 18.7	07 43.7	27 33.3	12 24.6
DEC	6	13 26.4	11 58.9	25 26.9	13R21.2
	16	17 31.5	16 15.5	23 06.1	08 08.9
	26	21 32.9	20 32.6	20 49.4	22♐34.0
JAN	5	25♏29.6	24♒50.0	18♊53.7	28D00.1
JAN	1	03S52.5	10S03.4	14S17.7	23S04.7
	21	04 30.2	14 57.7	10 23.8	24 00.8
FEB	10	03 44.8	17 41.4	06 13.3	24 02.3
MAR	1	01 42.9	13 06.9	01 52.2	23 38.0
	21	00N50.3	07N52.7	02N32.4	23 08.7
APR	10	02 59.8	24 53.5	06 53.2	22 54.5
	30	04 16.3	29 27.3	11 03.4	23 19.0
MAY	20	04 35.2	28 23.4	14 56.4	24 54.4
JUN	9	04 03.0	22 53.0	18 26.8	28 26.5
	29	02 48.7	14 07.9	21 30.3	34 49.9
JUL	19	01 01.2	04 50.9	24 04.8	43 56.7
AUG	8	01S11.6	02S53.3	26 11.0	51 34.7
	28	03 42.1	08 31.0	27 53.1	52 26.8
SEP	17	06 23.4	12 14.2	29 19.2	49 11.3
OCT	7	09 08.3	14 23.5	30 39.7	45 39.6
	27	11 49.9	15 16.7	32 02.9	42 39.3
NOV	16	14 21.0	15 08.3	33 24.0	39 39.9
DEC	6	16 34.6	14 10.3	34 16.2	35 06.1
	26	18S24.1	12S33.3	34N11.1	18S10.7

1965		80	1221	55	1566
JAN	1	23♏55.6	23♒07.1	19R36.5	24D55.9
	11	27 48.7	27 24.3	18♊00.2	02♑41.5
	21	01♐34.5	01♓40.8	17 02.7	09 49.8
	31	05 11.4	05 56.1	16D47.2	16 05.3
FEB	10	08 37.1	10 09.9	17 12.9	21 38.6
	20	11 49.4	14 21.5	18 16.1	26 38.3
MAR	2	14 45.2	18 30.6	19 51.9	01♒10.2
	12	17 21.0	22 36.7	21 55.8	05 17.2
	22	19 32.8	26 39.2	24 22.9	09 00.8
APR	1	21 16.0	00♈37.8	27 09.1	12 21.2
	11	22 25.2	04 31.9	00♋11.2	15 16.8
	21	22 55.6	08 20.7	03 26.0	17 45.1
MAY	1	22R42.5	12 03.9	06 51.1	19 41.8
	11	21 43.6	15 40.6	10 24.6	21 00.5
	21	20 01.5	19 09.7	14 04.5	21 32.6
	31	17 44.2	22 30.5	17 49.7	21R06.9
JUN	10	15 07.0	25 41.5	21 38.8	19 28.7
	20	12 30.5	28 41.1	25 30.7	16 23.6
	30	10 14.7	01♉27.8	29 24.8	11 40.3
JUL	10	08 36.8	03 58.8	03♌20.0	05 22.4
	20	07 46.5	06 11.7	07 15.7	28♑00.3
	30	07D46.9	08 03.2	11 11.2	20 28.4
AUG	9	08 37.1	09 29.0	15 05.7	13 47.4
	19	10 12.6	10 25.0	18 58.6	08 36.0
	29	12 28.4	10 46.0	22 49.3	05 04.6
SEP	8	15 19.8	10R27.3	26 36.8	03 06.5
	18	18 41.7	09 25.5	00♍20.2	02 26.5
	28	22 30.0	07 39.3	03 58.8	02D50.3
OCT	8	26 41.6	05 12.4	07 31.1	04 05.6
	18	01♑12.9	02 15.1	10 56.0	06 02.9
	28	06 01.8	29♈03.0	14 12.0	08 35.5
NOV	7	11 06.0	25 56.2	17 17.0	11 39.1
	17	16 23.6	23 13.6	20 09.2	15 10.4
	27	21 52.9	21 09.2	22 46.1	19 08.7
DEC	7	27 32.6	19 51.2	25 04.6	23 34.2
	17	03♒21.0	19 21.1	27 01.9	28 28.7
	27	09 17.2	19D36.9	28 34.3	03♒56.5
JAN	6	15♒19.7	20♈34.3	29♍38.1	10♒02.6
JAN	1	18S51.4	11S58.1	33N58.8	17S40.1
	21	20 01.2	09 44.8	32 59.8	20 03.6
FEB	10	20 36.1	07 13.7	32 00.4	21 02.8
MAR	2	20 34.5	04 33.2	31 15.6	21 13.2
	22	19 56.7	01 50.6	30 41.0	21 11.4
APR	11	18 45.2	00N47.2	30 05.6	21 25.9
MAY	1	17 04.5	03 13.6	29 19.4	22 27.0
	21	15 03.8	05 22.4	28 15.6	24 53.5
JUN	10	13 04.8	07 07.6	26 50.5	29 31.5
	30	11 42.0	08 22.6	25 03.7	36 37.1
JUL	20	11 19.6	09 00.2	22 56.8	43 51.6
AUG	9	11 53.1	08 52.3	20 33.1	46 42.6
	29	12 59.8	07 50.0	17 57.3	45 17.7
SEP	18	14 14.5	05 47.5	15 15.0	42 49.9
OCT	8	15 15.0	02 53.6	12 32.5	40 40.1
	28	15 43.5	00S12.0	09 56.9	38 48.9
NOV	17	15 26.7	02 27.1	07 36.3	36 55.9
DEC	7	14 16.7	03 13.5	05 39.9	34 35.0
	27	12S11.6	02S35.6	04N17.5	31S08.4

1966		80	1221	55	1566
JAN	1	12♒17.7	20♈00.7	29♍10.0	06♒54.5
	11	18 23.0	21 17.1	29 58.2	13 21.4
	21	24 33.1	23 07.3	00R12.9	20 21.3
	31	00♓46.9	25 27.1	29♍51.8	24R45.1
FEB	10	07 03.2	28 11.9	28 55.1	08 10.9
	20	13 21.4	01♉18.3	27 25.5	03D19.6
MAR	2	19 40.4	04 43.6	25 30.0	05 03.0
	12	25 59.3	08 25.3	23 19.2	07 56.5
	22	02♈17.4	12 21.6	21 06.1	10 55.8
APR	1	08 33.8	16 31.3	19 04.1	13 40.7
	11	14 47.9	20 53.0	17 24.2	16 01.7
	21	20 59.0	25 26.3	16 14.0	17 51.5
MAY	1	27 06.5	00♊10.7	15 37.3	19 01.4
	11	03♉09.7	05 05.9	15D34.5	19R21.5
	21	09 08.2	10 12.2	16 03.9	18 38.6
	31	15 01.3	15 29.6	17 02.8	16 36.5
JUN	10	20 48.5	20 58.5	18 27.7	12 59.2
	20	26 29.3	26 39.9	20 15.3	07 36.1
	30	02♊02.8	02♋34.3	22 22.5	00 36.2
JUL	10	07 28.6	08 42.8	24 46.4	22♑39.7
	20	12 45.8	15 06.6	27 24.5	14 50.4
	30	17 53.4	21 46.9	00♎14.9	08 10.0
AUG	9	22 50.3	28 44.9	03 15.4	03 10.3
	19	27 35.4	06♌02.3	06 24.7	29♐54.3
	29	02♋06.7	13 40.2	09 41.4	28 10.0
SEP	8	06 22.4	21 39.8	13 04.1	27D39.9
	18	10 20.1	00♍02.0	16 32.0	28 09.0
	28	13 56.4	08 47.0	20 03.8	29 25.0
OCT	8	17 08.1	17 54.4	23 38.6	01♑18.4
	18	19 50.4	27 23.0	27 15.6	03 42.4
	28	21 58.1	07♎10.0	00♏53.9	06 32.2
NOV	7	23 25.7	17 11.8	04 32.4	09 44.2
	17	24 07.1	27 23.6	08 10.2	13 16.3
	27	23R57.6	07♏39.4	11 46.3	17 07.2
DEC	7	22 55.8	17 53.1	15 19.5	21 16.3
	17	21 04.7	27 58.4	18 48.7	25 44.6
	27	18 35.9	07♐49.0	22 12.2	00♒33.1
JAN	6	15♋48.0	17♐20.3	25♏28.9	05♒44.7
JAN	1	11S32.0	02S15.6	04N03.4	29S58.8
	21	08 24.3	00 25.6	03 36.9	22 51.7
FEB	10	04 37.8	01N57.0	04 00.3	11 35.7
MAR	2	00 25.8	04 36.0	05 03.7	14 35.7
	22	03N56.3	07 18.6	06 17.7	16 07.1
APR	11	08 13.1	09 54.3	07 06.6	17 23.2
MAY	1	12 09.9	12 13.4	07 09.5	19 22.7
	21	15 33.3	14 06.1	06 24.7	23 02.0
JUN	10	18 12.5	15 22.6	04 59.8	29 11.2
	30	19 59.6	15 52.4	03 03.6	37 02.3
JUL	20	20 50.8	15 25.3	00 43.7	42 10.4
AUG	9	20 46.8	13 51.6	01S53.6	42 18.7
	29	19 52.4	11 04.6	04 42.5	40 29.1
SEP	18	18 16.6	07 03.8	07 37.9	38 45.9
OCT	8	16 11.3	01 59.5	10 34.9	37 27.1
	28	13 52.0	03S40.9	13 28.5	36 19.7
NOV	17	11 38.1	09 10.8	16 14.4	35 06.8
DEC	7	09 53.4	13 33.5	18 48.4	33 33.1
	27	09N02.2	16S04.2	21S07.5	31S22.7

1967		Sappho 80	Amor 1221	Pandora 55	Icarus 1566
JAN	1	17 R 13.0	12 ♐ 37.3	23 ♏ 51.5	03 ♒ 05.8
	11	14 ♋ 23.8	21 57.6	27 04.0	08 30.5
	21	11 49.4	00 ♑ 53.4	00 ♐ 06.7	14 25.8
	31	09 48.5	09 22.7	02 57.6	20 59.9
FEB	10	08 31.8	17 25.0	05 34.3	28 26.1
	20	08 03.3	24 59.9	07 54.0	07 ♓ 05.1
MAR	2	08 D 21.0	02 ♒ 07.7	09 53.7	17 31.1
	12	09 19.9	08 49.3	11 30.1	00 ♈ 29.5
	22	10 54.5	15 04.9	12 39.5	08 R 00.2
APR	1	12 58.8	20 55.2	13 18.5	22 ♓ 13.5
	11	15 27.7	26 20.6	13 R 24.1	11 57.4
	21	18 16.7	01 ♓ 20.5	12 54.5	06 29.1
MAY	1	21 21.9	05 54.7	11 50.2	02 42.3
	11	24 40.3	10 01.9	10 14.8	28 ♒ 57.3
	21	28 09.5	13 40.2	08 15.9	24 08.7
	31	01 ♌ 47.3	16 47.3	06 05.1	17 26.9
JUN	10	05 32.2	19 19.8	03 55.3	08 21.2
	20	09 22.7	21 13.2	02 00.3	27 ♑ 12.2
	30	13 17.5	22 23.0	00 30.9	15 35.0
JUL	10	17 16.0	22 R 44.0	29 ♏ 34.0	05 28.3
	20	21 17.1	22 11.6	29 13.3	27 ♐ 59.8
	30	25 20.2	20 44.4	29 D 28.8	23 09.4
AUG	9	29 24.6	18 25.1	00 ♐ 18.6	20 27.6
	19	03 ♍ 29.7	15 24.0	01 40.0	19 22.9
	29	07 34.9	11 59.4	03 29.4	19 D 29.1
SEP	8	11 39.7	08 33.6	05 43.6	20 28.0
	18	15 43.4	05 29.7	08 19.5	22 06.9
	28	19 45.2	03 04.2	11 14.1	24 16.3
OCT	8	23 44.6	01 25.9	14 25.1	26 50.2
	18	27 40.6	00 37.1	17 50.3	29 44.1
	28	01 ♎ 32.3	00 D 34.7	21 27.7	02 ♑ 54.6
NOV	7	05 18.7	01 13.7	25 15.9	06 19.8
	17	08 58.1	02 28.4	29 13.3	09 58.0
	27	12 29.4	04 12.9	03 ♑ 18.6	13 48.1
DEC	7	15 50.6	06 22.3	07 30.7	17 49.9
	17	18 59.5	08 52.4	11 48.5	22 03.1
	27	21 53.8	11 39.3	16 11.0	26 27.9
JAN	6	24 ♎ 30.3	14 ♓ 40.1	20 ♑ 37.4	01 ♒ 05.6

1967		Sappho 80	Amor 1221	Pandora 55	Icarus 1566
JAN	1	08 N 59.5	16 S 22.0	21 S 39.8	30 S 42.1
	21	09 25.7	16 18.7	23 38.2	27 14.8
FEB	10	10 31.9	14 37.3	25 20.7	21 55.9
MAR	2	11 48.3	11 52.8	26 49.7	12 38.3
	22	12 52.5	08 37.0	28 08.4	07 N 13.9
APR	11	13 31.6	05 14.6	29 17.0	00 41.1
MAY	1	13 38.9	02 04.2	30 08.0	07 S 04.7
	21	13 12.1	00 N 38.5	30 25.2	15 14.9
JUN	10	12 11.6	02 37.6	29 59.6	26 29.2
	30	10 39.9	03 33.4	29 07.8	36 25.8
JUL	20	08 40.5	03 02.5	28 21.0	38 28.0
AUG	9	06 18.1	00 46.8	27 58.9	37 05.1
	29	03 37.7	02 S 55.7	28 02.9	35 49.2
SEP	18	00 44.8	06 51.6	28 23.8	35 04.9
OCT	8	02 S 14.8	09 44.8	28 49.2	34 37.3
	28	05 14.8	11 10.4	29 06.7	34 10.5
NOV	17	08 08.6	11 19.7	29 05.7	33 32.2
DEC	7	[illegible]	[illegible]	[illegible]	[illegible]

1968		Sappho 80	Amor 1221	Pandora 55	Icarus 1566
JAN	1	23 ♎ 14.5	13 ♓ 08.1	18 ♑ 23.8	28 ♑ 45.1
	11	25 40.8	16 14.9	22 51.7	03 ♒ 29.6
	21	27 44.3	19 31.9	27 22.1	08 29.1
	31	29 20.6	22 57.1	01 ♒ 54.3	13 46.6
FEB	10	00 ♏ 25.1	26 28.9	06 27.3	19 25.7
	20	00 53.7	00 ♈ 05.9	11 00.3	25 31.9
MAR	1	00 R 42.4	03 46.9	15 32.7	02 ♓ 13.7
	11	29 ♎ 49.3	07 30.9	20 03.4	09 42.4
	21	28 16.0	11 16.9	24 31.7	18 15.6
	31	26 08.2	15 04.1	28 56.8	28 20.3
APR	10	23 37.6	18 51.9	03 ♓ 17.4	10 ♈ 38.6
	20	21 00.1	22 39.5	07 32.6	26 23.2
	30	18 32.6	26 26.4	11 41.1	17 ♉ 13.3
MAY	10	16 30.7	00 ♉ 11.9	15 41.4	28 09.5
	20	15 04.5	03 55.3	19 31.8	28 R 51.6
	30	14 19.3	07 36.0	23 10.4	29 D 24.4
JUN	9	14 D 16.0	11 13.2	26 34.5	05 ♊ 38.6
	19	14 52.2	14 46.2	29 41.6	12 ♏ 44.7
	29	16 04.3	18 13.9	02 ♈ 28.3	21 49.5
JUL	9	17 48.2	21 35.1	04 50.3	24 37.6
	19	19 59.7	24 48.4	06 43.5	26 56.6
	29	22 35.2	27 52.0	08 03.0	29 19.9
AUG	8	25 31.4	00 ♊ 43.7	08 43.9	01 ♐ 54.3
	18	28 45.6	03 20.9	08 R 43.0	04 39.6
	28	02 ♏ 15.5	05 40.0	07 58.7	07 35.8
SEP	7	05 59.3	07 36.7	06 34.5	10 41.9
	17	09 55.2	09 06.2	04 39.3	13 56.6
	27	14 02.1	10 01.9	02 27.7	17 19.4
OCT	7	18 18.7	10 R 17.1	00 18.8	20 49.4
	17	22 44.2	09 44.9	28 ♓ 30.5	24 26.0
	27	27 17.8	08 19.5	27 16.9	28 08.9
NOV	6	01 ♐ 58.6	06 00.0	26 46.4	01 ♑ 57.7
	16	06 46.1	02 53.2	27 D 00.9	05 52.1
	26	11 39.7	29 ♉ 15.5	27 58.8	09 52.1
DEC	6	16 38.8	25 33.5	29 36.3	13 57.4
	16	21 42.9	22 15.2	01 ♈ 48.0	18 08.4
	26	26 51.7	19 44.0	04 29.0	22 25.2
JAN	5	02 ♑ 04.4	18 ♉ 13.6	07 ♈ 34.7	26 ♑ 48.1

1968		Sappho 80	Amor 1221	Pandora 55	Icarus 1566
JAN	1	13 S 40.0	08 S 32.5	27 S 18.8	30 S 37.2
	21	15 21.3	06 25.9	25 38.3	28 22.0
FEB	10	16 19.4	04 01.5	23 26.9	25 16.3
MAR	1	16 19.8	01 27.6	20 49.7	20 57.6
	21	15 08.8	01 N 08.4	17 53.3	14 36.5
APR	10	12 48.7	03 40.0	14 45.2	04 09.7
	30	09 58.5	06 01.0	11 34.0	17 N 02.2
MAY	20	07 37.6	08 05.7	08 28.2	33 06.1
JUN	9	06 23.1	09 48.7	05 37.2	52 14.9
	29	06 18.4	11 04.8	03 10.3	20 S 13.4
JUL	19	07 10.1	11 49.0	01 17.8	26 25.6
AUG	8	08 41.2	11 56.2	00 09.6	28 31.4
	28	10 36.4	11 21.7	00 N 08.7	29 52.1
SEP	17	12 42.3	10 01.1	00 S 15.1	30 52.3
OCT	7	14 46.5	07 52.4	00 49.9	31 34.4
	27	16 37.7	05 02.6	00 54.4	31 56.2
NOV	16	18 04.9	02 02.3	00 05.3	31 54.4
DEC	6	18 57.9	00 S 05.9	01 N 37.7	31 26.3

1969		Sappho 80	Amor 1221	Pandora 55	Icarus 1566
JAN	1	29 ♐ 58.9	18 R 42.1	06 ♈ 17.8	25 ♑ 02.2
	11	05 ♑ 13.8	17 ♉ 50.1	09 36.0	29 29.1
	21	10 32.2	18 D 01.1	13 12.5	04 ♒ 03.4
	31	15 53.3	19 10.3	17 04.0	08 46.1
FEB	10	21 16.8	21 10.7	21 07.4	13 38.7
	20	26 42.3	23 56.1	25 20.6	18 43.6
MAR	2	02 ♒ 09.1	27 20.8	29 41.6	24 03.5
	12	07 36.7	01 ♊ 19.9	04 ♉ 08.6	29 42.6
	22	13 04.5	05 50.2	08 40.3	05 ♓ 46.8
APR	1	18 31.7	10 49.1	13 15.4	12 24.0
	11	23 57.7	16 14.5	17 52.7	19 45.7
	21	29 21.4	22 05.6	22 31.6	28 08.4
MAY	1	04 ♓ 41.7	28 21.8	27 11.0	07 ♈ 54.9
	11	09 57.5	05 ♋ 02.6	01 ♊ 50.2	19 37.8
	21	15 07.0	12 08.5	06 28.9	03 ♉ 59.1
	31	20 08.2	19 39.4	11 06.0	21 51.8
JUN	10	24 59.0	27 35.4	15 41.3	14 ♊ 58.9
	20	29 36.4	05 ♌ 56.6	20 14.1	12 ♋ 18.2
	30	03 ♈ 56.6	14 42.2	24 43.7	04 ♌ 58.4
JUL	10	07 55.8	23 50.9	29 09.7	00 ♍ 28.8
	20	11 28.1	03 ♍ 21.1	03 ♋ 31.4	26 04.5
	30	14 27.6	13 09.5	07 47.9	16 ♎ 26.2
AUG	9	16 47.2	23 11.6	11 58.5	01 ♏ 01.9
	19	18 18.8	03 ♎ 22.7	16 02.2	11 41.1
	29	18 56.0	13 36.3	19 57.8	19 56.8
SEP	8	18 R 35.1	23 45.7	23 43.9	26 45.8
	18	17 18.1	03 ♏ 44.9	27 19.0	02 ♐ 41.6
	28	15 18.1	13 28.0	00 ♌ 41.0	08 03.4
OCT	8	12 57.2	22 50.8	03 47.7	13 03.0
	18	10 43.0	01 ♐ 50.8	06 36.3	17 48.2
	28	09 02.0	10 26.2	09 03.4	22 23.7
NOV	7	08 10.3	18 37.2	11 05.6	26 52.7
	17	08 D 14.9	26 24.7	12 38.5	01 ♑ 17.7
	27	09 14.5	03 ♑ 49.6	13 38.0	05 40.1
DEC	7	11 02.9	10 53.8	14 00.4	10 01.1
	17	13 33.1	17 39.1	13 R 42.6	14 21.7
	27	16 37.6	24 06.9	12 44.7	18 42.4
JAN	6	20 ♈ 09.5	00 ♒ 18.7	11 ♌ 10.2	23 ♑ 03.8

1969		Sappho 80	Amor 1221	Pandora 55	Icarus 1566
JAN	1	19 S 02.4	00 S 10.8	04 N 54.6	30 S 06.8
	21	18 09.3	01 N 40.5	07 58.6	28 30.9
FEB	10	16 25.0	04 30.4	11 17.7	26 22.6
MAR	2	13 51.6	07 46.2	14 40.8	23 37.6
	22	10 34.7	11 04.0	17 57.4	20 05.5
APR	11	06 42.3	14 03.9	20 58.5	15 21.9
MAY	1	02 24.7	16 25.9	23 35.8	08 30.5
	21	02 N 05.8	17 47.2	25 43.0	02 N 26.3
JUN	10	06 35.1	17 43.5	27 15.4	20 16.5
	30	10 46.6	15 54.0	28 11.3	27 31.2
JUL	20	14 20.2	12 11.2	28 31.4	06 51.9
AUG	9	16 49.1	06 51.2	28 19.6	11 S 49.1
	29	17 37.7	00 36.9	27 42.6	20 36.7
SEP	18	16 08.7	05 S 32.0	26 50.2	25 08.6
OCT	8	12 28.0	10 40.2	25 54.4	27 45.6
	28	08 12.7	14 14.4	25 09.7	29 16.5
NOV	17	05 19.2	16 06.9	24 51.5	30 00.1
DEC	7	04 25.5	16 27.7	25 12.7	30 05.0

1970	Sappho 80	Amor 1221	Pandora 55	Icarus 1566
JAN 1	18♈20.5	27♑14.7	12R01.7	20♑52.9
11	22 04.1	03♒19.1	10♌11.5	25 15.1
21	26 07.4	09 09.4	07 59.1	29 38.8
31	00♉25.9	14 46.5	05 39.1	04♒04.7
FEB 10	04 56.2	20 11.5	03 27.3	08 33.8
20	09 35.8	25 24.8	01 38.0	13 06.6
MAR 2	14 21.9	00♓26.8	00 20.7	17 44.6
12	19 13.2	05 18.1	29♋40.2	22 29.4
22	24 07.9	09 58.4	29D37.5	27 23.0
APR 1	29 04.7	14 27.8	00♌10.2	02♓28.5
11	04♊02.9	18 46.3	01 14.9	07 50.0
21	09 01.5	22 53.1	02 47.5	13 33.1
MAY 1	13 59.7	26 47.8	04 43.8	19 46.3
11	18 57.2	00♈29.6	07 00.2	26 41.7
21	23 53.3	03 57.1	09 33.4	04♈36.8
31	28 47.7	07 09.0	12 20.5	13 57.8
JUN 10	03♋40.0	10 03.4	15 19.3	25 20.6
20	08 29.9	12 37.9	18 27.5	09♉28.6
30	13 17.1	14 49.6	21 43.6	26 54.1
JUL 10	18 01.3	16 35.1	25 06.1	17♊20.6
20	22 42.0	17 50.3	28 33.7	10♋05.8
30	27 19.1	18 31.0	02♍05.4	08♌52.5
AUG 9	01♌52.0	18R32.5	05 40.2	07♍00.9
19	06 20.3	17 51.3	09 17.2	29 37.6
29	10 43.4	16 25.7	12 55.5	17♎55.6
SEP 8	15 00.6	14 17.8	16 34.5	02♏19.6
18	19 11.1	11 35.2	20 13.1	13 43.4
28	23 13.8	08 31.4	23 50.7	23 01.0
OCT 8	27 07.6	05 24.0	27 26.2	00♐52.3
18	00♍50.9	02 32.0	00♎58.7	07 44.2
28	04 21.9	00 10.5	04 27.2	13 54.8
NOV 7	07 38.4	28♓29.5	07 50.4	19 36.3
17	10 37.7	27 33.0	11 06.7	24 56.4
27	13 16.8	27D20.2	14 14.8	00♑00.9
DEC 7	15 31.8	27 47.9	17 12.7	04 53.8
17	17 18.6	28 51.6	19 58.2	09 37.7
27	18 32.5	00♈26.3	22 29.0	14 14.8
JAN 6	19♍08.8	02♈27.5	24♎42.3	18♑46.4
JAN 1	05N31.8	15S12.6	26N34.5	29S23.9
21	07 29.5	13 14.9	27 52.1	28 18.0
FEB 10	09 52.8	10 44.9	28 34.4	26 46.3
MAR 2	12 19.7	07 56.6	28 21.6	24 52.1
22	14 33.2	05 01.8	27 24.6	22 37.1
APR 11	16 21.0	02 10.6	26 00.3	20 00.0
MAY 1	17 34.5	00N28.3	24 17.3	16 52.2
21	18 08.6	02 46.7	22 18.0	12 47.8
JUN 10	18 01.4	04 36.2	20 03.1	06 39.9
30	17 13.7	05 46.8	17 33.1	03N36.1
JUL 20	15 48.7	06 07.1	14 49.5	17 17.7
AUG 9	13 51.2	05 23.5	11 54.9	14 34.0
29	11 27.3	03 25.7	08 52.4	03S34.6
SEP 18	08 44.0	00 22.1	05 45.8	15 29.3
OCT 8	05 48.8	03S01.2	02 39.3	21 59.1
28	02 50.4	05 37.8	00S22.4	25 34.8
NOV 17	00S01.4	06 50.7	03 14.2	27 31.0
DEC 7	02 34.4	06 43.2	05 51.0	28 22.1
27	04S32.7	05S35.2	08S07.4	28S26.1

1971	Sappho 80	Amor 1221	Pandora 55	Icarus 1566
JAN 1	18♍55.7	01♈23.8	23♎38.1	16♑31.2
11	19R11.6	03 36.8	25 41.4	21 00.5
21	18 44.8	06 10.1	27 22.5	25 26.0
31	17 34.1	09 00.8	28 37.9	29 48.4
FEB 10	15 43.4	12 06.0	29 24.1	04♒08.2
20	13 21.7	15 23.3	29R38.1	08 26.1
MAR 2	10 43.1	18 51.1	29 17.6	12 42.8
12	08 05.7	22 27.6	28 22.8	16 58.5
22	05 46.5	26 11.6	26 56.3	21 14.1
APR 1	03 58.4	00♉02.0	25 04.1	25 30.6
11	02 49.5	03 57.9	22 56.4	29 48.7
21	02 21.8	07 58.6	20 45.3	04♓10.4
MAY 1	02D34.1	12 03.7	18 43.6	08 37.7
11	03 22.9	16 12.5	17 02.5	13 13.5
21	04 43.8	20 24.9	15 49.8	18 02.9
31	06 32.5	24 40.6	15 09.7	23 13.0
JUN 10	08 44.7	28 59.2	15D03.4	28 55.6
20	11 16.8	03♊20.8	15 29.5	05♈31.3
30	14 05.8	07 45.4	16 25.7	13 35.2
JUL 10	17 09.1	12 12.7	17 48.9	24 12.6
20	20 24.4	16 42.9	19 35.8	09♉19.7
30	23 50.1	21 16.0	21 43.5	01♊24.0
AUG 9	27 24.6	25 51.9	24 09.1	29 24.5
19	01♎06.6	00♋31.0	26 50.2	25♋20.6
29	04 55.2	05 13.1	29 44.7	14♌54.1
SEP 8	08 49.2	09 58.4	02♏50.7	04♍00.1
18	12 48.0	14 47.1	06 06.5	01♎49.6
28	16 50.9	19 39.3	09 30.9	22 50.1
OCT 8	20 56.9	24 35.1	13 02.5	08♏22.6
18	25 05.7	29 35.0	16 40.2	20 29.1
28	29 16.4	04♌39.0	20 22.9	00♐19.7
NOV 7	03♏28.3	09 47.9	24 09.7	08 38.4
17	07 40.9	15 02.5	27 59.6	15 53.5
27	11 53.3	20 23.5	01♐51.8	22 23.5
DEC 7	16 04.6	25 53.2	05 45.1	28 20.3
17	20 14.2	01♍34.5	09 38.8	03♑52.5
27	24 20.9	07 31.1	13 31.9	09 05.6
JAN 6	28♏23.5	13♍51.0	17♐23.2	14♑03.6
JAN 1	04S54.5	05S11.1	08S37.6	28S21.1
21	05 40.0	03 14.0	10 20.4	27 41.8
FEB 10	05 04.1	00 53.9	11 29.5	26 37.3
MAR 2	03 07.9	01N38.2	11 58.5	25 15.6
22	00 31.8	04 13.3	11 43.6	23 44.5
APR 11	01N47.0	06 43.8	10 51.3	22 11.9
MAY 1	03 13.4	09 02.6	09 45.6	20 46.3
21	03 40.0	11 03.2	08 59.3	19 36.9
JUN 10	03 13.1	12 39.6	08 53.4	18 52.6
30	02 02.3	13 45.8	09 32.2	18 33.1
JUL 20	00 17.3	14 16.2	10 49.5	17 30.1
AUG 9	01S53.6	14 05.9	12 36.0	09 53.4
29	04 22.4	13 10.4	14 42.2	05N05.8
SEP 18	07 01.6	11 26.2	16 59.3	03 54.0
OCT 8	09 44.2	08 51.2	19 19.5	11S10.7
28	12 22.8	05 24.6	21 35.5	19 27.9
NOV 17	14 50.1	01 08.0	23 40.7	23 46.9
DEC 7	16 58.9	03S52.7	25 29.6	25 55.7
27	18S42.5	09S24.4	26S58.1	26S46.1

1972	Sappho 80	Amor 1221	Pandora 55	Icarus 1566
JAN 1	26♏22.7	10♍37.6	15♐27.8	11♑36.3
11	00♐23.0	17 12.7	19 17.9	16 27.9
21	04 17.2	24 27.6	23 04.6	21 08.5
31	08 03.8	02♎41.6	26 46.6	25 39.4
FEB 10	11 41.1	12 19.5	00♑22.6	00♒02.1
20	15 06.9	23 44.3	03 51.0	04 17.4
MAR 1	18 18.3	07♏06.8	07 09.9	08 25.5
11	21 12.7	21 56.6	10 17.7	12 27.0
21	23 46.2	06♐47.7	13 11.7	16 22.0
31	25 54.5	20 04.6	15 49.3	20 10.0
APR 10	27 32.9	00♑48.0	18 07.7	23 51.1
20	28 35.8	08 39.2	20 03.2	27 24.5
30	28 58.1	13 46.4	21 32.1	00♓49.4
MAY 10	28R35.7	16 21.2	22 30.6	04 04.8
20	27 26.9	16R34.6	22 54.8	07 08.6
30	25 35.6	14 51.8	22R42.2	09 58.5
JUN 9	23 12.1	11 50.4	21 52.0	12 31.0
19	20 33.5	08 21.0	20 26.6	14 40.0
29	18 01.7	05 15.1	18 33.4	16 16.8
JUL 9	15 56.9	03 03.6	16 23.6	17 06.0
19	14 34.5	01 58.5	14 12.2	16R38.6
29	14 02.7	01D58.0	12 14.8	13 55.9
AUG 8	14D22.7	02 51.8	10 44.1	06 33.3
18	15 32.6	04 30.5	09 49.1	17♒50.8
28	17 27.3	06 44.4	09D34.1	07♑22.8
SEP 7	20 01.5	09 25.5	09 59.2	29♏01.9
17	23 10.3	12 28.2	11 02.6	10 06.2
27	26 48.6	15 47.5	12 40.7	29♎10.8
OCT 7	00♑52.5	19 19.8	14 49.5	20 49.6
17	05 18.6	23 02.7	17 25.4	15 24.4
27	10 03.7	26 53.6	20 24.5	27D15.7
NOV 6	15 05.3	00♒51.0	23 43.6	15♏58.5
16	20 21.6	04 53.6	27 20.0	29 27.9
26	25 50.1	09 00.0	01♒11.0	09♐55.2
DEC 6	01♒29.5	13 09.5	05 14.7	18 31.7
16	07 18.2	17 21.1	09 29.2	25 55.5
26	13 14.6	21 34.1	13 52.7	02♑28.5
JAN 5	19♒17.4	25♒47.9	18♒23.8	08♑24.7
JAN 1	19S03.7	10S49.0	27S16.7	26S50.0
21	20 08.0	16 10.6	28 16.9	26 39.7
FEB 10	20 36.4	19 31.0	28 55.6	25 59.5
MAR 1	20 27.7	15 37.8	29 17.3	25 02.5
21	19 42.8	00 44.8	29 29.8	24 00.7
APR 10	18 25.2	12N28.8	29 43.7	23 07.6
30	16 41.0	19 20.1	30 11.1	22 39.4
MAY 20	14 40.4	21 34.3	31 01.8	22 59.5
JUN 9	12 43.1	19 15.8	32 14.2	24 45.5
29	11 19.6	12 43.1	33 25.4	29 05.9
JUL 19	10 54.5	04 23.8	33 57.9	38 16.0
AUG 8	11 26.1	03S02.3	33 33.7	56 27.3
28	12 32.0	08 33.7	32 29.2	86 32.4
SEP 17	13 45.5	12 13.2	31 06.7	58 47.9
OCT 7	14 43.4	14 19.5	29 34.6	26 45.2
27	15 07.2	15 10.5	27 49.4	06 18.3
NOV 16	14 44.0	15 00.4	25 44.6	16 42.9
DEC 6	13 26.5	14 01.3	23 14.6	21 52.6
26	11S13.8	12S23.6	20S17.1	24S09.8

1973	Sappho 80	Amor 1221	Pandora 55	Icarus 1566
JAN 1	16♒51.6	24♒06.3	16♒34.5	06♑05.9
11	22 57.8	28 20.3	21 09.7	11 44.5
21	29 08.5	02♓34.1	25 50.5	16 58.7
31	05♓22.5	06 47.0	00♓35.9	21 53.2
FEB 10	11 39.1	10 58.8	05 24.9	26 31.2
20	17 56.8	15 08.7	10 16.5	00♒54.5
MAR 2	24 15.0	19 16.4	15 10.1	05 04.5
12	00♈32.9	23 21.4	20 04.7	09 01.8
22	06 49.4	27 23.0	24 59.6	12 46.1
APR 1	13 04.0	01♈21.0	29 54.2	16 17.4
11	19 16.1	05 14.6	04♈47.8	19 34.2
21	25 24.7	09 03.3	09 39.6	22 34.9
MAY 1	01♉29.6	12 46.5	14 29.1	25 17.1
11	07 30.1	16 23.4	19 15.4	27 36.8
21	13 25.7	19 53.0	23 57.8	29 28.9
31	19 16.0	23 14.6	28 35.5	00♓46.1
JUN 10	25 00.4	26 26.6	03♉07.5	01 17.4
20	00♊38.4	29 27.6	07 32.7	00R48.4
30	06 09.6	02♉15.9	11 49.9	28♒59.0
JUL 10	11 33.2	04 49.1	15 57.5	25 23.4
20	16 48.5	07 04.5	19 53.8	19 37.0
30	21 55.0	08 59.0	23 36.8	11 30.8
AUG 9	26 51.3	10 28.5	27 03.6	01 41.2
19	01♋36.4	11 28.7	00♊11.5	21♑37.9
29	06 09.1	11 54.6	02 56.9	12 57.4
SEP 8	10 27.1	11R41.2	05 15.3	06 31.9
18	14 28.6	10 44.9	07 02.2	02 20.5
28	18 10.9	09 03.9	08 12.6	29♐58.1
OCT 8	21 30.4	06 41.3	08 41.6	28 55.8
18	24 23.3	03 46.3	08R26.6	28D44.4
28	26 44.8	00 34.2	07 27.0	28 54.4
NOV 7	28 29.3	27♈25.0	05 47.8	28R43.3
17	29 31.5	24 38.0	03 40.3	26 40.1
27	29R45.7	22 28.2	01 20.7	18 35.4
DEC 7	29 08.6	21 04.6	29♉08.4	04 27.4
17	27 41.0	20 29.3	27 20.9	13D16.1
27	25 29.6	20D40.5	26 10.0	23 17.4
JAN 6	22♋49.1	21♈34.3	25♉42.0	01♑32.1

1973	Sappho 80	Amor 1221	Pandora 55	Icarus 1566
JAN 1	10S24.0	11S48.3	19S18.5	24S31.0
21	07 08.4	09 34.7	15 47.1	24 59.3
FEB 10	03 17.2	07 03.7	11 54.1	24 45.0
MAR 2	00N55.3	04 23.3	07 45.4	24 09.8
22	05 13.6	01 41.0	03 27.7	23 31.4
APR 11	09 22.4	00N56.5	00N52.2	23 07.5
MAY 1	13 07.2	03 22.6	05 07.3	23 20.1
21	16 15.6	05 31.1	09 11.5	24 39.6
JUN 10	18 37.7	07 16.1	12 59.2	27 51.9
30	20 07.1	08 31.2	16 25.9	34 01.7
JUL 20	20 41.1	09 09.2	19 28.9	43 49.9
AUG 9	20 21.6	09 02.2	22 07.7	54 10.8
29	19 14.1	08 01.7	24 24.5	57 06.4
SEP 18	17 27.9	06 01.5	26 22.8	53 16.1
OCT 8	15 15.0	03 09.6	28 03.9	48 35.1
28	12 50.4	00 03.8	29 18.9	44 25.4
NOV 17	10 32.8	02S13.8	29 46.2	38 50.2
DEC 7	08 45.9	03 03.0	29 17.0	17 22.7
27	07N54.2	02S26.6	28N22.0	19S24.2

1974	Sappho 80	Amor 1221	Pandora 55	Icarus 1566
JAN 1	24R11.7	21♈02.4	25R50.5	27♐36.0
11	21♋24.4	22 15.6	25D44.5	05♑10.0
21	18 39.9	24 03.5	26♉20.6	11 42.5
31	16 19.1	26 21.5	27 35.2	17 31.0
FEB 10	14 37.3	29 05.4	29 23.2	22 45.8
20	13 41.3	02♉11.4	01♊39.4	27 33.7
MAR 2	13D32.3	05 36.9	04 19.3	01♒58.5
12	14 07.0	09 19.2	07 18.5	06 02.3
22	15 19.9	13 16.5	10 33.4	09 46.1
APR 1	17 05.6	17 27.6	14 01.2	13 09.7
11	19 18.3	21 51.2	17 39.1	16 11.6
21	21 53.4	26 26.8	21 25.2	18 49.8
MAY 1	24 46.9	01♊13.8	25 17.8	21 00.1
11	27 55.2	06 12.1	29 15.1	22 37.4
21	01♌15.6	11 21.8	03♋16.3	23 34.1
31	04 46.1	16 43.1	07 20.1	23R39.7
JUN 10	08 24.4	22 16.6	11 25.7	22 41.2
20	12 09.3	28 02.9	15 32.2	20 22.7
30	15 59.5	04♋02.8	19 39.0	16 28.7
JUL 10	19 53.8	10 17.4	23 45.4	10 52.7
20	23 51.4	16 47.9	27 50.7	03 48.2
30	27 51.6	23 35.4	01♌54.4	25♑59.8
AUG 9	01♍53.5	00♌41.4	05 55.7	18 32.1
19	05 56.7	08 07.2	09 54.0	12 19.8
29	10 00.5	15 53.9	13 48.5	07 50.0
SEP 8	14 04.1	24 02.6	17 38.3	05 02.2
18	18 07.2	02♍34.1	21 22.5	03 43.4
28	22 09.0	11 28.0	24 59.9	03D38.1
OCT 8	26 08.7	20 43.6	28 29.1	04 31.5
18	00♎05.5	00♎19.4	01♍48.7	06 12.7
28	03 58.6	10 12.0	04 56.6	08 33.8
NOV 7	07 46.8	20 17.4	07 50.8	11 28.8
17	11 29.0	00♏30.5	10 28.7	14 54.2
27	15 03.5	10 45.1	12 47.3	18 48.0
DEC 7	18 28.9	20 54.9	14 43.4	23 08.8
17	21 43.0	00♐54.1	16 13.2	27 55.1
27	24 43.5	10 36.7	17 12.9	02♒57.4
JAN 6	27♎27.6	19♐58.7	17♍39.1	07♒19.3

1974	Sappho 80	Amor 1221	Pandora 55	Icarus 1566
JAN 1	07N52.1	02S06.8	28N09.6	20S12.7
21	08 22.9	00 17.1	27 38.6	22 02.5
FEB 10	09 37.0	02N06.0	27 40.3	22 31.3
MAR 2	11 00.8	04 45.6	28 04.8	22 23.9
22	12 10.0	07 28.8	28 37.1	22 09.0
APR 11	12 51.3	10 04.8	29 03.2	22 10.6
MAY 1	12 59.1	12 23.6	29 12.4	22 56.0
21	12 31.7	14 15.4	28 57.8	25 00.6
JUN 10	11 30.1	15 29.8	28 16.0	29 11.0
30	09 57.2	15 56.2	27 06.6	36 01.1
JUL 20	07 56.9	15 23.9	25 31.6	44 04.6
AUG 9	05 33.9	13 43.1	23 35.3	48 33.4
29	02 53.2	10 47.5	21 23.1	47 43.0
SEP 18	00 00.5	06 37.5	19 02.0	44 57.3
OCT 8	02S58.5	01 25.8	16 39.7	42 21.0
28	05 57.5	04S17.2	14 25.1	40 07.0
NOV 17	08 50.2	09 42.6	12 28.4	37 53.1
DEC 7	11 29.7	13 54.3	11 00.9	35 04.8
27	13S48.5	16S11.8	10N14.3	30S37.0

1975	Sappho 80	Amor 1221	Pandora 55	Icarus 1566
JAN 1	26♎07.8	15♐20.5	17♍30.4	05♒22.3
11	28 42.6	24 31.0	17R38.7	07R44.1
21	00♏55.9	03♑16.6	17 09.9	22♑26.6
31	02 43.8	11 35.8	16 04.8	18D24.8
FEB 10	04 02.0	19 28.3	14 27.3	22 22.4
20	04 45.7	26 54.0	12 25.3	26 59.3
MAR 2	04R51.0	03♒53.5	10 11.1	01♒23.4
12	04 15.1	10 27.7	07 58.3	05 25.7
22	02 57.4	16 36.9	06 00.4	09 03.6
APR 1	01 02.4	22 21.7	04 28.0	12 15.8
11	28♎39.1	27 42.5	03 27.5	15 00.2
21	26 02.0	02♓39.0	03 01.8	17 12.8
MAY 1	23 28.5	07 10.6	03D10.4	18 48.4
11	21 14.8	11 16.4	03 50.8	19 39.3
21	19 33.8	14 54.3	05 00.0	19R34.6
31	18 32.9	18 02.2	06 34.2	18 21.3
JUN 10	18D14.0	20 36.8	08 30.1	15 43.9
20	18 36.4	22 33.7	10 44.6	11 29.0
30	19 36.7	23 48.7	13 14.7	05 35.3
JUL 10	21 10.6	24 16.5	15 58.1	28♑23.4
20	23 14.3	23R52.4	18 52.8	20 43.3
30	25 43.5	22 34.5	21 56.8	13 37.7
AUG 9	28 35.0	20 24.3	25 08.8	07 52.9
19	01♏46.0	17 30.7	28 27.4	03 48.3
29	05 13.7	14 10.2	01♎51.4	01 19.7
SEP 8	08 56.2	10 44.5	05 19.8	00 13.2
18	12 52.0	07 36.4	08 51.6	00D13.8
28	16 59.3	05 03.8	12 25.9	01 07.8
OCT 8	21 17.2	03 16.7	16 01.8	02 44.9
18	25 44.6	02 18.8	19 38.3	04 57.3
28	00♐20.5	02D07.7	23 14.6	07 39.2
NOV 7	05 04.4	02 38.8	26 49.7	10 46.9
17	09 55.5	03 46.6	00♏22.5	14 17.8
27	14 53.1	05 25.2	03 51.9	18 10.5
DEC 7	19 56.8	07 29.6	07 16.6	22 25.0
17	25 06.0	09 55.5	10 35.2	27 02.4
27	00♑20.2	12 38.9	13 46.0	02♒04.8
JAN 6	05♑39.0	15♓36.8	16♏47.3	07♒36.9

1975	Sappho 80	Amor 1221	Pandora 55	Icarus 1566
JAN 1	14S19.1	16S26.5	10N10.2	28S56.5
21	16 00.7	16 13.4	10 25.9	16 25.9
FEB 10	17 01.3	14 26.9	11 26.0	17 12.0
MAR 2	17 08.0	11 41.0	12 43.5	18 18.5
22	16 07.3	08 26.2	13 39.5	18 49.9
APR 11	13 57.3	05 05.8	13 48.8	19 29.9
MAY 1	11 09.4	01 57.6	13 09.0	20 57.8
21	08 41.8	00N43.5	11 48.6	23 58.8
JUN 10	07 17.5	02 42.1	09 56.8	29 20.2
30	07 04.4	03 39.4	07 40.8	36 48.0
JUL 20	07 49.7	03 12.9	05 05.9	42 55.2
AUG 9	09 16.0	01 04.2	02 17.1	44 07.1
29	11 07.1	02S32.3	00S41.4	42 22.6
SEP 18	13 08.6	06 27.7	03 45.2	40 20.4
OCT 8	15 07.7	09 24.5	06 49.9	38 41.2
28	16 52.2	10 53.9	09 51.1	37 16.5
NOV 17	18 11.0	11 05.7	12 44.5	35 48.3
DEC 7	18 53.7	10 18.6	15 26.4	33 58.0
27	18S52.0	08S48.5	17S53.3	31S24.2

1976		80	1221	55	1566
JAN	1	02♑59.1	14♓06.2	15♏18.0	04♒46.8
	11	08 19.9	17 10.3	18 13.7	10 36.0
	21	13 44.6	20 25.1	20 56.6	17 06.2
	31	19 12.7	23 48.5	23 24.2	24 31.1
FEB	10	24 43.6	27 18.9	25 33.6	03♓11.7
	20	00♒16.9	00♈54.8	27 21.6	13 30.1
MAR	1	05 52.2	04 35.0	28 44.9	21 R09.3
	11	11 28.8	08 18.4	29 39.8	04 28.2
	21	17 06.1	12 04.1	00♐03.3	26♒05.9
	31	22 43.6	15 51.3	29 R52.8	23 53.1
APR	10	28 20.5	19 39.3	29♏07.3	23 31.1
	20	03♓55.8	23 27.3	27 49.0	23 31.7
	30	09 28.8	27 14.8	26 02.7	23 14.1
MAY	10	14 58.1	01♉01.1	23 57.8	22 10.1
	20	20 22.4	04 45.5	21 46.3	19 54.7
	30	25 40.2	08 27.6	19 41.4	16 02.2
JUN	9	00♈49.3	12 06.5	17 55.4	10 11.3
	19	05 47.6	15 41.3	16 37.3	02 21.0
	29	10 32.1	19 11.4	15 52.4	23♑09.1
JUL	9	14 59.1	22 35.2	15 D 42.8	13 54.8
	19	19 04.7	25 51.7	16 07.7	05 59.4
	29	22 43.5	28 59.1	17 04.8	00 04.7
AUG	8	25 49.2	01♊55.2	18 31.3	26♐13.5
	18	28 15.2	04 37.5	20 23.5	24 06.7
	28	29 53.6	07 02.7	22 38.6	23 22.3
SEP	7	00♉37.3	09 06.6	25 13.6	23 D41.4
	17	00 R22.4	10 44.4	28 05.7	24 49.0
	27	29♈09.8	11 49.9	01♐12.8	26 34.4
OCT	7	27 10.7	12 16.2	04 33.0	28 50.1
	17	24 46.5	11 R56.1	08 04.3	01♑30.0
	27	22 24.1	10 43.2	11 45.5	04 30.6
NOV	6	20 30.8	08 35.1	15 35.0	07 48.9
	16	19 24.7	05 36.4	19 31.7	11 22.8
	26	19 D 13.7	02 01.6	23 34.6	15 11.6
DEC	6	19 58.1	28♉16.1	27 42.5	19 14.3
	16	21 31.8	24 48.9	01♑54.5	23 31.1
	26	23 48.0	22 05.7	06 09.8	28 02.7
JAN	5	26♈39.5	20♉22.6	10♑27.4	02♒50.2
JAN	1	18 S 44.0	08 S 20.9	18 S 27.5	30 S 35.6
	21	17 39.4	06 14.6	20 33.0	26 18.0
FEB	10	15 43.0	03 50.4	22 20.4	18 56.0
MAR	1	12 57.6	01 16.8	23 49.9	02 38.7
	21	09 29.4	01 N 19.1	24 59.8	05 59.0
APR	10	05 27.3	03 50.5	25 44.5	10 37.3
	30	01 02.2	06 11.2	25 53.4	14 26.6
MAY	20	03 N 33.1	08 15.7	25 21.8	19 46.7
JUN	9	08 04.5	09 58.4	24 26.6	27 55.4
	29	12 16.3	11 14.2	23 39.6	36 45.9
JUL	19	15 50.7	11 58.0	23 23.3	40 23.4
AUG	8	18 27.0	12 05.2	23 42.1	39 27.2
	28	19 39.2	11 30.9	24 28.7	37 48.4
SEP	17	18 56.3	10 11.2	25 31.6	36 36.4
OCT	7	16 01.9	08 04.2	26 38.9	35 46.5
	27	11 48.5	05 16.1	27 39.5	35 02.5
NOV	16	08 14.2	02 15.6	28 23.7	34 10.2
DEC	6	06 33.4	00 03.6	28 43.9	32 57.8
	26	06 N 41.4	00 S 21.4	28 S 34.7	31 S 14.9

1977		80	1221	55	1566
JAN	1	25♈27.2	20 R 56.1	08♑44.1	00♒53.1
	11	28 36.2	19♉52.1	13 02.7	05 51.2
	21	02♉09.9	19 D 52.9	17 22.3	11 09.3
	31	06 03.5	20 54.2	21 41.9	16 51.6
FEB	10	10 12.2	22 49.1	26 00.8	23 04.1
	20	14 33.0	25 30.8	00♒18.0	29 56.2
MAR	2	19 03.0	28 53.8	04 32.5	07♓41.3
	12	23 39.8	02♊52.6	08 43.4	16 40.6
	22	28 21.8	07 23.9	12 49.6	27 28.4
APR	1	03♊07.4	12 25.0	16 49.6	11♈03.1
	11	07 55.4	17 53.6	20 42.3	28 45.1
	21	12 44.8	23 48.8	24 25.9	06 R12.1
MAY	1	17 34.9	00♋10.0	27 58.6	26♈39.7
	11	22 24.8	06 56.5	01♓18.2	14 40.4
	21	27 14.2	14 08.8	04 22.0	00 22.3
	31	02♋02.5	21 46.6	07 07.0	10♓02.0
JUN	10	06 49.2	29 49.8	09 29.6	11♒07.1
	20	11 34.2	08♌18.4	11 25.8	13♑00.0
	30	16 16.9	17 11.4	12 50.9	25♐31.9
JUL	10	20 56.9	26 27.2	13 40.7	16 31.8
	20	25 34.2	06♍03.7	13 R 51.1	12 14.0
	30	00♌08.1	15 57.2	13 20.2	10 34.7
AUG	9	04 38.3	26 03.0	12 09.4	10 D 30.0
	19	09 04.4	06♎15.8	10 24.7	11 26.7
	29	13 25.8	16 28.8	08 18.4	13 05.9
SEP	8	17 41.7	26 35.3	06 06.9	15 15.3
	18	21 51.5	06♏29.4	04 08.0	17 48.0
	28	25 54.1	16 05.4	02 37.8	20 39.0
OCT	8	29 48.4	25 19.7	01 46.3	23 44.6
	18	03♍33.0	04♐10.3	01 D 38.4	27 02.8
	28	07 06.1	12 36.1	02 14.7	00♑31.7
NOV	7	10 25.7	20 37.5	03 31.8	04 09.9
	17	13 29.4	28 15.7	05 25.9	07 57.0
	27	16 14.0	05♑32.1	07 52.0	11 52.2
DEC	7	18 36.2	12 28.5	10 45.3	15 55.2
	17	20 31.9	19 06.6	14 01.8	20 06.1
	27	21 56.6	25 28.0	17 37.7	24 25.0
JAN	6	22♍45.8	01♒34.1	21♓29.5	28♑52.5
JAN	1	06 N 59.8	00 S 06.0	28 S 25.9	30 S 36.5
	21	08 36.2	01 N 45.5	27 35.7	27 56.3
FEB	10	10 42.6	04 38.0	26 15.7	24 09.9
MAR	2	12 54.7	07 57.1	24 30.5	18 35.7
	22	14 54.6	11 17.8	22 26.9	09 29.1
APR	11	16 29.8	14 19.5	20 13.7	09 N 17.4
MAY	1	17 31.6	16 41.1	18 01.1	21 27.2
	21	17 55.1	17 59.0	16 00.4	10 11.9
JUN	10	17 38.6	17 48.0	14 24.3	18 S 01.3
	30	16 43.2	15 47.6	13 25.9	33 25.7
JUL	20	15 11.9	11 52.3	13 15.2	33 13.8
AUG	9	13 09.7	06 21.8	13 50.5	32 37.5
	29	10 42.4	00 02.8	14 45.6	32 32.2
SEP	18	07 56.7	06 S 03.5	15 15.1	32 41.8
OCT	8	05 00.1	11 03.6	14 47.1	32 51.9
	28	02 00.6	14 27.9	13 19.9	32 51.6
NOV	17	00 S 52.2	16 11.5	11 05.0	32 33.3
DEC	7	03 27.0	16 25.8	08 12.9	31 51.4
	27	05 S 28.8	15 S 28.9	04 S 51.8	30 S 41.4

1978		80	1221	55	1566
JAN	1	22♍25.9	28♑32.8	19♓31.8	26♑37.6
	11	22 55.6	04♒31.9	23 30.7	01♒09.7
	21	22 R 43.4	10 17.5	27 41.8	05 51.8
	31	21 48.1	15 50.5	02♈02.7	10 45.2
FEB	10	20 11.0	21 11.9	06 31.7	15 52.6
	20	17 59.3	26 22.1	11 07.1	21 16.7
MAR	2	15 25.5	01♓21.5	15 47.3	27 01.7
	12	12 46.1	06 10.5	20 31.5	03♓14.1
	22	10 18.9	10 49.0	25 18.4	10 02.0
APR	1	08 18.6	15 17.0	00♉06.9	17 37.8
	11	06 54.8	19 34.3	04 56.6	26 19.2
	21	06 11.8	23 40.4	09 46.3	06♈31.7
MAY	1	06 D 09.5	27 34.6	14 35.6	18 52.2
	11	06 44.9	01♈16.3	19 23.9	04♉15.2
	21	07 54.2	04 44.1	24 10.3	24 12.7
	31	09 32.8	07 56.7	28 54.5	19♊31.4
JUN	10	11 36.5	10 52.2	03♊35.8	07♋20.9
	20	14 01.6	13 28.2	08 13.6	28 19.0
	30	16 44.7	15 42.1	12 47.2	29♌16.8
JUL	10	19 43.2	17 30.3	17 16.1	01♎16.9
	20	22 54.7	18 48.9	21 39.1	22 56.8
	30	26 17.3	19 33.6	25 55.5	06♏20.2
AUG	9	29 49.5	19 R 39.8	00♋04.3	15 25.9
	19	03♎29.9	19 03.8	04 04.0	22 20.4
	29	07 17.3	17 43.6	07 53.2	28 04.2
SEP	8	11 10.9	15 40.6	11 30.0	03♐08.2
	18	15 09.6	13 01.8	14 52.2	07 49.0
	28	19 12.8	09 59.9	17 57.2	12 15.7
OCT	8	23 19.9	06 52.0	20 41.9	16 34.3
	18	27 29.9	03 57.5	23 02.5	20 48.2
	28	01♏42.4	01 31.8	24 55.2	24 59.6
NOV	7	05 56.7	29♓45.7	26 15.2	29 10.3
	17	10 12.0	28 44.0	26 58.3	03♑21.1
	27	14 27.8	28 D 26.3	27 R 00.9	07 32.8
DEC	7	18 43.3	28 49.7	26 21.2	11 46.3
	17	22 57.4	29 49.7	25 01.2	16 01.6
	27	27 09.5	01♈21.2	23 07.5	20 19.4
JAN	6	01♐18.4	03♈20.0	20♋51.9	24♑40.2
JAN	1	05 S 52.0	15 S 05.8	03 S 57.9	30 S 19.1
	21	06 44.7	13 06.4	00 10.9	28 29.0
FEB	10	06 18.6	10 35.6	03 N 48.1	26 01.3
MAR	2	04 29.6	07 47.3	07 51.0	22 47.1
	22	01 52.4	04 52.9	11 49.8	18 26.4
APR	11	00 N 34.7	02 02.2	15 36.4	12 14.5
MAY	1	02 10.9	00 N 36.2	19 03.4	02 30.1
	21	02 45.5	02 54.2	22 04.2	14 N 29.9
JUN	10	02 24.2	04 43.5	24 33.7	32 39.1
	30	01 17.2	05 54.6	26 28.8	21 36.5
JUL	20	00 S 25.3	06 16.1	27 48.7	07 S 59.3
AUG	9	02 34.2	05 34.8	28 36.0	19 50.2
	29	05 01.1	03 40.3	28 56.8	24 54.7
SEP	18	07 38.4	00 39.7	29 00.8	27 43.1
OCT	8	10 18.6	02 S 43.2	29 01.1	29 25.8
	28	12 54.1	05 22.1	29 13.2	30 24.8
NOV	17	15 17.4	06 37.8	29 51.1	30 48.0
DEC	7	17 21.2	06 32.4	30 58.6	30 38.4
	27	18 S 58.5	05 S 25.4	32 N 15.4	29 S 57.8

1979		Sappho 80	Amor 1221	Pandora 55	Icarus 1566
JAN	1	29♏14.4	02♈17.5	22 R 01.5	22♑29.4
	11	03♐21.3	04 28.2	19♋41.1	26 51.8
	21	07 23.2	06 59.8	17 23.7	01♒17.9
	31	11 18.9	09 49.3	15 25.2	05 48.5
FEB	10	15 06.5	12 53.6	13 57.8	10 24.5
	20	18 44.2	16 10.5	13 08.1	15 07.1
MAR	2	22 09.8	19 38.1	12 D 57.9	19 58.2
	12	25 20.3	23 14.7	13 25.8	24 59.8
	22	28 12.8	26 58.9	14 27.9	00♓15.2
APR	1	00♑43.2	00♉49.9	16 00.0	05 48.9
	11	02 47.0	04 46.7	17 57.7	11 46.6
	21	04 19.2	08 48.5	20 16.7	18 17.3
MAY	1	05 14.0	12 54.9	22 53.7	25 33.2
	11	05 R 26.4	17 05.3	25 45.3	03♈51.7
	21	04 52.6	21 19.5	28 49.0	13 38.3
	31	03 32.1	25 37.3	02♌02.7	25 26.6
JUN	10	01 30.7	29 58.4	05 24.3	09♉55.2
	20	29♐01.4	04♊22.9	08 52.4	27 35.5
	30	26 23.5	08 50.6	12 25.8	18♊40.2
JUL	10	24 00.1	13 21.6	16 03.2	15♋09.2
	20	22 10.6	17 55.9	19 43.5	14♌27.3
	30	21 08.2	22 33.7	23 26.1	09♍09.4
AUG	9	20 D 59.1	27 15.1	27 10.0	01♎06.9
	19	21 42.6	02♋00.3	00♍54.5	18 58.5
	29	23 15.3	06 49.6	04 38.8	02♏48.9
SEP	8	25 32.1	11 43.1	08 22.1	13 37.9
	18	28 26.9	16 41.5	12 03.7	22 23.7
	28	01♑54.8	21 44.9	15 42.7	29 47.8
OCT	8	05 51.1	26 53.9	19 17.9	06♐17.0
	18	10 11.5	02♌09.6	22 48.6	12 08.8
	28	14 52.8	07 32.4	26 13.3	17 34.8
NOV	7	19 52.1	13 03.7	29 30.7	22 42.3
	17	25 06.6	18 45.6	02♎39.1	27 36.7
	27	00♒34.4	24 40.1	05 36.7	02♑21.7
DEC	7	06 13.3	00♍50.7	08 21.2	06 59.5
	17	12 01.7	07 22.6	10 50.2	11 32.1
	27	17 58.1	14 21.7	13 00.7	16 01.1
JAN	6	24♒00.8	21♍57.8	14♎49.6	20♑27.1

1979		Sappho 80	Amor 1221	Pandora 55	Icarus 1566
JAN	1	19 S 18.1	05 S 01.4	32 N 31.3	29 S 43.0
	21	20 14.4	03 04.5	33 02.7	28 26.0
FEB	10	20 33.9	00 44.3	32 37.4	26 41.6
MAR	2	20 15.3	01 N 47.9	31 35.0	24 30.6
	22	19 20.0	04 23.2	30 17.1	21 51.3
APR	11	17 52.6	06 53.7	28 51.3	18 36.0
MAY	1	16 00.2	09 12.4	27 16.1	14 24.1
	21	13 55.0	11 12.7	25 28.0	08 24.6
JUN	10	11 56.7	12 48.3	23 24.3	01 N 07.1
	30	10 33.9	13 53.4	21 04.5	15 31.4
JUL	20	10 10.6	14 22.3	18 29.8	22 25.5
AUG	9	10 45.2	14 09.8	15 42.7	04 16.3
	29	11 53.9	13 11.4	12 46.7	11 S 26.3
SEP	18	13 08.3	11 23.7	09 45.9	19 57.5
OCT	8	14 04.0	08 44.3	06 45.3	24 35.6
	28	14 22.5	05 12.3	03 50.2	27 12.5
NOV	17	13 51.4	00 49.3	01 06.7	28 35.6

1980		Sappho 80	Amor 1221	Pandora 55	Icarus 1566
JAN	1	20♒58.7	18♍04.3	13♎58.0	18♑14.4
	11	27 04.1	26 03.6	15 34.9	22 39.4
	21	03♓14.0	04♎58.5	16 44.9	27 02.8
	31	09 27.1	15 03.8	17 24.5	01♒25.2
FEB	10	15 42.3	26 31.8	17 R 31.0	05 47.1
	20	21 58.7	09♏19.5	17 02.5	10 09.4
MAR	1	28 15.2	23 01.0	15 59.5	14 32.5
	11	04♈31.0	06♐46.7	14 25.6	18 57.4
	21	10 45.5	19 36.4	12 28.0	23 25.4
	31	16 57.6	00♑47.2	10 17.6	27 57.7
APR	10	23 06.9	10 01.1	08 07.1	02♓36.4
	20	29 12.9	17 12.0	06 09.1	07 24.5
	30	05♉14.9	22 21.1	04 34.2	12 25.5
MAY	10	11 12.5	25 29.8	03 29.1	17 45.7
	20	17 05.3	26 35.9	02 57.1	23 33.6
	30	22 52.6	25 R 44.4	02 D 58.7	00♈02.4
JUN	9	28 34.3	23 12.1	03 31.9	07 33.7
	19	04♊09.9	19 32.5	04 34.1	16 40.8
	29	09 38.7	15 36.2	06 02.2	28 16.7
JUL	9	15 00.4	12 09.8	07 52.6	13♉33.8
	19	20 14.4	09 42.9	10 02.8	03♊24.4
	29	25 19.9	08 26.5	12 29.7	26 30.7
AUG	8	00♋16.2	08 D 15.8	15 11.0	19♋15.1
	18	05 02.0	09 01.4	18 04.8	11♌00.3
	28	09 36.3	10 32.9	21 09.2	09♍58.9
SEP	7	13 57.4	12 40.1	24 22.6	04♎48.4
	17	18 03.5	15 15.7	27 43.8	23 22.2
	27	21 52.0	18 13.3	01♏11.4	07♏43.3
OCT	7	25 20.3	21 28.0	04 44.4	19 07.7
	17	28 24.6	24 56.4	08 21.8	28 30.6
	27	01♌00.7	28 35.6	12 02.6	06♐29.7
NOV	6	03 03.8	02♒23.1	15 45.8	13 30.5
	16	04 28.1	06 17.4	19 30.7	19 49.8
	26	05 08.3	10 17.0	23 16.0	25 38.8
DEC	6	04 R 59.9	14 20.6	27 01.1	01♑05.3
	16	04 00.5	18 27.3	00♐44.7	06 14.8
	26	02 13.7	22 36.1	04 25.7	11 10.8
JAN	5	29♋48.8	26♒46.3	08♐03.1	15♑56.3

1980		Sappho 80	Amor 1221	Pandora 55	Icarus 1566
JAN	1	09 S 19.8	11 S 27.7	03 S 44.6	28 S 48.7
	21	06 00.0	16 54.5	05 02.9	27 58.8
FEB	10	02 07.3	19 52.1	05 38.9	26 44.3
MAR	1	02 N 03.5	15 47.2	05 28.1	25 11.0
	21	06 16.5	04 40.5	04 36.3	23 24.7
APR	10	10 16.6	05 N 44.1	03 26.7	21 30.7
	30	13 50.1	12 38.5	02 32.8	19 32.2
MAY	20	16 45.0	16 12.2	02 19.2	17 28.6
JUN	9	18 52.5	15 53.6	02 52.2	15 06.1
	29	20 07.2	11 14.7	04 06.8	11 28.1
JUL	19	20 27.5	03 56.6	05 54.0	03 47.1
AUG	8	19 56.0	03 S 09.4	08 05.2	08 N 56.9
	28	18 38.6	08 34.9	10 32.4	12 02.2
SEP	17	16 44.7	12 11.3	13 08.6	05 S 19.0
OCT	7	14 25.7	14 15.3	15 47.3	16 20.8
	27	11 56.1	15 04.2	18 22.5	22 17.7
NOV	16	09 33.6	14 52.7	20 48.8	25 27.7

1981		Sappho 80	Amor 1221	Pandora 55	Icarus 1566
JAN	1	00 R 50.4	25♒06.1	06♐36.6	14♑03.2
	11	28♋10.4	29 16.8	10 11.1	18 43.4
	21	25 22.3	03♓27.8	13 39.6	23 15.6
	31	22 47.4	07 38.4	17 00.6	27 41.1
FEB	10	20 43.7	11 48.2	20 12.3	02♒01.0
	20	19 22.5	15 56.5	23 12.7	06 15.6
MAR	2	18 47.5	20 02.8	25 59.5	10 25.4
	12	18 D 57.6	24 06.8	28 30.0	14 30.9
	22	19 48.6	28 07.6	00♑41.2	18 32.1
APR	1	21 14.7	02♈04.9	02 29.9	22 29.4
	11	23 10.7	05 58.3	03 52.3	26 22.8
	21	25 31.5	09 46.8	04 44.6	00♓12.3
MAY	1	28 12.5	13 30.1	05 03.7	03 58.4
	11	01♌10.4	17 07.4	04 R 46.8	07 40.9
	21	04 21.8	20 37.6	03 53.7	11 20.2
	31	07 44.3	24 00.0	02 26.9	14 57.1
JUN	10	11 16.1	27 13.2	00 33.0	18 32.2
	20	14 55.3	00♉15.7	28♐23.4	22 07.7
	30	18 40.5	03 05.8	26 11.7	25 48.0
JUL	10	22 30.7	05 41.3	24 12.4	29 41.4
	20	26 24.7	07 59.5	22 38.1	04♈09.9
	30	00♍21.9	09 57.3	21 37.2	10 14.5
AUG	9	04 21.4	11 30.7	21 14.1	21 47.6
	19	08 22.6	12 35.4	21 D 29.6	04♊00.5
	29	12 24.9	13 06.6	22 21.7	22♌36.1
SEP	8	16 27.6	12 R 59.0	23 47.7	12♍03.8
	18	20 30.1	12 08.7	25 43.9	18 24.9
	28	24 31.8	10 33.6	28 06.4	22 58.0
OCT	8	28 31.9	08 15.9	00♑52.1	07♎46.3
	18	02♎29.5	05 24.1	03 57.8	00♏22.3
	28	06 24.0	02 12.6	07 20.9	16 22.5
NOV	7	10 14.2	29♈01.2	10 59.0	28 28.1
	17	13 58.9	26 09.9	14 49.9	08♐11.7
	27	17 36.9	23 54.4	18 52.0	16 23.4
DEC	7	21 06.4	22 24.7	23 03.7	23 32.3
	17	24 25.6	21 43.6	27 23.5	29 56.5
	27	27 32.4	21 D 49.8	01♒50.4	05♑47.8
JAN	6	00♏23.9	22♈39.4	06♒23.0	11♑14.0

1981		Sappho 80	Amor 1221	Pandora 55	Icarus 1566
JAN	1	06 N 39.6	11 S 38.9	25 S 27.8	27 S 29.9
	21	07 12.6	09 25.1	26 58.6	27 05.8
FEB	10	08 33.8	06 54.1	28 12.0	26 14.9
MAR	2	10 06.2	04 13.8	29 12.2	25 07.9
	22	11 21.9	01 31.7	30 06.5	23 55.3
APR	11	12 07.0	01 N 05.5	31 03.6	22 48.5
MAY	1	12 16.4	03 31.3	32 09.2	22 01.3
	21	11 49.3	05 39.7	33 19.4	21 53.3
JUN	10	10 47.5	07 24.6	34 13.2	22 54.8
	30	09 14.0	08 39.7	34 23.6	26 00.9
JUL	20	07 13.2	09 18.3	33 47.4	33 02.1
AUG	9	04 49.8	09 12.4	32 49.8	46 33.0
	29	02 09.2	08 13.8	31 54.4	47 24.4
SEP	18	00 S 43.2	06 16.4	31 07.0	17 07.3
OCT	8	03 41.5	03 26.9	30 21.1	00 N 06.2
	28	06 39.5	00 21.4	29 25.6	13 S 07.9
NOV	17	09 30.8	01 S 58.7	28 10.5	20 22.5
DEC	7	12 08.7	02 50.8	26 28.4	23 52.1

1982		Sappho 80	Amor 1221	Pandora 55	Icarus 1566
JAN	1	29♎00.2	22♈09.5	04♒06.1	08♑33.7
	11	01♏43.1	23 18.9	08 41.2	13 49.3
	21	04 06.2	25 03.9	13 20.6	18 47.1
	31	06 05.6	27 19.9	18 03.5	23 30.2
FEB	10	07 37.1	00♉02.4	22 48.9	28 00.3
	20	08 36.2	03 07.7	27 36.0	02♒19.1
MAR	2	08 58.3	06 32.9	02♓24.2	06 27.2
	12	08 R 40.0	10 15.4	07 12.5	10 25.0
	22	07 39.8	14 13.4	12 00.4	14 12.6
APR	1	05 59.5	18 25.5	16 47.1	17 49.5
	11	03 46.4	22 50.5	21 31.7	21 14.8
	21	01 12.9	27 27.8	26 13.7	24 27.3
MAY	1	28♎35.5	02♊17.0	00♈52.1	27 25.0
	11	26 11.9	07 17.7	05 26.0	00♓04.9
	21	24 16.5	12 30.2	09 54.4	02 23.3
	31	22 59.0	17 54.9	14 16.2	04 14.0
JUN	10	22 24.1	23 31.9	18 30.0	05 28.6
	20	22 D 31.3	29 22.2	22 34.2	05 R 54.9
	30	23 18.4	05♋26.7	26 26.9	05 13.8
JUL	10	24 41.5	11 46.1	00♉05.9	02 58.6
	20	26 36.1	18 21.8	03 28.6	28♒30.9
	30	28 58.5	25 15.1	06 31.5	21 06.6
AUG	9	01♏44.8	02♌27.1	09 11.1	10 25.2
	19	04 51.8	09 59.3	11 22.8	27♑24.0
	29	08 17.0	17 52.7	13 01.6	14 34.5
SEP	8	11 58.1	26 07.9	14 02.8	04 11.4
	18	15 53.3	04♍45.8	14 21.9	26♐46.1
	28	20 01.1	13 45.8	13 R 56.0	21 40.1
OCT	8	24 20.1	23 06.7	12 46.7	17 50.7
	18	28 49.3	02♎46.7	11 00.3	14 07.2
	28	03♐27.7	12 42.1	08 50.0	08 49.7
NOV	7	08 14.6	22 48.6	06 34.0	29♏12.7
	17	13 09.2	03♏01.0	04 31.3	16 14.9
	27	18 10.9	13 12.9	02 58.8	26 D 09.1
DEC	7	23 19.0	23 18.2	02 06.9	09♐10.7
	17	28 33.2	03♐11.2	01 D 59.6	19 16.5
	27	03♑52.9	12 46.7	02 36.4	27 32.0
JAN	6	09♑17.4	22♐00.7	03♉53.6	04♑36.2

1982		Sappho 80	Amor 1221	Pandora 55	Icarus 1566
JAN	1	14 S 56.5	01 S 56.7	23 S 37.6	25 S 34.0
	21	16 37.6	00 07.3	20 46.7	25 44.3
FEB	10	17 39.8	02 N 16.0	17 28.9	25 18.5
MAR	2	17 51.8	04 56.0	13 49.7	24 34.2
	22	17 00.7	07 39.6	09 55.7	23 46.5
APR	11	15 01.5	10 15.7	05 53.8	23 11.6
MAY	1	12 18.0	12 34.2	01 51.2	23 08.9
	21	09 45.3	14 24.8	02 N 05.6	24 06.7
JUN	10	08 11.4	15 37.1	05 50.2	26 48.9
	30	07 49.3	16 00.1	09 17.2	32 26.7
JUL	20	08 27.8	15 22.8	12 22.0	42 32.0
AUG	9	09 49.1	13 35.7	15 01.1	56 28.8
	29	11 35.8	10 32.6	17 11.2	64 26.6
SEP	18	13 32.7	06 15.1	18 47.0	59 34.4
OCT	8	15 26.3	00 57.9	19 38.5	51 43.0
	28	17 03.9	04 S 46.3	19 37.5	42 06.6
NOV	17	18 13.9	10 07.2	18 59.5	16 25.9
DEC	7	18 45.8	14 09.9	18 27.1	17 42.8
	27	18 S 31.6	16 S 17.2	18 N 34.5	21 S 43.0

1983		Sappho 80	Amor 1221	Pandora 55	Icarus 1566
JAN	1	06♑34.5	17♐26.5	03♉10.3	01♑11.4
	11	12 01.4	26 28.8	04 45.7	07 48.9
	21	17 32.5	05♑06.2	06 54.0	13 44.4
	31	23 07.3	13 17.3	09 29.9	19 07.9
FEB	10	28 45.4	21 02.2	12 28.5	24 06.2
	20	04♒26.3	28 21.0	15 46.0	28 43.2
MAR	2	10 09.3	05♒14.3	19 18.7	03♒01.3
	12	15 54.1	11 43.0	23 03.5	07 02.2
	22	21 40.0	17 47.6	26 58.3	10 46.2
APR	1	27 26.2	23 28.5	01♊00.8	14 12.7
	11	03♓12.3	28 46.2	05 09.3	17 20.8
	21	08 57.3	03♓40.3	09 22.4	20 08.2
MAY	1	14 40.1	08 10.3	13 38.8	22 31.6
	11	20 20.1	12 15.3	17 57.5	24 26.5
	21	25 55.6	15 53.4	22 17.7	25 46.0
	31	01♈25.4	19 02.2	26 38.4	26 21.1
JUN	10	06 47.9	21 38.9	00♋59.1	25 R 59.8
	20	12 00.8	23 39.1	05 19.2	24 25.8
	30	17 01.8	24 58.5	09 37.8	21 21.4
JUL	10	21 48.1	25 32.1	13 54.7	16 30.6
	20	26 16.0	25 R 15.0	18 09.0	09 51.3
	30	00♉21.3	24 04.7	22 20.2	01 51.9
AUG	9	03 59.0	22 02.3	26 27.7	23♑33.4
	19	07 02.6	19 15.2	00♌30.6	16 08.1
	29	09 25.6	15 58.7	04 28.0	10 23.4
SEP	8	11 00.3	12 33.5	08 19.2	06 31.2
	18	11 39.5	09 22.5	12 02.7	04 22.1
	28	11 R 19.7	06 44.3	15 37.3	03 37.9
OCT	8	10 02.2	04 50.3	19 01.4	04 D 01.3
	18	07 57.9	03 44.9	22 13.0	05 18.7
	28	05 28.5	03 D 26.6	25 09.8	07 18.6
NOV	7	03 00.8	03 51.2	27 49.2	09 52.9
	17	01 01.9	04 53.3	00♍08.0	12 54.2
	27	29♈49.9	06 27.0	02 02.8	16 12.7
DEC	7	29 D 32.4	08 27.3	03 29.6	19 29.4
	17	00♉09.7	10 49.7	04 24.5	21 39.8
	27	01 36.2	13 30.2	04 44.1	17 R 20.7
JAN	6	03♉44.7	16♓25.8	04 R 25.6	01♑39.3

1983		Sappho 80	Amor 1221	Pandora 55	Icarus 1566
JAN	1	18 S 20.1	16 S 29.6	18 N 43.8	22 S 16.1
	21	17 01.5	16 09.5	19 47.2	23 26.0
FEB	10	14 50.6	14 19.4	21 21.3	23 34.5
MAR	2	11 51.5	11 32.8	23 09.9	23 14.6
	22	08 11.0	08 18.8	24 57.9	22 49.3
APR	11	03 59.3	04 59.9	26 33.0	22 39.8
MAY	1	00 N 32.0	01 53.2	27 45.7	23 10.9
	21	05 09.7	00 N 46.8	28 29.3	24 55.8
JUN	10	09 39.2	02 45.0	28 40.2	28 40.6
	30	13 45.3	03 43.7	28 17.8	35 13.7
JUL	20	17 12.1	03 20.7	27 24.2	44 00.8
AUG	9	19 42.6	01 17.6	26 04.1	50 28.9
	29	20 58.3	02 S 14.1	24 23.8	50 37.8
SEP	18	20 37.9	06 09.0	22 31.6	47 33.5
OCT	8	18 23.7	09 08.6	20 36.9	44 23.8
	28	14 36.1	10 41.2	18 51.0	41 41.6
NOV	17	10 47.6	10 55.0	17 26.4	39 01.4
DEC	7	08 32.6	10 08.9	16 36.4	35 28.3
	27	08 N 09.5	08 S 39.3	16 N 32.7	26 S 54.8

1984		Sappho 80	Amor 1221	Pandora 55	Icarus 1566
JAN	1	02♉35.6	14♓56.3	04 R 39.7	07 R 41.3
	11	05 02.4	17 58.3	04♍01.9	02 D 49.9
	21	08 00.7	21 11.4	02 47.2	09♑08.1
	31	11 23.9	24 33.4	01 00.8	15 27.5
FEB	10	15 07.2	28 02.7	28♌52.1	21 09.1
	20	19 06.3	01♈37.8	26 34.8	26 15.7
MAR	1	23 17.4	05 17.4	24 23.5	00♒52.6
	11	27 38.2	09 00.6	22 31.4	05 02.8
	21	02♊06.1	12 46.1	21 08.6	08 48.1
	31	06 39.4	16 33.3	20 19.9	12 08.9
APR	10	11 16.6	20 21.6	20 D 07.2	15 03.5
	20	15 56.4	24 10.0	20 28.9	17 29.4
	30	20 37.9	27 58.1	21 22.0	19 22.3
MAY	10	25 20.4	01♉45.3	22 43.0	20 35.3
	20	00♋03.0	05 30.8	24 28.0	20 R 59.8
	30	04 45.3	09 14.2	26 33.5	20 23.8
JUN	9	09 26.7	12 54.7	28 56.4	18 32.8
	19	14 06.8	16 31.4	01♍33.9	15 12.5
	29	18 45.3	20 03.6	04 23.7	10 13.6
JUL	9	23 21.8	23 30.1	07 23.8	03 43.5
	19	27 55.9	26 49.6	10 32.4	26♑17.3
	29	02♌27.2	00♊00.6	13 48.1	18 51.9
AUG	8	06 55.4	03 00.8	17 09.7	12 25.1
	18	11 19.8	05 48.1	20 35.9	07 30.7
	28	15 40.1	08 19.1	24 05.8	04 15.3
SEP	7	19 55.6	10 29.9	27 38.5	02 30.1
	17	24 05.4	12 15.7	01♎13.0	02 D 00.0
	27	28 08.9	13 30.6	04 48.7	02 30.8
OCT	7	02♍04.8	14 07.6	08 24.4	03 50.9
	17	05 51.7	13 R 59.4	11 59.3	05 51.0
	27	09 28.3	12 58.8	15 32.5	08 24.9
NOV	6	12 52.5	11 02.2	19 02.9	11 28.1
	16	16 02.1	08 12.2	22 29.3	14 57.7
	26	18 54.3	04 41.1	25 50.6	18 52.6
DEC	6	21 25.8	00 52.8	29 05.0	23 12.9
	16	23 32.9	27♉17.4	02♏11.1	28 00.2
	26	25 11.4	24 22.2	05 06.9	03♒18.1
JAN	5	26♍16.6	22♉26.3	07♏50.1	09♒12.5

1984		Sappho 80	Amor 1221	Pandora 55	Icarus 1566
JAN	1	08 N 17.9	08 S 11.7	16 N 39.7	21 S 14.6
	21	09 30.3	06 05.5	17 35.5	18 37.9
FEB	10	11 19.0	03 41.3	18 54.9	20 00.8
MAR	1	13 17.1	01 07.6	19 56.8	20 24.4
	21	15 05.4	01 N 28.3	20 11.2	20 30.2
APR	10	16 30.3	03 59.6	19 35.1	20 50.3
	30	17 23.1	06 20.3	18 19.1	21 56.8
MAY	20	17 38.9	08 24.5	16 33.5	24 29.8
JUN	9	17 15.9	10 07.0	14 24.7	29 15.7
	29	16 15.3	11 22.6	11 57.2	36 24.6
JUL	19	14 40.0	12 06.2	09 14.4	43 22.7
AUG	8	12 34.8	12 13.2	06 19.6	45 49.1
	28	10 05.3	11 39.1	03 16.5	44 20.4
SEP	17	07 18.2	10 20.0	00 09.0	42 01.2
OCT	7	04 20.3	08 13.9	02 S 59.0	40 01.0
	27	01 19.7	05 26.9	06 03.1	38 18.2
NOV	16	01 S 34.8	02 25.5	08 59.0	36 33.8
DEC	6	04 12.6	00 09.3	11 42.6	34 24.7
	26	06 S 20.0	00 S 20.1	14 S 10.2	31 S 21.1

1985		Sappho 80	Amor 1221	Pandora 55	Icarus 1566
JAN	1	25♍54.8	23R04.9	06♏46.5	06♒45.9
	11	26 37.8	21♉48.7	09 21.1	13 06.2
	21	26R40.8	21D39.0	11 39.2	20 18.4
	31	26 00.8	22 32.2	13 37.6	28 24.1
FEB	10	24 38.5	24 21.6	15 13.2	03R56.8
	20	22 38.6	26 59.9	16 22.5	17♒07.2
MAR	2	20 11.5	00♊21.4	17 01.9	11 11.7
	12	17 32.8	04 20.5	17R08.8	11D41.2
	22	14 59.6	08 53.5	16 41.3	13 36.7
APR	1	12 48.2	13 57.5	15 39.6	15 45.3
	11	11 10.3	19 30.3	14 07.3	17 41.3
	21	10 11.9	25 30.7	12 11.2	19 10.5
MAY	1	09D54.5	01♋58.1	10 01.8	20 00.6
	11	10 16.2	08 51.8	07 51.9	19R59.1
	21	11 13.2	16 12.0	05 53.9	18 50.5
	31	12 41.3	23 58.5	04 18.8	16 16.4
JUN	10	14 36.1	02♌11.0	03 13.7	12 00.3
	20	16 53.7	10 49.1	02 42.1	05 53.9
	30	19 30.8	19 51.8	02D44.9	28♑14.3
JUL	10	22 24.3	29 16.9	03 20.5	19 53.6
	20	25 31.8	09♍01.9	04 26.2	12 02.3
	30	28 51.4	19 02.8	05 59.0	05 38.0
AUG	9	02♎21.1	29 14.0	07 55.5	01 02.8
	19	05 59.8	09♎29.9	10 12.9	28♐12.1
	29	09 46.2	19 43.3	12 48.5	26 49.9
SEP	8	13 39.2	29 47.2	15 39.6	26D37.9
	18	17 37.9	09♏35.8	18 44.4	27 21.2
	28	21 41.7	19 04.3	22 01.0	28 48.2
OCT	8	25 49.6	28 09.2	25 27.7	00♑49.7
	18	00♏01.1	06♐49.4	29 03.3	03 19.7
	28	04 15.5	15 04.4	02♐46.3	06 13.5
NOV	7	08 32.2	22 55.0	06 35.7	09 27.8
	17	12 50.5	00♑22.9	10 30.5	13 00.8
	27	17 09.7	07 29.7	14 29.7	16 51.0
DEC	7	21 29.1	14 17.1	18 32.3	20 57.9
	17	25 48.1	20 47.1	22 37.5	25 22.1
	27	00♐05.5	27 01.2	26 44.2	00♒04.4
JAN	6	04♐20.6	03♒00.7	00♑51.7	05♒07.1
JAN	1	06S49.6	00S05.4	14S50.8	30S08.4
	21	07 49.6	01N46.6	16 52.7	24 18.0
FEB	10	07 33.4	04 42.3	18 31.6	11 35.1
MAR	2	05 53.0	08 05.5	19 44.2	11 10.0
	22	03 16.5	11 30.1	20 25.1	13 55.7
APR	11	00 41.9	14 34.6	20 27.1	15 45.6
MAY	1	01N04.6	16 56.9	19 49.4	18 09.7
	21	01 47.9	18 12.0	18 49.8	22 16.2
JUN	10	01 32.8	17 53.7	18 00.2	28 58.9
	30	00 30.0	15 41.6	17 44.5	37 06.0
JUL	20	01S09.6	11 32.3	18 09.5	41 42.2
AUG	9	03 16.2	05 49.9	19 09.6	41 23.8
	29	05 41.2	00S34.5	20 34.6	39 35.4
SEP	18	08 16.3	06 37.7	22 13.4	38 02.0
OCT	8	10 53.8	11 28.5	23 55.9	36 52.3
	28	13 25.9	14 41.6	25 32.7	35 51.9
NOV	17	15 44.7	16 15.3	26 55.3	34 45.0
DEC	7	17 42.8	16 22.4	27 57.0	33 17.5
	[illegible]	[illegible]	[illegible]	[illegible]	[illegible]

1986		Sappho 80	Amor 1221	Pandora 55	Icarus 1566
JAN	1	02♐13.4	00♒02.7	28♐47.9	02♒33.0
	11	06 27.0	05 55.5	02♑55.5	07 47.2
	21	10 36.6	11 35.7	07 02.3	13 27.6
	31	14 41.0	17 03.9	11 07.5	19 40.7
FEB	10	18 38.8	22 21.0	15 10.2	26 36.5
	20	22 28.2	27 27.6	19 09.0	04♓30.3
MAR	2	26 07.3	02♓23.8	23 02.8	13 46.5
	12	29 33.7	07 10.0	26 50.4	25 06.9
	22	02♑44.4	11 46.2	00♒30.1	09♈29.9
APR	1	05 36.3	16 12.2	04 00.3	17R46.2
	11	08 05.2	20 28.0	07 19.0	03 34.4
	21	10 06.1	24 32.9	10 23.7	22♓00.1
MAY	1	11 34.0	28 26.3	13 11.9	14 06.0
	11	12 22.9	02♈07.6	15 40.4	07 23.6
	21	12R27.5	05 35.3	17 45.4	29♒59.4
	31	11 44.9	08 48.3	19 23.0	20 30.5
JUN	10	10 15.5	11 44.6	20 28.9	08 14.7
	20	08 07.2	14 21.9	20 58.9	24♑07.0
	30	05 35.3	16 37.7	20R50.3	10 44.9
JUL	10	03 00.8	18 28.5	20 01.8	00 22.4
	20	00 47.4	19 50.2	18 36.4	23♐28.9
	30	29♐13.5	20 38.9	16 42.2	19 27.2
AUG	9	28 30.2	20R49.8	14 31.8	17 30.6
	19	28D42.1	20 19.0	12 22.0	17D03.0
	29	29 46.8	19 04.3	10 29.5	17 38.3
SEP	8	01♑40.0	17 06.5	09 07.5	18 59.8
	18	04 16.1	14 31.8	08 25.3	20 56.0
	28	07 28.9	11 32.1	08D25.8	23 18.8
OCT	8	11 13.4	08 24.2	09 08.7	26 02.9
	18	15 25.0	05 27.1	10 31.2	29 04.6
	28	19 59.2	02 57.3	12 28.8	02♑21.0
NOV	7	24 53.0	01 05.9	14 57.3	05 50.3
	17	00♒03.4	29♓58.6	17 52.5	09 31.1
	27	05 27.7	29 35.5	21 10.1	13 22.5
DEC	7	11 03.9	29D54.0	24 47.1	17 24.3
	17	16 49.8	00♈49.8	28 40.3	21 36.2
	27	22 43.7	02 17.9	02♓47.0	25 58.5
JAN	6	28♒44.2	04♈13.8	07♓05.2	00♒32.0
JAN	1	19S30.7	14S57.0	28S37.3	30S38.1
	21	20 18.3	12 55.5	28 37.7	27 28.7
FEB	10	20 27.6	10 24.0	28 11.0	22 48.6
MAR	2	19 57.7	07 35.8	27 21.6	15 15.9
	22	18 50.6	04 41.9	26 16.7	00 09.0
APR	11	17 11.1	01 51.9	25 06.4	10N45.5
MAY	1	15 07.8	00N45.8	24 02.7	00 14.2
	21	12 53.7	03 03.3	23 19.6	10S42.7
JUN	10	10 49.8	04 52.4	23 10.9	25 09.8
	30	09 25.2	06 03.9	23 44.8	36 04.8
JUL	20	09 03.9	06 26.6	24 52.3	37 11.1
AUG	9	09 43.9	05 47.7	25 57.1	35 47.2
	29	10 58.9	03 56.7	26 14.1	34 48.8
SEP	18	12 17.4	00 59.3	25 27.4	34 20.0
OCT	8	13 13.5	02S22.9	23 50.0	34 03.5
	28	13 28.7	05 04.2	21 36.9	33 44.4
NOV	17	12 51.5	06 23.2	18 55.0	33 11.8
DEC	7	11 17.5	06 20.2	15 46.6	32 17.5
	[illegible]	[illegible]	[illegible]	[illegible]	[illegible]

1987		Sappho 80	Amor 1221	Pandora 55	Icarus 1566
JAN	1	25♒43.3	03♈12.6	04♓54.8	28♑13.8
	11	01♓46.4	05 20.8	09 18.0	02♒53.3
	21	07 53.8	07 50.4	13 49.6	07 45.8
	31	14 04.4	10 38.2	18 28.4	12 53.8
FEB	10	20 16.9	13 41.4	23 12.8	18 20.2
	20	26 30.1	16 57.4	28 01.6	24 09.5
MAR	2	02♈43.5	20 24.5	02♈53.8	00♓28.4
	12	08 55.9	24 00.9	07 48.4	07 25.7
	22	15 06.6	27 45.2	12 44.5	15 14.8
APR	1	21 15.0	01♉36.5	17 41.4	24 15.7
	11	27 20.5	05 33.8	22 38.3	04♈57.7
	21	03♉22.3	09 36.4	27 34.6	18 07.3
MAY	1	09 20.4	13 43.9	02♉29.6	05♉03.2
	11	15 13.9	17 55.6	07 22.7	27 29.5
	21	21 02.7	22 11.3	12 13.3	10♊57.0
	31	26 46.3	26 31.0	17 00.8	18 58.8
JUN	10	02♊24.2	00♊54.3	21 44.4	05♋23.0
	20	07 56.3	05 21.2	26 23.4	24♌57.0
	30	13 22.0	09 51.8	00♊57.2	19♎03.6
JUL	10	18 40.8	14 26.0	05 24.6	08♏04.8
	20	23 52.3	19 04.1	09 44.7	16 49.1
	30	28 55.9	23 46.3	13 56.4	22 28.8
AUG	9	03♋50.6	28 32.6	17 57.9	26 59.0
	19	08 35.6	03♋23.6	21 47.7	00♐59.1
	29	13 10.0	08 19.6	25 23.7	04 46.4
SEP	8	17 31.9	13 20.9	28 43.1	08 29.1
	18	21 40.0	18 28.2	01♋43.4	12 10.6
	28	25 32.0	23 42.3	04 20.6	15 53.5
OCT	8	29 05.2	29 03.7	06 30.7	19 38.9
	18	02♌16.5	04♌34.1	08 09.3	23 27.3
	28	05 01.9	10 14.6	09 11.5	27 19.3
NOV	7	07 16.7	16 07.0	09 33.0	01♑14.9
	17	08 56.1	22 14.3	09R11.4	05 14.4
	27	09 54.2	28 39.5	08 06.4	09 18.0
DEC	7	10R06.1	05♍27.1	06 23.4	13 25.7
	17	09 28.6	12 43.6	04 13.2	17 37.7
	27	08 02.0	20 35.9	01 51.3	21 54.5
JAN	6	05♌53.0	29♍13.8	29♊36.3	26♑16.2
JAN	1	08S04.5	04S50.8	11S16.9	30S29.2
	21	04 40.7	02 54.4	07 18.3	28 22.5
FEB	10	00 47.3	00 34.4	03 05.2	25 30.8
MAR	2	03N20.3	01N57.8	01N15.6	21 37.6
	22	07 26.3	04 33.0	05 36.9	16 07.1
APR	11	11 16.0	07 03.5	09 51.4	07 35.9
MAY	1	14 36.2	09 21.9	13 51.9	07N32.3
	21	17 15.9	11 21.6	17 32.0	30 57.9
JUN	10	19 07.3	12 56.5	20 46.0	41 19.7
	30	20 06.0	14 00.4	23 30.2	02S57.0
JUL	20	20 11.5	14 27.6	25 42.7	21 19.7
AUG	9	19 27.1	14 12.9	27 25.0	26 00.7
	29	17 59.2	13 11.6	28 42.0	28 23.1
SEP	18	15 57.0	11 20.1	29 42.7	29 54.4
OCT	8	13 31.8	08 35.9	30 39.4	30 54.3
	28	10 57.4	04 58.0	31 44.6	31 26.9
NOV	17	08 30.8	00 27.7	33 02.3	31 32.3
DEC	7	06 33.7	04S49.6	34 15.4	31 09.4
	[illegible]	[illegible]	[illegible]	[illegible]	[illegible]

1988		Sappho 80	Amor 1221	Pandora 55	Icarus 1566
JAN	1	07 R 02.1	24♍48.4	00 R 41.9	24♑04.7
	11	04♌36.6	03♎53.2	28♊36.5	28 29.0
	21	01 51.0	13 58.5	27 00.5	02♒59.5
	31	29♋06.6	25 10.1	26 02.8	07 36.8
FEB	10	26 43.7	07♏25.9	25 D 46.3	12 22.1
	20	24 56.9	20 26.5	26 10.0	17 17.4
MAR	1	23 54.3	03♐36.4	27 10.6	22 25.0
	11	23 D 37.4	16 15.6	28 43.1	27 48.0
	21	24 03.3	27 48.7	00♋43.1	03♓31.3
	31	25 07.6	07♑55.0	03 06.0	09 40.9
APR	10	26 44.6	16 27.8	05 47.7	16 25.8
	20	28 49.0	23 24.3	08 45.1	23 59.0
	30	01♌16.3	28 43.0	11 55.1	02♈38.2
MAY	10	04 02.4	02♒22.6	15 15.4	12 49.0
	20	07 03.9	04 17.0	18 44.0	25 05.8
	30	10 18.1	04 R 22.9	22 19.2	10♉09.3
JUN	9	13 42.6	02 44.0	25 59.6	28 44.8
	19	17 15.8	29♑35.8	29 44.0	22♊22.0
	29	20 55.9	25 35.1	03♌31.5	20♋59.7
JUL	9	24 41.7	21 29.3	07 21.0	15♌14.1
	19	28 32.2	18 00.6	11 11.9	10♍06.4
	29	02♍26.4	15 35.7	15 03.2	02♎57.9
AUG	8	06 23.5	14 20.7	18 54.4	20 53.7
	18	10 23.0	14 D 10.7	22 44.8	04♏12.8
	28	14 23.9	14 56.1	26 33.5	14 20.8
SEP	7	18 25.8	16 25.9	00♍19.8	22 27.2
	17	22 28.0	18 31.1	04 03.0	29 17.2
	27	26 29.8	21 04.3	07 41.9	05♐17.9
OCT	7	00♎30.5	23 59.1	11 15.7	10 46.0
	17	04 29.5	27 11.1	14 43.0	15 52.5
	27	08 25.7	00♒36.8	18 02.4	20 44.1
NOV	6	12 18.4	04 13.1	21 12.4	25 25.4
	16	16 06.4	07 58.0	24 11.0	29 59.8
	26	19 48.3	11 49.7	26 55.8	04♑29.3
DEC	6	23 22.8	15 46.5	29 24.4	08 55.5
	16	26 48.1	19 47.5	01♎33.9	13 19.7
	26	00♏02.1	23 51.4	03 20.8	17 42.7
JAN	5	03♏02.5	27♒57.4	04♎41.8	22♑05.2

JAN	1	05 N 27.0	12 S 06.8	34 N 45.9	29 S 59.8
	21	05 56.0	17 26.6	34 07.2	28 30.9
FEB	10	07 21.1	19 43.8	33 02.8	26 31.8
MAR	1	09 02.5	15 34.9	31 59.0	24 00.5
	21	10 27.2	06 41.7	31 01.5	20 50.3
APR	10	11 19.1	01 N 51.9	30 03.9	16 44.8
	30	11 33.0	08 16.0	28 57.6	11 04.3
MAY	20	11 08.7	12 14.2	27 36.3	02 22.4
JUN	9	10 08.6	13 05.0	25 56.2	11 N 36.9
	29	08 36.3	09 56.3	23 56.7	27 16.4
JUL	19	06 36.3	03 38.0	21 39.1	14 27.4
AUG	8	04 13.7	03 S 08.4	19 06.4	06 S 13.8
	28	01 33.7	08 30.2	16 22.8	17 40.5
SEP	17	01 S 17.9	12 05.4	13 33.3	23 29.0
OCT	7	04 15.2	14 07.9	10 43.6	26 44.2
	27	07 12.3	14 55.2	08 00.3	28 36.1
NOV	16	10 02.7	14 42.3	05 30.5	29 32.4
DEC	6	12 39.6	13 41.2	03 22.4	29 45.9
	26	14 S 56.5	12 S 02.2	01 N 45.1	29 S 23.4

1989		Sappho 80	Amor 1221	Pandora 55	Icarus 1566
JAN	1	01♏52.2	26♒18.8	04♎12.8	20♑20.2
	11	04 43.1	00♓25.7	05 16.3	24 42.8
	21	07 15.5	04 33.4	05 48.2	29 05.9
	31	09 26.1	08 41.2	05 R 45.8	03♒30.0
FEB	10	11 10.6	12 48.6	05 07.5	07 56.1
	20	12 24.5	16 54.9	03 54.9	12 24.7
MAR	2	13 03.5	20 59.5	02 12.6	16 56.9
	12	13 R 03.1	25 02.0	00 09.0	21 34.0
	22	12 20.9	29 01.8	27♍56.1	26 17.7
APR	1	10 57.2	02♈58.3	25 47.1	01♓10.5
	11	08 56.5	06 51.1	23 54.4	06 15.6
	21	06 29.5	10 39.3	22 27.6	11 37.6
MAY	1	03 51.3	14 22.6	21 32.3	17 23.2
	11	01 19.5	18 00.1	21 10.8	23 42.0
	21	29♎10.9	21 30.8	21 D 22.6	00♈48.1
	31	27 37.3	24 54.0	22 05.3	09 03.5
JUN	10	26 45.3	28 08.3	23 16.0	18 59.9
	20	26 D 36.7	01♉12.3	24 51.3	01♉21.3
	30	27 09.6	04 04.3	26 47.8	16 57.1
JUL	10	28 20.7	06 42.2	29 02.7	06♊04.8
	20	00♏05.7	09 03.3	01♎33.4	27 40.7
	30	02 20.3	11 04.7	04 17.4	20♋34.2
AUG	9	05 00.7	12 42.4	07 12.9	19♌37.8
	19	08 03.5	13 52.0	10 18.1	17♍01.0
	29	11 25.8	14 28.9	13 31.6	08♎20.5
SEP	8	15 05.4	14 R 27.7	16 52.0	25 10.4
	18	19 00.0	13 44.2	20 18.2	08♏24.2
	28	23 08.0	12 15.7	23 49.1	19 00.7
OCT	8	27 28.2	10 03.6	27 23.7	27 48.5
	18	01♐59.2	07 15.3	01♏01.1	05♐21.0
	28	06 40.1	04 04.7	04 40.4	12 01.4
NOV	7	11 30.1	00 50.9	08 20.7	18 05.1
	17	16 28.3	27♈54.6	12 00.9	23 41.9
	27	21 34.2	25 32.5	15 40.2	28 59.1
DEC	7	26 47.1	23 55.5	19 17.3	04♑01.7
	17	02♑06.3	23 07.7	22 51.1	08 52.9
	27	07 31.4	23 D 07.8	26 20.5	13 35.3
JAN	6	13♑01.9	23♈52.6	29♏43.8	18♑10.8

JAN	1	15 S 32.6	11 S 26.6	01 N 23.3	29 S 10.4
	21	17 12.7	09 12.6	00 39.7	28 08.8
FEB	10	18 15.5	06 41.6	00 44.8	26 42.2
MAR	2	18 31.2	04 01.6	01 34.7	24 54.8
	22	17 48.4	01 19.8	02 47.5	22 50.1
APR	11	16 00.0	01 N 17.0	03 48.1	20 29.1
MAY	1	13 22.8	03 42.4	04 08.9	17 48.3
	21	10 47.0	05 50.4	03 41.5	14 32.2
JUN	10	09 04.1	07 35.0	02 30.9	09 53.9
	30	08 32.9	08 50.2	00 45.7	02 00.3
JUL	20	09 04.5	09 29.1	01 S 25.9	10 N 32.1
AUG	9	10 20.5	09 24.3	03 56.5	18 23.0
	29	12 02.6	08 27.6	06 39.8	01 09.5
SEP	18	13 54.8	06 32.9	09 30.2	12 S 44.7
OCT	8	15 42.6	03 45.9	12 22.3	20 27.6
	28	17 12.9	00 40.6	15 10.9	24 40.1
NOV	17	18 13.6	01 S 42.4	17 51.4	26 55.5
DEC	7	18 34.3	02 38.1	20 19.6	27 57.2
	27	18 S 07.0	02 S 05.6	22 S 32.3	28 S 07.5

1990		Sappho 80	Amor 1221	Pandora 55	Icarus 1566
JAN	1	10♑16.0	23♈24.9	28♏03.0	15♑53.8
	11	15 48.9	24 30.0	01♐22.7	20 26.2
	21	21 26.4	26 11.8	04 34.0	24 53.5
	31	27 08.0	28 25.4	07 34.9	29 16.5
FEB	10	02♒53.1	01♉06.4	10 23.2	03♒35.8
	20	08 41.2	04 10.9	12 56.5	07 52.1
MAR	2	14 31.8	07 36.0	15 11.8	12 05.9
	12	20 24.3	11 19.1	17 05.9	16 17.5
	22	26 18.0	15 18.1	18 35.6	20 27.5
APR	1	02♓12.4	19 31.9	19 37.0	24 36.5
	11	08 06.6	23 59.1	20 06.8	28 45.0
	21	14 00.0	28 39.0	20 R 02.3	02♓54.4
MAY	1	19 51.6	03♊31.3	19 22.0	07 05.7
	11	25 40.3	08 35.7	18 07.4	11 20.9
	21	01♈25.2	13 52.5	16 23.6	15 43.2
	31	07 04.8	19 21.9	14 19.2	20 17.0
JUN	10	12 37.6	25 04.4	12 07.0	25 09.7
	20	18 02.0	01♋00.8	10 00.7	00♈34.7
	30	23 15.9	07 12.0	08 13.4	06 55.0
JUL	10	28 16.6	13 39.0	06 55.1	14 56.9
	20	03♉01.7	20 22.9	06 11.5	26 17.6
	30	07 27.1	27 25.2	06 D 05.0	14♉19.6
AUG	9	11 28.9	04♌46.8	06 35.0	13♊33.0
	19	15 02.1	12 29.1	07 38.8	17♋50.5
	29	18 00.1	20 33.1	09 13.6	12♌21.8
SEP	8	20 16.6	28 59.2	11 15.7	27 59.6
	18	21 44.0	07♍47.7	13 41.6	14♍43.7
	28	22 15.5	16 57.9	16 28.6	11♎13.0
OCT	8	21 R 47.7	26 27.9	19 33.6	00♏45.5
	18	20 22.6	06♎15.4	22 54.4	15 11.6
	28	18 11.7	16 16.4	26 28.9	26 30.8
NOV	7	15 37.0	26 25.7	00♑15.1	05♐48.3
	17	13 05.2	06♏38.1	04 11.6	13 44.1
	27	11 02.6	16 47.1	08 17.0	20 42.9
DEC	7	09 47.0	26 46.7	12 29.8	27 00.7
	17	09 D 25.5	06♐31.5	16 49.2	02♑48.3
	27	09 58.0	15 57.1	21 13.9	08 12.9
JAN	6	11♉19.0	25♐00.1	25♑43.0	13♑19.4

JAN	1	17 S 52.0	01 S 46.4	23 S 02.9	28 S 03.8
	21	16 19.0	00 N 02.7	24 54.4	27 28.6
FEB	10	13 53.8	02 26.4	26 30.1	26 28.2
MAR	2	10 41.1	05 07.2	27 53.3	25 11.1
	22	06 49.4	07 51.4	29 08.8	23 46.3
APR	11	02 29.4	10 27.9	30 20.1	22 23.0
MAY	1	02 N 06.4	12 46.1	31 23.6	21 11.8
	21	06 44.0	14 35.6	32 03.9	20 26.0
JUN	10	11 08.7	15 45.3	32 02.3	20 24.0
	30	15 05.6	16 04.0	31 21.2	21 29.7
JUL	20	18 20.1	15 20.2	30 28.2	23 52.0
AUG	9	20 38.2	13 24.2	29 49.3	23 13.4
	29	21 47.3	10 10.4	29 32.5	07 32.1
SEP	18	21 34.9	05 42.1	29 31.5	06 N 42.0
OCT	8	19 49.5	00 16.8	29 34.4	07 S 40.6
	28	16 36.8	05 S 29.1	29 28.8	17 40.9
NOV	17	12 55.9	10 43.1	29 03.9	22 47.3
DEC	7	10 19.7	14 32.1	28 11.7	25 18.3
	27	09 N 29.3	16 S 24.1	26 S 47.8	26 S 19.9

1991	Sappho 80	Amor 1221	Pandora 55	Icarus 1566
JAN 1	10♉32.9	20♐31.5	23♑28.0	10♑48.2
11	12 15.4	29 22.4	27 58.9	15 47.0
21	14 35.8	07♑48.2	02♒33.0	20 32.8
31	17 27.2	15 47.9	07 09.3	25 07.3
FEB 10	20 43.2	23 22.0	11 47.0	29 32.0
20	24 19.0	00♒30.9	16 25.5	03♒48.1
MAR 2	28 10.5	07 15.1	21 03.7	07 55.8
12	02♊14.0	13 35.8	25 41.0	11 55.6
22	06 27.0	19 33.4	00♓16.7	15 47.5
APR 1	10 47.2	25 08.4	04 49.7	19 31.2
11	15 12.8	00♓21.2	09 19.3	23 06.3
21	19 42.6	05 11.5	13 44.6	26 31.8
MAY 1	24 15.0	09 38.7	18 04.2	29 46.4
11	28 49.3	13 42.0	22 17.2	02♓48.6
21	03♋24.7	17 19.5	26 21.9	05 35.3
31	08 00.5	20 29.0	00♈16.8	08 02.8
JUN 10	12 36.0	23 07.8	03 59.9	10 05.8
20	17 11.0	25 11.7	07 28.8	11 35.0
30	21 44.8	26 36.5	10 40.6	12 17.3
JUL 10	26 17.2	27 17.2	13 32.1	11 R 50.4
20	00♌47.7	27 R 08.9	15 59.1	09 35.0
30	05 15.8	26 08.7	17 57.3	04 23.6
AUG 9	09 41.2	24 16.7	19 22.0	24♒18.8
19	14 03.5	21 38.7	20 07.9	07 02.5
29	18 21.9	18 28.2	20 R 11.6	13♑55.8
SEP 8	22 36.1	15 04.6	19 31.5	22♐38.3
18	26 45.3	11 50.3	18 10.1	07 30.5
28	00♍48.4	09 05.1	16 16.5	26♏37.0
OCT 8	04 44.7	07 01.6	14 04.8	17 04.4
18	08 32.8	05 45.8	11 53.8	06 53.1
28	12 11.1	05 17.5	10 02.5	27♎26.1
NOV 7	15 38.1	05 D 32.7	08 45.1	06 D 55.5
17	18 51.3	06 26.5	08 10.4	23♏47.8
27	21 48.4	07 53.1	08 D 21.0	06♐11.8
DEC 7	24 26.3	09 47.2	09 14.9	15 56.6
17	26 41.2	12 04.4	10 48.6	24 03.6
27	28 29.3	14 40.6	12 56.7	01♑05.3
JAN 6	29♍46.0	17♓32.5	15♈33.9	07♑21.4

1991	Sappho 80	Amor 1221	Pandora 55	Icarus 1566
JAN 1	09 N 31.6	16 S 33.1	26 S 21.6	26 S 25.7
21	10 23.0	16 02.2	24 16.7	26 20.9
FEB 10	11 55.4	14 06.7	21 41.9	25 44.8
MAR 2	13 39.9	11 18.6	18 42.3	24 51.5
22	15 16.0	08 05.6	15 24.4	23 54.2
APR 11	16 29.7	04 48.8	11 55.7	23 07.2
MAY 1	17 12.4	01 44.4	08 24.0	22 48.1
21	17 19.0	00 N 53.8	04 57.0	23 22.0
JUN 10	16 48.2	02 51.4	01 42.8	25 29.3
30	15 40.9	03 51.5	01 N 10.9	30 21.6
JUL 20	14 00.4	03 33.0	03 35.9	40 06.9
AUG 9	11 51.2	01 37.5	05 24.0	57 30.0
29	09 19.0	01 S 47.2	06 26.7	77 27.8
SEP 18	06 29.9	05 40.7	06 39.9	65 49.0
OCT 8	03 31.0	08 44.2	06 14.5	44 31.7
28	00 29.7	10 21.4	05 44.5	14 37.0
NOV 17	02 S 25.6	10 38.5	05 49.2	14 21.7
DEC 7	05 04.6	09 54.3	06 46.8	20 40.2

1992	Sappho 80	Amor 1221	Pandora 55	Icarus 1566
JAN 1	29♍11.9	16♓04.7	14♈11.9	04♑18.2
11	00♎11.1	19 03.4	17 02.1	10 16.2
21	00 32.2	22 13.7	20 14.6	15 44.4
31	00 R 11.9	25 33.4	23 45.4	20 49.1
FEB 10	29♍08.6	29 01.0	27 31.2	25 34.5
20	27 25.4	02♈34.6	01♉29.2	00♒02.9
MAR 1	25 09.7	06 13.0	05 36.9	04 16.3
11	22 34.7	09 55.3	09 52.3	08 15.3
21	19 57.3	13 40.3	14 13.8	12 00.0
31	17 34.3	17 27.3	18 39.7	15 30.3
APR 10	15 39.8	21 15.6	23 09.1	18 44.9
20	14 22.6	25 04.2	27 40.6	21 41.7
30	13 45.9	28 52.9	02♊13.6	24 18.5
MAY 10	13 D 49.5	02♉40.9	06 47.2	26 30.8
20	14 30.3	06 27.4	11 20.5	28 13.1
30	15 44.1	10 12.2	15 53.1	29 17.7
JUN 9	17 26.9	13 54.3	20 24.4	29 R 33.3
19	19 34.4	17 33.1	24 53.7	28 45.0
29	22 02.8	21 07.8	29 20.5	26 33.3
JUL 9	24 49.4	24 37.2	03♋44.2	22 35.5
19	27 51.2	28 00.2	08 04.1	16 34.5
29	01♎06.0	01♊15.3	12 19.7	08 34.4
AUG 8	04 32.3	04 20.4	16 30.1	29♑22.2
18	08 08.1	07 13.4	20 34.3	20 22.5
28	11 52.4	09 51.3	24 31.6	12 52.1
SEP 7	15 44.0	12 10.1	28 20.5	07 27.0
17	19 41.9	14 05.4	01♌59.5	04 03.5
27	23 45.5	15 31.5	05 27.3	02 20.5
OCT 7	27 53.8	16 21.2	08 41.4	01 D 55.7
17	02♏06.2	16 R 27.4	11 39.5	02 27.6
27	06 22.0	15 42.3	14 18.9	03 38.1
NOV 6	10 40.7	14 00.4	16 36.1	05 08.0
16	15 01.5	11 22.3	18 27.4	06 26.5
26	19 24.0	07 57.4	19 48.6	06 R 23.6
DEC 6	23 47.2	04 07.4	20 35.7	01 05.6
16	28 10.5	00 22.7	20 R 45.3	15♐05.9
26	02♐33.3	27♉12.9	20 15.1	20 D 26.5
JAN 5	06♐54.5	25♉00.7	19♌05.9	29♐18.8

1992	Sappho 80	Amor 1221	Pandora 55	Icarus 1566
JAN 1	07 S 40.7	07 S 58.3	09 N 07.2	23 S 47.9
21	08 50.1	05 52.6	11 38.5	24 29.6
FEB 10	08 47.7	03 28.9	14 29.3	24 22.6
MAR 1	07 20.8	00 55.5	17 26.4	23 52.1
21	04 48.9	01 N 40.1	20 18.3	23 17.4
APR 10	02 06.9	04 11.1	22 54.8	22 57.3
30	00 07.4	06 31.4	25 07.3	23 14.5
MAY 20	00 N 48.4	08 35.2	26 49.3	24 40.0
JUN 9	00 42.9	10 17.2	27 56.7	27 59.3
29	00 S 13.0	11 32.3	28 27.9	34 11.5
JUL 19	01 47.7	12 15.4	28 24.2	43 34.4
AUG 8	03 50.6	12 22.0	27 49.7	52 29.8
28	06 12.5	11 47.7	26 51.2	54 24.0
SEP 17	08 44.8	10 28.9	25 38.0	50 59.7
OCT 7	11 19.3	08 23.8	24 21.4	47 00.8
27	13 48.0	05 37.5	23 14.6	43 35.0
NOV 16	16 02.9	02 34.8	22 32.6	40 00.1
DEC 6	17 56.2	00 13.3	22 29.4	31 57.9

1993	Sappho 80	Amor 1221	Pandora 55	Icarus 1566
JAN 1	05♐10.2	25 R 45.8	19 R 38.0	25♐54.7
11	09 30.1	24♉13.7	18♌07.6	04♑00.7
21	13 47.0	23 D 50.2	16 08.1	10 56.4
31	17 59.8	24 32.7	13 51.7	17 00.5
FEB 10	22 07.0	26 14.5	11 33.9	22 25.6
20	26 07.5	28 48.2	09 29.3	27 20.3
MAR 2	29 59.3	02♊07.5	07 50.6	01♒49.1
12	03♑40.4	06 06.8	06 45.7	05 54.8
22	07 08.4	10 41.8	06 17.4	09 38.9
APR 1	10 20.2	15 49.6	06 D 25.8	13 00.9
11	13 12.4	21 27.8	07 08.2	15 59.7
21	15 40.7	27 35.0	08 20.7	18 32.9
MAY 1	17 39.9	04♋10.7	09 59.5	20 36.1
11	19 04.5	11 13.9	12 00.6	22 03.8
21	19 48.7	18 44.8	14 20.5	22 47.9
31	19 R 47.0	26 43.2	16 56.2	22 R 37.1
JUN 10	18 57.2	05♌08.3	19 45.1	21 18.3
20	17 20.9	13 59.6	22 44.9	18 35.6
30	15 07.6	23 15.7	25 53.8	14 15.7
JUL 10	12 35.2	02♍54.0	29 10.0	08 17.6
20	10 06.2	12 51.3	02♍32.4	01 03.0
30	08 04.1	23 02.8	05 59.8	23♑23.2
AUG 9	06 46.5	03♎22.3	09 30.9	16 20.9
19	06 D 22.4	13 42.9	13 04.9	10 42.0
29	06 54.4	23 57.3	16 41.0	06 44.9
SEP 8	08 19.2	03♏58.2	20 18.3	04 24.8
18	10 31.6	13 40.0	23 55.9	03 27.6
28	13 25.6	22 58.6	27 33.1	03 D 38.5
OCT 8	16 54.9	01♐51.6	01♎08.8	04 44.1
18	20 54.3	10 18.4	04 42.3	06 34.4
28	25 19.2	18 19.7	08 12.4	09 02.3
NOV 7	00♒05.4	25 56.7	11 37.9	12 02.4
17	05 09.6	03♑11.6	14 57.6	15 32.0
27	10 29.0	10 06.1	18 09.8	19 29.6
DEC 7	16 00.7	16 42.1	21 13.0	23 55.2
17	21 42.8	23 01.8	24 05.1	28 50.6
27	27 33.2	29 06.6	26 43.7	04♒17.6
JAN 6	03♓30.1	04♒57.8	29♎06.5	10♒14.2

1993	Sappho 80	Amor 1221	Pandora 55	Icarus 1566
JAN 1	19 S 39.3	00 S 07.9	23 N 32.5	18 S 50.2
21	20 17.6	01 N 44.8	24 52.1	21 04.6
FEB 10	20 16.2	04 44.9	25 54.7	21 46.5
MAR 2	19 34.4	08 14.0	26 07.5	21 46.7
22	18 14.6	11 44.3	25 29.1	21 37.3
APR 11	16 21.9	14 53.1	24 14.2	21 44.9
MAY 1	14 05.2	17 17.1	22 34.6	22 37.9
21	11 38.6	18 29.5	20 35.6	24 53.5
JUN 10	09 24.0	18 02.5	18 19.3	29 18.1
30	07 52.2	15 35.5	15 47.5	36 16.7
JUL 20	07 30.4	11 07.9	13 02.2	43 55.7
AUG 9	08 17.6	05 09.8	10 05.9	47 32.0
29	09 43.0	01 S 21.3	07 01.8	46 22.2
SEP 18	11 10.0	07 20.1	03 53.7	43 46.3
OCT 8	12 10.3	11 58.8	00 45.8	41 24.1
28	12 25.2	14 57.5	02 S 17.5	39 21.6
NOV 17	11 44.4	16 18.6	05 11.5	37 17.9
DEC 7	10 05.4	16 16.4	07 51.4	34 43.8

1994	80	1221	55	1566
JAN 1	00♓31.0	02♒03.8	27♎57.3	07♒12.9
11	06 30.6	07 48.8	00♏11.0	13 15.9
21	12 34.7	13 21.9	02 04.2	17R23.2
31	18 41.6	18 43.9	03 33.7	02 42.9
FEB 10	24 50.4	23 55.5	04 35.9	26D47.9
20	01♈00.1	28 57.3	05 07.4	29♑19.8
MAR 2	07 09.4	03♓49.3	05R05.7	03♒00.1
12	13 17.8	08 31.9	04 29.5	06 41.0
22	19 24.4	13 05.0	03 19.6	10 05.6
APR 1	25 28.6	17 28.5	01 40.5	13 07.3
11	01♉29.8	21 42.2	29♎40.0	15 41.9
21	07 27.6	25 45.6	27 29.3	17 44.2
MAY 1	13 21.3	29 37.9	25 21.3	19 07.7
11	19 10.8	03♈18.6	23 28.1	19 43.7
21	24 55.5	06 46.3	21 59.6	19R20.0
31	00♊35.2	09 59.7	21 02.0	17 42.6
JUN 10	06 09.6	12 57.2	20 37.8	14 35.4
20	11 38.2	15 36.4	20D47.3	09 46.2
30	17 00.7	17 54.7	21 28.4	03 18.9
JUL 10	22 16.9	19 48.9	22 38.2	25♑43.3
20	27 25.9	21 15.1	24 13.9	17 57.7
30	02♋27.4	22 09.1	26 12.0	11 04.6
AUG 9	07 20.8	22R26.4	28 29.7	05 43.3
19	12 05.0	22 02.8	01♏04.4	02 04.8
29	16 39.2	20 55.7	03 53.7	29♐59.8
SEP 8	21 02.0	19 05.2	06 55.7	29 13.0
18	25 11.8	16 36.3	10 08.7	29D29.0
28	29 06.7	13 40.0	13 30.9	00♑34.8
OCT 8	02♌44.4	10 32.2	17 01.3	02 20.6
18	06 01.7	07 32.0	20 38.5	04 39.3
28	08 55.3	04 56.4	24 21.3	07 25.2
NOV 7	11 20.9	02 57.7	28 09.0	10 35.1
17	13 13.4	01 42.6	02♐00.4	14 06.5
27	14 27.8	01 12.0	05 54.5	17 57.9
DEC 7	14 58.7	01D23.8	09 50.7	22 09.4
17	14R41.8	02 13.7	13 47.7	26 41.3
27	13 36.2	03 36.9	17 44.8	01♒35.7
JAN 6	11♌44.8	05♈28.8	21♐41.0	06♒55.9
JAN 1	06S46.8	14S44.3	10S44.2	29S31.7
21	03 21.0	12 40.2	12 34.9	20 26.1
FEB 10	00N31.1	10 07.8	13 55.6	14 39.4
MAR 2	04 33.9	07 19.7	14 40.5	16 34.0
22	08 31.6	04 26.5	14 43.7	17 29.6
APR 11	12 09.9	01 37.5	14 05.8	18 25.5
MAY 1	15 16.3	00N59.2	13 03.5	20 08.4
21	17 40.7	03 15.9	12 07.8	23 28.3
JUN 10	19 16.3	05 04.7	11 46.0	29 13.8
30	19 59.6	06 16.5	12 07.9	36 54.5
JUL 20	19 51.2	06 40.7	13 10.0	42 33.0
AUG 9	18 54.7	06 05.1	14 43.2	43 11.0
29	17 16.9	04 18.8	16 37.7	41 22.8
SEP 18	15 07.1	01 25.9	18 44.0	39 30.1
OCT 8	12 36.1	01S55.3	20 53.3	38 00.9
28	09 57.1	04 39.8	22 57.9	36 44.4
NOV 17	07 26.3	06 03.3	24 50.8	35 23.2
DEC 7	05 24.3	06 03.7	26 25.9	33 40.7
27	04N16.4	04S59.9	27S38.9	31S18.9

1995	80	1221	55	1566
JAN 1	12R45.7	04♈29.6	19♐43.1	04♒12.3
11	10♌35.0	06 34.2	23 38.4	09 47.3
21	07 56.8	09 01.0	27 31.0	15 56.9
31	05 10.0	11 46.8	01♑20.1	22 52.0
FEB 10	02 35.4	14 48.5	05 04.1	00♓49.1
20	00 30.6	18 03.6	08 41.7	10 14.6
MAR 2	29♋06.3	21 30.2	12 11.5	21 44.3
12	28 27.1	25 06.6	15 31.4	01R15.6
22	28D31.9	28 51.3	18 39.6	15♓44.7
APR 1	29 16.8	02♉43.4	21 33.7	05 30.3
11	00♌36.9	06 41.9	24 10.9	01 19.2
21	02 26.7	10 46.1	26 28.1	29♒13.3
MAY 1	04 41.4	14 55.4	28 21.8	27 31.3
11	07 16.8	19 09.5	29 47.9	25 18.6
21	10 09.1	23 28.0	00♒42.7	21 55.7
31	13 15.5	27 50.9	01 02.4	16 47.0
JUN 10	16 33.4	02♊17.9	00R44.3	09 27.3
20	20 00.8	06 49.0	29♑48.5	00 04.7
30	23 36.1	11 24.5	28 17.9	19♑40.5
JUL 10	27 17.8	16 04.2	26 20.7	09 55.9
20	01♍04.8	20 48.6	24 09.6	02 10.0
30	04 56.1	25 38.1	21 59.7	26♐45.9
AUG 9	08 51.0	00♋32.6	20 07.1	23 30.1
19	12 48.4	05 33.0	18 44.0	21 55.6
29	16 48.0	10 39.9	17 58.3	21D37.9
SEP 8	20 48.9	15 53.6	17D53.9	22 18.3
18	24 50.4	21 15.4	18 29.9	23 42.4
28	28 52.1	26 46.2	19 43.9	25 40.6
OCT 8	02♎53.2	02♌27.1	21 32.3	28 06.0
18	06 52.8	08 20.3	23 50.9	00♑53.2
28	10 50.4	14 27.4	26 35.7	03 59.1
NOV 7	14 44.8	20 51.2	29 43.3	07 20.9
17	18 35.1	27 35.2	03♒10.1	10 56.9
27	22 20.0	04♍43.4	06 53.6	14 46.2
DEC 7	25 58.2	12 20.8	10 51.3	18 48.1
17	29 28.0	20 33.8	15 00.9	23 02.5
27	02♏47.6	29 28.5	19 20.7	27 30.1
JAN 6	05♏54.5	09♎10.8	23♒49.1	02♒11.6
JAN 1	04N10.7	04S36.4	27S53.4	30S34.6
21	04 36.7	02 40.7	28 36.0	26 45.8
FEB 10	06 05.5	00 20.9	28 55.5	20 40.4
MAR 2	07 55.7	02N11.4	28 56.4	08 57.7
22	09 29.4	04 46.7	28 46.4	02N31.6
APR 11	10 27.8	07 17.1	28 36.4	05S35.2
MAY 1	10 45.6	09 35.3	28 39.0	11 06.1
21	10 23.2	11 34.5	29 06.9	17 42.6
JUN 10	09 23.9	13 08.3	30 05.7	27 16.2
30	07 51.8	14 10.5	31 22.6	36 41.2
JUL 20	05 51.9	14 35.1	32 21.4	39 31.4
AUG 9	03 29.4	14 16.8	32 26.5	38 17.2
29	00 49.9	13 10.7	31 36.4	36 48.3
SEP 18	02S00.9	11 13.0	30 12.1	35 49.6
OCT 8	04 57.1	08 21.0	28 28.6	35 10.3
28	07 52.6	04 33.6	26 28.1	34 34.3
NOV 17	10 40.9	00S07.5	24 06.9	33 48.2
DEC 7	13 15.6	05 34.8	21 21.1	32 41.5
27	15S30.0	11S26.3	18S09.2	31S05.5

1996	80	1221	55	1566
JAN 1	04♏22.8	04♎13.3	21♒34.0	29♑49.0
11	07 22.6	14 21.5	26 06.1	04♒38.1
21	10 05.8	25 21.1	00♓44.7	09 44.3
31	12 28.9	07♏05.7	05 28.6	15 10.7
FEB 10	14 28.3	19 20.8	10 16.6	21 01.8
20	15 59.6	01♐42.8	15 08.0	27 24.6
MAR 1	16 58.0	13 43.7	20 01.6	04♓28.8
11	17 19.4	25 01.0	24 56.8	12 29.0
21	16R59.8	05♑18.6	29 52.8	21 48.2
31	15 57.8	14 27.0	04♈48.8	03♈01.8
APR 10	14 15.8	22 23.3	09 44.1	17 10.7
20	12 00.7	29 05.3	14 38.3	05♉55.1
30	09 25.9	04♒29.9	19 30.4	18 29.8
MAY 10	06 48.3	08 34.3	24 19.9	14R47.0
20	04 25.6	11 12.1	29 06.1	07 10.1
30	02 32.8	12 16.3	03♉48.2	23♈10.0
JUN 9	01 19.4	11R43.6	08 25.3	08♓06.3
19	00 49.4	09 35.8	12 56.7	00♑41.5
29	01D03.0	06 10.7	17 20.9	11♐58.5
JUL 9	01 57.1	02 03.2	21 37.1	06 26.3
19	03 27.7	27♑56.3	25 43.5	04 51.3
29	05 30.7	24 29.6	29 38.3	05D03.5
AUG 8	08 01.7	22 05.5	03♊19.6	06 15.3
18	10 57.2	20 49.1	06 44.8	08 05.7
28	14 14.1	20D36.5	09 50.6	10 23.6
SEP 7	17 49.5	21 17.6	12 33.6	13 01.6
17	21 41.5	22 42.6	14 49.5	15 55.6
27	25 48.0	24 43.0	16 33.5	19 02.8
OCT 7	00♐07.5	27 10.9	17 40.9	22 20.6
17	04 38.9	00♒01.0	18 06.9	25 48.1
27	09 20.9	03 08.5	17R48.6	29 23.9
NOV 6	14 12.6	06 29.7	16 46.4	03♑07.3
16	19 13.3	10 02.0	15 04.8	06 57.8
26	24 22.1	13 43.1	12 55.6	10 55.0
DEC 6	29 38.4	17 30.9	10 35.2	14 58.7
16	05♑01.6	21 24.3	08 22.5	19 09.1
26	10 31.1	25 21.8	06 34.7	23 26.2
JAN 5	16♑06.3	29♒22.2	05♊23.5	27♑50.4
JAN 1	15S59.6	12S52.0	17S17.3	30S36.0
21	17 39.3	17 38.8	13 35.2	28 10.1
FEB 10	18 43.3	18 54.0	09 33.7	24 48.4
MAR 1	19 03.7	15 02.9	05 18.7	20 02.0
21	18 30.3	08 13.7	00 56.9	12 45.1
APR 10	16 55.2	01 22.0	03N24.8	00N03.2
30	14 27.6	04N18.4	07 39.5	24 20.0
MAY 20	11 49.9	08 18.7	11 40.9	28 12.1
JUN 9	09 56.2	09 56.5	15 23.5	07 13.9
29	09 12.9	08 12.7	18 43.0	29S01.6
JUL 19	09 34.6	03 09.8	21 36.9	30 07.7
AUG 8	10 43.3	03S04.8	24 05.4	30 37.8
28	12 19.9	08 19.9	26 11.4	31 12.6
SEP 17	14 07.0	11 54.2	28 01.2	31 46.7
OCT 7	15 49.5	13 55.8	29 40.7	32 12.3
27	17 13.6	14 42.1	31 09.4	32 22.7
NOV 16	18 07.0	14 28.2	32 09.8	32 12.3
DEC 6	18 18.9	13 26.4	32 15.5	31 37.1
26	17S41.7	11S47.1	31N29.9	30S33.8

1997		Sappho 80	Amor 1221	Pandora 55	Icarus 1566
JAN	1	13♑51.5	27♒45.7	05R47.1	26♑03.8
	11	19 30.0	01♓47.6	05♊00.9	00♒32.7
	21	25 13.2	05 51.0	04D58.1	05 10.1
	31	01♒00.7	09 55.1	05 36.5	09 57.1
FEB	10	06 52.0	13 59.4	06 52.2	14 55.7
	20	12 46.5	18 03.1	08 40.5	20 08.3
MAR	2	18 43.5	22 05.5	10 56.0	25 38.4
	12	24 42.6	26 06.2	13 34.2	01♓31.0
	22	00♓42.9	00♈04.6	16 31.2	07 52.7
APR	1	06 43.9	04 00.0	19 43.3	14 53.2
	11	12 44.9	07 52.1	23 07.8	22 46.4
	21	18 44.9	11 40.0	26 42.3	01♈51.7
MAY	1	24 43.2	15 23.1	00♋24.5	12 37.4
	11	00♈38.9	19 00.9	04 13.0	25 42.7
	21	06 30.6	22 32.3	08 06.3	12♉00.3
	31	12 17.5	25 56.5	12 03.1	02♊59.9
JUN	10	17 58.2	29 12.2	16 02.7	29 43.1
	20	23 30.8	02♉18.1	20 03.9	20♋39.7
	30	28 53.9	05 12.6	24 06.1	14♌37.4
JUL	10	04♉05.4	07 53.5	28 08.5	13♍10.2
	20	09 02.5	10 18.2	02♌10.5	08♎19.7
	30	13 42.8	12 24.0	06 11.3	26 00.5
AUG	9	18 02.3	14 06.9	10 10.5	08♏08.1
	19	21 56.8	15 22.8	14 07.2	17 01.8
	29	25 21.5	16 06.8	18 00.7	24 05.1
SEP	8	28 09.8	16R13.7	21 50.2	00♐04.3
	18	00♊15.1	15 38.7	25 34.8	05 24.4
	28	01 30.5	14 18.8	29 13.4	10 20.0
OCT	8	01R49.2	12 14.1	02♍44.7	15 00.3
	18	01 08.6	09 30.9	06 07.3	19 30.7
	28	29♉32.3	06 21.9	09 19.5	23 54.8
NOV	7	27 12.7	03 05.8	12 19.3	28 15.2
	17	24 32.8	00 03.7	15 04.3	02♑33.5
	27	21 59.5	27♈33.6	17 31.9	06 50.8
DEC	7	19 57.6	25 47.6	19 38.8	11 08.2
	17	18 43.7	24 51.2	21 21.7	15 26.1
	27	18D23.6	24D43.8	22 36.8	19 45.3
JAN	6	18♉56.4	25♈22.3	23♍20.4	24♑06.3
JAN	1	17S20.2	11S11.5	31N11.9	30S09.0
	21	15 33.7	08 57.7	30 18.0	28 25.7
FEB	10	12 55.3	06 27.1	29 47.9	26 08.1
MAR	2	09 30.9	03 47.5	29 40.0	23 10.1
	22	05 29.7	01 06.3	29 41.9	19 17.7
APR	11	01 03.6	01N29.9	29 40.0	13 59.0
MAY	1	03N34.2	03 54.7	29 23.7	06 01.9
	21	08 09.2	06 02.2	28 46.0	07N02.1
JUN	10	12 26.6	07 46.5	27 43.5	27 42.1
	30	16 11.8	09 01.6	26 15.7	25 53.5
JUL	20	19 11.2	09 41.0	24 24.8	00 12.9
AUG	9	21 13.5	09 37.5	22 14.6	15S48.6
	29	22 10.0	08 43.1	19 50.3	22 47.3
SEP	18	21 54.7	06 51.8	17 18.1	26 27.3
OCT	8	20 23.6	04 07.9	14 45.3	28 36.5
	28	17 40.3	01 02.9	12 19.9	29 50.5
NOV	17	14 20.2	01S23.6	10 11.2	30 22.9
DEC	7	11 38.6	02 23.7	08 29.4	30 19.6

1998		Sappho 80	Amor 1221	Pandora 55	Icarus 1566
JAN	1	18D33.7	24D57.6	23♍02.8	21♑55.6
	11	19♉31.1	25♈57.2	23 29.4	26 17.6
	21	21 12.1	27 34.8	23R20.3	00♒42.1
	31	23 29.8	29 45.5	22 34.5	05 09.9
FEB	10	26 17.5	02♉24.8	21 14.0	09 41.7
	20	29 29.2	05 28.5	19 24.7	14 18.5
MAR	2	03♊00.0	08 53.6	17 16.2	19 02.0
	12	06 46.0	12 37.6	15 01.5	23 53.7
	22	10 43.7	16 38.2	12 54.5	28 56.3
APR	1	14 50.7	20 54.2	11 07.0	04♓13.5
	11	19 04.9	25 24.3	09 48.2	09 49.8
	21	23 24.3	00♊07.7	09 02.6	15 52.4
MAY	1	27 47.9	05 04.3	08D51.4	22 31.2
	11	02♋14.2	10 13.6	09 13.5	00♈00.3
	21	06 42.4	15 36.0	10 06.0	08 40.8
	31	11 11.9	21 11.8	11 25.5	19 02.0
JUN	10	15 41.8	27 01.4	13 08.7	01♉42.0
	20	20 11.7	03♋05.7	15 12.0	17 20.1
	30	24 41.1	09 25.7	17 32.8	06♊12.5
JUL	10	29 09.4	16 02.4	20 08.2	28 01.2
	20	03♌36.3	22 56.9	22 56.1	24♋56.7
	30	08 01.4	00♌10.5	25 54.6	24♌33.7
AUG	9	12 24.2	07 44.3	29 02.0	18♍44.9
	19	16 44.3	15 39.3	02♎16.8	09♎06.8
	29	21 01.1	23 56.5	05 37.8	25 20.3
SEP	8	25 14.0	02♍35.7	09 03.9	08♏01.5
	18	29 22.4	11 36.9	12 34.1	18 09.0
	28	03♍25.5	20 58.8	16 07.5	26 31.8
OCT	8	07 22.0	00♎39.0	19 43.0	03♐43.5
	18	11 11.1	10 34.2	23 19.8	10 06.6
	28	14 51.2	20 40.1	26 57.0	15 56.0
NOV	7	18 20.6	00♏50.9	00♏33.6	21 21.2
	17	21 37.5	11 01.0	04 08.6	26 29.1
	27	24 39.2	21 04.3	07 41.0	01♑24.4
DEC	7	27 22.9	00♐54.8	11 09.4	06 10.1
	17	29 45.4	10 28.1	14 32.6	10 48.7
	27	01♎42.5	19 40.5	17 49.0	15 21.9
JAN	6	03♎10.1	28♐29.1	20♏57.0	19♑50.8
JAN	1	10N27.2	01S35.0	07N16.8	29S30.2
	21	11 01.7	00N13.8	07 13.2	28 18.1
FEB	10	12 20.4	02 38.2	07 58.2	26 39.7
MAR	2	13 53.3	05 19.9	09 12.5	24 37.3
	22	15 18.9	08 05.2	10 19.7	22 11.2
APR	11	16 23.1	10 42.3	10 48.0	19 17.7
MAY	1	16 56.8	13 00.3	10 26.7	15 43.3
	21	16 55.5	14 48.3	09 20.8	10 52.4
JUN	10	16 17.7	15 54.9	07 39.6	03 21.6
	30	15 04.6	16 07.9	05 31.1	08N44.1
JUL	20	13 19.5	15 15.6	03 02.0	22 07.0
AUG	9	11 07.0	13 08.0	00 17.5	10 00.2
	29	08 32.4	09 40.7	02S37.3	07S27.0
SEP	18	05 41.9	04 59.1	05 37.7	17 45.1
OCT	8	02 42.1	00S35.0	08 39.2	23 19.1
	28	00S19.7	06 21.1	11 37.2	26 24.6
NOV	17	03 15.3	11 24.7	14 27.4	28 03.3
DEC	7	05 55.2	14 56.1	17 05.8	28 43.2

1999		Sappho 80	Amor 1221	Pandora 55	Icarus 1566
JAN	1	02♎30.2	24♐07.8	19♏24.1	17♑36.8
	11	03 41.5	02♑44.2	22 27.2	22 03.9
	21	04 16.2	10 55.5	25 18.9	26 28.4
	31	04R10.7	18 41.4	27 56.7	00♒50.5
FEB	10	03 23.0	26 02.4	00♐18.1	05 11.1
	20	01 53.7	02♒59.4	02 20.1	09 30.8
MAR	2	29♍48.9	09 32.9	03 59.3	13 50.1
	12	27 19.6	15 44.0	05 12.4	18 09.7
	22	24 41.2	21 33.5	05 55.8	22 30.6
APR	1	22 11.3	27 01.5	06R06.4	26 53.7
	11	20 05.2	02♓08.4	05 42.4	01♓20.6
	21	18 33.4	06 54.2	04 43.6	05 53.4
MAY	1	17 41.6	11 18.0	03 13.3	10 34.9
	11	17D30.4	15 19.1	01 18.4	15 29.4
	21	17 57.7	18 55.9	29♏09.0	20 43.3
	31	18 59.9	22 06.0	26 58.5	26 26.2
JUN	10	20 32.5	24 46.9	24 59.9	02♈54.3
	20	22 31.5	26 54.7	23 24.4	10 33.6
	30	24 53.1	28 25.3	22 19.9	20 08.5
JUL	10	27 33.8	29 13.9	21 50.1	02♉53.8
	20	00♎31.1	29R15.4	21D56.0	20 32.1
	30	03 42.5	28 26.6	22 36.0	13♊48.2
AUG	9	07 05.9	26 46.6	23 47.4	09♋13.4
	19	10 39.9	24 19.4	25 27.0	01♌26.4
	29	14 22.9	21 16.8	27 31.6	21 29.0
SEP	8	18 13.8	17 56.3	29 57.9	19♍37.2
	18	22 11.8	14 39.6	02♐43.2	13♎12.5
	28	26 15.8	11 47.3	05 44.9	00♏33.6
OCT	8	00♏25.1	09 33.5	09 00.9	13 56.7
	18	04 39.1	08 06.0	12 29.5	24 40.0
	28	08 56.9	07 26.0	16 08.6	03♐34.7
NOV	7	13 18.2	07D30.3	19 57.1	11 14.9
	17	17 42.1	08 14.3	23 53.7	18 02.8
	27	22 08.1	09 32.5	27 57.0	24 12.9
DEC	7	26 35.5	11 19.4	02♑06.1	29 55.2
	17	01♐03.7	13 30.5	06 20.0	05♑16.5
	27	05 32.0	16 01.6	10 37.7	10 21.4
JAN	6	09♐59.6	18♓49.2	14♑58.4	15♑13.5
JAN	1	08S34.5	16S34.9	20S02.9	28S32.5
	21	09 49.7	15 52.0	22 05.6	27 47.0
FEB	10	09 56.6	13 50.7	23 51.7	26 36.9
MAR	2	08 40.0	11 01.5	25 22.3	25 09.1
	22	06 13.0	07 50.0	26 38.1	23 30.5
APR	11	03 26.6	04 35.8	27 35.8	21 48.0
MAY	1	01 17.2	01 34.0	28 04.5	20 07.9
	21	00 11.5	01N02.1	27 52.8	18 35.4
JUN	10	00 09.5	02 59.0	27 06.3	17 10.2
	30	01 00.2	04 00.7	26 13.2	15 28.6
JUL	20	02 31.2	03 47.3	25 41.3	11 26.3
AUG	9	04 31.4	02 00.4	25 41.5	00 26.7
	29	06 50.8	01S15.7	26 09.3	11N40.3
SEP	18	09 20.5	05 07.0	26 53.8	00S38.8
OCT	8	11 51.9	08 14.7	27 42.7	13 49.3
	28	14 16.7	09 57.5	28 24.4	20 55.0
NOV	17	16 26.6	10 18.9	28 48.7	24 38.3
DEC	7	18 13.4	09 37.2	28 47.8	26 27.9

2000	Sappho 80	Amor 1221	Pandora 55	Icarus 1566
JAN 1	07♐45.9	17♓23.5	12♑47.7	12♑48.9
11	12 12.8	20 18.3	17 09.6	17 35.5
21	16 37.7	23 25.5	21 33.0	22 12.3
31	20 59.6	26 42.6	25 57.3	26 40.9
FEB 10	25 17.5	00♈08.1	00♒21.6	01♒02.5
20	29 30.0	03 40.1	04 45.0	05 17.5
MAR 1	03♑35.9	07 17.4	09 06.6	09 26.5
11	07 33.2	10 58.9	13 25.6	13 29.8
21	11 19.8	14 43.5	17 40.9	17 27.5
31	14 53.6	18 30.4	21 51.4	21 19.8
APR 10	18 11.3	22 18.8	25 56.0	25 06.3
20	21 09.4	26 08.1	29 53.2	28 46.8
30	23 43.6	29 57.6	03♓41.5	02♓21.1
MAY 10	25 48.5	03♉46.7	07 19.0	05 48.3
20	27 18.6	07 34.9	10 43.5	09 07.5
30	28 07.7	11 21.5	13 52.6	12 17.7
JUN 9	28R10.2	15 06.1	16 43.0	15 16.9
19	27 23.6	18 47.6	19 11.1	18 02.4
29	25 50.0	22 25.6	21 13.1	20 30.6
JUL 9	23 38.9	25 58.9	22 44.1	22 34.4
19	21 09.2	29 26.4	23 39.7	24 02.3
29	18 44.4	02♊46.9	23R55.9	24R28.8
AUG 8	16 48.2	05 58.3	23 29.9	22 37.8
18	15 38.5	08 58.6	22 23.1	11 55.5
28	15D23.8	11 45.3	20 41.2	00♐53.4
SEP 7	16 06.0	14 14.4	18 35.8	19♎21.1
17	17 41.5	16 21.9	16 24.0	11 52.3
27	20 04.4	18 02.4	14 23.6	07 47.1
OCT 7	23 08.4	19 08.9	12 51.0	05D44.5
17	26 47.2	19 34.1	11 57.6	15 29.9
27	00♒55.1	19R09.9	11D47.9	06♏46.4
NOV 6	05 27.6	17 49.1	12 22.8	22 03.7
16	10 20.3	15 29.6	13 39.2	03♐37.6
26	15 29.8	12 16.9	15 32.7	12 58.5
DEC 6	20 53.3	08 29.1	17 58.5	20 53.4
16	26 27.8	04 35.6	20 51.7	27 49.4
26	02♓11.4	01 08.5	24 07.9	04♑03.5
JAN 5	08♓02.1	28♉34.9	27♓43.5	09♑46.3
JAN 1	19S43.5	07S42.8	28S04.0	27S08.5
21	20 13.7	05 37.9	26 52.7	26 51.1
FEB 10	20 02.9	03 14.5	25 11.1	26 05.3
MAR 1	19 10.3	00 41.4	23 04.0	25 03.0
21	17 38.2	01N54.0	20 37.9	23 55.6
APR 10	15 32.0	04 24.7	18 01.1	22 55.4
30	13 00.7	06 44.7	15 22.9	22 17.8
MAY 20	10 18.1	08 48.2	12 53.3	22 24.1
JUN 9	07 45.7	10 29.8	10 43.4	23 48.9
29	05 55.8	11 44.3	09 05.3	27 35.1
JUL 19	05 22.3	12 27.0	08 10.5	35 52.6
AUG 8	06 11.8	12 33.2	08 05.7	53 04.8
28	07 50.7	11 58.9	08 42.2	73 24.0
SEP 17	09 33.3	10 40.5	09 26.5	42 33.5
OCT 7	10 45.3	08 36.7	09 35.1	10 22.0
27	11 06.8	05 51.9	08 45.8	09 14.0
NOV 16	10 28.5	02 48.3	07 00.8	18 28.5
DEC 6	08 49.8	00 20.6	04 30.9	22 49.8
26	06S17.0	00S22.1	01S26.8	24S44.8

2001	Sappho 80	Amor 1221	Pandora 55	Icarus 1566
JAN 1	05♓41.1	29R28.6	26♓15.2	07♑32.4
11	11 35.2	27♉35.0	00♈00.6	12 59.9
21	17 33.6	26 52.0	04 00.2	18 06.2
31	23 35.3	27D18.8	08 11.5	22 55.3
FEB 10	29 38.6	28 49.2	12 32.2	27 29.5
20	05♈42.7	01♊15.2	17 00.4	01♒50.6
MAR 2	11 46.6	04 30.4	21 34.6	05 59.7
12	17 49.4	08 28.6	26 13.4	09 57.0
22	23 50.4	13 04.8	00♉55.5	13 42.8
APR 1	29 49.1	18 16.1	05 40.1	17 16.5
11	05♉44.8	23 59.7	10 26.0	20 37.0
21	11 37.1	00♋14.1	15 12.6	23 43.0
MAY 1	17 25.7	06 58.3	19 59.3	26 32.0
11	23 09.9	14 11.6	24 45.1	29 00.6
21	28 49.7	21 53.5	29 29.6	01♓04.4
31	04♊24.7	00♌03.9	04♊12.2	02 36.3
JUN 10	09 54.4	08 41.6	08 52.3	03 26.8
20	15 18.8	17 45.8	13 29.3	03R22.0
30	20 37.5	27 14.6	18 02.6	02 01.8
JUL 10	25 49.9	07♍04.8	22 31.5	28♒59.9
20	00♋55.9	17 12.3	26 55.4	23 44.2
30	05 54.8	27 31.7	01♋13.3	15 50.6
AUG 9	10 45.8	07♎55.5	05 24.2	05 35.3
19	15 28.6	18 16.2	09 27.1	24♑21.3
29	20 01.8	28 26.2	13 20.5	14 10.4
SEP 8	24 24.4	08♏18.5	17 02.9	06 20.4
18	28 35.1	17 48.3	20 32.4	00 59.8
28	02♌31.9	26 52.4	23 46.5	27♐40.2
OCT 8	06 12.6	05♐29.5	26 42.5	25 41.7
18	09 34.9	13 40.0	29 17.4	24 23.6
28	12 35.0	21 25.4	01♌27.0	22 56.1
NOV 7	15 09.3	28 47.3	03 07.5	19 51.8
17	17 13.2	05♑48.0	04 14.4	11 57.1
27	18 41.6	12 29.7	04 43.4	27♏16.1
DEC 7	19 29.3	18 54.2	04R31.8	04D46.9
17	19R31.5	25 03.5	03 38.6	16♐20.3
27	18 45.5	00♒59.2	02 07.0	25 34.2
JAN 6	17♌12.8	06♒42.2	00♌05.5	03♑14.9
JAN 1	05S22.1	00S09.6	00S26.4	25S01.7
21	01 56.6	01N43.6	03N07.7	25 19.8
FEB 10	01N52.1	04 49.7	06 54.2	24 58.9
MAR 2	05 48.0	08 26.3	10 44.0	24 18.4
22	09 35.6	12 03.8	14 28.2	23 34.9
APR 11	13 01.1	15 18.0	17 58.2	23 05.3
MAY 1	15 52.8	17 43.6	21 06.5	23 10.6
21	18 01.4	18 51.8	23 46.3	24 19.9
JUN 10	19 21.2	18 13.2	25 52.8	27 18.6
30	19 49.8	15 27.7	27 23.1	33 14.6
JUL 20	19 28.1	10 39.2	28 17.4	43 12.9
AUG 9	18 20.7	04 25.2	28 38.6	55 06.8
29	16 34.3	02S10.3	28 33.5	59 52.1
SEP 18	14 17.9	08 02.0	28 11.7	55 45.3
OCT 8	11 42.1	12 27.0	27 46.2	50 07.7
28	08 59.5	15 11.4	27 32.5	44 40.5
NOV 17	06 25.1	16 21.0	27 46.0	33 42.9
DEC 7	04 18.9	16 10.9	28 36.0	15 58.2
27	03N05.1	14S58.9	29N52.8	20S34.2

2002	Sappho 80	Amor 1221	Pandora 55	Icarus 1566
JAN 1	18R04.7	03♒52.2	01R09.3	29♐33.9
11	16♌10.8	09 29.5	28♋57.4	06♑40.7
21	13 42.9	14 56.0	26 36.4	12 55.6
31	10 58.3	20 12.1	24 23.3	18 32.2
FEB 10	08 16.7	25 18.7	22 32.4	23 39.4
20	05 57.2	00♓16.0	21 14.4	28 22.2
MAR 2	04 13.9	05 04.2	20 34.4	02♒43.9
12	03 13.5	09 43.6	20D32.9	06 46.4
22	02D57.5	14 14.1	21 08.1	10 30.3
APR 1	03 23.3	18 35.3	22 16.0	13 55.2
11	04 26.0	22 47.3	23 52.2	17 00.1
21	06 00.9	26 49.4	25 52.8	19 42.4
MAY 1	08 02.7	00♈41.0	28 13.5	21 58.8
11	10 26.9	04 21.3	00♌51.2	23 44.3
21	13 09.9	07 49.2	03 42.9	24 51.4
31	16 08.2	11 03.2	06 46.0	25R10.6
JUN 10	19 19.2	14 01.9	09 58.6	24 29.3
20	22 40.9	16 43.0	13 18.9	22 31.0
30	26 11.2	19 03.8	16 45.4	18 59.7
JUL 10	29 48.7	21 01.4	20 16.9	13 43.7
20	03♍32.3	22 31.8	23 52.3	06 49.6
30	07 20.7	23 31.0	27 30.6	28♑55.8
AUG 9	11 13.1	23 54.4	01♍11.0	21 05.6
19	15 08.8	23R37.6	04 52.6	14 22.5
29	19 06.9	22 37.8	08 34.5	09 21.3
SEP 8	23 06.9	20 54.4	12 16.3	06 06.6
18	27 08.0	18 31.4	15 56.8	04 27.0
28	01♎09.5	15 38.8	19 35.3	04D05.5
OCT 8	05 11.0	12 31.8	23 11.0	04 46.6
18	09 11.5	09 29.2	26 42.6	06 18.5
28	13 10.2	06 48.6	00♎09.1	08 31.7
NOV 7	17 06.5	04 43.3	03 29.2	11 19.7
17	20 59.1	03 21.0	06 41.3	14 38.2
27	24 47.0	02 43.5	09 43.6	18 22.9
DEC 7	28 28.9	02D48.8	12 34.3	22 29.7
17	02♏03.2	03 33.3	15 10.7	26 46.2
27	05 28.2	04 51.9	17 30.4	00♒22.4
JAN 6	08♏41.8	06♈40.1	19♎30.3	28R05.1
JAN 1	02N57.8	14S33.2	30N12.3	21S14.9
21	03 18.8	12 27.2	31 10.2	22 43.3
FEB 10	04 48.9	09 54.3	31 14.3	23 00.7
MAR 2	06 46.8	07 06.4	30 28.5	22 46.1
22	08 29.8	04 14.0	29 14.1	22 25.3
APR 11	09 35.6	01 25.8	27 44.3	22 21.1
MAY 1	09 58.0	01N10.1	26 02.1	22 59.4
21	09 38.3	03 26.2	24 06.2	24 54.5
JUN 10	08 40.3	05 14.7	21 55.1	28 52.8
30	07 08.9	06 27.0	19 28.8	35 35.3
JUL 20	05 09.4	06 52.8	16 48.5	43 59.6
AUG 9	02 47.3	06 20.0	13 56.7	49 21.0
29	00 08.3	04 38.0	10 56.6	48 55.3
SEP 18	02S41.7	01 49.4	07 52.2	46 01.9
OCT 8	05 36.7	01S30.5	04 48.2	43 11.4
28	08 30.6	04 17.7	01 49.5	40 44.7
NOV 17	11 16.9	05 45.4	00S58.5	38 18.9
DEC 7	13 49.2	05 48.9	03 29.8	35 13.3
27	16S00.9	04S46.7	05S38.0	29S54.0

1931	Diana 78	Hidalgo 944	Urania 30	Chiron 2060
JAN 1	13♎13.4	07♑12.9	02♒12.7	14R16.3
11	16 14.3	08 52.1	07 11.8	14♉05.2
21	18 43.6	10 30.1	12 15.5	14 00.2
31	20 35.7	12 05.3	17 23.1	14D01.6
FEB 10	21 45.8	13 36.2	22 33.7	14 09.2
20	22 09.0	15 01.2	27 46.9	14 23.0
MAR 2	21R43.0	16 18.8	03♓01.9	14 42.4
12	20 29.8	17 27.4	08 18.2	15 07.0
22	18 36.6	18 25.3	13 35.4	15 36.1
APR 1	16 18.1	19 10.8	18 52.7	16 09.2
11	13 53.3	19 42.5	24 09.6	16 45.3
21	11 41.8	19 59.0	29 25.7	17 23.8
MAY 1	10 00.0	19R59.0	04♈40.1	18 03.9
11	08 57.8	19 41.9	09 52.5	18 44.8
21	08D38.4	19 07.4	15 02.0	19 25.7
31	09 01.3	18 16.3	20 07.7	20 05.8
JUN 10	10 02.2	17 10.3	25 09.0	20 44.4
20	11 36.6	15 51.9	00♉04.6	21 20.7
30	13 39.4	14 25.0	04 53.1	21 54.1
JUL 10	16 05.9	12 54.0	09 33.3	22 23.9
20	18 52.3	11 23.8	14 03.3	22 49.4
30	21 55.0	09 59.6	18 20.5	23 10.0
AUG 9	25 11.1	08 45.5	22 22.6	23 25.3
19	28 38.4	07 45.2	26 05.9	23 34.9
29	02♏14.8	07 01.2	29 26.5	23 38.5
SEP 8	05 58.6	06 34.8	02♊19.6	23R35.9
18	09 48.5	06D26.7	04 39.2	23 27.3
28	13 43.2	06 36.6	06 19.0	23 12.9
OCT 8	17 41.6	07 03.5	07 12.8	22 53.3
18	21 42.9	07 46.4	07R14.9	22 29.0
28	25 46.0	08 43.7	06 23.9	22 01.3
NOV 7	29 50.1	09 53.9	04 44.1	21 31.1
17	03♐54.5	11 15.4	02 28.0	20 59.8
27	07 58.3	12 46.5	29♉57.3	20 28.9
DEC 7	12 00.6	14 25.6	27 36.2	19 59.6
17	16 00.6	16 11.1	25 46.9	19 33.4
27	19 57.3	18 01.5	24 44.2	19 11.3
JAN 6	23♐49.9	19♑55.2	24D33.2	18♉54.3
JAN 1	07S08.5	60S43.4	19S34.7	13N57.1
21	10 34.8	60 41.5	16 53.6	13 53.2
FEB 10	13 18.6	60 55.9	13 37.8	13 56.9
MAR 2	15 03.8	61 28.5	09 53.7	14 07.6
22	15 32.6	62 21.2	05 49.1	14 23.7
APR 11	14 48.1	63 34.3	01 32.5	14 43.3
MAY 1	13 33.7	65 05.3	02N47.5	15 04.4
21	12 43.3	66 46.6	07 02.1	15 25.1
JUN 10	12 43.2	68 23.6	11 02.8	15 43.6
30	13 33.0	69 36.5	14 41.6	15 58.5
JUL 20	15 02.1	70 06.1	17 51.9	16 08.6
AUG 9	16 57.9	69 44.6	20 28.6	16 13.2
29	19 08.6	68 39.8	22 29.5	16 11.7
SEP 18	21 24.1	67 08.6	23 55.1	16 04.2
OCT 8	23 35.3	65 27.6	24 46.0	15 51.4
28	25 34.9	63 47.8	24 57.2	15 34.9
NOV 17	27 16.3	62 15.1	24 18.4	15 16.8
DEC 7	28 34.9	60 52.6	22 59.5	15 00.1

1932	Diana 78	Hidalgo 944	Urania 30	Chiron 2060
JAN 1	21♐54.2	18♑58.0	24R32.2	19R02.1
11	25 44.4	20 52.9	24D47.1	18♉48.0
21	29 28.6	22 48.9	25♉51.0	18 40.0
31	03♑05.8	24 44.4	27 37.7	18D38.4
FEB 10	06 34.8	26 38.2	00♊00.6	18 43.4
20	09 53.8	28 28.5	02 53.6	18 54.7
MAR 1	13 01.4	00♒13.8	06 10.8	19 12.1
11	15 55.5	01 52.6	09 47.7	19 35.0
21	18 34.1	03 23.0	13 40.4	20 03.0
31	20 54.7	04 43.4	17 45.5	20 35.3
APR 10	22 54.5	05 52.0	22 00.6	21 11.2
20	24 30.4	06 46.7	26 23.5	21 49.9
30	25 39.6	07 25.9	00♋52.4	22 30.6
MAY 10	26 18.5	07 47.6	05 26.0	23 12.5
20	26R24.6	07R50.1	10 03.2	23 54.9
30	25 56.4	07 32.6	14 42.9	24 36.9
JUN 9	24 53.9	06 54.3	19 24.4	25 17.8
19	23 20.5	05 55.8	24 07.0	25 56.8
29	21 22.8	04 39.1	28 50.1	26 33.2
JUL 9	19 10.7	03 07.2	03♌33.3	27 06.2
19	16 56.7	01 25.0	08 16.0	27 35.2
29	14 53.2	29♑38.5	12 57.8	27 59.5
AUG 8	13 11.1	27 54.1	17 38.4	28 18.6
18	11 58.0	26 18.2	22 17.3	28 32.0
28	11 17.8	24 56.4	26 53.9	28 39.4
SEP 7	11D11.4	23 52.8	01♍28.0	28R40.4
17	11 37.8	23 10.2	05 58.7	28 35.1
27	12 34.1	22 49.7	10 25.7	28 23.6
OCT 7	13 57.5	22D51.5	14 48.0	28 06.4
17	15 44.6	23 14.6	19 04.6	27 43.9
27	17 52.3	23 57.6	23 14.8	27 17.2
NOV 6	20 17.8	24 58.9	27 17.1	26 47.4
16	22 58.3	26 16.5	01♎10.0	26 15.7
26	25 51.7	27 48.2	04 52.0	25 43.5
DEC 6	28 56.0	29 32.5	08 20.6	25 12.3
16	02♒09.3	01♒27.1	11 33.5	24 43.6
26	05 29.9	03 30.5	14 27.9	24 18.6
JAN 5	08♒56.6	05♒40.9	17♎00.0	23♉58.4
JAN 1	29S37.6	59S25.8	21N35.7	14N45.3
21	29 59.7	58 31.3	21 21.6	14 40.7
FEB 10	30 00.8	57 52.8	21 49.5	14 43.4
MAR 1	29 47.2	57 33.5	22 38.0	14 52.8
21	29 27.8	57 37.1	23 25.6	15 07.7
APR 10	29 12.9	58 07.3	23 55.7	15 26.0
30	29 13.1	59 06.4	23 56.9	15 45.9
MAY 20	29 35.2	60 33.7	23 22.9	16 05.4
JUN 9	30 16.1	62 22.5	22 11.5	16 23.0
29	30 56.9	64 17.9	20 24.1	16 37.2
JUL 19	31 10.1	65 56.5	18 04.3	16 46.9
AUG 8	30 43.3	66 51.1	15 17.6	16 51.4
28	29 47.9	66 43.6	12 10.3	16 50.4
SEP 17	28 40.8	65 35.1	08 49.3	16 43.9
OCT 7	27 29.2	63 42.4	05 21.6	16 32.3
27	26 12.1	61 25.6	01 54.7	16 17.2
NOV 16	24 45.1	58 59.7	01S23.8	16 00.3
DEC 6	23 03.7	56 34.1	04 26.2	15 44.4

1933	Diana 78	Hidalgo 944	Urania 30	Chiron 2060
JAN 1	07♒33.3	04♒48.0	16♎02.1	24R05.8
11	11 03.0	07 01.8	18 19.0	23♉49.0
21	14 36.4	09 20.1	20 07.3	23 38.3
31	18 12.8	11 41.4	21 22.4	23 34.2
FEB 10	21 50.9	14 04.2	21 59.6	23D36.7
20	25 29.6	16 27.0	21R55.7	23 46.0
MAR 2	29 08.2	18 48.6	21 08.4	24 01.6
12	02♓45.4	21 07.2	19 40.0	24 23.2
22	06 20.5	23 21.6	17 37.2	24 50.2
APR 1	09 52.4	25 30.2	15 11.9	25 22.0
11	13 20.0	27 31.1	12 40.9	25 57.8
21	16 42.3	29 22.7	10 21.2	26 36.8
MAY 1	19 58.0	01♓03.0	08 27.6	27 18.3
11	23 05.6	02 29.6	07 10.1	28 01.3
21	26 03.7	03 40.5	06 32.8	28 45.3
31	28 50.2	04 33.1	06D36.0	29 29.2
JUN 10	01♈23.0	05 04.7	07 17.3	00♊12.4
20	03 39.6	05R13.0	08 32.4	00 54.0
30	05 36.9	04 55.8	10 17.3	01 33.2
JUL 10	07 11.5	04 12.1	12 27.8	02 09.4
20	08 19.9	03 01.8	14 59.9	02 41.8
30	08 57.8	01 27.1	17 50.8	03 09.6
AUG 9	09R02.0	29♒32.6	20 57.4	03 32.4
19	08 29.8	27 25.2	24 17.4	03 49.5
29	07 20.6	25 14.0	27 49.1	04 00.4
SEP 8	05 38.1	23 08.7	01♏30.6	04 05.0
18	03 29.5	21 18.4	05 20.5	04R02.9
28	01 07.2	19 50.4	09 17.9	03 54.3
OCT 8	28♓46.7	18 49.6	13 21.3	03 39.5
18	26 43.0	18 18.1	17 30.1	03 18.9
28	25 09.0	18D16.3	21 43.5	02 53.4
NOV 7	24 12.9	18 43.0	26 00.3	02 24.0
17	23D57.8	19 35.9	00♐20.1	01 52.0
27	24 23.8	20 52.6	04 42.1	01 18.9
DEC 7	25 28.2	22 30.4	09 05.4	00 46.1
17	27 07.2	24 26.6	13 29.5	00 15.2
27	29 17.0	26 38.8	17 53.4	29♉47.5
JAN 6	01♈53.2	29♒04.6	22♐16.4	29♉24.5
JAN 1	20S26.6	53S33.4	07S44.9	15N29.3
21	18 06.0	51 25.5	09 36.3	15 24.6
FEB 10	15 30.0	49 30.6	10 39.3	15 26.7
MAR 2	12 41.9	47 52.7	10 41.8	15 35.3
22	09 45.9	46 36.1	09 39.4	15 49.0
APR 11	06 46.6	45 46.3	07 52.4	16 06.0
MAY 1	03 48.9	45 28.5	06 08.6	16 24.5
21	00 58.2	45 47.8	05 11.0	16 42.6
JUN 10	01N39.9	46 46.9	05 14.2	16 58.7
30	03 58.6	48 23.5	06 11.5	17 11.5
JUL 20	05 49.7	50 25.2	07 50.0	17 20.2
AUG 9	07 02.4	52 26.0	09 56.9	17 24.1
29	07 25.2	53 47.5	12 20.5	17 22.9
SEP 18	06 53.4	53 53.3	14 51.0	17 16.8
OCT 8	05 44.0	52 30.4	17 19.1	17 06.2
28	04 36.1	49 53.5	19 36.4	16 52.3
NOV 17	04 06.7	46 29.6	21 35.1	16 36.8
DEC 7	04 31.5	42 41.8	23 08.3	16 22.1
27	[illegible]	38S44.6	24S10.8	16N10.6

1934		Diana 78	Hidalgo 944	Urania 30	Chiron 2060
JAN	1	00♈32.0	27♒50.2	20♐05.0	29R35.4
	11	03 20.1	00♓22.0	24 27.3	29♉15.0
	21	06 29.4	03 04.6	28 47.4	29 00.6
	31	09 57.0	05 56.1	03♑04.2	28 52.8
FEB	10	13 40.1	08 54.8	07 16.9	28D51.9
	20	17 36.7	11 59.6	11 24.3	28 58.0
MAR	2	21 44.8	15 08.9	15 25.0	29 10.9
	12	26 02.9	18 21.7	19 17.6	29 30.2
	22	00♉29.7	21 36.8	23 00.4	29 55.5
APR	1	05 03.9	24 53.2	26 31.4	00♊26.0
	11	09 44.6	28 10.0	29 48.3	01 01.1
	21	14 31.2	01♈26.1	02♒48.1	01 40.0
MAY	1	19 22.6	04 40.4	05 27.5	02 21.9
	11	24 18.4	07 52.1	07 42.9	03 06.0
	21	29 18.1	10 59.8	09 29.5	03 51.5
	31	04♊21.0	14 02.3	10 42.6	04 37.5
JUN	10	09 26.8	16 58.2	11 17.5	05 23.1
	20	14 34.9	19 45.6	11R09.8	06 07.7
	30	19 44.9	22 22.5	10 18.3	06 50.4
JUL	10	24 56.3	24 46.5	08 45.0	07 30.3
	20	00♋08.6	26 54.5	06 38.1	08 06.8
	30	05 21.1	28 42.9	04 12.8	08 39.1
AUG	9	10 33.4	00♉07.5	01 47.5	09 06.5
	19	15 44.5	01 03.1	29♑42.0	09 28.4
	29	20 53.6	01 24.5	28 12.0	09 44.2
SEP	8	25 59.8	01R06.1	27 26.6	09 53.5
	18	01♌01.8	00 03.5	27D29.3	09R56.1
	28	05 58.3	28♈15.7	28 19.0	09 51.7
OCT	8	10 47.6	25 46.4	29 51.5	09 40.6
	18	15 27.5	22 47.0	02♒02.4	09 23.1
	28	19 55.8	19 36.6	04 46.3	08 59.8
NOV	7	24 09.6	16 37.7	07 58.5	08 31.8
	17	28 05.2	14 12.1	11 35.2	08 00.3
	27	01♍38.5	12 35.1	15 32.3	07 26.5
DEC	7	04 44.7	11 54.4	19 47.0	06 52.2
	17	07 17.7	12D11.6	24 16.7	06 18.9
	27	09 11.7	13 23.9	28 59.0	05 48.2
JAN	6	10♍20.0	15♈26.3	03♓52.1	05♊21.5
JAN	1	06N15.6	37S44.8	24S21.2	16N08.4
	21	08 26.4	33 46.1	24 41.2	16 03.6
FEB	10	11 07.7	29 50.4	24 27.6	16 05.0
MAR	2	14 08.6	25 59.5	23 44.2	16 12.5
	22	17 18.2	22 15.4	22 37.7	16 24.9
APR	11	20 25.7	18 39.4	21 17.9	16 40.4
MAY	1	23 20.4	15 13.2	19 57.3	16 57.1
	21	25 51.6	11 57.7	18 50.8	17 13.5
JUN	10	27 48.9	08 53.5	18 14.0	17 27.8
	30	29 03.5	06 00.2	18 18.4	17 39.1
JUL	20	29 28.7	03 14.9	18 58.6	17 46.4
AUG	9	29 01.8	00 31.4	19 46.5	17 49.4
	29	27 44.3	02N21.7	20 11.9	17 47.8
SEP	18	25 42.4	05 41.2	20 04.1	17 41.8
OCT	8	23 06.5	09 38.7	19 23.6	17 32.1
	28	20 09.9	13 58.9	18 09.1	17 19.6
NOV	17	17 08.4	18 07.3	16 17.9	17 05.8
DEC	7	14 19.4	21 58.7	13 48.5	16 52.6
	27	12N01.1	25N57.1	10S42.5	16N42.2

1935		Diana 78	Hidalgo 944	Urania 30	Chiron 2060
JAN	1	09♍51.9	14♈19.1	01♓24.3	05R34.2
	11	10 35.3	16 45.0	06 22.1	05♊10.0
	21	10R26.5	19 53.7	11 28.3	04 51.6
	31	09 26.0	23 40.5	16 41.3	04 39.7
FEB	10	07 40.6	28 01.7	22 00.2	04 34.8
	20	05 26.5	02♉53.9	27 23.8	04D37.2
MAR	2	03 05.0	08 13.9	02♈51.0	04 46.8
	12	00 59.1	13 59.2	08 21.2	05 03.4
	22	29♌27.8	20 06.7	13 53.5	05 26.4
APR	1	28 41.5	26 33.4	19 27.1	05 55.3
	11	28D43.4	03♊16.2	25 01.6	06 29.4
	21	29 31.7	10 11.3	00♉36.1	07 07.9
MAY	1	01♍00.9	17 14.7	06 10.3	07 50.0
	11	03 05.4	24 22.4	11 43.6	08 35.0
	21	05 39.2	01♋30.2	17 15.3	09 21.8
	31	08 36.9	08 34.3	22 45.1	10 09.8
JUN	10	11 54.4	15 31.6	28 12.4	10 58.1
	20	15 27.7	22 18.9	03♊36.7	11 45.7
	30	19 13.6	28 54.5	08 57.4	12 32.0
JUL	10	23 10.1	05♌16.7	14 13.8	13 16.0
	20	27 14.8	11 24.6	19 25.3	13 57.0
	30	01♎26.1	17 17.8	24 31.1	14 34.2
AUG	9	05 42.7	22 56.2	29 30.3	15 06.7
	19	10 03.4	28 19.6	04♋21.6	15 34.0
	29	14 27.2	03♍28.5	09 04.0	15 55.4
SEP	8	18 53.4	08 22.9	13 35.8	16 10.2
	18	23 21.0	13 02.9	17 55.0	16 18.1
	28	27 49.5	17 28.7	21 59.5	16R18.9
OCT	8	02♏18.2	21 40.0	25 46.3	16 12.5
	18	06 46.4	25 36.4	29 12.2	15 59.0
	28	11 13.7	29 17.4	02♌13.0	15 39.1
NOV	7	15 39.2	02♎42.1	04 43.8	15 13.3
	17	20 02.2	05 49.2	06 39.5	14 43.0
	27	24 22.1	08 37.4	07 53.9	14 09.3
DEC	7	28 38.1	11 04.7	08 21.4	13 33.9
	17	02♐49.2	13 08.9	07R58.7	12 58.5
	27	06 54.5	14 47.7	06 45.5	12 24.8
JAN	6	10♐52.8	15♎58.2	04♌48.0	11♊54.3
JAN	1	11N33.3	27N00.4	09S50.7	16N40.2
	21	10 14.9	31 33.3	06 05.8	16 35.7
FEB	10	09 46.1	36 36.9	01 58.5	16 36.8
MAR	2	09 41.5	42 00.2	02N21.7	16 43.5
	22	09 23.8	47 18.7	06 44.5	16 54.5
APR	11	08 31.4	51 51.8	10 59.1	17 08.4
MAY	1	07 01.0	54 45.5	14 54.7	17 23.2
	21	04 55.8	55 12.4	18 21.1	17 37.4
JUN	10	02 21.0	53 05.4	21 09.4	17 49.6
	30	00S37.5	49 03.2	23 12.5	17 58.6
JUL	20	03 53.6	43 58.7	24 26.5	18 03.9
AUG	9	07 20.7	38 34.4	24 51.4	18 05.2
	29	10 52.2	33 17.2	24 31.6	18 02.5
SEP	18	14 21.8	28 22.8	23 36.3	17 56.1
OCT	8	17 43.1	23 59.9	22 18.6	17 46.8
	28	20 50.1	20 14.4	20 55.5	17 35.4
NOV	17	23 37.5	17 10.3	19 47.1	17 23.4
DEC	7	26 01.1	14 50.6	19 13.5	17 12.1
	27	27S58.1	13N17.6	19N25.9	17N03.4

1936		Diana 78	Hidalgo 944	Urania 30	Chiron 2060
JAN	1	08♐54.6	15♎26.6	05R51.5	12R09.0
	11	12 49.0	16 22.2	03♌36.8	11♊40.8
	21	16 34.7	16 45.9	01 01.1	11 17.8
	31	20 10.0	16R36.0	28♋26.1	11 01.3
FEB	10	23 33.3	15 52.2	26 13.6	10 51.9
	20	26 42.8	14 35.9	24 38.5	10D49.9
MAR	1	29 36.0	12 51.3	23 49.3	10 55.6
	11	02♑10.6	10 45.7	23D47.2	11 08.6
	21	04 23.8	08 28.7	24 29.2	11 28.8
	31	06 12.3	06 10.9	25 50.2	11 55.5
APR	10	07 32.8	04 02.9	27 44.6	12 28.0
	20	08 22.0	02 13.0	00♌06.6	13 05.7
	30	08R36.7	00 46.9	02 51.8	13 47.8
MAY	10	08 15.3	29♍47.4	05 55.7	14 33.3
	20	07 17.7	29 14.9	09 14.9	15 21.4
	30	05 46.8	29D08.4	12 46.9	16 11.3
JUN	9	03 49.6	29 25.4	16 29.0	17 02.1
	19	01 36.4	00♎03.5	20 19.5	17 53.0
	29	29♐20.0	00 59.8	24 17.0	18 43.0
JUL	9	27 14.1	02 11.8	28 20.0	19 31.3
	19	25 29.6	03 37.0	02♍27.6	20 17.2
	29	24 14.7	05 13.1	06 38.8	20 59.6
AUG	8	23 33.4	06 58.1	10 52.8	21 37.9
	18	23D26.5	08 50.4	15 09.1	22 11.3
	28	23 52.7	10 48.2	19 26.9	22 38.9
SEP	7	24 49.2	12 50.1	23 45.6	23 00.2
	17	26 12.6	14 54.7	28 04.8	23 14.6
	27	27 59.8	17 00.8	02♎23.7	23 21.6
OCT	7	00♑07.3	19 06.8	06 41.8	23R21.0
	17	02 32.4	21 11.8	10 58.4	23 12.8
	27	05 12.5	23 14.3	15 12.9	22 57.3
NOV	6	08 05.1	25 13.0	19 24.3	22 35.1
	16	11 08.3	27 06.6	23 31.8	22 07.1
	26	14 20.4	28 53.4	27 34.3	21 34.5
DEC	6	17 39.6	00♏32.0	01♏30.6	20 58.9
	16	21 04.7	02 00.9	05 19.3	20 21.9
	26	24 34.2	03 18.1	08 58.8	19 45.4
JAN	5	28♑06.9	04♏22.0	12♏27.2	19♊11.2
JAN	1	28S23.2	13N01.7	19N35.5	17N01.8
	21	29 47.3	12 25.9	20 24.2	16 58.2
FEB	10	30 48.7	12 27.8	21 01.8	16 59.6
MAR	1	31 34.0	12 49.2	21 09.6	17 05.8
	21	32 12.2	13 01.9	20 48.9	17 15.7
APR	10	32 52.6	12 40.0	20 02.6	17 27.8
	30	33 40.9	11 34.6	18 50.1	17 40.5
MAY	20	34 31.7	09 52.9	17 10.4	17 52.2
JUN	9	35 03.5	07 47.6	15 03.9	18 01.6
	29	34 51.2	05 28.8	12 32.6	18 07.7
JUL	19	33 53.8	03 02.9	09 40.0	18 10.1
AUG	8	32 36.5	00 34.0	06 30.4	18 08.8
	28	31 23.5	01S55.2	03 08.7	18 04.0
SEP	17	30 22.5	04 22.4	00S19.6	17 56.3
OCT	7	29 29.7	06 45.4	03 49.2	17 46.6
	27	28 36.8	09 02.3	07 14.4	17 35.9
NOV	16	27 36.1	11 11.1	10 29.4	17 25.4
DEC	6	26 21.6	13 09.6	13 28.8	17 16.4
	26	24S50.0	14S55.8	16S07.8	17N09.9

1937	Diana 78	Hidalgo 944	Urania 30	Chiron 2060
JAN 1	26♑41.5	03♏58.1	11♏05.3	19R24.5
11	00♒15.6	04 53.3	14 26.0	18♊52.4
21	03 51.3	05 32.4	17 31.8	18 25.2
31	07 27.2	05 54.0	20 19.9	18 04.2
FEB 10	11 02.6	05R57.0	22 47.2	17 50.2
20	14 36.3	05 40.6	24 49.6	17 43.8
MAR 2	18 07.3	05 05.2	26 23.3	17D45.4
12	21 34.6	04 11.7	27 23.8	17 55.0
22	24 57.0	03 02.4	27 46.9	18 12.2
APR 1	28 13.2	01 40.7	27R29.7	18 36.6
11	01♓22.1	00 11.0	26 31.3	19 07.5
21	04 22.0	28♎38.3	24 54.3	19 44.3
MAY 1	07 11.3	27 07.9	22 46.7	20 26.2
11	09 48.2	25 44.6	20 21.0	21 12.2
21	12 10.2	24 32.4	17 53.4	22 01.6
31	14 15.0	23 34.5	15 40.7	22 53.4
JUN 10	15 59.7	22 52.5	13 56.1	23 46.8
20	17 20.9	22 27.4	12 48.6	24 40.8
30	18 15.3	22D19.2	12 21.7	25 34.6
JUL 10	18 39.6	22 27.1	12D35.2	26 27.4
20	18R30.7	22 50.1	13 26.8	27 18.1
30	17 47.3	23 26.9	14 52.3	28 06.0
AUG 9	16 30.0	24 15.9	16 47.7	28 50.2
19	14 43.0	25 15.7	19 09.3	29 29.8
29	12 34.3	26 24.7	21 53.1	00♋04.0
SEP 8	10 15.6	27 41.4	24 56.3	00 32.1
18	08 00.9	29 04.4	28 16.2	00 53.3
28	06 03.4	00♏32.3	01♐50.3	01 07.0
OCT 8	04 33.7	02 03.7	05 37.1	01 12.9
18	03 38.8	03 37.3	09 34.6	01R10.7
28	03D21.4	05 11.7	13 41.6	01 00.5
NOV 7	03 41.2	06 45.6	17 56.8	00 42.7
17	04 36.3	08 17.5	22 19.1	00 17.9
27	06 03.2	09 46.2	26 47.6	29♊47.4
DEC 7	07 58.3	11 10.1	01♑21.5	29 12.4
17	10 18.1	12 27.7	05 59.8	28 34.6
27	12 59.1	13 37.6	10 41.8	27 56.1
JAN 6	15♓58.6	14♏38.3	15♑26.9	27♊18.6

1937	Diana 78	Hidalgo 944	Urania 30	Chiron 2060
JAN 1	24S19.1	15S24.9	16S50.9	17N08.7
21	22 24.6	16 51.6	18 57.6	17 07.1
FEB 10	20 14.9	17 59.6	20 36.8	17 09.8
MAR 2	17 53.5	18 45.2	21 46.7	17 16.3
22	15 25.4	19 05.2	22 24.7	17 25.5
APR 11	12 56.4	18 59.9	22 24.6	17 36.1
MAY 1	10 33.1	18 36.4	21 39.6	17 46.5
21	08 22.6	18 07.5	20 18.1	17 55.1
JUN 10	06 33.3	17 46.7	18 54.1	18 00.9
30	05 14.7	17 43.1	18 04.6	18 03.1
JUL 20	04 36.1	18 00.4	18 03.3	18 01.5
AUG 9	04 43.2	18 38.1	18 43.6	17 56.3
29	05 29.4	19 33.8	19 51.1	17 48.0
SEP 18	06 30.1	20 44.1	21 10.3	17 37.6
OCT 8	07 12.6	22 05.4	22 27.3	17 26.3
28	07 15.8	23 34.4	23 29.7	17 15.4
NOV 17	06 33.8	25 08.0	24 07.3	17 06.0
DEC 7	05 09.4	26 43.5	24 12.0	16 59.4

1938	Diana 78	Hidalgo 944	Urania 30	Chiron 2060
JAN 1	14♓26.7	14♏09.2	13♑04.0	27R37.1
11	17 34.4	15 04.6	17 50.4	27♊00.9
21	20 56.6	15 48.6	22 38.7	26 28.6
31	24 31.3	16 19.7	27 28.4	26 01.7
FEB 10	28 16.7	16 36.7	02♒18.8	25 41.7
20	02♈11.2	16R38.7	07 09.1	25 29.2
MAR 2	06 13.5	16 25.4	11 59.0	25D25.0
12	10 22.4	15 56.8	16 47.5	25 29.1
22	14 37.0	15 13.7	21 34.0	25 41.5
APR 1	18 56.4	14 17.7	26 17.7	26 01.9
11	23 19.9	13 11.1	00♓57.8	26 29.8
21	27 46.7	11 57.3	05 33.3	27 04.3
MAY 1	02♉16.5	10 39.8	10 03.2	27 44.8
11	06 48.5	09 22.6	14 25.9	28 30.4
21	11 22.2	08 09.5	18 40.2	29 20.2
31	15 57.3	07 03.9	22 44.2	00♋13.4
JUN 10	20 33.2	06 08.7	26 35.3	01 09.0
20	25 09.3	05 25.7	00♈11.2	02 06.2
30	29 45.1	04 56.3	03 28.2	03 03.9
JUL 10	04♊19.9	04 40.9	06 22.3	04 01.4
20	08 53.0	04D39.5	08 48.9	04 57.6
30	13 23.6	04 51.6	10 42.1	05 51.7
AUG 9	17 50.3	05 16.3	11 56.0	06 42.7
19	22 12.1	05 52.5	12 25.1	07 29.8
29	26 27.3	06 39.1	12R05.2	08 12.1
SEP 8	00♋33.8	07 34.8	10 56.4	08 48.6
18	04 29.3	08 38.2	09 05.6	09 18.6
28	08 10.8	09 48.1	06 47.0	09 41.3
OCT 8	11 34.4	11 03.2	04 22.8	09 56.1
18	14 36.0	12 22.1	02 16.2	10 02.5
28	17 09.8	13 43.5	00 46.6	10R00.3
NOV 7	19 09.9	15 06.2	00 06.2	09 49.6
17	20 29.8	16 28.8	00D18.5	09 30.8
27	21 02.8	17 50.0	01 21.7	09 04.7
DEC 7	20R45.1	19 08.3	03 11.1	08 32.4
17	19 37.2	20 22.3	05 40.0	07 55.6
27	17 46.3	21 30.8	08 42.3	07 16.0
JAN 6	15♋29.6	22♏32.2	12♈12.5	06♋35.8

1938	Diana 78	Hidalgo 944	Urania 30	Chiron 2060
JAN 1	02S32.5	28S41.3	23S24.1	16N55.7
21	00N07.1	30 10.6	22 00.7	16 56.9
FEB 10	03 10.1	31 30.8	19 59.2	17 01.6
MAR 2	06 30.0	32 36.3	17 24.3	17 09.1
22	10 00.4	33 19.9	14 22.8	17 18.3
APR 11	13 34.6	33 35.6	11 02.3	17 27.6
MAY 1	17 05.8	33 22.2	07 31.7	17 35.6
21	20 27.5	32 46.1	04 00.0	17 40.9
JUN 10	23 32.9	32 00.1	00 37.2	17 42.7
30	26 16.0	31 17.6	02N25.8	17 40.3
JUL 20	28 31.5	30 49.0	04 56.3	17 33.7
AUG 9	30 16.0	30 39.5	06 38.5	17 23.4
29	31 29.0	30 50.4	07 14.4	17 10.3
SEP 18	32 14.3	31 20.5	06 33.2	16 55.7
OCT 8	32 40.9	32 07.2	04 56.9	16 41.2
28	33 02.6	33 07.6	03 28.1	16 28.5
NOV 17	33 34.0	34 18.6	03 01.5	16 19.2
DEC 7	34 18.5	35 37.5	03 51.0	16 14.3
27	[illegible]	[illegible]	[illegible]	16N14.0

1939	Diana 78	Hidalgo 944	Urania 30	Chiron 2060
JAN 1	16R39.8	22♏02.4	10♈24.3	06R55.9
11	14♋18.6	22 59.7	14 06.3	06♋16.1
21	12 06.6	23 47.9	18 08.7	05 38.8
31	10 26.5	24 25.4	22 28.0	05 05.9
FEB 10	09 33.1	24 51.2	27 00.6	04 39.0
20	09D32.0	25 04.3	01♉44.1	04 19.3
MAR 2	10 22.9	25R03.8	06 36.1	04 08.0
12	12 00.6	24 49.5	11 34.8	04D05.3
22	14 18.7	24 21.6	16 38.6	04 11.5
APR 1	17 10.8	23 40.7	21 46.2	04 26.5
11	20 30.6	22 48.6	26 56.5	04 49.7
21	24 12.9	21 47.1	02♊08.6	05 20.6
MAY 1	28 13.6	20 39.2	07 21.7	05 58.6
11	02♌28.7	19 28.1	12 35.0	06 42.7
21	06 55.5	18 17.2	17 48.2	07 32.2
31	11 31.5	17 09.8	23 00.5	08 26.0
JUN 10	16 14.8	16 09.0	28 11.5	09 23.2
20	21 03.7	15 17.2	03♋21.0	10 23.0
30	25 57.0	14 36.6	08 28.4	11 24.3
JUL 10	00♍53.5	14 08.1	13 33.3	12 26.3
20	05 52.3	13 52.5	18 35.5	13 28.1
30	10 52.7	13D49.8	23 34.5	14 28.6
AUG 9	15 53.9	13 59.6	28 29.7	15 26.9
19	20 55.5	14 21.4	03♌20.8	16 22.1
29	25 56.7	14 54.2	08 07.2	17 13.1
SEP 8	00♎57.1	15 36.8	12 48.0	17 59.1
18	05 56.3	16 28.3	17 22.7	18 39.2
28	10 53.7	17 27.4	21 50.1	19 12.3
OCT 8	15 48.8	18 32.7	26 09.1	19 37.8
18	20 41.2	19 43.1	00♍18.4	19 54.9
28	25 30.1	20 57.3	04 15.9	20 03.0
NOV 7	00♏15.0	22 14.0	08 00.0	20R02.1
17	04 55.2	23 32.0	11 27.9	19 51.9
27	09 29.7	24 49.8	14 36.6	19 33.1
DEC 7	13 57.8	26 06.1	17 22.8	19 06.4
17	18 18.3	27 19.7	19 42.1	18 33.0
27	22 29.9	28 29.0	21 29.8	17 54.8
JAN 6	26♏31.4	29♏32.8	22♍41.1	17♋13.5

1939	Diana 78	Hidalgo 944	Urania 30	Chiron 2060
JAN 1	34N47.2	37S22.8	06N19.7	16N14.6
21	33 49.7	38 48.8	09 04.2	16 19.7
FEB 10	31 43.8	40 11.8	12 08.8	16 27.8
MAR 2	29 16.1	41 26.0	15 16.6	16 37.7
22	26 49.9	42 23.8	18 12.4	16 47.8
APR 11	24 21.4	42 56.8	20 43.4	16 56.6
MAY 1	21 39.9	42 59.7	22 38.9	17 02.5
21	18 37.8	42 33.6	23 51.2	17 04.5
JUN 10	15 12.3	41 47.1	24 15.9	17 01.8
30	11 24.9	40 53.4	23 52.2	16 54.0
JUL 20	07 19.6	40 05.0	22 42.8	16 41.3
AUG 9	03 01.8	39 30.8	20 53.5	16 24.5
29	01S22.3	39 15.4	18 31.8	16 04.9
SEP 18	05 46.5	39 19.8	15 46.8	15 44.1
OCT 8	10 04.5	39 43.0	12 48.5	15 24.2
28	14 10.2	40 22.7	09 47.6	15 07.6
NOV 17	17 58.2	41 16.4	06 55.8	14 56.2
DEC 7	21 23.8	42 21.5	04 26.1	14 51.5
27	24S23.9	43S35.4	02N33.6	14N53.8

1940		Diana 78	Hidalgo 944	Urania 30	Chiron 2060
JAN	1	24♏32.0	29♏01.7	22♍10.3	17 R34.4
	11	28 27.9	00♐02.2	23 01.5	16♋52.5
	21	02♐10.9	00 55.0	23 R09.3	16 11.0
	31	05 39.3	01 38.7	22 31.4	15 32.2
FEB	10	08 50.7	02 12.3	21 08.8	14 58.0
	20	11 42.3	02 34.3	19 07.8	14 30.3
MAR	1	14 11.1	02 44.1	16 41.4	14 10.4
	11	16 13.7	02 R41.0	14 06.5	13 59.3
	21	17 46.3	02 24.6	11 42.5	13 D57.4
	31	18 45.3	01 55.4	09 45.4	14 04.9
APR	10	19 07.2	01 14.1	08 25.7	14 21.6
	20	18 R49.8	00 22.2	07 48.5	14 47.2
	30	17 53.3	29♏21.9	07 D53.3	15 20.8
MAY	10	16 20.8	28 15.7	08 37.1	16 01.8
	20	14 20.0	27 06.9	09 55.8	16 49.3
	30	12 02.8	25 58.7	11 44.2	17 42.4
JUN	9	09 43.4	24 54.0	13 58.0	18 40.2
	19	07 36.6	23 56.0	16 33.3	19 41.7
	29	05 54.1	23 06.9	19 26.4	20 45.9
JUL	9	04 43.5	22 28.5	22 34.7	21 51.9
	19	04 08.9	22 02.0	25 55.6	22 58.8
	29	04 D09.9	21 47.9	29 27.1	24 05.4
AUG	8	04 44.6	21 D46.4	03♎07.6	25 11.0
	18	05 49.9	21 57.2	06 55.7	26 14.5
	28	07 21.9	22 19.5	10 50.2	27 14.9
SEP	7	09 17.2	22 52.5	14 50.2	28 11.1
	17	11 32.5	23 35.3	18 54.6	29 02.2
	27	14 04.6	24 26.6	23 02.6	29 47.2
OCT	7	16 51.0	25 25.3	27 13.7	00♌25.1
	17	19 49.5	26 30.2	01♏26.9	00 54.9
	27	22 58.0	27 40.0	05 41.7	01 15.9
NOV	6	26 14.9	28 53.5	09 57.3	01 27.6
	16	29 38.5	00♐09.2	14 12.9	01 R29.4
	26	03♑07.5	01 26.1	18 27.8	01 21.4
DEC	6	06 40.8	02 42.7	22 41.3	01 04.0
	16	10 17.0	03 57.6	26 52.3	00 37.9
	26	13 55.0	05 09.6	00♐59.9	00 04.4
JAN	5	17♑34.0	06♐17.2	05♐03.0	29♋25.3
JAN	1	25 S04.8	43 S55.0	02 N13.2	14 N55.4
	21	27 32.2	45 16.2	01 30.3	15 04.9
FEB	10	29 35.9	46 39.0	01 56.9	15 17.9
MAR	1	31 21.0	47 58.3	03 23.5	15 32.0
	21	32 53.7	49 06.5	05 08.5	15 44.9
APR	10	34 15.7	49 54.6	06 21.8	15 54.5
	30	35 17.5	50 14.3	06 38.7	15 59.3
MAY	20	35 35.6	50 02.5	05 59.6	15 58.4
JUN	9	34 52.0	49 23.7	04 34.1	15 51.0
	29	33 23.6	48 28.7	02 32.4	15 37.3
JUL	19	31 50.9	47 31.0	00 03.5	15 17.6
AUG	8	30 41.8	46 41.6	02 S44.7	14 53.1
	28	30 01.8	46 07.9	05 45.0	14 25.2
SEP	17	29 43.1	45 52.9	08 50.7	13 56.1
OCT	7	29 34.1	45 57.2	11 55.1	13 28.4
	27	29 23.8	46 19.5	14 51.7	13 05.0
NOV	16	29 03.6	46 57.8	17 34.3	12 48.6
DEC	6	28 27.4	47 49.8	19 57.1	12 41.4
	26	27 S32.1	48 S53.5	21 S55.3	12 N44.2

1941		Diana 78	Hidalgo 944	Urania 30	Chiron 2060
JAN	1	16♑06.4	05♐50.8	03♐26.4	29 R41.5
	11	19 45.2	06 55.0	07 26.2	29♋00.0
	21	23 23.3	07 52.8	11 19.4	28 16.5
	31	26 59.5	08 42.5	15 04.6	27 33.2
FEB	10	00♒32.7	09 23.0	18 40.0	26 52.7
	20	04 02.0	09 53.0	22 03.5	26 17.2
MAR	2	07 26.1	10 11.5	25 13.0	25 48.4
	12	10 43.8	10 R17.5	28 05.4	25 28.1
	22	13 53.7	10 10.6	00♑37.8	25 16.9
APR	1	16 54.5	09 50.7	02 46.5	25 D15.6
	11	19 44.2	09 18.1	04 27.1	25 24.3
	21	22 21.2	08 33.8	05 35.6	25 42.7
MAY	1	24 43.1	07 39.6	06 07.2	26 10.3
	11	26 47.5	06 37.5	05 R58.5	26 46.6
	21	28 31.7	05 30.4	05 08.2	27 30.6
	31	29 52.6	04 21.4	03 37.6	28 21.6
JUN	10	00♓46.9	03 13.8	01 34.2	29 18.5
	20	01 11.6	02 10.5	29♐10.4	00♌20.4
	30	01 R04.0	01 14.5	26 42.6	01 26.4
JUL	10	00 22.8	00 27.9	24 29.0	02 35.4
	20	29♒08.9	29♏52.4	22 44.3	03 46.4
	30	27 25.9	29 29.1	21 38.5	04 58.5
AUG	9	25 21.5	29 18.5	21 D16.3	06 10.7
	19	23 06.3	29 D20.4	21 37.5	07 21.9
	29	20 53.1	29 34.6	22 39.7	08 31.1
SEP	8	18 54.7	00♐00.3	24 18.9	09 37.4
	18	17 21.2	00 36.6	26 30.5	10 39.5
	28	16 19.4	01 22.6	29 10.5	11 36.6
OCT	8	15 52.7	02 16.9	02♑14.9	12 27.3
	18	16 D01.1	03 18.5	05 40.2	13 10.8
	28	16 43.2	04 26.0	09 23.9	13 46.0
NOV	7	17 56.0	05 38.2	13 23.2	14 12.0
	17	19 36.0	06 53.8	17 36.0	14 28.2
	27	21 40.3	08 11.5	22 00.9	14 33.9
DEC	7	24 05.3	09 29.9	26 35.8	14 R29.1
	17	26 48.3	10 47.8	01♒19.7	14 14.1
	27	29 46.7	12 03.6	06 11.5	13 49.5
JAN	6	02♓58.2	13♐16.1	11♒09.8	13♌16.7
JAN	1	27 S11.6	49 S14.5	22 S25.5	12 N46.9
	21	25 51.1	50 29.8	23 47.6	13 00.9
FEB	10	24 14.1	51 50.7	24 42.1	13 20.0
MAR	2	22 25.2	53 12.7	25 12.3	13 40.3
	22	20 30.5	54 28.9	25 24.8	13 58.1
APR	11	18 37.5	55 30.0	25 28.6	14 10.5
MAY	1	16 54.4	56 06.1	25 32.7	14 15.7
	21	15 30.6	56 10.3	25 40.7	14 12.7
JUN	10	14 35.8	55 42.8	25 44.5	14 01.1
	30	14 18.4	54 51.8	25 30.4	13 41.2
JUL	20	14 39.9	53 50.3	24 59.7	13 13.9
AUG	9	15 28.1	52 51.0	24 30.5	12 40.6
	29	16 16.3	52 03.2	24 13.5	12 03.2
SEP	18	16 38.5	51 32.4	24 04.2	11 24.2
OCT	8	16 24.0	51 20.2	23 50.3	10 46.5
	28	15 34.1	51 26.5	23 18.3	10 13.7
NOV	17	14 12.6	51 49.8	22 17.7	09 49.3
DEC	7	12 22.3	52 28.4	20 41.2	09 36.3
	27	10 S05.8	53 S20.6	18 S26.0	09 N36.5

1942		Diana 78	Hidalgo 944	Urania 30	Chiron 2060
JAN	1	01♓20.9	12♐40.3	08♒39.9	13 R34.0
	11	04 38.2	13 50.6	13 41.1	12♌57.7
	21	08 05.8	14 55.4	18 47.8	12 16.0
	31	11 42.0	15 53.3	23 58.9	11 31.2
FEB	10	15 25.3	16 43.0	29 13.6	10 46.1
	20	19 14.8	17 23.1	04♓31.5	10 03.0
MAR	2	23 09.1	17 52.3	09 51.7	09 24.6
	12	27 07.3	18 09.7	15 13.6	08 53.0
	22	01♈08.6	18 R14.4	20 36.9	08 29.7
APR	1	05 12.1	18 05.7	26 00.6	08 16.1
	11	09 17.2	17 43.7	01♈24.5	08 D12.7
	21	13 23.2	17 08.8	06 48.0	08 19.8
MAY	1	17 29.3	16 22.0	12 10.4	08 37.3
	11	21 35.0	15 25.2	17 31.3	09 04.6
	21	25 39.6	14 20.6	22 50.0	09 41.3
	31	29 42.1	13 11.1	28 05.7	10 26.4
JUN	10	03♉42.0	12 00.1	03♉17.8	11 19.0
	20	07 38.3	10 50.8	08 25.4	12 18.3
	30	11 29.8	09 46.5	13 27.3	13 23.1
JUL	10	15 15.3	08 50.1	18 22.6	14 32.5
	20	18 53.3	08 03.8	23 09.7	15 45.6
	30	22 21.7	07 29.3	27 46.9	17 01.2
AUG	9	25 38.4	07 07.5	02♊12.2	18 18.4
	19	28 40.5	06 59.0	06 22.9	19 36.2
	29	01♊24.5	07 D03.6	10 16.1	20 53.4
SEP	8	03 46.5	07 20.8	13 48.1	22 09.2
	18	05 41.3	07 50.0	16 54.1	23 22.3
	28	07 03.5	08 30.0	19 29.0	24 31.7
OCT	8	07 47.6	09 19.8	21 26.7	25 36.3
	18	07 R48.2	10 18.3	22 40.4	26 34.8
	28	07 02.7	11 24.0	23 04.6	27 26.2
NOV	7	05 32.8	12 35.7	22 R35.6	28 09.4
	17	03 26.6	13 52.2	21 14.5	28 43.3
	27	01 00.8	15 12.0	19 10.5	29 07.1
DEC	7	28♉36.2	16 33.8	16 41.0	29 20.1
	17	26 34.9	17 56.3	14 09.5	29 R21.9
	27	25 14.2	19 18.0	12 00.3	29 12.7
JAN	6	24♉43.0	20♐37.5	10♊30.8	28♌52.8
JAN	1	09 S27.9	53 S35.5	17 S46.1	09 N38.6
	21	06 42.5	54 42.1	14 44.2	09 54.5
FEB	10	03 37.9	55 58.1	11 10.1	10 19.0
MAR	2	00 18.4	57 20.2	07 10.7	10 46.8
	22	03 N11.5	58 43.0	02 54.3	11 12.3
APR	11	06 47.0	59 57.8	01 N30.1	11 31.0
MAY	1	10 23.5	60 53.7	05 53.4	11 39.9
	21	13 56.7	61 19.9	10 06.5	11 37.8
JUN	10	17 22.5	61 11.2	14 00.5	11 24.3
	30	20 37.6	60 31.1	17 27.5	11 00.1
JUL	20	23 39.4	59 31.0	20 21.0	10 26.5
AUG	9	26 26.9	58 24.6	22 36.8	09 45.2
	29	29 00.6	57 23.8	24 14.9	08 58.4
SEP	18	31 21.7	56 36.4	25 19.5	08 09.0
OCT	8	33 27.9	56 06.1	25 58.6	07 20.2
	28	35 03.4	55 53.8	26 19.9	06 35.7
NOV	17	35 32.3	55 58.9	26 21.7	05 59.8
DEC	7	34 28.7	56 20.0	25 51.4	05 36.3
	27	32 N29.5	56 S56.0	24 N53.4	05 N28.4

Diana, Hidalgo, Urania, Chiron

1943		Diana 78	Hidalgo 944	Urania 30	Chiron 2060
JAN	1	24R52.1	19♐58.1	11R09.8	29R04.0
	11	24D47.1	21 16.1	10♊04.4	28♌39.3
	21	25♉33.6	22 29.7	09D50.4	28 05.8
	31	27 07.3	23 37.6	10 26.2	27 25.5
FEB	10	29 22.5	24 38.4	11 47.0	26 40.6
	20	02♊13.3	25 30.5	13 46.7	25 54.1
MAR	2	05 33.7	26 12.6	16 18.5	25 08.5
	12	09 19.0	26 43.5	19 16.8	24 26.6
	22	13 25.0	27 01.8	22 36.5	23 50.8
APR	1	17 47.7	27R06.8	26 13.4	23 23.1
	11	22 24.6	26 57.8	00♋04.1	23 05.0
	21	27 12.8	26 34.7	04 05.9	22 57.3
MAY	1	02♋10.4	25 57.9	08 16.3	23D00.6
	11	07 15.8	25 08.5	12 33.8	23 14.7
	21	12 27.3	24 08.3	16 56.6	23 39.5
	31	17 43.6	22 59.8	21 23.5	24 14.2
JUN	10	23 03.9	21 46.2	25 53.7	24 58.2
	20	28 27.0	20 31.0	00♌26.2	25 50.6
	30	03♌52.2	19 17.9	05 00.2	26 50.2
JUL	10	09 18.8	18 10.3	09 35.4	27 56.3
	20	14 46.2	17 11.4	14 10.9	29 07.7
	30	20 13.7	16 23.6	18 46.5	00♍23.5
AUG	9	25 40.9	15 48.6	23 21.6	01 42.5
	19	01♍07.0	15 27.5	27 55.7	03 03.8
	29	06 31.9	15D20.6	02♍28.5	04 26.4
SEP	8	11 54.7	15 27.8	06 59.4	05 49.0
	18	17 15.0	15 48.5	11 27.7	07 10.8
	28	22 32.4	16 21.7	15 53.2	08 30.6
OCT	8	27 46.1	17 06.6	20 14.9	09 47.2
	18	02♎55.4	18 01.8	24 31.9	10 59.4
	28	07 59.6	19 06.0	28 43.6	12 06.2
NOV	7	12 57.9	20 17.9	02♎48.7	13 06.3
	17	17 49.2	21 36.1	06 45.8	13 58.5
	27	22 32.5	22 59.2	10 33.6	14 41.6
DEC	7	27 06.4	24 25.8	14 10.0	15 14.7
	17	01♏29.3	25 54.5	17 32.9	15 36.9
	27	05 39.7	27 23.9	20 39.9	15 47.7
JAN	6	09♏35.1	28♐52.6	23♎27.7	15R46.7
JAN	1	31N59.5	57S07.1	24N38.5	05N29.0
	21	30 23.1	58 00.3	23 53.6	05 41.7
FEB	10	29 32.7	59 06.1	23 39.9	06 08.0
MAR	2	29 15.4	60 22.9	23 47.6	06 42.2
	22	29 07.4	61 47.6	23 58.0	07 16.7
APR	11	28 46.3	63 13.4	23 54.6	07 44.8
MAY	1	27 54.9	64 30.0	23 26.2	08 01.6
	21	26 22.5	65 24.0	22 26.4	08 04.6
JUN	10	24 05.1	65 43.7	20 53.3	07 53.2
	30	21 04.4	65 25.2	18 48.1	07 28.2
JUL	20	17 25.6	64 35.0	16 14.5	06 51.2
AUG	9	13 16.6	63 26.6	13 17.3	06 04.5
	29	08 46.1	62 14.6	10 02.4	05 10.6
SEP	18	04 03.0	61 09.8	06 36.2	04 12.6
OCT	8	00S44.0	60 18.5	03 05.0	03 13.8
	28	05 27.0	59 43.4	00S24.2	02 18.3
NOV	17	09 58.7	59 24.7	03 44.9	01 30.3
DEC	7	14 12.9	59 22.0	06 49.8	00 54.1
	27	18S04.8	59S34.4	09S32.0	00N33.9

1944		Diana 78	Hidalgo 944	Urania 30	Chiron 2060
JAN	1	07♏39.4	28♐08.5	22♎06.4	15R48.6
	11	11 26.6	29 36.3	24 43.4	15♍41.9
	21	14 55.3	01♑01.1	26 56.0	15 23.9
	31	18 02.4	02 21.7	28 39.8	14 55.9
FEB	10	20 44.2	03 36.3	29 50.4	14 19.3
	20	22 57.0	04 43.6	00♏23.5	13 36.5
MAR	1	24 36.2	05 41.9	00R15.5	12 50.0
	11	25 37.6	06 29.8	29♎25.1	12 02.7
	21	25 57.7	07 05.9	27 54.3	11 17.5
	31	25R33.9	07 28.9	25 50.0	10 37.0
APR	10	24 27.4	07 37.5	23 24.8	10 03.7
	20	22 43.3	07R31.1	20 54.7	09 39.2
	30	20 31.9	07 09.3	18 36.6	09 25.1
MAY	10	18 08.5	06 32.3	16 45.2	09D21.9
	20	15 49.8	05 41.1	15 29.6	09 30.0
	30	13 51.1	04 37.4	14 54.2	09 49.2
JUN	9	12 23.9	03 24.1	14D59.2	10 19.2
	19	11 33.8	02 04.5	15 41.8	10 59.1
	29	11D22.5	00 42.6	16 58.3	11 48.2
JUL	9	11 48.4	29♐22.5	18 44.5	12 45.6
	19	12 47.8	28 08.4	20 56.2	13 50.2
	29	14 16.9	27 03.7	23 29.8	15 01.0
AUG	8	16 11.4	26 11.4	26 22.2	16 17.1
	18	18 27.4	25 33.3	29 30.4	17 37.2
	28	21 01.7	25 10.7	02♏52.4	19 00.5
SEP	7	23 51.3	25D04.0	06 26.1	20 25.7
	17	26 53.7	25 12.9	10 10.0	21 52.0
	27	00♐06.8	25 36.9	14 02.6	23 18.1
OCT	7	03 28.7	26 14.7	18 02.6	24 42.9
	17	06 57.8	27 05.3	22 09.1	26 05.3
	27	10 32.9	28 07.2	26 21.2	27 24.2
NOV	6	14 12.5	29 19.0	00♐37.9	28 38.2
	16	17 55.6	00♑39.3	04 58.4	29 46.3
	26	21 41.2	02 06.6	09 22.1	00♎47.0
DEC	6	25 28.1	03 39.3	13 48.1	01 39.3
	16	29 15.5	05 16.0	18 15.7	02 22.0
	26	03♑02.4	06 55.3	22 44.2	02 54.1
JAN	5	06♑47.7	08♑35.7	27♐12.8	03♎14.8
JAN	1	18S59.0	59S39.8	10S08.1	00N31.7
	21	22 19.3	60 10.8	12 11.1	00 34.9
FEB	10	25 13.5	60 57.0	13 33.0	00 56.4
MAR	1	27 40.9	61 58.6	14 03.4	01 31.6
	21	29 36.1	63 15.0	13 32.8	02 12.8
APR	10	30 42.6	64 43.1	12 05.8	02 51.1
	30	30 37.9	66 15.5	10 16.2	03 19.0
MAY	20	29 22.2	67 39.7	08 52.9	03 31.9
JUN	9	27 37.7	68 39.5	08 25.1	03 28.0
	29	26 14.1	69 00.4	08 55.0	03 07.6
JUL	19	25 34.2	68 37.9	10 11.3	02 32.6
AUG	8	25 36.1	67 40.0	12 00.1	01 45.4
	28	26 07.9	66 22.3	14 08.4	00 49.2
SEP	17	26 56.1	65 00.1	16 24.8	00S12.9
OCT	7	27 48.4	63 43.7	18 39.1	01 17.3
	27	28 34.5	62 38.7	20 42.0	02 20.0
NOV	16	29 06.6	61 47.3	22 25.1	03 16.9
DEC	6	29 19.4	61 10.0	23 41.0	04 03.7
	26	29S09.9	60S46.8	24S24.4	04S36.2

1945		Diana 78	Hidalgo 944	Urania 30	Chiron 2060
JAN	1	05♑17.8	07♑55.5	25♐25.4	03♎07.9
	11	09 01.8	09 35.8	29 53.8	03 21.6
	21	12 42.7	11 14.9	04♑21.0	03R23.2
	31	16 19.3	12 51.2	08 46.2	03 13.0
FEB	10	19 50.6	14 23.3	13 08.7	02 51.8
	20	23 15.3	15 49.5	17 27.2	02 20.7
MAR	2	26 32.1	17 08.2	21 40.8	01 41.8
	12	29 39.7	18 18.0	25 48.4	00 57.3
	22	02♒36.1	19 17.0	29 48.3	00 10.1
APR	1	05 19.5	20 03.7	03♒39.1	29♍23.0
	11	07 48.0	20 36.5	07 19.1	28 38.9
	21	09 58.9	20 53.9	10 45.6	28 00.5
MAY	1	11 49.7	20R54.8	13 56.3	27 29.9
	11	13 17.4	20 38.4	16 47.9	27 08.8
	21	14 18.8	20 04.4	19 16.5	26 58.3
	31	14 50.8	19 13.6	21 17.9	26D59.1
JUN	10	14R51.0	18 07.4	22 47.2	27 11.1
	20	14 17.6	16 48.6	23 39.0	27 34.3
	30	13 11.3	15 20.9	23R48.9	28 08.1
JUL	10	11 35.1	13 48.9	23 14.0	28 51.7
	20	09 35.6	12 17.7	21 54.8	29 44.4
	30	07 23.3	10 52.3	19 58.2	00♎45.0
AUG	9	05 09.8	09 37.1	17 37.0	01 52.7
	19	03 07.9	08 35.8	15 10.3	03 06.4
	29	01 28.2	07 51.0	12 58.9	04 25.0
SEP	8	00 17.7	07 24.1	11 20.1	05 47.5
	18	29♑40.6	07D15.7	10 25.8	07 12.8
	28	29D37.7	07 25.5	10D20.8	08 39.7
OCT	8	00♒07.6	07 52.6	11 04.3	10 07.3
	18	01 08.1	08 35.9	12 33.2	11 34.4
	28	02 35.7	09 33.8	14 42.0	12 59.7
NOV	7	04 27.3	10 44.7	17 25.6	14 22.3
	17	06 40.0	12 07.2	20 39.1	15 40.7
	27	09 10.5	13 39.3	24 17.6	16 53.8
DEC	7	11 56.4	15 19.5	28 17.4	18 00.3
	17	14 55.5	17 06.3	02♓35.3	18 59.0
	27	18 05.7	18 58.1	07 08.1	19 48.8
JAN	6	21♒25.1	20♑53.3	11♓53.6	20♎28.6
JAN	1	29S02.6	60S42.7	24S30.6	04S42.6
	21	28 24.6	60 38.7	24 27.4	04 51.3
FEB	10	27 28.1	60 51.0	23 49.1	04 40.2
MAR	2	26 18.8	61 21.8	22 39.3	04 11.2
	22	25 04.3	62 13.0	21 04.7	03 30.3
APR	11	23 53.5	63 25.2	19 14.7	02 46.3
MAY	1	22 56.6	64 56.0	17 20.7	02 08.5
	21	22 23.9	66 38.0	15 36.6	01 44.0
JUN	10	22 22.9	68 16.8	14 18.6	01 36.8
	30	22 53.2	69 32.2	13 43.7	01 47.7
JUL	20	23 39.5	70 04.6	14 01.6	02 15.3
AUG	9	24 14.3	69 45.1	15 00.0	02 56.9
	29	24 16.9	68 40.8	16 00.8	03 49.5
SEP	18	23 45.7	67 08.8	16 28.2	04 49.3
OCT	8	22 48.8	65 25.9	16 09.0	05 52.7
	28	21 31.9	63 43.5	15 03.2	06 55.9
NOV	17	19 56.3	62 07.9	13 12.7	07 54.9
DEC	7	18 01.4	60 41.9	10 40.3	08 45.8
	27	15S46.4	59S27.4	07S30.3	09S24.8

1946		Diana 78	Hidalgo 944	Urania 30	Chiron 2060
JAN	1	19♒44.3	19♑55.4	09♓29.4	20♎10.0
	11	23 07.9	21 51.8	14 20.6	20 44.4
	21	26 38.3	23 49.4	19 21.3	21 07.4
	31	00♓14.4	25 46.7	24 30.1	21 18.6
FEB	10	03 55.1	27 42.2	29 45.6	21 R17.9
	20	07 39.0	29 34.4	05♈06.2	21 05.5
MAR	2	11 25.3	01♒21.8	10 31.1	20 42.4
	12	15 13.2	03 02.7	15 59.3	20 09.8
	22	19 01.5	04 35.3	21 29.8	19 30.0
APR	1	22 49.6	05 58.1	27 01.8	18 45.2
	11	26 36.7	07 09.0	02♉34.8	17 58.2
	21	00♈21.7	08 06.3	08 07.9	17 11.9
MAY	1	04 04.0	08 47.9	13 40.8	16 29.0
	11	07 42.5	09 12.0	19 12.8	15 52.1
	21	11 16.1	09 R16.9	24 43.3	15 23.2
	31	14 43.8	09 01.4	00♊12.0	15 03.8
JUN	10	18 04.0	08 24.9	05 38.3	14 55.0
	20	21 15.2	07 27.8	11 01.7	14 D57.3
	30	24 15.5	06 11.6	16 21.9	15 10.7
JUL	10	27 02.3	04 39.7	21 38.2	15 35.1
	20	29 33.1	02 56.8	26 50.0	16 09.8
	30	01♉44.6	01 08.8	01♋56.7	16 54.1
AUG	9	03 32.7	29♑22.5	06 57.5	17 47.3
	19	04 53.3	27 44.4	11 51.5	18 48.3
	29	05 41.6	26 20.2	16 37.8	19 56.1
SEP	8	05 R53.0	25 14.5	21 15.0	21 09.7
	18	05 24.5	24 29.9	25 41.5	22 28.0
	28	04 14.8	24 07.9	29 55.8	23 50.0
OCT	8	02 27.8	24 D08.6	03♌55.2	25 14.5
	18	00 12.9	24 31.0	07 37.4	26 40.5
	28	27♈44.7	25 13.9	10 58.9	28 06.7
NOV	7	25 22.3	26 15.4	13 55.7	29 32.1
	17	23 23.4	27 33.4	16 23.5	00♏55.5
	27	22 01.5	29 06.1	18 16.6	02 15.6
DEC	7	21 24.7	00♒51.5	19 29.6	03 31.3
	17	21 D34.9	02 47.6	19 57.3	04 41.3
	27	22 30.3	04 52.7	19 R35.8	05 44.4
JAN	6	24♈07.1	07♒05.0	18♌24.9	06♏39.3
JAN	1	15 S 09.7	59 S 10.7	06 S 37.6	09 S 32.3
	21	12 30.9	58 12.6	02 50.6	09 51.7
FEB	10	09 35.7	57 30.4	01 N 15.8	09 52.9
MAR	2	06 27.1	57 07.4	05 30.9	09 36.0
	22	03 09.2	57 07.6	09 43.6	09 03.6
APR	11	00 N 14.0	57 34.7	13 42.7	08 22.3
MAY	1	03 38.3	58 31.4	17 17.1	07 40.5
	21	06 59.5	59 57.1	20 16.8	07 06.7
JUN	10	10 14.0	61 45.7	22 33.6	06 47.2
	30	13 18.0	63 42.7	24 01.7	06 45.0
JUL	20	16 07.8	65 24.4	24 38.8	07 00.1
AUG	9	18 38.9	66 22.9	24 26.8	07 30.3
	29	20 43.7	66 18.7	23 31.5	08 12.7
SEP	18	22 08.2	65 11.5	22 02.8	09 03.6
OCT	8	22 31.2	63 17.8	20 13.3	09 59.3
	28	21 41.7	60 58.0	18 19.0	10 56.0
NOV	17	20 08.2	58 27.9	16 38.1	11 50.1
DEC	7	18 48.4	55 57.2	15 30.9	12 38.1
	27	18 N 22.3	53 S 31.5	15 N 15.4	13 S 16.9

1947		Diana 78	Hidalgo 944	Urania 30	Chiron 2060
JAN	1	23♈13.8	05♒58.0	19 R06.3	06♏13.0
	11	25 09.5	08 13.3	17♌32.5	07 03.5
	21	27 38.8	10 33.5	15 20.3	07 44.3
	31	00♉37.5	12 57.0	12 45.7	08 14.5
FEB	10	04 00.9	15 22.3	10 10.0	08 33.4
	20	07 45.3	17 48.2	07 53.4	08 40.8
MAR	2	11 47.8	20 13.0	06 11.8	08 R36.5
	12	16 05.4	22 35.4	05 14.3	08 21.2
	22	20 36.0	24 54.0	05 D02.5	07 55.8
APR	1	25 17.8	27 07.2	05 34.5	07 21.8
	11	00♊08.9	29 13.2	06 45.6	06 41.3
	21	05 08.1	01♓10.5	08 30.1	05 56.6
MAY	1	10 14.2	02 56.9	10 43.1	05 10.5
	11	15 26.2	04 30.5	13 19.5	04 25.6
	21	20 43.2	05 48.8	16 15.2	03 44.6
	31	26 04.5	06 49.4	19 27.0	03 09.7
JUN	10	01♋29.2	07 29.6	22 51.9	02 42.9
	20	06 56.8	07 46.8	26 27.6	02 25.4
	30	12 26.7	07 R38.7	00♍12.3	02 18.2
JUL	10	17 58.2	07 03.6	04 04.2	02 D21.8
	20	23 30.8	06 01.0	08 02.3	02 36.1
	30	29 03.9	04 32.3	12 05.3	03 01.0
AUG	9	04♌36.9	02 41.5	16 12.4	03 35.8
	19	10 09.4	00 34.7	20 22.7	04 19.9
	29	15 40.5	28♒21.1	24 35.6	05 12.5
SEP	8	21 09.6	26 10.5	28 50.3	06 12.4
	18	26 36.1	24 12.7	03♎06.3	07 18.9
	28	01♍58.9	22 36.2	07 23.0	08 30.8
OCT	8	07 17.3	21 26.5	11 39.6	09 47.1
	18	12 30.2	20 46.6	15 55.6	11 06.6
	28	17 36.3	20 D37.4	20 10.3	12 28.3
NOV	7	22 34.4	20 57.8	24 22.9	13 51.1
	17	27 22.7	21 45.8	28 32.6	15 13.7
	27	01♎59.3	22 58.9	02♏38.2	16 35.0
DEC	7	06 22.2	24 34.3	06 38.9	17 53.9
	17	10 28.6	26 29.2	10 33.4	19 09.1
	27	14 15.2	28 41.1	14 20.1	20 19.4
JAN	6	17♎38.8	01♓07.5	17♏57.6	21♏23.6
JAN	1	18 N 25.4	52 S 56.3	15 N 20.7	13 S 24.8
	21	19 12.8	50 41.7	16 11.1	13 48.2
FEB	10	20 43.6	48 39.8	17 19.6	13 57.0
MAR	2	22 39.0	46 54.3	18 05.4	13 50.5
	22	24 40.3	45 29.6	18 11.6	13 29.7
APR	11	26 29.8	44 31.1	17 39.7	12 57.9
MAY	1	27 51.6	44 04.2	16 33.7	12 20.9
	21	28 32.3	44 14.2	14 56.5	11 46.0
JUN	10	28 22.1	45 04.6	12 50.7	11 19.9
	30	27 16.1	46 34.2	10 19.8	11 07.4
JUL	20	25 14.4	48 32.6	07 27.8	11 10.0
AUG	9	22 22.0	50 35.3	04 19.5	11 27.3
	29	18 47.1	52 03.7	00 59.9	11 56.6
SEP	18	14 40.1	52 18.5	02 S 25.6	12 34.9
OCT	8	10 12.0	51 01.5	05 51.4	13 18.5
	28	05 34.0	48 25.1	09 12.0	14 03.9
NOV	17	00 56.6	44 56.8	12 21.7	14 47.8
DEC	7	03 S 30.6	41 01.5	15 15.1	15 27.0
	27	07 S 38.5	36 S 54.7	17 S 47.6	15 S 59.1

1948		Diana 78	Hidalgo 944	Urania 30	Chiron 2060
JAN	1	16♎00.2	29♒52.6	16♏10.1	20♏52.3
	11	19 10.6	02♓25.5	19 42.2	21 53.1
	21	21 51.0	05 09.9	23 01.8	22 46.0
	31	23 56.7	08 03.9	26 06.6	23 30.1
FEB	10	25 22.2	11 05.9	28 53.8	24 04.5
	20	26 02.6	14 14.6	01♐20.0	24 28.3
MAR	1	25 R54.9	17 28.5	03 21.6	24 41.3
	11	24 58.8	20 46.7	04 54.4	24 R43.1
	21	23 19.4	24 08.0	05 53.9	24 33.9
	31	21 08.7	27 31.3	06 16.3	24 14.6
APR	10	18 43.6	00♈55.8	05 R58.4	23 46.3
	20	16 24.2	04 20.7	04 59.2	23 10.5
	30	14 28.6	07 44.9	03 21.8	22 29.4
MAY	10	13 08.7	11 07.7	01 13.8	21 45.3
	20	12 30.8	14 27.9	28♏48.1	21 00.6
	30	12 D35.5	17 44.7	26 21.2	20 18.0
JUN	9	13 19.7	20 56.7	24 09.2	19 39.7
	19	14 39.3	24 02.6	22 26.2	19 07.7
	29	16 29.0	27 00.7	21 20.7	18 43.8
JUL	9	18 44.3	29 49.1	20 56.2	18 29.1
	19	21 21.0	02♉25.1	21 D12.7	18 D24.4
	29	24 15.3	04 46.0	22 07.4	18 30.0
AUG	8	27 24.2	06 48.0	23 36.4	18 45.8
	18	00♏45.2	08 26.5	25 35.9	19 11.6
	28	04 16.1	09 36.4	28 01.4	19 46.8
SEP	7	07 55.1	10 11.4	00♐49.8	20 30.7
	17	11 40.9	10 R05.0	03 57.7	21 22.4
	27	15 31.8	09 11.8	07 22.5	22 21.1
OCT	7	19 27.0	07 28.5	11 02.0	23 25.7
	17	23 25.4	04 58.3	14 54.2	24 35.2
	27	27 26.0	01 53.0	18 57.3	25 48.5
NOV	6	01♐28.0	28♈33.1	23 10.2	27 04.5
	16	05 30.5	25 26.2	27 31.4	28 22.1
	26	09 32.6	22 57.6	01♑59.9	29 40.2
DEC	6	13 33.7	21 25.6	06 34.9	00♐57.6
	16	17 32.7	20 D59.4	11 15.2	02 13.0
	26	21 28.7	21 39.4	16 00.1	03 25.5
JAN	5	25♐20.9	23♈22.3	20♑49.1	04♐33.7
JAN	1	08 S 36.5	35 S 52.4	18 S 22.0	16 S 05.7
	21	12 08.9	31 42.6	20 23.8	16 26.0
FEB	10	15 01.8	27 34.3	21 59.5	16 35.6
MAR	1	17 00.3	23 29.3	23 09.4	16 33.8
	21	17 44.9	19 28.9	23 54.1	16 21.2
APR	10	17 10.2	15 33.8	24 11.8	15 59.5
	30	15 51.6	11 44.8	23 55.4	15 31.9
MAY	20	14 46.0	08 01.7	23 00.4	15 03.1
JUN	9	14 27.7	04 23.4	21 43.3	14 38.3
	29	15 01.1	00 47.1	20 39.8	14 22.2
JUL	19	16 16.3	02 N 53.3	20 15.1	14 17.4
AUG	8	18 00.3	06 48.6	20 31.2	14 24.5
	28	20 00.9	11 16.2	21 16.3	14 42.1
SEP	17	22 07.3	16 37.0	22 14.8	15 08.0
OCT	7	24 10.2	22 54.4	23 11.6	15 38.8
	27	26 01.6	29 10.6	23 53.6	16 11.5
NOV	16	27 35.2	33 49.8	24 09.8	16 43.1
DEC	6	28 46.2	36 49.3	23 52.2	17 11.0
	26	29 S 32.0	39 N 27.4	22 S 55.7	17 S 33.1

1949		Diana 78	Hidalgo 944	Urania 30	Chiron 2060
JAN	1	23♐48.5	22♈34.0	18♑53.1	04♐07.0
	11	27 37.8	24 51.9	23 44.0	05 12.1
	21	01♑21.5	28 02.9	28 37.5	06 11.2
	31	04 58.4	02♉00.7	03♒33.3	07 03.2
FEB	10	08 27.1	06 40.0	08 30.6	07 47.0
	20	11 46.3	11 54.9	13 28.6	08 21.7
MAR	2	14 54.3	17 40.7	18 27.0	08 46.7
	12	17 49.2	23 52.3	23 25.0	09 01.5
	22	20 28.9	00♊24.5	28 22.0	09R05.7
APR	1	22 51.1	07 12.1	03♓17.4	08 59.7
	11	24 52.9	14 10.0	08 10.4	08 43.8
	21	26 31.5	21 12.7	13 00.3	08 19.0
MAY	1	27 43.8	28 15.6	17 46.2	07 46.7
	11	28 26.4	05♋14.5	22 27.0	07 08.6
	21	28R36.9	12 05.5	27 01.8	06 26.9
	31	28 13.1	18 46.4	01♈29.0	05 43.7
JUN	10	27 15.2	25 15.0	05 46.7	05 01.4
	20	25 45.9	01♌30.0	09 53.3	04 22.3
	30	23 51.0	07 31.1	13 46.1	03 48.4
JUL	10	21 40.5	13 17.9	17 21.9	03 21.4
	20	19 26.1	18 50.5	20 37.2	03 02.5
	30	17 20.4	24 09.6	23 27.3	02 52.8
AUG	9	15 34.8	29 15.2	25 46.9	02D52.8
	19	14 17.2	04♍07.9	27 30.2	03 02.4
	29	13 31.9	08 48.2	28 30.6	03 21.8
SEP	8	13D20.7	13 16.1	28R42.9	03 50.4
	18	13 42.1	17 31.9	28 04.5	04 27.6
	28	14 34.1	21 35.6	26 37.4	05 12.7
OCT	8	15 53.5	25 26.9	24 32.4	06 04.8
	18	17 37.1	29 05.3	22 08.0	07 03.0
	28	19 41.7	02♎30.3	19 47.6	08 06.3
NOV	7	22 04.6	05 40.8	17 54.9	09 13.6
	17	24 42.8	08 35.6	16 45.9	10 23.8
	27	27 34.3	11 13.4	16D28.8	11 36.0
DEC	7	00♒36.9	13 32.1	17 04.7	12 48.8
	17	03 48.7	15 29.8	18 29.1	14 01.2
	27	07 08.3	17 04.1	20 36.4	15 12.1
JAN	6	10♒33.9	18♎12.5	23♈20.0	16♐20.2
JAN	1	29S40.8	40N19.9	22S30.9	17S38.4
	21	29 54.6	43 43.7	20 42.1	17 51.2
FEB	10	29 47.6	47 47.9	18 15.7	17 56.0
MAR	2	29 26.6	52 08.9	15 16.9	17 53.1
	22	29 00.1	56 02.2	11 52.6	17 43.2
APR	11	28 38.8	58 25.9	08 10.7	17 27.6
MAY	1	28 33.0	58 24.5	04 19.6	17 08.2
	21	28 50.3	55 48.7	00 27.9	16 47.7
JUN	10	29 28.8	51 19.7	03N15.7	16 29.3
	30	30 11.3	45 52.5	06 42.1	16 16.1
JUL	20	30 29.9	40 08.5	09 41.6	16 10.4
AUG	9	30 09.6	34 32.3	12 03.3	16 13.1
	29	29 18.8	29 17.7	13 33.9	16 23.7
SEP	18	28 13.4	24 31.9	13 56.8	16 40.4
OCT	8	27 01.5	20 19.0	13 03.3	17 00.9
	28	25 42.7	16 41.7	11 20.9	17 22.5
NOV	17	24 13.3	13 42.7	09 56.1	17 42.7
DEC	7	22 29.1	11 23.9	09 38.6	17 59.4
	27	20S28.0	09N47.2	10N33.9	18S11.1

1950		Diana 78	Hidalgo 944	Urania 30	Chiron 2060
JAN	1	08♒50.4	17♎41.7	21♈54.1	15♐46.6
	11	12 18.6	18 36.3	24 53.4	16 52.9
	21	15 51.1	19 01.5	28 19.8	17 54.9
	31	19 26.6	18R55.6	02♉08.6	18 51.4
FEB	10	23 04.1	18 18.2	06 15.1	19 41.3
	20	26 42.6	17 10.1	10 36.1	20 23.8
MAR	2	00♓21.0	15 34.9	15 08.6	20 57.8
	12	03 58.4	13 38.8	19 50.0	21 22.9
	22	07 33.9	11 29.7	24 38.5	21 38.4
APR	1	11 06.5	09 17.6	29 32.5	21 44.2
	11	14 35.1	07 12.1	04♊30.4	21R40.2
	21	17 58.7	05 21.5	09 31.3	21 26.9
MAY	1	21 15.9	03 52.0	14 34.1	21 04.9
	11	24 25.5	02 46.7	19 38.1	20 35.7
	21	27 26.0	02 07.0	24 42.6	20 00.4
	31	00♈15.3	01 52.3	29 46.9	19 21.1
JUN	10	02 51.7	02D00.8	04♋50.7	18 39.8
	20	05 12.4	02 30.4	09 53.4	17 58.6
	30	07 14.5	03 18.4	14 54.7	17 19.7
JUL	10	08 54.9	04 22.4	19 54.1	16 44.9
	20	10 09.8	05 40.1	24 51.4	16 16.0
	30	10 55.2	07 09.2	29 46.0	15 54.3
AUG	9	11R07.5	08 47.7	04♌37.6	15 41.0
	19	10 43.6	10 33.9	09 25.8	15D36.5
	29	09 42.7	12 26.1	14 09.9	15 41.4
SEP	8	08 07.1	14 22.8	18 49.5	15 55.4
	18	06 03.0	16 22.6	23 23.8	16 18.3
	28	03 42.2	18 24.1	27 51.8	16 49.7
OCT	8	01 19.4	20 26.1	02♍12.7	17 28.9
	18	29♓10.3	22 27.2	06 25.3	18 15.1
	28	27 28.7	24 26.2	10 27.9	19 07.4
NOV	7	26 23.5	26 21.7	14 18.9	20 04.9
	17	25 59.4	28 12.3	17 56.2	21 06.5
	27	26D16.8	29 56.5	21 17.2	22 11.3
DEC	7	27 13.4	01♏32.9	24 18.9	23 18.0
	17	28 45.9	02 59.6	26 57.5	24 25.7
	27	00♈49.9	04 15.2	29 09.1	25 33.2
JAN	6	03♈21.4	05♏17.8	00♎49.1	26♐39.3
JAN	1	19S55.0	09N29.7	10N57.2	18S13.2
	21	17 32.3	08 45.0	12 57.2	18 17.6
FEB	10	14 54.5	08 36.2	15 23.2	18 16.2
MAR	2	12 04.6	08 49.4	17 54.9	18 09.6
	22	09 06.7	09 02.5	20 15.4	17 58.9
APR	11	06 05.4	08 52.3	22 10.9	17 45.7
MAY	1	03 05.4	08 06.8	23 30.9	17 31.4
	21	00 12.0	06 48.1	24 08.3	17 17.6
JUN	10	02N29.4	05 04.5	24 00.0	17 05.9
	30	04 52.4	03 04.4	23 06.3	16 58.1
JUL	20	06 49.2	00 54.2	21 30.7	16 55.1
AUG	9	08 09.3	01S21.9	19 19.2	16 57.6
	29	08 40.5	03 40.7	16 39.3	17 05.3
SEP	18	08 15.8	05 59.5	13 39.4	17 16.7
OCT	8	07 08.1	08 15.8	10 28.6	17 30.2
	28	05 55.3	10 27.5	07 16.5	17 43.6
NOV	17	05 17.1	12 32.4	04 13.1	17 55.1
DEC	7	05 33.0	14 28.3	01 29.6	18 02.9
	27	06N42.9	16S13.1	00S41.2	18S06.0

1951		Diana 78	Hidalgo 944	Urania 30	Chiron 2060
JAN	1	02♈02.4	04♏48.2	00♎03.3	26♐06.5
	11	04 46.3	05 43.7	01 25.6	27 11.6
	21	07 52.2	06 23.7	02 08.7	28 13.7
	31	11 16.9	06 46.9	02R09.1	29 11.7
FEB	10	14 57.9	06R51.9	01 24.4	00♑04.7
	20	18 52.9	06 38.2	29♍56.5	00 51.5
MAR	2	22 59.7	06 05.7	27 52.5	01 31.4
	12	27 17.0	05 15.5	25 24.9	02 03.5
	22	01♉43.2	04 09.4	22 51.5	02 27.2
APR	1	06 17.2	02 50.8	20 30.5	02 42.0
	11	10 58.1	01 23.6	18 36.9	02 47.6
	21	15 44.8	29♎52.7	17 21.0	02R44.1
MAY	1	20 36.8	28 23.3	16 46.8	02 31.8
	11	25 33.4	27 00.0	16D53.8	02 11.5
	21	00♊34.0	25 47.1	17 39.4	01 44.0
	31	05 38.0	24 47.5	18 58.8	01 10.9
JUN	10	10 45.2	24 03.4	20 47.6	00 33.6
	20	15 54.8	23 35.7	23 01.6	29♐54.2
	30	21 06.5	23 24.5	25 36.7	29 14.4
JUL	10	26 19.8	23D29.4	28 29.7	28 36.4
	20	01♋34.2	23 49.4	01♎37.8	28 02.0
	30	06 49.2	24 23.1	04 58.5	27 32.7
AUG	9	12 04.0	25 09.2	08 30.0	27 10.0
	19	17 18.0	26 06.2	12 10.7	26 54.9
	29	22 30.5	27 12.6	15 59.1	26 48.1
SEP	8	27 40.3	28 26.9	19 54.1	26D49.9
	18	02♌46.4	29 47.7	23 54.7	27 00.6
	28	07 47.5	01♏13.5	27 59.9	27 19.7
OCT	8	12 42.0	02 43.1	02♏09.0	27 47.1
	18	17 27.9	04 15.0	06 21.2	28 22.0
	28	22 03.1	05 47.9	10 35.7	29 03.7
NOV	7	26 24.8	07 20.6	14 51.9	29 51.4
	17	00♍29.6	08 51.5	19 08.9	00♑44.2
	27	04 13.9	10 19.3	23 26.2	01 41.1
DEC	7	07 32.7	11 42.6	27 42.8	02 41.1
	17	10 20.8	12 59.9	01♐57.9	03 43.1
	27	12 32.1	14 09.8	06 10.7	04 46.0
JAN	6	13♍59.9	15♏10.6	10♐20.2	05♑48.8
JAN	1	07N07.9	16S37.3	01S07.2	18S06.0
	21	09 12.9	18 04.7	02 16.5	18 02.8
FEB	10	11 49.4	19 14.5	02 20.4	17 55.1
MAR	2	14 46.1	20 02.5	01 15.8	17 43.8
	22	17 51.6	20 25.0	00N31.5	17 30.5
APR	11	20 54.9	20 21.5	02 09.9	17 16.9
MAY	1	23 44.8	19 58.1	02 58.8	17 04.4
	21	26 10.2	19 27.2	02 47.5	16 54.6
JUN	10	28 00.8	19 02.4	01 43.1	16 48.1
	30	29 07.4	18 53.7	00S03.0	16 45.5
JUL	20	29 23.5	19 05.5	02 19.9	16 46.9
AUG	9	28 46.5	19 38.0	04 58.0	16 52.0
	29	27 18.1	20 29.0	07 49.3	16 59.9
SEP	18	25 04.9	21 35.1	10 46.0	17 09.7
OCT	8	22 17.0	22 53.0	13 41.0	17 19.6
	28	19 07.6	24 19.1	16 27.3	17 28.1
NOV	17	15 52.0	25 50.5	18 58.1	17 33.6
DEC	7	12 46.9	27 24.4	21 07.6	17 35.1
	27	10N09.7	28S58.0	22S50.6	17S31.7

1952		Diana 78	Hidalgo 944	Urania 30	Chiron 2060
JAN	1	13♍21.9	14♏41.4	08♐16.0	05♑17.5
	11	14 25.8	15 37.1	12 23.3	06 19.9
	21	14R38.7	16 21.6	16 25.6	07 20.4
	31	13 58.6	16 53.6	20 21.7	08 18.2
FEB	10	12 29.9	17 11.7	24 09.8	09 12.1
	20	10 25.2	17R15.1	27 48.5	10 01.1
MAR	1	08 03.5	17 03.4	01♑15.9	10 44.4
	11	05 48.7	16 36.5	04 29.3	11 21.1
	21	04 01.5	15 55.2	07 26.5	11 50.4
	31	02 55.8	15 00.9	10 04.2	12 11.8
APR	10	02D38.1	13 56.0	12 18.6	12 24.8
	20	03 07.5	12 43.6	14 05.9	12 29.2
	30	04 20.2	11 27.0	15 21.4	12R25.1
MAY	10	06 10.5	10 10.4	16 00.5	12 12.8
	20	08 32.2	08 57.4	15R59.7	11 53.0
	30	11 20.0	07 51.4	15 16.3	11 26.5
JUN	9	14 29.1	06 55.3	13 52.1	10 54.6
	19	17 55.2	06 11.2	11 53.0	10 19.0
	29	21 35.5	05 40.4	09 30.9	09 41.1
JUL	9	25 27.0	05 23.4	07 02.9	09 03.0
	19	29 27.4	05D20.3	04 46.8	08 26.3
	29	03♎35.2	05 30.6	02 58.8	07 52.8
AUG	8	07 48.8	05 53.6	01 50.0	07 24.2
	18	12 06.8	06 28.1	01D25.2	07 01.6
	28	16 28.5	07 13.1	01 45.4	06 46.1
SEP	7	20 52.7	08 07.2	02 47.9	06 38.5
	17	25 18.7	09 09.2	04 28.4	06D39.0
	27	29 45.9	10 17.8	06 42.6	06 47.8
OCT	7	04♏13.4	11 31.7	09 26.2	07 04.8
	17	08 40.7	12 49.6	12 34.8	07 29.6
	27	13 07.3	14 10.2	16 05.3	08 01.6
NOV	6	17 32.2	15 32.1	19 54.4	08 40.2
	16	21 55.0	16 54.0	23 59.5	09 24.5
	26	26 14.9	18 14.7	28 18.7	10 13.7
DEC	6	00♐31.0	19 32.7	02♒49.8	11 06.9
	16	04 42.6	20 46.7	07 31.4	12 02.9
	26	08 48.7	21 55.1	12 22.0	13 00.9
JAN	5	12♐48.1	22♏56.7	17♒20.3	13♑59.6
JAN	1	09N36.9	29S21.0	23S11.9	17S30.1
	21	07 57.9	30 49.9	24 18.1	17 20.8
FEB	10	07 13.6	32 10.4	24 55.0	17 07.7
MAR	1	07 07.1	33 16.6	25 05.9	16 52.0
	21	07 01.3	34 01.6	24 58.0	16 35.5
APR	10	06 25.9	34 18.9	24 41.0	16 20.1
	30	05 11.0	34 07.0	24 26.8	16 07.5
MAY	20	03 18.1	33 31.7	24 25.6	15 59.2
JUN	9	00 52.9	32 45.3	24 38.4	15 55.7
	29	01S58.0	32 01.4	24 51.8	15 57.1
JUL	19	05 07.5	31 30.6	24 48.7	16 02.5
AUG	8	08 28.6	31 18.6	24 30.1	16 11.0
	28	11 54.4	31 26.9	24 08.0	16 21.1
SEP	17	15 18.1	31 54.5	23 45.3	16 31.4
OCT	7	18 33.3	32 38.9	23 14.2	16 40.3
	27	21 33.7	33 37.3	22 23.5	16 46.5
NOV	16	24 14.1	34 46.7	21 03.4	16 48.6
DEC	6	26 29.9	36 04.2	19 07.6	16 46.0
	26	28S18.8	37S27.1	16S33.9	16S38.2

1953		Diana 78	Hidalgo 944	Urania 30	Chiron 2060
JAN	1	11♐13.2	22♏33.0	15♒20.1	13♑36.1
	11	15 08.1	23 29.7	20 22.5	14 34.9
	21	18 54.6	24 17.3	25 31.0	15 32.9
	31	22 31.0	24 54.4	00♓44.5	16 29.0
FEB	10	25 55.8	25 19.8	06 02.3	17 22.2
	20	29 07.2	25 32.5	11 23.7	18 11.5
MAR	2	02♑02.9	25R31.8	16 47.8	18 56.0
	12	04 40.6	25 17.5	22 14.1	19 34.9
	22	06 57.5	24 49.5	27 41.9	20 07.4
APR	1	08 50.5	24 08.8	03♈10.6	20 32.8
	11	10 16.4	23 16.8	08 39.8	20 50.6
	21	11 11.6	22 15.7	14 08.8	21 00.4
MAY	1	11 33.3	21 08.2	19 37.0	21R02.1
	11	11R19.3	19 57.5	25 04.0	20 55.9
	21	10 28.8	18 47.0	00♉29.3	20 42.1
	31	09 04.5	17 40.1	05 52.0	20 21.4
JUN	10	07 12.1	16 39.6	11 11.7	19 54.7
	20	05 01.1	15 48.2	16 27.5	19 23.2
	30	02 44.4	15 07.8	21 38.6	18 48.4
JUL	10	00 35.0	14 39.5	26 44.2	18 11.8
	20	28♐44.8	14 24.0	01♊42.9	17 35.2
	30	27 22.9	14D21.3	06 33.5	17 00.4
AUG	9	26 33.7	14 31.1	11 14.6	16 28.7
	19	26D19.0	14 52.8	15 43.8	16 01.9
	29	26 37.8	15 25.3	19 59.1	15 40.9
SEP	8	27 27.4	16 07.8	23 57.6	15 26.8
	18	28 44.9	16 59.0	27 35.7	15 20.1
	28	00♑26.7	17 57.7	00♋49.3	15D21.2
OCT	8	02 29.7	19 02.8	03 33.4	15 30.3
	18	04 50.9	20 12.9	05 42.1	15 47.1
	28	07 27.5	21 26.7	07 09.3	16 11.2
NOV	7	10 17.2	22 43.1	07 48.7	16 42.2
	17	13 18.1	24 00.6	07R35.8	17 19.3
	27	16 28.0	25 18.0	06 30.3	18 01.8
DEC	7	19 45.5	26 34.0	04 37.8	18 48.7
	17	23 09.2	27 47.1	02 12.8	19 39.2
	27	26 37.5	28 56.0	29♊37.2	20 32.3
JAN	6	00♒09.3	29♏59.4	27♊14.4	21♑26.9
JAN	1	28S46.2	37S52.6	15S40.5	16S34.9
	21	30 00.3	39 17.9	12 20.6	16 21.0
FEB	10	30 51.8	40 40.4	08 31.4	16 03.5
MAR	2	31 27.5	41 54.3	04 20.4	15 44.0
	22	31 56.6	42 51.8	00N03.5	15 24.6
APR	11	32 29.1	43 24.7	04 30.8	15 07.2
MAY	1	33 11.8	43 27.6	08 52.0	14 53.7
	21	34 01.3	43 01.4	12 57.4	14 45.7
JUN	10	34 38.2	42 14.9	16 37.9	14 43.7
	30	34 35.5	41 20.9	19 45.4	14 47.7
JUL	20	33 46.8	40 32.1	22 13.8	14 56.3
AUG	9	32 33.3	39 57.4	24 00.1	15 08.0
	29	31 19.3	39 41.4	25 05.4	15 20.8
SEP	18	30 14.7	39 45.0	25 36.2	15 32.8
OCT	8	29 16.9	40 07.4	25 44.2	15 42.2
	28	28 18.3	40 46.3	25 44.5	15 47.7
NOV	17	27 11.6	41 39.2	25 48.7	15 48.1
DEC	7	25 51.1	42 43.6	25 53.7	15 42.9
	27	24S13.8	43S56.9	25N41.3	15S32.2

1954		Diana 78	Hidalgo 944	Urania 30	Chiron 2060
JAN	1	28♑23.0	29♏28.5	28R22.8	20♑59.5
	11	01♒56.2	00♐28.5	26♊14.6	21 54.5
	21	05 31.2	01 20.9	24 47.4	22 49.6
	31	09 06.8	02 04.3	24 09.0	23 43.7
FEB	10	12 42.3	02 37.4	24D20.6	24 35.9
	20	16 16.3	02 59.1	25 18.5	25 25.1
MAR	2	19 48.0	03 08.6	26 56.7	26 10.4
	12	23 16.4	03R05.2	29 09.1	26 51.0
	22	26 40.1	02 48.6	01♋49.7	27 26.1
APR	1	29 58.3	02 19.3	04 53.2	27 54.9
	11	03♓09.5	01 37.9	08 15.5	28 16.9
	21	06 12.3	00 46.1	11 52.7	28 31.6
MAY	1	09 05.1	29♏46.0	15 41.9	28 38.8
	11	11 46.1	28 40.0	19 40.9	28R38.3
	21	14 13.0	27 31.5	23 47.5	28 30.4
	31	16 23.6	26 23.6	28 00.3	28 15.4
JUN	10	18 15.0	25 19.3	02♌18.0	27 54.0
	20	19 43.9	24 21.6	06 39.4	27 27.2
	30	20 47.2	23 32.8	11 03.7	26 56.1
JUL	10	21 21.2	22 54.7	15 30.2	26 22.1
	20	21R22.9	22 28.5	19 58.1	25 46.9
	30	20 50.2	22 14.7	24 27.0	25 11.8
AUG	9	19 42.8	22D13.3	28 56.3	24 38.6
	19	18 04.0	22 24.2	03♍25.5	24 08.7
	29	16 00.4	22 46.5	07 54.2	23 43.5
SEP	8	13 42.8	23 19.6	12 21.7	23 24.0
	18	11 25.0	24 02.3	16 47.6	23 11.1
	28	09 20.6	24 53.6	21 11.3	23 05.4
OCT	8	07 41.5	25 52.2	25 32.2	23D07.3
	18	06 35.9	26 57.0	29 49.4	23 16.6
	28	06 07.4	28 06.6	04♎02.3	23 33.3
NOV	7	06D16.9	29 19.9	08 09.6	23 57.0
	17	07 02.6	00♐35.5	12 10.3	24 27.1
	27	08 21.3	01 52.1	16 03.1	25 02.9
DEC	7	10 09.6	03 08.5	19 46.2	25 43.8
	17	12 23.6	04 23.2	23 17.9	26 28.8
	27	15 00.0	05 34.9	26 35.8	27 17.0
JAN	6	17♓55.7	06♐42.1	29♎37.3	28♑07.5
JAN	1	23S46.7	44S16.3	25N34.4	15S28.7
	21	21 47.7	45 37.0	24 59.2	15 11.7
FEB	10	19 33.5	46 59.4	24 28.8	14 51.2
MAR	2	17 07.8	48 18.3	24 09.6	14 28.9
	22	14 35.4	49 26.2	23 51.8	14 06.9
APR	11	12 01.8	50 14.0	23 22.1	13 47.4
MAY	1	09 33.2	50 33.6	22 30.2	13 32.4
	21	07 16.7	50 21.7	21 10.2	13 23.5
JUN	10	05 20.2	49 42.8	19 20.3	13 21.7
	30	03 52.7	48 47.8	17 01.8	13 26.6
JUL	20	03 04.0	47 50.0	14 17.9	13 37.1
AUG	9	03 01.5	47 00.5	11 13.4	13 51.3
	29	03 41.9	46 26.5	07 53.5	14 06.6
SEP	18	04 44.1	46 11.2	04 24.3	14 20.7
OCT	8	05 34.7	46 15.0	00 51.5	14 31.6
	28	05 48.1	46 36.8	02S38.4	14 37.7
NOV	17	05 15.3	47 14.5	05 59.1	14 38.0
DEC	7	03 58.1	48 06.0	09 04.5	14 31.9
	27	02S01.9	49S09.1	11S48.3	14S19.7

1955	Diana 78	Hidalgo 944	Urania 30	Chiron 2060
JAN 1	16♓25.6	06♐09.1	28♎08.8	27♑42.0
11	19 30.0	07 13.7	01♏00.9	28 33.2
21	22 49.6	08 11.8	03 32.0	29 25.2
31	26 22.4	09 02.1	05 38.0	00♒17.1
FEB 10	00♈06.4	09 43.3	07 14.7	01 07.7
20	04 00.0	10 14.1	08 18.0	01 56.1
MAR 2	08 01.9	10 33.4	08 43.2	02 41.6
12	12 10.8	10 40.4	08R27.5	03 23.0
22	16 25.8	10R34.5	07 29.9	03 59.8
APR 1	20 45.9	10 15.6	05 53.0	04 31.1
11	25 10.4	09 44.1	03 44.9	04 56.2
21	29 38.6	09 00.9	01 18.3	05 14.7
MAY 1	04♉10.0	08 07.5	28♎49.6	05 26.2
11	08 43.8	07 06.2	26 35.7	05 30.5
21	13 19.9	05 59.6	24 49.7	05R27.6
31	17 57.5	04 50.8	23 40.6	05 17.7
JUN 10	22 36.2	03 43.2	23 11.9	05 01.3
20	27 15.6	02 39.7	23D23.1	04 39.0
30	01♊55.0	01 43.1	24 11.7	04 11.8
JUL 10	06 33.9	00 55.9	25 33.6	03 40.9
20	11 11.6	00 19.5	27 24.7	03 07.6
30	15 47.2	29♏55.3	29 41.2	02 33.4
AUG 9	20 19.8	29 43.6	02♏19.2	01 59.9
19	24 48.2	29D44.6	05 15.7	01 28.5
29	29 10.7	29 57.8	08 28.3	01 00.5
SEP 8	03♋25.8	00♐22.6	11 54.4	00 37.3
18	07 31.3	00 58.0	15 32.3	00 19.7
28	11 24.2	01 43.2	19 20.4	00 08.6
OCT 8	15 01.5	02 36.8	23 17.3	00 04.5
18	18 18.9	03 37.7	27 21.8	00D07.6
28	21 11.3	04 44.7	01♐32.9	00 17.9
NOV 7	23 33.4	05 56.5	05 49.5	00 35.1
17	25 18.2	07 11.7	10 11.0	00 59.0
27	26 19.2	08 29.2	14 36.5	01 28.9
DEC 7	26R31.1	09 47.5	19 05.1	02 04.2
17	25 51.0	11 05.3	23 36.3	02 44.0
27	24 22.5	12 21.2	28 09.1	03 27.6
JAN 6	22♋18.0	13♐33.9	02♑43.0	04♒14.0

JAN 1	01S27.4	49S26.5	12S25.1	14S15.8
21	01N08.6	50 40.9	14 33.5	13 57.0
FEB 10	04 08.9	52 01.2	16 06.3	13 34.5
MAR 2	07 26.5	53 22.9	16 55.7	13 10.1
22	10 54.6	54 39.3	16 52.3	12 46.0
APR 11	14 26.1	55 41.2	15 51.4	12 24.6
MAY 1	17 54.1	56 18.6	14 10.6	12 08.0
21	21 11.3	56 24.4	12 33.5	11 57.9
JUN 10	24 11.0	55 58.2	11 40.5	11 55.3
30	26 46.6	55 08.2	11 44.5	12 00.3
JUL 20	28 52.4	54 06.9	12 38.6	12 11.7
AUG 9	30 24.7	53 07.2	14 08.6	12 27.5
29	31 22.8	52 18.7	16 00.5	12 44.9
SEP 18	31 50.4	51 46.7	18 01.3	13 01.2
OCT 8	31 56.5	51 33.3	19 59.9	13 13.9
28	31 55.0	51 38.3	21 46.0	13 21.3
NOV 17	32 02.6	52 00.4	23 10.5	13 22.3
DEC 7	32 29.2	52 37.7	24 06.1	13 16.3

1956	Diana 78	Hidalgo 944	Urania 30	Chiron 2060
JAN 1	23R23.7	12♐58.1	00♑26.0	03♒50.5
11	21♋08.0	14 08.6	05 00.2	04 37.9
21	18 48.3	15 13.8	09 34.3	05 26.8
31	16 49.3	16 12.3	14 07.5	06 16.2
FEB 10	15 29.8	17 02.6	18 39.3	07 05.0
20	15D00.6	17 43.4	23 08.5	07 52.4
MAR 1	15 24.2	18 13.5	27 34.4	08 37.4
11	16 37.3	18 31.9	01♒56.0	09 19.2
21	18 34.3	18R37.5	06 12.1	09 57.0
31	21 08.4	18 30.0	10 21.5	10 30.0
APR 10	24 13.1	18 09.1	14 22.8	10 57.5
20	27 42.9	17 35.2	18 14.2	11 19.0
30	01♌32.9	16 49.5	21 53.6	11 34.1
MAY 10	05 39.0	15 53.5	25 18.7	11 42.3
20	09 58.3	14 49.5	28 26.4	11R43.7
30	14 27.8	13 40.5	01♓13.2	11 38.2
JUN 9	19 05.4	12 29.6	03 35.1	11 26.2
19	23 49.5	11 20.2	05 26.8	11 08.1
29	28 38.4	10 15.6	06 43.5	10 44.8
JUL 9	03♍31.1	09 18.6	07 19.7	10 17.1
19	08 26.6	08 31.5	07R10.9	09 46.3
29	13 23.9	07 56.1	06 16.2	09 13.7
AUG 8	18 22.4	07 33.3	04 38.5	08 40.6
18	23 21.5	07 23.8	02 28.2	08 08.6
28	28 20.5	07D27.4	00 02.6	07 39.1
SEP 7	03♎19.1	07 43.6	27♒42.5	07 13.2
17	08 16.5	08 11.9	25 48.8	06 52.2
27	13 12.4	08 51.1	24 36.4	06 36.9
OCT 7	18 06.3	09 40.1	24D13.1	06 27.9
17	22 57.6	10 37.9	24 40.7	06D25.8
27	27 45.7	11 43.1	25 56.1	06 30.6
NOV 6	02♏30.1	12 54.4	27 54.4	06 42.3
16	07 10.0	14 10.5	00♓30.3	07 00.6
26	11 44.6	15 30.1	03 37.8	07 25.1
DEC 6	16 13.1	16 51.8	07 12.2	07 55.3
16	20 34.3	18 14.2	11 09.3	08 30.3
26	24 47.2	19 36.0	15 25.0	09 09.6
JAN 5	28♏50.6	20♐55.8	19♓56.5	09♒52.1

JAN 1	33N01.9	53S43.4	24S26.6	12S59.5
21	32 28.2	54 49.0	24 00.7	12 39.7
FEB 10	30 41.0	56 04.1	22 58.2	12 16.0
MAR 1	28 17.2	57 25.7	21 22.9	11 50.2
21	25 47.0	58 48.4	19 21.2	11 24.6
APR 10	23 12.7	60 03.7	17 01.9	11 01.5
30	20 26.0	61 00.6	14 35.3	10 43.3
MAY 20	17 20.0	61 28.5	12 13.5	10 31.8
JUN 9	13 52.2	61 21.6	10 11.1	10 28.1
29	10 03.8	60 43.0	08 45.2	10 32.5
JUL 19	05 58.9	59 43.6	08 13.3	10 44.1
AUG 8	01 42.7	58 37.3	08 43.9	11 00.7
28	02S38.7	57 36.0	09 58.4	11 19.6
SEP 17	06 59.2	56 47.6	11 09.2	11 37.8
OCT 7	11 12.7	56 16.1	11 34.3	11 52.5
27	15 13.0	56 02.5	10 59.8	12 01.5
NOV 16	18 54.7	56 06.2	09 28.5	12 03.7
DEC 6	22 13.3	56 25.9	07 07.4	11 58.4

1957	Diana 78	Hidalgo 944	Urania 30	Chiron 2060
JAN 1	27♏14.5	20♐24.2	18♓06.2	09♒34.8
11	01♐11.3	21 42.1	22 45.8	10 18.8
21	04 55.8	22 55.6	27 36.8	11 04.8
31	08 26.3	24 03.5	02♈37.4	11 51.7
FEB 10	11 40.4	25 04.007	45.812	38.5
20	14 35.5	25 56.0	13 00.3	13 24.5
MAR 2	17 08.9	26 37.9	18 19.8	14 08.6
12	19 17.0	27 08.5	23 43.1	14 50.1
22	20 56.4	27 26.7	29 09.0	15 28.1
APR 1	22 03.3	27R31.5	04♉36.9	16 01.8
11	22 34.2	27 22.3	10 05.9	16 30.6
21	22R26.7	26 59.0	15 35.2	16 53.9
MAY 1	21 39.9	26 22.0	21 04.5	17 11.2
11	20 16.3	25 32.4	26 33.0	17 22.1
21	18 22.3	24 32.2	02♊00.2	17 26.4
31	16 08.3	23 23.6	07 25.8	17R24.2
JUN 10	13 48.3	22 10.1	12 49.2	17 15.4
20	11 36.9	20 55.0	18 09.9	17 00.7
30	09 46.6	19 42.0	23 27.8	16 40.5
JUL 10	08 26.6	18 34.7	28 42.0	16 15.6
20	07 41.4	17 36.1	03 52.2	15 47.1
30	07D32.0	16 48.6	08 57.9	15 16.2
AUG 9	07 57.1	16 13.9	13 58.4	14 44.2
19	08 53.4	15 53.1	18 52.9	14 12.5
29	10 17.6	15D46.5	23 40.7	13 42.3
SEP 8	12 06.0	15 54.0	28 20.6	13 15.1
18	14 15.2	16 14.9	02♌51.5	12 52.0
28 16	42.116	48.507	119 12	33.9
OCT 8	19 24.2	17 33.6	11 19.7	12 21.7
18	22 18.8	18 29.0	15 13.1	12 15.8
28	25 24.0	19 33.5	18 49.2	12D16.6
NOV 7	28 38.1	20 45.5	22 04.7	12 24.1
17	01♑59.4	22 03.9	24 56.0	12 38.2
27	05 26.5	23 27.2	27 18.2	12 58.5
DEC 7	08 58.1	24 53.9	29 06.4	13 24.5
17	12 32.9	26 22.7	00♍15.4	13 55.7
27	16 10.0	27 52.2	00 39.6	14 31.3
JAN 6	19♑48.1	29♐21.0	00R15.9	15♒10.5

JAN 1	25S52.2	57S13.7	03S03.9	11S40.9
21	28 09.9	58 06.2	00N37.0	11 20.6
FEB 10	30 03.9	59 11.5	04 35.0	10 56.0
MAR 2	31 40.0	60 27.9	08 38.1	10 29.2
22	33 05.0	61 52.3	12 34.4	1002.6
APR 11	34 22.9	63 18.0	16 12.1	09 38.4
MAY 1	35 26.7	64 34.5	19 20.2	09 19.1
21	35 54.2	65 28.7	21 49.4	09 06.5
JUN 10	35 23.3	65 48.7	23 32.2	09 01.9
30	34 02.8	65 30.5	24 24.6	09 05.7
JUL 20	32 29.9	64 40.5	24 25.9	09 17.2
AUG 9	31 15.1	63 32.2	23 39.8	09 34.4
29	30 27.1	62 20.1	22 13.1	09 54.3
SEP 18	29 59.5	61 15.1	20 15.8	10 14.0
OCT 8	29 41.5	60 23.4	18 00.1	10 30.2
28	29 22.3	59 47.7	15 40.1	10 40.7
NOV 17	28 53.3	59 28.3	13 32.1	10 44.0
DEC 7	28 08.5	59 24.8	11 54.7	10 39.4

1958	78	944	30	2060
JAN 1	17♑59.0	28♐36.800	R33.814	♒50.5
11	21 37.2	00♑04.6	29♌45.9	15 31.2
21	25 15.1	01 29.6	28 11.7	16 14.2
31	28 51.4	02 50.1	26 00.0	16 58.6
FEB 10	02♒25.2	04 04.7	23 26.6	17 43.6
20	05 55.4	05 12.0	20 51.0	18 28.2
MAR 2	09 20.9	06 10.2	18 33.6	19 11.6
12	12 40.3	06 58.1	16 49.8	19 52.8
22	15 52.6	07 34.1	15 48.1	20 31.1
APR 1	18 56.2	07 56.9	15D31.5	21 05.7
11	21 49.5	08 05.5	15 57.9	21 35.9
21	24 30.7	07R59.0	17 02.8	22 01.2
MAY 1	26 57.6	07 37.0	18 41.4	22 20.8
11	29 08.0	06 59.9	20 48.2	22 34.6
21	00♓59.2	06 08.5	23 18.7	22 42.0
31	02 28.1	05 04.8	26 09.1	22R43.2
JUN 10	03 31.6	03 51.5	29 15.6	22 38.0
20	04 06.5	02 31.8	02♍35.6	22 26.8
30	04R09.8	01 09.9	06 06.9	22 09.9
JUL 10	03 39.8	29♐49.9	09 47.4	21 48.1
20	02 36.3	28 35.9	13 35.8	21 22.3
30	01 02.1	27 31.4	17 30.5	20 53.4
AUG 9	29♒03.5	26 39.3	21 30.5	20 22.8
19	26 50.1	26 01.5	25 35.0	19 51.5
29	24 34.5	25 39.2	29 43.0	19 21.1
SEP 8	22 29.8	25D32.8	03♎53.8	18 52.8
18	20 46.9	25 42.0	08 06.8	18 27.8
28	19 34.4	26 06.2	12 21.2	18 07.2
OCT 8	18 56.3	26 44.4	16 36.5	17 51.7
18	18D53.8	27 35.3	20 52.0	17 42.2
28	19 25.9	28 37.5	25 07.0	17D38.9
NOV 7	20 29.8	29 49.6	29 20.7	17 42.2
17	22 02.3	01♑10.2	03♏32.5	17 51.9
27	24 00.1	02 37.7	07 41.3	18 07.9
DEC 7	26 19.8	04 10.6	11 46.2	18 29.7
17	28 58.5	05 47.6	15 46.1	18 56.8
27	01♓53.5	07 27.1	19 39.5	19 28.7
JAN 6	05♓02.3	09♑07.7	23♏25.3	20♒04.5
JAN 1	26S45.9	59S41.5	11N05.0	10S23.2
21	25 18.6	60 11.6	11 36.0	10 03.0
FEB 10	23 35.1	60 57.0	12 53.1	09 38.2
MAR 2	21 39.8	61 57.9	14 11.6	09 10.9
22	19 38.7	63 13.8	14 53.0	08 43.4
APR 11	17 38.7	64 41.6	14 46.4	08 18.2
MAY 1	15 48.0	66 13.9	13 56.0	07 57.6
21	14 15.5	67 38.4	12 28.0	07 43.5
JUN 10	13 11.0	68 38.7	10 27.9	07 37.6
30	12 43.2	69 00.2	08 00.9	07 40.3
JUL 20	12 56.0	68 38.2	05 12.2	07 51.0
AUG 9	13 40.7	67 40.7	02 07.2	08 08.0
29	14 33.1	66 23.1	01S08.7	08 28.6
SEP 18	15 04.8	65 00.5	04 30.0	08 49.4
OCT 8	15 00.4	63 43.5	07 50.8	09 07.2
28	14 18.4	62 37.8	11 05.5	09 19.5
NOV 17	13 02.3	61 45.4	14 08.3	09 24.4
DEC 7	11 15.5	61 06.9	16 53.9	09 21.1
27	09S00.9	60S42.5	19S17.7	09S10.0

1959	78	944	30	2060
JAN 1	03♓26.3	08♑17.4	21♏33.5	19♒46.1
11	06 41.3	09 58.0	25 14.8	20 23.6
21	10 07.1	11 37.5	28 45.6	21 03.8
31	13 42.1	13 14.3	02♐03.8	21 45.9
FEB 10	17 25.0	14 47.1	05 07.2	22 29.0
20	21 14.2	16 14.1	07 52.5	23 12.2
MAR 2	25 08.7	17 33.9	10 16.8	23 54.6
12	29 07.6	18 44.8	12 16.1	24 35.4
22	03♈09.9	19 45.1	13 46.2	25 13.8
APR 1	07 14.8	20 33.3	14 42.9	25 49.1
11	11 21.7	21 07.6	15 02.0	26 20.4
21	15 29.8	21 26.7	14R40.6	26 47.2
MAY 1	19 38.5	21R29.4	13 38.1	27 08.8
11	23 47.2	21 14.8	11 57.6	27 25.0
21	27 55.0	20 42.6	09 47.5	27 35.2
31	02♉01.6	19 53.4	07 21.2	27 39.3
JUN 10	06 06.0	18 48.6	04 55.0	27R37.3
20	10 07.2	17 30.8	02 45.9	27 29.3
30	14 04.6	16 03.8	01 07.1	27 15.6
JUL 10	17 56.8	14 31.9	00 06.6	26 56.8
20	21 42.3	13 00.4	29D48.2	26 33.6
30	25 19.6	11 34.1	00♐10.9	26 06.8
AUG 9	28 46.5	10 17.7	01 12.0	25 37.7
19	02♊00.4	09 15.0	02 47.7	25 07.4
29	04 58.4	08 28.5	04 53.5	24 37.2
SEP 8	07 36.4	07 59.9	07 25.7	24 08.2
18	09 50.0	07 49.9	10 20.7	23 41.9
28	11 34.0	07D58.1	13 35.2	23 19.3
OCT 8	12 42.3	08 23.8	17 06.7	23 01.2
18	13 09.5	09 05.8	20 52.9	22 48.6
28	12R51.2	10 02.6	24 51.8	22 41.9
NOV 7	11 45.9	11 12.7	29 01.9	22D41.4
17	09 58.7	12 34.4	03♑21.7	22 47.2
27	07 41.5	14 06.0	07 49.8	22 59.3
DEC 7	05 13.7	15 45.9	12 25.5	23 17.3
17	02 58.3	17 32.5	17 07.4	23 40.7
27	01 15.3	19 24.3	21 54.8	24 09.1
JAN 6	00♊18.7	21♑19.7	26♑47.0	24♒41.7
JAN 1	08S23.4	60S38.6	19S49.9	09S06.0
21	05 38.8	60 32.6	21 42.4	08 46.3
FEB 10	02 34.5	60 42.9	23 09.2	08 21.7
MAR 2	00N45.0	61 11.7	24 12.0	07 54.2
22	04 14.9	62 00.9	24 54.2	07 26.2
APR 11	07 50.3	63 11.4	25 18.1	07 00.1
MAY 1	11 26.4	64 41.0	25 20.9	06 38.4
21	14 58.7	66 22.6	24 54.2	06 23.1
JUN 10	18 22.9	68 02.3	23 57.6	06 15.7
30	21 35.4	69 20.1	22 54.2	06 17.1
JUL 20	24 33.7	69 55.9	22 14.2	06 26.8
AUG 9	27 16.6	69 39.7	22 09.3	06 43.3
29	29 44.9	68 37.7	22 32.7	07 04.1
SEP 18	32 01.2	67 06.6	23 09.6	07 25.8
OCT 8	34 06.6	65 23.3	23 44.6	07 45.0
28	35 51.8	63 39.7	24 04.0	07 58.9
NOV 17	36 45.4	62 02.3	23 56.7	08 05.4
DEC 7	36 09.0	60 34.4	23 14.6	08 03.7
27	34N16.6	59S17.6	21S53.3	07S53.7

1960	78	944	30	2060
JAN 1	00R40.6	20♑21.6	24♑20.4	24♒24.9
11	00♊09.9	22 18.3	29 14.6	24 59.4
21	00D31.6	24 16.2	04♒12.3	25 36.9
31	01 43.2	26 14.1	09 13.1	26 16.7
FEB 10	03 39.7	28 10.4	14 16.0	26 57.9
20	06 14.6	00♒03.5	19 20.6	27 39.7
MAR 1	09 22.0	01 51.9	24 26.3	28 21.1
11	12 56.6	03 34.0	29 32.4	29 01.4
21	16 53.5	05 08.2	04♓38.4	29 39.7
31	21 08.9	06 32.6	09 43.8	00♓15.4
APR 10	25 39.6	07 45.3	14 47.9	00 47.5
20	00♋22.5	08 44.6	19 50.0	01 15.6
30	05 15.7	09 28.5	24 49.5	01 39.0
MAY 10	10 17.1	09 55.0	29 45.5	01 57.2
20	15 25.1	10R02.5	04♈37.2	02 09.8
30	20 38.4	09 49.7	09 23.4	02 16.6
JUN 9	25 55.9	09 15.7	14 02.9	02R17.4
19	01♌16.4	08 21.0	18 34.3	02 12.4
29	06 39.4	07 06.8	22 55.7	02 01.6
JUL 9	12 03.8	05 36.4	27 04.7	01 45.6
19	17 29.1	03 54.4	00♉58.9	01 24.9
29	22 54.8	02 06.4	04 34.7	01 00.4
AUG 8	28 20.2	00 19.3	07 47.9	00 32.9
18	03♍44.8	28♑39.7	10 34.0	00 03.7
28	09 08.1	27 13.6	12 47.0	29♒34.0
SEP 7	14 29.6	26 05.5	14 20.5	29 04.9
17	19 48.8	25 18.4	15 08.6	28 37.7
27	25 05.2	24 53.9	15R05.8	28 13.5
OCT 7	00♎18.1	24D52.3	14 11.1	27 53.4
17	05 26.9	25 12.6	12 29.5	27 38.1
27	10 31.0	25 53.6	10 14.0	27 28.4
NOV 6	15 29.3	26 53.5	07 46.7	27 24.6
16	20 21.1	28 10.3	05 31.8	27D27.0
26	25 05.3	29 42.0	03 50.8	27 35.5
DEC 6	29 40.6	01♒26.7	02 57.9	27 50.0
16	04♏05.7	03 22.3	02D57.5	28 10.0
26	08 18.9	05 27.1	03 48.8	28 35.2
JAN 5	12♏18.1	07♒39.4	05♉26.6	29♒04.8
JAN 1	33N44.4	59S00.3	21S26.6	07S50.0
21	31 49.5	57 59.8	19 15.4	07 31.1
FEB 10	30 34.6	57 15.1	16 27.6	07 06.8
MAR 1	29 53.2	56 49.4	13 08.7	06 39.3
21	29 23.0	56 46.9	09 25.9	06 11.0
APR 10	28 41.5	57 11.4	05 27.2	05 44.3
30	27 31.5	58 05.5	01 20.9	05 21.7
MAY 20	25 42.9	59 29.2	02N44.5	05 05.2
JUN 9	23 11.9	61 16.6	06 40.8	04 56.4
29	20 00.2	63 13.7	10 19.7	04 56.4
JUL 19	16 13.5	64 57.4	13 33.6	05 04.9
AUG 8	11 59.1	65 59.5	16 15.1	05 20.8
28	07 25.6	65 59.4	18 17.1	05 41.4
SEP 17	02 41.5	64 55.4	19 30.1	06 03.7
OCT 7	02S04.9	63 03.1	19 41.2	06 24.0
27	06 46.0	60 43.1	18 42.7	06 39.4
NOV 16	11 14.5	58 11.7	17 02.6	06 47.6
DEC 6	15 24.8	55 38.9	15 44.7	06 47.4
26	19S12.1	53S10.7	15N31.2	06S38.8

1961	Diana 78	Hidalgo 944	Urania 30	Chiron 2060
JAN 1	10♏44.2	06♒45.7	04♉42.3	28♒52.4
11	14 34.1	09 01.7	06 44.7	29 24.4
21	18 06.3	11 22.6	09 22.9	29 59.7
31	21 17.9	13 46.9	12 31.0	00♓37.5
FEB 10	24 05.6	16 13.0	16 03.0	01 17.0
20	26 25.6	18 39.8	19 54.5	01 57.3
MAR 2	28 13.7	21 05.6	24 01.7	02 37.7
12	29 25.7	23 29.1	28 21.2	03 17.3
22	29 57.6	25 48.9	02♊50.6	03 55.3
APR 1	29R46.6	28 03.2	07 27.6	04 30.8
11	28 52.8	00♓10.6	12 10.5	05 03.3
21	27 19.5	02 09.3	16 58.0	05 32.1
MAY 1	25 15.6	03 57.3	21 48.7	05 56.5
11	22 54.7	05 32.6	26 41.7	06 16.0
21	20 32.8	06 52.7	01♋36.3	06 30.2
31	18 26.4	07 55.2	06 31.6	06 38.8
JUN 10	16 47.7	08 37.5	11 27.1	06R41.7
20	15 44.5	08 56.8	16 22.4	06 38.7
30	15 19.8	08R50.8	21 16.9	06 30.1
JUL 10	15D32.5	08 17.8	26 10.2	06 16.3
20	16 20.1	07 16.9	01♌02.1	05 57.6
30	17 38.5	05 49.7	05 51.9	05 34.8
AUG 9	19 23.5	03 59.7	10 39.4	05 08.9
19	21 31.5	01 53.1	15 24.2	04 40.8
29	23 58.8	29♒39.0	20 05.7	04 11.7
SEP 8	26 42.2	27 27.3	24 43.4	03 42.7
18	29 39.4	25 28.1	29 16.7	03 15.2
28	02♐48.0	23 49.8	03♍44.8	02 50.2
OCT 8	06 05.9	22 38.3	08 06.9	02 28.7
18	09 31.8	21 56.9	12 21.8	02 11.8
28	13 03.9	21D46.4	16 28.2	02 00.0
NOV 7	16 41.1	22 05.8	20 24.9	01 53.9
17	20 22.3	22 53.3	24 09.7	01D53.8
27	24 06.0	24 06.1	27 40.6	01 59.7
DEC 7	27 51.6	25 41.4	00♎55.1	02 11.5
17	01♑37.9	27 36.7	03 49.9	02 28.9
27	05 24.0	29 49.1	06 21.4	02 51.5
JAN 6	09♑08.8	02♓16.2	08♎25.7	03♓18.7

JAN 1	20S15.5	52S27.7	15N40.4	06S34.6
21	23 29.7	50 10.8	16 45.3	06 16.3
FEB 10	26 18.4	48 06.5	18 24.4	05 52.4
MAR 2	28 42.3	46 18.4	20 14.3	05 25.0
22	30 38.4	44 51.1	21 55.7	04 56.6
APR 11	31 52.8	43 49.7	23 13.8	04 29.5
MAY 1	32 01.7	43 19.9	23 57.9	04 06.3
21	30 57.5	43 27.0	24 01.6	03 49.1
JUN 10	29 14.0	44 14.7	23 22.6	03 39.4
30	27 42.1	45 41.9	22 01.9	03 38.5
JUL 20	26 49.9	47 38.8	20 03.6	03 46.2
AUG 9	26 39.0	49 40.9	17 33.5	04 01.4
29	26 58.7	51 09.5	14 38.7	04 21.9
SEP 18	27 35.4	51 24.7	11 27.1	04 44.5
OCT 8	28 16.6	50 07.3	08 06.8	05 05.6
28	28 52.0	47 29.3	04 46.3	05 22.0
NOV 17	29 13.5	43 58.5	01 34.5	05 31.4
DEC 7	29 15.9	40 00.0	01S19.1	05 32.4

1962	Diana 78	Hidalgo 944	Urania 30	Chiron 2060
JAN 1	07♑16.6	01♓00.9	07♎27.3	03♓04.6
11	11 00.5	03 34.8	09 16.1	03 33.9
21	14 41.5	06 20.2	10 30.4	04 06.8
31	18 18.8	09 15.5	11 06.0	04 42.5
FEB 10	21 51.3	12 19.1	10R58.8	05 20.2
20	25 17.6	15 29.5	10 07.5	05 59.2
MAR 2	28 36.6	18 45.4	08 34.5	06 38.6
12	01♒46.7	22 05.7	06 27.1	07 17.5
22	04 46.4	25 29.4	03 59.0	07 55.3
APR 1	07 34.0	28 55.4	01 27.2	08 31.0
11	10 07.3	02♈23.0	29♍09.2	09 04.1
21	12 24.0	05 51.2	27 19.8	09 33.8
MAY 1	14 21.7	09 19.2	26 07.9	09 59.5
11	15 57.3	12 46.2	25 37.2	10 20.6
21	17 07.7	16 11.2	25D47.4	10 36.7
31	17 50.0	19 33.3	26 35.0	10 47.6
JUN 10	18R01.2	22 51.4	27 56.2	10 52.8
20	17 39.3	26 04.2	29 46.4	10R52.4
30	16 44.0	29 10.3	02♎01.1	10 46.3
JUL 10	15 17.3	02♉07.8	04 37.1	10 35.0
20	13 25.0	04 54.4	07 30.7	10 18.6
30	11 15.7	07 27.6	10 39.4	09 58.0
AUG 9	09 01.1	09 43.8	14 00.9	09 33.8
19	06 54.0	11 38.8	17 33.2	09 07.0
29	05 05.6	13 07.7	21 14.8	08 38.7
SEP 8	03 44.6	14 04.1	25 04.4	08 10.0
18	02 56.2	14R21.5	29 00.6	07 42.2
28	02D41.9	13 53.1	03♏02.6	07 16.3
OCT 8	03 01.4	12 33.7	07 09.4	06 53.4
18	03 52.2	10 23.4	11 20.2	06 34.6
28	05 11.5	07 29.4	15 34.2	06 20.5
NOV 7	06 56.1	04 10.0	19 50.8	06 11.8
17	09 02.6	00 52.6	24 09.0	06D08.9
27	11 28.1	28♈05.9	28 28.3	06 11.8
DEC 7	14 10.0	26 13.9	02♐47.9	06 20.6
17	17 05.7	25 29.7	07 06.9	06 35.1
27	20 13.2	25D56.5	11 24.6	06 54.8
JAN 6	23♒30.7	27♈31.9	15♐40.0	07♓19.4

JAN 1	28S47.9	34S46.4	04S14.0	05S21.5
21	28 01.2	30 32.5	05 45.2	05 04.2
FEB 10	26 56.4	26 19.5	06 17.8	04 41.0
MAR 2	25 38.8	22 09.2	05 42.1	04 14.0
22	24 15.8	18 02.4	04 07.7	03 45.5
APR 11	22 56.2	13 59.9	02 16.2	03 18.2
MAY 1	21 49.7	10 01.7	00 58.0	02 54.3
21	21 06.8	06 07.4	00 38.8	02 36.0
JUN 10	20 55.8	02 15.2	01 18.1	02 25.1
30	21 18.7	01N39.1	02 44.9	02 22.8
JUL 20	22 03.8	05 42.7	04 46.8	02 29.2
AUG 9	22 45.3	10 08.9	07 12.5	02 43.4
29	22 58.6	15 17.5	09 52.7	03 03.4
SEP 18	22 36.9	21 32.1	12 38.7	03 26.1
OCT 8	21 46.2	28 53.6	15 22.6	03 48.0
28	20 32.6	36 06.0	17 56.8	04 05.6
NOV 17	18 58.2	41 02.1	20 14.1	04 16.5
DEC 7	17 03.1	43 36.4	22 08.2	04 19.0

1963	Diana 78	Hidalgo 944	Urania 30	Chiron 2060
JAN 1	21♒50.9	26♈36.0	13♐32.7	07♓06.6
11	25 12.6	28 43.5	17 46.5	07 33.3
21	28 41.9	01♉49.4	21 56.7	08 03.9
31	02♓17.3	05 47.0	26 02.0	08 37.6
FEB 10	05 57.6	10 29.2	00♑01.1	09 13.6
20	09 41.6	15 49.2	03 52.7	09 51.3
MAR 2	13 28.5	21 40.9	07 35.1	10 29.6
12	17 17.1	27 58.0	11 06.3	11 07.9
22	21 06.7	04♊34.1	14 24.2	11 45.4
APR 1	24 56.5	11 23.5	17 26.2	12 21.2
11	28 45.5	18 19.9	20 09.0	12 54.7
21	02♈33.0	25 18.2	22 29.4	13 25.2
MAY 1	06 18.2	02♋13.7	24 22.9	13 52.1
11	10 00.0	09 02.4	25 45.1	14 14.7
21	13 37.6	15 41.4	26 31.5	14 32.6
31	17 09.8	22 08.7	26R37.4	14 45.4
JUN 10	20 35.2	28 22.9	26 00.8	14 52.8
20	23 52.6	04♌23.4	24 42.1	14R54.7
30	26 59.9	10 10.1	22 46.8	14 51.1
JUL 10	29 55.0	15 43.0	20 26.7	14 42.1
20	02♉35.5	21 02.5	17 58.4	14 28.0
30	04 58.1	26 09.2	15 40.8	14 09.4
AUG 9	06 59.3	01♍03.4	13 51.1	13 47.0
19	08 34.9	05 45.7	12 40.5	13 21.7
29	09 40.1	10 16.4	12D15.4	12 54.3
SEP 8	10 10.4	14 35.6	12 36.4	12 26.0
18	10R01.4	18 43.7	13 40.8	11 58.1
28	09 11.0	22 40.4	15 24.8	11 31.5
OCT 8	07 40.6	26 25.4	17 43.4	11 07.6
18	05 36.8	29 58.4	20 31.9	10 47.1
28	03 12.3	03♎18.6	23 46.5	10 31.0
NOV 7	00 45.1	06 25.0	27 23.1	10 20.0
17	28♈33.8	09 16.5	01♒18.8	10 14.4
27	26 54.7	11 51.5	05 30.9	10D14.6
DEC 7	25 58.5	14 08.3	09 56.9	10 20.7
17	25D49.1	16 04.9	14 35.0	10 32.4
27	26 26.7	17 38.8	19 23.6	10 49.5
JAN 6	27♈47.6	18♎47.8	24♒20.9	11♓11.5

JAN 1	14S10.2	46N07.8	23S50.7	04S09.9
21	11 30.0	48 53.4	24 37.4	03 53.7
FEB 10	08 33.1	52 23.7	24 52.9	03 31.3
MAR 2	05 22.7	56 08.5	24 40.9	03 04.8
22	02 02.9	59 13.6	24 08.4	02 36.5
APR 11	01N22.2	60 30.7	23 25.6	02 08.9
MAY 1	04 48.3	59 13.9	22 45.4	01 44.4
21	08 11.5	55 35.3	22 21.6	01 25.2
JUN 10	11 28.2	50 27.3	22 23.9	01 13.2
30	14 34.8	44 40.9	22 48.8	01 09.5
JUL 20	17 28.2	38 50.2	23 15.2	01 14.6
AUG 9	20 04.6	33 14.2	23 22.8	01 27.7
29	22 18.1	28 02.6	23 10.8	01 47.1
SEP 18	23 56.9	23 20.7	22 44.5	02 09.7
OCT 8	24 39.6	19 11.3	22 01.9	02 32.1
28	24 07.6	15 36.7	20 55.6	02 50.8
NOV 17	22 37.4	12 38.8	19 17.9	03 03.1
DEC 7	21 05.2	10 19.7	17 04.1	03 07.1

1964	78	944	30	2060
JAN 1	27♈02.0	18♎16.6	21♒51.2	10♓59.9
11	28 42.8	19 12.2	26 52.5	11 24.2
21	00♉59.8	19 39.4	02♓00.9	11 52.6
31	03 48.0	19R36.4	07 15.1	12 24.4
FEB 10	07 02.6	19 02.5	12 34.2	12 58.8
20	10 40.0	17 58.7	17 57.4	13 35.0
MAR 1	14 36.4	16 28.0	23 23.9	14 12.4
11	18 48.9	14 35.9	28 52.8	14 50.0
21	23 15.2	12 30.2	04♈23.7	15 27.2
31	27 53.2	10 20.4	09 55.7	16 03.0
APR 10	02♊41.1	08 15.7	15 28.3	16 36.9
20	07 37.5	06 24.4	21 01.1	17 08.1
30	12 41.1	04 53.0	26 33.3	17 35.9
MAY 10	17 50.8	03 44.9	02♉04.5	17 59.9
20	23 05.8	03 01.8	07 34.2	18 19.4
30	28 25.0	02 43.4	13 01.7	18 34.0
JUN 9	03♋47.9	02D48.0	18 26.5	18 43.5
19	09 13.8	03 13.8	23 48.0	18 47.6
29	14 41.9	03 58.2	29 05.4	18R46.2
JUL 9	20 11.8	04 58.8	04♊18.1	18 39.5
19	25 42.9	06 13.3	09 24.9	18 27.6
29	01♌14.4	07 39.5	14 24.9	18 11.1
AUG 8	06 46.2	09 15.3	19 17.1	17 50.5
18	12 17.3	10 59.0	23 59.6	17 26.5
28	17 47.2	12 48.9	28 30.8	17 00.2
SEP 7	23 15.4	14 43.6	02♋48.7	16 32.5
17	28 40.9	16 41.6	06 50.4	16 04.6
27	04♍03.1	18 41.4	10 32.9	15 37.7
OCT 7	09 21.3	20 42.0	13 52.4	15 12.8
17	14 34.1	22 41.8	16 44.0	14 50.9
27	19 40.6	24 39.7	19 02.6	14 33.1
NOV 6	24 39.5	26 34.3	20 42.1	14 19.9
16	29 29.2	28 24.1	21 36.2	14 12.0
26	04♎07.9	00♏07.8	21R40.2	14D09.7
DEC 6	08 33.7	01 43.7	20 51.6	14 13.1
16	12 43.8	03 10.3	19 13.7	14 22.3
26	16 35.6	04 25.8	16 57.7	14 36.8
JAN 5	20♎05.6	05♏28.7	14♋21.7	14♓56.5
JAN 1	20N17.7	08N22.8	13S24.9	02S59.8
21	20 46.0	07 34.4	09 52.1	02 44.8
FEB 10	21 59.9	07 21.4	05 52.7	02 23.3
MAR 1	23 39.9	07 31.6	01 35.0	01 57.3
21	25 26.4	07 44.8	02N51.6	01 29.3
APR 10	27 01.1	07 38.6	07 16.9	01 01.6
30	28 07.8	07 00.2	11 30.9	00 36.6
MAY 20	28 33.2	05 49.6	15 23.6	00 16.7
JUN 9	28 08.2	04 13.8	18 45.7	00 03.5
29	26 48.4	02 20.4	21 29.2	00N01.4
JUL 19	24 34.8	00 15.8	23 28.5	00S02.3
AUG 8	21 32.6	01S55.8	24 41.7	00 14.3
28	17 50.1	04 10.9	25 11.3	00 32.8
SEP 17	13 37.6	06 26.7	25 04.8	00 55.2
OCT 7	09 05.7	08 40.8	24 35.2	01 18.0
27	04 25.1	10 50.8	24 00.0	01 37.6
NOV 16	00S14.3	12 54.5	23 37.8	01 51.2
DEC 6	04 43.0	14 49.7	23 41.1	01 56.7
26	08S53.0	16S34.2	24N01.4	01S53.4

1965	78	944	30	2060
JAN 1	18♎44.4	05♏05.2	15R25.0	14♓48.0
11	21 59.3	05 59.6	12♋48.3	15 10.5
21	24 45.8	06 38.6	10 28.9	15 37.1
31	26 58.9	07 00.8	08 44.7	16 07.3
FEB 10	28 33.4	07R05.1	07 46.6	16 40.4
20	29 24.4	06 50.7	07D37.7	17 15.5
MAR 2	29R28.2	06 17.8	08 15.2	17 51.9
12	28 43.6	05 27.4	09 34.5	18 28.9
22	27 14.6	04 21.4	11 29.3	19 05.6
APR 1	25 10.6	03 03.1	13 53.7	19 41.3
11	22 47.7	01 36.4	16 42.6	20 15.2
21	20 25.5	00 06.3	19 51.3	20 46.8
MAY 1	18 22.0	28♎37.7	23 16.1	21 15.2
11	16 51.5	27 15.3	26 54.0	21 39.9
21	16 01.7	26 03.3	00♌42.4	22 00.5
31	15D54.1	25 04.5	04 39.3	22 16.4
JUN 10	16 27.1	24 21.0	08 43.2	22 27.2
20	17 36.4	23 53.9	12 52.5	22 32.9
30	19 17.1	23 43.1	17 06.2	22R33.1
JUL 10	21 24.7	23D48.3	21 23.5	22 28.1
20	23 54.7	24 08.4	25 43.3	22 17.8
30	26 43.3	24 42.1	00♍05.1	22 02.8
AUG 9	29 47.4	25 28.1	04 28.4	21 43.6
19	03♏04.2	26 24.9	08 52.3	21 20.8
29	06 31.6	27 31.1	13 16.7	20 55.4
SEP 8	10 07.7	28 45.1	17 40.8	20 28.3
18	13 50.8	00♏05.4	22 04.0	20 00.6
28	17 39.6	01 30.9	26 25.9	19 33.5
OCT 8	21 33.1	03 00.0	00♎45.8	19 08.1
18	25 29.9	04 31.4	05 03.0	18 45.4
28	29 29.2	06 03.8	09 16.8	18 26.4
NOV 7	03♐30.2	07 35.9	13 26.1	18 11.8
17	07 31.9	09 06.1	17 30.0	18 02.3
27	11 33.6	10 33.3	21 27.4	17 58.2
DEC 7	15 34.3	11 55.9	25 16.5	17D59.7
17	19 33.1	13 12.5	28 55.9	18 06.9
27	23 29.2	14 21.6	02♏23.7	18 19.6
JAN 6	27♐21.6	15♏21.6	05♏37.3	18♓37.4
JAN 1	10S03.2	17S03.2	24N06.9	01S50.7
21	13 37.4	18 30.0	24 11.7	01 36.5
FEB 10	16 34.3	19 39.4	23 57.0	01 15.7
MAR 2	18 40.3	20 27.2	23 33.0	00 50.3
22	19 35.1	20 49.3	23 01.4	00 22.5
APR 11	19 08.3	20 45.5	22 15.3	00N05.2
MAY 1	17 48.6	20 21.6	21 07.6	00 30.4
21	16 33.2	19 50.1	19 33.6	00 50.8
JUN 10	16 01.9	19 24.6	17 32.1	01 04.5
30	16 22.9	19 15.1	15 04.4	01 10.3
JUL 20	17 27.3	19 26.0	12 13.9	01 07.4
AUG 9	19 01.9	19 57.6	09 04.8	00 56.3
29	20 54.0	20 47.7	05 42.4	00 38.3
SEP 18	22 52.3	21 52.9	02 12.0	00 16.2
OCT 8	24 47.2	23 09.9	01S20.5	00S06.8
28	26 30.4	24 35.4	04 49.3	00 27.0
NOV 17	27 55.4	26 06.1	08 08.4	00 41.4
DEC 7	28 57.6	27 39.4	11 12.0	00 47.9
27	29S34.5	29S12.4	13S54.7	00S45.5

1966	78	944	30	2060
JAN 1	25♐26.0	14♏52.8	04♏02.4	18♓27.9
11	29 16.1	15 47.8	07 08.1	18 48.1
21	03♑01.1	16 31.5	09 55.7	19 12.7
31	06 39.6	17 02.6	12 21.5	19 41.1
FEB 10	10 10.4	17 20.0	14 22.1	20 12.6
20	13 32.1	17R22.8	15 53.0	20 46.5
MAR 2	16 43.2	17 10.4	16 49.8	21 22.0
12	19 41.7	16 43.0	17 08.6	21 58.2
22	22 25.8	16 01.3	16R46.4	22 34.6
APR 1	24 53.1	15 06.8	15 42.7	23 10.3
11	27 01.0	14 01.9	14 01.1	23 44.5
21	28 46.6	12 49.6	11 49.8	24 16.6
MAY 1	00♒06.8	11 33.5	09 22.4	24 45.9
11	00 58.5	10 17.4	06 55.5	25 11.8
21	01 18.7	09 05.0	04 45.1	25 33.8
31	01R05.1	07 59.7	03 04.4	25 51.3
JUN 10	00 17.3	07 04.4	02 01.3	26 04.0
20	28♑56.8	06 21.0	01D38.6	26 11.6
30	27 08.7	05 50.9	01 56.0	26R13.9
JUL 10	25 01.7	05 34.6	02 50.3	26 10.9
20	22 47.0	05D32.0	04 17.6	26 02.8
30	20 37.5	05 42.8	06 13.9	25 49.7
AUG 9	18 44.9	06 06.1	08 35.2	25 32.2
19	17 18.3	06 40.9	11 18.0	25 11.0
29	16 23.3	07 26.0	14 19.3	24 46.7
SEP 8	16 02.1	08 20.2	17 36.4	24 20.4
18	16D14.3	09 22.2	21 07.3	23 53.0
28	16 58.0	10 30.8	24 50.0	23 25.8
OCT 8	18 10.0	11 44.5	28 42.9	22 59.7
18	19 47.2	13 02.2	02♐44.8	22 36.0
28	21 46.6	14 22.5	06 54.3	22 15.5
NOV 7	24 04.9	15 44.1	11 10.5	21 59.2
17	26 39.5	17 05.8	15 32.5	21 47.6
27	29 28.1	18 26.0	19 59.4	21 41.3
DEC 7	02♒28.3	19 43.5	24 30.3	21D40.6
17	05 38.4	20 56.9	29 04.6	21 45.4
27	08 56.6	22 04.8	03♑41.4	21 55.8
JAN 6	12♒21.4	23♏05.7	08♑20.2	22♓11.4
JAN 1	29S39.7	29S35.3	14S31.5	00S43.6
21	29 45.6	31 03.7	16 41.3	00 30.7
FEB 10	29 30.7	32 23.6	18 19.9	00 10.9
MAR 2	29 01.5	33 29.3	19 22.4	00N13.9
22	28 26.6	34 13.5	19 41.7	00 41.3
APR 11	27 56.6	34 30.2	19 09.5	01 08.9
MAY 1	27 42.1	34 17.6	17 49.0	01 34.4
21	27 51.5	33 42.0	16 10.3	01 55.4
JUN 10	28 25.3	32 55.5	14 57.4	02 10.1
30	29 09.3	32 11.7	14 35.8	02 17.1
JUL 20	29 36.0	31 41.0	15 05.7	02 15.5
AUG 9	29 25.8	31 29.0	16 14.8	02 05.6
29	28 42.1	31 37.3	17 48.1	01 48.6
SEP 18	27 39.8	32 04.8	19 31.5	01 26.9
OCT 8	26 28.0	32 49.0	21 12.4	01 03.8
28	25 07.7	33 47.2	22 39.9	00 42.9
NOV 17	23 35.8	34 56.3	23 44.3	00 27.4
DEC 7	21 48.7	36 13.5	24 17.8	00 19.6
27	19S44.4	37S36.1	24S15.0	00N20.5

1967	Diana 78	Hidalgo 944	Urania 30	Chiron 2060
JAN 1	10♒38.2	22♏36.2	06♑00.6	22♓03.0
11	14 05.9	23 33.2	10 40.1	22 21.0
21	17 38.1	24 21.0	15 20.5	22 43.7
31	21 13.8	24 58.6	20 00.9	23 10.3
FEB 10	24 51.9	25 24.5	24 40.9	23 40.3
20	28 31.2	25 37.8	29 19.5	24 12.9
MAR 2	02♓10.9	25R37.9	03♒56.1	24 47.4
12	05 50.0	25 24.2	08 29.8	25 23.0
22	09 27.5	24 57.1	12 59.7	25 59.0
APR 1	13 02.5	24 17.2	17 24.8	26 34.6
11	16 34.0	23 26.0	21 43.9	27 09.1
21	20 00.9	22 25.6	25 55.7	27 41.7
MAY 1	23 22.1	21 18.8	29 58.7	28 11.8
11	26 36.4	20 08.5	03♓51.0	28 38.8
21	29 42.1	18 58.3	07 30.1	29 02.1
31	02♈37.6	17 51.5	10 53.7	29 21.2
JUN 10	05 21.0	16 50.9	13 58.2	29 35.6
20	07 49.8	15 59.3	16 39.5	29 45.1
30	10 01.4	15 18.4	18 53.3	29 49.5
JUL 10	11 52.7	14 49.6	20 34.1	29R48.5
20	13 19.7	14 33.4	21 36.0	29 42.4
30	14 19.0	14D30.1	21R54.4	29 31.3
AUG 9	14 46.2	14 39.2	21 25.3	29 15.6
19	14R38.1	15 00.1	20 09.7	28 55.8
29	13 52.7	15 32.0	18 14.7	28 32.8
SEP 8	12 30.5	16 13.8	15 54.3	28 07.3
18	10 36.5	17 04.4	13 29.9	27 40.4
28	08 20.4	18 02.5	11 23.5	27 13.1
OCT 8	05 55.9	19 07.0	09 53.5	26 46.6
18	03 39.4	20 16.6	09 11.6	26 22.0
28	01 45.7	21 30.0	09D21.4	26 00.3
NOV 7	00 26.1	22 46.0	10 21.5	25 42.3
17	29♓46.9	24 03.2	12 07.5	25 28.8
27	29D49.9	25 20.3	14 33.1	25 20.5
DEC 7	00♈33.8	26 36.2	17 32.8	25 17.5
17	01 55.3	27 49.2	21 01.1	25D20.1
27	03 50.1	28 58.1	24 53.0	25 28.2
JAN 6	06♈14.2	00♐01.5	29♓04.6	25♓41.7
JAN 1	19S10.6	37S57.2	24S08.3	00N22.1
21	16 44.6	39 22.2	23 17.1	00 33.7
FEB 10	14 03.3	40 44.5	21 48.3	00 52.5
MAR 2	11 09.9	41 58.4	19 46.2	01 16.5
22	08 08.3	42 56.2	17 17.3	01 43.5
APR 11	05 03.0	43 29.7	14 29.8	02 11.0
MAY 1	01 58.7	43 33.3	11 33.1	02 36.7
21	00N59.8	43 08.0	08 37.9	02 58.3
JUN 10	03 47.3	42 22.0	05 56.4	03 13.9
30	06 18.0	41 28.2	03 43.3	03 22.0
JUL 20	08 24.6	40 39.3	02 15.9	03 21.7
AUG 9	09 57.5	40 04.1	01 52.0	03 13.0
29	10 44.1	39 47.3	02 38.2	02 57.0
SEP 18	10 33.6	39 50.3	04 07.4	02 35.9
OCT 8	09 31.9	40 11.9	05 22.1	02 12.8
28	08 13.3	40 50.0	05 37.9	01 51.4
NOV 17	07 21.9	41 42.3	04 44.2	01 34.9
DEC 7	07 23.1	42 46.0	02 49.2	01 25.7

1968	Diana 78	Hidalgo 944	Urania 30	Chiron 2060
JAN 1	04♈58.7	29♏30.6	26♓56.5	25♓34.3
11	07 36.0	00♐30.7	01♈16.7	25 50.3
21	10 36.7	01 23.3	05 51.3	26 11.1
31	13 57.4	02 07.0	10 37.9	26 36.0
FEB 10	17 35.4	02 40.5	15 34.2	27 04.5
20	21 28.1	03 02.8	20 38.2	27 35.8
MAR 1	25 33.6	03 12.8	25 48.5	28 09.4
11	29 50.0	03R10.0	01♉03.5	28 44.3
21	04♉15.7	02 54.2	06 21.9	29 19.9
31	08 49.8	02 25.6	11 43.0	29 55.4
APR 10	13 31.0	01 45.0	17 05.7	00♈30.1
20	18 18.3	00 54.0	22 29.2	01 03.2
30	23 11.1	29♏54.5	27 53.0	01 34.1
MAY 10	28 08.7	28 49.1	03♊16.5	02 02.1
20	03♊10.5	27 41.0	08 38.9	02 26.6
30	08 15.9	26 33.3	14 00.1	02 47.2
JUN 9	13 24.4	25 29.2	19 19.5	03 03.3
19	18 35.5	24 31.4	24 36.5	03 14.7
29	23 48.8	23 42.4	29 51.0	03 21.0
JUL 9	29 03.8	23 03.9	05♋02.4	03R22.1
19	04♋19.9	22 37.2	10 10.3	03 18.0
29	09 36.7	22 22.7	15 14.4	03 08.8
AUG 8	14 53.4	22D20.8	20 13.8	02 54.8
18	20 09.5	22 31.0	25 08.2	02 36.7
28	25 24.1	22 52.7	29 56.8	02 14.9
SEP 7	00♌36.3	23 25.1	04♌38.7	01 50.3
17	05 45.1	24 07.2	09 13.0	01 24.0
27	10 49.4	24 57.9	13 38.4	00 56.8
OCT 7	15 47.3	25 55.9	17 53.3	00 30.0
17	20 37.6	27 00.1	21 56.3	00 04.6
27	25 17.9	28 09.3	25 44.9	29♓41.8
NOV 6	29 45.6	29 22.2	29 16.4	29 22.3
16	03♍58.2	00♐37.4	02♍28.0	29 07.1
26	07 51.8	01 53.8	05 15.7	28 56.7
DEC 6	11 22.2	03 09.8	07 35.1	28 51.7
16	14 24.6	04 24.3	09 21.4	28D52.1
26	16 53.0	05 35.9	10 29.1	28 58.1
JAN 5	18♍41.4	06♐43.2	10♍53.6	29♓09.4
JAN 1	08N42.7	44S18.1	00N40.7	01N26.5
21	10 38.3	45 38.2	04 04.6	01 36.9
FEB 10	13 06.9	47 00.3	07 45.4	01 54.6
MAR 1	15 56.2	48 19.0	11 29.6	02 17.8
21	18 54.1	49 27.0	15 04.1	02 44.2
APR 10	21 48.9	50 15.1	18 16.7	03 11.6
30	24 28.6	50 35.4	20 56.4	03 37.4
MAY 20	26 42.0	50 24.4	22 54.4	03 59.6
JUN 9	28 18.3	49 46.2	24 04.5	04 16.0
29	29 08.7	48 51.8	24 23.9	04 25.1
JUL 19	29 07.2	47 54.2	23 53.8	04 26.0
AUG 8	28 12.1	47 04.6	22 38.7	04 18.6
28	26 26.0	46 30.1	20 46.0	04 03.6
SEP 17	23 55.9	46 14.3	18 25.5	03 43.2
OCT 7	20 52.3	46 17.5	15 48.4	03 20.3
27	17 27.9	46 38.6	13 07.2	02 58.5
NOV 16	13 57.2	47 15.6	10 36.1	02 41.0
DEC 6	10 35.9	48 06.5	08 31.2	02 30.7

1969	Diana 78	Hidalgo 944	Urania 30	Chiron 2060
JAN 1	18♍03.2	06♐16.9	10♍49.3	29♓04.3
11	19 24.8	07 20.9	10R46.0	29 18.7
21	19 57.0	08 18.4	09 55.2	29 38.0
31	19R36.8	09 08.1	08 19.6	00♈01.6
FEB 10	18 26.2	09 48.5	06 08.0	00 29.0
20	16 33.4	10 18.6	03 35.1	00 59.4
MAR 2	14 15.6	10 37.2	01 00.5	01 32.2
12	11 54.9	10 43.5	28♌43.6	02 06.6
22	09 52.9	10R37.0	26 59.0	02 41.8
APR 1	08 27.2	10 17.5	25 55.9	03 17.2
11	07 46.8	09 45.5	25D36.6	03 51.9
21	07D53.8	09 01.9	25 59.5	04 25.3
MAY 1	08 45.7	08 08.4	27 00.6	04 56.7
11	10 17.0	07 07.1	28 34.9	05 25.4
21	12 22.2	06 00.6	00♍37.5	05 50.8
31	14 55.7	04 52.3	03 04.0	06 12.4
JUN 10	17 52.2	03 45.1	05 50.2	06 29.8
20	21 07.6	02 42.3	08 53.0	06 42.5
30	24 38.4	01 46.5	12 09.6	06 50.2
JUL 10	28 21.5	01 00.0	15 37.6	06R52.7
20	02♎14.7	00 24.5	19 15.4	06 50.1
30	06 16.1	00 01.0	23 01.1	06 42.3
AUG 9	10 23.8	29♏50.0	26 53.5	06 29.8
19	14 36.8	29D51.6	00♎51.6	06 12.8
29	18 53.8	00♐05.4	04 54.4	05 52.0
SEP 8	23 13.9	00 30.6	09 00.9	05 28.2
18	27 36.2	01 06.4	13 10.6	05 02.3
28	02♏00.0	01 51.8	17 22.6	04 35.3
OCT 8	06 24.5	02 45.6	21 36.3	04 08.4
18	10 49.1	03 46.6	25 51.1	03 42.5
28	15 13.2	04 53.6	00♏06.0	03 18.9
NOV 7	19 35.9	06 05.2	04 20.7	02 58.4
17	23 56.9	07 20.3	08 34.2	02 42.0
27	28 15.0	08 37.5	12 45.7	02 30.2
DEC 7	02♐29.7	09 55.5	16 54.3	02 23.6
17	06 40.1	11 12.9	20 59.0	02D22.5
27	10 45.1	12 28.3	24 58.6	02 27.0
JAN 6	14♐43.9	13♐40.5	28♏51.9	02♈36.8
JAN 1	06N55.3	49S29.7	06N57.4	02N30.0
21	04 57.9	50 44.0	06 58.4	02 39.5
FEB 10	03 58.8	52 04.0	08 03.2	02 56.4
MAR 2	03 50.5	53 25.2	09 38.7	03 19.0
22	03 59.3	54 41.0	10 54.7	03 45.1
APR 11	03 46.5	55 42.0	11 21.2	04 12.2
MAY 1	02 53.3	56 18.4	10 54.8	04 38.0
21	01 18.3	56 23.3	09 42.8	05 00.3
JUN 10	00S52.7	55 56.7	07 53.5	05 17.2
30	03 32.1	55 06.5	05 34.2	05 26.9
JUL 20	06 31.8	54 05.5	02 51.6	05 28.6
AUG 9	09 44.2	53 06.3	00S07.9	05 22.0
29	13 01.7	52 18.4	03 18.4	05 07.8
SEP 18	16 17.4	51 46.9	06 33.8	04 47.9
OCT 8	19 24.5	51 33.9	09 48.2	04 25.2
28	22 16.8	51 39.3	12 55.4	04 03.2
NOV 17	24 48.7	52 01.5	15 49.6	03 45.3
DEC 7	26 55.9	52 39.0	18 25.4	03 34.2

1970		Diana 78	Hidalgo 944	Urania 30	Chiron 2060
JAN	1	12♐45.4	13♐04.9	26♏56.1	02♈31.2
	11	16 40.6	14 14.9	00♐45.7	02 43.7
	21	20 27.6	15 19.4	04 26.6	03 01.1
	31	24 05.1	16 17.1	07 57.0	03 23.1
FEB	10	27 31.6	17 06.7	11 14.8	03 49.0
	20	00♑45.1	17 46.7	14 17.5	04 18.2
MAR	2	03 43.7	18 16.1	17 02.3	04 50.0
	12	06 25.1	18 33.6	19 25.7	05 23.8
	22	08 46.4	18R38.4	21 24.0	05 58.6
APR	1	10 44.9	18 30.2	22 53.1	06 33.9
	11	12 17.2	18 08.6	23 48.5	07 08.8
	21	13 19.9	17 34.2	24 06.0	07 42.6
MAY	1	13 50.1	16 48.2	23R42.9	08 14.7
	11	13R44.9	15 51.9	22 38.5	08 44.4
	21	13 03.7	14 48.0	20 56.3	09 11.1
	31	11 47.8	13 39.2	18 44.9	09 34.2
JUN	10	10 02.0	12 28.8	16 17.9	09 53.1
	20	07 55.2	11 20.0	13 52.6	10 07.6
	30	05 39.0	10 16.2	11 45.3	10 17.2
JUL	10	03 26.6	09 20.0	10 09.4	10 21.7
	20	01 30.8	08 33.8	09 13.3	10R21.1
	30	00 00.9	07 59.3	08D59.6	10 15.3
AUG	9	29♐02.9	07 37.4	09 27.8	10 04.5
	19	28 39.2	07 28.6	10 34.9	09 49.2
	29	28D49.2	07D32.8	12 16.5	09 29.8
SEP	8	29 31.0	07 49.7	14 28.8	09 07.1
	18	00♑41.5	08 18.3	17 07.6	08 41.9
	28	02 17.2	08 57.9	20 09.2	08 15.2
OCT	8	04 15.1	09 47.2	23 30.7	07 48.1
	18	06 31.8	10 45.1	27 09.2	07 21.7
	28	09 04.8	11 50.3	01♑02.5	06 57.2
NOV	7	11 51.5	13 01.5	05 08.7	06 35.4
	17	14 49.8	14 17.4	09 26.1	06 17.4
	27	17 57.8	15 36.7	13 53.2	06 03.8
DEC	7	21 13.9	16 58.0	18 29.0	05 55.2
	17	24 36.4	18 20.0	23 12.0	05 52.0
	27	28 04.0	19 41.3	28 01.5	05D54.3
JAN	6	01♒35.5	21♐00.4	02♒56.6	06♈02.2

1970		Diana 78	Hidalgo 944	Urania 30	Chiron 2060
JAN	1	28S56.9	53S44.6	21S07.4	03N32.2
	21	30 03.7	54 50.1	22 47.7	03 40.3
FEB	10	30 47.7	56 05.1	24 01.9	03 56.2
MAR	2	31 15.9	57 26.3	24 52.6	04 17.9
	22	31 37.6	58 48.4	25 25.1	04 43.4
APR	11	32 03.1	60 02.8	25 45.6	05 10.2
MAY	1	32 40.1	60 58.8	25 56.7	05 36.1
	21	33 27.6	61 25.6	25 53.1	05 58.7
JUN	10	34 08.4	61 17.8	25 24.6	06 16.3
	30	34 15.1	60 38.8	24 35.6	06 27.0
JUL	20	33 35.8	59 39.5	23 50.6	06 29.9
AUG	9	32 27.0	58 33.6	23 29.3	06 24.5
	29	31 13.3	57 32.9	23 32.2	06 11.5
SEP	18	30 06.2	56 45.2	23 47.7	05 52.4
OCT	8	29 04.8	56 14.3	24 00.6	05 30.0
	28	28 02.2	56 01.1	23 57.2	05 07.8
NOV	17	26 51.4	56 05.2	23 26.1	04 49.1
DEC	7	25 26.8	56 25.2	22 19.6	04 36.9
	27	23S45.4	57S00.0	20S34.0	04N33.0

1971		Diana 78	Hidalgo 944	Urania 30	Chiron 2060
JAN	1	29♑49.3	20♐21.2	00♒28.4	05♈57.6
	11	03♒22.3	21 38.8	05 25.9	06 08.1
	21	06 57.3	22 52.1	10 27.7	06 23.7
	31	10 33.5	23 59.7	15 33.2	06 44.0
FEB	10	14 09.6	25 00.2	20 41.6	07 08.5
	20	17 44.7	25 52.2	25 52.3	07 36.4
MAR	2	21 17.9	26 34.2	01♓04.8	08 07.3
	12	24 47.9	27 05.0	06 18.3	08 40.4
	22	28 13.8	27 23.5	11 32.5	09 14.8
APR	1	01♓34.5	27R28.6	16 46.7	09 50.0
	11	04 48.7	27 19.9	22 00.3	10 25.0
	21	07 55.0	26 57.2	27 12.9	10 59.3
MAY	1	10 51.9	26 20.9	02♈23.8	11 32.1
	11	13 37.5	25 32.1	07 32.2	12 02.8
	21	16 10.0	24 32.6	12 37.5	12 30.6
	31	18 26.8	23 24.8	17 38.9	12 55.1
JUN	10	20 25.4	22 11.9	22 35.1	13 15.7
	20	22 02.7	20 57.4	27 25.4	13 32.0
	30	23 15.2	19 44.8	02♉08.0	13 43.5
JUL	10	23 59.5	18 37.8	06 41.4	13 50.0
	20	24R12.3	17 39.2	11 03.7	13R51.3
	30	23 50.8	16 51.5	15 12.2	13 47.5
AUG	9	22 54.4	16 16.6	19 03.8	13 38.6
	19	21 24.8	15 55.4	22 35.2	13 25.0
	29	19 27.6	15D48.2	25 41.3	13 07.0
SEP	8	17 12.7	15 55.1	28 17.2	12 45.5
	18	14 53.1	16 15.3	00♊16.8	12 21.1
	28	12 42.9	16 48.2	01 33.2	11 54.8
OCT	8	10 55.2	17 32.5	02 00.8	11 27.8
	18	09 39.1	18 27.1	01R35.5	11 00.9
	28	09 00.0	19 30.8	00 18.3	10 35.5
NOV	7	08D59.3	20 42.0	28♉18.3	10 12.6
	17	09 35.8	21 59.6	25 52.5	09 53.0
	27	10 46.7	23 22.1	23 24.9	09 37.6
DEC	7	12 28.3	24 48.2	21 19.9	09 27.1
	17	14 37.0	26 16.3	19 55.6	09 21.9
	27	17 09.3	27 45.2	19 22.0	09D22.2
JAN	6	20♓01.8	29♐13.3	19D40.9	09♈28.0

1971		Diana 78	Hidalgo 944	Urania 30	Chiron 2060
JAN	1	23S17.2	57S10.9	20S01.3	04N33.3
	21	21 14.2	58 02.9	17 26.9	04 40.2
FEB	10	18 56.0	59 07.5	14 17.4	04 55.0
MAR	2	16 26.2	60 23.4	10 39.0	05 15.8
	22	13 49.5	61 47.0	06 39.4	05 40.6
APR	11	11 11.2	63 12.2	02 26.7	06 07.1
MAY	1	08 37.3	64 28.4	01N50.5	06 33.0
	21	06 14.6	65 22.6	06 03.6	06 55.9
JUN	10	04 10.6	65 43.1	10 04.1	07 14.1
	30	02 34.1	65 25.7	13 44.3	07 25.7
JUL	20	01 34.9	64 36.6	16 57.1	07 29.7
AUG	9	01 21.7	63 29.1	19 37.3	07 25.6
	29	01 54.8	62 17.6	21 41.8	07 13.7
SEP	18	02 56.5	61 12.8	23 09.1	06 55.5
OCT	8	03 53.8	60 21.2	23 56.2	06 33.6
	28	04 17.1	59 45.4	23 54.5	06 11.3
NOV	17	03 53.5	59 25.9	22 56.5	05 52.0
DEC	7	02 43.4	59 22.2	21 27.9	05 38.8
	27	00S52.3	59S33.5	20N23.6	05N33.6

1972		Diana 78	Hidalgo 944	Urania 30	Chiron 2060
JAN	1	18♓33.2	28♐29.4	19D25.1	09♈24.4
	11	21 34.7	29 56.7	20♉09.0	09 32.9
	21	24 52.5	01♑21.1	21 39.0	09 46.6
	31	28 24.0	02 41.2	23 48.9	10 05.3
FEB	10	02♈07.3	03 55.4	26 31.6	10 28.2
	20	06 00.8	05 02.3	29 41.5	10 55.0
MAR	1	10 03.0	06 00.3	03♊13.3	11 24.9
	11	14 12.6	06 48.0	07 02.6	11 57.3
	21	18 28.6	07 23.9	11 06.0	12 31.3
	31	22 50.1	07 46.8	15 20.6	13 06.3
APR	10	27 16.2	07 55.5	19 43.8	13 41.5
	20	01♉46.4	07R49.3	24 14.0	14 16.2
	30	06 19.9	07 27.7	28 49.4	14 49.7
MAY	10	10 56.2	06 51.2	03♋28.8	15 21.3
	20	15 35.0	06 00.5	08 11.2	15 50.4
	30	20 15.5	04 57.6	12 55.5	16 16.3
JUN	9	24 57.4	03 45.0	17 41.2	16 38.5
	19	29 40.3	02 26.2	22 27.7	16 56.5
	29	04♊23.4	01 05.1	27 14.3	17 10.0
JUL	9	09 06.4	29♐45.7	02♌00.5	17 18.5
	19	13 48.6	28 32.1	06 46.1	17 21.8
	29	18 29.0	27 28.0	11 30.4	17R20.0
AUG	8	23 07.0	26 35.9	16 13.3	17 13.1
	18	27 41.3	25 57.9	20 54.1	17 01.2
	28	02♋10.5	25 35.3	25 32.4	16 44.8
SEP	7	06 33.3	25D28.4	00♍07.9	16 24.5
	17	10 47.3	25 37.1	04 39.9	16 01.0
	27	14 50.2	26 00.6	09 07.5	15 35.3
OCT	7	18 39.2	26 37.9	13 30.4	15 08.3
	17	22 10.2	27 27.9	17 47.3	14 41.2
	27	25 18.9	28 29.2	21 57.1	14 15.0
NOV	6	28 00.1	29 40.4	25 58.9	13 50.9
	16	00♌07.2	01♑00.0	29 50.7	13 29.9
	26	01 34.0	02 26.5	03♎30.9	13 12.8
DEC	6	02 14.0	03 58.4	06 57.3	13 00.4
	16	02R02.5	05 34.5	10 07.1	12 53.1
	26	01 00.1	07 13.0	12 57.4	12D51.4
JAN	5	29♋13.4	08♑52.6	15♎24.6	12♈55.1

1972		Diana 78	Hidalgo 944	Urania 30	Chiron 2060
JAN	1	00S18.9	59S38.6	20N15.9	05N33.7
	21	02N13.8	60 08.5	20 19.4	05 39.3
FEB	10	05 11.6	60 53.6	21 04.5	05 52.8
MAR	1	08 27.1	61 54.1	22 08.0	06 12.7
	21	11 52.9	63 09.4	23 08.4	06 36.9
APR	10	15 21.5	64 36.5	23 49.5	07 03.0
	30	18 45.6	66 08.1	24 00.1	07 28.7
MAY	20	21 57.5	67 31.8	23 33.8	07 52.0
JUN	9	24 49.9	68 31.6	22 28.8	08 10.6
	29	27 15.9	68 53.2	20 46.2	08 23.1
JUL	19	29 09.6	68 31.8	18 30.1	08 28.2
AUG	8	30 27.1	67 35.1	15 46.0	08 25.3
	28	31 07.7	66 18.4	12 40.5	08 14.6
SEP	17	31 15.2	64 56.7	09 20.6	07 57.4
OCT	7	30 58.5	63 40.4	05 53.7	07 36.0
	27	30 31.9	62 35.2	02 27.5	07 13.7
NOV	16	30 13.0	61 43.4	00S50.4	06 54.0
DEC	6	30 16.3	61 05.5	03 51.6	06 39.8
	26	30N37.6	60S41.6	06S27.2	06N33.4

1973		Diana 78	Hidalgo 944	Urania 30	Chiron 2060
JAN	1	00R00.6	08♑12.7	14♎28.8	12D52.9
	11	27♋54.6	09 52.4	16 40.0	13♈00.0
	21	25 34.0	11 30.7	18 21.3	13 12.4
	31	23 22.9	13 06.3	19 28.2	13 29.8
FEB	10	21 43.4	14 37.6	19 56.0	13 51.8
	20	20 50.3	16 03.1	19R41.5	14 17.7
MAR	2	20D48.7	17 21.3	18 43.9	14 46.9
	12	21 38.2	18 30.4	17 05.7	15 18.7
	22	23 13.8	19 28.8	14 55.6	15 52.4
APR	1	25 28.9	20 15.1	12 26.9	16 27.4
	11	28 17.2	20 47.4	09 56.7	17 02.7
	21	01♌32.7	21 04.5	07 42.3	17 37.8
MAY	1	05 10.0	21R05.3	05 57.0	18 11.8
	11	09 05.3	20 48.8	04 49.6	18 44.2
	21	13 14.7	20 15.1	04 23.1	19 14.1
	31	17 35.4	19 24.6	04D36.6	19 41.1
JUN	10	22 05.3	18 19.0	05 27.2	20 04.6
	20	26 42.1	17 01.0	06 50.7	20 24.0
	30	01♍24.5	15 34.3	08 42.7	20 38.9
JUL	10	06 11.3	14 03.3	10 59.3	20 48.9
	20	11 01.1	12 33.1	13 36.7	20 53.9
	30	15 53.3	11 08.5	16 31.7	20R53.6
AUG	9	20 47.1	09 54.1	19 41.9	20 48.1
	19	25 41.7	08 53.4	23 04.8	20 37.6
	29	00♎36.6	08 08.9	26 38.8	20 22.4
SEP	8	05 31.3	07 42.2	00♏22.2	20 03.1
	18	10 25.1	07D33.8	04 13.5	19 40.4
	28	15 17.7	07 43.3	08 11.8	19 15.0
OCT	8	20 08.5	08 10.1	12 16.1	18 48.1
	18	24 56.8	08 52.8	16 25.2	18 20.8
	28	29 42.3	09 50.0	20 38.6	17 54.1
NOV	7	04♏24.2	11 00.3	24 55.3	17 29.2
	17	09 01.8	12 21.9	29 14.6	17 07.1
	27	13 34.5	13 53.1	03♐35.8	16 48.8
DEC	7	18 01.1	15 32.5	07 58.2	16 35.0
	17	22 20.8	17 18.3	12 20.9	16 26.2
	27	26 32.5	19 09.1	16 43.3	16 22.9
JAN	6	00♐34.8	21♑03.3	21♐04.4	16D25.2
JAN	1	30N42.5	60S37.3	07S07.6	06N33.2
	21	30 26.5	60 32.6	08 55.1	06 38.0
FEB	10	29 02.0	60 44.3	09 52.1	06 50.7
MAR	2	26 51.1	61 14.4	09 46.4	07 09.9
	22	24 24.8	62 04.9	08 35.9	07 33.5
APR	11	21 50.6	63 16.3	06 45.8	07 59.2
MAY	1	19 03.3	64 46.2	05 06.1	08 24.8
	21	15 57.2	66 27.2	04 16.6	08 47.9
JUN	10	12 30.2	68 05.0	04 28.0	09 06.8
	30	08 43.9	69 19.8	05 32.2	09 19.8
JUL	20	04 42.1	69 52.0	07 16.2	09 25.5
AUG	9	00 29.9	69 33.1	09 27.3	09 23.4
	29	03S46.7	68 29.9	11 54.5	09 13.5
SEP	18	08 01.9	66 59.0	14 28.1	08 57.1
OCT	8	12 09.4	65 17.0	16 59.3	08 36.2
	28	16 03.4	63 35.3	19 19.7	08 14.1
NOV	17	19 38.4	62 00.2	21 21.7	07 54.1
DEC	7	22 50.0	60 34.6	22 58.7	07 39.4

1974		Diana 78	Hidalgo 944	Urania 30	Chiron 2060
JAN	1	28♏34.9	20♑05.8	18♐54.1	16D23.3
	11	02♐31.9	22 01.2	23 14.2	16♈28.4
	21	06 17.2	23 57.7	27 31.9	16 38.9
	31	09 48.9	25 53.9	01♑46.0	16 54.6
FEB	10	13 04.8	27 48.3	05 55.4	17 15.0
	20	16 02.7	29 39.3	09 59.1	17 39.6
MAR	2	18 39.3	01♒25.5	13 55.5	18 07.8
	12	20 51.7	03 05.2	17 43.1	18 38.9
	22	22 36.5	04 36.7	21 20.3	19 12.2
APR	1	23 49.6	05 58.2	24 44.6	19 47.0
	11	24 27.8	07 07.9	27 53.6	20 22.5
	21	24R28.3	08 04.0	00♒44.5	20 58.0
MAY	1	23 49.6	08 44.4	03 13.4	21 32.7
	11	22 33.8	09 07.5	05 16.6	22 06.0
	21	20 45.9	09R11.6	06 49.3	22 37.2
	31	18 35.6	08 55.4	07 46.6	23 05.7
JUN	10	16 16.4	08 18.5	08R04.1	23 30.8
	20	14 02.2	07 21.2	07 38.5	23 52.0
	30	12 06.6	06 05.4	06 29.4	24 08.9
JUL	10	10 39.5	04 34.2	04 41.5	24 21.0
	20	09 46.2	02 52.3	02 25.3	24 28.1
	30	09D28.8	01 05.7	29♑57.4	24R30.0
AUG	9	09 46.1	29♑20.9	27 37.4	24 26.5
	19	10 35.3	27 44.3	25 43.0	24 18.0
	29	11 53.3	26 21.5	24 28.1	24 04.5
SEP	8	13 36.3	25 17.0	23 59.4	23 46.6
	18	15 40.7	24 33.2	24D18.0	23 25.0
	28	18 03.8	24 11.8	25 22.1	23 00.4
OCT	8	20 42.3	24D12.7	27 07.0	22 33.8
	18	23 34.1	24 35.1	29 28.0	22 06.3
	28	26 37.0	25 17.7	02♒20.3	21 39.0
NOV	7	29 49.1	26 18.6	05 39.2	21 13.1
	17	03♑08.9	27 36.0	09 20.9	20 49.7
	27	06 34.8	29 07.8	13 22.2	20 29.7
DEC	7	10 05.4	00♒52.1	17 40.0	20 13.9
	17	13 39.8	02 47.0	22 12.1	20 03.2
	27	17 16.5	04 50.8	26 56.2	19 57.7
JAN	6	20♑54.5	07♒01.7	01♓50.5	19D57.9
JAN	1	26S12.3	59S03.8	24S17.0	07N31.9
	21	28 24.2	58 06.1	24 42.0	07 35.4
FEB	10	30 12.4	57 24.4	24 34.1	07 47.0
MAR	2	31 43.0	57 01.9	23 57.0	08 05.2
	22	33 03.2	57 02.5	22 57.6	08 28.0
APR	11	34 17.9	57 30.1	21 45.9	08 53.2
MAY	1	35 22.3	58 26.9	20 34.5	09 18.5
	21	35 55.8	59 52.5	19 38.4	09 41.8
JUN	10	35 34.3	61 40.3	19 12.7	10 01.1
	30	34 20.6	63 36.0	19 25.6	10 14.8
JUL	20	32 48.9	65 15.8	20 06.9	10 21.5
AUG	9	31 31.3	66 12.7	20 47.2	10 20.5
	29	30 38.6	66 07.6	21 02.3	10 11.9
SEP	18	30 06.0	65 00.8	20 47.6	09 56.5
OCT	8	29 43.1	63 08.3	20 04.2	09 36.4
	28	29 19.2	60 50.2	18 49.6	09 14.5
NOV	17	28 45.6	58 22.1	16 59.9	08 54.2
DEC	7	27 56.5	55 53.5	14 32.8	08 38.8

1975		Diana 78	Hidalgo 944	Urania 30	Chiron 2060
JAN	1	19♑05.4	05♒55.5	29♒22.2	19D57.1
	11	22 43.8	08 09.3	04♓21.0	20♈00.1
	21	26 21.9	10 28.0	09 27.9	20 08.7
	31	29 58.8	12 49.9	14 41.4	20 22.6
FEB	10	03♒33.5	15 13.5	20 00.5	20 41.4
	20	07 04.9	17 37.6	25 24.2	21 04.7
MAR	2	10 31.7	20 00.5	00♈51.4	21 31.9
	12	13 53.0	22 20.9	06 21.4	22 02.2
	22	17 07.4	24 37.4	11 53.6	22 35.0
APR	1	20 13.4	26 48.2	17 27.0	23 09.6
	11	23 09.7	28 52.0	23 01.2	23 45.2
	21	25 54.2	00♓46.7	28 35.5	24 21.1
MAY	1	28 25.2	02 30.5	04♉09.3	24 56.6
	11	00♓40.2	04 01.2	09 42.3	25 30.8
	21	02 36.6	05 16.6	15 13.8	26 03.3
	31	04 11.5	06 14.1	20 43.2	26 33.2
JUN	10	05 21.8	06 51.2	26 10.2	27 00.0
	20	06 04.0	07 05.3	01♊34.0	27 23.1
	30	06R15.5	06R54.4	06 54.2	27 42.0
JUL	10	05 53.7	06 16.8	12 10.0	27 56.3
	20	04 58.1	05 12.2	17 20.7	28 05.6
	30	03 30.9	03 42.5	22 25.4	28 09.6
AUG	9	01 37.1	01 51.4	27 23.3	28R08.4
	19	29♒26.0	29♒45.7	02♋13.0	28 01.9
	29	27 09.7	27 34.1	06 53.2	27 50.3
SEP	8	25 01.1	25 26.3	11 22.3	27 34.0
	18	23 12.5	23 31.9	15 38.0	27 13.6
	28	21 52.7	21 58.7	19 38.1	26 49.8
OCT	8	21 06.9	20 52.0	23 19.6	26 23.7
	18	20D57.1	20 14.8	26 38.4	25 56.1
	28	21 22.3	20D07.5	29 30.7	25 28.4
NOV	7	22 20.2	20 29.2	01♌51.0	25 01.5
	17	23 47.8	21 18.1	03 33.7	24 36.8
	27	25 41.4	22 31.4	04 33.0	24 15.1
DEC	7	27 57.8	24 06.4	04R43.5	23 57.5
	17	00♓33.9	26 00.6	04 02.6	23 44.7
	27	03 26.9	28 11.4	02 32.5	23 37.1
JAN	6	06♓34.4	00♓36.4	00♌21.9	23D35.1
JAN	1	26S28.8	52S55.3	10S37.8	08N29.8
	21	24 57.4	50 43.0	06 54.8	08 32.1
FEB	10	23 09.8	48 43.5	02 48.5	08 42.5
MAR	2	21 10.4	47 00.6	01N31.8	08 59.6
	22	19 04.9	45 38.6	05 56.0	09 21.6
APR	11	17 00.2	44 42.9	10 13.5	09 46.2
MAY	1	15 04.1	44 18.9	14 13.6	10 11.3
	21	13 25.5	44 31.7	17 46.2	10 34.6
JUN	10	12 13.8	45 24.5	20 42.2	10 54.2
	30	11 38.4	46 55.6	22 54.3	11 08.4
JUL	20	11 44.4	48 54.2	24 18.2	11 16.1
AUG	9	12 25.5	50 55.2	24 53.3	11 16.2
	29	13 19.5	52 20.5	24 44.0	11 08.8
SEP	18	13 57.1	52 32.5	23 58.8	10 54.5
OCT	8	13 59.6	51 14.8	22 51.2	10 35.3
	28	13 23.2	48 40.2	21 38.5	10 13.7
NOV	17	12 11.0	45 15.6	20 40.9	09 53.3
DEC	7	10 26.5	41 25.0	20 17.5	09 37.2

1976	Diana 78	Hidalgo 944	Urania 30	Chiron 2060
JAN 1	04♓59.0	29♒22.2	01 R 31.4	23 R35.4
11	08 12.9	01♓53.6	29♋06.4	23 D36.3
21	11 38.1	04 36.0	26 28.6	23♈42.8
31	15 12.9	07 27.9	24 00.0	23 54.9
FEB 10	18 55.8	10 27.6	22 00.7	24 12.1
20	22 45.5	13 33.6	20 43.6	24 34.0
MAR 1	26 40.8	16 44.7	20 13.7	25 00.0
11	00♈40.8	19 59.6	20 D 30.7	25 29.5
21	04 44.4	23 17.3	21 30.3	26 01.8
31	08 51.0	26 36.8	23 06.8	26 36.2
APR 10	12 59.7	29 57.2	25 14.8	27 11.9
20	17 09.9	03♈17.4	27 48.6	27 48.2
30	21 21.0	06 36.5	00♌43.6	28 24.3
MAY 10	25 32.3	09 53.6	03 56.2	28 59.5
20	29 43.2	13 07.6	07 22.9	29 33.2
30	03♉53.0	16 17.3	11 01.1	00♉04.6
JUN 9	08 01.0	19 21.4	14 48.9	00 33.2
19	12 06.4	22 18.3	18 44.3	00 58.2
29	16 08.4	25 06.3	22 45.9	01 19.2
JUL 9	20 05.6	27 42.9	26 52.6	01 35.7
19	23 57.0	00♉05.8	01♍03.4	01 47.3
29	27 40.9	02 11.4	05 17.4	01 53.7
AUG 8	01♊15.3	03 55.8	09 33.9	01 R54.7
18	04 38.0	05 14.5	13 52.2	01 50.4
28	07 46.0	06 01.8	18 11.9	01 40.8
SEP 7	10 35.6	06 R 11.7	22 32.1	01 26.2
17	13 02.8	05 39.1	26 52.5	01 07.2
27	15 02.5	04 19.7	01♎12.4	00 44.5
OCT 7	16 28.9	02 13.8	05 31.2	00 18.9
17	17 16.3	29♈28.7	09 48.3	29♈51.5
27	17 R 19.2	26 19.3	14 03.0	29 23.3
NOV 6	16 35.0	23 08.7	18 14.2	28 55.6
16	15 05.7	20 21.2	22 21.2	28 29.6
26	12 59.9	18 17.4	26 23.0	28 06.3
DEC 6	10 34.8	17 10.6	00♏18.1	27 46.8
16	08 12.3	17 D 05.2	04 05.2	27 31.9
26	06 14.4	18 00.1	07 42.6	27 22.1
JAN 5	04♊58.3	19♈51.3	11♏08.2	27♈17.9

1976	Diana 78	Hidalgo 944	Urania 30	Chiron 2060
JAN 1	07 S 35.8	36 S 22.7	20 N 45.9	09 N26.9
21	04 51.5	32 18.7	21 28.6	09 28.0
FEB 10	01 47.1	28 16.7	21 53.7	09 37.1
MAR 1	01 N 32.7	24 18.7	21 51.1	09 53.2
21	05 02.8	20 26.1	21 24.9	10 14.3
APR 10	08 38.3	16 40.0	20 36.3	10 38.3
30	12 14.1	13 01.6	19 23.2	11 02.9
MAY 20	15 45.4	09 31.2	17 43.4	11 26.1
JUN 9	19 07.9	06 08.5	15 36.8	11 45.9
29	22 17.7	02 51.6	13 05.4	12 00.7
JUL 19	25 12.0	00 N 23.8	10 12.5	12 09.2
AUG 8	27 49.7	03 46.5	07 02.3	12 10.4
28	30 11.6	07 30.4	03 40.0	12 04.2
SEP 17	32 21.0	11 53.2	00 10.7	11 51.1
OCT 7	34 21.3	16 59.7	03 S 19.9	11 32.8
27	36 08.2	22 11.4	06 46.1	11 11.7
NOV 16	37 16.1	26 27.2	10 02.2	10 51.2
DEC 6	37 02.4	29 46.9	13 02.8	10 34.6
26	35 N 22.4	33 N 00.8	15 S 42.8	10 N24.4

1977	Diana 78	Hidalgo 944	Urania 30	Chiron 2060
JAN 1	05 R 23.0	19♈00.4	09♏47.5	27 R18.9
11	04♊36.6	21 22.6	13 05.1	27 D18.1
21	04 D 42.4	24 32.0	16 07.1	27♈23.2
31	05 39.3	28 23.7	18 50.5	27 33.8
FEB 10	07 22.5	02♉52.6	21 12.1	27 49.8
20	09 45.7	07 54.5	23 07.8	28 10.7
MAR 2	12 43.2	13 25.8	24 33.5	28 35.9
12	16 09.0	19 22.2	25 24.8	29 04.9
22	19 58.2	25 40.1	25 R 37.8	29 36.9
APR 1	24 06.9	02♊15.6	25 09.8	00♉11.2
11	28 31.3	09 04.0	24 00.9	00 47.1
21	03♋08.6	16 01.3	22 14.9	01 23.8
MAY 1	07 56.6	23 02.9	20 01.0	02 00.5
11	12 52.9	00♋04.4	17 33.2	02 36.7
21	17 56.2	07 02.2	15 07.8	03 11.5
31	23 05.0	13 52.9	13 01.3	03 44.2
JUN 10	28 18.0	20 33.8	11 25.7	04 14.2
20	03♌34.4	27 03.0	10 28.4	04 40.8
30	08 53.1	03♌19.2	10 D 12.1	05 03.6
JUL 10	14 13.5	09 21.6	10 35.5	05 21.9
20	19 34.9	15 10.0	11 35.7	05 35.4
30	24 56.7	20 44.1	13 08.9	05 43.7
AUG 9	00♍18.2	26 04.2	15 10.7	05 46.7
19	05 39.2	01♍10.7	17 37.4	05 R44.1
29	10 59.0	06 03.6	20 25.7	05 36.1
SEP 8	16 17.0	10 43.2	23 32.2	05 23.0
18	21 32.9	15 09.8	26 54.7	05 05.1
28	26 46.0	19 23.1	00♐30.9	04 43.2
OCT 8	01♎55.7	23 23.0	04 19.0	04 18.1
18	07 01.6	27 09.1	08 17.5	03 50.7
28	12 02.6	00♎40.6	12 24.9	03 22.3
NOV 7	16 58.2	03 56.7	16 40.1	02 53.9
17	21 47.5	06 56.2	21 02.3	02 26.9
27	26 29.1	09 37.3	25 30.1	02 02.3
DEC 7	01♏02.2	11 58.5	00♑03.0	01 41.3
17	05 25.2	13 57.4	04 40.1	01 24.7
27	09 36.2	15 31.5	09 20.6	01 13.2
JAN 6	13♏33.8	16♎38.6	14♑03.9	01♉07.2

1977	Diana 78	Hidalgo 944	Urania 30	Chiron 2060
JAN 1	34 N 43.7	34 N 04.0	16 S 26.2	10 N22.8
21	32 40.3	37 58.9	18 33.6	10 23.1
FEB 10	31 10.3	42 29.4	20 12.8	10 31.5
MAR 2	30 12.4	47 18.3	21 21.6	10 46.7
22	29 26.1	51 52.1	21 56.3	11 07.1
APR 11	28 29.6	55 20.4	21 49.8	11 30.5
MAY 1	27 06.2	56 46.9	20 56.7	11 54.6
21	25 06.4	55 40.3	19 29.8	12 17.5
JUN 10	22 26.8	52 19.0	18 06.9	12 37.2
30	19 09.2	47 32.5	17 23.0	12 52.1
JUL 20	15 19.0	42 08.8	17 28.5	13 00.9
AUG 9	11 03.5	36 40.6	18 15.3	13 02.8
29	06 30.6	31 27.4	19 28.3	12 57.4
SEP 18	01 48.6	26 40.1	20 52.5	12 45.2
OCT 8	02 S 54.6	22 25.3	22 14.3	12 27.6
28	07 31.7	18 47.1	23 21.5	12 07.1
NOV 17	11 55.9	15 48.8	24 04.3	11 46.8
DEC 7	16 01.3	13 33.2	24 14.5	11 30.0
27	19 S 43.9	12 N 02.3	23 S 47.1	11 N19.3

1978	Diana 78	Hidalgo 944	Urania 30	Chiron 2060
JAN 1	11♏36.8	16♎08.6	11♑41.9	01 R09.5
11	15 26.7	17 01.1	16 26.4	01 D06.4
21	18 59.3	17 22.7	21 12.5	01♉09.3
31	22 11.9	17 R 12.1	25 59.6	01 17.9
FEB 10	25 01.3	16 28.6	00♒47.2	01 32.0
20	27 23.6	15 13.9	05 34.4	01 51.4
MAR 2	29 15.0	13 32.2	10 20.7	02 15.3
12	00♐31.0	11 30.1	15 05.4	02 43.3
22	01 07.7	09 16.8	19 47.6	03 14.7
APR 1	01 R 02.3	07 02.8	24 26.6	03 48.7
11	00 14.1	04 57.6	29 01.4	04 24.7
21	28♏46.1	03 09.7	03♓31.0	05 01.7
MAY 1	26 46.3	01 44.6	07 54.2	05 39.2
11	24 27.3	00 45.1	12 09.6	06 16.4
21	22 05.2	00 11.8	16 15.3	06 52.5
31	19 56.1	00 D 03.8	20 09.7	07 26.8
JUN 10	18 13.0	00 19.0	23 49.9	07 58.6
20	17 04.5	00 54.9	27 12.8	08 27.4
30	16 33.9	01 48.9	00♈15.2	08 52.4
JUL 10	16 D 40.9	02 58.5	02 52.2	09 13.2
20	17 23.3	04 21.3	04 58.7	09 29.2
30	18 36.8	05 54.9	06 29.3	09 40.2
AUG 9	20 17.7	07 37.6	07 17.6	09 45.7
19	22 22.1	09 27.5	07 R 19.1	09 R45.6
29	24 46.1	11 23.0	06 31.7	09 39.9
SEP 8	27 27.0	13 22.7	04 58.3	09 28.9
18	00♐21.9	15 25.1	02 50.2	09 12.8
28	03 28.5	17 28.9	00 25.7	08 52.3
OCT 8	06 45.0	19 32.8	28♓07.6	08 28.1
18	10 09.5	21 35.6	26 18.3	08 01.1
28	13 40.5	23 36.0	25 12.8	07 32.5
NOV 7	17 16.9	25 32.7	24 D 59.0	07 03.5
17	20 57.3	27 24.1	25 37.6	06 35.3
27	24 40.6	29 08.8	27 04.6	06 09.1
DEC 7	28 26.0	00♏45.4	29 14.5	05 46.2
17	02♑12.1	02 12.1	02♈01.1	05 27.3
27	05 58.2	03 27.3	05 18.1	05 13.4
JAN 6	09♑43.2	04♏29.2	09♈00.6	05♉05.1

1978	Diana 78	Hidalgo 944	Urania 30	Chiron 2060
JAN 1	20 S 35.6	11 N 46.6	23 S 34.1	11 N17.8
21	23 46.6	11 10.5	22 17.2	11 17.0
FEB 10	26 32.4	11 10.8	20 22.4	11 24.1
MAR 2	28 54.2	11 30.6	17 54.5	11 38.2
22	30 49.6	11 44.0	15 00.0	11 57.6
APR 11	32 06.1	11 26.4	11 46.9	12 20.2
MAY 1	32 20.3	10 28.2	08 23.9	12 43.7
21	31 21.4	08 54.9	05 00.5	13 06.3
JUN 10	29 39.8	06 57.7	01 46.9	13 25.9
30	28 05.9	04 46.0	01 N 05.1	13 41.1
JUL 20	27 09.6	02 26.1	03 21.5	13 50.5
AUG 9	26 54.5	00 02.3	04 45.4	13 53.3
29	27 10.2	02 S 22.5	04 59.1	13 49.0
SEP 18	27 43.4	04 45.8	03 58.5	13 38.0
OCT 8	28 21.5	07 05.5	02 18.9	13 21.6
28	28 54.0	09 19.4	01 05.2	13 01.9
NOV 17	29 12.8	11 25.3	01 00.7	12 41.8
DEC 7	29 12.5	13 21.3	02 09.7	12 24.7
27	28 S 50.3	15 S 05.1	04 N 18.0	12 N13.3

1979	Diana 78	Hidalgo 944	Urania 30	Chiron 2060
JAN 1	07♑50.9	04♏00.0	07♈06.4	05R08.5
11	11 35.0	04 54.6	10 59.9	05♉03.1
21	15 16.5	05 33.5	15 12.0	05D03.6
31	18 54.5	05 55.2	19 39.4	05 10.0
FEB 10	22 27.7	05R58.4	24 19.2	05 22.2
20	25 55.0	05 42.7	29 08.8	05 39.8
MAR 2	29 15.2	05 08.1	04♉06.3	06 02.4
12	02♒26.7	04 15.7	09 10.0	06 29.4
22	05 28.1	03 07.8	14 18.2	07 00.0
APR 1	08 17.6	01 47.5	19 29.9	07 33.7
11	10 53.1	00 19.2	24 44.1	08 09.6
21	13 12.5	28♎47.8	29 59.7	08 47.1
MAY 1	15 13.1	27 18.4	05♊16.1	09 25.3
11	16 52.0	25 55.9	10 32.7	10 03.5
21	18 06.4	24 44.3	15 48.7	10 40.9
31	18 52.9	23 46.4	21 03.9	11 16.9
JUN 10	19 08.6	23 04.3	26 17.6	11 50.6
20	18R51.5	22 38.8	01♋29.5	12 21.5
30	18 00.7	22 29.9	06 39.3	12 49.0
JUL 10	16 38.2	22D37.1	11 46.5	13 12.3
20	14 48.9	22 59.2	16 50.6	13 31.0
30	12 41.1	23 34.9	21 51.5	13 44.7
AUG 9	10 26.6	24 22.9	26 48.3	13 53.0
19	08 17.8	25 21.5	01♌40.9	13R55.7
29	06 26.4	26 29.4	06 28.4	13 52.6
SEP 8	05 01.7	27 45.0	11 10.2	13 43.9
18	04 08.9	29 06.9	15 45.4	13 29.8
28	03D50.5	00♏33.7	20 13.1	13 10.9
OCT 8	04 06.2	02 04.0	24 31.8	12 47.8
18	04 53.5	03 36.6	28 40.3	12 21.5
28	06 10.0	05 10.0	02♍36.7	11 52.9
NOV 7	07 52.1	06 42.8	06 18.6	11 23.4
17	09 56.6	08 13.9	09 43.7	10 54.1
27	12 20.6	09 41.6	12 48.6	10 26.4
DEC 7	15 01.3	11 04.7	15 29.6	10 01.5
17	17 56.1	12 21.6	17 42.5	09 40.4
27	21 03.2	13 30.8	19 22.2	09 24.1
JAN 6	24♒20.3	14♏30.9	20♍23.8	09♉13.2
JAN 1	28S41.3	15S28.9	04N57.1	12N11.5
21	27 52.0	16 54.1	07 53.4	12 09.6
FEB 10	26 44.5	18 00.9	11 08.5	12 15.5
MAR 2	25 24.1	18 45.5	14 26.1	12 28.5
22	23 58.2	19 04.9	17 32.0	12 46.8
APR 11	22 35.2	18 59.4	20 13.3	13 08.4
MAY 1	21 25.1	18 36.0	22 19.2	13 31.3
21	20 38.0	18 07.2	23 41.8	13 53.4
JUN 10	20 22.9	17 46.1	24 16.3	14 12.8
30	20 42.5	17 42.0	24 01.5	14 28.1
JUL 20	21 26.5	17 58.4	22 59.9	14 38.0
AUG 9	22 09.8	18 35.2	21 17.0	14 41.5
29	22 26.9	19 29.8	19 00.4	14 38.3
SEP 18	22 08.9	20 38.9	16 19.6	14 28.5
OCT 8	21 20.7	21 59.0	13 24.8	14 13.2
28	20 08.5	23 26.7	10 27.1	13 54.4
NOV 17	18 34.6	24 59.1	07 38.8	13 34.8
DEC 7	16 39.5	26 33.2	05 13.6	13 17.6
[illegible]	[illegible]	[illegible]	[illegible]	[illegible]

1980	Diana 78	Hidalgo 944	Urania 30	Chiron 2060
JAN 1	22♒40.6	14♏02.1	19♍58.1	09R17.9
11	26 02.1	14 57.0	20 38.9	09♉09.9
21	29 31.5	15 40.6	20R35.1	09D07.8
31	03♓07.2	16 11.4	19 44.9	09 11.9
FEB 10	06 47.9	16 28.3	18 10.9	09 22.0
20	10 32.7	16R30.4	16 01.1	09 37.8
MAR 1	14 20.3	16 17.3	13 30.0	09 58.8
11	18 10.0	15 49.0	10 56.1	10 24.6
21	22 00.8	15 06.5	08 37.9	10 54.4
31	25 51.9	14 11.2	06 50.8	11 27.7
APR 10	29 42.5	13 05.5	05 43.5	12 03.5
20	03♈31.8	11 52.6	05 19.1	12 41.3
30	07 18.9	10 36.0	05D36.5	13 20.2
MAY 10	11 03.0	09 19.7	06 31.8	13 59.4
20	14 43.2	08 07.4	08 00.5	14 38.2
30	18 18.3	07 02.5	09 57.8	15 15.8
JUN 9	21 47.1	06 07.7	12 19.2	15 51.6
19	25 08.1	05 25.0	15 00.9	16 24.8
29	28 19.6	04 55.7	17 59.6	16 54.7
JUL 9	01♉19.7	04 40.3	21 12.4	17 20.8
19	04 05.8	04D38.7	24 37.2	17 42.4
29	06 34.8	04 50.4	28 12.0	17 59.1
AUG 8	08 43.4	05 14.6	01♎55.2	18 10.4
18	10 27.4	05 50.2	05 45.6	18 16.0
28	11 42.1	06 36.2	09 41.9	18R15.8
SEP 7	12 22.9	07 31.1	13 43.3	18 09.8
17	12R25.0	08 33.8	17 48.8	17 58.0
27	11 45.8	09 42.9	21 57.7	17 41.0
OCT 7	10 25.5	10 57.1	26 09.2	17 19.4
17	08 29.0	12 15.3	00♏22.6	16 53.9
27	06 08.3	13 35.9	04 37.3	16 25.7
NOV 6	03 39.8	14 57.7	08 52.5	15 55.8
16	01 23.0	16 19.5	13 07.5	15 25.6
26	29♈35.5	17 39.9	17 21.4	14 56.5
DEC 6	28 28.9	18 57.4	21 33.6	14 29.6
16	28D09.4	20 10.8	25 43.0	14 06.2
26	28 37.4	21 18.5	29 48.6	13 47.3
JAN 5	29♈49.8	22♏19.2	03♐49.4	13♉33.6
JAN 1	13S45.9	28S29.3	03N08.6	13N03.6
21	11 04.9	29 57.0	02 34.4	13 00.6
FEB 10	08 07.0	31 15.8	03 10.0	13 05.4
MAR 1	04 55.5	32 19.8	04 41.2	13 17.2
21	01 34.5	33 02.4	06 22.6	13 34.3
APR 10	01N51.9	33 17.5	07 26.5	13 55.0
30	05 19.3	33 04.1	07 33.5	14 17.0
MAY 20	08 43.9	32 28.7	06 46.5	14 38.4
JUN 9	12 02.0	31 43.5	05 15.0	14 57.5
29	15 10.2	31 01.8	03 08.8	15 12.7
JUL 19	18 05.6	30 33.7	00 36.5	15 22.8
AUG 8	20 44.8	30 24.6	02S14.4	15 26.9
28	23 02.8	30 35.6	05 17.0	15 24.7
SEP 17	24 48.9	31 05.4	08 24.7	15 16.0
OCT 7	25 42.6	31 51.7	11 31.1	15 02.0
27	25 21.7	32 51.5	14 29.8	14 44.2
NOV 16	23 55.7	34 01.7	17 14.7	14 25.3
DEC 6	22 18.4	35 19.6	19 39.9	14 08.2
[illegible]	[illegible]	[illegible]	[illegible]	[illegible]

1981	Diana 78	Hidalgo 944	Urania 30	Chiron 2060
JAN 1	29♈15.7	21♏55.8	02♐13.7	13R38.4
11	00♉52.9	22 51.7	06 10.9	13♉28.2
21	03 07.0	23 38.2	10 01.0	13 24.1
31	05 52.9	24 14.2	13 42.5	13D26.3
FEB 10	09 06.0	24 38.5	17 13.6	13 34.6
20	12 42.2	24 49.9	20 31.9	13 48.9
MAR 2	16 37.8	24R48.1	23 35.4	14 08.8
12	20 49.9	24 32.5	26 20.9	14 33.7
22	25 16.0	24 03.4	28 45.0	15 03.0
APR 1	29 53.8	23 21.9	00♑44.2	15 36.0
11	04♊41.7	22 29.2	02 13.9	16 11.9
21	09 38.1	21 27.7	03 09.9	16 50.1
MAY 1	14 41.8	20 20.2	03 28.1	17 29.8
11	19 51.6	19 09.8	03R05.1	18 10.1
21	25 06.5	18 00.0	02 00.7	18 50.2
31	00♋25.7	16 53.9	00 18.2	19 29.5
JUN 10	05 48.6	15 54.6	28♐06.3	20 07.2
20	11 14.2	15 04.6	25 39.3	20 42.5
30	16 42.1	14 25.5	23 14.1	21 14.8
JUL 10	22 11.7	13 58.5	21 08.0	21 43.3
20	27 42.3	13 44.4	19 34.5	22 07.6
30	03♌13.4	13D42.9	18 41.4	22 27.0
AUG 9	08 44.5	13 53.8	18D31.9	22 41.0
19	14 14.8	14 16.4	19 05.1	22 49.3
29	19 44.1	14 49.7	20 17.5	22R51.7
SEP 8	25 11.3	15 32.9	22 05.4	22 48.0
18	00♍36.0	16 24.5	24 24.2	22 38.4
28	05 57.3	17 23.6	27 09.8	22 23.2
OCT 8	11 14.4	18 28.8	00♑18.7	22 02.8
18	16 26.2	19 38.9	03 47.4	21 38.2
28	21 31.9	20 52.6	07 33.4	21 10.3
NOV 7	26 29.8	22 08.7	11 34.6	20 40.2
17	01♎18.6	23 25.8	15 48.5	20 09.2
27	05 56.7	24 42.7	20 13.8	19 38.8
DEC 7	10 21.8	25 58.0	24 49.0	19 10.3
17	14 31.7	27 10.4	29 32.7	18 44.9
27	18 23.5	28 18.4	04♒23.8	18 23.7
JAN 6	21♎53.7	29♏20.8	09♒21.4	18♉07.8
JAN 1	21N17.9	37S07.8	22S12.1	13N53.3
21	21 38.8	38 32.4	23 37.7	13 49.8
FEB 10	22 45.3	39 53.7	24 36.1	13 53.8
MAR 2	24 17.8	41 05.8	25 10.7	14 04.7
22	25 56.0	42 01.2	25 27.9	14 20.9
APR 11	27 21.1	42 31.9	25 36.3	14 40.5
MAY 1	28 17.1	42 32.9	25 43.6	15 01.6
21	28 30.9	42 05.8	25 51.1	15 22.1
JUN 10	27 53.9	41 19.5	25 49.0	15 40.4
30	26 22.8	40 26.8	25 26.2	15 55.1
JUL 20	23 59.0	39 40.0	24 50.2	16 04.9
AUG 9	20 48.4	39 07.6	24 21.2	16 09.1
29	16 59.6	38 53.7	24 07.9	16 07.3
SEP 18	12 42.7	38 59.4	24 03.7	15 59.5
OCT 8	08 08.2	39 23.5	23 55.4	15 46.4
28	03 26.4	40 03.8	23 29.5	15 29.7
NOV 17	01S12.8	40 57.6	22 35.1	15 11.7
DEC 7	05 40.6	42 02.6	21 04.9	14 55.1
27	09S40.2	43S16.1	18S56.0	14N42.8

1982		Diana 78	Hidalgo 944	Urania 30	Chiron 2060
JAN	1	20♎11.6	28♏50.4	06♒51.9	18R15.1
	11	23 29.6	29 49.4	11 52.3	18♉02.0
	21	26 20.3	00♐40.6	16 57.7	17 55.0
	31	28 38.7	01 22.8	22 07.5	17D54.3
FEB	10	00♏19.8	01 54.6	27 20.8	18 00.1
	20	01 18.7	02 15.1	02♓37.0	18 12.1
MAR	2	01R31.0	02 23.2	07 55.6	18 30.0
	12	00 55.5	02R18.6	13 15.7	18 53.4
	22	29♎34.7	02 00.9	18 37.0	19 21.6
APR	1	27 36.6	01 30.6	23 58.9	19 53.9
	11	25 16.4	00 48.5	29 20.6	20 29.7
	21	22 52.4	29♏56.2	04♈41.9	21 08.1
MAY	1	20 43.5	28 55.9	10 02.2	21 48.4
	11	19 04.9	27 50.2	15 20.6	22 29.7
	21	18 05.2	26 42.3	20 36.8	23 11.3
	31	17D47.7	25 35.2	25 49.9	23 52.5
JUN	10	18 11.1	24 32.1	00♉59.0	24 32.4
	20	19 11.4	23 35.7	06 03.5	25 10.2
	30	20 44.4	22 48.3	11 02.0	25 45.4
JUL	10	22 45.1	22 11.6	15 53.3	26 17.1
	20	25 08.9	21 46.8	20 35.9	26 44.7
	30	27 52.4	21 34.2	25 07.9	27 07.5
AUG	9	00♏51.8	21D34.0	29 27.0	27 25.2
	19	04 04.6	21 45.9	03♊30.6	27 37.1
	29	07 28.5	22 09.1	07 15.1	27 43.0
SEP	8	11 01.4	22 42.7	10 36.5	27R42.7
	18	14 41.8	23 25.9	13 30.0	27 36.3
	28	18 28.3	24 17.4	15 49.5	27 23.7
OCT	8	22 19.5	25 16.1	17 29.1	27 05.6
	18	26 14.4	26 20.8	18 22.0	26 42.6
	28	00♐12.2	27 30.2	18R23.0	26 15.5
NOV	7	04 11.7	28 43.1	17 30.8	25 45.6
	17	08 12.1	29 58.1	15 49.4	25 14.1
	27	12 12.7	01♐14.1	13 31.8	24 42.4
DEC	7	16 12.3	02 29.6	10 59.4	24 12.0
	17	20 10.4	03 43.3	08 36.3	23 44.2
	27	24 05.9	04 53.9	06 45.0	23 20.2
JAN	6	27♐57.8	06♐00.0	05♊39.7	23♉01.2
JAN	1	10S47.5	43S35.5	18S17.7	14N40.7
	21	14 22.1	44 55.7	15 21.5	14 36.4
FEB	10	17 20.8	46 17.2	11 52.5	14 39.4
MAR	2	19 30.9	47 34.6	07 57.4	14 49.1
	22	20 32.8	48 40.5	03 44.3	15 04.1
APR	11	20 12.6	49 26.0	00N38.1	15 22.5
MAY	1	18 53.7	49 43.3	05 00.9	15 42.3
	21	17 32.6	49 29.9	09 14.9	16 01.8
JUN	10	16 52.5	48 50.5	13 11.5	16 19.2
	30	17 04.6	47 56.1	16 42.8	16 33.3
JUL	20	18 01.3	46 59.8	19 42.0	16 42.8
AUG	9	19 29.5	46 12.3	22 04.9	16 47.1
	29	21 16.1	45 40.4	23 50.8	16 45.8
SEP	18	23 09.6	45 27.1	25 03.2	16 38.9
OCT	8	25 00.3	45 32.8	25 48.3	16 27.2
	28	26 39.6	45 56.1	26 10.3	16 11.8
NOV	17	28 01.1	46 35.0	26 03.1	15 54.8
DEC	7	28 59.9	47 27.4	25 16.8	15 39.0
	27	29S33.6	48S31.1	24N09.4	15N26.8

1983		Diana 78	Hidalgo 944	Urania 30	Chiron 2060
JAN	1	26♐02.4	05♐27.6	06R06.1	23R10.1
	11	29 52.2	06 31.0	05♊26.1	22♉53.8
	21	03♑36.9	07 27.8	05D37.8	22 43.6
	31	07 15.4	08 16.6	06 37.9	22 39.9
FEB	10	10 46.4	08 56.3	08 20.3	22D42.8
	20	14 08.5	09 25.6	10 38.6	22 52.2
MAR	2	17 20.0	09 43.4	13 26.6	23 07.9
	12	20 19.5	09R48.9	16 38.6	23 29.5
	22	23 04.7	09 41.7	20 10.1	23 56.3
APR	1	25 33.3	09 21.6	23 57.1	24 27.8
	11	27 43.0	08 49.1	27 56.5	25 03.1
	21	29 30.8	08 05.2	02♋05.9	25 41.7
MAY	1	00♒53.5	07 11.5	06 23.1	26 22.5
	11	01 48.2	06 10.2	10 46.3	27 04.8
	21	02 11.6	05 04.1	15 14.3	27 48.0
	31	02R01.7	03 56.2	19 45.9	28 31.0
JUN	10	01 17.5	02 49.6	24 20.1	29 13.2
	20	00 00.2	01 47.5	28 56.3	29 53.8
	30	28♑14.9	00 52.5	03♌33.6	00♊31.9
JUL	10	26 09.4	00 06.8	08 11.7	01 07.0
	20	23 55.0	29♏32.1	12 49.9	01 38.2
	30	21 44.5	29 09.4	17 27.7	02 04.9
AUG	9	19 49.5	28 59.0	22 04.9	02 26.5
	19	18 19.8	29D01.2	26 40.8	02 42.5
	29	17 21.3	29 15.3	01♍15.0	02 52.4
SEP	8	16 56.3	29 40.8	05 47.2	02 56.0
	18	17D04.9	00♐16.8	10 16.6	02R53.2
	28	17 45.2	01 02.2	14 42.7	02 43.9
OCT	8	18 54.3	01 55.9	19 04.9	02 28.5
	18	20 29.1	02 56.8	23 22.2	02 07.6
	28	22 26.2	04 03.4	27 33.7	01 42.0
NOV	7	24 42.7	05 14.7	01♎38.3	01 12.7
	17	27 15.9	06 29.3	05 34.5	00 41.0
	27	00♒03.2	07 45.9	09 20.8	00 08.3
DEC	7	03 02.5	09 03.2	12 55.3	29♉36.1
	17	06 11.9	10 19.9	16 15.7	29 05.9
	27	09 29.6	11 34.5	19 19.4	28 39.0
JAN	6	12♒54.1	12♐45.8	22♎03.1	28♉16.7
JAN	1	29S38.1	48S48.5	23N54.3	15N24.6
	21	29 41.0	50 02.9	23 15.3	15 19.8
FEB	10	29 23.3	51 22.6	23 12.7	15 21.9
MAR	2	28 51.3	52 43.2	23 31.7	15 30.4
	22	28 13.7	53 57.7	23 52.1	15 44.1
APR	11	27 40.7	54 57.2	23 57.3	16 01.1
MAY	1	27 23.2	55 31.9	23 36.0	16 19.6
	21	27 29.7	55 35.2	22 42.0	16 37.8
JUN	10	28 01.6	55 07.8	21 13.4	16 54.0
	30	28 45.6	54 17.5	19 11.6	17 07.0
JUL	20	29 15.0	53 17.3	16 40.3	17 15.9
AUG	9	29 08.5	52 19.4	13 44.7	17 19.9
	29	28 27.8	51 33.0	10 30.9	17 18.8
SEP	18	27 27.0	51 03.2	07 05.2	17 12.6
OCT	8	26 15.7	50 52.0	03 34.4	17 02.0
	28	24 55.3	50 58.9	00 05.3	16 48.0
NOV	17	23 22.9	51 22.6	03S15.1	16 32.4
DEC	7	21 35.1	52 01.4	06 19.5	16 17.6
	27	19S30.0	52S53.5	09S00.6	16N05.9

1984		Diana 78	Hidalgo 944	Urania 30	Chiron 2060
JAN	1	11♒11.1	12♐10.7	20♎44.0	28R27.2
	11	14 38.5	13 19.7	23 16.4	28♉07.6
	21	18 10.7	14 23.3	25 23.3	27 53.9
	31	21 46.5	15 20.0	27 00.4	27 46.7
FEB	10	25 24.8	16 08.5	28 02.9	27D46.4
	20	29 04.5	16 47.5	28 26.9	27 52.8
MAR	1	02♓44.8	17 15.8	28R09.2	28 05.9
	11	06 24.6	17 32.2	27 08.7	28 25.4
	21	10 03.0	17R36.1	25 29.1	28 50.5
	31	13 39.1	17 26.9	23 18.3	29 20.8
APR	10	17 11.9	17 04.6	20 49.9	29 55.6
	20	20 40.2	16 29.6	18 21.1	00♊34.0
	30	24 03.2	15 43.1	16 08.1	01 15.3
MAY	10	27 19.3	14 46.8	14 24.5	01 58.6
	20	00♈27.3	13 43.0	13 18.6	02 43.2
	30	03 25.4	12 34.6	12 53.0	03 28.1
JUN	9	06 11.7	11 24.8	13D07.5	04 12.7
	19	08 44.0	10 17.0	13 58.8	04 56.1
	29	10 59.5	09 14.1	15 22.9	05 37.5
JUL	9	12 55.1	08 19.0	17 15.6	06 16.2
	19	14 27.3	07 33.9	19 32.8	06 51.3
	29	15 32.1	07 00.3	22 10.9	07 22.2
AUG	8	16 05.5	06 39.3	25 07.1	07 48.2
	18	16R03.9	06 31.3	28 18.4	08 08.7
	28	15 24.9	06D36.2	01♏42.8	08 23.2
SEP	7	14 08.6	06 53.5	05 18.5	08 31.3
	17	12 19.2	07 22.4	09 03.8	08R32.7
	27	10 05.4	08 02.0	12 57.4	08 27.4
OCT	7	07 40.9	08 51.3	16 58.2	08 15.5
	17	05 21.9	09 48.9	21 05.1	07 57.4
	27	03 23.6	10 53.8	25 17.2	07 33.8
NOV	6	01 58.4	12 04.5	29 33.7	07 05.8
	16	01 13.4	13 19.8	03♐53.8	06 34.4
	26	01D10.7	14 38.4	08 16.7	06 01.0
DEC	6	01 49.8	15 58.9	12 41.7	05 27.3
	16	03 07.1	17 19.9	17 08.0	04 54.7
	26	04 58.7	18 40.2	21 35.1	04 24.9
JAN	5	07♈20.5	19♐58.2	26♐01.9	03♊59.1
JAN	1	18S56.0	53S08.4	09S36.3	16N03.7
	21	16 29.1	54 14.7	11 36.8	15 58.8
FEB	10	13 46.7	55 30.0	12 54.5	16 00.2
MAR	1	10 52.2	56 50.9	13 18.4	16 07.6
	21	07 49.3	58 12.0	12 39.7	16 20.0
APR	10	04 42.5	59 24.9	11 06.5	16 35.5
	30	01 36.5	60 18.6	09 16.9	16 52.5
MAY	20	01N24.0	60 43.0	07 59.3	17 09.0
JUN	9	04 13.9	60 33.4	07 39.2	17 23.6
	29	06 47.7	59 53.4	08 16.2	17 35.2
JUL	19	08 58.3	58 54.2	09 38.4	17 42.8
AUG	8	10 36.4	57 49.3	11 31.8	17 46.1
	28	11 29.3	56 50.2	13 43.9	17 44.7
SEP	17	11 25.1	56 04.5	16 03.7	17 38.9
OCT	7	10 26.9	55 35.6	18 21.2	17 29.2
	27	09 06.8	55 24.7	20 27.4	17 16.5
NOV	16	08 10.5	55 30.9	22 14.0	17 02.5
DEC	6	08 06.1	55 53.0	23 34.0	16 49.1
	26	08N58.6	56S29.8	24S21.9	16N38.4

1985	Diana 78	Hidalgo 944	Urania 30	Chiron 2060
JAN 1	06♈20.4	19♐27.4	24♐15.2	04R08.9
11	08 58.2	20 43.4	28 41.5	03♊46.2
21	11 59.6	21 55.0	03♑06.5	03 29.2
31	15 21.4	23 00.6	07 29.1	03 18.8
FEB 10	19 00.6	23 58.9	11 48.3	03D15.4
20	22 54.7	24 48.5	16 03.4	03 19.2
MAR 2	27 01.7	25 28.0	20 13.0	03 29.9
12	01♉19.7	25 56.1	24 15.9	03 47.4
22	05 47.3	26 11.9	28 10.6	04 11.0
APR 1	10 23.3	26R14.3	01♒55.4	04 40.4
11	15 06.3	26 03.0	05 28.2	05 14.7
21	19 55.7	25 37.8	08 46.7	05 53.1
MAY 1	24 50.6	24 59.4	11 47.9	06 34.9
11	29 50.3	24 08.9	14 28.6	07 19.3
21	04♊54.2	23 08.3	16 44.6	08 05.4
31	10 01.7	22 00.1	18 31.3	08 52.3
JUN 10	15 12.4	20 47.5	19 43.9	09 39.4
20	20 25.7	19 33.9	20 17.3	10 25.6
30	25 41.2	18 22.9	20R07.4	11 10.2
JUL 10	00♋58.3	17 17.9	19 13.1	11 52.4
20	06 16.6	16 21.7	17 36.7	12 31.5
30	11 35.5	15 36.7	15 27.7	13 06.6
AUG 9	16 54.3	15 04.4	13 01.8	13 37.0
19	22 12.5	14 45.7	10 38.5	14 02.0
29	27 29.1	14D41.0	08 37.8	14 21.1
SEP 8	02♌43.4	14 50.0	07 15.0	14 33.6
18	07 54.3	15 12.0	06 38.5	14 39.4
28	13 00.5	15 46.4	06D51.2	14R38.1
OCT 8	18 00.7	16 31.9	07 51.0	14 29.8
18	22 53.3	17 27.3	09 33.6	14 14.8
28	27 35.9	18 31.5	11 54.3	13 53.5
NOV 7	02♍06.6	19 42.9	14 47.4	13 27.0
17	06 22.3	21 00.4	18 08.4	12 56.2
27	10 19.4	22 22.5	21 53.0	12 22.5
DEC 7	13 54.3	23 47.7	25 57.6	11 47.6
17	17 01.8	25 14.9	00♓19.1	11 13.1
27	19 36.4	26 42.5	04 55.0	10 40.6
JAN 6	21♍32.3	28♐09.1	09♓42.7	10♊11.7
JAN 1	09N24.5	56S43.5	24S29.5	16N36.0
21	11 18.4	57 37.7	24 31.7	16 31.5
FEB 10	13 45.6	58 44.3	23 59.1	16 32.9
MAR 2	16 33.1	60 01.3	22 55.8	16 39.7
22	19 28.5	61 25.1	21 28.4	16 51.0
APR 11	22 19.5	62 48.7	19 46.5	17 05.1
MAY 1	24 54.0	64 01.8	18 01.8	17 20.2
21	27 00.3	64 51.2	16 28.7	17 34.7
JUN 10	28 27.7	65 06.4	15 23.6	17 47.1
30	29 07.5	64 44.6	15 02.3	17 56.5
JUL 20	28 54.3	63 53.1	15 30.4	18 02.2
AUG 9	27 46.9	62 45.4	16 29.5	18 03.7
29	25 48.6	61 35.5	17 21.1	18 01.2
SEP 18	23 07.1	60 33.5	17 36.6	17 55.0
OCT 8	19 53.0	59 45.4	17 08.9	17 45.7
28	16 19.2	59 13.5	15 58.6	17 34.2
NOV 17	12 39.9	58 58.0	14 06.4	17 21.8
DEC 7	09 10.1	58 58.4	11 33.6	17 10.3
[illegible]	[illegible]	[illegible]	[illegible]	[illegible]

1986	Diana 78	Hidalgo 944	Urania 30	Chiron 2060
JAN 1	20♍39.6	27♐26.0	07♓17.4	10R25.6
11	22 13.8	28 51.6	12 10.5	09♊59.0
21	23 00.0	00♑14.0	17 12.9	09 37.8
31	22R54.8	01 31.8	22 22.8	09 23.1
FEB 10	21 57.9	02 43.5	27 39.1	09 15.4
20	20 15.8	03 47.6	03♈00.6	09D15.1
MAR 2	18 03.2	04 42.6	08 26.0	09 22.2
12	15 40.2	05 27.1	13 54.6	09 36.5
22	13 29.8	05 59.7	19 25.6	09 57.7
APR 1	11 50.9	06 19.0	24 57.9	10 25.0
11	10 54.6	06R24.3	00♉31.2	10 58.0
21	10D45.5	06 14.6	06 04.7	11 35.8
MAY 1	11 21.9	05 49.9	11 37.8	12 17.6
11	12 39.3	05 10.5	17 10.1	13 02.7
21	14 32.4	04 17.6	22 41.0	13 50.1
31	16 55.0	03 13.1	28 09.9	14 39.0
JUN 10	19 42.2	01 59.9	03♊36.6	15 28.5
20	22 49.6	00 41.3	09 00.3	16 17.9
30	26 13.2	29♐21.3	14 20.6	17 06.2
JUL 10	29 50.1	28 04.0	19 37.0	17 52.6
20	03♎37.9	26 53.1	24 48.8	18 36.3
30	07 34.2	25 52.0	29 55.3	19 16.4
AUG 9	11 37.6	25 03.3	04♋55.8	19 52.2
19	15 46.7	24 28.8	09 49.1	20 23.0
29	20 00.1	24 09.4	14 34.4	20 48.0
SEP 8	24 16.9	24D05.5	19 10.1	21 06.5
18	28 36.3	24 16.8	23 34.7	21 18.2
28	02♏57.3	24 42.4	27 46.2	21 22.6
OCT 8	07 19.4	25 21.6	01♌42.2	21R19.6
18	11 41.8	26 13.0	05 19.7	21 09.3
28	16 03.8	27 15.2	08 35.4	20 52.0
NOV 7	20 24.8	28 26.8	11 24.9	20 28.4
17	24 44.0	29 46.5	13 43.2	19 59.5
27	29 00.6	01♑12.7	15 25.1	19 26.5
DEC 7	03♐14.1	02 44.1	16 24.6	18 51.0
17	07 23.3	04 19.0	16R36.9	18 14.7
27	11 27.5	05 56.2	15 59.1	17 39.4
JAN 6	15♐25.5	07♑34.2	14♌32.5	17♊06.7
JAN 1	05N25.5	59S19.9	07S31.2	16N59.6
21	03 15.9	59 53.8	03 44.2	16 55.9
FEB 10	02 05.4	60 42.5	00N22.8	16 57.3
MAR 2	01 52.3	61 46.3	04 39.7	17 03.6
22	02 07.6	63 03.9	08 55.5	17 13.7
APR 11	02 08.9	64 31.7	12 59.1	17 26.1
MAY 1	01 30.7	66 01.7	16 39.7	17 39.2
21	00 08.6	67 21.3	19 47.1	17 51.3
JUN 10	01S52.0	68 14.5	22 12.8	18 01.2
30	04 22.9	68 28.7	23 50.7	18 07.9
JUL 20	07 15.5	68 01.1	24 38.0	18 11.0
AUG 9	10 21.6	67 01.3	24 36.1	18 10.4
29	13 33.6	65 44.5	23 50.4	18 06.1
SEP 18	16 44.2	64 25.1	22 30.6	17 58.9
OCT 8	19 46.5	63 12.7	20 49.7	17 49.5
28	22 34.3	62 12.4	19 04.0	17 38.8
NOV 17	25 01.9	61 26.1	17 32.3	17 28.1
DEC 7	27 05.2	60 54.0	16 35.4	17 18.6
27	28S41.5	60S36.2	16N29.8	17N11.7

1987	Diana 78	Hidalgo 944	Urania 30	Chiron 2060
JAN 1	13♐27.4	06♑45.2	15R21.6	17R22.6
11	17 21.9	08 22.9	13♌33.2	16♊51.9
21	21 08.5	09 59.2	11 11.2	16 26.2
31	24 45.9	11 32.6	08 33.6	16 06.6
FEB 10	28 12.3	13 01.5	06 02.4	15 53.9
20	01♑26.2	14 24.4	03 57.3	15 48.9
MAR 2	04 25.5	15 39.8	02 31.4	15D51.5
12	07 07.8	16 46.0	01 51.5	16 02.0
22	09 30.5	17 41.3	01D57.5	16 19.8
APR 1	11 30.8	18 24.3	02 45.9	16 44.5
11	13 05.3	18 53.4	04 11.8	17 15.6
21	14 10.9	19 07.3	06 09.4	17 52.2
MAY 1	14 44.2	19R04.8	08 33.4	18 33.6
11	14R42.7	18 45.4	11 19.5	19 19.0
21	14 05.3	18 09.1	14 23.5	20 07.5
31	12 53.0	17 16.6	17 42.4	20 58.2
JUN 10	11 10.3	16 09.6	21 13.5	21 50.2
20	09 05.5	14 51.2	24 54.5	22 42.7
30	0649.813	24.828	43.723	34.8
JUL 10	04 36.7	11 55.1	02♍39.8	24 25.7
20	02 38.5	10 27.0	6 41.3	25 14.3
30	01 05.3	09 05.0	10 47.4	26 00.0
AUG 9	00 03.5	07 53.7	14 57.1	26 41.8
19	29♐35.7	06 56.1	19 09.7	27 18.9
29	29D41.8	06 14.6	23 24.5	27 50.6
SEP 8	00♑19.9	05 50.7	27 40.9	28 16.1
18	01 27.0	05D44.6	01♎58.2	28 34.8
28	02 59.8	05 56.0	06 15.9	28 46.1
OCT 8	04 55.0	06 24.3	10 33.3	28R49.7
18	07 09.5	07 07.9	14 49.8	28 45.4
28	09 40.5	08 05.7	19 04.8	28 33.5
NOV 7	12 25.6	09 16.0	23 17.2	28 14.3
17	15 22.5	10 37.2	27 26.5	27 48.6
27	18 29.4	12 07.8	01♏31.6	27 17.5
DEC 7	21 44.5	13 46.0	05 31.2	26 42.5
17	25 06.2	15 30.4	09 24.2	26 05.2par
27 28	33.417	19.513	09.025	27.5
JAN 6	02♒04.4	19♑11.6	16♏43.9	24♊51.4
JAN 1	29S01.4	60S34.0	16N36.9	17N10.5
21	30 04.5	60 34.7	17 29.9	1708.3
FEB 10	30 45.2	60 51.8	18 31.1	17 10.5
MAR 2	31 10.1	61 26.9	19 04.8	17 16.7
22	31 28.7	62 21.7	19 01.017	25.9
APR 11	31 51.1	63 36.4	18 22.7	17 36.8
MAY 1	32 25.6	65 08.0	17 12.9	17 47.6
21	33 11.8	66 48.2	15 33.3	17 56.2
JUN 10	33 53.8	68 22.3	13 25.8	18 03.3
30	34 04.3	69 30.5	10 53.5	18 12.7
JUL 20	33 29.1	69 54.9	08 00.3	18 20.0
AUG 9	32 22.9	69 29.4	04 50.7	18 18.5
29	31 09.8	68 23.0	01 29.8	18 11.1
SEP 18	30 02.1	66 52.5	01S57.0	18 01.9
OCT 8	28 59.5	65 13.7	05 24.3	17 51.8
28	27 55.6	63 37.1	08 46.3	17 41.6
NOV 17	26 43.5	62 08.3	11 57.3	17 32.5
DEC 7	25 17.6	60 49.9	14 52.2	17 25.4
27	23S35.0	59S43.3	17S26.2	17N21.2

1988		Diana 78	Hidalgo 944	Urania 30	Chiron 2060
JAN	1	00♒18.5	18♑15.3	14♏57.8	25R09.1
	11	03 51.1	20 08.4	18 27.1	24♊34.4
	21	07 26.0	22 02.5	21 43.4	24 03.7
	31	11 02.1	23 55.9	24 44.0	23 38.7
FEB	10	14 38.4	25 47.2	27 26.2	23 20.4
	20	18 13.9	27 34.9	29 46.4	23 09.7
MAR	1	21 47.4	29 17.4	01♐40.8	23D07.0
	11	25 18.0	00♒53.0	03 05.2	23 12.5
	21	28 44.8	02 20.2	03 55.3	23 26.0
	31	02♓06.4	03 37.0	04R07.0	23 47.2
APR	10	05 21.7	04 41.7	03 38.1	24 15.4
	20	08 29.4	05 32.4	02 28.1	24 50.1
	30	11 27.8	06 07.3	00 41.5	25 30.5
MAY	10	14 15.4	06 24.8	28♏27.4	26 15.6
	20	16 50.0	06R23.2	25 59.5	27 04.7
	30	19 09.3	06 01.6	23 34.9	27 56.8
JUN	9	21 10.9	05 19.8	21 29.5	28 51.0
	19	22 51.4	04 18.5	19 55.5	29 46.6
	29	24 07.6	02 59.8	19 00.4	00♋42.4
JUL	9	24 56.1	01 27.2	18D46.3	01 37.8
	19	25 13.2	29♑45.6	19 12.5	02 31.7
	29	24R56.4	28 01.0	20 15.9	03 23.2
AUG	8	24 04.5	26 19.6	21 52.3	04 11.5
	18	22 38.7	24 47.4	23 57.7	04 55.8
	28	20 44.4	23 29.9	26 28.4	05 35.0
SEP	7	18 30.8	22 30.7	29 20.6	06 08.4
	17	16 10.6	21 52.1	02♐31.5	06 35.2
	27	13 58.5	21 35.4	05 58.7	06 54.7
OCT	7	12 07.3	21D40.2	09 39.7	07 06.5
	17	10 47.1	22 05.9	13 32.9	07R10.0
	27	10 03.8	22 50.8	17 36.7	07 05.1
NOV	6	09D59.0	23 53.4	21 49.6	06 52.2
	16	10 31.9	25 11.6	26 10.6	06 31.5
	26	11 39.8	26 43.6	00♑38.5	06 04.1
DEC	6	13 18.9	28 27.5	05 12.5	05 31.1
	16	15 25.8	00♒21.5	09 51.6	04 54.1
	26	17 56.7	02 23.8	14 35.1	04 15.1
JAN	5	20♓48.3	04♒32.7	19♑22.2	03♋35.9
JAN	1	23S06.6	59S28.6	18S00.9	17N20.7
	21	21 02.3	58 38.8	20 04.1	17 20.7
FEB	10	18 42.9	58 05.0	21 40.8	17 24.2
MAR	1	16 11.8	57 50.4	22 51.0	17 30.7
	21	13 33.6	57 58.8	23 34.6	17 39.2
APR	10	10 53.6	58 33.4	23 48.4	17 48.3
	30	08 17.8	59 36.5	23 24.9	17 56.5
MAY	20	05 52.8	61 06.3	22 22.3	18 02.6
JUN	9	03 45.9	62 55.6	21 02.0	18 05.5
	29	02 05.9	64 48.9	20 01.2	18 04.6
JUL	19	01 02.5	66 22.3	19 42.3	17 59.8
AUG	8	00 44.9	67 09.8	20 04.7	17 51.5
	28	01 14.6	66 55.8	20 55.6	17 40.5
SEP	17	02 15.6	65 43.8	21 59.4	17 27.9
OCT	7	03 15.1	63 51.1	23 01.3	17 15.2
	27	03 42.1	61 37.1	23 48.4	17 03.9
NOV	16	03 22.2	59 15.9	24 10.1	16 55.2
DEC	6	02 15.0	56 55.9	23 58.3	16 50.1
	26	00S25.7	54S42.0	23S08.1	16N49.0

1989		Diana 78	Hidalgo 944	Urania 30	Chiron 2060
JAN	1	19♓37.4	03♒40.4	17♑26.9	03R51.5
	11	22 40.0	05 52.6	22 15.9	03♋13.2
	21	25 58.9	08 08.8	27 07.4	02 38.1
	31	29 31.6	10 27.7	02♒00.7	02 07.7
FEB	10	03♈16.4	12 47.8	06 55.3	01 43.7
	20	07 11.4	15 07.6	11 50.4	01 27.2
MAR	2	11 15.1	17 25.6	16 45.5	01 18.8
	12	15 26.4	19 40.6	21 40.1	01D18.9
	22	19 44.2	21 50.7	26 33.2	01 27.7
APR	1	24 07.5	23 54.6	01♓24.4	01 44.9
	11	28 35.6	25 50.4	06 12.9	02 09.9
	21	03♉07.8	27 36.3	10 57.8	02 42.2
MAY	1	07 43.5	29 10.4	15 38.2	03 21.1
	11	12 22.2	00♓30.4	20 13.0	04 05.7
	21	17 03.2	01 34.0	24 40.7	04 55.1
	31	21 46.3	02 18.7	29 00.3	05 48.4
JUN	10	26 30.9	02 42.1	03♈09.4	06 44.7
	20	01♊16.4	02R41.9	07 06.0	07 43.1
	30	06 02.6	02 16.5	10 47.4	08 42.7
JUL	10	10 48.7	01 24.9	14 09.9	09 42.6
	20	15 34.0	00 08.1	17 09.7	10 41.7
	30	20 17.9	28♒28.7	19 41.9	11 39.3
AUG	9	24 59.5	26 31.9	21 40.5	12 34.3
	19	29 37.6	24 25.2	22 59.8	13 25.8
	29	04♋11.1	22 17.5	23 33.7	14 12.9
SEP	8	08 38.3	20 18.2	23R17.8	14 54.7
	18	12 57.2	18 35.7	22 12.2	15 30.2
	28	17 05.6	17 16.1	20 23.1	15 58.7
OCT	8	21 00.5	16 23.7	18 05.0	16 19.4
	18	24 38.2	16 00.1	15 40.3	16 31.7
	28	27 54.7	16D05.1	13 32.3	16R35.3
NOV	7	00♌44.4	16 37.4	12 01.4	16 30.0
	17	03 01.6	17 34.7	11 19.7	16 16.0
	27	04 39.6	18 54.6	11D30.9	15 53.9
DEC	7	05 31.6	20 34.5	12 33.3	15 24.6
	17	05R33.1	22 31.9	14 21.8	14 49.7
	27	04 42.6	24 44.2	16 49.6	14 10.7
JAN	6	03♌05.2	27♒09.6	19♈50.8	13♋29.8
JAN	1	00N14.2	54S03.6	22S45.2	16N49.4
	21	02 47.3	52 02.5	21 03.0	16 53.0
FEB	10	05 45.5	50 14.9	18 43.3	16 59.6
MAR	2	09 01.2	48 44.6	15 51.2	17 08.1
	22	12 26.9	47 36.3	12 33.4	17 17.1
APR	11	15 54.7	46 55.0	08 57.8	17 25.3
MAY	1	19 17.1	46 46.1	05 13.0	17 31.2
	21	22 26.2	47 14.3	01 27.4	17 33.8
JUN	10	25 14.5	48 21.5	02N09.9	17 32.1
	30	27 34.7	50 03.9	05 29.2	17 25.9
JUL	20	29 20.8	52 07.8	08 20.2	17 15.2
AUG	9	30 28.8	54 05.5	10 30.6	17 00.8
	29	30 58.3	55 19.3	11 44.7	16 43.8
SEP	18	30 53.2	55 16.5	11 46.1	16 25.8
OCT	8	30 22.6	53 48.5	10 33.6	16 08.6
	28	29 41.2	51 11.8	08 49.3	15 54.3
NOV	17	29 06.9	47 52.6	07 41.2	15 44.7
DEC	7	28 56.0	44 12.4	07 46.7	15 40.8
	27	29N08.5	40S24.5	09N02.8	15N42.7

1990		Diana 78	Hidalgo 944	Urania 30	Chiron 2060
JAN	1	03R59.0	25♒55.4	18♈16.4	13R50.3
	11	02♌03.3	28 26.4	21 32.0	13♋09.3
	21	29♋45.2	01♓07.3	25 12.1	12 29.5
	31	27 28.4	03 56.5	29 12.4	11 53.2
FEB	10	25 36.8	06 52.4	03♉29.1	11 22.1
	20	24 27.1	09 53.5	07 58.7	10 57.9
MAR	2	24D08.0	12 58.8	12 38.7	10 41.6
	12	24 40.6	16 06.8	17 27.0	10 34.2
	22	26 00.6	19 16.4	22 21.4	10D35.8
APR	1	28 02.2	22 26.8	27 20.9	10 46.4
	11	00♌38.8	25 36.5	02♊23.8	11 05.9
	21	03 44.1	28 44.8	07 29.1	11 33.7
MAY	1	07 13.0	01♈50.4	12 36.2	12 09.1
	11	11 00.7	04 52.0	17 44.0	12 51.3
	21	15 03.5	07 48.5	22 52.0	13 39.5
	31	19 18.5	10 38.3	27 59.8	14 32.8
JUN	10	23 43.1	13 19.5	03♋06.7	15 30.2
	20	28 15.2	15 50.4	08 12.3	16 30.7
	30	02♍53.5	18 08.4	13 16.3	17 33.6
JUL	10	07 36.3	20 10.6	18 18.2	18 37.7
	20	12 22.5	21 53.8	23 17.6	19 42.1
	30	17 11.4	23 13.7	28 14.4	20 45.9
AUG	9	22 02.0	24 06.0	03♌07.7	21 48.2
	19	26 53.7	24 25.9	07 57.5	22 47.9
	29	01♎45.9	24R08.2	12 42.9	23 44.0
SEP	8	06 37.9	23 09.7	17 23.5	24 35.7
	18	11 29.3	21 29.1	21 58.5	25 21.8
	28	16 19.6	19 09.8	26 27.0	26 01.5
OCT	8	21 08.2	16 21.8	00♍47.8	26 33.7
	18	25 54.6	13 20.7	05 00.0	26 57.8
	28	00♏38.2	10 26.6	09 01.7	27 13.1
NOV	7	05 18.3	07 58.9	12 51.2	27 19.0
	17	09 54.4	06 12.0	16 26.3	27R15.4
	27	14 25.6	05 14.7	19 44.2	27 02.4
DEC	7	18 51.0	05D09.2	22 41.8	26 40.6
	17	23 09.7	05 53.9	25 15.5	26 11.1
	27	27 20.5	07 25.2	27 20.6	25 35.2
JAN	6	01♐22.1	09♈38.4	28♍52.7	24♋54.9
JAN	1	29N12.2	39S27.2	09N30.7	15N44.0
	21	29 04.4	35 39.3	11 46.8	15 52.0
FEB	10	27 54.6	31 55.5	14 26.4	16 03.0
MAR	2	25 53.7	28 18.1	17 10.3	16 14.9
	22	23 31.7	24 49.3	19 42.1	16 25.9
APR	11	20 59.0	21 31.4	21 48.4	16 34.3
MAY	1	18 12.7	18 26.4	23 18.6	16 38.7
	21	15 07.7	15 36.8	24 05.6	16 38.0
JUN	10	11 42.3	13 04.6	24 05.8	16 31.7
	30	07 58.2	10 51.2	23 19.5	16 19.6
JUL	20	03 59.1	08 56.6	21 50.0	16 02.3
AUG	9	00S10.0	07 17.9	19 43.3	15 40.6
	29	04 23.3	05 45.9	17 07.2	15 16.0
SEP	18	08 34.7	04 01.9	14 10.2	14 50.5
OCT	8	12 38.4	01 39.0	11 01.8	14 26.4
	28	16 28.4	01N39.5	07 51.8	14 06.5
NOV	17	19 59.5	05 43.3	04 50.9	13 53.1
DEC	7	23 07.1	10 12.6	02 10.7	13 47.9
	27	25S48.4	15N00.9	00N04.5	13N51.4

1991	Diana 78	Hidalgo 944	Urania 30	Chiron 2060
JAN 1	29♏22.5	08♈26.9	28♍11.1	25R15.5
11	03♐19.0	10 59.2	29 24.8	24♋33.8
21	07 04.1	14 07.1	29 58.0	23 50.9
31	10 35.8	17 46.7	29R47.3	23 09.3
FEB 10	13 52.2	21 54.8	28 51.4	22 31.2
20	16 50.7	26 29.3	27 12.9	21 58.6
MAR 2	19 28.6	01♉27.8	25 01.0	21 33.3
12	21 42.8	06 48.7	22 29.9	21 16.5
22	23 29.8	12 30.6	19 57.5	21 08.8
APR 1	24 45.8	18 31.7	17 42.2	21D10.9
11	25 27.6	24 50.3	15 57.9	21 22.5
21	25R31.9	01♊24.5	14 53.1	21 43.5
MAY 1	24 57.6	08 11.6	14D30.5	22 13.3
11	23 45.9	15 09.0	14 48.7	22 51.2
21	22 01.4	22 13.6	15 44.3	23 36.3
31	19 53.6	29 21.7	17 12.8	24 27.8
JUN 10	17 34.9	06♋29.7	19 09.4	25 24.7
20	15 19.6	13 34.3	21 29.9	26 26.2
30	13 21.4	20 32.0	24 10.7	27 31.1
JUL 10	11 50.2	27 20.3	27 08.3	28 38.6
20	10 52.4	03♌57.0	00♎20.3	29 47.6
30	10 30.2	10 20.1	03 44.3	00♌57.2
AUG 9	10D42.8	16 28.8	07 18.5	02 06.4
19	11 27.8	22 22.2	11 01.4	03 14.2
29	12 41.8	27 59.8	14 51.5	04 19.6
SEP 8	14 21.2	03♍21.4	18 47.9	05 21.6
18	16 22.6	08 26.8	22 49.5	06 19.0
28	18 42.9	13 15.7	26 55.4	07 10.9
OCT 8	21 19.1	17 48.2	01♏04.9	07 56.3
18	24 08.9	22 03.6	05 17.2	08 34.1
28	27 09.9	26 01.3	09 31.6	09 03.4
NOV 7	00♑20.5	29 40.5	13 47.3	09 23.4
17	03 39.0	02♎59.8	18 03.7	09 33.5
27	07 03.7	05 57.8	22 20.0	09R33.5
DEC 7	10 33.4	08 32.5	26 35.4	09 23.4
17	14 07.0	10 41.4	00♐49.0	09 03.6
27	17 43.0	12 22.1	04 59.9	08 35.2
JAN 6	21♑20.6	13♎31.6	09♐07.2	07♌59.5
JAN 1	26S24.5	16N16.3	00S20.0	13N53.6
21	28 32.5	21 31.9	01 22.2	14 06.0
FEB 10	30 17.1	27 10.7	01 17.1	14 22.6
MAR 2	31 44.3	33 07.6	00 04.9	14 40.0
22	33 01.4	39 09.5	01N43.6	14 55.1
APR 11	34 14.0	44 51.6	03 15.9	15 05.6
MAY 1	35 18.0	49 34.8	03 55.6	15 09.9
21	35 54.3	52 29.2	03 35.8	15 06.9
JUN 10	35 37.8	52 55.5	02 24.6	14 56.4
30	34 28.2	50 53.2	00 33.5	14 38.4
JUL 20	32 57.7	47 01.9	01S47.1	14 13.8
AUG 9	31 38.9	42 13.1	04 28.3	13 43.8
29	30 43.9	37 08.4	07 22.0	13 10.1
SEP 18	30 08.8	32 14.5	10 21.0	12 35.2
OCT 8	29 43.4	27 48.2	13 18.2	12 01.9
28	29 17.4	23 59.5	16 06.7	11 33.4
NOV 17	28 41.9	20 55.0	18 40.1	11 12.8
DEC 7	27 51.1	18 39.5	20 52.4	11 02.9
27	26S41.8	17N15.8	22S38.8	11N04.9

1992	Diana 78	Hidalgo 944	Urania 30	Chiron 2060
JAN 1	19♑31.7	13♎00.9	07♐04.1	08R18.1
11	23 09.6	13 53.8	11 09.1	07♌39.5
21	26 47.5	14 11.6	15 08.5	06 56.8
31	00♒24.2	13R52.8	19 01.3	06 12.3
FEB 10	03 58.9	12 57.3	22 45.6	05 28.5
20	07 30.3	11 27.7	26 19.7	04 48.1
MAR 1	10 57.4	09 29.7	29 41.8	04 13.1
11	14 19.1	07 12.1	02♑49.2	03 45.5
21	17 34.0	04 46.5	05 39.1	03 26.6
31	20 40.8	02 24.7	08 08.4	03 17.4
APR 10	23 37.9	00 17.4	10 13.1	03D18.4
20	26 23.6	28♍32.9	11 49.1	03 29.7
30	28 55.9	27 15.5	12 52.0	03 50.8
MAY 10	01♓12.5	26 27.1	13 17.0	04 21.4
20	03 10.8	26 07.0	13R01.2	05 00.6
30	04 48.0	26D13.0	12 03.2	05 47.7
JUN 9	06 00.7	26 42.6	10 25.7	06 41.7
19	06 45.9	27 32.7	08 17.2	07 41.7
29	07R00.5	28 40.2	05 51.1	08 46.7
JUL 9	06 41.9	00♎02.6	03 24.8	09 55.7
19	05 49.6	01 37.2	01 16.4	11 07.7
29	04 25.1	03 22.0	29♐39.9	12 21.8
AUG 8	02 33.4	05 14.9	28 44.4	13 36.8
18	00 23.4	07 14.3	28D33.5	14 51.8
28	28♒06.9	09 18.5	29 06.3	16 05.8
SEP 7	25 57.0	11 26.2	00♑20.0	17 17.6
17	24 06.2	13 35.9	02 10.2	18 26.3
27	22 43.3	15 46.5	04 32.2	19 30.8
OCT 7	21 54.5	17 56.6	07 22.1	20 29.9
17	21D41.6	20 05.1	10 35.8	21 22.5
27	22 03.9	22 10.7	14 10.1	22 07.6
NOV 6	22 59.4	24 11.9	18 02.3	22 44.0
16	24 24.7	26 07.5	22 09.7	23 10.9
26	26 16.6	27 56.0	26 30.3	23 27.6
DEC 6	28 31.7	29 35.7	01♒02.6	23 33.5
16	01♓06.6	01♏05.1	05 44.7	23R28.5
26	03 58.8	02 22.4	10 35.5	23 13.0
JAN 5	07♓05.8	03♏25.8	15♒33.8	22♌47.7
JAN 1	26S21.4	17N03.0	23S01.0	11N07.2
21	24 48.7	16 42.1	24 11.2	11 22.7
FEB 10	22 59.7	16 59.7	24 52.6	11 45.1
MAR 1	20 58.9	17 30.7	25 08.8	12 09.6
21	18 51.9	17 40.1	25 06.7	12 31.5
APR 10	16 45.6	17 00.1	24 55.9	12 47.0
30	14 47.6	15 27.4	24 47.8	12 53.7
MAY 20	13 06.8	13 17.1	24 50.8	12 50.5
JUN 9	11 52.5	10 46.1	25 03.3	12 37.2
29	11 14.1	08 05.8	25 10.0	12 14.2
JUL 19	11 17.2	05 22.6	24 58.2	11 42.8
AUG 8	11 56.7	02 39.8	24 35.0	11 04.4
28	12 51.1	00S00.2	24 13.1	10 21.2
SEP 17	13 30.9	02 35.7	23 53.4	09 35.9
OCT 7	13 36.2	05 05.0	23 26.6	08 51.6
27	13 02.3	07 26.2	22 40.9	08 11.9
NOV 16	11 51.8	09 37.4	21 26.1	07 40.8
DEC 6	10 08.5	11 36.8	19 35.6	07 21.8
26	07S55.8	13S22.3	17S07.0	07N17.6

1993	Diana 78	Hidalgo 944	Urania 30	Chiron 2060
JAN 1	05♓49.4	03♏02.2	13♒33.7	22R58.9
11	09 04.1	03 56.4	18 35.9	22♌28.4
21	12 30.1	04 34.1	23 43.9	21 50.5
31	16 05.8	04 53.7	28 56.9	21 07.4
FEB 10	19 49.6	04R54.0	04♓13.9	20 21.7
20	23 40.3	04 34.6	09 34.4	19 36.1
MAR 2	27 36.6	03 55.7	14 57.6	18 53.1
12	01♈37.5	02 58.7	20 22.7	18 15.3
22	05 42.2	01 45.9	25 49.4	17 44.9
APR 1	09 49.9	00 21.0	01♈17.0	17 23.3
11	13 59.8	28♎48.9	06 44.8	17 11.7
21	18 11.3	27 14.6	12 12.5	17D10.7
MAY 1	22 23.8	25 43.5	17 39.4	17 20.5
11	26 36.4	24 20.6	23 04.9	17 40.8
21	00♉48.9	23 09.7	28 28.6	18 11.2
31	05 00.4	22 13.8	03♉49.7	18 50.9
JUN 10	09 10.2	21 34.5	09 07.6	19 39.1
20	13 17.6	21 12.4	14 21.5	20 34.8
30	17 21.6	21D07.4	19 30.5	21 37.2
JUL 10	21 21.1	21 18.6	24 33.5	22 45.1
20	25 15.0	21 44.8	29 29.5	23 57.6
30	29 01.6	22 24.6	04♊16.8	25 13.6
AUG 9	02♊39.0	23 16.5	08 53.8	26 32.2
19	06 05.1	24 18.9	13 18.5	27 52.2
29	09 16.7	25 30.3	17 28.1	29 12.8
SEP 8	12 10.6	26 49.2	21 19.8	00♍32.7
18	14 42.5	28 14.1	24 49.6	01 51.0
28	16 47.3	29 43.7	27 52.9	03 06.5
OCT 8	18 19.6	01♏16.5	00♋24.7	04 18.0
18	19 13.2	02 51.3	02 18.5	05 24.6
28	19R22.6	04 26.6	03 28.0	06 24.8
NOV 7	18 44.9	06 01.1	03R47.8	07 17.6
17	17 20.9	07 33.5	03 14.1	08 01.9
27	15 19.0	09 02.3	01 49.0	08 36.5
DEC 7	12 55.3	10 26.1	29♊41.8	09 00.7
17	10 31.5	11 43.5	27 10.0	09 13.8
27	08 30.6	12 52.7	24 37.5	09R15.4
JAN 6	07♊10.0	13♏52.5	22♊27.5	09♍05.6
JAN 1	07S10.8	13S50.9	16S15.1	07N19.3
21	04 25.6	15 15.0	12 59.7	07 34.4
FEB 10	01 20.3	16 19.3	09 14.2	08 00.9
MAR 2	02N00.3	17 00.5	05 06.0	08 32.7
22	05 31.0	17 16.4	00 43.7	09 03.2
APR 11	09 06.8	17 08.6	03N43.2	09 26.5
MAY 1	12 42.7	16 45.3	08 05.5	09 38.9
21	16 13.6	16 19.7	12 13.4	09 38.4
JUN 10	19 35.2	16 04.3	15 58.1	09 24.8
30	22 43.5	16 07.3	19 11.4	08 59.0
JUL 20	25 35.7	16 31.2	21 47.1	08 22.3
AUG 9	28 10.6	17 15.2	23 41.9	07 36.8
29	30 29.3	18 16.2	24 56.5	06 45.1
SEP 18	32 35.4	19 30.8	25 37.1	05 50.0
OCT 8	34 32.9	20 55.5	25 54.8	04 55.0
28	36 19.3	22 26.9	26 02.9	04 03.8
NOV 17	37 31.0	24 02.0	26 10.0	03 20.8
DEC 7	37 24.0	25 38.1	26 08.2	02 50.3
27	35N47.9	27S12.5	25N42.0	02N35.8

1994		Diana 78	Hidalgo 944	Urania 30	Chiron 2060
JAN	1	07 R 44.5	13♏23.9	23 R 28.5	09 R 11.9
	11	06♊48.1	14 18.3	21♊36.7	08♍56.6
	21	06 D 44.1	15 01.0	20 30.5	08 31.1
	31	07 31.9	15 30.4	20 D 14.9	07 56.7
FEB	10	09 07.0	15 45.6	20 48.3	07 15.6
	20	11 23.8	15 R 45.6	22 06.1	06 30.1
MAR	2	14 15.9	15 30.1	24 02.0	05 43.0
	12	17 37.2	14 59.3	26 29.4	04 57.2
	22	21 23.1	14 13.9	29 23.0	04 15.4
APR	1	25 28.8	13 15.8	02♋37.6	03 40.1
	11	29 50.9	12 07.6	06 09.2	03 13.1
	21	04♋26.4	10 52.5	09 54.6	02 56.0
MAY	1	09 12.7	09 34.3	13 50.9	02 49.6
	11	14 07.7	08 16.9	17 55.9	02 D 54.4
	21	19 10.0	07 04.2	22 07.9	03 10.2
	31	24 17.6	05 59.6	26 25.4	03 36.8
JUN	10	29 29.8	05 05.7	00♌47.2	04 13.4
	20	04♌45.3	04 24.4	05 12.3	04 59.4
	30	10 03.2	03 57.0	09 39.8	05 53.8
JUL	10	15 22.9	03 43.6	14 09.2	06 55.6
	20	20 43.6	03 D 44.3	18 39.7	08 03.9
	30	26 04.6	03 58.3	23 10.7	09 17.4
AUG	9	01♍25.5	04 24.9	27 42.0	10 35.4
	19	06 45.8	05 02.9	02♍12.9	11 56.7
	29	12 04.9	05 51.0	06 42.9	13 20.2
SEP	8	17 22.3	06 48.0	11 11.6	14 45.0
	18	22 37.6	07 52.7	15 38.5	16 09.9
	28	27 50.1	09 03.5	20 02.8	17 33.7
OCT	8	02♎59.4	10 19.4	24 24.2	18 55.6
	18	08 04.8	11 38.9	28 41.5	20 14.1
	28	13 05.5	13 00.8	02♎54.1	21 28.2
NOV	7	18 00.9	14 23.7	07 01.1	22 36.7
	17	22 49.9	15 46.3	11 00.9	23 38.3
	27	27 31.7	17 07.3	14 52.4	24 31.8
DEC	7	02♏05.0	18 25.2	18 33.8	25 16.1
	17	06 28.2	19 38.7	22 03.1	25 50.1
	27	10 40.1	20 46.4	25 18.1	26 13.0
JAN	6	14♏38.6	21♏46.8	28♎15.9	26♍24.2
JAN	1	35 N 15.7	27 S 35.5	25 N 31.9	02 N 35.0
	21	33 07.8	29 03.4	24 50.0	02 43.2
FEB	10	31 29.3	30 21.6	24 21.5	03 07.7
MAR	2	30 22.2	31 24.3	24 08.0	03 43.4
	22	29 27.2	32 04.7	23 56.7	04 22.2
APR	11	28 22.9	32 17.4	23 32.9	04 56.1
MAY	1	26 52.5	32 01.8	22 46.1	05 18.6
	21	24 46.5	31 25.1	21 30.2	05 26.1
JUN	10	22 01.7	30 40.2	19 43.5	05 17.7
	30	18 40.2	30 00.4	17 27.2	04 54.1
JUL	20	14 47.1	29 35.2	14 44.9	04 16.9
AUG	9	10 29.8	29 29.5	11 41.4	03 28.7
	29	05 56.2	29 44.0	08 22.1	02 32.3
SEP	18	01 14.2	30 17.3	04 53.1	01 30.9
OCT	8	03 S 28.2	31 06.6	01 20.4	00 27.9
	28	08 03.9	32 09.0	02 S 09.6	00 S 32.6
NOV	17	12 26.2	33 21.4	05 30.4	01 26.4
DEC	7	16 29.5	34 41.0	08 35.7	02 09.3
	27	20 S 09.5	36 S 05.1	11 S 18.9	02 S 36.8

1995		Diana 78	Hidalgo 944	Urania 30	Chiron 2060
JAN	1	12♏41.2	21♏17.6	26♎49.4	26♍20.1
	11	16 32.2	22 13.8	29 37.4	26 R 25.3
	21	20 06.4	23 00.6	02♏03.3	26 18.7
	31	23 21.3	23 36.7	04 03.3	26 00.8
FEB	10	26 13.3	24 00.8	05 32.8	25 32.6
	20	28 39.1	24 12.1	06 27.6	24 55.9
MAR	2	00♐34.7	24 R 09.7	06 R 43.5	24 12.9
	12	01 55.7	23 53.5	06 17.7	23 26.2
	22	02 38.2	23 23.7	05 10.2	22 38.8
APR	1	02 R 39.2	22 41.1	03 24.7	21 53.4
	11	01 57.4	21 47.4	01 10.5	21 12.9
	21	00 35.5	20 44.8	28♎41.8	20 39.6
MAY	1	28♏40.2	19 36.2	26 15.0	20 15.3
	11	26 23.4	18 24.8	24 06.6	20 01.4
	21	24 00.9	17 14.1	22 29.2	19 D 58.5
	31	21 48.5	16 07.3	21 29.6	20 07.0
JUN	10	20 00.2	15 07.6	21 D 10.9	20 26.7
	20	18 45.2	14 17.3	21 31.5	20 57.2
	30	18 07.5	13 38.2	22 28.4	21 37.8
JUL	10	18 D 07.8	13 11.5	23 57.8	22 27.6
	20	18 43.5	12 57.6	25 55.1	23 25.7
	30	19 51.1	12 D 56.7	28 16.7	24 31.2
AUG	9	21 26.8	13 08.3	00♏59.1	25 43.0
	19	23 26.4	13 31.6	03 59.1	26 59.9
	29	25 46.4	14 05.7	07 14.4	28 21.1
SEP	8	28 23.8	14 49.6	10 42.8	29 45.5
	18	01♐15.5	15 42.1	14 22.4	01♎11.8
	28	04 19.4	16 42.0	18 11.7	02 39.1
OCT	8	07 33.5	17 48.0	22 09.5	04 06.3
	18	10 55.8	18 58.8	26 14.4	05 32.2
	28	14 25.0	20 13.3	00♐25.6	06 55.7
NOV	7	17 59.8	21 30.1	04 42.1	08 15.5
	17	21 38.7	22 48.0	09 03.1	09 30.5
	27	25 20.8	24 05.5	13 27.9	10 39.4
DEC	7	29 05.0	25 21.4	17 55.5	11 40.8
	17	02♑50.2	26 34.3	22 25.3	12 33.8
	27	06 35.5	27 42.8	26 56.7	13 17.0
JAN	6	10♑19.8	28♏45.6	01♑28.7	13♎49.6
JAN	1	21 S 00.5	36 S 26.5	11 S 55.6	02 S 40.9
	21	24 08.7	37 51.8	14 02.4	02 45.0
FEB	10	26 52.0	39 13.4	15 32.3	02 29.5
MAR	2	29 12.0	40 25.6	16 16.7	01 57.5
	22	31 07.2	41 20.7	16 05.8	01 15.7
APR	11	32 26.5	41 50.8	14 57.1	00 33.4
MAY	1	32 47.0	41 51.1	13 12.8	00 N 00.7
	21	31 54.6	41 23.2	11 38.8	00 20.3
JUN	10	30 15.1	40 36.3	10 52.6	00 22.4
	30	28 38.5	39 43.7	11 04.1	00 07.0
JUL	20	27 37.1	38 57.5	12 04.5	00 S 24.5
AUG	9	27 16.4	38 26.1	13 39.8	01 09.3
	29	27 26.9	38 13.6	15 35.9	02 04.4
SEP	18	27 55.5	38 20.9	17 40.6	03 06.1
OCT	8	28 29.4	38 46.5	19 42.8	04 11.0
	28	28 58.2	39 28.3	21 32.6	05 15.1
NOV	17	29 13.6	40 23.6	23 01.2	06 14.5
DEC	7	29 10.2	41 29.8	24 01.3	07 05.0
	27	28 S 45.2	42 S 44.4	24 S 27.3	07 S 42.6

1996		Diana 78	Hidalgo 944	Urania 30	Chiron 2060
JAN	1	08♑27.8	28♏15.0	29♐12.7	13♎34.7
	11	12 11.3	29 14.3	03♑44.8	14 01.7
	21	15 52.4	00♐05.9	08 16.6	14 16.9
	31	19 30.0	00 48.2	12 47.2	14 R 20.0
FEB	10	23 03.0	01 20.0	17 15.8	14 11.3
	20	26 30.3	01 40.4	21 41.7	13 51.5
MAR	1	29 50.5	01 48.3	26 03.7	13 21.6
	11	03♒02.3	01 R 43.3	00♒20.8	12 43.6
	21	06 04.2	01 25.1	04 31.9	11 59.8
	31	08 54.3	00 54.1	08 35.6	11 12.9
APR	10	11 30.7	00 11.2	12 30.2	10 25.8
	20	13 51.3	29♏18.1	16 14.1	09 41.3
	30	15 53.3	28 16.8	19 44.8	09 02.1
MAY	10	17 34.2	27 10.3	22 59.9	08 30.5
	20	18 50.7	26 01.4	25 56.0	08 08.0
	30	19 39.6	24 53.6	28 29.3	07 56.1
JUN	9	19 58.3	23 49.9	00♓35.5	07 D 55.2
	19	19 R 44.2	22 53.1	02 09.5	08 05.6
	29	18 56.5	22 05.5	03 05.8	08 27.1
JUL	9	17 36.9	21 28.8	03 R 20.1	08 59.3
	19	15 49.7	21 04.0	02 48.7	09 41.4
	29	13 43.3	20 51.8	01 32.4	10 32.7
AUG	8	11 28.9	20 D 51.9	29♒37.7	11 32.1
	18	09 18.8	21 04.3	27 17.4	12 38.6
	28	07 25.2	21 28.0	24 51.3	13 51.4
SEP	7	05 57.4	22 02.3	22 40.2	15 09.2
	17	05 01.1	22 46.1	21 02.3	16 31.0
	27	04 39.2	23 38.3	20 09.9	17 55.7
OCT	7	04 D 51.3	24 37.7	20 D 07.2	19 22.2
	17	05 35.5	25 43.1	20 54.0	20 49.5
	27	06 49.0	26 53.1	22 26.6	22 16.3
NOV	6	08 28.5	28 06.7	24 39.3	23 41.5
	16	10 30.8	29 22.4	27 27.0	25 04.0
	26	12 52.9	00♐38.9	00♓44.4	26 22.4
DEC	6	15 31.9	01 55.0	04 26.6	27 35.6
	16	18 25.5	03 09.3	08 30.0	28 42.4
	26	21 31.3	04 20.4	12 50.9	29 41.3
JAN	5	24♒47.4	05♐27.0	17♓26.4	00♏31.5
JAN	1	28 S 35.5	43 S 04.0	24 S 28.1	07 S 49.5
	21	27 43.7	44 25.1	24 08.0	08 06.2
FEB	10	26 33.9	45 47.2	23 11.7	08 03.6
MAR	1	25 11.4	47 05.1	21 43.2	07 42.3
	21	23 43.2	48 11.2	19 49.0	07 06.4
APR	10	22 18.0	48 56.4	17 38.0	06 23.2
	30	21 05.4	49 13.2	15 20.8	05 41.9
MAY	20	20 15.6	48 59.0	13 10.1	05 10.9
JUN	9	19 57.6	48 18.8	11 21.0	04 55.6
	29	20 14.8	47 23.8	10 11.0	04 58.4
JUL	19	20 57.9	46 27.4	09 56.1	05 18.4
AUG	8	21 42.6	45 40.2	10 39.5	05 53.5
	28	22 02.7	45 09.1	11 54.6	06 40.5
SEP	17	21 47.9	44 56.8	12 53.8	07 35.6
OCT	7	21 02.2	45 03.7	13 04.2	08 35.2
	27	19 51.5	45 28.3	12 18.5	09 35.6
NOV	16	18 18.7	46 08.5	10 40.0	10 32.9
DEC	6	16 24.2	47 02.2	08 14.6	11 23.5
	26	14 S 08.3	48 S 07.0	05 S 09.5	12 S 04.0

1997	Diana 78	Hidalgo 944	Urania 30	Chiron 2060
JAN 1	23♒27.8	05♐01.0	15♓34.6	00♏12.6
11	26 49.4	06 04.2	20 17.8	00 56.9
21	00♓18.8	07 00.6	25 12.0	01 30.7
31	03 54.4	07 48.9	00♈15.0	01 53.3
FEB 10	07 35.3	08 27.7	05 25.6	02 04.1
20	11 20.1	08 55.9	10 42.0	02R03.2
MAR 2	15 07.8	09 12.5	16 03.1	01 50.7
12	18 57.7	09R16.6	21 27.8	01 27.6
22	22 48.6	09 07.7	26 55.2	00 55.4
APR 1	26 40.0	08 45.9	02♉24.3	00 15.9
11	00♈30.9	08 11.5	07 54.6	29♎31.5
21	04 20.5	07 25.8	13 25.3	28 45.0
MAY 1	08 08.0	06 30.4	18 55.7	27 59.1
11	11 52.7	05 27.5	24 25.4	27 16.5
21	15 33.4	04 20.2	29 53.9	26 39.6
31	19 09.1	03 11.4	05♊20.6	26 10.6
JUN 10	22 38.7	02 04.4	10 45.2	25 50.8
20	26 00.5	01 02.3	16 07.1	25 41.4
30	29 13.1	00 07.7	21 25.9	25D42.9
JUL 10	02♉14.2	29♏22.8	26 41.1	25 55.4
20	05 01.4	28 49.1	01♋52.2	26 18.7
30	07 31.9	28 27.7	06 58.6	26 52.2
AUG 9	09 41.9	28 18.8	11 59.6	27 35.3
19	11 27.5	28D22.5	16 54.4	28 27.1
29	12 44.1	28 38.3	21 42.2	29 26.7
SEP 8	13 26.5	29 05.4	26 21.8	00♏33.2
18	13R30.4	29 43.0	00♌51.9	01 45.3
28	12 52.9	00♐29.9	05 10.9	03 02.2
OCT 8	11 33.6	01 25.0	09 16.8	04 22.6
18	09 38.0	02 27.2	13 07.2	05 45.6
28	07 17.3	03 35.1	16 39.5	07 09.9
NOV 7	04 48.3	04 47.5	19 50.0	08 34.5
17	02 30.8	06 03.0	22 34.6	09 58.2
27	00 42.1	07 20.5	24 48.7	11 19.7
DEC 7	29♈34.8	08 38.5	26 26.6	12 38.0
17	29D14.9	09 55.7	27 23.2	13 51.7
27	29 42.6	11 10.7	27R33.7	14 59.6
JAN 6	00♉55.6	12♐22.2	26♌54.9	16♏00.7
JAN 1	13S23.6	48S28.3	04S07.5	12S13.7
21	10 41.9	49 44.2	00 24.1	12 36.5
FEB 10	07 43.2	51 05.1	03N36.9	12 43.2
MAR 2	04 31.1	52 26.3	07 43.9	12 33.2
22	01 09.6	53 40.8	11 45.5	12 08.0
APR 11	02N17.1	54 39.5	15 29.8	11 32.1
MAY 1	05 44.9	55 12.4	18 46.1	10 52.5
21	09 09.7	55 13.5	21 24.5	10 17.2
JUN 10	12 28.0	54 43.6	23 17.4	09 53.1
30	15 36.5	53 51.7	24 20.2	09 44.3
JUL 20	18 32.3	52 50.6	24 31.7	09 51.8
AUG 9	21 12.4	51 52.9	23 55.1	10 14.4
29	23 31.7	51 07.6	22 37.0	10 49.2
SEP 18	25 19.9	50 39.4	20 47.3	11 32.9
OCT 8	26 16.3	50 30.0	18 38.5	12 21.7
28	25 57.7	50 38.9	16 25.3	13 12.1
NOV 17	24 31.8	51 04.7	14 24.7	14 00.5
DEC 7	22 52.5	51 45.5	12 56.0	14 43.8
27	21N54.3	52S39.6	12N18.4	15S19.3

1998	Diana 78	Hidalgo 944	Urania 30	Chiron 2060
JAN 1	00♉13.7	11♐47.0	27R20.5	15♏31.1
11	01 47.5	12 56.1	26♌17.5	16 28.2
21	03 59.0	13 59.6	24 30.1	17 16.7
31	06 43.2	14 56.1	22 09.1	17 55.5
FEB 10	09 55.3	15 44.1	19 32.4	18 23.9
20	13 30.8	16 22.3	17 00.8	18 41.2
MAR 2	17 26.5	16 49.6	14 53.2	18 47.1
12	21 39.0	17 04.9	13 23.5	18R41.7
22	26 05.8	17R07.4	12 38.1	18 25.7
APR 1	00♊44.7	16 56.6	12D37.6	17 59.8
11	05 33.9	16 32.5	13 19.3	17 25.8
21	10 31.7	15 55.7	14 38.0	16 45.5
MAY 1	15 37.1	15 07.3	16 28.6	16 01.3
11	20 48.6	14 09.2	18 46.0	15 15.9
21	26 05.4	13 03.8	21 25.5	14 31.7
31	01♋26.6	11 54.1	24 23.5	13 51.3
JUN 10	06 51.4	10 43.3	27 36.7	13 16.9
20	12 19.1	09 34.9	01♍02.4	12 50.4
30	17 49.2	08 31.9	04 38.7	12 32.9
JUL 10	23 20.8	07 37.1	08 23.5	12 25.6
20	28 53.5	06 52.7	12 15.4	12D28.7
30	04♌26.8	06 20.1	16 13.3	12 42.3
AUG 9	09 59.9	06 00.4	20 16.0	13 06.3
19	15 32.5	05D53.9	24 22.7	13 39.9
29	21 03.8	06 00.3	28 32.7	14 22.7
SEP 8	26 33.2	06 19.3	02♎45.1	15 13.7
18	02♍00.0	06 49.9	06 59.3	16 12.0
28	07 23.6	07 31.2	11 14.8	17 16.7
OCT 8	12 42.9	08 22.1	15 30.7	18 26.7
18	17 57.2	09 21.4	19 46.6	19 40.8
28	23 05.3	10 27.7	24 01.8	20 58.2
NOV 7	28 05.9	11 39.8	28 15.4	22 17.5
17	02♎57.8	12 56.4	02♏26.7	23 37.7
27	07 39.2	14 16.2	06 34.7	24 57.7
DEC 7	12 08.1	15 37.7	10 38.4	26 16.2
17	16 22.4	16 59.7	14 36.8	27 32.1
27	20 19.1	18 20.7	18 28.5	28 44.1
JAN 6	23♎55.3	19♐39.4	22♏11.8	29♏51.2
JAN 1	21N49.1	52S54.9	12N18.7	15S26.6
21	22 04.7	54 03.0	12 57.6	15 49.0
FEB 10	23 06.7	55 20.0	14 14.8	15 59.3
MAR 2	24 35.1	56 42.3	15 24.3	15 56.7
22	26 09.1	58 04.3	15 54.0	15 41.7
APR 11	27 29.7	59 17.2	15 38.0	15 16.5
MAY 1	28 20.3	60 09.9	14 41.1	14 45.3
21	28 27.9	60 32.3	13 08.6	14 13.6
JUN 10	27 44.1	60 20.1	11 05.3	13 47.6
30	26 05.6	59 37.7	08 35.9	13 32.1
JUL 20	23 34.5	58 36.8	05 45.2	13 29.6
AUG 9	20 17.0	57 31.2	02 38.4	13 40.1
29	16 21.8	56 32.4	00S39.2	14 02.0
SEP 18	11 59.4	55 47.6	04 02.0	14 32.4
OCT 8	07 20.3	55 20.3	07 24.5	15 08.0
28	02 34.7	55 11.1	10 40.8	15 45.6
NOV 17	02S07.6	55 19.3	13 45.2	16 21.9
DEC 7	06 38.0	55 43.5	16 32.6	16 54.3
27	10S49.0	56S22.4	18S58.3	17S20.5

1999	Diana 78	Hidalgo 944	Urania 30	Chiron 2060
JAN 1	22♎10.0	19♐00.4	20♏21.2	29♏18.4
11	25 34.6	20 17.4	23 59.8	00♐22.5
21	28 32.8	21 29.8	27 27.4	01 19.9
31	01♏00.1	22 36.3	00♐41.7	02 09.5
FEB 10	02 51.6	23 35.4	03 40.3	02 50.3
20	04 02.1	24 25.7	06 20.1	03 21.5
MAR 2	04 27.4	25 05.7	08 37.5	03 42.3
12	04R05.1	25 34.4	10 29.0	03 52.5
22	02 56.1	25 50.4	11 50.0	03R52.0
APR 1	01 07.2	25R52.9	12 36.3	03 40.9
11	28♎51.4	25 41.5	12R44.1	03 20.3
21	26 25.9	25 15.9	12 10.8	02 51.0
MAY 1	24 10.5	24 36.9	10 57.0	02 14.9
11	22 21.1	23 45.6	09 07.1	01 34.0
21	21 08.4	22 43.8	06 50.7	00 50.4
31	20 37.5	21 34.4	04 22.7	00 06.6
JUN 10	20D47.7	20 20.4	01 59.6	29♏25.0
20	21 36.1	19 05.5	29♏57.4	28 47.9
30	22 58.5	17 53.3	28 28.4	28 17.1
JUL 10	24 49.7	16 47.1	27 38.9	27 54.2
20	27 05.6	15 50.0	27D31.2	27 40.3
30	29 42.0	15 04.4	28 04.0	27D36.1
AUG 9	02♏35.3	14 31.6	29 13.8	27 41.9
19	05 42.8	14 12.8	00♐56.9	27 57.7
29	09 02.1	14D08.2	03 09.0	28 23.1
SEP 8	12 30.9	14 17.5	05 46.1	28 57.7
18	16 07.7	14 40.1	08 45.0	29 40.6
28	19 50.9	15 15.1	12 02.6	00♐31.1
OCT 8	23 39.3	16 01.4	15 36.2	01 28.3
18	27 31.8	16 57.9	19 24.1	02 31.2
28	01♐27.2	18 03.1	23 24.0	03 38.6
NOV 7	05 24.7	19 15.7	27 34.6	04 49.7
17	09 23.4	20 34.4	01♑54.5	06 03.2
27	13 22.4	21 57.7	06 22.4	07 18.0
DEC 7	17 20.8	23 24.3	10 57.4	08 33.1
17	21 17.8	24 52.9	15 38.5	09 47.2
27	25 12.3	26 21.9	20 24.7	10 59.1
JAN 6	29♐03.6	27♐49.9	25♑15.5	12♐07.8
JAN 1	11S48.0	56S34.2	19S31.0	17S25.9
21	15 25.7	57 30.0	21 25.6	17 42.3
FEB 10	18 29.0	58 38.0	22 54.4	17 49.8
MAR 2	20 46.9	59 56.5	23 58.9	17 48.4
22	22 00.0	61 21.9	24 41.9	17 38.6
APR 11	21 50.9	62 47.0	25 04.6	17 21.7
MAY 1	20 34.8	64 01.1	25 02.7	16 59.9
21	19 06.0	64 51.1	24 28.1	16 36.4
JUN 10	18 13.2	65 06.0	23 24.9	16 15.2
30	18 12.4	64 43.1	22 20.5	16 00.1
JUL 20	18 57.7	63 50.2	21 44.4	15 53.7
AUG 9	20 16.2	62 41.1	21 45.3	15 57.1
29	21 54.5	61 30.2	22 14.6	16 09.4
SEP 18	23 40.6	60 27.8	22 57.2	16 28.8
OCT 8	25 24.4	59 39.7	23 37.7	16 52.6
28	26 57.4	59 08.3	24 02.8	17 17.9
NOV 17	28 12.7	58 53.6	24 01.3	17 42.1
DEC 7	29 05.7	58 54.8	23 25.4	18 02.9
27	29S33.9	59S11.3	22S10.4	18S18.6

2000		Diana 78	Hidalgo 944	Urania 30	Chiron 2060
JAN	1	27♐08.4	27♐06.1	22♑49.6	11♐33.9
	11	00♑57.7	28 33.1	27 42.3	12 40.6
	21	04 42.0	29 57.0	02♒38.3	13 42.2
	31	08 20.3	01♑16.3	07 36.9	14 37.8
FEB	10	11 51.5	02 29.4	12 37.7	15 26.3
	20	15 13.9	03 34.9	17 39.9	16 06.7
MAR	1	18 26.3	04 31.3	22 42.9	16 38.2
	11	21 26.8	05 17.0	27 46.3	17 00.2
	21	24 13.4	05 50.6	02♓49.2	17 12.2
	31	26 44.1	06 10.9	07 51.2	17R14.1
APR	10	28 56.3	06R16.7	12 51.7	17 06.1
	20	00♒47.0	06 07.4	17 49.8	16 48.8
	30	02 13.6	05 42.7	22 45.0	16 23.2
MAY	10	03 12.5	05 02.8	27 36.4	15 50.5
	20	03 40.8	04 09.1	02♈22.8	15 12.5
	30	03R36.2	03 03.5	07 03.4	14 31.3
JUN	9	02 57.4	01 48.7	11 36.5	13 48.9
	19	01 45.4	00 28.4	16 00.6	13 07.8
	29	00 04.3	29♐06.5	20 13.8	12 29.8
JUL	9	28♑01.4	27 47.2	24 13.4	11 57.1
	19	25 47.7	26 34.5	27 56.4	11 31.2
	29	23 35.6	25 31.9	01♉19.5	11 13.2
AUG	8	21 37.1	24 41.9	04 17.7	11 04.2
	18	20 02.5	24 06.5	06 46.0	11D04.5
	28	18 58.0	23 46.7	08 38.5	11 14.2
SEP	7	18 27.0	23D42.7	09 48.4	11 33.3
	17	18D29.7	23 54.2	10 10.3	12 01.3
	27	19 04.4	24 20.5	09R40.7	12 37.7
OCT	7	20 08.6	25 00.5	08 20.8	13 21.6
	17	21 38.9	25 52.9	06 20.3	14 12.3
	27	23 32.0	26 56.5	03 56.4	15 08.8
NOV	6	25 45.2	28 09.7	01 33.0	16 10.1
	16	28 15.5	29 31.0	29♈34.2	17 15.2
	26	01♒00.3	00♑59.1	28 17.3	18 22.9
DEC	6	03 57.5	02 32.4	27D52.0	19 32.3
	16	07 05.1	04 09.4	28 19.7	20 42.2
	26	10 21.3	05 48.8	29 36.5	21 51.4
JAN	5	13♒44.6	07♑29.0	01♉36.9	22♐58.8
JAN	1	29S37.0	59S17.7	21S45.4	18S21.6
	21	29 34.8	59 52.7	19 40.7	18 29.5
FEB	10	29 12.1	60 42.7	16 59.1	18 31.1
MAR	1	28 35.4	61 47.9	13 46.2	18 26.7
	21	27 53.1	63 07.1	10 09.0	18 17.3
APR	10	27 15.3	64 36.8	06 15.3	18 04.2
	30	26 52.9	66 09.0	02 13.5	17 48.8
MAY	20	26 55.0	67 30.7	01N48.0	17 33.1
JUN	9	27 23.7	68 25.5	05 40.9	17 19.0
	29	28 07.6	68 40.0	09 16.8	17 08.7
JUL	19	28 40.8	68 11.6	12 27.6	17 04.0
AUG	8	28 40.2	67 10.1	15 05.1	17 05.6
	28	28 04.4	65 51.6	17 00.3	17 13.2
SEP	17	27 06.4	64 30.6	18 01.2	17 25.6
OCT	7	25 56.1	63 17.0	17 53.6	17 40.8
	27	24 35.6	62 15.9	16 37.2	17 56.6
NOV	16	23 02.7	61 29.1	14 54.9	18 10.8
DEC	6	21 14.2	60 56.6	13 52.3	18 21.6
	26	19S08.2	60S38.5	14N00.1	18S27.8

2001		Diana 78	Hidalgo 944	Urania 30	Chiron 2060
JAN	1	12♒22.6	06♑48.9	00♉44.0	22♐32.1
	11	15 49.4	08 29.0	03 07.2	23 37.9
	21	19 21.2	10 07.5	06 03.2	24 40.2
	31	22 56.8	11 43.0	09 26.2	25 37.7
FEB	10	26 34.9	13 14.0	13 11.1	26 29.6
	20	00♓14.5	14 38.8	17 13.5	27 14.8
MAR	2	03 54.9	15 56.0	21 30.2	27 52.5
	12	07 34.7	17 03.7	25 58.0	28 21.8
	22	11 13.4	18 00.5	00♊34.5	28 42.2
APR	1	14 49.9	18 44.6	05 17.9	28 53.3
	11	18 23.1	19 14.5	10 06.6	28R55.0
	21	21 52.1	19 28.8	14 59.0	28 47.4
MAY	1	25 15.8	19R26.3	19 54.4	28 31.0
	11	28 32.9	19 06.3	24 51.6	28 06.8
	21	01♈42.0	18 28.8	29 49.9	27 35.9
	31	04 41.5	17 34.5	04♋48.7	26 59.9
JUN	10	07 29.3	16 25.4	09 47.4	26 20.6
	20	10 03.5	15 04.2	14 45.5	25 40.0
	30	12 21.0	13 34.9	19 42.6	25 00.1
JUL	10	14 19.0	12 02.3	24 38.3	24 23.0
	20	15 54.0	10 31.4	29 32.2	23 50.5
	30	17 01.7	09 07.3	04♌24.0	23 24.0
AUG	9	17 38.5	07 54.2	09 13.1	23 04.9
	19	17R40.3	06 55.6	13 59.3	22 54.0
	29	17 04.5	06 14.0	18 42.0	22D51.8
SEP	8	15 51.2	05 50.5	23 20.5	22 58.6
	18	14 03.9	05D45.4	27 54.4	23 14.3
	28	11 51.1	05 58.5	02♍22.8	23 38.5
OCT	8	09 26.4	06 28.8	06 44.7	24 10.8
	18	07 05.7	07 14.9	10 59.3	24 50.4
	28	05 05.1	08 15.5	15 04.9	25 36.6
NOV	7	03 37.1	09 28.8	19 00.1	26 28.4
	17	02 49.0	10 53.3	22 43.0	27 25.0
	27	02D44.0	12 27.2	26 11.2	28 25.2
DEC	7	03 20.9	14 09.0	29 22.2	29 28.1
	17	04 36.7	15 57.1	02♎12.6	00♑32.6
	27	06 27.5	17 49.9	04 38.6	01 37.5
JAN	6	08♈48.7	19♑45.9	06♎36.0	02♑41.8
JAN	1	18S26.9	60S35.9	14N15.4	18S28.7
	21	15 58.2	60 37.1	15 39.0	18 28.1
FEB	10	13 14.2	60 54.7	17 33.6	18 22.8
MAR	2	10 18.1	61 30.6	19 36.9	18 13.5
	22	07 13.8	62 26.6	21 30.2	18 01.7
APR	11	04 05.7	63 43.0	22 59.0	17 48.9
MAY	1	00 58.3	65 17.1	23 52.8	17 36.6
	21	02N03.7	67 00.3	24 05.2	17 26.0
JUN	10	04 55.3	68 37.5	23 33.7	17 18.1
	30	07 31.2	69 48.1	22 19.3	17 13.8
JUL	20	09 44.6	70 13.2	20 25.9	17 13.5
AUG	9	11 26.3	69 46.1	17 59.7	17 17.1
	29	12 23.6	68 36.7	15 07.9	17 24.3
SEP	18	12 23.6	67 02.8	11 58.6	17 33.9
OCT	8	11 27.3	65 20.7	08 40.1	17 44.2
	28	10 05.8	63 41.0	05 21.3	17 53.7
NOV	17	09 05.7	62 09.2	02 11.4	18 00.7
DEC	7	08 57.3	60 47.8	00S39.7	18 03.8
	27	09N46.4	59S38.0	03S00.8	18S02.3

2002		Diana 78	Hidalgo 944	Urania 30	Chiron 2060
JAN	1	07♈34.6	18♑47.6	05♎41.1	02♑09.8
	11	10 09.4	20 44.6	07 22.5	03 13.4
	21	13 08.9	22 42.7	08 28.0	04 14.7
	31	16 29.3	24 40.2	08 53.3	05 12.7
FEB	10	20 07.7	26 35.7	08R35.2	06 06.3
	20	24 01.6	28 27.6	07 32.6	06 54.5
MAR	2	28 08.8	00♒14.4	05 49.6	07 36.4
	12	02♉27.3	01 54.4	03 35.1	08 11.3
	22	06 55.8	03 25.9	01 03.7	08 38.3
APR	1	11 32.9	04 47.0	28♍33.6	08 57.0
	11	16 17.4	05 56.1	26 21.8	09 07.0
	21	21 08.5	06 50.9	24 41.5	09R08.1
MAY	1	26 05.2	07 29.7	23 40.7	09 00.6
	11	01♊07.0	07 50.5	23D21.3	08 44.8
	21	06 13.2	07R51.7	23 42.2	08 21.7
	31	11 23.1	07 32.2	24 39.8	07 52.3
JUN	10	16 36.4	06 51.4	26 09.5	07 18.0
	20	21 52.5	05 49.8	28 07.1	06 40.5
	30	27 10.8	04 29.6	00♎28.3	06 01.6
JUL	10	02♋31.0	02 54.2	03 09.4	05 23.2
	20	07 52.5	01 08.7	06 07.6	04 47.1
	30	13 14.6	29♑19.4	09 20.0	04 15.2
AUG	9	18 37.0	27 32.9	12 44.5	03 48.7
	19	23 58.8	25 56.0	16 19.5	03 29.1
	29	29 19.2	24 34.3	20 03.1	03 17.1
SEP	8	04♌37.7	23 31.7	23 54.3	03D13.2
	18	09 52.9	22 51.1	27 51.9	03 17.9
	28	15 03.7	22 33.3	01♏54.7	03 31.0
OCT	8	20 09.1	22D38.3	06 02.2	03 52.2
	18	25 07.1	23 05.1	10 13.4	04 21.2
	28	29 56.0	23 52.1	14 27.4	04 57.3
NOV	7	04♍33.7	24 57.6	18 43.8	05 39.7
	17	08 57.2	26 19.4	23 01.6	06 27.6
	27	13 03.7	27 55.6	27 20.1	07 20.1
DEC	7	16 49.2	29 44.2	01♐38.8	08 16.1
	17	20 09.2	01♒43.3	05 56.5	09 14.7
	27	22 58.6	03 51.1	10 12.6	10 14.7
JAN	6	25♍11.6	06♒06.0	14♐26.2	11♑15.3
JAN	1	10N06.9	59S22.5	03S29.9	18S01.2
	21	11 56.4	58 29.3	04 55.1	17 53.8
FEB	10	14 20.0	57 52.1	05 19.5	17 42.5
MAR	2	17 04.4	57 34.2	04 34.7	17 28.5
	22	19 56.6	57 39.5	02 55.0	17 13.5
APR	11	22 43.8	58 11.9	01 05.8	16 59.3
MAY	1	25 13.7	59 13.7	00N04.5	16 47.5
	21	27 14.1	60 44.1	00 14.6	16 39.3
JUN	10	28 34.0	62 36.2	00S32.6	16 35.4
	30	29 04.8	64 34.5	02 05.5	16 35.7
JUL	20	28 41.2	66 14.3	04 12.0	16 39.8
AUG	9	27 22.4	67 07.5	06 41.4	16 46.8
	29	25 12.2	66 55.9	09 24.7	16 55.6
SEP	18	22 18.7	65 42.0	12 13.6	17 05.0
OCT	8	18 52.6	63 44.0	15 00.2	17 13.5
	28	15 06.9	61 22.5	17 37.2	17 19.7
NOV	17	11 15.1	58 52.5	19 57.7	17 22.3
DEC	7	07 31.7	56 23.0	21 55.3	17 20.4
	27	04N11.7	53S59.0	23S25.1	17S13.6

Eve S. Gregory

Chiron Ephemeride 1900 – 2000

130 Seiten, Hardcover, ISBN 3–925100–09–1, DM 29,80

Chiron, ist am 1. November 1977 von dem amerikanischen Astronomen Charles T. Kowal entdeckt worden. Dies ist nun erstmals eine Chiron-Ephemeride mit Längen– und Breitenangaben *in Tagesabständen* und in Tierkreisgraden. Zusätzlich sind noch die Deklinationen in 10–Tages–Angaben enthalten. Als Basis zur Berechnung dienten die von dem amerikanischen Astronomen und Direktor der Sternwarte der »Smithsonian Institution« veröffentlichten Bahnelemente. Im Anhang finden sich weitere nützliche Tabellen: Die geozentrischen Positionen für die Zeiträume 1800–1899 und 2000–2049. Zudem die heliozentrischen Positionen für die Jahre 1900–2000. Die Einleitung gibt einen kurzen Abriß über die Entdeckungsgeschichte und die wichtigsten astrologischen Entsprechungen. Alles in allem also nicht nur ein äußerst nützliches, sondern auch ein sehr umfaßendes Arbeitsmittel.

»Für jedermann, der Chiron bei der astrologischen Deutung mitberücksichtigen will und der an exaktes Arbeiten mit Längenpositionen und Deklinationen gewohnt ist, stellt die Neuerscheinung eine wertvolle Bereicherung und ein unentbehrliches Arbeitsinstrument dar«.

›Meridian‹

Zane B. Stein

Chiron

90 Seiten, ISBN 3-925100-06-7, 3. Auflage, DM 16,80

Chiron ist der jüngste »Star« am Planetenhimmel. Er wurde 1977 entdeckt und bewegt sich auf einer äußerst exzentrischen Umlaufbahn zwischen den beiden Ringplaneten Saturn und Uranus. Für die moderne Astrologie gewinnt er deshalb zunehmend an Bedeutung. Chiron ist die Brücke zwischen Saturn- und Uranusbewußtsein, er vermittelt zwischen Vergangenheit und Zukunft und er ist der Schlüssel zu einem neuen Zeitalter. Er ist in allem ein Außenseiter, bietet Impulse zur Ganzwerdung und signalisiert meistens die wichtigsten Einschnitte im Leben. Stein beschreibt Chiron in astrologischer Hinsicht und erklärt seine Wirkungsweise in Zeichen und Feldern, bei Progressionen und Transiten. Er erläutert Chirons Schlüsselrolle zwischen Saturn und Uranus und zeigt, daß die Betrachtung Chirons für eine zeitgemäße Astrologie unerläßlich ist. Das vorliegende Buch war eine der ersten Veröffentlichungen überhaupt zur Astrologie Chirons und es ist schon heute ein Klassiker.

»Sein 1983 geschriebenes Buch ›Chiron‹ erregte dann wegen seinem Pionierstatus in astrologischen Fachkreisen viel Aufsehen.«

›Astrologie Heute‹

Zane B. Stein

Wendepunkt Chiron

Essenz und Anwendung

160 Seiten, Franz. Broschur, ISBN 3–925100–08–3, DM 21,80

Zane B.Stein ist ein Pionier der Chiron–Forschung. Er begann schon wenige Wochen nach der Entdeckung mit der Datensammlung und der astrologischen Erforschung dieses neuen Himmelskörpers. Mit diesem seinem zweiten Buch dringt der Autor noch tiefer in das Wesen Chirons ein. Er setzt sich mit dem Begriff der Wirklichkeit auseinander und der Art, wie diese durch Chiron beeinflußt wird. Nach einem kurzen Abstecher in die Mythologie befaßt er sich intensiv mit »Chiron, dem verwundeten Heiler«. Dabei gelingt es ihm deutlich aufzuzeigen, wie sehr die Entwicklungen der jüngsten Vergangenheit unter Chirons Einfluß stehen. Im zweiten Teil widmet er sich eingehend den Aspekten zu den anderen Planeten. Weitere Themenschwerpunkte: die Wiederkehr auf die Radix–Position, Prognose, Partnerschafts– und Mundanastrologie. Eine grundlegende Ergänzung zu seinem ersten Standardwerk.

»Ein gut gemachtes und detailliertes Buch für diejenigen, die alles über Chiron Wissen wollen, was man wissen muß«.

›Aspects‹

»Ebenfalls wird der einzelgängerischen Seite Chirons Rechnung getragen, indem seine Aspekte nach etwas anderen Gesichtspunkten interpretiert werden. Die einzelnen Deutungen treffen, soweit ich sie aus eigener Erfahrung beurteilen kann, wirklich erstaunlich gut zu und sind leicht nachvollziehbar.«

›Bündner Tagblatt‹

Hans Jörg Walter

Der Planet Chiron

Die Polarität Heil und Unheil

48 Seiten, ISBN 3-925100-03-2, DM 11,80

Für jeden, der sich schon mit Astrologie auseinandergesetzt hat, ist dieses Buch eine Bereicherung, denn es ist ein hervorragender Einstieg in die praktische Arbeit mit dem neuen Planeten Chiron. Hans-Jörg Walter vermittelt dem Leser nicht nur ein detailliertes Wissen über die Mythologie Chirons, sondern liefert uns anhand einer eingehenden Interpretation von zahlreichen Beispielhoroskopen den Schlüssel für eine exakte Deutung. Er arbeitet die verschiedenen Facetten des Chiron-Prinzips heraus: unter anderem die Polarität Heil und Unheil ebenso auch seine Beziehung zum Humor. Die eindringlichsten Belege für den »chironischen« Humor erbringt seine Studie über die englische Comedy-Gruppe Monty Python.

Stanley Krippner / Patrick Scott

Zwischen Himmel und Erde

Spirituelles Heilen der Schamanen, Hexen, Priester und Medien

192 Seiten, Zahlreiche Abbildungen, Franz. Broschur,
ISBN 3-925100-05-9, DM 26,80

Der Mensch versuchte zu allen Zeiten Krankheiten zu überwinden, um Gesundheit bzw. Ganzheit zu erlangen, und jede Gesellschaft schult einige ihrer Mitglieder speziell für diese Tätigkeit. Ursprünglich lag diese in den Händen der Schamanen, aber mit zunehmender gesellschaftlicher Entwicklung kam es zu einer Aufteilung der Heilungsfunktionen, gleichzeitig wurden aber die spirituellen Aspekte des Heilens immer mehr vernachlässigt. Trotzdem geriet das spirituelle Heilen nicht in Vergessenheit, wie die Autoren aufzeigen können. In ihrem Buch beschreiben sie alle spirituellen Praktiker der Gegenwart: Schamanenheiler wie Maria Sabina, Rolling Thunder oder Wallace Black Elk, Hexen, spiritistische Medien, Priester und holistische Ärzte. Das Buch zeigt neue Ansätze und spricht für eine Annäherung von moderner Medizin und Spiritualität, um schließlich die verlorene Ganzheit wiederzugewinnen. Sich mit den Kräften des Himmels und den Geistern der Erde zu verbinden, dieses Plädoyer der Autoren kann sehr wohl unserem Verständnis von »krank sein« und »heil werden« neue Impulse verschaffen.

Ein gut geschriebenes und informatives Buch von einem Kenner der Schamanen und Heilerszene, das sicher alle interessieren dürfte, die sich einen gründlichen Überblick über alternative Heilmethoden verschaffen wollen.

›Lichtnetz Süd‹

Dane Rudhyar

Astrologie und Psyche

Das Selbst im Spiegel des Kosmos

288 Seiten, 6 Abbilungen

ISBN 3-925100-10-5, DM 38.-

Ein Glas kann mit Gift oder einem süffigen Wein gefüllt sein, beide Flüssigkeiten werden von der Form des Glases gestaltet. Ähnlich verhält es sich mit der Psyche: selbst wenn die Struktur (z. B. im Horoskop) festgelegt ist, so muß dies noch lange nicht bedeuten, daß auch die Ereignisse, welche dieses Grundschema mit Leben erfüllen, ebenfalls schon vorherbestimmt sind. Mit ganzer Überzeugungskraft vermittelt Rudhyar seine Botschaft: Das Horoskop ist ein Archetyp besonderer Art. Er deckt auf, daß die Astrologie sehr wohl bei der Entwicklung der Persönlichkeit Pate stehen kann. Gleichzeitig versäumt er es aber auch nicht, auf die darin verborgenen Gefahren hinzuweisen. Besonders wertvoll sind seine Ausblicke auf die Mysterien von Schlaf und Traum, die sexuellen Faktoren der Persönlichkeit, die großen Wendepunkte im Leben und den erfolgreichen Umgang mit Krisen. Hier gibt er nicht nur Hilfestellungen zur Lösung von Problemen, sondern demonstriert anhand grundmenschlicher Erfahrungen die Einheit von Individuum und Universum.

»Aus einer unbefangenen Warte, abseits akademischer Vorurteile oder flüchtiger Mode, zeigt er die Verflechtung zwischen dem kosmischen und dem inneren Sein.«

›Selected Press Review‹